"十二五"國家重點圖書出版規劃項目
哈佛燕京圖書館書目叢刊第十五種

沈津 主編

美國哈佛大學
哈佛燕京圖書館藏
中文善本書志

Annotated Catalogue of the Chinese Rare Books
in the Harvard-Yenching Library,
Harvard University, U.S.A.

·4·

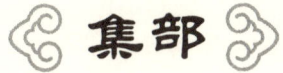
集部

上

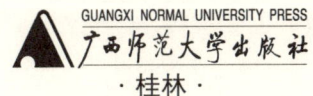
·桂林·

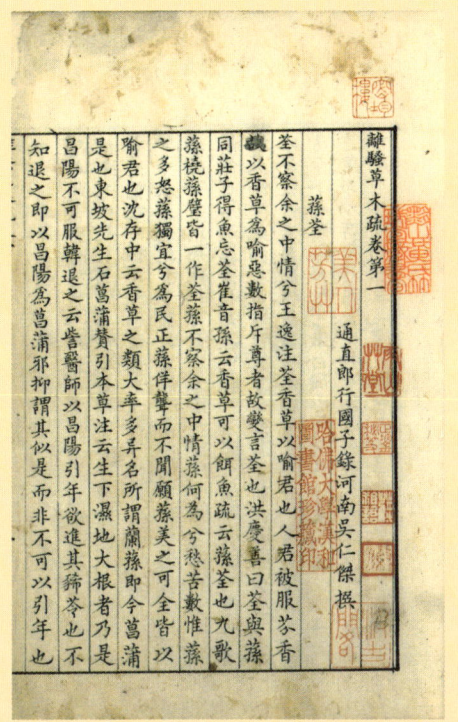

《離騷草木疏》四卷　宋吳仁傑撰　清初毛氏汲古閣抄本

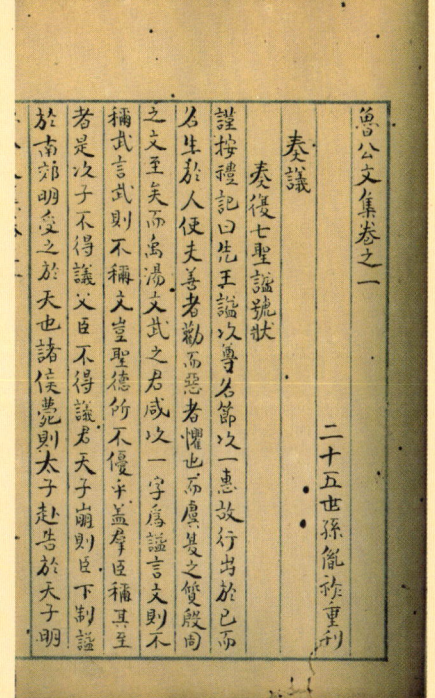

《魯公文集》十五卷　唐顏真卿撰　明抄本

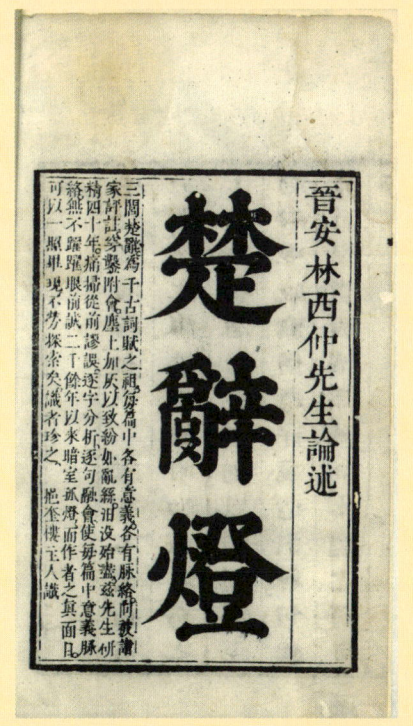

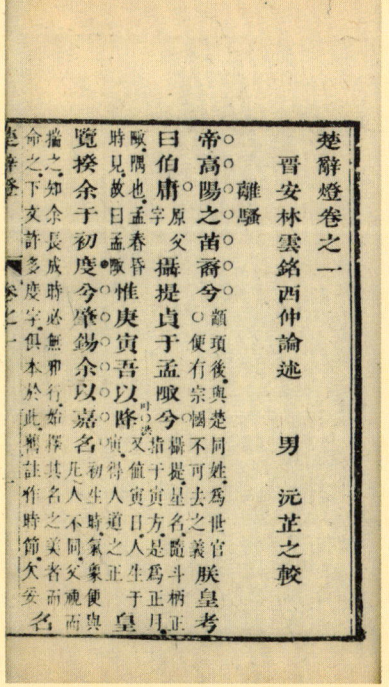

《楚辭燈》四卷《楚懷襄二王在位事蹟考》一卷　清林雲銘撰　《屈原列傳》一卷　漢司馬遷撰　清康熙三十六年(1697)林氏挹奎樓刻本

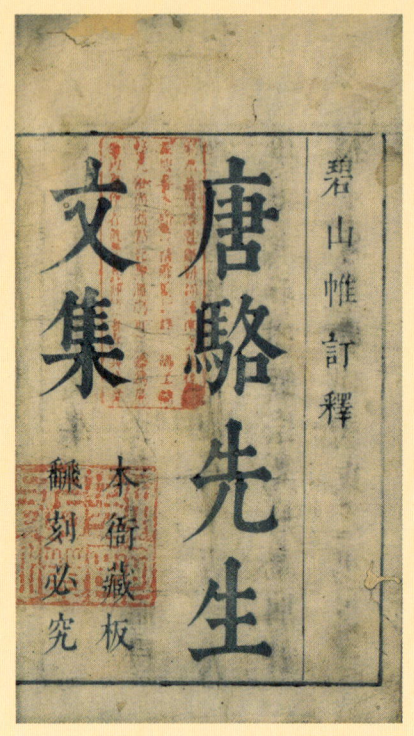
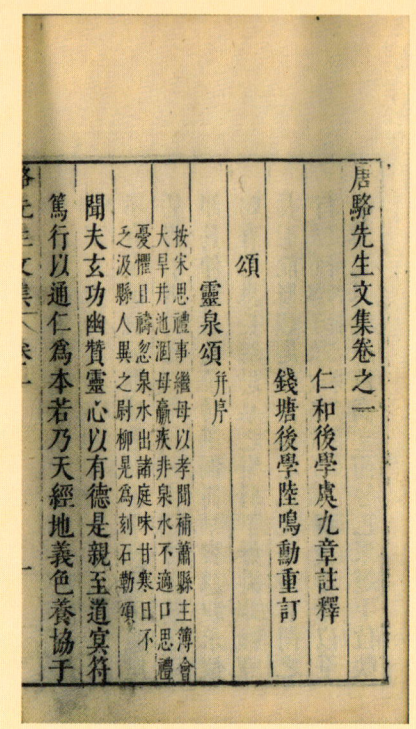

《唐駱先生文集》六卷　唐駱賓王撰　明虞九章注釋　明崇禎二年(1629)陸鳴勳刻本

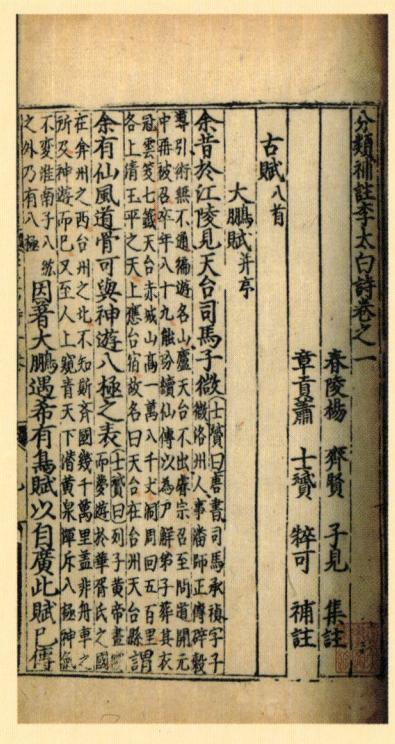
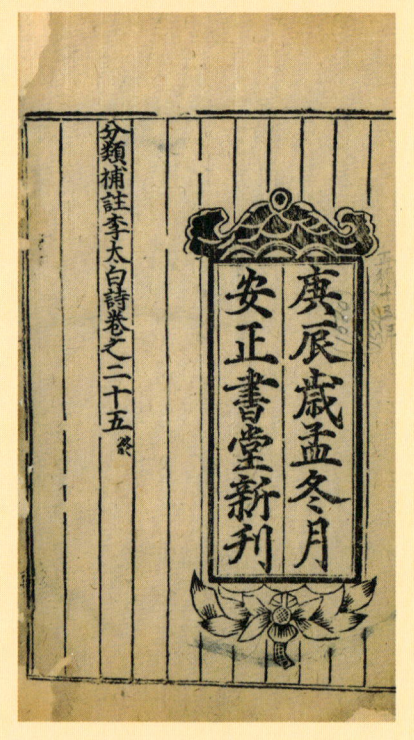

《分類補註李太白詩》二十五卷　唐李白撰　宋楊齊賢集注
元蕭士贇補注　明正德十五年(1520)安正書堂刻本

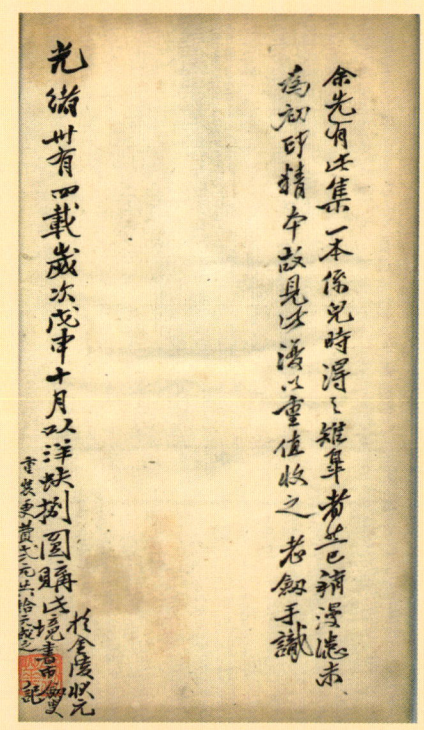

《分類補註李太白詩》二十五卷　唐李白撰　宋楊齊賢集注
元蕭士贇補註　明萬曆三十年（1602）許自昌刻《李杜全集》本

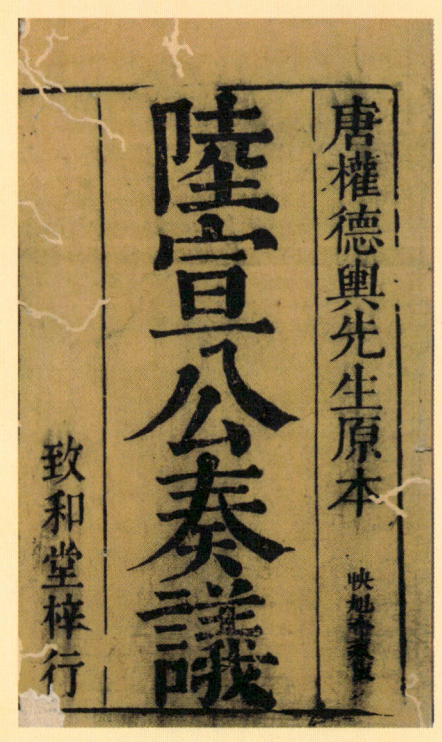
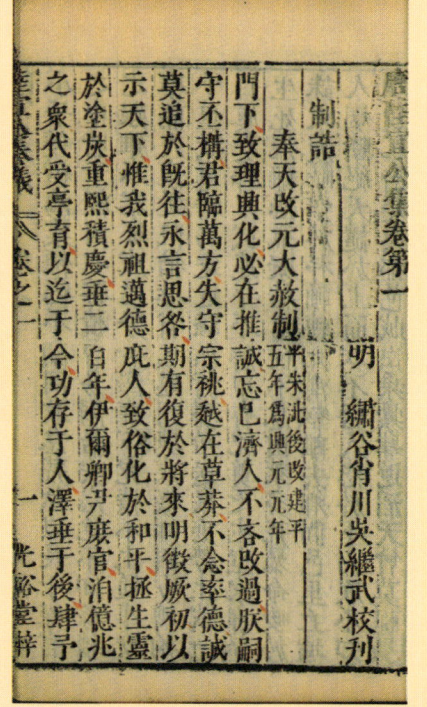

《唐陸宣公集》二十二卷　唐陸贄撰　明萬曆三十四年（1606）吳繼武光裕堂本

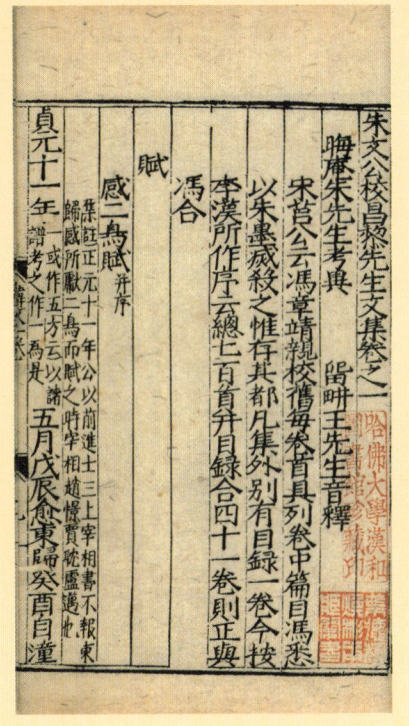
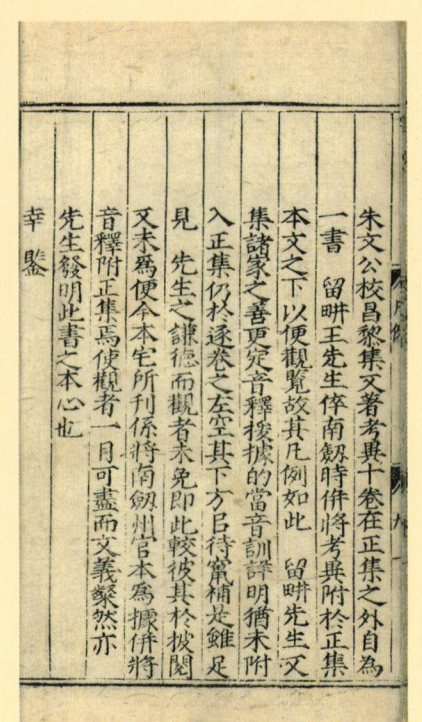

《朱文公校昌黎先生文集》四十卷《外集》十卷《遺文》一卷　唐韓愈撰　宋朱熹考異
王伯大音釋　《傳》一卷　明嘉靖十三年(1534)建陽縣刻本

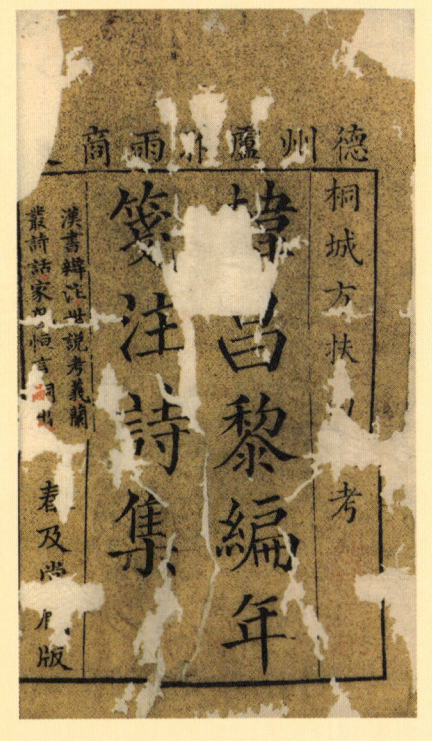
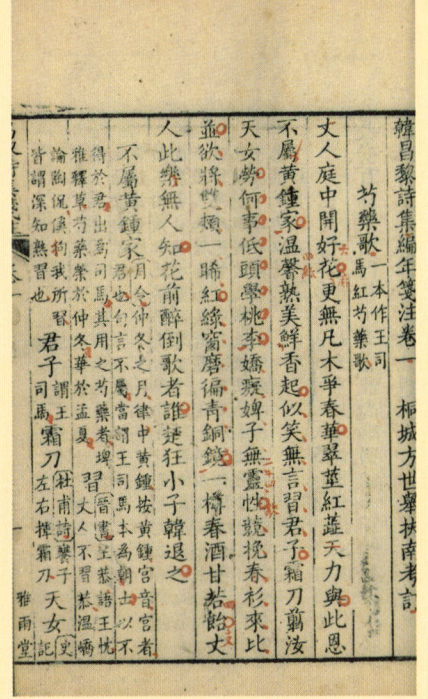

《韓昌黎詩集編年箋注》十二卷　清方世舉箋注　清乾隆二十三年(1758)盧見曾雅雨堂刻本

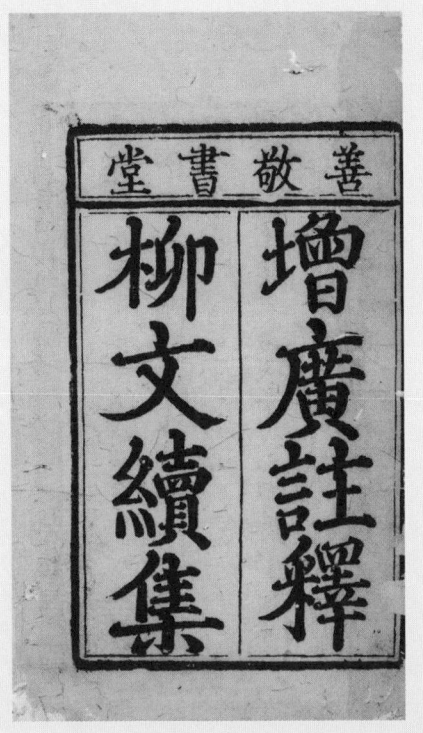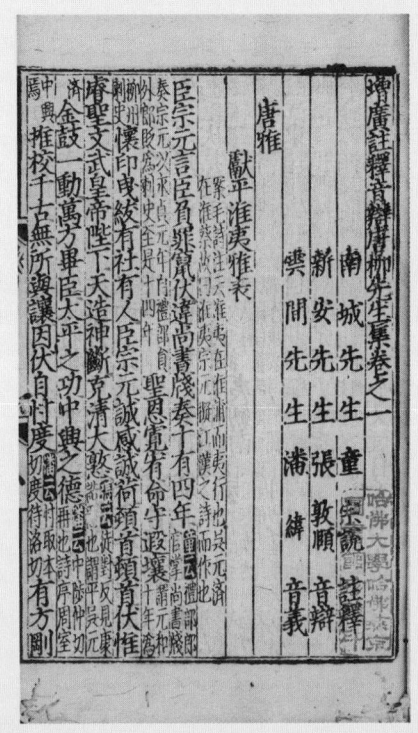

《增廣注釋音辯唐柳先生集》四十三卷《別集》二卷《外集》二卷　唐柳宗元撰　宋童宗說注釋　張敦頤音辯　潘緯音義　附錄一卷　明正統十三年(1448)善敬堂刻本

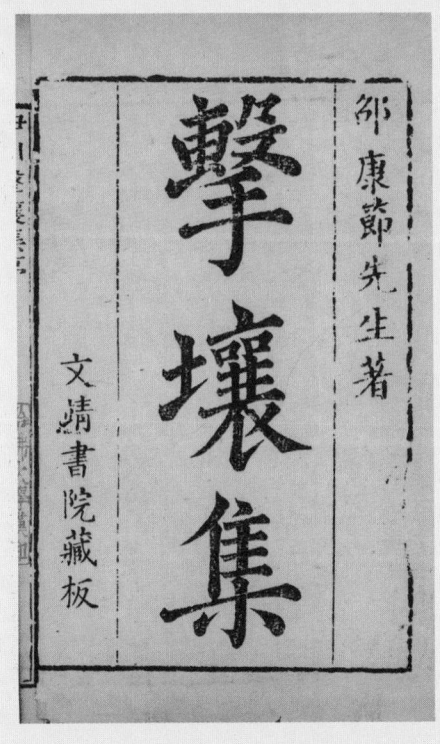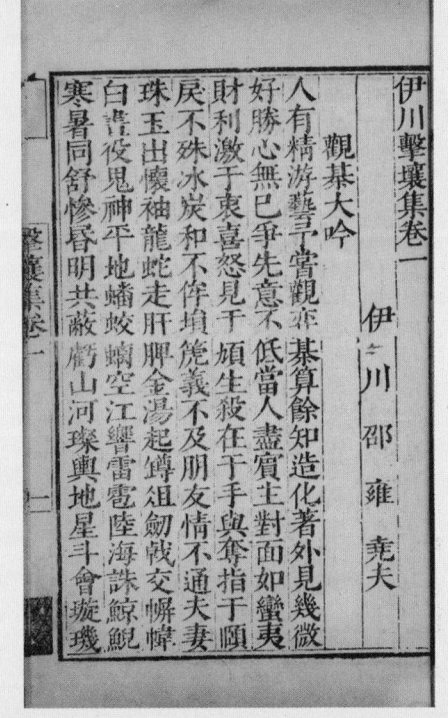

《伊川擊壤集》二十卷　宋邵雍撰　明末文靖書院刻本

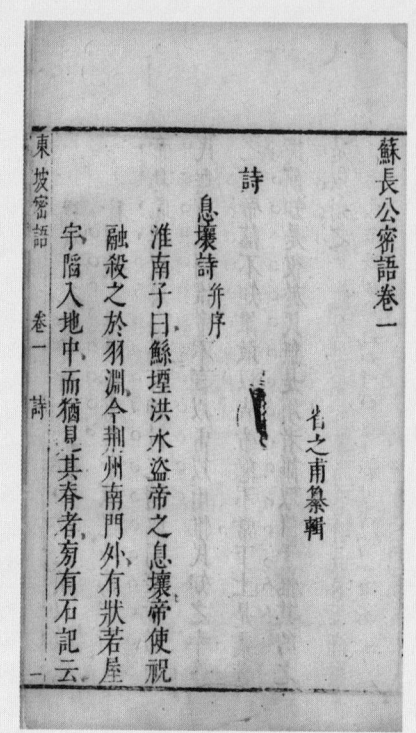

《蘇長公密語》十六卷首一卷　宋蘇軾撰　明吳京輯　明天啓四年(1624)刻朱墨套印本

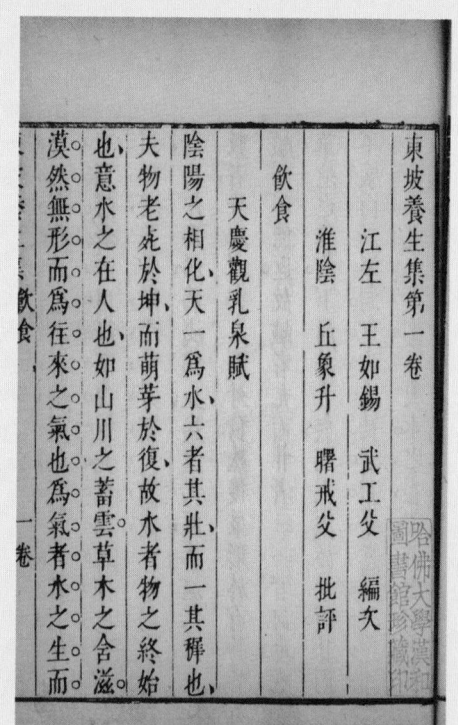

《東坡養生集》十二卷　宋蘇軾撰　明王如錫輯　清丘象升批評　清康熙三年(1664)書林陳道生刻本

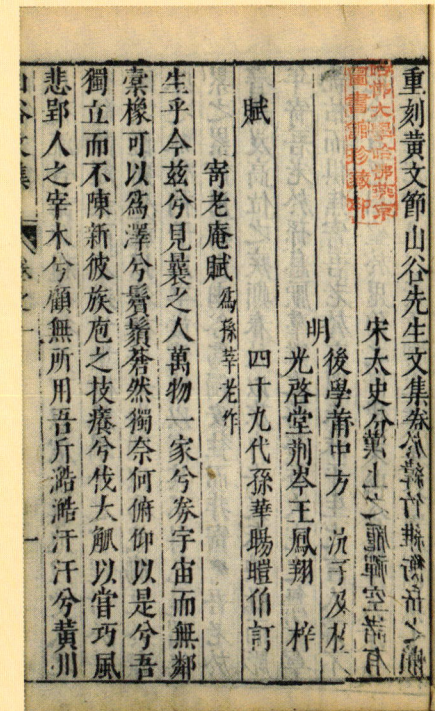

《重刻黃文節山谷先生文集》三十卷　宋黃庭堅撰　明王鳳翔光啓堂刻清遞修本

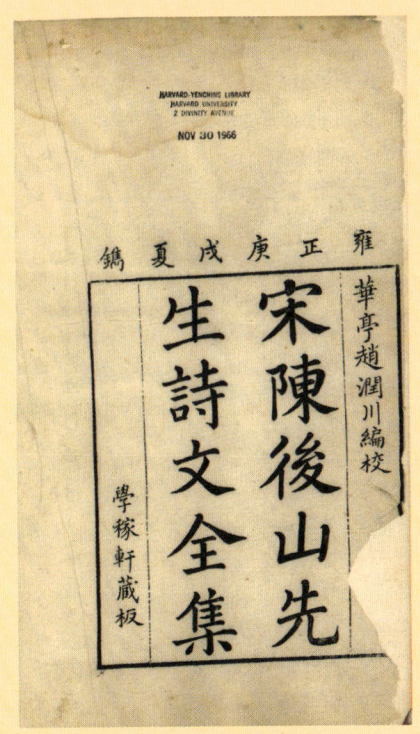
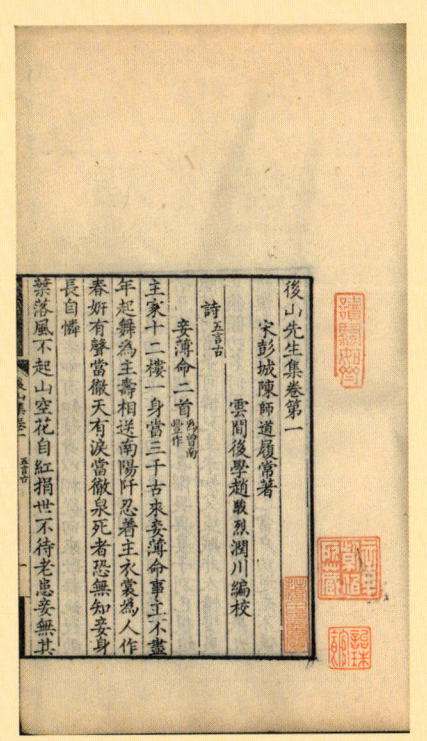

《後山先生集》二十四卷　宋陳師道撰　清雍正八年(1730)趙駿烈學稼軒刻本

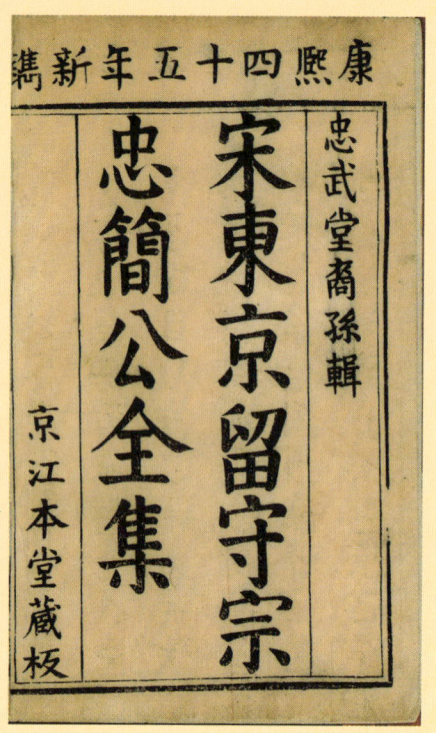
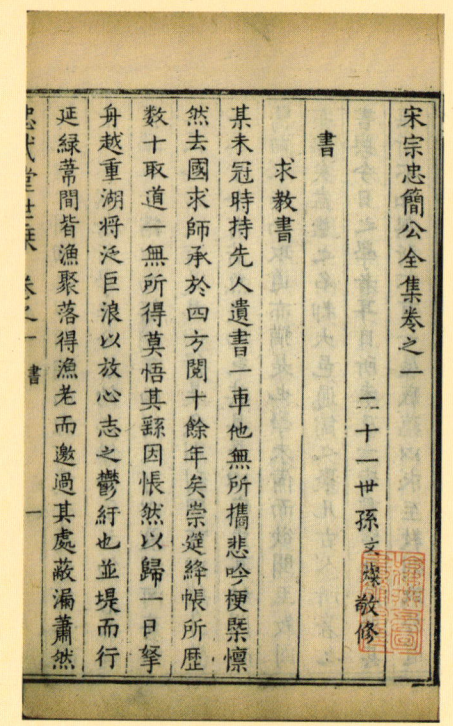

《宋宗忠簡公全集》十二卷首一卷末一卷　宋宗澤撰　清康熙四十五年（1706）刻遞修印本

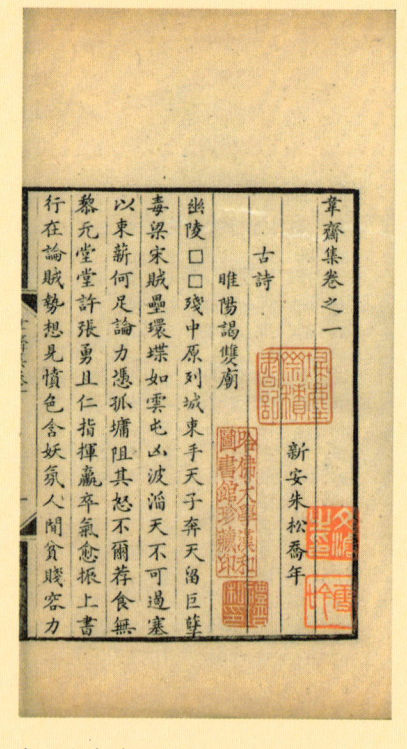

《韋齋集》十二卷　宋朱松撰　《玉瀾集》一卷　宋朱槔撰　《蜀中草》一卷
清朱昇撰　清康熙四十九年（1710）朱昌辰刻本

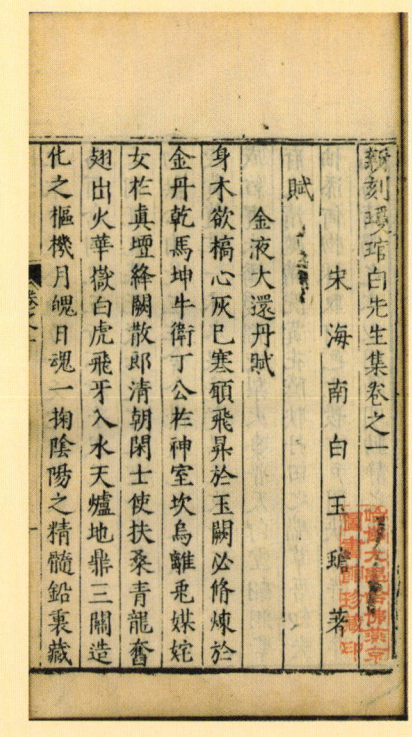

《新刻瓊琯白先生集》十四卷　宋葛長庚撰　明萬曆二十六年（1598）閩書林劉雙松安正堂刻本

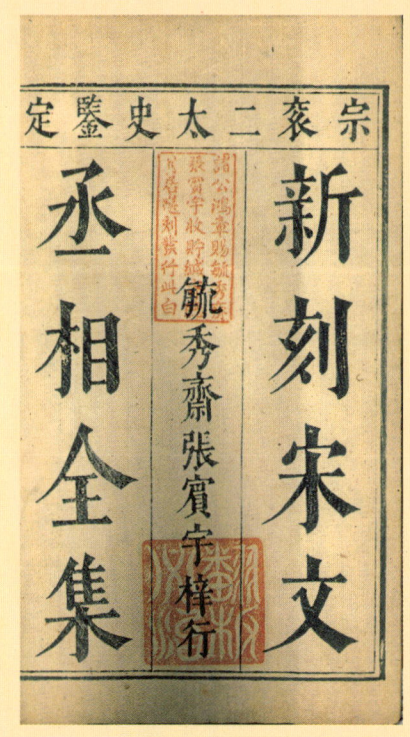
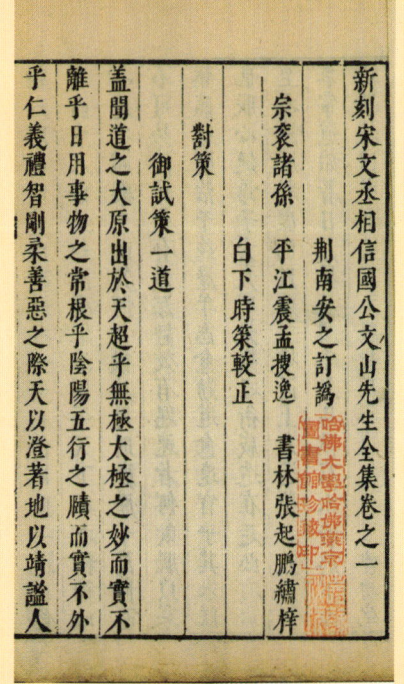

《新刻宋文丞相信國公文山先生全集》二十卷　宋文天祥撰　明崇禎四年（1631）張賓宇毓秀齋刻本

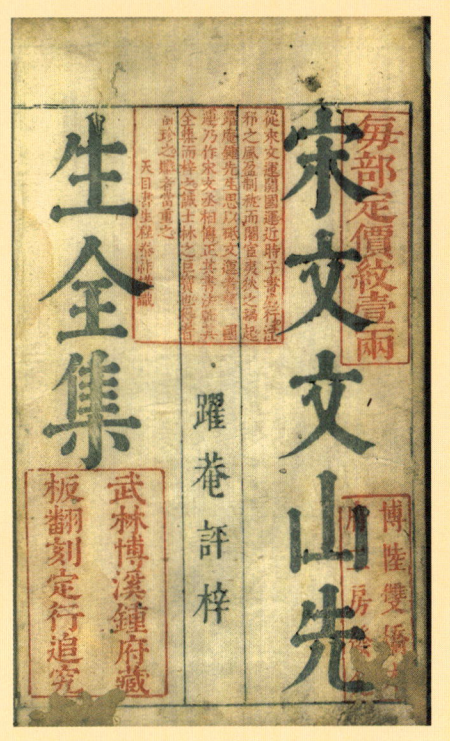
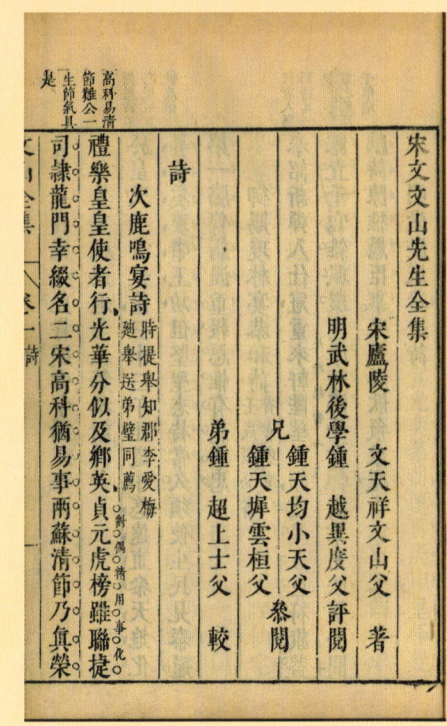

《宋文文山先生全集》二十一卷　　宋文天祥撰　　明鍾越輯並評　　明崇禎二年(1629)武林鍾越躍庵刻本

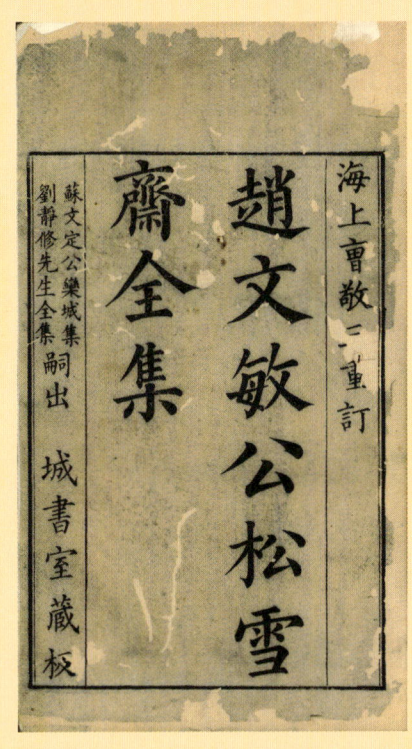
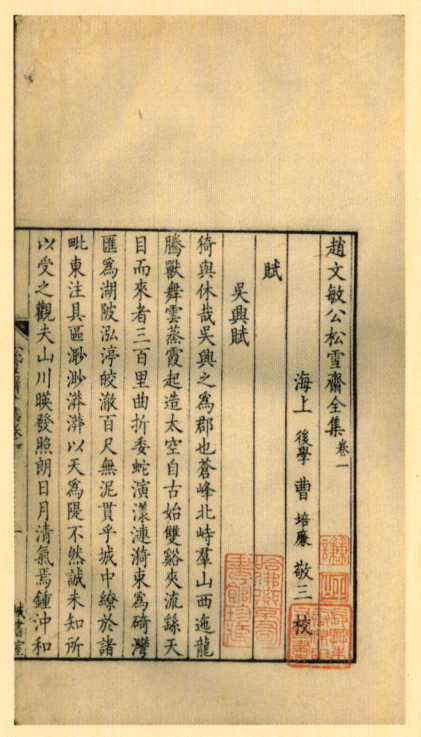

《趙文敏公松雪齋全集》十卷《外集》一卷《續集》一卷　元趙孟頫撰
清康熙五十二年(1713)曹培廉城書室刻本

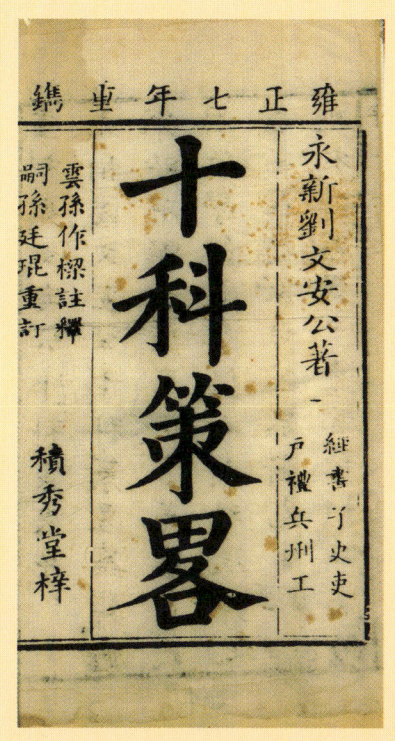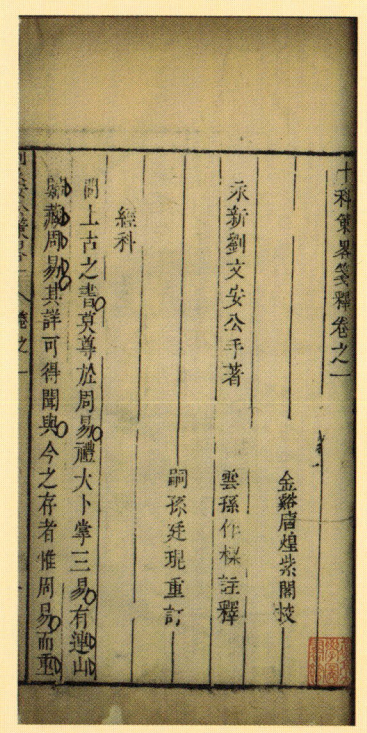

《十科策略箋釋》十卷　明劉定之撰　清雍正四年(1726)積秀堂刻本

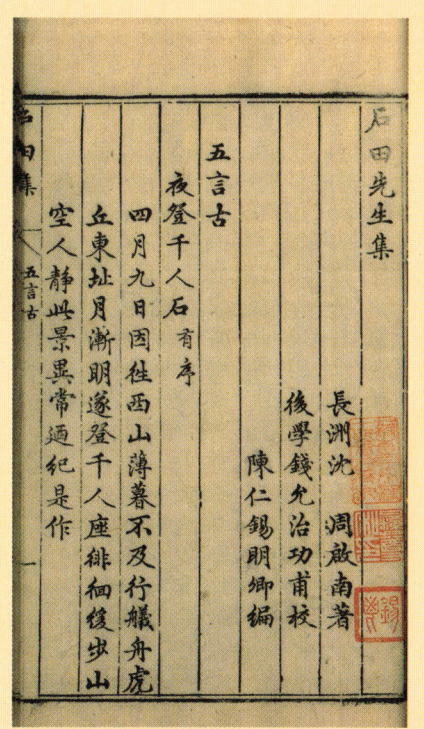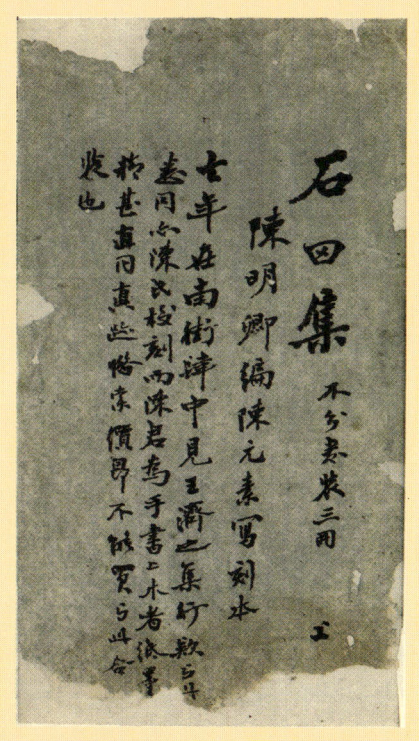

《石田先生集》十一卷　明沈周撰　明萬曆四十三年(1615)陳仁錫刻本　清周星詒跋

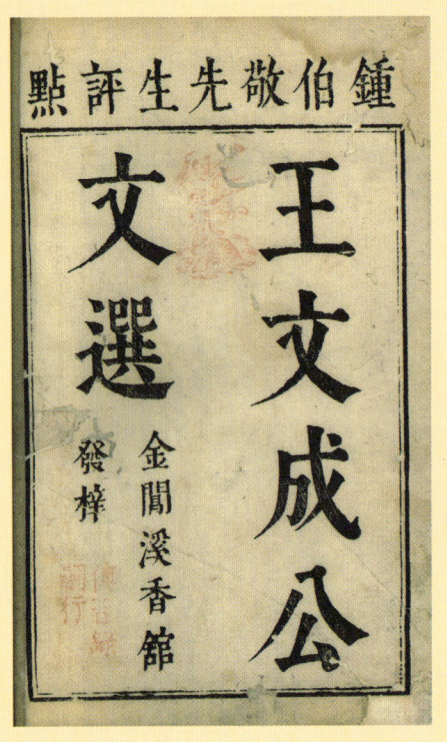
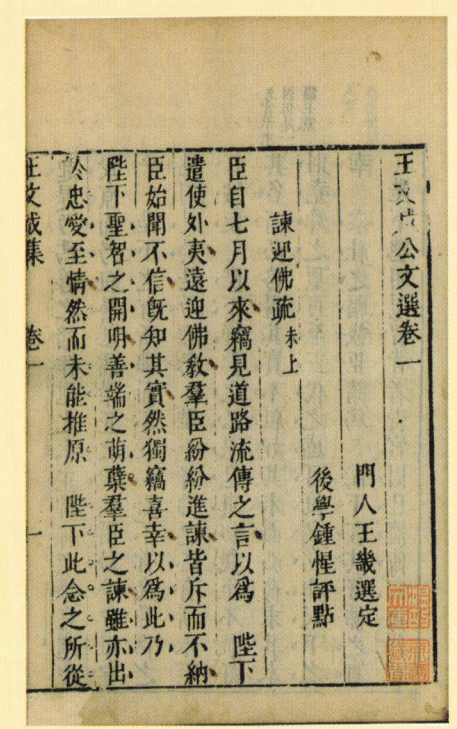

《王文成公文選》八卷　明王守仁撰　王畿輯　鍾惺評點　明崇禎六年(1633)陶珽刻本

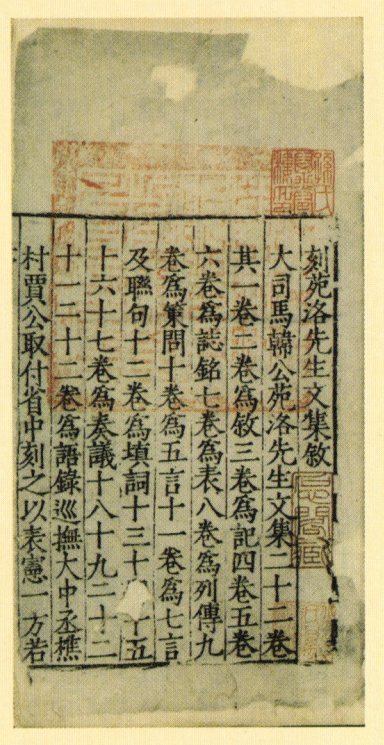
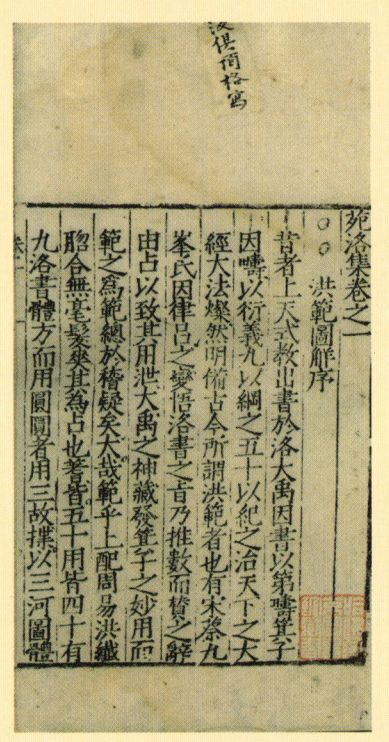

《苑洛集》二十二卷　明韓邦奇撰　明嘉靖三十一年(1552)刻本(《四庫》底本)

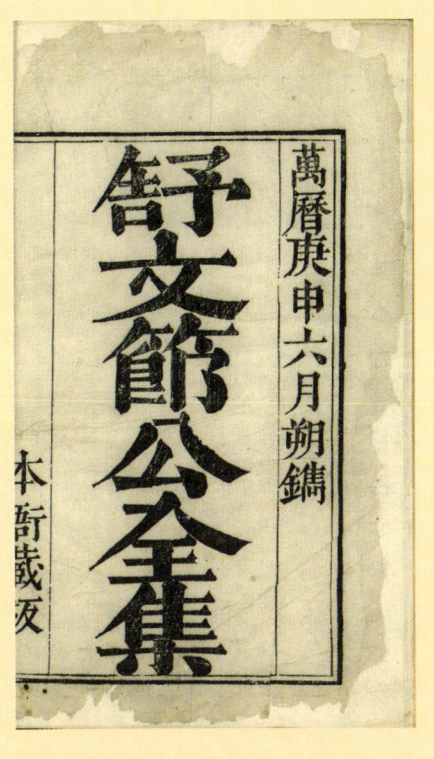
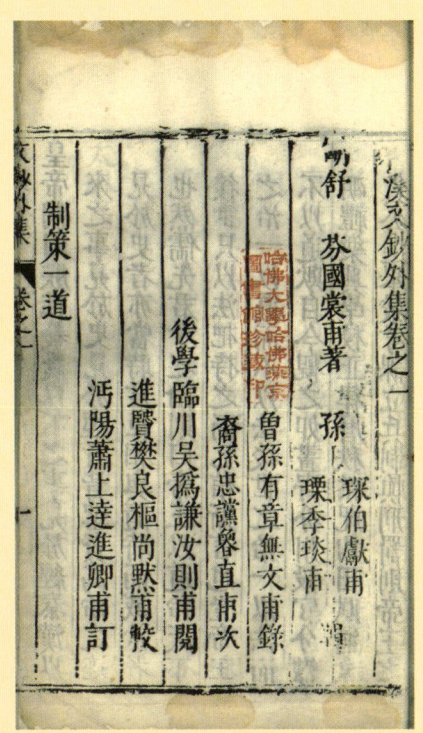

《梓溪文钞内集》八卷《外集》十卷　明舒芬撰　明萬曆四十八年(1620)舒璟刻清修補印本

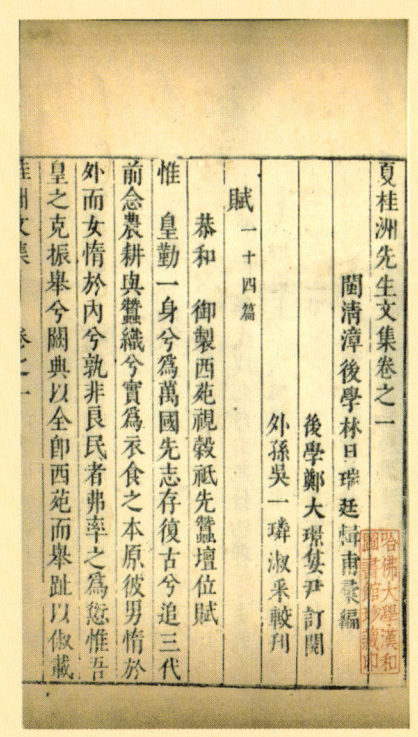

《夏桂洲先生文集》十八卷　明夏言撰　《年譜》一卷　明崇禎十一年(1638)吳一璘刻本

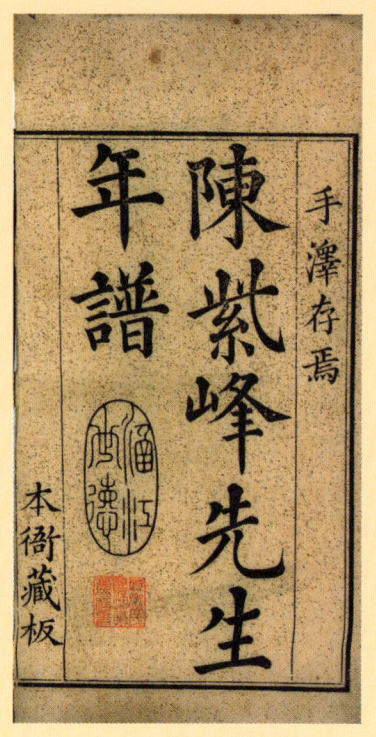 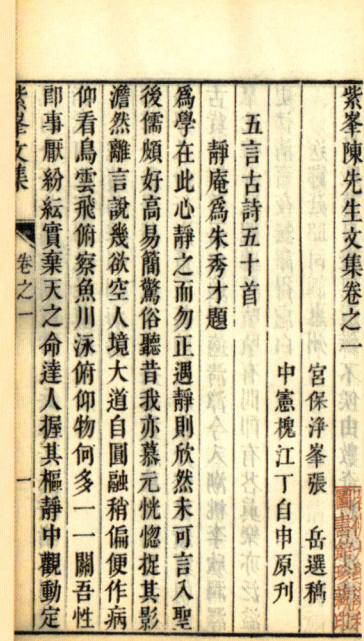

《紫峰陳先生文集》十三卷　明陳琛撰　《年譜》二卷
明陳敦豫等輯　清乾隆三十三年(1768)刻本

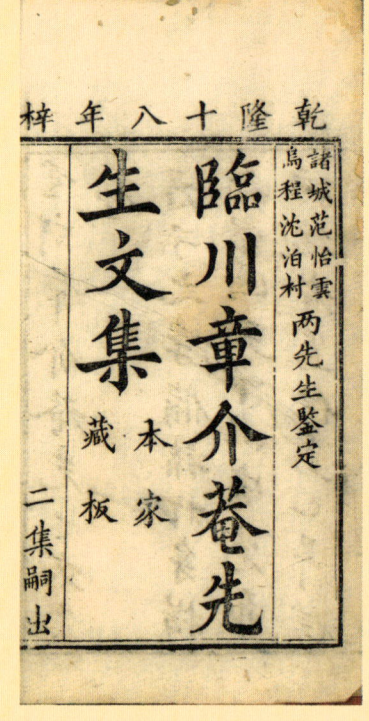 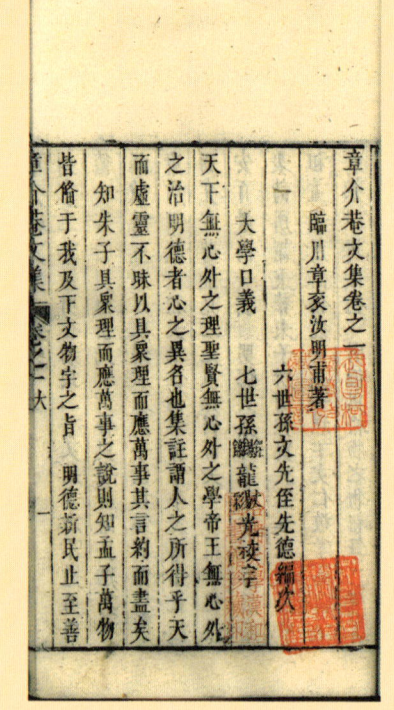

《章介庵文集》十一卷　明章袞撰　清乾隆十八年(1679)六世孫章文先刻本

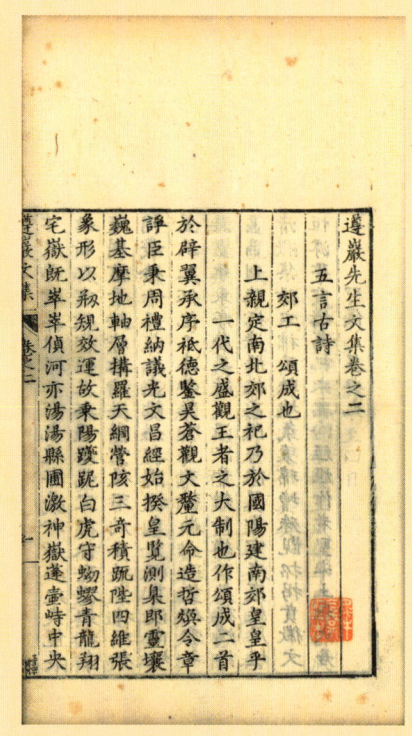
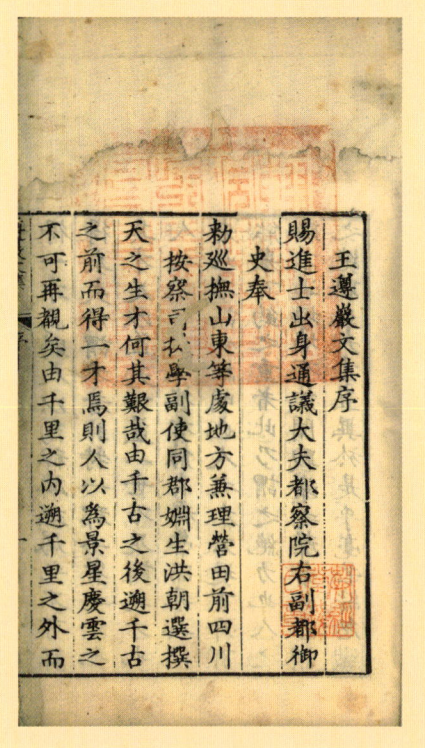

《遵巖先生文集》二十五卷　明王慎中撰　明隆慶五年(1571)嚴鎧刻本

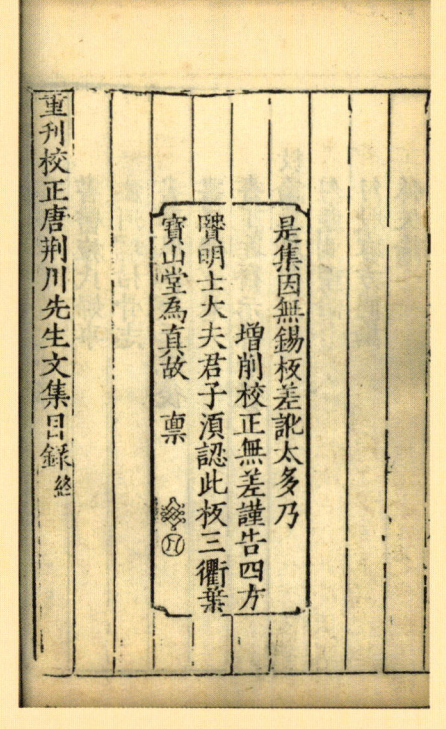
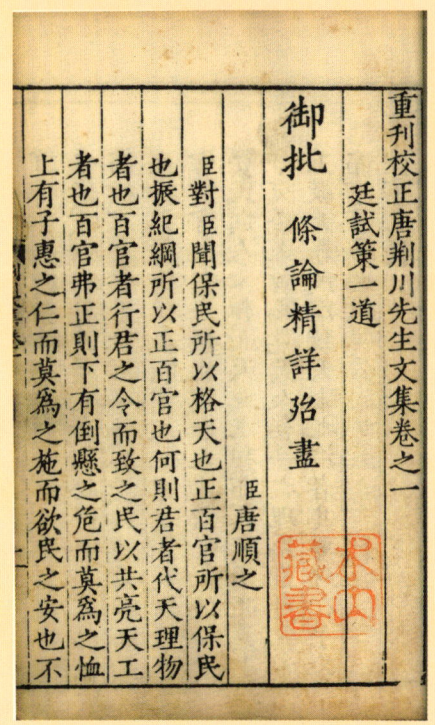

《重刊校正唐荊川先生文集》十二卷　明唐順之撰　明嘉靖三十二年(1553)葉氏寶山堂刻本

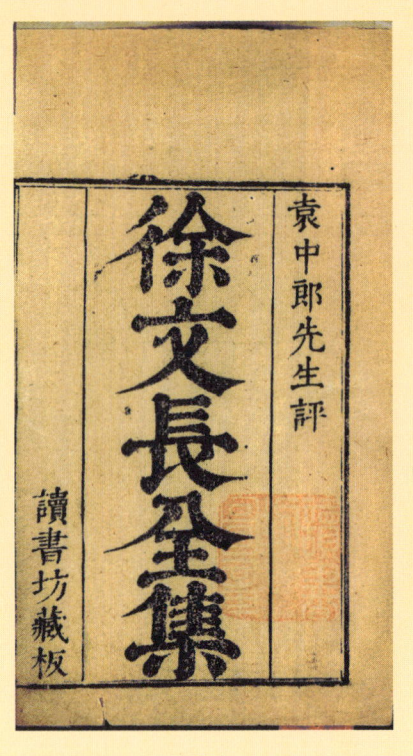
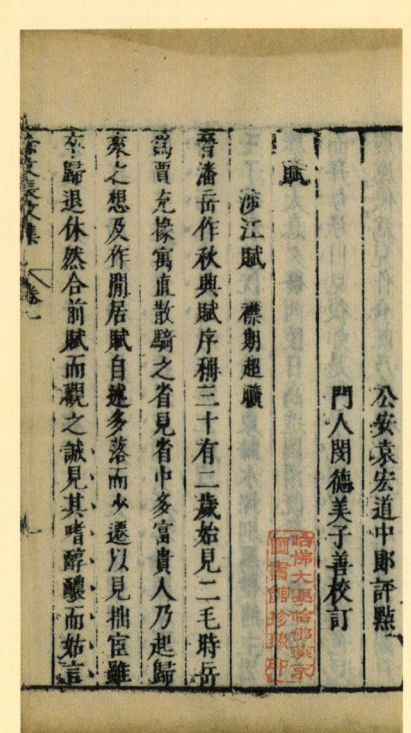

《徐文長文集》三十卷　明徐渭撰　袁宏道評點　明刻本

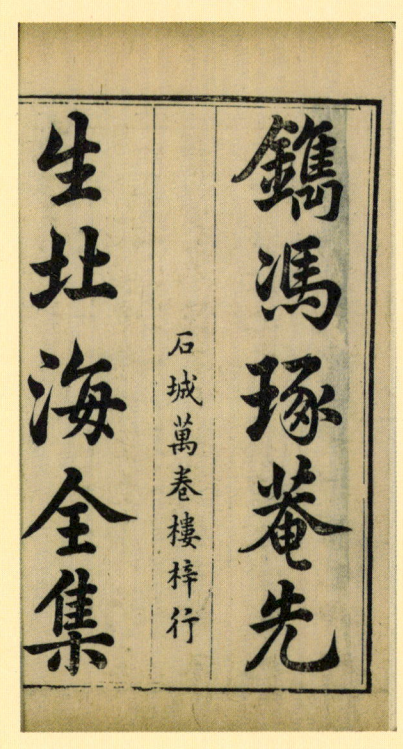
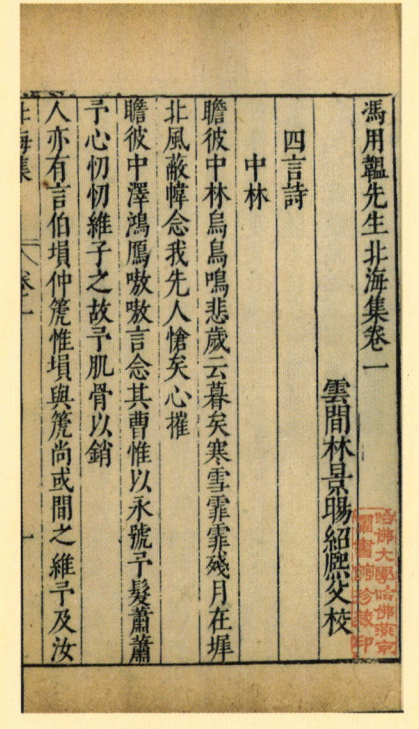

《馮用韞先生北海集》四十六卷　明馮琦撰　明萬曆林有麟刻本

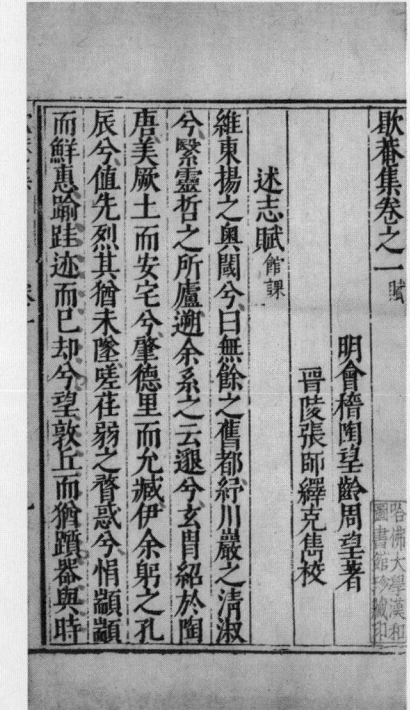

《歇庵集》十六卷　明陶望齡撰　明萬曆三十九年（1611）王應遴刻本

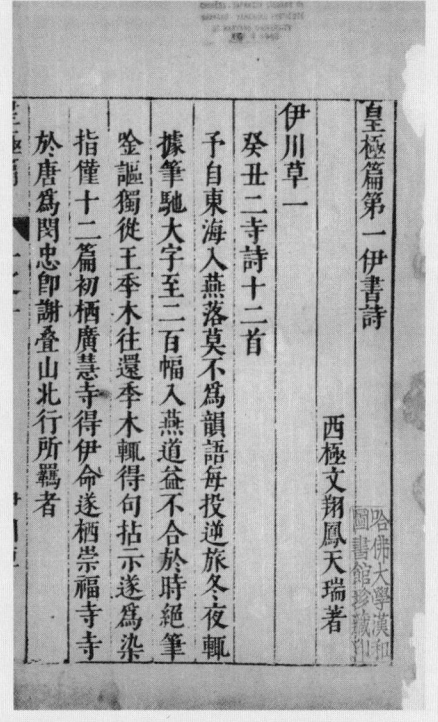

《皇極篇》二十七卷目錄三卷　明文翔鳳撰　明萬曆刻《文太青先生全集》本

《牧齋初學集》一百十卷　清錢謙益撰　明崇禎十六年（1643）瞿式耜刻本

《寶綸堂集》十卷　清陳洪綬撰　陳字購輯　清康熙陳氏寶綸堂刻本

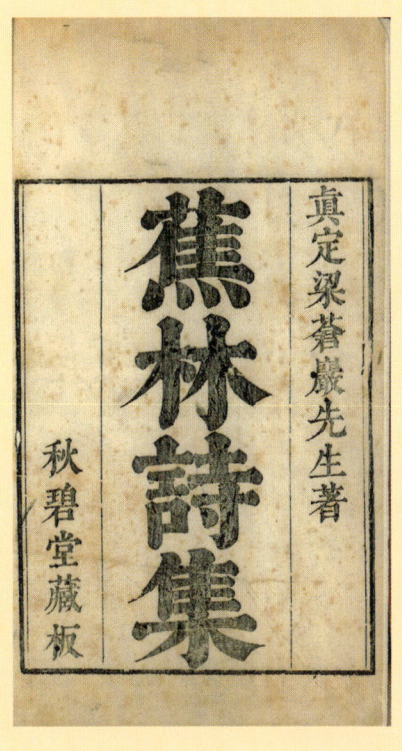
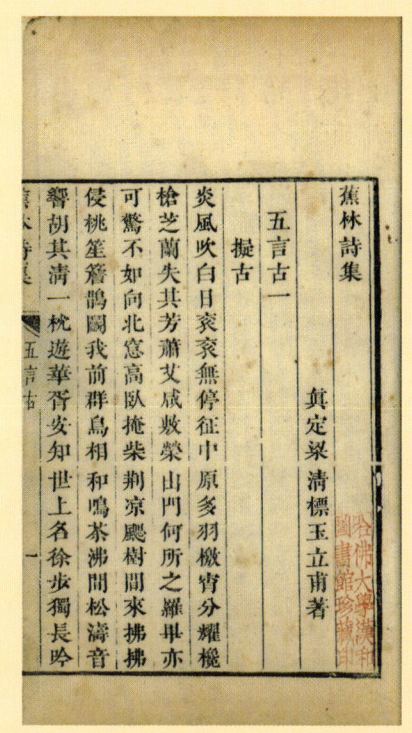

《蕉林詩集》十八卷　清梁清標撰　清康熙十七年(1678)梁允植秋碧堂刻本

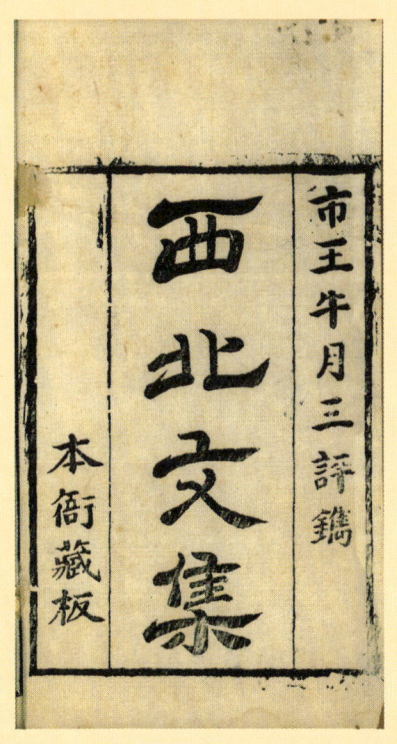
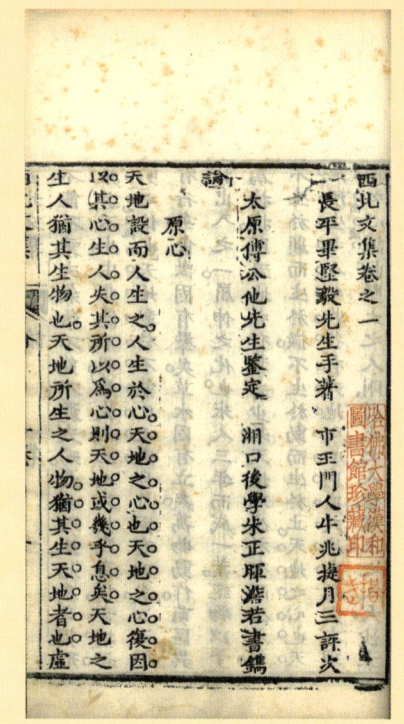

《西北文集》四卷　清畢振姬撰　清康熙牛兆捷刻本

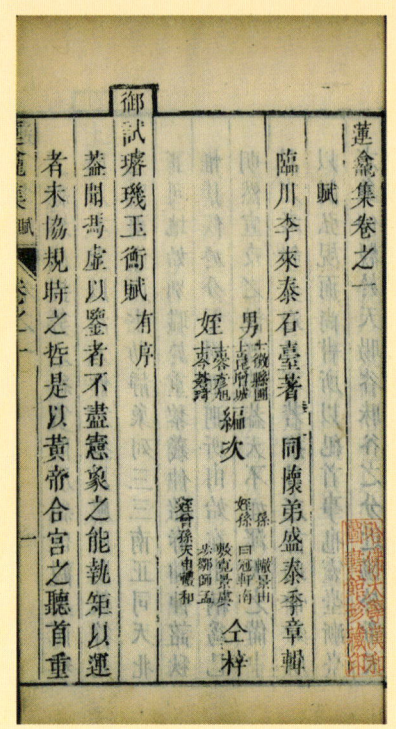 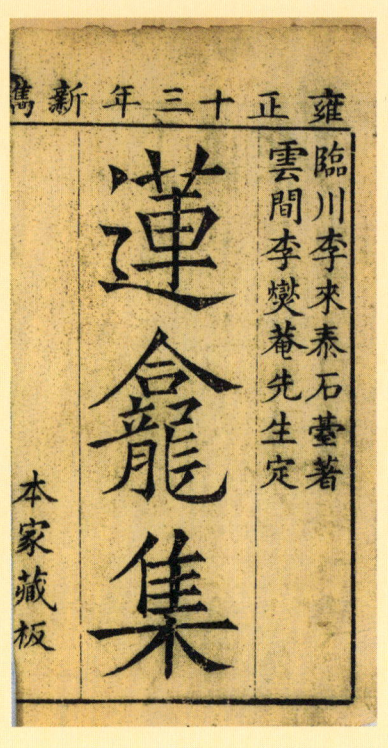

《蓮龕集》十六卷　清李來泰撰　清雍正十三年(1735)李轍等刻本

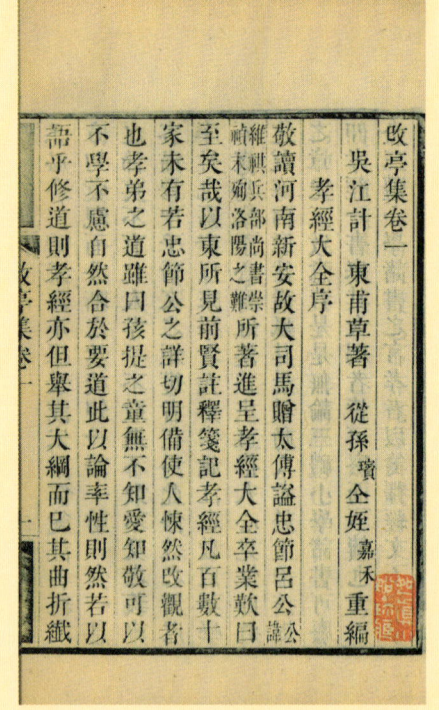 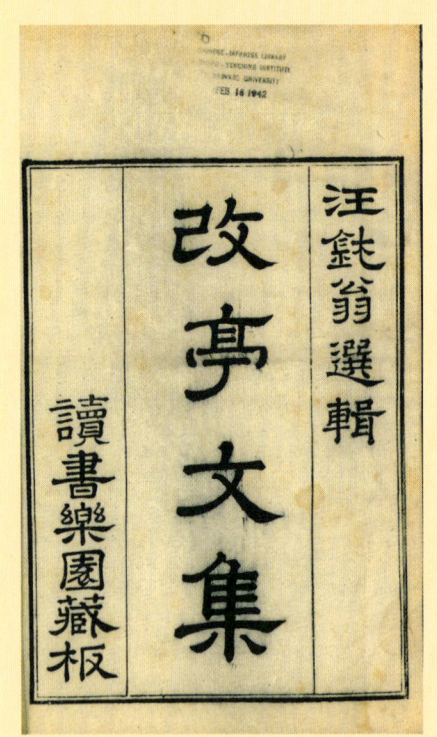

《改亭集》十六卷　清計東撰　清乾隆十三年(1748)計璸刻本

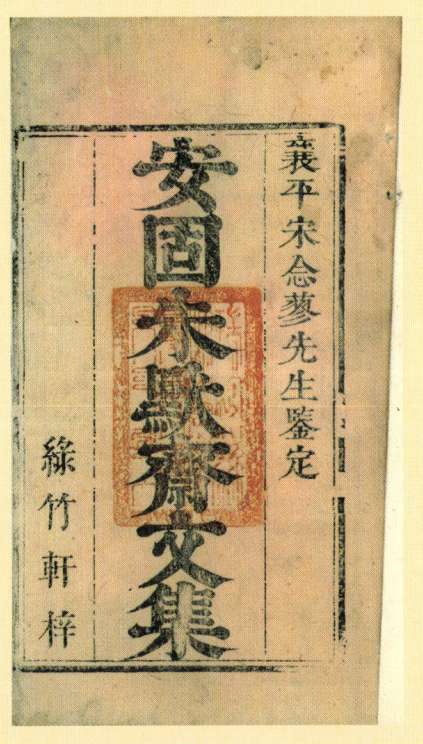
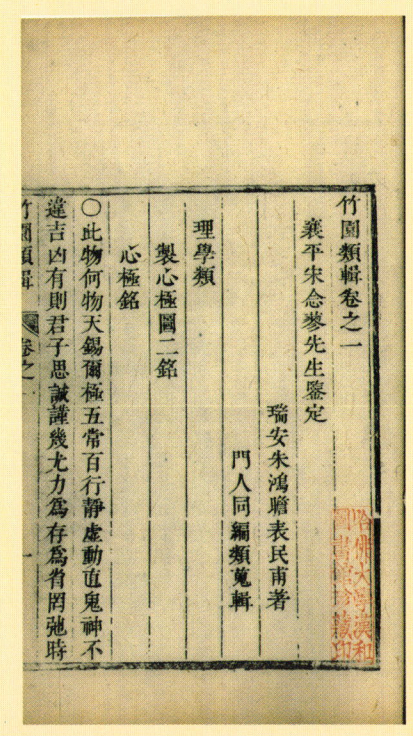

《竹園類輯》十卷　清朱鴻贍撰　錢肅楷等輯　清康熙朱氏綠竹軒刻曾孫模等重印本

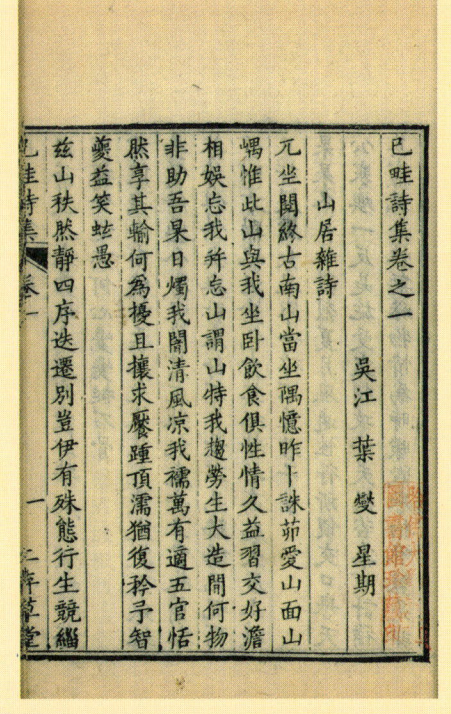

《巳畦詩集》十卷《詩集殘餘》一卷　清葉燮撰　清乾隆二十八年(1763)葉氏二棄草堂重刻本

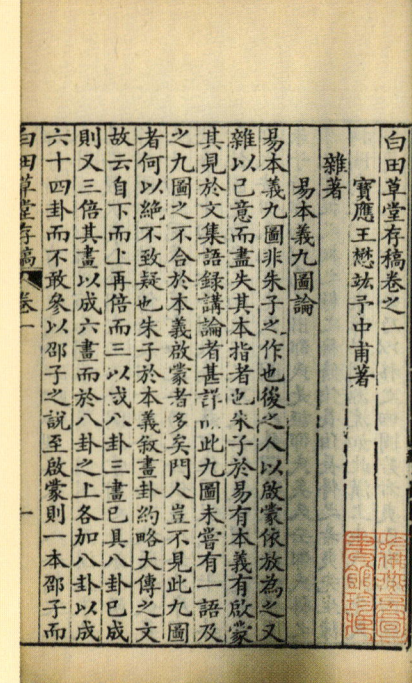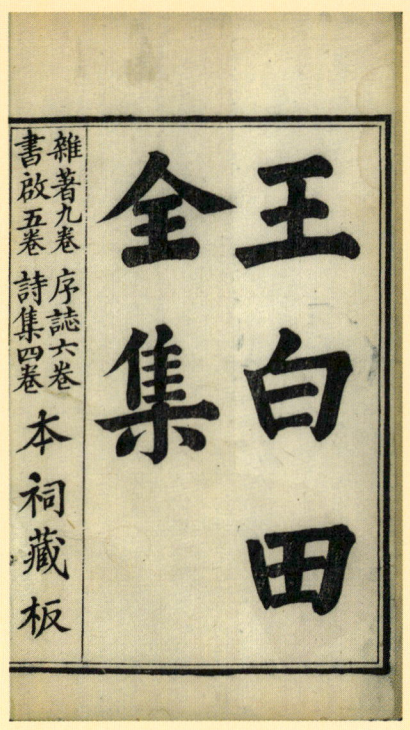

《白田草堂存稿》二十四卷　清王懋竑撰　附《行狀》一卷　清乾隆刻本

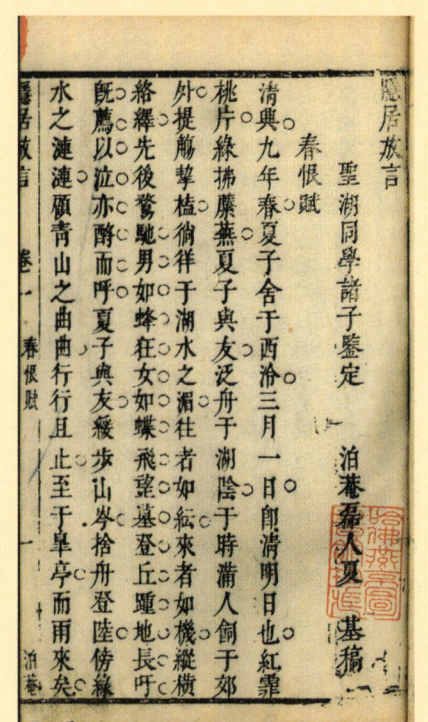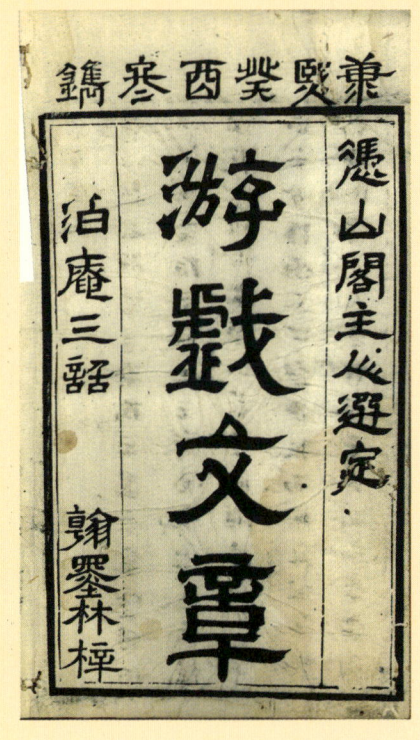

《隱居放言》十二卷　清夏基撰　清康熙三十二年（1693）翰墨林刻本

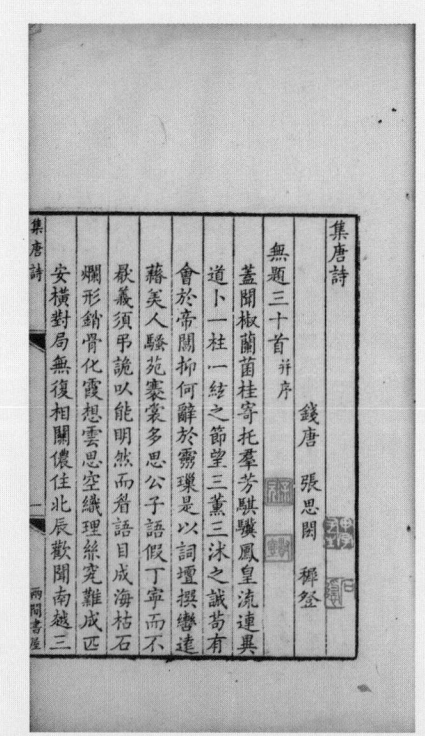

《集唐詩》一卷　清張思閣撰　清乾隆四年(1739)兩間書屋刻本

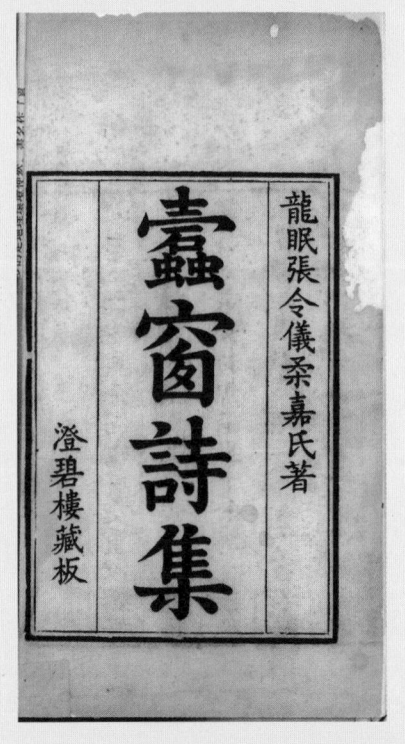
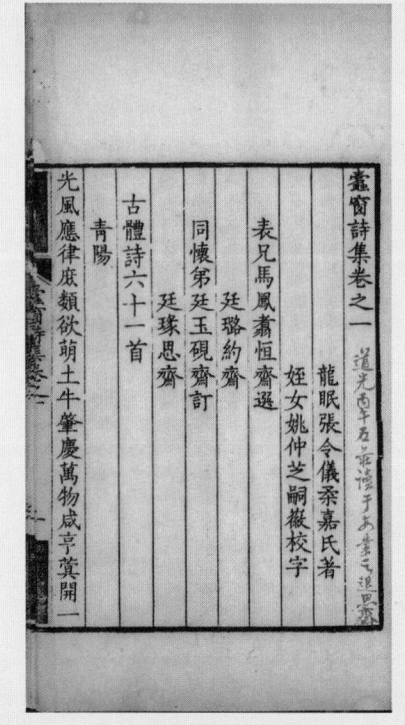

《蠹窗詩集》十四卷　清張令儀撰　清雍正二年(1724)姚仲芝澄碧樓刻本

 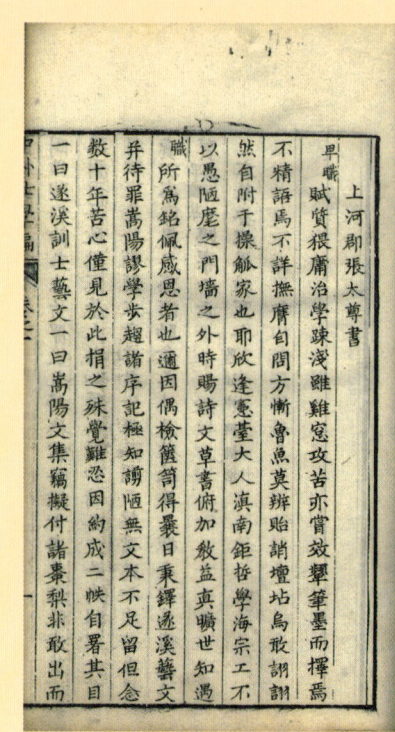

《中州仕學編》十二卷　清楊世達撰　清乾隆十九年(1754)刻本

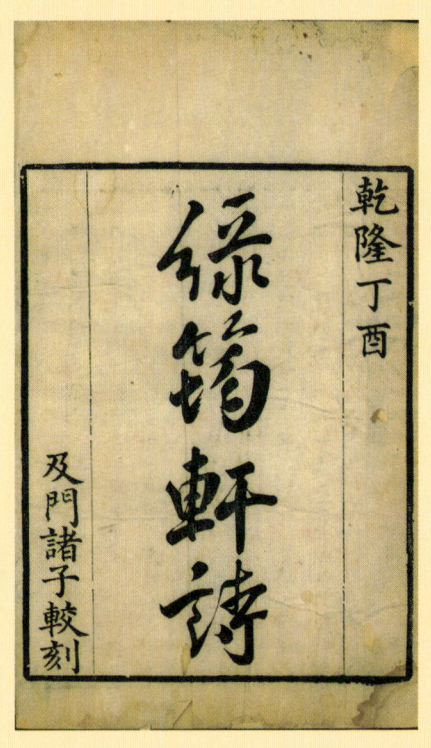 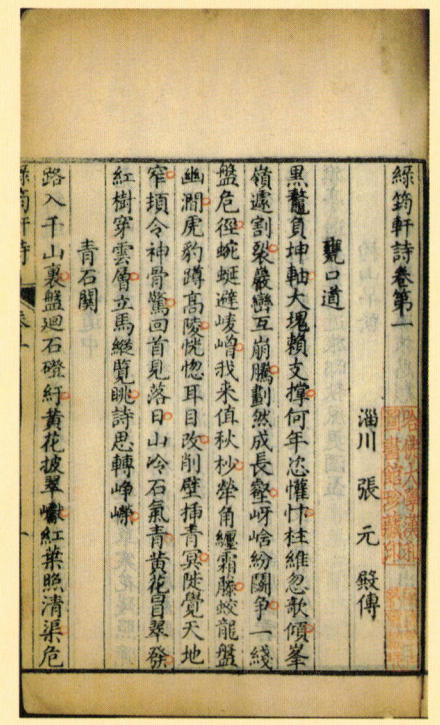

《綠筠軒詩》四卷　清張元撰　清乾隆四十二年(1777)張廷寀刻本

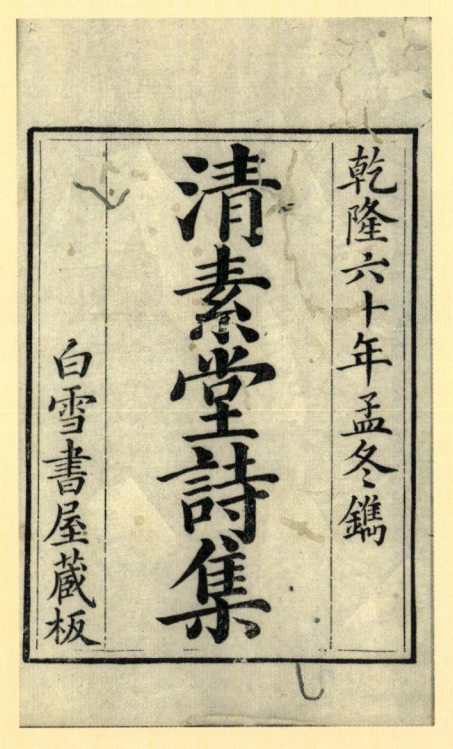
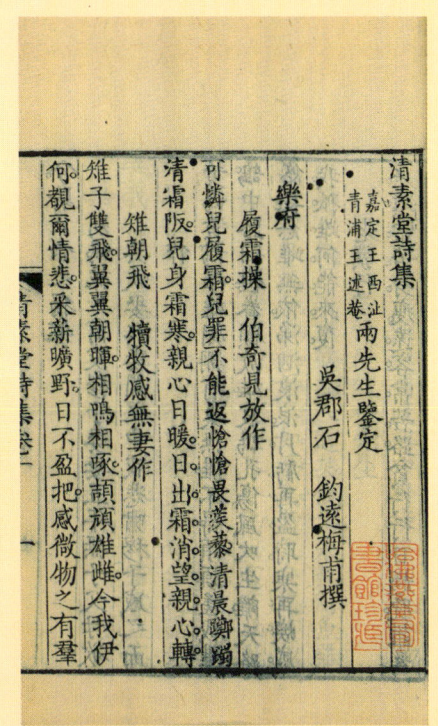

《清素堂詩集》九卷《文集》八卷　清石韞撰　清乾隆六十年(1795)至嘉慶八年(1803)白雪書屋刻本

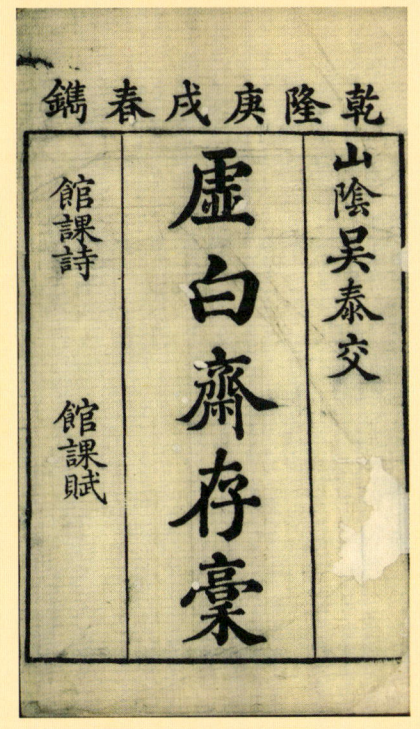
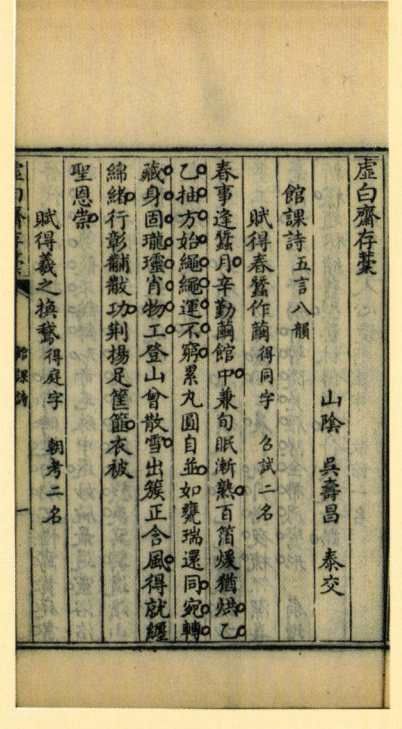

《虛白齋存稿》十四卷　清吳壽昌撰　清乾隆五十五年(1790)刻本

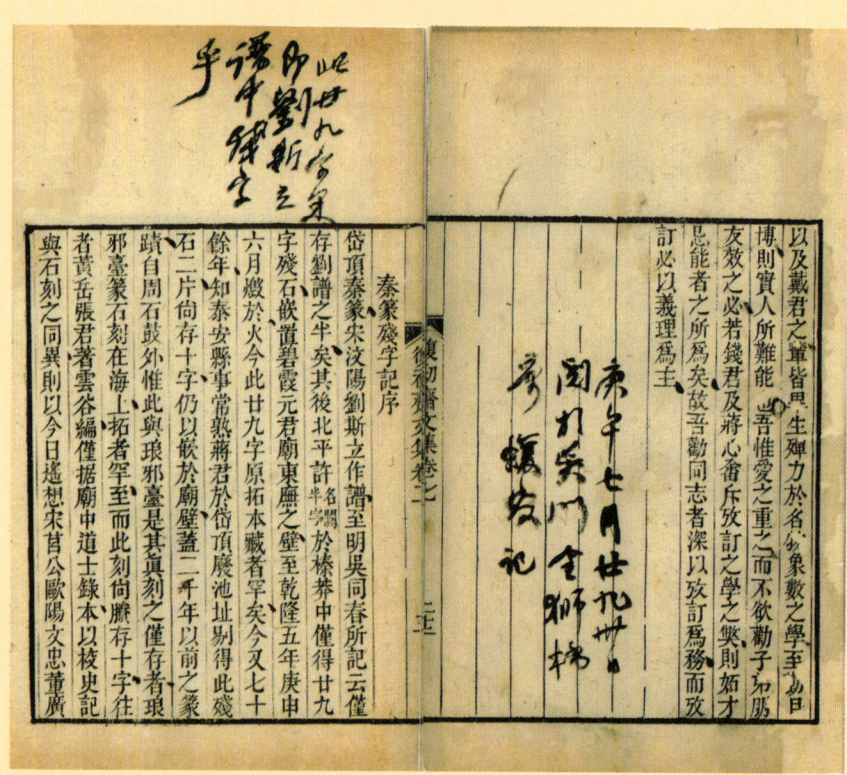

《復初齋文集》三十五卷　清翁方綱撰　清道光十六年(1836)李彥章刻本

素履堂藳

雜詩三首　　　　　　　寶應喬億慕韓

秋懷澹容與攜壺步廻谿楊柳風未寒習習吹我衣鶊
列相向葭菼紛披離連林明霽色橫溪停落暉躍鱗
美流游歸鳥薄林飛同遊二三子班坐悟忘歸清波激
危石潚汨復漣漪即趣遺物慮濯纓亦何為
千丁城南隅晨光照里閭瞻彼楊柳陌征馬相馳驅
旗障白日左右帶雕弧白面據金鞬偏坐搖珊瑚問彼
旗（未詳）（缺字）

《素履堂稿》一卷　清喬億撰　稿本　清沈德潛圈點並批　清劉寶楠跋

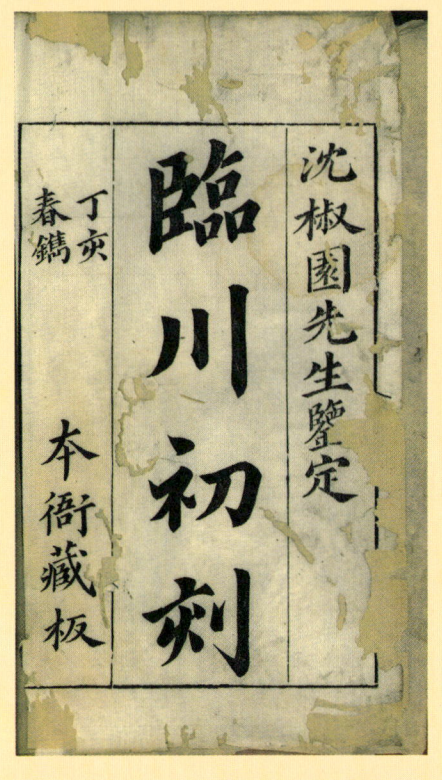
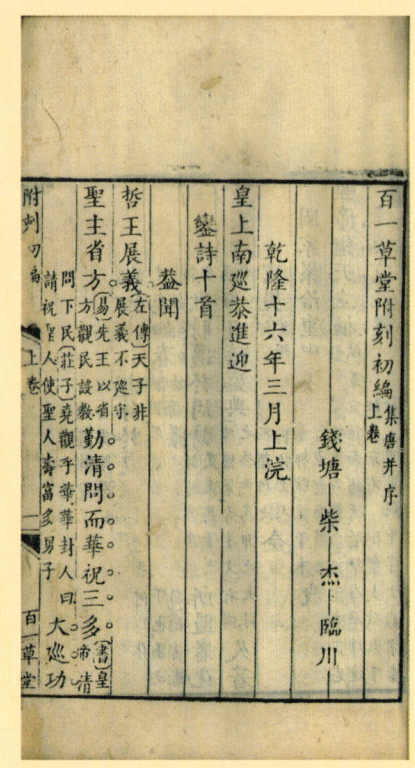

《百一草堂集唐附刻初編》二卷《二編》二卷　清柴杰撰　清乾隆三十二年（1767）柴氏百一草堂刻本

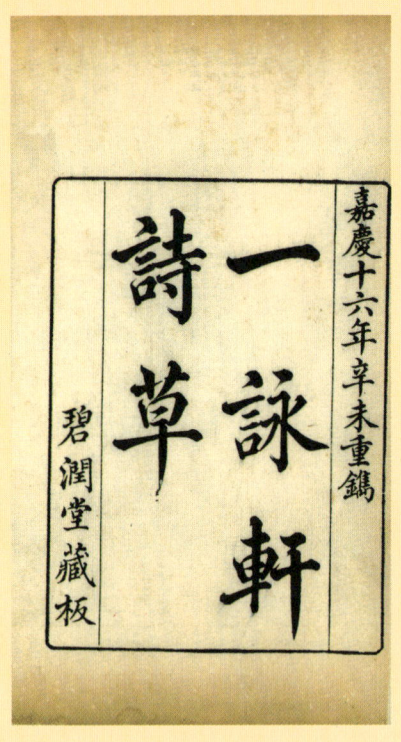
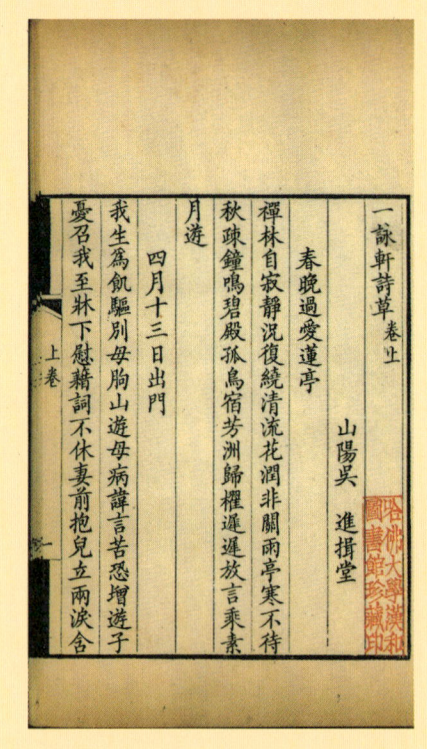

《一詠軒詩草》二卷　清吳進撰　清嘉慶十六年（1811）刻本

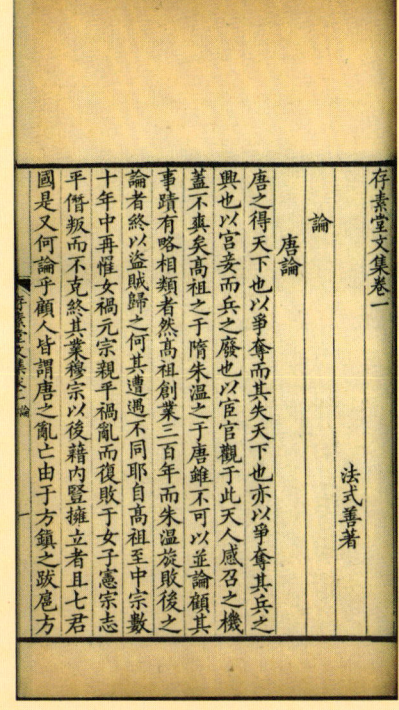

《存素堂文集》四卷《續集》二卷　清法式善撰　清嘉慶十二年(1807)至十六年(1811)程氏揚州刻本

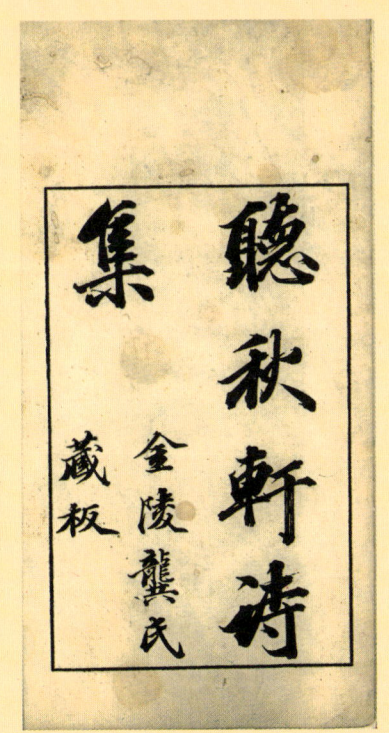
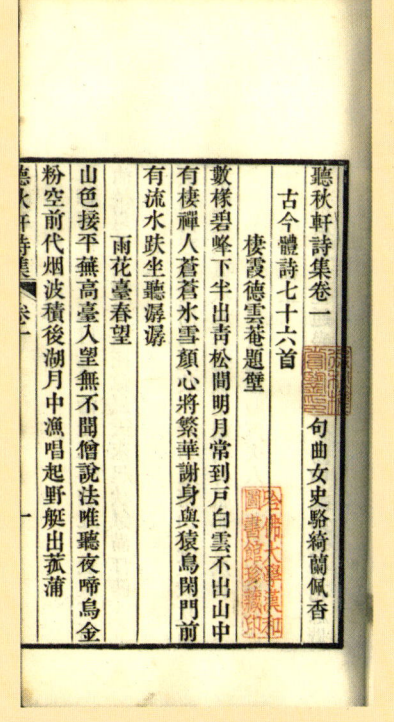

《聽秋軒詩集》三卷　清駱綺蘭撰　清乾隆六十年(1795)金陵龔氏刻本

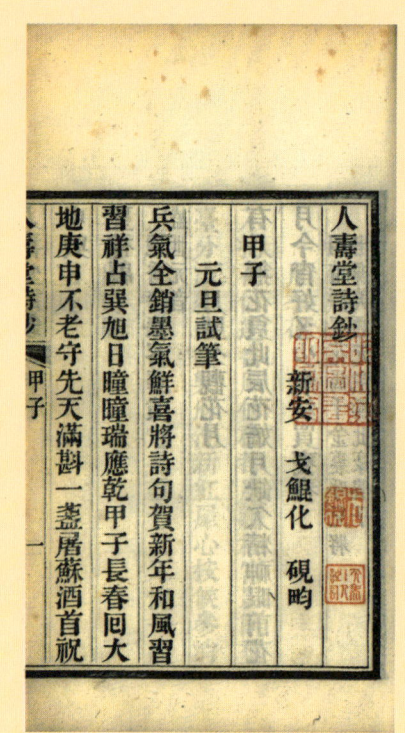

《人壽堂詩鈔》一卷《人壽集》一卷　清戈鯤化撰　清光緒三年(1877)至四年(1878)刻本

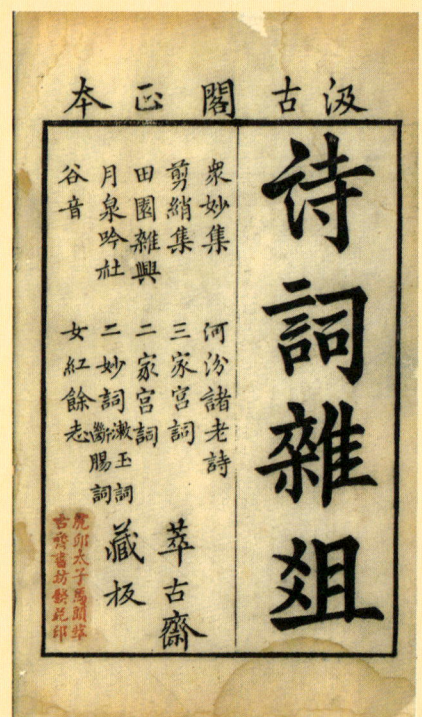
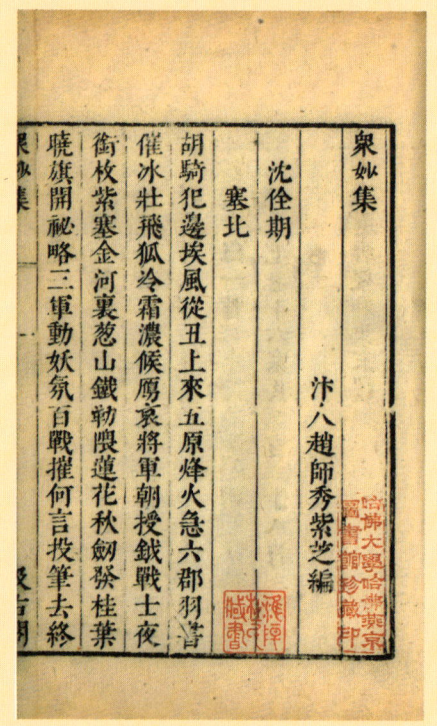

《詩詞雜俎》十四種二十四卷　明毛晉編　明天啓崇禎間毛氏汲古閣刻本

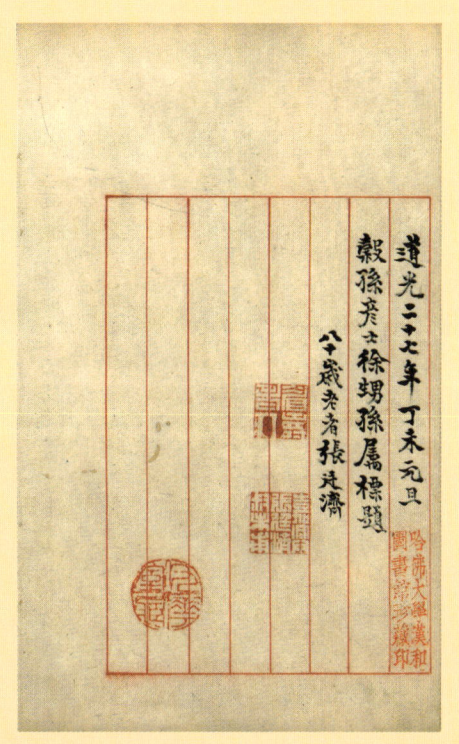
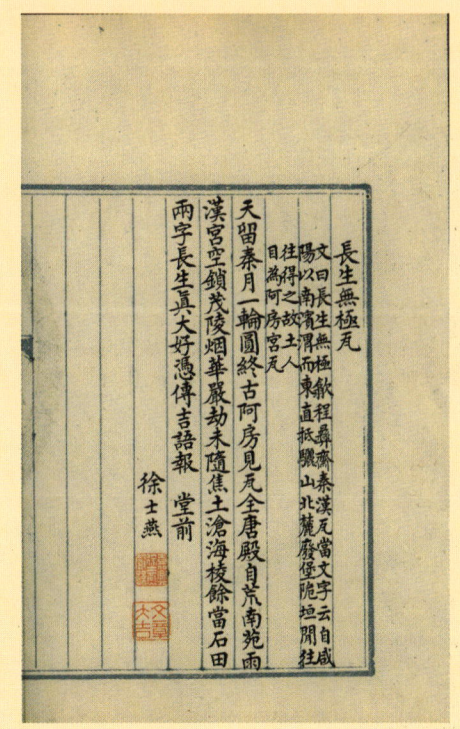

《性禾善米軒詩稿》一卷　清徐士燕撰　清道光二十六年(1846)手稿拓本

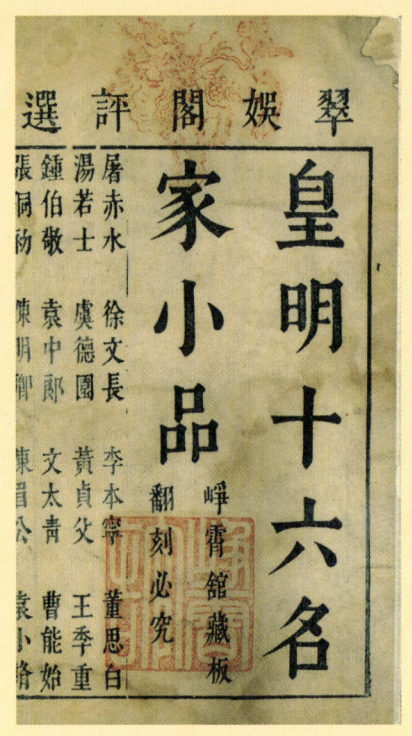
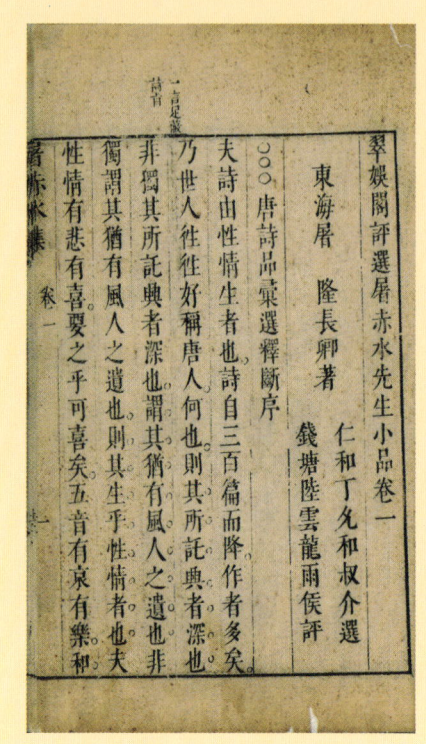

《皇明十六名家小品》三十二卷　明陸雲龍等編　陸雲龍評　明崇禎六年(1633)陸雲龍杭州崢霄館刻本

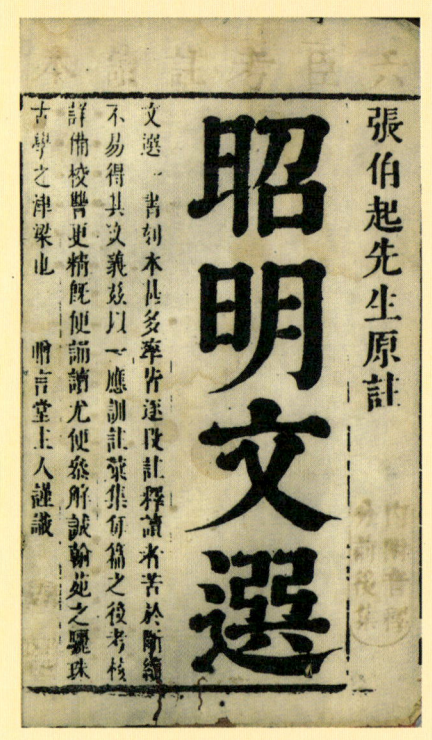
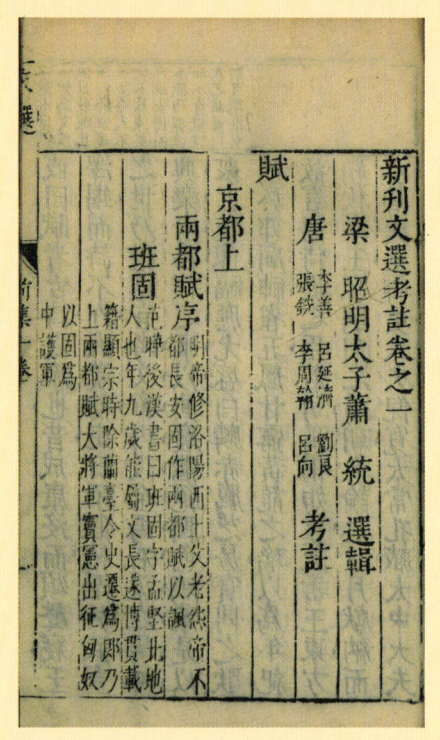

《新刊文選考註前集》十五卷《後集》十四卷　梁蕭統輯　唐李善、呂延濟、劉良、張銑、李周翰、呂向注　清康熙刻本

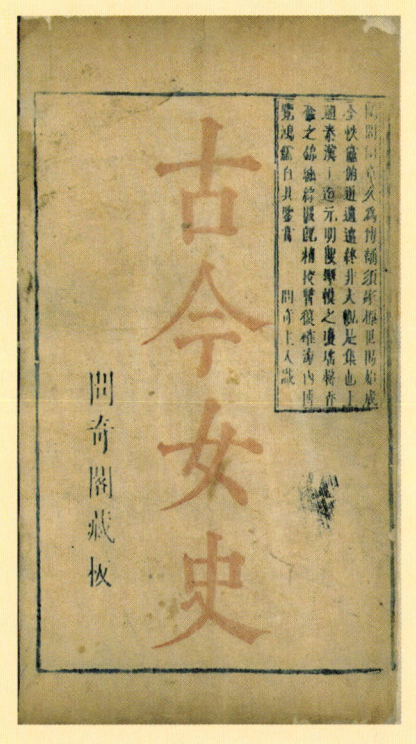 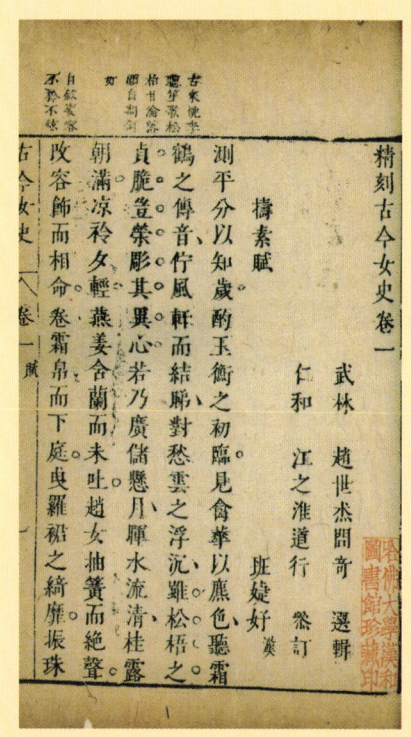

《精刻古今女史》十二卷《詩集》八卷《姓氏字里詳節》一卷　明趙世杰輯　明崇禎問奇閣刻本

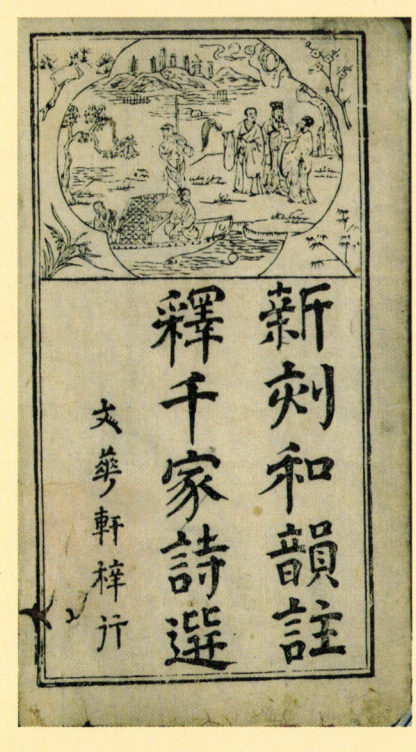 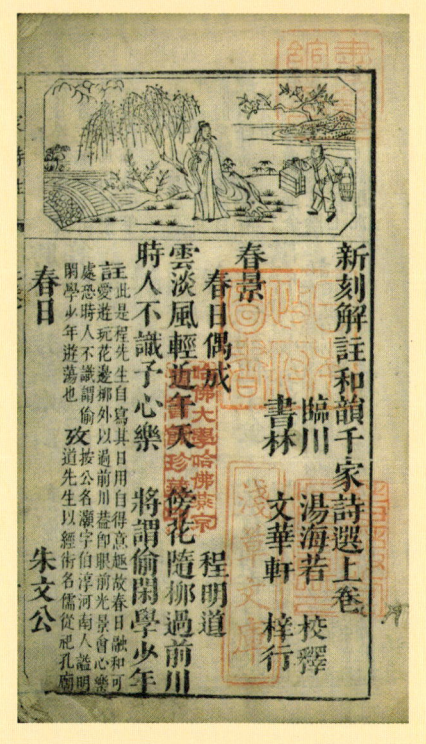

《新刻解注和韻千家詩選》二卷　題明湯顯祖校釋　明萬曆書林文華軒刻本

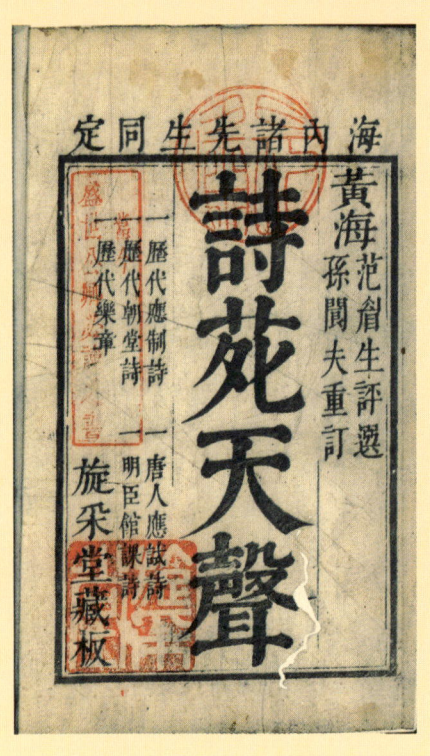
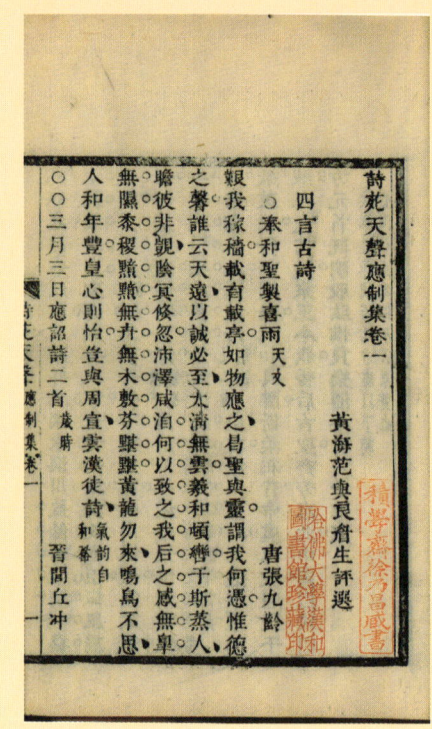

《詩苑天聲》二十二卷　清范與良輯並評　清順治十六年(1659)旋采堂刻本

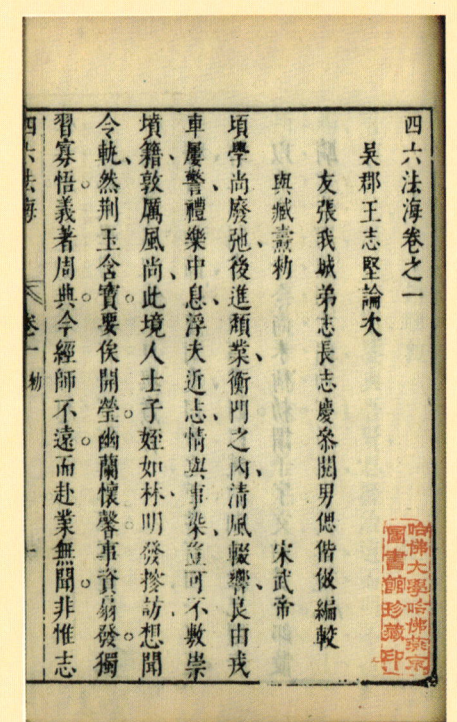

《四六法海》十二卷　明王志堅輯　明天啓七年(1627)刻本

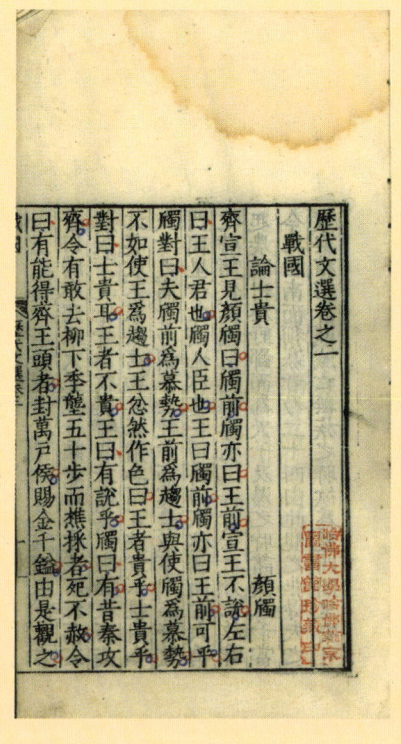

《歷代文選》十四卷　明凌雲翼輯　明隆慶六年(1572)湖廣鄖陽知府楊愈茂刻本

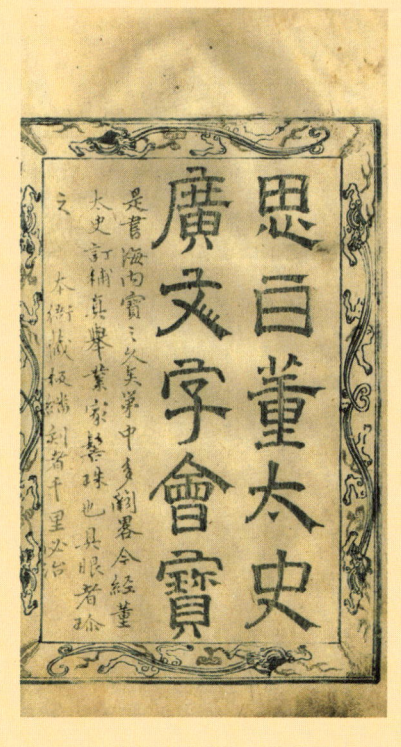
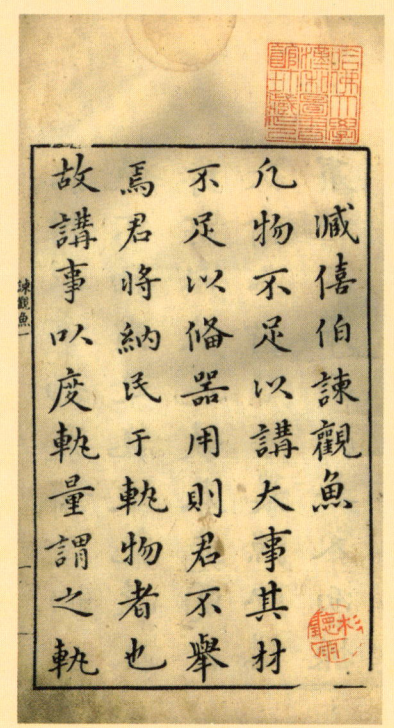

《廣文字會寶》不分卷　明朱文治輯　明萬曆閩建書林葉見遠刻本

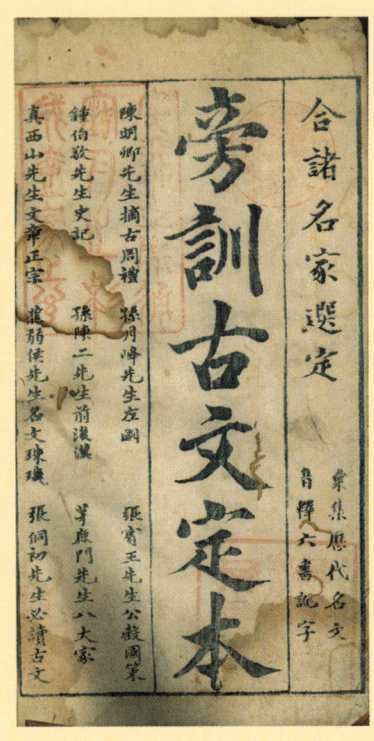 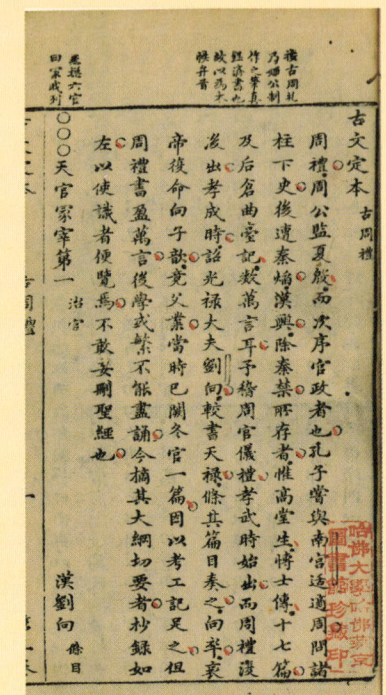

《古文定本》五卷　明馬晉允輯　明末刻本

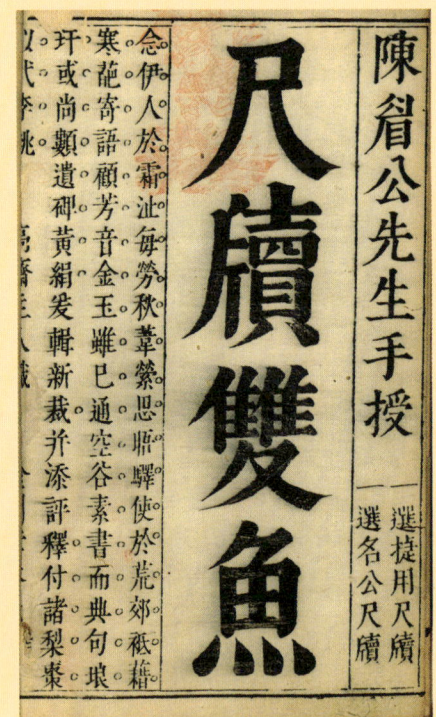 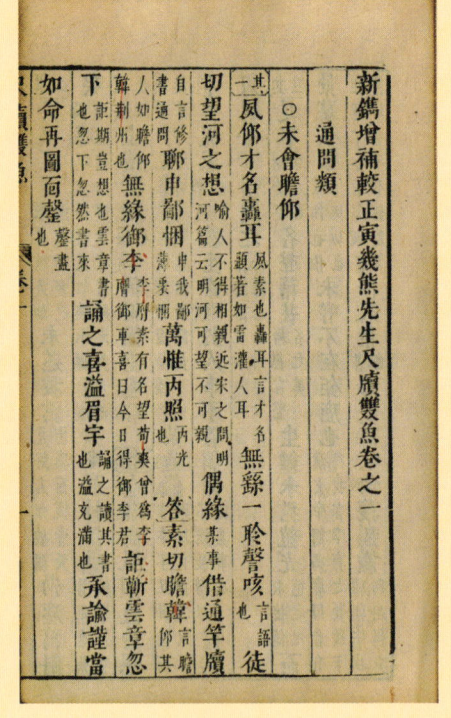

《新鐫增補較正寅幾熊先生尺牘雙魚》九卷　明吳雨來輯　明末金閶葉啓元刻本

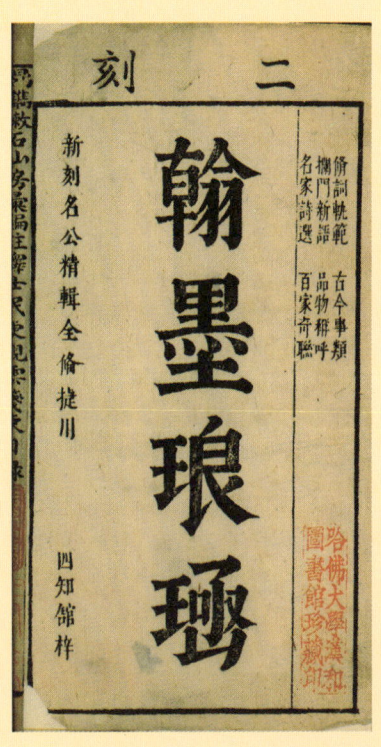
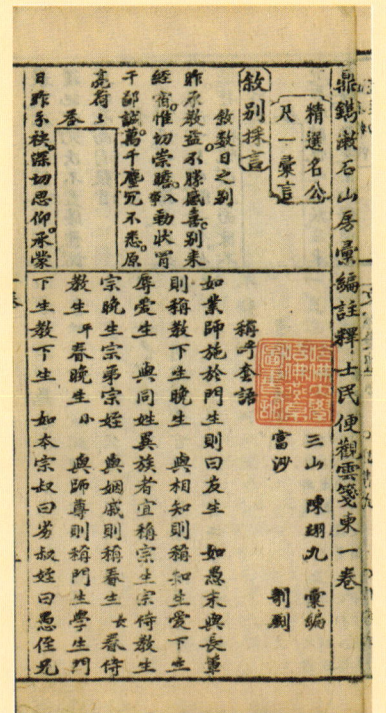

《鼎鐫漱石山房彙編注釋士民便觀雲箋柬》四卷　明陳翊九編　明末四知館刻本

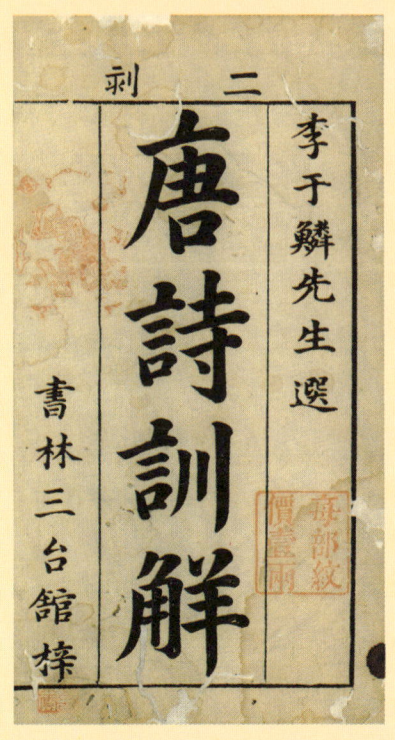
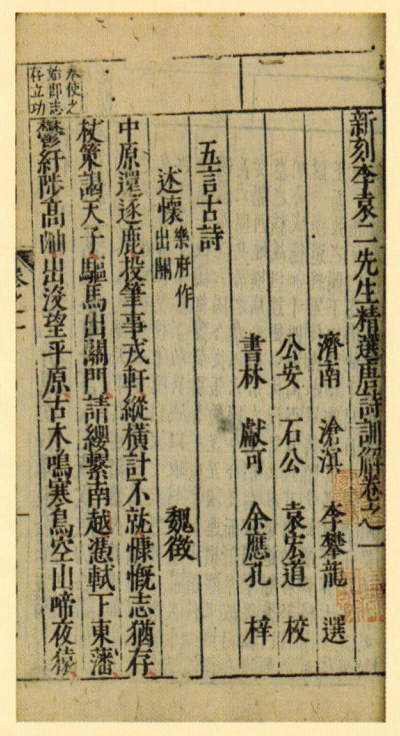

《新刻李袁二先生精選唐詩訓解》七卷　明李攀龍輯　袁宏道校
明萬曆四十六年(1618)余獻可居仁堂刻本

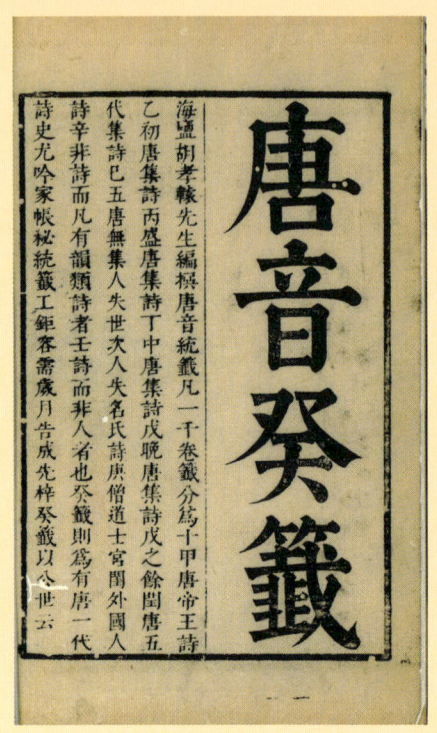
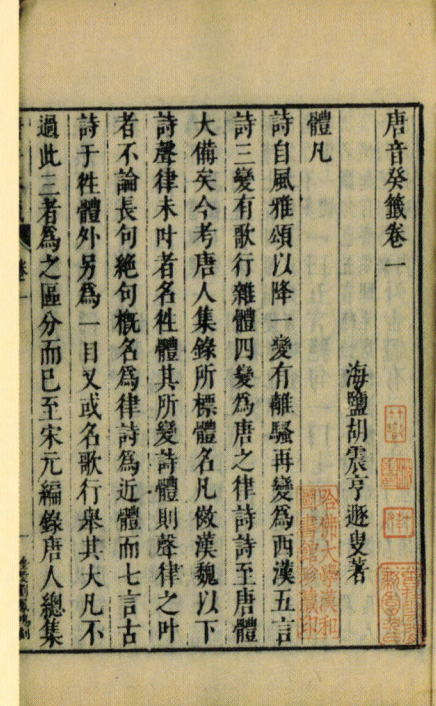

《唐音癸籤》三十三卷　明胡震亨輯　清康熙五十七年(1718)刻本

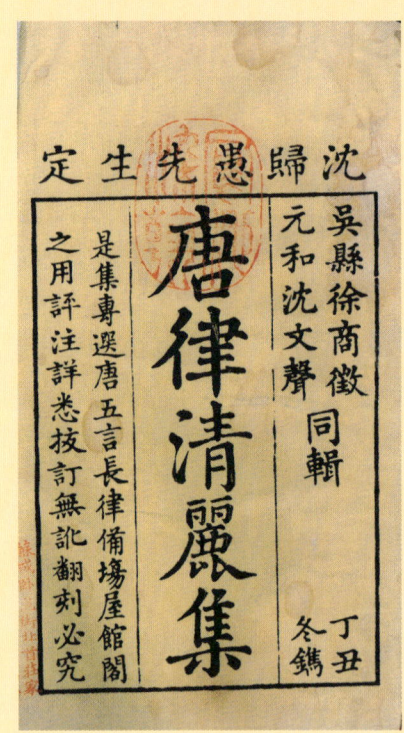
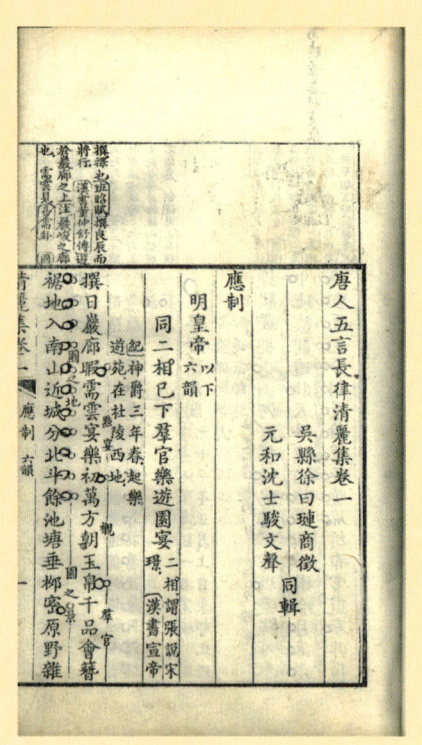

《唐人五言長律清麗集》六卷　清徐曰璉、沈士駿輯　清乾隆二十二年(1757)徐氏刻本

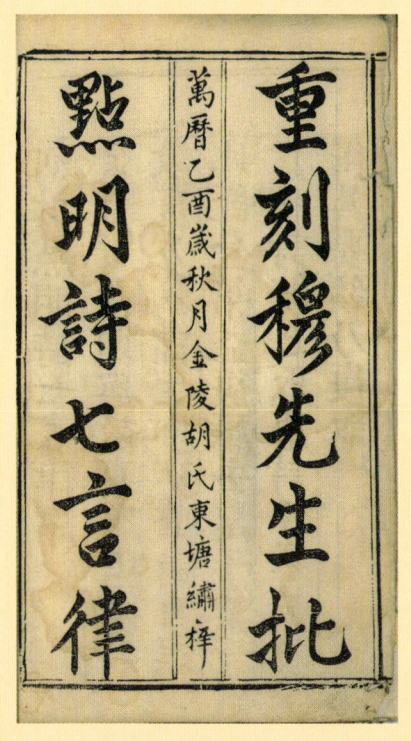
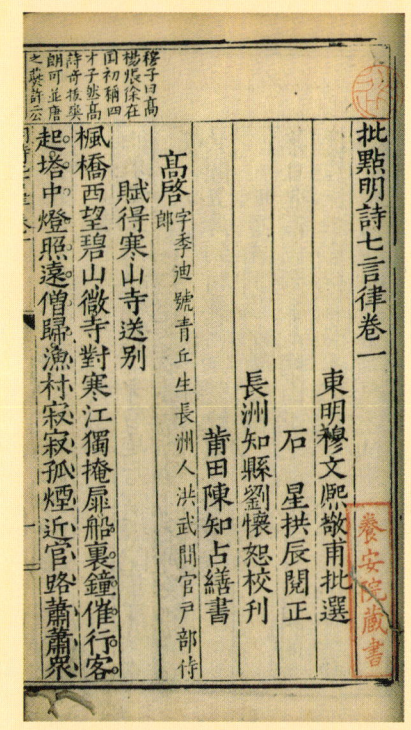

《批點明詩七言律》十二卷　明穆文熙輯並批　明萬曆十三年(1585)金陵胡氏東塘刻本

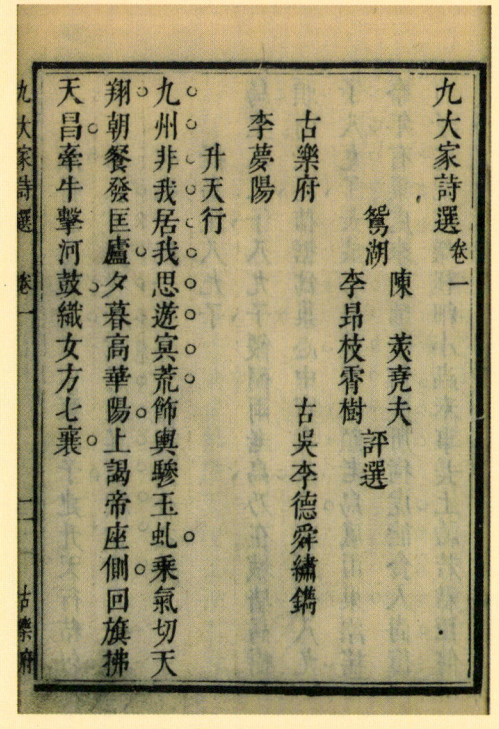

《九大家詩選》十二卷　清陳焭、李昂枝輯並評　清順治十七年(1660)李秀芝刻本

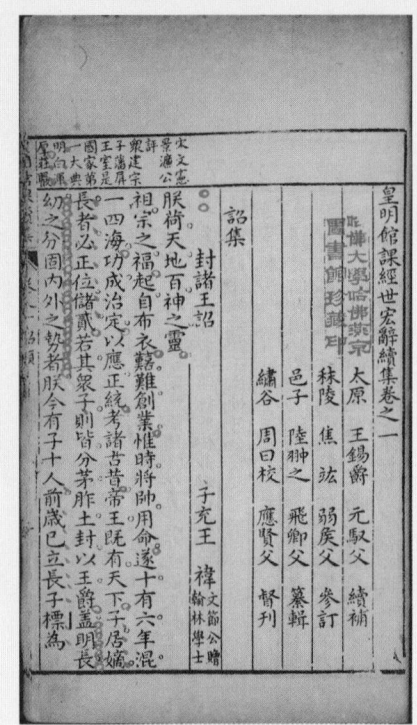

《皇明館課經世宏辭續集》十五卷　明王錫爵、陸翀之輯　明萬曆二十一年(1593)周日校刻本

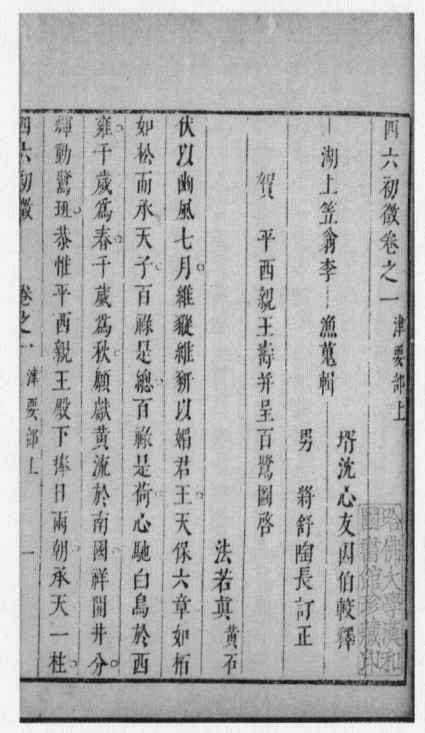

《四六初徵》二十卷　清李漁輯　清沈心友釋　清康熙十年(1671)金陵翼聖堂刻本

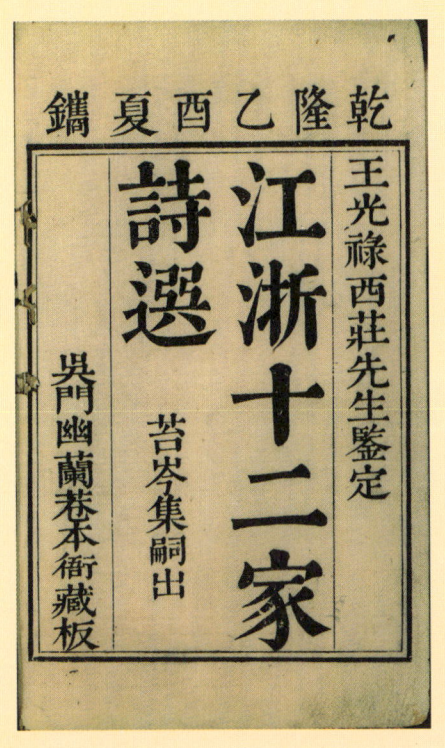
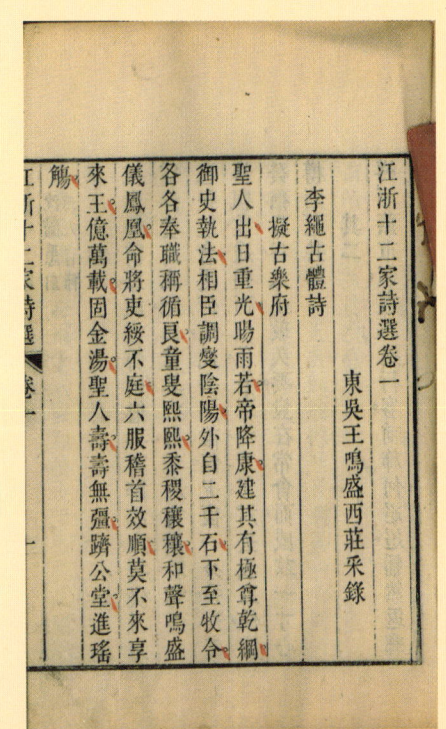

《江浙十二家詩選》二十四卷　清王鳴盛輯　清乾隆三十年(1765)刻本

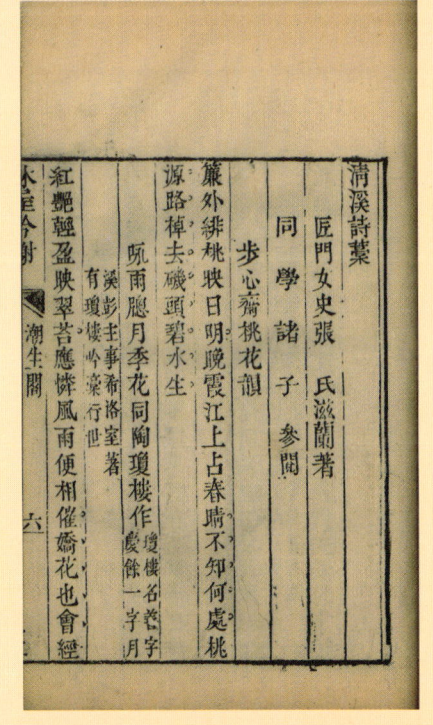

《吳中女士詩鈔》十種附三種　清任兆麟輯　清乾隆五十四年(1789)至五十九年(1794)刻本

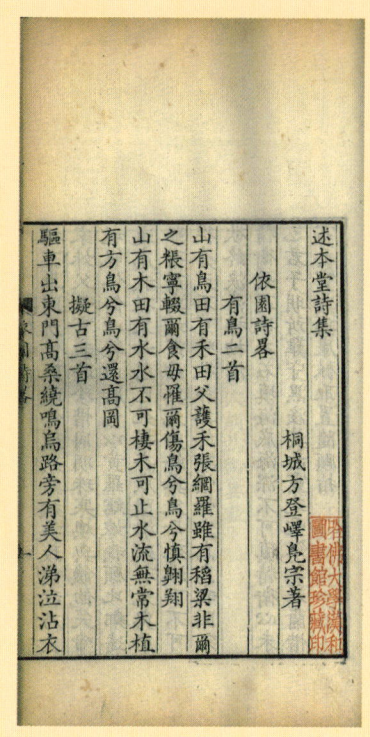

《述本堂詩集》十八卷　清乾隆二十年(1755)方觀永等刻本

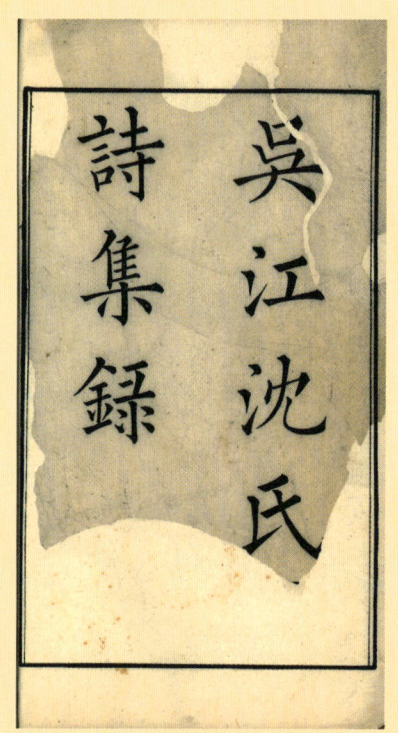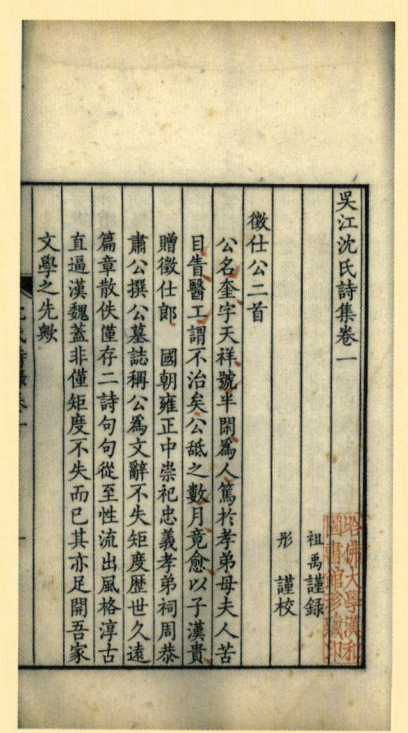

《吳江沈氏詩集》十二卷　清沈祖禹輯　清乾隆五年(1740)刻本

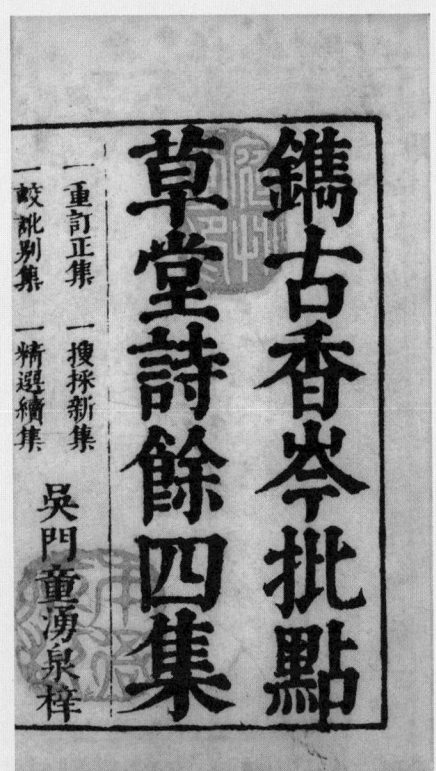

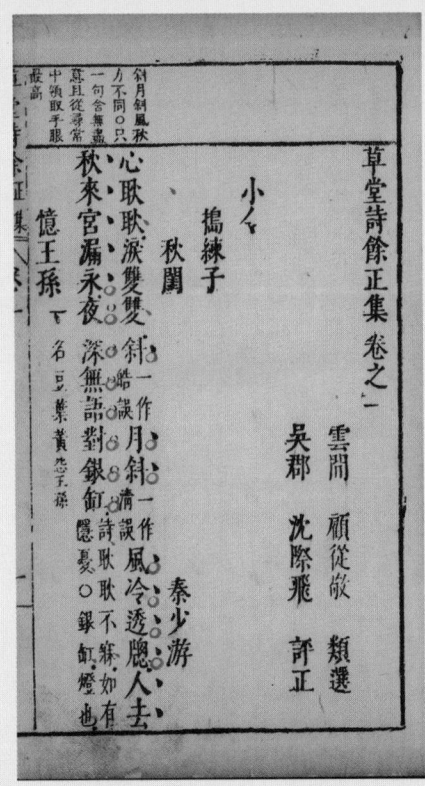

《古香岑草堂詩餘》四集十七卷　明末吳門童湧泉刻本

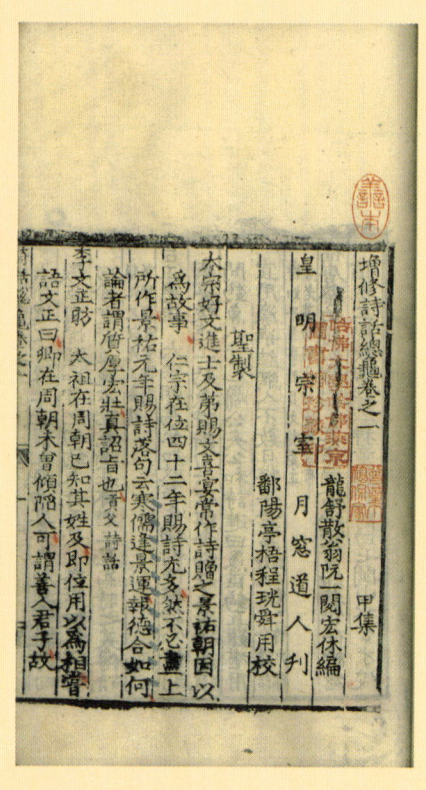

《增修詩話總龜》四十八卷《後集》五十卷　宋阮閱輯　明嘉靖二十四年(1545)
月窗道人刻本　清瞿鴻禨題識　民國丁福保跋

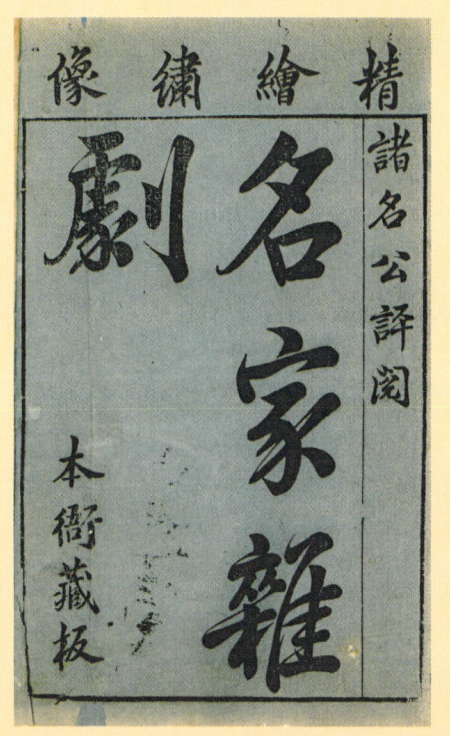
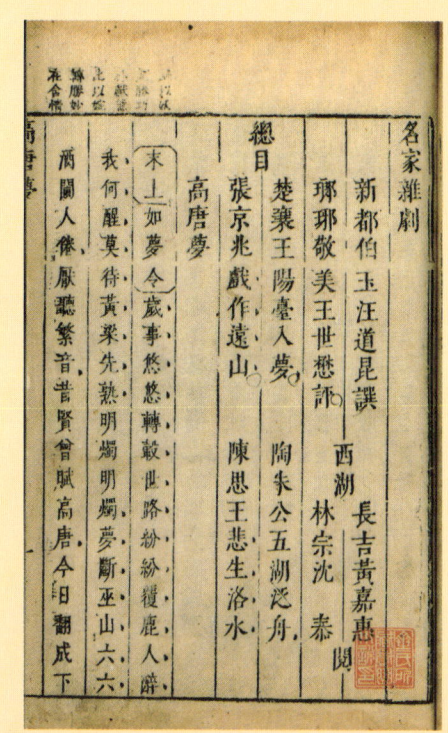

《盛明雜劇》三十種三十卷　明沈泰編　明崇禎刻本

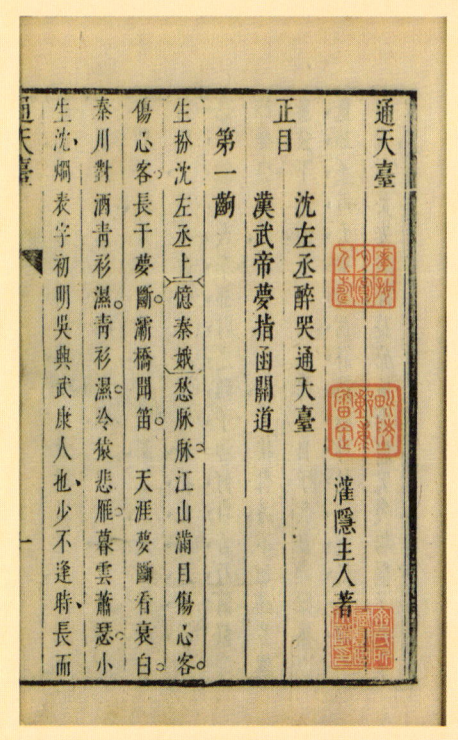

《雜劇新編》三十三卷　清鄒式金編　清康熙刻本

 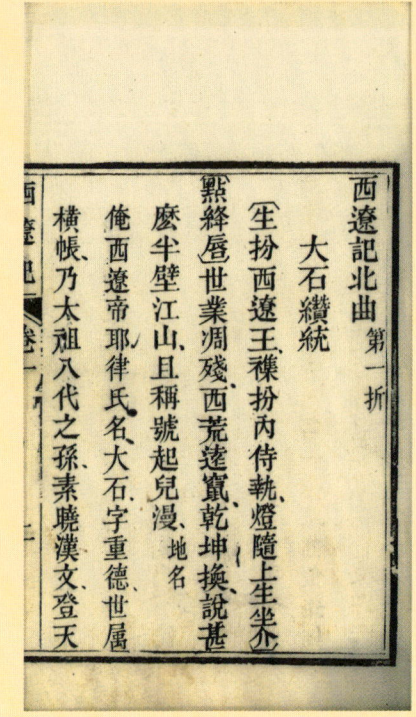

《六觀樓北曲》六卷　清許鴻磐撰　清道光二十六年(1846)刻本

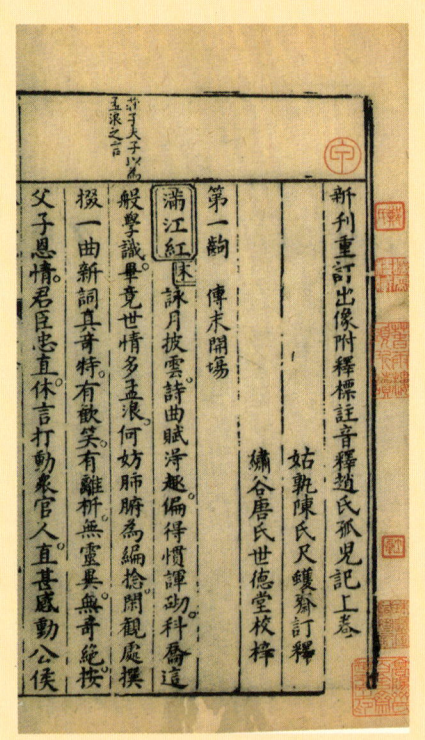 

《新刊重訂出像附釋標注音釋趙氏孤兒記》二卷　明題陳氏尺蠖齋訂釋　明唐氏世德堂刻本

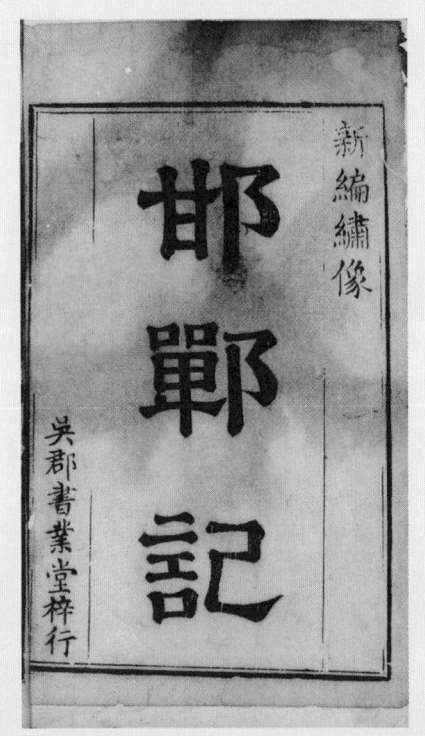
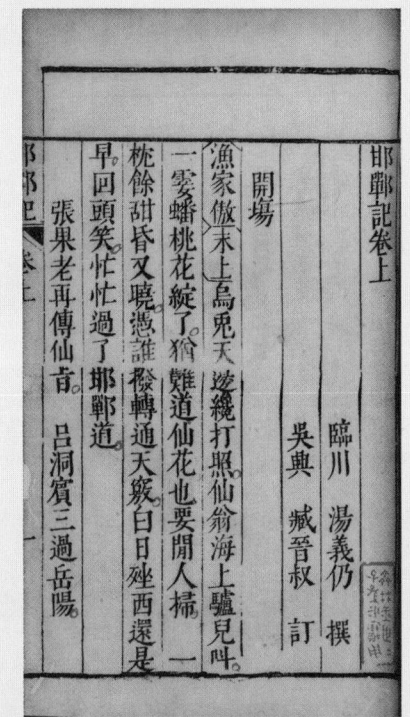

《邯鄲記》二卷　明湯顯祖撰　臧懋循訂　明萬曆吳郡書業堂刻本

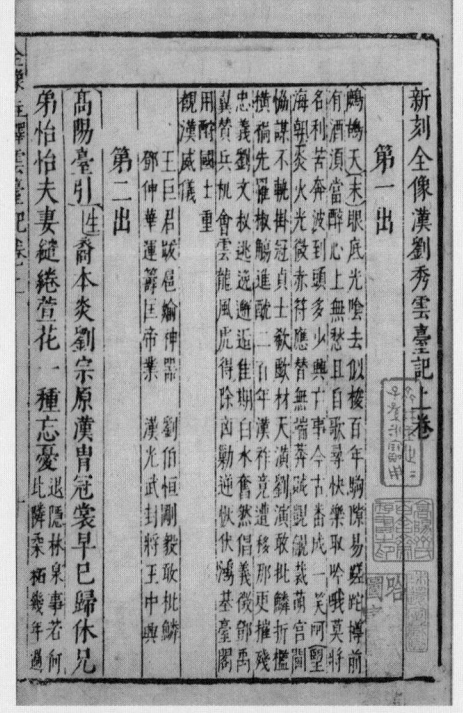

《新刻全像漢劉秀雲臺記》二卷　明蒲俊卿撰　明金陵唐氏刻本

《長命縷》二卷　明梅鼎祚撰　明末刻本

 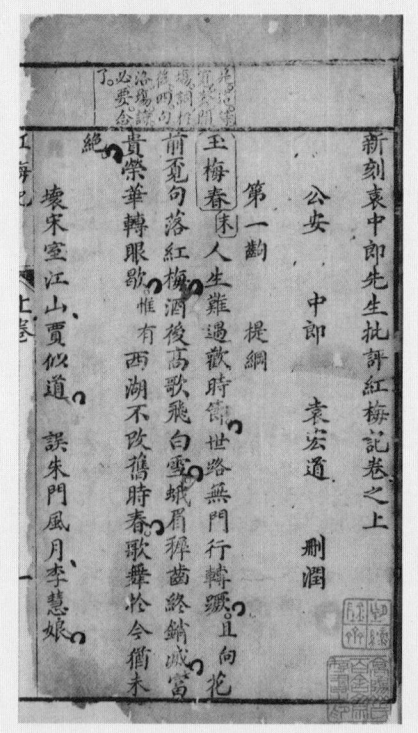

《新刻袁中郎先生批評紅梅記》二卷　明周朝俊撰　袁宏道評　明崇禎陳長卿刻本

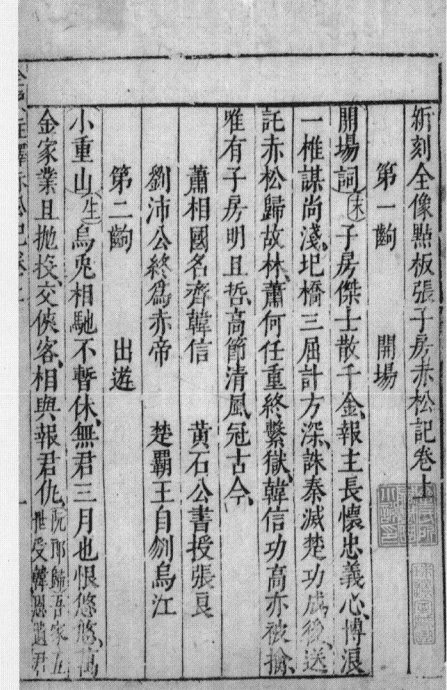

《新刻全像點板張子房赤松記》二卷　明金陵唐氏刻本

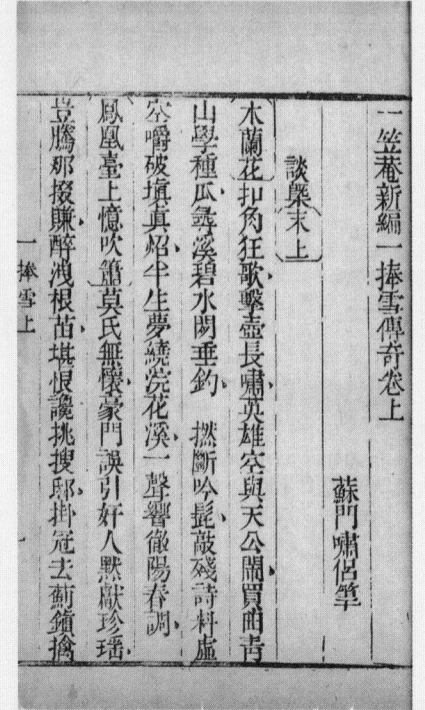

《一笠菴四種曲》八卷　清李玉撰　清乾隆五十九年(1794)寶研齋刻本

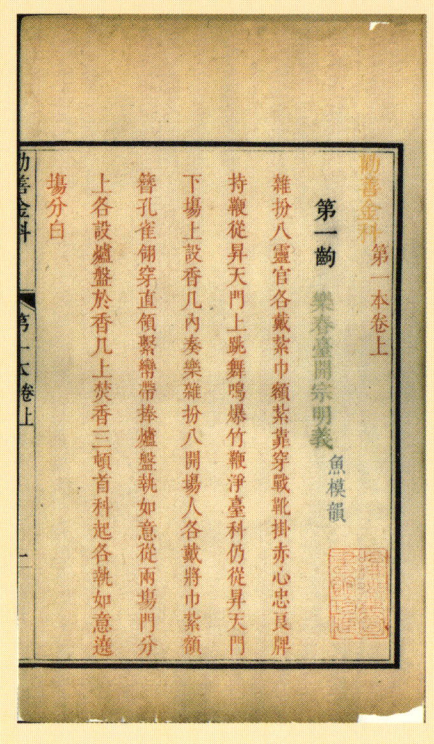

《勸善金科》十本二十卷首一卷　清張照等撰　清乾隆內府刻五色套印本

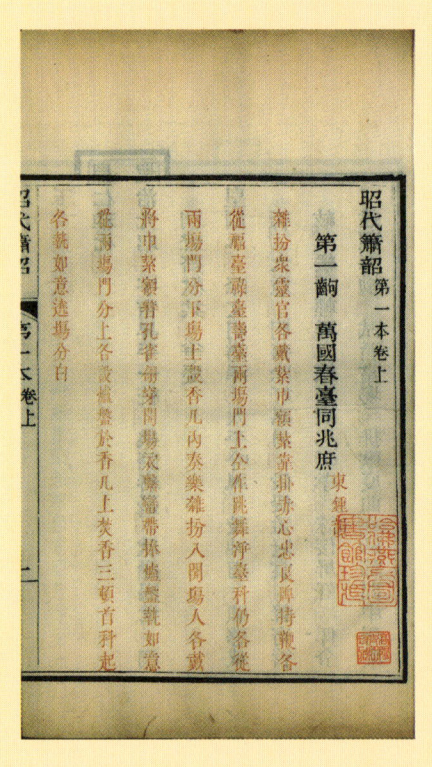
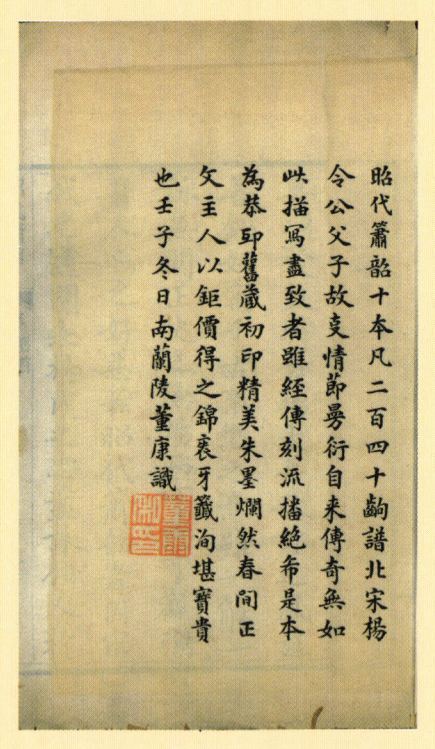

《昭代簫韶》十本二十卷首一卷　清王廷章、范聞賢等撰　清嘉慶十八年(1813)內府刻朱墨套印本

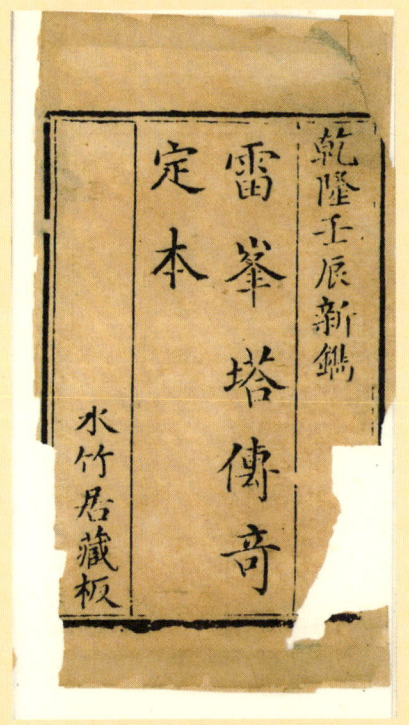 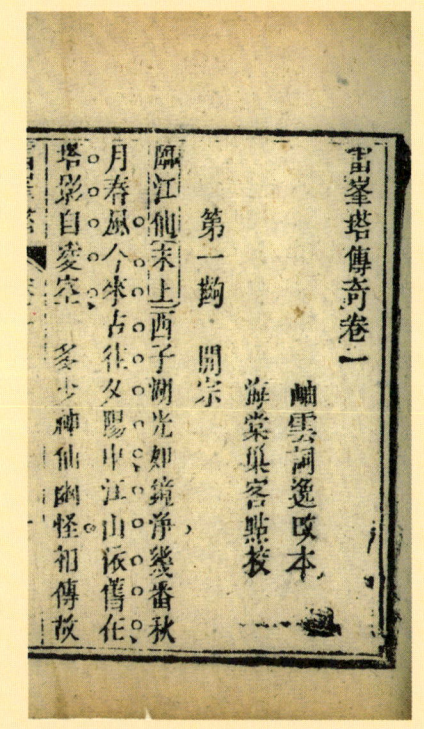

《雷峰塔傳奇》四卷　清方成培撰　清乾隆三十七年(1772)水竹居刻巾箱本

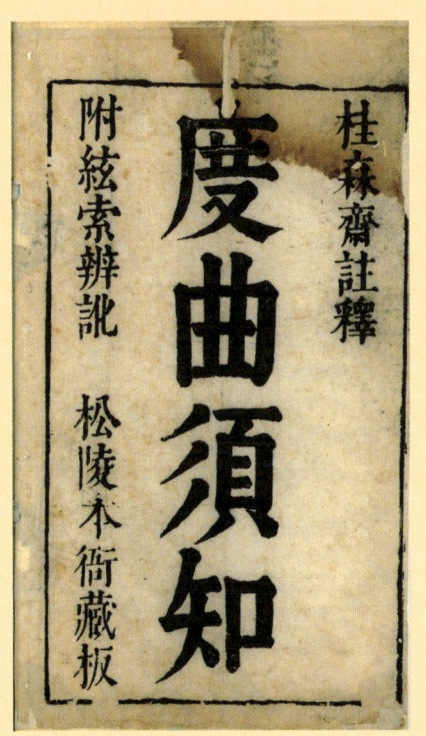 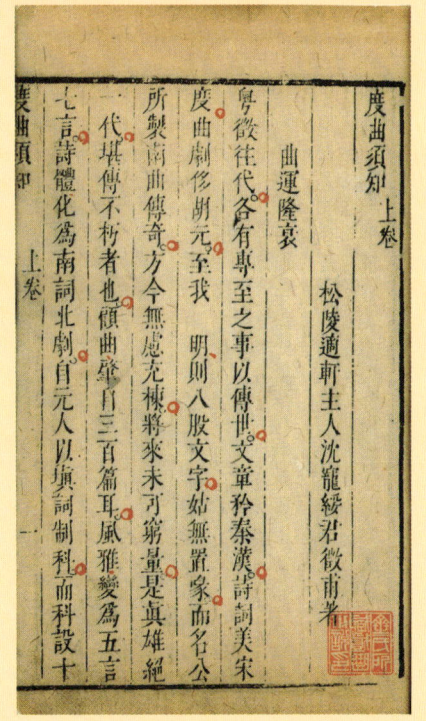

《度曲須知》二卷《絃索辨訛》三卷　明沈寵綏撰　明崇禎十二年(1639)
自刻清順治六年(1649)沈標重修本

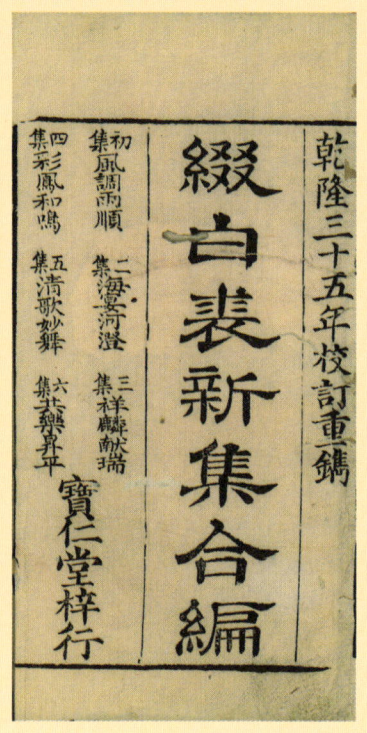
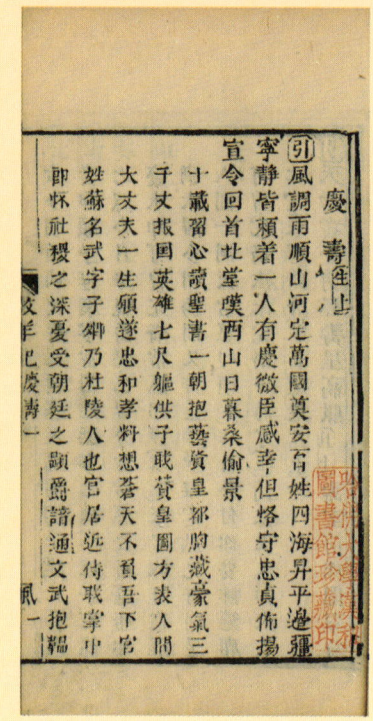

《綴白裘新集合編》二十四卷　清錢沛思輯　清乾隆三十五年(1770)寶仁堂刻本

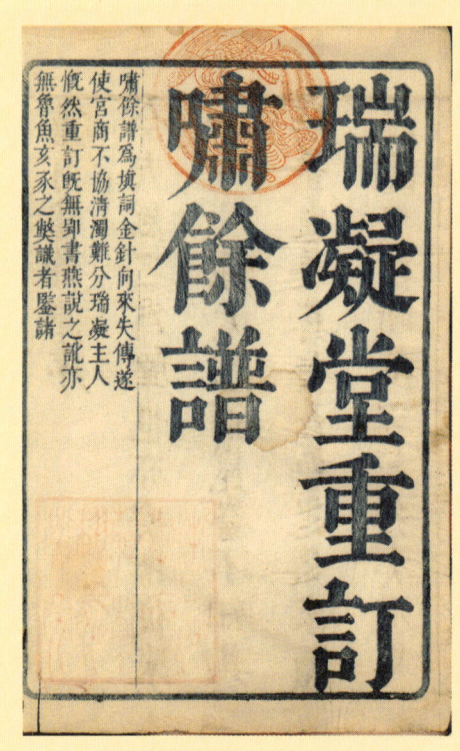
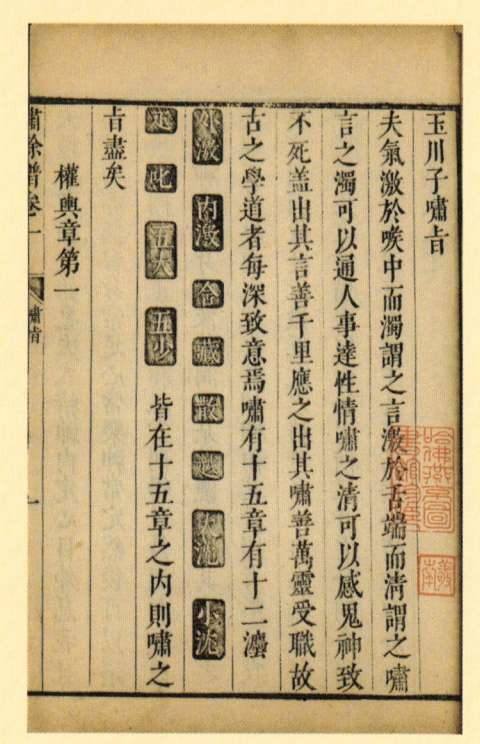

《重訂嘯餘譜》十一卷　明程明善輯　清康熙六十一年(1722)張氏刻本

集部

1817　明刻本楚辭章句　　　　　　　　　　　　　　　　　　　T5240/1133.3B

《楚辭章句》十七卷,漢王逸撰;附録一卷。明刻本。四册。半頁九行十八字,左右雙邊,白口,無魚尾,書眉上刻注。框高21.1釐米,寬13.8釐米。題"漢劉向子政編集;王逸叔師章句;明後學武林馮紹祖繩武父校正"。前有萬曆十四年(1586)黃汝亨序。末有萬曆十四年馮紹祖後序;《凡例》五則。

按,此本乃據明萬曆十四年馮紹祖觀妙齋刻本重刻。書口下無"杭州鬱文瑞書"。

《中國古籍善本書目》著録,上海圖書館等三館亦有入藏。

鈐印有"忞閣藏"。

1818　明刻本楚辭章句　　　　　　　　　　　　　　　　　　　T5240/1133

《楚辭章句》十七卷,漢王逸撰。明吳門白玉堂刻本。四册。半頁十行十八字,左右雙邊,白口,單魚尾。框高19.1釐米,寬14.2釐米。題"漢劉向子政編集;王逸叔師章句"。前有正德十三年(1518)王鏊序,萬曆四十七年(1619)劉廣序。

劉廣序云:"歸檢篋中,適得先侍御子威手校《楚辭》十七卷,爲洗遊橐,付諸剞劂。"《中國古籍善本書目》著録有明萬曆四十七年劉廣刻本,湖南圖書館等四館入藏,行款同此本。

此本有扉頁,刊"楚辭朱註。合訂七十二家評林。吳門白玉堂梓"。

1819　明刻套印本楚辭　　　　　　　　　　　　　　　　　　　T5240/1133.7

《楚辭》十七卷,漢王逸注,明陳深批點;附録一卷。明凌毓枬刻朱墨套印本。二册。半頁八行十八字,四周單邊,白口,無魚尾,書眉上刻評。框高21.7釐米,寬14釐米。題"王逸敘次;陳深批點"。末有王世貞跋。

附録爲司馬遷撰《屈原賈生列傳》。

陳深,字子淵。長興人。嘉靖四年進士,官雷州推官。

附録書眉上評者爲陳沂、茅坤、楊慎、余有丁、董份、王鏊、唐順之、黃省曾、樓昉、何孟春等。全書除不録章句外,凡王逸本中所有大小敘附録皆具。與閔齊伋本極相近。文中録蘇轍、李溟、劉鳳、賈島、張之象、唐順之、汪道昆、何景明、王慎中等諸家語,而以洪興祖、朱熹兩家爲多。每卷後附《楚辭》疑字音義,實則有音無義,其音亦與閔本所擇者略同。

王世貞跋後,刊"吳興凌毓枬殿卿父校"一行。有"凌毓枬印"、"殿卿父"二印。

《中國古籍善本書目》著録。中國國家圖書館、上海圖書館等四十八館,臺北"國家圖書館"(三部)及日本內閣文庫亦有入藏。

鈐印有"畢憲曾印"、"季瑜"、"麗中收藏"、"敘之"、"畢印憲曾"、"振裘"。

1820　明刻本楚辭句解評林　　　　　　　　　　　　　　　　　T5240/1133.3C

《楚辭句解評林》十七卷,漢王逸章句,明馮紹祖輯評;附録一卷。明刻本。六册。半頁十行二十三字,四周雙邊,白口,雙魚尾,書眉上刻評。框高 21.3 釐米,寬 12.9 釐米。題"漢劉向子政編集;王逸叔師章句;明後學武林馮紹祖繩武父校正"。前有萬曆十五年(1587)馮紹祖後序;《凡例》五則。

此本亦據明萬曆十四年馮紹祖觀妙齋本重刻。馮序之署年原題丙戌,此本改爲丁亥。又有扉頁,刊"楚辭句解評林。馮夢龍先生訂。復古齋藏版"。題馮夢龍者,乃托名也。

《中國古籍善本書目》著錄。上海圖書館、浙江圖書館等八館及日本內閣文庫、東京大學東洋文化研究所亦有入藏。

1821 明刻本楚辭集注　　T5240/2943

《楚辭集注》八卷,宋朱熹撰。明刻本。二册。半頁八行二十字,四周單邊,白口,單魚尾。框高 20.9 釐米,寬 12.7 釐米。題"宋朱熹集注;明張肇林校讎"。前有正德十四年(1519)張旭序,成化十一年(1475)何喬新序。

是書爲朱熹在王逸之外另闢蹊徑,自抒己見而極有影響之著作,大約完成於宋慶元元年前後。卷一至五,以王逸本爲依據,定屈原所作二十五篇爲離騷類,編次爲卷一《離騷》,卷二《九歌》,卷三《天問》,卷四《九章》,卷五《遠遊》、《卜居》、《漁父》。卷六至八,以宋玉、景差、賈誼、莊忌、淮南小山所作十六篇爲續離騷類,編次爲卷六《九辯》(宋玉),卷七《招魂》(宋玉)、《大招》(景差),卷八《惜誓》、《吊屈原》、《服賦》(皆賈誼作)、《哀時命》(莊忌)、《招隱士》(淮南小山)。其篇章取舍與王逸《楚辭章句》不同。朱熹此書尋求作者言外之意,發明微詞奧義,往往獨具識見,均爲後來研究者所重視。

張旭序云:"平湖沈公子京,以柱下史來知休寧縣,事未朞年,政教大有聲。行將復入內臺,乃梓行此書,以嘉惠乎後學。恐今本未善,命旭爲之校讎,甚盛心哉……旭謹奉嚴命,遂將《楚辭》二册之中,後人妄加《離騷》經傳數目、小注、空題等九十八字,及《成相》三章,八段之上八圈,一切刪去,其餘三復校正,求其字無魯魚豕亥之誤然後已。公曰,若然,則於朱子之定本必符節之相合矣。乃捐俸以刻之。公其有功於天下後世大矣哉!"

按,《集注》版本繁多,也較複雜。張旭序本,當爲明正德十四年沈圻刻本,然沈圻本爲九行十七字,四周雙邊,黑口。此本從字體看,似爲萬曆間刻。查《中國古籍善本書目》,與此本行款同者,僅上海圖書館藏明刻本一帙,俟之將來,或可對之。

《四庫全書總目》入集部楚辭類。

闕名朱筆圈點。

鈐印有"韓國餘璋王孫"。

1822 明萬曆刻文林綺繡本楚騷綺語　　T5240/1332

《楚騷綺語》六卷,明張之象輯。明萬曆凌氏桂芝館刻《文林綺繡》本。六册。半頁八行十七字,左右雙邊,白口,單魚尾,書口下有刊工並字數。框高 18.3 釐米,寬 12.4 釐米。題"雲間張之象玄超輯;吳興凌始知稚哲訂"。前有萬曆四年(1576)凌迪知序。

此爲凌氏刻《文林綺繡》零種。臺北"國家圖書館"作明萬曆四年吳興凌迪知刊本。

《四庫全書總目》云:"是書摘《楚辭》字句,以供捃摭,已爲剽剝之學;又參差雜錄於二十五賦,不復著出自何篇,亦與黃省曾《騷苑》同一紕陋。"

凌迪知序云:"余少讀楚騷,苦其聱牙。先大夫藻泉君,授以大父練溪翁所藏批本,展卷間,群疑稍融,而尤拳拳於綺麗之語,間嘗採而輯之。適雲間張君玄超持所摘《騷語印證》,余重訂之,梓布海内。"

此本寫工有吴郡錢世傑、顧楨。刻工有張璈、王伯才、夏邦、彭天恩、吴郡仇鵬、顧時中、顧植、夏邦彦、夏彦。

1823 清初毛氏汲古閣抄本離騷草木疏

T5242/2321

《離騷草木疏》四卷,宋吴仁傑撰。清初毛氏汲古閣抄本。一册。半頁十二行二十四字。題"通直即行國子録河南吴仁傑撰"。末有慶元三年(1197)吴仁傑跋;慶元六年(1200)方燦識語。

吴仁傑,字斗南,一字南英,自號蠹隱。其先洛陽人,居崑山,博洽經史,講學於朱熹之門,淳熙五年登進士,歷羅田令、國子監學録。又有《古周易》、《漢書刊誤補遺》。

此爲釋草木之專書。前三卷爲芳草嘉木,共四十四種。卷一至二爲草本植物三十四種;卷三爲木本植物十種;卷四爲惡草,計十一種。其書正文,每列一草木名,皆先引《屈賦》原文,次引王逸、洪興祖、沈括、郭璞、陸璣等各家之言,次加己按,并雜引《山海經》、《爾雅》、《神農本經》等書以申己見。其書博採衆説,徵引宏富,考辨其核,頗可見吴氏用力之勤。是書宗旨在闡發屈原借草木以喻賢愚善惡之微言大義,所引各條,除名物考証外,著重辨別其所象徵之品質善惡。

《朱子文集》中有《答吴斗南書》三篇,皆論學之文,其第三書之後段有"草木疏用力多矣"之語。仁傑自跋云:"仁傑少喜讀《離騷》文,今老矣,猶時時手之,不但覽其言辭,正以其竭忠盡節,凜然有國士之風,整冠斂衽,如見其人。凡芳草嘉本,一經品題者,謂皆可敬也。因按《爾雅》、《神農書》所載,根莖花葉之相亂,名實之異同,悉本本元元,分別部居,壽之於梓,會萃成書,區以別矣……獨取諸二十五篇,故命曰《離騷草木疏》。""《離騷》以蘥草爲忠正,蕕草爲小人。蓀、芙蓉以下凡四十又四種,猶有青史氏忠義獨行之有全傳也。蕡、虆、蒒之類十一種,傅著卷末,猶佞臣萋臣傳也。彼既不能流芳後世,姑使之遺臭萬載云。"

《四庫全書總目》入集部楚辭類。《中國古籍善本書目》著録,有宋慶元六年羅田縣庠刻本、明抄本、清方甘白抄本、清抄本,俱藏中國國家圖書館。臺北"國家圖書館"藏有明抄本。是書明代無刻本,至清乾隆間方再有刊刻。明屠本畯有《離騷草木疏疏補》四卷,屠氏以吴氏書多有未備,故增添十一種植物,又爲求簡明,略删吴氏疏文。

此毛氏汲古閣所抄,底本爲宋慶元六年羅田縣庠刻本。方燦識語云:"國録吴先生以淹該之學,從政之暇,訓釋諸書,警刊後進,不爲不多,比以《離騷草木疏》見屬,刊於羅田縣庠,迂遠矣哉。"又識語後有:"州學生張師尹較對、羅田縣縣學長杜醇同校正、免解進士蘄州學正充羅田縣縣學講書吴世傑校正。"吴氏此書刻時適爲縣宰。

按,據《藏園群書經眼録》,傅增湘曾於1935年見過此毛抄本,題"影寫本"。傅氏此説或不確,此本並非影宋,宋本每半頁十行二十一字,版式高闊,版心上記字數,下記刻工姓名,吴仁傑自序爲手書上版。而此版心字數、刻工皆無,行款爲十二行二十四字,吴氏自序則爲楷書,俱不同也。然抄本書以毛抄最著,此本字體工整秀麗,繕寫精絶,紙墨俱佳,堪稱"下宋本一等",當爲毛氏精抄入藏者。

據王文進以各家書目綜合統計,見諸《明毛氏寫本書目》之毛抄,約二百四十餘部,但此書不見其中。如今傳世之毛抄不逾百種,僅中國國家圖書館、上海圖書館、北京大學圖書館、蘇州市圖書館及臺北"國家圖書館"、"故宫博物院"有藏。哈佛燕京圖書館藏抄本逾千部,清初抄本以此本冠其首。

鈐印有"汲古閣"、"毛氏圖史子孫永保之"、"美人芳草"。又有"黔山黃氏竹瑞堂藏書"、"正鑾秘籍"、"雨山草堂"及"蔣祖詒"、"穀孫"、"密均樓",及"均之心賞"、"不可思議"、"曾亮"、"葛君"、"長尾甲"。

1824 明末刻清印本楚辭疏　　　　　　　　　　　T5240/7160

《楚辭疏》十九卷《讀楚辭語》一卷《楚辭雜論》一卷,明陸時雍撰。《屈原傳》一卷,漢司馬遷撰。明末緝柳齋刻清印本。六册。半頁九行二十字,四周單邊,白口,無魚尾,眉上刻評。框高20.6釐米,寬14釐米。每卷第一頁書口下刻"緝柳齋藏板"。題"古檇李陸時雍疏"。前有陸時雍序;楚辭姓氏;陸時雍撰《楚辭條例》十則。

陸時雍,字昭仲,浙江桐鄉人。崇禎貢生。又有《楚辭權》、《古詩鏡》等。

是書卷一《離騷經》,卷二《九章》,卷三《遠游》,卷四《天問》,卷五《九歌》,卷六《卜居》,卷七《漁父》,卷八《九辨》,卷九《招魂》,卷一〇《大招》,卷一一《反離騷》,卷一二《惜誓》,卷一三《弔屈原賦》,卷一四《招隱士》,卷一五《七諫》,卷一六《哀時命》,卷一七《九懷》,卷一八《九嘆》,卷一九《九思》。

此本有扉頁,刻"七十二家評注楚辭。檇李陸昭仲先生纂輯。天章閣鼎鐫"。並鈐有"天章閣"、"吐玉堂"、"蘭居"印。按,此書並無"七十二家評注",書中"楚辭姓氏"中別注者,僅周拱辰。評者僅孫鑛、張煒如、李挺、李思誌、張煥如五人。又卷四題"古檇李陸時雍疏,附周拱辰別注",它卷皆無。"天章閣鼎鐫"者,當爲天章閣得緝柳齋之板片重印,非再鐫刻也。

明末緝柳齋刻本,又有唐世濟序、周拱辰序、張煒如序,此本俱佚去。

《四庫全書總目》僅收陸氏《古詩鏡》,而不及此書。姜亮夫《楚辭書目五種》、洪湛侯等《楚辭要籍解題》著録。《中國古籍善本書目》著録明末緝柳齋刻本,中國國家圖書館、天津圖書館等二十八館也有入藏。《續修四庫全書》集部第1301册收入此書,底本爲上海復旦大學圖書館所藏,與此本相核,的是一板。

1825 清初刻本離騷圖　　　　　　　　　　　T5240/4212

《離騷圖》不分卷,清蕭雲從繪並注。清初刻本。二册。有圖。清陳大燈跋並補缺頁。半頁九行二十四字,四周單邊,白口,無魚尾,框高18.3釐米,寬11.5釐米。題"區湖蕭雲從尺木甫較"。前有李楷序;目録後有《凡例》六則。

蕭雲從,字尺木,號無悶道人,又號石人,安徽蕪湖人。崇禎十二年中副車,明亡不仕。以畫名江左,山水得倪、黃法,自成一家,兼長人物,與孫逸齊名。又精六書六律,嘗以詩文自娛。卒於康熙七年,年七十八。又有《梅花草堂遺稿》。《國朝耆獻類徵初編》卷四二三有傳。

次序爲:《離騷經第一》(一圖)、《九歌傳第二》(九圖)、《天問傳第三》(五十四圖)、《九章傳第四》、《遠游傳第五》、《卜居傳第六》、《漁父傳第七》、《九辯傳第八》、《招魂傳第九》、《大招傳第十》。

兹集意在圖畫。據"天問序"，屈原放逐，彷徨山澤，見楚有先王之廟及公卿祠堂，圖畫天地山川、神靈琦瑋譎佹，及古聖賢、怪物異事，因書其壁，呵而問之。是《天問》一篇，本由圖畫而作，後世讀其書者，見所徵引，自天文地理、蟲魚草木，與凡可喜可愕之物，無不畢備，咸足以擴耳目而窮幽渺。往往就其興趣所至，繪之爲圖，如宋之李公麟等，皆以此擅長，特所畫不過一篇一章，未能賅極情狀。雲從始因其章句廣爲此圖，當時咸推其工妙。

此本有扉頁，刻"楚辭圖注。區湖蕭尺木較。皋園藏書"。"天問圖"一至二十八頁，配1924年羅振常輯《陳蕭二家繪離騷圖》本（蟫隱廬石印本）。圖甚精。又此本佚去順治二年蕭氏自序，且無《離騷經》一圖。

陳大燈跋云："光緒三十二年正月廿六日，天沉陰，久雨得間，因於夜深補此《天問》，前一本章句至所脫之二十三圖，城中惟畫者李石湖有此本，可借臨補之。然是圖前後頗多臆斷，故不欲爲此勞也。它日若得原失之一卷，則豐城劍合，喜可知矣。所補書前尚疏閒，後見紙數不足於用，故又逐字縮小，誠不足存。"

《四庫全書總目》集部楚辭類僅收雲從《欽定補繪離騷全圖》二卷，而不及此本。姜亮夫《楚辭書目五種》著錄。《中國古籍善本書目》著錄，中國國家圖書館、上海圖書館等六館也有入藏。

鈐印有"守拙廬藏書記"、"古潤陳氏藏書"、"荇塘珍藏"、"學易書屋後人讀破萬卷書"。

1826　清康熙刻本楚辭燈　T5240/4913

《楚辭燈》四卷《楚懷襄二王在位事蹟考》一卷，清林雲銘撰。《屈原列傳》一卷，漢司馬遷撰。清康熙三十六年(1697)林氏挹奎樓刻本。四册。半頁八行二十字，左右雙邊，白口，單魚尾。框高19.2釐米，寬12.9釐米。題"晉安林雲銘西仲論述；男沅芷之較"。前有康熙三十六年林雲銘序；林雲銘撰《凡例》十二則。

林雲銘，見清康熙刻本《莊子因》。

是書每篇逐句注釋，旁加圈點，逐段分疏，下加橫截曲乙，後以總論隱括全文。卷一《離騷》；卷二《九歌》（有總論）、《東皇太一》、《雲中君》、《湘君》、《湘夫人》、《大司命》、《少司命》、《東君》、《河伯》、《山鬼》、《國殤》、《禮魂》、《天問》；卷三《九章》（有總論）、《惜誦》、《思美人》、《抽思》、《涉江》、《橘頌》、《悲回風》、《惜往日》、《哀郢》、《懷沙》；卷四《遠游》、《卜居》、《漁父》、《招魂》、《大招》。

據其《凡例》，讀者先看字句小注，再閱段落來路去路，然後細味總論之融合貫通，則一篇神理，了然於目，不煩再加探索。

林雲銘序云："每當讀騷，輒廢書痛哭，失聲僕地。因取蒙莊齊得喪忘是非之旨，以抑哀憤。二書各有評釋，而蒙莊以先竣棗梨。騷則或作或輟，其稿悉沒於閩變峰火中。自從寓武林以來，凡四方賈買，鮮不以此爲請。再注未就，又毀於回祿。余思注屈之難，尤甚於注莊。二千年中讀騷者，悉困於舊詁迷陣，如長夜坐暗室，茫無所睹……前此未就稿本，重罹意外灰劫，安知非陰有督迫，使余爲全騷計耶？因於丙子良月杜門追記，併補未注諸篇，萬駁千翻，止求其大旨吻合，脈絡分明，使讀者洞如觀火，還他一部有首有尾、有端有緒之文。與注莊同一法，其一切評語，恐致繁蕪，不但不敢存，亦不暇存耳。亟命余子沅録分四卷，顔之曰'燈'。庶屈子之文，可以燭照無遺，即其志亦可以昭垂勿替，而萬世之綱常有賴矣。"

《四庫全書總目》云："是編取楚辭之文，逐句詮釋。又每篇爲總論，詞旨淺近，蓋鄉塾課蒙之本。"

此本有扉頁，刻："楚辭燈。晉安林西仲先生論述。三閭楚辭，爲千古詞賦之祖，每篇中各有意義，各有脈絡。向被諸家評注，穿鑿附會，塵上加灰，以致紛如亂絲，汩没殆盡。兹先生研精四十年，痛掃從前謬誤，逐字分析，逐句融會，使每篇中意義脈絡無不躍躍眼前，誠二千餘年以來暗室孤燈，而作者之真面目，可以一照畢現，不勞探索矣。識者珍之。挹奎樓主人識。"

《四庫全書總目》入集部楚辭類存目。姜亮夫《楚辭書目五種》、洪湛侯等《楚辭要籍解題》著録，《中國古籍善本書目》著録，上海圖書館、天津圖書館等十五館入藏。日本内閣文庫亦有此本，並有日本寬政十年(1798)京都中川藤四郎等刻本。

1827　清雍正刻本山帶閣注楚辭　T5240/4473

《山帶閣注楚辭》六卷首一卷《餘論》二卷《說韻》一卷，清蔣驥撰。清雍正五年(1727)蔣氏山帶閣刻本。五册。半頁十行二十一字，左右雙邊，白口，單魚尾。書口下有刻工。框高 16.5 釐米，寬 12.8 釐米。題"蔣驥注"。前有康熙五十二年(1713)蔣驥序；雍正五年蔣驥後序。

蔣驥，字涑塍，又字謙存，江蘇武進人。諸生。少時好學，每爲時輩推許，年二十，補縣學生，及老猶不廢學。生平於詩古文詞時有論撰，並評注經史子集諸書，然以束於舉業，牽於疾病，未獲成編，獨於離騷用力頗深。卒於乾隆十年，年六十八。

卷一《離騷》，卷二《九歌》，卷三《天問》，卷四《九章》，卷五《遠游》、《卜居》、《漁父》，卷六《招魂》、《大招》。首一卷爲《採撷書目》、《屈原列傳》、《屈原外傳》、《楚世家節略》、《考正地圖》(楚辭地理總圖、抽思思美人路圖、哀郢路圖、涉江路圖、漁父懷沙路圖)。

蔣驥序云："予於戊子夏，始發憤論述其書，顧以束於制舉，困於疾病憂患，貧賤奔走，時作時輟，六閱年始成。凡訓詁考證，多前人所未及，而大要尤在權時勢以論其書，融全書以定其篇，審全篇以推典節次句字之義。故雖文之漫衍俶詭，而未始不秩然可尋。"

《四庫全書總目》云，其餘論"則駁正注釋之得失，考證典故之同異，其間訛詞舊説，頗涉輕薄，如以少司命爲月下老人之類，亦幾同戲劇，皆乖著書之體。而汰其冗蕪，簡其精要，亦自瑕不掩瑜"。

此本有扉頁，刻"三閭楚辭。武進蔣涑塍注。山帶閣藏板"。其採撷書目達四百零一種之多(姜亮夫《楚辭書目提要》稱"都六百四十餘種"，誤)，中引有關《楚辭》著作二十五種，而毛晉《楚辭參疑》、《楚辭譯字》、《楚辭譯韻》三書，今則佚而不存。

此本寫刻，端楷甚精。刻工有吕殿揚、芮大千、吕殿臣、王亦曾。

《四庫全書總目》入集部楚辭類。姜亮夫《楚辭書目五種》、洪湛侯等《楚辭要籍解題》著録。《中國古籍善本書目》著録，浙江圖書館、四川省圖書館等二十二館入藏。1933 年，北平來薰閣有影印本。

鈐印有"渡邊千春遺愛書"。

1828　清乾隆刻本楚辭新注　T5240/7724

《楚辭新注》八卷，清屈復撰。《楚懷襄二王在位事蹟考》一卷，清林雲銘撰。末一卷。清乾隆三年(1738)刻本。四册。半頁九行二十字,四周雙邊,白口,單魚尾。框高20.8釐米,寬14.1釐米。題"蒲城屈復新集注;宗姪汝州啓賢編;曾孫來泰録;受業同邑王垣校"。前有屈復自序;《凡例》十二則。

屈復,字見心,號悔翁,晚自號金粟道人,陝西蒲城人。年十九,試童子第一,忽棄去,走齊楚吴越間,轉徙至京師,以詩學教授弟子,居僧廬,與客約,不迎不送,不作寒暄語。講論詩文源流、諸史興亡陳蹟等,言之鑿鑿。其詩渾勁樸質,獨開生面,託意不凡。乾隆元年,舉博學鴻詞,不赴試。沈德潛謂復以布衣遨游公侯間,不屈志節,固是有守文士。又有《弱水集》、《江東瑞草集》、《義山詩箋》等。《清史列傳》卷七一、《明遺民録》卷一三有傳。

卷一《屈原外傳》(唐沈亞之撰)、《屈原列傳》(《史記》)、《離騷經》;卷二至三《九歌》、《天問》;卷四至五《九章》、《遠游》;卷六《卜居》、《漁父》、《九辨》;卷七至八《招魂》、《大招》。末一卷爲《離騷贊序》(班孟堅撰)、《敘》(王逸撰)、《敘》(洪興祖撰)、《辨騷》(劉勰撰)。

《楚辭》有注,自王叔師始,後諸家論著,即有詳細處,要自王氏發之。復幼好楚辭,稍長即讀諸家所注,往往一吟,其可解者,則回風雨雪,身置湘沅。兹集先王而後諸家,兩月而成書。屈復自序云:"乃集《楚辭新注》,始戊午正月,三月而畢,略諸所共解者,而詳予向所愈不解者,欲令吾黨同解焉。"

《四庫全書總目》云:"是編採合楚辭舊注,而自以新意疏解之。復頗工詩,故能求騷人言外之意,與拘言詮、涉理路者有殊,而果於師心,亦往往臆爲變亂。""大抵皆以意爲之,無所依據也。"

此本有扉頁,刻"楚辭新注。浦城屈復評注。乾隆戊午年鐫。居易堂藏板"。"戊午",爲乾隆三年。是書民國間宋聯奎輯《關中叢書》第七集收入,爲民國二十五年陝西通志館排印本。

《四庫全書總目》入集部楚辭類存目。《清史稿藝文志》作六卷。姜亮夫《楚辭書目五種》於此書著録甚詳,云又有清道光十五年劉氏《青照堂叢書》本。按,《青照堂叢書》内並無《楚辭新注》,姜著誤。《中國古籍善本書目》著録,書名作"楚辭新集注",中國國家圖書館、武漢圖書館等六館入藏。又日本内閣文庫也有入藏(兩部)。《清華大學圖書館藏善本書目》著録清乾隆三年居易堂刻本,該館另有清乾隆三年弱水草堂刻本,未詳兩本有何區别。此外日本京都大學人文科學研究所亦藏清乾隆三年刻本。

1829　稿本屈賦晳微　　　　T5242/7243.76

《屈賦晳微》二卷,清馬其昶撰。稿本。一册。半頁九行二十一字,無框格。前有光緒三十一年(1905)馬其昶序。

馬其昶,字通伯,晚號抱潤翁,安徽桐城人。少年習古文辭,從同邑方柏堂等游,後向柯鳳蓀學經,曾先後長廬江潛川書院、桐城中學校、師範學堂。1910年,學部聘爲編纂,後授學部主事,主安徽高等學校。1914年入京,主法政學校教務,兼備員參政院。1916年,應清史館總纂之聘,從事著述,嗣病歸桐城。1930年元月去世,年七十五。又著有《周易費氏學》、《毛詩學》、《左忠毅公年譜》、《桐城耆舊傳》、《抱潤軒文集》、《老子故》等。

序云:"屈子書,人之讀之者,無不欷歔感泣,然真知其文者蓋寡。自王逸已見,謂文義不次,今頗發其旨趣,務使節次瞭如秩,如分上下二卷,名曰屈賦晳微,人之讀之者,其益可興起而決然祛其疑惑乎,又非徒區區文字得失間也。"

書中文字改動甚多。

此本已印入《馬氏家刻集》、《集虛草堂叢書甲集》。

1830　明崇禎刻漢魏六朝百三名家集本晉王右軍集　T5264/1183

《晉王右軍集》二卷,晉王羲之撰。明崇禎婁東張氏刻《漢魏六朝百三名家集》本。二冊。半頁九行十八字,左右雙邊,白口,單魚尾。框高19.7釐米,寬13.4釐米。題"晉瑯琊王羲之著;明太倉張溥閱"。前有張溥題詞。

王羲之,字逸少。瑯玡臨沂人,居會稽山陰。司徒王導從子。官至右軍將軍、會稽內史,習稱王右軍。少從叔父廙,後又從衛夫人學書,得見諸名家書法。備精諸體,草、隸、正、行,皆能博採衆長,自成一家。羲之書自六朝以來即爲朝野所重,世稱"書聖"。

此爲張溥刻《漢魏六朝百三名家集》零種。

卷二末有"秋好軒秘藏,戊寅春岳小琴題"。

鈐印有"九華山人"、"己丑進士"、"秋好軒"、"岳琪小琴父印信長壽"、"小琴所藏"、"岳小琴珍藏書畫印"、"小琴心賞"、"岳琪之印"、"秋好軒主人岳小琴珍藏書畫金石書籍印"、"觀止矣"、"岳氏家藏"。

1831　明萬曆刻本陶靖節集　T5263/4049

《陶靖節集》十卷,晉陶潛撰,宋湯漢等箋注;《總論》一卷。明萬曆七年(1579)蔡汝賢刻本。四冊。半頁九行十八字,四周單邊,白口,無魚尾,書口下有刻工。框高20.2釐米,寬13.1釐米。前有耿定向序,蕭統舊序。《總論》後爲蕭統撰《陶淵明傳》。末有萬曆七年蔡汝賢跋。

陶潛,一名淵明,字元亮。晉尋陽人。大司馬陶侃曾孫。曾爲州祭酒,復爲鎮軍、建威參軍,後爲彭澤令。因不"爲五斗米折腰",棄官歸隱,以詩酒自娛。徵著作郎,不就。南朝宋元嘉初年卒,世稱靖節先生。其詩描寫山川田園之秀美,自然樸素,而嫉世激昂之情亦時有之。散文與辭賦質樸流暢。

陶集流傳甚廣,由於版本文字不同,致使歷代注釋家及研究者聚訟紛紜,莫衷一是。此爲湯漢等箋注之本。湯漢,字伯紀,號東澗,安仁人。淳祐中充國史實錄院檢勘。會大水火災,兩上封事,授太學博士,遷秘書郎,度宗時以端明殿學士致仕,卒諡文清。

耿定向序云:"廉訪龍陽蔡汝賢氏,冲襟潔履,雅有元亮之致。是集也,所謂緬懷千載,托契孤遊者非耶?"蔡汝賢跋云:"邇來閩,閩故多書,旁求鮮能善本,謀諸楚門華、陸二寅長,僉曰,此當與經訓並流海內,盍梓諸。乃加綜校,屬刻以傳,俾後之學者,涵濡有得,將馳競之習,祛恬澹之心,可灑然興矣,而於世教不庶幾其小補哉?固今日重鋟意也。"汝賢,字用卿,一字思齊。松江人。隆慶二年進士,官御史,疏劾勳戚無顧忌。終南兵部侍郎,致仕卒。

刻工有余宗、吳茂、周昊、周山、江文、江蒲、李吉、黃春、江存、吳四、陳四、魏二、魏四。

《四庫全書總目》所收爲八卷本,無箋注,入集部別集類。《中國古籍善本書目》著錄。上海圖書館、南京圖書館、吉林大學圖書館及日本內閣文庫亦有入藏。

鈐印有"文溪"。

1832　清康熙刻本陶靖節詩集東坡和陶詩律陶敦好齋律陶纂　T5263/4443

《陶靖節詩集》四卷,晉陶潛撰,清蔣薰評。《東坡和陶詩》一卷,宋蘇軾撰。《律陶》一卷,明王思任輯。《敦好齋律陶纂》一卷,明黃槐開輯。清乾隆二年(1737)周文焜最樂堂刻本。一冊。半頁九行十九字,四周單邊,白口,單魚尾。題"檇李蔣薰丹崖評閱;海昌婿周文焜青輪訂"。前有康熙十一年(1672)蔣薰序,康熙二十九年(1690)周文焜序;梁昭明太子舊序並陶靖節傳。

蔣薰,字聞大,號丹崖,浙江海寧人。明崇禎舉人,入清官伏羌知縣。有《留素堂集》。

卷一四言九首(附讀史述九章),卷二五言二十四首,卷三五言十八首,卷四五言十首(附歸去來辭並序)。

蔣序云:薰性剛才拙與先生同,嗜酒好吟與先生同,俠慕荊軻、隱羨張邴又與先生同。其"評次既畢,竊藏其副,以原本授於西河沈太守"。又據周序,"今春得寓目,焜不揣荒陋,繆加參訂,僅剞劂,以公同好云。"周為蔣婿。

此本有扉頁,刻"陶淵明詩集。東坡和詩附後。乾隆二年新鐫。最樂堂梓"。

《四庫全書總目》未著録。《中國古籍善本書目》著録清康熙刻本,上海辭書出版社入藏。疑佚去扉頁。

鈐印有"釋氏"、"清潭"、"古蝸篆居藏書"。

館藏有複本一部,二冊。

1833　清康熙刻本陶詩集注　T5263/2648

《陶詩集注》四卷,清詹夔錫撰。《東坡和陶詩》一卷,宋蘇軾撰。清康熙三十三(1694)年詹氏寶墨堂刻本。四冊。半頁八行十九字,左右雙邊,白口,單魚尾,書口下刻"寶墨堂"。題"西湖後學詹夔錫允諧氏纂輯;同學姪許昌麟星彩、章寅殷仲、陸淵靜含、陸如韶載華參訂;男之涵靜侯、婿章廷棟軼群校字"。前有康熙三十三年詹夔錫序;梁昭明太子舊序並陶淵明傳;又總論。

詹夔錫,無考。

卷一四言詩九首,卷二五言二十四首,卷三五言十八首,卷四五言十首。附《東坡和陶詩》一卷。

詹夔錫云:"憶昔乙丑歲,客山左,館珍珠泉上,一泓清可,日湧明珠萬斛,水仍沉湛不淬。因於群詩中取陶詩一帙,汲泉烹茗,晨夕披沴,幾不知詩之似水與水之似詩否耶?……讀久之,見其譜系晦逸,歲月差訛,或有句而亡其義,或借名而異其實,紀支紀號,先後不同;義熙、元熙,意旨迥別;傷時感悼之語,托述酒以為題,漫奧兀突之言,寄雜詩以自隱;詠古傷劍術,豈盡平淡之思;冥報謝主人,疑亦逢時之句。源流既失,字句混淆,余不敢妄贅一辭,止就各本中前人所箋注者,集編手録一帙,以藏行篋。越今十載矣,陸子靜含見而喜之,因偕章子殷仲輩,廣搜舊本,一一參訂而付之梓。"

此本有扉頁,刻"陶詩集注。見山亭定本。東坡和陶詩附。寶墨堂藏板"。下鈐"寶墨堂圖書記",又鈐"一心千古"印。

《四庫全書總目》未收。《中國古籍善本書目》著錄,中國國家圖書館、上海圖書館、清華大學圖書館等五館亦有入藏。

1834　明萬曆刻漢魏諸名家集本顏延之集　　　　T5267/7

《顏延之集》一卷,南朝宋顏延之撰。明萬曆新安汪氏刻《漢魏諸名家集》本。一冊。半頁九行二十字,左右雙邊,白口,單魚尾。框高 19.8 釐米,寬 13.5 釐米。題"宋琅玡顏延之著;明新安汪士賢校"。

顏延之,字延年。臨沂人。歷官至金紫光祿大夫。文章冠絕當時,與謝靈運齊名。嗜酒,不謹細行,性激直,言無忌諱,觸忤要人,時人稱之爲顏彪。

此爲汪士賢刻《漢魏諸名家集》零種。

1835　明刻本沈休文集　　　　T5273/2199

《沈休文集》五卷,梁沈約撰。明程榮刻本。六冊。半頁九行二十字,左右雙邊,白口,單魚尾。框高 19.6 釐米,寬 13.4 釐米。題"梁吳興沈約著;明新安程榮校"。前有萬曆十三年(1585)張之象序;《梁書》沈約本傳;《詩品》。

沈約,字休文。武康人。博通群籍,能爲文。歷仕南朝宋、齊、梁。初任記室,齊文惠太子時校四部圖書,遷太子家令。入梁,拜尚書僕射,封建昌縣侯,官至尚書令,卒謚隱。約於詩,主四聲八病之說,與謝朓、王融等相善,諸人所作皆重聲律對仗,人稱"永明體"。

此本似爲程榮單刻。卷一爲賦十首、雅樂歌十六首、舞曲歌二首、鼓吹曲十二首、樂府二十五首、雜曲九首、江南弄七首;卷二詩一百九首;卷三詔二十五篇、制五篇、敕三篇、表章二十五篇、奏彈文六篇、啓十九篇、疏六篇;卷四義三篇、記一篇、謚議三篇、書九通、序四篇、論九篇;卷五碑七篇、墓銘六篇、行狀三篇、銘五篇、頌二篇、贊六首、文五篇、連珠二首。

《四庫全書總目》未收。《中國古籍善本書目》著錄,南京圖書館入藏,有清丁丙跋。美國普林斯頓大學葛思德東方圖書館亦有入藏。

1836　明萬曆刻漢魏諸名家集本江文通文集　　　　T5272/7B

《江文通文集》十卷,梁江淹撰。明萬曆新安汪氏刻《漢魏諸名家集》本。四冊。半頁九行二十字,左右雙邊,白口,單魚尾。框高 19.8 釐米,寬 13.7 釐米。題"梁濟陽江淹著;明新安汪士賢校"。前有嘉靖四十五年(1566)王元懋序。

江淹,字文通。濟陽考城人。出身孤寒,歷仕南朝宋、齊、梁三代。梁時官至金紫光祿大夫,封醴陵侯。以文章見稱於世,晚年才思衰退,詩文無佳句,時人謂之"江郎才盡"。其詩長於摹擬,其抒情賦以《恨賦》、《別賦》最著名。

淹原有集,已散佚,此爲後人所輯。是本爲汪士賢刻《漢魏諸名家集》零種。

鈐印有"岡田真之藏書"。

集　部

1837　明萬曆刻本梁江文通集　　T5272/4237

《梁江文通集》十卷,梁江淹撰,明胡之驥注。明萬曆二十六年(1598)胡之驥刻本。四册。半頁九行十九字,四周單邊,白口,單魚尾。框高19釐米,寬14釐米。題"明吳郡胡之驥伯良彙注"。前有張文光序,萬曆二十六年胡之驥序;《凡例》十二則。末有附錄,爲江淹本傳。

《凡例》云:"驥家五世積書,小時酷愛江文通集。因倭亂兵火之後,家世凋零,緗帙散逸,流寓於楚蘄,嘗與蘄友人朱康侯譚及是集,則指動心悸久之。康侯自燕市得宣城梅刻,居數月,康侯搆書吳中,復爲致余新安汪刻,然二家之訛相同。余恐以訛傳訛,去道愈遠,今以管見,妄爲定正彙注之。"

張文光序云:"胡山人伯良穉齒,酷好此書,手爲校讎,句櫛字比,更加牋釋,博採傍搜,積有歲年,遂成精本,緣付剞劂,庸廣同好。""集計賦二卷、詩二卷、騷頌讚一卷、符教檄文章表二卷、啓詔一卷、書牋奏記一卷、誄狀志祭呪文傳序一卷,《南史》本傳附錄焉,總之得十卷。萬曆戊戌歲殺青竟。"

胡之驥爲吳人。序云:"余因近世所傳,艱於善本,咀嚼再三,中多舛落,校讎別刻,競爽雷同……恐玄珠之易失,悵羚角之難尋,魯魚亥豕之訛,相沿既久,普替商商之别,邈矣無分。於是康侯發羽陵汲郡之藏,蒐天禄石渠之秘,經春積夏,歷暑逾寒,楮墨盈乎藩溷,敢同先喆菁華,本自餒飣,貽誚時髦,後世誰知,過譚敬禮,九原可起,不媿文通,聊爲彙注成書,鋟以傳諸好事者。"

《四庫全書總目》所收爲四卷之本,無胡之驥注,入集部別集類。《中國古籍善本書目》著錄,南京圖書館、福建省圖書館等四館亦有入藏。

鈐印有"吳越王孫"、"虞山毛氏汲古閣收藏"、"柳氏伯川"。

1838　清刻本徐孝穆全集　　T5276/233

《徐孝穆全集》六卷,陳徐陵撰,清吳兆宜箋注。《備考》一卷,清徐文炳撰。清刻本。二册。半頁十行二十字,左右雙邊,白口,單魚尾。前有姚察撰本傳;陳鋭後跋。

徐陵,字孝穆,南朝陳東海郯人。仕梁爲通直散騎常侍,入陳官至尚書,當時詔策誥命,多出其手。陵文章綺艷,與庾信齊名,時稱"徐庾體"。但所作以奏議爲多,文學成就不及信。《南史》、《陳書》皆有傳。

此本有扉頁,刻"箋詮徐孝穆集。吳顯令先生輯注。吳郡寶翰樓"。並鈐有"沈氏山樓藏書記"。

《中國古籍善本書目》著錄,上海圖書館、湖南圖書館等八館也有入藏。

鈐印有"葉德輝焕彬收藏閱書"。

1839　清抄本王子安集　　T5286/85

《王子安集》十六卷,唐王勃撰。清抄本。四册。半頁九行二十字,無框欄。前有楊炯序。

王勃,字子安,山西太原人。六歲善文辭,曾爲沛王府修撰,以爲沛王作檄雞文,爲高宗所聞,削職。上元二年勃赴交趾省父,渡海溺死,年僅二十八。《舊唐書》、《新唐書》皆有傳。

1367

勃與楊炯、盧照鄰、駱賓王被稱爲"初唐四傑",詩文雖沿襲六朝餘緒,但題材范圍已較廣闊。《新唐書》稱其文集有三十卷,《容齋隨筆》稱今存者二十卷,蓋爲舊本。明代以來,其集几乎沒有流傳。此十六卷本,乃明崇禎間張燮搜輯而成。爲卷一賦七篇;卷二賦四篇、古詩十六首;卷三律詩七十二首;卷四至七序四十三篇;卷八表三篇、啟十篇;卷九書六篇;卷一〇論十二篇;卷一一至一二頌三篇、贊十篇;卷一三至一五碑九篇;卷一六碑一篇、行狀一篇。

勃詩今傳世最早者爲一卷本,明活字印本,今藏中國國家圖書館。

《四庫全書總目》入集部別集類。《中國古籍善本書目》著錄亦有清抄本,藏南京圖書館。

鈐印有"藏之名山"、"富察敦崇書畫之印"、"禮臣"。敦崇,清末人,著有《燕京歲時記》一卷。

1840 明刻套印本唐駱先生集 T5289/1122

《唐駱先生集》八卷,唐駱賓王撰,明王衡等評釋;附錄一卷。明凌毓柟刻朱墨套印本。四册。半頁八行十八字,四周單邊,白口,無魚尾,眉端上刻評。框高19.2釐米,寬14.1釐米。題"辰玉王衡批釋;附諸名家參評"。前有萬曆十九年(1591)汪道昆序,萬曆四十三年(1615)湯賓尹序。目錄頁題"西吳凌毓柟殿卿父校"。末有王衡跋。

駱賓王,婺州義烏人。高宗末年爲長安主簿,以言事得罪,貶臨海丞。文明中徐敬業於揚州起兵反武則天,署府佐,爲敬業傳檄遠近。兵敗,不知所終。賓王工詩文,與同時王勃、楊炯、盧照鄰齊名,稱"四傑"。

此集收頌一、賦二、表啟七、啟類九、序類九、對策文三、自序狀一、應詰一、檄文一、露布一、挽詞八、祭文一、五言古詩三、五言律詩五十七、五言排律四十一、五言絕句六、七言古詩六、七言絕句一、雜言一、靈隱寺詩。

王衡,字辰玉。錫爵子,萬曆二十九年進士,官編修,負才早卒。有《緱山集》等。諸家參評者有蔣一葵、葛曦、顧璘、高棅、劉辰翁、胡應麟、王世貞、李攀龍、楊慎、鍾惺、譚元春等。凡不署名者當爲王衡所爲。

王衡跋云:"於時廣行此集,而坊肆競鎸,冀得僞售,破拆字句,漫贅汗濁,殊生穢憎。偶得此舊版,取其白文便讀,聊訂行之。"

《四庫全書總目》所收爲四卷之本,入集部別集類。《中國古籍善本書目》著錄。中國國家圖書館、天津圖書館等二十館,臺北"國家圖書館"及美國普林斯頓大學葛思德東方圖書館亦有入藏。

1841 明萬曆刻本唐駱先生文集 T5289/2340

《唐駱先生文集》六卷,唐駱賓王撰,明虞九章等注釋。明萬曆十九年(1591)虞九章刻本。四册。半頁九行十八字,左右雙邊,白口,單魚尾,書口下間有刻工。框高19.3釐米,寬13釐米。題"仁和後學虞九章、烏程後學陸弘祚、錢唐後學童昌祚全訂釋"。前有萬曆十九年汪道昆序;附駱賓王本傳。

卷一頌、賦、五言古詩,卷二五言律詩,卷三五言排律、五言絕句、雜言,卷四七言古詩、七言絕句、序類,卷五表啟類、啟類,卷六雜著類、檄類。

集 部

汪道昆序云："夫武林虞君更生,耆古而雅言詩,於初唐獨左袒義烏,因以暇蒐其全而間爲之,故其著歸緣往,自足行不朽。"

此本刻工有金陵范子章、余守、陳元。

《中國古籍善本書目》著錄。中國國家圖書館、上海圖書館等十六館,臺北"國家圖書館"(兩部)亦有入藏。

1842　明崇禎刻本唐駱先生文集　　　　　　　　　　T5289/2340B

《唐駱先生文集》六卷,唐駱賓王撰,明虞九章注釋。明崇禎二年(1629)陸鳴勳刻本。三册。半頁九行十八字,四周單邊,白口,單魚尾。框高19.2釐米,寬12.8釐米。題"仁和後學虞九章注釋;錢塘後學陸鳴勳重訂"。前有崇禎二年張元徵序,萬曆十九年(1591)汪道昆序,崇禎二年陸鳴勳序、陸鳴時序;《凡例》五則(嗜古癖人撰);附駱賓王本傳。

陸鳴勳序云："先生集,苦較注未精,殊失作者之意。笥中有虞更生本最善,爲之更定,付之梓人。"陸鳴時序云："予兄覃精河洛,有感於甲乙之已事,而不勝扶抑之思也。爰梓駱丞集以行。"

據《凡例》云："集中引采故實,皆考覈原委,訂釋詳明,不敢摭疑義以誣世。""是集廣蒐諸本,較訂譌字,間有不同,必於細注標列兩存,絕無魯魚亥豕之誤,識者珍之。""坊本多尚圈點批評,競餙丹黃,溷淆黑白,徒矜炫目,無當賞心。是集盡從刊削,所以存古,亦以砭俗云。"

此本有扉頁,刊"唐駱先生文集。碧山帷訂釋。本衙藏板,翻刻必究"。

《中國古籍善本書目》未著錄。

鈐印有"豐西文庫"。

1843　清抄本陳伯玉文集　　　　　　　　　　T5290/4256

《陳伯玉文集》十卷,唐陳子昂撰。附錄一卷。清括齋王氏抄本。四册。清闕名校。半頁十行二十一字,上下黑口,黑格。書口下刻"括齋王氏藏本"。題"新都楊春重編;射洪楊澄校正"。前有盧藏用序。

陳子昂,字伯玉,四川射洪人。開耀二年(一説文明元年)進士。武后光宅元年詣闕上書,授官麟臺正字,右拾遺。父喪歸里,縣令段簡謀取其家資,詐誣入罪,死於獄中,年四十二,葬於射洪獨坐山。

唐初詩文承六朝靡麗之風,至子昂首倡沖澹,開一代風氣,故極爲唐人所推崇。韓愈詩云："國朝盛文章,子昂始高蹈。"柳宗元亦謂："張説工著述,張九齡善比興,兼備者子昂而已。"是集分前後集,《前集》卷一詩賦十五首,卷二雜詩五十九首,卷三至四表三十四篇,卷五碑文七篇。《後集》卷六墓誌銘十四篇,卷七表章文引歌詞狀序三十六篇,卷八雜著七篇,卷九至一〇書十五篇。附錄唐書列傳、陳氏別傳、旌德碑、祭文、過學堂覽文集詩(缺)。

子昂集以明代弘治四年(1491)楊澄刻本爲最早。此本乃據楊澄刻本傳抄,楷書精極。按,此本佚去弘治四年維揚張頤序,序稱今巡撫山西都御史楊澄與伯玉爲同邑,得其全集於中秘,重校梓刊以傳。弘治本并有楊澄後序。陳集明刻本中尚有明隆慶五年邵廉刻萬曆二年楊沂補刻本、明萬曆三十七年舒其志刻李嵊慈重修本傳世。此外又有明嘉靖四十四年王廷刻本、明汪應皋刻本、明刻本。

《四庫全書總目》著録《陳拾遺集》十卷,入集部別集類。

《中國古籍善本書目》著録,也有清抄本。

1844 明萬曆刻本唐丞相曲江張先生文集　　　　T5295/714

《唐丞相曲江張先生文集》十二卷,唐張九齡撰;附録一卷。明萬曆十二年(1584)王民順刻本。六册。半頁十行二十字,四周雙邊,白口,單魚尾,書口下間有刻工。框高 20.8 釐米,寬 15.9 釐米。前有成化九年(1473)丘濬序,萬曆十二年楊起元序,萬曆十二年王民順序。末有蔣思孝跋。

張九齡,字子壽,一名博物。韶州曲江人。長安二年進士,官右拾遺。開元二十一年,任中書侍郎同中書門下平章事,主張不循資格用人,設十道采訪史,後遷中書令。爲李林甫所忌,罷相家居,諡文獻。

卷一頌、贊、賦六篇,卷二雜詩、樂章九十六首,卷三雜詩九十八首,卷四勅書、制書二十五篇,卷五至六勅書七十四篇,卷七勅書、制書二十四篇,卷八至九表、狀六十七篇,卷一〇策書七篇,卷一一雜著、墓志二十九篇,卷一二碑銘十篇。目録後有張九齡像並贊。

楊起元序云:"乃謀諸太守蔣公,付邑令張君履祥董其役梓焉。魯魚亥豕,則教官何倈校之。又索諸其後人,得公遺像一幅,命工肖厥卷首。於是茲集焕然一新,稱全書矣。此則如水王公之功也。"

王民順序云:"公有集,秘不傳久之。我明丘文莊公搜采餘二十年,始得館閣群書中,而手自抄録成帙,誠重之矣。韶先太守蘇韡始刻之郡齋,顧歲久木蠹,字殘缺不可讀。余不佞,奉上命分臬韶陽,祗肅謁公祠,欲取舊本更梓之,而郡守蔣君、曲江令張君,僉以爲請已,復請於兩臺,於是督工竣事。"

蔣思孝跋云:"舊集刻郡中,久而湮没,間有欲新之而未逮也。歲甲申,金貂如水王公,持憲兹土。公風度凝著,文章德業,蓋與文獻公氣味相投者。酒謀諸孝泊二守秦君應驄,欲新其梓以傳,殆千載神會云。孝不佞,仰承德意,而以其事董之曲江令張君履祥焉。工既竣,爰爲之跋。"

此本刻工有黄生、何佑、康瑞貞、麥應、江思、何有、江思恩、江尚錦、周應其、周其。

《四庫全書總目》所收爲二十卷本,入集部別集類。《中國古籍善本書目》著録明萬曆十二年王民順刻四十一年李延大重修本,天津圖書館、廣東中山圖書館等八館收藏。臺北"國家圖書館"及美國普林斯頓大學葛思德東方圖書館、日本內閣文庫亦有入藏。

1845 明嘉靖刻本類箋唐王右丞詩集　　　　T5297/3842

《類箋唐王右丞詩集》十卷,唐王維撰,明顧起經注;《文集》四卷《集外編》一卷,唐王維撰,明顧起經輯;《年譜》一卷,明顧起經撰;《唐諸家同詠集》一卷、《贈題集》一卷、《歷朝諸家評王右丞詩畫鈔》一卷,明顧起經輯。明嘉靖三十五年(1556)無錫顧氏奇字齋刻本。十二册。半頁九行十八字,左右雙邊,綫黑口,單魚尾,書口上刻"奇字齋",書口下有刻工。框高 20.2 釐米,寬 14.7 釐米。題"唐藍田王維撰;宋廬陵劉辰翁評;明勾吳顧起經注"。前有顧起經小引;《凡例》

九則;《正訛》九則。

王維,字摩詰。太原祁人。開元九年進士,天寶末爲給事中。以受安禄山僞職,列三等,特原責授太子中允,晚官至尚書右丞,世稱王右丞。以詩畫名盛開、天間。山水畫以水墨渲染,蕭疏清淡,人稱詩中有畫,畫中有詩。維篤信佛,晚年長齋。

顧起經,字長濟,又字玄緯,號羅浮外史。無錫人。好藏書,從可學官京師,嚴嵩知其才,要置直廬,屬爲應制之文。起經逡巡謝去,以國子生謁選,授廣東鹽課副提舉。其序云:"余結髮嗜讀書,厭章句,而科制俳稠之學非其好也……更戀戀於盛唐詩編,無去手焉。蓋玄、肅以下詩人,其數什佰,語盛唐者,唯高、王、岑、孟四家爲最,語四家者,唯右丞公爲最。其爲詩也,上薄騷雅,下括漢魏,博綜群籍,漁獵百氏,於史子蒼雅、緯候鈐決、内學外家之説,苞並總統,無所不闚,郵長於佛理,故其摛藻奇逸,措思冲曠,馳邁前架,雄視名雋。凡今長老薦紳之屬,工爲詩者,恒嗟賞而雅密之,殆與耳食無異。噫,公之詩,豈易語哉! 亦豈有贍涉響辨而自通其意者哉! 余方倦遊兩都,棲閒濠曲,爰蔵故籠,幾以闕諸稽德者,肆筆論次,而未逮焉。偶獲公集一編,四三誦之,自劉會孟氏批校,外無别語,豈視其淵蕴玄指,茫然如航澥渤而莫覩南車,何詹彼岸耶? 遂捃摭墳素,磔裂固實,整其凌雜,參其儳颥,篇爲類,句爲釋,仍授一二時輩屬草之,居三稔而盈牘矣。庶乎覽者涣釋相悦以解矣,輒不退讓,竟以殺青,非敢箱緘於記府,政欲印可於藝林。"

《文集》有顧起經跋,云:"余閲唐宋志及經籍考、藝文略,與夫遂初堂、秘閣二書目,悉稱公集十卷,其文居十之四,已梓於洞庭徐少宰所。余既爲公勒成詩箋,而復以其文編校而並刻之,斯爲全書矣。惜吴刻舊多錯漏,今用參之《文粹》、《英華》、洎劉會孟本,洒糾其失款者八字,補其脱缺者十七字,更其差者三十四字,總五十九字,俾讀者有驗於嵩簡而無迷於帝虎也。"

《集外編》顧起經跋云:"於今集外又得英華、律髓、萬絶、紀吏、禁臠、友議諸録,及詞判、文關、内刻,共二十四篇,皆王集所軼者。予遂研核衆本,復即抵捂於下,彙作一卷。"

此本小引後,刊"嘉靖卅四年涂月白分錫武陵家墅刻"。《年譜》後刊"丙辰孟陬月得章日錫山武陵顧伯子圖籍之宇刊"。正訛後刊"丙辰春孟月晦刊"。卷一末刻"歲丙辰上巳初吉錫山顧氏刻於待沐園"。卷二末刊"丙辰病月上弦長康外圃刻"。卷三末刊"丙辰春莫浹辰梓於宛在亭"。卷四末刊"丙辰三月旬又八日立夏顧氏祇洹館刻"。卷五末刊"丙辰余月四之日小滿刻於對山開卷之閣"。卷七末刊"丙辰長嬴幾望水木清華亭刻"。卷八末刊"丙辰夏五端三日鋟於木瓜亭"。卷一〇末刊"丙辰皐月下澣之吉端居静思之堂刊"。《文集》卷二末刊"太歲在丙辰夏孟月尾錫山顧起經與檇李陳策四覆校於青藜閣中越月乃授之梓"。卷三末刊"丙辰端午思玄室刊"。目録後刊"歲丙辰中春上旬顧氏奇石清漣山院刊"。又目録後及各卷末多有校閲者名,爲"越州陳鶴、建平宗訓、雲間張之象、暨陽沈翰卿"等十九人。又《同詠集》後有"無錫顧氏奇字齋開局氏里",爲"寫勘:吴應龍、沈恒(俱長洲人)、陸廷相(無錫人)。雕梓:應鍾(金華人)、章亨、李焕、袁宸、顧廉(俱蘇州人)、陳節(武進人)、陳汶(江陰人)、何瑞、何朝忠、王誥、何應元、何應亨、何鈿、何鑰、張邦本、何鑑、何鎡、王惟寀、何鈴、何應貞、何大節、陸信、何昇、余汝霆(俱無錫人)。裝潢:劉觀(蘇州人)、趙經、楊金(俱無錫人)。程限:自嘉靖三十四年十二月望授鋟至三十五年六月朔完局。冠龍山外史謹記"。

《四庫全書總目》收有二十八卷本,爲清趙殿成注本,入集部别集類。《中國古籍善本書目》著録。中國國家圖書館、上海圖書館等三十四館,臺北"國家圖書館"(五部,其一爲原藏北平館者)及美國普林斯頓大學葛思德東方圖書館、日本内閣文庫、京都大學人文科學研究所亦有入藏。

鈐印有"静觀亭圖書記"。

館藏有複本一部,十二册。鈐印有"唐印鴻學"、"百川"、"唐百川藏書印"、"怡蘭堂"。

1846　明刻閔氏套印盛唐四名家集本王摩詰詩集　T5297/7278

《王摩詰詩集》七卷,唐王維撰。宋劉辰翁評。明凌濛初刻閔氏朱墨套印《盛唐四名家集》本。四册。半頁八行十九字,左右雙邊,白口,無魚尾,書眉刻評。框高20.7釐米,寬13.9釐米。題"唐藍田王維撰;宋廬陵劉辰翁評"(又附姑蘇顧璘評)。前有王縉進表;唐代宗批答手敕;《舊唐書·文苑傳》(劉昫撰);《新唐書·文藝傳》(宋祁撰)。末有凌濛初跋。

凌濛初跋云:"右丞詩集,其兄宰相縉所進者,本云十卷,乃舊本、蜀本俱止六卷,惟近錫山顧氏本亦十卷,然題以類分,非其舊已。今劉本止七卷。考縉表云詩筆十卷,豈並文賦他作之類爲十耶?兹卷悉因劉從所校也。文賦諸篇,劉無評語,及餘人和章,劉本所無,故俱不贅及。然劉評諸家,於右丞差簡,晚復得顧司空華玉所評益之,亦如獻吉之於襄陽,兩賢故堪對壘焉耳。"

臺北"國家圖書館"有藏。此爲《盛唐四名家集》零種,中國國家圖書館、上海圖書館等十三館有全帙。

1847　明正統内府刻道藏本宗玄先生文集　T1925/2382

《宗玄先生文集》三卷,唐吴筠撰。明正統十年(1445)内府刻《道藏》本。三册。半頁五行十七字,上下雙邊。框高28釐米。前有權德輿序。

吴筠,字貞節。華陰人。通經誼,美文辭,性高鯁,隱居南陽倚帝山。天寶初召至京,筠請隸道士籍入嵩山。嘗召見問道,筠開陳皆名教世務。後東入會稽剡中卒。弟子謚爲宗玄先生。

權德輿序云:"太原王顔嘗悦先生之風,自先生化去二十五歲,顔爲御史丞,類斯遺文,爲三十編,拜章上獻,藏在秘府。厥後,冀玄得其本,以授予請序。"

此爲《道藏》零本。在《道藏》太玄部,爲"尊"字號。

1848　明萬曆刻本魯公文集　T5306/72

《魯公文集》十五卷,唐顔真卿撰。明萬曆二十四年(1596)顔胤祚刻本。四册。清闕名校。半頁十行二十一字,左右雙邊,白口,單魚尾。框高20.9釐米,寬14.1釐米。題"二十五世孫胤祚重刊"。前有劉敞序,嘉靖二年(1523)楊一清序,萬曆二十四年戴燝序。末有闕名後序,嘉靖二年都穆後序,張居仁後序。

顔真卿,字清臣。臨沂人。開元進士,累官至監察御史,以忤楊國忠出爲平原太守。料安禄山必反,豫爲之備。天寶十四年禄山反,真卿與從兄杲卿共起兵。亂平,入官京師,遭讒貶黜。後爲刑部尚書,封魯郡公,世稱顔魯公。德宗建中三年,李希烈自稱天下都元帥,陷汝州,受命前往勸諭,持節不屈,被害。真卿善正、草書,筆力沉着雄渾,爲世所寶,稱顔體。

卷一奏議,卷二表(附批答),卷三至八碑,卷九墓碣、墓志、祭文,卷一〇題名、讚,卷一一序,卷一二至一三記,卷一四詩,卷一五書帖。

戴燦序云:"公集刻自平原,中多訛舛,博士君將再梓於家塾。值余行役闕里,而以校讎爲請。不佞三遜,顏君三揖。夫建天下之鳴鐘而撞之以梃,豈能發其聲乎哉? 高山仰止,景行行止。效一役於公集,以託不朽,則不佞之志也,遂躬校讎。"

張居仁後序云:"公裔孫博士胤祚,欲式昭先德,慨然推所官,官其兄子,唯銳意編輯之勞,取魯公集十五卷而梓之。"

《四庫全書總目》入集部別集類。《中國古籍善本書目》著錄。中國國家圖書館、上海圖書館等三十館,臺北"國家圖書館"及日本內閣文庫、尊經閣文庫亦有入藏。顏集今存最早之十五卷本,爲嘉靖二年錫山安氏館所刻。又有嘉靖錫山安氏館銅活字印本、萬曆十七年劉思誠刻本。二十卷本有萬曆顏欲章刻本。

鈐印有"柯溪藏書"、"小李山房"、"小李山房圖籍"、"子孫永保"、"小泉保平藏書之記"。

1849 明抄本魯公文集   T5306/72B

《魯公文集》十五卷,唐顏真卿撰。明抄本。四冊。半頁十行二十一字,四周單邊,白口,無魚尾。藍格。框高 20.9 釐米,寬 13.8 釐米。題"二十五世孫胤祚重刊"。前有萬曆二十四年(1596)戴燦序。

顏真卿,見明萬曆刻本《魯公文集》。

卷一奏議,卷二表(附批答),卷三至八碑,卷九墓碣、墓志、祭文,卷一〇題名、讚,卷一一序,卷一二至一三記,卷一四詩,卷一五書帖。

魯公文集,多爲十五卷本,存世之本有明嘉靖二年安國安氏館刻本、明嘉靖安國安氏館銅活字印本、明萬曆十七年劉思誠刻本。又清代嘉慶七年顏崇槼刻本。二十卷本,則有明萬曆顏欲章刻本。

此本乃據明萬曆二十四年顏胤祚刻本傳抄,但佚去劉敞序、嘉靖二年楊一清序,以及闕名後序、嘉靖二年都穆後序、張居仁後序。

戴燦序云:"公集刻自平原,中多訛舛,博士君將再梓於家塾。值余行役闕里,而以校讎爲請。不佞三遜,顏君三揖。夫建天下之鳴鐘而撞之以梃,豈能發其聲乎哉? 高山仰止,景行行止。效一役於公集,以託不朽,則不佞之志也,遂躬校讎。"

有蟲蛀。

《四庫全書總目》入集部別集類。《中國古籍善本書目》著錄,中國國家圖書館、上海圖書館等三十館有明萬曆二十四年顏胤祚刻本,本館也有入藏。

1850 明崇禎刻五唐人集本孟襄陽集   T5296/718

《孟襄陽集》三卷,唐孟浩然撰。明崇禎毛氏汲古閣刻《五唐人集》本。二冊。半頁九行十九字,左右雙邊,白口,無魚尾,書口下刻"汲古閣"。框高 18.8 釐米,寬 13.5 釐米。前有王士源序。末有毛晉跋。

孟浩然,襄陽人。少隱居鹿門山,四十歲時游京師,應進士舉,不第。以詩著稱,多以山水景物旅途風光爲題材,抒發個人懷抱。尤長於五言詩,爲李白、張九齡、王維所贊賞。張九齡出鎮荊州,任爲從事。開元末,病疽背卒。

此爲毛晉刻《五唐人集》零種。毛晉跋云:"余藏襄陽詩甚多,可據者凡三種。一宋刻三卷,逐卷意編,不標類目,共計二百一十首。一元刻劉須溪評者,亦三卷,類分游覽、贈答、旅行、送別、宴樂、懷思、田園、美人、時節、拾遺凡十條,共計二百三十三首。一弘治間關中刻孟浩然者,卷數與宋元相合,編次互有異同,共計二百一十八首。至近來《十二家唐詩》及《王孟合刻》等,或一卷、或二卷、或四卷,詮次寡多,本本淆譌。予悉依宋刻,以元本、關中本參之,附以拾遺,共得二百六十六首,間有字異句異、先後倒者,分注元刻某、今刻某,不敢臆改云。"

金鑲玉裝。《中國古籍善本書目》著錄有《五唐人集》,中國國家圖書館、上海圖書館等六館有全帙。

鈐印有"魯氏清餘堂印"、"青梧書屋"、"臣晉"。

1851 明刻閔氏套印盛唐四名家集本孟浩然詩集　　T5297/7278

《孟浩然詩集》二卷,唐孟浩然撰,宋劉辰翁、明李夢陽評。明凌濛初刻閔氏朱墨套印《盛唐四名家集》本。二冊。半頁八行十九字,左右雙邊,白口,無魚尾,書眉上刻評。框高20.5釐米,寬13.9釐米。題"唐襄陽孟浩然撰;宋廬陵劉辰翁評;明北地李夢陽參"。前有王士源序。末有劉辰翁跋、李夢陽跋、李克嗣跋、凌濛初跋。

凌濛初跋云:"襄陽詩集,劉須谿先生批校本乃其全者。近更得友人潘景升家所梓行,則復有李空同先生所參評,間相攻駁,亦有刪削。蓋李以崛起關中,雄視千古,故每於格調之間深求之,然亦可以見言詩者一斑。今全錄則從劉本,次第則從李本,以李每言若干首爲一格;若從劉,則李批不協耳。"

臺北"國家圖書館"亦有入藏。此爲《盛唐四名家集》零種,中國國家圖書館、上海圖書館等十三館有全帙。

1852 明萬曆刻本寒山子詩集　　T5292/3327

《寒山子詩集》一卷,唐釋寒山子撰;《豐干拾得詩》一卷,唐釋豐干、釋拾得撰。明萬曆刻本。一冊。半頁八行十七字,四周單邊,綫黑口,單魚尾。框高20.2釐米,寬12釐米。前有閭丘胤序,萬曆七年(1579)王宗沐序。

寒山子,唐代天台唐興縣僧,居寒巖,時還往國清寺。好爲詩,每得一篇一句,輒題於樹間石上。有好事者隨而錄之,凡三百餘首,多述山林幽隱之興,或譏諷時態,能警勵流俗。《四庫全書總目》云:"其詩有工語,有率語,有諧語,至云'不煩鄭氏箋,豈待毛公解',又似儒生語,大抵佛語、菩薩語也。今觀所作,皆信手拈弄,全作禪門偈語,不可復以詩格繩之,而機趣橫溢,多足以資勸戒。且專集傳自唐時,行世已久,今仍著之於錄,以備釋氏文字之一種焉。"豐干、拾得,皆國清寺僧。

余嘉錫《四庫提要辯證》於此書考之頗詳,其云閭丘胤序,爲後人依托,必不出於閭丘胤之手。寒山子雖實有其人,亦必不生於唐初,可斷言也。

王宗沐序云:"吾馬平益軒計公,來守台郡,獨愛而梓之以傳。公文武經緯,高才孤韻,並其博綜群典,摛藻玄詣,真凌屬作者,皆不媿寒山。"

卷末刻"大聖愍衆生休于淫殺業海,不能解脱,是以乘大願輪,垂蹟混塵,觸境題咏,含蓄至理,此其陰有遺付也。凡具觇者,請勤覺悟云。萬曆己亥冬釋普文題於幻寄齋"。

《四庫全書總目》入集部别集類。《中國古籍善本書目》著録明萬曆刻本,行款同此本,中國國家圖書館、上海圖書館等八館入藏。又日本内閣文庫所藏,或亦同此本。

1853　清康熙刻本李太白文集　　TNC5298/2264

《李太白文集》三十卷,唐李白撰。清康熙五十六年(1717)繆曰芑雙泉草堂刻本。八册。半頁十一行二十字,左右雙邊,白口,單魚尾。書口下間有刻工。框高17.6釐米,寬10.5釐米。前有康熙五十六年繆曰芑序;總目。末有宋敏求舊序,曾鞏舊序,元豐三年(1080)毛漸序。

李白,字太白,號青蓮居士。祖籍甘肅秦安,幼時隨父遷居四川江油。少年即顯露才華,吟詩作賦,博學廣覽並好行俠。天寶初,供奉翰林。天寶三年,與杜甫結交。安史亂中,曾爲永王李璘幕僚,因璘敗牽累,流放夜郎,中途遇赦東還。晚年飄泊困苦,卒於當塗。

唐代詩人甚多,然人必稱"李杜"。韓愈嘗云:"李杜文章在,光焰萬丈長。"此本爲李白詩文合集,卷一爲李陽冰、李華等撰舊序及墓志等七篇,卷二至二四歌詩九百九十四篇,卷二五古賦八篇,卷二六表三篇、書六通,卷二七序二十篇,卷二八贊十七篇,卷二九頌二篇、銘二則、記一篇,卷三〇碑五篇、祭文二篇。

繆曰芑序云:"《李翰林集》三十卷,常山宋次道編類,而南豐曾氏所考次者也,歲久訛缺,俗本雜出,增損互異,無所是正,余嘗病之。癸巳秋,得崑山徐氏所藏臨川晏處善本重加校正,梓之家塾。其與俗本不同者,别爲考異一卷,庶使讀是編者不失古人之舊,而余亦得以廣其傳焉。"黄丕烈《百宋一廛書録》云,繆氏得宋本後,特構一樓貯之,樓曰"太白"。"今余兩遷居矣,居各有樓,亦以此集貯於樓上,名曰太白謫仙人好樓居。"又云:"曾欲作考異一卷而未成,其夾籤猶在卷中也,余以一百五十金得之。"所謂"晏處善本"者,乃指神宗元豐三年,臨川晏知止(字處善)守蘇州,以宋敏求、曾鞏所編《李翰林集》付信安毛漸校正刊行,研李詩者,稱之爲蘇本。

此繆曰芑刻本,世稱繆本。字畫精湛,楮精墨妙,其據宋本翻刻,也爲可珍之品。陸心源《儀顧堂集·北宋本李太白文集跋》云:"繆本摹刻精工,幾欲亂真。愚竊謂行款避諱及刊工姓名既一一摹刻宋本,即有誤處亦宜仍之,别爲考異注於下。繆本改易既多,訛誤亦不少,且有不照宋本摹刊者。"

《李太白集》宋本絶少,今存有二,一藏中國國家圖書館,半頁十一行二十字,左右雙邊,白口。書口下間有刻工。卷一五至二四配清康熙五十六年繆曰芑雙泉草堂刻本。一藏日本静嘉堂文庫,行款同國圖本,乃陸心源皕宋樓舊藏。1967年,臺北學生書局曾據静嘉堂文庫本影印。1989年,上海古籍出版社出版日本平岡武夫《李白的作品》,又據静嘉堂文庫本予以影印,並附索引於後。

以宋本與繆本相較,繆氏改易約百餘處,有正宋本之誤者,也有誤改者,然糾繆者居多。如宋本目録有《答族姪贈玉泉仙人峰茶》,繆易"峰"爲"掌";"金陵白楊十家巷"之"家"易"字"。詩中《飛龍引其一》有句"千旗揚彩紅",改"紅"爲"虹";《去婦詞》中"不嘆君棄妻","妻"字易爲"妾";《長相思》中"日色色盡花含煙,月明欲素秋不眠"句,"色盡"改爲"欲盡","秋不眠"改爲"愁不眠"。

繆曰芑，字武子，號笠湖，曰藻胞弟，江蘇吳縣人。少負大志，偕兄講學，刻自淬厲，居常恂恂謹飭，雅不樂以貴公子稱。雍正元年進士，選庶吉士，旋授編修。以省親歸，承歡養志，遭母喪，遂不復出。晚年嗜學彌篤，於張子西銘之旨獨有所悟。吳俗繁庶，野多暴骸，會世宗憲皇帝有旨，命有司設法斂葬。曰芑倡議設錫類堂於城南，次及育嬰堂、普濟堂，皆爲區畫盡善。又著有《六經要語》、《杜詩心解》、《李集考異》、《白石亭稿》、《半學庵稿》。年七十三卒。《(道光)蘇州府志》卷一〇一《人物·文苑六》有傳。

刻工有大七、旦、知、王、呂、吳一。每卷之末，刻"吳門繆曰芑武子甫重刊宋本"。是本又有光緒十四年湖北官書局重刻本、民國元年鄂官書處重刻本、民國文瑞樓石印本。

《四庫全書總目》入集部別集類。《中國古籍善本書目》著錄，中國國家圖書館、上海圖書館等三十一館入藏。館藏此本即據此著錄。按，雙泉草堂爲繆氏先人繆彤讀書處，彤爲康熙六年進士。另臺北"國家圖書館"、臺灣大學圖書館及美國《普林斯頓大學葛思德東方圖書館中文舊籍書目》、日本《京都大學人文科學研究所漢籍分類目錄》、《東京大學東洋文化研究所漢籍分類目錄》、《東京大學總合圖書館漢籍目錄》著錄。

1854　清乾隆刻本李太白文集

T5298/1112D

《李太白文集》三十六卷，唐李白撰，清王琦輯注。清乾隆寶笏樓刻二十五年(1760)印本。十六册。半頁十行二十字，左右雙邊，白口，單魚尾。框高17.5釐米，寬13釐米。題"錢塘王琦琢崖輯注；繆端臣、思謙蘊山較"。前有乾隆二十四年(1759)杭世駿序，乾隆二十四年齊召南序，趙信序，乾隆二十三年(1758)王琦序。末有乾隆二十四年王琦跋。

王琦，字琢崖，號載庵，浙江錢塘人。早年喪妻，好學不倦，杜門著述，詳引博據，考索綜核，能數十年專心致志，爲人所不能爲也。與齊召南、杭世駿友善。又有《李長吉歌詩彙解》五卷。

自李詩出，即有宋楊齊賢爲之作注、元蕭士贇又爲之補注，明代朱諫有《李詩選注》、林兆珂有《李詩鈔述注》，但簡陋殊甚，胡震亨駁正舊注，作《李詩通》。王琦以其尚多漏略，乃重爲編次箋釋，定爲此本。其詩參合諸本，益以逸篇，釐爲三十卷，又以序志、碑傳、贈答、題詠、詩文、評語、年譜、外紀作爲附錄。

卷一古賦八首，卷二古詩五十九首，卷三至六樂府一百四十九首，卷七至二五古近體詩七百七十九首，卷二六表書九首，卷二七序文二十首，卷二八記頌讚二十首，卷二九銘碑祭文九首，卷三〇詩文拾遺五十七首，卷三一附錄序志碑傳十二首，卷三二至三三附錄詩文八十首，卷三四附錄叢語二百二十則，卷三五附錄年譜，卷三六附錄外記一百九十四則。

杭世駿序云："太白之集，歷五百年而始有蕭楊二家，又歷五百年而始有鹽官胡氏孝轅，孝轅亡後，今且百餘年矣，文士林立，未有起而補其闕者。吾友王君載庵，以三家之注之典未核也，結轖之未疏淪也，疵繆之未剗削也，專精覃思，寤寐太白於千載之上，一一扣其出處而究其指歸，太白之精神與前注之得失，軒然若揭日月。"

《四庫全書總目》入集部別集類，並云："其注欲補三家之遺缺，故採摭頗富，不免微傷於蕪雜，然捃拾殘賸，時亦寸有所長。自宋以來，注杜詩者林立，而注李詩者寥寥僅二三本，錄而存之，亦足以資考証，是固物少見珍之義也。"

此本有扉頁，刻"李太白文集輯注。聚錦堂藏板"。共一千一百七十七頁。總計序四篇十三頁、目録二十五頁、本集三十卷九百零一頁、附録六卷二百二十九頁、跋九頁。

《中國古籍善本書目》著録，福建省圖書館、山西省圖書館、北京大學圖書館等八館也有入藏。

1855　明正德刻本分類補注李太白詩　　TNC5298/4207

《分類補注李太白詩》二十五卷，唐李白撰，宋楊齊賢集注，元蕭士贇補注。明正德十五年(1520)安正書堂刻本。十二册。半頁十一行二十三字，四周雙邊，黑口，雙魚尾。框高19.6釐米，寬12.9釐米。題"舂陵楊齊賢子見集注；章貢蕭士贇粹可補注"。前有至元二十八年(1291)蕭士贇序。

李白爲唐代大詩人，詩風雄奇豪放，想像豐富，語言流轉自然，音律和諧多變。善於從民歌、神話中汲取營養及素材，構成其詩瑰瑋絢麗色彩，爲屈原以來積極浪漫主義詩歌之新高峰。

李白集注，宋元人所撰輯者，僅此本而已。此本爲楊齊賢集注。齊賢，字子見，湖南舂陵人。蕭士贇，字粹可，號粹齋，江西贛縣人，辰州通判，篤學工詩，與吳澄相友善。

蕭士贇序云："僕自弱冠，知誦太白詩，時習舉子業，雖好之，未暇究也。厥後，乃得專意於此間，趨庭以求，聞所未聞，或從師以蘄，解所未解。真思遐想，章究其意之所寓；旁搜遠引，句考其字之所原。若夫義之顯者，概不贅演。或疑其贋作，則移置卷末，以俟具眼者自擇焉。此其例也。一日，得巴陵李粹甫家藏左綿所刊舂陵楊君齊賢子見注本讀之，惜其博而不能約，至取唐廣德以後事及宋儒記録詩詞爲祖，甚而併杜注内僞作蘇東坡箋事，已經益守郭知達删去者，亦引用焉。因取其本類此者，爲之節文，擇其善者存之，注所未盡者，以予所知附其後，混爲一注。全集有賦八篇，子見本無注，此則併注之，標其目曰《分類補注李太白集》。"

卷二五後有荷蓋蓮花牌記，刊"庚辰歲孟冬月安正書堂新刊"。

金鑲玉裝。

《四庫全書總目》入集部别集類，然所收爲三十卷本，乃通行本。《中國古籍善本書目》著録。上海圖書館、湖南圖書館等六館，臺北"國家圖書館"(兩部)及日本京都大學人文科學研究所(作至元十一年序安正書堂刊本)亦有入藏。

1856　明萬曆刻李杜全集本分類補注李太白詩　　T5298/0426C.2

《分類補注李太白詩》二十五卷，唐李白撰，宋楊齊賢集注，元蕭士贇補注。明萬曆三十年(1602)許自昌刻《李杜全集》本。八册。半頁九行二十字，左右雙邊，白口，單魚尾，書口下刻字數。框高22.3釐米，寬14.1釐米。題"舂陵楊齊賢子見集注；章貢蕭士贇粹可補注；明長洲許自昌玄祐甫校"。前有萬曆三十年王穉登序；薛仲邕編《唐翰林李太白年譜》；寶應元年(762)李陽冰序，咸平元年(998)樂史後序；劉全白撰《唐翰林李君碣記》；宋敏求、曾鞏、毛漸後序。

《中國古籍善本書目》著録。臺北"國家圖書館"、日本内閣文庫亦有入藏。

鈐印有"佐藤文庫"、"青厓秘藏"、"月蘑堂佐藤藏書印"。

1857　明萬曆刻李杜全集本分類補注李太白詩

T5298/0426

《分類補注李太白詩》二十五卷，唐李白撰，宋楊齊賢集注，元蕭士贇補注。明萬曆三十年(1602)許自昌刻《李杜全集》本。八冊。清吳廣霈批校並跋。半頁九行二十字，左右雙邊，白口，單魚尾，書口下刻字數。框高22.3釐米，寬14.1釐米。題"舂陵楊齊賢子見集注；章貢蕭士贇粹可補注；明長洲許自昌玄祐甫校"。前有萬曆三十年王穉登序；萬曆三十年許自昌小引；寶應元年(762)李陽冰序，咸平元年(998)樂史後序；劉全白撰《唐翰林李君碣記》；宋敏求、曾鞏、毛漸後序；薛仲邕編《唐翰林李太白年譜》。

王穉登序云："李杜詩無合刻，刻之自許子玄祐始。""許子工於詩，能去彼取此，曷患不李杜哉？是刻既出，二先生之集，將同運並行，且俾學者各詣其極……剞劂之功，實弘多矣。"

許自昌小引云："昌從總丱時，屈首就佔㑉業。然稍暇輒，出篋中藏李杜詩，朗歌一再闋，未嘗不沾沾喜，神遊二先生間也。諸所不解，徵之訓什，訓什之所不解，徵之當世作者，退而觀篋中舊刻，頗多鰲繆。竊自嘆二先生千年絕調，竟為魯魚亥豕蠹蝕哉！迺遍索諸善本，力為校讎，靳政一二，授之梓人。神全志者賡互參訂，毋失二先生當日面目，則幸甚幸甚矣。"

吳廣霈跋云："余先有此集一本，係兒時得之雄皋者，然已稍漫漶，未為初印精本，故見此復以重值收之。老劍手識。""光緒卅有四載，歲次戊申十月，以洋蚨捌圓購此於金陵狀元境書市。重裝更費貳元，共拾元成之。劍叟記。""原書破損天地頭，即以切短，故眉批朱筆稍有不瞭者。重裝時，既非襯訂，遂不得補，然大致固可見也。老劍記。""此下失注幾行，無關緊要，故亦不錄補。而注明於此，以免後之人得此書者，或疑其殘缺不全爾。戊申十月晦，劍道人購此，手繙一過，擬重付裝修，先此記之。時正國遭大喪，天崩地裂時也。手此一編，亦聊以解釋杞憂爾，更何言哉？""癸丑冬月，客青島，再閱一過。老劍記。""宣統改元之貳年，庚戌二月花朝後一日，再校閱一過。劍叟吳廣霈記。""此書的係許刻，原板初印，勘過一篇不闕。闕者一頁，已抄補完足。惟此後細注半頁，尚缺未抄補耳。此書中印章曰'振珂'，曰'軾澂'，是前藏者之名與字也。曰'曲谿老農'者，其別號也。唯始終不見其姓，未知阿誰，竢後考之。劍道人以昔年所得後印本校勘一過。此本殘闕處，亦正好藉補訂之也。又記。""歲在乙卯，時客京師，修史清史館。正月人日前小極，乞假臥榻，展玩一過。六十二叟劍華道人再記。""劍按，此刻既云李杜合刻，全集乃止見此李詩分類本者，凡三四本，而杜之分類，則從未見一本，焉是可異矣。姑志此，以希後遇。劍叟再記。後已見一本於友人處，並自收得一殘缺不完本，乃借友本手抄足之，亦一快事也。""許君獨能不隨人步趨，李杜並刻，洵為豪傑之士，不為風氣所囿，獨惜其校訂仍欠精審爾。劍道人記。""清太史劍華道人吳廣霈校讀本。"

按，吳廣霈，字劍華，號漢濤，一號瀚濤，別署琴溪道子。安徽涇縣人。官江蘇候補道，有《劫後吟》。又《清朝野史大觀》："琴溪道子吳瀚濤貳尹廣霈，為人豪俠不羈，性好游，蹤跡遍天下。並歷泰西諸國，所交多名士。身畔常携一篋，不輕見人。中藏小劍長五寸許，鋒利無倫。髮繩數十丈繫於劍柄，蓋幼時曾習劍術。中年益精，能於百步外刺人不少爽。詩有奇氣。"

封面題"李詩補註。共八冊。原本初印。劍華堂藏"。

《中國古籍善本書目》著錄，鄭州大學圖書館亦藏此本，並有吳廣霈批校。或吳氏批校者抑有兩本耶？

鈐印有"因樹樓"、"字余曰軾澄"、"曲谿老農"、"振珂"、"軾澂"；"劍華"、"吳印廣霈"、"劍叟"、"劍華藏書印章"、"劍華道人"、"江東老劍"、"句吳世家"。

1858　明隆慶刻本李詩辯疑　　T5298/2909

《李詩辯疑》二卷,明朱諫撰。明隆慶六年(1572)朱守行刻本。二册。半頁十二行二十四字,四周雙邊,白口,無魚尾。框高 20.5 釐米,寬 13.3 釐米。題"温州樂清蕩南朱諫撰;姪守行校刊"。前有朱諫序。又目録頁題"明中憲大夫知直隸徽州府事海濱晹谷崔孔昕重校;奉政大夫同知直隸徽州府事海岱蘭窗黨馨、承德郎直隸徽州府通判東甌姪瑤山朱守行、文林郎直隸徽州府推官清源鵬海郭宗磐同校"。

朱諫,字君佐,號蕩南,浙江樂清人。弘治九年進士。生而夙穎,能詩。歷歙、豐城二縣令,武選郎中,贛、吉安二郡守,爲政軒豁,不屑屑於小廉。年逾八十而終。又有《學庸圖説》、《宋史辯疑》、《雁山志》等。《(光緒)樂清縣志》卷六有傳。

朱諫序云:"唐人之言詩者,必以李杜爲首稱。李有《草堂集》二十卷(唐李陽冰所録),散落人間,人或罕傳,遂至紛紜舛錯,真僞淆溷。自東坡以下,雖略有議論,未暇一一而校正之。故李白之名雖在,而李白之實未甚昭晰。噫,文章如白者,可以妄擬而想像之乎?舊説晚唐李益尚書,嘗爲翰林學士,其詩亦曰李翰林。李赤厠鬼,小有所作,亦曰李詩。二者混於白集,故多可疑。以今觀之,其用事頗有典故,而鋪敍堆叠格調卑劣者,必益之詩也。其鄙俚顛狂,放肆而無倫者,赤之詩也。赤真爲厠鬼哉?安敢比迹於謫仙乎?二者皆可精察而類別之也,乃作《李詩辯疑》。"

此《辯疑》二卷,乃附刻於《李詩選注》十三卷後。《中國古籍善本書目》著録,中國國家圖書館、南京圖書館等三館有全帙。《敬鄉樓叢書》第二輯收有《辯疑》。

鈐印有"天馬山房藏書印"、"夷初",爲馬敍倫先生舊藏。

1859　明末刻本韋蘇州集　　T5304/8993

《韋蘇州集》十卷,唐韋應物撰。明末余懷刻本。六册。半頁八行十八字,四周單邊,白口,無魚尾。框高 21.3 釐米,寬 14.1 釐米。前有余懷序(佚去後半頁)。

韋應物,京兆人。少年時,以三衛郎事玄宗。亂後失官,更折節讀書。後歷官滁州、江州、蘇州刺史,有惠政,人稱韋江州或韋蘇州。性行高潔,詩如其人,閒淡簡遠似陶潛,世稱陶韋。與顧況、劉長卿等多所唱和。《唐書》有傳。

卷一雜擬二十一首、燕集二十一首,卷二寄贈六十二首,卷三寄贈六十二首,卷四送別六十六首,卷五酬答五十六首、途遇八首,卷六懷思十九首、行旅十首、感嘆三十一首,卷七登眺十五首、游覽五十八首,卷八雜興七十五首,卷九歌行二十二首,卷一○歌行十八首。

余懷,字澹心,一字無懷,號曼翁,又號曼持老人。莆田人。生於明季,僑居江寧。其序佚去後半,無法得知其刻書之經過。

金鑲玉裝。

此本有扉頁,刊"韋蘇州集。江左余澹心訂正。吳郡八詠樓"。按,八詠樓曾刻有《楚辭評林》八卷,爲明崇禎八年吳縣沈雲翔八詠樓刻本。沈雲翔,字千仞,吳縣人。

《四庫全書總目》入集部別集類。《中國古籍善本書目》著録。上海圖書館、南京圖書館等十館,臺北"國家圖書館"亦有入藏。

1860 明刻本岑嘉州集　　　　　　　　　　　T5302.3/7

《岑嘉州集》八卷,唐岑參撰。明刻本。四冊。清玉京子圈點。半頁十行十八字,左右雙邊,白口,無魚尾。框高17.2釐米,寬12.3釐米。無序跋。

岑參,江陵人。天寶三年進士。八年至安西節度使高仙芝幕府掌書記,後又隨封常清至北庭任安西北庭節度判官。至德二載,與杜甫等五人授右補闕。後出任嘉州刺史。大曆五年卒於成都。工詩,長於七言歌行。現存者三百六十首,其邊塞詩尤多佳作,風格與高適相近,後人多並稱岑高。

岑集單刻本有八卷、七卷、四卷、二卷之分。此八卷本,最早有宋刻本,存四卷,爲卷一至四,今藏中國國家圖書館。又有明正德十五年謝元良刻本,行款同此本,但爲四周單邊。此本卷一至卷三爲五言古詩,卷四爲七言古詩,卷五至七爲五言律詩,卷八爲七言律詩。

金鑲玉裝。有玉京子圈點,卷末書"歲在己亥玉京子閱一過"。

《四庫全書總目》未收。《中國古籍善本書目》著錄,中國國家圖書館、上海圖書館等八館亦有入藏。

鈐印有"虞臣氏藏"、"嵩南圖書"。

1861 明萬曆刻唐十二家詩本高適集　　　　　　T5300/7174

《高適集》一卷,唐高適撰。明萬曆十二年(1584)刻《唐十二家詩》本。一冊。半頁九行二十字,四周單邊,白口,無魚尾。框高20釐米,寬13.1釐米。題"長洲丘陵子長校"。

高適,字達夫,渤海蓨人。玄宗時舉有道科中第。客河西,在節度使哥舒翰府掌書記。安禄山反,入長安,適奔赴行在,累官至諫議大夫。蜀亂,出爲蜀、彭二州刺史。其邊塞詩昂揚奮發。與岑參齊名,並稱高岑。

此爲明楊一統編《唐十二家詩》零種。收賦二篇、五言古詩一百十五首、七言古詩三十二首、五言律詩四十一首、七言律詩七首、五言排律二十二首、五言絶句四首。

《中國古籍善本書目》著錄有《唐十二家詩》,上海圖書館、山東省圖書館等十館有全帙。

1862 明嘉靖刻本集千家注批點杜工部詩集　　　T5299/7178

《集千家注批點杜工部詩集》二十卷,唐杜甫撰,宋黄鶴補注,劉辰翁評點;《年譜》一卷。明嘉靖八年(1529)朱邦蘗懋德堂刻本。十冊。半頁八行十八字,四周雙邊,黑口,雙魚尾。框高25.2釐米,寬18.5釐米。題"須溪先生劉會孟評點"。前有嘉靖八年(1529)朱邦蘗序。

杜甫,字子美,原籍湖北襄陽,生於河南鞏縣。因居杜曲,在少陵原之東,自稱杜陵布衣、少陵野老。舉進士不第,玄宗時獻《三大禮賦》待制集賢院。安禄山攻陷長安,玄宗奔蜀,甫逃至鳳翔肅宗行在,任左拾遺。官軍收復長安後,因疏救房琯,被貶爲華州司功參軍。不久棄官入蜀,依劍南節度使嚴武,在成都西郭築草堂以居。武薦爲檢校工部員外郎。杜甫工詩,語言精煉,風格沉鬱,人稱之爲"詩史",與李白並稱"李杜"。

集　部

朱邦苧序云："一日,得蜀郡所刊《集千家注批點杜詩》者而觀之,因其注,索其理,則少陵之微辭奧旨、愛君憂國之意,宛然在目。真可以匹休風雅之盛,而爲三代以下一人。遂因其舊本重刻以傳。"《明史》卷一一八《諸王列傳》,洪武三年始封守謙爲靖江王,奉藩桂林,其七世孫安肅王經扶,正德十一年嗣,嘉靖四年薨。子恭惠王邦苧嗣,隆慶六年薨。邦苧序後鈐有印,云"十代靖江王芷岊圖書"、"寶善堂記"。

此本序之首頁,並嘉靖八年吳朝喜後序佚去。

《四庫全書總目》入集部別集類。《中國古籍善本書目》著錄。中國國家圖書館、上海圖書館等八館,臺北"國家圖書館"(兩部)亦有入藏。

1863　明正德刻李杜全集本杜工部集　　T5299/217

《杜工部集》五十卷《文集》二卷《外集》一卷,唐杜甫撰;《年譜》一卷。明正德八年(1513)鮑松刻《李杜全集》本。六冊。日本葛重良跋。半頁十行二十字,四周單邊,白口,無魚尾。框高18.5釐米,寬13釐米。目錄頁題"建安蔡夢弼集"。前有舊序。末有正德八年鮑松跋。

鮑松跋云："昌黎韓子,文起八代之衰,於詩獨推李杜,其言蓋屢見於集中。晦庵朱子,集諸儒之大成,教人學詩,必先看李杜,如士人習本經,本既立,方可次及諸家。二公於李杜亟稱如此,則夫有志於詩者,可不知所趨向哉?顧二家之集,箋注叢出,使其平易正大之詞,反若艱深隱度之語,學者滋惑,往往以李杜藩籬爲難窺,良可嘅也。齋居之暇,偶得二集於吾宗先達燕齋先生之裔孫文儒。李集則有文附焉,鐫如其舊;而杜集則伐去其箋解,鳩工梓行。讀者於此,反復諷詠而有得焉,則知唐宋二大儒之言,爲不我欺,抑不負吾燕齋珍藏之善也。"

此本佚去《文集》二卷。

葛重良跋云："杜詩博大沉鬱,比美風雅,古人所補,予又何言焉?宗臣嘗言,寒可無衣,饑可無食,而此書不可以一時廢也。知言哉!蓋禮樂殘缺,誰觀其美?唯詩也。從容微婉,左右逢原,無聲之樂,亦可以終歲矣。予亦置之於坐右,放古不徹琴瑟之意云。慶應丙寅春,葛重良志。"按,慶應丙寅,爲日本慶應二年,當清同治五年(1866)。

臺北"國家圖書館"也有此零本。《中國古籍善本書目》有《李杜全集》八十三卷,上海圖書館、四川省圖書館等六館有全帙。

鈐印有"讀杜草堂"、"勝山書印"、"渡邊千秋藏書"、"渡邊千秋清觀"。

1864　明萬曆刻本刻杜少陵先生詩分類集注　　T5299/1238

《刻杜少陵先生詩分類集注》二十三卷目錄一卷,唐杜甫撰,明邵寶集注,過棟參箋。明萬曆二十年(1592)周子文刻本。十二冊。半頁十行二十字,四周單邊,白口,單魚尾,書口下有刻工及字數。框高19.3釐米,寬13釐米。題"錫山二泉邵寶國賢父集注;同邑最木過棟汝器父參箋;三吳雲望周子文岐陽父校梓"。前有萬曆二十年周子文序,王穉登序。

周子文序云："邑先達文莊邵二泉先生,詩鳴弘正間,酣嗜是業,一遵考亭六義之例,分類而集注之,良亦苦心。不佞倖藉詩學起家,未能坐進此道……不佞十年下吏,偃卧棲遲,退食之餘,鳩工繡梓。出以重鐾,佐之薄俸,朝夕謀業,畢力殫精。是役也,自癸未以至壬辰,然後底績,其歲月可考已。"周子文,無錫人,萬曆十一年進士。

1381

王穉登序云："余友周君岐陽，以明經取上第，兩試巖邑，鳴琴之暇，篤志風雅，割五斗之入，鋟諸梨棗，以與能詩之士共。"

邵寶，字國賢，無錫人。成化二十年進士。累官江西提學副使。正德中，遷右副都御史，總督漕運，忤劉瑾，勒致仕。瑾誅，陞户部侍郎，拜南禮部尚書，懇辭。嘉靖初起前官，復辭。卒諡文莊，學者稱"二泉先生"。

此本刻工有宋禮、阮成、蔣雲、阮達、王以南、王文、王春、阮建、王光、蔡遠、范意、酈喬、王以成、力真、魯福、張明、王以道、王德光、魯子信、王元秀、錢子秀、林純、夏立、夏大忠、戴文、戴立、鄭子中、夏本、鄭克、蔡明、王統、孫宗、王思賢、璟清、陳應春、郭天沛、李敘、胡從化、任大寬。

《四庫全書總目》未收。《中國古籍善本書目》著錄。上海圖書館、河南省圖書館等六館，臺北"國家圖書館"亦有入藏。

1865　明崇禎刻本杜子美七言律　T5299/0214

《杜子美七言律》一卷，唐杜甫撰，明郭正域評點。明崇禎閔齊伋刻三色套印本。二册。半頁八行十八字，左右雙邊，白口，無魚尾，書眉上刻評，書口上刻"杜律"。框高20.4釐米，寬14.8釐米。前有郭正域序。末有閔齊伋跋。

此本取虞集注七言詩一百五十首加以評點。

閔齊伋跋云："先生服膺子美，直攄所得，與相印診，蓋已達窾中微，乃若子美七言，古今宗匠，昔人有謂之聖矣。白璧之瑕，誰能指之，大都無古人之膽識，而欲尚友古人，正自難耳。如其真與冥契，安在以佞爲恭。自有此評，而後進於今知所趣舍矣。子美而有知者，能無點首？先生而前，在宋唯劉須溪時寄此意。是用取先生所手校於南雍者，更付之梓，而黛書劉語以附。"

此本三色，朱色者爲郭正域評，黛色則爲劉辰翁語。

臺北"國家圖書館"藏有《批點杜工部七言律》一卷，或與此同。美國國會圖書館也有收藏。《中國古籍善本書目》有《韓文杜律》二卷，即此書，上海圖書館、南京圖書館等十五館及日本內閣文庫亦有入藏。

鈐印有"静觀亭圖書記"。

1866　明崇禎刻本杜詩胥鈔　T5299/2143

《杜詩胥鈔》十五卷，唐杜甫撰，清盧世㴶輯；《贈言》一卷，清盧世㴶輯；《大凡》一卷《餘論》一卷，清盧世㴶撰。明崇禎七年(1634)盧氏尊水園刻本。六册。清闕名批點。半頁八行十九字，左右雙邊，白口，單魚尾。框高19.1釐米，寬13.1釐米。前有靳於中序。末有盧世㴶跋。

盧世㴶，字德水，一字紫房，晚號南村病叟。淶水人。天啓五年進士，官監察御史。入清拜原官，徵詣京師，以病廢辭歸，讀書劇飲，佯狂肆志以終。

世㴶素好杜詩，詩也清迥絕倫，曾數年間讀杜詩四十餘遍。其《大凡》云："邇來却掃，益有餘力，另録而重讀之，長篇短章，務細察其意思所在，乃手彙爲帙序。準編年體，分古近言之五七，區以別焉，即小有裁酌，而杜詩之全局統是矣。會友人王君瑞符、門人王生元禮，俱留心於杜，謂此本頗善，可流播朋輩，因商定而授之梨人。梨人執簡請余安名，余避席謝曰，名不敢安也,無已,還問之子美。子美《別李八秘書》有句云:'乞米煩佳客,鈔詩聽小胥。'余不敏,於子美無能爲役,第謹操觚管,充胥史之任而已。而乞米鳩工,遂煩我友襄兹素業,蓋有機緣。"

盧世㴶跋云:"是役也,二王標舉於始,劉、陳兩先生維持於中,盧子拮据於終,而學人鄭爾木較勘尤力,歷歲經年,始克卒業。雖録寫雕鏤,俱屬北方笨伯,不足莊嚴杜陵,然風雨鷄鳴、夙興夜寐之餘,亦既竭吾才而未嘗一息少懈。蓋生則資以忘年,死則用以殉葬,浸假而藉手以見古人,抗言以對今人,意在斯乎?小子何敢讓焉?噫,子美啓佑之恩,無以報也,惟持此寸心奉板本耳。"又有《胥鈔役竣祭告少陵》,云:"鈔杜爲新本,膳鐫惜未精。十年曾有約,三歲始能成。尚覺留遺憾,還期畢此生。焚香重下拜,一片古今情。"

末署"崇禎七年歲次甲戌冬十月梓於尊水園之杜亭"。

《四庫全書總目》未收。《中國古籍善本書目》著録。中國國家圖書館、上海圖書館等八館及日本内閣文庫亦有入藏。

1867 清順治刻本杜詩分類全集   T5299/1120

《杜詩分類全集》五卷,唐杜甫撰,明傅振商輯。清順治十六年(1659)高士䎽讀齋刻本。五册。半頁十二行二十五字,左右雙邊,白口,單魚尾。序及目録書口下刻"還讀齋"。框高21.3釐米,寬14釐米。題"中州張縉彦坦公、古燕谷應泰霖蒼輯定;海寧後學高士爾達、錢塘後學汪淇右子較閲"。前有順治十五年(1658)張縉彦序,順治十六年谷應泰序,萬曆四十一年(1613)傅振商舊序,順治八年(1651)梁清標序,順治八年梁清寬序。

傅振商,字君雨,自號養拙叟,河南汝陽人。萬曆三十五年進士,選庶吉士,改御史,按畿南,累遷右副都御史,巡撫南贛。遷南京兵部右侍郎,時魏黨懷寧侯孫承蔭毒軍蠹民,道路以目,振商劾之。崇禎時官至南京兵部尚書,卒年六十八,贈太子太保,謚莊毅。又有《愛鼎堂文集》、《緝玉録》、《古論元箸》、《四家詩選》、《蜀藻幽勝集》。《(康熙)汝陽縣志》卷九下《列傳》有傳。

詩盛於唐,而李、杜集其大成。迄於今,即童子談及,無不知有李、杜。據簡明勇《杜甫詩研究》,歷代研究杜詩而有專著者,宋代三十餘家,元代八家,明代三十餘家,清代八十餘家,民國以來八十餘家。然是書中"明代杜詩學"、"杜詩學者名著介評"、"歷代研究杜詩之學者及其著作目録表"中,卻無傅氏及其書一席之地,或簡氏未見此書。

是書卷一爲紀行類五言古四十三首、七言古二首。

卷二爲述懷類五言古二十八首、七言古二首;懷古類五言古十一首、七言古二首;時事類五言古十二首、七言古七首;邊塞類五言古十七首;將帥類五言古二首、七言古一首;軍旅類五言古一首;宮殿類五言古二首;陵寢類五言古七首;居室類五言古十五首、七言古三首;世族類五言古七首、七言古二首;宗族類五言古八首、七言古一首;姻戚類五言古九首;仙釋類五言古十七首、七言古一首;時序類五言古二十三首、七言古九首;雷雨類五言古十首;山河類五言古十二首;都城類五言古二十三首;陰雨類七言古八首。

卷三爲詩文類五言古四首;書畫類五言古七首、七言古二首;器物類五言古三首、七言古二首;品食類五言古六首、七言古一首;動植類五言古十三首、七言古四首;寄贈類五言古三十八首、七言古六首;懷舊類五言古四首、七言古一首;尋訪類五言古三首;惠貺類五言古二首;送别類五言古三十七首、七言古一首;慶賀類五言古四首;傷悼類五言古十五首;雜賦類五言古八首。

卷四爲雜賦類七言古三首;歌行紀行類二首;時事類十二首;古蹟類二首;世族類四首;仙釋類三首;時序類六首;地理類十四首;居室類二首;燕飲類七首;器物類三首;書畫類九首;鳥獸類十三首;木類二首;雜賦類三十首;五言絕雜賦類三十一首;七言絕時事類二十二首;雜賦類四十八首;時序類十四首;花木類十二首;五言律紀行類二十八首;述懷四十六首;時事類二十六首;軍旅類六首;宮室類四十九首;皇族類二首;宗族類二十一首;外族類四首;寺觀類十六首;時序類七十四首。

卷五爲五言律天文類四十七首;地理類三十九首;樓閣類二十一首;眺望類五首;亭榭類六首;園池類三十二首;舟橋類十一首;燕飲類十九首;文史類六首;器用類三首;食物類四首;鳥獸類二十四首;傷悼類十五首;雜賦類二首;花木類十三首;簡寄類四十首;懷舊類六首;尋訪類八首;送別類四十七首;七言律紀行類二首;述懷類十四首;將相類五首;宮室類十九首;宗族類三首;釋老類五首;時序類三十五首;天文類四首;地理類三首;樓閣類十一首;果實類二首;舟橋類三首;燕飲類二首;音樂類一首;禽蟲類四首;簡寄類二十首;尋訪類六首;送別類十三首。

傅振商序云:"予日與《少陵集》對,服膺其詩,更論其人,益羨能重其詩。每厭注解本屬蠡測,妄作射覆,割裂穿鑿,種種錯出。是少陵以爲詮性情之言,而諸家反以爲逞臆妄發之的也,何異以敗蒲藉連城,以魚目綴火齊乎?因盡剔去,使少陵本來面目如舊,庶讀者不從注脚盤旋,細爲諷譯,直尋本旨,從真性情間覓少陵性情之薪火不滅,少陵固旦暮遇之也。聊從舊分類彙政,以便觀覽,因屬殺青,以公同好。"

傅書之明代版本,逕題《杜詩分類》,計有三本。一爲萬曆四十一年傅振商刻本,半頁十行二十字,四周雙邊,白口,書口下有刻工。藏中國國家圖書館、浙江圖書館等八館;萬曆四十一年傅振商刻清順治八年杜濬重修本,行款同上本。藏上海圖書館、北京大學圖書館等三館;萬曆四十六年刻本,半頁十行二十字,四周雙邊,白口。藏南京圖書館、遼寧省圖書館等四館。

此本爲高士所刻,所據乃杜濬校補之本。杜濬,字子濂,號湄村,山東濱州人。順治四年進士,官至河南參政。梁清標序云:"濱州杜使君,司李吾郡,慨然補輯,頓還其舊。"梁清寬序又云:"吾郡司李杜使君,雖不拜子儀之墓,顧雅度道文,幾欲追顔謝之孤高,兼庾徐之流麗,駸駸乎入少陵之室,而嫡派承之。故取前督學傅君所鑴工部《分類詩》,補殘飾陋,獨成完書。"高士刻書之依據可見張縉彥序。序云:"真定梁玉立、敷五二先生,篤嗜杜詩,示我《分類》一編,乃傅星垣先生所纂。余愛之,攜至西湖,谷霖蒼公見之,愛亦如余。囑高子爾達梓而傳之。"谷應泰序又云:"中州張大隱先生,篤嗜少陵詩,固子美知己也。余于役吴越,追隨商榷。先生膺命入都,又簡寄梁玉立、敷五二先生《杜詩分類》,余受而閱之,更如聞先生之緒論,而揖讓子美於前也。海昌高士,承先生指,因加較訂,傳諸當世,則亦有深企乎子美者耶?"

《四庫全書總目》入集部別集類存目。《中國古籍善本書目》著錄清康熙刻本,上海圖書館、浙江圖書館等四館入藏。日本《內閣文庫漢籍分類目錄》著錄。

鈐印有"大路夜雨"、"夜雨亭所藏記"。

1868　清康熙刻本杜工部集　　　　　　　　　　　　　　T5299/8508C.2

《杜工部集》二十卷,唐杜甫撰,清錢謙益箋注。《年譜》一卷《諸家詩話》一卷《唱酬題詠附錄》一卷。清康熙六年(1667)季氏靜思堂刻本。十册。清闕名批點。半頁十一行二十字,四周雙邊,黑口,雙魚尾。框高18.2釐米,寬13.2釐米。題"虞山蒙叟錢謙益箋注"。前有錢謙益序,康熙六年季振宜序;《略例》十六則。

卷一至八古詩四百十五首,卷九至一八近體詩九百八十九首,卷一九表、賦、記、說、讚、述十五篇,卷二〇策問、文、狀、表、碑、志十七篇。

清代樸學發達,杜詩研究受風氣影響,注杜者也有數家。錢謙益之箋注,以箋釋典故爲主,於考證史實用力尤多。其自序云:"觀天下書未遍,不得妄下雌黃,何況注詩,何況注杜少陵。"箋注本草稿成於何年已不可考,但可知者,順治七年,錢氏絳雲樓不慎於火,藏書萬卷悉毀,惟此箋注本殘稿獨存於爐餘焦頭爛額之中,故草稿必成於順治七年以前。錢氏箋注杜詩本末,詳見洪業《〈杜詩引得〉序》。

錢氏箋杜,探驪得珠,人所稱道,後起者莫不受其所導,然千慮一失之處,也爲後之學者指摘。潘耒《遂初堂文集》有《書杜詩錢箋後》,其總評云:"牧齋學問閎博,考據精詳,家多秘書,兼熟内典。其箋杜也,鉤稽奧意,抉摘異聞,他人所不能注者,一一注出,誠有功於少陵矣。其斥舊注之病數條,尤爲切當。但錢氏求新太過,亦時有此失……余故一一標出,欲讀者毋味其甘而忘其毒也。"

此本爲季振宜所刻。季振宜序云:"牧齋先生仕宦垂五十年,生平精力,構古書百萬卷,作樓登而藏之,名曰'絳雲'。一旦弗戒於火,皆爲祝融取去,拔劍擊闈,文武之道頓盡。而《杜詩箋注》巍然獨存於焦頭爛額之餘,杜曲浣花,拂水紅豆,千載而遥,精氣相感,默相呵護,有如是乎?丁未夏,予延遵王渡江,商量雕刻,日長志苦,遵王又矻矻數月,而後託梓人以傳焉。斯幸矣,牧翁著述,自少至老,連屋疊床,使非遵王篤信而死守之,其漫漶不可料理,縱免絳雲之一炬,亦將在白雞樓床之辰也。謀於予則獲遵王,真不負牧翁幽冥之中者哉!"按,季振宜,字詵兮,號滄葦,江蘇泰興人。順治四年進士,官至御史。家本豪富,江南故家之書多歸之,精本最富。又有《静思堂集》等。

是書有闕名批點。此爲禁書,《禁書總目》、《違礙書目》、《清代禁書知見錄》著錄。《禁燬書目・補遺一》云:"查《杜詩箋注》係錢謙益撰,中有故刻方空,明屬悖妄,應請銷燬。"

卷一之末刻"泰興縣八十老人季寓庸因是氏校"。卷二末刻"嘗(常)熟縣錢曾遵王氏校"。卷二〇末刻"錢遵王季滄葦校"。

此本流傳甚多。《中國古籍善本書目》著錄,所收皆名人批校題跋之本。後來者又有宣統二年上海集成圖書公司排印本、宣統三年時中書局石印本、1915年上海廣益書局鉛印本、1961年北京中華書局排印本、1979年上海古籍出版社排印本等。1974年,臺灣大通書局據康熙本影印,入《杜詩叢刊》第三輯中。

鈐印有"西畇草廬藏書之記"、"□原草堂珍藏"。

館藏有複本一部,八冊。有扉頁,刻"錢牧齋先生箋注杜工部集。季滄葦先生校閱。□□□□板"。按,據《中國人民大學圖書館古籍善本書目》,此書扉頁刻有"静思堂藏板"。静思堂爲季振宜家讀書處。鈐印有"黄節"、"蕪室"、"興予氏"、"姚英詩印"。

1869　清康熙刻本杜工部詩集　　　　　　　　　　T5299/2932

《杜工部詩集》二十卷《集外詩》一卷《文集》二卷,唐杜甫撰,清朱鶴齡輯注。《年譜》一卷,清朱鶴齡撰。清康熙葉永茹萬卷樓刻本。八冊。半頁九行十九字,左右雙邊,白口,單魚尾。框高18.9釐米,寬13.7釐米。題"松陵朱鶴齡輯注"。前有錢謙益序(附朱鶴齡識語),康熙九年(1670)計東序,朱鶴齡序。附錄舊序九篇,爲唐樊晃、宋王洙、宋王琪、宋胡宗愈、宋王安石、宋李綱、宋吳若、宋郭知達、宋蔡夢弼撰;元稹撰《墓志銘》;《舊唐書》"文苑"杜甫傳(劉昫撰);《凡例》十四則;編注杜集姓氏;同郡參訂姓氏。

朱鶴齡,字長孺,自號愚庵,江蘇吳江人。諸生。穎敏嗜學,覃力於諸經注疏及先儒理學。屏居著述,晨夕一編,行不識途路,坐不知寒暑,人或謂之愚,遂自號愚庵。嘗自謂疾惡如仇,嗜古若渴,不妄受人一錢,不虛誑人一語。又著有《愚庵詩文集》、《讀左日鈔》、《禹貢長箋》等。生於萬曆三十四年,卒於康熙二十二年,享年七十八。《清史列傳》卷六八有傳。

卷一至二○收詩一千四百零八首。《集外詩》五十五首。此本佚去《文集》二卷。

錢、朱二家注杜之爭,乃爲當時公案。順治十一年,錢謙益遇朱鶴齡於吳門,時朱氏方點校蔡夢弼之《草堂詩箋》,錢氏以與己見甚近,故以己所成之稿付之,用以補綴成書。順治十四年,朱氏書成,致函錢氏,請爲作序。錢未見其書,而作《吳江朱氏杜詩輯注序》。康熙元年,錢氏始見朱氏之書,乃大不謂然,堅拒列名卷端,且有收回舊序之意。據近人曹樹銘、簡恩定等學者研究,錢與朱反目,蓋因朱書引用錢注而不加注明、史實運用及編年看法不同、闡析杜詩及引用典故之歧異。洪業云:"雖然,注杜之爭,乃錢、朱二人之不幸,而杜集之幸也。考證之學,事以辨而愈明,理以爭而愈準。錢氏求於言外之意,以靈悟自賞,其失也鑿;朱氏長於字句之釋,以勤勞自任,其病也鈍。後來作者,大略周旋於二家之間,故清代杜詩之學當以二書爲首,而錢氏實開其端,功尤不可沒也。"

朱鶴齡識語云:"愚素好讀杜,得蔡夢弼草堂本點校之,會粹群書,參伍眾説,名爲《輯注》。乙未,館先生家塾,出以就正。先生見而許可,遂撿所箋吳若本及九家注命之合鈔。益廣搜羅,詳加考覈,朝夕質疑,寸牘指授,丹鉛點定,手澤如新。卒業請序,篋藏而已。壬寅,復館先生家,更錄呈求益。先生謂,所見頗有不同,不若兩行其書。其時,虞山方刻《杜箋》,愚亦欲以輯注問世。書既分行,仍用草堂原本,節采箋語,間存異説,謀之同志,咸謂無傷。是冬館歸,將刻樣呈覽。先生手復云云,見者咸嘆先生之曲成後學始終無異如此。今先生往矣,函丈從容,遂成千古,能無西州之痛?"

此爲禁書。《清代禁書知見錄》著錄云:"康熙元年金陵葉永茹刊。摘錢謙益語。"

《中國古籍善本書目》著錄清康熙葉永茹萬卷樓刻本,中國國家圖書館、上海圖書館等十六館入藏,今從之。據《中國人民大學圖書館古籍善本書目》,此書有扉頁,刻有"金陵葉永茹梓行"。《"國立臺灣大學"普通本綫裝書目》有此書,作清金陵葉如刊本。日本《國立國會圖書館漢籍目錄》、《內閣文庫漢籍分類目錄》(作清康熙九年刻本)著錄。

鈐印有"黃節"、"蘁室"、"瀛州宮雲宗□樓氏□"。

1870　清康熙刻本杜工部詩説　　T5299/4821

《杜工部詩説》十二卷,清黃生撰。清康熙三十五年(1696)一木堂刻本。四册。半頁九行二十一字,左右雙邊,黑口,單魚尾。框高18.5釐米,寬13.1釐米。題"天都後學黃生説"。前有康熙三十五年黃生序;訂刻姓氏;《杜詩概説》十三則;《凡例》三則。

黃生,字扶孟,一字黃生,號白山學人。安徽歙縣人。生於明天啓二年。諸生。國變棄去,一意著作,工吟詠。又有《一木堂詩稿》十二卷《文稿》十八卷《內稿》二十五卷《外稿》三十卷。所輯有《一木堂字書》、《四部雜書十六種》。所評有《古文正始》、《經世名文》、《文筏》、《詩筏》。

《碑傳集補》卷三六有傳。

是本不注字句,而詳於評說,詩句旁也多加圈點,更於解說中分析結構,區章別段,其考證論斷也頗多精當。卷一至二爲五言古體九十七首,卷三七言雜體二十五首,卷四至七五言律詩二百二十七首,卷八至九七言律詩八十八首,卷一〇五言絕句五首、七言絕句二十三首,卷一一五言排律十八首,卷一二諸體(未錄詩本文,僅有評釋辯證諸說)。

黃生序云:"不慧出入杜詩餘三十年,不敢漫爲之說,唯以我之意逆杜之志,竊比於我孟子兢兢既賓主相失之誚。書成,將請益於海內大雅君子,取其中者而彈射其不中者,期於杜公之志無憾而後即安,是固余所深願也夫。"

《四庫全書總目》入集部別集類存目,並云:"此書以杜甫詩分體注釋,於句法字法,皆逐一爲之剖別,大旨謂前人注杜,求之太深,皆出於私臆,故著此以闢其謬。其說未嘗不是,然分章別段,一如評點時文之式,又不免失之太淺。"

《中國古籍善本書目》著錄,上海圖書館、湖北省圖書館等十一館也有入藏。據《中國人民大學圖書館古籍善本書目》,是本扉頁刻有"一木堂梓"。是書《凡例》有云:"余囊無一錢,不能不以剞劂之資告助於親友,而始終其事者有洪未齋,中間出資獨多者,有黃仲賓、黃若周、黃采思,其餘參訂諸公出資不等,如集百狐以成一裘,簇千花以爲一塔。"則是書之刊刻,乃爲諸親友之力也。又日本《東京大學東洋文化研究所漢籍分類目錄》著錄。

鈐印有"李雲慶"。

1871 清康熙刻本讀書堂杜工部詩集注解文集注解 T5299/1336A

《讀書堂杜工部詩集注解》二十卷《文集注解》二卷,唐杜甫撰,清張溍注。《杜工部編年詩史譜目》一卷。清康熙三十七年(1698)張氏讀書堂刻本。十二冊。半頁九行二十二字,左右雙邊,上黑口,下白口,單魚尾,書口下刻"讀書堂"。框高18.3釐米,寬13.3釐米。題"滏陽張溍上若評注;男榕端樸園、椰璟子孚、橋恒子久校訂"。前有閻若璩序,康熙三十七年宋犖序;康熙三十六年(1697)張榕端輯《先大夫批注杜集卷末遺筆》六則(附榕端識語);宋寶元二年(1039)王洙舊序,皇祐四年(1052)王安石舊序,元祐五年(1090)胡宗愈舊序;嘉泰四年(1144)蔡夢弼跋;杜氏世系考;元稹撰《唐杜工部墓誌銘》;宋祁撰《唐書·文藝傳》。

張溍,字上若,河北磁州人。生而穎悟,數歲讀書,即通大義,年十二,補博士弟子員。順治九年進士,選翰林院庶吉士。性至孝,鍵户讀書,於天人性命之理,靡不窮究。薈萃古人格言懿行,訓誨子弟。復輯其父遺書,訂成《雲隱堂集》三十卷,刊之以行於世。家居二十年,不妄交游,以著述自娛,尤嗜讀杜。生於天啓元年,卒於康熙十七年,享年五十八。又有《澹寧集》十卷。《碑傳集》卷四三有傳。

是集乃溍晚年家居所作,共注解杜詩一千四百五十四首、杜文二十八篇。始撰於順治六年,成於康熙十二年,閱二十四寒暑,五易其稿而成。其所用底本乃明長洲許自昌刻《集千家注杜詩》本,稍節其注之冗複蕪雜者,溍之所爲,多在每詩之下有評語及圈點,時亦稍採錢謙益、朱鶴齡箋注。

《四庫全書總目》云:"多依傍舊文,尚未能獨開生面。"近人洪業撰《〈杜詩引得〉序》則云:"實則彼既疑難盡釋,評語中但注意把玩妙境耳。近德人薩克 Erwin von zach 譯《杜詩》爲德文,即用溍本;譯文中輒注出詩之曾經他人以歐西文字翻譯者,各見何書,可資比較,其意甚善也。道光甲辰，嘉興范玉琨吾山刻其父葦雲楞阿之遺稿《歲寒堂讀杜》二十卷，此只是張溍之書，而更删去張氏所留許本之原注，中間偶見數處微删改張氏評語，未見其佳。嗚呼！著書如此，而有子刻之，豈足以爲其父榮哉？"

閻若璩序云："先生靈心慧眼，標新抉異，其措辭尤温潤静好，讀其書每想見其爲人，於舊注不苟同，亦不盡廢，斑斑然錯落於行間……先生自顏堂曰'讀書'，著述寢處於中者廿餘年。"

張榕端識語云："先大人幼承司馬公庭訓，就傅後，耽心墳典，性無他好。己丑捷南宫，壬辰登第選館，淡於宦情。里居二十餘年，絕跡户外，曉起即静坐書齋，討究詩古文辭，手不停披，常歷丙夜不寐，如是者寒暑罔間。《左傳》、《史記》、《莊》、《騷》、《兩漢》皆批注數過，今各有藏本。謹先校《杜詩》一種，剞劂問世，其間甲乙評注，悉遵遺筆。許君所輯原注，亦皆經丹墨劂點，稍節複冗，仍存之，以志不忘。海内不乏鉅眼，定能知評繹苦心也。"

此本"玄"字避帝諱。每卷末題"孫丙謙、丙厚正字"。扉頁刻"杜詩注解。滏陽張上若先生遺書。讀書堂藏板"。封面有原籤，印有"讀書堂杜詩注解"。1974年，臺灣大通書局據康熙刻本影印，入《杜詩叢刊》第四輯（《唐詩書録》未收此影印本）。

按，是書又有道光二十一年六世孫籛重刻本。據張籛序，知康熙本爲張榕端視學江南時校訂付梓，後攜板歸里，藏之家祠。籛曾重加校閲，復多釐正。其丹黄之本，爲"先伯星垣公得之族人，官皖省時，將再刊版，因點竄處非手爲校録，恐滋魚魯之訛，以簿書鞅掌而未果。比解組歸，乃曰録數篇，與先父共爲參正……凡數年而録始竟"。"籛以硯食奔走他郡，是本遂藏家弟香譜處。乙未春，籛幸得第，捧檄陝右，香譜需次豫省，於鄴下假道相晤，乃索是本，攜來關中。迨承乏澄邑，公私紛拏，亦未暇及。己亥鄉闈，與分校事闈中，執剞劂之役者甚工，乃與定議，遣善書者一人至澄署，隨録隨校，然後發刊，蓋兩閲歲而始克蔵事。"張籛本有扉頁，刻"杜詩注解。滏陽張上若先生遺書。道光辛丑重刊"。

《四庫全書總目》入集部別集類存目。《中國古籍善本書目》著録，福建省圖書館、重慶市圖書館等十五館入藏。

1872　清康熙刻本杜詩論文　　　　　T5299/2366

《杜詩論文》五十六卷，清吳見思撰，清潘眉評。清康熙十一年(1672)岱淵堂刻本。十册。半頁九行二十二字，左右雙邊，白口，無魚尾。框高20釐米，寬13.7釐米。題"吳興祚伯成定；武進吳見思齊賢注；宜興潘眉元白評；武進董元愷舜民參"。前有康熙十一年龔鼎孳序，康熙十一年吳興祚序，潘眉序，陳玉璂序，董元愷序，吳見思序。《凡例》爲吳見思撰，計總論八則、章法二十則、句法十五則、字法十一則、餘論十一則。

吳見思，字齊賢，江蘇武進人。又有《史記論文》。

潘眉，字穉韓，一字壽生，號元白，江蘇吳江人。廩貢生。好學。凡輿圖金石及三統大衍曆數，靡不究心。又有《三國志考證》、《小遂初堂詩文集》。

是書據自序，已三易其稿，成於康熙十一年。吳氏注杜，詮釋作意，又別出心裁，以時地爲別，每頁版心刻有地名，如"東都齊魯一"、"長安一"、"奉先五"等。卷一自唐玄宗開元二十四年東都始，至卷五六唐代宗大曆五年衡州止，共計詩一千四百四十八首。内僅録詩，不具校文，不存舊注，只在每詩之後加以解説各段意義。《凡例》所云，乃綜合杜詩技法。

近人洪業《〈杜詩引得〉序》於此書有云，其所作"蓋爲錢、朱所未爲，取杜詩段分句析，以論其文法,而窮其變化,爲《凡例》數十條以綜之,錄詩不具校文,盡刪舊注,而自爲解於後,略述詩中各段之意,彌縫關照字句之間,亦具苦心,勝於單復及偽邵之作。《四庫總目》摘舉數條,譏其破碎費詞,然既貶居存目,遂不得不事吹求耳。列詩次序,大略依《集千家注》本高崇蘭舊次也"。

龔鼎孳序云:"吾嘗與吳子齊賢尊酒論文,見其一目十行,過即成誦,胸藏慧珠,才擅武庫,拈毫作賦,俄頃千言,生平著作實具史材,獨於少陵有夙契焉。虞山宗伯箋注,尊重藝林,殆非一日,今吳子互相發明,虞山論其事,吳子論其文,文既剖析無晦,事更可考而知矣。"

陳玉璂序云:"今吳先生齊賢爲論文,不事鉤棘,據詩意條貫之,娓娓成文,得解而不解、不解而解之妙,學者了然心目,知少陵之詩本如是坦白,從此掃諸家支離牽合之病,如迷者之得路。"

是本刊刻得潘眉資助,吳氏自序云:"康熙辛亥冬,偕董子舜民至宜興,□而見潘子元白,與之聯騎出□,入深山,過其山園,共坐石上,談及杜詩,潘子稱善,曰:吾爲子成之,罄橐中金得二百二十,付之梓人。"

"玄"字避帝諱。《凡例》第一頁第一行下刻"岱淵堂校定本"小木記。卷五六末刻"康熙壬子年三月常州岱淵堂梓",下刻"岱淵堂印"小木記。據陳伯海、朱易安《唐詩書錄》,是書又有清康熙十一年吳郡寶翰樓刻本、清天德堂刻本。1974年,臺灣大通書局曾據康熙吳郡寶翰樓刻本影印,入《杜詩叢刊》第四輯內(《唐詩書錄》誤作第三輯)。按,康熙十一年吳郡寶翰樓刻本,實即岱淵堂本,兩本同版。題"寶翰樓",或因其書有扉頁,刻"杜詩論文。吳郡寶翰樓",然並無寶翰樓刻書之依據。

《四庫全書總目》入集部別集類存目。《中國古籍善本書目》著錄,上海圖書館、山東省圖書館等十七館入藏。《"國立臺灣大學"圖書館普通本綫裝書目》(著錄清康熙十一年吳郡寶翰樓刻本)、日本《東京大學總合圖書館漢籍目錄》、《內閣文庫漢籍分類目錄》著錄。

1873 清康熙刻本杜詩會稡   T5299/1333

《杜詩會稡》二十四卷,唐杜甫撰,清張遠箋。清康熙刻本。二十四册。清闕名圈點。半頁九行二十字,四周單邊,白口,無魚尾。框高18.6釐米,寬13.2釐米。題"益都馮易齋先生定;臨安張翀慎庵參;蕭山張遠彌可著"。前有康熙二十四年(1685)王揆序,康熙二十七年(1688)張遠序;校閱姓氏;總目;張遠撰《凡例》八則;杜氏世系表;劉昫撰本傳;《年譜》;元稹撰《墓志銘》。

張遠,字邇可,浙江蕭山人。康熙中由貢生官縉雲縣教諭。於廨後植梅數百本,號曰梅莊。又著有《大易原始》、《詩經晰疑》、《文選詳箋》、《唐詩存雅》、《性理闡微》、《梅莊詩文》等,並纂有《蕭山縣志》二十一卷。《(民國)蕭山縣志稿》卷一六《人物‧列傳三》有傳。

其書名"會稡",蓋取兼綜諸書之義。卷一至二三爲詩,計一千二百九十六首。卷二四爲賦,計六篇。

是書大略採擷錢謙益、朱鶴齡之注。其《凡例》云:"少陵詩注,不下百家,得朱長孺而備美,然滲軼尚多,止窺半豹。兹更詳爲采奪,庶不至掛一漏萬。""錢虞山《箋注》,以唐史證唐事,當日情緒畢見,然多牽合傅會,取其確切者著於篇。"其錄詩不列校文,分段而綴所採舊注於下,輒加一二語,以明其段落章句之法。又其詩之編年,悉從《草堂詩會箋》,間有不合,則稍爲訂正。

是書寫作，始於康熙十四年，至二十年，《會稡》應已完稿。自序云："乙卯秋，風煙四起，鍵戶卻掃，除經史詞賦外，凡諸子百家、稗官野乘、覆瓿片紙，罔不旁搜弘覽，而少陵固已收拾無餘……辛酉冬，同居失火，僅奉先君子遺像及是集以出。"

《四庫全書總目》入集部別集類存目，並云："是書採諸家之注而成，故曰'會稡'。其分析段落，訓釋文意，頗便初學，然不免尋行數墨。詩依年譜編次，與諸本互有異同，考核亦未爲詳審。"

陳伯海、朱易安《唐詩書錄》著錄有清康熙二十四年焦圃刻本、清康熙二十七年文蔚堂刻本，然不知根據何在？按，"焦"字或爲"蕉"字之誤。張遠家有蕉圃，其自序即撰於"蕉圃"。清康熙二十四年王掞序、康熙二十七年張遠自序均未提及刻書之事。

《中國古籍善本書目》著錄，上海圖書館、武漢圖書館等七館入藏，其中青海省圖書館藏本有清沈大成批點並跋，又錄王士禛批校。日本《東京大學東洋文化研究所漢籍分類目錄》著錄康熙二十七年自序文蔚堂刻本，《內閣文庫漢籍分類目錄》著錄康熙二十七年序刻本。

1874　清康熙刻本杜詩闡　　T5299/2116

《杜詩闡》三十三卷，清盧元昌撰。清康熙刻本。八冊。半頁十行二十二字，四周單邊，黑口，單魚尾。框高18釐米，寬12.7釐米。題"華亭盧元昌文子氏述；同學王日藻卻非氏閱；武林弟璉漢華氏訂"。前有魯超序，康熙二十一年(1682)盧元昌序。

盧元昌，字文子，上海松江人。諸生。又有《春秋分國左傳》、《稀餘留稿》、《半林詞》。

盧氏注杜始於康熙四年，至二十一年止，凡十八年，此書乃其自述注杜詩之經驗，非騖名好事者之比。其自序云："何朝夕，何寒暑，不手是編，今日得授梓矣，亦曰吾生之憂慮多矣，藉是以忘其所苦，而得其所樂焉云爾。"又云："世稱少陵詩之難讀也，古今注家奚翅數十顧，有因注得顯者，亦有因注反晦者，一晦於訓詁之太雜，一晦於講解之太鑿，一晦於援證之太繁。反是者又爲膚淺凡庸之詞，曰吾以杜注杜也，則太陋，況長篇而所發明者只一二言，數首而所發明者只一二首，其衆所曉者及之，衆所不曉者仍置焉，如是者又太簡。予於雜者芟之，使歸於一；於鑿者核之，使確；於繁者約之，使不多指而亂視；於陋者澤之，使雅；於簡者櫛比而遍識之，使不罣漏，而又加以鎔鑄組織之功焉。以意逆志，既又發其言中之意、意中之言，使當年幽衷苦調曲傳紙上，而又旁羅博採，凡注家所未及者約千有餘條，名之曰《杜詩闡》。"

魯超序云："盧子文子，潛心學杜二十餘年，所著《杜闡》一書，穿穴鉤摘，直能取古人精意於千百載之上，舉前此諸家，厄詞曲説、牽合傅會之陋，一掃而空之。事類意義，兩者兼盡，可謂至當而無遺議者矣……若盧子之注杜，不逞臆解，不務鑿空，語而詳，擇而精，斯可尚也已矣！舊注叢雜蕪穢，幾如雰霧之翳白日，得盧子一爲湔洗，而古人之精神始出。少陵有知，當莫逆於千載之前，不獨令後之觀者曠若發矇已也。"

近人洪業撰《〈杜詩引得〉序》云："書中錄詩，不載校文，編次與諸家皆不同，但亦大略以地時爲先後。詩中輒注出段落，後則先譯詩爲文，時亦抑揚可誦，更勝吳見思所作，又輒更綴一小論，多是引證史事，或別舉杜詩他篇，以求闡發杜意無遺云。"然《四庫全書總目》則有所批評，有云："其注如四書講章，其評亦如時文批語，説詩不當如是，説杜詩尤不當如是也。"

卷一目錄後刻"男智心、孫守仁全較"，並有"馬均梁梓"。卷三三末頁抄補。據陳伯海、朱易安《唐詩書録》,是書又有清康熙二十五年書林刻本。1974年,臺灣大通書局據清康熙二十五年書林刻本影印,入《杜詩叢刊》第三輯中。按,清康熙二十五年書林王萬育、孫敬南刻本,實即此清康熙刻本,爲得板重印本,兩本同版。書林本卷一第一頁上剜去"後學王日藻卻非氏閲;武林弟璉漢華氏訂"兩行,同時又剜去卷一目録後刻"男智心、孫守仁全較"字樣。書林本有扉頁,刻"思美廬杜詩闡全集。康熙二十五年廬文子著。左鈔選即出。書林王萬育、孫敬南梓行"。

《四庫全書總目》入集部別集類存目。《中國古籍善本書目》著録,上海圖書館、湖北省圖書館等十一館及臺北"國家圖書館"入藏。日本《内閣文庫漢籍分類目録》著録。

鈐印有"知非樓"、"知非樓所藏書"、"曾爲祝小雅閲"、"小雅珍愛之籍"。

1875 清雍正刻本讀杜心解　　T5299/3240

《讀杜心解》六卷首二卷,清浦起龍撰。清雍正二年(1724)至三年(1725)浦氏寧我齋刻本。八册。半頁十行二十二字,左右雙邊,白口,單魚尾。書口下刻"寧我齋"。框高19.1釐米,寬13釐米。題"無錫前硎浦起龍二田講解;弟起麟三玉參讀"。

浦起龍,字二田,江蘇無錫人。雍正八年進士,官蘇州府教授。起龍居邑之前硎,肆力於古,於書靡不窺,丹黄甲乙,積數十年。從學者質問經史,輒舉某書某卷某頁以告,檢之無弗合。其爲文,學唐人諸雜家。又有《史通通釋》、《釀蜜集》。《(嘉慶)無錫金匱縣志》卷二二《文苑》有傳。

"心解"者,心領意會也。《禮·學記》"雖終其業,其去之必速"漢鄭玄注云:"學不心解,則亡之易。"卷一五言古詩二百六十三首,卷二七言古詩一百四十一首,卷三五言律詩六百三十首,卷四七言律詩一百五十一首,卷五五言排律一百二十七首、七言排律八首,卷六五言絶句一百三十八首。共一千四百五十八首。首二卷,卷上爲各家題辭、浦起龍撰《發凡》、《舊唐書》文苑本傳、《新唐書》本傳、元稹撰《墓志銘》。卷下爲《杜氏世系表略》、浦起龍編《少陵編年詩譜》、《讀杜題綱》。

起龍是書注釋簡明扼要,不作繁瑣引徵及考證。其嘗參閱宋至清初各家箋注之本,加以抉擇,並有自己獨立之見解。又其書著重章節大意,據詩意劃分段落。然其欠缺在於偏重形式,往往以八股文之接、頂、提、應轉等析諸杜詩,以至將原詩割裂,曲解作者原意。又引文删節不完整,致使原意難明。《四庫全書總目》云:"自昔注杜詩者,或分體,或編年,起龍是編,則於分體之中,又各自編年,殊爲繁碎……自有別集以來,無此編次法也。其間考訂年月,印證時事,頗能正諸家之疏舛。而句下之注,漏略特甚,篇末之解,繳繞亦多。又詮釋之中,每參以評語,近於點論時文,彌爲雜糅。"

近人洪業《〈杜詩引得〉序》,乃爲敘述有關杜詩目録版本最重要之專論,其評浦氏之書云:"起龍書中注解評論,與錢、朱、盧、仇輩立異之處甚多,雖未必處處的確可依,要是熟於考證者心得之作,未可嫌其編次體例之怪而遽輕其書也。自錢氏以鼷鼠食角譏黄鶴董固繫某詩於某年之愚,注家輒不敢再以詩編年。起龍此書卷以體分,卷前各有目録。此外,又作《編年詩目譜》,題下各注其在某卷某子卷,遂以譜代總目。雖所編之年未必每詩皆當,然其説曰'杜詩非循年貫串,以地繫年,以事繫地,其解不的',亦篤論也。"

按,浦氏是書寫作始於康熙六十年,《凡例》有云:"事始辛丑夏五,期而稿削,又八月而稿一易,又十一月稿再易。寒暑晦明,居游動息,必於是焉,勿敢廢也。"浦氏稿本今藏南京圖書館。

此本有闕名墨筆批點。卷一之二末有牌記,刻"雍正甲辰三月前硒浦氏刊定"。第八册之末刻"雍正乙巳六月前硒浦氏刊定"。《讀杜題綱》後刻"姪芳體蘭潔校"。按,據《中國人民大學圖書館古籍善本書目》,是書首卷末鐫"姪芳體蘭潔校刊,張廷俊文英寫,何允安子厚刻"。然館藏此本卻無寫工及刻工姓名。

《四庫全書總目》入集部別集類存目。《中國古籍善本書目》著録,中國國家圖書館、山東省圖書館等二十四館入藏。又日本《東京大學總合圖書館漢籍目録》、《京都大學人文科學研究所漢籍分類目録》、《内閣文庫漢籍分類目録》、《國立國會圖書館漢籍目録》著録。此外,1961年北京中華書局據寧我齋刻本校點印行。1974年,臺灣大通書局又據中華書局本重印,入《杜詩叢刊》第四輯。

鈐印有"傅瀚之章"、"□查"、"姚氏友筠"、"□鷗館"。

1876 清乾隆刻本杜詩偶評　　　　　　　　　　T5299/3123

《杜詩偶評》四卷,清沈德潛撰。清乾隆十二年(1747)潘承松賦閒草堂刻本。四册。清闕名圈點並批。半頁十行十九字,左右雙邊,白口,單魚尾。書口下刻"賦閒草堂"。框高17.1釐米,寬13釐米。題"長洲沈德潛確士纂;後學潘承松森千校閲"。前有乾隆十二年沈德潛序;潘承松撰《凡例》十則。

沈德潛,字確士,號歸愚,江蘇長洲人。爲諸生時,學詩於吳江葉燮,燮數稱之。乾隆初,舉博學鴻詞,試罷三年,始舉於鄉,年已六十六,明年己未(1739)成進士,改庶吉士散館。廷試,高宗見其年老,詢之,知爲東南名士,授編修,旋召至内閣。累遷侍讀學士兼日講起居注官,陞少詹事,典試湖北,又遷詹事,晉内閣學士,授禮部侍郎,入上書房。又充會試副總裁。致仕後,家居二十年,晚歲主紫陽書院,以詩文導後進。乾隆二十四年(1759)卒,年九十有七。詔贈太子太師,入鄉賢祠,謚文慤。《清代碑傳集》卷三二有傳。

此爲沈氏取杜集中與風雅騷人相表裏者予以評注,計卷一五言古詩七十九首;卷二七言古詩七十首;卷三五言律詩一百十首;卷四七言律詩五十八首,五言長律十九首、五言絕句四首、七言絕句九首。

沈德潛序云:"予少喜杜詩,而未能即通其義,嘗虛心順理,密詠恬吟以求之。不遑泛濫,不蹈鑿空,尤不敢束縛馳驟,惟於情境偶會傍通証入處隨手箋釋。日月既久,漸次貫穿,即未必果有得於魯直、裕之之語,如與少陵揖讓晤言於千載之上,然舛陋踏駁之弊,差解免焉。以此自檢前之所窒,後或漸通,而吾黨之士之問途者,或不至航斷港絶,潢以望至於大海也矣。全集一千四百餘篇,今録三百餘篇,皆聚精會神可續風雅者。學者深潛而熟復之,以次遍覽全集,雖頹然自放之作,皆成大家,知杜詩本無可選,并不藉評,則此本爲得魚得兔之筌蹄可也。同邑潘子森千,予忘年友也,素嗜杜,與予同癖,任剞劂之資,并爲發凡起例,不欲使此本之湮没也。"

《凡例》云:"讀杜詩者,取其格之高,辭之典,氣之昌,舖陳排比之倫敘,而作詩之旨莫窺,猶未嘗讀也。欲知人論世,當於許身稷契,致君堯舜,念松柏於邙山,哭故交於旅櫬,與夫悵弟妹之流離,懷妻孥之阻絶,一切興觀群怨,事父事君之處,求之先生所選所評,總之不失此意。""詩貴不著圈點,不加評釋。然學詩者得之,正如疎通骨節,洗刷眉目,可從此悟入也。本中圈點,專取其精神團結處評釋,專標其段落分明、用意微遠及與史書印證處。若句櫛字比,有錢蒙叟、朱愚庵、張邇可、仇滄柱諸公本在。""去取評點,皆先生斟酌,茲特就平日與聞議論處申言之。惟校定字音及訂正向時謬訛之字,承松於此少相助焉。"

此本寫刻。有扉頁,刻"杜詩偶評。沈歸愚先生點定。賦閒草堂藏板"。

《四庫全書總目》、《續修四庫全書》、《續修四庫全書總目提要(稿本)》未收。《中國古籍善本書目》著錄,中國國家圖書館、浙江圖書館等二十四館入藏。

鈐印有"黃印成霖"、"滄江于氏"、"蒲香館珍藏"、"滄江玉符鑑賞"。

1877　明刻廣十二家唐詩本毘陵集　　T5316/2122

《毘陵集》三卷,唐獨孤及撰。明刻《廣十二家唐詩》本。與《唐盧戶部詩集》合册。半頁十行二十字,左右雙邊,白口,單魚尾。框高 19 釐米,寬 13.4 釐米。題"朝散大夫使持節常州諸軍事守常州刺史賜紫金魚袋獨孤及"。

獨孤及,字至之。河南洛陽人。天寶末舉進士,曾任左拾遺、禮部員外郎、常州刺史等職。與李華、蕭穎士等同以古文著名,長於議論,對崇尚駢偶藻麗之文風表示不滿。能詩。

此爲明人陸汴編《廣十二家唐詩》零種。上海圖書館有全帙。

1878　明刻廣十二家唐詩本唐盧戶部詩集　　T5316/2122

《唐盧戶部詩集》十卷,唐盧綸撰。明刻《廣十二家唐詩》本。與《毘陵集》合册。半頁十行二十字,左右雙邊,白口,單魚尾。框高 19.7 釐米,寬 13.7 釐米。題"河中盧綸允言"。

盧綸,字允言,河中蒲人。"大歷十才子"之一。曾在河中任元帥府判官,官至檢校戶部郎中。詩多送別酬答之作,也有反映軍士生活者。

綸詩原有集,已散佚。此爲明人陸汴編《廣十二家唐詩》零種。上海圖書館有全帙。

此本有日人勝山良跋,云:"此册《廣唐十二家》殘本,本朝惟(維)新以來,漢書散亂,況如明代書,寔寥寥如也。不忍厭白魚之腹,補破損,藏文房,於明治丁丑三月也。青城山人良志。""明治丁丑"爲清光緒三年(1877)。

鈐印有"勝山家藏書印"、"勝山良印"、"子遷"、"天橋文庫"。

1879　明萬曆刻本唐陸宣公集　　T5307/2321

《唐陸宣公集》二十二卷,唐陸贄撰。明萬曆三十四年(1606)吳繼武光裕堂刻本。五册。半頁十行二十字,四周單邊,白口,單魚尾,書口上刻"陸宣公奏議",書口下刻"光裕堂梓"。框高 21.5 釐米,寬 13.9 釐米。題"明繡谷肖川吳繼武校刊"。前有權德輿序;宋朝名臣進奏議劄子;淳熙講筵劄子;進唐陸宣公奏議表;宣德三年(1428)金寔序,天順元年(1457)項忠序,弘治十五年(1502)錢福序,嘉靖十六年(1537)沈伯咸序,萬曆九年葉逢春序;闕名讀宣公奏議說;永樂十四年(1416)齊政後序;萬曆三十四年陸基忠跋,萬曆九年(1581)李懋檜跋,萬曆九年劉垓跋。

陸贄,字敬輿。嘉興人。大歷六年進士,德宗召爲翰林學士。朱泚亂時從帝至奉天,詔書多出贊手,時號"內相"。官至中書侍郎、門下同平章事。後爲裴延齡所譖,貶忠州別駕。避謗不著書,惟考校醫方,卒謚宣。

贄所作奏議,俱見此集,指陳時病,論辯明徹,爲後世所重。卷一至一〇爲《制誥》,卷一一至一六爲《奏草》,卷一七至二二爲《中書奏議》。

陸基忠跋云:"方今聖天子建極綏猷,諸明公同寅修輔,而中外翕然熙洽矣。然愚之開誠布公,尤有望治無窮之心,是用舊板校正,重梓廣傳,庶或有補於百官之承式,而仰有裨於萬幾之鴻休也。"

此本有扉頁,刊"陸宣公奏議。唐權德輿先生原本。映旭齋藏板。致和堂梓行"。

《四庫全書總目》未收。《中國古籍善本書目》著錄。上海圖書館、天津圖書館等二十六館及美國普林斯頓大學葛思德東方圖書館亦有入藏。

鈐印有"河崎氏藏書記"、"黄松村讀書廬"。

1880 明崇禎刻本陸宣公集   T5307/3231

《陸宣公集》二十四卷,唐陸贄撰,明湯賓尹評。明崇禎刻本。六册。半頁九行二十字,四周單邊,白口,無魚尾,書眉上刻評,書口上刻"陸宣公全集"。框高20釐米,寬13.9釐米。題"唐吳郡陸贄著;明宣城湯賓尹評;武林馬元訂"。前有馬元序;淳熙講筵劄子;進唐陸宣公奏議表;權德輿序;宋朝名臣進奏議劄子。

此本較二十二卷本多出二卷。此本卷一七之奏草四篇乃二十二卷本之卷一六中析出。卷二四爲論裴延齡姦蠹書。眉端及每卷之末皆爲湯賓尹評。

馬元序云:"睡庵湯先生爲文,溫醇典雅,宇内宗工。其於敬輿,有襲魄當心而不能去者。細加評閱,加惠後人,俾抱鉛槧者不負所學。"

《四庫全書總目》未收。《中國古籍善本書目》著錄明崇禎元年刻本,上海圖書館、浙江圖書館等十一館,臺北"國家圖書館"(作明崇禎元年宣城湯氏刻本)及日本内閣文庫、尊經閣文庫亦有入藏。

鈐印有"永思"、"省軒圖書之記"、"陳永思"、"深鳴林"、"漱石枕流"。

1881 清乾隆刻本唐陸宣公翰苑集   T5307/1324

《唐陸宣公翰苑集》二十四卷,唐陸贄撰,清張佩芳注。清乾隆張氏希音堂刻本。八册。半頁九行二十一字,左右雙邊,白口,無魚尾,書口下刻"希音堂"。框高18.3釐米,寬11.9釐米。題"山右張佩芳蓀圃注釋;新安汪肇龍稚川、程瑶田易田、汪梧鳳在湘、方矩睎原參訂"。前有乾隆三十三年(1768)鄭虎文序,劉大櫆序,張佩芳序;張佩芳撰《凡例》十則;唐權德輿舊序;《順宗實錄》;唐書傳贊;《宋朝名臣進奏議劄子》;《淳熙講筵劄子》;《進唐陸宣公奏議表》;《文獻通考》論文集三條。

張佩芳,字蓀圃,山西平定州人。乾隆二十二年進士,知歙縣。生有異稟,經史子集,過目不忘,尤精考據。又有《希音堂文集》。《(光緒)平定州志》卷八《人物·儒林》有傳。

宣公文,《唐書·藝文志》著錄,爲韋處厚纂《議論表疏集》十二卷、《翰苑集》十卷,而權德輿序則云有《制誥集》十卷,《奏草》及《中書奏議》各七卷,與韋氏小有不同。自南宋後,已合《議論表疏》爲一集,而總題以《翰苑》名之。是集卷一至一〇制誥八十三篇,卷一一至一七奏草三十二篇,卷一八至二四奏議二十二篇。所言多古今政治得失,無不深切著明,有足爲萬世龜鑒者。司馬光作《資治通鑑》,尤重贄議論,採其奏疏三十九篇。其文雖多用駢句,反覆曲折,大體曉暢,也爲後世所推重。

此張氏注本徵引繁博,考核精密,於唐事尤詳。其《凡例》云:"凡引古事古語,必載書名。其有語義難明者,並其注疏採入。""地理、職官,歷代沿革不同。兹以《唐書》爲宗,旁採《通典》、《通考》、《職官》、《輿地》、《括地》諸書,悉其源流,唐以後不復贅。""經史子集,各有音釋,注疏家尤詳。兹略採一二,以資觀覽。"

劉大櫆序云:"平定張君葂圃,以進士知新安之歙縣,其平生讀書窮極幽遠,於古之碩德嘉言美行無不跂而望之,以爲不可及,而所心儀不置,則尤在唐之陸相一人……夫有陸公之文,則其君雖不能盡用,而其功已著於當世,有君之注,則後之人皆將論其世,而陸公之學愈以昭揭於無窮。"

張佩芳自序云:"佩自授書,即嗜公集,十餘年來,不自分其不類,爰據新舊《唐書》、《通典》、《通鑑》,考其世以詳其時事,其故事古語間引他書,第釋事而不加義,倣李善注《文選》例也。自漢唐諸儒專門著述沿至於今,詩賦詞章之學、陰陽占候之書皆有注釋,稱詳博矣。然其可傳於後,而足與古人發明者蓋鮮,然則余之爲是,其不能無費辭也。"

今存陸贄集有二十二卷、二十四卷之分。二十二卷本,最早有宋刻本,題《陸宣公文集》,半頁十二行二十一字,左右雙邊,白口,藏中國國家圖書館(存十二卷)。元代所刻有三種,皆題《唐陸宣公文集》,一爲元刻本,半頁十行十七字,左右雙邊,白口,藏中國國家圖書館、南京圖書館。一爲元刻明修本,行款同前本,藏上海圖書館。一爲元刻遞修本,行款同前本,藏鄭州大學圖書館。明代所刻最多,多題《唐陸宣公集》,有明宣德三年胡概刻本,半頁九行十七字,左右雙邊,大黑口(間有白口),藏南京圖書館。明天順元年延祥等刻本,半頁九行十七字,四周雙邊,大黑口,藏南京圖書館。明弘治十五年于鳳喈刻本,半頁九行十七字,四周雙邊,黑口,藏上海圖書館、日本內閣文庫。明刻本,半頁九行十七字,四周雙邊,黑口,藏中國國家圖書館、天津師範大學圖書館。明刻本,半頁十一行十九字,四周雙邊,黑口,藏中國國家圖書館。明刻本,半頁九行十七字,四周雙邊,白口,藏中共北京市委圖書館。明刻本,半頁十行十七字,左右雙邊,白口,藏陝西省考古研究所。明萬曆九年葉逢春刻本,半頁九行十七字,四周雙邊,白口,藏中國國家圖書館、上海圖書館等八館。明萬曆九年葉逢春刻徐必進重修本,藏上海圖書館、浙江圖書館等三館。明光裕堂刻本,半頁十行二十字,四周單邊,白口,藏上海圖書館、浙江圖書館等二十四館。清代所刻較著者,即爲清雍正元年年羹堯刻本,半頁十行二十字,四周單邊,白口,中國國家圖書館、上海圖書館等皆有入藏。另有《新刊唐陸宣公集》,明刻本,半頁十行二十字,四周雙邊,大黑口,藏上海圖書館、南京圖書館等五館。又日本《圖書寮漢籍善本書目》著録有《唐陸宣公集》二十二卷,朝鮮刻本,半頁十行十七字。

二十四卷本,多題《陸宣公集》,有明嘉靖二十七年沈伯咸西清書舍刻本,半頁九行十八字,左右雙邊,白口,藏中國國家圖書館、南京圖書館、日本內閣文庫等十五館。明嘉靖四十三年朱良用刻本,半頁十行二十字,四周雙邊,白口,藏山西師範大學圖書館。明嘉靖刻本,半頁十行二十五字,四周單邊,白口,藏中國國家圖書館、無錫市圖書館等三館。明不負堂刻本,半頁十行二十字,四周單邊,白口,藏中國國家圖書館、南京圖書館等四館。明刻本,行款同前本,藏上海圖書館、杭州大學圖書館等五館。明崇禎元年刻本(明湯賓尹評),半頁九行二十字,四周單邊,白口,藏上海圖書館、浙江圖書館、日本内閣文庫等十二館。明末文萃堂刻本(明鍾惺評),半頁九行二十五字,四周單邊,白口,藏浙江圖書館。明末刻本(明陳仁錫評),半頁九行十八字,左右雙邊,白口,藏重慶圖書館、復旦大學圖書館等六館。此外,題《唐陸宣公翰苑集》者,有萬曆三十五年陸基忠刻本,半頁九行十八字,四周雙邊,白口,藏上海圖書館、南京圖書館等二十三館。臺北"故宫博物院"有日本寬政二年刻本,題《陸宣公全集》。

《四庫全書總目》入集部别集類,爲二十二卷本。《中國古籍善本書目》著録,山西省圖書館、湖北省圖書館等七館入藏。

鈐印有"壽松堂王氏家藏"、"靖廷"。

1882 清抄本梁補闕集   T5307.9/3952

《梁補闕集》二卷,唐梁肅撰。清小雲谷抄本。一册。半頁十一行二十一字,左右雙邊,綫黑口,雙魚尾。黑格,書口下刊"小雲谷鈔書"。框高 18.7 釐米,寬 13.9 釐米。

梁肅,字敬之,一字寬中,世居陸渾,毗五世孫。建中初中文辭清麗科,擢太子校書郎,授左拾遺。修史,以母老不赴。杜佑辟掌書記,累遷皇太子諸王侍讀。

上卷五十四篇,計賦一篇、議三篇、統例一篇、論一篇、贊十三篇、箴一篇、銘三篇、序三十一篇;下卷四十五篇,計記九篇、志一篇、碑三篇、碣一篇、墓志銘十九篇、行狀一篇、祭文十一篇。

端楷書寫,甚精。"小雲谷",不知爲何人所有。書中又有黄筆圈點。

《四庫全書總目》、《續修四庫全書》、《續修四庫全書總目提要(稿本)》未收。《中國古籍善本書目》著録有清抄本,上海圖書館入藏。

鈐印有"隨意收書不計貧"、"楊氏海源閣藏"、"宋存書室"、"瀛海仙班"、"東郡楊紹和彦和珍藏"、"楊紹和讀過"、"東郡楊氏鑑藏金石書畫印"。按,楊紹和,字彦和,一字念徵,號協卿,又號筠岩,山東聊城人,楊以增子,爲海源閣藏書第二代主人。

1883 明嘉靖刻韓柳文本韓文   T5308/4433

《韓文》四十卷《外集》十卷《遺集》一卷,唐韓愈撰;《集傳》一卷。明嘉靖三十五年(1556)莫如士刻《韓柳文》本。十六册。半頁十一行二十二字,左右雙邊,白口,雙魚尾。框高 18.5 釐米,寬 12.9 釐米。題"明巡按直隸監察御史新會莫如士重校"。前有李漢序。

韓愈,字退之,鄧州南陽人。早孤,從兄嫂撫養。貞元八年進士。任監察御史,因上疏極言宫市之弊,貶爲陽山令。憲宗時升刑部侍郎,又上書諫迎佛骨事,貶潮州刺史。穆宗時,詔爲國子監祭酒,轉兵部、吏部侍郎。愈學通貫六經百家,反對六朝以來之文風,提倡散體,文筆雄健,氣勢磅薄,爲後世古文家所宗,稱韓文。長慶四年卒,謚文。

是書先爲明嘉靖十六年游居敬所刻,後十九年,莫如士按南畿,改換題銜。《明代版本圖録》卷六云:"按莫如士所刻爲韓柳兩集,其款式與游居敬本相同,游刻在嘉靖十五年,距此纔二十年,後人因疑莫氏得游刻版片,剡改銜名,據爲己有,事非無因也。莫字子元,嘉靖二十六年進士,歷官監察御史。"

《中國古籍善本書目》不收此零種,僅著録有名人批校題跋者。《韓柳文》,中國國家圖書館、上海圖書館等二十三館皆有入藏。

集　部

1884　明嘉靖刻本朱文公校昌黎先生文集　　　　T5308/2943

《朱文公校昌黎先生文集》四十卷《外集》十卷《遺文》一卷,唐韓愈撰,宋朱熹考異,王伯大音釋;《傳》一卷。明嘉靖十三年(1534)建陽縣刻本。十册。半頁十行二十四字,四周雙邊,白口,雙魚尾,書口下間有刻工。框高 18.9 釐米,寬 12.4 釐米。題"晦庵朱先生考異;留畊王先生音釋"。前有闕名序,寶慶三年(1227)王伯太序,李漢舊序;《凡例》十二則;諸家姓氏。

《凡例》後刊:"按朱文公校《昌黎集》,又著《考異》十卷,在正集之外,自爲一書。留畊王先生倅南劍時,併將《考異》附於正集本文之下,以便觀覽,故其凡例如此。留畊先生又集諸家之善,更定音釋,援據的當,音訓詳明,猶未附入正集,仍於逐卷之左,空其下方,以待竄補。是雖足見先生之謙德,而觀者未免即此較彼,其於披閲又未爲便。今本宅所刊,係將南劍州官本爲據,併將音釋附正集焉,使觀者一目可盡,而文義粲然,亦先生發明此書之本心也。幸鑒。"按,此段文字,萬曆朱崇沐刻本亦有。

《遺文》末有牌記,刊"嘉靖甲午年仲夏建陽縣校正發刊"。"甲午"爲嘉靖十三年。

刻工有范元壽、官福郎、范亨、危右、吳道員、李文英、彦貴、楊壽、劉福、葉榮、周富生、蔡福友、蔡俊、王伯福、王英、李仕璣、范元升。

《中國古籍善本書目》著録明嘉靖十三年安正書堂刻本,上海圖書館、天津圖書館等五館入藏。此本不知與他館所藏同否。

鈐印有"邯氏藏書"、"□城後人"。

館藏有複本一部,十二册。佚去姓氏第五頁、卷二三祭文第三頁。又佚去牌記。鈐印有"葉德輝煥彬甫藏閲書"、"龍輔堯鑒藏書畫記"。金鑲玉裝。

1885　明萬曆刻清印本朱文公校昌黎先生文集　　　　T5308/2911

《朱文公校昌黎先生文集》四十卷《外集》十卷《遺文》一卷,唐韓愈撰,宋朱熹考異,王伯大音釋;《傳》一卷。明萬曆朱崇沐刻清印本。十六册。半頁九行十八字,四周雙邊,白口,單魚尾,書口上刻"韓文考異"。框高 21.9 釐米,寬 14.3 釐米。題"宗後學監察御史高安朱吾弼重編;禮部儀制司郎中婺源汪國楠、松江府通判新淦朱家楸、婺源縣知縣長水譚昌言、教諭武昌任家相、訓導姑孰徐有德、金陵劉遷喬全校;選貢縣丞長汀馬孟復重閲;文公裔孫庠生朱崇沐訂梓"。前有萬曆三十三年(1605)朱吾弼序,慶元三年(1197)朱熹舊序,李漢舊序;諸家姓氏;閲訂姓氏;《凡例》十二則。

朱崇沐又曾刻《重鋟朱文公先生奏議》十五卷、《重輯朱子録要》十五卷、《楚辭集注》八卷《辯證》二卷《後語》六卷。

此本有扉頁,刊"昌黎先生全集考異。朱文公校正。宋本重刊"。

《中國古籍善本書目》著録。中國國家圖書館、天津圖書館等三十七館,臺北"國家圖書館"(兩部,書名作韓文考異)及美國國會圖書館(也爲清印本)、日本内閣文庫亦有入藏。

鈐印有"恃敬堂"。

館藏有複本一部,十二册。亦清印本。鈐印有"雨山草堂"、"臣如烈印"、"明軒"。

1886 清康熙刻本昌黎先生集考異

T5308/2943B

《昌黎先生集考異》十卷，宋朱熹撰。清康熙四十七年(1708)李光地刻本。二册。清高延弟題識。半頁十行二十字，左右雙邊，白口，單魚尾。框高20.8釐米，寬14.3釐米。末有康熙四十七年李光地跋。

韓愈爲唐宋八大家之首，其文集宋代即有數種流傳，因傳本各有不同，南宋孝宗時，方崧卿即參校衆本之同異，撰成《韓集舉正》。然方氏之去取，乃以館閣本爲主，故卷一朱熹小引云："此集今世本多不同，惟近歲南安軍所刊方氏校定本號爲精善。別有《舉正》十卷，論其所以去取之意，又它本之所無也。然其去取多以祥符杭本、嘉祐蜀本及李謝所據館閣本爲定，而尤尊館閣本，雖有謬誤，往往曲從，它本雖善，亦棄不錄。至於《舉正》，則又例多而詞寡，覽者或頗不能曉知。"朱熹晚年就方氏《舉正》"更爲校定，悉考衆本之同異，而一以文勢義理及它書之可證驗者決之。苟是矣，則雖民間近出小本不敢違，有所未安，則雖官本、古本、石本不敢信，又各詳著其所以然者，以爲《考異》十卷，庶幾去取之未善者，覽者得以參伍而筆削焉。"

是書成於慶元三年(1197)，體例仿唐陸德明《經典釋文》，宋王伯大爲便於閱讀，又將《考異》散附於韓愈文集中，今傳世之《朱文公校昌黎先生文集》四十卷《外集》十卷《遺文》一卷即是。朱熹原書流傳不多，今僅知有宋紹定二年(1229)張洽刻《昌黎先生集考異》十卷，及宋刻本《晦庵朱侍講先生韓文考異》十卷。宋紹定二年張洽刻本存有一帙，藏山西祁縣圖書館，爲該館鎮庫之寶。另一宋刻本藏南京圖書館。

此本爲李光地據呂留良家藏宋紹定二年張洽刻本翻刻。李光地跋云："《韓文考異》，近年無原本，皆散入篇句中者，而又或删減增益之，每令讀者有遺恨焉。呂晚村家藏宋刻，遭兵火□(紙殘去)，其文幸所存者則《考異》也。其嗣君無黨及第，逸與予言及，因屬以家書郵致，爲之付梓京師，無黨仍監其役，惜乎未觀厥成而下世矣。徐友壇長遂任校讎之勤，字畫簡訛，雖已登板，必剜剔補備，務合於正，以視舊本之體，完善爲多。書計十一萬七千九百餘字。內有補注，作行書，填洽字名，則此書疑是文公門人張元德所刊定，尤非近本可比。無黨又爲予言，其先人曾得朱子手記與蔡西山答問之語，曰《翁季錄》者，秘藏多年，與此之韓文並時失之，厥後訪求人間，則不復得矣。可勝惜哉！"

卷十末頁有"旌德朱飛濤鎸"。1981年，上海古籍出版社曾借祁縣圖書館藏宋刻原本爲之影印。另清光緒十一年刻《新陽趙氏叢刊》中收有《昌黎先生集考異》十卷。

高延弟識語云："此本即安溪初印本，考安溪自跋，其書本出自呂晚村之子無黨，作《提要》時，蓋有所諱，而不著云。""《提要》云，此本出自李光地家，從朱子門人張洽所校舊本翻雕，最爲精善。其字爲徐用錫所校，點畫不苟。然光地歿後，其版旋佚，故傳本頗少。此本猶當日之初印，毫無刓闕，尤可貴也。"按，高延弟，字子上，號槐西，江蘇山陽人。翰林院待詔。有《湧翠山房集》。

《四庫全書總目》入集部別集類。《中國古籍善本書目》著錄，中國國家圖書館、湖北省圖書館等四館入藏。

鈐印有"南陵徐氏"、"積學齋徐乃昌藏書"、"南陵徐乃昌校勘經籍記"、"子上"、"高延弟印"、"第印"。

1887　明隆慶刻本昌黎先生集　　　　　　　　　　　　　T5308/0295

《昌黎先生集》四十卷《外集》十卷《遺文》一卷,唐韓愈撰,宋廖瑩中校正;《朱子校昌黎先生集傳》一卷。明隆慶徐時泰東雅堂刻本。二十册。半頁九行十七字,四周雙邊,綫黑口,雙魚尾,書口上刻字數,書口下刻"東雅堂"。框高 20.6 釐米,寬 13.1 釐米。目錄頁題"門人李漢編"。前有李漢序;《凡例》十則。《凡例》及卷後有"東吳徐氏刻梓家塾"。又敘說。

東雅堂爲徐時泰堂名。徐字大來,天啓二年進士,浙江錢塘人。歷官工部郎中。崇禎末年,東雅堂易主,爲項煜所居。後煜降賊,里人噪而焚其宅,堂遂毀。又《明代版本圖錄》云,徐爲長洲人,萬曆八年進士,官太僕少卿。又刻有《儀禮注》十七卷。按,曾見美國普林斯頓大學葛思德東方圖書館所藏此本,鈐有"隆慶壬申夏提學副使邵明理書籍關防"白文長方印。壬申爲隆慶六年,可證此書刊刻應在隆慶間。

《中國古籍善本書目》著錄。中國國家圖書館、上海圖書館等四十六館,臺北"國家圖書館"(九部)及美國國會圖書館、普林斯頓大學葛思德東方圖書館、日本內閣文庫、静嘉堂文庫亦有入藏。各家書目多作"明徐氏東雅堂刻本"。按,此本又有明崇禎十一年徐元儁重修本及清初冠山堂重修本。

鈐印有"少衡"、"無竟先生獨志堂物"。

1888　明末刻本昌黎先生全集　　　　　　　　　　　　　T5308/4483

《昌黎先生全集》四十卷《外集》十卷《遺文》一卷,唐韓愈撰,明葛鼐校;《傳》一卷。明末葛氏永懷堂刻本。存二册。半頁九行二十六字,四周單邊,白口,單魚尾,書口下刻"永懷堂"三字。框高 20.2 釐米,寬 11.2 釐米。

此本殘存《外集》十卷《遺文》一卷。

《中國古籍善本書目》著錄,上海圖書館、山東省圖書館等五館有全帙。又臺北"國家圖書館"及日本內閣文庫亦有入藏。

鈐印有"拜魁紀公齋藏閱書"。

1889　明崇禎刻韓柳全集本唐韓昌黎集　　　　　　　　　T5308/4434

《唐韓昌黎集》四十卷《外集》十卷《遺文》一卷,唐韓愈撰,明蔣之翹輯注;《附錄》一卷。明崇禎六年(1633)蔣氏三徑草堂刻《韓柳全集》本。十五册。半頁九行十七字,左右雙邊,白口,無魚尾。框高 19.1 釐米,寬 13.2 釐米。題"明檇李蔣之翹輯注"。前有李漢序;讀韓集敘說。

蔣之翹,字楚稺。秀水人。家貧,好藏書。明末避盜村居,搜名人遺集數十種,嘗重纂《晉書》,校注《河東集》等,自著有《天啓宮詞》。

《中國古籍善本書目》著錄有《韓柳全集》一百四卷,計兩種,均蔣之翹編並輯注。一爲崇禎六年蔣氏三徑草堂刻本,行款同此本,版心下有"三徑藏書"四字,南京圖書館、浙江圖書館等二十六館入藏。一爲崇禎豹變齋刻本,行款也同此本,山東師範大學圖書館入藏。此本《遺文》第七頁書口下刻"三徑藏書",餘皆無。

1890　清乾隆刻本韓昌黎詩集編年箋注　　T5308.3/0247

《韓昌黎詩集編年箋注》十二卷,清方世舉箋注。清乾隆二十三年(1758)盧見曾雅雨堂刻本。六册。半頁十行二十三字,四周單邊,白口,單魚尾。書口下刻"雅雨堂"。框高18.3釐米,寬13.6釐米。題"桐城方世舉扶南考訂"。前有乾隆二十三年盧見曾序,方世舉序;《舊唐書》本傳;《凡例》九則。

方世舉,字扶南,一字息翁,安徽桐城人。於書無所不讀,博學篤行,性疏曠,不求仕進。好爲詩,少從朱彝尊游,多見古書秘本,益資多識,鎔鑄古今,自開生面。中年以事牽累,徙居京師,公卿爭相延致數年。晚年注韓詩,酷嗜其體。乾隆初,薦舉鴻博不就,卒年八十餘。又有《江關集》、《春及堂集》、《蘭叢詩話》等。《(民國)桐城續修縣志》卷一六《人物志·文苑》有傳。

韓昌黎詩以奇崛爲主,不特用事宏博,其用字之精深,大半源於經典傳注、子史騷賦,如若不明來歷,即無以抉其用意之所存。兹刻以解釋義理爲主,旁搜訓詁,音釋箋注,彙載篇尾。其《凡例》有云:"箋凡說一詩之旨者,系於題後,凡辨一句一字之是非者系於句下,皆有按字。"此書所收起少時作至長慶四年,共四百零九首。卷一二末附舊辨贋詩今訂真三首、今辨贋詩二首。

箋注之學,以簡明爲貴,能令讀者一覽了然,方爲至技。清代以來,爲昌黎詩作注並單刻印行者,以顧嗣立爲最先、最著,有康熙三十八年顧氏秀野草堂刻本,傳世也多。次即此方世舉注本。後又有黃鉞《韓詩增注證譌》十一卷(道光二十八年刻本、咸豐七年四明鮑氏一客軒刻本)、沈端蒙《韓詩編年集注》八卷(乾隆五十七年刻本)等。

此本有扉頁,刻"韓昌黎編年箋注詩集。桐城方扶南通考。德州盧雅雨商定。漢書辯注、世說考義、蘭叢詩話、家塾恒言嗣出。春及堂藏版"。按,方世舉注本又有宣統二年海寧陳氏珍珠船據雅雨堂刻本石印本,此本於書眉上增入何焯、朱彝尊二家批評。陳伯海、朱易安編《唐詩書録》著録是本兩種,作"德州盧氏石印本"、"清宣統二年石印本",誤。

《中國古籍善本書目》著録,中國國家圖書館、上海圖書館等二十館入藏。《"國立臺灣大學"普通本綫裝書目》、日本《京都大學人文科學研究所漢籍分類目録》、《東京大學總合圖書館漢籍目録》、《東京大學東洋文化研究所漢籍分類目録》、《國立國會圖書館漢籍目録》也有著録。

館藏有複本一部,六册。清魏起朱筆點校。起自光緒十五年臘月二十二日,至翌年正月十五竣。鈐印有"雨山草堂"。

1891　明萬曆刻套印本韓文　　T5299/0214

《韓文》一卷,唐韓愈撰,明郭正域選。明萬曆閔齊伋刻朱墨套印本。二册。半頁八行十八字,左右雙邊,白口,無魚尾,書眉上刻評,書口上刻"韓文"。框高20.3釐米,寬14.8釐米。前有郭正域序。

此本目錄頁題"郭明龍先生評選韓昌黎文目"。選昌黎文二十六篇加以評點。

郭正域序云:"余見近日文士,依傍人門户,不能自立閫奥,蹈襲一二殘膏剩馥,侈然自命,而於秦漢神理精力,索然無有,憒然莫解。故選數首於南雍,以示多士,雖未能盡先生文,較之叠山取舍,則各有合矣。"

卷末刊"萬曆丁巳夏六月烏程閔齊伋識"。丁巳,爲四十五年。

臺北"國家圖書館"及美國國會圖書館亦有入藏。《中國古籍善本書目》有《韓文杜律》二卷,即此書,上海圖書館、南京圖書館等十五館皆有入藏。

鈐印有"静觀亭圖書記"。

1892 明刻本河東先生集   T5309/4514

《河東先生集》四十五卷《外集》二卷《龍城録》二卷,唐柳宗元撰,宋廖瑩中校正;《附録》二卷《傳》一卷。明郭雲鵬濟美堂刻本。二十册。半頁九行十七字,四周雙邊,綫黑口,雙魚尾,書口下刻"濟美堂"三字,又間有刻工。框高 20.2 釐米,寬 13 釐米。前有劉禹錫序,乾道三年(1167)陸之淵序(抄配);柳先生年譜并紹興五年(1135)文安禮後序(抄配)。末有天聖元年(1023)穆修後序,政和四年(1114)沈晦後序,紹興四年李襥後序;李石跋,淳熙四年(1177)韓醇跋,正統四年(1439)南秀文跋(抄配)。

柳宗元,字子厚,河東人。貞元九年進士,順宗永貞元年任禮部員外郎,參與王叔文政治改革活動。失敗後貶爲永州司馬。元和十年改任柳州刺史,卒於任。世稱柳柳州,也稱柳河東。詩文皆工,尤擅長散文,峭拔簡練,獨具風格。與韓愈同爲古文運動的倡導者。

此本序、目録及每卷末皆有牌記,刊"東吴郭雲鵬校壽梓"。郭氏,吴縣人,又刻有《曹子建集》十卷、《分類補注李太白詩》三十卷《文》一卷、《歐陽先生文粹》二十卷《遺粹》十卷、《編選四家宫詞》四卷等。

刻工有章甫言、宗。

《中國古籍善本書目》著録。中國國家圖書館、上海圖書館等四十八館,臺北"國家圖書館"(四部)及美國國會圖書館、日本内閣文庫、静嘉堂文庫亦有入藏。

鈐印有"木内藏書"、"寶玲文庫"、"宜寧"、"南九萬"、"金祖淳印"、"雲路父"。

館藏有複本一部,三十二册。金鑲玉裝。

鈐印有"程印仁言"、"程仁言印"、"補堂"、"思研齋藏書印"。

1893 明萬曆刻本河東先生集   T5309/4514C

《河東先生集》四十五卷《外集》二卷《龍城録》二卷,唐柳宗元撰,宋廖瑩中校正;《附録》二卷《傳》一卷。明萬曆三十八年(1610)吕圖南桂林刻本。十二册。清闕名跋。半頁九行十七字,四周雙邊,白口,雙魚尾,魚尾中間有單字刻工。框高 20.9 釐米,寬 14 釐米。前有萬曆三十八年吕圖南序,又序,劉禹錫序。末有天聖元年(1023)穆修後序,政和四年(1114)沈晦後序,紹興四年(1134)李襥後序;李石跋,淳熙四年(1177)韓醇跋。

吕圖南序云:"因嘆名跡久湮,陵谷代變,昔所品題,隨作荒煙,無足多怪。當公没後三年,有僧自永告劉夢得曰,愚溪無復曩時矣。夢得泫然悲感,詩爲殘陽寂寞之詠。爾時便摧,何況今玆可復問哉! 獨怪公之精神在文章,英魄在羅池,列之四大家,傳之數千載。柳以子厚重,而文迺無全本,此屬文獻一大缺陷事。因語郡林丞裕陽,覓得善本還桂,屬桂李葉文華、梧李嚴九岳、藩幕王松齡、學博蕭儀,校而刻之成,以歸於龍城,俾善貯之,毋令後徵者杞宋茲郡焉耳。"呂圖南,福建晉江人,萬曆二十六年進士。

闕名跋云:"余舊有韓、柳集,俱細字,板刷模糊,每閱之如重陰之晝,暗燈之夕,稍稍點硃,不能竟閱也。甲寅年,在寶應得《昌黎集》善本,適丞以此部見貽,深快合璧。因以董太史扇畫小幅并書紙一番若其意,手書其帙,以便尋考,後人其毋輕棄之也。"

《中國古籍善本書目》著録。中國國家圖書館、山東大學圖書館等三館,臺北"國家圖書館"亦有入藏。按,此本又有天啓三年寧瑞鯉重修本,上海圖書館有藏。另又有崇禎三年胡士儁遞修本,北京師範大學圖書館有藏。

鈐印有"靜觀亭圖書記"、"高平隆長"、"傍花隨柳"。

1894　明崇禎刻韓柳全集本唐柳河東集　　T5309/4434

《唐柳河東集》四十五卷《外集》五卷《遺文》一卷,唐柳宗元撰,明蔣之翹輯注;附録一卷。明崇禎六年(1633)蔣氏三徑草堂刻《韓柳全集》本。二十三册。半頁九行十七字,左右雙邊,白口,無魚尾,書口下刻"三徑藏書"四字。框高19釐米,寬13.2釐米。題"明樵李蔣之翹輯注"。前有劉禹錫序;讀柳集敘説。

《中國古籍善本書目》著録,僅收名人批校題跋者。南京圖書館、浙江圖書館等二十六館有《韓柳全集》全帙。

1895　明嘉靖刻韓柳文本柳文　　T5309/7228

《柳文》四十三卷《別集》二卷《外集》二卷,唐柳宗元撰;附録一卷。明嘉靖三十五年(1556)莫如士刻《韓柳文》本。九册。半頁十一行二十二字,左右雙邊,白口,雙魚尾。框高18.1釐米,寬12.9釐米。題"明巡按直隸監察御史新會莫如士重校"。前有劉禹錫序。

《中國古籍善本書目》不收此零種,僅著録有名人批校題跋者。《韓柳文》,中國國家圖書館、上海圖書館等二十三館皆有入藏。

1896　明正統刻本增廣注釋音辯唐柳先生集　　T5309/0130C

《增廣注釋音辯唐柳先生集》四十三卷《別集》二卷《外集》二卷,唐柳宗元撰,宋童宗説注釋,張敦頤音辯,潘緯音義;附録一卷。明正統十三年(1448)善敬堂刻本。五册。半頁十三行二十三字,四周雙邊,黑口,雙魚尾。框高20.1釐米,寬12.4釐米。題"南城先生童宗説注釋;新安先生張敦頤音辯;雲間先生潘緯音義"。前有乾道三年(1167)陸之淵序,劉禹錫序。諸賢姓氏題"中山劉禹錫編;河南穆修;眉山蘇軾評論;胥山沈晦辯;南城童宗説音注;新安張敦頤音辯;新安汪藻記;張唐英論;雲間潘緯音義"。

此本諸賢姓氏後刻"正統戊辰善敬堂刊"一行。有扉頁,刻"增廣註釋柳文續集。善敬書堂"。又《別集》前有扉頁,刻"新刊柳文集註。善敬書堂。柳文舊無善本,今得諸名公增廣注釋音辯,極爲明備,三復校正,一朝繡梓,使天下學者得以見昌黎、河東二先生文集之大全,豈不爲盛時文治之一助云"。

集 部

《四庫全書總目》入集部別集類。《中國古籍善本書目》著錄,中國國家圖書館、上海圖書館等十七館亦有入藏,但均爲遞修之本。此本無遞修。日本内閣文庫、尊經閣文庫亦有入藏。

鈐印有"長卿"、"吴繼善章"。

1897 明刻本京本校正音釋唐柳先生集　　T5309/0130

《京本校正音釋唐柳先生集》四十三卷《別集》一卷《外集》一卷,唐柳宗元撰,宋童宗説音注,張敦頤音辯,潘緯音義;附錄一卷。明刻本。十二册。半頁十行二十四字,四周雙邊,白口,雙魚尾,書口下間有刻工。框高 18.9 釐米,寬 12.4 釐米。前有乾道三年(1167)陸之淵序,劉禹錫序。其諸賢姓氏題"中山劉禹錫編;河南穆脩敘;眉山蘇軾評論;眉山沈晦辯;南城童宗説音注;新安張敦頤音辯;新安汪藻記;張唐英論;雲間潘緯音義"。

《中國古籍善本書目》著錄,中國國家圖書館、上海圖書館等十館亦有入藏。

刻工有福應、范元壽、王英、吴道元、葉榮、范元升、李文英。

鈐印有"明善堂覽書畫印記"、"宗室盛昱收藏圖書印"、"不在朝廷又無經學"。

1898 明刻套印本柳文　　T5309/4245

《柳文》七卷,唐柳宗元撰,明茅坤評。明刻朱墨套印本。八册。半頁八行十八字,四周單邊,白口,無魚尾,眉端刻評。框高 20.2 釐米,寬 13.9 釐米。前有茅坤序。

茅坤序云:"昌黎韓退之,崛起八代之衰,又得柳柳州相爲羽翼,故此唱彼和,譬之噴嘯山谷,一呼一應,可謂盛已。昌黎之文,得諸六藝及孟軻、揚雄者爲多,而柳州則間出乎《國語》及《左氏春秋》諸家矣。其深醇渾雄,或不如昌黎,而其勁悍沉寥,抑亦千年以來曠音也。予故讀許京兆、蕭翰林諸書,似與司馬子長《答任少卿書》相上下,欲爲掩卷纍欷者久之。《鈷鉧潭記》杳然神遊沅湘之上,若將憑虛御風已也。奇矣哉! 予録書啓三十五首、序傳十七首、記二十八首、論議辯十四首、説贊雜著十八首、碑銘墓碣及誄表祭文十九首,釐爲七卷。按柳州平淮雅與鐃歌及五七言詩什,於諸家中尤擅所長,予校而録之者,特文也,故不及。"

《四庫全書總目》未收。《中國古籍善本書目》著錄。南京圖書館、天津圖書館等二十六館及美國國會圖書館、日本内閣文庫亦有入藏。

1899 清乾隆刻本香山詩選　　T5314.3/5604

《香山詩選》六卷,唐白居易撰,清曹文埴選。清乾隆刻本。四册。半頁九行十九字,左右雙邊,白口,單魚尾。框高 18 釐米,寬 11.8 釐米。題"古歙曹文埴竹虛甫手訂"。前有曹文埴序。

曹文埴,字近薇,號竹虛,安徽歙縣人。乾隆二十五年進士,官至户部尚書,加太子太保銜。文埴嘗由翰林供奉内廷二十餘年,總裁《四庫全書》,典試廣東,視學江西、浙江,士習文風蒸然丕變。其鞫獄秉公,得大臣體,後以母老乞養,在籍奉母十二年,年六十四卒於家。卒謚文敏。又有《石鼓研齋文鈔》二十卷、《詩鈔》三十二卷、《直廬集》八卷。《(道光)歙縣志》卷八之二《宦蹟》有傳。

白居易詩淺顯平易，傳稱老嫗都解，流布甚廣。早期所賦諷諭詩，尤爲世重。其詩歷代詩文總集及唐詩選本多有收入。如五代韋縠《才調集》、宋洪邁《唐人萬首絶句》、清沈德潛《唐詩別裁集》等。白居易詩選之單刻本除《白氏諷諫》一卷外，還有如明王世貞輯《王鳳洲先生校選白樂天長慶集》二十二卷、清楊大鶴選《香山詩鈔》二十卷等。此本卷一五言古詩四十九首，卷二七言古詩三十六首，卷三五言律詩四十一首，卷四七言律詩五十四首，卷五五言排律二十六首，卷六五言絶句九首、七言絶句三十八首。

曹文埴序云："漢魏以後，詩莫盛於三唐，其合焉者，亦三百篇之支流苗裔也。今學者爭起而效之，而予則獨以香山先生之詩，按之於聖人之言，尤爲學者所易悟。故特於其諷諭間適二者之體精而擇之，凡得古體詩若干首、近體詩若干首，鐫爲六卷，俾學者誦習於口，涵濡於心。"

此本有扉頁，刻"香山詩選。江西督學□□□手定。本□藏板，翻刻必究"（紙殘去）。

《續修四庫全書總目提要（稿本）》未收。《中國古籍善本書目》不收。《唐詩書録》編者未見此本，各家書目也鮮有著録。曹氏選本又有光緒十七年金陵書局刻本及民國四年上海掃葉山房石印本。

鈐印有"真州吳氏有福讀書堂藏書"。

1900　清抄本沈下賢文集　　　　T5329/3110

《沈下賢文集》十二卷，唐沈亞之撰。清陳氏晚晴軒抄本。二册。半頁十行二十一字，左右雙邊，藍口，雙魚尾。藍格，欄綫外刻"晚晴軒陳氏鈔本"。框高18.5釐米，寬12.2釐米。前有元祐元年（1086）闕名序；末有清陳文田跋。

沈亞之，字下賢，本長安人，原序稱曰吳縣人，似從其郡望。登元和十年進士第。大和三年，柏耆宣慰德州，辟爲判官。耆罷，亞之亦坐貶南康尉。亞之以詩名世，其文則務爲險崛，在孫樵、劉蛻之間。

卷一賦三篇、詩十八首，卷二至四雜著十七篇，卷五至六記十六篇，卷七至八書十七通，卷九序十四篇，卷一〇策問并對九道，卷一一碑文一篇、墓志七篇、表二篇，卷一二行狀一篇、祭文八篇。

是書存世僅有明刻本一種。明末至清，流傳者皆爲抄本。後葉德輝於光緒二十一年刻入《觀古堂叢書》。

闕名序云："公諱亞之，字下賢，吳興人。元和十年登進士第，歷聘藩府，嘗游韓愈之門，李賀許其工。爲情語，有窈窕之思。其後杜牧、李商隱俱有擬沈下賢詩，則當時稱聲甚盛。而存於今者，既不盡見世之所有，復舛錯訛謬，脫文漏句，十有二三。頃得善本，再加校讐，皆得其正。惜其藏篋笥，不得與好學之士共其甄繹，因欲命工刊鏤，以廣其傳，惜乎志有待而未能也。"

陳文田跋云："右《沈下賢文集》十二卷，序於元祐丙寅，不著姓氏。序末云云，知當時未有刊本。錢遵王所見之本，未知刊於何時，其稱元祐丙申者，誤也。徐興公曾爲之跋，見於《池北偶談》。四庫館本有邦采一跋，此本皆無之。唐賢文集，不傳者多矣，亟録其副，以志宗法。時同治丙寅日長至後三日，陳文田硯鄉氏翦燭書後。"

此本爲一人端楷書寫，甚精。晚晴軒，爲陳文田，號硯鄉，江蘇泰州人。此書所抄時間當在同治時。

《四庫全書總目》入集部別集類。《中國古籍善本書目》著録有清抄本，上海圖書館入藏。

钤印有"曾在周叔弢處"。

1901　明刻盛唐四名家集本李長吉歌詩　　T5312/7218

《李長吉歌詩》四卷《外詩集》一卷,唐李賀撰,宋劉辰翁評。明凌濛初刻閔氏朱墨套印《盛唐四名家集》本。四冊。半頁八行十九字,左右雙邊,白口,無魚尾,書眉上刻評。框高 20.3 釐米,寬 14.1 釐米。題"唐隴西李賀撰;宋廬陵劉辰翁評"。前有杜牧序;李商隱撰《李長吉小傳》;宋祁撰《李長吉本傳》。卷四末有凌濛初跋。

李賀,字長吉,河南昌谷人。以父名晉肅,避諱不舉進士。曾官協律郎。少能文,爲韓愈、皇甫湜所重。其詩想像豐富,煉詞琢句,險峭幽詭,因過於矜奇,流於晦澀。尤長於樂府,能合之弦管。卒年僅二十七歲。有詩二百三十三首,四編。

凌濛初跋云:"今世詞家爲歌詩者,無不喜擬長吉,亦一時之變也。先輩稱善言詩者,咸服膺宋劉須溪先生。李文正公《麓堂詩話》稱其語簡意切,別自一機軸,諸人評詩者皆不及。良然。自杜少陵以下,諸名家皆有評,而其於長吉擊節彌甚,蓋長吉譎怪,先生亦刻意摹索而有得,至謂千年長吉,甫有知己,以誚樊川,雅自負可知已。近世徐文長亦有評,恐未必能及先生,當自有辨之者。"

臺北"國家圖書館"及美國國會圖書館等亦有入藏。此爲《盛唐四名家集》零種,中國國家圖書館、上海圖書館等十三館有全帙。

1902　明末刻本昌谷集　　T5312/8681

《昌谷集》四卷,唐李賀撰,明曾益釋。明末刻本。四冊。半頁九行二十字,四周單邊,白口,單魚尾。框高 21.5 釐米,寬 13.9 釐米。題"唐隴西李賀著;明會稽曾益釋"。前有王思任序,焦竑序;李商隱撰《李長吉小傳》;陸龜蒙撰《書李賀小傳後》;杜牧序。

曾益,字子謙,浙江山陰人。

此本有扉頁,刊"李賀詩解。會稽曾益釋。飛鴻堂藏板"。

《四庫全書總目》未收此曾益釋本。《中國古籍善本書目》著錄。中國國家圖書館、上海圖書館等二十五館及日本内閣文庫亦有入藏。

1903　明崇禎刻唐人六集本姚少監詩集　　T5316/4186

《姚少監詩集》十卷,唐姚合撰。明崇禎毛氏汲古閣刻《唐人六集》本。四冊。半頁九行十九字,左右雙邊,白口,無魚尾,書口中間有"汲古閣"三字。框高 18.9 釐米,寬 13.4 釐米。末有毛晉跋。

姚合,陝州陝石人。元和進士,授武功尉,後爲陝虢觀察使,開成末,終秘書監。有詩名,人稱姚武功。

毛晉跋云:"《唐書》載合於姚崇傳中,甚略。余按,合乃宰相崇之曾孫,未詳其字。元和十一年,李逢吉知舉進士,調武功主簿,世號姚武功。又爲富平萬年尉。寶應中,歷監察殿中御史、户部員外郎,出荆、杭二州刺史,爲户、刑二部郎中、諫議大夫、給事中、陝虢觀察使。開成末,終秘書監。與馬戴、費冠卿、殷堯藩、張籍游,喜採僧詩。""天啓丁卯,余梓《極玄集》,洒姚武功取王維至戴叔倫二十餘人詩一百首,曰此詩家射雕手也。遂願邁其本集,卒不可得。偶閲《緇林法語》,見'移花兼蝶至,買石得雲饒'十字,叱謂禪悟後語。既讀《主客圖》,方知出武功手。繼從紀事,又讀'一日看除目,終年損道心',豈食烟火人能道隻字?廣搜博訪,十有餘年,真所謂求之不得,寤寐思服也。迨崇禎壬午秋,忽從錫籠中獲此本,凡十卷,蓋吾宗圖記,印抄宋刻,豈武功有靈錫我百朋耶?擊節欣賞三日夜,急授諸梓,未知海内亦有如饑如渴如余者否?"

姚合詩集,宋刻本今存中國國家圖書館,僅存卷一至五。明代所刻,僅此毛氏刻《唐人六集》本。《中國古籍善本書目》僅收有名人批校題跋者。《唐人六集》全帙,中國國家圖書館、上海圖書館等十七館入藏。

鈐印有"小玲瓏山館珍藏圖記"。

1904　清康熙刻本李義山文集　　T5318.4/2944

《李義山文集》十卷,唐李商隱撰,清徐樹穀箋,清徐炯注。清康熙四十七年(1708)徐氏花谿草堂刻本。八册。半頁十行二十一字,左右雙邊,白口,單魚尾,書口上刻字數,書口下有刻工。框高19.3釐米,寬13.9釐米。題"崑山徐樹穀藝初箋;徐炯章仲注"。前有康熙四十七年徐樹穀序,康熙四十七年徐炯序,徐炯撰《凡例》六則。

徐樹穀,字藝初,崑山人。乾學子。康熙二十四年進士。授中書,官至山東道監察御史。《(道光)崑新兩縣志》卷二一《列傳三》附《徐乾學傳》後。

徐炯,字章仲,乾學次子,樹穀弟。康熙二十一年進士。授行人,典福建試,擢工部主事,遷員外,晉刑部郎中。出爲山東提學僉事,葺李攀龍白雪樓爲書院,拔士之尤者肄業其中。後補口北道,調通永,遷直隸巡道,尋罷歸。《(道光)崑新兩縣志》卷二二《政績》有傳。

卷一至二表二十二篇,卷三狀二十四篇,卷四至五啓四十三通,卷六至七祭文十九篇,卷八祝文二十一篇、檄一篇、箋一則,卷九序五篇,卷一〇書三篇、傳一篇、碑銘二篇、賦三篇、雜著七篇。

徐樹穀序云:"予弟自强,少尚斯編,苦其斷缺,後得善本於閩中,爲之注解,冥搜博採,歷年乃成。予因參之史傳,考證時事,復爲之箋。"

徐炯序云:"歲庚午,余典試閩中,得善本以歸。伯兄侍御見而悦之,因爲箋其指要,而以注屬余。余竊不自揆,蒐討群籍,句疏而字釋之,而以伯兄之箋分見於其下,釐爲十卷,藏諸篋衍以備遺忘。其間可疑者,尚有二十餘條,事稍僻隱,未能悉考。友人以其適於時用也,請亟行之。余不獲已,遂以授剞劂。海内博物君子,倘惠而好我,正其謬而補其缺,當更爲續注以附其後云。"

《四庫全書總目》云:"考《舊唐書》李商隱傳,稱有《表狀集》四十卷。《新唐書·藝文志》稱李商隱《樊南甲集》二十卷,《乙集》二十卷,《玉溪生詩》三卷,《文賦》一卷。《宋史·藝文志》稱李商隱《文集》八卷,《四六甲乙集》四十卷,《别集》二十卷,《詩集》三卷。今惟《詩集》三卷傳,《文集》皆佚。國初吳江朱鶴齡始裒輯諸書,編爲五卷,而缺其狀之一體。康熙庚午,炯典試福建,得其本於林佶,採擷《文苑英華》所載諸狀補之,又補入《重陽亭銘》一篇,是爲今本。鶴齡原本,雖略爲詮釋,而多所疏漏,蓋猶未竟之稿。樹穀因博考史籍,證驗時事,以爲之箋。炯復徵其典故訓詁以爲之注。"按《提要》於商隱著作,言之不詳,今人余嘉錫先生《四庫提要辨證》有詳考。

商隱雖爲唐代大家,但其文宋、元、明三代卻無人爲之箋注。是集《凡例》云:"義山章奏之學,受諸彭陽公,皆駢儷之文,故義山自序其《甲乙二集》名之曰《樊南》。四六章奏即表狀,而啓亦下達上之制,此皆義山佐幕時所作,是之謂四六,他文不在此例。"爲李義山文集作箋注者,清代除徐氏昆仲外,又有朱鶴齡、馮浩、吳兆宜等。朱氏箋注本傳世甚多,馮浩本流布也廣。吳氏僅有稿本(有清葉乃溱跋),未刊印,今藏上海圖書館。

馮浩曾評徐氏昆仲箋注本云:"徐氏注頗詳,但冗贅訛舛之處迭出,余爲之刪補辨正,改訂者過半。至原箋創始誠難,而疏略太甚。""徐刊本分類而仍凌亂。"

此本金鑲玉裝。刻工爲:元、上珍、大年、仁心、子千、子玉、子昇、公一、玉章、芃生、冰沾、奕曾、奕成、晉占、倫采、鄧玉、鄧采、彙成。按,徐炯家有花谿別墅。

《四庫全書總目》入集部別集類。《中國古籍善本書目》著錄,中國國家圖書館、上海圖書館等三十七館入藏。又臺北"國家圖書館"、"故宮博物院"及日本京都大學人文科學研究所、東京大學東洋文化研究所、內閣文庫也有入藏。

1905 清乾隆刻本玉谿生詩箋注樊南文集箋注

T5318/3236

《玉谿生詩箋注》三卷《樊南文集箋注》八卷,唐李商隱撰,清馮浩注。首一卷。清乾隆四十五年(1780)刻嘉慶元年(1796)增刻本。八冊。半頁十一行二十五字,左右雙邊,白口,單魚尾。每卷之第一頁書口中間刻"重校本"。框高18.5釐米,寬13.8釐米。《詩箋注》題"桐鄉馮浩孟亭編訂;秀水胡重子健參校"。《文集箋注》題"桐鄉馮浩孟亭編訂;受業朱天鎬周望參校"。《詩箋注》前有乾隆三十二年(1767)王鳴盛序,乾隆三十年(1765)錢陳群序,乾隆二十八年(1763)馮浩序。《文集箋注》前有乾隆三十年(1765)錢維城序。

馮浩,字養吾,號孟亭,浙江桐鄉人。幼穎異,既長,好學深思,博通經史。乾隆元年舉於鄉,乾隆十三年成進士。入翰林,充國史館纂修,參與撰寫《續文獻通考》,爲總裁所推重。後陞御史,以憂歸,服闋赴補,中途疾作而歸,遂不復出。家居四十年,以著述自娛,又有《孟亭居士詩文稿》。《碑傳集補》卷一○有傳。

《詩箋注》卷一至二編年詩,三百五十九首;卷三不編年詩,二百三十六首。《文集箋注》卷一表二十二篇,卷二狀二十五篇,卷三至四啓四十四通,卷五祝文二十一篇,卷六祭文十九篇,卷七序五篇、箴一則、傳一篇、碑銘二篇、賦二篇、雜著七篇。每卷之末另刻補注。《詩箋注》首一卷爲馮浩撰《發凡》十二條、《重校發凡》二條、史文、年譜、贈詩、詩話、《詩文集箋注》總目。《文集箋注》有馮浩撰《發凡》四條。

爲李商隱詩作注者,明以前即有,《西清詩話》載都人劉克,嘗注杜子美、李義山詩,又《延州筆記》載張文亮有《義山詩注》,二書今皆不存。清初自朱鶴齡始,後有馮浩、陸崑曾、趙駿烈、姚廷謙、姚培謙、屈復、姜炳璋等家。此馮浩箋注本採納各家之說而成,其《凡例》云:"自明以前箋斯集者,逸而無存。釋石林道源創之,朱長孺鶴齡成之,行世百年矣。近則程午橋夢星、姚平山培謙各有箋本,余合取而存其是,補其缺,正其誤焉,疑而未晰者,尚間有之。""余初脫稿,聞吳江徐湛園逢源有未刊箋本……余虛衷研審,擇其善者採之。""朱氏已採錢龍惕、陳帆、潘耕之說,余所見有馮已蒼舒、定遠班、田簀山蘭芳、何義門焯、錢木庵良擇、楊致軒守智、袁虎文彪諸家評本。又陸圃玉崑曾有專解七律刊本,皆爲節采附入,庶深情妙緒,尤能引而伸之已。"

馮浩序云：“晚唐以李義山爲巨擘，余取而誦之，愛其設采繁艷，吐韻鏗鏘，結體森密，而旨趣之遥深者未窺焉。後雖間爲披閲，無暇專攻，侵尋三十餘年，學不加進，而病已攖心，夙昔願以姓名託文字以傳於世者，當遂付之泡影也。偶取義山詩，一爲諷詠，動有微悟，試詮數章，機不可遏。於是徵之文集，參之史書，不憚悉舉而辨釋之。詩集既定，文集迎刃以解，鮮格而不通者，迺次其生平，改訂年譜，使一無所迷混，余心爲之愜焉。夫箋注義山詩文者，既有數家，皆積歲月以尋求，顧作者之用心，明者半，昧者猶半，豈諸家之力有所不逮歟？”

馮氏之箋注李義山文集，蓋因徐炯注本雖詳，但“冗贅訛舛之處迭出”，其《發凡》云：“余爲之刪補辨正改訂者過半，至原箋創始誠難，而疏略太盛。”“爲披霧掃塵之舉，或直而證之，或曲而悟之，或錯綜左右而交成之，或貫穿前後而會印之，用使事盡朗然，文尤蔚若。”錢維城序云：“侍御雅好李集，取朱氏、徐氏及凡諸家之爲箋疏者，盡抉其疏誤而訂正之。”

此書初刻應在馮浩抱病家居時。其時，浩恐病廢而急事開雕。書竣工後，檢點謬誤，漸次改正，積十五六年，多不可計，乃於乾隆四十五年又重加刊刻。《詩箋注》馮浩序頁另刻“乾隆四十五年庚子秋日重校付梓不更序”一行。又《詩箋注》卷二末附刻嘉慶元年六月馮浩録《四庫全書》所收《李義山詩集》、《李義山詩注》、《李義山文集箋注》提要並識語。

此書有扉頁，刻“李義山詩文全集箋注。桐鄉馮浩孟亭編訂”。又扉頁刻“玉谿生詩詳注。重校本。德聚堂藏版”；“樊南文集詳注。重校本。德聚堂藏版”。

按，馮浩箋注本，後又有同治七年曾孫寶圻上海德聚堂刻本、清末上海醉六堂刻本、1914年中華圖書館石印本等。1979年，上海古籍出版社有校點本行世。

《四庫全書總目》、《續修四庫全書總目提要（稿本）》未收。按，是書各家書目著録多作“德聚堂刻本”，如《青海省古籍善本書目》作清乾隆四十五年德聚堂刻本，《北京師範大學圖書館中文古籍書目》作清乾隆四十五年德聚堂重校刻本，蓋以藏板者爲出版者也（《中國科學院圖書館藏中文古籍善本書目》甚謹慎，作清乾隆刻德聚堂印本）。各館所藏之清乾隆德聚堂刻本、清乾隆四十五年德聚堂刻本及此嘉慶元年增刻本流傳甚多，故《中國古籍善本書目》僅收名家批校本（也作德聚堂刻本），而不收此本。又日本《京都大學人文科學研究所漢籍分類目録》（兩部，一作乾隆二十八年自序桐鄉馮氏德聚堂刊三十六年覆校本、一作乾隆四十五年桐鄉馮氏德聚堂重校刊本）、《東京大學東洋文化研究所漢籍分類目録》（作清乾隆三十二年刻本）、《東京大學總合圖書館漢籍目録》（同哈佛本）、《内閣文庫漢籍分類目録》（兩部，同哈佛本）著録。

館藏又有複本一部，八册。其中《玉谿生詩詳注》三卷有闕名過録清紀昀批點。另又有複本，存《樊南文集詳注》八卷。

1906 明崇禎刻唐人六集本韓内翰别集

T5322/4446

《韓内翰别集》一卷《補遺》一卷，唐韓偓撰。明崇禎毛氏汲古閣刻《唐人六集》本。二册。半頁九行二十一字，左右雙邊，白口，無魚尾，書口中間刻“汲古閣”三字。框高19.1釐米，寬12.9釐米。題“翰林學士承旨行尚書户部侍郎知制誥上柱國萬年韓偓”。前有韓偓列傳。末有毛晉跋。

韓偓，字致堯，小字冬郎，自號玉山樵人，京兆萬年人。龍紀元年進士。從昭宗至鳳翔，進兵部侍郎、翰林承旨，爲帝倚重，朱全忠惡之，貶爲濮州司馬。天祐六年携家入閩，依王審知以卒。其詩以律絶爲主，多寫艷情，辭藻綺麗，有香奩體之稱。

集　部

《四庫全書總目》入集部別集類。此爲毛晉汲古閣刻《唐人六集》零種。全帙,中國國家圖書館、上海圖書館等十七館有藏。

1907　清抄本廣成集　　　　　　　　　　　　　　　　　　T5329/4190

《廣成集》十二卷,蜀杜光庭撰。清抄本。二册。清蔣因培、屠用明題識。近人録清黄丕烈跋。半頁十二行二十四字,無框格。題"唐杜光庭撰"。

杜光庭,字賓聖,一作聖賓,道號東瀛子,浙江縉雲人,初喜讀經史,工詞章翰墨之學。懿宗設萬言科,其進試不中,入天台山爲道士。僖宗幸蜀,始充麟德殿文章應制。王建據蜀,事王建父子,官諫議大夫,賜號"廣成先生"、"傳真天師"。進户部侍郎,後歸老青城山白雲溪。唐莊宗長興四年卒,年八十四。

卷一賦、詩十八首;卷二至四雜著十七篇;卷五至六記十六篇;卷七至八書十七通;卷九序十四篇;卷一〇策問并對九道;卷一一碑文一篇、墓志七篇、表二篇;卷一二行狀一篇、祭文八篇。

《四庫全書總目》云:《宋史·藝文志》載光庭《廣成集》一百卷,又《壺中集》三卷。《通志·藝文略》載《光庭集》三十卷,今此本十二卷,僅表及齋醮文二體。《十國春秋》所載《序毛仙翁略》文及《瀘州劉真人碑記》等五篇"皆不載集中,蓋殘闕之餘,已非完本也"。《總目》又云光庭"駢偶之文,詞頗贍麗,而多涉其教中荒誕之説,不能悉軌於正,獨五季文字闕略,集中所存,足與正史互證者尚多,故具録之,以爲稽考同異之助焉"。

是書又有十七卷本,上海圖書館藏,清彭氏知聖道齋抄本,有彭元瑞跋。另南京圖書館也藏有清抄本,有丁丙跋。蓋十七卷,乃出自《道藏》者。中國國家圖書館有明抄本。臺北"國家圖書館"藏有清雍正間抄本。

黄丕烈跋曰:"此書向藏五硯樓,校近抄本多莫庭爻《周天醮詞》一篇、《請不赴山陵表》一章。余家舊有曝書亭藏鈔本,校之正訛五十餘字,善本也。汲古閣毛氏所藏,毋忽視之。乙亥秋七月,蕘夫。"按,黄跋爲後人所摹。跋後"蕘夫"小印,僞。近人王欣夫輯《蕘圃藏書題識續録》收有此跋,然未注明出處,僅以墨釘處之。

蔣因培題識云:"道光甲午七月下澣,辛峰老人蔣因培向芙川仁兄假讀之,復以識歲月。"屠用明題識云:"此昔川韓求仲大史藏本,録計百有六十六幀。丁卯十二月廿又四日於嘉禾。屠用明氏借觀。"

金鑲玉裝。"玄"、"弘"字不避帝諱。

《四庫全書總目》入集部別集類。《中國古籍善本書目》著録有清抄本,上海圖書館入藏。

鈐印有"小瑯嬛福地秘籍"、"曾藏張蓉鏡家"、"顯月齋主人"、"鶴僑"、"菩薩心腸英雄歲月神仙眷屬名士文章"。又有"汲古閣收藏",僞。

1908　明萬曆刻本宋林和靖先生詩集　　　　　　　　　　T5334.9/4933.72

《宋林和靖先生詩集》四卷《補遺》一卷《省心録》一卷,宋林逋撰;附録一卷。明何養純、諸時寶等輯。明萬曆四十一年(1613)何養純等刻本。四册。半頁八行二十字,四周單邊,白口,無魚尾。框高21.3釐米,寬12.9釐米。題"明後學何養純文叔、諸時寶廷取、諸時登廷采校"。

1409

前有皇祐五年(1053)梅堯臣序、喬時敏序、萬曆四十一年張蔚然序；林和靖像并贊。附錄後有萬曆四十一年何養純跋。《省心錄》前有嘉靖十二年(1533)許相卿序。

林逋，字君復，錢塘人。隱居西湖孤山，二十年不入城市。工行書，喜爲詩。琴棋書畫，無所不能。不娶，種梅養鶴以自娛，因有"梅妻鶴子"之稱。卒謚和靖先生。《宋史》卷四五七有傳。

和靖五言詩，字字推敲，詩中璣珠，俯拾即是。七言亦工，善變化，頗見匠心。卷一爲五言古詩四首、五言律詩八十首；卷二七言律詩七十首；卷三七言律詩五十三首；卷四五言絕句五首、七言絕句七十八首、詩餘二首。附錄爲有關林逋傳、各書涉及逋者。《省心錄》則錄林逋善惡得失、事理成敗之言。

喬時敏序云："暇日，取其集讀之，板歷歲久，漶漫不可傳，爲購善本，命諸生時寶校刻之。"

何養純跋云："先生詩成，輒棄其稿，以故傳者絕少。即'草泥行郭索、雲木叫鈎輈'，歐陽公云頗爲士大夫所稱者，亦不見其全什，他可知也。諸孫大言，雖掇拾遺集，沈甌溪雖刻之遭廄，惜盡湮沒。今所存者，大都正德時武林舊刻，即陳奉常所重編者也，其誤謬不可枚舉。余嚮有家藏宋志及宋刻野史，載先生詩甚夥。因以之而訂其集內謬者一百六十字，增其軼者三百七十字，遂併《省心錄》，與諸廷取伯仲校而刻之。《省心錄》，朱子嘗言非先生筆，讀之皆仁義道德之言，恐非先生不能，余亦不敢深究也，特存之弗失耳。舊刻有附錄一卷，類次乖錯，即所引諸名公集，亦盡刪改。余乃徧搜元本考正，因而增入者又奚啻過其半也。夫先生無意於名者也，矧區區之言，而欲見之世也。我輩之汲汲於是者，特以慰斯世之仰慕夫先生者也。蓋自宋仁宗以來，纔數百歲，而諸刻已俱蕩爲冷風，不可見矣。自正德至今年又幾何，而殘缺紕繆又復如是。使不及今再爲掇拾，後之觀者，又何異今之視昔也。"

和靖詩集，傳世最早者爲宋刻本，然僅存一卷，有清黃翼、黃丕烈跋，藏中國國家圖書館。該館又藏清嘉慶二年顧廣圻影宋抄本一卷。又南京圖書館藏清影宋抄本一卷，有闕名錄清黃翼、黃丕烈跋，并有丁丙跋。明刻又有正統間陳贄刻本；正德十二年韓士英、喻智刻本及明刻本。此何養純等刻本爲明刻數本之冠。《國學基本叢書》中《林和靖詩集》"集本略記"稱此朱本"整頓舊物，煥爲新編，於明人刻書中，爲絕勝之作"。清代所刻較著者有康熙四十七年吳調元刻本；清汪安、汪定古香樓刻本；乾隆十年深柳讀書堂刻本；同治間朱孔彰刻本。《四部叢刊》所收，爲借印江安傅增湘藏影明抄本。《四部備要》本，則據清同治間朱孔彰刻本排印。

《四庫全書總目》入集部別集類。《中國古籍善本書目》著錄，中國國家圖書館、上海圖書館等九館亦有入藏。臺北"國家圖書館"有明萬曆二十一年錢塘何養純等刻本及明萬曆四十一年仁和知縣喬時敏刊本，不知與此同否。

鈐印有"豐華堂書庫寶藏印"。按，豐華堂主爲楊復。復字見心，杭州人。1903年至1908年，任浙江圖書館監理。1921年始藏書，1929年將所藏五千四百種全數售於北京清華大學圖書館。

1909 明刻宋元名家詩集本宋林和靖先生詩集　　T5334.9/4933.73

《宋林和靖先生詩集》六卷，宋林逋撰。明潘是仁刻《宋元名家詩集》本。一冊。半頁九行十九字，四周單邊，白口，單魚尾。框高 21.4 釐米，寬 13.2 釐米。題"宋林逋君復甫著；明潘是仁切叔甫輯校"。前有李維楨序，王應翼序。

此爲《宋元名家詩集》零種。臺北"國家圖書館"亦有入藏。日本内閣文庫有全帙。

1910　明萬曆刻本安陽集　　　　　　　　　　　T5344/4512

　　《安陽集》五十卷,宋韓琦撰;《別錄》三卷,宋王巖叟輯;《遺事》一卷,宋强至輯;《忠獻韓魏王家傳》十卷。明萬曆十五年(1587)張氏刻本。二十四册。半頁十行十八字,左右雙邊,白口,單魚尾,書口下間有刻工。框高 18.8 釐米,寬 13.4 釐米。題"宋司徒太師侍中上柱國尚書令忠獻魏王韓琦著;明少傅兼太子太傅吏部尚書武英殿大學士郭樸校"。前有正德九年(1514)曾大有序,程瑀序。此本佚去郭樸後序。

　　韓琦,字稚圭,安陽人。天聖五年進士。仁宗時,西北邊事起,琦任陝西經略招討使,與范仲淹率兵拒戰。韓、范久在兵間,名重當時,爲宋廷所倚重,時人稱爲"韓范"。西夏和成,入爲樞密副使,嘉祐中官同中書門下平章事,封魏國公。琦爲相十年,臨大事,決大議,雖處危疑之際,知無不爲。卒謚忠獻。《宋史》有傳。

　　卷一至三古風五十四首,卷四至二律詩六百四十七首,卷二一記九篇,卷二二序七篇,卷二三雜文十篇,卷二四至三二表狀九十四篇,卷三三至三六奏狀八十八篇,卷三七至三八書啓四十五通,卷三九書狀二十五篇,卷四制詞二十六篇,卷四一册文三篇,卷四二至四四祭文三十六篇,卷四五挽辭三十一首,卷四六至五墓志三十八篇。

　　此本《中國古籍善本書目》、《"國立中央圖書館"善本書目》均作"明萬曆十五年郭樸晝錦堂刻本"。美國《普林斯頓大學葛思德東方圖書館中文善本書志》著錄爲明萬曆十五年郭樸校刻本。王重民《中國善本書提要》云此書爲郭樸"致仕家居時所校刻"。皆非是。按,郭樸字質夫,亦安陽人。嘉靖十四年進士。累官吏部尚書,加太子太保,兼武英殿大學士,預機務。後被劾,遂乞歸,卒謚文簡。

　　是本佚去郭樸後序,然據清乾隆刻本《安陽集》所刻郭氏舊序云:"《安陽集》五十卷,宋魏國韓忠獻王之文也,並《家傳遺事》十餘卷,蓋傳自宋之季世云。正德中,監察御史安陽張公士隆按蒞山西,刻置河東書院。樸後得之,謹藏於笥。萬曆乙酉,鄴司理内江張公謂,先哲著作,鄉郡不可闕。次年,重構晝錦堂成,迺謀於郡守漳平陳公、郡丞清苑王公、通守垣曲趙公,再加校錄,刻置堂中。於戲,崇往哲而重遺編,諸公之盛美關諸風教者匪細也。""夫司理公,好古而尤惓惓於忠孝節義事,既志忠武之廟,復表忠獻之文,即其舉措,將來德業所就,曷可量哉! 梓人既訖工,樸敬附言。"

　　另乾隆四年知安陽事陳錫輅序又云:"《安陽集》五十卷附《家傳遺事》十二卷,明萬曆乙酉鄴郡司理内江張公刻置於晝錦堂。其集稿則得之鄉賢郭文簡公,文簡公又得之同邑侍御張公刻於河東之行臺者。"此外乾隆本又有《例言》謂:"《安陽集》出自王手訂,宋世原板不可得而問矣。前明安陽張侍御刻置河東書院,至萬曆間,鄴司理張公再加校錄,刻置晝錦堂中,是謂舊本。"

　　刻此本者"張公",不知其名。查《(嘉慶)安陽縣志·職官》,也無張姓之内江人。張爲司理,宋太祖開寶六年,設置諸州司寇參軍,後改爲司理參軍,主管獄訟,簡稱司理,元廢。明時俗稱推官爲司理。

　　晝錦堂爲韓氏所築,歐陽修作《晝錦堂記》云:"公在至和中,嘗以武康之節來治於相,乃作晝錦之堂於後圃,既又刻詩於石,以遺相人。"是本卷二有《晝錦堂》、卷八有《晝錦堂賞新移牡丹》,卷一三有《再題畫錦堂》等。張氏所刻《安陽集》書板,即置於新構之畫錦堂內。

刻工有吳、山、裴、崔、惠、德、思。金鑲玉裝。

《四庫全書總目》入集部別集類。《中國古籍善本書目》著錄。上海圖書館、北京大學圖書館等七館,臺北"國家圖書館"(兩部,其一爲原藏北平館者)及美國普林斯頓大學葛思德東方圖書館亦有入藏。

1911　清乾隆刻本安陽集　　　　　　　　T5344/4512.83

《安陽集》五十卷,宋韓琦撰。《別錄》三卷,宋王巖叟撰。《遺事》一卷,宋強至撰。《家傳》十卷。清乾隆三十五年(1770)黃邦寧刻本。十冊。半頁十行二十一字,左右雙邊,綫黑口。框高17.9釐米,寬14釐米。題"宋魏王韓琦著;大清河南彰德府知府同安後學黃邦寧重修"。前有御製論、御製贊、諭祭文;乾隆三十五年沈鳳來序,黃邦寧序,乾隆三十七年(1772)譚尚忠序,乾隆四年(1739)陳錫輅舊序,萬曆十五年(1587)郭朴舊序;《例言》九則;韓琦遺像並御製像贊;宋神宗御製兩朝顧命定策元勳之碑;《宋史》本傳。末有乾隆三十五年李林跋。

韓琦,字稚圭,河南安陽人。天聖五年進士。仁宗時,西北邊事起,琦任陝西經略招討使,與范仲淹率兵拒戰。韓范久在兵間,名重當時,爲宋廷所倚重。西夏和成,入爲樞密副使,嘉祐中,官同中書門下平章事、集賢殿大學士,遷昭文館大學士,監修國史。英宗立,封魏國公。卒諡忠獻。生於大中祥符元年,卒於熙寧八年,年六十八。《宋史》有傳。

琦早有盛名,自臨邊陲,年甫三十,天下已稱"韓公",晚年稱重國外。其歷相三朝,爲時十年,臨大事,決大議,雖處危疑之際,知無不爲,功在社稷。生平不以文章名世,而詞氣典重,敷陳剴切,有垂紳正笏之風。此集卷一至三古風五十四首,卷四至二〇律詩六百四十八首,卷二一記九篇,卷二二序七篇,卷二三雜文十篇,卷二四至三二表狀九十三篇,卷三三至三六奏狀九十五篇,卷三七至三八書啓四十五通,卷三九書狀三十四篇,卷四〇制詞二十六篇,卷四一冊文三篇,卷四二至四四祭文三十六篇,卷四五挽辭三十一篇,卷四六至五〇墓志三十八篇。又附錄歐陽修《畫錦堂記》、蘇軾《醉白堂記》。

據陳錫輅序,《安陽集》之外,舊有奏議及諸文集凡一百九十二卷,千有年已來銷沉兵燹,影響昧昧,不獲追求。宋晁公武《郡齋讀書志》、陳振孫《直齋書錄解題》及《宋史·藝文志》俱作五十卷,此本與之同,然宋本已湮没不存。明代當有三刻,一爲明正德九年張士隆刻本,半頁十一行十八字,左右雙邊,白口。藏中國國家圖書館、上海圖書館、南京圖書館、臺北"國家圖書館"等十五館收藏。二爲明刻本,半頁十二行二十五字,四周雙邊,黑口。藏中國國家圖書館。三爲明萬曆十五年張氏刻本,半頁十行十八字,左右雙邊,白口。藏上海圖書館、北京大學圖書館、臺北"國家圖書館"等十館,本館也有入藏(按,《中國古籍善本書目》、臺北"國家圖書館"善本書志初稿》、《中國善本書提要》、《普林斯頓大學葛思德東方圖書館中文善本書志》誤爲明萬曆十五年郭朴畫錦堂刻本)。

清初僅有一刻,即清康熙五十六年刻本,半頁十行二十一字,左右雙邊,細黑口。藏湖北省圖書館、復旦大學圖書館等五館。按,《日本京都大學人文科學研究所漢籍分類目錄》著錄康熙五十六年知安陽縣事崑山徐樹敏晚香書屋刊乾隆五年樂安蔣光祖補刻本。《内閣文庫漢籍分類目錄》作康熙五十六年刻乾隆五年修本。臺北《"國立臺灣大學"普通本綫裝書目》作康熙五十六年安陽知縣徐樹敏刻乾隆五年蔣絨三修補本。

集 部

　　乾隆四年又有安陽令陳錫輅刻本,陳刻本未見,但據陳氏舊序云:"《安陽集》五十卷,附家傳、遺事十二卷,明萬曆乙酉鄴郡司理內江張公刻置於晝錦堂,其集稿則得之鄉賢郭文簡公,文簡公又得之同邑侍御張公刻於河東之行臺者,爲時既久,其板漶漫耗矣。至國朝康熙時,前令崑山徐公重加校刻,攜其板而南。乾隆戊午,錫輅修輯邑乘,工既竣,亟謀梓之。請諸郡守三韓滿公、司馬安溪李公、別駕雉皋丁公,咸喜其事,各捐清俸,與邑之薦紳先生共襄厥成,自客冬迄今仲夏,凡八閱月,而剞劂告畢。"

　　是本爲黃邦寧所刻。黃曾於乾隆三十四年輯岳忠武王文而刻之。沈鳳來序云:"忠武之集今既輯成之矣,安陽梓本歷有年所,可忍視其汗漫模糊而不爲之重訂哉?爰取前明陳太守梓行之舊本,合乾隆五年陳大尹重刻之新本,一一釐正之,辨其訛,補其闕,間有新舊本俱無明文莫可考核者,則亦從而闕疑,不敢妄有加焉。"

　　黃邦寧序又云:"韓忠獻公《安陽集》,板藏於晝錦堂者鋟於乾隆四年戊午,距今未久,未大缺損,第其編次多未協體製,字畫之舛者及漶漫者頗多。余舊讀是書,即有心整頓之。歲丙戌,守土於茲,瞻拜公之祠墓,歎其不修且壞,輟俸鳩工,先新祠宇,禁邱木之翦伐者。逮今歲庚寅,然後取是書整頓之。所增刻於卷首者,今天子之綸音也,公之遺像及宋孝宗所撰贊也,神宗所製兩朝顧命定策元勳之碑也,史之本傳也。所增刻於簡末者,歐、蘇二公之晝錦堂、醉白堂記也。所易置者,舊刻遺事、家傳十餘卷隸於集後,今改而序諸本傳之下也,綜爲十卷,頓改舊觀,剞劂既成,余夙心於是乎一慰也。"

　　此本有扉頁,刻"忠獻韓魏王安陽集。同安黃邦寧遠亭氏重修。晝錦堂藏板"。韓琦遺像爲包山繪。御製像贊爲包山所臨,鎸工爲江寧人李懷珍。

　　《四庫全書總目》入集部別集類。《中國古籍善本書目》著錄清乾隆晝錦堂刻本,湖北省圖書館、北京大學圖書館等十館也有入藏。臺灣《私立東海大學圖書館普通本綫裝書目》作"清乾隆三十五年安陽晝錦堂重修本"。美國《普林斯頓大學葛思德東方圖書館中文舊籍書目》作"清乾隆四年安陽令陳錫輅原刊卅五年彰德知府修補重訂本"。日本《東京大學東洋文化研究所漢籍分類目錄》有兩部,一部同普大著錄,另一部同本館著錄。《東京大學總合圖書館漢籍目錄》著錄乾隆三十七年同安黃邦寧彰德府刻本。按,作"晝錦堂刻本"者,誤,蓋其版本依據乃因扉頁"晝錦堂藏板"字樣而誤導。是刻竣工後,板即存於晝錦堂。據《例言》云:"彰德乃王之故里,其廟宇僅頹屋三楹,予忝守斯土,下車即謁王廟,而嫌其不足以棲神也,己丑則略爲修葺,庚寅則重新之,廟工竣而《安陽集》亦告成。謹擇吉告廟,而命其裔孫韓弼朝藏板焉。"細觀是本,字體基本一律,似並無"修補重訂"之蹟。又檢譚尚思序,云《安陽集》"傳於故里,一刻於前明萬曆間,再刻於國朝康熙間,三刻於乾隆四年前安陽令陳錫輅,閱今三十餘載,板浸漶漫。今彰德太守黃公景慕先哲,重較而梓行之"。故此本仍定爲黃邦寧刻本。

1912　清康熙刻本徂徠石先生全集

T5336.9/1203

　　《徂徠石先生全集》二十卷,宋石介撰。《附錄》一卷。清康熙五十六年(1717)石鍵刻本。二冊。半頁十行十九字,左右雙邊,白口,單魚尾。框高18.3釐米,寬13.2釐米。題"後學錢塘丁詠淇衛瞻校訂;桐城張鴻聲自希、仁和喬良槐庭三同校"。前有康熙五十五年(1716)石鍵序;《宋史》本傳;總目。末有康熙五十六年丁詠淇跋。

　　石介,字守道,山東兗州奉符人。性純古,學行優敏。天聖八年進士。官國子監直講。著

1413

文指摘時政，無所忌諱。慶曆中擢太子中允。與孫復、胡瑗倡導"以仁義禮樂爲學"，並稱"宋初三先生"。常以師道自居，學者稱"徂徠先生"。生於宋景德二年，卒於慶曆五年，享年四十一。《宋史》有傳。

此集名"徂徠"者，蓋因介嘗躬耕徂徠山下，故以名集。王士禎《池北偶談》卷一七稱介"倔強勁質，有唐人風，較勝柳、穆二家，終未脫草昧之氣"。此集卷一頌十篇，卷二至四詩一百三十首，卷五至九雜著四十篇，卷一〇至一一論十二篇，卷一二至一七書四十通，卷一八序八篇，卷一九記十一篇，卷二〇啓五篇、表一篇、文四篇。《附錄》爲歐陽修撰《徂徠先生墓志銘》、《讀徂徠集詩》、《重讀徂徠集詩》。又雜錄四則，爲錄《倦游錄》、《家熟記》、《筆談》、《燕談》中所載石介事。

石介集，晁公武《郡齋讀書志》、陳振孫《直齋書錄解題》、《宋史·藝文志》、《文獻通考·經籍考》皆有著錄，爲二十卷，然宋本並無傳世。明代所流傳者多爲抄本，也二十卷，均題《徂徠文集》，即抄本也難得一見。丁詠淇跋云："徂徠詩，向從《宋詩鈔》中讀之，豪健伉爽，實足與王黄州、蘇滄浪分據一席，第文不概見，正未知視宋諸公何如也。"

介集至清代方有刻本。最早爲康熙四十九年泰安知州徐肇顯刻本，僅二卷，著錄文十六篇、詩三十九首（由《宋詩鈔》迻錄）。此本爲介之裔孫維岩錄家藏詩文，分爲二卷，由徐氏授梓。此集《中國古籍善本書目》未著錄。按，徐肇顯，字宜庵，山陰人，監生，康熙四十七年知泰安州。

次爲石鍵所刻，也即館藏此本。鍵序云："鍵忝爲先生宗裔，來守是邦，登堂瞻像，慨焉景慕。未幾，先生十九世奉祀孫維岩，捧前守徐公所刻徂徠詩文二册進見，且言有全集二十卷，得之漁洋書庫者，徐公方謀剞劂，會内遷遂不果。予亟索觀，較徐刻數倍之，真可睹先生之全，而發先生之光矣。因割俸授梓，以廣其傳。"按，鍵字秉臣，宛平人，監生，康熙五十三年間知泰安州事。

丁詠淇跋云："燕山太守以宗裔而表章先賢，特搜全集刊布，淇獲從校訂之役……然遺編久遠，轉輾仍訛，既無精本可證，而其中疑者缺之，缺者仍之，確有可據者補之，顛倒舛誤者正之、訂之，枝贅脫落而於文理有必當然者略增删之，總計一百八十五字。稿經五閱，目重審訂，選督良工，開雕三月而竣，事雖不足爲先生功臣，庶無負太守雅意矣。"

三爲道光十三年刻本，爲徐宗幹守泰安時所刻《魯兩先生合集》本。此本乃徐氏集介詩文之完諸志乘者，合前徐氏本重付剞劂。

四爲光緒十年尚志堂刻本，題《新雕徂徠石先生文集》二十卷，此本所據，乃以歷下張次陶藏明影宋抄本爲底本，"卷内行款，一仍明鈔之舊，惟末增附錄一卷"。

又清同治間輯《正誼堂全書》中收有《石守道先生集》二卷。

1984年，北京中華書局出版《徂徠石先生文集》（陳植鍔點校），此爲石介集之最佳本。其以石鍵本爲底本，參以他本，其有改定者，或有異文，均作校記。又自《皇朝文鑑》、《續資治通鑑長編》、《宋會要輯稿》、《宋元學案》等輯得介佚文八篇。其他凡有關石介事蹟、評論者皆作附錄收入。

此本有扉頁，刻"宋石徂徠先生全集。錫慶堂藏板"。

《四庫全書總目》入集部別集類。《中國古籍善本書目》著錄，中國國家圖書館、上海圖書館等十七館入藏。又臺北"中央研究院"史語所傅斯年圖書館也有入藏。

鈐印有"真州張氏清暉堂珍藏"、"真州張氏收藏書畫文史之印"、"真州清暉堂張氏圖書"、"石翁晚年審定"、"石翁晚年校閲"、"思補精舍秦氏藏書印"、"常熟翁同龢藏本"。

1913 清雍正刻本宋端明殿學士蔡忠惠公文集

T5339.9/4903

《宋端明殿學士蔡忠惠公文集》三十六卷,宋蔡襄撰。《別紀補遺》二卷,明徐𤊹輯,明宋珏增輯。清雍正十二年(1734)至乾隆五年(1740)蔡氏遜敏齋刻本。八冊。半頁九行二十字,四周單邊,白口,單魚尾,書口下刻"遜敏齋"。框高 21.3 釐米,寬 13.1 釐米。題"清裔孫仕舢詒霞甫、廷魁經五甫校梓"。《別紀補遺》題"明晉安徐𤊹興公初編;莆陽宋珏比玉增補;清裔孫仕舢詒霞甫、廷魁經五甫校梓"。前有雍正十二年蔡廷魁序;忠惠蔡公遺像暨趙鼎、朱熹等七人撰像贊;乾道五年(1169)王十朋舊序,萬曆四十四年(1616)蔡善繼舊序,萬曆四十四年史繼偕舊序,黃國鼎舊序,萬曆四十四年何喬遠舊序;《宋史》、《福州府志》、《莆陽文獻》本傳。歐陽修撰《端明殿學士蔡公墓誌銘》。目錄後有徐居敬識語。《別紀補遺》前有萬曆三十七年(1609)徐𤊹舊序,萬曆三十七年馬歘舊序,萬曆三十八年(1610)謝肇淛舊序,萬曆三十八年陳鳴鶴舊序,蔣孟育舊序。目錄後也有徐居敬識語。

蔡襄年十八即以農家子舉進士,爲開封第一,名動京師。於仁宗朝危言讜論,持正不撓,一時號爲名臣。其又以書法名世,小楷、草書爲筆甚勁而姿媚有餘,人稱當時第一。此集卷一賦、四言古詩;卷二五言古詩;卷三七言古詩、雜言古詩;卷四五言律詩;卷五至六七言律詩;卷七五言排律、七言排律、五言絕句;卷八七言絕句;卷九至一三制誥;卷一四至一七奏議;卷一八國論要目;卷一九書疏;卷二〇表;卷二一狀;卷二二劄子;卷二三箴、銘;卷二四書;卷二五記;卷二六序;卷二七至二八啓、牋、別紙;卷二九齋文、傳、疏、說、議、贊、論、對、解、文、辨、述;卷三〇至三一雜著;卷三二哀詞;卷三三神道碑、墓誌、墓表、墓碣;卷三四至三六墓誌銘。《別紀補遺》卷上志行、政術、書法;卷下談藝、鑒賞、茶事、荔品、恩遇、遺蹟、述異、逸編。

蔡襄文集最早著錄爲《宋史·藝文志》,作集六十卷奏議十卷,然《文獻通考》則作十七卷,兩者多寡懸殊。《四庫全書總目》疑《通考》以奏議十卷合於集六十卷,總爲七十卷,而傳刻訛誤,倒其文爲十七也。蔡集初刻本在宋時即流傳不廣,乾道四年王十朋出知泉州時,即云"求其遺文,則郡與學皆無之,可謂缺典矣"。後十朋移書興化守鍾離松等,訪於故家而得其善本,重編爲三十六卷,鋟板於郡庠。此當爲《直齋書錄解題》著錄之本。宋刻本今存世有《莆陽居士蔡公文集》三十六卷,半頁十行十九字,左右雙邊,細黑口,藏中國國家圖書館。

明代今存二刻,一爲《宋端明殿學士蔡忠惠公文集》四十卷《蔡端明別紀》十卷,明萬曆陳一元刻四十三年朱謀㙔重修本,半頁九行十九字,左右雙邊,白口,藏中國國家圖書館、上海圖書館、天津圖書館、臺北"國家圖書館"等十一館。此本爲萬曆中莆田人盧廷選得抄本於豫章喻(《四庫全書總目》作俞)氏,由御史陳一元刻於南昌。二爲《宋蔡忠惠公文集》三十六卷《宋蔡忠惠別紀》十卷,明萬曆四十四年蔡善繼雙甕齋刻本,半頁九行二十字,四周雙邊,白口,藏中國國家圖書館、浙江圖書館、臺北"中央研究院"史語所傅斯年圖書館、日本內閣文庫等十一館。蔡善繼爲興化府知府,其本也據盧氏抄本,收古律詩三百七十首,奏議雜文六百四十八篇。《四庫全書總目》云:"然盧本錯雜少緒,陳、蔡二本均未及詮次。後其里人宋珏重爲編定,而不及全刻,謹刻其詩集以行。"

此本爲襄之裔孫蔡廷魁所刻。蔡序云:"於是自粵而閩,博求者又數年,乃得萬曆間陳四游南昌刻,未幾,又得天啓間泉守蔡五嶽刻,及宋比玉所訂《詩集》、《別紀補遺》二編。五嶽公刻是集時,吾郡史蓮岳、黃九石、何匪莪諸先生皆有序,而何序特詳,稱公文簡潔深厚,如峻岱削嶽,詩則奧壯渾古質勝。其文且論公爲人如鄭子產,其文如韓退之。以何先生之有合於王、晁之說,則公集之卓然自成一家,可傳於後無疑也。乃今□諸操觚之士知者甚希,則明季刻本之存留於人間者,蓋亦寡矣。然公以浩然剛大之氣,發爲粹然至善之文,返踪昌黎,方駕廬陵,自有如豐城龍劍,光射斗牛而不可掩者。是以魁得從蠹殘蠧蝕中羅而有之,向之求一二僅存而不得者,今且得全集數刻,快何如也,用是不敢自私,重將剞劂以公世。前馳札京師,商於家梁頓宗伯兄,復書盡相從,即□家大令念齋中翰、虛□僉院、薐頓兄及邃園、尚乾、質亭、倬雲、次明、亦飛、視候諸姪相議梓行,爰請一二博古之士,詳加校訂,同異互參,魯魚畢辨。稿成,選工雕鎪,庶幾播於四方,垂之奕世。"

此本有扉頁,刻"蔡忠惠公集。悉遵元本較正重刊"。每卷之末刻"晉江黃國儀懷一、徐居敬簡之校字"。封面有原籤"蔡忠惠公集"。

《四庫全書總目》入集部別集類,所收即爲此本。《中國古籍善本書目》著錄,福建省圖書館、暨南大學圖書館入藏。又臺灣大學圖書館、臺北"中央研究院"史語所傅斯年圖書館也有入藏。《中國科學院圖書館藏中文古籍善本書目》著錄清乾隆四年蔡廷魁遜敏齋刻本。日本《東京大學東洋文化研究所漢籍分類目錄》著錄爲乾隆五年蔡氏遜敏齋刻本。

1914 清乾隆刻本司馬文正公傳家集

T5341/7910

《司馬文正公傳家集》八十卷《目錄》二卷,宋司馬光撰。《年譜》一卷。《附錄》一卷,清陳弘謀輯。清乾隆六年(1741)陳弘謀培遠堂刻本。二十四冊。半頁十一行二十一字,左右雙邊,黑口,單魚尾。框高19釐米、寬13.5釐米。題"後學桂林陳弘謀重訂"。前有宋劉隨舊序,乾隆六年陳弘謀序,乾隆七年(1742)陳弘謀《進書摺奏》。

司馬光爲有宋一代大儒名臣,其爲文"氣象包括百家,凌跨一代"。此集卷一古賦,卷二至一五律詩,卷一六制誥,卷一七表,卷一八至五七章奏,卷五八至六三書啓,卷六四至六五論,卷六六議、辯、銘、箴、頌、贊,卷六七評、原、說、述、贈、諭、訓,卷六八至七〇序,卷七一記,卷七二傳,卷七三題跋、疑孟、史剡,卷七四迂書,卷七五格、策問、樂詞,卷七六至七八志,卷七九碑、行狀、墓表、哀辭,卷八〇祭文。《附錄》爲《宋史》本傳,蘇軾撰《行狀》及《神道碑》,范鎮撰《墓誌銘》,蘇軾撰《蜀公所作初銘》。

此爲陳弘謀所刻單刻本。弘謀,字榕門,廣西臨桂人,雍正元年進士。有《陳榕門先生遺書》十一種。陳弘謀序云:"雍正己酉之秋,奉使三晉,始得購公全集,集中奏議居其半,益悉公於朝廷事知無不言、言無不盡。其詞剴切而曲當,其意百折而不回,纏綿懇摯,千載而下,猶見其忠愛之忱焉……按《傳家集》,爲公手自編,次子康歿後,晁以道得而藏之。中更禁錮,渡江而後,幸不失墜,乃刊板上之朝廷。近世流傳公集,惟晉、閩二本,亦復稀少。閩刻則猶仍《傳家集》之舊,而亥豕多訛,每以公集無善本爲憾,兼恐日復一日,即今所流傳且漸不可得也。客秋,司臬來吳門,購得舊本《傳家集》八十卷,差勝晉、閩二刻,欣喜過望。公餘,悉心考訂,並輯公年譜,付之梓人,以廣其傳。而區區數十年響往之私,亦少自慰矣。"

是本曾於乾隆七年上呈朝廷,據《進書摺奏》云:"前歲任蘇州臬司時,購得舊刻,重加校勘,並輯年譜,付諸剞劂,冀廣流傳。伏惟我皇上聖學淵邃,日新又新,採載籍之菁英,探造化之蘊奧,而猶好古敏求,懋勤罔懈,凡前賢遺集有裨身心經濟之書加意搜羅,集思廣益。臣不揣冒昧,以所刊司馬光《傳家集》裝潢十部,敬謹進呈,仰塵乙夜之覽觀,用備萬幾之採擇。"

集 部

　　司馬光《溫國文正公文集》八十卷,今僅存宋刻本(半頁十二行二十字,左右雙邊,白口)一帙,藏中國國家圖書館,後爲《四部叢刊》所收入。此本編次與世行本《傳家集》不同,宋本自注甚多,近刻輒多刪削。又據日本《内閣文庫漢籍分類目録》,著録有《增廣司馬溫公全集》一百十六卷(存九十五卷,佚去卷三至九、卷四八至五三、卷六一至六八),宋刻本(半頁十二行二十字,有刻工),存十七册。王重民《中國善本書提要》云:"是集宋代有兩刻本,一題《溫國文正司馬公文集》,有紹興二年劉嶠序,已印入《四部叢刊》;一題《司馬太師溫國文正公傳家集》,嘉定間刻本,有應謙之、陳冠兩跋。兩本編次雖不同,並作八十卷。"按,王氏所云後者不知何據?

　　明代所刻今尚有二種,均題《司馬太師溫國文正公傳家集》,一爲明刻本(半頁十行二十字,四周雙邊,黑口),藏中國國家圖書館、上海圖書館、臺北"國家圖書館"、日本内閣文庫等八館。一爲明萬曆十五年司馬祉刻本(半頁九行二十字,四周雙邊,白口),藏中國國家圖書館、上海圖書館、日本内閣文庫、日本東京大學總合圖書館、日本圖書寮等九館。此外尚有《司馬溫公文集》八十二卷,明崇禎元年吳時亮刻本(半頁九行二十字,四周雙邊,白口),藏上海圖書館、湖南圖書館、日本國立國會圖書館、東京大學總合圖書館、東京大學東洋文化研究所等十七館。

　　清代除此陳弘謀本外,又有清光緒十二年解梁書院刻本。另有《司馬文正公集》八十二卷,清乾隆五十五年喬人傑等修補臨汾劉繩遠刻本。《司馬溫國公文集》八十二卷,清同治四年戴儒珍刻本。日本有江户時代木活字印本《司馬文正公傳家集選》六卷首一卷(明葛蕭編)。

　　清道光十七年輯刻《培遠堂全集》,即以此書重印收入。清乾隆間嘉善曹氏二六書堂刻《宋百家詩存》中收有《傳家集》一卷。清同治間福州正誼書院刻《正誼堂全書》、光緒間刻《趙氏藏書》及民國間排印之《四部備要》、《叢書集成》中,收有《司馬溫公文集》十四卷。清道光中鵝溪孫氏刻《古棠書屋叢書》中收有《司馬溫公詩集》三卷。

　　此本有扉頁,刻"司馬文正公傳家集。乾隆六年重校刊。年譜輯附。培遠堂藏板"。培遠堂爲陳氏堂名,陳有《培遠堂全集》。每卷之末刻"蘇州府學教授浦起龍校字"。"弘"字避諱。

　　《四庫全書總目》入集部別集類。《中國古籍善本書目》著録,中國國家圖書館、湖北省圖書館、臺北"國家圖書館"、臺灣大學圖書館等二十館收藏。美國《普林斯頓大學葛思德東方圖書館中文舊籍書目》、日本《京都大學人文科學研究所漢籍分類目録》、《東京大學東洋文化研究所漢籍分類目録》、《内閣文庫漢籍分類目録》著録。

　　鈐印有"靜觀亭藏書",日人印也。

1915　清康熙刻本南豐先生元豐類稿　　　　T5342/81

　　《南豐先生元豐類稿》五十卷,宋曾鞏撰。《集外文》二卷,宋曾鞏撰;清顧崧齡輯。續附一卷。清康熙五十六年(1717)顧崧齡刻本。十六册。半頁十行二十一字,四周雙邊,白口,雙魚尾。框高18.7釐米,寬13.1釐米。總目後題"長洲顧崧齡東巖校蒐"。前有元豐八年(1085)王震舊序,大德八年(1304)丁思敬舊序,正統十二年(1447)姜洪舊序,正統十二年趙琬舊序,正統十二年鄒旦舊序,成化六年(1470)王一夔舊序,成化八年(1472)謝士元舊序,嘉靖二十三年(1544)陳克昌舊序,隆慶五年(1571)鄒濂舊序,萬曆二十五年(1597)寧瑞鯉舊序,萬曆二十五年王璽舊序,趙師聖舊序;康熙五十六年顧崧齡跋。

　　曾鞏,爲唐宋八大家之一。其爲文"皆因事而發",所作"言古今治亂得失、是非成敗、人賢不肖,以至彌綸當世之務,斟酌損益,必本於經"(行狀)。此集卷一至五古詩一百八十九首,卷六至八律詩二百十八首，卷九論議五篇，卷一〇傳三篇，卷一一至一四序四十篇，卷一五至一六書二十八通，卷一七至一九記三十四篇，卷二〇至二二制誥一百二十一篇，卷二三至二六制誥擬詞一百十二首、詔四篇、策三道，卷二七至二八表三十一篇，卷二九至三二疏一篇、劄子二十三通，卷三三至三五奏狀二十九篇，卷三六至三七啓狀四十四篇，卷三八至四一祭文九十一篇、疏一篇、哀詞三首，卷四二至四六志銘六十篇、墓表一篇，卷四七碑銘三篇、行狀一篇，卷四八傳二篇，卷四九本朝政要策五十篇，卷五〇金石錄跋尾十四篇。《集外文》爲文二十一篇。續附一卷爲南豐先生行狀碑志哀挽錄，爲曾肇撰《行狀》、《墓志》、韓維撰《神道碑》、秦觀撰《哀詞》、陳思道撰《挽詞》。

據《神道碑》載，曾鞏有《元豐類稿》五十卷、《續元豐類稿》四十卷、《外集》十卷行世。宋南渡後，《續稿》、《外集》皆不傳。《郡齋讀書志》僅著錄《類稿》五十卷。《直齋書錄解題》有《續稿》四十卷及朱熹撰《年譜》一卷。今存世者僅《類稿》五十卷。此外尚有金刻本《南豐曾子固先生集》三十四卷。

此本爲顧崧齡所刻，顧序云："南豐先生《元豐類稿》五十卷，前明遞刻以傳，宜興令鄒氏乃刻於正統間，最先出，其中訛謬已多，況後爲者乎？崧齡喜誦先生文，苦無善本，又慮其愈久愈失其真，於是參相校讎，佐以《宋文鑑》、《南豐文粹》諸書，手自丹黄，謀重刻之有年矣。側聞屺瞻何太史焯每慨藏書家務博而不求精，故即近代通行之書多所是正，而先生集亦嘗假崑山傳是樓大小字二宋本相參手定，其副墨在同年友子遵蔣舍人杲所，因請以歸。於是復參相校讎，凡宋本與諸本異同者，僭以鄙意折衷其間。""刻既成，乃喟然而嘆，蓋嘆舍人不吝之雅意與太史是正之苦心，俾是刻得免踵訛承謬之誚。"

《類稿》五十卷之最早版本，今有元大德八年東平丁思敬刻本，半頁十行二十字，左右雙邊，白口。藏中國國家圖書館。明代則有三刻，一爲正統十二年宜興縣令鄒旦刻本，半頁十一行二十一字，四周單邊，黑口。藏中國國家圖書館及上海圖書館。次爲隆慶五年邵廉刻本，半頁十行二十字，四周單邊，白口。藏中國國家圖書館、上海圖書館、南京圖書館、臺北"國家圖書館"、日本内閣文庫等十五館。三爲萬曆刻本，半頁十行二十字，左右雙邊，白口。藏安徽師範大學圖書館。清代則有康熙三十九年刻本，藏日本東京大學東洋文化研究所。康熙四十九年長嶺西爽堂刻本，半頁十行二十字，左右雙邊，白口。藏廣東中山圖書館、黑龍江省圖書館等十二館。另有乾隆二十八年刻本（"查溪藏板"）、光緒十六年漁浦書院刻本等。

《類稿》又有五十一卷本，皆明代所刻，計存世有八刻。一爲成化八年南豐縣刻本，半頁十一行二十一字，四周雙邊，黑口。藏中國國家圖書館，又上海圖書館等二十一館有遞修本。二爲嘉靖四十一年黄希憲刻本，半頁十一行二十一字，左右雙邊，細黑口。藏中國國家圖書館、上海圖書館等七館。三爲嘉靖王忬刻本，半頁十一行二十一字，四周雙邊，黑口。藏中國國家圖書館、上海圖書館、臺北"國家圖書館"、日本内閣文庫等十四館。四爲萬曆二十五年曾敏才等刻本，半頁十行二十字，四周單邊，白口。藏中國國家圖書館、南京圖書館、臺北"國家圖書館"等二十三館。五爲明譚錯刻本，半頁九行二十字，四周單邊，白口。藏浙江圖書館、濟南市圖書館、臺北"國家圖書館"。六爲明刻本，藏東北師範大學圖書館。七也爲明刻本，藏四川省圖書館。八爲崇禎曾懋爵刻本，半頁九行十八字，四周單邊，白口。藏上海圖書館、四川省圖書館、臺北"國家圖書館"、日本内閣文庫等十三館。至於其他《文粹》、《全集》本等不錄。

民國間，上海涵芬樓曾據蔣氏密韻樓藏明正統刻本（誤作元刻本）景印，入《四部叢刊》。上海中華書局又據明萬曆曾敏才本排印，入《四部備要》。1984年，北京中華書局出版陳杏珍、晁繼周點校本《曾鞏集》，似爲曾鞏集最佳之本，其校點底本即爲顧崧齡本，蓋因顧本以何焯所校宋本參校，不僅對原作文字上之補正，且從《聖宋文選》、《能改齋漫録》中輯録出《集外文》二卷。又其校刊精到，流傳也廣，故影響亦大。

《四庫全書總目》入集部別集類。《中國古籍善本書目》著録，上海圖書館、湖北省圖書館、廣東中山圖書館等十五館也有入藏。又臺北《"國立故宫博物院"普通舊籍目録》、《"國立臺灣師範大學"圖書館普通本綫裝書目》、《"國立臺灣大學"圖書館普通本綫裝書目》、日本《京都大學人文科學研究所漢籍分類目録》著録。

鈐印有"□春堂圖書"。又有"書舖〇熊本上通二丁目川口屋又次郎"。書籤上鈐有"臨海"、"臨海伯子"、"臨海學庭書畫之印"、"文棟"、"藏書"。

1916　明正統刻本宛陵先生文集　　　　　　　　T5337/7

《宛陵先生文集》六十卷《拾遺》一卷，宋梅堯臣撰；附録一卷。明正統四年（1439）袁旭刻本。存八册。半頁十行十九字，四周雙邊，黑口，雙魚尾。框高 19.3 釐米，寬 14.3 釐米。序皆佚去。

梅堯臣，字聖俞，宣城人。以蔭爲河南主簿，歷鎮安判官。仁宗召試，賜進士出身，累遷都官員外郎，預修《唐書》。堯臣工詩，在宋代影響頗深，其詩以深遠古淡爲意，歐陽修與爲詩友，自以爲不及。陸游極爲推重，自稱"學宛陵先生體"，其《讀宛陵先生詩》云："李杜不復作，梅公真壯哉。豈惟凡骨换，要是頂門開。鍛煉無遺力，淵源有自來。平生解牛手，餘刃獨恢恢。"劉克莊《後莊詩話》也稱堯臣爲宋詩之"開山祖師"。

宛陵集之早期版本有十卷本、十五卷本、四十卷本，又外集十卷，今皆不傳。張元濟《涉園序跋集録》述之較詳。此六十卷本，有宋刻本，今存上海圖書館，僅存三十卷。明代所刻有二，一即此本，一爲明萬曆四年姜奇方刻本。

此本爲袁旭知安徽寧國府時所刻。旭字廷輔，江西樂安人。永樂十三年進士，授江津知縣，民懷其德。正統元年，以輔臣薦擢寧國序。楊士奇簡天下廉能官十人，旭居其一。後爲督學御史程富所構陷，卒於獄。其在獄有詩云："報國有心懸白日，蓋棺無面見黃泉。"聞者流涕。寧國民立祠祀之。旭在寧國府至十一年止，此書當爲其時所刻。

存卷一至八、卷一七至二四。

《四庫全書總目》入集部別集類。《中國古籍善本書目》著録。中國國家圖書館，上海圖書館等五館，臺北"國家圖書館"（四部）亦有入藏。

1917　明末刻本伊川擊壤集　　　　　　　　T5340/71

《伊川擊壤集》二十卷，宋邵雍撰。明末文靖書院刻本。六册。半頁十行二十字，四周雙邊，下黑口，無魚尾。框高 20.8 釐米，寬 14 釐米。題"伊川邵雍堯夫"。前有治平三年（1066）自序。

邵雍，字堯夫，共城人。好易理，其學得之於李之才。以太極爲宇宙本體，有象數之學。居洛幾三十年，名所居曰安樂窩，自號安樂先生。與程顥、程頤同時，程顥嘆其有內聖外王之學。元祐中謚康節。

是書爲雍詩。雍詩源出唐白居易,不拘詩法聲律,亦不苦吟求工,貫穿其太極先天之説,別成一格。擊壤者,《藝文類聚》卷一一引晉皇甫謐《帝王世紀》:"(帝堯之世)天下大和,百姓無事,有五十老人擊壤於道。"後因以"擊壤"爲頌太平盛世之典。又唐張説《季春下旬詔宴薛王山池序》:"河清難得,人代幾何?擊壤之懽,良有以也。"

此本有扉頁,刊"擊壤集。邵康節先生著。文靖書院藏板"。此本之版本依據,從《中國古籍善本書目》。

《四庫全書總目》入集部別集類。《中國古籍善本書目》著録,上海圖書館、吉林省圖書館等七館入藏。此本版式頗類嘉興藏,然無施刻願文及寫工、校刻工人名、雕版年月、刊刻地點、工銀數目等項。臺北"國家圖書館"有明萬曆間嘉興楞嚴寺刊方冊藏本,或與此同板。查《"國立中央圖書館"善本書目》著録之《嘉興楞嚴寺方冊藏經》,并無此書在内。又明末毛晉汲古閣曾刻《道藏八種》,行款同此本,或爲毛刻零種,惜無從查對。《道藏八種》,南京圖書館入藏,然僅存四種八卷。

鈐印有"守真菊堂珍藏"。

1918 明萬曆刻本宋濂溪周元公先生集 T1202/7272

《宋濂溪周元公先生集》十卷,宋周敦頤撰;《世系遺芳集》五卷,明周與爵輯。明萬曆四十二年(1614)周與爵刻本。二册。半頁十行二十字,四周單邊,白口,單魚尾。框高21.4釐米,寬13釐米。卷三題"吳郡十七世孫與爵重輯"。《遺芳集》,題"吳郡守祠奉祀孫與爵編輯"。前有徐可行序,萬曆四十四年(1616)周京序,萬曆三年(1575)丁懋儒序,萬曆二年(1574)蔣春生序,萬曆二年黃廷聘序,萬曆二年吕霍序;周與爵撰《凡例》六則。後有跋(缺去半頁),萬曆二年崔植跋。《遺芳集》末有萬曆四十二年周與爵跋。

周敦頤,字茂叔,號濂溪,營道人。曾知南康軍,因築室廬山蓮花峰下之小溪,取營道故居濂溪以名之,後人遂稱濂溪先生。其學説對後來理學發展有很大影響。

是編卷一爲濂溪故里祠宇書院圖、濂溪在州祠宇書院圖、月巖圖、元公像并贊;卷二元公世系圖、元公年譜;卷三元公遺書、附録;卷四元公雜著(文四、賦一、詩二十八、書簡六);卷五諸儒議論,共十三條;卷六事狀;卷七歷代褒崇并國朝褒崇優恤;卷八祠堂墓田諸記,計十二篇,又附録七篇;卷九古人詩二十二首;卷一〇祭文等十九篇。《遺芳集》五卷(自卷一一至一五)。

周與爵跋云:"不肖與爵,既請復元公祠,祀吳中之血食千秋矣。復念祖宗典籍散軼無存,奕葉雲仍,子姓漸廣,因先刻《濂溪集》。復搜元公雜著詩文載焉,名曰《濂溪大成集》。附輯四世祖諱興裔,扈蹕忠勇殉節事實;七世祖諱才,任沿江制機水部,兵勳猷;八世祖諱文英,開濬三吳水利條陳及遇仙傳;九世祖諱南老,拙逸齋稿、姑蘇雜詠、義猫傳;十世祖諱敏,教諭長洲,敦化士子。并列祖懿蹟,若通顯,若隱淪,倣天順間鄒允明所識周氏流芳之意而復爲補輯之,爲《遺芳集》若干卷。或考國史,或參家乘,或檢殘缺之遺書,或稽故老之稱説,篇章汗漫,僅存十一於千百,授諸梨棗,藏於世祠,俾後人追考先業,咸興紹述之思,此與爵之意也。"

敦頤集今存之本,有宋刻本兩種,爲《元公周先生濂溪集》十二卷《年表》一卷(今藏中國國家圖書館)、《濂溪先生集》(今藏中國國家圖書館,殘存家譜、年譜、太極圖)。明代有嘉靖十四年黃敏才刻本及嘉靖三十七年丁永成重刻本,但均爲六卷本。萬曆時有十卷本兩種,一即此本,另一爲八行二十字本。另有七卷本,爲《周子全書》,明顧造輯,明萬曆四十年顧造刻本,十行二十一字。明末則有三刻,一爲天啓三年黃克儉刻十卷本,八行二十字;二爲天啓四年李嵊慈刻十三卷本,十行二十一字;三爲明刻本,明周木重輯,九行十七字。

《四庫全書總目》入集部別集類,作"周元公集"九卷。《中國古籍善本書目》著錄此本,中國國家圖書館、上海圖書館等六館也有入藏。湖南圖書館存《世系遺芳集》五卷。

鈐印有"會不得"、"奚疑齋藏書"。

1919　明刻本節孝先生文集　　　　　　　　　　T5343.9/2928

《節孝先生文集》三十卷《節孝先生語錄》一卷,宋徐積撰;附《節孝集事實》一卷《本朝名臣言行錄》一卷《皇朝東都事略卓行傳序》一卷《諸君子帖》一卷。明刻本。五册。半頁十行二十字,四周單邊,白口,單魚尾。框高 20.1 釐米,寬 13.6 釐米。前有徐積像并像贊(大德十年(1306)趙良珏、皇慶二年(1313)王霄賓、大德十一年(1307)釋祖可、大德十年李秀發);淳祐十年(1250)王夬亨序。末有紹興十八年(1148)□萃跋。

徐積,字仲車,山陽人。從胡瑗學。治平四年進士,元祐初官楚州教授,政和中賜諡節孝處士。《宋史》有傳。

卷一至一四爲古詩,計二百五十九首;卷一五至二六律詩,計四百一十九首;卷二七挽詞十五首;卷二八至三〇雜文,四十一篇。

王夬亨序云:"節孝先生文集,山陽舊板毀於兵,四世孫坦家藏嘉禾墨本,字畫磨舛,先後失序。夬亨再叨鄉部,退食之暇,從而訂證編次之。他如皇朝名臣之錄、東都卓行之傳,及先生與門人問答之辭、蘇黃諸老往來之帖莫不附見,再用板行,觀者不待旁搜遠討,而瞭然在目矣。慨惟高大父待制撰先生行實之狀、曾大父中書跋諸賢詩帖之編,今詩帖之編已失,而行實之狀幸存。夬亨無所肖似,乃今裒集全書,藏諸鄉校,以承先志,壽於無窮,亦足以見王氏之於先生真有夙契云。"

目錄後刊"迪功郎淮安州州學教授翁蒙正景定甲子孟秋初吉重行編次校定"二行。按,明嘉靖四十四年,淮安兵備副使劉祐曾以翁蒙正本重刻,目錄後也有此二行,今劉本中國國家圖書館、上海圖書館等九館及臺北"國家圖書館"皆入藏。劉祐本亦十行二十字,四周單邊,白口。據《中國古籍善本書目》,北京大學圖書館、重慶市圖書館、南開大學圖書館、北京師範大學圖書館有元刻明補本,行款同此本。又據傅增湘《藏園訂補郘亭知見傳本書目》著錄,有宋景定甲子翁蒙正刻本、乾道己丑嘉禾刻本、淳祐庚戌淮南東路判官王夬亨刻本;元刻本有大德、皇慶時人題像贊;嘉靖乙丑劉祐刻本。又《吳興劉氏嘉業堂善本書影》卷五收有此書書影兩頁,板刻漫漶,然與此哈佛本同板,斷板處也皆同。嘉業堂本作元大德刻本。又按,哈佛此本,原著錄爲元大德十年修刊本,疑此爲明嘉靖四十四年劉祐刻本。此本卷一第三頁,卷三第一頁、第三頁斷板。又目錄末之次頁後,曾被割裂,補以他紙,割裂之處,應爲牌記或記載此本刊刻之年或其他。

此本有清闕名校,所用另本爲仿宋本,半頁九行十八字。日本静嘉堂文庫有明嘉靖刻本。《四庫全書總目》入集部別集類。

鈐印有"無竟先生所寶"。又有"子晉"、"汲古主人"兩印,皆僞。

1920　明正德刻嘉靖遞修本歐陽文忠公集　　T5338/2233

《歐陽文忠公集》一百五十三卷，宋歐陽修撰；《年譜》一卷，宋胡柯撰；附錄六卷。明正德七年(1512)劉喬刻嘉靖十六年(1537)季本、嘉靖三十九年(1560)何遷遞修本。二十四冊。半頁十行二十字，四周雙邊，白口，單魚尾。框高20.3釐米，寬12.6釐米。前有周必大序，元祐六年(1091)蘇軾序。末有嘉靖三十九年何遷跋。有六一先生小影並像贊；歐陽修本傳。

歐陽修，字永叔，自號醉翁、六一居士，廬陵吉水人。天聖八年進士，官至樞密副使、參知政事。因議新法，與王安石不合，致仕，退居潁州，卒諡文忠。一生博覽群書，以文章著名。反對宋初西崑派浮艷文風，主張文學須切合實用。

何遷跋云："《歐陽文忠公全集》，刻在廬陵，已收上內府。天順辛巳，海虞程宗取胡文穆公家本，刻之郡中，侍讀華亭錢溥序其事。其後翻刻者再刻於弘治辛亥，則郡守姑蘇顧福庶子王臣序之。刻於正德壬申，則郡守慈谿劉喬序者凡幾人，此刻是已。嘉靖丙申，會稽季本同知郡事，嘗一校有序，尋復漫漶，棄不傳。丁巳，遷奉役江西，少師介翁嚴公語遷：此刻故善本，年歲暮暨諸疑信可考。此殆文忠公意，何可易耳。比至屬藩司再校之，易其漫漶者三一，而廬陵全集於是始復完可傳。諸序繁，故不復刻。"

《四庫全書總目》入集部別集類。《中國古籍善本書目》著錄。中國國家圖書館、上海圖書館等二十四館，臺北"國家圖書館"（兩部）亦有入藏。

鈐印有"蒼茫齋收藏副本"、"朱印樫之"、"永清朱樫之字淹頌號玖聃滂喜堂藏經籍金石書畫記"、"朱印樫之"（小）、"蒼茫齋收藏金石書畫"、"燕市酒徒"。

1921　清乾隆刻本歐陽文忠公全集　　T5338/83

《歐陽文忠公全集》一百五十三卷，宋歐陽修撰。清乾隆十一年(1746)歐陽安世刻增補印本。四十八冊。半頁九行二十字，左右雙邊，白口，單魚尾。框高21.9釐米，寬15.9釐米。前有乾隆二十四年欽奉御製歐陽修小像詩並序；金甡、歐陽安世和聖韻詩；蘇軾撰《居士集》序；宋文忠公小影；蘇軾、李端叔、晁悅之、歐陽玄撰像贊。末有乾隆十一年歐陽安世跋。

歐陽修爲唐宋八大家之一，其文章以平易曉暢、委婉多姿之風格以及極高之藝術造詣享譽當時文壇。蘇軾云："歐陽子，今之韓愈也。"王安石曾論述歐文"豪健俊偉，怪巧瑰琦。其積於中者，浩如江河之停蓄。其發於外者，爛如日星之光輝。其清音幽韻，淒如飄風急雨之驟至。其雄辭閎辯，快如輕車駿馬之奔馳"（《祭歐陽文忠公文》）。此集爲《居士集》五十卷、《外集》二十五卷、《易童子問》三卷、《外制集》三卷、《內制集》八卷、《表奏書啓四六集》七卷、《奏議集》十八卷、《雜著述》十九卷、《集古錄跋尾》十卷、《書簡》十卷。

《宋史·藝文志》載歐陽修著《文集》五十卷、《別集》二十卷、《六一集》七卷、《奏議》十八卷、《內外制集》十一卷、《從諫集》八卷。諸集之中，惟《居士集》爲修晚年所自編，其餘皆出後人裒輯，各自流傳。陳振孫《直齋書錄解題》謂修集遍行海內，而無善本，蓋以是也。修集自宋代以來，版本流傳頗多，以其卷數計，今存有七個系統，分別爲五十卷本、一百五十三卷本、一百三十五卷本、一百三十卷本、一百五卷本、八十卷本、六十四卷本。茲分錄如下：

五十卷本，有《居士集》，宋紹興衢州刻本，半頁七行十四字，左右雙邊，白口。藏中國國家圖書館(今存二十九卷)。次爲《歐陽文集》，有《年譜》一卷，明嘉靖二十二年李冕刻本，半頁十行二十字，四周雙邊，白口，書口下有刻工。藏中國國家圖書館、南京圖書館、臺北"國家圖書館"、日本内閣文庫等十三館。三爲《居士集》(明曾魯考異)，明洪武六年永豐縣學刻本，半頁十行二十三字，四周單邊，細黑口。藏中國國家圖書館(今存二十卷)。按，此本又有嘉靖二十四年重修本，藏浙江圖書館。四爲《歐陽文忠公集》(明曾魯考異)，明初刻本，半頁十二行二十一字，左右雙邊，細黑口。藏中國國家圖書館。按，此本又有遞修本，亦藏中國國家圖書館。五爲《新刻歐陽文忠公集》(明曾魯考異)，明初刻本，藏上海圖書館。六爲《新刊歐陽文忠公集》(明曾魯考異)，明正德元年日新書堂刻本，半頁十一行二十三字，四周雙邊，黑口。藏天津圖書館、日本内閣文庫。七爲《新刊歐陽文忠公集》(明曾魯考異)，明刻本，藏上海圖書館、安徽省圖書館等四館。八爲《歐陽文忠公集》，明洪武初年永豐知縣蔡玘刻本，半頁十二行二十一字，左右雙邊，綫黑口，書口下有刻工。藏臺北"國家圖書館"。

一百五十三卷本，即《歐陽文忠公集》，有《年譜》一卷，《附錄》五卷。然清代所刻則題《歐陽文忠公全集》。最早之本爲宋慶元二年周必大刻本，半頁十行十六字，左右雙邊，白口。藏中國國家圖書館。次爲宋刻本，半頁十行十六字至十七字不等，左右雙邊，白口。藏中國國家圖書館。三爲明天順六年程宗刻本，半頁十行二十字，四周雙邊，黑口，書口下有刻工。藏中國國家圖書館、上海圖書館、臺北"中央研究院"史語所傅斯年圖書館等十一館。此本又有弘治五年重修本，藏中國國家圖書館、浙江圖書館、臺北"國家圖書館"等七館。又有正德、嘉靖再遞修本，藏上海圖書館、山東省圖書館等六館。四爲明正德七年劉喬刻本，半頁十行二十字，四周雙邊，黑口。藏中國國家圖書館、北京大學圖書館、臺北"國家圖書館"等四館。此本又有嘉靖十六年季本、詹治遞修本，藏中國國家圖書館、南京圖書館。又有嘉靖三十九年何遷再遞修本，藏中國國家圖書館、上海圖書館、臺北"國家圖書館"等二十六館。五爲明隆慶五年邵廉刻本，半頁十行二十字，四周單邊，白口。藏中國國家圖書館。六爲明刻本，半頁十行二十字，四周雙邊，黑口。藏中國國家圖書館、上海圖書館等五館。七爲此清乾隆十一年刻本。八爲清乾隆五十七年刻本，半頁九行二十字，左右雙邊，白口。藏華東師範大學圖書館、日本東京大學總合圖書館等三館。九爲清嘉慶二十四年歐陽衡梅盒書屋刻本，半頁十行二十四字，左右雙邊，白口。藏中國國家圖書館、日本京都大學人文科學研究所。十爲民國初年上海錦章圖書局石印本(據嘉慶二十四年歐陽衡梅盒書屋本)，藏日本東京大學總合圖書館。

一百三十五卷本，題《歐陽文忠公全集》，有明嘉靖三十四年陳珊刻本，半頁十行二十字，左右雙邊，白口，書口下有刻工。藏上海圖書館、浙江圖書館、日本内閣文庫、日本東京大學總合圖書館等十四館。又有萬曆元年雷以仁重修本，藏天津圖書館、臺北"國家圖書館"(三部)、日本内閣文庫等五館。

一百三十卷本，題《歐陽文忠公集》，又有目錄十二卷附錄四卷。爲明萬曆四十三年王鳳翔刻本，半頁十行二十字，四周單邊，白口。藏上海圖書館、南京圖書館等九館。日本東京大學總合圖書館有萬曆四十年序刻本。

一百五卷本，題《歐陽文忠公居士集》，有年譜一卷。爲清康熙十二年曾弘白鷺書院刻本，半頁十一行二十字，四周單邊，白口。藏上海圖書館(存九十四卷)。又有《歐陽文忠公集》，清康熙十一年吉水曾弘爲文堂刻本，藏美國普林斯頓大學葛思德東方圖書館、日本内閣文庫。

八十卷本，題《歐陽文忠公居士全集》，明抄本，半頁十四行二十四字。藏中國國家圖書館。

六十四卷本，題《廬陵歐陽先生文集》，宋刻本，半頁十四行二十六字，左右雙邊，細黑口，有刻工。藏中國國家圖書館。又臺北"國家圖書館"存四十二卷。

上海涵芬樓曾據元刻本《歐陽文忠公集》影印入《四部叢刊》，此本半頁十行二十字，黑口。《四部叢刊書錄》云："天祿琳瑯元版集部亦有此本，稱其字仿鷗波，深得其妙，定屬元時重刊宋本。觀其撫印之精，非好古者不能爲云云，可見是本之致佳。"按，此作元刻本或有誤，疑爲天順本。

館藏此本爲歐陽安世所刻。歐陽安世跋云："乾隆乙丑之春，重葺吉州刺史公祠，越冬祭日告成，族尊人命不肖安世曰：'此祠焕然一新，祀事孔明，可以奉祖靈矣。顧我《文忠公全集》久不刊，曷並圖之？'不肖安世曰：'唯唯，是尊人至論也。第才力淺薄，何能當此。'尊人曰：'噫！欲以俟異日耶？抑委諸他人任耶？從來兩重者不偏廢，兩美者必兼舉。我《文忠公全集》羽翼經傳，學者宗之，且淵源之所係也。視葺祠事重美何如？'不肖安世曰：'謹受命。'於是鳩工聚棗，就祠舉事，仍謀宗族首祠事者各出藏本，互相校訂，自冬十一月至明年六月集成。是集也，向之訛者以正，而疑者闕焉，不敢妄增損一定，存其真也。板貳千六百餘面，並藏於吉州刺史公祠。"

此本有扉頁，刻"廬陵歐陽文忠公全集。乾隆丙寅重梓。唐書并五代史另刊。孝思堂藏板"。按，此本佚去附錄五卷。

《四庫全書總目》入集部別集類。《中國古籍善本書目》著錄清乾隆十一年孝思堂刻本，藏清華大學圖書館、中央民族大學圖書館等四館。又美國《普林斯頓大學葛思德東方圖書館中文舊籍書目》著錄（兩部）。

1922　清康熙刻本范文正公集忠宣公集　　　T5335.9/4123

《范文正公集》四十八卷《忠宣公集》二十五卷，宋范仲淹、范純仁撰。清康熙四十四年(1705)至四十六年(1707)范氏歲寒堂刻本。十二册。半頁十一行二十一字，左右雙邊，白口，單魚尾，書口下刻"歲寒堂"。框高 18.5 釐米，寬 13.7 釐米。《范文正公集》前有元祐四年(1089)蘇軾序。《忠宣公集》前有嘉定十年(1217)樓鑰序，嘉定四年(1211)范之柔序，嘉定五年(1212)沈圻序，嘉定五年廖視序，嘉定五年陳宗道序。末有康熙四十六年范能濬後序，康熙四十六年范時崇後序。

范仲淹爲北宋名臣，字希文，江蘇蘇州人。大中祥符八年進士。工於詩詞散文，爲學明經術，跂慕古人事業，慨然有康濟之志，作文章尤以傳道爲任，人品事業，卓絶一時，賢士大夫以不獲登門爲恥。其爲秀才時，即以天下爲己任，有言士當"先天下之憂而憂，後天下之樂而樂"，爲千古傳誦之名句。仲淹仕至樞密副使，參知政事，有意改革時政，考核官吏，裁減閒冗，然爲言者所攻，皆不果行。卒諡文正。《宋史》卷三一四有傳。

范純仁，字堯夫，仲淹次子。皇祐元年進士。嘗從胡瑗、孫復學，父没始出仕，官至侍御史、知諫院。以言王安石新法不便，出知河中府。哲宗時累官尚書僕射、中書侍郎。以忤章惇，貶永州。徽宗立，詔爲觀文殿大學士，以目疾乞歸。卒諡忠宣。事蹟附《宋史》卷三一四仲淹傳後。

此本收《仲淹文集》二十卷，《別集》四卷，《政府奏議》二卷，《尺牘》三卷，《年譜》一卷，《年譜補遺》一卷，《言行拾遺事錄》四卷，《鄱陽遺事錄》一卷，《遺蹟》一卷，《義莊規矩》一卷，《褒賢集》五卷，《補編》五卷。《純仁文集》二十卷，《奏議》二卷，《遺文》一卷，《補編》一卷，《附錄》一卷。

集　部

　　《四庫全書總目》云：文正集"本名曰《丹陽集》，凡詩賦五卷，二百六十八首；雜文十五卷，一百六十五首。元祐四年，蘇軾爲之序。淳熙丙午，鄱陽從事綦煥校定舊刻，又得詩文三十七篇，爲遺集附於後，即今別集。其補編五卷，則國朝康熙中仲淹裔孫能濬所搜輯也"。又云忠宣集"凡二十卷，前五卷爲詩，後十二卷皆雜文，其末三卷爲國史本傳及李之儀所撰行狀，皆其姪孫之柔刊集時所附入也……又奏議二卷，自治平元年爲殿中侍御史至元祐八年再相前後所奏封事，凡七十三首。又遺文一卷，載純仁文七首，附以其弟純禮文二首、純粹文十九首，乃其裔孫能濬據舊本重加刪補。又附錄一卷，爲諸賢論頌十三首。補遺一卷，載純仁尺牘一首，附以制詞題跋等十二首，亦能濬所編訂。康熙丁亥，其二十世孫時崇與《仲淹集》合刻行之"。按，《丹陽集》並非文正公集之本名。王瑞來先生有"《范仲淹集》版本問題考辨"一文（載臺灣《國家圖書館館刊》1996年第一期），敍述甚詳。

　　范能濬後序敍述是書版本甚詳，兹錄之如下："先文正公集家存舊本凡三，一本止有文集一十卷，已闕而弗完；一本有別集及忠宣公集二十卷俱全；一本則元天曆戊辰重刻於吳門義塾之歲寒堂。按別集，北海綦煥跋云，番陽郡齋舊有文正公文集、奏議，孝宗淳熙十三年丙午以舊京本《丹陽集》參校刊補，又得詩文三十七首，爲遺集附焉。尺牘，則淳熙三年刻於桂林郡齋者也。元天曆中，世師雋始刻年譜，而褒賢祠記、碑傳、規矩、言行、拾遺、遺蹟、忠宣遺文諸種，則元統中世孫文英又得番陽別本，續刊以補集後。今考《文正公文集》，全本二十卷，中已增四十餘首，意不全舊本當猶是淳熙以前所刻也。《忠宣公集》二十卷，始刻於嘉定中，樓鑰序云，少讀忠宣公《言行錄》，如《奏議》、《國論》等書，皆當終身誦之。而陳宗道亦云，范公出處大節，見於《國論》、《奏議》、《言行錄》。今侍讀修史紫微先生以家藏文集二十卷，屬零陵史君鍥板郡庠。紫微先生謂清憲公之柔，史君則零陵守沈圻也。是則《忠宣公文集》在宋時惟永州始有刻本。明初王賓序云，文正公十世孫天倪言《忠宣公文集》前朝已刊十卷，今吳縣主簿三衢清之江公特爲刊之以完焉。今按舊本《忠宣公文集》二十卷具存，未嘗缺其半也，惟忠宣《奏議》舊本獨無，而《國論》、《言行錄》亦佚而弗傳，意江君所補刊別有一本，不可復睹已。明嘉靖中又重刻於書院，亦缺忠宣《奏議》。是時世孫惟一，視學兩浙，復續編文正、忠宣《奏議》、《書牘》，命嚴州守韓叔陽梓行，板久俱不存，今惟存天啓中雲間司理所刻板。官府程督，取材匪良，身其事者，大都苟簡塞責，故不數十年而漸即於蠹壞，且其間舛錯遺落字句甚多，較諸舊本又復遺去《西夏堡寨遺蹟》、《諸賢論贊》數帙，殆將什之一焉。濬主祠事數年以來，有志剞劂而力未逮，弗克舉也。辛巳之冬，瀋陽忠貞公子時崇方膺廉察之寄，出按八閩，未幾，晉藩山左，旋擢開府粵東，往來吳中，再謁祠下，詢知先集藏板殘缺，遂捐貲重梓，屬濬董其役，深幸素志克酬，乃合家藏諸本，細加校勘，正其謬訛。文集悉遵舊本摹刻，而忠宣《奏議》則考《趙忠定奏議》標目而次第其年月，分爲二卷。其前此續刻附錄中有前後簡編斷續錯亂者稍爲序次，而條分諸目，以便稽考，復搜輯國史、家乘、手澤所載，又得文正、忠宣、恭獻、侍郎諸公遺文若干首，並例詞傳記、名人題跋手蹟及忠宣公墓志、祭文之未刻者，分補編六卷以附於後。雖見聞未廣，尚有所遺，而閱是編者，或不至如雲間本之遺憾於闕略也。"

　　此本爲范時崇所刻。范時崇後序云："惟是文正公、忠宣公文集，刻本漫漶殘缺，不可傳久，實爲闕如。詢之主奉能濬，云：'歲寒堂舊本，歲久板俱不存，今惟有明熹宗時雲間所刻，板不特刓缺，且字句多脱落，實非善本，思欲遵舊本重鋟，而物力有待，因循未果。'時崇仰承先志，敢不以尊祖敬宗爲務？因命工重鏤板於先憂閣下，而校讎之役，即以屬之主奉，上體忠貞公之心，亦即文肅公之心、文正公、忠宣公之心也。工始於乙酉仲秋，至丁亥暮春告竣。其間采輯遺漏增補完善，以垂不朽之業，實主奉有力焉。"按，"乙酉"爲康熙四十四年；"丁亥"爲康熙四十六年。
　　《郡齋讀書志》著錄有《范文正丹陽編》八卷。《直齋書錄解題》有《范文正集》二十卷《別集》四卷。文正公集有二十卷本、二十四卷本之分。二十卷本，宋代當有數刻，然多佚去，王瑞來先生有考證。今存世有北宋刻本，半頁九行十八字，左右雙邊，白口。藏中國國家圖書館，北京中華書局有影印本。又有宋乾道間刻本，半頁十二行二十字，書口下有刻工。藏日本靜嘉堂文庫。元代刻本有天曆、至正間褒賢世家家塾歲寒堂刻本，半頁十二行二十字至二十二字不等，左右雙邊，白口，書口下有刻工。此本除《集》二十卷外，又有《別集》四卷《政府奏議》二卷《尺牘》三卷，並附《遺文》一卷（宋范純仁、范純粹撰）、《年譜》一卷（宋樓鑰撰）、《年譜補遺》一卷、《祭文》一卷、《諸賢贊頌論疏》一卷、《論頌》一卷、《詩頌》一卷、《朝廷優崇》一卷、《言行拾遺事錄》四卷、《鄱陽遺事錄》一卷、《遺蹟》一卷、《褒賢祠記》二卷、《義莊規矩》一卷。全帙藏中國國家圖書館、上海圖書館、臺北"國家圖書館"。又有元刻明修本，全帙藏中國國家圖書館。明代所刻有嘉靖范惟元等刻本，半頁十二行二十一字，左右雙邊，白口，藏中國國家圖書館、上海圖書館、臺北"國家圖書館"等九館。此本是在元天曆本基礎上補訂刊印，《四部叢刊》影印之"明翻元刻本"即爲此本。二十四卷本，則有萬曆三十七年康丕陽刻《宋兩名相集》（韓魏公集、宋文正范先生文集）本，半頁九行十九字，四周單邊，白口。藏中國國家圖書館、上海圖書館等四館。清代所刻屬歲寒堂本系統者，有道光十年歲寒堂刻本、宣統二年蘇州范氏重刻歲寒堂本。
　　《直齋書錄解題》著錄純仁集作《范忠宣集》二十卷。按，純仁嘗有《言行錄》二十卷，然宋代已佚。又有《彈事》五卷、《國論》五卷，亦不傳於世。今《忠宣公集》則有二十卷本、十卷本之分。二十卷本之宋刻本爲零陵守史君所刻，今僅見臺北"中央研究院"史語所傅斯年圖書館善本書目著錄（有章鈺、鄧邦述題記）。又有元刻本，半頁十二行二十字，左右雙邊，黑口。全帙今藏浙江省博物館，南京圖書館有殘本，存卷一至五。又有元刻明修本，藏中國國家圖書館、上海圖書館、河南省圖書館。明代所刻僅有嘉靖范惟元等刻本，半頁十二行二十一字，左右雙邊，白口。藏中國國家圖書館、浙江圖書館等十館。十卷本，爲明刻本，半頁九行二十字，四周單邊，白口。藏北京首都圖書館。
　　此本有扉頁，刻"范文正公忠宣公全集。歲寒堂藏版"。歲寒堂，爲范氏所有。蘇州爲仲淹祖籬，其幼時孤寒，隨母改嫁。景祐元年，仲淹知蘇州，將先人故廬名之曰"歲寒堂"。
　　《四庫全書總目》著錄仲淹、純仁二集，入集部別集類。《中國古籍善本書目》未收《范文正公集》之康熙本，而著錄《范忠宣集》，爲清康熙四十六年范氏歲寒堂刻本，遼寧省圖書館、福建省圖書館等十五館，又日本東京大學東洋文化研究所入藏。臺北"國家圖書館"有《范文正公集》，作清康熙四十六年范氏刻本。查《現存宋人別集版本目錄》（四川大學古籍整理研究所編）有《范文正公集》，作清康熙四十六年歲寒堂刻本，中國國家圖書館、上海圖書館等十六館入藏。

1923　明萬曆刻合刻范文正公忠宣公全集本范忠宣公集　　T5343.9/4122

　　《范忠宣公集》十卷，宋范純仁撰。明萬曆三十六年(1608)毛一鷺刻《合刻范文正公忠宣公全集》本。十二冊。半頁九行二十字，四周單邊，白口，單魚尾，書口下刻字數，框高21.8釐米，寬14.3釐米。前有周孔教序。
　　范純仁，見清康熙刻本《范文正公集》。

純仁夷易寬簡，不以聲色加人，義之所在，則挺然不少屈。嘗云：吾生平所學，得之忠恕二字，一生用之不盡。每戒子弟，苟以責人之心責己，恕己之心恕人。此集卷一至二奏議，卷三奏狀、劄子、表，卷四古賦、古詩，卷五律詩，卷六記、序、銘、青詞、疏、啓狀，卷七祭文、墓誌銘，卷八墓誌銘、墓表、神道碑，卷九行狀，卷一〇附錄。

范氏詩文集，宋代并無刻本，元明之際，所刻皆二十卷本。現存最早爲元刻本，浙江圖書館（卷一八至二〇配清抄本）、南京圖書館（存卷一至五，有清丁丙跋）、臺北"國家圖書館"（作元天曆元年范氏歲寒堂刻本）入藏。中國國家圖書館、上海圖書館藏有元刻明修本（上圖又一部，有清徐均跋）。明代爲嘉靖間范惟元等校刻本，中國國家圖書館、南京圖書館、臺北"國家圖書館"等九館入藏。

此十卷本，乃松江司理毛一鷺所刻，爲《合刻范文正公忠宣公全集》二十九卷之半（另一半爲《范文正公集》十二卷附錄七卷）。全帙《中國古籍善本書目》著錄，南京圖書館、安徽省圖書館等六館入藏。周孔教序中云："文正集傳者寥寥，而忠宣則有皓首經生不及一見者。松司理毛君合梓之，遂成完書。""余撫吳中，謁□澤書院，恨文正、忠宣集不廣行海內，今幸毛君克成全書，故序之簡端。"毛一鷺，浙江遂安人，萬曆三十二年進士，天啓末巡撫應天，黨魏忠賢，曾於虎丘建魏忠賢生祠。

此本有扉頁，刊"范忠宣公全集。寱言堂重訂。本衙藏板"。

1924 清康熙刻本蘇老泉先生全集　　T5339/1223

《蘇老泉先生全集》二十卷，宋蘇洵撰。《附錄》二卷，宋沈斐輯。清康熙三十七年（1698）邵仁泓刻本。四册。半頁九行十九字，左右雙邊，白口，單魚尾。框高 18.2 釐米，寬 12.6 釐米。題"宋眉山蘇洵著"。《附錄》題"宋左奉議郎充婺州學教授沈斐輯"。前有康熙三十七年邵仁泓序；《蘇老泉先生本傳》；《凡例》四則。

蘇洵，字明允，四川眉山人。年二十七始發憤讀書，嘉祐間，與二子軾、轍至京師，翰林學士歐陽修得其文二十二篇，薦於宰相韓琦，授秘書省校書郎。宋王辟之《澠水燕談錄》卷四"才識"云："蘇氏文章擅天下，目其文曰'三蘇'。蓋洵爲老蘇，軾爲大蘇，轍爲小蘇。"洵卒於治平三年，享年五十八。《宋史·文苑傳》有傳。

洵文章風格，縱厲雄奇，尤擅策論，論據有力，用語犀利，善於比喻，曾子固稱其文"煩能不亂，肆能不流。其雄壯俊偉，若決江河而下也；其輝光明白，若引星辰而上也"。（《蘇明允哀辭》）此集卷一幾策二篇，卷二至三權書十一篇，卷四至五衡論十一篇，卷六六經論六篇，卷七太玄論十六篇，卷八洪範論七篇，卷九雜論十三篇，卷一〇上書一篇，卷一一至一三書二十一篇，卷一四譜六篇，卷一五雜文二十一篇，卷一六雜詩二十三首，卷一七至二〇謚法。《附錄》二卷，爲歐陽修等人所撰墓誌銘、哀辭、祭文、輓詞等。

此本爲邵仁泓所刻，邵序云："予不敏，不能仰窺先生之文於萬一，惟思先生之才尚好學不倦如此，則凡才之遠不及先生者更宜何如也。集既刊成，爰書數言，以自勉云。"按，是書《凡例》云，仁泓嘗欲購求原本二十卷本，但未能得。"丁丑冬，始獲於其清陸丈家，乃知行本十六卷，即古本約之者也。因雕已成半，未便重依宋本爲式。""老泉先生《謚法》三卷，久未刊行，今依宋本分爲四卷。""老泉先生集向名《嘉祐》，今依宋本稱爲《蘇老泉先生全集》。"然丁丙輯《善本書室藏書志》卷二七云："自邵仁泓刊《蘇老泉先生全集》，全失本真。"《四庫全書總目》所收爲原徐乾學傳是樓藏本。《四庫總目》云："又有康熙間蘇州邵仁泓所刊,亦稱從宋本校正,然二本並十六卷,均與宋人所記不同。徐本名《嘉祐新集》,邵本則名《老泉先生集》,亦復互異,未喻其故。""今以徐本爲主,以邵本互相參訂,正其訛脱,亦有此存而彼逸者,並爲補入。又《附錄》二卷,爲奉議郎充婺州學教授沈斐輯,較邵本少國史本傳一篇,而多挽詞十餘首,亦並錄以備考焉。"

歐陽修撰《老蘇先生墓志銘》、曾鞏撰《老蘇先生哀詞》、張方平撰《墓表》皆云洵有文集二十卷行於世。晁公武《郡齋讀書志》及陳振孫《直齋書錄解題》俱作《嘉祐集》十五卷。此外尚有《類編增廣老蘇先生大全文集》□卷、《東萊標注老泉先生文集》十二卷。蓋洵之文集宋代有四帙,即二十卷本、十五卷本、十二卷本及□卷本流傳。今宋刻二十卷本已不存於世,惟十五卷本仍存有孤本一帙,藏上海圖書館,此宋本有黃丕烈跋,半頁十四行二十五字,左右雙邊,白口(上海涵芬樓影印《四部叢刊》中收有無錫孫氏小綠天藏影宋抄本,此本爲清孫星衍平津館據宋本影抄,與上圖本合)。另十二卷本藏中國國家圖書館,爲宋紹熙四年(1193)吳炎刻本,半頁十四行二十五字,左右雙邊,細黑口。□卷本也藏中國國家圖書館,宋刻本,半頁十五行二十五至二十七字,左右雙邊,白口。

明代洵集題《重刊嘉祐集》十五卷者,有三種。一爲明刻本,從字體紙張鑒定,約刻於弘治間,半頁十行二十一字,四周雙邊,黑口,三魚尾。藏中國國家圖書館、上海圖書館等八館。次爲嘉靖十一年太原府刻本,半頁十行二十一字,四周單邊,白口。藏中國國家圖書館、上海圖書館、臺北"國家圖書館"、日本內閣文庫等十七館。三爲萬曆聶紹昌刻本,半頁十行十九字,左右雙邊,白口。藏上海圖書館、南京圖書館等三館。

此外又有《蘇老泉嘉祐集》十四卷,明刻本,半頁八行十六字,四周單邊,白口。藏中國國家圖書館、江西省圖書館。《老泉先生文集》十四卷,明刻本,半頁八行十六字,四周單邊,白口。藏中國國家圖書館、上海圖書館、臺北"國家圖書館"等四館。《蘇老泉先生全集》十六卷,明刻本,半頁十行十九字,四周單邊,白口。藏中國國家圖書館、天津圖書館、臺北"國家圖書館"、日本內閣文庫等九館。《重編嘉祐集》二十卷附錄一卷,明崇禎十年黃燦、黃煒貫堂刻本,半頁九行十八字,左右雙邊,白口,書口下刻"貫堂"。藏中國國家圖書館、南京圖書館、臺北"國家圖書館"等五館。《蘇老泉文集》十三卷(明茅坤、焦竑等評),明凌濛初刻朱墨套印本,半頁八行十八字,四周單邊,白口,刻工鄭聖卿。藏中國國家圖書館、上海圖書館等十四館。《蘇文嗜》六卷(明茅坤等評),明凌雲刻三色套印本,半頁八行十八字,四周單邊,白口。藏湖南圖書館、遼寧省圖書館等四館。《老泉文妙》三卷,明嘉靖二年施山刻本,半頁九行二十字,四周雙邊,黑口。藏中國國家圖書館。《嘉祐集選》一卷(明趙南星輯),明天啓元年刻本,半頁十行二十一字,四周單邊,白口,書口下有刻工。藏臺北"國家圖書館"、湖北省圖書館。

清代有《重刊嘉祐集》十五卷,爲清初蔡士英刻本,半頁十行十九字,左右雙邊,白口。藏臺北"國家圖書館"、中國社會科學院文學研究所。民國間上海自強書局有石印本《蘇老泉先生全集》二十卷《附錄》二卷。又清道光十二年(1832)眉州三蘇祠刻《三蘇全集》中有《嘉祐集》二十卷。《三蘇文集》中有《嘉祐集》十六卷。《四部備要》中有《嘉祐集》十五卷。《八大家文鈔》中有《宋大家蘇文公文抄》十卷。《四大家文選》中有《蘇文公集選》二卷。《昌平叢書》中有《宋大家蘇文公文抄》十卷。《山曉閣文選十五種》中有《蘇老泉文選》二卷。《唐宋大家全集錄》中有《老泉先生全集錄》五卷。《陳太僕批選八大家文選》中收有《老蘇文選》一卷。《味檗齋遺書》中收有《嘉祐集選》一卷。

  日本有《蘇老泉先生全集》十六卷,文政十三年(1830)木活字印本。《宋大家蘇文公文抄》十卷,安政四年(1857)江戶昌平坂學問所刻本。《大宋眉山蘇氏家傳心學文集大全》十一卷首一卷補一卷,江戶時代寫本。

  按,《辭源》(1986年版)載洵號老泉,近時出版之有關三蘇或蘇洵圖書中之介紹,也皆云洵號老泉。似有誤。清閻若璩《潛邱劄記》卷五云:"楊用九自吳門歸,以余好收書,於時下刊本尤易致也,購以餉余。其籤題不曰《老蘇全集》,而曰《蘇老泉先生》,是父冒子號矣。蓋蘇氏先塋有老人泉,子瞻取以自號,不知何年訛以稱老泉。一辨於葉石林,再辨於焦弱侯,以家藏子瞻墨跡有'東坡居士老泉山人圖書'證尤妙。"

  《四庫全書總目》所收爲洵之《嘉祐集》十六卷《附錄》二卷,入集部別集類。又以《謚法》四卷,入史部政書類。《中國古籍善本書目》著錄清康熙三十七年邵仁泓安樂居刻本,中國國家圖書館、上海圖書館等十五館入藏。今從之。《日本京都大學人文科學研究所漢籍分類目錄》也有著錄。

1925　清乾隆刻本王荊文公詩　　T5343.3/4471

  《王荊文公詩》五十卷《補遺》一卷,宋王安石撰,宋李壁箋注。清乾隆五年(1740)至六年(1741)張宗松清綺齋刻本。八冊。半頁十一行二十一字,左右雙邊,綫黑口,單魚尾。框高18.9釐米,寬13.7釐米。題"雁湖李壁箋注"。前有乾隆六年張宗松序;張宗松撰《略例》十二則;《宋史》本傳。

  李壁,字季章,號雁湖居士,李燾子,四川丹稜人。初以蔭入官,後登進士。寧宗朝累遷禮部尚書,參知政事兼同知樞密院事。謚文懿。生於紹興二十九年,卒於嘉定十五年。事蹟具見《宋史》本傳。

  壁爲文俊逸,屬辭精博,是書乃其謫居臨川時所作,其箋釋之功,足裨後學。卷一至二一古詩、卷二二至五〇律詩。又《補遺》爲古今體詩五首。《四庫全書總目》云:壁注王詩"大致捃摭蒐採,具有根據,疑則闕之,非穿鑿附會者比"。

  李壁注本,晁公武《郡齋讀書志》著錄,卷帙同是本。馬端臨《文獻通考》稱十五卷,或傳寫顛置。今存有元大德五年王常刻本,半頁十行十九字,左右雙邊,黑口。藏中國國家圖書館。明代僅有明初刻本,半頁十一行二十一字,四周雙邊,細黑口。藏臺北"國家圖書館"、南京圖書館、日本圖書寮。其中南京館殘存二十九卷,爲卷一至一〇、卷一九至二二、卷二九至三四、卷三九至四四、卷四八至五〇。

  此本爲張宗松刻,所據乃明初刻本(序稱"元刻本",誤),明初刻本有宋劉辰翁批點,然張氏以爲劉之評點"品藻甲乙容有未當,且雜亂注中,觀者目眩,今並芟之,使李注孤行,更覺心目開朗"。張宗松序云:"《王荊公詩》五十卷,雁湖先生李壁季章箋注。予十年前購得華山馬氏所藏元刻本,間取通行《臨川集》勘之,篇目既多寡不同,題字亦增損互異,乃嘆是書之善,不獨援據該洽,可號王氏功臣也。史稱季章嗜學如飢渴,群經百氏搜抉靡遺。今《雁湖集》既不存,其他著錄亦盡逸,惟是書見稱藝林,而流布絕少,因重鋟之,以廣其傳。"

  是書明初刻本曾於民國十一年由海鹽張氏後人重新景印。1960年臺北廣文書局又據之景印。民國十七年上海受古書店據乾隆清綺齋本景印。又清代學者沈欽韓有《王荊公詩集李壁注勘誤補正》四卷《文集注》八卷,民國十六年吳興劉氏《嘉業堂叢書》收入。

　　此本有扉頁,刻"王荆公詩箋注。宋李雁湖先生原本。清綺齋藏板"。扉頁上鈐有"清綺齋□"、"海鹽城隍廟西首□公堂張氏印行"。每卷之末均刻有"武原張宗松青在校刊"一行。

　　又據《略例》,此本開雕於庚申(乾隆二十五年)臘月,蕆事於辛酉(乾隆二十六年)夏五。

　　《四庫全書總目》入集部別集類,即此本。此書流傳甚多,《中國古籍善本書目》著錄,中國國家圖書館、上海圖書館、南京圖書館等四十五館入藏。日本《京都大學人文科學研究所漢籍分類目錄》著錄,又有天保七年(1836)刻本,收入《昌平叢書》。

　　鈐印有"蘆村"、"清河仲子"、"秀谷"、"秀谷書畫印"、"完山世家"。

1926　明刻本東坡全集　　　　　　　　　　　　　　　T5345/138

　　《東坡全集》一百十五卷目錄七卷,宋蘇軾撰;《年譜》一卷。明聶紹昌刻本。三十四册。半頁十行十九字,左右雙邊,白口,單魚尾,書口上刻"東坡全集",下間有刻工及字數。框高21釐米,寬14.2釐米。題"西蜀後學張養正校正;聶紹昌編刻"。年譜、墓誌銘、本傳亦題"西蜀後學張養正校正;聶紹昌編刻"。前有乾道九年(1173)宋孝宗序;又勅;《凡例》七則。

　　《凡例》有云:"長公全集,舊惟江西、京本二刻行世,其間魯魚亥豕之訛,互有短長。今酌其善者從之,其他意義深遠不可強通者,并存其舊,以示闕疑之意。""今刻較之舊本,所增不啻十之二。第長公生平所作甚富,海外之文,當時已不能盡收,何況今日?耳目之外,所遺應多,博雅君子,幸不吝教,助成續刻,亦千古之快事也。"

　　刻工有吳功、孫訥、張湖、丁、本。

　　卷一○四至一○七配抄本。

　　《四庫全書總目》入集部別集類。臺北"國家圖書館"及美國國會圖書館、普林斯頓大學葛思德東方圖書館所藏不知同此本否。

1927　明末刻清印本東坡先生全集　　　　　　　　　　T5345/7928

　　《東坡先生全集》七十五卷,宋蘇軾撰;《東坡詩選》十二卷,明譚元春選;《年譜》一卷,宋王宗稷撰;《宋史本傳》一卷。明末文盛堂刻清印本。三十二册。半頁十行十九字,左右雙邊,白口,無魚尾。框高20.2釐米,寬14.3釐米。前有項煜序。

　　此本存《全集》七十五卷。

　　有扉頁,刊"蘇文忠公全集。陳明卿太史訂正。文盛堂藏板"。

　　《四庫全書總目》未收此七十五卷本。《中國古籍善本書目》著錄。天津圖書館、山西省圖書館等四十館,臺北"國家圖書館"入藏。

　　鈐印有"津山井口知方"。

1928　明萬曆刻本東坡先生詩集注　　　　　　　　　　T5345.3/1147C

　　《東坡先生詩集注》三十二卷,宋蘇軾撰、王十朋纂。明萬曆刻本。八册。半頁十行二十一字,左右雙邊,白口,無魚尾。框高20.4釐米,寬14.3釐米。題"宋眉山蘇軾子瞻著;永嘉王十朋魎齡纂;明後學項煜仲昭閱"。前有王十朋序,趙夔序;《百家注分類東坡先生詩姓氏》。

卷一《紀行》,卷二至三《游覽》,卷四《古蹟》,卷五《詠史》,卷六《述懷》、《寓興》,卷七《書事》,卷八《閒適》,卷九《貽贈》,卷一〇《簡寄》,卷一一《酬和》,卷一二《酬答》,卷一三至一四《酬和》,卷一五至一六《送別》,卷一七《燕集》,卷一八《懷舊》,卷一九《仙釋》,卷二〇《慶賀》、《傷悼》,卷二一《禪悟》、《嘲謔》,卷二二《時序》,卷二三《寺觀》,卷二四《居室》,卷二五《花木》,卷二六《泉石》,卷二七《書畫》,卷二八至二九《題詠》,卷三〇《詠物》,卷三一《和陶詩》,卷三二《樂府》。

《四庫全書總目》入集部別集類。《中國古籍善本書目》著録明萬曆茅維刻本及明鯨碧山房刻本兩種,行款皆同此本,前者藏上海圖書館、南京圖書館等二十九館,後者藏天一閣等三館。他如明末王永積刻本、崇禎陳仁錫刻本,應晚於此本。

此本有扉頁,刊"東坡詩集。項仲昭太史訂正。本衙藏板"。又鈐有"青瑤齋"印。

鈐印有"達城"、"徐宗夔印"、"叔和甫"、"棅中讀本"、"蔣印國祚"、"漁櫓山人"。

1929　清康熙刻本施注蘇詩　　　　　　　　　T5345/0113

《施注蘇詩》四十二卷,宋蘇軾撰,宋施元之、顧禧注,清邵長蘅、顧嗣立、宋至刪補。《蘇詩續補遺》二卷,宋蘇軾撰;清馮景補注。《王注正訛》一卷,清邵長蘅撰。《東坡先生年譜》一卷,宋王宗稷撰。清康熙三十八年(1699)宋犖刻本。二十四冊。闕名批點。半頁十行二十一字,四周單邊,黑口,單魚尾。框高18.9釐米,寬13.6釐米。題"漫堂先生宋犖、樸園先生張榕端閱定。毗陵邵長蘅、長洲顧嗣立、商丘宋至刪補"。前有康熙三十八年宋犖序,康熙三十九年(1700)張榕端序;康熙三十八年邵長蘅題識;注蘇姓氏;邵長蘅撰《例言》十二則;東坡先生笠屐圖並宋犖題識;宋孝宗贈蘇文忠公太師敕;宋孝宗御製文忠蘇軾文集贊並蘇嶠序;元脱脱撰《宋史》本傳;蘇轍撰《墓誌銘》。

此書流傳甚廣,除此康熙本外,又有乾隆古香齋十種本、光緒中南海孔氏覆刻古香齋本、民國上海文瑞樓石印本等。對於一般讀蘇詩者,此書注釋頗爲簡便,且注文移至詩後,不致扞格文氣。然如若認識東坡一生事蹟,明瞭蘇詩每篇之本旨,則有"無知妄作,厚誣古人"之嫌(葉德輝語)。據近人鄭騫(因百)教授的研究(《宋刊施顧注蘇東坡詩提要》),此書"編纂態度草率敷衍,對原書極不忠實"。自從康熙間刊行以來,不斷被學者譏諷指責,如鄭元慶《湖錄經籍考》、吳騫《拜經樓詩話》、馮應榴《蘇文忠公詩合注凡例》、葉德輝《郋園讀書志》、傅增湘《藏園群書題記》等。鄭騫云:"這樣衆口一辭的譴責,邵本之謬妄已成定論,歸納起來可以分爲三點,一、刪節;二、竄亂;三、冒充……"鄭之結論爲:"邵本之得失利弊,已是瞭如指掌。這是一部流傳甚廣,相當便利的蘇詩讀本,但從學術觀點來看,無論有何理由,都難辭謬妄之譏。"

宋犖序云:"公詩故有吳興施氏元之注四十二卷,元之子宿推廣爲年譜,而陸放翁序之,宋嘉泰間鏤版行世,其後罕流傳。予常求之,數十年莫能得,及撫吳,又數數購求,始得此本於江南藏書家第。闕者十二卷,乃屬毗陵邵長蘅子湘訂補,且爲之芟複正訛,而佐之以吳郡顧嗣立俠君泊兒子,至其續補遺詩四百餘首,采摭施本所未備,別爲二卷,則以屬錢塘馮景山公爲之注。先是永嘉王氏有《蘇詩注》三十二卷,行世頗久,然有三失,分類則陋,不著書名則疏,改竄舊文則妄,誠如子湘所言。加之俗本相沿,淆訛多有,兹編出而王氏舊本可束高閣矣。"

此本有扉頁，刻"施注蘇詩"。

按，是本又有翻刻本，框高 18.5 釐米，寬 13.6 釐米。以原本及翻本相核，原本卷一第十二頁第一、二行小字"玄"皆避諱，然翻本不避。又卷四第十三頁第三行兩處"玄"字也如是。此書流傳甚多，各館多作康熙三十八年宋犖刻本，如若細加核對，當可區別之。

《四庫全書總目》入集部別集類。《中國古籍善本書目》著録，中國國家圖書館、上海圖書館等五十餘館也有入藏。臺北《"國立中央圖書館"普通本綫裝書目》(兩部)、《"國立故宮博物院"普通舊籍目録》、日本《京都大學人文科學研究所漢籍分類目録》、《東京大學東洋文化研究所漢籍分類目録》、《東京大學總合圖書館漢籍分類目録》、《內閣文庫漢籍分類目録》、美國《普林斯頓大學葛思德東方圖書館中文舊籍書目》(兩部)著録。

鈐印有"八千卷樓藏書記"、"嘉惠堂丁氏藏書之記"。

1930　清康熙刻本東坡先生編年詩　　T5345/4192

《東坡先生編年詩》五十卷，宋蘇軾撰，清查慎行補注。《年表》一卷。清乾隆二十六年(1761)查開香雨齋刻本。十六冊。半頁十行二十一字，左右雙邊，白口，單魚尾。書口下刻"香雨齋"。框高 18.1 釐米，寬 13.5 釐米。題"後學查慎行補注；姪男開校刊"。前有乾道九年(1173)宋孝宗御製序並蘇嶠撰贊；乾隆二十六年查開跋；乾隆四十一年(1702)查慎行撰《例略》十四則；《目録》一卷；采輯書目一卷。

查慎行，初名嗣璉，字夏重，後更名慎行，字悔餘，晚號初白，浙江海寧人。康熙四十二年進士，授編修。曾受業於黃宗羲，工詩，古體學蘇軾，近體似陸游。著有《敬業堂集》、《人海記》等。生於順治七年，卒於雍正五年。

此爲東坡編年詩，自卷一仁宗嘉祐四年始，至卷四五徽宗建中靖國元年七月止，共詩二千四百三十二首。卷四六爲補録帖子詞、口號詩六十五首；卷四七爲遺詩十九首、補編詩四十五首；卷四八也爲補編詩，計九十二首；卷四九至五〇爲他集互見詩，計九十首。

《四庫全書總目》於此書敘述頗詳："初宋犖刻《施注蘇詩》，急遽成書，頗傷潦草。又舊本徽黯，字跡多難辨識，邵長蘅等憚於尋繹，往往臆改其文，或竟刪除以滅跡，併存者亦失其真。慎行是編，凡長蘅等所竄亂者，並勘驗原書，一一釐正。又於施注所未及者，悉蒐採諸書以補之，其間編年錯亂及以他詩闌入者，悉爲訂重編。"《四庫》館臣在例舉其書多處失誤時，又云："其他訛漏之處，爲近時馮應榴合注本所校補者，亦復不少。然考核地理、訂正年月、引據時事，原原本本，無不具有條理，非惟邵注新本所不及，即施注原本，亦出其下，現行蘇詩之注，以此本居最，區區小失，固不足爲之累矣。"

此書爲慎行費三十年精力所成，藏諸篋衍，未嘗以示人。後其姪查開於乾隆十六年迎鑾袁浦，即以是書繕本上呈乙覽，並詔入內府。此本爲查開所刻，開序有云："今將開離於廣陵客舍，適武林杭堇浦太史來主講席，重煩勘定，體益加潔，例益加嚴。是書一出，洵蘇氏之功臣、施家父子之諍友哉！"

卷一末刻"後學沈德潛、杭世駿覆審；姪男恂、岐昌、昌洵、曾姪孫祖香同校訂"。卷一首頁有日人墨筆"大正庚申三月十五日讀"。"大正庚申"，爲民國九年(1920)。

《四庫全書總目》入集部別集類。此書流傳甚多，《中國古籍善本書目》著録，中國國家圖書館、上海圖書館等二十八館也有入藏。又臺北《"國立中央圖書館"普通本綫裝書目》、《"國立臺灣大學"普通本綫裝書目》、日本《内閣文庫漢籍分類目録》、《京都大學人文科學研究所漢籍分類目録》、《東京大學東洋文化研究所漢籍分類目録》著録。

1931　明萬曆刻清重修本宋蘇文忠公居儋録　T5345/728

　　《宋蘇文忠公居儋録》五卷,宋蘇軾撰,明陳榮選輯。明萬曆二十三年(1595)陳榮選刻清重修本。二册。半頁十行二十字,四周雙邊,白口,單魚尾。框高23釐米,寬17.3釐米。前有萬曆二十三年胡桂芳序,闕名序(後半頁佚)。末有萬曆二十三年陳榮選跋。

　　陳榮選,福建同安人,舉人。萬曆間守儋州,潔己愛民,勤於造士,在任五年,利弊革興。州人思之,與陳節、潘楠共祀於祠,號稱三賢,又祀名宦祠。《(民國)儋縣志》卷一五有傳。

　　儋,儋州。蘇軾於紹聖四年(1097)被貶至儋州。卷一年譜、古蹟八條、言行十六條;卷二表、書、記、説、歌、賦;卷三至四詩;卷五附録,爲記二,詩十四。皆爲軾在儋州所作詩文。

　　胡桂芳序云:"儋故有公《遺思録》,然編次失倫,漁採太濫,覽者病之,繫以遺思,亦無取焉。□□□守晉安陳君重校之,要在記公當時言動與所爲詩文,垂之海外,以風百世,更其名曰《居儋録》,重紀實也。工竣,陳守謂予當有言弁簡端。予因有概於公德在儋,與儋人慕公,爲發聖人浮海之意,以見人心之同、聖道之大。"

　　陳榮選跋云:"歲己丑,學爲吏,檄守劍州,近公故里矣,以内艱未赴已。承乏儋州,又爲公謫居焉,廟貌尚存,桄蔭不改,則庶幾思其人而不見,見祠如見公矣。顧祠宇歲久漸頹,榮選業已委餼修葺之,而舊録曰《遺思》者,多訛舛失次,則尚有志而未逮也。今年夏,觀察胡公行部至,閲公録,病其漫蝕蕪穢,屬榮選校之。榮選退,惟梓慶之爲簴也……於是忘其固陋,取前録校正,謬者刈之,逸者補之,紊者銓之,要以備公居儋時實録而止。末附以宋元國初名家記詠,識人心之公也。近時諸製,概不入編,懼甄裁之僭也。稿既就,乃取正於觀察,公授之剞劂。"

　　又卷二佚去第一頁,卷五佚去尾頁。

　　《四庫全書總目》未收。《中國古籍善本書目》著録萬曆二十三年陳榮選刻清順治十八年王昌嗣重修本,中國國家圖書館、浙江圖書館入藏。諦審此本,卷五第八頁當爲重修之頁。

　　鈐印有"貴陽趙氏壽華軒藏"。

1932　明萬曆刻本蘇文忠公膠西集　T5345/712

　　《蘇文忠公膠西集》四卷,宋蘇軾撰,明閻士選等評釋。明萬曆三十四年(1606)金湯刻本。二册。清□文駒跋。半頁九行二十一字,四周雙邊,白口,無魚尾,書口上刻"東坡守膠西集"。框高23.1釐米,寬14.8釐米。題"明萊郡守廣陵閻士選評釋;萊郡丞西寧談訢、萊郡判南平黃應台、青郡司理晉陵王胤昌、萊郡司理天水徐盈科同評"。前有閻士選序,董基序。末有萬曆三十四年金湯跋。

　　閻士選,字立吾,綏德州人。萬曆八年進士,官至山東按察使。

　　是書採蘇軾在膠西時詩文刻之,分文、詩二部,又各分前後集。

　　閻士選序云:"余哀公刺密州時所作詩文若干首,凡關民隱,附録於篇之末,即禪那詩話亦間採入。俾觀者可喜可愕,玩之忘疲,忽而醒曰,我材識何如公? 解悟何如公? 而公勤勤懇懇於民務,若此也。則謂是衰集爲近世守令之藥石可矣。"

金湯跋云:"兹廣陵閣先生蒞東萊,大行風教,公餘政暇,取文忠公集中凡有歷視膠西先後州郡之語,摘而爲集,乃釋其篇章,明其蘊奧,愈讀而愈爲把玩。文忠公千載而下,寧不佩感於斯,屬湯掺觚以壽諸梓,使不得爲帳中秘耳。是刻也,匪從管斑,必窺豹彩,若取全錦,先摘裝然。余謂是書,固案頭所不可一日無者。"

□文駒跋云:"按先生年譜,熙寧七年甲寅五月,自杭移守密州,至熙寧十年丁巳,改知徐州,四月赴任,在密僅三歲。維時,荊公正行新法,而公痌瘝民瘼,如上災傷疏、上文侍中論榷鹽書、論捕盜賞格併新法書、上韓丞相論災傷手實書,洋洋數千言,皆切中時弊,牴牾執政。憂國愛民之心,百世後讀之,可揭日月而貫金石,豈第風流瀟灑,登高作賦,生色山川已耶?吾密何幸,得公惠愛之深,且得公詩文之多如此乎?每欲裒公在密時別爲一集,甲子冬,過青郡,於書肆敗籃得見此本,適獲我心矣。惜多脫略,且擇焉不精,不無微憾云。乾隆十一年丙寅仲夏,文駒手識。"

《四庫全書總目》未收。《中國古籍善本書目》著錄,北京大學圖書館亦有入藏。

鈐印有"文駒"、"符千"、"清泉白石"、"文駒之章"、"以文常會友惟德自成鄰"、"嘯傲煙霞"。又有"阮亭"印,僞。

1933 明末刻本坡仙集　　　　　　　　　　T5345/4448B

《坡仙集》十六卷,宋蘇軾撰,明李贄評輯。明末刻本。十二册。半頁九行二十字,四周單邊,白口,單魚尾。框高21.2釐米,寬14.3釐米。前有萬曆二十八年(1600)焦竑序。

卷一爲詩賦、頌、墓志銘、銘、偈、贊;卷二傳、碑、記、序;卷三祭文、祝文、志林、雜作;卷四經説、論、表狀、樂語;卷五啓、書柬;卷六書柬;卷七策問并對策及策略等;卷八奏議;卷九劄子;卷一〇劄子、批答等;卷一一別集八十條;卷一二別集一百八條;卷一三別集一百十六條;卷一四別集九十六條;卷一五別集七十二條;卷一六年譜、年譜後語、本傳。

焦竑序云:"獨其簡帙浩繁,部分叢雜,學者未覩其全,而妄以先入之言少之,故先生之文,學者未盡讀,即讀而弗知其味,猶弗讀也。卓吾先生乃詮擇什一,并爲點定。見者忻然,傳誦爭先,得之爲幸。大若李光弼一入汾陽之軍,而旌旗壁壘,無不改色,此又一快也。向余於中秘見蘇集不減十餘種,欲手自排纘爲一編,未成而以罪廢。頃王太史宇泰,取見行全集與外集類次之以傳,而以書屬余曰,子其以卓翁本先付之梓人。"

李贄評本,早於此本者,有萬曆二十八年焦竑刻本,中國國家圖書館、上海圖書館等二十八館入藏;萬曆二十八年陳大來繼志齋刻本,中國國家圖書館、南京圖書館等二十七館入藏;萬曆四十七年程明善刻本,河南省圖書館、湖南圖書館等九館入藏。

《四庫全書總目》未收。《中國古籍善本書目》著錄,浙江圖書館、湖北省圖書館等八館,臺北"國家圖書館"(兩部)亦有入藏。

1934 明萬曆刻本東坡集　　　　　　　　　　T5345/4448

《東坡集》十六卷,宋蘇軾撰。明萬曆刻本。十二册。半頁九行二十字,四周單邊,白口,單魚尾。框高23.1釐米,寬14.5釐米。前有萬曆二十八年(1600)焦竑序。末有方時化後序。

卷一爲詩賦、頌、墓志銘、銘、偈、贊;卷二傳、碑、記、序;卷三祭文、祝文、志林、雜作;卷四經説、論、表狀、樂語;卷五啓、書柬;卷六書柬;卷七策問并對策及策略等;卷八奏議;卷九劄子;卷一〇劄子、批答等;卷一一別集八十條;卷一二別集一百八條;卷一三別集一百十六條;卷一四別集九十六條;卷一五別集七十二條;卷一六年譜、年譜後語、本傳。

《四庫全書總目》未收。《中國古籍善本書目》著錄,山東省圖書館、江西省圖書館等七館亦有入藏。

鈐印有"鼎山黄氏子馭藏書畫印"。

1935　明萬曆刻套印本東坡文選　　T5345/8191

《東坡文選》二十卷,宋蘇軾撰,明鍾惺評選。明萬曆四十八年(1620)閔氏刻朱墨套印本。八册。半頁九行二十字,四周單邊,白口,無魚尾,書眉上刻評。框高 21 釐米,寬 14.6 釐米。前有萬曆四十八年鍾惺序。姓氏題"評選　鍾惺伯敬;參閱　徐亮元亮、閔振業士隆、閔振聲裏子"。

此爲選本。卷一賦一,卷二序四,卷三記、傳十五,卷四至六論二十二,卷七至九策十六,卷一〇至一一奏議九,卷一二表狀、啓一四,卷一三至一五書五十三,卷一六碑三,卷一七墓誌銘六,卷一八祭文、説、跋、書事、贊二十一,卷一九銘、頌、祝文、偈、雜文二十四又《志林》十條,卷二〇外制、内制。

《四庫全書總目》未收。《中國古籍善本書目》著錄,上海圖書館、南京圖書館等二十五館收藏。臺北"國家圖書館"及美國國會圖書館、日本内閣文庫亦有入藏。

1936　明崇禎刻本蘇長公文集　　T5345/1334

《蘇長公文集》六卷,宋蘇軾撰,明張溥選,明呂一經參評,吳偉業點次。明崇禎四年(1631)刻本。六册。半頁十行二十二字,四周單邊,白口,無魚尾,書眉上刻評,書口上刻"宇宙第一文字"。框高 22.7 釐米,寬 13.3 釐米。題"張溥天如父選定;吳偉業駿公父點次;呂一經子傳父參評"。前有吳偉業序,崇禎四年張溥序。

卷一論四十二篇;卷二策三十四篇;卷三表二十八篇、奏議五篇、劄子十一篇、狀五篇,共四十九篇;卷四啓十九通、札二十六通;卷五賦七篇、序十篇、傳三篇、記二十四篇;卷六雜著十七篇、銘十三篇、祝文四篇、祭文三篇、碑文四篇、跋六篇、贊十六篇、墓誌銘一篇、頌一篇。

吳偉業序云:"宇宙第一文字何居?蓋吾師張天如先生選蘇長公之文而名之者也。夫長公之文,傳播宇宙,金石不朽,至今日而益復著,學士家無不人人莊誦,何庸再選,且長公之所以推重於世,固非獨文字已也。余每緬想其時功名之遭逢,事業之卓犖,氣節之崚嶒不衰,忠誠之睠顧無已,宇宙間頭頭第一,未有如蘇長公者也……然而一時之功名事業、氣節忠誠,亦往往於文字中見之。讀其文,想見其人,舉可知也。李耆卿評文有云,韓如海、柳如泉、歐如瀾、蘇如潮,非確論也。請易之曰,韓如潮、歐如瀾、柳如江、蘇其如海乎?夫觀至於海,宇宙第一之大觀也。雖然以長公之文,而不出吾師之手眼,爲之選定,以示於世,大海洋洋,誰涉其涯,亦徒有向若長嘆而已。然則宇宙之第一文字,固非眞第一人,不能知也,是集所爲選也。"張溥序又云:"余不私秘之函,爰廣世宙,令世宙盡師模其忠孝節義云爾。"

《四庫全書總目》未收。《中國古籍善本書目》未著錄。

1937　明萬曆刻唐宋八大家文鈔本宋大家蘇文忠公文抄　T5345/4245

《宋大家蘇文忠公文抄》二十八卷，宋蘇軾撰，明茅坤批評。明萬曆七年(1579)茅一桂刻《唐宋八大家文鈔》本。六冊。半頁九行十九字，左右雙邊，白口，單魚尾。框高21釐米，寬13.7釐米。題"歸安鹿門茅坤批評"。前有茅坤序；蘇文忠公本傳。

此書録制策二首、上書七首、劄子十三首、狀十二首、表啓二十六首、與執政及友人書二十二首、論五十首、策二十五首、序傳十首、記二十六首、碑六首、銘、贊、頌十五首、説、賦、祭文、雜著十五首。

茅坤序後刊"姪茅一桂校刊"。

此爲《唐宋八大家文鈔》零種，南京圖書館、浙江圖書館等十九館有全帙。

鈐印有"延安世家"、"李印東宰"、"景西"。

1938　明刻套印本蘇文　T5345/8523

《蘇文》六卷，宋蘇軾撰，明茅坤等評。明閔爾容刻三色套印本。六冊。半頁九行十九字，四周單邊，白口，無魚尾，書眉上刻評。框高20.2釐米，寬13.8釐米。前有沈鵬章序；《凡例》。

此本爲錢豐寰、茅鹿門評點。錢氏用硃色，茅氏用黛色。

沈鵬章序云："明興，操觚家遞爲評選，屈指未易更僕數。豐寰錢先生業加品隲，而鹿門先生又有文抄行海內，然覽者不無浩夥之歎。余友閔氏爾容，復取而棕核之，批評以豐寰爲宗，間採鹿門附焉，考訂嚴確，則是集非泛帙也。"

《四庫全書總目》未收。《中國古籍善本書目》著録。中國國家圖書館、上海圖書館等三十三館，臺北"國家圖書館"（作蘇東坡文選）及美國國會圖書館亦有入藏。

1939　明萬曆刻套印本蘇長公表啓　T5345/3433

《蘇長公表啓》五卷，宋蘇軾撰，明李贄等評，明錢檟輯。明萬曆凌濛初刻朱墨套印本。五冊。半頁八行十八字，四周單邊，白口，無魚尾，書眉上刻評。框高20.5釐米，寬14釐米。前有錢檟序，凌濛初序。

錢檟，字岳陽，會稽人。萬曆八年進士，以文章名。萬曆中知袁州，後督學江西，公明廉仁，所取士皆登貴顯，當時誦學政者，以檟稱首。

是書分表三卷，啓二卷。評者爲李贄、茅坤、王納諫、唐順之、鍾惺等。

錢檟序云："余故取文忠表啓，凡五卷，校其訛舛，付之剞劂，用貽同志者覽焉。"

《四庫全書總目》未收。《中國古籍善本書目》著録。天津圖書館、湖南圖書館等十二館，臺北"國家圖書館"及美國國會圖書館、日本內閣文庫亦有入藏。

1940　明末刻本合刻三先生東坡文匯　T5345/4245.2

《合刻三先生東坡文匯》四十卷，宋蘇軾撰，明茅坤、錢穀、鍾惺評。明末刻本。十册。半頁

集 部

九行二十字,四周單邊,白口,單魚尾,書眉上刻評。框高20.2釐米,寬13.9釐米。題"皇明吳興茅坤鹿門父、錢塘錢穀豐寰父、竟陵鍾惺伯敬父評定"。無序跋。

卷一至六論五十七首,卷七制策二首,卷八至一一策二十二首,卷一二策策問七首,卷一三表二十七首,卷一四至一五上書五首,卷一六至一九奏議十九首,卷二〇內外制二十八首,卷二一至二四書三十七首,卷二五啓二十三首,卷二六至二七尺牘四十九首,卷二八序、引、跋、疏二十二首,卷二九至三二記三十五首,卷三三賦、傳、書事十一首,卷三四銘二十首,卷三五贊、頌、偈二十一首,卷三六碑四首,卷三七神道碑二首,卷三八墓誌銘七首,卷三九祭文、祝文、青詞十三首,卷四〇雜文二十五首。

《四庫全書總目》未收。《中國古籍善本書目》著錄,浙江圖書館、四川省圖書館也有入藏。

鈐印有"湯溢"、"紹南"。

1941 明萬曆刻本蘇長公合作內外篇   T5345/8235

《蘇長公合作內外篇》不分卷,宋蘇軾撰,明鄭圭(原題鄭之惠)輯。明萬曆刻本。八冊。半頁九行二十二字,四周單邊,白口,無魚尾。框高21.9釐米,寬12.9釐米。目錄頁題"虎林鄭之惠評選"。前有萬曆三十年(1602)鄭之惠序。

鄭圭,字孔肩,錢塘人。嘗取六十四卦各爲一論,有《易臆》一書。

鄭圭序云:"《蘇公合作內外篇》,內則制舉經濟文,外則海外論著、禪喜小章,爲不佞癸巳居舟枕山,選授門人者。不知何人刪芟托刻新安,又不知何人重依原本別刻虎林。偶爾屬目,隱隱楮尾,以竢來者。"

《四庫全書總目》未收。《中國古籍善本書目》著錄萬曆書林葉敬軒刻本,上海圖書館、安徽省圖書館等三館藏;萬曆三十年書林余憲成刻本,上海圖書館、浙江圖書館等十六館藏;萬曆三十一年書林余氏萃慶堂刻本,上海辭書出版社、青海省民族學院圖書館藏。以上三種行款皆同此本。此本無葉敬軒、余憲成、余氏萃慶堂刻書依據。

鈐印有"照顔書屋"、"古澤氏珍藏"。

1942 明天啓刻套印本蘇長公密語   T5345/2309

《蘇長公密語》十六卷首一卷,宋蘇軾撰,明吳京輯。明天啓四年(1624)刻朱墨套印本。四冊。半頁八行十九字,四周單邊,白口,無魚尾,書眉上刻評。框高20.8釐米,寬13.6釐米。題"省之甫纂輯"。前有天啓四年吳用先序;蘇子瞻本傳;黃庭堅撰蘇子瞻像贊;蘇子瞻自評文。

卷一詩賦九篇,卷二銘二十八篇,卷三頌偈十六篇,卷四贊二十七篇,卷五序七篇,卷六記二十篇,卷七傳二篇,卷八評史十一篇,卷九雜著二十四篇,卷一〇論說四篇,卷一一尺牘、啓十二通,卷一二書後二十九篇,卷一三題跋、記事三十三篇,卷一四志銘、碑、詞六篇,卷一五祭文、祝文十一篇,卷一六志林。書中評語爲李贄、王納諫、陶望齡、鍾惺等人所爲。

吳用先序云:"予上下千秋,商確今古,凡諸子百家言,靡不貫串,而獨於坡仙有酷好焉。往往閱其文,想其人,輒尋其神而不得。乃自辛酉以來,寄蹟白下,予家小阮省之嘗從予遊,予器重其人不能舍,省之博雅恂恂儒生,而風流蘊藉無異張緒少年,意其密密佩服,必有解悟於神者。齋頭蒐羅甚富,其所藏書處,顔其居曰安止堂。予每盤桓於此,覺西北隅時有五色雲氣,籠罩其上，若佛頂舍利放無畏光明。予心異者數，迫而視之，則省之所彙集諸名公評品坡仙密語在焉。""今秋，省之千里郵筒，丐予爲序，欲公於海内。"

此本卷二題"新安後學吳京省之甫纂輯"。有扉頁，刊"安止堂選諸公批評東坡密語。本衙藏板。思誠齋周心吾兑客"。

《四庫全書總目》未收。《中國古籍善本書目》著録。浙江圖書館、山東省圖書館等七館，臺北"國家圖書館"及美國國會圖書館亦有入藏。

鈐印有"萬卷圖書惟古歡"、"素心盦"、"古歡齋"、"金印名之"、"竹屋"、"竹屋珍藏"、"竹屋讀"、"一硯齋"、"讀書更佳"、"望晉廬"、"松齡平生真賞"、"銘之小印"、"其箴氏"、"林松齡圖書記"、"西谿草廬"、"雙潘壺軒"、"吾薄富貴而厚于書"。

1943　明刻套印本蘇長公小品　　　T5345/1120

《蘇長公小品》四卷，宋蘇軾撰，明王納諫(聖俞)評選。明凌啓康刻朱墨套印本。四册。半頁八行十九字，四周單邊，白口，無魚尾，書眉上刻評。框高21.3釐米，寬13.8釐米。題"古揚王聖俞評選"。前有施叐賓序，凌啓康序；旦庵主人撰《凡例》六則；王訥諫序；章萬椿題辭；黄庭堅撰蘇子瞻像贊。末有附評名家姓氏，爲唐順之、茅坤、姜寶等十三人。

王納諫，字聖俞，江都人。萬曆三十五年進士，授行人，出使榮藩，樂却餽榮，世子敬禮之，以疾假歸。家居二載，吏部司官缺，人爭營之，起爲吏部主事，力疾赴召，五閲月，歷四司，疾益甚，復請告歸田里，匝月而逝。所著《四書翼注》，學者皆宗之。《(雍正)江都縣志》卷一四《人物志》有傳。

卷一賦二篇、序二篇、記七篇、傳一篇、啓二通、策問五篇，卷二尺牘三十通、頌三篇、偈五篇、贊七篇，卷三銘十一篇、評史九篇、雜著八篇、題跋七篇，卷四題跋四十七篇、詞一首、雜記三十篇。

施叐賓序云："昔李端叔謂蘇長公文，長江秋霽，千里一道，聳耳目之壯觀，極天地之變幻，洵足概長公矣。遂令讀長公文者，如入五都市，如登上方厨。山肴海錯，靡所不有；奇羞異饌，靡所不具。然而度山越海，不無卷石寸沼；弋奇釣異，不無野芹澤芷，則聖俞所選長公之小品是也。試取而披玩之，春風綠蔭，可以倦遊；夜雨青燈，可以却寢；孔樽徐榻，則片語可驚四座；漂唐流漢，則單詞可足千秋。""聖俞王先生，宦牘之餘，特簡是集，以娛一餉，而豈一餉之娛已哉？余友安國凌次公，讀而嗜之而丹鉛之，以廣同嗜者。"

凌啓康序云："是乃聖俞之所以評，而古生章氏鎸之，予讀而好，好而再鎸，鎸而哀所評，而加之丹鉛也。"按，啓康字安國，又字天放，號旦庵主人，又刻有《蘇長公合作》八卷補二卷，爲萬曆四十八年刻三色套印本。

此本有扉頁，題"蘇長公小品。二册。宣統元年孟春冶山竹居張弢樓氏藏"。

金鑲玉裝。

《四庫全書總目》未收。《中國古籍善本書目》著録。上海圖書館、南京圖書館等三十四館，臺北"國家圖書館"(兩部)及美國國會圖書館亦有入藏。按，王納諫選本，又有萬曆三十九年章萬椿心遠軒刻本、萬曆四十一年盱江游義齋刻本。

鈐印有"合肥張氏竹居藏書印"、"張士珩楚寶父一字韜樓"、"海雲"、"揚州釋海雲珍藏書畫"、"吳斌印"、"種瓜僧"、"張印銘新"、"漁梭"、"尔祉氏"、"公畚鑑藏書畫之印"。

館藏有複本一部，四冊。金鑲玉裝。鈐印有"梅氏收藏金石文字書畫印記"、"臣啟"、"奐東收藏"、"我寶存之"、"伯鉞藏書"。

1944　清康熙刻本東坡養生集　　T5345/1148

《東坡養生集》十二卷，宋蘇軾撰，明王如錫輯，清丘象升批評。清康熙三年（1664）書林陳道生刻本。十二冊。半頁九行十八字，四周單邊，白口，無魚尾。框高18.5釐米，寬13.1釐米。題"江左王如錫武工父編次。淮陰丘象升曙戒父批評"。前有康熙三年丘象升自序，王思任序，王如錫序。目錄後有王如錫識語。

王如錫，字武工，江蘇南京人。

丘象升，字曙戒，號南齋，江蘇山陽人。少負才名，善詩賦，順治十二年進士。積官翰林侍講，遷瓊州府通判、武昌府通判，官至大理寺左寺副，援律據經，平反大獄頗多。卒年六十一。又著有《觳音》、《嶺海集》、《白雲集》等。《（同治）山陽縣志》卷一三有傳。

是集乃取東坡集中有關養生家言引伸觸類而輯錄之。養生者，王思任序中詮釋甚詳："飲有飲法，食有食法，睡有睡法，行游消遣有行游消遣之法。土宜調適，不燥不濡，火候守中，亦文亦武，尊其生而養之者，老髦亦無所不用其極矣。是故有嬉笑而無恚怒，有感慨而無哀傷，有疏曠而無偏窄，有把柄而無震盪，有順受而無逆施。燒豬熟爛，剔齒亦佳，柱杖隨投，曳脚俱妙，所謂無入而不自得者也。此之謂能養生。"王如錫序云："於是廣搜衆刻，自詩文鉅牘至簡尺塡詞，以及小言別集，凡有關於養生者悉採焉，列十二目，釐爲十二卷。"

卷一《飲食》，爲賦八首、頌五首、詩三十首、傳三首、雜著一首、尺牘十九首、雜記二十八則、別集五條；卷二《方藥》，爲賦一首、贊一首、詩十四首、傳一首、雜著一首、跋一首、敘一首、尺牘三十首、雜記三十七則、別集二條；卷三《居止》，爲記三首、銘四首、詩四十首、表五首、書四首、尺牘三十二首、啓一首、詩餘一首、雜記十二則、別集一條；卷四《游覽》，爲詩七十六首、記三首、序一首、賦一首、詩餘三首、雜記十九則；卷五《服飾》，爲賦一首、銘十八首、贊三首、頌一首、詩三十一首、表一首、傳一首、雜著三首、書跋二首、尺牘六首、詩餘一首、雜記五十九則；卷六《翰墨》，爲記六首、贊九首、序一首、書五首、尺牘二十首、詩六首、操一首、詩餘二首、題跋三十一首、雜記二十四則、別集二條；卷七《達觀》，爲銘一首、贊一首、偈一首、詩二十六首、詩餘一首、敘二首、記二首、說三首、雜著二首、題跋六首、書二首、尺牘二十七首、雜記十九則、別集三條；卷八《砂理》，爲記五首、賦三首、銘十首、頌二十一首、贊二十三首、偈五首、雜著四首、題跋十二首、雜記十九則、詩七首、尺牘三首、書一首；卷九《調攝》，爲書五首、表一首、尺牘三十七首、記一首、雜著三首、跋一首、說一首、論一首、偈二首、贊二首、銘一首、詩十首、雜記十四首；卷一〇《利濟》，爲記二首、書六首、狀八首、劄子二首、尺牘十四首、青詞一首、祭文三首、銘一首、詩十六首、題跋四首、說二首、雜記八則、別集六條；卷一一《述古》，爲碑記二首、論五首、贊三首、詩二十四首、詩餘一首、史評十三首、書跋六首、雜記十二則、雜書十七則；卷一二《志異》，爲傳二首、碑二首、記三首、詩九首、詩餘一首、贊二首、志銘一首、雜記三十六則、別集十三條。共一千一百四十一首。

丘象升自序云："僕無長卿才，而善病過之，藥材肘後，無不關心，熊經鳥伸，間亦留意，而法涉有爲形神不暢。平生既嗜長公書，以其長江大河者，效偃鼠之滿腹爲制藝助，尤以其讜言碩畫，砥名節而飭匪躬，其他剩語小詞、尺牘紀事皆可發揮妙悟，導引天和。每一披覽，煩痾冰釋，不啻吳太子之聞《七發》,霍然有起色也,於是摭其書之近於調攝者,分類而纂集之。嗣見王君武工所編,適獲我心,因述臆見,謬加評閱。"

此本有扉頁,刻"東坡養生集。丘曙戒先生批評。書林陳道生梓"。每卷卷末刻"箬庵藏書"。

《四庫全書總目》、《續修四庫全書總目提要(稿本)》未收。日本《東京大學總合圖書館漢籍目錄》著錄,陳道生刻本。《河南省圖書館中文古籍書目(集部)》著錄六卷本,清康熙三年刻,應與館藏本同,惟豫館似爲殘本。《中國古籍善本書目》未著錄,但有明崇禎八年刻本,半頁九行十八字,四周單邊,白口。浙江圖書館、北京大學圖書館、無錫市圖書館入藏,又日本《内閣文庫漢籍分類目錄》也有著錄。

1945 清康熙刻本蘇文忠公海外集 T5345/4308

《蘇文忠公海外集》二十二卷,宋蘇軾撰,清樊庶注。《年譜》一卷,宋王宗稷編。清康熙樊庶得樹軒刻本。八册。半頁九行十九字,四周單邊,白口,單魚尾。書口下刻"得樹軒"。框高17.8釐米,寬13.1釐米。題"江都樊庶潛庵編注"。前有康熙四十五年(1706)樊澤達序,康熙四十四年(1705)翁嵩年序,康熙四十五年方正玉序,康熙四十三年(1704)樊庶自序;宋史本傳;《例言》十二則;蘇文忠公像並樊庶撰像贊;宋蘇轍撰《墓誌銘》。

樊庶,號潛庵,江蘇江都人。

是集以"海外"名,蓋因軾遭"誹謗先帝"之誣,被貶嶺海以至海南島之儋耳(今儋縣),軾在儋耳四年,流風餘韻,至今未泯。其時所作詩文甚多。卷一表四篇,卷二賦八篇,卷三四言詩二十三首,卷四五言詩一百三十七首,卷五七言詩三十首,卷六五言律二十四首,卷七七言律四十首,卷八五言絶四首,卷九七言絶二十三首,卷一〇贊十則,卷一一頌四則,卷一二銘八則,卷一三傳五篇,卷一四記六篇,卷一五説九篇,卷一六書八十三通,卷一七啓七通,卷一八經傳二十六篇,卷一九史評五十一篇,卷二〇書後十八篇,卷二一雜著三十九篇,卷二二言行十二則。

樊庶自序云:"歲癸未,授官臨邑,始得拜公遺像,新公祠宇,並索讀是編,杳不可得。適定安歲進士王君沂元,與余有詩文交,出原本相示,頭緒茫如。詢其昔所鏤板又已遺失,然其中所載,要皆以律文體、引後進、正人心爲諄諄,益以見公處憂患之餘,仍不失以文章立教,迄兹五百餘年,其清忠亮節凜凜海外。""然是編也,自公渡海,以訖移廉,中間詩文不盡儋耳之作,而獨繫以《居儋》,毋亦隘乎?""用是搜羅殘缺,正其訛謬,加以編注評騭,卷帙遂夥,設附庸於《十三經》之末,持身經世,無不可也,更其名曰《海外集》。"

此本爲樊庶所刻。樊澤達序中有"吾宗潛庵明府刻《蘇文忠公海外集》既成"句,又云:"明府宰臨,臨與儋俱海外,千秋契合,輯公居儋詩文如干卷,授梓以行。"按,此書似應刻於康熙四十二年或之前,據翁嵩年序云:"歲癸未,奉命校士粤東,他無所喜,喜得從公過化地,訪其遺事。而臨高令潛庵已先刻其海外詩文,另爲一集,屬予序之。其箋注評騭,悉發前人所未發,使公海外忠愛之心復見於今日。""癸未",爲康熙四十二年,《海外集》已刻就。

《例言》云:"是集舊名《居儋》,書僅一册,公海外著述十未載三,且字句僞謬,典實未考,蓋因瓊處天末,無他書引證故耳。""兹刻諸作,公全集具載,行世久矣,奚所取而復爲是。然公昔以文字賈禍,追謫居海外,往往别出機杼,其早年凌厲之氣,洗剔盡净。故公詩文,晚歲爲最。""注釋期於簡明,《居儋録》不具論矣。即公全集亦多汎採,且其中典實,有人所共曉者,每用旁搜遠引,不遺餘力,似覺太繁。兹集惟典要者釋之,餘則挈其大義,與作者印可,匡廬真面目,或於是乎出焉。""公之有功海外,非徒以文章義理啓發愚蒙也,即一言一行,亦足爲後人取法,故兹刻之末附以言行,不獨公同好,亦司牧者訓士之一端也。"

此本有扉頁,刻"蘇文忠公海外集"。每卷末刻"男天著述齋較閱"。

按,《中國古籍善本書目》著録有《蘇文忠公海外集》四卷(清王時宇校),清乾隆四十年稽古堂刻本,湖南圖書館、福建師範大學圖書館、暨南大學圖書館,又日本京都大學人文科學研究所入藏。據王時宇序:"予生先生謫宦之鄉,頑懦鄙薄,不能聞風興起。竊嘗讀《居儋録》一編,見其割裂舛錯,意以先生當日之作不止於此,而板復漫滅難稽,輒爲撫卷嘆息。己丑赴儋,謁先生祠,瞻仰之餘,益慨然有校刻之志,以時方北上未逮也。邇從春圃學師案頭得《海外集》,讀之視《居儋録》加什之六七,幾幾乎稱善本矣。第取之太博,往往將前後之作攔入,而板鐫目,臨邑明府樊君時已攜去,瓊人鮮有見之者。爰不揣固陋,取先生全集與施注、查注諸書,細加考校,凡非海外所作者概不録,而間補其一二。惟書傳諸篇,則穎濱所謂在海外所作,以推明上古絶學者,故悉録之,以表先生羽翼經傳之功。書成付梓,仍以《海外集》名之。"館藏有1934年瓊州海口海南書局排印本《蘇文忠公海外集》二卷,是本乃據王時宇本重編而排印。

《四庫全書總目》、《續修四庫全書總目提要(稿本)》未著録。《中國古籍善本書目》著録清康熙四十五年得樹軒刻本(當有誤),上海圖書館、清華大學圖書館、天津師範大學圖書館等三館也有入藏。又日本《内閣文庫漢籍分類目録》著録有《宋蘇文忠公海外集》四卷(明戴熺校),明萬曆四十七年序刻本。《"國立臺灣師範大學"普通本綫裝書目》有《海外集》不分卷,清刻本。

鈐印有"滿城張廷霖尚之氏倚池疊石齋藏書印"。

1946　清康熙刻本東坡詩鈔　　T5345/4110

《東坡詩鈔》十八卷,清姚廷謙選。清康熙刻本。八册。半頁九行十九字,左右雙邊,黑口,單魚尾。框高16.3釐米,寬11.5釐米。題"華亭姚廷謙平山手訂;無錫華希閔豫原、同里朱霞初晴參閱"。前有康熙六十年(1721)姚廷謙序;姚廷謙撰《凡例》六則。

姚廷謙,或作姚培謙,傳見清乾隆刻本《春秋左傳杜注》。

此書應爲分體詩鈔。卷一五言古五十四首;卷二五言古五十三首;卷三五言古六十一首;卷四五言古五十四首;卷五五言古十八首、五言和陶四十九首;卷六七言古五十四首;卷七七言古四十三首;卷八七言古四十九首;卷九七言古三十九首;卷一〇七言古四十一首;卷一一五言律八十五首、五言排律十七首;卷一二七言律九十五首;卷一三七言律八十九首;卷一四七言律八十九首;卷一五七言律八十四首、七言排律二首;卷一六五言絶句五十一首、六言絶句六首、七言絶句七十二首;卷一七七言絶句一百二十四首;卷一八七言絶句七十四首、四言七首、四言和陶十四首、雜體十五首。

姚廷謙序云:唐之少陵,宋之東坡,"二公之詩,家絃而户誦之,大抵如摸巨象,不能得其全體;如觀孔翠,不能定其何色。蓋家數既大,簡擇爲難,因各就其性之所近,求沾溉於萬一,而二公之真面目愈遠矣。余幼喜讀杜詩,涉獵未得其藩籬,既又艷坡詩而誦習之。顧杜集或編年,或分體,皆有刊本,獨蘇詩舊刻如王氏集注,如辰翁評本,及近所行施注補本,篇什既倍於杜,而學者之苦望洋亦甚於杜。且各本或以類分,或以年次,古今體雜出,苟非博識通才,彌增眩霧,勢固然也。余不自揣,爰取先生集中古今體劃然分列,其排次則仍考年譜,細加審定,頗有訂前人之所沿訛者。集中所登,在全詩已什之七。編輯既成,惴惴焉實恐翻易矗本,減損全書,見罪於大雅君子。然使讀先生之詩者繙閱之際,心目朗然,不必全編,而龍章鳳質具在,從此庶不起望洋之嘆。"

《凡例》云:"先生集中,七言古詩最爲冠絕,古今鈔者已十之八,五言古詩次之,五七言近體又次之。五律篇什本寡,絶句多汰其縱筆不經意者,所存爲少。然麟毫鳳羽,殆無遺漏,讀者可以無憾云。""蘇詩點次評隲,自劉辰翁而外,名家不一。是編於手鈔原本不揣管見,亦妄有丹黃,登板時概行削去,實不敢冒佛頭之誚。亦以古人之書,一經評點,則精神面目隨人變換,不如一塵不著,任具眼者擊賞之爲快也。""《劉後村先生集》刻成於去冬,是編至今秋方告竣,外尚有《元詩自攜》、《溫李合璧》及《類書典要》等書並已開雕請正,海內博雅君子,望糾其紕繆,而教其所不及焉。"

廷謙輯刻之書甚多,但署名多作培謙,如《唐宋八家詩》、《松桂讀書堂集》等。此集疑非《唐宋八家詩》之零本,或爲先行之單刻。《凡例》中言及之《劉後村先生集》有康熙五十九年刻本,《元詩自攜》爲康熙六十一年刻本,而此《東坡詩鈔》刻於康熙六十年,於《凡例》所云"是編至今秋方告竣"正合。而《唐宋八家詩》則有雍正五年刻本。

此本寫刻。有扉頁,刻"東坡分體詩鈔。華亭姚平山手訂。遂安堂藏板"。並鈐有"不薄今人愛古人"、"遂安堂印"。卷一八末刻"金陵曾惟聖書。旌邑劉雙南鐫"。"玄"字避帝諱。

《四庫全書總目》、《續修四庫全書》、《續修四庫全書總目提要(稿本)》未收。《中國古籍善本書目》未著錄。

鈐印有"賈氏真賞"。

1947　明萬曆刻稗海本蘇黃門龍川別志　T5346/0236

《蘇黃門龍川別志》二卷,宋蘇轍撰。明萬曆商氏半埜堂刻《稗海》本。一册。半頁九行二十字,四周單邊,白口,單魚尾。框高20.7釐米,寬13.6釐米。題"宋眉山蘇轍著;會稽商氏半埜堂校刻"。

此爲《稗海》零種。

鈐印有"松井藏書"。

1948　明萬曆刻本重刻黃文節山谷先生文集　T5347/7248

《重刻黃文節山谷先生文集》三十卷《外集》十四卷《別集》二十卷,宋黃庭堅撰;《年譜》十五卷,宋黃𥐾撰;《伐檀集》二卷,宋黃庶撰。明萬曆三十一年(1603)至四十二年(1614)方沆、周希令、李友梅刻本。十册。半頁十一行二十字,四周單邊,白口,無魚尾,書口下間有刻工。框高21.6釐米,寬13.6釐米。題"宋太史分寧黃庭堅魯直著;明後學莆中方沆子及校;里人周希令子儀編"。前有嘉靖六年(1527)周季鳳序;《義例》十一則。

黃庭堅,字魯直,號山谷,一號涪翁,分寧人。治平四年進士,調葉縣尉。哲宗時預修《神宗實錄》,遷著作佐郎,升起居舍人。紹聖初,知鄂州。章惇、蔡京以修《實錄》不實,貶涪州別駕。至徽宗初召還。後又以文字罪除名,貶宜州,卒於其地。詩學杜甫,而能自闢門徑,爲江西詩派之祖。初與秦觀、張耒、晁補之游於蘇軾之門,人稱"蘇門四學士"。晚年位益黜,名愈高,世以蘇軾并稱爲蘇黄。善書真行草,以真書爲第一。

此本存《文集》三十卷。卷一賦十首、楚辭七首,卷二詩四言古一首、五言古八十一首,卷三五言古七十八首,卷四至五七言古八十六首,卷六五言律四十四首,卷七七言律四十四首,卷八五言絶句二十九首、六言絶句四十七首,卷九至一〇七言絶句一百六十四首,卷一一至一二辭一百八十五首,卷一三序十二篇,卷一四至一五記二十九篇,卷一六贊七十九首,卷一七銘八十首,卷一八頌八十八首,卷一九論三篇、表九篇、奏狀三篇,卷二〇碑二篇、傳一篇、雜著五篇,卷二一字説二十六篇,卷二二至二三書四十三通,卷二四至二七題跋二百二十四篇,卷二八祭文二十三篇,卷二九至三〇墓志銘二十六篇。

周季鳳序云:"予惟山谷詩文,散見宇宙者最多,其全者則寡。初與先兄大中丞僖敏公求之丘瓊山閣老,得《豫章集》三十有六卷,訛脱未慊也。最後因亡友潘南屏時用抄之内閣,有正集、外集、别集、詞簡、年譜諸集,凡九十七卷,乃宋蜀人所獻,或者其全而無遺也哉!於是挾以遊四方者垂二十年,非其人不授。會余族弟侍御季邦梓其尺牘以行,族侄期雍按察楚中,亦有所刊佈。"

周序後刊"萬曆甲辰季秋穀旦,族孫希令重梓"。

刻工有鄒天衢、吉、周祥、而秀、南葵、萬、人、用。

《四庫全書總目》未收此本。《中國古籍善本書目》著録,南京圖書館、山東省圖書館等十二館有全帙。臺北"國家圖書館"及日本内閣文庫也有入藏。

鈐印有"張"。

1949　明刻清遞修本重刻黄文節山谷先生文集　T5347/0231

《重刻黄文節山谷先生文集》三十卷,宋黄庭堅撰。明王鳳翔光啓堂刻清遞修本。八册。半頁十行二十字,四周單邊,白口,單魚尾。框高21.3釐米,寬14釐米。題"宋太史分寧黄庭堅魯直著;明後學莆中方沆子及校;光啓堂荆岑王鳳翔梓;四十九代孫華暘曈伯訂"。前有徐岱序。

此本有扉頁,刊"宋太史黄山谷先生全集。方子及校訂。古吳積秀堂梓"。積秀堂爲萬曆至崇禎間金陵書林唐際雲刻書處,刻有《道書全集》八十二卷、《性理大全》七十卷、《明詩歸》十三卷等。疑是書爲王氏光啓堂出資,由積秀堂刊刻。

又此本有遞修。藏書印皆剜去。

《中國古籍善本書目》著録王鳳翔光啓堂刻本,上海圖書館、南京圖書館等十四館收藏。臺北"國家圖書館"(三部)及美國普林斯頓大學葛思德東方圖書館、日本内閣文庫亦有入藏。又南京圖書館、湖南圖書館等八館有清振鄴堂遞修本。

1950　清雍正刻本後山先生集　T5349/4871

《後山先生集》二十四卷,宋陳師道撰。清雍正八年(1730)趙駿烈學稼軒刻本。四册。半頁十行十九字,左右雙邊,黑口,單魚尾。框高15.1釐米,寬11.1釐米。題"宋彭城陳師道履常著;雲間後學趙駿烈潤川編校"。前有雍正四年(1726)王原序,雍正八年趙駿烈序;又《後山陳先生集記》三則(魏衍、王雲、任淵撰)。

陳師道,字履常,一字無已,自號後山居士,江蘇彭城人。幼好學,受業於曾鞏。元祐時因蘇軾等薦,曾任徐州教授,後爲太學博士,移潁州教授,棣州教授,遂除秘書省正字。爲人安貧不苟取,以詩著稱當時。與蘇軾、秦觀等交游甚密,爲"蘇門六君子"之一,也爲江西詩派重要人物。北宋末吕本中作"江西詩社宗派圖",推黄庭堅爲宗派之祖,次爲師道等二十五人。卒於建中靖國元年,年四十九。《宋史·文苑傳》有傳。

卷一至二五言古詩八十七首;卷三七言古詩四十八首;卷四至五五言古詩二百十七首、五言排律五首;卷六至七七言律詩一百四十七首;卷八五言絶句三十二首、七言絶句一百四十五首;卷九至一〇書三十七通;卷一一序九篇;卷一二記十五篇;卷一三論四篇;卷一四策二道、策問十八篇;卷一五表十三篇、啓十三篇、祭文七篇;卷一六墓銘十篇、墓表二篇、行狀二篇、神道碑一篇;卷一七雜著三十九篇;卷一八至二一談叢二百三十二則;卷二二理究三十七則;卷二三詩話八十則;卷二四長短句四十九首、雜體詩一首。

魏衍撰《彭城陳先生集記》云:師道"日以討論爲務,蓋其志專欲以文學名後世也"。其詩文集最早著録於《宋史·藝文志》,作《陳師道集》十四卷。今存世之最早刻本當爲宋蜀刻大字本《後山居士文集》二十卷,半頁九行十五字,左右雙邊,白口。此即南宋晁公武《郡齋讀書志》所云二十卷本,今藏中國國家圖書館,有清翁方綱跋並題詩(1982年上海古籍出版社曾據之影印)。明代所刻有《後山先生集》三十卷,弘治十二年(1499)馬暾刻本,半頁十一行二十字,四周雙邊,黑口。藏中國國家圖書館、上海圖書館、南京圖書館、臺北"國家圖書館"、日本宫内省圖書寮等七館。此外又有明刻本,行款同弘治本,藏中國國家圖書館。另朝鮮有三十卷本古活字印本,藏日本內閣文庫。

宋任淵注本《後山詩注》有六卷本及十二卷本之别。六卷本爲宋刻本(存卷三下至六),半頁十三行二十四字,左右雙邊,白口。藏中國國家圖書館。十二卷本今存宋刻本(存卷六),半頁十三行二十三字,左右雙邊,白口。藏中國國家圖書館。元刻本,半頁十三行二十三字,左右雙邊,細黑口。藏中國國家圖書館、日本內閣文庫。明弘治十年(1497)袁宏刻本,半頁九行十七字,四周雙邊,黑口。藏中國國家圖書館、南京圖書館、湖南圖書館。明嘉靖十年(1531)遼藩朱寵瀼梅南書屋刻本,半頁九行二十字,四周雙邊,白口。藏中國國家圖書館、臺北"國家圖書館"、浙江杭州大學圖書館等四館。此外還有清乾隆武英殿活字印聚珍版書本,半頁九行二十一字,四周雙邊,白口;清光緒二十五年(1899)廣雅書局刻聚珍版叢書本,行款同前本。又日本有元禄三年刻本,藏臺北"國家圖書館"、日本內閣文庫;朝鮮古活字印本(兩種),藏日本內閣文庫。

另有《後山居士詩集》六卷《逸詩》五卷,雍正三年陳唐活字印本,半頁九行二十一字,左右雙邊,黑口。1936年,上海商務印書館排印《冒氏叢書》,收有冒廣生箋《後山詩注補箋》十二卷《後山逸詩箋》二卷,釋箋甚詳。

又清康熙刻本《宋詩鈔》初集收《後山詩鈔》一卷。民國四年上海商務印書館排印本《宋詩鈔補》收《後山集補鈔》一卷。民國烏程張氏刻本《適園叢書》第九集收《後山先生集》三十卷。民國上海商務印書館《四部叢刊》集部收《後山詩注》十二卷。《宋元名公詩集》收《陳後山詩集》四卷、《涉聞梓舊·斠補隅録》收《後山集校》一卷。

此本爲趙駿烈所刻。王原序云:"後山文集,其門人魏衍輯,詩四百六十五篇,爲六卷;文一百四十篇,爲十四卷。任淵注其詩六卷,益爲十二卷。今所傳馬暾刻本,比魏本詩多二百十四首,文多二十九首,又益以談叢、理究、詩話、長短句,釐爲二十四卷,而任淵之注不傳。方紫陽稱後山詩謝克家本有《外集》,今本所增殆即謝本《外集》中所蒐遺也。馬氏刻版久已亡失,吾郡趙子澗川素愛其詩,從姚太史聽岩公家借得鈔藏。馬氏本中間頗有訛字,余悉爲改正,疑者闕焉。澗川好古工詩文,將謀雕版,以廣其傳……以是嘉惠藝林,其功偉矣。"

趙駿烈序云:"後山之爲人,以其善學涪翁也。獨念涪翁全集板行於世,所在皆有,而後山全集,人每束之高閣,即行世者亦無善本。因與姚太史聽岩先生家借得抄藏馬氏本,欲謀雕板,以廣其傳。而王給諫西亭先生極爲獎賞,並爲余訂訛考異,補其殘缺,釐爲若干卷以付梓"。

清代有《後山先生集》二十四卷,光緒十一年(1885)陶福祥刻本、光緒十一年廣州萃文堂刻本。民國間有1918年上海文明書局石印本(1925年再版),上海中華書局曾據趙駿烈本排印入《四部備要》。

此本有扉頁,刻"宋陳後山先生詩文全集。華亭趙潤川編校。雍正庚戌夏鐫。學稼軒藏板"。學稼軒,爲趙駿烈讀書處,趙序末有"趙駿烈書於學稼村莊"。

《四庫全書總目》入集部別集類。《中國古籍善本書目》著錄,上海圖書館、湖北省圖書館等五館也有入藏。又《中國科學院圖書館藏中文古籍善本書目》也有著錄。

鈐印有"章紫伯所藏"、"歸安章綏銜字紫伯印"、"瓜纑外史"、"讀騷如齋"、"詒珠館"、"鄭沅所藏"、"拙安田氏曾閲"。

1951　清康熙刻本吳郡樂圃朱先生餘稿　　T5350/2970

《吳郡樂圃朱先生餘稿》十卷《補遺》一卷,宋朱長文撰。附編一卷。清康熙五十一年(1712)朱岳壽刻本。二册。半頁十行二十一字,四周單邊,白口,雙魚尾,書口下刻"朱氏正本"並字數。框高18.1釐米,寬12.4釐米。題"宋中奉大夫知漢陽軍事賜紫金魚袋姪孫思袞次"。前有紹熙五年(1194)朱思序。末有康熙五十一年朱岳壽跋。

朱長文,字伯原,號樂圃,江蘇吳縣人。十歲善屬文,讀書輒終夜。嘉祐四年舉進士。博聞強識,篤學力行,築室樂圃坊,著書不仕,其賢名動京師。後爲蘇州教授,歷五考,召爲太學博士,改宣德郎,除秘書省正字,兼樞密院編修文字。元符元年卒,年六十。又著有《吳郡圖經續記》、《墨池編》、《閱古編》、《琴臺志》等。

長文天資忠朴,有致君澤民之志。是時,使東南者,以不薦先生爲恥;游吳郡者,以不見先生爲恨。其卒後,家徒四壁,惟藏書兩萬卷以遺子孫。張景修撰《墓志銘》曰:"著書三百卷,六經皆有辯説。"其學問博考古今,文章多平易近人。卷一古詩十一首;卷二至五排律八首、律詩一百三十首、輓詩九首;卷六記五篇;卷七序四篇、題辭一篇;卷八啓九通、律賦一篇;卷九世譜、書、題跋、祭文、銘各一篇;卷一〇墓志五篇。《補遺》乃崇禎間嘉定陸嘉穎所掇拾增入,爲《太守召陪諸公游虎丘》、《三高贊》。附編爲張景修撰《樂圃先生墓志銘》、米芾撰《樂圃先生墓表》、《樂圃朱先生小像》並吕祖謙、袁樞像贊、《薦朱長文劄子》、《國史文苑傳》、《都講書寄叔父弟姪》、《都講知筠州進春秋表》。

長文有《樂圃文集》百卷,舊藏於家,因遭兵火之難,蔚爲劫灰。其後,從孫知漢陽軍朱思袞集遺文,得古律詩百六十有三,凡記五、序六、啓七、墓志五、雜文六,重爲編次,類爲十卷。又以墓銘表傳爲附錄一卷,捐俸募工,鋟木以傳。因非《樂圃集》全本,故名《餘稿》。歲久板佚,明代似未刊刻,僅以明抄本延其一脈,今中國國家圖書館、南京圖書館藏明抄本各一帙。清代刻本也僅康熙一刻,餘多爲抄本。又抄本《兩宋名賢小集》内收有《樂圃餘稿》二卷。

此本乃長文二十二世孫岳壽所刻。岳壽跋云："二十二世祖樂圃先生，平生所著詩文百卷，兵燹之後，盡爲灰燼。其傳於世者僅有《吳郡圖經》、《琴史》、《墨池編》數種而已。岳壽家舊有寫本《餘稿》十卷附編一卷，係先生姪孫令達公裒次，蓋其時已非全豹，今則并其板亦不存矣。嗟乎！士君子讀書立言，以期不朽。班固《藝文》序云：'自漢以前，文章家不下二萬人皆不傳。'夫傳之不傳，天也。後之人知其名，不睹其文，未嘗不欷歔嘆息，況親爲之苗裔乎？岳壽不克承家學，敢秘諸篋衍而負先世制作之心乎？用是忘其僭陋，重加校讎，付諸剞劂，使好古之士讀之，有以景前哲而貽後學，有餘幸焉。"

此本有扉頁，刻"吳郡樂圃朱先生餘稿。家藏正本。本衙雕版"。扉頁上又鈐有"風雅"、"墨池編即出"、"吳郡朱氏"三印。每卷末行刻"二十二世孫岳壽重校"。

《四庫全書總目》入集部別集類。《中國古籍善本書目》著錄，中國國家圖書館、上海圖書館、遼寧省圖書館等七館也有入藏。又日本《內閣文庫漢籍目錄》著錄。

1952　清乾隆刻本斜川集　　　　　　　　　　T5350/4933B

《斜川集》六卷，宋蘇過撰。《訂誤》一卷，清吳長元撰。附錄二卷。清乾隆五十三年(1788)趙懷玉亦有生齋刻本。二冊。半頁十行二十一字，左右雙邊，白口，單魚尾。框高18.5釐米，寬12.9釐米。題"眉山蘇過叔黨撰"。前有乾隆五十三年趙懷玉序；吳長元、鮑廷博、趙懷玉題辭。卷末有乾隆四十七年(1782)吳長元跋。

蘇過，字叔黨，自號斜川居士，四川眉山人。蘇軾幼子，時人稱之"小坡"。初監太原府稅，次知潁昌府郾城縣，皆以法令罷。晚官中山府通判。軾連年謫貶，過均隨行。軾卒，營葬於汝州郟城(今河南郟縣)小峨嵋，遂家潁昌小斜川。生於熙寧五年(1072)，卒於宣和五年(1123)，年五十二。《宋史》卷三三八附軾傳後。

過翰墨文章，能世其家。過集之原本《斜川集》，曾著錄於《直齋書錄解題》，凡十卷，《宋史》本傳稱二十卷，均早佚不傳。明代未有刊刻。時雞林點賈常以贗本鉤致厚價，後好事家又以錦題緗帙列之文房玩好，然非蘇過詩，而爲龍洲道人劉過詩也，劉集也名"斜川"。

此本卷一至五古體詩一百十三首，卷三今體詩一百零七首，卷四至六賦二篇、文五十八篇。附錄卷上爲《宋史》本傳、晁說之撰《宋故通直郎眉山蘇叔黨墓志銘》、《揮麈後錄》二則、《揮麈三錄》一則、《老學庵筆記》三則、《曲洧舊聞》三則等。卷下爲《蘇文忠公集》中關於蘇過事。

吳長元跋云："歲在癸巳，朝廷開館纂修《四庫全書》，特詔儒臣從《永樂大典》中搜羅遺籍，時山左周編修永年於各韻下得先生詩文散片共若干首，緣全書提要將外省所進《斜川集》贗本駁去，乃留笥不辦。繼予妹壻余編修集於孫中翰溶齋偶見稿本，亟以告予。予驚喜過望，借歸錄副，從《宋文鑑》、《東坡全集》、《播芳大全》諸書考訂訛舛，增補闕遺，釐爲六卷，又採他書所載遺聞軼事輒錄附焉。計其卷帙，祗原集十之二三，然數十年夢寐之書，忽於無意中得覘吉光片羽，手鈔心誦，未匝月而畢事。""友人鮑以文氏嗜奇好古，先世所藏兩宋遺集多至三百餘家，亦以未見先生詩文爲憾，會有南鴻之便，即以錄本寄之。以文每得異書，不自珍錮，枕函帳秘，往往播在藝林，公諸同好。更能損貲壽梓，以續六百餘年一線之緒，俾汲古之士得家置一編，以供弦誦，響之誤收贗本者，亦得悉行刊正，頓還劉集舊觀，俾龍洲仍以詩豪雄於奕世，則又不獨爲蘇氏之功臣矣。"

趙懷玉序云："是集著錄於《宋史·藝文志》，爲十卷，陳氏《書錄解題》、馬氏《通考》，卷數皆

集　部

同。兹從《大典》所録殘帙之餘,僅釐六卷。乾隆丁未四月付梓,中間作輟,涉冬而後藏事。商榷讎勘,以文一人而已。"

清代除此本外,又有活字印本,十卷,本館也有入藏。又有道光七年(1827)眉州三蘇祠刻本,六卷。此本有扉頁,刻"斜川集。乾隆戊申武進趙氏亦有生齋校刊真本"。按,此本又有嘉慶十六年法式善增刻本。另鮑廷博《知不足齋叢書》第二十六集及《叢書集成》初編也收入。

《四庫全書總目》入集部別集類存目,爲十卷,乃僞本。《中國古籍善本書目》著録,中國國家圖書館、上海圖書館等十二館也有入藏。日本《京都大學人文科學研究所漢籍分類目録》著録。

鈐印有"南陵徐氏"、"積學齋徐乃昌藏書"。

1953　清活字印本斜川詩集　　　　　　　　　　　T5350/4933

《斜川詩集》十卷,宋蘇過撰。清活字印本。四册。半頁十一行二十二字,左右雙邊,黑口,單魚尾,無欄格。框高 18 釐米,寬 13.1 釐米。題"宋蘇過叔黨著"。無序跋。

卷一歌行十首,卷二七言古詩十七首,卷三五言古詩二十首,卷四至六七言律一百十七首,卷七五言律四十九首,卷八至九七言絶句八十七首,卷一〇五言絶句十九首。

此本即《四庫全書總目》著録之本,《總目》云:"此集乃近時坊間所刊,其本但有邊欄,而不界每行之烏絲。此本染紙作古色……然考晁説之所作蘇過墓志,過卒於宣和五年。此集中所稱乃嘉泰、開禧諸年號,以及周必大、姜堯章、韓侂胄諸人,過何從見之? 其中所指時事,亦皆在南渡以後,尤爲乖剌。案劉過《龍洲集》中所載之詩,與此盡同,蓋作僞者因二人同名爲過而鈔出,冒題爲《斜川集》,刊以漁利耳。《龍洲集》已別著録,此本本不足存,以世傳刊本、抄本不一而足,且卷數與《文獻通考》所載相合,恐其熒聽,故存其目而辯之焉。"按,《總目》云"坊間所刊",實爲坊間活字所排印。又云"不界每行之烏絲",審視再三,偶有數頁有烏絲之痕蹟。又此本也染色。

《中國古籍善本書目》著録,上海圖書館、北京大學圖書館等五館,及臺北"國家圖書館"也有入藏。《湖南省古籍善本書目》有十卷本之明末刻本,疑即爲此活字本,録此以俟後來者核對之。

鈐印有"觀妙齋"、"竹垞真賞"(僞)。

1954　明萬曆刻徑山藏本石門文字禪　　　　　　　T5350/5338

《石門文字禪》三十卷,宋釋德洪撰。明萬曆二十五年(1597)徑山興聖萬壽禪寺刻《徑山藏》本。六册。半頁十行二十字,四周雙邊,白口,無魚尾,書口上刻"支那撰述"、書口下有墨釘。框高 24.2 釐米,寬 15.8 釐米。題"宋江西筠溪石門寺沙門釋德洪覺範著;門人覺慈編録;西眉東巖旌善堂校"。前有萬曆二十五年釋達觀序。有圖。

卷一至八古詩,卷九排律、五言律詩,卷一〇至一三七言律詩,卷一四五言絶句、六言絶句,卷一五至一六七言絶句,卷一七偈,卷一八至一九贊,卷二〇銘、詞、賦,卷二一至二四記、序、記語,卷二五至二六題,卷二七跋,卷二八疏,卷二九書、塔銘,卷三〇行狀、傳、祭文。

卷一末有"刑部郎中金壇于玉立施刻此卷。了緣居士對。徐普書、端學堯刻。萬曆丁酉仲

1447

秋徑山寺識"。卷三〇末刊"丹陽賀門徐氏、男夢燈、女玉燈、金氏、周氏、周晏共施刻此卷。海鹽了緣居士對。長洲徐普書、上元李茂松刻。萬曆丁酉仲冬徑山興聖萬壽禪寺識"。又每卷之末皆有識語。刻工又有建陽鄒友、上元李燡、溧水芮一鶚、句容戴應聘、溧水端學舜、江寧魏繼澄、上元陳於、上元李茂枝、進賢洪以仁、建陽鄒大成、進賢萬鎌、江寧魏繼浩、上元許一科、建陽吳伯高、上元李再興。

此爲《徑山藏》零種。

1955　明崇禎刻本宋宗忠簡公集　　　　　T5350/3934B

《宋宗忠簡公集》六卷,宋宗澤撰;《雜錄》一卷《始末徵》一卷《遺事》二卷。明崇禎十三年(1640)黃正賓、熊人霖刻本。四冊。半頁八行十九字,四周單邊,白口,單魚尾,書眉上刻評。框高18.9釐米,寬13釐米。題"明進賢熊人霖伯甘詮訂"。前有崇禎十三年熊人霖序,黃正賓序;熊人霖撰《凡例》四則。

宗澤,字汝霖,義烏人。元祐六年進士。靖康元年知磁州,募集義勇,抗擊金兵,旋任副元帥。徽宗、欽宗被金兵虜後,入援京師,繼任東京(今河南開封市)留守,用岳飛爲將,屢敗金兵,聲威甚著。民間有"宗爺"、"宗父"之稱。多次上書力請高宗還都開封,收復失地,皆不納,因憂憤成疾,臨終時連呼"過河"者三。謚忠簡。《宋史》有傳。

卷一劄子、狀、疏,卷二表,卷三記、墓志銘,卷四書,卷五賦、五言古詩、五言律詩、五言絕句、六言、七言古詩、七言絕句,卷六序、贊、頌、告文、請疏、偈。

熊人霖《凡例》云:"按邑中公裔奉祀者在二都,而花溪十八世孫維摩守煥,以前邑令張公維樞命,刊其集於家。久之,板毀於火。煥之子諸生維垣,能讀父書,巾篋中猶藏一本,半已蟬闋蠹腹中矣。余急爲訂刻,庶格人之言昭揭日月,使讀者聞風而興廉立之思也。""按公回鑾疏、通表奏劄子二十有四,今仍舊以類分,而小注係第幾次,從文體也。詩歌清壯,序記雅馴,有德有言,諒哉!吉光片片皆珍,更無可刪,提要鈎玄,存乎點注。雜錄群賢論議,及公家乘軼事,附之簡端,徵文考獻,庶鴻集之大全哉!"

《遺事》前有熊人霖識語,云:"余既刻《忠簡集》,吳興友人潘宗玉氏,復以家藏《宗公遺事》鈔本見示,其敘公少壯時事尤詳,晚年疏劄多見集中,余因稍爲評點,而屬瀲上友人章無逸氏,爲之訂次,系公集後。日月之光,風霆之氣,挾筆墨以恒存,當與汲冢、魯壁並寶也。庚辰夏日,熊人霖識。"

熊人霖,字伯甘,別字鶴臺,江西進賢人。兵部尚書熊明遇子,崇禎十年進士。十一年涖任義烏,十五年離任。此本之刊,當在義烏任內。熊傳見民國年間重印《(嘉慶)義烏縣志》卷九《宦蹟》。

《四庫全書總目》所收爲八卷之本,係後出者,入集部別集類。《中國古籍善本書目》著錄,中國國家圖書館、河南省圖書館、安徽省師範大學圖書館亦有入藏。

鈐印有"蒼巖山人書屋記"。

1956　清康熙刻本宋宗忠簡公全集　　　　　T5350/3934

《宋宗忠簡公全集》十二卷首一卷末一卷,宋宗澤撰。清康熙四十五年(1706)刻遞修印本。

六册。半頁九行二十字,四周雙邊,白口,無魚尾,書口上方刻"忠武堂世乘"。框高21.6釐米,寬14.3釐米。題"二十一世孫文燦敬修"。前有康熙四十九年(1710)陳鵬年序,康熙四十五年雲中官序,康熙四十五年蔡毓茂序,康熙四十五年黃承茂序;訂刻姓氏等;宗文燦撰《例言》十則;宗澤像並額;歷官誥並《宋史》"忠簡公傳"。末有康熙四十四年(1705)宗芳後序,宗文燦後序,康熙四十三年(1704)宗維漢後序。

宗澤,見明崇禎刻本《宋宗忠簡公集》。

卷一書九通、狀三道、咨目一篇、札子三篇;卷二至三奏疏二十五篇;卷四表十六篇;卷五記四篇、銘四則、序二篇、文一篇;卷六賦二篇、詩二十二首、雜文十四篇;卷七詔六道、札二篇、書一通、檄文三篇、疏一篇、狀一道、年譜;卷八言行錄;卷九事狀;卷一〇碑記十六篇;卷一一名賢題贊二十三則、名賢詩二十三首、後裔詩十四首;卷一二雜記,收祭文、祀文、墓圖等。首一卷舊序,爲嘉定十四年樓昉舊序、洪武間方孝孺舊序、正德六年趙鶴舊序、嘉靖三十年文徵明序、萬曆三十三年張維樞序、崇禎九年張文光序、崇禎十三年熊人霖序、康熙三十年王廷曾序。末一卷爲吳永澄撰《重修祠疏》、李長科撰《修祠疏》、張明弼撰《修祠疏》、宗發撰《清墓田林木引》、毛定周撰《重修祠疏》、趙聯捷撰《重刻文集引》、彭年撰《四刻集後序》、宗焕撰《五刻集後序》、孫時偉撰《六刻集後序》。

此本爲宗澤後裔文燦等所刻。蔡毓茂序云:"公有集若干卷藏於家,歲久漫漶,且剞劂有所未備。公之二十一世孫奉祀生文燦,重爲校訂,上自詔誥史傳,及公疏表狀劄、詩文遺事並歷朝名公題跋贊記,備録鋟梓。"宗文燦後序云:"公集初刻遺事,於宋嘉定潤州太守四明樓公昉繼刻奏疏,於明洪武學士寧海方公孝孺復刻文集,於正德金華守江都趙公鶴,嘉靖内翰長洲文公徵明,萬曆義烏令温陵張公維樞,崇禎丹徒令祥符張公文光、義烏令進賢熊公人霖,聖朝則義烏令會稽王公廷曾,凡八登梓。然兵燹之餘,簡編殘缺,非復成書。文燦惕然興感,取家藏前賢綜輯遺編,旁求散軼,廣蒐墜亡,反覆校正,以示信從,惟恐訛錯,以滋疑謬。上自詔誥及公疏表狀劄,與同朝共事諸公往復咨啓,並憂憤感慨發於詩歌者,備載更如歷朝名賢表揚忠烈詩文,下逮我族子拜墓祠而致感興思者例附,經始於庚申夏仲,脱稿於辛巳初秋,繕青成書。文也,罔非其實也;信也,無有於疑也。適學憲檄邑父母購録公之遺文,因遍諗族諸父兄弟,潔捐授梓,用垂文獻。自甲申初秋迄乙酉孟夏,剞劂將半……列卷凡十四,計板四百五十有奇,綜理維予小子,奉守之責,棗梨費實合族協成之。"

宗澤集,在寧宗嘉定間有樓昉者,"掇取遺事中所載表疏,次第其日月而併刻之",但宋本今已不存於世。明代則有洪武刻本,爲方孝孺於澤九世孫濚所藏"請帝都汴之疏"不盡載於史氏者凡二十有四,序之以行。此外又有正德刻本、嘉靖刻本、萬曆刻本、崇禎刻本。

今存最早之本爲《宋東京留守宗忠簡公文集》五卷,明正德六年趙鶴刻本,半頁十行十八字,四周雙邊,黑口,藏上海圖書館。次爲《宋東京留守宗忠簡公文集》六卷,明嘉靖三十年宗旦刻本,半頁十行十八字,左右雙邊,白口,藏上海圖書館、南京圖書館等四館。三爲《宋宗忠簡公集》六卷《雜録》一卷《始末徵》一卷,明崇禎十三年黃正賓、熊人霖刻本,半頁八行十九字,四周單邊,白口,藏中國國家圖書館、河南省圖書館等三館,本館也有入藏。再爲《宗忠簡公文集》二卷(明張維樞輯),明萬曆三十三年宗焕刻本,半頁十行二十字,左右雙邊,白口,藏上海圖書館。

清代又有《宋宗忠簡公全集》十一卷,清康熙宗文燦刻本;《宋宗忠簡公集》八卷,清康熙三十年刻本;《宋宗忠簡公集》八卷首一卷,乾隆二十六年趙弘信刻本;《宋宗忠簡公文集》四卷首一卷補遺一卷，同治十二年述荆堂刻本。另清道光二十八年涇縣潘氏袁江節署刻《乾坤正氣集》中收有《宗忠簡公集》四卷。清同治四年吳坤修皖城刻《半畝園叢書》中有《宋宗忠簡公集》七卷。清同治光緒間胡氏退補齋刻《金華叢書》中收有《忠簡公集》七卷附《辨僞考異》一卷。抄本《兩宋名賢小集》中有《宗簡集》一卷。日本文久元年江戶抱月堂刻有《宗忠簡文鈔》二卷附《略傳》一卷。

《凡例》云："敬修公集，矢志於庚申夏仲，成梓於甲申初秋，凡四謄稿，急欲壽諸世者念有四年。存稿日久，四方頗多繕本，日有聞見，即日有校正，繕本每每不同，而必以刻本爲的。""公疏表書狀劄子咨目以系分，而注係第幾，次從文體也，仍舊也。記銘賦詩序文贊頌疏偈，片片皆珍，無可刪訂，庶格人之言昭揭日月，使讀者聞風而興廉立之思。""名賢題贊，每多散佚，宜博採訪，壽諸梨棗。特以名章星布，未易旁求，余小子不肖，從諸先正後，搜討舊刻，採輯品題，間抒一得，以助高深。"

此本有扉頁，刻"宋東京留守宗忠簡公全集。忠武堂裔孫輯。康熙四十五年新鑴。京江本堂藏板"。卷末附錄後又刻："此集重梓成於康熙四十五年十一月，統計板三百一十四塊，字兩面。文燦因老年病廢，恐有疏虞，罪不可逭。於康熙六十年十二月，對祖憑族將宋建炎誥敕真像世譜朱文公、陸忠烈、文信國諸名賢題贊真蹟十一幅並本朝皇帝御賜宸章尼祖遺法物、文燦自置宗器，一應公立交單付本房姪孫啓祥珍管。"

《四庫全書總目》入集部別集類，然爲八卷本。《中國古籍善本書目》未著錄。臺灣大學圖書館也有入藏，作"清康熙四十五年宗文燦據京江本堂藏本重刊本"。

1957　明萬曆刻本龜山先生集

T5350/4264

《龜山先生集》四十二卷，宋楊時撰。明萬曆十九年(1591)將樂知縣林熙春刻本。十六冊。半頁十行二十字，四周雙邊，白口，單魚尾，書口刻"龜山先生全集"，書口下有刻工或字數。框高19.8釐米，寬13.4釐米。前有萬曆十八年(1590)耿定力序。末有萬曆十九年李琯跋。

楊時，字中立，南劍州將樂人。晚年隱居龜山，人稱龜山先生。師事程顥、程頤，與呂大臨、謝良佐、游酢並稱程門四大弟子。曾任右諫議大夫兼國子祭酒、工部侍郎等職。致仕後，著書講學，在傳播理學方面影響很大。東南學者奉爲"程氏正宗"，朱熹即爲其三傳門人。《宋史》有傳。

卷一上書，卷二奏狀，卷三表，卷四劄子，卷五經筵講義，卷六至七辨，卷八經解，卷九史論，卷一〇至一三語錄，卷一四答問，卷一五策問，卷一六至二二書，卷二三啓，卷二四記，卷二五序，卷二六題跋，卷二七雜著，卷二八哀辭祭文，卷二九狀述，卷三〇至三六志銘，卷三七志銘、表碣，卷三八至四二詩。

耿定力序云："潮陽林子令將樂，求先生全集，得之官司理家藏，因授剞劂，蓋其邦之文獻也。仰止前脩，嘉惠後學，知所先矣。"

李琯跋云："龜山先生之集，得林令之刻而全。林令行有省臺之責者，將無意于康齋先生乎！"

林熙春，字志和，別號仰晉，廣東海陽人。萬曆十一年進士。授巴陵令。補將樂縣，修學宮，建楊龜山祠。尋擢戶科給事中，歷任禮科、兵科至工科都給事中，多所建白。後以南儀曹轉光祿少卿、太僕少卿、右通政、太僕寺卿、太常寺卿、大理寺卿，所任各能其官，尋疏乞休。年八十卒,特贈三代尚書,謚忠宣。《(光緒)海陽縣志》卷三八有傳。此本當爲熙春將樂任上所刻。

楊時集最早有十六卷本,爲明弘治十五年李熙、金瓚等刻遞修本。又有明正德十二年沈暉刻本,爲三十五卷本。《四庫全書總目》所收爲清順治八年楊令聞刻本。

此本刻工有熊紫覺、蘆得、范二、姚二、黃二、范四。

《中國古籍善本書目》著錄。中國國家圖書館、上海圖書館等二十七館,臺北"國家圖書館"(兩部)亦有入藏。

1958　明崇禎刻本宋李忠定公奏議選　T5350/4422.4

《宋李忠定公奏議選》十五卷《文集選》二十九卷首四卷,宋李綱撰,明左光先選,明李春熙輯。明崇禎十二年(1639)左光先刻本。十六册。半頁十行二十字,四周單邊,白口,單魚尾。框高20.8釐米,寬13.5釐米。題"宋李綱伯紀著;明皖桐左光先羅生選;宗人李春熙皥如輯;筠州戴國士初士較;宗裔李嗣玄評定"。前有李嗣京序,崇禎十二年左光先序,崇禎十二年李嗣玄序;朱熹舊序;李嗣玄撰《凡例》六則。

李綱,字伯紀,號梁溪,福建邵武人。政和二年進士。歷官監察御史兼權殿中侍御史,以言事忤權貴,改比部員外郎,遷起居郎。累官至太常少卿。靖康元年,金兵侵圍汴京,以尚書右丞任親征行營使,堅主抗戰,反對遷都,爲主和派所排擠,罷官。高宗即位後爲相,整軍經武,力圖恢復,主張聯合兩河義軍抗擊金兵。時高宗意存苟安,綱執政僅七十日即罷。後任湖廣宣撫史等職。卒謚忠定。生於元豐六年,卒於紹興十年,年五十八。又有《梁溪集》等。《宋史》有傳。

此本首四卷爲本傳、行狀。《文集選》卷一詔(國書附),卷二至六書,卷七書、啓,卷八序,卷九序、記,卷一〇至一二論,卷一三贊、頌、銘、傳,卷一四雜文、書事,卷一五題跋、哀辭祭文,卷一六墓誌銘,卷一七賦、詩,卷一八至二二詩,卷二三至二五《靖康傳信錄》,卷二六至二九《建炎進退志》。

李嗣玄序云:"公著述甚富,世不概見。先君任郎署時,在御府抄得詩文二十八册,歸而欲授梓未迨。壬申,抄本爲當道索去。玄懼先志之不彰,乃晝夜精選,募衆手雜書之,半月而工竟。又取郡刻奏議舊本并選之,合抄本各得十之三,藏於家。今年五溪周先生來自三山,快讀選本,亟謀諸左令公,令公又加筆削,汰其稍緩者十之一,公之集始粹然。若丹九轉而鉛汞可捐,醴五齊而糟粕可棄矣。共爲卷四十有八,爲帙十有六。令公慨捐貲爲剞劂費,而司憲黎公共襄厥舉,閱百日而集成。"

又此本扉頁有李嗣玄識語,朱印,色較淡。云:"公之著述,久秘匿於人間,幸玄之先人曾抄謄於御府。左令公捐資授梓,嘉惠心劬,余小子畢慮校讎,表章意切。"

左光先,號二山,桐城人,光斗弟。生而沉靜,居家以孝友稱。天啓甲子登賢書,筮仕綏安令,以異績入西臺。按部兩浙,勤邺民隱,周覈官方,所向風采凜然。力薦劉宗周、倪元璐、方孔炤等人,直聲正氣,殆與光斗稱難兄難弟。《(康熙)桐城縣志》卷四有傳。輯者李春熙,建寧人,字皥如,號泰階,萬曆二十六年進士,官至南京户部郎中,有《元居集》。

此本寫工爲蕭嘉生。刻工爲劉君允。又此書第四、五册之襯頁爲明嘉靖刻本《史綱統會》卷十三殘頁。《史綱統會》一書不見《中國古籍善本書目》著錄。

《四庫全書總目》收有李綱《梁溪集》,入集部別集類。《中國古籍善本書目》著錄。中國國家圖書館、上海圖書館等三十三館及臺北"國家圖書館"(缺《奏議》十五卷)、美國國會圖書館、日本尊經閣文庫、内閣文庫亦有入藏。又此書有清康熙、乾隆修補之本,天津圖書館、山東省圖書館等十五館有藏。本館有康熙李榮芳修補印本。

鈐印有"好古堂圖書記"、"仁壽山書院記"。

1959 明崇禎刻清康熙修補印本宋李忠定公奏議選文集選   T5350/4422.44

《宋李忠定公奏議選》十五卷《文集選》二十九卷首四卷,宋李綱撰,明左光先、李春熙等輯。明崇禎十二年(1639)左光先刻清康熙李榮芳修補印本。十四册。半頁十行二十字,四周單邊,白口,單魚尾。框高20.2釐米,寬13.5釐米。題"宋李綱伯紀著;明皖桐左光先羅生選;宗人李春熙皞如輯;宗裔李嗣玄評定;宗後學李榮芳、英重訂"。前有淳熙十年(1183)朱熹序。目錄頁後有康熙四十四年(1705)李榮芳識語;李嗣玄撰《選例》四則。

李綱,見明崇禎刻本《宋李忠定公奏議選》。

卷一至一四《奏議選》,計一百五十三篇;卷一五《公移》,計六篇。《文集》卷一詔十道;卷二至七書一百零八通、啟二通;卷八至九序二十二篇、記五篇;卷一〇至一二論三十九篇;卷一三贊六則、頌一則、銘四則、傳二論;卷一四雜文五篇、書事四篇;卷一五題跋十五篇、哀辭祭文六篇;卷一六墓誌銘三篇;卷一七至二二賦二篇、詩二百五十四首;卷二三至二五《靖康傳信錄》;卷二六至二九《建炎進退志》。首四卷,卷一《宋史》本傳;卷二至四爲行狀。

此本爲李榮芳據明崇禎刻本修補印本。李榮芳識語云:"右忠定公奏議十五卷、詩文集二十九卷,前明萬曆戊戌進士李皞如先生從中秘鈔出攜歸,擬欲刊布未果。其子又玄,繼成厥志,鏤版藏家,洊經兵燹,原版殘失過半。又玄冢孫克念,出贅於廖若采先生,盡輦其版,藏於婦翁家……嗣是,予下帷山中,户外事一切謝絕,獨茲事未能去於懷。前後凡購得三集,其一得諸吳子聚和,闕奏議二册,最後得二集於朱子爾則,其一集闕二册,其一集闕四册,合三集乃成全書。今春抄,科試抵樵,請於學憲沈公、郡伯魏公暨諸當道,咸可其請。又得一二同志資助,始募工繕寫,次第補綴,三閱月而工竣,較對無訛,完好如舊。"按,明崇禎刻本傳世頗多,中國國家圖書館、上海圖書館等三十三館,又臺北"國家圖書館"及本館都有入藏。另有乾隆二十七年綏安徐時作重刻本。

李綱集,宋代有《梁谿先生文集》一百八十卷,宋刻本,今僅存三十七卷,藏上海圖書館。半頁九行二十字,左右雙邊,白口。明末清初間所傳之一百八十卷本,多以抄本流傳,至清道光、同治間才有刊刻。

又李綱之奏議有單刻本,爲《宋丞相李忠定公奏議》六十九卷附録九卷,明正德十一年胡文靜、蕭泮刻本。中國國家圖書館、天津圖書館、臺北"國家圖書館"等館入藏。又有《宋李忠定公奏議選》十五卷,清朝宗書屋聚珍本,藏臺灣大學圖書館。

明崇禎元年(1628)大觀堂刻本《宋三大臣彙志》中有《宋丞相李忠定公別集》三卷。清光緒刻本《邵武徐氏叢書初刻》中收有《李忠定公別集》十卷。清光緒刻本《吉林探源書舫叢書初編》中有《李忠定公別集》十卷。

日本有文久三年(1863)刻《李忠定公集鈔》一卷《雜文詩》一卷。又大坂河内屋吉兵衛等後修本、大坂秋田屋太右衛門等後印本。文化六年(1809)刻《李伯紀忠義編》七卷。

此本有扉頁,刻"宋李忠定公集選"。又崇禎本中"虜"、"夷狄"等字,在此本中均代之以墨釘,如奏議卷一第十四頁第四行、第十五頁第二行皆是。

《四庫全書總目》入集部別集類存目,作"李忠定集選",四十四卷。《中國古籍善本書目》不收。《中國人民大學圖書館古籍善本書目》著錄明崇禎間刻康熙乾隆間修補本。日本《內閣文庫漢籍分類目錄》、《東京大學東洋文化研究所漢籍分類目錄》著錄。美國《普林斯頓大學葛思德東方圖書館中文舊籍書目》著錄明末刊清康熙間剜改重印本。《東京大學總合圖書館漢籍目錄》著錄崇禎十二年序刊康熙四十四年修本。

1960　清康熙刻本韋齋集　　　　　　　　　　T5351.9/2943

《韋齋集》十二卷,宋朱松撰。《玉瀾集》一卷,宋朱槔撰。《蜀中草》一卷,清朱昇撰。清康熙四十九年(1710)朱昌辰刻本。六冊。半頁九行十八字,四周單邊,黑口,雙魚尾。框高17.1釐米,寬12.3釐米。題"新安朱松喬年"。《玉瀾集》題"新安朱槔逢年"。《蜀中草》題"海昌朱昇方庵"。前有淳熙七年(1180)傅自得舊序,至元三年(1337)劉性舊序;紹興五年(1135)追封誥命;至正二十一年(1361)謚獻靖誥;同校子姓;朱松像並像贊;朱熹撰《韋齋府君行狀》。目錄後有弘治十六年(1503)鄭璠後題。末有康熙四十九年朱昌辰後記。

朱松,字喬年,號韋齋,安徽婺源人。朱熹之父。幼小喜讀書綴文,冠而擢第,未嘗一日捨筆硯。政和八年同上舍出身,授迪功郎、建州政和縣尉。除秘書省正字,循左從政郎,後遷著作左郎、尚書度支員外兼史館校勘。歷司勳吏部兩曹,兼領史職如故。與修《哲宗實錄》,書成,轉奉議郎,以年勞轉承議郎。因言事忤秦檜,出知饒州,未赴,後主管台州崇道觀。生於紹聖四年,卒於紹興十三年。

朱槔,字逢年,松之弟。朱昇,號方庵,昌辰之祖父。

傅自得序稱:松"詩高遠而幽潔,其文溫婉而典裁,至表奏書疏又皆中理而切事情。"《四庫全書總目》云:此"雖友朋推許之詞,然松早友李侗,晚折秦檜,其學識本殊於俗。故其發爲文章,氣格高逸,翛然自異,即不藉朱子以爲子,其集亦足以自傳。"是集卷一至三古詩一百四十二首;卷四律詩七十首;卷五至六絕句一百七十二首;卷七奏議十四篇;卷八策九道;卷九書九通;卷一〇錄曾祖父詩一首、序二篇、記四篇、跋一篇、文一篇;卷一一表五篇、狀二篇、疏六篇、啓十四通、完婚姻文一篇;卷一二行狀一篇、墓志銘二篇、謁廟文二篇、祠文二篇、祝文一篇、祭文三篇。

集後附《玉瀾集》,計詩六十首。其集原別本自行,故《直齋書錄解題》將《韋齋集》與《玉瀾集》分開著錄。明弘治間,鄭璠得其本於睢陽陳性之,因附刻《韋齋集》之後。《蜀中草》,詩二十一首、序八篇。

松之《韋齋集》,計十二卷,又有《外集》十卷,今《外集》久佚。是集淳熙間初刻於江西,然元代時即四方罕見,今則早已不存。至元間劉性爲之繕寫,刻之學宮,據臺北"中央研究院"歷史語言研究所善本書目》,有"元至元三年劉性刻本",並有近人鄧邦述題記。按,此本疑。明代僅有一刻,爲弘治十六年鄭璠刻本(半頁十行二十字,左右雙邊,白口),藏中國國家圖書館、上海圖書館、浙江圖書館、臺北"國家圖書館"。民國間,上海商務印書館據以影印入《四部叢刊》。清代除此本外,又有康熙四十七年程塏刻本(半頁十行二十字,四周單邊,黑口,藏湖北省圖書館、大連市圖書館、中國科學院圖書館);雍正六年朱玉刻本(半頁十行二十字,四周單邊,黑口,有傅增湘校並跋,藏中國國家圖書館)。日本《內閣文庫漢籍分類目錄》有清禮耕堂刻本。

清也趣軒抄本《宋人小集》中有《朱韋齋詩集》五卷;清康熙吳氏鑒古堂刻本(又有上海商務印書館影印本)《宋詩鈔初集》中收有《韋齋詩鈔》一卷;民國四年上海商務印書館排印本《宋詩鈔補》中收有《韋齋集補鈔》一卷。

朱昌辰後記云:"先儒獻靖公《韋齋集》十二卷暨先逢年公《玉瀾集》一卷,一刻於淳熙辛丑,再刻於至元丁丑,三刻於弘治癸亥,板藏闕里先祠,歲久漫滅,於世罕行,而世亦罕有購得者。康熙庚寅正月,昌辰求得舊本,急訂魯魚,付之剞劂。"

此本有扉頁,刻"先儒獻靖公韋齋集。附玉瀾集、蜀中草。本府藏版"。並鈐有"北宋大儒"、"理學正宗"、"嘉興王店鎮板橋東朱府發兌"印。據此可證,此本刻於浙江嘉興朱松後裔家,所云"發兌",當有家刻售買流通之意。每卷卷末刻"廿世孫昌辰、景辰謹訂"。卷三末有"張時燈刻"。

《四庫全書總目》所收即爲此本,入集部別集類。《中國古籍善本書目》著録,上海圖書館、首都圖書館、北京大學圖書館等七館也有入藏。又臺北"中央圖書館"普通本綫裝書目》及日本《京都大學人文科學研究所漢籍分類目録》著録。

鈐印有"禮培私印"、"掃塵齋積書記"、"雪吟"、"文濬之印"、"雪吟過眼"、"馮浩"。

1961　清乾隆刻本宋孫仲益内簡尺牘　　T5775/1946

《宋孫仲益内簡尺牘》十卷首一卷,宋孫覿撰,宋李祖堯注。清乾隆十二年(1747)蔡焯等刻本。四册。半頁九行二十字,四周單邊,黑口,單魚尾。框高17.1釐米,寬11.5釐米。題"門人李祖堯編注;錫山蔡焯敦復、龍孫初篁增訂"。前有乾隆十二年浦起龍序。

孫覿,字仲益,别號鴻慶居士,晉陵人。大觀進士。後舉詞學兼茂科,歷官翰林學士、吏户二部尚書,立朝正直。知秀州、温州、臨安諸郡,因忤執政,歸隱太湖濱西徐里。歷事徽、欽、高、孝四朝,孝宗朝時,嘗命編類蔡京、王黼等事實,上之史官。生於元豐四年,卒於乾道五年,年八十九。有《鴻慶居士文集》七十卷。

覿爲南渡初大作家,學問淵博,文章雅贍,文人中最爲老壽。其尺牘可見覿學術之博異,識見之高邁,自流露於揮灑翰墨之間。《鴻慶居士文集》卷三七至五〇皆書帖,然此十卷本内容與《文集》略有不同,或李祖堯據覿之手稿編定,且其注多取覿自著詩文,以資考證。是書蔡焯、初篁所增補者,均以〔增〕字附在李祖堯注後。

浦起龍序云:"獨其緒餘有尺牘十卷,明中葉再三刻(成化辛丑,仲益十一世孫蜀撫仁刻,雲間錢尚書溥序;嘉靖丁巳,建陽守顧名儒刻,自爲跋;萬曆庚辰,淮陽學政浠水李時成刻,姚江葉逢春序),於今僅存版亦湮矣。梅里蔡氏子弟,風尚好古,屬者初篁理故帙,憫斯牘之傳不廣,又病夫淺人者詭言,門人夾注淆漏,乃與諸大阮體乾、敦復、用謙謀,手鐫而版行之。於是用謙起爲約,剋日從事,而吴門張蔭嘉以社會來集與勞焉,刊正裒補,捷鈔接校,首尾纔五十日,注本定。諸子辱與予習,每稿册成,趣以眎予,予憚其敦促勤而樂其周審,驚歎其脱手何敏也。"

此本有扉頁,刻"内簡尺牘"。每卷後皆有"蔡煌體乾、其炳用謙校"。又卷二末刻"建子月上澣張玉穀繕樣",卷四末刻"冬仲杜莊寓舍寫張玉穀",卷五末刻"臈月哉生明張玉穀鈔時館置紫陽書院",卷九末刻"丁卯端月晦日張玉穀書"。"玄"字避帝諱。

按,李祖堯注本《内簡尺牘》,最初有宋蔡氏家塾刻十六卷本,藏上海圖書館。元代則有十卷本,藏中國國家圖書館。明代所刻三種,即明成化十七年刻本、嘉靖三十六年顧名儒刻本、萬曆八年葉逢春刻本,今皆尚存,後兩種多至十餘部。清光緒二十二年又刻入《常州先哲遺書》。

　　《四庫全書總目》入集部別集類,但非此本。《中國古籍善本書目》著録,湖北省圖書館、北京大學圖書館等九館也有入藏。

1962　明嘉靖刻本和靖尹先生文集　　　　　　　　　　T5350/1594

　　《和靖尹先生文集》十卷,宋尹焞撰。明嘉靖九年(1530)洪珠刻本。五册。半頁十行十八字,左右雙邊,白口,無魚尾。框高 18.7 釐米,寬 12.7 釐米。前有蔡宗充序。

　　尹焞,字彦明,一字德充,洛陽人。受學於程頤,終生不應科舉。靖康初賜號和靖處士。次年,金兵攻陷洛陽,全家被害,焞流離至蜀。紹興八年,以布衣任太常少卿兼説書,再遷禮部侍郎兼侍講。因上書反對與金議和,觸怒秦檜,不報,辭官不就。《宋史》有傳。《宋元學案》卷二七有《和靖學案》。

　　卷一年譜,卷二至三奏劄,卷四詩、雜文、書,卷五壁帖,卷六至八師説上中下并附録,卷九薦劄、告詞,卷一〇銘記、祭文挽章。"壁帖"爲聖賢治氣養心之要語,黏之屋壁,以自警惕。師説,爲焞平日之緒論。

　　蔡宗充序末署年被剜去,蓋賈人所爲,意圖充宋本也。蔡序應作於嘉靖九年。又書末洪珠刻書序也被抽去。洪珠,字玉方,莆田人,明正德十六年進士。

　　《四庫全書總目》所收爲八卷本。《中國古籍善本書目》著録。中國國家圖書館、上海圖書館等八館、臺北"國家圖書館"(兩部)亦有入藏。

　　鈐印有"莫友芝圖書印"、"莫天麟印"、"獨山莫祥芝善徵甫讀過"、"莫印祥芝"、"善徵"、"莫祁信印"。又有"季振宜藏書"、"滄葦";"張元輅印"、"石渏圖書"。季印不真。

1963　清乾隆刻本羅豫章先生集　　　　　　　　　　　T5350/6120B

　　《羅豫章先生集》十二卷首一卷末一卷,宋羅從彦撰。清乾隆十一年(1746)刻本。四册。半頁九行二十字,左右雙邊,白口,單魚尾。框高 19.3 釐米,寬 12.7 釐米。目録頁題"邑後學黄植京景山重訂;裔孫壄、天廣、天道、英勳仝校"。前有乾隆二年(1737)王輅序,乾隆元年(1736)黄植京序;《凡例》四則。

　　羅從彦,字仲素,其先世自豫章避寇至劍浦,復遷於沙縣,是爲沙縣人。幼穎悟,及長,嚴毅清苦,篤志求道。後築室羅浮山中,居十餘年,絶意仕進,終日端坐,以體驗天地萬物之理。紹興二年,年六十一,以特科授惠州博羅縣主簿。紹興五年,卒於汀州武平縣,年六十四。淳祐間追謚文質。《宋史・道學傳》有傳。

　　是編以宋儒稱從彦爲豫章先生,因以名集。卷首爲序、凡例、繳進遵堯録狀等、本傳。卷一至七《遵堯録》,卷八《遵堯録別録》,卷九《二程先生語録》,卷一〇至一一《雜著》,卷一二《詩》。末一卷爲附録,收劉允濟、楊棟等四十一篇文章,如《請謚羅李二先生疏》、《宋禮部頒祭文》、《重建沙縣祠堂記》、《祭文》等。

　　王輅序云:"先生受業龜山之門,晚年聞道,又嘗親炙伊川,得承謦欬,故其爲學宏深静密,直窺聖賢底藴,南來統緒,賴以昌明。迨後得李延平衍其道脈,再傳至朱子,遂匯濂洛之精藴而大集其成,使孔孟心傳,如揭日月,如導江河,溯其授受源流,先生實以一身樞衡其間……今其裔孫國子生壆、孝廉天廣、博士天道、英勳等追念先澤,懼遺編之淪缺,重加較讎,并集先儒時賢諸序記,釐爲十四卷,付之剞劂。"

黄植京云:"先生没,而遺編散佚無存。至理宗朝,郡守劉公始得《遵堯録》上。之後,元進士曹伯大迺搜得全集,刊以行世。勝國時,屢易剞劂。逮我朝大中丞儀封張公刻之,宮詹學憲心齋沈公又刻之,然後尚友之士有所藉以窺其壺域。第前此刻本,歲久散亡,張、沈二刻板又藏官舍,流布未廣,此望古遥集者所爲企想而三嘆也。仰惟我皇上妙齡紹統,稽古右文,凡名山石室之藏,靡不勤加搜訪,斯誠吾道大亨,理學昌明之會。而先生裔孫上舍生壆暨男博士天道、姪孝廉天廣,嗜古象賢,躬逢盛際,乃謀舉先生集捐金重梓,以廣其傳,又恐鋟板屢更,魯魚易混,爰取沈本付京訂定,庶幾不誤來學。"

《凡例》云:"是刻悉遵沈心齋學憲板樣,但字經三寫,不無譌錯,今查各書改正,以成全璧。""沈本自卷一至卷十二止,無首末二卷,以係南劍州楊羅李三先生合集不附載也。兹爲豫章先生尚集,故備爲補入。""是書首末二卷,苦心搜討,纖悉弗遺。更從羅源里守墓裔孫購得寫本,頗覺完備。奈卷帙顛倒,字句間復多舛錯及脱落處,雖極意考訂,尚覺駁改未盡,遥質四方高明,幸祈賜教。""卷十、卷十二都有增補,以先生單詞只字皆有關於吾道,不可棄也。然此外豈無遺漏?淹雅君子,倘有見聞,乞即郵示,便當續梓。"

此本有扉頁,刻"宋儒文質公羅豫章先生集。裔孫雍可、體勤同刻。乾隆元年鐫。本衙藏板"、"宋儒文質公羅豫章先生集。宮保大中丞西昌周先生校定。乾隆十一年新鐫"。按,《豫章先先集》版本較多,存世最早者爲元至正二十五年豫章書院刻本,明代有成化張泰刻本、成化馮孜刻本、正德十二年姜文魁刻本、正德十二年姜文魁刻隆慶五年羅文明重修本、嘉靖三十三年謝鸞刻本、明元季恭刻本、萬曆三十九年羅應斗刻本,另有"明刻本"兩種,但均爲十七卷本。

《四庫全書總目》入集部别集類,十七卷。《中國古籍善本書目》不收。

鈐印有"澤野氏藏書之印章"、"東京都墨田區菊川一ノ二九□□思齋"。

1964 清乾隆刻本胡澹庵先生文集

T5351.9/4281

《胡澹庵先生文集》三十二卷,宋胡銓撰。清乾隆二十二年(1757)胡溒、胡定等刻本。六册。半頁九行二十字,左右雙邊,白口,單魚尾。框高18.9釐米,寬12.1釐米。題"宋廬陵胡銓著;宜川後學符乘龍斯萬校閱;嗣孫溒龍篆、定静園、鍾蘭映奎、逢盛亮采、廷棟騎屋、紹虞睿文、近仁元長編輯;值夏道院、永陽院背仝訂"。前有乾隆二十二年胡定序,乾隆十一年(1746)齊召南序,慶元五年(1199)楊萬里舊序;胡銓遺像並孝宗皇帝御贊、御札;《胡忠簡公史傳論》;歷代名賢評論十一則;十七世孫胡升公識語。末有二十世孫胡溒跋(有殘缺)。

胡銓,字邦衡,號澹庵,江西廬陵人。建炎二年進士。紹興五年任樞密院編修官。因主戰,忤秦檜,謫徙廣東。孝宗即位,起知饒州,召爲吏部郎官。隆興二年,任兵部侍郎。升龍圖閣學士、提舉太平興國宮,轉提舉玉龍萬壽宮,進端明殿學士提舉。以資政殿學士致仕。卒謚忠簡。生於崇寧元年,卒於淳熙七年。事蹟具《宋史》本傳。

宋謝枋得嘗云,胡澹庵肝膽忠義,心術明白,思慮深長。明侯峒曾又云,銓之文"原本六經,其代言莊重典則,其封事慷慨悶切,其記序約而悉、古而潔,其詩恢奇高響,無風呻雨唶音"。此集卷一至二論十篇,卷三雜撰五篇,卷四雜著十八篇,卷五策二道,卷六制誥二十七篇,卷七至八奏疏十三篇,卷九至一一書二十三通,卷一二至一四小柬五十五通,卷一五至一六序三十五篇,卷一七至一九記三十四篇,卷二〇疏三十五篇,卷二一詩十六首,卷二二青詞九首、祝文九篇、祭文十九篇,卷二三至三〇墓志銘五十篇,卷三一傳一篇、行狀二篇,卷三二題跋二十七篇。

銓集宋代曾有刊刻,爲百卷之本。據楊萬里舊序云:"先生既殁後二十年,其子瀣與其族孫秘裒集先生之詩文若干卷,目曰《澹庵文集》,欲刻板以傳,貧未能也。之官中都,舟過池陽,太守蔡侯必勝相見,因問家集,慨然請其書刻之。命郡文學周南、董振之、學錄何巨源校讎之,未就,而蔡侯移官山陽,雷侯孝友、顔侯棫踵成之。"然宋本今已不存於世,《直齋書錄解題》載銓集七十八卷,《宋史·藝文志》則載銓集七十卷,則當時已非百卷之舊。元、明兩代,銓集似未有傳本。今所存銓集善本多爲抄本,且有六卷、二十五卷、三十卷之別。六卷本有清初抄本(藏杭州大學圖書館)、清乾隆抄本(四庫底本,藏山東省圖書館)、清乾隆鮑氏知不足齋抄本(藏上海圖書館)、舊抄本(藏臺北"國家圖書館")、清抄本(藏南京圖書館,有清鮑廷博校、丁丙跋);二十五卷本有清抄本(藏山西省文物局);三十卷本有清初抄本(藏上海圖書館)。

清代除此乾隆本外,又有道光十三年讀書堂重刻本(三十二卷)。《宋廬陵四忠集》(民國二十六年吉安劉氏排印本)中收有《胡澹庵先生文集》三十二卷附錄二卷;《胡忠簡公經解附》(清乾隆五十二年餘杭官署刻本)中收有《胡忠簡公文集補遺》三卷附錄三卷;《兩宋名賢小集》(抄本)中收有《澹庵集》一卷。

此本爲胡澐、胡定所刻。齊召南序云:"公所著《澹庵集》百卷,後多散佚,今公孫侍御靜園、巡檢亮采、文學龍篆、騎屋、元長、睿文、映奎裒其遺文,得三十二卷,率族人梓以行世。"胡定序云:"世稱蘇子瞻嬉笑怒罵之辭,皆可書而誦之,先公片語隻字,莫不露其英風義氣焉。考史傳載先公有諸經解,有集百卷,今搜輯僅得文三十二卷,琳瑯失其過半,良可慨已。昔司馬文正公喜人寶其祖宗之字蹟,以爲心畫也、手法也。字蹟尚宜寶之,況遺文乎?乾隆丁丑,吾族宗子率族人梓其遺集,俾子姓殷繁,皆得寶前人之著作,且並以公於同好也。"

胡澐跋云:"公集凡百卷,宋刻於池陽,舊有家藏原版,屢經兵燹,散佚不見者五百餘選。乾隆丙寅,家給諫公靜園獲得抄本,屬澐□族鍾蘭映奎、紹虞睿文重鐫傳世,不幸二君相繼去世,澐不敏,懼久而愈失,遏佚前人光,乃併裒集遺稿,共計三十二卷,與姪廷棟騎屋、仲男盛樸、貢白次第編輯,□而付梓。"據此跋及胡定序,可知乾隆十一年時,胡澐等人欲據所得抄本重刻,後因變故而推遲至二十二年刻竣。

《四庫全書總目》入集部別集類,然所收爲六卷本。《中國古籍善本書目》著錄清乾隆二十二年練月樓刻本(中國國家圖書館藏,傅增湘校補並跋,練月樓藏板),行款同此本,二本疑爲一刻。又《河南省圖書館中文古籍書目》著錄清乾隆二十二年廬陵胡氏家刻本;臺北"中央研究院"史語所傅斯年圖書館有"清乾隆二十二年重刻本"。又日本《東京大學總合圖書館漢籍目錄》著錄清乾隆二十二年練月樓刻本。

1965　清乾隆刻本鄮峰真隱漫録　　T5351.9/5336

《鄮峰真隱漫録》五十卷,宋史浩撰。清乾隆四十一年(1776)史友義繼錦堂刻本。八册。半頁十行二十三字,左右雙邊,白口,單魚尾,書口上刻"史忠定王遺集",下刻"繼錦堂"。框高18.2釐米,寬12.1釐米。題"宋門人周鑄編;清裔孫友義校"。前有乾隆四十二年(1777)史友義序,乾隆四十二年史和序,乾隆四十二年史積容序;《宋史》本傳。末有乾隆四十二年史積璟跋。

　　史浩,字直翁,浙江鄞縣人。紹興十四年進士。調紹興餘姚縣尉,歷溫州教授,除太學正,陞國子博士。再除秘書省校書郎兼二王府教授,遷宗正少卿。孝宗爲建王,浩以司封郎中兼直講。即位後,又以中書舍人遷翰林學士,知制誥。後爲觀文殿大學士、醴泉觀使兼侍讀,累官右丞相。除太保致仕,封魏國公。卒於紹熙五年,年八十九,謚文惠。嘉定十四年追封越王,改謚忠定。浩又有《周禮天官地官講義》十四卷、《尚書講義》二十卷、《論語口義》二十卷等。《宋史》卷三九六有傳。

　　此集又名《史忠定王遺集》。計詩五卷、雜文三十九卷、詞曲四卷、童卯須知二卷。卷一至二古詩五十二首;卷三至四律詩九十三首,挽辭二十四首;卷五絕句八十二首;卷六內制三十一篇、外制十八篇;卷七至一一奏疏三十五篇;卷一二至一八表一百二十九篇、牋四篇;卷一九至二一牋四十八篇、詩二首、表十二篇、札子四篇、笏記十篇、青詞三篇;卷二二青詞十一篇;卷二三疏文四十八篇;卷二四至二八啓九十一篇、禮書十篇;卷二九至三一札子五十九篇;卷三二書三通、記二篇、序二篇;卷三三至三五贊十首;卷三六題跋二十五篇;卷三七至三九致語四十六篇、上梁文三篇、撒帳文一篇、劃船致語二篇;卷四〇銘五則、雜說六篇、頌二首、偈二首、雜著二首;卷四一楚辭一首;卷四二祝文二十四篇;卷四三祭文十五篇;卷四四(原闕);卷四五至四六大曲七首;卷四七至四八詞曲一百三十一首;卷四九至五〇童卯須知一百篇。童卯須知所言皆治家修身之道,而諧以韻語,乃錄之家塾,以訓子孫者。

　　《直齋書錄解題》及《宋史·藝文志》著錄有五十卷本,與此本合。史浩集,元、明兩代未見刻本流傳。今之最早傳本乃天一閣藏明抄本,今僅存六卷,爲卷三三至三八。清代之善本也僅有抄本傳世,分別爲清抄本(計兩種,一爲《四庫》底本,繆荃孫跋,藏北京大學圖書館;一藏南京圖書館)、清徐氏煙嶼樓抄本(有闕名校,藏湖北省圖書館)。清末又有光緒二十六年(1900)四明鄞東支裔孫廷霖綠野草堂活字印本。

　　此本乃史友義據明天一閣藏抄本及四庫館本傳抄並刻之。天一閣藏本魯魚亥豕不可勝紀。史友義序云:"是集之復出也,浙江撫軍采之天一閣鈔本,轉謄而入四庫館,字經數寫,魚魯滋多。爰與萊庭兄暨樵陽師、柘溪姪共相校讎,欲其傳於永久也,登諸梨棗,頒之同宗,俾各家藏以爲世守。"史積容序又云:乾隆癸巳,編《四庫全書》,"時天下藏書之家,莫不爭獻其秘藏之本,而《鄮峰漫錄》五十卷,中缺四十四卷,則寧波范氏天一閣所藏,而浙江書局所徵上也。既又得《尚書講義》於《大典》中,積容並乞假諸館中,寫得其副。族叔父益三將刻之木,以廣其傳。"史積璟跋又云:"集凡五十卷,原本缺第四十四卷,餘亦間有脫落,蓋柘溪弟鈔自四庫館,而萊庭叔考訂之。"

　　此本有扉頁,刻"史忠定王遺集。乾隆丙申仲冬重鐫。會稽繼錦堂藏板"。鈐有"八行家風"、"□錦圖書"。

　　《四庫全書總目》入集部別集類。《中國古籍善本書目》不收。

1966　清抄本鄮峰真隱漫錄　　　　T5351.9/5336B

　　《鄮峰真隱漫錄》五十卷,宋史浩撰,宋周鑄輯。清抄本。十册。半頁九行十八字,無邊框。題"宋門人周鑄編"。

　　史浩,見清乾隆刻本《鄮峰真隱漫錄》。

周鑄,史浩門人。生平不詳。

"鄞"者,秦代縣名,在鄞縣東。是集所收章奏、表牋、詔告等,可與諸史相參証。卷一至二古詩,卷三至四律詩,卷五絕句,卷六內制、外制,卷七至一一奏議,卷一二至一八表,卷一九至二一牋,卷二二青詞,卷二三疏文,卷二四至二七啓,卷二八啓、禮書,卷二九至三一劄子,卷三二書、記、序,卷三三至三五贊,卷三六題跋,卷三七至三八致語,卷三九致語、上梁文、撤帳文、劃船致語,卷四〇銘、雜說、頌、偈、雜著,卷四一楚辭、葬五世祖衣冠招魂辭,卷四二祝文,卷四三祭文,卷四四行狀、墓志銘,卷四五至四六大曲,卷四七至四八詞曲,卷四九至五〇童卯須知。

《四庫全書總目》入集部別集類。《中國古籍善本書目》著録,天一閣有明抄本(殘);北京大學圖書館有清抄本,繆荃孫跋;南京圖書館藏清抄本;湖北省圖書館有清徐氏煙嶼樓抄本。《東京大學東洋文化研究所漢籍分類目録》、《京都大學人文科學研究所漢籍分類目録》著録清光緒二十六年四明鄞東支裔孫廷霖綠野草堂活字印本;《靜嘉堂文庫漢籍分類目録》著録清刊本。

"玄"、"弘"、"曆"字避帝諱。

鈐印有"五橋珍藏"、"慈谿馮氏醉經閣圖籍"。按,此為馮雲濠印。雲濠,字五橋,浙江慈溪人。道光十四年舉人,捐納至候選道。家素封,於所居構醉經樓藏書,多善本。有《醉經閣書目》一册。

1967　明成化刻本晦庵文抄　　　　T5356/2302

《晦庵文抄》七卷《詩抄》一卷,宋朱熹撰,明吳訥輯。明成化十八年(1482)婁謙、周鳳等太平郡學刻本。存二册。半頁九行二十一字,四周雙邊,黑口,雙魚尾。《詩抄》框高21釐米,寬12釐米。前有宣德十年(1435)吳訥序,成化十八年周木序;總論。末有宣德十年陳敬宗後序。

此書僅存《詩抄》一卷。

吳訥序云:"然集中編載衆體混□,且卷帙浩瀚,獲見者鮮。暇日□手抄五言古體,始於擬古,終於感興諸詩,得二百首,實於家塾,以教子弟,蓋欲使知詩章之學。"

陳敬宗後序云:"今副都憲海虞吳公,慨世人之罕知,乃手録先生五言之作,自擬古至感興,凡若干篇,編寫成帙,既已叙其篇端,其婿錢宣公達將鋟梓,以廣其傳也。"

周木序云:"侍御婁君克讓,奉命來察南畿學政,間嘗訪余,見而有感焉。乃曰,子朱子之文章,雖其餘事,然若布帛菽粟,民生不可一日而闕者。故或片言半語,人知尊信,況詩與文,尤其言語之精者乎!而《抄》尤詩文之精者乎!窮鄉晚進,艱獲全集,幸覩此編,亦尤愈於終身而不知焉。既而請歸,俾翻刻於太平郡黌,用博其傳。""君名謙,信之上饒人,篤學好古。其傳出於乃兄克貞。克貞嘗為高第弟子於崇仁吳聘君康齋門,家學淵源,知重是書,益可以考其人矣。而郡守周君鳳、貳守唐君詔、通守李君昌、孫君瑜、咸祗順而肅行之,其意亦可嘉也。"

是書之宣德錢宣刻本,僅見臺北"國家圖書館"一部。《四庫全書總目》未收。《中國古籍善本書目》著録,作明成化十八年周鳳等刻本,南京圖書館、上海復旦大學圖書館、蘇州市文物管理委員會有全帙。

鈐印有"山中文庫"、"蛇湖叟書屋印"。

1968　清康熙刻本朱子文略　　　　　　　　　　T5356.4/2915

《朱子文略》四卷,宋朱熹撰,清朱璘輯。清康熙三十七年(1698)萬卷堂刻本。二册。半頁九行二十一字,左右雙邊,白口,單魚尾,書口下刻"萬卷堂",書眉上刻評語。框高 18 釐米,寬 11.9 釐米。題"徽國文公朱熹著;古虞後學青岩朱璘輯;襄城後學禮山李來章校"。前有康熙三十七年朱璘序;康熙三十七年李來章撰《凡例》八則並識語;朱文公本傳。

朱璘,字青岩,江蘇常熟人。嘗爲南陽書院教席。

此本收朱熹之文一百十二篇,乃爲書院諸生發蒙之選,據《凡例》云:"獨録其結構嚴密、精神振動者,以爲古文程式。非敢有所去取,蓋就文論文,其體自不得不如是耳。"爲使文義了然於胸,每文特爲劃分段落,注明章法,於書眉上端列出"此段"如何如何。又於集中多加旁注,一一爲之標出。卷一奏札、札子九篇,書十八通;卷二序三十四篇;卷三記三十篇;卷四説、辨、跋、碑、傳、墓表三十二篇。

朱璘序云:"考亭文公,以天縱之材起而集諸儒之大成,幼讀二程遺書,既有得於斯道,生平箋注經傳,校正諸儒之書,無不極其精核。今讀其文章,諸體具備,微之天人性命之理,顯之禮樂文物之制,上之朝廷之建白,下之師友之答問,蓋無一不極探其源本,而詳示以用功之要,其文字之工,真如清廟之瑟,一唱三嘆,使人往復流連,不能自已。""西山真氏曰,讀朱子之文,古人之文幾爲之盡廢。又曰朱子之文,如揚鑾振策,於九軌之衢有蕩蕩平平氣象。""予向批注左國史漢唐宋八家之文,以教南陽書院從游諸子,今又汲汲焉採輯文公之文,併略述大旨於紙尾,蓋恐其沉溺於枝葉派別,而不復返求其本源也。"

李來章識語云:"先生有事斯集,予適客宛南,獲與校讎,茗椀竹窗,備聞詮注採輯之旨,刻成,因爲述而識之。"

《四庫全書總目》、《續修四庫全書總目提要(稿本)》未收。《中國古籍善本書目》不收。各家書目鮮有著録。

鈐印有"會稽魯氏貴讀樓藏書印"。

1969　清雍正刻本吕東萊先生文集　　　　　　T5356.9/1129

《吕東萊先生文集》二十卷,宋吕祖謙撰,清王崇炳輯。首一卷。清雍正陳思臚敬勝堂刻本。八册。半頁十行二十四字,左右雙邊,白口,單魚尾,書口下刻"敬勝堂"。框高 19.6 釐米,寬 13.2 釐米。題"東陽王崇炳虎文編輯;金華陳思臚宸若較梓;男士瑛璨文、邦琛焕文、婿程開業敬一仝較"。前有雍正元年(1723)張坦讓序,王崇炳序;嘉泰四年(1204)吕喬年舊序。

吕祖謙,字伯恭,號東萊,吕好問曾孫,浙江金華人。隆興元年進士,又中博學宏詞。乾道五年,除太學博士,官至直秘閣著作郎、國史院編修、實録院檢討官,重修《徽宗實録》。初與朱熹同編《近思録》,後以爭論《毛詩》不合,遂互爲排斥。生於紹興七年,卒於淳熙八年,年四十五。諡曰成。祖謙一生著述頗多,又有《家塾讀詩記》三十二卷、《春秋集解》三十卷、《左氏博議》二十卷、《皇朝文鑑》一百五十卷等。《宋史》有傳,又見《宋元學案》卷五一《東萊學案》。

祖謙與朱熹、張栻齊名,時稱"東南三賢"。其學以關洛爲宗,主"明理躬行",治經史以致用,反對空談陰陽性命之説,開浙東學派先聲。此本卷一表、札子,卷二策問、啓,卷三至五書,卷六記、序、銘、贊、辭、題跋,卷七至八墓志銘,卷九家傳、祭文,卷一〇官箴、宗法條目、學規,卷一一詩,卷一二至一四易説,卷一五詩説,卷一六禮記説、周禮説,卷一七論語説、孟子説,卷一八孟子説,卷一九史説,卷二〇雜説。首一卷爲王崇炳撰《吕東萊先生本傳》,並崇炳録《宗傳廣録》及附志十二則。

　　祖謙卒後,其生平詩文皆由其弟祖儉及從子喬年先後刊補遺稿,釐爲《文集》十五卷(卷一詩、卷二表疏、卷三奏狀札子、卷四啓、卷五策問、卷六記序銘贊辭、卷七題跋、卷八祭文、卷九行狀、卷一〇至一三墓志銘、卷一四傳、卷一五紀事),《别集》十六卷(卷一至六家範、卷七至一一尺牘、卷一二至一五讀書雜記、卷一六師友問答),《外集》五卷(卷一至二策問、卷三至四宏詞進、卷五拾遺)。年譜、遺事則爲《附録》三卷,又《附録拾遺》一卷。現存最早刻本爲《東萊吕太史文集》十五卷《别集》十六卷《外集》五卷,附《麗澤論説集録》十卷(吕祖儉輯),又《附録》三卷《附録拾遺》一卷,宋景泰四年吕喬年刻元明遞修本(半頁十行二十字,左右雙邊或四周雙邊,白口,有刻工),中國國家圖書館、上海圖書館、江西省圖書館、臺北"國家圖書館"、臺北"中央研究院"史語所傅斯年圖書館有全帙。按,是書收入《續金華叢書》集部。

　　明代有《東萊吕太史全集》四十卷,嘉靖三年安正書堂刻本(半頁十行二十字,四周雙邊,雙魚尾),臺北"國家圖書館"、日本尊經閣文庫入藏。清代有《吕東萊先生文集》四卷,道光二年古歙洪錫謙刻本。《兩宋名賢小集》中收有《東萊集》一卷。

　　此本爲陳思爐所刻。王崇炳序云:"今考亭、象山之書,皆傳於世,惟成公所著,自《博議》外,人皆罕覯。《文統》及《五先生集》則略而不備。偶於蘭谿學博褚先生處見其遺集,而脱簡不少,思得重吹灰燼,彙萃成集,以嘉惠後學,而苦於無貲,乃因及門陳允琢謀貲於其季父陳君宸若,一言慨諾,經今十載,不得完本,蹉跎不舉。今年,蘭谿弟子唐思臣購於葉老人之子而得之。葉老人者,名自合,予舊友也,少時爲章無逸先生門人,無逸先生身任婺州文獻,凡遺書之垂滅而不盡者賴以存傳。而老人所手抄書不下數千卷,向嘗出以示予,不知其有吕成公集也,今一旦得之,十餘年宿願幸而得酬,仍謀諸陳君,慨然允諾,猶初志也。"

　　《四庫全書總目》收入《東萊集》四十卷,入集部别集類。《中國古籍善本書目》著録,河南省圖書館、北京大學圖書館、財政部圖書館也有入藏。又《青海省古籍善本書目》、"國立臺灣大學"普通本綫裝書目》、日本《國立國會圖書館漢籍目録》、《内閣文庫漢籍分類目録》、《尊經閣文庫漢籍分類目録》著録。《金華叢書》(清同治刻本、《叢書集成》本)集部收入。

1970　清雍正刻本宋王忠文公文集

T5352/0628

　　《宋王忠文公文集》五十卷,宋王十朋撰。清雍正六年(1728)唐傳鉎刻本。十二册。半頁十一行二十一字,四周單邊,白口,單魚尾,書口下刻各卷之内容,如"策"、"議"等。框高17.9釐米,寬13.6釐米。題"知樂清縣事楚南後學唐傳鉎人岸重編;邑後學進士楊森秀清令校"。前有朱熹代劉共父(珙)序,正統五年(1440)黄淮序,正統五年何文淵序,雍正六年王斂福序,雍正六年芮復傳序,雍正六年唐傳鉎序。末有王聞禮跋,王鶴齡跋,徐炯文跋,雍正七年(1729)林培跋;雍正六年唐傳鉎撰《凡例》六則;附《王十朋傳》(宋史本傳);《梅溪王忠文公年譜》(徐炯文編);《宋龍圖閣學士王公墓志銘》;《梅溪王忠文公書院記》。

王十朋,字龜齡,號梅溪,學者稱"梅溪先生",浙江樂清人。幼穎悟,日誦數千言,紹興二十七年進士第一。特授紹興府僉判,召除秘書郎。孝宗時,歷知饒州、夔州、湖州、泉州,布上恩,恤民隱,所至人繪而祠之。累官太子詹事,後以龍圖閣學士致仕。卒諡忠文。生於政和二年,卒於乾道七年,年六十。又有《會稽三賦》、《東坡詩集注》等。傳又見《宋元學案》卷四四《趙張諸儒學案》。

十朋之學以忠孝爲主,凡家居立朝、往來酬應,觸處皆是,治郡尤以人心風俗爲先務。其詩文渾厚質直,懇惻條暢。此集卷一御試策,卷二至五奏議,卷六表狀,卷七經筵講義、經筵故事、論語,卷八至一一策問,卷一二序,卷一三至一四記,卷一五行狀,卷一六志銘,卷一七祝文、醮詞、疏文,卷一八祭文,卷一九至二一書啓,卷二二劄,卷二三簡,卷二四銘、跋、雜著,卷二五至三一古詩,卷三二至三三五言律詩,卷三四至三九七言律詩,卷四〇至四一五言絕句,卷四二至四七七言絕句,卷四八詠史詩,卷四九至五〇賦。

芮復傳序云:"公之雜文詩歌,舊有刊本,與歐、蘇、楊、陸先後行世,其列於諸選者,三尺童子皆知誦而習也,其全書不可得見。明之中葉,雖經重刻,今已散佚無多存。樂清令唐子人岸,悉心裒集,編爲五十卷,訂正而刊行之。"林培跋云:"……遂於戊申春設局就梓。""戊申",爲雍正六年。

唐傳鉎序又云:"相傳其子聞禮於公沒時已有刻本,而先儒朱子代劉共父爲之序。明正統間,溫郡守何公文淵主其事,命廣文董纂集,然篇章倒置,字句錯誤,幾令讀者生厭,今本亦無多存者。適護觀風徐公鼎來得一本,重憫其失無以傳後,慨然付余。余命徐生炯文偕其徒徐紹周光璨悉心較訂,七閱月,而孝廉薛英亦加覽焉。其刻資約費三百金,半出拙吏,半爲同邑諸生有力,如林徵君任象山教諭培、徐明經名世及朱統者助之,閱十月而書成。"

十朋卒後,曾有三十二卷存於家,其子聞禮曾合其先君文集並奏議共五十四卷,於紹熙三年鋟木江陵,歸藏於家。今宋本已不存於世。據黃淮序,文集舊嘗鏤板,歲久寖廢。有何文淵者,訪於其家,得録本若干卷,但殘缺錯亂,不可緝理。後御史劉謙,旁求博訪,乃得其刻本於黃岩士族蔡玄丌家,即命郡學教授何瀚重加訂正,鳩工刊刻,用廣其傳。"劉謙本"即《梅溪先生廷試策》一卷《奏議》四卷《文集》二十卷《後集》二十九卷,又有附録一卷,爲明正統五年劉謙、何瀚刻本。按,此本原刻甚罕,今僅臺北"國家圖書館"藏有一部。但明正統五年劉謙、何瀚刻天順六年重修本(半頁十一行二十一字,四周雙邊,黑口)流傳甚多,中國國家圖書館、上海圖書館、南京圖書館等二十五館入藏,臺北"國家圖書館"(四部)、臺北"中央研究院"史語所傅斯年圖書館、日本宮內省圖書寮、日本內閣文庫也有入藏。據《四部叢刊書録》云:"宋有二刻,此明正統五年溫州刻本,遇宋帝皆提行空格,源出宋浮光刊本。"按,此本外又有明刻本,行款同正統本,藏上海圖書館。另有《王忠文公文集》二十四卷,明劉傑輯,嘉靖元年張齊刻本(半頁十行二十字,左右雙邊,白口),藏吉林省圖書館。

清代所刻又有清光緒二年董史良、蔡保東據雍正六年唐傳鉎刻本重刻者,有扉頁,刻"宋王忠文公全集。邑後學董史良、蔡保東仝捐刊",扉頁後刻"光緒二年重刊。板藏梅溪書院。甌城府前元坊發兌",並有董史良跋。另有清光緒五年東甌梅雲山重刻本。民國間有上海掃葉山房石印本。上海涵芬樓曾據正統本影印入《四部叢刊》。清康熙三十二年陳氏師簡堂刻本《宋十五家詩選》中收有《梅溪詩選》一卷;抄本《兩宋名賢小集》中收有《梅谿集》八卷;清宣統二年北京龍文閣石印本《宋代五十六家詩集》中收有《梅溪詩集》一卷。又《古文正集》二編中收有《王龜齡文集選》;《宋元名公詩集》中收有《王梅溪詩集》六卷。

此本有扉頁，刻"宋王忠文公全集。裔孫王源、王燦、王霖、王兆經、王兆基、王之教、王之琰彙刻。雍正六年重刊。雁就堂藏板"。按，此書刻板竣工後，唐傳鉎即以板授之象山教諭林培保管(見林培跋)，故雁就堂應在林培家。

《四庫全書總目》入集部別集類，但所收爲明正統刻五十四卷本。《中國古籍善本書目》著録清雍正七年刻本，且僅收名人批校本。按，《中國古籍善本書目(徵求意見稿)》著録，又有清華大學圖書館、中國人民大學圖書館、内蒙古大學圖書館收藏。又《中國科學院圖書館藏中文古籍善本書目》、《湖南省古籍善本書目》、《四川大學圖書館古籍善本書目》、《杭州大學圖書館綫裝書總目》、《"國立臺灣大學"圖書館普通本綫裝書目》、日本《京都大學人文科學研究所漢籍分類目録》、《東京大學總合圖書館漢籍目録》著録，僅湖南、川大作"清雍正七年唐傳鉎刻本"。

另《朝鮮總督府古書目録》有《梅溪文集》五十六卷、《梅溪前後集》五十六卷、《王忠文公集》，但皆未著明版本。日本《蓬左文庫漢籍目録》有《梅溪先生文集》五十五卷，明刻本。

館藏有複本一部(5356/0628B)，十六册。除有同上本之扉頁外，又有另一扉頁，刻"王梅溪全集。新安朱晦菴鑒定。道光壬辰春重鐫。本家藏板"。雖云"重鐫"，經與此雍正六年原本核對，爲同板，並非重刻，當爲清道光十二年據雍正六年唐傳鉎刻本重印本。

1971　明嘉靖刻本雙溪文集　　T5358/1198

《雙溪文集》十七卷，宋王炎撰。明嘉靖十二年(1533)王懋元等刻本。十二册。半頁十行二十一字，四周單邊，白口，書口下間有刻工。框高 18.9 釐米，寬 12.3 釐米。題"宋軍器大監金紫光禄大夫婺源縣開國男食邑三百户王炎著"。前有嘉靖十二年潘滋序、鄭昭先序。

王炎，字晦叔，號雙溪翁，江西婺源人。幼而篤學，從父讀書，尤精於易。乾道五年進士。曾任四明户曹、崇陽主簿，知鄂州。授潭陽教授、臨江軍通判，三攝郡政。除太學博士，遷秘書郎，兼實録院檢討、著作佐郎、軍器少監。又爲吳興郡王府教授兼考功郎，尋又兼侍左禮部，改知湖州。嘉定三年，封婺源縣開國男，特賜紫金魚袋，進階金紫光禄大夫、上柱國軍器大監。生於紹興七年，卒於嘉定十一年，年八十二。又著有《讀易筆記》、《尚書小傳》、《春秋衍義》、《象數稽疑》、《韓柳辨證》等。總題《雙溪類稿》，今已無傳。

炎詩文博雅精深，頗具根柢，明程敏政輯《新安文獻志》所採最多。此集卷一古賦、古辭、古頌，卷二五言古風，卷三七言古風，卷四五言絶句，卷五七言絶句，卷六五言律詩，卷七七言律詩，卷八詩餘，卷九序，卷一○記，卷一一書，卷一二表，卷一三箋，卷一四啓，卷一五考古雜論，卷一六劄子，卷一七銘、贊、謚議。其居處有雙溪，築亭寄興，因號雙溪翁，又以雙溪名集。其詩有《雙溪即事》、文有《雙溪園記》。

潘滋序云："予從友人懋守、懋元得此集，誦之數月。""於是僭加訂正，敘而歸之。懋元與其群從守信、惟信、瑩、琰、聰五人刻之。"

此本有附録，爲李以申撰《王炎傳》。卷一一第七十九頁，卷一二第十三頁、第二十七頁佚去。

刻工有黄珊、黄愛、黄琢。金鑲玉裝。

《四庫全書總目》入集部別集類，然爲二十七卷本，即萬曆二十四年王孟達刻《重刻雙溪類稿》。《中國古籍善本書目》著錄。中國國家圖書館、上海圖書館等四館,臺北"國家圖書館"(三部)、臺北"中央研究院"史語所傅斯年圖書館及日本尊經閣文庫亦有入藏。

鈐印有"南陵徐乃昌校勘經籍記"、"積學齋徐乃昌藏書"。

1972　清康熙刻本雙溪集　　　　　　　　　　T5358/1198B

《雙溪集》十二卷,宋王炎撰。清康熙五十七年(1718)王祺刻本。存三册。半頁十行二十一字,左右雙邊,黑口,雙魚尾。框高 19.1 釐米,寬 12.4 釐米。題"宋王炎晦叔著;族孫德沅湘鄰、德淇瞻蒙校"。前有延祐三年(1316)胡炳文舊序(缺首頁);康熙五十七年王廷瑜後序,康熙五十七年王祺後序;《宋王雙溪先生遺像》;王廷瑚撰《王炎傳略》;王惟桓附識。

王炎,見明嘉靖刻本《雙溪文集》。

炎居雙溪,築園其上,因號雙溪。此本殘存卷一至六。卷一至二書三十一通,卷三序三十一篇,卷四記六篇、論八篇、議一篇,卷五至六詩三百八十四首。

王廷瑜後序述此書刊刻源流甚詳,云:"至大監公所著《類稿》,若諸經解之屬,今猶見於經書傳注、大全性理中,而其全書亦亡於火,其幸而不亡者惟《雙溪詩文集》,凡十餘卷,板扃於祠。昔公序《二堂集》,謂其初也秘而不傳,其後也佚而不傳,迨其久且將湮沒而無傳。由今觀之,不獨《二堂集》爲然,凡吾家祠諸書何莫不然。今考公此集,其始刊之者,則六世孫俱也,其後重刊之者,則十一世孫文魁岩琰也……而今之所存,則重刊之本也。夫祖宗文章,更十數世,而子孫前後付剞劂氏,凡兩新之,亦可謂能傳矣。然而武水界婺源之東,崇岡積嶺,舟車艱阻,四方坊客之所不至,族之人又往往秘之不以授世。惟郡邑長吏或甫涖治,或奉省檄,則借印於祠,於是鄉邑庸工至則刷印無法,過則藏庋失所,故其板多蠹朽煤爛,而摻觚家得見此書者卒百無一二。噫!是殆將佚而不傳且湮沒而無傳也矣。族弟汶山攜來武林,遂偕族人雔校而更梓之,補遺者四版,綴剝蝕者二十一版,正訛謬者百七十有餘字,刪重載者三首,刪非公作而誤録者三首,刪時人投贈而混列者三首。其散體、韻體、駢體及在官劄狀體,使各以類從,於各類中復按其所作之時爲先後,六閱月告成,授坊人以公諸世。於是《雙溪集》燦然復明,秩然有序,讀其文者,亦可想見其爲人矣。"按,汶山名祺,炎之族孫。

王炎《雙溪文集》存世最早者爲十七卷本,即明嘉靖十二年王懋元刻本,半頁十行二十一字,四周單邊,白口。藏中國國家圖書館、上海圖書館、南京圖書館等四館,另臺北"國家圖書館"、臺北"中央研究院"史語所傅斯年圖書館、日本尊經閣文庫及本館也有收藏。此外即二十七卷本《重刻雙溪類稿》,爲明萬曆二十四年王孟達刻本,半頁十行二十字,四周單邊,白口。藏上海圖書館。

《四庫》館臣未見嘉靖王懋元本,故《四庫全書總目》云:"《雙溪類稿》今已無傳,惟詩文集僅存世,所行者凡二本,一本爲康熙中其族孫祺等所刊,凡十二卷,一即此本(指萬曆王孟達本),乃明萬曆丙申尚寶司丞王鏻得沈一貫家舊本爲校正開雕者也,凡賦樂府一卷、詩詞九卷、文十七卷。"

清康熙刻本《宋詩鈔》初集收有《雙溪詩鈔》一卷。清宣統二年北京龍文閣石印本《宋代五十六家詩集》内收有《雙溪詩集》一卷。民國四年上海商務印書館排印本《宋詩鈔補》内又有《雙溪集補鈔》一卷。

此本有扉頁,刻"宋王雙溪先生□。康熙戊戌重校刻。胡雲峰先生編定原本。本衙藏板"。

目録頁有割裂，以殘充全，書賈雕蟲小技也。

《四庫全書總目》入集部別集類，然爲二十七卷本，《中國古籍善本書目》著録清康熙五十七年王德淇等刻本，上海圖書館、北京大學圖書館等六館也有入藏。又日本《東京大學總合圖書館漢籍目録》著録，版本項同哈佛本。臺北《"國立中央圖書館"普通本綫裝書目》及"中央研究院"史語所傅斯年圖書館此書作《王雙溪先生集》十二卷（清康熙五十七年婺源王廷瑜刻本），皆誤。另日本《内閣文庫漢籍分類目録》有《雙溪文集》十二卷，明刊（清修）本，十册，疑即此本。

1973　明萬曆刻本撙齋先生緣督集　　T5358/8651

《撙齋先生緣督集》十二卷，宋曾丰撰，明曾自明輯。明萬曆十一年（1583）詹事講宣城刻本。四册。半頁十行二十字，四周單邊，白口，單魚尾。框高 19.2 釐米，寬 13.1 釐米。題"宋賜紫金魚袋樂安曾丰幼度著；參知政事門人西山真德秀奏行；明廉州府學教授十世孫自明輯；臨淮教諭十二世孫繼武編；邑人後學詹事講明甫校刊"。末有萬曆十一年萬錡後序。

曾丰，字幼度，樂安板橋人。乾道五年進士。以文章鳴，嘗留隆興都督幕府，與黃子由同編《豫章乘》。官至知德慶府事。晚年恬於仕進，築室曰撙齋，以詩酒自娛。

丰於學無所不窺，自少卓厲，壯而愈篤。此集卷一頌二首、表五首、疏二首、楚詞三首、擬雅六首、賦四首；卷二五言排律十首、七言排律十七首；卷三五言律詩三十七首、七言律詩二十首、七言絶句十一首；卷四啟二十四首；卷五書十首；卷六策問七首；卷七至八論十四首；卷九序十一首；卷一〇記十五首；卷一一墓志銘五首、文一首；卷一二雜著、跋四首、青詞五首、説一首、贊一首、銘四首、附録七首。

緣督者，順守中道也。《莊子·養生主》云："緣督以爲經，可以保身，可以全生，可以養親，可以盡年。"晉左太冲《魏都賦》："上垂拱而司契，下緣督而自勸。"李善注云："緣，順也；督，中也。順守道中以爲常。"丰集初爲真德秀所奏行。丰初宰浦城，德秀方卯角，孤而貧，游至預源，丰一見奇之，曰他日必爲天下偉器。置書舍，懋以聖學，日見穎發。丰歿，德秀志石納壙内。後德秀在朝，奏丰集入崇文，板行於世。今宋本歲久不傳。

元元統中，丰五世孫德安購得遺書四十卷，欲授梓不果。事詳虞集《道園學古録》卷三四。集序《緣督集》云："國朝元統初，今監察御史前進士燮理溥化來監其邑，詢求其鄉之先生舊人，得其族譜兩卷，故翰林學士吴公之所敘也。又命侯之五世孫德安，購其遺書，得今集二十卷。將刻之，而燮君召拜御史，書未及成。"

此本乃宣城知縣詹事講所刻。萬錡後序云："宋樂安撙齋曾先生，雅志立言，著《緣督集》若干卷。其門人真西山先生執政時，嘗表章行之。代遷世遠，遂用散佚。入國朝，而其裔孫猶有知收拾之者，顧欲廣布寓内，未逮也。會先生之鄉，有我詹侯，由進士來令吾宣，載其本笥中。乃屬不佞釐正而摘其粹者，付之梓人。刻既成，復以序見屬。""今觀其集，備藝林諸體，大都言言紬繹性靈，根極理要。其瑰然傑異者，不傷鈌劌之過，而澹然冲寂者，中欝淳泓之思。不詭於正憲，而亦不博爲名，高詳玩之，蓋皆緣督之義也。"按，事講字明甫，號養貞，樂安衙背人。萬曆五年進士，令宣城，履畝清丈，奸弊一空。後陞北直隸提學御史。以繼母艱歸，尋病卒。《（同治）樂安縣志》卷八《人物》有傳。

輯者曾自明,丰十世孫,由鄉舉任蘭陽學教。督學陳選曰,有德有行,有學有守,曾自明其人也。後遷廉州府教,歸家,環堵蕭然。《(同治)樂安縣志》卷八《人物》有傳。

《四庫全書總目》入集部別集類,爲二十卷本,乃據《永樂大典》本,其所收錄較刻本爲多。今中國國家圖書館有乾隆翰林院抄本二十卷。又南京圖書館藏有四十卷本,爲清抄本,上海圖書館爲殘本。

此萬曆本,《中國古籍善本書目》著錄。中國國家圖書館、北京大學圖書館、臺北"國家圖書館"及美國國會圖書館亦有入藏。浙江省博物館有殘本。

鈐印有"禮培私印"、"掃塵齋積書記"、"無竟先生獨志堂物"。

1974　明嘉靖刻本象山先生全集　　　　　　　　T5357/7153A

《象山先生全集》三十六卷,宋陸九淵撰;附錄《少湖徐先生學則辯》一卷,明徐階撰。明嘉靖四十年(1561)何遷江西刻本。存十册。半頁十行二十字,四周雙邊,白口,單魚尾,書口下有刻工。框高20.3釐米,寬12.4釐米。前有嘉靖四十年王宗沐序。

陸九淵,字子靜,號存齋,又號象山翁,學者稱"象山先生",江西撫州金谿人。乾道八年進士。任靖安縣主簿,除敕令所删定官,官至奉議郎知荊門軍,有政績。因與給事中王信政見不合,遂還鄉,居江西貴溪之象山,從學者衆。曾與朱熹會講鵝湖,論辨多不合,故理學有朱、陸兩派。生於紹興九年,卒於紹熙三年,年五十四。諡文安。清李紱有《陸子學譜》二十卷,備載陸學源委。《宋史》卷四三四有傳。

此本存三十二卷。卷一至一七書,卷一八奏表,卷一九記,卷二〇序贈,卷二一至二四雜著,卷二五詩,卷二六文,卷二七行狀,卷二八志銘,卷二九至三一程文,卷三二拾遺。餘皆佚去。目錄頁卷三二亦皆爲賈人抽去,以殘充全。

王宗沐序云:"是集刻於金谿,而歲久漫漶。德安吉陽何先生撫江西之明年,丕闡理學,以淑士類,乃改刻焉。"何遷,湖北德安人,嘉靖二十年進士。

刻工有張文、王寅、王春、王尚仁、崔榮、楊忠、高昇、高明、高忠、閻堵、高子正、陳仕、陳思忠、王貫、楊重、高貴。

《四庫全書總目》入集部別集類。《中國古籍善本書目》著錄,中國國家圖書館、上海圖書館等二十館有全帙。臺北"國家圖書館"(五部)亦有入藏。

1975　明活字印本象山先生全集　　　　　　　　T5357/7153D

《象山先生全集》三十六卷,宋陸九淵撰;附錄《少湖徐先生學則辯》一卷,明徐階撰。明活字印本。十册。半頁八行十七字,四周雙邊,白口,單魚尾。框高21.6釐米,寬13.5釐米。前有嘉靖四十年(1561)王宗沐序,嘉定五年(1212)袁燮序,開禧元年(1205)楊簡序。

此活字本,當據嘉靖四十年何遷刻本爲底本而擺印。

《中國古籍善本書目》未著錄。臺北"國家圖書館"有明活字印本。查日本《內閣文庫漢籍分類目錄》著錄有日本寬永刊古活字印本。按,寬永,相當於明天啓四年至崇禎十六年。此本魚尾獨特,內中呈四花瓣形,與習見魚尾不同,疑爲日本活字印本。又日本靜嘉堂文庫有明嘉靖活字印本,不知與此同否。

1976　清雍正刻本象山先生全集　　T5357/1806

《象山先生全集》三十六卷,宋陸九淵撰。附錄《少湖徐先生學則辯》一卷,明徐階撰。清雍正六年(1728)刻後印本。八册。半頁十行二十字,四周雙邊、四周單邊、左右雙邊不等,白口,單魚尾。框高22.1釐米,寬13.2釐米。題"吳興張鹿野先生重輯"。前有正德十六年(1521)王守仁舊序,嘉定五年(1212)袁燮舊序,開禧元年(1205)楊簡舊序,雍正二年(1724)江球序;嘉靖三十八年(1559)廖恕識語。

陸九淵,見明嘉靖刻本《象山先生全集》。

九淵其學與兄九韶、九齡並稱"三陸子之學"。所作文筆夭矯,析理精微。其所創立心學,思辨深邃,影響甚大。卷一至一七書二百四十八通,卷一八奏表三篇,卷一九記八篇,卷二〇贈序二十八篇,卷二一至二四雜著二十九篇,卷二五詩二十四首,卷二六文十一篇,卷二七行狀二篇,卷二八志銘九篇,卷二九至三一程文十八篇,卷三二拾遺十八篇,卷三三孔煒撰《文安謐議》、丁端祖撰《覆謐》、楊簡撰《象山先生行狀》,卷三四至三五語錄,卷三六李子願編《年譜》。

九淵之集,最早由其子持之所編,門人袁燮刊於江西提舉倉司,凡三十二卷,今宋本已不存於世。明代所刻今存九種之多,一爲《文集》二十八卷《外集》四卷,明成化陸和、陳復等刻本(半頁十三行二十四字,左右雙邊或四周雙邊不等,黑口),中國國家圖書館收藏。二爲《文集》二十八卷《外集》四卷《語錄》四卷《附錄》二卷,明正德十六年李茂元刻本(半頁十行二十二字,四周雙邊,黑口),中國國家圖書館、上海圖書館等五館收藏。三爲《文集》二十八卷《外集》五卷,明正德十六年安正書堂刻本(半頁十一行二十二字,四周雙邊,黑口),上海圖書館、吉林省圖書館、臺北"國家圖書館"等五館收藏。四爲《文集》二十八卷,明陸時壽刻本(半頁十三行二十四字,四周雙邊,黑口),北京大學圖書館、臺北"國家圖書館"收藏。五爲《象山先生全集》三十六卷,明嘉靖十四年咸賢刻三十一年魏希相補修本(半頁九行十七字,四周雙邊,白口),上海圖書館、雲南大學圖書館收藏。六爲《象山先生全集》三十六卷,明嘉靖刻本(半頁九行十七字,四周雙邊,白口),華東師範大學圖書館、重慶市圖書館等三館收藏。七爲《象山先生全集》三十六卷,明嘉靖三十八年張喬相刻本(半頁十行二十字,四周雙邊,白口),中國科學院圖書館、福建師範大學圖書館等三館收藏。八爲《象山先生全集》三十六卷附錄《少湖徐先生學則辯》一卷,明嘉靖四十年何遷刻本(半頁十行二十字,四周雙邊,白口),中國國家圖書館、上海圖書館、臺北"國家圖書館"(四部)、臺北"中央研究院"史語所傅斯年圖書館、日本宫内省圖書寮等二十二館收藏。九爲《象山先生全集》三十六卷附錄《少湖徐先生學則辯》一卷,明刻本(半頁十行二十字,四周雙邊,白口),上海圖書館、臺北"國家圖書館"、南京圖書館(殘本)收藏。

此外又有《象山先生全集》六卷,明萬曆四十三年周希旦刻本(半頁十行二十字,四周單邊,白口),今藏北京大學圖書館、重慶市圖書館等三館。《象山粹言》六卷,明王宗沐輯,明嘉靖三十二年王宗沐刻本(半頁十行二十字,四周單邊,白口),中國國家圖書館、上海圖書館等三館收藏。《陸象山先生集要》八卷,明聶良杞輯,明萬曆二十五年刻本(半頁十行二十字,四周單邊,白口),北京首都圖書館、寧波天一閣博物館、日本內閣文庫等六館收藏。按,此本日本有室町鯉山盯町田中清左衛門翻刻本,本館亦有入藏。《陸象山先生集要》四卷,明聶良杞輯,明萬曆書林徐可久刻本(半頁九行十九字,四周單邊,白口),上海圖書館收藏。《陸子重光集》十卷,明周懋文輯,明崇禎十七年周氏家刻清順治十八年李丕則補修本(半頁十行二十三字,四周單邊,白口），中國科學院圖書館收藏。

《陸象山先生全集》三十六卷，又有清雍正二年金溪青田書院刻本、清道光三年刻本（金谿槐堂書屋藏板）、清同治十年大儒家廟刻本、清宣統二年江左書林排印本。另同治新建吳氏皖城刻本《半畝園叢書》中收有《陸象山集節要》六卷首一卷。抄本《兩宋名賢小集》中收有《象山先生集》一卷。上海涵芬樓據明刻本影印入《四部叢刊》。中華書局《四部備要》曾據道光三年本排印。日本有寬永間活字印本《象山先生全集》三十六卷。

此本爲陸氏所刻。江球序云："比來先生嫡裔陸學海來京候選，館我署中，出《象山先生文集》若干卷，其古本業已歲久言湮，今所傳者，率皆字義訛舛，無足動觀音之目。遂言伊父如隅，願哀已資，重加校正，則其感發於聖天子重道崇儒、化民成俗之盛典也，亦概可知矣。"按，此本或據明嘉靖四十年何遷刻本重刻，蓋因何本卷一第一頁次行有"吳興張鹿野先生重輯"，此陸本亦是。

此本有扉頁，刻"陸象山先生全集。雍正六年重鐫。本衙藏板"。

《四庫全書總目》入集部別集類。《中國古籍善本書目》不收。《日本内閣文庫漢籍分類目錄》著錄清雍正二年刻本。

1977　清康熙刻本石湖居士詩集　　T5355/3862

《石湖居士詩集》三十四卷，宋范成大撰。清康熙二十七年（1688）顧氏依園刻本。十册。半頁十一行二十一字，左右雙邊，上書口爲綫黑口，下爲白口，單魚尾。框高19.8釐米，寬14.3釐米。題"吳郡顧嗣皋漢魚、嗣協迂客、嗣立俠君"。前有紹熙五年（1194）楊萬里序，淳熙三年（1176）陸游序；《范成大傳》（宋史本傳）。末有嘉泰三年（1203）范莘、范兹跋。目錄後有康熙二十七年依園主人跋。

范成大，字致能，號石湖居士，江蘇吳興人。紹興二十四年進士。授户曹，監和劑局，遷秘書省正字、著作佐郎，又爲禮部員外郎兼崇政殿説書、國史院編修，擢起居舍人。又遷起居郎，假資政殿大學士。隆興六年，出使金國，初進國書，詞會慷慨，幾於見殺，卒全節而歸。除中書舍人、敷文閣待制、四川制置史。淳熙元年，除權吏部尚書，拜參知政事，陞端明殿學士，進資政殿學士，領洞霄宮。紹熙二年，加大學士。生於靖康元年，卒於紹熙四年，年六十八。謚文穆。又有《吳門志》、《攬轡錄》、《桂海虞衡志》等。《宋史》卷三八六有傳。

成大爲南宋一大名家，有文名，尤工詩，與陸游、尤袤、楊萬里齊名。其詩以清新婉麗、温潤精雅著稱。文則贍麗清逸，自成一家。此集皆爲詩，卷一詩四十六首，卷二五十四首，卷三六十三首，卷四六十七首，卷五五十一首，卷六四十三首，卷七四十九首，卷八五十二首，卷九五十一首，卷一〇五十九首，卷一一六十五首，卷一二七十二首，卷一三四十四首，卷一四五十四首，卷一五六十九首，卷一六六十五首，卷一七六十九首，卷一八五十二首，卷一九五十二首，卷二〇八十四首，卷二一六十首，卷二二四十二首，卷二三七十二首，卷二四七十首，卷二五六十三首，卷二六五十六首，卷二七七十九首，卷二八七十五首，卷二九五十首，卷三〇三十三首，卷三一五十一首，卷三二五十七首，卷三三三十九首，卷三四賦六首、楚辭四首。

依園主人跋云："《石湖詩集》三十三卷，凡古今各體詩一千九百一十六首，范文穆公手自編定，宋嘉泰間其子莘等刻以行世，合詩文凡百有三十卷。明時曾已重刻，而流傳頗少。又有活板印本，殘闕甚多。今藏書家多有抄本，而訛舛異同、魯魚錯出。吾友金子亦陶所藏，從宋板抄得，更爲廣集諸家，較勘精密，可稱善本。兹先刻其詩集，以公諸同好。卷帙前後悉依原本所編,其間訛字……皆略爲改正,所有一二漶漫之處,無從辨證,姑缺之以俟考。外附賦、楚辭一卷,樂府一卷,賦本在詩前,今附於詩後者。集以詩名,從其類也。"

　　成大集最早爲一百三十卷本,乃其手自編定,成大卒後,子莘、兹等刊於家之壽櫟堂。然宋陳振孫《直齋書錄解題》卷一八、《文獻通考》卷二四〇、《宋史·藝文志》卷七皆作一百三十六卷。今宋刻本早已湮亡不存,明版本僅有《石湖居士集》三十四卷,弘治十六年金蘭館銅活字印本一帙。此銅活字印本也有詩無文,與通行本無殊,每半頁十行二十一字,左右雙邊,白口,版心有"弘治癸亥金蘭館刻"八字,藏中國國家圖書館。此外,當無他刻,而成大詩在明代至清初,也多以抄本流傳。

　　按,顧氏依園本有初印本及後印本之別,據《四部叢刊書錄》云:"初印本祇三十三卷,三十四、五兩卷目中均注'嗣出',後印本有三十四卷,蓋後來補刻云。"又楊萬里序者,乃成大之全集,不專序詩。而陸游序者,乃其《西征小集》,亦非序全詩。因爲名人之序,顧氏取以弁其首。清代所刻,除此本外,又有《范石湖詩集》二十卷,康熙二十七年黃昌衢藜照樓刻本,此本所據亦舊抄本,每半頁十行十九字,四周單邊,黑口。傅增湘曾以明抄本校之,認爲黃氏本奪訛舛異殆難僂指。此外還有《石湖居士集選》不分卷(明馬弘道輯),稿本,藏上海圖書館。

　　民國間中國書畫會社據顧氏依園本有石印本行世。上海涵芬樓據清吳郡顧氏愛汝堂刻本影印入《四部叢刊》。又清康熙刻本(又有光緒本、民國石印本)《宋四名家詩》中輯錄《石湖先生詩鈔》三卷;清康熙吳氏鑒古堂刻本(又有上海商務印書館影印本)《宋詩鈔初集》中有《石湖詩鈔》一卷;清宣統二年北京龍文閣石印本《宋代五十六家詩集》中有《石湖集鈔》一卷;民國四年上海商務印書館排印本《宋詩鈔補》中有《石湖集補鈔》一卷;清康熙三十二年刻本《宋十五家詩選》中有《石湖詩選》一卷;明末毛氏汲古閣刻本(又有民國上海醫學書局影印本)《詩詞雜俎》初集中有《石湖詩集》一卷。又清沈欽韓有《范石湖詩集注》三卷。1983年中華書局出版孔凡禮輯《范成大佚著輯存》,凡不見於《范石湖集》(中華書局上海編輯所1962年版,以顧氏依園本爲底本,用黃氏本及《宋詩鈔》中所收石湖詩校勘,是最佳之本)及《全宋詞》(中華書局1965年版)之范氏作品,即以佚著論,共輯得文一百三十五篇、詩九首、詞八首、殘篇若干篇。如此,范氏作品,基本可窺大概。

　　日本又有《石湖先生詩鈔》六卷,文化元年(1804)青藜閣、千鍾房刻本。

　　《四庫全書總目》入集部別集類。《中國古籍善本書目》著錄,中國國家圖書館、上海圖書館、南京圖書館等三十館,又臺北"國家圖書館"、臺灣大學圖書館、日本京都大學人文科學研究所、日本東京大學東洋文化研究所、日本内閣文庫也有入藏。

　　鈐印有"千如所藏"、"靜觀亭暴書記"。

　　館藏有複本一部,四册。

1978　清抄本誠齋集

T5353/3502

　　《誠齋集》一百二十七卷,宋楊萬里撰。清抄本。十六册。半頁十行二十字,無邊框。題"廬陵楊萬里廷秀"。

　　楊萬里,字廷秀,江西吉水人。紹興二十四年進士,官零陵丞,尋改知奉新。孝宗時召爲國子監博士,以寶文閣待制致仕,進寶謨閣學士。立朝多大節,寧宗朝韓侂胄用事,萬里不附,家居憂憤而卒。贈光禄大夫,謚文節。光宗嘗爲書"誠齋"二字,學者稱"誠齋先生"。生平以詩擅名。又著有《誠齋易傳》、《誠齋詩話》等。《宋史》卷四三三有傳。

是書爲萬里詩文集。卷一至四二爲詩,其中卷一至七收錄《江湖集》,卷八至一二《荆溪集》,卷一三至一四《西歸集》,卷一五至一八《南海集》,卷一九至二四前半部分《朝天集》,卷二四後半部分至卷二六《江西道院集》,卷二七至三〇《朝天續集》,卷三一至三五《江東集》,卷三六至四二《退休集》,卷四三至四四賦,卷四五辭、操,卷四六至四七表,卷四八箋,卷四九至六一啓,卷六二至六八書,卷六九至七〇奏對劄子,卷七一至七六記,卷七七至八三序,卷八四至八五心學論,卷八六至八八千慮策,卷八九程試論,卷九〇天問天對解,卷九一册文、牒詞、議、策問,卷九二詞疏、箴、銘、贊、樂府,卷九三題跋,卷九四祭文,卷九五雜文,卷九六至一〇三尺牘,卷一〇四至一〇七庸言,卷一〇八東宮勸讀錄,卷一〇九淳熙薦士錄,卷一一〇詩話,卷一一一至一一三傳,卷一一四至一一五行狀,卷一一六至一一七碑,卷一一八至一二七墓誌銘。

《四庫全書總目》云:"方回《瀛奎律髓》稱其一官一集,每集必變一格。雖沿江西詩派之末流,不免有頹唐龝俚之處,而才思健拔,包孕宏富,自爲南宋一作手,非後來四靈諸派可得而並稱。周必大嘗跋其詩曰:誠齋大篇短章,七步而成,一字不改,皆掃千軍、倒三峽、穿天心、出月脇之語,至於狀物姿態,寫人情意,則鋪敘纖悉,曲盡其妙。筆端有口,句中有眼,云云。是亦細大不捐,雅俗並陳之一証也。""南宋時集傳於今者,惟萬里及陸游最富。游晚年艤節,爲韓侂胄作《南園記》,得除朝官。萬里寄詩規之,有'不應李杜翻鯨海,更羨夔龍集鳳池'句。羅大經《鶴林玉露》嘗記其事。以詩品論,萬里不及游之鍛鍊工細;以人品論,則萬里倜乎遠矣。""其集卷帙重大,久無刻板,故傳寫往往訛脱。考岳珂《桯史》,記《朝天續集》韓信廟詩'淮陰未必減文成'句,麻沙刻本訛'文成'爲'宣成',則當時已多誤本。"

《四庫全書總目》入集部別集類。萬里之集,宋代有淳熙、紹熙遞刻本,爲《江湖集》十四卷、《荆溪集》十卷、《西歸集》四卷、《南海集》八卷、《江西道院集》五卷、《朝天續集》八卷、《退休集》十四卷,殘本今藏中國國家圖書館。明清之際,多以抄本流傳。據《中國古籍善本書目》著錄,中國國家圖書館、上海圖書館有明末毛氏汲古閣抄本,一百三十三卷;陝西省考古研究所有明抄本,一百二十卷;上海圖書館有明抄本,七十卷;中國國家圖書館、北京大學圖書館、浙江圖書館、蘇州市圖書館有清抄本,一百三十三卷;南京圖書館有清抄本,一百三十五卷;中國國家圖書館有清抄本,一百二十卷;上海圖書館有清抄本,六十八卷。又有《四部叢刊》據江陰繆氏藝風堂藏影宋抄本影印,一百三十三卷。

1979　明萬曆刻本渭南文集　　T5354/713

《渭南文集》五十二卷目錄二卷,宋陸游撰。明萬曆四十年(1612)陸夢祖刻本。十册。半頁十行二十二字,四周單邊,白口,無魚尾。框高22.7釐米,寬14.7釐米。題"山陰陸游務觀著"。前有萬曆四十年陳邦瞻序,正德八年(1513)汪大章序;《宋史·陸游傳》。末有正德八年梁喬後序。

陸游,字務觀,號放翁,越州山陰人。陸佃孫。紹興中試禮部,因遭秦檜忌,被黜免。孝宗時賜進士出身,除樞密院編修,後任建康、夔州等地通判。轉入王炎及范成大幕府。光宗時以寶章閣待制致仕。力主抗金,屢受排擠。一生寫詩近萬首,題材廣闊,多清新之作,風格雄渾豪邁,爲南宋一大家。詞與散文成就亦高。《宋史》有傳。

卷一表、牋,卷二南宮表牋,卷三至四劄子,卷五狀,卷六至一二啓,卷一三書,卷一四至一五序,卷一六碑,卷一七至二一記,卷二二銘、贊、記事,卷二三傳、青詞、疏,卷二四疏、祝文,卷二五勸農文、雜書,卷二六至三一跋,卷三二至三八墓志銘,卷三九墓志銘、墓表,卷四〇塔銘,卷四一祭文、哀詞,卷四二天彭牡丹譜,卷四三古樂府詩,卷四四五言古詩,卷四五七言古詩,卷四六五七言長短句古詩,卷四七五言律詩,卷四八至四九七言律詩,卷五〇五言絶句,卷五一七言絶句,卷五二詞。

此本乃據明正德八年梁喬刻本重刻。各卷詩後偶有評隲,據傅增湘考證,爲劉辰翁之語,"蓋此九卷之詩,即據澗谷、須溪選本前後二集全部收入,於《劍南詩稿》固未之見也"。傅氏所見本,佚去陳邦瞻序(見《藏園群書題記》卷一五)。陸夢祖,萬曆二十六年進士。

刻工有吳伯高。

《四庫全書總目》入集部別集類。《中國古籍善本書目》著錄,上海圖書館、南京圖書館等六館亦有入藏。

鈐印有"堀氏文庫"、"懷松廬記"。其餘印章俱被剜去。

1980　明萬曆刻本江湖長翁文集

T5358/7933

《江湖長翁文集》四十卷,宋陳造撰。明萬曆四十六年(1618)李之藻刻本。二十册。半頁九行二十一字,左右雙邊,白口,單魚尾,書口下間有刻工及字數。框高21.8釐米,寬13.5釐米。題"宋高郵陳造唐卿撰;明仁和李之藻振之校"。前有萬曆四十六年姚鏞序,萬曆四十六年李之藻序,嘉定二年(1209)陸游舊序,陳造舊序;屠駉撰《宋故淮南夫子陳公墓志銘》。

陳造,字唐卿,高郵人。淳熙二年進士。官至淮南西路安撫司參議。遭宋不競,事多齟齬,自以爲無補於世,置身江湖乃宜,遂號江湖長翁。卒於嘉泰三年,年七十一。

卷一辭賦二十首;卷二至六五言古詩三百七十一首,附四言四首;卷七至一〇七言古詩一百八十八首;卷一一五言律詩一百九十六首,附排律十首;卷一二至一六七言律詩四百六十五首;卷一七五六言絶句四十六首;卷一八至二一七言絶句七百零九首;卷二一至二二記三十七篇;卷二三序二十八篇;卷二四至二六書三十一通;卷二七至二八劄子十四通;卷二九傳、贊、銘、箴、偈、説二十七篇;卷三〇文四十八篇;卷三一題跋五十七篇;卷三二論九篇;卷三三策問三十四篇;卷三四易説十四篇;卷三五志狀十一篇;卷三六表箋六十四篇;卷三七至三八啓七十通;卷三九疏、青詞九十四篇;卷四〇致語、上梁文二十六篇。《四庫全書總目》云:"其文則恢奇排奡,要亦陳亮、劉過之流。其他劄子諸篇,多剴切敷陳,當於事理。記序各體,錘字鍊詞,稍傷真氣,而皆謹嚴有法,不失規程,在南宋諸作者中,亦錚錚鏗鏗者矣。""其集久無刻本,明崇禎中李之藻,以淮南自秦觀而後,惟造有名於時,始與觀集同刻之於高郵云。"

姚鏞序云:"水部李公,胸蟠五嶽,目挂千秋,今古品題,軒輊片語,實龍門一代。治河廣陵,搜括先生遺言,與《淮海集》併付之梓。"

李之藻序云:"余治水江淮,訪求再歲,乃得前貢士王應元所手錄者,愛而傳之,遂以節齋餘鍰,與秦太虛集並壽之梓……殺青斯竟,余適受代,姑志歲月於此。"《總目》云崇禎中所刻,誤也。

目錄前題刊"勅理河道工部郎中仁和李之藻校刻;高郵州知州海鹽王廷俊仝校;同知階州塞遇泰、判官漳州康萬有、浮梁曹一誠、署學正事舉人晉江章泰福、訓導潁州王文炳、鄒縣趙一介、陽城閻敬仝閱；前貢生王應元、郡庠生陳有典、張承華、毛一駿、朱邦道、薛希夔、李應軫、吳光範、張廷瑋、陳吾道、王百祥、王百順參閱"。

刻工有梅廷玉、朱珠、郭純、周克、朱信、付清、葉正、葉文、鄒良、張忠、陶文、來山、李仁、周孟旭、戴定、戴文。

《四庫全書總目》入集部別集類。《中國古籍善本書目》著錄。中國國家圖書館、上海圖書館等三十四館、臺北"國家圖書館"（四部）及日本静嘉堂文庫亦有入藏。

鈐印有"劉"、"燕庭藏書"。

1981　明萬曆刻本校注橘山四六　　T5358/4415

《校注橘山四六》二十卷，宋李廷忠撰，明孫雲翼注。明萬曆三十五年（1607）刻本。八册。半頁十行二十一字，左右雙邊，白口，單魚尾，書口下間有刻工及字數。框高20.8釐米，寬14.3釐米。題"宋古潛李廷忠居厚著；明曲阿孫雲翼禹見注"。前有萬曆三十五年孫雲翼序。

李廷忠，字居厚，號橘山，於潛人。淳熙八年進士，歷無爲教官、旌德知縣，官至夔州通判。又有《洞霄詩集》，今不傳。

四六者，駢文也，昉於齊梁；至隋唐表章詔誥，多作四六文體。唐令狐楚、李商隱皆以四六著名，至宋歐陽修、蘇軾等多用長句爲對。唐李商隱《李義山文集》卷四《樊南甲集序》，有"樊南四六"語，四六之名始此。是書啓劄爲多，大抵侯問酬謝之作。《四庫全書總目》云："第十四卷内，乃皆賀正賀至箋表，中有乘輅護漕等語，與廷忠仕履不合，必非其所自爲。案洪邁《容齋四筆》，稱宋時所在州郡，相承以表奏書啓委教授，因而餉以錢酒。則此必廷忠爲教官時，代州守及憲臣所作，特原本未及注明，遂不可辨耳。北宋四六，大都以典重淵雅爲宗，南渡末流，漸流纖弱。廷忠生當淳熙、紹熙之間，正風會將變之時，故所作體格稍卑，往往好博務新，轉傷繁冗。然織組尚爲工穩，其佳處要不可掩，固當存之，以備一家。至雲翼箋注，尤多蕪雜，未足以資考核。以其裒綴頗勤，故仍舊本錄之，不復刊削記。"

孫雲翼序云："先大父曲水翁，喜藏異書，多宋人抄本，《橘山四六》其一也。甲申歲，翼應貢之京師，初擬陸行，不復挾策。尋附便舟，眠食之外，終日兀坐。搜笈中，偶以是帙護郡牒，遂取繙閱，日必數過。已而厭之，顧無可以游心寓目者，因倣古人隸事之意，隨手箋釋，日得數則，比至天津，簡端已滿，後亦不復省錄。頃隨牒炎徼，左僻多暇，念席蓐之舊，不忍捐棄，爰取訂正，稍加詮次。第出於風塵，羈旅無所考證，多蔓引影合，不無燕郢之謬。蓋特借此以銷其寥落之況，非敢妄意於著述之事也。"

此本刻工有劉希賢、劉洪。

《四庫全書總目》入集部別集類。《中國古籍善本書目》著錄。中國國家圖書館、上海圖書館等二十六館、臺北"國家圖書館"（兩部）及美國普林斯頓大學葛思德東方圖書館、日本尊經閣文庫、静嘉堂文庫亦有入藏。

鈐印有"善慶堂主人□榮字仁□號復菴"。

1982　明崇禎刻本程洺水先生集　　T5362/2113

《程洺水先生集》三十卷，宋程珌撰；附錄一卷。明崇禎二年（1629）程至遠刻本。十六册。

半頁九行十九字，左右雙邊，白口，單魚尾。框高 19.8 釐米，寬 13.4 釐米。題"宋少師新安程珌著；裔孫至遠邇行重訂"。前有程至遠序，但佚去末頁。查《美國國會圖書館中文善本書録》，國會本有崇禎二年趙時用序、自序、崇禎元年(1628)程至遠序。

程珌，字懷古，休寧人。以先世居洺水，因自號洺水遺民。紹熙四年進士，歷值學士院，累官禮部尚書、端明殿學士，進封新安郡侯。事蹟具《宋史》本傳。

卷一制誥，卷二奏疏，卷三表箋，卷四議，卷五策問，卷六講議，卷七記，卷八序，卷九題跋，卷一〇墓誌，卷一一行狀，卷一二祭文、哀辭，卷一三書，卷一四尺牘，卷一五啓，卷一六致語，卷一七祝版、青詞，卷一八疏，卷一九文，卷二〇賦，卷二一擬古，卷二二五言古，卷二三七言古，卷二四五言律，卷二五七言律，卷二六五言絶句，卷二七七言絶句，卷二八説、銘，卷二九贊，卷三〇樂府。附録爲有關程珌之制、詔、狀、志、傳、記、啓、序、帖。

程至遠序云："萬曆戊申年，山水暴漲，板爲漂失。不肖遠懼寖久而遂湮也，乃取舊本重訂，壽諸剞劂。夫有美弗彰，後人之責也。後之子孫，尚纘其緒，無令隕墜也。"

《四庫全書總目》入集部别集類。《中國古籍善本書目》著録。中國國家圖書館、上海圖書館等十三館，臺北"國家圖書館"(兩部，作崇禎元年新安程至遠刻本)及美國國會圖書館、日本內閣文庫、尊經閣文庫亦有入藏。按，此本之前又有明嘉靖三十五年程元昞刻本，書名爲《程端明公洺水集》二十六卷首一卷，中國國家圖書館、上海圖書館等八館有藏。

鈐印有"谷澤藏書"。

1983　明萬曆刻崇禎康熙遞修本西山先生真文忠公文集　　T5360/4262

《西山先生真文忠公文集》五十五卷目録二卷，宋真德秀撰。明萬曆二十五年(1597)金學曾景賢堂刻崇禎十一年(1638)、清康熙四年(1665)遞修本。十册。半頁十行二十字，四周雙邊，白口，單魚尾，書口下間有刻工及字數。框高 18.9 釐米，寬 13.6 釐米。題"後學武陵楊鶚伏庵父、潛江劉伉震生父、蘭陵丁辛先甲父、湘源趙清潤茹冰父重修"。前有崇禎十一年丁辛序，萬曆二十六年(1598)金學曾序，康熙四年王胤元序，康熙四年姚兆禎序。目録後有《重修凡例》。

金學曾序云："公著述甚富，世亦多有，而全集顧罕見。余叨撫閩之二年，屬鹽幕林君走境内，稍葺前賢祠墓，爰訪公家，僅存一編，爲捐帑金梓布之。""林君名培，粤人，以御史抗言謫。是集繕校皆其力，蓋其平生雅不愧公云。"金學曾，浙江錢塘人，明隆慶二年進士。曾爲欽差提督軍務兼巡撫福建地方都察院右僉都御史。

王胤元序云："兹學憲陸公方，以理學訓後進，景慕先生全集，特命修補。""於是商諸司訓，旁搜閒遺，重爲剞劂。"是時，王胤元爲浦城知縣。

姚兆禎序云："今康熙乙巳孟秋，蒙學憲陸公委署，承職皇華片席。是時也，凛遵憲諭，諄諄以修補西山真夫子文集爲學政首務……於是孜孜是脩是梓，商之當事邑侯王公迴緒紳先生，併鼓及門諸子，共襄厥成。"

此本末有荷蓋蓮花牌記，刊"萬曆丁酉歲季冬月重梓於景賢堂"。刻工有劉詩、劉二、黄四、黄六、劉七、黄應、游得、葉九、張山、朱才、劉少、羅中、吳冲、周田、余禎、葉興、羅正、余長、余存、余國禎、余三、余九、余京、余長京、羅一中、吳華。

《中國古籍善本書目》著録。此遞修本南京圖書館、浙江圖書館等五館及美國國會圖書館亦有入藏。版本年代作明萬曆二十六年(國會館作明刻清印本),蓋皆無牌記也。又中國國家圖書館、上海圖書館等十二館,及臺北"國家圖書館"有萬曆金學曾刻本,國圖、上圖、臺北"國圖"等館也皆作萬曆二十六年,皆應提前一年爲確。美國普林斯頓大學葛思德東方圖書館有萬曆二十五年景賢堂刻本。日本內閣文庫有明萬曆二十五年景賢堂刻崇禎修板印本。

鈐印有"木堂圖書"。

1984　明萬曆刻本新刻瓊琯白先生集　　　　　　　　　T5364/2615

《新刻瓊琯白先生集》十四卷,宋葛長庚撰。明萬曆二十六年(1598)閩書林劉雙松安正堂刻本。五冊。半頁九行十八字,四周單邊,白口,單魚尾。框高 18.5 釐米,寬 12.3 釐米。題"宋海南白玉蟾著"。前有萬曆二十二年(1594)何繼高序;白真人事實。末有萬曆二十二年林有聲後序。又有白玉蟾真人像并贊。

葛長庚,字如晦,號海瓊子。閩清人,家居瓊州。至雷州,變姓名爲白玉蟾。博洽群書,工書善畫,尤精梅竹。曾師事陳翠虛,傳其道,隱居武夷山。嘉定間,徵召至都,封紫清真人,晚號神霄散吏。

何繼高序云:"不猶適燕而抵粵哉,予持真人集遊閩中,詢知真人家世閩清,自喜曰,何其有緣如是。同寅林邦瑞丈,潮人,爲真人鄉後進,素有志於性命之學者,因托其校正而付之梓。"

林有聲後序云:"不佞生同嶺海,竊聞先輩之風,嘗購求之而不可得。萬曆癸巳春,不佞轉官入閩,承乏福倅,嘗侍堂翁何泰寧先生譚,因及白真人事。先生語不佞曰,余夙愛白真人集,藏之篋笥有年矣,惜魯亥多訛,篇彙舛錯,未有能校而梓之者。茲得寅丈爲真人同鄉,意者其在斯乎?不佞謹奉教唯唯。已而,先生自省中貽書古田,以真人集見寄。不佞受而閱之,見其舊本殘缺,皆出先生補正。其中丹圖玄論,集所未備者,亦多經先生手錄,若得其口傳而心授之者。迺知先生於百家之書,無所不讀,修煉秘訣,靡不究心,匪直精吏治、樹異績,爲二千石最已也。不佞既奉教校輯,爲之再定編目,總十三卷,凡三閱月始竣,遂付之梓。"

此本有扉頁,刊"白玉蟾集。萬曆戊戌孟秋月。書林劉氏雙松梓"。扉頁之前頁印有"新刻瓊山白真人文集"。卷一四末刊有"安正堂劉雙松梓"。"戊戌"爲萬曆二十六年。

《四庫全書總目》未收。《中國古籍善本書目》著錄,中國國家圖書館、上海圖書館等七館亦有入藏,作明萬曆二十二年安正堂劉雙松刻本,疑七館所藏皆佚去扉頁。又日本內閣文庫亦有入藏。按,明萬曆二十二年林有聲刻本,江西省圖書館、北京師範大學圖書館、陝西師範大學圖書館入藏。

鈐印有"衣笠山延慶菴"。

1985　明刻本海瓊玉蟾先生文集　　　　　　　　　TNC5364/2615

《海瓊玉蟾先生文集》六卷《續集》二卷,宋葛長庚撰,明朱權編。明刻本。十冊。半頁九行二十字,左右雙邊,白口,單魚尾。框高 20.3 釐米,寬 13.7 釐米。題"南極老人臞僊重編;山陰何繼高、新安汪乾行、劉懋賢仝校"。前有正統七年(1442)臞仙序、端平三年(1236)潘坊序;嘉熙元年(1237)彭耜撰《海瓊玉蟾先生事實》;玉蟾先生像并贊。

朱權,太祖第十六子,封寧王。恃靖難功,頗驕恣。晚年託志冲舉,自號臞仙、涵虛子、丹丘先生。好宏獎風流,群書有秘本,莫不刊布之。又著《漢唐秘史》等書數十種,自經子九流、星曆醫卜、黃冶諸術皆具。卒諡獻。

朱權序云:"先生葛姓,繼白氏,母以玉蟾應夢,遂爲之名。諱長庚,字白叟,一字衆甫,一字如晦。自幼慕長生久視之道,喜飛騰變化之術,長遊方外,參究性命之旨。師事翠虛泥丸陳先生,而學其道焉,盡得翠虛之旨,出乎陰陽陶冶之表。故祈禳禱旱,叱風鞭霆,咳唾風雨,迅乎掌握,而神異靈奇,不可誕書。或自蓬頭跣足,弊褐雲水;或自章甫縫掖,霞遁靈岫,隱顯不一,人莫之測。但神氣靈爽,驚世駭目,異於常人,方知其神仙中人也。況先生博洽儒術,出言成章,文不加點,時謂隨身無片紙,落筆滿天下。其言皆囊括造化之語,儒者謂出入三氏,籠罩百家,非世俗所能也。余自乙亥於江浦遇純陽,明年於樂安與先生邂逅一遇,兩載之間,兩遇天真,倏爾四十七年矣。近自甲寅,得三峯張真人信,知先生上居太清職司運會間,忽下遊塵境,去歲夏,忽又復遇先生於豫章,自稱王詹,乃知即玉蟾之隱名也。與余相對,罄欸一笑,人莫知識。自是別後,莫知所往。秋乃得是書,皆先生平昔所作之詩文,數十萬言。昔先生囑其徒鶴林緝之行於世久矣,歲月湮沒,而世無所傳。今偶得是書,如親覿師面,誦之再三,油然心與妙融,恍然置身於太清之境,苟非大羅之霞客,曷能語於是哉。蓋原本篇敘不一,上清、玉隆、武夷三集內,未入者皆收之,今重新校正,定爲八卷。附錄一冊,乃霞侶奉酹之玄簡,仍綴諸卷末,摹寫成集而壽諸梓,以永其傳焉。"

此本有扉頁,刊"白玉蟾集。省吾堂藏板"。

《四庫全書總目》未收。《中國古籍善本書目》著錄。上海圖書館、南京圖書館等二十七館、臺北"國家圖書館"(皆作明新安劉懋賢等校刻本。臺館缺卷二至五)、美國國會圖書館(作明萬曆刻本)、日本內閣文庫(作明刊本)亦有入藏。按,是編存世最早爲明正統七年寧藩朱權刻本,藏中國國家圖書館。明代又有明萬曆桂芳堂刻本,浙江圖書館、北京大學圖書館等六館入藏。又有明刻本,行款同此本,北京大學圖書館、清華大學圖書館等三館入藏。

鈐印有"初齋秘笈"、"景荀堂藏書印"、"曾藏章武高氏水槳庵"。

1986　清順治刻本滄浪吟滄浪詩話　　　　　　　　T5213/6412.1

《滄浪吟》一卷《滄浪詩話》一卷,宋嚴羽撰。清順治十年(1653)周亮工刻丁師儒修補印本。二冊。半頁八行十八字,四周單邊,白口,無魚尾。框高18.7釐米,寬12.4釐米。兩種皆題"宋樵川嚴儀卿著;同郡何望海若士較;大梁周亮工元亮訂;秣陵王譽命聞上編;杉易蕭雯雲章、江漢龍斗文編;版經百餘年殘缺漫漶杉易丁師儒重較鋟補"。《滄浪吟》前有正德八年(1513)和春序,正德十五年(1520)都穆序,何望海序,徐熥序,順治十年何楝重刻序。《詩話》前有咸淳四年(1268)黃公紹序,正德十一年(1516)林俊序,鄧原岳序,順治十年周亮工重刻序。

嚴羽,字儀卿,一字丹邱,號滄浪逋客,福建邵武人。生於宋末,隱居不仕,與嚴仁、嚴參齊名,世號三嚴。吟客獨詣,精深詩學,爲世羽儀,粹溫中有奇氣,嘗問學於克堂包揚。《嚴羽傳》云:"先世居華陰,五代時,遠祖閬遠使者隨王潮入閩,家於樵川莒溪之上,滄浪之水出焉。"

《滄浪吟》計騷、操、吟、引、謠、歌、行、樂府、四言古詩、五言古詩、五言律詩、五言排律、五言絕句、七言律詩、七言絕句。《詩話》計詩辯、詩體、詩法、詩評、詩證、答吳景仙書、調。《滄浪吟》計一百三十餘首,多反映當時社會情況,也有對時局之不平,以及對奸佞專權之指責,感情沉鬱,語言悲壯。詩話,則爲以禪喻詩,著重於談詩之形式及藝術性,此作於後來之詩論以及詩人之創作,有極大影響。

嚴羽詩集,宋元之刻均湮没不傳於世,明代所刻又有數種。徐㷆序云:"斯集歲久湮閟,勝國至元庚寅,邑人黄公紹始序而傳之。厥後正德間,淮陽憲伯胡公岳、吴郡吏部都公穆先後授梓。萬曆間,予友鄧學憲汝高又梓之。兹乃何若士先生博雅窮詩,敬恭維桑,復校訂精詳,友人吴兆聖、李玄玄攜至三山,與予商榷,因考其歲月地里,庶幾得先生之大都矣。"

此本乃周亮工所刻,何棅序云:"垂五百年,而有大隱君子周櫟園先生宦游駐邵,值磨楯草檄之會,而横搠賦詩,乃登郫懷古,敬吊先生,闡遺韻於殘編,發幽光於晚季,重鐫其集,復建樓以祀之,即顔其樓曰'詩話'。"又周亮工序中也涉及刻書事。

按,此書多四周雙邊,僅數頁爲四周單邊。有扉頁,刻"滄浪吟。宋樵川嚴儀卿先生著。閩杉易一石軒藏版","滄浪詩話。宋樵川嚴儀卿先生著。閩杉易一石軒藏版"。

《四庫全書總目》集部別集類、詩文評類分别有《滄浪集》、《滄浪詩話》。《中國古籍善本書目》著録清順治十年周亮工詩話樓刻本,中國國家圖書館、中國科學院圖書館等三館也有入藏。然《中國科學院圖書館藏中文古籍善本書目》著録爲清順治十年周亮工刻丁師儒補修本。

鈐印有"瑞軒"、"榮郭齋藏"。

1987 清康熙刻本後村居士詩 T5363/4110

《後村居士詩》二十卷,宋劉克莊撰。清康熙五十九年(1720)姚培謙遂安堂刻本。四册。半頁十行十九字,四周單邊,綫黑口,單魚尾。框高15.5釐米,寬12.2釐米。題"華亭姚廷謙平山校訂"。前有康熙五十九年姚廷謙序,康熙五十九年姚弘緒序;《興化府志》本傳;同訂姓氏。

劉克莊,字潛夫,自號後村居士,吏部侍郎彌正之子,福建莆田人。以蔭入仕,嘉定二年郊恩補將仕郎,官建陽令。因詠《落梅詩》犯嫌,坐廢十年。淳祐初,特賜同進士出身,除秘書少監,兼中書舍人。又爲御史劾罷,尋復以職,官至工部尚書兼侍讀,以龍圖閣學士致仕。生於淳熙十四年,卒於咸淳五年,年八十三。謚文定。《宋史》有傳,又《宋元學案》卷四七也有傳。

克莊富學問,長吏事,爲宋中興時江湖派之大家,曾就學於真德秀,真嘗以"學貫古今,文逮騷雅"薦之。克莊以詩詞見長。其詩初受"永嘉四靈"影響,學晚唐,其後轉而推崇陸游,喜用典故成語,詩詞頗有感慨時事之作。卷一詩八十九首,卷二詩八十四首,卷三詩八十六首,卷四詩七十八首,卷五詩七十四首,卷六詩七十一首,卷七詩九十三首,卷八詩八十一首,卷九詩七十一首,卷一〇詩七十首,卷一一詩六十三首,卷一二詩五十一首,卷一三詩七十五首,卷一四雜詠一百首,卷一五雜詠一百首,卷一六詩七十首,卷一七至一八詩話,卷一九詩餘五十一首,卷二〇詩餘七十首。

克莊集二十卷本,有宋刻本,今已不存。現傳世僅有宋刻元修本,藏中國國家圖書館,爲十行二十一字,左右雙邊,細黑口。此康熙本也二十卷,應據抄本爲底本,姚廷謙序云:"余素慕愛其詩,而全集多殘缺。既得初晴朱先生所藏弃,取家伯父聽岩公手録者與張子玉田參伍讎較,頗費苦心。最後,錫山華豫原孝廉以藏本見寄,得補第七卷缺葉百餘字,而此書遂成全璧。"姚弘緒序也云:"平山姪於朱子初姓處得一善本,爰請於予曰,後村居士集,世之想望而願見者久矣,至其詩之會衆作而自爲一宗,尤急欲流通於世也,願重校而梓之。"按,姚培謙,字平山,江蘇華亭人。諸生。好交游,名滿江左。雍正中保舉人材,以居喪不赴。有《松桂讀書堂集》、《李義山詩箋注》等。

　　克莊集,最早之本爲五十卷並目録二卷,題《後村居士集》,爲詩十六卷、詩話二卷、詩餘二卷,餘皆爲雜文。有宋刻本,半頁十行二十一字,四周雙邊,細黑口。中國國家圖書館有全帙。又有宋刻元修本,中國國家圖書館、上海圖書館、中國社會科學院文學研究所所藏皆爲殘本。另有《後村先生大全詩集》十五卷,宋刻本,半頁十行十八字,左右雙邊,白口。藏上海圖書館,僅存十一卷。《宋劉後村先生集》十二卷,明張肯堂輯,明崇禎十一年錢震瀧刻本,半頁九行二十字,四周單邊,白口。藏重慶市圖書館(全帙)、南通市圖書館(殘本)。此外,有《後村先生大全集》爲一百九十六卷本,存世皆爲抄本。藏中國國家圖書館、上海圖書館、南京圖書館。民國間,上海涵芬樓據清賜硯堂抄本影印入《四部叢刊》,此爲後村集之最足本。另清康熙十年吳氏鑒古堂刻本(又有民國三年上海商務印書館影印本)《宋詩鈔》初集收有《後村詩鈔》一卷;清宣統二年北京龍文閣石印本《宋代五十六家詩集》收有《後村詩集》一卷;《兩宋名賢小集》中收有《南岳詩稿》二卷;民國四年上海商務印書館排印本《宋詩鈔補》中收有《後村集補鈔》一卷。

　　此本有扉頁,刻"劉後村詩集。華亭姚平山校訂。附刻詩話、詩餘。遂安堂藏版"。扉頁上鈐有"不薄今人愛古人"、"遂安堂藏書記"。

　　《四庫全書總目》入集部別集類,但所收爲五十卷本。《中國古籍善本書目》著録,上海圖書館、遼寧省圖書館等八館也有入藏。日本《内閣文庫漢籍目録》著録。又内閣文庫有江户時代(1603至1867)寫本《後村居士集》(存三十二卷)。日本《和刻本漢籍分類目録》著録有《後村居士詩》六卷,題"宋劉克莊撰,清姚培謙校",日本天保八年(1837)刻本。又有《後村詩鈔》二卷,日本文政元年(1818)陽華堂刻本。

1988　明萬曆刻本宋李梅亭先生四六標準　　T5362/4472

　　《宋李梅亭先生四六標準》四十卷目録四卷,宋李劉撰。明萬曆刻本。十册。半頁十行二十字,左右雙邊,白口,單魚尾。框高20.2釐米,寬13.2釐米。題"新安吳士睿聖初甫校"。前有羅逢吉序。

　　李劉,字公甫,號梅亭。崇仁人。嘗從真德秀游。嘉定七年進士。仕至中書舍人,直學士院、寶章閣待制。

　　是書凡分七十一目,爲言時政、贄見、薦舉、舉科目、謝座主、到任、解任、通交代、内除、外除、辟置、宣賜、進職、轉官、改官、宮觀、致政、雜謝、科舉、及第、生辰、婚媒、師傅(封爵附)、宰相、參政、樞密、中書、史掾、六部、臺諫、寺監、學官、宮教、六院、架閣、制帥、經略、撫帥、總領、都大、提舶、漕使、憲使、倉使、宗正、太守、倅、諸司屬官、教授、州官、武官、寄居官、縣宰、丞、簿、尉、監官、學職、進士、賀正、賀冬。共一千九十六首。《四庫全書總目》云:"自六代以來,箋啓即多駢偶,然其時文體皆然,非以是別爲一格也。至宋而歲時通候,仕宦遷除,吉凶慶弔,無一事不用啓,無一人不用啓,其啓必以四六,遂於四六之内,別有專門。南渡之始,古法猶存,孫覿、汪藻諸人,名篇不乏。迨劉晚出,惟以流麗穩貼爲宗,無復前人之典重,沿波不返,遂變爲類書之外編,公牘之副本,而冗濫極矣。然劉之所作,頗爲隸事親切,措詞明暢,在彼法之中,猶爲寸有所長,故舊本流傳,至今猶在。録而存之,見文章之中,有此一體爲別派,別派之中,有此一人爲名家,亦足以觀風會之升降也。"

　　羅逢吉序云:"梅亭先生言語妙天下,而四六尤膾炙人口。比眉山所刊類藁已盛行世,客有求逢吉所藏四六,欲鋟之梓。適先生以儀曹召,弗敢請。客求益堅,姑授以先生初年館月湖及湖南、蜀川所作,名曰《四六標準》,繼此當陸續以傳門人。"

李劉是書有宋刻本,中國國家圖書館有全帙,上海圖書館有不全之本。明代又有孫雲翼箋注之本,爲萬曆四十四年金陵唐鯉飛刻本,上海圖書館、南京圖書館等二十一館入藏。

《四庫全書總目》入集部別集類。《中國古籍善本書目》著錄。杭州市圖書館、河北大學圖書館等四館,臺北"國家圖書館"及日本內閣文庫亦有入藏。

鈐印有"木堂"。

1989 明刻宋元詩集本戴東埜詩集 T5362/4562

《戴東埜詩集》五卷,宋戴昺撰。明刻《宋元詩集》本。一册。半頁九行十九字,四周單邊,白口,單魚尾。框高21.3釐米,寬13.2釐米。題"宋戴昺景明甫著;明潘是仁訒叔甫輯校"。

戴昺,字景明,號東野。天台人。嘉定十二年進士,授贛州法曹參軍。寶祐中,爲池州幕僚。

此爲《宋元詩集》零種。日本內閣文庫有全帙。

《四庫全書總目》收有昺《東野農歌集》五卷。

鈐印有"環碧山房珍藏"。

1990 明崇禎刻本新刻宋文丞相信國公文山先生全集 T5365/820

《新刻宋文丞相信國公文山先生全集》二十卷,宋文天祥撰。明崇禎四年(1631)張寰宇毓秀齋刻本。十六册。半頁九行二十字,四周單邊,白口,單魚尾。框高21釐米,寬13.3釐米。題"宗裔諸孫:平江震孟搜逸、荊南安之訂譌、白下時策較正;書林張起鵬繡梓"。前有崇禎四年詹士龍序,嘉靖三十九年(1560)羅洪先序;文天祥遺墨;文天祥遺像;像贊;崇禎三年(1630)文時策跋。

文天祥,字宋瑞,一字履善,號文山,江西吉水縣人。寶祐四年進士第一。官至江西安撫使。元兵至,受命使元軍談判,被扣留,後脫險返回真州。端宗即位於福州,拜爲右丞相,封信國公。募兵抗戰,力圖恢復,兵敗被俘,不屈,作《正氣歌》以明志。囚於燕京四年。至元十九年十二月就義於柴市。《宋史》有傳。

卷一對策、封事、內制,卷二表箋、疏、申省狀,卷三詩,卷四詩(樂府、詞并附),卷五至六書,卷七至八啓,卷九記、序,卷一○題跋、贊、銘、辭、說,卷一一講義、行狀、墓誌銘、祭文、祝文,卷一二樂語、上梁文、公牘、文判,卷一三指難錄,卷一四指難後錄,卷一五吟嘯集,卷一六集杜詩,卷一七紀年錄,卷一八拾遺,卷一九至二○附錄。

文時策跋云:"竊念文之全集,一刻於京師,一刻於廬陵,而金陵獨無刻焉,是誠大缺典。爲宗孫者,不能使忠肝義膽之談、扶綱植紀之作,維新而顯著之,誠策之過也。茲從剞劂氏之請,將吉安舊集授之於梓,俾厥新刻,而懇大京兆詹公爲之序,誠不忍鴻篇巨藻埋沒一方耳。舊刻詩爲全集之首,茲易廷對策、內外封事諸作冠之。蓋古誼龜鑑,忠肝鐵石,昔人所稱,大廷一對,真足千古,其首以是,欲俾展卷者一覽便知其梗。先公有靈,即以策爲儓易可也。""自公歷策,已爲二十二代,即爲策二十二世之族祖,策自是其裔孫耳。爲有祖有文集,爲裔孫者,忍其埋沒而不爲之顯著者哉？則是集之刻，凡我同姓，固當景行什藏。”

此本有扉頁，刊"新刻宋文丞相全集。宗袞二太史鑒定。毓秀齋張寶宇梓行"。又鈐有"諸公鴻章，賜毓秀齋張賓宇收貯緘寄，聽月居選刻發行，此白"。鈐有"翻板必治"印。

《四庫全書總目》收《文山集》二十一卷本，入集部別集類。《中國古籍善本書目》著録，中國國家圖書館、上海圖書館等五館亦有入藏。

鈐印有"壽餘秘玩"。

1991　明崇禎刻本宋文文山先生全集　　　T5365/8148

《宋文文山先生全集》二十一卷，宋文天祥撰，明鍾越輯並評。明崇禎二年(1629)武林鍾越躍庵刻本。八册。半頁十行二十一字，四周單邊，白口，單魚尾，書眉上刻評。框高20.3釐米，寬14.4釐米。題"宋廬陵文天祥文山父著；明武林後學鍾越異度父評閲；兄鍾天均小天父、鍾天塀雲桓父參閲；弟鍾超上士父較"。前有崇禎二年李之藻序，崇禎二年鍾越序，景泰六年(1455)韓雍序，嘉靖三十九年(1560)羅洪先序，王守仁序，元統元年(1333)許有壬序；文天祥遺像；像贊。

此爲二十一卷本，卷一至二爲詩(樂府並詞附)，卷三爲對策、封事、内制。與二十卷本不同。又卷二一爲附録，收明人祭文、文集序、詩等。

李之藻序云："先生詩文散軼，今存者僅若干……吾杭鍾生越，重爲訂輯，以畀殺青。其懷忠吊古雅志，有足尚者。"

鍾越序云："余垂韶慕先生孤忠大節，搜其遺集，凡二十卷。其奮筆遣詞，無不根於理學，而心心君親，字字忠孝，抒寫肝膽，洋溢簡牘，展人倫之篤摯，而千古之法程也。因加評閲，而重梓之，庶使人人知所模範。"

此本鍾越自序之頁，書口下刊有"躍庵"。自序之末爲"崇禎己巳春，武林後學鍾越拜撰書於躍庵"。鍾越，字異度，別字躍庵。又有扉頁，刊"宋文文山先生全集。躍菴評梓"。有"每部定價紋壹兩"、"博陸雙橋本府二房發兑"、"武林博溪鍾府藏板翻刻定行追究"、"從來文運關國運，近時子書盛行，淫邪之風盈制秋，而閹宦夷狄之禍起。躍庵鍾先生，思以砥文運者襄國運，乃作宋文丞相傳，正其書法，輯其全集而梓之，誠士林之巨寶也。得者當珍之，購者當重之。天目書生程泰祚謹識"木記。

按，思宗登基後，即宣布魏忠賢罪狀，贈恤天啓年間被害諸臣，閹黨官員均罷去。後金大舉攻明，侵入内地，自龍井關、大安口逾邊墻，至京師城下。鍾越刊印此書，當有抗敵之意。

此本鈐有書之定價，極爲難得。余多年來所見明刻本中鈐有書價者僅十餘部而已。明代書價，是研究明代經濟，特別是商品貨幣經濟發展狀況的一個重要課題。崇禎間，米價貴得離譜，清丁國鈞《荷香館瑣言》卷下載《芸窗雜録》言，崇禎十年米價，冬粟每石一兩二錢；白粟一兩一錢。而明崇禎末年，年穀屢荒，土地每畝僅值一二兩。明代萬曆間各秩官員之俸禄，以正九品所得年俸爲七十二石米，月俸爲六石米，折合當時銀兩爲八兩八錢。也就是説，書價在明代末年一直居高不下。余有《明代坊刻圖書之流通與價格》(載《國家圖書館館刊》1996年第一期)一文，可參閱。

《四庫全書總目》所收非此本。《中國古籍善本書目》著録。中國國家圖書館、上海圖書館等十五館，臺北"國家圖書館"(兩部)及美國普林斯頓大學葛思德東方圖書館、日本内閣文庫、東京大學東洋文化研究所亦有入藏。

鈐印有"静觀亭圖書"、"惜陰亭"、"賴古堂家藏"、"奚疑齋藏書"。

1992　清康熙刻本謝疊山公文集　　　　　　　　T5368/0446

《謝疊山公文集》六卷,宋謝枋得撰。清康熙六十年(1721)謝氏蘊德堂刻本。二册。半頁九行十八字,四周雙邊,白口,單魚尾,書口下刻"蘊德堂"。框高17.9釐米,寬12.3釐米。題"蘊德堂諸孫校訂"。前有景泰五年(1454)劉儔舊序(序殘),陳守創序,康熙六十年吕文櫻序。

謝枋得,字君直,號疊山,江西弋陽人。寶祐四年進士。宋末曾任江東提刑,遷江東制置使。京城臨安破後,爲江西招諭使,起兵衛饒州、信州,兵敗棄家入閩,妻等被執,死於獄。乃變姓名,賣卜遯隱。元福建行省參政魏天祐薦,不就。强被脅迫入燕京,問太后欑所及瀛國公所在,再拜慟哭。遷憫忠寺,絶食而卒。其號疊山,疊山爲興國山名,枋得在謫所,因以自號。枋得生於宋寶慶二年,卒於元至元二十六年。又著有《文章軌範》、《詩傳注疏》等。

枋得爲人豪爽,性好直言,以忠義自任。平生無書不讀,爲文章高邁奇絶,汪洋演迤,自成一家。卷一本傳(《宋史》列傳)、《疊山公行實》、附記、書九通;卷二五言古詩八首、五言律詩四首、七言古詩十六首、七言律詩十六首、七言絶句十九首、詩餘二首、序八篇;卷三記五篇、銘一則、説二篇、跋三篇、啓十二通;卷四啓十三通、劄十九通;卷五表三篇、疏十二篇、集中補書詞四首、詩十九首、疏二篇;卷六題《外集》,計書一通、詩十四首、跋一篇、碑一篇、祭文一篇、疏一篇、記三篇。附十七代裔孫藩,十八代裔孫瑭、璜、簡、琅、瑄,十九代裔孫式南七人跋。

劉儔舊序云:"公忠孝之德出於天性,故其形於著述者有《易》、《詩》、《書》三傳諸書行於世,人皆誦之,無容議矣。惟雜著詩文六十四卷藏於家,屢經兵燹,存者無幾。公之後裔請於予友監察御史黄君溥澄濟,與公同邑,代爲多方采輯,得若詩若文,正其訛謬,各以類歸,釐爲六卷。閒以示予曰,惜乎先生之文僅此,豈以少而自私乎?將繡梓以傳。"按,此序云"釐爲六卷",查《四部叢刊》本劉序作"釐爲十六卷"。吕文櫻序云:"謝君之伯侄昆季欲鳩工而翻刻之,以公其傳。"

枋得《疊山集》有十六卷本,其分卷爲:卷一七言絶句,卷二五言八句、七言八句、附録七言八句,卷三五言、七言、詞調,卷四至五書,卷六序,卷七記,卷八墓銘,卷九説,卷一〇啓,卷一一啓狀,卷一二劄、詞、頌,卷一三表,卷一四疏,卷一五文,卷一六附録。十六卷本計有三刻。祖本初刻於明景泰年間,爲景泰四年黄溥、楊撝刻本(半頁十一行二十一字,四周雙邊,黑口),藏中國國家圖書館、上海圖書館等四館。又有成化二十一年王杲刻本(半頁十一行二十一字,四周雙邊,黑口),藏天一閣。嘉靖十六年黄齊賢刻本(半頁十行二十字,四周單邊,細黑口),藏中國國家圖書館。另有《新刊重訂疊山謝先生文集》二卷,爲嘉靖三十四年林光祖刻本(半頁九行二十字,四周單邊,白口),爲林氏知廣信府時,從黄溥本中選出若干詩文刊刻,林本藏中國國家圖書館、上海圖書館等七館,及日本内閣文庫。此外又有六卷本,爲《謝疊山先生文集》,有萬曆三十二年方萬山刻本(半頁十行二十字,四周單邊,白口),藏中國國家圖書館、上海圖書館、南京圖書館等九館及日本尊經閣文庫。

清代所刻除此本外,另有清康熙五十年寧淡齋刻本(半頁十行十八字至二十字不等,四周單邊,白口),藏福建泉州市圖書館;《謝疊山公文集》五卷附《外集》三卷首一卷末一卷,清嘉慶六年謝氏蘊德堂刻本(半頁九行二十字,左右雙邊,白口),藏江西鉛山縣文化館,本館也有入藏。臺北"國家圖書館"臺北分館有《謝疊山先生文集》九卷,清道光間刻本。美國普林斯頓大學葛思德東方圖書館也有九卷本,清陳喬樅輯編,清道光二十九年弋陽學官刊咸豐十年修補本,此本卷六以下爲《外集》,録同時唱和之作及後人題詠碑記。又清道光二十八年涇縣潘氏袁江節署刻《乾坤正氣集》中收有《謝疊山先生文集》四卷;清同治五年福州正誼書院刻《正誼堂全書》中收有《謝疊山先生文集》二卷(另有《叢書集成》初編本);清同治中新建吳氏皖城刻《半畝園叢書》中收有《謝文節公集》六卷。民國四年上海商務印書館排印《宋詩鈔補》中收有《疊山集鈔》一卷。上海涵芬樓影印《四部叢刊》續編中收有《疊山集》十六卷,乃據瞿氏鐵琴銅劍樓藏嘉靖本影印。

日本内閣文庫有江户時代寫本《新刊重訂疊山謝先生文集》二卷,並萬延二年(1861)刻本《謝疊山文鈔》四卷。蓬左文庫則有《謝疊山文鈔》(無卷數),江户末期刻本。

《四庫全書總目》所收爲康熙中弋陽知縣譚瑄重訂五卷本,入集部别集類。《總目》云:"雜著詩文,原本六十四卷,歲久散佚,明嘉靖中揭陽林光祖爲廣信府知府,始以黄溥所校刊行世,僅分上下二卷。萬曆中,御史吳某所輯《疊山集》又刻之上饒,編次錯迕,未爲精審。此本乃本朝康熙中弋陽知縣譚瑄所重訂,視舊本較爲詳備。"

《中國古籍善本書目》著録,浙江省博物館也有入藏。

1993　清嘉慶刻本謝疊山公文集　　T5368/0446B

《謝疊山公文集》五卷,宋謝枋得撰。《謝疊山公外集》三卷首一卷末一卷,清謝恩黻等輯。清嘉慶六年(1801)謝氏藴德堂刻本。八册。半頁九行二十字,左右雙邊,白口,單魚尾,書口下刻"藴德堂"。框高 17.8 釐米,寬 12 釐米。題"藴德堂諸孫校訂"。前有梁承雲序,嘉慶六年蔡興仁序,景泰五年(1454)劉儁舊序(佚去半頁)。目録後有嘉慶六年謝恩黻跋。末有乾隆四十年(1775)十八代裔孫謝琅跋,乾隆四十年十九代裔孫謝家樹跋。

卷一書十三通;卷二序八篇、記六篇;卷三啓三十六通、劄十九道;卷四銘一篇、説二篇、跋三篇、碑一篇、表三道、疏十四篇、青詞一篇、雜三篇;卷五五言古詩九首、五言律詩四首、七言古詩二十五首、七言律詩十九首、七言絶詩三十二首、六言詩一首、詩餘一首。《外集》卷一書一通、跋二篇、碑二篇、祭文三篇、疏三篇、序五篇;卷二記六篇、祝文二篇、跋語六篇;卷三詩六十二首。末一卷爲附孝烈橋諸作,計序一篇、引一篇、記二篇、賦一篇、詩五首。首一卷爲本傳(《宋史》列傳),先儒名公評論,《廣信府志》、《弋陽縣人物志》中關於謝氏之記載,《疊山公行實》,枋得妻李夫人傳,烈女葵英傳,世系。

按,此本内容及"世系"較康熙本爲詳。此本爲謝恩黻據康熙六十年刻本重刻,並有所增補。恩黻跋云:"先文節公文集,原著六十四卷,涿州學士盧疎齋公序而行之久矣,屢經兵燹,散佚頗多。曾大父北泉公於康熙辛丑偕昆季子姪就侍御同邑黄澄濟公采輯原本,重爲刊布,迄今八十餘載,板復殘壞。嘉慶己未,稽山相國梁文定公賢嗣檢齋邑侯治弋之明年,政簡刑清,脩舉廢墜,捐廉造士之餘,採及先公文集,僅得六卷,見多漫漶不可識,諭令搜羅重刻,以備一邦之文獻。爰檢先考蘭陛先生宦歸行篋之拾遺鈔本,并愚小子管窺所得者,彙齊增訂,釐爲八卷,復悉心校正,乃同從叔竹軒氏合諸宗黨,協力贊成,共襄諸梓。"

梁承雲序云:"按遺集初刻於明景泰甲戌,敘之者吉州劉公也;再刻於萬曆甲辰,敘之者按察副使方公、上饒縣朱公也;三刻於康熙辛丑,敘之者學政前弋陽縣吕公、豫章書院掌教前少司農陳公也。數君子之文,仰企芳徽,長言詠嘆,弁諸卷首,有目者共覩。""公詩文集六卷,自辛丑刊布後,已閱八十年,刻板漫漶,魯魚亥豕之訛在在多有,讀之者茫茫然如墮雲霧,展卷未終,疑竇紛起,既無以廣文獻之流傳,並無以慰桑梓之景慕。於是竹軒與印塘憂之,掇拾散佚之餘,協力搜羅,博采兼收,增爲八卷,而重梓以傳今。"

《中國古籍善本書目》著録,江西鉛山縣文化館也有入藏。

1994　明嘉靖刻本石堂先生遺集　　　　　　　　　T5395/7986

《石堂先生遺集》二十二卷,宋陳普撰,明閔文振輯。明嘉靖刻本。十二册。半頁十行二十二字,四周雙邊,白口,無魚尾。框高 19.5 釐米,寬 13.2 釐米。題"宋寧德陳普尚德"。前有嘉靖十四年(1535)陳袞序。又目録頁題"後學浮梁閔文振蒐輯"。

陳普,字尚德,號懼齋,寧德人。居石堂山,學者稱石堂先生。宋亡不仕,元時三辟本省教授,皆不赴,隱居授徒,四方及門者數百人。嘗聘主雲莊書院。晚居莆中,造就益衆。其學以真知實踐,求無愧於古聖賢而後已。

此本卷一至六講義,卷七經説、經辨,卷八答問,卷九字義,卷一〇渾天儀論,卷一一論,卷一二書、雜著,卷一三序、記、題跋,卷一四策問、字訓、箴、上梁文、祝文、祭文、青詞,卷一五賦、辭、歌、吟,卷一六古詩五言、古詩七言,卷一七律詩五言、律詩七言,卷一八絶句五言、絶句六言、絶句七言,卷一九至二一絶句七言,卷二二拾遺。末附《石堂先生傳》。

陳普之集,今以明嘉靖十六年寧德縣知縣程世鵬刻本爲最早,僅上海圖書館一帙。此嘉靖閔文振輯本,北京大學圖書館所藏,有抄配。又美國國會圖書館亦有入藏。又有萬曆三年薛孔洵刻本,中國國家圖書館、南京圖書館、重慶市圖書館入藏。

《四庫全書總目》所收爲四卷本,入集部别集類存目,乃明天啟中普里人阮光寧所選刻,非完帙。

鈐印有"海豐馬氏"、"養一"、"李印兆洛"、"申耆白事"、"暫得於已"、"快然自足"。

1995　明天啟刻本劉須溪先生記鈔　　　　　　　　T5367/7278

《劉須溪先生記鈔》八卷,宋劉辰翁撰。明天啟三年(1623)楊識西刻本。四册。半頁九行二十字,四周單邊,白口,單魚尾。框高 20.8 釐米,寬 13.6 釐米。題"宋劉辰翁會孟著"。前有天啟三年韓敬序,嘉靖五年(1526)張寰序。

是本收劉辰翁記七十篇。

韓敬序云:"須溪先生倫鑒高絶,其所評隲,膾炙人口。今世所傳秘本,皆同安石碎金,而本集不復流傳。余偶於故籠中得記稿一帙,璨奇磊落,想見其人,每讀數過,輒恐易盡,真枕珍帳秘也。先生生黨禁之時,超然是非之外,復不爲訓詁糾纏,不爲理學籠絡,點筆信腕,自以抒寫靈瀨、鼓吹風雅,極其魄力所至。至左愚谿而右聲□,他不足方駕也。余嘗欲輯晚宋文章之雄,彙爲一家……獨以不得先生之全爲恨。嘗再過蘭陰訪胡元瑞遺書,中有《須溪集》名,爲□橈三日,搜獲不可得,至今夢寐思之……友人楊識西氏,篤志好古,得先生所評詩文,刻爲善本,兼請斯記,公之同好。識西爲閩子將宅相,風格才調,酷似其舅,因與先生結異代之緣。"

《四庫全書》所收爲十卷本(文淵閣藏本,臺灣商務印書館影印)。如以"記"相較,則閣本所收遠甚此刻。閣本卷一中《南劍龜山書院記》、《雙溪書院記》等十五篇；卷二《長沙廉訪司題名記》、《節齋記》等二十三篇；卷三《廬陵縣學立心堂記》均爲此本所無。閣本卷六爲詩序、書序、贈序、題跋、説、賦，卷七爲墓志銘、雜著、詩，卷八至一〇爲詞，此明本卷三《靈應廟記》、卷六《永新縣學劉侯生祠記》、卷八《多寶院記》三篇，則閣本失收。

閣本所收之文、詩、詞，均從《永樂大典》中輯出。《四庫全書總目》云："《須溪集》，明人見者甚罕，即諸書亦多不載其卷數。韓敬選訂晚宋諸家之文，嘗以不得辰翁全集爲恨。聞蘭溪胡應麟遺書中有其名，往求之，卒弗能獲，蓋其散失已久。世所傳者，惟《須溪記鈔》及《須溪四景詩》二種，僅寥寥數篇。今檢《永樂大典》所錄記、序、雜著、詩尚多，謹採輯裒次，釐爲十卷。"

是書有明嘉靖五年王朝用刻本，半頁十一行二十一字。中國國家圖書館、南京圖書館入藏。

《中國古籍善本書目》著錄。上海圖書館、天津圖書館等二十四館，臺北"國家圖書館"（三部）亦有入藏。

1996　清康熙刻本晞髮集　　　　　　　　　　T5395/0422

《晞髮集》十卷《遺集》二卷補一卷，宋謝翱撰；《天地間集》一卷，宋謝翱輯；《登西臺慟哭記注》一卷《冬青樹引注》一卷，宋謝翱撰，明張丁注；《冬青樹引重注》一卷，明藍水漁人注；附錄一卷。清康熙四十一年（1702）陸大業刻本。五册。近人鄧爾疋題識。半頁九行十八字，左右雙邊，黑口，雙魚尾，書眉上刻評。框高17.2釐米，寬12釐米。題"粵謝翱"。前有弘治十四年（1501）儲巏序；吳萊《宋鐃騎歌曲序》；任士林《謝處士傳》、鄧牧《謝皋父傳》、胡翰《謝翱傳》、宋濂《謝翱傳》；劉基《題謝皋羽傳後》；方鳳《謝君皋羽行狀》；吳謙《謝君皋羽壙志》；鄧椿《宋隱士謝皋羽先生墓碑記》；《名家評論》；錄楊慎《丹鉛總錄二則》。末有弘治十四年馮允中跋。

謝翱，字皋羽，一字皋父，自號晞髮子，福建長溪人，後徙浦城。咸淳中試進士不第。嘗爲文天祥諮事參軍，後別去。宋亡，天祥被俘不屈死，翱悲慟不已，行至浙水東，設天祥神主於子陵釣臺以祭，並作楚歌以招之。元貞元年，卒於杭州，年四十七，葬於子陵臺。事蹟具《宋史》本傳。

翱詩文桀驁有奇氣，而節概亦卓然可觀。是集以"晞髮"爲名，意爲披髮使乾，蓋取自屈原《楚辭》中《九歌·少司命》："與女沐兮咸池，晞女髮兮陽之阿。"卷一宋鐃歌鼓吹曲十二首，卷二宋騎吹曲十首，卷三至六古體詩一百二十三首，卷七至八五言近體詩八十一首，卷九記七篇，卷一〇記、序六篇。

《遺集》卷上《近稿雜詩》五十三首，卷下《金華游錄》一篇。補錄四篇，爲《續琴操哀江南》。《遺集》前有《晞髮近稿小引》，後有陸大業跋。《金華游錄》爲宋紹定二年正月十一日至二十五日，翱與方鳳等人約游洞天事。後有吳士諤跋、天順四年郭霽撰《方鳳小傳》。補錄末有吳萊跋。陸大業跋云："右《遺集》上卷，晞髮道人近稿，見吕氏《宋詩鈔》初集中，今以抄本互相較勘如前例。下卷《金華遊錄》，係毛氏未刻樣本，别無所考，第正其可知者而已。按濟南王公謂，近稿與正集如出兩手，強弩之末，不能穿魯縞者。錄其説於此，以俟讀公詩者考焉。"

《天地間集》，題"粵謝翱皋羽錄"。計二十首。皆翱所錄宋末故臣遺老之詩，凡家鉉翁、文天祥、文及翁、謝枋得、鄭協、柴望、徐直方、何新之、王仲素、謝鑰、陸壑、何天定、王曼之、范協、吳子文、韓竹坡、林景怡共十七人之詩。末有陸師道跋，云："宋學士景濂著謝先生傳云，《天地間集》二卷，此蓋未完書也。"

《登西臺慟哭記》，題"浦陽張丁孟兼"。後有張丁識語，並方鳳、危素、揭汯、陳基、胡翰、王禕、曾魯、李著等十九家跋語。末有韓性《題謝皋羽西臺碑》、傅藻《西臺慟哭詩》並潘闐、高啓等六家詩。

《冬青樹引注》，題"浦陽張丁孟兼"。後有至正二十六年張丁跋，洪武五年孔希晉跋。

《冬青樹引重注》，明藍水漁人注。

附録爲周密《癸辛雜識》二則、陶宗儀《輟耕録》一則、彭瑋又一則、薛應旂《浙江通志》四則（存一則）。

《四庫全書總目》云："此本爲平湖陸大業以家藏抄本刊行，云向從舊刻録出，卷第已亂，大業以意釐定之，校他本差爲完善，然亦非其舊也。"此所云"舊刻"，當明弘治十四年唐文載刻本。《晞髮集》傳世最早即爲明弘治十四年唐文載刻本，六卷附録一卷。次爲明嘉靖三十四年程煦刻本，明隆慶六年邵廉、凌瑄刻本，皆爲六卷本。明萬曆二十六年繆邦珏刻本，爲七卷本，有《續録》一卷附録一卷。明萬曆四十年張時昇刻本，爲五卷本，並《外集》一卷。明萬曆四十六年郭鳴琳刻本，爲十卷本。

目録後有"旌德湯玉候書"，儲巏序後有"旌德劉聖立書"。卷一第一行下有硃筆"癸未六月下旬動筆"。

鄧爾疋題識云："是書爲吾師何梅夏舊藏，刻工既精，校勘尤審，份甫得此可寶也。丙寅十月，爾疋。"

《四庫全書總目》入集部別集類。《中國古籍善本書目》著録，中國國家圖書館、上海圖書館、四川省圖書館等十一館入藏。臺北"國家圖書館"未收。

鈐印有"吳光裕印"、"笏溪"、"梅夏"、"翻亭"、"□崖子"、"蕉園焚稿慟哭遺臣"、"曾登地球第二高山"。

1997　明末刻元人集十種本遺山先生詩集　　T5372/7

《遺山先生詩集》二十卷，金元好問撰。明末毛氏汲古閣刻《元人集十種》本。四册。半頁九行十九字，左右雙邊，白口，無魚尾，書口下有"汲古閣"三字。框高 18.6 釐米，寬 13.6 釐米。前有段成己序。末有毛晉跋。

元好問，字裕之，號遺山，太原秀容人。興定五年進士，官至尚書省左司員外郎。金亡，不仕。詩和古文都有名。《金史》有傳。

此爲毛晉刻《元人集十種》零種。《中國古籍善本書目》著録，僅收名家學者校跋之本。

鈐印有"雨山草堂"。

1998　清乾隆刻本郝文忠公陵川文集　　T5381/4221

《郝文忠公陵川文集》三十九卷，元郝經撰。附録一卷。清乾隆三年（1738）王鏐刻本。十册。半頁十行二十二字，左右雙邊，白口，單魚尾。框高 18.6 釐米，寬 12.2 釐米。題"高都王鏐涵紫編訂"。前有乾隆三年朱樟序，陶自悅序，正德二年（1507）陳鳳梧舊序，延祐四年（1317）李之紹舊序；延祐五年（1318）劄付；《中書省移江西行省咨文》；《元史》本傳；盧摯撰《元故翰林侍讀學士國信使郝公神道碑銘》；閻復撰《元故翰林侍讀學士國信使郝公墓志銘》；苟宗道撰《故翰林侍讀學士國信使郝公行狀》;《封贈》(四篇)。目錄後有《校閱姓氏》。末有延祐五年馮良佐後序;乾隆三年王鏐跋。

郝經,字伯常,山西陵川人。金亡徙順天,家貧,晝則負薪米爲養,暮則讀書。爲守師張柔、賈輔所知,延爲上客。世祖在潛邸,召經諮以經國安民之道,條上數十事,世祖大悦,遂留王府。及即位,爲翰林學士,充國信使使宋,被留不屈,居十六年歸。經爲人尚氣節,爲學務有用,撰有《續後漢書》、《易春秋外傳》、《太極演》、《原古録》等。至元十二年卒,年五十三。卒謚文忠。

郝經其文豐蔚豪宕,雅健雄深,善議論,無宋末膚廓之習。其詩多奇崛,亦神思深秀,天骨挺拔。卷一賦十五篇;卷二古詩十五首;卷三古詩二十四首;卷四古詩十八首;卷五古詩二首;卷六古詩和陶五十一首;卷七古詩和陶五十首;卷八歌詩二十三首;卷九歌詩三十二首;卷一〇歌詩三十二首;卷一一歌詩二十五首;卷一二歌詩二十二首;卷一三律詩九十八首;卷一四律詩四十五首;卷一五七言絶句一百二十首、五言絶句九首;卷一六圖説三篇;卷一七論八篇;卷一八論二篇;卷一九論二篇;卷二〇雜著八篇、文二篇、哀辭二篇;卷二一祭文八篇、箴十一則、銘十則;卷二二贊四篇、説三篇;卷二三書五通;卷二四書六通;卷二五記十三篇;卷二六記九篇;卷二七記八篇;卷二八序四篇;卷二九序七篇;卷三〇序十六篇;卷三一述擬十四篇;卷三二奏議六篇;卷三三碑文八篇;卷三四碑文八篇;卷三五墓志銘十二篇;卷三六墓志銘六篇、行狀三篇;卷三七使宋文移六篇;卷三八使宋文移四篇;卷三九使宋文移一篇。附録爲各家關於郝經詩詞、跋、筆記、墓銘、序等。李慈銘《越縵堂讀書記》卷八云:"文忠詩文雖不免粗豪,然頗激宕有氣勢。其詩如'青城行'、'照碧堂行'、'汝南行'、'三峰關'、'金源十節士歌',尤可傳也。"

郝經集,元代曾有江西官刻本,據馮良佐後序云:"當時及門壽俊,護襲遺稿,迄今餘五十年。延祐戊午春……遂繡梓行世。微臣良佐職領江廣儒學,且董役竣事,率儒人胡元昌等詳正其字,庶無訛矣。"又據延祐五年劄付云:"郝伯常學士做國信使,入宋講和,去時於真州拘留了十六年間,做了一部《續後漢書》並他平日作來的文章《陵川文集》。這兩部書,中書省交江西行省有管下學校錢糧內開板去了也。"劉承幹《嘉業堂藏書志》卷四集部,著録有"元刻殘本",作"三十三卷"。半頁十行二十二字。缺十七至十九、二十四卷。曾藏瞿氏鐵琴銅劍樓、陸心源皕宋樓。志云:"其爲延祐原刻無疑也。"然元刻本今已不存。按,劉氏嘉業堂所藏作元刻本存疑。

明刻本今僅有一刻,乃正德二年李瀚刻本,爲李瀚官楚時,據元本復鏤諸板。據陳鳳梧舊序云:"文集凡若干卷,板行於元,久而散逸,見者鮮焉。吾大憲長李先生叔淵,博學好古,以公鄉先哲也,景慕之尤深,求其集踰二十年,始得全帙,如獲拱璧,遂手校而刻之梓以傳。"此正德本半頁十行二十二字,流傳也罕,今藏中國國家圖書館、湖南圖書館、北京大學圖書館。又有清初抄本,藏中國國家圖書館。

此本爲王鏐所刻。王鏐跋云:"余憶髫年追隨先大夫松坪府君側,論次前賢,講劂學業,即聞所稱郝文忠公者,吾澤先賢也。有文集若干卷,先大夫欲付之梨棗,以其集刻於明季正德間沁水李叔淵先生官鄂州,一刻於鄂,而澤之有是集,亦鄂州舊本也。魯魚帝虎,漫漶殘蝕,問之藏書之家,亦並罕有,非重梓不可,夙有是志,已鳩工集事,嗣以督餉西陲,青天運粟,其事中輟。厥後,晉秩司農,薦階水部,政務賢勞,未遑及此,荏苒迄今,已廿餘年事矣。今歲早春,以公事至郡城謁太守朱鹿田先生,共論吾邦文獻,則首舉郝文忠公,且云購其遺集,重費經營,復言是集宜亟付雕鑴,庶不湮没。蓋以文忠公之忠誠大節,彪焕炳烺,載在史册。至其理學文詞,閎深灝博,溯源伊洛,繼軌韓歐,以文傳道,爲後賢程式。或鮮有知者,必得重梓,傳播四方,非第爲澤郡文獻之光,其有功於好學深思之士非淺鮮矣……退而畀繕書者,重付剞劂,並延郡中宿學重加校勘,閱三月告竣。"

朱樟序云:"甲寅春,來守護澤,知爲郡之先賢,訪其遺集,罕有知者。在郡三年,僅於陵川諸生武氏得其藏本,家已世守,不輕假人,爰效古人抄書之例,隨閱隨錄,始得全書……前者,武進艾圃陶先生曾牧是邦,亦錄是集去,欲爲重鋟,僅冠以序,未遂其志。後松坪王少司空,郡之鄉先哲也,勤求掌故,有志重刊,會督餉秦川,亦未竟事。今其令嗣涵紫,好學稽古,承先人志,付諸梨棗,閱三月而告竣。"

此本有扉頁,刻"郝文忠公陵川全集"。

《四庫全書總目》入集部別集類。《中國古籍善本書目》著錄,上海圖書館、湖北省圖書館、山西省圖書館等十二館入藏。又日本内閣文庫、京都大學人文科學研究所、東京大學東洋文化研究所也有入藏。又據《河南省圖書館中文古籍書目(集部)》,著錄清乾隆五十九年郝氏家祠重刻本、清嘉慶三年高都張大絨重印本、清刻本三種。美國《普林斯頓大學葛思德東方圖書館中文舊籍書目》著錄清乾隆三年高都王氏刻道光十六年陵川增刊年譜合印本(年譜爲清張翥撰)。又清道光二十八年涇縣潘氏袁江節署刻《乾坤正氣集》中收有《郝文忠公集》二十五卷;清康熙中長洲顧氏秀野草堂刻《元詩選初集》乙集收有《陵川集》一卷。

鈐印有"黄氏借竹宦藏書"、"積學齋徐乃昌藏書"、"南陵徐乃昌校勘經籍記"。

1999　明永樂刻本元松鄉先生文集　　TNC5393/2144

《元松鄉先生文集》十卷,元任士林撰。明永樂三年(1405)任勉福建刻本。四册。半頁十三行二十三字,四周雙邊,細黑口,雙魚尾。框高19.2釐米,寬12.4釐米。題"句章任士林叔實"。前有趙孟頫撰任叔實墓志銘并序,泰定四年(1327)陸文圭序,杜本序,後至元二年(1337)邢泰序;王應麟題賦,並附任士林跋。

任士林,字叔實,號松鄉。其先蜀綿竹人,八世祖徙居四明之奉化,再世又徙埼山。自幼穎敏秀拔,六歲能屬文。既長,喪父,廬墓讀書,矻矻不倦,凡諸子百家之言,無不周覽。爲文章,渾厚正大,一以理爲主,而含蓄頓挫,使人讀之有餘味。後乃講道會稽,授徒錢塘,遠近求請者殆無虛日,與趙孟頫尤爲契合。廉訪使完顔公,請經理文公書院,訓鄉子弟。至大初,以中書左丞郝天挺薦授安定書院山長以終,年五十七。《(乾隆)奉化縣志》卷一一有傳。

卷一記碑二十六篇,卷二記二十二篇,卷三墓志九篇,卷四傳敘二十七篇,卷五説引八篇,卷六賦十七篇,卷七跋二十二篇,卷八至九詩六十七首,卷一〇表疏雜述二十三篇。

陸文圭序云:"泰定間,公之嗣子良,吏於澄川,因出先人手澤示余,將摹而傳之。余然後盡睹公之文,記序碑銘,高古特甚,長吟短韻,清雅有餘,無一點塵俗氣,近世號爲文士略無能過之者。""良金美玉定價於當時,而文人才士定價於身後。叔實未歿時,忌而訾之者亦有之矣。嗚呼!後世豈無楊子雲哉?謄本脱誤數十字,余一一是正而歸之,子良慎寶之矣。"

杜本序云:"右《松鄉集》者,四明任叔實甫所製詩、賦、記、序、碑、銘、傳、贊、雜著之文,總若干卷。其嗣子良爲江淛行中書省理所案牘官,今杭州路太守任公,欲其文之傳於世也,就子良求其藁而刻之。子良謂,其先人著述甚廣,而掇拾於散亡殘脱之餘者,未能畢見,其僅存者此爾。趙君仲德,素與先人遊舊,故用意裒集,繕寫如此。"

是書元代即有刻本,據陸文圭序,士林嗣子良將摹而傳之。杜本序亦云,杭州路太守任公就子良求其稿而刻之。而邢泰序則有"子良來爲江淛司理官,欲鋟諸梓,以廣其傳"。則究刻於元代何時，未能定奪。但又據明泰昌刻本孫能傳跋云，萬曆間，其校秘閣藏書，有元至正四年浙江行中書省舊刻《任松鄉先生文集》四帙，凡十卷。故其所見爲至正四年本，此本今已不存於世。元本爲記四十一首、志銘九首、傳六首、敘二十一首、說引八首、賦十八首、雜著二十二首、詩三百六十八首、雜著二十三首，今核其數，多不符。見《善本書室藏書志》卷三十三。

余疑此本爲明永樂三年任勉福建刻本。勉爲士林之孫。曾爲福建參政。泰昌刻本有永樂三年胡儼序，云："其孫今福建參政勉，既梓以傳。"疑此明初本原有胡序，後被賈人抽去以充元刻。又此本各卷第一行書名原題"元松鄉先生文集"，賈人在"元"字上施以小技，改"元"爲"任"，以求與元刻本題名相同。

金鑲玉裝。

《四庫全書總目》入集部別集類。《中國古籍善本書目》著錄，作"明初刻本"，中國國家圖書館也有入藏。日本靜嘉堂文庫又有作元刻本者，與哈佛本同板，見《靜嘉堂文庫宋元版圖錄》元版集部406頁。靜嘉堂文庫又有明刻本。

2000　明泰昌刻清重修本松鄉先生文集　　T5393/2144

《松鄉先生文集》十卷，元任士林撰。明泰昌元年(1620)任氏刻清光緒十六年(1890)孫鏘重修本。四冊。半頁九行二十字，四周單邊、白口，單魚尾。框高20.5釐米，寬14.2釐米。題"句章任士林叔實甫著；豫章鄒維璉德輝甫校"。前有泰昌元年(1620)鄔鳴雷序，永樂三年(1405)胡儼序；王應麟題賦並附任士林跋；趙孟頫撰《任叔實墓志銘》並序；孫能傳題辭；《四庫全書總目·松鄉文集》；光緒十六年王家振後序。末有光緒十六年孫鏘跋。

是書爲孫能傳自秘閣抄傳之本。能傳，字一之，寧波人。萬曆進士，官至工部員外郎。其題辭云："萬曆乙巳春，予校閣中藏書，有《任松鄉先生文集》四帙，乃元至正四年浙江行中書省舊刻。爲記四十一首、志銘九首、傳六首、敘二十一首、說引八首、賦十八首、雜著二十二首、詩三百六十八首、雜著二十三首。凡十卷。先生爲予鄉先喆，今其集多亡闕不可得，幸藏在秘閣，巋然若魯靈光之獨存，亦予邑文虹之光也。"

鄔鳴雷序云："先生之集，向有刻行，王厚齋先生垺之以班、韓，胡祭酒先生重之如太史公，而世異時遷，文凋獻落，乃吾奉顧罕覯其全書。予友孫一之，得縱觀秘閣藏書，見先生之集在焉，欣然稱快，謂如靈光之獨存也，遂書其目以歸。而先生之耳孫一鳴以易魁兩淛，筆生五色之花，文絢七襄之美，遡宗風於夢寐，覿祖德於羹墻，輒爾哀其殘缺，屬之棗梨。"

孫鏘跋云："昔余得《松鄉先生文集》殘本於胡君夢仙鴻，後爲鄞友借鈔，屢索而不果還已。戊子秋遊杭，聞重修文瀾閣，藏本多鈔自錢塘丁氏，同里王君耀三掄奎，方館於其家，因得展轉假鈔，全裘以歸。慈友王君艤蓮家振，聞而勸刊，余力病未能也。今年采詩之役，從胡君文齋福昌訪得是集遺板於任氏故祠中，而先生裔孫有名一聲者，願籌貲相助。余爲之逐卷排比，則已亡其十之四，而爲鼠傷蠹蝕者亦六之二，別有漫漶數字，則丁氏存本已成脫文，無從校補矣。""是板爲前明萬曆、泰昌間鋟本，實余族遠祖一之先生始從秘閣鈔傳，去元至正舊刻已二百七十餘年矣。今去泰昌亦二百七十餘年，而修殘補缺，得復舊觀。"

此本較明初刻本多出詩四首，爲《遊石棋盤醉歸分韻得邊字并序》、《送徐春野并序》、《四禽言》、《題翰墨十八董封爵圖并序》。

凡補刻之頁，書口下皆有"光緒庚寅重刊"六字。有扉頁，刊"任松鄉先生文集。光緒庚寅季冬上澣補刊"。

《四庫全書總目》入集部別集類。《中國古籍善本書目》著録,重慶市圖書館有明泰昌元年刻本。

2001　清康熙刻本趙文敏公松雪齋全集　　　T5386/5640C.2

《趙文敏公松雪齋全集》十卷《外集》一卷《續集》一卷,元趙孟頫撰。清康熙五十二年(1713)曹培廉城書室刻本。四册。朝鮮朴永晚題識。半頁十行十九字,左右雙邊,白口,單魚尾,書口下刻"城書室"。框高16.8釐米,寬13.1釐米。題"海上後學曹培廉敬三校"。前有康熙五十二年曹培廉序,大德二年(1298)戴表元序;《元史》本傳。末有楊載撰《大元故翰林學士承旨榮禄大夫知制誥兼修國史趙公行狀》;《謚文》,《封贈宣命》。

趙孟頫,字子昂,號松雪,一號水晶宫道人,浙江湖州人。宋宗室,太祖十一世孫,秦王德芳之後。入元,舉薦入仕,歷官刑部主事、翰林侍講學士,遷集賢侍講學士、資德大夫,拜翰林學士承旨、榮禄大夫。帝眷甚厚,嘗與侍臣論文學之士,以孟頫比唐李白、宋蘇子瞻。又嘗稱孟頫操履純正,博學多聞,書畫絶倫,旁通佛老之旨,皆人所不及。封魏國公,謚文敏。工書法,篆、籀、分、隸、真、行、草書,無不冠絶,爲元代重要書法家。生於寶祐二年,卒於至治二年,年六十九。事蹟具《元史》本傳。

孟頫爲人才氣英邁,詩以題畫、寫景、贈答之作居多,格調和婉、清新流暢。文稍遜於詩。卷一賦五篇,卷二五言古詩一百零五首,卷三五言古詩四十五首、七言古詩三十七首,卷四五言律詩五十四首、五言排律八首、七言律詩五十八首,卷五七言律詩三十三首、五言絶句五十一首、六言絶句四首、七言絶句九十五首,卷六雜著五篇、序十九篇,卷七記十一篇、碑銘四篇,卷八碑銘十二篇,卷九碑銘十篇,卷一○制九篇、贊九篇、銘一則、題跋五篇、樂府二十一首。《外集》四言詩一首、序四篇、記四篇、碑銘四篇、疏四篇、題跋二篇。《續集》五言律詩一首、七言律詩四首、五言絶句一首、題跋十三篇。

曹培廉序云:"元趙文敏公《松雪齋集》十卷,公子仲穆所編次,至元間刊於花溪沈氏,《外集》一卷,亦沈氏家塾所刊也。家大人舊有抄本,近從長洲友人家獲借先朝文博士壽承所藏原刻本,校正其訛缺,復裒他書及石刻所載,合之家藏墨蹟爲續集一卷,其行狀、謚文仍列卷末,而弁《元史》本傳於集首,以備參考云……而是集未獲流布,深爲藝林憾事。因鳩工重鋟,以廣其傳。其他碑板文字,爲集中未載者多有,不敢輒爲增入,以失當時決擇之意。獨詩與題跋,雖公不經意處,皆可玩味,别加編輯,以續於後。"

趙氏之集版本較多,元代即有刻本,爲《松雪齋文集》十卷外集一卷,元至元五年沈伯玉家塾刻本(半頁十二行二十二字,左右雙邊,細黑口),寫刻俱精,中國國家圖書館藏,存六卷:一至五卷并《外集》一卷。此本目録後題"己卯花谿沈氏伯玉刊於家塾"。據《臺灣公藏善本書目》,臺北"故宫博物院"、"中央研究院"史語所傅斯年圖書館也有入藏。《四部叢刊》收入。明代有三刻,一爲明初刻本(半頁十二行二十二字,四周雙邊,間有左右雙邊;白口,間有黑口),較元本多出《行狀謚文》一卷,藏中國國家圖書館、上海圖書館等五館。二爲明天順六年岳璿刻本(半頁十二行二十二字,四周雙邊,黑口,間有白口),有《行狀》一卷,乃據花谿沈氏本重刻,藏北京大學圖書館、公安部群衆出版社。三爲明萬曆崔邦亮刻本(半頁九行十八字,左右雙邊,白口),此本《外集》爲二卷,藏上海圖書館、天津圖書館等四館。此外,又有《趙子昂詩集》七卷,元至正元年虞氏務本堂刻本(十一行二十字,左右雙邊,黑口),藏中國國家圖書館。《松雪齋文集》二卷,明正德六年方選刻本(半頁十行二十字,四周雙邊,黑口),藏中國國家圖書館、上海圖書館、臺北"國家圖書館"。《松雪齋集》二卷,明萬曆刻本(半頁九行十八字,四周單邊,白口),藏上海圖書館、南京圖書館等七館,又日本內閣文庫也有入藏。又臺灣大學圖書館有是書之明錢塘梅氏校刊本。《新刊趙松雪文集》四卷《外集》一卷,明唐廷仁刻本(半頁十二行二十四字,四周單邊,白口),藏中國國家圖書館、上海圖書館等三館。

清代有清德堂刻本(半頁十行十九字,左右雙邊,細黑口),《外集》爲一卷。另有清初檇李李氏刻本(見《"國立中央圖書館"普通本綫裝書目》)、清光緒八年洞庭楊氏刻本、民國五年上海同文圖書館石印本、上海海左書局石印本。又明刻本《宋元四十三家集》中收有《松雪齋集》七卷;《四部叢刊》收有《松雪齋文集》十卷《詩文外集》一卷;《元詩選初集》丙集收有《松雪齋集》一卷。

此本有扉頁,刻"趙文敏公松雪齋全集。海上曹敬三重訂。蘇文定公欒城集、劉靜修先生全集嗣出。城書室藏板"。按,此本爲開花紙所印。是書又有清康熙五十二年曹培廉城書室刻光緒八年楊氏重修本,本館也有入藏,六册(中國國家圖書館所藏有章鈺校並跋)。1986年,浙江古籍出版社出版任道斌校點《趙孟頫集》(兩浙作家文叢),底本即爲元沈伯玉刻本,參校城書室本,並補輯趙孟頫詞《巫山一段雲》十二首及文《翠寒集序》。此任氏校點本是目前趙孟頫集的最佳之本。

朴永晚題識云:"松雪稿四册,即樗溪先生所贈也。謹藏逍遙館中,爲子孫永寶。凝川朴永晚謹識。"

《四庫全書總目》入集部別集類。《中國古籍善本書目》著録,上海圖書館、浙江圖書館等十九館也有入藏。日本《東京大學東洋文化研究所漢籍分類目録》著録。美國《普林斯頓大學葛思德東方圖書館中文舊籍書目》作"清康熙間翻刊元後至元沈氏本"。

鈐印有"讀杜草堂"、"帶方尹氏珍藏"、"尹定鉉印"、"朴杞堂鉴本"、"絳梅樹屋"、"清涼館"、"樗谿"、"杞堂"。

館藏有複本一部,但爲黄紙,十二册。鈐印有"長興朱承傑聃父圖書"、"謙"。

2002 清乾隆刻本草廬吴文正公集 T5384/4218

《草廬吴文正公集》四十九卷《道學基統》一卷《外集》三卷首一卷,元吴澄撰。清乾隆二十一年(1756)萬璜刻本。二十册。半頁十行二十一字,左右雙邊,白口,單魚尾。框高 19.6 釐米,寬 13.4 釐米。目録頁題"崇仁縣訓導萬璜校刊"。前有乾隆二十一年胡寶瑔序,乾隆二十一年朱宸序。

吴澄,字幼清,晚字伯清,人稱"草廬先生",江西崇仁人。宋末領鄉薦。至大初授文林郎、國子司業,遷翰林學士。詔授集賢學士奉議大夫。通經傳,於易、書、詩、禮、春秋皆有著作。其學師承朱熹,主張以著作立教。生於宋淳祐九年,卒於元元統元年,年八十五。贈資德大夫、江西等處行中書省左丞上護軍,追封臨川郡公,謚文正。又有《草廬校定古今文孝經》、《儀禮逸經傳》、《禮記纂言》、《三禮考注》、《書纂言》等。《元史》及《宋元學案》卷九二有傳。

澄爲元代大儒,著述甚富。於注解諸經以外,訂正張子、邵子書,旁及老子、莊子、太玄、樂律、八陣圖、葬經之類,皆有撰論。其散文摹擬宋人,文句井然有序,頗爲精審。卷一雜著十篇;

卷二至三答問十篇;卷四至六字說一百十一篇;卷七字說十七篇、書十四通;卷八書四十七通;卷九啓疏十五篇、序三十四篇;卷一〇至一八序三百六十五篇;卷一九序十七篇、記八篇;卷二〇至二五記一百二十五篇;卷二六記八篇、碑八篇;卷二七銘四十篇、題跋三十四篇;卷二八至三一題跋二百十一篇;卷三二題跋二十六篇、神道碑六篇;卷三三墓碑十三篇;卷三四至三六墓表四十九篇;卷三七至四二墓誌銘七十一篇;卷四三墓誌銘三篇、行狀一篇;卷四四祭文十三篇、制誥七篇、表牋七篇;卷四五五言四句五十一首、七言四句一百六十二首;卷四六五言律七十首、七言律四十三首;卷四七七言律一百三十首;卷四八五言古二十六首、七言古四十四首;卷四九樂府詞五首、楚語五首、雜題二十九篇。卷首爲康熙九年蔣超、乾隆二年甘汝來《草廬吳文正公從祀奏疏》,乾隆二年任蘭枝等《草廬吳文正公從祀奏議》,李紱撰《草廬吳文正公從祀議》,宣德十年禮部《吳文正公從祀孔廟議》(萬璜跋);成化二十年伍福序,萬曆四十年蘇宇庶序;《元史》吳澄、吳當本傳;揭傒斯撰吳澄《神道碑》;危素撰《吳文正公年譜》;虞集撰《吳公行狀》。

伍福序云:"宣德中,諸元孫爆輩嘗繡梓於家,歲久字句昏蝕,殆不可讀。成化十八年夏,巡按江監察御史曹南陳公孟安,留意重刻。次年秋,按察僉憲淳安方公大本按臨撫郡,恐因循荒墜,遂移文稽官中羨泉資給工費。謂予請老於鄉,屬爲詳校。予因得先生裔孫興化縣令廷鑑家藏錄本,凡舊所刊誤舛妄,悉爲更正,類分五十三卷。郡貳守虞江陳公輝,克任其勞,亟命繕書程工刻梓,字畫明顯,視歸弗俟。"

按,吳澄集,元代無刻本存世。據《四庫全書總目》,永樂四年澄五世孫爆有重刻本,爆有跋云,《支言集》一百卷、《私錄》二卷,皆大父縣尹公手所編類,刊行於世,不幸刻版俱毀於兵火,舊本散落,雖獲存者,間亦殘缺。迨永樂甲申,始克取家藏舊刻本,重壽諸梓,篇類卷次,悉存其舊,不敢更改。然永樂本今亦不存。今明代流傳最早之本,爲《臨川吳文正公集》一百卷,宣德十年吳炬刻本(十五行二十八字),今僅存二十八卷,爲卷四一至五〇、卷五三至七〇,藏中國國家圖書館。次爲《臨川吳文正公集》四十九卷《道學基統》一卷《外集》三卷《年譜》一卷,成化二十年方中、陳輝刻本(十行二十字或二十一字不等),藏中國國家圖書館、上海圖書館等五館,另臺北"國家圖書館"、日本內閣文庫、蓬左文庫也有入藏。三爲《臨川吳文正公集》四十九卷,萬曆四十年刻本(九行二十一字),藏大連市圖書館、浙江義烏市圖書館、臺北"國家圖書館"。此外又有《草廬吳先生文粹》五卷,宣德九年吳訥刻本(十三行二十四字),藏中國國家圖書館。《文正公草廬吳先生文粹》五卷,正統六年崇仁吳氏家刻本,原北平圖書館藏,今存臺北"故宮博物院"。《吳草廬先生粹言》八卷,嘉靖二十四年刻本(八行二十字),藏山西文水縣圖書館及日本內閣文庫。清代又有《臨川吳文正公集》四十九卷《道學基統》一卷《外集》三卷《年譜》一卷,活字印本(十行二十一字),藏首都圖書館、中國社會科學院文學研究所等三館。又《吳草廬先生文選》六卷,清道光二十五年泰和孫澇新刻本。

查日本《圖書寮漢籍善本書目》,有《臨川吳文正公草廬先生集》一百卷《外集》三卷附錄一卷,"明永樂丙戌其五世孫爆所刻,首有正統元年欽升請從祀孔廟事,蓋係補刻"。半頁十五行二十八字、二十九字不等,卷末附錄"大元累授臨川吳文正公宣敕"十通,皆蒙古字,書漢字副本旁注。舊爲男爵毛利元功所藏,每冊鈐有"德藩藏書"。

此本爲崇仁縣訓導萬璜所刻,胡寶琛序云:"考其生平所著述,六經四子各有詮注。昔人謂:'周程張朱,莫或過之。'其雜著文集五十餘卷,多體道之言,足以羽翼經傳。前明成化、宣德間,兩經刊刻,板已無存,謙堂萬君,爲其邑司訓,謀之藏書家,得舊本乃繕書重梓,工既竣,請序於余。余喜良璧之復完,皆萬君克任其勞,而實有功於名教也。"朱扆序又云:"其文集,前明宣德、成化、萬曆間屢經校刻,迄今板已無存。崇仁司訓萬君謙堂,購得善本,集貲鳩匠,刊刻有成……萬君於數百載簡帙漶滅之後,刻而行之。所以尊崇實學,有功名教,亦非淺鮮也。"

此本有扉頁,刻"草廬吳文正公全集。崇仁縣訓導萬璜校刊。乾隆丙子年重鐫。本家藏板"。又此本佚去《外集》三卷。

《四庫全書總目》著錄《吳文正集》一百卷,入集部別集類。《中國古籍善本書目》不收。《北京師範大學圖書館中文古籍書目》、《四川大學圖書館古籍善本書目》、《湖南省古籍善本書目》(然作清乾隆二十一年仁讓齋刻本)、《"國立臺灣大學"普通本綫裝書目》、日本《東京大學總合圖書館漢籍目錄》、《東京大學東洋文化研究所漢籍分類目錄》、《京都大學人文科學研究所漢籍分類目錄》著錄。《宋元四十三家集》内收有《吳草廬詩集》六卷。《元詩選初集》乙集收有《草廬集》一卷。《金元明八大家文選》收有《吳草廬先生文選》六卷。

2003　明萬曆刻清雍正增刻本魯齋遺書　T5382/9692

《魯齋遺書》十四卷,元許衡撰,明江學詩等校。明萬曆二十四年(1596)懷寧府推官怡愉刻清雍正增刻本。四册。半頁十行二十二字,四周雙邊,白口,單魚尾。框高22.4釐米,寬14.7釐米。前有萬曆二十四年張泰徵序,萬曆二十四年江學詩序,萬曆二十四年怡愉序。末有萬曆二十四年鄭道興跋。目錄頁題"懷慶府知府棗强江學詩、同知惠安鄭道興、通判臨潼孫汝正、推官涇陽怡愉編輯;儒學訓導昭化吳學詩、岳陽周易校閱"。又目錄頁書口下刻"吏房貼書"。

許衡,字仲平,河内人。幼好學,後得程、朱書,遂與姚樞、竇默等講理學,以道爲己任。元世祖時,命議事中書省,上書言立國必行漢法乃可長久。後爲集賢大學士,兼國子祭酒,培育人才,善教,學者稱魯齋先生。又領太史院事,與太史令郭守敬等改定曆法,新製儀象圭表。卒諡文正。《元史》有傳。

卷一至二語錄,卷三小學大義、大學要略、小大學或問、論明明德,卷四大學直解,卷五中庸直解,卷六讀易私言、陰陽消長、揲蓍説,卷七時務五事、對御,卷八雜著,卷九書狀,卷一〇編年歌括,卷一一四言律詩、五言古風、五言律詩、五言絕句、七言古風、七言律詩、七言絕句、樂府,卷一二至一三附錄,卷一四先儒議論、古今題咏。

張泰徵序云:"已而郡司理怡君,購求遺集若干卷,謀諸郡守江君,付之剞劂,用以永爲後學程式。"江學詩序云:"先生所著語錄,寰内人士業已家寶笈而户錦笥矣。第簡編舊分爲三,或此有而彼無,或此無而彼有,參差魚豕,不便觀覽。司理慕溪怡君,攝郡之暇,迺正其訛謬,彙并爲一。"怡愉序云:"予衷間索其遺稿而讀之,則漶漫分裂,有自故府者,有自分垣者,有自郡治者,重復叠出,訛漏不倫,家訓語錄,顛抄失序,讀者病之。乃力叢校讎,芟其更叠,補其紕漏,始於壬辰,迄於乙未。蓋盡三寒暑,乃竣事,稱成書,設貲梓之。"怡愉,陝西涇陽人,萬曆二十年進士。

此本增刻之内容,乃爲順治、康熙、雍正間碑、序、題辭等。附錄爲許衡像、像贊、塋墓、祠堂、族譜、譜傳等。《四庫全書總目》所收爲八卷本,又附錄二卷。《總目》云:"如大學中庸直解,皆課蒙之書,詞求通俗,無所發明。其編年歌括,尤不宜列之集内,一概刊行,非衡本意。然衡平生議論宗旨,亦頗賴此編以存,棄其蕪雜,取其精英,在讀者別擇之耳。其文章無意修詞,而自然明白醇正,諸體詩亦具有風格,尤講學家所難得也。"

《中國古籍善本書目》著錄。上海圖書館、山東省圖書館等八館,臺北"國家圖書館"及美國普林斯頓大學葛思德東方圖書館亦有入藏。衡集今存最早爲六卷本，明成化十年倪顒刻本，又有明嘉靖九年許泰和刻本、明嘉靖三十九年刻本；七卷本有明正德十三年河內知縣高傑刻本；十卷本有明嘉靖四年蕭鳴鳳刻本。此本未增刻之原本，中國國家圖書館、上海圖書館、臺北"國家圖書館"等二十三館皆有入藏。

2004　清初抄本周此山先生詩集　　　　　　　　　　TNC5387.9/7241

《周此山先生詩集》四卷，元周權撰。清初抄本。四册。闕名臨清查慎行校並跋。半頁十行十六字，無框格。題"元括蒼周衡之著"。前有延祐六年（1319）袁桷序，元統二年（1334）歐陽玄序及識語，陳旅序。後有謝端跋，元統二年揭傒斯跋，至元五年（1339）柳貫跋，弘治十一年（1498）顧福跋。

周權，字衡之，號此山，浙江處州人。嘗游京師，以詩贄翰林學士袁桷，桷深重之，薦爲館職，竟報罷。然詩名日起，唱和日多。與趙孟頫、虞集、揭傒斯、歐陽玄、馬祖常等皆有酬答。此山之詩名重一時。袁桷謂其意度簡遠，議論雄深。歐陽玄謂其無險勁之辭而有深長之味，無輕靡之習而用春容之風。陳旅謂其簡單淡和平，語多奇雋。

卷一五言古詩五十首，卷二七言古詩八十四首，卷三五言律詩三十首、七言律詩八十首，卷四五言絕句三首、七言絕句五十四首。

此本乃據明弘治刻本傳抄。顧福跋云："巡按河南侍御沁水李公誦此山之音，喜其不激不隨，實弸中而彪外者，蓋嘗屢與予言之，因命復梓，俾傳播於世，與知言之士共之用。"

此本有闕名朱筆臨清人查慎行題識："周權，字衡之，此山其別號，詩集以此名。《經籍志》既載周權《此山集》十卷，有載周權《此山集》一卷，卷帙皆與此本不符，疑焦氏再見，必有一訛，俟更考。初白又識。"卷末又有朱筆臨查氏跋："焦氏《經籍志》周權《此山詩集》十卷，今此本止四卷。蓋莆田陳衆仲所選定者，非全集也。明弘治朝曾鏤板汲中，余所見乃泰興季氏抄本，詩後間有評騭，當是莆田手筆，併錄存之。初白翁。"行間、頁眉亦時見朱筆批校。按，查氏晚年築初白庵，自稱"初白翁"，學者稱"初白先生"。中國國家圖書館藏清抄本，有查慎行跋。

《四庫全書總目》著錄周氏《此山詩集》十卷。周氏詩集，十卷本存世又有元刊本，藏臺北"國家圖書館"，該館又藏有八卷本，爲舊抄本。

《中國古籍善本書目》著錄明刻本，十行十六字，黑口，中國國家圖書館有藏；又著錄明清抄本多種，杭州大學圖書館、中國國家圖書館等有藏。

鈐印有"璜川吳氏收藏圖書"、"徐康"。"吳氏"爲吳銓，字蓉齋，號璜川，長洲人。雍正中爲吉安守，歸田後居潢川遂初園，讀書其中，架上萬卷皆秘籍。徐康，字子晉，著有《前塵夢影錄》。

2005　清康熙刻本陳定宇先生文集　　　　　　　　　　T5385/7949

《陳定宇先生文集》十七卷，元陳櫟撰。清康熙三十三年（1694）陳嘉基刻本。六册。半頁十行二十二字，左右雙邊，黑口，單魚尾。框高19.9釐米，寬13.7釐米。題"族孫嘉基毅軒訂"。前有康熙三十四年（1695）翁叔元序，康熙三十五年（1696）方象瑛序，康熙三十五年吳苑序，康熙三十五年習佩璜序，康熙三十五年汪晉澂序，康熙三十四年戴絨序，康熙三十四年戴有祺序，康熙三十三年（1694）陳嘉基序；康熙二十六年（1687）汪晉澂撰《請修先賢祠宇疏》；《元史》本傳;《定宇先生年表》。末有施璜跋,康熙三十四年吳承漸跋,汪儼跋,葉良儀跋。

陳櫟,字壽翁,晚稱"東阜老人",安徽休寧人。櫟生朱子之鄉,受其遺風熏染,力崇朱熹之學,以著書立言爲務。宋亡,隱居著書。延祐初,詔以科舉取士,有司強之,試鄉閩中選,不赴禮部,教授於家,所居堂曰定宇,學者因以"定宇先生"稱之。生於宋淳祐十二年,卒於元元統二年,年八十有三。又著有《四書發明》、《尚書集傳纂疏》、《歷朝通略》、《勤有堂隨録》。

范涞撰《理學名儒坊傳》云,櫟十五即爲人師,致力於聖人之學,貫穿古今,羅絡上下,所造精深醇正。其文以考証、釋説儒家經説爲主,語言質樸,不涉詭誕。此集卷一序十四篇;卷二序二十六篇;卷三跋二十一篇;卷四考一篇、辨三篇、論三篇;卷五説二十九篇;卷六説一篇;卷七答問四十一條;卷八隨録三十三則;卷九傳一篇、行狀二篇、墓志五篇、墓表一篇;卷一〇書七十一通;卷一一啓二十通、疏五篇、文一篇;卷一二記六篇、銘五篇、贊十二篇、賦八篇;卷一三試文十二篇、講義四篇;卷一四考評三篇、祭文十四篇、祝文五篇;卷一五陳氏譜略;卷一六五言古詩二十三首、七言古詩九首、五言律詩三十三首、五言排律三首、七言律詩八十四首、七言絶句二十首、詩餘十六首。卷一七爲别集,計收友朋爲櫟所作序、書、啓、墓志銘、行狀、贊、記、傳等二十八篇。

此本爲陳櫟族孫書崖所輯,嘉基所刻。陳嘉基自序云:"雖家絃户誦,共尊爲新安陳氏之學。然文集散佚,蒐輯維艱,考古之士,未嘗不爲公太息也。家弟書崖,積三十年之力,旁羅博采,凡公殘膏賸馥,罔不搜討靡遺,可謂勤矣。而又身居三吴文獻之邦,往來鄒魯賢聖之地,與當世淹洽之儒句斟而字酌焉,誠完璧也。予一見踴躍,亟登梨棗。書崖曰:'闡揚先業,兄志猶弟志也,尚敢私爲枕中秘耶!'而予因之有感矣。往者,崇禎乙亥,予祖維則公與書崖祖三色公同刊定宇公《通略》,迄今甲戌又一週矣,而定宇公文集適殺青於今日,殆有時焉,非偶然也。"按,據自序,康熙三十三年,此書已刻竣。

施璜跋云:"先生於書,則有《書解折衷纂疏》、於詩有《讀詩編》、於易有《讀易紀》、於禮有《集義詳解》、於春秋有《三傳節注》,非涵濡貫徹而能羽翼經傳如是乎,惜卷帙散亡,未盡傳於世耳。然其爲説,則已散見於《五經大全》及文集中,苟得其文集讀之,而其著述大旨亦略可識矣。故汪星溪先生假館於陳村者數十年,手録先生文集與同人閲,有志圖梓而未逮。歲在庚午,先生族孫子京,博學不倦,欲謀之同志付梓,已與余往復訂正矣。孰意陳子毅軒,勇於從事,一見書崖陳子編輯佳本,即捐資刻之,以公同好乎,此司成吴公所以贊毅軒,此舉有功於定宇先生也。"葉良儀跋又云:"邇年,崑山徐司寇既刻先生《尚書纂疏》於《經解》中,而先生族孫毅軒、書崖二公今又梓先生文集行世,遂使千百世後之學者讀先生之文確然深信。"

《四庫全書總目》入集部别集類。《中國古籍善本書目》著録,作清康熙陳嘉基刻本,北京大學圖書館、中國科學院圖書館等十二館入藏。又臺北"國立中央圖書館"普通本綫裝書目》(作清康熙三十五年雲間陳嘉基刻本)、日本《國立國會圖書館漢籍目録》(作清康熙三十五年刻本)、《東京大學總合圖書館漢籍目録》(作清康熙三十五年族孫嘉基校刻本)、《内閣文庫漢籍分類目録》(作清康熙三十五年刻本)收藏。中國國家圖書館又有清汪氏袌抒樓抄本,十四卷。又清康熙長洲顧氏秀野草堂刻《元詩選初集》丙集收有《定宇集》十六卷《别集》一卷。民國十一年歸安朱氏刻《彊村叢書》中收有《定宇詩餘》一卷。

鈐印有"濆川洪軾澂藏書"、"孫華卿印"。

館藏又有複本一部,十册。

2006　明景泰刻本道園學古錄

T5390/4450

《道園學古錄》五十卷，元虞集撰。明景泰七年(1456)崑山知縣鄭達刻本。二十冊。半頁十三行二十三字，四周雙邊，黑口，雙魚尾。框高19.5釐米，寬12.7釐米。題"雍虞集伯生"。前序佚去。末有至正元年(1341)李本跋。

虞集，字伯生，號道園，人稱邵庵先生，宋丞相允文五世孫，四川仁壽人，寓居江西崇仁。從吳澄學，官國子助教，仁宗時爲集賢修撰，主張精選學官，甚爲仁宗所重。泰定帝時官翰林直學士兼國子監祭酒。文宗時與趙世延等修《經世大典》，凡八百帙。卒諡文靖。生於宋咸淳八年，卒於元至正八年。《元史》有傳。

卷一至二〇爲《在朝藁》，卷二一至二六爲《應制錄》，卷二七至四四爲《歸田藁》，卷四五至五〇爲《方外藁》。

此本應有至正六年歐陽玄序及景泰七年鄭達序，今皆爲書賈抽去，以充元刻。按，《四部叢刊》本有歐陽玄序，序云："皇元混一之初，金宋舊儒布列館閣，然其文氣高者崛強，下者委靡。時見舊習承平日久，四方俊彥萃於京師，笙鏞相宣，風雅迭倡，治世之音，日益以盛矣。於時雍虞公方回翔冑監容臺間，吾鄉有識之士見其著作法度謹嚴，辭指精覈，即以他日斯文之任歸之。至治天歷，公仕顯融，文亦優裕，一時宗廟朝廷之典冊、公卿大夫之碑板，咸出公手，粹然自成一家之言。山林之人、縫掖之士，得其贈言，如獲拱璧。公之臨文，隨事酬酢，造次天成，初無一毫尚人之心，亦無拘拘然步趨古人之意，機用自熟，境趣自生，左右逢原，各識其職。"

李本跋云："至正元年十有一月，閩憲幹公使文公之五世孫炘來，求記屏山書院并徵先生文藁，以刻諸梓。本與先生之幼子翁歸及同門之友編輯之，得《在朝藁》二十卷、《應制錄》六卷、《歸田藁》一十八卷、《方外藁》六卷。蓋先生在朝時爲文多不存藁，固已十遺六七；歸田之藁，間亦放軼。今特就其所有者而錄之，所謂泰山一豪芒也。"

虞集是書，明代凡三刻。一即此本；一爲明嘉靖四年陶諧、虞茂刻本，行款同此本，藏中國國家圖書館、上海圖書館等八館；一爲明刻本，行款亦同此本，藏中國國家圖書館、上海圖書館。此本目錄後有"重增目錄"。嘉靖本則已散入各卷之內。

此爲鄭達刻本。達，字叔通，襄陽人。博涉經史，自奉清約，以圖書自娛，喜接端人高士。正統間，授盩厔知縣，景泰五年移崑山，此本即達於崑山任內所刻。《(嘉靖)崑山縣志》有傳。按，葉盛《菉竹堂稿》卷八"書道園學古錄後"云："鄭令既得印本於淮雲寺中，即以元紙黏版刻之。此傳刻古書第一義。各卷後有附刻，亦良是。今此本收藏家皆視爲元槧。"

又此書爲周叔弢先生售與傅增湘者。傅增湘《藏園群書經眼錄》云："戊午殘臘，周叔弢來書，言方地山將南行，欲以元本《道園學古錄》歸余，因以三百金得之。除夕書至，細審之，實是景泰本，而缺景泰七年鄭達重刊序。第其書初印精好，中有翁覃溪題語，要可自珍。"按，此本翁方綱題語今亦佚去。

《四庫全書總目》入集部別集類。《中國古籍善本書目》著錄。中國國家圖書館、天津圖書館等六館，臺北"國家圖書館"(七部，一爲原藏北平館者，一爲成化間葉盛修補本)及日本靜嘉堂文庫亦有入藏。民國間，上海涵芬樓曾據此景泰本影印，入《四部叢刊》。

鈐印有"周暹"、"曾在周叔弢處"。

2007　清康熙刻本道園學古録　　　　　　　　　　T5390/81

　　《道園學古録》不分卷，元虞集撰。清康熙四十九年(1710)左印喆刻本。八册。半頁九行二十字，四周雙邊，白口，單魚尾。框高20.8釐米，寬13.6釐米。題"崇仁虞集伯生著"。前有康熙四十九年左印喆序，江球序，至正六年(1346)歐陽玄舊序；《虞道園傳》。
　　虞集，見明景泰刻本《道園學古録》。
　　虞集爲有元文士之錚錚者，道德文章，冠絶一代。所爲文多頌揚元室，推崇儒術，倡導理學，也多關朝章國故及名賢勳舊之遺蹟。此本不分卷，爲序四十七篇、記四十篇、説八篇、傳二篇、書啓十三通、贊二十則、銘三則、題跋八十七篇、表箋十八篇、奏疏一篇、制誥十六篇、册文四篇、謚議三篇、策問五篇、碑文六篇、碑銘三十九篇、行狀二篇、祭文四篇。
　　此本爲左印喆所刻。左序云：虞集"所著《道園類稿》，壽世歷四百餘年矣，博洽之士往往多有其書，況桑梓故地，寧無刊本之仍存者，且崇雖彈丸邑，固往昔人文藪也。若樂史《寰宇記》、歐陽徹《飄然集》、虞伯生《道園類稿》以及吴草廬、康齋二先生諸著作，俱流行天下，卓卓耳目。予是以至崇以來，留意旁搜，欲盡得其書而讀之。今歐陽、二吴之書已得矣，《寰宇記》之能得與否，尚未可卜，而求《道園類稿》原刊，則灰燼於兵燹，不可復見。噫！使卓然壽世之工，竟失傳於桑梓，詎非守斯土者之責歟？後得其裔孫名賢者手録數册，以爲無遺矣，乃又獲吴郡葛氏所選一册，亦非選本之全，而其同於手録中者僅數篇耳，則脱落湮没何可勝計哉？且二種俱出手録，故字形之魯豕、文義之錯謬，又不可勝計，披覽之下，每思妄爲改正焉。第傅以己意，既恐失作者之真而或異原刊，又懼貽博洽之誚，所以於字形可正者正之，於文義應闕者闕之，校閲既畢，始付剞劂，庶幾好古君子得善本而校之。"江球序也云，是書爲左氏"捐俸鐫版"。左印喆，字吉之，武垣人，江西崇仁縣知縣。
　　虞集在元代有二刻，皆題《雍虞先生道園類稿》五十卷，其分卷爲卷一至一一爲賦、詩，卷一二至一五爲策文、祝文、謚議、銘贊等，卷一六至二九爲序、書、記，卷三〇至三五爲説、題跋，卷三六至五〇爲碑、墓志銘、行狀、祭文等。一爲元至正五年撫州路儒學刻本(半頁九行二十字，四周雙邊，黑口)，今僅存三十八卷，藏中國國家圖書館。按，臺北"國家圖書館"有明初葉覆刻元至正五年撫州路儒學本，行款同上本，惟書口下間有刻工。二爲元刻本(半頁九行二十字，四周雙邊，黑口)，中國國家圖書館有全帙(有清耿文光、傅增湘跋)，上海圖書館僅存十一卷。明代則有《道園學古録》五十卷，其分卷爲卷一至二〇《在朝稿》，卷二一至二六《應制録》，卷二七至四四《歸田稿》，卷四五至五〇《方外稿》。刻本有三，一爲明景泰七年鄭達、黄仕達刻本(半頁十三行二十三字，四周雙邊，黑口)，中國國家圖書館、天津圖書館等六館，臺北"國家圖書館"、日本静嘉堂文庫及本館都有入藏。按，臺北"中央研究院"史語所傅斯年圖書館有"元刻本"，疑即此本。二爲明嘉靖四年陶諧、虞茂刻本(半頁十三行二十三字，四周雙邊，黑口)，中國國家圖書館、上海圖書館等八館及臺北"國家圖書館"入藏。三爲明刻本(半頁十三行二十三字，四周雙邊，黑口)，藏中國國家圖書館、上海圖書館。
　　此外又有《道園遺稿》六卷，爲集從孫堪編，蓋以補《道園學古録》之遺，凡古律詩七百四十一首，附以樂府，有元至正十四年金伯祥刻本(半頁十一行二十字，左右雙邊，細黑口)，藏中國國家圖書館、上海圖書館。《虞伯生文抄》一卷，明末刻本(半頁九行二十字，左右雙邊，白口)，藏上海華東師範大學圖書館。《伯生詩後續編》三卷《題葉氏四愛堂詩》一卷，元至元六年劉氏日新堂刻本(半頁十行十五字,左右雙邊,黑口),藏中國國家圖書館、北京大學圖書館。

清代所刻《道園學古錄》五十卷,有乾隆六年刻本、乾隆四十一年陳兆履(賜書堂藏板)刻本、勤約堂刻本。又有《道園學古錄》十八卷《增刻虞伯生道園集》一卷《道園類集》一卷,清雍正二年刻本(藏日本內閣文庫)。又有《虞文靖公道園全集》六十卷(凡《學古錄詩集》八卷、《文集》四十四卷、《道園遺稿》八卷),道光十七年岷陽孫鏌古棠書屋刻民國元年存古書局修補本。另有《虞道園先生文選》八卷,道光二十五年李襄平刻本。《虞文靖公詩集》十卷,嘉慶十一年南城曾氏賞雨茆屋刻本。民國間,有上海涵芬樓據明景泰刻本《道園學古錄》影印本。

此本有扉頁,刻"道園集。虞伯生先生著。本衙藏板"。

《四庫全書總目》所收爲五十卷本,入集部別集類。此不分卷本,《中國古籍善本書目》不收。遼寧省圖書館也有入藏。日本《國立國會圖書館漢籍目錄》、《京都大學人文科學研究所漢籍分類目錄》著錄。按,北京中國人民大學圖書館也有此本,版本項作"清康熙間刻修補本",然扉頁刻"虞道園全集。本家藏板"。又美國普林斯頓大學葛思德東方圖書館有《虞道園全集》不分卷,作"清康熙間刻後代修補本",當亦此本。

2008 清康熙刻本重刻吳淵穎集 T5396/413

《重刻吳淵穎集》十二卷,元吳萊撰,清查遜輯。清雍正元年(1723)吳漣豹文堂刻本。六冊。半頁十一行二十四字,左右雙邊,白口,單魚尾,書口下刻"豹文堂藏板"並字數。框高19.5釐米,寬13.4釐米。題"浦江淵穎吳萊著;海昌宸銓查遜輯;門人景濂宋濂編;後學蘭生張德澧訂;寶豐雲嶷吳垣定;晉初傅旭元閱;南樂源薲馮仲烰參;齊山黃懋云校;十三世孫吳守儔、守偉重梓"。前有康熙四十九年(1710)查遜序,胡助序,劉基序,至正十一年(1351)胡翰序,嘉靖元年(1522)祝鑾序,萬曆四十年(1612)莊起元序。目錄後有吳士諤跋。末有雍正元年吳漣跋。

吳萊,字立夫,本名來鳳,浙江浦陽人。受學於方鳳,工詩古文。延祐中復科舉之制,以春秋貢於鄉試,試禮部不第。隱居松山,深研經史,後以薦署饒州路長薌書院山長,未行而卒,年僅四十四。其門人宋濂等私諡爲淵穎先生。據其諡議,取經義元深爲淵,文詞貞敏爲穎也。《元史》有傳。

萊以天挺異稟,博極群書,生平著述,閎深富贍。《四庫全書總目》云:"萊與黃溍、柳貫並受業於宋方鳳,再傳而爲宋濂,遂開明代文章之派。故年不登中壽,身未試一官,而在元人中屹然負詞宗之目,與溍、貫相埒。遺稿甚多,濂爲摘其有關學術議論之大者,編爲斯本。"卷一賦十篇,卷二詩六十九首,卷三詩六十五首,卷四詩一百三十六首,卷五論十篇,卷六書、辨九篇,卷七記、傳七篇,卷八頌、辭十九篇,卷九辭、箴、銘、贊二十四篇,卷一〇序十一篇,卷一一序十一篇,卷一二後序十三篇。附錄爲宋濂撰《淵穎先生碑》、《私諡淵穎議》,以及序、書、詩、行狀、記、跋等。

吳漣跋云:"先貞文公集,重刻於康熙庚寅,漣父叔遜跡隴畝,未能校理。漣甫遊庠,少不更事,僅與兄文於坊間覓得大小本各一,一惟傅旭元前輩是任,迨刊成而原本不復見還,校對無從,有懷耿耿。歲且星週,幸遇吾師繪關先生,訓飭之暇,不憚辛勞,回環校勘。招漣山中,錫以題詞辨原,糾繆正訛,考駁精當,拜讀之下,如撥雲霧而覩青天。先祖有靈,實式惠之漣,用毅然自任,那費刊成,以公海內。"此雍正本當爲據康熙四十九年本重刻。

目錄後尚刻有"大清康熙四十九年庚寅,十三世孫守儔、守偉率同十四世孫德初、德生、文溓、德浩、德暿、德祚、德治、德暄、德潤、德暲,十五世孫由憲、由心重梓"、"康熙六十一年壬寅,秀水曾安世作校淵穎先生集題詞、今目辯原、刊字正訛"、"雍正元年癸卯十四世孫溓依正訛按字改正,刊題詞、今目辯原,並編附錄目同序目,列卷前而列附錄卷末,以行永遠。"又每卷之末,均刻有"豹文堂藏板"。

按,吳萊集存世最早之本爲《淵穎吳先生集》十二卷附錄一卷,元末刻本,中國國家圖書館、上海圖書館入藏。《四部叢刊》所收即據元刻本影印。明代有嘉靖元年祝鑾刻本,中國國家圖書館、上海圖書館、臺北"國家圖書館"等二十一館入藏。萬曆四十年,九世孫邦彥又重刻之,名《存心堂集》,然順治六年秋,集板不戒於火,盡屬秦灰。此萬曆本,日本內閣文庫藏有三部。清代又有康熙四十九年裔孫吳渙、吳溓刻本,"今年庚寅,淵穎先生十四世孫吳文、吳溓昆季輩,捐豹文堂蓄赀,重爲校梓。(傅旭元跋)"康熙六十年刻本,爲清王邦采注,九行十八字,四周單邊,細黑口。湖北省圖書館、湖南圖書館等十餘館入藏。館藏有《淵穎集》十二卷,清光緒元年胡鳳丹退補齋刻《金華叢書》本,皆爲詩,計二百六十七首。又《叢書集成初編》收有十二卷本。《元詩選初集》已集收《淵穎集》一卷。

《四庫全書總目》著錄,入集部別集類。《中國古籍善本書目》著錄,內蒙古大學圖書館、浙江義烏縣圖書館,又日本京都大學人文科學研究所也有入藏。

2009　明末刻元人集十種本喭嚘集　　　T5393/3911

《喭嚘集》一卷,元宋旡撰。明末毛氏汲古閣刻《元人集十種》本。二冊。半頁八行十九字,左右雙邊,白口,無魚尾,書口下刻"汲古閣"三字。框高19.1釐米,寬12.8釐米。題"吳郡宋旡子虛"。前有至元二年(1336)序,至正十四年(1354)鄧光序。末有毛晉識語。又《吳逸士宋旡自銘》、成化十九年(1483)張習跋。

宋旡,字子虛,蘇州人。舉茂才,以親老不就,專工爲詩。

毛晉識語云:"漢魏迄唐名家集中,詠史詩亦不多見,逮宋末文文山始有詠史集,亦不過集杜句耳。至元始盛,如楊鐵崖《詠史樂府》、宋子虛《喭嚘集》,凡古今朝野襃貶雌黄,直補全史所未備,足稱詩史矣。"

此爲毛晉刻《元人集十種》零種。

有扉頁,刊"喭嚘集。毛氏正本。汲古閣藏板"。

2010　明成化刻本圭齋文集　　　T5395/7870

《圭齋文集》十六卷,元歐陽玄撰,明歐陽銘、歐陽鏞編。明成化七年(1471)劉釪刻本。四冊。半頁十一行二十一字,四周雙邊,黑口,單魚尾,書口中又有大魚尾。框高19.5釐米,寬13.2釐米。題"宗孫銘、鏞編集;安成後學劉釪校正"。前有宋濂序。

歐陽玄,字原功,號圭齋,瀏陽人。官翰林學士國子祭酒,以文章著名。元朝修宋、遼、金三史,其發凡起例以及論贊表奏,多出於玄。《元史》有傳。

玄平生三仕成均,兩爲祭酒,六入翰林,三拜承旨,凡朝廷高文典册,多出其手。此本卷一賦、頌,卷二五言古詩、七言律詩、排律,卷三七言絕句,卷四歌、雜體,卷五至六記,卷七至八序,卷九神道碑、碑文,卷一〇墓碑銘,卷一一阡表、哀詞、傳,卷一二經疑、書義、策,卷一三詔、表、册文、銘、說,卷一四題,卷一五贊、疏、書(啓附)、祝告文,卷一六附錄。

宋濂序亟稱其文,"君子評公之文,意雄而辭贍,如黑雲四興,雷電恍惚,而雨雹颯然交下,可怖可愕。及其雲散雨止,長空萬里,一碧如洗,可謂奇偉不凡者矣。""公薨二十四年,其孫佑持持公集二十四卷來,謂濂曰,先文公之文,自擢第以來,多至一百餘册,藏於瀏陽里第,皆毀於兵。此則在燕所錄,自辛卯至丁酉,七年之間作爾,間有見於金石者,隨附入之。"

此本佚至元六年揭傒斯序以及成化六年彭時跋、成化七年劉釪跋。《四部叢刊》影印本有序及跋。彭時跋云:"文公之文,追蹤文忠而多或過之。揭公傒斯爲序者四十四卷、宋公景濂爲序者二十四卷,悉毀於兵,不可見矣。防里五世宗孫俊質翁,收入散亡得十一於千百,欲梓行而未果。翁之長子銘、季子京衛經歷鏞益增輯之,而京衛訪求考訂之功尤多。蓋公存日,嘗歸省防里,訪族安成,有眷眷故鄉之意。宜京衛父子思仰遺德,而輯其文之謹,如此情亦厚矣。茲所編輯凡十六卷,將以屬浙江督學憲副劉君仗和重加校正入梓。"

劉釪跋又云:"暨提學來浙,翁之從孫永康司訓汶,持所錄副本謁予校正,未遑也。去年考績天官,翁之季子京衛經歷鏞來訪,敘間闊外首,以此集舛訛爲慊,且托校正益勤。明日,復攜其帙以示,比昔觀於其家者間有增焉。卷後又得太子少保可齋彭先生所爲跋,讀之令人益加景仰,誼有不容緩者?乃於復任退食之暇,或秉燭良夜,用心魯魚亥豕之中,遂捐俸鋟梓,以廣其傳。"釪,字仗和,江西安福人。景泰五年進士,歷官浙江提學副使,學行爲時楷模。

此本卷一第一至二頁、卷三第十二頁、卷五第六至七頁、卷七第十五頁、卷九第二十一至二十二頁、卷一〇第三十四頁、卷一一第十三頁、卷一二第一頁、卷一三第一頁俱佚。

《四庫全書總目》入集部別集類。《中國古籍善本書目》著錄。中國國家圖書館、上海圖書館等八館,臺北"國家圖書館"(四部),及日本尊經閣文庫、静嘉堂文庫亦有入藏。

鈐印有"土風清嘉"、"式訓堂藏書印"、"越谿草堂"。

2011 清康熙刻本雁門集 T5395/4145.3

《雁門集》六卷,元薩都剌撰。清康熙十九年(1680)半野軒刻本。四册。半頁九行十九字,左右雙邊,白口,無魚尾。框高18.9釐米,寬13.4釐米。題"代郡天錫薩都剌著"。前有至正九年(1349)干文傳序,成化二十一年(1485)劉廷振序。末有成化二十年(1484)張習跋,成化二十一年趙蘭跋,弘治十六年(1503)李舉跋,天順三年(1459)薩琦跋,康熙十九年薩希亮跋。

薩都剌,字天錫,號直齋,先世爲西域回回族(答失蠻氏),世居雁門。泰定四年進士,歷官京口錄事司達魯花赤、閩海福建道肅政廉訪使知事,官至燕南河北道肅政廉訪司經歷。晚年寓武林,常游歷山水,後入方國珍幕府,卒。

薩都剌工於詩文,詩風流麗清婉,名冠一時,雄踞元代詩壇。其詩多寫自然景物,間有反映民間疾苦之作,亦不乏壯偉豪邁之作。亦工詞。雁門在山西代縣,因其祖父留鎮雲、代,遂居雁門,故其集名"雁門"。《念奴嬌·登石頭城》、《滿江紅·金陵懷古》、《木蘭花慢·彭城懷古》等皆有名之作,膾炙人口。卷一樂府古調二十六首附詩餘十一首,卷二五言古體四十首附排律二首,卷三七言古體一百十六首,卷四五言近體一百二十三首,卷五七言近體一百九十首,卷六絕句二百六十二首。

薩希亮跋云:"我諸祖翰林應奉直齋公著有《雁門集》二十卷,一刻於元至正末年,再刻於六世祖宗伯鈍庵公,又刻於兗州守廷猗趙公,又刻於東昌守雁門李公。或出孫子揄揚,或出詞林題品,總以彝好在人,雅有同心。但歲久滋湮,舊板盡失,而家傳諸本亦皆漶漫剥蝕,魯魚亥豕,不無異同。不肖希亮,爰命諸子容葷,參訂舊本,合而梓之,以貽永久……時康熙庚申花朝重梓於半野軒。"

　　有扉頁,刻"雁門集。半野軒重梓"。又是書干文傳序署作"至正丁丑",然至正無丁丑,"丁丑"爲順帝後至元三年。據嘉慶本此序後之謹案,敘述考訂甚明,"丁"字當爲"己"之誤。

　　按,《雁門集》最早有二十卷本,刻於元至正末年,今已佚去。現存世者爲八卷本,有明成化二十年張習刻本,藏中國國家圖書館。上海圖書館、南京圖書館皆有清抄本。又有《薩天錫詩集》五卷,明弘治十六年李舉刻本,中國國家圖書館、南京圖書館入藏。另明末毛氏汲古閣刻《元人集十種》,收有《薩天錫詩集》三卷《集外詩》一卷。明潘是仁刻《宋元詩四十二種》,收有《薩天錫詩集》八卷。此外,《元詩選初集》戊集收《雁門集》一卷《天錫集》一卷。《四部叢刊》所收爲《薩天錫詩集》,即爲弘治本。清嘉慶十二年薩龍光刻本《雁門集》十四卷附《倡和錄》一卷《別錄》一卷,爲各種版本中最佳之本,此本收錄了許多以前誤入他人集中的作品,因此較其他版本完備。又書中並有校記,於元朝典章制度及各地風物等多作注釋,且所有詩作皆編年排列。1982年,上海古籍出版社出版《雁門集》,乃據清嘉慶十二年薩龍光所輯本標點排印。本館也有嘉慶本入藏。清宣統二年,十七世孫嘉曦又據康熙本重刻,"間有亥豕魯魚,詳爲訂定"。另據嘉慶本重刻《補遺》一卷《倡和錄》一卷《別錄》一卷。此宣統本,本館也有入藏。又日本內閣文庫及日本京都大學人文科學研究所也有嘉慶本。此外又有《新芳薩天錫雜詩妙選稿全集》一卷《後跋文疏》一卷,日本明曆三年(順治十四年)刻本。

　　《四庫全書總目》所收爲三卷本又集外詩一卷,入集部別集類。《中國古籍善本書目》著錄,中國社會科學院民族研究所、山西師範學院圖書館有入藏。臺北《"國立中央圖書館"善本書目》著錄明末刻本,不知與此本同否。

2012　明刻元人集十種本薩天錫詩集　　　　T5395/4145B

　　《薩天錫詩集》三卷《集外詩》一卷,元薩都剌撰。明毛氏汲古閣刻《元人集十種》本。一冊。半頁九行十九字,左右雙邊,白口,無魚尾,書口下刊"汲古閣"三字。框高18.5釐米,寬13.4釐米。題"薩都剌天錫"。末有毛晉識語。

　　薩都剌,見清康熙刻本《雁門集》。

　　此爲毛晉刻《元人集十種》零種。《中國古籍善本書目》著錄,僅收名家學者校跋之本。此佚去《集外詩》一卷。

　　有扉頁,刊"薩天錫集"。

　　鈐印有"醉雪"。

2013　明嘉靖刻本余忠宣集　　　　T5399/8978

　　《余忠宣集》六卷,元余闕撰,明郭奎輯。明嘉靖三十三年(1554)雷迄、洪大濱合肥刻本。四冊。半頁十行二十二字,四周單邊,白口,單魚尾。框高20.2釐米,寬13.8釐米。目錄頁刊"門人淮西郭奎子章輯;合肥縣學教諭洪大濱重校"。前有嘉靖三十三年羅洪先序。末有嘉靖三十三年雷迄跋,陳嘉謨跋。又附宋濂撰《余左丞傳》、賈良伯撰《死節記》、羅洪先撰《讀余左丞傳》。

余闕,字廷心,一字天心,其先色目人,姓唐古特氏,世居武威。父沙剌藏,卜官合肥,遂家於合肥。闕嘗從吳澄弟子京兆張恒遊,遂邃理學。元統元年進士,出官泗州,俄召入應奉翰林文字,轉中書刑部主事。後召修遼、宋、金三史,拜監察御史,改中書禮部員外郎,出為湖廣行省左右司郎中,遷翰林待制,僉浙東廉訪司事。官至淮南行省參知政事,尋改左丞,賜二品。陳友諒陷城,自剄死,年五十六。事具《元史》本傳。

闕為人剛簡有智,無職不宜為,為即有赫赫名。余氏既沒,陳友諒以金購求其屍,具棺槨衣衾,葬於城外。元政府以其忠,贈之淮南行省平章,諡曰忠宣。其每解政閉門授徒,蕭然如寒士,五經悉為之傳,注多新意。為文有氣魄,能達其所欲言。詩以漢魏為宗,優柔沉涵,於元人中別具一格。此本卷一詩,卷二序,卷三記,卷四碑銘、墓表,卷五策、書,卷六雜著。

羅洪先序云:"嘉靖甲寅,省吾雷侯官廬州之三年,以為先生族出武威,世居合肥,合肥乃其故所,文獻不足,來去無所徵也。取《青陽文集》,校其漫漶,補其亡逸,刻之郡中。"按,羅序不見《念庵文集》。

雷遴跋云:"元季死節之臣,若余忠宣公,其最章徹者也。舊有文集若干卷,刻於安慶,以公死安慶,故紀勒獨詳。廬陽為公故鄉,雖代隆俎豆,而是集失傳久矣……余獨病其文獻無徵,不足以示邦之子弟,因命合肥洪教諭大濱校而梓之,庶幾得以誦讀而興起焉。"陳嘉謨跋又云:"予與若輩何可忘忠宣公,且忠宣遺文實在安慶,而合肥獨無,茲典曠缺,非所以示郡之人士,而教忠義於無窮,盍梓之。"

雷遴,字時漸,江西豐城人。嘉靖二十年進士,授太平府推官,擢兵部車駕司主事,歷武選員外郎中,出知廬州,陞四川副使。後轉山東按察使、山西右布政使,以勞瘁卒官。《(道光)豐城縣志》卷一二《仕績》有傳。此書當為其在廬州任上所刻。

洪武初年,吳陵張彥曾哀闕之遺文鏤板以傳,然散佚者多,今洪武本已湮沒不傳。後闕之門人淮西郭奎復輯其古今體詩七十九首,又碑、記、序、書錄、墓表、雜著六十一篇,維揚張毅又續得其詩十四首、文八篇,編為《青陽先生文集》九卷,於正統十年沅陵縣丞高誠彙刊以行。高誠本今藏中國國家圖書館、上海圖書館。民國間,上海涵芬樓嘗借常熟瞿氏鐵琴銅劍樓藏本影印入《四部叢刊》續編。九卷本,其後又有三本,一為明弘治三年徐傑刻本,十二行二十二字,四周雙邊,黑口,藏南京圖書館。一為明正德沈俊刻本,十行二十二字,左右雙邊,白口,亦藏南京圖書館。一為明刻本,行款同沈俊本,藏遼寧省圖書館。闕集又有六卷本四種,除此本外,一為明正德二年安慶府同知顏祿壽刻本,十一行十九字至二十字,四周雙邊,白口,藏上海圖書館、中國科學院圖書館。一為明正德十五年胡汝登刻本,十一行十九字,四周雙邊,白口,藏南京圖書館、臺北"國家圖書館"等館。一為明嘉靖十七年鄭錫麒刻本,十一行十九字至二十字,四周雙邊,白口,藏中國國家圖書館、南京圖書館等館。此外還有四卷本,為明萬曆十六年張道明刻本,八行十九字,四周單邊,白口,藏中國國家圖書館、臺北"國家圖書館"。清黃丕烈嘗云,九卷本為最善。

《四庫全書總目》收有《青陽集》四卷。《中國古籍善本書目》著錄。中國國家圖書館、上海圖書館等七館,及日本尊經閣文庫、靜嘉堂文庫亦有入藏。

2014　清乾隆抄本梅道人遺墨續集外集　　　　　TNC5395/2388.08

《梅道人遺墨》一卷,元吳鎮撰,明錢棻輯。《續集》一卷,元吳鎮撰;清章銓輯。《外集》一卷,清章銓輯。清乾隆抄本。三冊。半頁十行二十一字,左右單邊,無魚尾,白口。朱絲欄。框高18.2釐米,寬12.2釐米。前有乾隆四十五年(1780)、乾隆四十年(1775)章銓識語,康熙三十二年(1693)徐乾學識語,錢棻序並附乾隆四十五年章銓識語。

吳鎮,字仲圭,自號梅花道人、梅道人、梅沙彌、梅花和尚,浙江嘉興人。感元末時事稠濁,隱居不仕。耽精易理,性情孤介。善畫,與黃公望、王蒙、倪瓚並稱"元四家"。鎮以畫傳,初不以文章見重,而胸次既高,吐屬自能脫俗,每題詩畫上,時人稱爲"三絕"。

錢棻,字仲芳,號滌山,浙江嘉善人。崇禎十五年舉人。嗜學,博通典籍。明末亂世,史可法招之幕下,不就,以著述終老。有《讀易緒言》等。《復社姓氏傳略》卷五有傳。

章銓,字樹庭,號湖莊,浙江歸安人。乾隆三十六年進士,官至廣東糧道。《詞林輯略》卷四有傳。

梅道人遺墨,乃錢棻輯吳氏題畫之作,薈萃成編,刊行於世。含本傳,五言古詩三首,七言古詩七首,五言律詩一首,七言律詩三首,四言絕句一首,五言絕句三十二首,七言絕句二十一首,詞十二首,偈三首,題跋二十則。附錄陳繼儒撰《梅花庵記》,錢士升撰《修梅花庵緣起》,謝應祥撰《修梅道人墓記》,孫茂芝撰《梅花墓考》。目錄後附蕭林主人識語。

錢棻序云:"余仰承先志,哀采遺文,雖所得僅數十紙,然楚子玉之禦三百乘必無敗,孫拏精騎三千,足敵數萬之贏,蒼璣尺璧,自足不朽。"

《續集》題"歸安章銓湖莊輯",乃章氏所輯吳鎮之詩詞題識,以補《遺墨》之不足。

《外集》題"歸安章銓湖莊輯",乃章氏所輯諸書中有關吳鎮者,及士人於吳鎮畫上所作題識。

《遺墨》及《外集》中有眉批浮簽,其中二簽署名"柳愚",鈐印"敬齋",爲章銓同年浦銑所批,柳愚其字。章氏初得《遺墨》於浦銑,復以公餘輯成《續集》、《外集》。乾隆四十五年章銓識語云:"《梅道人遺墨》二卷,係魏塘浦柳愚同年所貽,即《浙江遺書錄》所採之書也。余久惜其簡略,讀禮之暇,廣爲搜錄,又得如干卷,未及告竣,適以服闋赴補中止。將來簿領餘閒,再得廣所未備,哀然成集,泊舟魏武塘前,朗誦數過,稱道人知己,有志未逮,願以俟之異日云。"《續集》、《外集》各種目錄皆未見著錄。浦銑與章氏爲同年,今以此本有浦氏印章,又有浦氏眉批,或可證爲章氏謄清稿本。

金鑲玉裝。

《四庫全書總目》著錄《梅花道人遺墨》二卷,篇目與此本基本相同,而次序、字句略有差異,且無徐乾學及章氏識語。《中國古籍善本書目》著錄清抄本及清顧氏藝海樓抄本兩種,皆爲二卷附錄一卷,分藏中國國家圖書館、上海圖書館。臺北"國家圖書館"善本書志初稿》著錄清仁和趙氏抄本《梅花道人遺墨》二卷附錄一卷,書前僅有錢棻序。美國《柏克萊加州大學東亞圖書館中文古籍善本書志》著錄清乾隆抄本《梅花道人遺墨》二卷,書前亦僅有錢棻序,篇目與是本小有出入。

2015　清抄本不繫舟漁集

TNC5399/7902

《不繫舟漁集》十六卷,元陳高撰。清抄本。六冊。半頁九行十八字,無框格。題"元慶元路錄事平陽陳高著;明八世孫侯官一元較"。前有蘇伯衡序,明成化元年(1465)呂洪序。

陳高,字子上,浙江平陽人。元至正十四年進士,授慶元路錄事。未三年,自免去。平陽爲義軍所破,棄妻子往來閩浙間,自號不繫舟漁者。至正十六年,浮海過山東,謁河南王擴廓帖木兒(王保保)於懷慶,獻計恢復江南,擴廓帖木兒欲官之,會疾作卒。

此本爲陳氏詩文集。卷一四言古詩,卷二騷體詩,卷三五言古詩,卷四七言古詩,卷五五言律詩,卷六五言排律,卷七七言律詩,卷八五言絕句,卷九七言絕句,卷一〇序,卷一一贈送序,卷一二記,卷一三傳,卷一四銘,卷一五説,卷一六附錄,爲陳氏墓志銘、後人吊祭之文、友人跋語、和詩及陳氏識語。

是書原有刊本,編訂於蘇伯衡而刊成於呂洪之手。蘇伯衡序云:"子上陳君既没之十有八年,余過其里,從其子訪其遺稿,得詩文總若干首,爲四言、爲五言、爲七言、爲古、爲樂府、爲律、爲絶,凡若干卷;文爲記、爲文、爲序、爲銘、爲贊、爲箴、爲跋,凡若干首。加詮次焉,釐爲若干卷,題曰《陳子上存稿》,俾藏於家。"呂洪序云,呂氏陞任雲南按察司副使之際,便道歸省,有鄉儒告曰:"國史編修蘇公伯衡訪其詩文,放失之外,得若干卷,題曰《存稿》,特爲序,而付其友謝復元董鋟梓,未就,存者反失。終竟厥事,非子而誰?"呂氏覽其詩文,"則知先生與予先世有通之好,《存稿》之所刊,烏得而辭哉?於是具紙墨,命學童一一録出,囑眷兄徐君以敬,會友人陳君存謙、張君思廣重加訂正,次爲卷帙,予則捐俸,命工鏤板印行。"

《四庫全書總目》著録,底本爲兩淮馬裕家藏本,無呂洪序。《中國古籍善本書目》著録清抄本多種,中國國家圖書館、上海圖書館等多館有藏。

鈐印有"聖清宗室盛昱伯羲之印"、"天壤閣藏"。又有"養心殿寶",僞。

2016　清固學齋抄本雲陽集　　　　　　　　　　TNC5399/4432

《雲陽集》八卷,元李祁撰。清固學齋抄本。三册。闕名校。半頁十行二十字,左右單邊,單魚尾,白口。書口下刻"固學齋抄本"。藍絲欄。框高19.0釐米,寬13.5釐米。題"元李祈(應作"祁")著"。前有劉中孚序,危素序,謝鐸序,顧福序,李東陽序,劉楚撰《哀辭》。

李祁,字一初,別號希蘧,湖南茶陵人。元元統元年進士,除應奉翰林文字,改授婺源州同知,遷江浙儒學副提舉,以母憂解職。時天下已亂,遂隱永新山中。元亡,不復出寓,爲人清修玉立,攻苦澹泊,尤工書。爲詩冲融和平,自合節度,文章亦雅潔有法。自稱不二心老人、危行老人,年七十三乃卒。

是書爲李氏詩文集。卷一至二詩賦,卷三至五序,卷六記,卷七至八説、銘、贊、題跋等。

是書編纂、刊刻過程,可見危素序,云李氏之文"流布於四方者不少,奪攘毁棄(棄),僅存什一於千百。其孤位衡哀鄰境,裒輯成編,然多避地所作。新安俞君懋齋來鎮永新,刻而傳之"。又顧福序云:"福承乏吉安,間閲《郡志》,於屬邑永新'流寓'得茶陵李公祁,蓋世所稱'希蘧先生'者是也。詢諸父老,則知爲吾友翰林學士賓之族祖,今邑西雷公峽有墓焉。比歲入觀京師,始聞諸學士公爲詳,又見其所謂《雲陽集》者,歲久亦頗殘缺,因慨念耆舊凋零,不可得而見。若夫修飾其墳墓,傳播其文章,以風勵後學,有司事也。且彼俞統制者,一武弁耳,尚能爲之,予何人者,矧於學士公爲道義交久且厚,豈容萬不加力?乃爲立石墓道,並重刻遺文以傳,庶幾郡邑之士及其宗族鄉黨,復見一代典型於既泯矣,豈獨吾學士之私好而已哉?"

李氏之集傳世刊本有十卷本與四卷本。《四庫全書總目》云:"祁殁之後,子茂(俞懋齋)爲刻其遺集十卷。至弘治間,其五世從孫東陽搜輯遺稿,屬吉安守顧天錫重鋟,即此本也。國朝康熙中,廣州釋大汕復以意删削,併爲四卷。"是本當屬十卷本系統,然篇目、次序、分卷與《四庫全書》所收之十卷本均略有差異。

《四庫全書總目》入集部別集類。《中國古籍善本書目》著録清康熙三十八年釋大汕懷古樓刻《李雲陽集》四卷，中國國家圖書館、上海圖書館、清華大學圖書館有藏；又有清初抄本《雲陽李先生文集》十卷附録一卷，藏中國國家圖書館。另復旦大學圖書館藏有清抄本。

2017　清抄本玉山璞稿　　　　　　　　　　　　　T5399/3813.12

《玉山璞稿》一卷，元顧瑛撰。清抄本。一册。有圖。半頁九行十九字，無框格，書口下有"葯亭藏本"。題"玉山顧瑛"。

顧瑛，一名阿瑛，又名德輝，字仲瑛，江蘇崑山人。少輕財結客，年三十，始折節讀書，與天下勝流相唱和。舉茂才，署會稽教諭，辟行省屬官，皆不就。年四十，即以家産盡付其子元臣，卜築玉山草堂，池館聲伎，圖書器玩，甲於江左，風流文采，傾動一時。洪武二年卒。《明史·文苑傳》附載陶宗儀傳末。

楊循吉《蘇談》曰：阿瑛好事而能文，其所作不逮諸客，而詞語流麗，亦時動人。故在當時，得以周旋騷壇之上，非獨以財故也。《四庫全書總目》云："今觀所作，雖生當元季，正詩格綺靡之時，未能自拔於流俗，而清麗芊綿，出入於溫岐、李賀間，亦復自饒高韻，未可概以詩餘斥之。"

是書多以抄本傳世。有二卷本、一卷本之别。中國國家圖書館有二卷本，並有清朱厚章跋。按，厚章，字以載，號葯亭，崑山人。豪於才，乾隆時以廩生舉博學鴻詞，未與試，卒。是本有朱厚章印，書口下有"葯亭藏本"，當爲朱氏抄藏。

《四庫全書總目》入集部别集類。《中國古籍善本書目》著録，皆爲抄本。

鈐印有"朱厚章印"、"姚氏彦侍"、"覲元之印"、"武進盛氏所藏"、"愚齋審定善本"、"愚齋圖書館藏"。

2018　清乾隆刻本新喻梁石門先生集　　　　　　　T5401/3938

《新喻梁石門先生集》十卷首一卷末一卷。元梁寅撰。清乾隆十五年(1750)刻本。六册。半頁十一行二十一字，左右雙邊，白口，單魚尾，書口下刻"義學藏板"。框高18.3釐米，寬14.1釐米。題"新喻縣知縣崇安暨用其訂刊"。前有乾隆十五年晏斯盛序，乾隆十五年暨用其序。

梁寅，字孟敬，江西新喻人。世業農，家貧，自力於學，淹貫百氏。辟集賢路儒學訓導，以親老辭歸。太祖徵天下名儒修述禮樂，寅就徵年已六十餘。在禮局中討論精審，諸儒皆推服。書成，將授官，以老病辭歸，結廬石門山，四方士多從學。學者稱爲"梁五經"，又稱"石門先生"。卒於洪武二十二年，年八十七。又有《禮書演義》、《周禮考注》、《春秋考義》、《周易參義》、《詩演義》等。《明史》有傳。

首一卷爲李先芳《重訂石門集序》、石光霽撰《石門先生行狀》、明史列傳。卷一記五十七篇；卷二序三十三篇；卷三書後、跋後、書論、傳、贊、箴、辭、志銘二十八篇、賦六篇；卷四樂章十二章、詩四言十二章、樂府二十六首、五言古詩六十首、七言古詩四十一首；卷五五言律詩十一首、五言排律十九首、七言律詩一百十八首、七言排律六首、五言絕句三十首、七言絕句七十七首、六言詩七首、樂府近體四十首；卷六經十六篇；卷七至八史三十七篇；卷九至一〇策略六十篇。末一卷爲黎卓《跋梁石門先生集後序》、張鵬《跋石門先生集》。

此本爲新喻知縣暨用其所刻。用其序云："用其以下車之始，侄侗案牘，有志於斯，而猶未逮。及秋，奉制憲檄蒐羅文獻，用其既徵諸名家書上之，以不得先生文爲憾。聞大中丞晏公築精舍於蒙山之陽，積書萬卷，意必有先生之著述，乃往求。中丞公出經史、策略若干卷，且指示用其曰：大司馬臨川李公，於書無所不讀，當有《石門全集》。用其遣一價啓臨川公求之。臨川公嘉用其之志，許借鈔副本以歸。又於清江黎氏得刊本一册，互相參訂，釐爲十卷，捐清俸付剞劂氏壽梨棗，謀所以垂久遠。"

《四庫全書總目》云："其集世有二本，一即此本，乃馬氏玲瓏山館所抄，一爲新喻知縣崇安暨用其刊本，分爲十卷，與此本稍有詳略，而其大致不甚相遠，蓋即此本而析其卷帙以就成數耳。寅於《易》、《詩》、《書》、《春秋》、《禮記》、《周禮》皆有訓釋，又有《策要》、《史斷》諸書，頗究心於史學。又有《耄言論林》、《蒐古集》、《格物編》諸書，亦兼講考証。故其文理極醇雅，而持論多有根柢，不同剽掇語錄之空談，詩格尤春容淡遠，規仿陶、韋。"

此本有扉頁，刻"梁石門集。乾隆十五年鐫。義學藏板"。

按，寅集在洪武初由寅門人授梓，然歲月已久，板行殘缺。永樂初年，黎卓乃編次遺稿而重刻之。嘉靖九年，陳良會爲新喻知縣，命張鵬據舊本參錯校正鋟梓成書。但洪武本、永樂本、嘉靖九年本皆湮沒不傳。今傳世最早之梁寅《石門集》二卷，爲明嘉靖三十一年傅鸚刻本，藏南京圖書館（有清丁丙跋）、臺北"故宮博物院"，爲半頁十二行十八字。又清末有光緒十五年新喻縣知縣鍾體志據乾隆本重刻本。光緒本於乾隆本有所正誤、錄遺。又據光緒本例言云："原板向存義學，不知何時移置周某家，周某本書香巨户，乃星移物換，家世寖衰，婦嬬不知寶重，致板朽蝕殆盡，不勝滄桑興廢之感。惟往者莫追，將來收藏宜謹，爰與同人商，此次刊板工竣，將移送學宫，請學師飭斗照管。"

《四庫全書總目》著錄，入集部別集類，然爲七卷本。《中國古籍善本書目》著錄，中國國家圖書館（有傅增湘校並跋）、黑龍江大學圖書館收藏，另外日本內閣文庫也有入藏。

2019　明萬曆刻本高皇帝御製文集

T5401/6243

《高皇帝御製文集》二十卷《訓行錄》三卷，明太祖朱元璋撰。明萬曆刻本。五册。半頁八行十八字，四周雙邊，白口，單魚尾，書口下間刻字數。框高21.7釐米，寬14.6釐米。題"南京禮部尚書臣□□□、南京禮部右侍郎臣楊起元、司務臣馬千官、儀制司郎中臣韓擢、臣徐夢麟、主事臣駱日升、祠祭司郎中臣汪治、主事臣劉元珍、主客司郎中臣涂文煥、精膳司郎中臣楊洵全校正"。末有洪武七年(1374)劉基後序，郭傳後序，宋濂後序。

此本佚去《訓行錄》三卷。卷一至二詔，卷三制、誥，卷四誥，卷五書，卷六至八勅，卷九勅命，卷一〇策問、勅問、論，卷一一至一二樂章，卷一三文，卷一四碑、記，卷一五序、說，卷一六雜著，卷一七至一八祭文，卷一九古詩、歌行，卷二〇五言律詩、五言排律、五言絕句、七言絕句。

按，此本無禮部尚書王弘誨名，當爲弘誨萬曆二十四年後離職所印。美國國會圖書館所藏，有王弘誨名。朱元璋御製文集，最早分《甲集》二卷《乙集》三卷《丙集》十四卷《丁集》十卷《御製詩丙集》一卷，爲明初刻本；南京圖書館、南開大學圖書館有全帙。明初又有《御製文集》二十卷之刻，行款同前本，皆十行二十字，四周雙邊，黑口，上海圖書館有全帙。嘉靖間有二刻，一嘉靖八年唐胄刻本；一嘉靖十四年徐九皋、王惟賢刻本。萬曆間則又有萬曆十年姚士觀、沈鈇刻本。此外又有明刻本。書名皆題《高皇帝御製文集》。

《四庫全書總目》所收爲萬曆姚士觀、王惟賢刻本。《中國古籍善本書目》著錄,上海圖書館、浙江圖書館等九館、臺北"國家圖書館"(原藏北平館者)及日本内閣文庫(兩部)亦有入藏。

2020　明嘉靖刻本新刊宋學士全集　T5402/4527

《新刊宋學士全集》三十三卷,明宋濂撰。明嘉靖三十年(1551)浦江知縣韓叔陽刻本。三十一册。半頁十一行二十四字,左右雙邊,白口,單魚尾,書口下刻字數。框高20釐米,寬13.9釐米。題"賜進士第文林郎浦江縣知縣高淳韓叔陽彙集;後學浦江張元中編次;庠生張孟昂校正"。前有嘉靖二十九年(1550)雷禮序,嘉靖三十年陳元珂序;《凡例》六則。

宋濂,字景濂,號潛溪,金華潛溪人,後遷浦江。朱元璋起兵,與劉基等同被徵,累官至翰林學士。明開國之典章制度,濂多參與制定。善文章,爲明初一大家。洪武二年修《元史》,充總裁官。洪武十三年,太祖殺丞相胡惟庸,濂被牽涉,貶置茂州,中途病死於夔州。正德中,追謚文憲。《明史》有傳。

卷一表、賦、頌、詔、誥,卷二至四記,卷五至九序,卷一〇至一一傳,卷一二至一三題,卷一四跋,卷一五箴、銘,卷一六碑,卷一七神道碑,卷一八神道碑、墓碑,卷一九至二〇墓銘,卷二一至二二墓志銘,卷二三墓碣,卷二四墓版文、表、辭、志,卷二五行狀、謚議、雜著,卷二六至二七雜著,卷二八雜著、書,卷二九辭,卷三〇贊,卷三一評浦陽人物、鼓吹曲、四言古詩、五言古詩,卷三二五言律詩、五言長律、七言古詩、七言律詩、七言長律、七言絶句、四五言長短句、五七言長短句,卷三三附錄(誥文、勅等)。

雷禮序云:"先生舊有《朝京稿》、《凝道記》、《潛溪》、《翰苑》、《鑾坡》、《芝園集》、《龍門子》、《浦陽人物記》,然各集出一時故舊以己見集者。今知浦江事韓叔陽,萃爲一編,共三十六卷,九百六十七篇,題曰《宋學士全集》梓行之。叔陽,高淳人,以進士除今職,有治績,而雅及於此。"

其《凡例》云:"舊本字多差訛,今參據各集,研加訂證。""國朝名臣言行錄,先生家譜、行狀,名公所撰諸集序文,本縣申建祠堂文移,併祠堂碑記,皆附錄卷後。"

此本有日人抄配缺頁,缺頁中補抄明崇禎間增修内容。又此本無明末或清初遞修。卷三三末刻有"本祠臨街店房柒間,每年每間該賃銀陸錢,共該銀肆兩貳錢。二項共銀壹拾壹兩伍錢叁分貳厘叁毫。每年本縣追收貯庫以備修理本祠及上司本縣刷印全集紙張工食之費,庶不科擾里甲。書一千四百零七張,板七百五十七塊。嘉靖辛亥孟冬十月刊行",又刻有"姚江李國器書,王德聰刊"。

《四庫全書總目》所收爲三十六卷本,入集部别集類。《中國古籍善本書目》著錄。中國國家圖書館、南京圖書館等二十二館,臺北"國家圖書館"(三部)及日本内閣文庫(三部)、静嘉堂文庫亦有入藏。又上海圖書館、天津圖書館等六館有明末增修本;遼寧省圖書館等三館有明末清初遞修本。

鈐印有"木内藏書"、"李印勝愚"。

2021　明嘉靖刻本潛溪集　T5402/8234

《潛溪集》八卷,明宋濂撰;附錄一卷。明嘉靖十五年(1536)温秀刻本。八册。半頁十行二十字,四周單邊,白口,無魚尾。書口下刻單字,乃以"金石絲竹匏土革木"之次序排卷次。框高

18.8釐米，寬13.9釐米。題"金華宋濂著"。前有陳旅序，至正十五年（1355）王褘序，歐陽玄序。末有至正十六年鄭涣跋。

卷一頌七首、贊八首，卷二傳八首、辭十首、序八首，卷三書六首，卷四記十三首、議二首、論二首、説三首、文三首、志二首，卷五碑七首、銘十七首，卷六行狀四首、跋十六首、解二首，卷七雜考二十首，卷八雜著十四首。

鄭涣跋云："《潛溪集》一編，總六萬有餘字，皆金華宋先生所著之文也。先生自以爲辭章乃無用空言，凡所酬應，鮮存其稿。出於涣兄仲舒所編者僅若是，仲父都事公取以鋟梓，涣謹以先生近作益之。復用故國子監丞陳公昔所爲序冠於篇端。其文多係雜著，弗復分類，詩賦別見《蘿山稿》，不在集中。群公所述記傳贊辭及尺牘之屬，有繫於先生者，摘爲二卷，附於其末。"

此本佚去嘉靖十五年高節跋。又卷一第二十八頁、卷三第十九頁、卷六第十七至十八頁俱缺。

《四庫全書總目》未收。《中國古籍善本書目》著録。中國國家圖書館、上海圖書館等九館，臺北"國家圖書館"（兩部，其一爲原藏北平館者）及日本内閣文庫（三部）亦有入藏。《潛溪集》最早有明初刻本，爲十卷本，中國國家圖書館入藏。又有《潛溪先生集》十八卷本，黃溥輯，明天順元年黃溥、嚴塤刻本，中國國家圖書館、上海圖書館等五館有藏。

鈐印有"無竟先生獨志堂物"。

2022　明正德刻本誠意伯劉先生文集　T5403/4936

《誠意伯劉先生文集》二十卷，明劉基撰。明正德十四年（1519）林富刻本。二十四册。半頁十一行二十一字，四周雙邊，黑口，雙魚尾。框高19.3釐米，寬13.6釐米。題"處州府知府林富重編"。前有成化六年（1470）楊守陳序，正德十四年林富序；永樂二年（1404）王景序翊運録；洪武十九年（1386）吴從善、徐一夔序《郁離子》；宣德五年（1430）羅汝敬序《覆瓿集》；洪武十三年葉蕃序《寫情集》；宣德五年李時勉序《犁眉公集》。目録後有劉基像并像贊。

劉基，字伯温，青田人。至順年間進士，曾任浙東行省元帥都事等職，因事罷官。後投奔朱元璋，明王朝各種制度之建立，基多參與其事。官至御史中丞、太史令，封誠意伯。洪武四年辭官，後被胡惟庸構陷，憂憤而死。所作詩文雄渾奔放，當時與宋濂並稱。《明史》有傳。

是書卷一《翊運録》，卷二至四《郁離子》，卷五至一三《覆瓿集》，卷一四《覆瓿》、《覆瓿拾遺》，卷一五至一六《寫情集》，卷一七至一八《春秋明經》，卷一九至二〇《犁眉公集》。

楊守陳序云："國初誠意伯劉公伯温，嘗著《郁離子》五卷、《覆瓿集》并《拾遺》二十卷、《犁眉公集》五卷、《寫情集》暨《春秋明經》各四卷，其孫廌集御書及狀序諸作，曰《翊運録》，皆鋟梓行世。然諸集涣而無統，板畫久而寖堙，學者病之。巡渊御史戴君用，與其寅薛君謙、楊君琅謀重鋟，迺録善本，次第諸集，而冠以《翊運録》，俾杭郡守張君僖成之。"

林富序云："公文梓行久矣，歲遠寖湮，字不復辨。富承乏栝蒼，典刑在目，視篆之暇，訂其譌落，重加編輯，捐俸再鋟諸梓，俾公孫指揮瑜等世守之，使天下後世亦知故家文獻之足徵也。"按，富字守仁，塾從子，福建莆田人。弘治十五年進士，拜南京大理寺評事，忤劉瑾繫獄，瑾誅，歷擢廣東、廣西右布政，督兵兩廣。官終兵部右侍郎、右僉都御史，乞歸。

《四庫全書總目》入集部別集類。《中國古籍善本書目》著録。福建省圖書館、北京大學圖書館等三館（又上海圖書館、湖南圖書館等六館有嘉靖七年方遠宜增修本），臺北"國家圖書館"

及美國國會圖書館、日本尊經閣文庫亦有入藏。

鈐印有"詒晉齋印"。又有日人"炳卿珍藏舊槧古鈔之記"。炳卿即內藤虎次郎。

2023　明隆慶刻本太師誠意伯劉文成公集　T5403/2281

《太師誠意伯劉文成公集》二十卷，明劉基撰。明隆慶六年(1572)謝廷傑、陳烈刻本。九冊。半頁十行二十三字，四周雙邊，白口，無魚尾，書口下有刻工。框高 20.5 釐米，寬 14.1 釐米。題"後學麗水何鏜編校"。前有隆慶六年謝廷傑序；洪武十三年(1380)葉蕃序《寫情集》，洪武十九年(1386)徐一夔、吳從善序《郁離子》，永樂二年(1404)王景序《翊運錄》，宣德五年(1430)羅汝敬序《覆瓿集》，宣德五年李時勉序《犁眉公集》；成化六年(1470)楊守陳序，正德十四年(1519)林富序，嘉靖七年(1528)序，嘉靖三十五年(1556)李本序，嘉靖三十五年樊獻科序，隆慶六年何鏜序；劉基像并像贊；行狀；碑銘。末有隆慶六年陳烈後序。

謝廷傑序云："其文獨刻於栝蒼，歲久，字訛舛□又漫漶，莫或新之者。余奉按行東浙，以瓣香謁公祠下，詢遺文，僅覯此編，愾而歎曰：嗟乎！逖將以功業掩文章耶，何善本之寡也。屬太守陳君烈，萃諸文學，重加訂正，付於□梓，俾海內同好者共焉。"

何鏜序云："青田文成劉公文集，故有《翊運錄》一卷、《覆瓿集》十四卷、《郁離子》四卷、《寫情集》二卷、《犁眉公集》二卷、《春秋明經》二卷，國初嘗梓行，而郡人翰林學士王公景章爲之序，正德中，郡守莆田林公刻置公里第。嘉靖中，余友人縉雲樊文叔乃類編之，刻於真定。今侍御虬峯謝公按部栝蒼，修謁先生祠堂，討論遺文，得里第本，病其漶漫舛錯，乃命郡守建安陳公，依真定本翻摹授梓。余爲校正若干字，梓成，屬爲序。"

陳烈後序云："誠意伯劉公文集，固栝一方文獻，實爲明百代文章勛業之宗，儒先理學之統也，刻自永樂初王太史景，後凡三易梓矣。歲久寖湮，論次或爽，海內學士大夫誦說睹慕公者，每嗟咨焉。嘉靖己未，公鄉達斗山樊侍御刻於北畿巡院，東南脩辭士人趁得覯覿，且經義刪遺，似非全集。隆慶壬申春，豫章虬峯謝公，持斧按兩浙，丕崇正學風，厲人文。行部至栝，握劉公簡籍，惻然曰，集殘缺矣，士君子有志用世明道，舍是何所法程哉！迺檄烈搜討遺文，重手校而鋟焉。"

此本刻工爲丁大有、張汝美、鄒孫、龔林、龔華、張吉、王以才、茹子凌、余仕、陸旺、吳四、蔡四、陸林、陸于、子元、宗仕、余宗、余二、余賜、葉助、葉立、江貝、張乎、許明。

《中國古籍善本書目》著錄。中國國家圖書館、天津圖書館等十七館，臺北"國家圖書館"(兩部全，其一原藏北平館者)及美國普林斯頓大學葛思德東方圖書館、日本靜嘉堂文庫亦有入藏。

2024　清康熙刻本太師誠意伯劉文成公集　T5403/82

《太師誠意伯劉文成公集》二十卷首一卷，明劉基撰。清康熙四十六年(1707)劉標、劉元奇刻雍正八年(1730)萬里補刻本。十冊。半頁十行二十三字，左右雙邊，白口，單魚尾。框高 19.5 釐米，寬 13.5 釐米。題"東嘉裔孫歲貢生標孤嶼元奇重梓"。前有雍正八年萬里序。又有隆慶六年(1572)謝廷傑序，洪武十三年(1380)葉蕃《寫情集》序，吳從善《鬱離子》序，永樂二年(1404)王景《翊運錄》序，宣德五年(1430)羅汝敬《覆瓿集》序，宣德五年李時勉《犁眉公集》

序,正德十四年(1519)林富《重鋟誠意伯劉公文集》序,嘉靖四十五年(1566)李本《重編誠意伯文集》序,隆慶六年(1572)陳烈《重刻誠意伯劉公文集》後序,隆慶六年何鏜《重刻誠意伯劉公文集》序。目錄後有"太師誠意伯劉文成公像",像後有劉仲璟等像贊。又"重鐫誠意伯劉文成先生文集"校訂姓氏,題"督學使者南陽直上彭始搏鑒定;東嘉裔孫慎園標、孤嶼元奇重梓;男宗燿編輯;尚煜督刊"。校訂姓氏末二行題"參閱裔孫東嘉世灝、世芳、琦、振璜、振瑄、芝田天鵬、尚雅、成謨、成勳、哲臣"。又嘉靖三十五年(1556)樊獻科《刻誠意伯文集引》;劉標《引言》;《凡例》五則;附誠意伯祠記、碑銘、祭文、參政敕誥、祭文銘辭九篇。

劉基,見明正德刻本《誠意伯劉先生文集》。

基博通經史,於書無不窺,尤精象緯之學。西蜀趙天澤論江左人物,首稱基,以爲諸葛孔明儔也。此集卷首爲像贊、行狀、祭文、墓碑銘、神道碑等十一篇。卷一御製慰書、御名書等二十九篇;卷二至三《鬱離子》十八篇;卷四序四十四篇;卷五記三十七篇;卷六跋九篇、説七篇、問答語四篇、拙逸解、雜解附辨三章、文二篇;卷七銘八篇、《梅頌》並序、箴六篇、贊二篇、碑銘二篇、墓銘八篇、《德政頌》一篇、似連珠六十八首;卷八賦八篇、騷十五篇;卷九古樂府一百二十八首;卷一〇古樂府一百四十三首;卷一一歌行五十四首;卷一二四言古詩二十二首、五言古詩一百二十一首;卷一三五言古詩二百八十首;卷一四七言古詩四十一首;卷一五五言律詩四十六首、附五言長律二首;卷一六七言律詩二百四十二首、附七言長律二首;卷一七五言絶句十七首、附六言絶句三首、七言絶句二百五十一首;卷一八詩餘二百二十三首;卷一九《春秋明經》二十篇;卷二〇《春秋明經》二十一篇。

據劉標《引言》,此集應刻於康熙年間,《引言》又於文集自明代以來版刻源流有詳細敍述。《引言》云:"家文成公著作等身,若《翊運録》、《鬱離子》、《覆瓿集》、《寫情集》、《犁眉公集》、《春秋明經》諸篇次爲全集,明初梓行鄉塾。成化六年,御史戴公録善本而重鐫之。正德己卯,郡守莆陽林公刻置里第。嘉靖丙辰,縉雲樊公來按畿南,以是編製作雜陳,難以類別,少易舊次,重刻於真定,傳日益盛。隆慶壬申,侍御豫章謝公按部栝蒼,得里第本,迺檄郡守建安陳公依真定本翻摹授梓,麗水何公,縷晰條分,校訂獨詳。梓行至今,乃世變滄桑,不特鋟板無存,即成帙亦乏全璧。自祖賜郡永嘉,衍余派於郡之新河里,家藏一部,世奉手澤,有志重刊,苦於無力。嘗攜兒宗燿讀書孤嶼,相與撫卷太息者久之。方丈月川,派姪也,聞而躍然捐資倡始,因與同志張子紉我,谷子艾園董暨諸族分再加校訂,命男董理,仍復元編,統爲二十卷,裒成全集,付之梓以公世,不敢秘爲一家之私。"

此集卷一一至一八爲芝田縣令萬里補刻。卷一一至一八每卷首頁之次行題"芝田令新陽後學萬里續梓;裔孫標、男宗燿編"。萬里序云:"余宰青邑,行南田,詣明太師劉文成公祠,瞻其遺像,整冠再拜,肅敬久之。引其後之爲諸生者數人與之語,因索公全集讀之,集重鋟於公裔之居甌江者簡新矣,然尚有恨者,自十一卷至十八卷俱闕如。夫公之集流布海內,藏書家多有之,兹邑爲公桑梓地,反不獲見其全,何以備是邦文獻哉?詢之耆師宿儒,云甌江有藏皮鈔本,甚珍之。今年春,以公事赴甌,借而録之,以呈觀察芮公、太守曹公,咸躍然喜,謂余盍補鋟之,以成完璧。余唯唯承命。遂出一歲俸,仍以授甌江賢裔,俾付梓人督成之,凡閱五月,計卷八,頁二百有餘,或他雜著尚有缺者,而公之詩文已無遺憾矣。"

另據館藏是書之乾隆十一年剜板印本中高居寧序:"至康熙丁亥,有甌郡江心寺僧名月川者,公之嫡裔也,因明末孔昭公南遁入海,流落江心入空門,殆亦有所托而逃焉者。年臻耄耋,囊有素蓄,慨然搜刻是集,極力覓尋,幸獲郡伯林公原本,依其卷次而釐訂之,此集乃復見於世。

逾年,工未竣而月川又已溘逝,所遺之板遂浸没於甌,而青邑仍無藏板。至雍正庚戌,前邑令萬公訪之耆宿,知甌江有鈔本,借鐫而補鍥之,遂成全璧。"可知此書康熙間始由基裔孫釋月川及劉標、劉元奇刻之,後月川病故,集未竣工,雍正間方由縣令萬里補刻完工印行。又此本乃據正德十四年林富刻本重刻。

《凡例》云:"原集舊本,今不敢輕爲去留,惟非時制者删之,刊落無首尾者削不書。"目録前刻"雍正庚戌歲續訂劉文成先生文集",校訂姓氏末兩行刻"東嘉裔孫秋槎宗爌同男鵬搏、鶴翥編輯;督刊裔孫尚煜"。雍正八年萬里序前刻有"願持山作壽應用酒爲年"印。

此本有扉頁,刻"太師劉文成公集。公諱基字伯温栝蒼青田人。南陽彭直上先生鑒定。永嘉派藍橋露香園藏板"。又鈐有"永嘉藍橋露香園藏板"、"藏諸名山傳之其人"印。

劉基文集,明刻本中有二十卷及十八卷、十二卷之分。二十卷本中傳世最早爲成化六年戴用、張僎刻本,藏中國國家圖書館、山東省博物館、臺北"國家圖書館";次爲"明刻本",藏上海圖書館;三爲正德十四年林富刻本,藏臺北"國家圖書館"、北京大學圖書館等館;又正德十四年林富刻嘉靖七年方遠宜增修本,藏上海圖書館、湖南圖書館等館;五爲隆慶六年謝廷傑、陳烈刻本,藏中國國家圖書館、天津圖書館、臺北"國家圖書館"等十餘館;另中國科學院圖書館藏有《劉文成公集》二十卷,明崇禎十年朱葵刻本。十八卷本有嘉靖三十五年樊獻科、于德昌刻本,藏中國國家圖書館、上海圖書館、臺北"國家圖書館"等十餘館。十二卷本爲明末燕如鳳刻本,藏臺北"國家圖書館"。清代又有光緒元年刻本、光緒二十六年浙江書局刻本等。又《四部叢刊》所收之本乃據明隆慶六年刻本影印。

《四庫全書總目》入集部别集類,然非此本。《中國古籍善本書目》、臺北《"國立中央圖書館"善本書目》、《中國科學院圖書館藏中文古籍善本書目》未收。《四川大學圖書館古籍善本書目》、《青海省古籍善本書目》著録,前者作"清康熙中劉孤嶼刻雍正八年補刻";後者作"清雍正八年劉標刻本",誤。

鈐印有"小樹山房藏書記"、"趙恩館"、"趙氏樂天樓珍藏"。

2025　清康熙刻本太師誠意伯劉文成公集　　T5403/83

《太師誠意伯劉文成公集》二十卷首一卷,明劉基撰。清康熙四十六年(1707)劉標、劉元奇刻雍正八年(1730)萬里補刻乾隆十一年(1745)果育堂剜板印本。二十册。半頁十行二十三字,左右雙邊,白口,單魚尾。框高19.5釐米,寬13.5釐米。題"裔孫孤嶼元奇重梓"。前有雍正八年萬里序,乾隆十一年高居寧序。舊序及像贊、引、引言、《凡例》等悉同前本。"重鐫誠意伯劉文成先生文集"校訂姓氏被剜改,題"督學使者南陽直上彭始搏鑒定;裔孫孤嶼元奇重梓"。校訂姓氏末行也改題"參閱裔孫芝田尚雅、天鵬、成謨、成勳、哲臣"。

高居寧序云:"乙丑,恭膺簡命,出宰青邑,乃得公之文集讀之……心切嚮往焉。欲多購數卷,以公同好,詢及公之後裔,世居南田,家有藏板。有劉生名沛者,公之嫡派十四代孫也,仰慕祖德,此集之重鍥增補,其間存没隱見,俱能悉其原委……青邑爲公桑梓地,廟墓在焉,苗裔繁焉,則此集板刻自應存青,以備是邦文獻。今板藏南田嫡派,其存没隱見之由,誠宜詳著簡端,以昭來兹。集之始刻不可考,至明季,一刻於處郡守林公,一刻於處郡人何公,悉稱善本,迨遭兵燹之後,邑人罕有存者,即南田世胄亦無完本矣。至康熙丁亥,有甌郡江心寺僧名月川者,公之嫡裔也,因明末孔昭公南遁入海,流落江心入空門,殆亦有所托而逃焉者。年臻耄耋,囊有素蓄,慨然搜刻是集,極力覓尋,幸獲郡伯林公原本,依其卷次而釐訂之,此集乃復見於世。逾年,工未竣而月川又已溘逝,所遺之板遂浸沒於甌,而青邑仍無藏板。至雍正庚戌,前邑令萬公訪之耆宿,知甌江有鈔本,借錄而補鋟之,遂成全璧。然集雖全而板仍留於南田分派劉宗爝之家,後又轉寄他姓,終不為南田嫡派有也。癸亥歲,劉生不吝厚資,始贖歸南田,以昭世守,以光先業,而公之故物乃歸故土矣。"由此可見,板片後為基十四世孫劉沛所得,沛得板後又剜板重印成此本。

有扉頁,刻"太師劉文成公集。公諱基字伯溫栝蒼青田人。南陽彭直上先生鑒定。栝芝南田果育堂藏板"。

《河南省圖書館中文古籍書目》著錄兩部,書名作《誠意伯文集》,版本項一作"清乾隆十一年據明版補刻",一作"清乾隆十一年南田果育堂刻本",書名及版本著錄皆不準確。

館藏有複本一部,十冊。扉頁損去左面之字。

2026 明萬曆刻本鳳池吟稿   T5405/3103

《鳳池吟稿》十卷,明汪廣洋撰。明萬曆四十五年(1617)王百祥刻本。四冊。半頁九行二十字,左右雙邊,白口,單魚尾。框高 20.5 釐米,寬 13.3 釐米。題"高郵汪廣洋朝宗父著;同郡王應元一之父校"。前有洪武三年(1370)宋濂序。後有《除中書右丞誥》、《封忠勤伯誥》;王應元撰本傳;萬曆四十五年王百祥跋,王百順跋。

汪廣洋,字朝宗,江蘇高郵人。元進士,寬和簡重,通經能文,善篆隸大書,尤工詩歌。少從余闕學,游太平。高皇帝渡江,召廣洋入見與語,大悅,留幕下,為元帥府令史,行樞密院椽史。又為執法官,遷江西行省都事,陞郎中,知贛州,尋陞江西行省參政。廣洋有幹濟才,屢參政柄,曾與楊憲同為中書左右丞,又與胡惟庸同為左右丞相,俱隱忍依違,不能發其奸狀。謫海南,舟至太平,再降勅譴責,遂死於道。

卷一五言古體五十三首,卷二七言古體三十八首,卷三五言長律四首,卷四至五五言律詩一百三十二首,卷六七言長律二首,卷七至八七言律詩一百七首,卷九三言律一首、四言長律一首、五言絕句二十九首、六言絕句一首,卷一〇七言絕句一百六十七首。

廣洋詩大都清剛典重,一洗元人纖媚之習。其名雖為宋濂諸人所掩,世不甚稱,然其遺作,仍可視為明代開國之音。宋濂序云:"公以絕人之資,博極群書,素善屬文,而尤喜攻詩。當皇上龍飛之時,仗劍相從,東征西伐,多以戎行。故其詩震盪超越,如鐵騎馳突,而旌纛翩翩,與之後先。及其治定功成,海宇敉寧,公則出持節鉞,鎮安藩方,入坐朝堂,弼宣政化。故其詩典雅尊嚴,類喬嶽雄峙,而群峰左右如揖如趨。此無他,氣與時值,化隨心移,亦其勢之所宜也。然而興王之運至音斯完有如公者,受丞弼之任,吟咏所及,無非可以宣教化,而弼皇猷。"

按,《吟稿》最早應有葛庭光刻本,弘治初年,葛庭光為山東道御史,刊有是書,然今不傳於世。王百祥跋云:"至今上改元,纔七八十年耳,勿論板刻弗存,即印本亦不多見。先君子嘗以藏本示不佞兄弟曰,楓落吳江泠,其誰能追,後死者之責乎?手為校訂,將欲就梓,而倏捐館舍,留之篋中又二十年矣。然其集全無序文,亦不分前後字樣,不知果即侍御刊本否耶?""今年秋,李孝廉衷素從焦弱侯太史家覓得廣右刻本,前有宋丞旨一序,蓋先生嘗左遷於此,故廣中亦有是刻也。因相與兌閱,更訂二十四字,以付剞劂。九原之知,亦庶幾少慰先人之初志矣。"

《明史藝文志補編》著錄。《四庫全書總目》入集部別集類。《中國古籍善本書目》著錄。中國國家圖書館、上海圖書館等十二館,臺北"國家圖書館"(三部,其一爲原藏北平館者)及美國國會圖書館、日本內閣文庫、靜嘉堂文庫亦有入藏。又《明史藝文志附編》另收廣洋《鳳池稿》八卷。《(雍正)揚州府志》卷三五《撰述》著録此書,然亦作八卷。

2027　明弘治刻遞修本陶學士先生文集　　　　T5405/7234

《陶學士先生文集》二十卷,明陶安撰;《事蹟》一卷。明弘治十三年(1500)項經刻遞修本。十二册。半頁十行十八字,四周雙邊,黑口,雙魚尾。框高 20 釐米,寬 12.8 釐米。題"鉛山張祐校編"。前有弘治十二年(1499)費宏序。末有弘治十三年張祐後序。又《事蹟》後有費宏識語。

陶安,字主敬,當塗人。元至正八年,中浙江鄉試。入明,官至江西行省參知政事。事蹟具《明史》本傳。

卷一四言古詩、五言古詩,卷二七言古詩,卷三五言律詩,卷四五言律詩、五言長律,卷五至七七言律詩,卷八至九七言絶句,卷一〇歌、賦、詞,卷一一至一四序,卷一五引,卷一六至一七記,卷一八説,卷一九墓銘、行狀、哀辭、壙志、祭文,卷二〇雜文。

費宏序云:"博涉經史,尤精於易,所爲詩文甚富。其存者在元有《辭達類鈔》,在中書有《知新近稿》,赴武昌有《江行雜詠》,守黃州有《黃岡寓稿》,在桐城有《鶴沙小紀》,總若干卷。今刻置太平郡齋,則前守嚴陵徐公時中圖其始,今守嘉興項公誠之成其終,當塗學諭鉛山張君天益校其譌、次其類,而郡倅董君德美、張君瑞夫、辛君公應、李君宗漢守儀皆與聞其事焉。"

張祐後序云:"祐署教來姑孰之明年丁巳,郡侯嚴陵徐公以所得學士陶先生《辭達類鈔》詩文三卷,督命校刊。因詢先生之孫致政貳尹廷玉,庠生曰華、曰端,始得其所藏全集,外即曰《知新近稿》、《江行雜詠》、《黃岡寓稿》、《鶴沙小紀》,總二十餘卷,謹併撼其類而次之。未幾,徐公秩滿北上,刊而未能竣。今侯嘉興項公下車之初,祐以是集呈覽,請梓傳之,以畢徐公之志。公遂欣聽,復命重加校編,毋怠厥事。"

項經,浙江嘉善人,成化二十三年進士。

《四庫全書總目》入集部別集類。《中國古籍善本書目》著録。中國國家圖書館、上海圖書館等二十三館,臺北"國家圖書館"(五部,其一爲原藏北平館者)及美國國會圖書館、日本尊經閣文庫(兩部)、靜嘉堂文庫亦有入藏。

2028　清康熙刻本王徵士集　　　　T5405/1124

《王徵士集》四卷附録一卷,明王彝撰,清陸廷燦輯。清康熙三十九年(1700)陸廷燦刻本。二册。半頁九行十九字,左右雙邊,白口,單魚尾。框高 17.9 釐米,寬 12.8 釐米。題"嘉定王彝常宗甫著;後學陸廷燦扶照氏輯"。前有宋犖序;弘治十五年(1502)都穆序,弘治十五年浦杲後序。末有康熙三十九年陸廷燦跋。

王彝,字常宗,號嫣蜼子,江蘇嘉定人。少貧,剛正好古。讀書天台山中,師事孟長文,長文爲金履祥弟子,故彝之學問有端委,與高啟、楊基、徐賁齊名,世稱"吳中四傑"。明初以布衣被薦召修《元史》,書成,欲官之,懇乞養親,歸吳閉門著述。其爲人峻厲,不可一世,類古之遺狂。會江夏魏觀守郡,數延禮彝等,洪武七年觀以事被逮,彝與高啟因爲觀作文,並論死。傳見《明史·文苑傳》(附《趙壎傳》後)。

彝之文精嚴縝密,清勁奧衍,言不蹈襲,不爲脺詞浪語以逐時好。此集卷一記十五篇,卷二序二十三篇,卷三碑銘、説、傳、贊、雜著二十一篇,卷四詩三十二首。附録爲宋濂、王行、黄暐、高啓、錢謙益等撰有關王彝之記、傳、詩、歌等。

王彝有《三近齋稿》,今佚去不傳。此集四卷,最早之本爲弘治十五年嘉定人劉廷璋(子珍)所刻,題《王常宗集》,原爲都穆所輯,有都穆序,然行世未幾,集板散失,今所存僅南京圖書館一部。天啓、崇禎間沈公路曾爲編輯,但未刻。陸廷燦跋云:"廷燦生先生之鄉,竊嘗誦先生之詩,每以不見先生之集爲憾。客冬,得公路先生抄本,快讀卒業,因亟謀付梓。其原集未載者僅得數首,亦爲增入。"宋犖序又云:"先是徵士遺文一編,弘治時有吴郡都穆者,釐爲四卷版行。今陸扶照氏,恐其久而湮也,爲校輯而重梓之。"

《四庫全書總目》入集部别集類。《中國古籍善本書目》著録,中國國家圖書館、南京圖書館等七館入藏。臺北"國家圖書館"有《嫣雛子集》六卷,明抄本(原闕卷二);又有《王常宗集補遺》一卷《續補遺》一卷,舊抄本。

鈐印有"拙仙"、"半甫之印"。

2029　清康熙刻本清江貝先生詩集　　T5403.9/6814.2

《清江貝先生詩集》十卷,明貝瓊撰。清康熙五十八年(1719)金檀燕翼堂刻本。四册。半頁十一行二十一字,左右雙邊,白口,單魚尾。框高 17.8 釐米,寬 13.1 釐米。題"後學金檀星軺編刻;汪垕承齋重校"。前有汪垕序;《明史》附傳(宋訥傳後);《明史稿·貝瓊傳》。

貝瓊,字廷琚,一名闕,字廷臣,浙江崇德人。性坦率,篤志好學,年四十八始領鄉薦。元末客游江浙間,張士誠屢辟不就。洪武初,聘修《元史》,既成,受賜歸。六年,以儒士舉除國子助教。九年,以本官改中都國子監,教勳臣子弟。十一年,致仕歸,未幾,卒。

瓊少從楊維楨學,然詩風平易,寫景記事之作,時有隱逸思想流露。卷一賦十二篇,卷二四言詩一首、五言古詩五十七首,卷三五言古詩五十九首,卷四七言古詩四十四首,卷五七言古詩四十一首,卷六五言律詩九十二首,卷七七言律詩八十八首,卷八七言律詩八十三首,卷九五言排律十一首、七言排律五首,卷一○五言絶句一首、七言絶句八十一首、詩餘十四首。

汪垕序云:(貝瓊)"平生恬淡之致,有足千古,其詩文更卓然不朽。萬曆間,邑博李君編刻其文四卷,惜尚多闕佚,詩集則從未雕板,每於藏書家借觀,皆係謄寫,計十卷,内詩餘咸缺,兹金氏所刊獨全,惟第五卷脱去'秋露軒'、'雁聲樓'詞二首,余從别本補入,並訂其魯魚亥豕之訛,庶爲完善。"

此本缺文集三十卷。有扉頁,刻"清江詩集"。按,此本應爲金檀《文瑞樓叢刊三種》之一,另二種爲明程本立撰《異隱程先生詩集》二卷《文集》二卷、明高啓撰《青邱高季迪先生詩文集》二十七卷。

貝瓊詩文集傳世以明洪武刻本爲最早,上海圖書館、重慶市圖書館藏全帙(《文集》三十卷《詩集》十卷《詩餘》一卷);臺北"國家圖書館"存《文集》,南京圖書館則有《詩集》。明代又有萬曆三年李詩刻本(爲《清江貝先生集》三卷《續集》一卷),中國國家圖書館、臺北"國家圖書館"、北京大學圖書館、日本内閣文庫皆有入藏。《四部叢刊》所收,乃據明洪武刻本影印。

《四庫全書總目》著録,入集部别集類。《中國科學院圖書館藏中文古籍善本書目》、《日本

《内閣文庫漢籍分類目録》著録。

2030　清乾隆刻本西隱文稿　　T5405/3902

《西隱文稿》十卷,明宋訥撰;附録一卷。清乾隆三年(1738)譚養元刻本。八册。半頁九行二十一字,四周單邊,白口,單魚尾。框高19.7釐米,寬13.4釐米。題"滑臺後學王崇之編次;東萊後學劉師魯校刊;漢川後學譚養元重刊"。前有萬曆六年(1578)顧爾行序,萬曆六年劉師魯後序;乾隆二年(1737)譚養元跋;乾隆三年魏咸撰《宋文恪公本傳》。末有十二世孫宋三傑跋,十四世孫宋秉文跋。

宋訥,字仲敏,號西隱,河南滑縣人。性恃重,學問該博。説經爲學者所宗。元末進士,授鹽山知縣,棄官歸。明洪武十三年徵爲國子助教,陞翰林學士,文淵閣大學士,遷國子監祭酒。年八十卒於官。正德中,謚文恪,建廟崇祀。事蹟具《明史》本傳。

訥於宫中領成均胄子之任,故師道嚴正,爲一時典型,文章亦渾厚醇雅。此集卷一古賦九篇,卷二五言詩八首,卷三律詩一百五十九首,卷四歌行六首,卷五記二十七篇,卷六序三十七篇,卷七碑六篇,卷八文五篇,卷九銘二篇,卷一○雜文三篇。附録"聖製"五篇、名人著作八篇、詩八首。

訥集今存明代萬曆六年劉師魯刻本。臺北"國家圖書館"、中國科學院圖書館、上海辭書出版社圖書館、杭州大學圖書館入藏。據劉師魯舊序,劉本之前尚有王崇之刻本,但今已不傳。劉序云:"爰諏其家藏得一籯焉,予睇之蓋載輯於上海張君趨教滑時所手録,而滑之先達王先生崇之令上海,從其後得之,正諸學士錢先生,序而刻於其邑者也。"然此王本爛斷污漫,幾不能觸手接睫,故劉師魯又鳩工重刻。

此本爲滑縣知縣譚養元所刻。譚跋云:"乙卯膺簡命來知滑事,入祠展拜,獲瞻肅穆道貌,雅符素心。蒐詢典籍,陪祀諸生類莫有能識存者。後公裔詔,於其家得一籯持獻,名《西隱集》,中詩歌賦記及序文碑銘共十卷。余盥手捧誦,嘆其詞源浩博,字吐珠璣,文成古硬,直可探月窟而躡天根。顧其書始於明萬劉令東萊君所刊成,而板藏於署之外府,年久剥落,殘缺不復成集。夫東郡素號多士篤學,嗜古者匪尠,何桑梓文獻人文俱足千古而任其沉浸失傳,詎非官斯土與爲其後者之責與?爰商諸學博,購木畫方,延宋氏孫子監生三畏、增生三多、廩生秉文付之剞劂,共襄厥事。板成,歸宋氏家藏,以傳不朽。"

宋三傑跋云:"先文恪公《西隱》一稿,歷年久遠,世更代異,而禮庫所藏不過存什一於千百,非重經繕刻,其不至於泯没無聞也幾希。傑忝屬後裔,不能光大前猷,致令已著之文日就滅亡,恥孰甚焉。然亟欲鋟梓,力綿不給,恐更歷歲月,化爲烏有,爰於雍正甲寅春手録一編,謂庶亦稍延一線於不墜也。越翌年,漢川譚候來令滑,愛人禮士,嗜學好古,每於政事之暇,搜獵經史,手不釋卷,於昔賢所謂仕優則學者誠無愧矣。忽聞此稿,即諭禮吏啓閱舊藏,但見蟲齧木朽缺略不全,心悼悵者久之。及得一帙,披閲之餘,又暢然甚喜,因傿傑族侣而謂之曰'彼稗官野史,無關重輕者,尚爾災木,況先生碩德懿行,載在史策,而顧令其文浸没失傳,何其弁髦若斯乎?'爰購木重鐫而且爲之序焉。傑承兹役,鳩工畫方,間有正其訛、補其遺者,雖不敢謂有功於前獻,亦聊以盡後人之責而無負吾賢候闡揚之雅意也。"

此本有扉頁,刻"西隱文稿。滑臺宋文恪公手著。乾隆三年仲春重鐫"。扉頁有殘缺。

《四庫全書總目》入集部别集類,著録之本非此譚養元刻本。《中國古籍善本書目》不收此乾隆刻本。河南省圖書館也有入藏。民國六年，商邱宋氏有重刻本。

鈐印有"宋犖"、"汲園"、"賦梅書屋"。

2031　明刻本缶鳴集

T5404/7201

《缶鳴集》十二卷，明高啓撰。明刻本。六冊。半頁十一行二十字，左右雙邊，白口，單魚尾。框高19釐米，寬13.4釐米。題"後學愚姪周立公禮校正重編"。末有洪武三年(1370)謝徽後序。

高啓，字季迪，長洲人。元末隱居松江之青丘，自號青丘子。洪武初，召修《元史》，爲編修，擢户部右侍郎。乞歸，授書自給。後因爲郡守魏觀改建府治作上梁文，有"龍蟠虎踞"之語，犯朱元璋忌，被腰斬，年僅三十九歲。善文工詩，與流寓吳郡之蜀人楊基、徐賁、潯陽張羽稱明初四傑。事蹟具《明史·文苑傳》。

目錄頁第一行下刊"卷一之十二卷，詩凡一千首"。卷一擬古十二首、樂府六十四首，卷二樂府八十二首，卷三五言古體六十九首，卷四五言古體七十四首，卷五五言古體六十八首，卷六五言古體二十一首、七言古體十六首，卷七七言古體二十七首，卷八七言古體十三首、長短句體十八首、五言近體四十一首，卷九五言近體一百二十首，卷一○七言近體一百首，卷一一五言絕句一百十七首、七言絕句六十九首，卷一二七言絕句七十六首、六言詩八首、聯句詩五首。

謝徽後序云："季迪之詩甚多，有《吹臺集》、《缶鳴集》、《江館集》、《鳳臺集》，凡爲詩幾二千首，皆當世之儒先君子序其端。今年冬，予訪之吳松江上，季迪出其詩示余，蓋取舊所集諸詩益加删改，彙粹爲一，總題曰《缶鳴集》。自古樂府、歌行而下，至五七言諸體，得詩九百餘篇，皆其精選，富矣哉！亦可謂不易矣。然是編也，特以今年庚戌冬而止，及後有作，當別自爲集。"

《四庫全書總目》收啓之《大全集》及《鳧藻集》，而未及此。《總目》云："啓天才高逸，實據明一代詩人之上。其於詩擬漢魏似漢魏，擬六朝似六朝，擬唐似唐，擬宋似宋，凡古人之所長，無不兼之。振元末纖穠縟麗之習，而返之於古，啓實爲有力。然行世太早，殞折太速，未能鎔鑄變化，自爲一家。"《中國古籍善本書目》著錄。中國國家圖書館、上海圖書館等七館，臺北"國家圖書館"(作明嘉靖間刻本，乃原藏北平館者)及日本內閣文庫(作明介石堂刻本)亦有入藏。

鈐印有"寶□氏圖書"。

2032　清康熙刻本高季迪先生大全集

T5404/2902B

《高季迪先生大全集》十八卷，明高啓撰。清康熙許氏竹素園刻本。十冊。半頁十行二十字，左右雙邊，白口，單魚尾。框高19.7釐米，寬14釐米。前有景泰元年(1450)劉昌序。目錄後有竹素園主人跋；洪武八年(1375)李志光撰《高太史傳》。

高啓，見明刻本《缶鳴集》。

啓與張羽、徐賁、王行、高遜志、宋克、唐肅、余堯臣、呂敏、陳則等以詩文切磋，號稱"北郭十友"。同時，又與楊基、張羽、徐賁被推爲"吳中四傑"。清趙翼稱高啓之詩"使事典切，琢句渾成，而神韻又極高秀，看來平易，而實則洗鍊功深"。卷一樂府一百零三首，卷二樂府六十八首、琴操四首、辭三首、三言一首、三四言一首，卷三五言古詩八十八首，卷四五言古詩八十四首，卷五五言古詩六十八首,卷六五言古詩九十一首,卷七五言古詩五十八首,卷八七言古詩四十二首,卷九七言古詩四十三首,卷一〇七言古詩四十九首,卷一一長短句體四十一首,卷一二五言律詩一百八十三首,卷一三五言律詩七十九首、五言排律二十三首、卷一四聯句六首、六言律詩九首、七言律詩七十一首,卷一五七言律詩一百五十首,卷一六五言絕句一百八十八首,卷一七七言絕句一百六十一首,卷一八七言絕句一百六十三首。

　　竹素園主人跋云:"青丘高先生所著詩甚夥,當時行世者有《吹臺集》、《缶鳴集》、《江館集》、《鳳臺集》、《婁江吟稿》、《姑蘇雜詠》等編。明景泰間,徐用理先生彙而刻之,共得樂府近體詩一千七百七十餘首,名曰《大全集》,凡使後之賞音者無遺珠之嘆云爾。自後簡編銷蝕,傳者絕少,獨《缶鳴》一集已刊行於世,較之茲刻,詩僅十之五六,而《姑蘇雜詠》不與焉。今板已漫滅,頗多舛譌,披覽之下,不無遺憾。乙亥春,購得茲本,因而重加校讎,其間序次悉遵原板,間有缺文一二,亦姑仍之,而未敢遽改……不敢獨秘,公之同好。"

　　此本有扉頁,刻"高季迪先生大全集。重訂原本。竹素園藏板"。

　　《大全集》今存世之明刻本有明景泰元年劉宗文等刻本(半頁十一行二十字。又有明景泰元年劉宗文等刻成化五年劉以則重修本)、明刻本(十行二十字),皆題《高太史大全集》十八卷。民國上海涵芬樓曾據明景泰刻本影印,入《四部叢刊》中。清代光緒十四年又刻有《高季迪先生大全集》十八卷。

　　《四庫全書總目》入集部別集類,又收啟《鳧藻集》五卷。《中國古籍善本書目》著錄,上海圖書館、天津圖書館等二十餘館入藏。又臺灣大學圖書館也有入藏。

　　鈐印有"吳錫麒印"、"穀人",兩印均僞。又有"長興朱承傑聃父圖書"。

2033　清雍正刻本青邱高季迪先生詩集

T5404/8141

　　《青邱高季迪先生詩集》十八卷首一卷《補遺》一卷《扣舷集》一卷《鳧藻集》五卷,明高啓撰。附錄一卷。清雍正六年(1728)金氏文瑞樓刻《文瑞樓叢刊》本。十冊。清悟園錄陳鱣評點。半頁十一行二十二字,白口,單魚尾。框高17.9釐米,寬13.9釐米。題"桐鄉金檀星軺輯注;姪成鼎梅均、男宏熹開霞全校"。遺詩前有永樂二十一年(1423)曾棨序;宣德九年(1434)樓宏跋。後有雍正七年(1729)金檀跋。《鳧藻集》前有雍正六年金檀序,正統九年(1444)周忱序。末有正統九年鄭顒跋。

　　首一卷爲雍正六年陳璋序;舊序有《婁江吟稿》自序、《缶鳴集》自序、《姑蘇雜詠》自序、洪武二年(1369)胡翰序、洪武三年(1370)王禕序、洪武三年謝徽序、永樂元年(1403)周立序、景泰元年(1450)劉昌序、吳寬序、成化十四年(1478)張泰序;《例言》十二則;各家詩評;"青丘先生像"並像贊;洪武八年(1375)李志光撰《鳧藻集》本傳,呂勉撰《槎軒集》本傳,又《年譜》。卷一樂府一百三首;卷二樂府六十七首(補四首)、琴操四首、辭三首、三言一首、三四言一首;卷三五言古詩八十八首;卷四五言古詩八十四首;卷五五言古詩六十八首;卷六五言古詩九十一首;卷七五言古詩五十八首(補十八首);卷八七言古詩四十二首;卷九七言古詩四十四首;卷一〇七言古詩四十八首(補十首);卷一一長短句體四十一首(補一首);卷一二五言律詩一百八十首;卷一三五言律詩八十一首(補四首)、五言排律二十三首(補二首);卷一四聯句六首、六言律詩五首、七言律詩一百五十首;卷一五七言律詩一百五十首(補十五首);卷一六五言絕句一百八十八首(補三十六首)、六言絕句七首;卷一七七言絕句一百六十首;卷一八七言絕句一百六十三首(補五十一首)。《補遺》一卷爲古今體詩一百四首(從朱紹編刻三先生詩集補)。附錄一卷爲書後、哀誄、雜記。《鳧藻集》爲文集,卷一論二篇、記十五篇;卷二序十八篇;卷三序十八篇;卷四傳五篇、贊八首、箴一首、銘八首、賦二篇、題三篇、跋十篇、評史六篇;卷五雜著十五篇、墓誌銘八篇、哀辭一篇、書簡一篇。

  陳璋序云:"桐鄉金子星軺,好學之士也,以《青丘集》歷年久遠,易本不一,寖失先生手定之旨。因詳訂舛訛,廣增注釋,殫精竭思,浹四旬歲而後成。於是《青丘全集》重新而世益珍之。"按,啓詩集有《吹臺集》、《江館集》、《鳳臺集》、《婁江吟稿》、《姑蘇雜詠》五種,詩凡二千餘首,後啓自選九百餘首,訂爲《缶鳴集》十二卷,由其内姪周立於永樂元年刻印傳世。景泰元年,有徐庸者,掇拾遺佚,合爲一編,而爲《高太史大全集》十八卷。此金檀輯注本,曾從《槎軒集》中輯出《大全集》内未載佚詩甚多,又在地方志及總集中輯出不少遺詩,並附錄時人之哀誄、悼詩等,同時又將高啓文集《鳧藻集》、詞集《扣舷集》附在詩集之後,故此本應是高氏著作中的佳本。民國三年,東吳浦氏曾以金檀本影印。1985年上海古籍出版社出版徐澄宇、沈北宗校點本,即以金檀本爲底本並校以他本,而新校點本則爲最佳之全本。

  此本有扉頁,刻"高青邱詩集注。扣舷集附後。文瑞樓藏板"。"高青邱鳧藻集。文瑞樓藏板"。《文瑞樓叢刊》計三種,另二種爲《清江貝先生詩集》十卷《文集》三十卷;《巽隱程先生詩集》二卷《文集》二卷。

  悟園識語云:"海寧陳仲魚徵君鱣評點《高青邱大全集》,於况夔笙同年處得見,假而度於此本之上。原用墨、綠二筆,仍其舊也。癸丑三月三日悟園。"

  是本流傳甚多。《中國古籍善本書目》不收。中國國家圖書館、河南省圖書館、青海省圖書館、中國科學院圖書館、北京師範大學圖書館、四川大學圖書館、臺灣大學圖書館、日本内閣文庫皆有入藏。

  鈐印有"亞文文卿"。

2034 清刻本青邱高季迪先生詩集 T5404/8141A

  《青邱高季迪先生詩集》十八卷首一卷《補遺》一卷,明高啓撰。清刻本。七册。半頁十一行二十字,白口,單魚尾。框高17.9釐米,寬13.8釐米。題"桐鄉金檀星軺輯注;汪夢齡與三、安次遷重訂"。

  此本有雍正六年金檀序,但無陳璋序。餘舊序、《例言》、像並像贊、《本傳》、《年譜》皆同前本。

  按,此本當據金氏文瑞樓本重刻。

2035 清康熙刻本海叟詩集 T5405/4321

  《海叟詩集》四卷《集外詩》一卷,明袁凱撰。附錄一卷。清康熙六十一年(1722)曹炳曾城書室刻本。二册。半頁九行十九字,左右雙邊,白口,單魚尾,書口下刻"城書室"。框高16.5釐米,寬12.3釐米。題"雲間袁凱景文著;後學曹炳曾巢南重輯;姪曹一士諤廷、男曹培廉敬三校"。前有康熙六十一年曹炳曾小引;康熙六十一年姚弘緒序,正德元年(1506)李夢陽序;正德元年陸深跋;何景明序;嘉靖四十三年(1564)董宜陽跋,隆慶四年(1570)何玄之跋,萬曆十七年

(1589)王俞跋；林有麟序，萬曆三十七年(1609)鄭懷魁序，萬曆三十七年張所望序；萬曆三十八年(1610)張所敬跋；改琦繪《海叟先生像》，另像贊。末有康熙六十一年曹一士跋。

袁凱，字景文，自號海叟，江蘇華亭人。博學有才，工詩，有盛名，性詼諧。元末爲府吏，洪武中由舉人薦授監察御史，以病免歸。事蹟具《明史·文苑傳》。

《儼山詩話》云："袁御史海叟能詩，國朝以來未見其比。"卷一琴操五首、樂府十三首、四言詩六首；卷二五言古詩七十一首、七言古詩二十首；卷三五言律五十三首、五言排律二首、七律七十二首；卷四五言絕句二十八首、六言絕句九首、七言絕句一百零三首。《集外詩》爲四言詩一首、七言古詩二首、七言律詩一首、七言絕句一首。附錄一卷爲各家所撰袁凱傳、記、序、跋、評論等。

袁凱手定全本，即爲祥澤張氏刻本。後天順中有《在野集》，爲朱應祥、張璞所校選者，然多以己意更竄，舊觀頓失。弘治間，陸深得舊刻不全之本，與何景明、李夢陽更相刪定，力爲表揚，即爲《瓦缶集》、《既悔集》。隆慶中，何玄之得祥澤張氏刻本，以活字排印百部，萬曆間，張所望又爲之重加校訂刊刻。此爲康熙間曹炳曾刻本，乃以張本爲主，參以何玄之本，詳加審定，正其謬誤，並增《集外詩》及附錄各一卷，故較前諸本爲善。

曹炳曾小引云："向愛讀海叟先生詩，購得鈔本一帙，苦未見其自定原本，求之數年，始獲我鄉張叔翹先生所重刊四卷，計三百八十三首，叟之詩於是爲備，而間有訛字，年來參閱諸本，正其筆誤，俾還舊觀，從叟志也。前此陸文裕公刻《瓦缶集》、《既晦集》，又前此朱氏刻《在野集》，今皆罕傳，獨張本仍叟之舊，板已漫滅，故余爲校定梓之。其集外古律詩暨從子諤廷藏題畫絕句共五首，別爲一冊，吉光片羽，不忍聽其零落，又以誦詩者當考其世，衷志傳及時人評詩語爲附錄一卷。"姚弘緒序又云："海上曹子巢南，夙擅風雅，酷嗜叟集，其所輯依張方伯叔翹原本，視余手錄者較備。客冬，嗣君敬三寓書余猶子平山索鈔本校對開雕，余不禁欣然色動，喜曹子之與余有同志也，並喜叟集之歷久未全者自此有完本也。"

凱集明代祥澤張本早已湮沒不存，今存於世者有四種版本，一爲三卷本，明正德刻本(十二行二十字)，藏中國國家圖書館、中國社會科學院文學研究所。另三種爲四卷本，一爲明隆慶四年何玄之活字印本(九行十八字)，藏南京圖書館。二爲明萬曆三十七年張所望刻本(九行十八字)，藏中國國家圖書館、南京圖書館、中國社會科學院歷史研究所。三爲明刻本(十二行二十一字)，藏中國國家圖書館。另，臺北"國家圖書館"有三卷本，作明范欽等校刻本。該館另有《在野集》二卷，爲明正德元年鄢陵劉氏山東刻本。明隆慶間俞憲輯《盛明百家詩》前編中有《袁海叟集》一卷。清代光緒中石埭徐氏刻《觀自得齋叢書》，收有《袁海叟詩集》四卷補一卷。宣統三年，張玉叔曾據此康熙曹炳曾城書室本交江西印刷局石印，本館入藏二部。

是集末頁刻"康熙再壬寅春日旌邑劉文彬開雕"。

清張之洞《書目答問》曾稱袁凱《海叟集》、邊貢《華泉集》、徐禎卿《迪功集》等"皆明詩家最著者，有刻本，不常見"。《四庫全書總目》入集部別集類。《中國古籍善本書目》著錄，中國國家圖書館、遼寧省圖書館、湖南圖書館等十一館入藏。

鈐印有"古婁仇氏收藏書畫圖籍之記"。

2036　明萬曆刻本解學士全集　　T5409/2526

《解學士全集》十卷，明解縉撰；《年譜》二卷。明萬曆晏良榮刻本。十六冊。半頁十行二十字,四周單邊,間有左右雙邊,白口,單魚尾。框高20.5釐米,寬13.5釐米。題"明解縉搢紳父著;周延儒玉繩父閱;陸鳳翀羽王父定;晏良榮時行父梓"。前有晏文輝序,嘉靖四十一年(1562)羅洪先序。

解縉,字大紳,號春雨,吉水人。洪武二十一年進士,曾上封事萬言,論政令多變、刑法過重之弊。永樂初,官至翰林學士兼右春坊大學士,直文淵閣,預機務,總裁《太祖實錄》、《永樂大典》,深爲成祖所重。縉才氣放逸,勇於任事,論議無顧忌。因議立太子事,爲漢王高煦所忌,被譖,謫廣西布政司參議。又改謫交阯,復遭讒陷下獄,妻子宗族徙遼東。永樂十三年卒,年四十七。《明史》有傳。

縉生而秀異,穎敏絕倫,七歲能屬文,書過目,成誦如流,爲詩歌,操筆立就,往往出奇語。稍長,益肆力於學,當時有才子之目。李東陽《懷麓堂詩話》云,其詩無全藁,真僞相半,蓋出於後人竄亂者爲多。

此本卷首爲《年譜》。卷一應制古詩、五言絕、五言律、七言絕、七言律、文,卷二四言古、五言古、五言絕、五言律、五言排律、七言古,卷三七言絕,卷四七言律、七言排律、賦、辭、詩餘,卷五至六序,卷七記,卷八傳、贊、行狀、墓表,卷九墓志銘,卷一〇祭文、書簡、雜述、題跋、制策五道。又附錄。

縉書法譎宕恢奇,縱放顛狂,有蒼鶻脫韝之氣。卷二有《草書歌》三首。其一云:"君不見張旭號張顛,飲酒飲三盞,醺來草聖傳。又不見李白號謫仙,飲酒飲一斗,詩吟一百篇。我本江南一狂客,非白一非顛,飲酒飲一石,吟詩吟一千。不信邀我到酒池邊,朝飲復暮飲,揮毫落紙染雲烟。"另一首云:"我生千載燈窗間,學書晝夜何曾閑,墨池磨竭滄海水,禿筆堆作須眉山。豪來酒傾八百斛,醉後顛狂隨所欲,手持兔毫任鋒芒,掃破鸞箋千萬幅。一筆橫,一筆直,金鉈豎地錐穿壁,白虹界破青旻天,清泉瀉下丹崖石。一點大,一點小,夜半流星隨月走,飛空彈石上雲霄,出海驪珠爍牛斗。媚如扱花美女逢新粧,勇如操戈武士當戰場,動如綵鸞紫鳳爭翱翔,勁於秋蛇春蚓各奔忙。態如濃雲千萬變,勢若晴空閃雷電,秋空排雲鴻雁飛,春江汹湧蛟龍戰。君不見王右軍,當年曾作籠鵝人,丈夫有志亦如此,筆下自有鬼與神。"

縉曾有《白雲稿》、《東山集》、《太平奏疏》等書,歿後多散佚。天順初,金城黃諫始輯縉遺文,成三十卷,《四庫全書》館纂修官云"後亦漸湮"。按,黃諫本爲三十一卷本,天順元年黃諫刻本,今存兩帙,藏中國國家圖書館及杭州大學圖書館。嘉靖中,同邑羅洪先復與縉從孫桐輯成十卷(《四庫全書總目》誤桐爲相,又云今並未見)。又按,明嘉靖四十一年本今存南京圖書館、山東省圖書館等十二館及臺北"國家圖書館"(兩部,其一爲原藏北平館者)。

此本晏文輝序云:"余因是悲公之遇,重公之才也,重公之才,鐫公之集也。授門人商定,命族子梓行,俾天下後世之知公,因以珍公、憐公、傳公也。"

扉頁刊"鐫解學士先生全集。三吴晏少溪梓行"。

《四庫全書總目》著錄清康熙戊戌其十世孫悅所輯本,爲十六卷。《中國古籍善本書目》著錄。南京圖書館、吉林省圖書館等十三館、臺北"國家圖書館"亦有入藏。又日本內閣文庫藏明刻本,不知與此本同否。

2037　清乾隆刻本解文毅公集　　　　　　　　　　T5409/2526B

《解文毅公集》十六卷首一卷,明解縉撰。清乾隆三十二年(1767)解韜等刻本。六册。半頁十行十九字,左右雙邊,白口,單魚尾,框高 16 釐米,寬 12.9 釐米。目録頁題"十一世孫韜、文明、建鉅、賡明重梓;十二世孫名世、榮世、正韻、駿、襄世校字"。前有乾隆三十一年(1766)沈德潛序,天順元年(1457)黄諫序,任亨泰序,嘉靖四十一年(1562)羅洪先序,康熙五十八年(1719)張尚瑗序;解文毅公像;乾隆三十二年曹秀先撰《明解文毅公遺像贊》,沈廷芳撰《解文毅公像贊並序》。末有康熙五十七年(1718)十世孫解悦跋,乾隆三十二年十一世孫解韜跋。

　　解縉,見明萬曆刻本《解學士全集》。

　　此本首一卷爲《明史》本傳。卷一奏疏、表,卷二頌言,卷三四言古、五言古,卷四七言古,卷五五言律、五言排律、七言律、五言絶,卷六七言絶,卷七至八序,卷九至一○記,卷一一傳、行狀,卷一二墓表,卷一三墓誌銘,卷一四碑、贊,卷一五銘、書、説,卷一六題跋。附録爲《内閣學士春雨解先生行狀》,《朝列大夫交趾布政司参議春雨解先生墓碣銘、解春雨先生祠堂記》,《明閣學記》。

　　縉一生所作詩文,流傳後世者,十不得三四。錢謙益《列朝詩集》論縉集出自後人掇拾,潦草牽率,讕言長語,皆藉口於縉而蒙謗千古。然張尚瑗序云:"今按集中詩文,出風入雅,琅琅可誦,委巷流傳之俗,不至闌入。"

　　縉集自明初至清乾隆間,共有五刻。一爲《解學士先生集》三十一卷,明天順元年黄諫廣西刻本。解悦跋云:"明天順年間,金城内翰黄公諫,情切景仰,雅意蒐羅,得古今體詩、傳記等文,胺集成帙。一時中貴暨藩臬諸公,咸争捐貲,謀爲鋟刻。至若寶慶揮使姚公深,以閫將而倍切信從,亦聞而生慕慕而樂爲梓焉。"此刻中國國家圖書館、杭州大學圖書館、臺北"國家圖書館"入藏。第二刻爲《解學士文集》十卷,明嘉靖四十一年段氏刻本,有羅洪先序。爲羅氏偕從孫桐輯録成卷,由"柱史遵化古松段君"梓諸海内。南京圖書館、山東省圖書館等十二館,及臺北"國家圖書館"(作明嘉靖四十一年遵化古松段刻本)入藏。第三刻即爲《解學士全集》十卷《年譜》二卷,明萬曆三吴晏良榮刻本,南京圖書館、吉林省圖書館等十三館入藏(本館亦有此刻)。清代所刻爲《解學士文毅公全集》十卷,清康熙五十七年解悦刻本,内蒙古大學圖書館入藏。據解悦跋云:"迨明末,世際板蕩,復遭兵火,原刻業經灰燼,迄今七十餘載矣。公之道德勳庸,奚藉於是,然精光不可久蝕,至寶亦宜公世。悦慚爲嫡裔,遏佚前光,欲表章而未能,懼朽蠹以重罪。爰不揣庸陋,重爲編輯,補其遺漏,訂其訛誤,次其後先,勉付梨棗。經始於丁酉菊月,成於戊戌,長至兩閲冬而功幸畢。"

　　此本爲第五刻,解韜跋云:"一輯於前明侍講黄公,再輯於念庵羅公。至我朝康熙戊戌,伯父腴堂先生更加裒集,雕闆既成,遠近懇求者甚衆,板印日不暇給,迄今將五十年,梨棗漸成蠹簡,字畫脱落,幾於亥豕魚魯之誤。韜自慚不敏,未能克迪前光,顧皇皇大文奕世,爲昭而爲之,後者聽其朽蠹,不復修輯,非惟無以仰對先公,亦何以垂示來裔也。爰與弟姪輩取舊簡,訂其訛謬,重付梓人,惟期後之子孫隨時而新之,則幸甚!"沈德潛序云:"今年丙戌春,裔孫署蘇州守,庚戌進士韜將刻家藏集,以惠後學,屬余草序。讀之奏疏諸作,可勒金石;七言古詩,奔放中不同夏駕,得李太白遺意;律詩絶句,俱近唐人;古文原本經術,凡所敷陳,一一可施諸實用。"

　　有扉頁,刊"解文毅公集。敦仁堂藏板"。

　　《四庫全書總目》著録《文毅集》十六卷,即康熙間十世孫悦所刻。《中國古籍善本書目》不收。

　　鈐印有"篤素堂張曉漁校藏圖籍之章"、"皖南張師亮筱漁氏校書於篤素堂"。

2038 明嘉靖刻萬曆重修本遜志齋集

T5406/4191

《遜志齋集》二十四卷,明方孝孺撰;附錄一卷。明嘉靖四十年(1561)王可大刻萬曆四年(1576)重修本。二十冊。半頁十行二十字,左右雙邊,白口,單魚尾。框高19.7釐米,寬13.7釐米。題"中順大夫浙江按察司副使奉勅提督學校雲間范惟一編輯;奉政大夫浙江按察司僉事奉勅整飭兵備南昌唐堯臣校訂;中順大夫浙江台州府知府事前刑部郎中東吳王可大校刊"。前有萬曆四年徐階序,嘉靖四十年范惟一序,唐堯臣序,嘉靖四十年王可大序,洪武三十年(1397)林右序,洪武三十年王紳序;《正學先生小像》並像贊;《凡例》十一則。附錄末有臨海縣知縣黃誥等校對者姓名。

方孝孺,字希直,又字希古,浙江寧海人。宋濂弟子。洪武時,爲漢中教授,蜀獻王聘爲世子師,名其書室爲正學,人稱正學先生。建文時,任侍講學士。燕王朱棣起兵,當時朝廷詔檄多出其手。燕兵入京師,棣命孝孺草即位詔,孝孺不從,被殺。宗族親友連坐死者,凡十族,達八百四十七人。《明史》有傳。

此本卷一至八雜著,卷九表、箋、啟、書,卷一〇至一一書,卷一二至一四序,卷一五至一七記,卷一八題跋,卷一九贊,卷二〇祭文、誄、哀辭,卷二一行狀、傳,卷二二碑、表、志,卷二三古詩,卷二四律詩、絕句。孝孺學術醇正,而文章乃縱橫豪放,頗出入於東坡、龍川之間。蓋其志在於駕軼漢唐,銳復三代,故其毅然自命之氣,發揚蹈厲,時露於筆墨之間。

徐階序云:"遜志先生集,其初刻於蜀,有臨海林公右、金華王公紳所爲序。然林序稱洪武三十年,而不書輯者之姓名,亦不著卷數。王序則直題爲文稿。今以傳考之,洪武之末,先生時猶教授蜀藩,則殆先生所自輯且未成之書也。厥後,先生樹奇節、罹慘禍,集因諱不傳。天順癸未,臨海教諭趙君洪始購遺文二百六十首以屬梓人,而集乃行於世。成化庚子,黃巖選部黃公孔昭、祭酒謝公鐸,盡搜縉紳家所藏,得文千二百首,合爲集三十卷、拾遺十卷,俾寧海尹郭君紳重刻之。顧其所取,博而未精,識者以爲憾。正德庚辰,刑書姑蘇顧公璘守台,刪正訛謬,定爲文二十二卷、詩二卷,刻置郡齋,則今集是也。歲久,字漫滅不可讀。嘉靖辛酉,提學憲副華亭范君惟一、分巡僉憲南昌唐君堯臣、台守吳郡王君可大相與校刻以傳,蓋集至是,四易版矣。""斯集也,其將繼,自今遂與程朱所著述傳諸無窮哉!先是刻成,未有識歲月者,萬曆乙亥秋,分巡僉憲姑蘇王君嘉言,以書屬階序。"

范惟一序云:"郡有《遜志齋集》,故刑書東橋顧公爲守時所刻。予取讀焉,見其編漸漫漶,因謀諸兵道唐君及新守王君重刻之。二君躍然敬諾,越數月,報訖工。"又王可大序云:"先生爲郡寧海人,舊有刻在郡,久而朽弊。督學中方范公,謂兵憲貞山唐公曰,予司文養士,而正學先生寔公分地也,盍相與以新之。秋九月,中方公校士於台,則命可大校梓而敘之。"可大,字元簡,南京錦衣衛人,嘉靖三十二年進士,官至台州知府,輯有《國憲家猷》。

據《凡例》云:"是集,先生歿後六十年,臨海趙學諭始得散落詩文三百一十四篇,梓於蜀者,爲蜀本。又二十年,太平謝文肅公、黃巖黃文毅公編輯四方所藏,得四十卷,郭令尹梓於寧海者,爲邑本。又四十年,郡守姑蘇顧公梓於郡齋者,爲郡本。今據三本而參酌之。""附錄原止錄蜀獻王及同時名公贈遺諸作,今以傳狀祠記及吊祭詩文而續附者,存始末也。"

卷一末刊"臨海縣知縣黃誥、黃巖縣知縣張師善、台州府儒學教授尚芳、訓導李深、黃巖縣儒學教諭文程、府學生陳縝、葉琰、王梅齡、臨海縣學生李臨卿、戴濬之、黃巖縣學生孫思光、牟汝鈞校對"。

《四庫全書總目》入集部別集類。《中國古籍善本書目》著錄,河南省圖書館、寧夏回族自治區圖書館、重慶市圖書館、南京圖書館亦有入藏。按,孝孺之集最早爲三十卷本,有拾遺十卷並附錄一卷,成化十六年郭紳刻本,上海圖書館等三館有全帙。中國國家圖書館藏本無拾遺及附錄。又有嘉靖二十年蜀藩朱讓栩刻本,臺北"國家圖書館"、揚州市圖書館入藏。又有正德十五年顧璘刻本,中國國家圖書館、上海圖書館等十一館及臺北"國家圖書館"有入藏。王可大本(無重修者),中國國家圖書館、上海圖書館、臺北"國家圖書館"(作嘉靖四十年浙江按察副使范惟一刻本)等十館及美國普林斯頓大學葛思德東方圖書館、日本尊經閣文庫等入藏。此外又有明萬曆四十年丁賓等刻本、萬曆四十年丁賓等刻清方忠祁重修本、崇禎十六年張紹謙刻本。

鈐印有"曼殊圖書之印"。

2039　明萬曆刻本刻曾西墅先生集　T5409/8636

《刻曾西墅先生集》十卷,明曾棨撰。明萬曆十九年(1591)吳期炤刻本。六冊。半頁八行十六字,左右雙邊,白口,單魚尾,書口上刻"西墅集"。框高 18.3 釐米,寬 12.3 釐米。題"德清吳期炤選輯;南昌譚文隆、靖安徐肯播、信豐黃燿全校"。無序跋。前有御祭文;楊士奇撰《西墅曾公神道碑》;楊榮撰《西墅曾公墓志銘》。

曾棨,字子棨,永豐人。永樂二年進士,授修撰,歷官少詹事。工書法。棨文章敏捷,信筆千百言立就。曾爲《永樂大典》副總裁,授儒林郎,陞侍講,授承直郎。後陞左春坊大學士,仍兼侍讀學士授奉議大夫。卒諡襄敏。

卷一廷試策,卷二應制百詠詩,卷三瑞應圖八篇,卷四扈從律詩,卷五七言古詩,卷六五言古詩,卷七五言律詩,卷八景蹟律詩,卷九贈送律詩,卷一〇記、序、志銘。

此本爲萬曆中永豐知縣吳期炤選錄。期炤,字開源,浙江德清人,萬曆十四年進士。蒞任永豐,振興文教,惠愛閭閻,繕治學宮并恩江橋。二十年離任。所選頗爲簡汰,而菁華終鮮。《四庫全書總目》云:"鄭瑗《井觀瑣言》曰,曾子棨詩,佳處不減崑體;曹安《讕言長語》亦曰,曾學士棨《巢睫集》絕似唐人,殆未確焉。"

棨集最初爲《巢睫集》,五卷,有明成化七年張綱刻本,今藏中國國家圖書館。此本御祭文頁一書口下有"陳棟三寫,徐述三刊"。

《四庫全書總目》入集部別集類存目。《中國古籍善本書目》著錄,江西省圖書館、石家莊市圖書館及日本靜嘉堂文庫亦有入藏。

鈐印有"詩龕書畫印"、"玉延秋館"、"時颿珍秘",爲法式善舊藏。

2040　明萬曆至崇禎間遞刻本重刻澹然先生文集　T9115/7943

《重刻澹然先生文集》三卷《詩集》三卷,明陳敬宗撰;《澹然先生廳略》二卷,明陳念先輯;《兩浙澹然先生年譜》二卷,明陳其柱編。明萬曆至崇禎間遞刻本。十冊。《文集》、《詩集》半頁九行二十二字,四周雙邊,白口,單魚尾。《文集》框高 21.5 釐米,寬 12.8 釐米。《詩集》框高 21.4 釐米,寬 12.8 釐米。《廳略》半頁九行二十字,四周單邊,白口,單魚尾。版心下有"寶訓堂"。框高20.1釐米，寬13釐米。《年譜》半頁八行二十字，四周單邊，白口，單魚尾。框高21釐米，寬12.7釐米。《文集》、《詩集》題"賜進士慈谿縣知縣玉峰陳其柱編集；教諭閩中郭維藩、黃鳳鳴，訓導東甌夏孔時、苕溪王之藩全校"。《廱略》題"後學武進薛寀、當湖毛湛叅定；裔孫念先謹輯；王前肅較"。《年譜》題"玉峰陳其柱編"。《文集》前有天順元年(1457)苗衷序，天順二年(1458)魏驥序，楊守勤序。《詩集》前有萬曆四十四年(1616)陳其柱序。《廱略》前有王錫袞序，後有崇禎七年(1634)陳頤達跋，陳念先跋。《凡例》十則。《年譜》前有萬曆四十五年(1617)蔡獻序。

陳敬宗，字光世，號澹然居士。慈谿人。永樂二年進士，選庶吉士。與修《永樂大典》。改翰林侍講，預修北京志書。陞南京國子司業，領侍講。年七十請以歸，杜門卻掃，講道論學，惟以德義教諸子孫，自號休樂老人。卒謚文定。

《文集》卷一賦八首、頌五首，卷二記四十八篇，卷三記四十九篇。《詩集》卷一詩二十三首、五言古詩(讀《易》)六十五首、擬古二十三首、五言古詩一百三十首；卷二四言古詩十六首、五言古詩三十三首、五言律詩五十九首、五言排律四首、七言古詩六十首；卷三七言律詩八十三首、七言絕句四十六首、辭類六首、銘類十三首、贊類四首。《廱略》乃紀敬宗在國子監時之事，蓋掌南雍二十七年，諸條奏章程，多出其手。

敬宗之集，明代計有四刻。一爲天順二年慈谿邑令賈奭刻十八卷本，此本乃奉寧波太守陸卓之命而刻。魏驥序云："兹公休老於家，其邑令賈公奭，名進士也，有爲有守。政事之餘，得公所著之文、之詩、之稿，重之猶拱璧，尤恐其不傳，釐爲若干卷，題曰《澹然先生文集》。將鋟梓以行於世，請之於郡太守陸公。公喜曰，吾素重公之文，是舉甚愜吾意，宜亟成。"又苗衷序云："先生居翰林、國子四十餘年，所著文集若干卷，藏諸篋笥久矣。寧波太守陸公，先生郡侯也，素重先生之文，謀鋟梓，以廣其傳。"查《澹然先生年譜》，天順元年，敬宗八十一歲，是年有"郡侯陸公命慈邑令賈奭釐文若干卷，題曰《澹然先生文集》行於世"之記載。次爲嘉靖十四年陳文譽、來汝賢刻本，爲《澹然居士文集》十卷。文譽爲敬宗五世孫，時知鎮江府。其序云："天順間，陸、賈二公，重其品，謀梓其文傳於世。奈刻久殘缺，百無一二。""選部鯨、駕部茂義、比部文謨，皆諸玄也，相與謀曰，如公人文，天下有幾，但世遠言湮，是用重加刊定，以傳永久。"此嘉靖本，今僅北京大學圖書館、臺北"國家圖書館"兩帙。三爲萬曆三十四年慈谿縣令潘汝禎刻《澹然文集》六卷本。據《年譜附錄》云，萬曆三十四年，"是年本縣父母今陞巡按御史潘，作興先賢，重梓《澹然全集》，製序表章，捐資助刊，託邑庠師閩中郭公編輯叅校。七世孫益孝、益勤拮据，設處刻貲，先刻賦、頌、記、敘六卷行世。"四爲萬曆四十二年至四十三年巡按御史李、巡鹽御史崔重刻《澹然詩集》，該本爲慈谿知縣陳其柱所編，實即文集三卷、詩集三卷，亦即此哈佛藏本。按，天順本、萬曆三十四年本今皆不存於世。

陳其柱序云："會按臺李公下車，表章先喆，惠梓遺稿而觀察蔡公、郡伯楊公復捐貲鋟譜，譜既成，標曰'澹公全書'。"

《廱略》前王錫袞序云："今其玄孫念先攻苦能文，自甬上裹糧來廱，啓秘閣，貸筆楮，錄其文若干，以補其所遺佚而謀梓，屬予序之。"

又是本《年譜》後，有王來撰《故朝請大夫贊治少尹國子祭酒澹然陳先生行狀》、魏驥撰《故朝請大夫贊治少尹南京國子祭酒陳公墓志銘》，又《年譜附錄》。

《四庫全書總目》入集部別集類存目。《總目》云："所著詩文集，《明史·藝文志》作十八卷，此本爲萬曆四十四年慈谿知縣吳門陳其柱所編，僅詩三卷，文二卷，亦非完本也。"《中國古籍善本書目》著録僅有明嘉靖十四年陳文譽、來汝賢刻本,又有清抄本(《澹然先生文集》六卷),而不及此本。

金鑲玉裝。

鈐印有"韓氏藏書"、"萬卷樓藏"。

2041　明萬曆刻清康熙間修補印本東里文集　　T5407/713

《東里文集》二十五卷,明楊士奇撰。明萬曆刻清康熙間修補印本。八冊。半頁九行十八字,左右雙邊,白口,單魚尾。框高 20.2 釐米,寬 13.1 釐米。題"廬陵楊文貞公士奇著"。前有正統五年(1440)黃淮序。

楊士奇,名寓,字士奇,以字行,泰和人。建文初,以史才薦入翰林,充太祖實錄編纂官。成祖北巡,留輔太子。仁宗即位,擢禮部侍郎兼華蓋殿大學士。宣宗、英宗時,與楊榮、楊溥同掌國政,並稱三楊。以居第在西,稱西楊。《明史》有傳。

士奇文章甚優,制誥碑版,多出其手,無浮泛之病,雜録敘事,極平穩不費力。此本卷一至二記,卷三至八序,卷九至一一跋,卷一二至一三神道碑銘,卷一四墓碑銘,卷一五至一六墓表,卷一七墓碣銘,卷一八至二○墓誌銘,卷二一墓誌銘、墓碣銘、墓表,卷二二傳,卷二三表、詩、贊、文,卷二四辭、賦、銘、箴,卷二五序、碑、記、銘。

黃淮序後,又刊"萬曆戊午仲秋金陵後學朱之蕃重録"。此本有遞修,目録第十頁書口下有"拙逸補",卷二二第十頁書口下有"泰陛補",卷二三第九頁書口下有"履坦補",卷二四第六頁書口下有"學瑚補",又卷二五末頁應有書牌,此本鏟去,僅"太師公"三字可辨識。又佚去康熙十七年楊學瑚跋(美國國會圖書館藏本有跋)。

此本當據明正統刻本重刻。正統本爲半頁十行二十字,黑口(又有正統刻正德十年沈玹補修本)。此本之未遞修本,上海圖書館、溫州市圖書館等四館有藏。

《四庫全書總目》有《東里全集》九十七卷《別集》四卷。《中國古籍善本書目》著録明萬曆刻遞修本。南京圖書館、浙江圖書館等十六館、臺北"國家圖書館"(四部)及美國國會圖書館(作明刻清印本)亦有入藏。

鈐印有"讀月小築"、"寡過軒主人圖記"。

2042　清雍正刻本文清公薛先生文集　　T5409/4411

《文清公薛先生文集》二十四卷,明薛瑄撰。清雍正十二年(1734)薛氏刻本。六冊。半頁十行二十字,四周雙邊,白口,單魚尾。框高 19.7 釐米,寬 13 釐米。題"門人關西張鼎校正編輯"。前有弘治二年(1489)張鼎序;薛文清公像;萬曆四十二年(1614)薛士弘跋。

薛瑄,字德温,別號敬軒,山西河津人。自幼篤信好古,博學善記。永樂十九年進士,宣德中授御史,忤中官王振,下獄論死,尋得釋。景帝嗣位,召起大理寺丞。英宗復辟,拜禮部右侍郎,兼翰林院學士,入閣參預機務,致仕後,天順八年卒於家。謚文清。又有《讀書録》等。《明史》有傳。又見《明儒學案》之《河東學案》。

卷一賦、古詩,卷二古詩、歌,卷三歌行,卷四至五絕句,卷六至一○律詩,卷一一雜著,卷一二書,卷一三至一七序,卷一八至一九記,卷二○哀辭、祭文,卷二一至二三碑志,卷二四箴、銘、贊、章奏。

瑄學一本程朱，嘗謂自朱子後斯道大明，無煩著作，直須躬行。《四庫》館臣於瑄極爲推崇，譽之"明代醇儒，瑄爲第一"。而其文章雅正，具有典型，絕不以俚詞破格，其詩如甂一齋之類，亦閒涉理路，而大致沖淡高秀，吐言夭拔，往往有陶、韋之風。蓋有德有言，瑄足當之。《四庫全書總目》云："初瑄集未有刊本，瑄孫刑部員外郎甚，以稿付常州同知謝庭桂，雕版未竟而罷。弘治己酉，監察御史楊亨得其稿於毘陵朱氏，鼎又從亨得之，字句舛譌，多非其舊，因重爲校正，凡三易稿而成書，共得詩文一千七百餘篇，釐爲二十四卷，鼎自爲序。"

薛瑄文集二十四卷本明代計有三刻，一爲弘治十六年李越刻遞修本，中國國家圖書館、上海圖書館等七館，及臺北"國家圖書館"藏；一爲萬曆張銓刻本，中國國家圖書館、上海圖書館等六館，及美國國會圖書館藏；萬曆四十二年薛士弘等刻本，上海圖書館、山西省圖書館、山東省圖書館等十三館，又臺北"國家圖書館"、日本東京大學東洋文化研究所藏。此外又有《薛文清先生全集》五十三卷，隆萬間趙訥編刻本，臺北"國家圖書館"、日本內閣文庫藏。《薛文清公全錄》四十七卷(明嘉靖三十五年趙府味經堂刻萬曆印本)，內有《文集》二十四卷，中共北京市委圖書館、臺北"國家圖書館"入藏。另有《薛文清公全集》四十卷二種，一爲嘉靖刻本，福建省圖書館、臺北"國家圖書館"(原北平館藏者)入藏；一爲萬曆四十三年崔爾進刻本，安徽省圖書館、重慶市圖書館、美國國會圖書館、日本內閣文庫入藏。清代《正誼堂全書》、民國《叢書集成》中收有《薛敬軒先生文集》十卷；《續中州名賢文表》收有《薛文清公文集》八卷；《廣理學備考》第一函中收有《薛敬軒集》一卷。

"薛文清公像"後刻"文集二十四卷。萬曆甲寅之春八代孫薛士弘重刊於真寧署中，雍正甲寅之秋合族重刊。首事人薛敦儉、薛長發、薛必仕、薛翩、薛乃實、薛敦貴、薛乃遜、薛秉易、薛永遂、薛畹、薛天章、薛竝、薛弼、薛天力、薛天玉、薛帝丞。稷山縣刊字匠葛振基、葛振臧"。

《四庫全書總目》入集部別集類，又收有《河汾詩集》八卷。《中國古籍善本書目》著錄，河南省圖書館、中國人民大學圖書館、中國社會科學院近代史研究所等七館，美國普林斯頓大學葛思德東方圖書館、日本京都大學人文科學研究所也有入藏。

2043　清雍正刻本十科策略箋釋

T9299/7233

《十科策略箋釋》十卷，明劉定之撰。清雍正四年(1726)積秀堂刻本。六册。半頁九行二十字，四周單邊，白口，白魚尾。框高 19.2 釐米，寬 12.2 釐米。題"永新劉文安公手著；金谿唐煌紫閣校；雲孫作樑注釋；嗣孫廷琨重訂"。前有劉作樑序，正德八年(1513)李東陽序；自序；雍正四年劉廷琨《重刊先文安公策略跋》。末有劉作樑撰《呆齋公年譜》。

劉定之，字主静，號呆齋，江西永新人。永樂七年生，幼穎異。正統元年進士，授翰林院編修。天順間，調通政司左參議，進翰林學士。憲宗立，進太常少卿，入直文淵閣，進工部右侍郎、禮部左侍郎。成化五年卒，贈禮部尚書，諡文安。著有《易經圖釋》、《宋論》、《呆齋存稿》等。事見本書《呆齋公年譜》，《明史》卷一七六有傳。

此爲劉定之少應舉時所爲策略，分爲十科。劉氏自序云："予少應舉時，記誦故實，以待明問。前輩有定本萬言林志四篇、攔江網、紫荷囊等策，予病其非己出而難強記，設或能記，亦雷同以取主司之厭，乃自撰爲策略，分經、書、子、史、吏、户、禮、兵、刑、工十科，竊第後自以爲無足觀，不復存故稿矣。兒曹處家塾志舉業者問予少作，茫無以資之。一日，過修撰黎君大樓書室，見其學徒案間青編蠅頭細書，則予囊歲所劄錄者也，因假以歸，俾兒曹傳寫記誦。"

此書劉氏後人劉守誠嘗刻於博羅署中,後劉作樑任嶺南候補之暇,又加注釋讎校,重新刊刻。此本則雍正四年嗣孫劉廷琨重梓者。劉廷琨序云:"先相國文安公奇探二酉,座擁百城,遠考博稽,閱中肆外,具經濟之長才。既以文章而發於事業,尤出其素所考核,設爲問答,將以闡千古之疑義,而開學士大夫之見聞,此《十科策略》之所由作也……梓行數世,曾王世父諱守誠爲博羅令時,復取而重鋟之。嗣因兵燹,殘缺僅存。先王父諱作樑,順治戊戌成進士,歷任東粵之歸善、東浙之新昌,每退食餘,更詳爲注釋,行之又久,板多散軼。廷琨夙夜兢兢,恐析薪而不克負荷,爰復爲考究,敬加釐訂,繕寫而付剞劂焉。"

目錄後附原本參閱姓氏,並"雍正四年丙午冬月,嗣孫廷琨玉甫氏重訂;金谿唐煌紫閣重校"二行。

此本有扉頁,刻"十科策略。雍正七年重鋟。永新劉文安公著。經書子史吏户禮兵刑工。雲孫作樑注釋。嗣孫廷琨重訂。積秀堂梓"。

《四庫全書總目》子部類書類存目著録《文安策略》十卷即此,云:"是書乃所擬場屋對策之作,分經書子史吏户禮兵刑工,各爲一科。周榮作定之年譜,記此書成於宣德九年甲寅,時定之止二十六歲,尚未登第,蓋其揣摩程試之具。後正德癸酉刊所作《呆齋集》時,已編入集中,此其別行之本也。"

《中國古籍善本書目》集部明別集類著録此本,僅福建惠安縣文化館藏一部。

2044　明萬曆刻本誠齋録　　　　　　　　　　　　T5409/2549

《誠齋録》四卷,明朱有燉撰。明萬曆六年(1578)劉鋭刻本。四册。半頁九行二十字,四周雙邊,黑口,雙魚尾。框高20.4釐米,寬13釐米。前有萬曆六年周王崇易道人序。

朱有燉,太祖第五子周定王橚之長子,洪熙元年襲封周王,博學善書。爲世子時,有《東書堂法帖》,尤工詞曲。正統四年卒諡憲。《明史》卷一一六有傳。

卷一五言古體、七言古體、五言近體,卷二七言近體,卷三五言絶句、七言絶句,卷四雜著(序、記、説、箴、賦、論、銘、詞)。

崇易道人序云:"我憲祖英資超卓,篤志人文,沉潛六籍之玄微,博極群言之要奥。凡有所感,輒文以言,蓋道德根於心也,純粹而靡褻,故文章發之用也。雄邁而不窮,栗栗鏗鏗,川湧谷應,矧諸體咸備,各臻其妙,真足以羽聖經而接道脈,非世之緒章繢句者倫也,流播宇内,藝苑珍之久矣。但歷年既遠,板刻漸失其舊。予每臨文,嗟悼而欲一新之,乃以付之承奉劉鋭。鋭素尚此者,遂出資遍索初本,而分類摹梓之。體裁端雅,綺合珠聯,彬彬乎,殊爲藝林增重矣。"

有燉卒於正統間,集當其後刻之。嘉靖十二年周藩曾有一刻,爲《誠齋録》四卷《新録》一卷《牡丹百詠》一卷《梅花百詠》一卷《玉堂春百詠》一卷,中國國家圖書館入藏(《誠齋録》卷三至四配抄本)。宣德間,曾刻有《牡丹譜》一卷《牡丹百詠》一卷《梅花百詠》一卷《玉堂春百詠》一卷,北京大學圖書館入藏(臺北"國家圖書館"缺《牡丹譜》)。此《誠齋録》流傳則罕見。

其詩有《自詠》云:"自覺中年後,衰顔不及前。多愁如中酒,久病似安禪。火暖朝慵起,天寒夜不眠。尚憑杯酒力,勉强作詩篇。"《髮白》詩云:"清曉初臨鏡,霜華兩鬢皤。生年未半百,憂思本無多。利欲非吾有,功名竟若何。衰顔不足慮,聊復自長歌。"又有《老態》詩云:"自笑年來老態侵,出門風雪似難禁。滿斟醲酒猶嫌薄,纏着貂裘便覺沉。手凍獨妨臨畫意,眼花惟礙學書心。番思二十年前事,走馬彎弓逐俊禽。"

有燉工書，自幼蒙尊親之教，侍親之暇，多閱古帖，故集各家之字，考各代之書，并集所得墨本，勒之於石。

《四庫全書總目》未收。《中國古籍善本書目》亦未著録此本。此本金鑲玉裝。

卷一第五十一頁、卷二第一至二頁佚去。

2045　明刻本沈蘭軒集　　　T5409/3142

《沈蘭軒集》五卷，明沈彬撰。明周維新刻本。一冊。半頁十行二十字，左右雙邊，白口，單魚尾。框高21.7釐米，寬13.7釐米。題"明武康沈彬著；武陵楊鶴校"。前有隆慶三年(1569)周維新序。

沈彬，字原質，號蘭軒，浙江武康人。正統七年進士。拜刑部福建司主事，轉山西司員外郎。小心勤慎，練達治體，爲部長所信任，凡疑獄平反必與之裁判。後爲兩淮漕運、理刑，遷雲南司郎中，司隸京畿訟獄，視他司倍，乃益明慎聽，斷死獄必求其生。以勤勞致疾，乞休養，杜門不出。平生莊重端謹，問學宏邃，以忠孝自期。讀書不事章句，務於會通，所作文典贍清淳，大有含蓄，天文、地理、醫卜之流，無不周知，未嘗輕自表著，藏垢掩瑕，罕言人過。其居官以清白自守，囊無遺貨，人咸服其高致。生於永樂九年，卒於成化五年，年五十九。

沈彬卒後，遺稿多所散佚，百餘年後，至隆慶己巳，其鄉人周維新始序而刻之。此本卷一序、説、論、記，卷二碑、志，卷三書、銘、贊、祭文、雜著，卷四五言律詩、七言律詩、七言絶句，卷五附録，爲《吴興沈氏碑陰記》(陳循撰)、《墓志銘》(張寧撰)、《墓表》(寧良撰)、《邑志小傳》(駱文盛撰)、《像贊》(夏時正撰)。

周維新序云："嘗聞之先達云，沈蘭軒比部長者也，夫造化有冲粹之氣，於時爲春，於日爲煦、於風爲薰。其在人也，則爲長者，長者之用，博大忠厚，先躬行而尚本質……一日，友人芮滄洲携一帙示曰，此蘭軒公遺稿也，藏三世矣，顧安能俾之不朽乎？……公殁暨今，且餘百年，矧又無子，使非兹稿尚在閟抱，幾泯泯矣。於是與滄洲、忠宇諸君子謀所以梓之。邑之曳長裾者，聞是舉也，靡不翕然稱善焉。"

《四庫全書總目》入集部别集類。《中國古籍善本書目》著録。上海圖書館、浙江圖書館等四館、臺北"國家圖書館"(原藏北平館者)亦有入藏。

鈐印有"寶德堂章"。

2046　明萬曆刻本商文毅公集　　　T5409/0256.7

《商文毅公集》十卷，明商輅撰。明萬曆三十年(1602)劉體元刻本。六册。半頁十行二十字，四周雙邊，白口，單魚尾。框高19.5釐米，寬14釐米。題"後學漢陽劉體元編輯；浦城徐一成校正；庠生汪士慧、周宗文，六世孫商之相、之彝同校"。前有金學曾序、萬曆三十年劉體元序。末有萬曆三十一年吴一栻後序。

商輅，字弘載，淳安人。正統十年進士，除修撰，郕王監國，入參機務。景泰朝，官至兵部尚書。英宗時，被誣下獄，斥爲民。成化初，以故官入閣，進謹身殿大學士。爲人平粹簡重，寬厚有容，至臨大事，決大議，毅然莫能奪。卒謚文毅。《明史》有傳。

此本乃淳安知縣劉體元所編。計卷一表一首、講章七首；卷二至三奏疏十八首；卷四至五序三十九首;卷六記十七首;卷七雜著十二首;卷八墓志十首;卷九墓碑六首;卷一〇詩,五言古風六首、五言律詩三首、五言排律三首,七言古風二十六首、七言律詩七十五首、七言絕句二十二首。多館閣應酬之作,不出當時嘽緩之體。

金學曾序云:"生平所有述作,一切刊削藁草不甚傳,又洊經兵燹,亡者十九,僅存遺文若干卷,蓋子孫蒐故牘笥中得之,而邑侯鄭君刻之,以不朽公者。歲月浸久,板亦就敝。劉侯宰淳邑,政教具舉,猶懼文獻之漸湮,概然厪工校繕,重鍰之木。"

吳一框後序云:"隆慶間,莆田鄭君,嘗梓其概,復遭毀殘。歲辛丑,漢陽劉君,蒞茲下邑,撊然以興起文學爲己任。旁搜家藏,捐俸鋟梓。"

《商輅集》有明隆慶六年鄭應齡刻本,爲十一卷本。又有三十卷本,萬曆間所刻。清順治十四年商德協又刻有六卷本。

金鑲玉裝。

《四庫全書總目》入集部別集類存目。《中國古籍善本書目》著錄。中國國家圖書館、上海圖書館等十六館,臺北"國家圖書館"(兩部,其一爲原藏北平館者)及美國國會圖書館、日本尊經閣文庫、內閣文庫、靜嘉堂文庫亦有入藏。

2047 明萬曆刻本白沙子全集

T5409/7920.21

《白沙子全集》九卷,明陳獻章撰;附錄一卷。明萬曆四十年(1612)何上新刻本。二十冊。半頁九行十八字,四周單邊,白口,單魚尾。框高19.4釐米,寬12.4釐米。前有嘉靖十二年(1533)高簡序,萬曆四十年何熊祥序,嘉靖三十年(1551)湛若水序,萬曆四十年黃淳序。末有弘治十八年(1505)羅僑後序,嘉靖三十年項喬後序。卷一有像及贊。

陳獻章,字公甫,新會人。居白沙里,門人稱白沙先生。正統十二年舉鄉試,次年會試中乙榜。至崇仁,受學於吳與弼。成化十八年,以薦授翰林檢討,乞歸。就學者甚衆。其教學以靜爲主,但令端坐澄心,於靜中悟道。卒諡文恭。《明史》載儒林傳。

此本爲其門人湛若水校定,凡文四卷,詩五卷。附錄爲行狀志表。獻章詩文偶然有合,或高妙不可思議;偶然率意,或麤野不可響邇,毀譽參半。王世貞集中有《書白沙集後》,云公甫詩不入法,文不入體,又皆不入題,而其妙處有超出法與體與題之外者,可謂兼盡其短長。卷一《乞終養疏》述母子之情頗動人。

何熊祥序云:"《白沙先生全集》,刻自弘治末年,歲久湮漫,中幾經補綴,率非全璧。廣文林君,從南雍得甘泉先生所校善本,謀諸家君,重付剞劂,訖工,復屬余序。"黃淳序又云:"我皇上建聖真之極,昭揭正學,崇祀文廟,四方學者,益思得先生所著以爲觀法地。顧邑中全集,歲久蠹殘,淳積欲新之未能也。頃林君嘉讓過金陵,得甘泉湛先生京師所校刻,歸以示淳曰,湛先生久在門墻,是必得先生精意之屬,子嘗有志於此,請校梓焉可乎?淳曰幸甚。君其圖之。乃閉戶讎校,間有所疑,必以質淳。錄成,同社何君上新遂率三五同志,付之剞劂。"

獻章最早之集爲《白沙先生詩近藁》十卷,明弘治九年吳廷舉刻本,湖南圖書館、臺北"國家圖書館"(原藏北平館者)有藏。其全集二十卷本,有弘治十八年羅僑刻正德二年林齊補刻本,上海圖書館有全帙。又有明刻本,藏中國國家圖書館。又有二十一卷本,爲嘉靖三十年蕭世延刻本,中國國家圖書館、上海圖書館、臺北"國家圖書館"(兩部,其一爲原藏北平館者)有藏。又有萬曆元年何子明刻本,臺北"國家圖書館"、湖南師範大學圖書館入藏。另有萬曆三十二年許欽賦刻本，藏上海圖書館、吉林大學圖書館。此外題全集者又有十二卷本，爲天啓元年王安舜刻本，北京大學圖書館有全帙。

金鑲玉裝。

《四庫全書總目》入集部別集類。《中國古籍善本書目》著錄。中國國家圖書館、上海圖書館等三十館，臺北"國家圖書館"及美國普林斯頓大學葛思德東方圖書館、日本内閣文庫（兩部）亦有入藏。

2048　清乾隆刻本白沙子全集

T5409/7920A

《白沙子全集》十卷首一卷，明陳獻章撰；附録一卷；《白沙子古詩教解》二卷，明陳獻章撰，湛若水輯解。清乾隆三十六年(1771)裔孫陳鴻漸等刻後印本。十册。半頁十行二十一字，四周雙邊，白口，單魚尾。框高18.9釐米，寬12.9釐米。前有弘治十八年(1505)張詡序，弘治十八年羅僑後序，嘉靖十二年(1533)高簡序，嘉靖三十年(1551)湛若水序，嘉靖三十年項喬序，隆慶三年(1569)林會春序，萬曆二十九年(1601)林裕陽序，萬曆四十年(1612)黃淳序，萬曆四十年何熊祥序，黃士俊序（以上皆舊序）；鍾音序，乾隆三十四年(1769)歐陽永裿序，翁方綱序（以上新序）。附録前有謝廷知序。《詩教解》前有正德十六年(1521)湛若水序，乾隆三十六年陳炎宗序。

陳獻章，字公甫，自號石齋，廣東新會人。居白沙里，門人稱白沙先生。正統十二年鄉試，次年會試中乙榜。至崇仁，受學於吳與弼，閉户讀書，盡窮古今典籍，旁及稗官野史。成化十八年，以薦授翰林檢討而歸，自後屢薦不起。其教學以静爲主，但令端坐澄心，於静中悟道，頗接近禪學，就學者甚眾。生於宣德三年，弘治十三年卒。萬曆十三年追諡文恭。《明史·儒林》有傳。

首一卷爲新序三篇、原序十一篇、明史儒林傳一篇、像贊四篇、文目録、詩目録。卷一奏疏二篇、序二十四篇、記二十四篇；卷二論七篇、説四篇、題跋二十二篇、雜著十篇、賦二篇、贊一篇、銘三篇、啓四通；卷三至四書三百十二通；卷五傳一篇、行狀二篇、祭文三十篇、墓志銘十四篇、墓表一篇；卷六四言詩五首、五言古詩一百四十一首、七言古詩三十首、長短歌行十二首；卷七五言律詩三百十七首；卷八七言律詩四百三十首、五言排律五首、七言排律三首；卷九五言絶句一百九十八首、六言絶句十六首、七言絶句三百九十七首；卷一〇七言絶句五百十九首。附録一卷爲"江門釣臺書院白沙鄉祠並邑城馬山祠形圖"並吳與弼等人撰有關陳獻章之記、詩序、墓表、行狀、碑記、祭文、疏議、表録、跋論、額聯、檄文、公結、贈詩、祠堂碑記、祭奠各文等。《古詩教解》爲湛若水據陳獻章之古詩有關乎詩教者而詳加解説，蓋爲闡揚白沙遺教而作。

陳集明代版本甚多，其名全集者，最早爲二十卷本，有弘治十八年羅僑刻正德二年林齊補刻本及明刻本兩種。又有二十一卷本，爲嘉靖三十年蕭世延刻本、萬曆元年何子明刻本、萬曆三十二年許欽賦刻本。另有九卷本，爲萬曆四十年何上新刻本，清代有順治十二年黃之正刻本。此外天啓元年王安舜刻有十二卷本並附《詩教解》十五卷。又清康熙四十九年新會邑人何氏也刻有全集。

此本爲陳氏裔孫鴻漸等刻，較之康熙何氏本略有不同。謝廷知後序云："《白沙子全集》前有刻者已不一而足矣，至康熙庚寅邑人何氏有刻，今歷六十餘年，簡編殘缺，而陳氏宗族因議重鐫,出家藏舊稿,以請列憲鑒定。學憲翁尤細心詳訂……又有視何刻而加多者,以舊稿所有不敢刪也。至若先後次第彼此不一,以舊稿所載不敢易也。諸如此類,大抵依家藏舊本居多,後之讀是書者,覽其異亦宜知其所以異,而異之中究無不同也。"鍾音序有云:"於是白沙後裔,有以全集刊板漫漶,力圖重梓。"歐陽永禕序又云:"裔孫俞能守其家學,以先生全集若干卷歲久蠹殘,謀付重梓。"

此本有扉頁,刻"白沙子全集。乾隆辛卯重鐫撫藩學三大人鑒定。碧玉樓藏板"。"白沙子古詩教解。乾隆辛卯重鐫。撫藩學大憲鑒定"。目錄頁前刻"重刻白沙子全集。欽命巡撫廣東都察院右副都御史鍾音、欽命廣東承宣布政使司布政使歐陽永禕、欽命提督廣東學政翰林侍讀學士翁方綱仝鑒定。受業門人湛若水、張翊廷實、容貫一之等原纂。翰林院庶吉士族後學炎宗雲麓補輯。十世裔孫祀生俞孟韶、尚友宗孟仝校字督鐫。宗子鴻漸孟遠、裔孫謙牧孔時、聖元孔文、仕倡文廣、士謨孟典、宗程文藹、士驥孟綱、友仁孟揚、業舉孔傳等梓行"。佚去《白沙子古詩教解》序前"編首"。

1963年,香港白沙文化教育基金會據此本《白沙子古詩教解》影印。

《四庫全書總目》著錄九卷本。《中國古籍善本書目》不收此乾隆本。河南省圖書館、青海省圖書館、四川大學圖書館、臺灣大學圖書館、日本東京大學東洋文化研究所也有入藏。

鈐印有"芳川藏書"、"鶯溪新收"、"藕橫林氏藏書記"、"長崎海關管史撿明"。

館藏有複本一部,十冊。《白沙子古詩教解》序前為"編首",刻"欽命巡撫廣東都察院右副都御史鍾音、欽命廣東承宣布政使司布政使歐陽永禕、欽命提督廣東學政翰林侍讀學士翁方綱仝鑒定。受業門人增城湛若水甘泉甫注釋。連山學教諭九世姪孫世澤川來重訂。翰林院庶吉士族後學炎宗雲麓參閱。邑族姪孫庠生寶尊彝、十世裔孫祀生俞孟韶、尚友宗孟、十世姪孫庠生文翰岐鳳仝校字督鐫。宗子鴻漸孟遠、裔孫謙牧孔時、聖元孔文、仕倡文廣、士謨孟典、宗程文藹、士驥孟綱、友仁孟揚、業舉孔傳等梓行"。鈐印有"木堂圖書"、"□甫藏書"。

館藏又有複本《白沙子古詩教解》,二冊。序前為"編首",刻"受業門人湛若水甘泉注。欽命巡撫廣東都察院右副都御史鍾音、欽命廣東承宣布政使司布政使歐陽永禕、欽命提督廣東學政翰林侍讀學士翁方綱仝鑒定。十世裔孫俞孟韶、尚友宗孟仝校字鑒工。裔孫友仁孟揚、士奇孟郁、友舉孟新、友瓊孟瑶、業建孔尚、友文孟道、仕倡文廣、業舉孔傳、謙牧孔時、士謨孟典、宗程文藹、友彭孟年、聖元孔文、友士孟高、鴻漸孟遠、業守孔寬、士驥孟綱重鐫"。

2049　明萬曆刻本白沙先生文編　　T5409/7920.2

《白沙先生文編》六卷,明陳獻章撰,唐伯元輯;《年譜》一卷,明王弘誨撰。明萬曆十一年(1583)姜召、范淶等刻本。四冊。半頁十行二十一字,左右雙邊,白口,單魚尾。框高20.4釐米,寬13.3釐米。題"後學澄海唐伯元編次;廣安姜召、休寧范淶、孟津王价、溫陵郭惟賢、婺源汪應蛟梓梓"。前有萬曆十一年王弘誨序。

卷一四言古詩五首、五言古詩七十六首、七言古詩二十三首、賦三首、五言絕句五十九首、六言絕句九首、七言絕句一百八十二首;卷二五言律詩一百十三首、五言排律二首、七言律詩一百五十四首、七言排律二首;卷三論六首、說三首、贊一首、銘二首、序二十首、記十二首;卷四疏二首、書八十五首;卷五書一百十一首;卷六題跋手帖(語錄附)共四十一首、墓誌十一首、墓表一首、傳一首、行狀一首、祭文二十三首。

王弘誨序云："於是總其集中撮其有關於問學之大者，得詩與文若干，共爲六卷，稍次第之，題曰文編，而增補年譜其後。乃侍御晉江郭君、計部廣安姜君、休寧范君、孟津王君、儀部婺源汪君，則共捐貲，以付工人，閱兩月訖工。"

其《年譜》前有云："按門人張廷實行狀、林緝熙墓碣，世罕傳其傳者，惟甘泉先生改葬墓銘，見詩教卷末，又獨詳於學，不及其生平歷履，令誦讀其詩書者無從而論其世。世未遠而教已湮，生先生之鄉，可無責歟？爰據其可稽爲年譜，竊附於文編之後。"《年譜》後附遺事。

《中國古籍善本書目》著錄，中國國家圖書館、上海圖書館等十三館亦有入藏。

鈐印有"有造館記"。

2050　明萬曆刻本黎陽王襄敏公集　T5413/1148

《黎陽王襄敏公集》四卷，明王越撰；《年譜》一卷，明王紹雍、王正蒙撰。明萬曆十三年(1585)但貴元四川刻本。四冊。半頁十行二十字，四周雙邊，白口，單魚尾。框高21.1釐米，寬13.9釐米。題"巡按四川監察御史天雄赫瀛登甫選；四川布政司右參議堯山王鳳竹允在校；四川按察司副使鄆上周嘉謨明卿校；四川提學副使新安曹樓世登輯；富順縣知縣匡南但貴元仁甫編"。前有嘉靖九年(1530)吳洪序；萬曆十三年王鳳竹序；萬曆十三年赫瀛題辭；鄭曉撰《威寧伯王襄敏公傳》；弘治十二年(1499)誥命；像圖；履歷。《年譜》後爲李東陽撰墓志；崔銑撰神道碑。末有但貴元跋。

王越，字世昌，濬人。景泰二年進士，歷官兵部尚書，總制大同及延綏甘寧軍務，封威寧伯。凡三出塞，收河套地。身臨百戰，出奇制勝，動有成算，獎拔士類，籠罩豪傑，人樂爲用。惟以前結汪直，後依李廣，爲士論所輕。弘治戊午十一月卒於邊。卒謚襄敏。

卷一疏十篇、序九篇；卷二辭二十七首、傳二篇、記四篇、跋二篇、頌一篇、銘二篇、志四篇、賦八篇、歌行十一首、五言古詩十六首、七言古詩五十九首、五七言古風二十五首、五言排律二首、七言排律四首；卷三五言律詩三十七首、七言律詩三百十七首、五言絕句十三首、七言絕句一百六十一首；卷四和三體五言律二百首、和三體七言律一百九首、和三體七言絕句一百六十一首、拗體七言絕句七首、側體七言絕句六首、詩餘四十首、贊六首、祭文二篇。

越爲豪傑之才，詩文縱橫張馳，不失其正，并有河溯激壯之音，雖不事艱刻，然嬉笑怒罵，皆成文章。其詩明易通暢，眞實之情感也流露其中，其《自述》云："人皆不識字，我筆如揮戈；人皆不會説，我口如懸河。不識字者陛上客，不會説者黃金多，造物使人乃如此，有酒不飲將如何？"又《初度》云："今年四十八，去年四十七，明年四十九，五十爭幾日。逆數六十來，光陰彈指疾，七十從古稀，八十安可必。所以百歲人，千萬不見一，嗟哉宦海中，悠悠良自恤。醉者衆所容，醒者衆所嫉，順理我心安，世巧天網密，静坐看乘除，誰得竟誰失。"又有《插秧歌》，云："嗚呼！誰念農夫苦，聊寫區區。目前覩栽秧，男婦各爲伍。手挽綠雲猶織組，炎風吹火日當午，水熱泥深沒雙股，老農愛苗同肺腑。汗血願爲苗下雨，促促唱歌寧有譜，鼕鼕擊碎長腰鼓，今日未了明日補。背已成病足將腐，滿澆村酒獻童牯，齊向田頭拜田祖。今歲秋成望多稌，又愁穀賤賤如土，租吏敲門夜騎虎，坐食之人喜欲舞。嗚呼！誰念農夫苦。"

王越自天順七年二月起，至弘治十二年十二月止，在邊歷任四十餘年，凡進階具由功陞。掛平胡將軍印，充總兵官，移鎮大同；掛征西前將軍印，提督京營并宣大各路軍馬；掛靖虜將軍印，充總兵官，鎮守延綏地方。特勅獎諭二十餘次。功名頗有可觀。

王鳳竹序云："邊人扺今談之,莫不勃勃。頃竦動色,而鐵券空存,子孫零落不偶,往聞之於京邸中,蕭條貧窘,有空乏不忍言者。粵郤降爲皁隸,叔向寧無於邑慨嘆之懷耶?兹因輯其散帙,彙次成編而併及之,知公宏偉不群,襃崇有待者如此。"

　　是書爲但貴元所刻,貴元跋云:"萬曆甲申,侍御赫公奉命按蜀。越明年春正月,直指戎州。事竣,出襄敏公文若干顧參藩王。公曰,此吾鄉先達王太傅集也,王公家亦藏太僕集二册,恐散逸不傳,請纂緝以壽諸梓。爰命元董其事。"貴元,江西星子人,萬曆十年進士,官富順知縣。每蒞事,必以身先,且淡泊自持,即居常服,御亦必節省裁抑,陞南京車駕清吏司主事。《(光緒)富順縣志》卷三有傳。

　　《千頃堂書目》卷一九别集類著録。《四庫全書總目》僅收《王太僕集》二卷及《王襄敏集》二卷續集一卷,入集部别集類存目。按,前者爲鄆人高德崇編,有嘉靖九年吳洪序。稱其遺稿散佚不傳,高德崇録所見聞,刻之學宮,乃行於世,爲嘉靖九年刻本,存世僅見上海圖書館入藏。後者爲越曾孫紹思所編,卷一爲疏議,皆處置邊務及奏報捷音;卷二爲雜文;續集一卷爲詩及詩餘,爲嘉靖三十二年中山徐氏刻本,今僅上海圖書館一帙。按,越詩今存者,又有《黎陽王太傅詩選》一卷,爲明楊儀輯,正德三年楊儀石椽刻本,今藏中國國家圖書館。此本最後出,故搜羅頗備。按,清光緒八年有重刻本,民國十年(1921)又有據光緒本重校刻本,河南省圖書館入藏。

　　《中國古籍善本書目》著録。中國國家圖書館、天津圖書館等六館,臺北"國家圖書館"及美國國會圖書館、日本尊經閣文庫亦有入藏。

2051　清乾隆刻本明夏赤城先生文集　　　　T5413/1483

　　《明夏赤城先生文集》二十一卷《外集》二卷,明夏塤撰。清乾隆三十七年(1772)嗣孫名賢映南軒刻本。十二册。半頁十行二十字,四周單邊,白口,單魚尾,書口下刻"映南軒"。框高22.8釐米,寬14.7釐米。題"同郡趙方厓先生原定;嗣孫名賢重梓"。前有嘉靖四十四年(1565)趙大佑序。目録後有《本朝欽定明史名臣列傳第四十七(夏塤傳)》。末有嘉靖四十四年王叔杲跋;嗣孫名賢跋;乾隆三十七年徐傳瑗跋。

　　夏塤,字宗成,浙江天台人。景泰二年進士。授御史,天順初,巡按福建,擢廣東按察使,尋遷布政使,調江西八年,又以右副都御史巡撫四川。塤剛介,善聽斷,所至民不冤,在蜀二年,民夸畏服。因子鏃獻詩勸歸,塤欣然納之,年未五十即求退,既歸,杜門養親,不接賓客。成化十五年卒,年五十四。又著有《説苑要語》、《禪政叢説》、《嶺南集》、《南江西行稿》、《三巴奏議集》。

　　塤好讀書,自幼篤志於學,自專經外,於書無所不窺,工詩。卷一賦四篇,卷二四言詩五首、五言絶句六十三首、六言詩四首,卷三七言絶句七十二首,卷四七言絶句一百零九首,卷五五言古詩一百四十九首,卷六七言古詩二十六首、長短句十五首,卷七五言律一百二十八首、五言排律四首,卷八七言律六十九首,卷九七言律四十三首、七言排律一首、詩餘三首,卷一○雜著二十九篇,卷一一奏疏六篇,卷一二書啓四十五通,卷一三序三十篇,卷一四序二十六篇,卷一五序二十六篇,卷一六記三十四篇,卷一七記十九篇,卷一八碑銘二十篇,卷一九碑志十三篇、墓表狀九篇,卷二○哀詞祭文十四篇、傳九篇、贊二十六首附傳一篇,卷二一題跋二十四篇。《外集》卷一雲間知舊録四篇、蘇臺附録一篇、同時文稿附録四篇,卷二名臣家録十四則、跋二篇。

　　塤集明代舊有三刻,一爲塤手定而嘉禾沈概刻之;一爲王廷榦刻本;一爲俞汝虞刻本。趙大佑序云:"赤城先生嘗自哀所著書,以十干類爲卷目藏於家,其始得嘉禾沈氏概梓之,曰《甲乙選稿》。既而王君廷榦謫貳吾台,即甲乙稍廣之爲七卷,鋟諸郡齋。甲乙,先生手定,節取貴精;郡本,雜真贋雌黃者,或似是之。大佑昔從先生仲子河得其全草,録置家笥,屬海寇至毁焉。頃承留臺之乏,過天台,復得前鈔,合甲乙與郡本參列質校一是,皆以先生手澤爲的。侍御會稽俞君汝虞,好古而信先生,遂圖所爲廣其傳者……集凡正辭二十有一卷,加別録二卷爲外集。"然明代所刻,大多不傳。

此本爲塤十四世孫名賢重刻。據其跋云,《赤城集》明代正德、嘉靖間所刻數本,當時海内藏書之家,人皆有其集,然歷歲久遠,兵燹洊告,舊板亦毁,而流傳於後裔者僅存一部,後名賢手録傳鈔一部藏於家。"赤城公於今幾三百年,而文集幸未毁沒,倘非付之剞劂,何以廣其傳乎?予有志焉而未之逮爾,尚其承之,賢謹志不敢忘。壬辰春,因即原本與子鉦江詳加校對,壽之梨棗,庶此集之傳播永垂不朽。"

《四庫全書總目》、《續修四庫全書總目提要(稿本)》未收。《中國古籍善本書目》不收。日本《内閣文庫漢籍分類目録》著録《赤城夏先生集》七卷《補遺》一卷,明嘉靖二十一年刻本。

鈐印有"夏名賢印"、"者吾"、"會稽宗氏四賢義學藏書印信"。

2052 明刻鹽邑志林本張方洲奉使録

T3070/3571

《張方洲奉使録》二卷,明張寧撰。明刻《鹽邑志林》本。與《前令鄭壺陽靖海紀略》同册。半頁十行十九字,左右雙邊,白口,單魚尾,書口上刻"鹽邑志林",書口下有"奉使録"。框高 20.2 釐米,寬 14.4 釐米。題"黄岡後學樊維城彙編;後學姚士麟、鄭端胤、劉祖鐘訂閲"。第一頁第一行下題"鹽邑志林第二十帙"。

張寧,字靖之,號方洲,海鹽人。景泰五年進士,擢都給事中,負志節,持正議,出爲汀州知府,以簡静爲治,致仕卒。寧工書畫,能詩。又有《方洲集》等。

是書乃張寧於天順四年出使朝鮮所作,已編入《方洲集》内。上卷敘奉使召對及奏稿數篇,餘皆途中留題之作;下卷爲寧至朝鮮以後篇什。

《四庫全書總目》入集部別集類存目。《叢書集成初編》、《景印元明善本叢書十種》、《寶顔堂秘笈》皆有收入。

2053 明嘉靖刻本椒丘文集

T5409/2220

《椒丘文集》三十四卷,明何喬新撰;《外集》一卷。明嘉靖元年(1522)廣昌知縣余瑬刻本。十六册。半頁十一行二十二字,四周單邊,黑口,雙魚尾。框高 17.1 釐米,寬 12.3 釐米。題"後學南城圭峰羅玘校正;知廣昌縣婺源余瑬訂刊;後學同邑黄選、李喬編輯"。前有嘉靖元年舒芬序。末有嘉靖元年余瑬後序。

何喬新,字廷秀,廣昌人。景泰五年進士,累拜刑部侍郎。孝宗嗣位,萬安、劉吉等忌喬新剛正,出爲南京刑部尚書,既而刑部尚書杜銘罷,遂代銘。忌者復摭他事中之,遂致仕,卒謚文肅。《明史》有傳。

喬新不以文章名,而所作詳明剴切,直抒胸臆,學問經濟,實具見於斯。史稱其博綜群籍,聞異書輒借鈔,積三萬餘帙,皆手自校讎,著述甚富。此本卷一至三策府十科摘要(經科、史科、聖賢科、帝王科、吏科、户科、禮科、兵科、刑科、工科），卷四至七史論（宋），卷八史論（元），卷九至一二序，卷一三至一四記，卷一五賦，卷一六書，卷一七銘、贊，卷一八題跋，卷一九雜著，卷二〇傳，卷二一四言古詩、五言古詩，卷二二五言律詩，卷二三七言古詩，卷二四七言律詩，卷二五七言絕句，卷二六哀辭（附誄），卷二七祭文，卷二八廟碑，卷二九神道碑，卷三〇墓誌銘，卷三一墓表，卷三二至三四奏議集略。

舒芬序云："《椒丘文集》，凡三十四卷，爲策府者三卷、爲史論者五卷、爲奏議者三卷、爲序記銘碑詩賦書簡題跋者二十三卷，故刑部尚書廣昌何文肅公之遺稿，南京吏部侍郎圭峯羅先生之所校正，於兵火之餘而僅存者。嘉靖元年壬午，廣昌令余君宗器，以邑有是集而不傳，非所以著人文、志化成也，因訪於公之子承鳳，合公之諡議、傳贊銘碑，又爲一卷，共三十五卷刻之。"

余罃後序云："但手筆舊本毀於兵燹，蔭子承鳳抄存者，不無魯魚亥豕之謬，幸賴少宰圭峯羅先生爲之校正。罃暇日因與邑之鄉進士李子喬、庠弟子黄生選，搜檢編輯，類爲三十四卷，并附公之傳贊碑文奏章爲外集一卷，捐俸鋟梓，圖永其傳。而同寅李子尚、何子沾沛咸贊成之，以三月庚辰始事，迄秋七月丙辰而畢。若《周禮集注》、《百將續傳》諸述作已有梓行者，茲集不復載矣。"

《四庫全書總目》作四十四卷，誤。《中國古籍善本書目》著録。中國國家圖書館、上海圖書館等十一館，臺北"國家圖書館"（兩部，其一爲原藏北平館者）及美國國會圖書館、日本内閣文庫、静嘉堂文庫亦有入藏。

鈐印有"湯溢"、"紹南"。

2054　清康熙刻本懷麓堂全集　T5410/81

《懷麓堂全集》一百卷，明李東陽撰。清康熙二十年（1681）廖方達刻本。二十册。半頁十行二十字，四周單邊，白口，單魚尾。框高 18.8 釐米，寬 12.2 釐米。題"明太師文正公西涯李東陽著；三韓仁庵蔡毓榮、蒲坂心康韓世琦兩憲臺鑒定；督學政義興蔣永修慎齋先生較正；郡八十一叟陶汝蕭密翁參閱；學正潙江廖方達昇生較梓；仝弟廖方遠静超纂輯；男喬、豐年男昌言，姪椿年編次；邑人劉温良美度互訂"。前有康熙二十年蔣永修序，康熙二十年韓世琦序；正德十一年（1516）楊一清舊序，弘治十七年（1504）李東陽自序；廖方達撰《凡例》十一則。總目後有康熙二十一年（1682）張鴻烈跋。末册有正德十三年（1518）靳貴後序；康熙二十年廖方達跋，康熙二十年陶汝蕭跋，康熙二十年劉温良跋。

李東陽，字賓之，號西涯，湖南長沙人。幼舉神童，穎異天縱。天順七年進士，授翰林院庶吉士，後爲編修、侍講、侍講學士，擢吏部尚書，官至華蓋殿大學士，預機務，多所匡正。受顧命，輔翼武宗。立朝五十年，清節不渝。當劉瑾用事時，東陽潛移默禦，保全善類，而氣節之士多非之。生於正統十二年，卒於正德十一年，諡文正。《明史》有傳。

明興以來，宰臣以文章領袖縉紳者，楊士奇之後，東陽一人而已。"懷麓"者，懷念長沙岳麓山之意也。《全集》爲《詩稿》二十卷《文稿》三十卷《詩後稿》二十卷《文後稿》三十卷《詩文續稿》十卷。《詩稿》以"日月光天"、《文稿》以"德山河壯帝"、《詩後稿》以"居太"、《文後稿》以"平無以報願上"、《詩文後稿》以"萬年書"排列。《詩稿》卷一至二古樂府，卷三長短句，卷四至六五言古詩，卷七至九七言古詩，卷一〇五言律、五言排律，卷一一至一七七言律詩，卷一八七言律詩、七言排律，卷一九五言絕句、五言絕句、七言絕句，卷二〇七言絕句、詞曲。《文稿》卷一賦，卷二至九序,卷一〇至一三記,卷一四論書手簡,卷一五至一六傳,卷一七至一八雜著,卷一九狀疏,卷二〇箴銘贊引題跋,卷二一題跋,卷二二誄祭文,卷二三哀辭行狀,卷二四墓表,卷二五碑志,卷二六至三〇志銘。《詩後稿》卷一古樂府、長短句,卷二五言古詩,卷三七言詩句,卷四五言排律,卷五七言排律,卷六至八七言律詩,卷九七言律詩、七言排律,卷一〇五言絶句、七言絶句。《文後稿》卷一賦,卷二至四序,卷五至八記,卷九表、凡例,卷一〇書,卷一一傳,卷一二説、雜著、策問,卷一三贊、題、銘、箴、跋,卷一四題跋,卷一五祭文,卷一六至一七墓表,卷一八碑碣銘,卷一九至二〇碑銘,卷二一碑碣,卷二二至三〇志銘。《詩文後稿》卷一《南行稿》,卷二《南行》,卷三《北上》,卷四《北上録》,卷五《經筵講讀》,卷六《東祀録》,卷七《集句録》,卷八《哭子録》,卷九至一〇《求退録》。

此本爲廖方達所刻。廖方達跋云:"今上十九載庚申春,謬視篆茶陵司鐸,私心竊喜,冀一沐浴流風,沉酣餘韻。甫蒞事,多方遍購先生所著《懷麓堂集》本,或訪諸族系,或謀諸士紳以及諸老師宿儒之家,下迨村塾寺觀之處,蒐羅備至,採訪云周,蓋輯只字片言,用成全璧矣。奇逢蔡、韓兩都憲臺倡先生刻,橄潘憲薛公、臬憲馬公、糧憲胡公、驛憲趙公同事,而總成於學憲慎齋蔣夫子以及郡伯任公、貳守熊公、別駕來公、州牧熊公。奉聖天子命,購訪先朝遺書,或鐫貨,或督梓,用資獻納,齎投史館,而先生詩文始大彰著於天下。集凡九十卷,若擬古樂府、若古風、若近體、若賦、若頌、若奏疏、若碑銘傳記諸雜作,彙爲百卷,約百數萬言,遂哀然獲大觀焉。"陶汝鼐跋又云:"同里廖昇生,以時雋寄雲陽之鐸,奉督學公指,汲汲購求,集爲全部,矜其創獲而謀重鋟之。"

東陽全集存世之最早版本爲明正德十一年徽州知府熊桂刻《懷麓堂詩稿》二十卷《文稿》三十卷《詩後稿》十卷《文後稿》三十卷《南行稿》一卷《北上録》一卷《講讀録》一卷《東祀録》三卷《集句録》一卷《集句後録》一卷《哭子録》一卷《求退録》三卷,今僅臺北"國家圖書館"有全帙兩部,中國國家圖書館、上海圖書館、浙江圖書館等館及日本内閣文庫所藏皆爲不全之本。清代又有乾隆二十七年刻本、嘉慶八年隴下學易堂刻本、嘉慶九年裔孫李萃刻本。1983年,湖南岳麓書社出版周寅賓點校《李東陽集》三卷本,第一卷爲東陽所作全部詩歌,第二卷爲文章及詩話,第三卷爲其他散文以及他人所作序、志、傳、年譜等。

《四庫全書總目》入集部別集類,所據即此本。《中國古籍善本書目》著録,北京大學圖書館、山西大學圖書館入藏。又河南省圖書館、四川大學圖書館、日本京都大學人文科學研究所也有入藏。

館藏又有複本《懷麓堂詩稿》二十卷,三册。鈐印有"絅庵"、"華□山人"、"□山之印"。

2055　明刻本擬古樂府

T5410/0204

《擬古樂府》二卷,明李東陽撰,謝鐸、潘辰評點,何孟春音注。明高文薦刻本。四册。半頁八行十七字,四周雙邊,白口,單魚尾,書口上刻"西涯擬古樂府"。框高25.7釐米,寬15.5釐米。題"方石謝氏鐸鳴治評點;南屏潘氏辰時用評點;門人郴陽何孟春音注;成都後學高文薦重刊"。前有弘治十七年(1504)李東陽序。

李東陽,見清康熙刻本《懷麓堂全集》。

此皆爲東陽摹古樂府之作,卷上五十六首,卷下四十五首。按,東陽此書明代所刻有正德十三年顧佖刻本,僅上海師範大學圖書館一帙。李一鵬刻本,僅上海圖書館一帙。明刻本,藏湖南省社會科學院圖書館。嘉靖三十一年唐堯臣刻本,上海圖書館、北京大學圖書館、南開大學圖書館入藏。明釋袾宏刻本,南京圖書館、浙江圖書館、清華大學圖書館入藏。明魏椿刻本,中國國家圖書館、上海圖書館等八館入藏。另有明刻本一種,題陳建通考,藏四川省圖書館。臺北"國家圖書館"有隆慶四年淮陰章氏淮洲草堂刻本及隆萬間泌陽葛登名刻本兩種。

《四庫全書總目》未收。《中國古籍善本書目》未著録此本。按,周文薦,四川成都人,嘉靖三十八年進士。

鈐印有"麋巖書庫"、"周銑詒"、"周鑾詒"、"周仲澤"、"周季鼉"、"江津府君清奉所遺鑒詒受讀世守之"、"永明世進士坊共墨齋周氏兄弟藏書記"。

2056　明正德刻本篁墩程先生文粹　　T5409/2181

《篁墩程先生文粹》二十五卷,明程敏政撰,程曾、戴銑輯。明正德元年(1506)休寧知縣張九達刻本。十二册。半頁十一行二十一字,四周單邊,白口,雙魚尾,書口下間有刻工。框高19釐米,寬12.5釐米。前有正德元年林瀚序;弘治十二年(1499)誥命;程敏政像、像記、傳。傳後有張九達識語。末有弘治十八年(1505)戴銑後序。

程敏政,字克勤,休寧人。十歲以神童薦,命於翰林院讀書。成化二年進士,歷左諭德,侍講東宫。孝宗時,官至禮部右侍郎。弘治十二年主會試,被誣劾鬻題下獄。獲釋後,憤恚而卒。文與李東陽齊名。又有《新安文獻志》。《明史・文苑傳》有傳。

敏政學問淹通,著作具有根柢,非游談無根者比。卷一經筵講章,卷二奏議、表、策,卷三考、論、辯、説,卷四雜著,卷五至九記,卷一○至一四序,卷一五至一七題跋,卷一八行狀,卷一九碑志,卷二○碑志表碣,卷二一傳,卷二二祭告文,卷二三書、簡,卷二四箴、銘、贊,卷二五致語、障詞。

林瀚序云:"所著舊稿甚富,其孤錦衣千兵壎,與公從子塏、族子曾類編之,襲藏於家,無慮百餘卷,欲壽諸梓,未之能。適大庾張君天衢來尹休寧,乃公春闈所取名士,顧盡刻卒難爲工,復慮或散逸也,因屬曾摘其粹者,爲二十五卷,而公門人戴給事中寶之,重加詮次。既成,張君遂捐俸刻之以傳,誠盛舉耳。"

戴銑後序云:"右先師禮部侍郎兼翰林院學士贈禮部尚書篁墩程先生文二十五卷,乃先生族子庠生曾師魯之所摘鈔,而銑更爲詮次者也。始先生嘗自輯其著作爲篁墩稿、篁墩續稿、篁墩三稿、行素稿,既成編矣,先生没。其子錦衣户侯壎本和、姪庠生塏本一,復與師魯合諸稿而一之,門附旴增,爲卷百有四十,總名之曰《篁墩先生文集》,什藏於家,顧學者思欲閲之而不可得,且卷帙繁多,艱於傳録也。弘治癸亥,大庾張君天衢,以先生禮闈所取士,來尹休寧。暮年政通,既慨然爲斯文傳久計,然亦以全集之多,力不易辦,欲拔其粹先刻之。於是師魯摘鈔以進,張君韙焉,復以銑嘗辱教先生,且爲鄉後學,録寄全集,及師魯所鈔,俾效其愚……是編詮次既就,張君名之曰《文粹》。"張九達,江西大庾人,弘治十二年進士。此本當其在休寧縣任上所刻。

《敏政集》最先爲九十三卷附拾遺一卷,明正德二年何歆刻本,中國國家圖書館、上海圖書館等十五館,臺北"國家圖書館"(兩部,其一爲原藏北平館者)有藏。又有九十四卷本,明嘉靖十二年書林宗文堂刻本,中國國家圖書館有全帙。又二十五卷本,有明嘉靖十一年鄭氏宗文堂刻本,山東文登縣圖書館有殘帙。

此本刻工有黄杲、黄勔、黄昱、黄旻、仇忠、進仁、黄瓊、黄清、仇永、黄喦、仇海、仇以淳、黄齊、仇才、黃龍、仇方、黃文迪、黃青、黃永昺、黃晨、仇淳、仇中、廷實、仇以順。均爲徽地新安派刻工。

《四庫全書總目》所收爲九十三卷本。《中國古籍善本書目》著錄。中國國家圖書館、上海圖書館等十一館,臺北"國家圖書館"(兩部,其一爲原藏北平館者)及日本內閣文庫(兩部)亦有入藏。

2057 明正德刻本匏翁家藏集

T5409/2331

《匏翁家藏集》七十七卷補遺一卷,明吳寬撰。明正德三年(1508)吳奭家刻本。十六册。半頁十行二十四字,左右雙邊,白口,無魚尾。框高19.6釐米,寬14.4釐米。前有正德三年李東陽序,正德四年(1509)王鏊序。末有正德三年徐源後序。

吳寬,字原博,號匏庵,長洲人。成化八年進士第一,授編修,侍孝宗東宮。孝宗即位,以舊學遷左庶子,預修《憲宗實錄》。累遷掌詹事府。入東閣,專典誥敕。進禮部尚書,卒贈太子太保,謚文定。《明史》有傳。

寬學有根柢,爲當時館閣鉅手,平生學宗蘇氏,字法亦酷肖東坡,縑素流傳,賞鑒家至今藏弄。詩文和平恬雅,有鳴鑾佩玉之風。此本卷一至三〇爲詩,計一千四百六十九首,詩餘三十二首;卷三一至三八記,計九十七篇;卷三九至四五序,計九十篇;卷四六引七篇、說五篇、表六篇、頌二篇、致語七篇;卷四七箴二首、銘二十三首、贊二十五首;卷四八至五五題跋,計二百七十一篇;卷五六祭文二十六篇;卷五七雜文二十四篇;卷五八行狀述四篇、傳七篇;卷五九傳四篇;卷六〇至六九墓志銘、壽藏銘、壙志、埋銘,計一百十一篇;卷七〇至七五墓表,計六十九篇;卷七六墓碑銘九篇、墓碣銘二篇;卷七七神道碑七篇。補遺爲記、碑共六篇。其詩不分體製,以年月先後爲序。文則分體彙載。

李東陽序云:"公之没,其子中書舍人奭刻梓於家。"王鏊序云:"公既卒,其子中書舍人奭刻其所謂家藏集者"。徐源後序又云:"又明年,其子中書舍人奭與其從兄奎、侖、奕,蒐閱篋稿,得公手筆,存錄諸體詩凡三十卷、序記志說之類凡四十七卷,自題曰《家藏集》,蓋將以遺其後人,知精力之有在也。奭惶惑散失,既壽之於梓。"

《四庫全書總目》入集部別集類。《中國古籍善本書目》著錄。中國國家圖書館、上海圖書館等十二館,臺北"國家圖書館"(三部,其一爲原藏北平館者)及日本內閣文庫、静嘉堂文庫亦有入藏。

鈐印有"金侃之印"、"亦陶"。侃,俊明子,吳縣人。字亦陶,號立庵。工書畫,能詩。繼父業,杜門鈔書,校讎精審。

2058 清康熙刻本東田集

T5413/7258

《東田集》十五卷,明馬中錫撰。清康熙四十六年(1707)賈棠刻《馬東田孫沙溪兩公遺集合編》本。五册。半頁十行二十二字,左右雙邊,上白口,下黑口,單魚尾。框高18.9釐米,寬12.8釐米。題"甘陵馬中錫東田甫著;同里後學賈枚功庵、(賈)棠青南、(賈)樸素庵編定;男炳鷺洲、男際熙庶咸、男念祖聿滋較訂"。前有康熙四十六年賈棠序。末附何塘撰《東田馬公傳》。

馬中錫,字天祿,號東田,河北故城人。幼警穎,甫弱冠,即以文學鳴於時。成化十一年進士,授刑科給事中。萬貴妃弟通驕横不法,中錫再疏極言其奸,語過且直,再被杖。公主侵畿内田,勘還之民。陞雲南按察司僉事,除陝西僉事,再陞大理寺右少卿、右副都御史,巡撫宣府。武宗時陞兵部右侍郎,尋轉左侍郎。劉瑾誅,起撫大同,旋奉命討劉六,議招撫,言者劾其縱賊,遂被逮死獄中,時崇禎五年,卒年六十七。後御史盧雍追訟其冤,復原官。事蹟具《明史》本傳。

此集凡文五卷,詩十卷。卷一章疏十八篇,卷二序四十九篇,卷三書簡十三通,卷四碑志十四篇,卷五雜著二十五篇,卷六五言古詩十八首,卷七七言古詩十五首,卷八五言律詩七十一首,卷九七言律詩一百二十八首,卷一〇七言律詩一百三十二首,卷一一七言律詩一百三十三首,卷一二七言律詩一百十八首,卷一三五言排律三首,卷一四五言絕句十八首,卷一五七言絕句七十九首。

中錫耿介孤峻,寒素始終如一,卷一二《獄中自述》云:"月冷風酸驚柝過,圜扉可奈夜長何。痴蠅攬紙無由出,倦鳥投林又被羅。誰以清汙明北寺,自甘愚昧繫東坡。平生萬卷都忘盡,剛記金縢載偃禾。"又《自述》云:"海色邊聲起暮愁,客程終日此淹留。憐才士少誰青眼,同難人多半白頭。勢已跟蹌逢晉犬,身還穀觫類齊牛。而今若許歸田去,直問劉伶乞醉侯。"卷五有《中山狼傳》,據《四庫全書總目》所引《嵩陽雜識》曰,李空同與韓貫道草疏,劉瑾切齒,必欲置之死。賴康海營救而脫。後海得罪,空同議論稍過嚴,人作《中山狼傳》以詆之。王士禎《居易錄》亦稱中錫《中山狼傳》爲刺李夢陽負海而作。然海以救夢陽坐累,夢陽特未營救之耳,未嘗逞兇反噬,如傳所云云也,疑中錫別有所指,而好事者以康、李爲同時人,又有相負一事,附會其説也。

賈棠序云:"嘗考邑乘所載,詢於故老所聞,得吾鄉先達大中丞東田馬公、冏卿沙溪孫公兩集於斷簡殘編下。晝焉誦之,夜焉思之,旁而搜之,闕而補之,校録而次序之,珍諸篋笥,將以壽世,艱於工費有待也。既宦粵東,由瓊而廣,往來舟車,手不釋卷,惟二公之不朽是圖。今冬,奉命視鹺權於嶺南,駐節仙城,客以剞劂請者,曰不可使二公心血復泯没於斷簡殘編。遂不量力,授之梓人。"

中錫集明代僅有二刻,皆爲六卷本,一爲《馬東田漫稿》(有明孫緒評),明嘉靖十七年文三畏刻本(半頁十行十七字),藏上海圖書館、南京圖書館等九館;一爲《馬東田文集》(有附録一卷),嘉靖二十一年刻本(半頁十行十九字),藏北京師範大學圖書館、中國社會科學院文學研究所等三館。又《畿輔叢書》(清光緒五年定州王氏謙德堂刻本)及《叢書集成》初編中收有《東田文集》三卷《詩集》三卷。

此本爲《馬東田孫沙溪兩公遺集合編》本,前有扉頁,刻"馬東田孫沙溪兩公遺集合編"。中國國家圖書館、上海圖書館、中國科學院圖書館、杭州大學圖書館均有全帙。《四庫全書總目》集部別集類存目著録,又有《東田漫稿》六卷。

鈐印有"井井居士珍藏"、"竹添光鴻",日人印也。

2059　明萬曆三槐堂刻本王文恪公集

T5413/1151

《王文恪公集》三十六卷,明王鏊撰;《鵑音》一卷《白社詩草》一卷,明王禹聲撰;《名公筆記》一卷。明萬曆王氏三槐堂刻本。十六册。半頁九行二十字,四周單邊,白口,單魚尾,書口下有"三槐堂"。框高21.6釐米,寬13.5釐米。題"震澤王鏊濟之著;吴興朱國楨文寧訂;雲間董其昌玄宰閲"。前有董其昌序,嘉靖十五年(1536)霍韜序,朱國楨序。《鵑音》、《白社詩草》題"吴趨王禹聲遵考著;吴興朱國楨文寧訂;雲間董其昌玄宰閲"。《白社詩草》前有錢養廉序。

王鏊,字濟之,震澤人。成化間鄉試、會試皆第一,廷試第三。授編修,官至户部尚書、文淵閣大學士。卒謚文恪。鏊博學能文,又有《姑蘇志》。《明史》有傳。

王禹聲,鏊曾孫,萬曆十七年進士。歷知承天府,與中官忤,罷歸。雅素好學,有鏊風。

鏊以制義名一代,其古文亦湛深經術,典雅遒潔,有唐宋遺風。卷一賦、詩,卷二至八詩,卷九聯句、近體樂府,卷一〇至一二序,卷一三序、引,卷一四序、說,卷一五至一七記,卷一八內制,卷一九至二〇奏疏,卷二一至二二碑,卷二三傳,卷二四碑,卷二五行狀、墓表,卷二六表碣,卷二七至三〇志銘,卷三一志銘、哀詞、祭文,卷三二頌贊、箴銘,卷三三至三四雜著,卷三五題跋,卷三六書。

朱國楨序云:"以真人品擔大文章,在朝在野,後先所撰,彙成三十有六卷,名曰《震澤先生集》,壽諸棗梨,年深漫漶。而先生之曾孫聞谿公,清風偉節,異世同符,歸自承天,亦著有《鵑音》、《白社》二稿,存笥未刊,玄孫文學永熙及經董,合梓之家塾。"

董其昌序云:"曾孫遵考氏,繩玉繼奧,拂衣高臥,家學淵源,後先合轍。己丑之役,予幸厠其籍,得所著《白社》、《鵑音》二稿,讀之渢渢乎,何其音之肖也。以之兢爽則合璧,以之嗣響則連珠。藏諸青箱,撰成白靈,附而梓之。公之賢裔,可謂善於闡揚先德也已。王筠自言其家七葉之中,人人有集,以今方古,夫何讓焉。"

此本爲寫刻,有扉頁,刊"王文恪公全集。附鵑音、白社詩二冊"。

《四庫全書總目》入集部別集類,書名作《震澤集》。《中國古籍善本書目》著錄。中國國家圖書館、上海圖書館等五十七館,臺北"國家圖書館"(三部)及美國普林斯頓大學葛思德東方圖書館(殘存二十一卷)、日本內閣文庫、京都大學人文科學研究所亦有入藏。

金鑲玉裝。

鈐印有"江西汪石琴家藏本"、"榮氏讀未見書齋珍藏"。

2060 清康熙刻本古城文集   T5413/1346

《古城文集》六卷《補遺》一卷,明張吉撰。首一卷。清康熙三十年(1691)楊榆刻本。六冊。半頁十行二十二字,四周雙邊,白口,單魚尾。框高 19.2 釐米,寬 12.8 釐米。題"毘陵楊榆青村氏校訂"。前有嘉靖六年(1527)石簡序,嘉靖十一年(1532)鄭岳序。末有楊榆跋。

張吉,字克修,號翼齋、古城,又號默庵、怡窩,江西餘干人。成化十三年魁鄉薦,十七年中進士。次年除工部營繕司主事,管繕工司事,搜訪宿弊滌而新之。後因事被貶景東通判,轉梧州知府、廣西按察副使,奉敕備兵府江。正德初年,任本司按察使,轉山東右布政使、廣西左布政使,官至貴州左布政使。生於景泰二年,卒於正德十三年,年六十八。又著有《貞觀小斷》、《陸學訂疑》、《若佛學論》。

吉爲政屛絕人事,以象山爲禪,窮諸經及宋儒之書。嘗語學者曰,不讀五經,遇事便覺窒礙。居官三十三年,在朝僅二載,兩遭貶逐,久處瘴鄉,皆人所不堪者。卷一《奏議》八道,卷二《陸學訂疑》七十三則,卷三《貞觀小斷》三十二則,卷四書七篇、小啓一篇、記五篇、序十八篇、論二篇、箴四篇、銘一篇、祭文一篇、賦五篇,卷五五言古詩七十五首、七言古詩三十九首,卷六五言律詩三十五首、七言律詩七十四首、五言絕句十六首、六言絕句十三首、七言絕句一百四十七首。《補遺》爲記二篇、序七篇、辨二篇、解一篇、題跋四篇、墓志二篇。首一卷爲楊廉撰《明故中奉大夫貴州布政使司左布政使古城張公神道碑》,楊廉撰《祭文》、余祐撰《祭文》。

《四庫全書總目》於吉有所評論,云:"明至正德初年,姚江之說興,而學問一變;北地信陽之説興,而文章亦一變。吉當其時,猶兢兢守先民矩矱,高明不及王守仁,而篤實則勝之;才雄學富不及李夢陽、何景明,而平正通達則勝之。且爲工部主事時,則盡言直諫,忤武宗謫官。爲廣西布政使時,又以不肯納賂劉瑾貶秩,而爲肇慶府同知時,力持公議,掊擊柳璟,願與都御史秦紘同逮,卒白其冤,尤人情所難。以剛正之氣,發爲文章,固不與雕章繪句同日而論矣。"

此本乃楊榆所刻,榆跋云:"丁卯秋,受事來餘,餘自軍興後爲甌脱地,竊獨喜爲張先生桑梓之鄉,與胡文敬先生接里閈,夙昔私淑,故操履敦尚,後先若一。獨怪兩先生文集俱因兵燹散失無遺,使之之人欲景行者嘆無從焉,豈非斯道之餘憾乎?榆梓《文敬先生集》畢,即訪古城先生遺稿,幸原本愨存於簿書餘隟,挑燈翻閱,謬爲條析序次,爲卷者六,謹付剞劂。工甫竣,復得文若干首,久逸在人間,亟補入以徵璧合,並略述梓行之原委於簡末云。"榆號青村,武進人,毘陵世胄,少有詩名。康熙二十六年爲餘干知縣,在餘干五載,善政甚多。

此本有扉頁,刻"張古城先生文集。康熙辛未年鐫。修琴閣藏板"。並鈐有"文章有神亦有道"印。

張吉詩文集,似無明代刻本傳世。《四庫全書總目》集部別集類著録。《中國古籍善本書目》著録此本,湖南圖書館入藏,且爲《四庫》底本。又《中國叢書綜録》著録中國國家圖書館、復旦大學圖書館、天津圖書館、江西省圖書館等入藏此本,臺灣大學圖書館也有入藏。北京大學圖書館等四館所藏爲清康熙三十年楊榆刻四十九年增修本。

2061　明刻清修補印本柴墟文集　T5413/2621

《柴墟文集》十五卷,明儲巏撰。明刻清修補印本。四册。半頁十二行二十一字,四周單邊,白口,單魚尾。框高19.3釐米,寬13.5釐米。題"四世孫堪中游甫較梓"。前有嘉靖四年(1525)邵寶序。

儲巏,字静夫,號柴墟,泰州人。成化二十年進士,授南京吏部主事,歷户部左侍郎,改吏部,卒於官。巏淳行清修,介然自守,工詩文,好推引知名士,避遠非類,不惡而嚴,嘉靖初賜諡文懿。事蹟具見《明史·文苑傳》。

卷一至五詩五百七十首,卷六至八序文七十一篇,卷九墓志銘三十四篇,卷一〇至一一雜著六十九篇,卷一二奏疏十一通,卷一三至一五書簡一百五十二通。

邵寶序云:"公天資超邁,自幼學時已有尚友千古之志。涵養既久,其性情風度,從容詳暇,接引後進,穆如可親。至論國事人才,正邪忠佞,辨析涇渭,義色法言,凛莫可犯。歷兩考功,品署惟允,及佐中臺,薦起名節,如恐不及。剡牘之餘,溢於言論,時稱大雅君子,必公焉歸。故其爲詩,或恬淡平雅,或渾雄跌宕,或灑落清遠,所謂風雅遺音,公蓋有之。其爲奏疏,爲書啓,爲碑表、序記、銘志諸作,繫天下國家大體,關乎古今治亂者,則方正嚴毅,斬截崛奇,雖片言單詞,蒼然古色,壁立千仞,望之嵬然而未易。"

儲集最早有嘉靖四年刻本,乃巏卒後十三年,其從子儲洵刻於汭陽郡齋者。洵,字平甫,正德六年進士,累官兵部郎中,由汭陽知州遷漳南僉事,致仕卒,門人私諡爲文貞子。今嘉靖本頗難得,僅知北京中國科學院圖書館、山東大學圖書館、日本内閣文庫有全帙,江蘇省泰州市圖書館爲殘本。明天啓三年又有修補印本,末有天啓三年儲元基跋,臺北"國家圖書館"(原藏北平館者)入藏。此本題"四世孫堪中游甫較梓",然版刻中漫漶之頁頗多,睇審字體,應爲嘉靖間所刻,又不少補刻之頁字體已入清代,此本或爲嘉靖四年刻天啓三年修補清初再修補印本。又按堪,巏四世孫,崇禎十年進士。萬曆四十二年,巏曾孫儲燿又有刻本,即《四庫全書總目》著錄之本,作《柴墟齋集》十五卷。中國國家圖書館、上海圖書館、臺北"國家圖書館"等六館入藏。

是本佚去卷一三第三頁、卷一四第二十頁。《千頃堂書目》卷二〇別集類著錄。《總目》云:巏嘗與李夢陽、何景明、徐禎卿相倡和,其詩規仿陶韋,文亦恬雅,至於才力富健,則不及夢陽等也。

鈐印有"燕庭藏書"、"無竟先生獨志堂物"。

2062　明正德嘉靖間刻本容春堂集　　　　T5413/1238

《容春堂前集》二十卷《後集》十四卷《續集》十八卷《別集》九卷,明邵寶撰。明正德嘉靖間華希閔刻本。二十冊。半頁十行二十字,左右雙邊,白口,單魚尾。框高18.2釐米,寬13.2釐米。題"後學華希閔校刊"。前有李東陽序,正德十二年(1517)王鏊序,正德九年(1514)浦瑾序。末有正德十三年(1518)林俊後序。

邵寶,字國賢,號二泉,無錫人。成化二十年進士,累官江西提學副使,釐革澆俗,修白鹿書院學舍以處學者,教人以致知力行爲本。正德中遷右副都御史,總督漕運,忤劉瑾,勒致仕。瑾誅,陞戶部侍郎,拜南禮部尚書,懇辭。嘉靖初起前官,復辭。卒諡文莊,學者稱"二泉先生"。事蹟具《明史·儒林傳》。

邵寶舉鄉試出李東陽之門,故其詩文矩度,皆宗法東陽,東陽於其詩文,亦極推獎,稱其集出入經史,蒐羅傳記,該括情事,摹寫景物,以極其所欲言,而無冗字長語、辛苦不怡之色。若欲進於古之人,且以歐陽修之知蘇軾爲比。前集卷一辭賦十首,卷二至三古詩一百零八首,卷四至五五言絕句一百十八首,卷六至八七言絕句二百三十九首,卷九至一〇雜著五十六篇,卷一一至一二記三十五篇,卷一三至一四序四一四篇,卷一五表傳七首,卷一六碑七篇,卷一七至一八墓誌銘二十八篇,卷一九書簡十六通,卷二〇祭文二十八篇。《後集》卷一雜著四十六篇,卷二記十四篇、碑銘一篇,卷三序十篇、引一篇,卷四至五墓誌銘二十八篇,卷六碣一篇、石表二篇、俟歸銘一篇、塔銘一篇、墓碣銘三篇,卷七神道碑銘一篇、墓碑銘一篇、墓表六篇、傳九篇,卷八祝文二篇、祭文四篇,卷九辭十四首、古樂府七首、古詩四十三首、歌十四首、行二首、禽言一首,卷一〇五言絕句十九首、五言律詩七十八首、五言排律一首。《續集》卷一辭賦五十首、古詩二十九首、歌行二十九首,卷二五言律八十八首、五言排律二首、五言絕句六十四首,卷三至四七言律詩三百九首,卷五七言絕句一百二十三首,卷六奏議五篇,卷七奏疏七篇,卷八至九雜著一百三十六篇,卷一〇至一一記四十篇,卷一二序二十七篇,卷一三墓表十篇,卷一四傳四篇、狀二篇、碑二篇,卷一五至一六墓誌銘五十六篇,卷一七書簡五十首,卷一八祭文二十一篇。《別集》卷一辭二首、古詩十三首,卷二古詩十四首,卷三五言律十首、五言排律一首、詞四首,卷四七言絕十二首、七言律二十七首,卷五序十三篇,卷六記九篇,卷七墓誌銘十八篇、壙銘一篇,卷八墓表六篇、碣銘二篇、傳三篇、行狀一篇,卷九雜著(祭文五篇、志一篇、贊十五首、銘四首、跋四篇、敘一篇)。

《四庫全書總目》入集部別集類。《中國古籍善本書目》著錄,北京大學圖書館、清華大學圖書館、南京大學圖書館、日本內閣文庫有全帙。四川省圖書館及臺北"國家圖書館"所藏,不知與此同板否。明代又有秦榛刻本,行款同此本,福建省圖書館等三館有藏。另嘉靖十三年慎獨齋刻有《容春堂集》六十六卷,藏南京圖書館。

卷七第二頁、卷十九第七頁佚。

2063　清康熙刻本羅圭峰先生文集　　　　　T5413/6111B

　　《羅圭峰先生文集》三十卷，明羅玘撰。清康熙二十九年(1690)羅美才大樹齋刻本。十册。半頁十行二十一字，四周雙邊，白口，單魚尾。框高20.5釐米，寬13.1釐米。題"明太史建武羅玘景鳴著；同郡後學黄端伯元公訂；清都督八世孫美才仲茂重鎸"。前有康熙二十九年錢三錫序，梁佩蘭序，黄雲企序，龔應霖序，黎可逢序，隆慶五年(1571)邵廉序，嘉靖五年(1526)陳洪謨序。末有康熙二十九年羅美才跋；《凡例》九則；附錄盱江六大家姓氏。目錄頁題"大樹齋編次"。

　　羅玘，字景鳴，學者稱"圭峰先生"，江西南城人。博學好古文，務爲奇奥。成化二十三年進士，授編修。臺諫以救劉遜盡下獄。正德初，遷南京太常。劉瑾亂政，李東陽依違其間，玘爲東陽所舉士，貽書曉以大義，且請削門生籍。累擢南京吏部右侍郎。遇事嚴謹，僚屬畏憚，考績赴都，遂致仕。宸濠慕其名，遣使餽，玘避之深山。及叛，玘已病，馳書守臣約討賊，事未舉而卒。謚文肅。又有《類説》、《圭峰奏議》等。事蹟具《明史·文苑傳》。

　　玘以氣節重一時，其乞定宗社大計二疏及上李東陽書，皆言人之所難言。其文規橅韓愈，戛戛獨造，多抑掩其意，迂折其詞，使人思之於言外。陳洪謨序云："聞先生爲文必嘔心積慮，至扃户牖，或踞木石隱度逾旬日，或遲歲時神生境具而後命筆，稍涉於萎陋訕誕之微，雖數易稿不憚，人知先生之文之奇，而不知由苦心中來也，又可以易視乎哉？"此集卷一序二十篇，卷二序十八篇，卷三序十九篇，卷四序十七篇，卷五序十八篇，卷六序十八篇，卷七序十七篇，卷八序十九篇，卷九序十八篇，卷一〇序十八篇，卷一一記十五篇，卷一二記十三篇，卷一三碑三篇，卷一四墓志銘十三篇，卷一五墓志銘十二篇，卷一六墓志銘十二篇，卷一七墓志銘十三篇(附雜志二篇、雜銘五篇)，卷一八行狀五篇，卷一九墓表八篇，卷二〇祭文二十六篇，卷二一雜録(論四篇、策一篇、傳五篇、贊十四篇、跋八篇、啓二篇、劄一篇、書一通)，卷二二雜著二十四篇，卷二三奏議四篇，卷二四賦三篇、調三篇，卷二五詩(擬古樂府、附雜體)三十二首，卷二六五言古詩六十一首，卷二七七言古詩十二首，卷二八五言律詩五十三首，卷二九七言律詩四十七首，卷三〇七言絶句二十三首。

　　錢三錫序云："先生少負逸才，博極群書，其爲文不規規於句櫛字比，故讀先生文者以先生文爲奇，此未足與知先生之深者也。先生之文原本經術，根極理奥，發抒性靈，故其氣磅礴，其詞浩瀚，曲折變化似龍門，而沉雄博大復似昌黎，縱横突兀，自成一家言，而未嘗不規於道。"

　　據《四庫全書總目》所引清周亮工《書影》稱，玘集一刻於盱眙，再刻於南國子監，又有武進孫氏本，今皆未見。按，羅玘集明代計有六刻，最早之本初刻於常州，再刻於荆州，爲六卷本，今佚去不存。餘四刻爲《翰林羅圭峰先生文集》十八卷《續集》十五卷，嘉靖五年陳洪謨、余載仕刻本，半頁十一行二十二字，今藏上海圖書館、南京圖書館、山西省圖書館等六館。次爲《文肅公圭峰羅先生文集》三十七卷，明崇禎七年盱江羅氏代文堂刻本，半頁九行十八字，今藏中國國家圖書館、上海圖書館、天津圖書館等九館。三爲《羅圭峰先生文集》三十卷首一卷，明崇禎七年黄端伯、吴兆刻本，半頁十行二十一字，今藏江西省圖書館、湖北省圖書館、湖南圖書館等五館。四爲《翰林羅圭峰先生文集》十八卷，明刻本，半頁十行十八字，今藏中國國家圖書館、南京圖書館等四館。

此本乃據明崇禎七年黃端伯、吳兆刻本重刻。羅美才跋云：羅玘"卓然一代名臣，所著《圭峰文集》，二百年來學士大夫競相傳誦，嘆未曾有。舊刻有荆本，以歲久濕漫缺失，恨不能復睹全書。兹所得見爲吾鄉先達黃元公先生纂輯刻本，約計詩文數百餘篇，要不過存什一於千百已耳。兵燹之餘，其板亦毀，即藏書家鮮有存者⋯⋯因從家藏廢簏中搜得元公先生纂刻舊本三十卷，勉節俸資，重付剞劂，卷帙、凡例悉仍其舊，以志不忘。"然此本編次頗無體例，如文以壽文冠之最前，而以奏議列諸雜著之後；詩亦以壽詩爲冠，而名之曰古樂府，又以詞置賦之後、詩之前，皆爲顛舛。

此本有扉頁，刻"明太史羅圭峰先生文集。大樹齋藏板"。

《四庫全書總目》入集部別集類。《中國人民大學圖書館古籍善本書目》、《湖南省古籍善本書目》（湖南圖書館藏）、日本《京都大學人文科學研究所漢籍分類目錄》著錄。

鈐印有"小瓶花齋"。

2064　明萬曆刻本吳文肅公摘稿　　　T5413/2324

《吳文肅公摘稿》四卷，明吳儼撰。明萬曆十二年（1584）吳士遇等刻本。四册。半頁八行二十字，四周雙邊，白口，單魚尾。框高 21 釐米，寬 13 釐米。題"同邑王升、晉陵莊煦、姪孫達可校選；孫士遇、曾孫泰孫等二十五人編次"。前有萬曆十二年（1584）萬士和序。末有王升跋，吳達可跋。

吳儼，字克温，江蘇宜興人。成化二十三年進士，授編修，歷遷侍講學士。正德初召修《孝宗實録》，直講筵。劉瑾竊柄，欲羅致之，啗以美官。儼峻拒之。瑾怒，會大計群吏，罷儼官。瑾誅復職，陞南京禮部尚書。後卒於官，官贈太子少保，諡文肅。事蹟具《明史》本傳。又《重刊宜興縣舊志》卷八有傳，節録《明史》。

卷一五言古詩三十二首、五言絶句二十二首、五言律詩二十四首、七言律詩七十二首，卷二七言律詩三十三首、七言絶句三十五首，卷三表疏三通、序十六篇，卷四序三篇、記三篇、墓志表狀碑八篇、像贊祭文二篇。

儼文章莊重簡古，詩詞清麗可諷。此集詩文各二卷，始於萬曆甲申年，其孫士遇刻板，後同邑王升、武進莊煦及其仲孫達可删而存之，故稱《摘稿》，蓋僅儼所作十分之一耳。正德初，儼主順天鄉試，以爲臣不易命題，爲劉瑾所怒，以飛語罷去，瑾誅，乃復進用，當時程文今在集中。儼之文，猶守明初舊格，無鉤棘塗飾之習。其才其學，雖皆不及東陽之宏富，而文章局度舂容，詩格亦復嫻雅，往往因題寓意，不似當時臺閣流派，沿爲膚廓，雖名不甚著，要與東陽肩隨，亦足相羽翼。

萬士和序云："笈仕入翰林，讀中秘書，其師其友，皆專門名家，宗工鉅藪也。公復嚴於自守，慎其所與，其業之也精，其蓄之也久，故發爲文章，切實而不虚，篇各一意，不相蹈襲。其詩唫詠性情，能言己志，艷詞綺語，剷削殆盡，卓然自成一家⋯⋯公性謙讓，稿藏於家，戒勿刻，久未刊行。其仲子潯陽守，守之子夢熊進士，皆嘗付梓，亦不果。今諸孫士遇輩謀之於余，余曰，先尚書精神所在，孝子慈孫不可不傳也，遂刻焉。"

《明史藝文志補編》、《千頃堂書目》卷二〇別集類、《四庫全書總目》集部別集類著録。《中國古籍善本書目》著録，上海圖書館、南京圖書館、四川省圖書館、上海華東師範大學圖書館亦有入藏。臺北"中央研究院"史語所藏有明刻本，缺首二卷。

2065　明萬曆刻本石田先生集　　　　　　　　　　　　　　T5409/3172

　　《石田先生集》十一卷,明沈周撰。明萬曆四十三年(1615)陳仁錫刻本。六册。清周星詒跋。半頁九行十九字,四周雙邊,白口,單魚尾。框高22.2釐米,寬13.4釐米。題"長洲沈周啓南著;後學錢允治功甫校;陳仁錫明卿編"。前有萬曆四十三年錢允治序。
　　沈周,字啓南,號石田,長洲人。能文,工書畫,字仿黄庭堅,爲世所重。其畫遠師董源、巨然,山水花卉,無不精妙,明王穉登《丹青志》列其畫爲神品,稱當代第一。後人以與唐寅、文徵明、仇英並稱爲明代四大家。《明史》有傳。
　　此集皆爲石田之詩,計五言古二卷,七言古一卷,五言排律、七言排律合卷,五言律二卷,七言律三卷,五言絶句一卷、七言絶句一卷。石田以畫名一代,詩非其所留意。又晚年畫境彌高,頹然天放,方圓自造,惟意所如。詩亦揮灑淋漓,自寫天趣,蓋不以字句取工,徒以棲心邱壑,名利兩忘,風月往還,煙雲供養。其胸次本無塵累,故所作亦不雕不琢,自然拔俗,寄興於町畦之外,可以意會,而不可加之以繩削。
　　《石田集》明代有數刻,最早之本,刻於成化二十年,童軒爲之序,今佚。次爲弘治十六年黄淮集義堂刻本,彭禮爲之序,中國國家圖書館、上海圖書館等四館入藏。三爲正德元年刻本,吴寬爲之序,似未見傳本。此本爲萬曆陳仁錫刻本。錢允治序云:"逮今萬曆中,稍稍復知向慕,欲付剞劂,則不可多得矣。陳孝廉明卿既刻其先《白陽山人集》,復欲裒先生集,而苦無善本,不佞爲之訪於故藏書家,稍獲一二,於是按體分類,都爲若干卷,付書林翁氏。"
　　此本金鑲玉裝。周星詒跋云:"去年在南街肆中見王濟之集,行款與此悉同,亦陳氏校刻,而陳君爲手書上木者,紙墨精甚,直同真迹,惜索價昂,不能買與此合裝也。""寅兒買此呈看,喜爲書首。丁丑冬初,後學周星詒記。""丁丑"爲光緒三年。星詒,字季貺,別號笑己翁,星譽弟,山陰人。官福建建寧知府,工詩,好爲近體。
　　錢序後,刊"陳元素書"。
　　《四庫全書總目》收《石田詩選》十卷,分天文時令等三十一類。《中國古籍善本書目》著録。中國國家圖書館、上海圖書館等二十館,臺北"國家圖書館"及美國國會圖書館、日本内閣文庫、静嘉堂文庫、京都大學人文科學研究所亦有入藏。
　　鈐印有"彝尊私印"、"錫鬯",蓋爲朱彝尊舊藏。

2066　明天啓刻本整庵先生存稾　　　　　　　　　　　　　T5413/6182

　　《整庵先生存稾》二十卷,明羅欽順撰。明天啓二年(1622)羅斑仕等刻本。四册。半頁九行二十字,左右雙邊,白口,單魚尾。框高21釐米,寬13.6釐米。題"明泰和羅欽順允升父著;同郡後學郭一鶚汝薦父、同邑後學歐陽照文白父仝訂;同郡後學歐陽調律伯宣父、同邑後學楊嘉祚邦隆父仝校;真州後學陳夢暘爾旭父、金陵後學沙含玉玉府父編次;嗣孫斑仕矣符父、琁仕穉白父、璗仕君長父重梓"。前有天啓二年黄汝亨序,天啓二年郭一鶚序;嘉靖十三年(1534)羅欽順題辭;嘉靖三十二年(1553)喻時序,萬曆二十年(1592)劉應秋序。末有天啓二年羅斑仕跋。
　　羅欽順,字允升,號整庵,泰和人。弘治六年進士,授編修,爲南京國子監司業,以犯宦官劉瑾怒,被奪職爲民。劉瑾敗後復起,官至南京吏部尚書。卒謚文莊。治理學,主理得於天而具於心,理氣本是一物,氣爲宇宙萬物之根本。《明史・儒林傳》有傳。

詞章之事,非欽順所好,談藝家亦罕論及之。其弟欽蒚作儀訓錄,嘗稱欽順於應酬文字,辭謝居多,下筆稿成,未嘗自是。舊稿盈笥,晚年手自芟存,餘悉焚去。謂二子曰:此等文字,世間不少,慎勿出以示人,姑留自觀可也。此本卷一至二記三十一篇,卷三至九序一百五篇,卷一〇疏十二篇,卷一一題跋四篇、銘三篇、贊十八首、傳二篇,卷一二墓表七篇、墓碑二篇、墓碣一篇,卷一三墓志銘十四篇,卷一四行述一篇、墓銘六篇,卷一五祭文三十篇,卷一六五言古詩三十一首、七言古詩十二首、五言律詩五十一首,卷一七五言排律七首、七言律詩八十八首,卷一八七言律詩九十八首,卷一九七言律詩七十八首、七言排律三首、歌一首,卷二〇七言絕句一百四十首、小詞二首。

羅欽順題辭云:"余嘗著《困知記》六卷,乃平生力學所得,而成於晚年者也,以俟後之君子,宜必有合焉。凡應酬詩文,積數鉅册,蓋非爲喜爲者,始焉出之弗慎,後來遂不得而辭,操筆輒書,粗淺無法,勉以狥人,可謂多矣。顧嘗費日,力勞心思,不忍悉棄也。居閒無事,擇其稍可觀者,以類相從,得二十卷,題曰《整庵存稿》,藏之家塾,以示吾後人,餘稿則盡焚之。"

劉應秋序云:"吾吉西昌整庵羅先生,力扶正學,羽翼聖經,嘗著《困知記》數卷,晰心性、辨儒佛,刻行海宇,大有功於斯世。別有《存稿》一書,則先生所酬應詩文者,曩板爇於兵,無復再梓,士類憮然。邇金壇王芳麓公官留都,倡同志私淑諸名公,暨先生侄孫肄業成均者,醵金付剞劂氏,授家孫文學佁藏之家塾,以終仰止,俾先生道學文章共垂不朽。"

黄汝亨序云:《困知記》之外,"別有稿二十卷,爲記、序、疏文十之三;傳、表、銘、贊十之二;詩詠十之四,自題之曰《存稿》,其意固曰是僅存而不得廢去爾。而所謂道術人心、關切本原之地不在是也。舊鐫者沿而至今,亦不免朽蠹,漶漫而不可讀。裔孫玶仕,繩祖紹文,既已繕刻其《困知記》,乃併是稿而重鐫之……羅生之爲是刻也,存公之存,亦存天下後世所共欲存公者,非以文已也。讀者以是稿合證於其《困知記》,而公之神全矣。"

郭一鶚序云:"羅生玶、琔、璲仕,鋭意響學,克世其家,復梓先生遺文二十卷,與《困知記》八卷並傳於世。"

羅玶仕跋云:"先太宰自題雜著二十卷,曰《存稿》,亦圖後人相存不忘爲之,後者儻非先公所存,則存者幾與先公俱往,故不肖玶既重刊《困知記》,隨舉存稿新之。"

《四庫全書總目》入集部別集類。《中國古籍善本書目》著錄。南開大學圖書館、北京師範大學圖書館、中國社會科學院文學研究所、臺北"國家圖書館"、日本內閣文庫亦有入藏。又美國國會圖書館所藏,後附《困知記》八卷。羅集今存最早之嘉靖刻本,中國國家圖書館、臺北"國家圖書館"(原藏北平館者)有藏。另有萬曆二十三年劉憲寵刻本,煙台市圖書館、江西上高縣圖書館皆爲殘帙。

此本卷二第四頁、第五頁、第六頁佚去。"題辭"第一頁書口下有"上元王釁書"。又卷二〇末頁,刊"金陵王釁督梓"。

鈐印有"樂意軒吳氏藏書"。

2067　明嘉靖刻增修本空同集

T5412/2964

《空同集》六十三卷,明李夢陽撰。明嘉靖十一年(1532)曹嘉刻三十一年(1552)朱睦㮮增修本。十六册。半頁十一行二十字,左右雙邊,白口,單魚尾。框高 18.4 釐米,寬 13.6 釐米。題"北郡李夢陽撰"。前有嘉靖十年王廷相序。朱睦㮮撰《空同先生傳》。末有嘉靖十一年吕柟後序;嘉靖三十一年朱睦㮮識語。

李夢陽,字天賜,又字獻吉,號空同子,甘肅慶陽人。明弘治七年進士,官户部郎中,挫壽寧侯張鶴齡,助韓文草疏劾劉瑾,因而下獄,氣節震動一時。瑾敗,遷江西提學副使。才思雄鷙,籠罩一時,卓然以復古自命,倡言"文必秦漢,詩必盛唐",與何景明、徐禎卿等號稱"十才子"、"前七子"。其詩一矯臺閣體華靡卑弱、陳陳相因之弊,然亦失於矯枉過正,句擬字摹,得古人之似而失其真。著有《空同集》等。《明史》卷二八六有傳。

卷一至三賦三十七篇,卷四古詩十五首,卷五琴操五首、古調歌十五首、楚調歌十二首,卷六至八樂府雜調一百十七首,卷九至一六五言古詩三百六十首,卷一七至二一七言歌行一百五十三首,卷二二散篇六十四首,卷二三至二七五言律詩五百十三首,卷二八五言律詩四十九首、排律二十九首,卷二九至三三七言律詩一百五十二首、排律六首,卷三四至三五七言絕句二百七十七首,卷三六六言十首、五言絕句一百四十八首、雜言四首,卷三七族譜六篇,卷三八上書一篇,卷三九狀疏四篇,卷四〇至四二碑文二十五篇,卷四三至四六墓志三十七篇,卷四七至四八記二十二篇,卷四九至五六序八十三篇,卷五七傳六篇、行實一篇,卷五八至六〇雜文六十六篇,卷六一至六二書二十八篇,卷六三祭文十八篇。

王廷相序云:"鳳陽守曹君仲禮,空同甥也,以余於舅氏爲知友,刻其集而請序。"吕柟後序又云:"既殁矣,遺文詩殆千百篇,其甥曹君仲禮守鳳陽,將梓行。"

朱睦㮮識語云:"初,右使曹君刻其舅氏空同李公集,凡六十三卷,藏於家塾。及右使殁,鏤板散失。歲辛亥,宫直與槐謝公,出參汴垣,謂余曰,李集乃中州之文獻也,盍亟收之。余求其家無有,及訪之官所,僅得十之三四。余乃取吴本,補其闕者,正其訛者,增其所未刻者,視舊頗完整,因又取余曩譔公傳,置之卷首,庶覽者有所稽焉。"

《四庫全書總目》入集部別集類,爲六十六卷本。《中國古籍善本書目》著録。上海圖書館、山東省圖書館等九館、臺北"國家圖書館"(作明嘉靖間朱睦㮮刊本)、美國普林斯頓大學葛思德東方圖書館(作明嘉靖三十一年刊本)亦有入藏。按,嘉靖十一年曹嘉刻本,中國國家圖書館、上海圖書館、臺北"國家圖書館"等十四館均有入藏。又湖北省博物館有明萬曆十五年李四維刻本。

鈐印有"明善堂覽書畫印記"、"宛平王氏家藏"、"慕齋鑒定"、"蒼茫齋"、"華陽高氏鑒藏"、"博覽群書"、"蒼茫齋收藏精本"、"華陽高氏"、"錢桂森辛白甫"、"犀庵藏本"、"教經堂錢氏章"。

2068　明萬曆刻本空同子集

T5412/3639

《空同子集》六十六卷目録三卷,明李夢陽撰;附録二卷。明萬曆三十年(1602)鄧雲霄長洲刻本。二十四册。半頁十行二十字,左右雙邊,白口,單魚尾。框高 20.7 釐米,寬 14.3 釐米。題"北郡李夢陽撰;東莞鄧雲霄、歙潘之恒蒐校"。前有萬曆三十年鄧雲霄序,萬曆三十年馮時可序,嘉靖十年(1531)王廷相序,黄省曾序,李夢陽自序。末有嘉靖十一年(1532)吕柟後序(萬曆三十一年陳元素重書),嘉靖十年聶豹後序(萬曆三十年黄尚温重録)。

鄧雲霄序云:"余之梓空同先生集也,豈自附汙不至,阿其所好?夫亦願同志者,皈依正覺,毋踏野狐外道,抑嗤白雲秋色,中原紫氣等語之爲魔軍,余將倚劍空同而摧伏之矣。是役也,潘君景升校讎半載,深窺作者心苦。景升雅善詩,名傾江左,其欲飯依正覺,則獻余志也。"

馮與可序云:"《空同集》,乃先生手自編彙,以貽我郡黄勉之,勉之爲校訂序焉,梓於吳。未幾,先生甥曹仲禮守濠爲重梓,而王子衡復序之。踰七十年,板漸蝕,莫能得善本。會東莞鄧侯令長洲……爰出月俸資剞劂,俾潘君景升事校讎。景升淹雅,苦心數月,於集中魯魚亥豕,咸正罔遺,又采集中所逸若干篇,重定其目,而益以空同子八篇,於是先生集始爲完書,工既竣,則以序屬不佞。"

又此本每卷之末皆刊校閱參訂者姓名,如卷一末刊"萬曆壬寅孟夏日長洲歸隆裔閱梓"。卷六六末刊"長洲張桂芳參訂"。附錄二卷,一爲潘之恒箋,二爲崔銑撰《明江西按察司提學副使空同李公墓志銘》、安汭撰《李空同先生年表》、袁袠撰《李空同先生傳》。鄧雲霄,東莞人,字玄度。萬曆二十六年進士,除知長洲縣,累官至廣西參政。有《漱玉齋集》等。

《四庫全書總目》著録此六十六卷本,入集部別集類。《中國古籍善本書目》著録。上海圖書館、浙江圖書館等五十四館、臺北"國家圖書館"(五部)及美國國會圖書館、普林斯頓大學葛思德東方圖書館、日本尊經閣文庫、靜嘉堂文庫、京都大學人文科學研究所、東京大學東洋文化研究所亦有入藏。

鈐印有"梅花書屋"、"懷抱觀古今"、"陶璥之印"、"挹青閣陶子枚臣書印"、"張印文經"、"國華氏"、"玉堂之書"。

2069　明刻本新鍥會元湯先生批評空同文選　　T5412/3231

《新鍥會元湯先生批評空同文選》五卷,明李夢陽撰,湯賓尹評。明書林詹聖澤刻本。二册。半頁十行二十一字,四周單邊,白口,雙魚尾、單魚尾不等,書口上方刻"空同文選評林",書口下刻卷數,書眉上刻評。框高 21.2 釐米,寬 12.4 釐米。題"北郡空同李夢陽著;宛陵霍林湯賓尹批;書林霖宇詹聖澤梓"。前有湯賓尹序。

卷一序二十一篇,卷二序二十六篇、記十篇,卷三傳譜七篇、碑十五篇,卷四墓志十七篇、疏三篇,卷五襍著二十二篇、書九篇。

詹聖澤,字霖宇,號勉齋,芝城人。萬曆至崇禎間坊賈,刻書較多,今存者有《新鋟施會元精選旁訓皇明鴻烈集》十卷、《詩經開蒙衍義集注》八卷、《新鍥會元湯先生批評南明文選》四卷、《新刻類輯故事通考旁訓》十卷等十種。

《四庫全書總目》未收。《中國古籍善本書目》著録,中國國家圖書館、西安市文物保管委員會等四館亦有入藏。

鈐印有"片原坊久保氏藏書印"。

2070　明嘉靖刻本空同先生集　　T5412/2964B

《空同先生集》六十三卷,明李夢陽撰。明嘉靖刻本。存三册。半頁十一行二十字,左右雙邊,單魚尾,白口。框高 19.2 釐米,寬 15.0 釐米。題"北郡李夢陽撰"。

李夢陽,見明嘉靖刻本《空同集》。

是書爲夢陽詩文集,館藏存卷二八至三六。卷二八五言律詩四十八首、排律二十九首,卷二九七言律詩七十首,卷三〇七言律詩七十首,卷三一七言律詩七十首,卷三二七言律詩七十首,卷三三七言律詩七十三首,卷三四七言絕句一百八十八首,卷三五七言絕句一百三十九首,卷三六六言十首、五言絕句一百四十八首、雜言四首。

《空同先生集》(或《空同集》、《空同子集》、《崆峒集》)存世有六十三卷、六十四卷、六十六卷三種。是書分卷與《四庫全書》所收六十六卷本不同。館藏另有一部明嘉靖刻本《空同集》,六十三卷,與此書行款相同,但不同版,分卷則大致相同,文字略有差異。此本應屬六十三卷系統。

書口下刻"詩",即該卷所收文體種類。卷三二末三頁與其他部分版式有異,板框偏高,四周雙邊,有明顯修補痕蹟,並有闕頁,書口下依稀可辨刻工姓名"徐東□"。是書封面用紙及裝幀似爲韓國人所爲,且分別以朱筆題寫"獻吉稿"及"天"、"地"、"人"字樣。又此本字體類嘉靖時,紙爲皮紙,較厚實,似非中國所產。

《四庫全書總目》入集部別集類。《中國古籍善本書目》著錄,有明嘉靖刻本、萬曆刻本多種。據《北京圖書館古籍善本書目》、《北京師范大學圖書館古籍善本書目》、《中山大學圖書館古籍善本書目》、臺北"國家圖書館"善本書志初稿》、美國《柏克萊加州大學東亞圖書館中文古籍善本書志》著錄之明嘉靖刻本,行款均與此本同。然此本究屬何種版本,尚待考證。

鈐印有"昌山"、"成孝基印"、"百源"。

2071　清抄本空同詩鈔　　T5412/4447

《空同詩鈔》十六卷,明李夢陽撰,清桑調元編。清抄本。四冊。半頁十行二十一字,無邊框。題"明北郡李夢陽撰;錢唐桑調元編"。前有乾隆十五年(1750)桑調元序,李空同傳;空同集各舊本評林姓氏里居。後附崔銑撰《李夢陽墓誌銘》,朱安㳫撰《李夢陽年表》;乾隆十五年李辛燿跋;劉湛《襄陽遇李空同女孫訪其先墓賦五言示之》詩;劉玉威《丁卯春日同李空同先生甥孫孟仲昭謁陽山舊阡誌感》詩。

李夢陽,見明嘉靖刻本《空同集》。

桑調元,字弢甫,浙江錢塘人。師事勞史,習性理之學。清雍正十一年欽賜進士,授工部主事,引疾歸。主九江濂溪書院,構須友堂,又於東臯別業闢餘山書屋,以友教四方之士。晚主灤源書院。著有《論語說》、《躬行實踐錄》、《弢甫集》。《清史稿》卷四八〇有傳。

是書爲調元所編夢陽詩選。卷一至二樂府,卷三至六五言古詩,卷七至一〇七言古詩,卷一一至卷一三五言律詩,卷一四七言律詩,卷一五五言長律、七言長律,卷一六五言絕句、七言絕句。

桑調元序云:"先生之八世孫辛燿從予游,道其父欲刻先集之詩,以廣厥傳,因檢行笈鈔本授之,釐爲十六卷。"

李辛燿跋云:"家君欲重刊全集,顧力未贍,思先雕詩選行世。適吾師錢唐弢甫先生,來大梁書院講學論文,提唱風雅,辛燿與聞緒論,即以家君夙志乞選鈔。吾師檢篋中定本見畀,家君及辛燿喜躍,急付諸梓。"

每卷末題"七世孫斌暨男辛燿刊"。

《香港大學馮平山圖書館藏善本書錄》著錄乾隆十五年李斌、李辛燿刻本,卷數、行款、題識、序跋、附錄等皆與此本同。《清華大學圖書館藏善本書目》著錄乾隆十五年誦芬堂刻本,卷冊、行款亦與此本同。此本當據乾隆十五年刻本所鈔。

鈐印有"夷山王氏"。

2072　明嘉靖刻清補板印本重刻渼陂王太史先生全集　T5413/1146

《重刻渼陂王太史先生全集》二十七卷，明王九思撰。明嘉靖十二年(1533)王獻等刻、嘉靖二十四年(1545)翁萬達再刻、崇禎十三年(1640)張宗孟補刻清補板印本。十六册。半頁十行二十一字或九行二十二字，四周單邊，白口，無魚尾。框高17.6釐米，寬12.9釐米。前有嘉靖十二年王獻跋，嘉靖十一年(1532)康海序，嘉靖十年(1531)王九思自序，崇禎十三年(1640)張宗孟重刻序。續集嘉靖二十四年張治道序，嘉靖二十五年(1546)翁萬達序。

王九思，字敬夫，號渼陂，鄠縣人。弘治九年進士，由庶吉士授檢討，以附劉瑾官至吏部郎中。瑾敗，謫壽州同知，復被論，勒令致仕。九思才思與李夢陽、何景明等齊名，後人稱爲前七子，長於散曲和雜劇。《明史·文苑傳》附見李夢陽傳中。

此重刻本所收爲《渼陂集》十六卷、《渼陂續集》二卷、《碧山樂府》四卷、《碧山詩餘》一卷、《南曲次韻》一卷、《杜子美沽酒游春記》一卷、《中山狼院本》一卷。《續集》爲其晚年之作。

《渼陂集》收賦二篇、詩四言二十三章、古樂府十六首、五言古一百六首、七言古二十八首、五言律一百二十五首、五言排律八首、七言律八十八首、七言排律一首、五言絕句七十六首、六言十首、七言絕句八十五首、雜著十八篇、序二十五篇、記十二篇、碑十篇、志銘三十四篇、表五篇、傳五篇、狀四篇。《渼陂續集》爲賦二篇、古體八首、五言古十八首、七言古二十三首、五言律一百二十二首、七言律七十三首、五言絕句二十七首、七言絕句三十三首、雜著五篇、序十三篇、記八篇、碑四篇、志銘二十三篇、表二篇、傳四篇。《碧山樂府》收小令上卷一百三十九曲、小令下卷一百七十五曲、套數上卷二十二闋、套數下卷十四闋。《碧山詩餘》收小令二十二調、中調十一調、長調二十三調。《南曲次韻》爲傍粧臺二百曲合刻。《游春記》爲四折。

王九思自序云："予始爲翰林時，詩學靡麗，文體萎弱，其後德涵、獻吉導予易其習焉。獻吉改正予詩者，稿今尚在也，而文由德涵改正者尤多，然亦非獨予也。惟仲默諸君子，亦二先生有以發之。顧予頑鈍，不能勉副其意。故今老且朽矣，而於所謂文若詩者，竟亦無所得焉。是則可恨也。然又弗忍盡棄，暇日檢其差可觀者，蓋十四五，命子瀛彙次成帙，存之家乘，而因述二先生愛我之意甚至不能忘也。"

王獻跋云："是集思遠調高，音節爾雅，蓋炎漢之博綜，曹魏之雋求，皇明之巨翰，李何之並彥也。壬辰之歲，按使西晉，時分巡上谷張子濂見之，深用賞焉，爰謀葛守覃，命工梓刻之河左。"

張治道序續集云："渼陂先生舊集十六卷，監察御史王君惟臣刻之山西，固已海內人人傳矣。其續集三卷，今撫臺東厓翁公又刻之鄠邑，將同前刻並傳焉。"翁萬達序又云："予不學，得先生是集，敬爲梓之。"

張宗孟重刻序云："於是敬詣渼陂仙窩，瞻拜儀像，徘徊紫閣峰下，求問先生文集。先生玄孫和、諸生旭曦、防守晬，奉先生集併續集、樂府、傳奇諸書，長跽進曰，先太史見忤逆瑾，不阿時相，一生霖雨，退老春亭，其浩然獨存者，有斯集在……顧歲久，板本磨滅，簡編脫逸，觀者苦之。遂命門人王子等彙輯參訂，匯爲全帙，捐俸翻刻，兩月告竣。"此處所云"翻刻"，實爲補刻。

《四庫全書總目》入集部別集類存目。《中國古籍善本書目》著錄，山西省圖書館、遼寧省圖書館等六館有全帙。臺北"國家圖書館"、美國國會圖書館亦有入藏。

2073　清康熙刻本華泉先生集選　　　　　　　　　　T5413/3318.1

《華泉先生集選》四卷,明邊貢撰。《睡足軒詩選》一卷,明邊習撰。附錄一卷。清康熙三十九年(1700)王士禎刻《王漁洋遺書》本。一冊。半頁十行十九字,左右雙邊,黑口,雙魚尾。框高17.7釐米,寬13.1釐米。題"户部尚書濟南邊貢著;刑部尚書後學王士禎選"。前有王士禎序、魏允孚舊序。《睡足軒詩選》前有王士禎序。末有嘉靖十七年(1538)劉天民序。

邊貢,字廷實,號華泉,山東歷城人,弘治九年進士。與李夢陽等號稱"弘治十才子"。授兵科給事中。峻直敢言,劉瑾擅權,貢出守衛輝、荆州,治行稱最。嘉靖時官至南京户部尚書。貢早負才名,美風姿,久官留都,優閒無事,游覽江山,揮毫浮白,夜以繼日,都御史劾其縱酒廢職,罷歸。事蹟見《明史・文苑傳》。

邊習,字仲學,貢次子。讀書攻文,能以詩世其家,王士禎《論詩絶句》有云"所謂'不及尚書有邊習,猶傳林雨忽霑衣'者"。習負薪以授徒,取給饘粥,貧困以没。

卷一五言古體十二首、七言古體十三首、補遺二首;卷二五言近體六十六首;卷三七言近體七十首;卷四五言絶句十八首、七言絶句五十四首。附錄收録王世貞《藝苑卮言》、顧起綸《國雅品》、魯中立《海岳靈秀集》、何良俊《叢説》、胡應麟《詩藪》、錢謙益《列朝詩小傳》、陳子龍《明詩選》中論貢詩。

邊習之詩遠不及其父,此集爲其年七十時客孫氏所作,多應俗之作。故友徐隱君夜購得手稿重裝之。康熙三十九年,王士禎刻《華泉集》於京師,乃取徐本重閲,録其半,附貢詩選後。習詩今存四十八首。附嚴石谿(嚴怡)詩三首。

此爲《王漁洋遺書》零本。據《中國叢書綜録》,《集選》爲清康熙三十九年刻本。

《四庫全書總目》著録,貢之《華泉集選》入集部別集類存目。習之《睡足軒詩選》改題《邊仲子詩》,也入集部別集類存目。

鈐印有"水西氏藏書印",日人之印也。

2074　明刻本袁中郎先生批評唐伯虎彙集　　　　　　T5413/0638D

《袁中郎先生批評唐伯虎彙集》四卷,明唐寅撰,袁宏道評;《唐六如先生畫譜》三卷,明唐寅輯;《外集》一卷,明祝允明撰;《紀事》一卷《傳贊》一卷。明刻本。八冊。半頁九行二十字,四周單邊,白口,單魚尾,書眉上刻評。框高20.3釐米,寬13.5釐米。題"吴趨唐寅著;公安袁宏道評"。前有袁宏道序。

唐寅,字伯虎,一字子畏,號六如居士、桃花庵主等。吴縣人。弘治中舉於鄉,工書畫詩文。畫長於山水,兼精人物,曾師事周臣,以李唐爲法,其畫筆力挺拔,人物衣褶勾勒,勁直如鐵絲。與沈周、文徵明、仇英合稱"明四家"。《明史》有傳,附徐禎卿後。

卷一賦三首、樂府十二首、五言古詩六首、七言雜詩三十首,卷二五言近體十二首、五言排律一首、七言近體九十四首、五言絶句六首、七言絶句九十四首、詞三首,卷三書五通、序六篇、記八篇,卷四碑銘一篇、墓志銘七篇、墓碣一篇、墓表一篇、祭文一篇、疏文一篇、啓一篇、論一篇、表一篇、贊三首、聯句二首。《外集》爲唐子畏墓志銘。《傳贊》爲閻秀卿、徐禎卿、顧璘、王世貞撰。《紀事》計二十條。

袁宏道序云："吴人有唐子畏者，才子也，以文名，亦不專以文名。余爲吴令，雖不同時，是亦當爲寫治生帖子者矣。余昔未治其人，而今治其文，大都子畏詩文，不足以盡子畏，而可以見子畏。故余之評騭，亦不爲子畏掩其短，政以子畏不專以詩文重也。子畏有知，其不以我爲俗吏乎？"

唐伯虎集，現存之本有沈思輯四卷本，亦有《外集》一卷《紀事》一卷，爲明萬曆四十年曹元亮翠竺山房刻本，中國國家圖書館、上海圖書館等五館有藏。臺北"國家圖書館"有明嘉靖間姑蘇袁褧編刊本（原藏北平館者）。另有何大成輯二卷本並《外編》五卷《續刻》十二卷《六如唐先生畫譜》三卷，爲明萬曆刻本，中國國家圖書館、上海圖書館等六館、臺北"國家圖書館"有藏。

《四庫全書總目》未收。《中國古籍善本書目》著録。中國國家圖書館、浙江圖書館等二十館，臺北"國家圖書館"（有明末四美堂刊本，疑與此本同板）、美國國會圖書館、普林斯頓大學葛思德東方圖書館亦有入藏。

鈐印有"俞印世瑄"、"枚吉"。

2075　明隆慶刻本王文成公全書　　　　　　T5411/2924

《王文成公全書》三十八卷，明王守仁撰。明隆慶六年(1572)謝廷傑浙江刻本。二十二册。半頁九行十九字，四周雙邊，白口，單魚尾。框高 18.8 釐米，寬 13.5 釐米。前有隆慶二年(1568)誥命；徐階序；徐愛等舊序；序説；編輯文録姓氏；校閲文録姓氏；彙集全書姓氏；督刻全書姓氏；新建侯文成王公小像并像贊。

王守仁，字伯安，號陽明，浙江餘姚人。弘治十二年進士，歷兵部主事、右僉都御史等，卒謚文成。其學崇陸九淵，謂格物致知，當自求諸心。其爲教，專以致良知爲主。《明史》卷一九五有傳。

卷一至三《傳習録》，卷四至八《文録》（書、序、記、説、雜著），卷九至一八《別録》（奏疏、公移），卷一九至二五《外集》（賦騷詩、書、序、記、説、雜著、墓志銘、墓表、墓碑、傳、碑、贊、箴、祭文），卷二六至三一《續編》（又三征公移逸稿、思田公移、征藩公移），卷三二至三六《年譜》、卷三七至三八《世德紀》并附録。

徐階序云："《王文成公全書》三十八卷，其首三卷爲語録，公存時徐子曰仁輯。次二十八卷，爲文録、爲別録、爲外集、爲續編，皆公薨後錢子洪甫輯。最後七卷爲年譜，爲世德紀，則近時洪甫與汝中王子輯而附焉者也。隆慶壬申，侍御新建謝君奉命按浙，首修公祠，置田以供歲祀，已而閲公文，見所謂録若集各自爲書，懼夫四方之學者或弗克盡讀也，遂彙而壽諸梓，名曰《全書》……謝君廷傑，字宗聖，其爲政崇節義，育人才，立保甲，厚風俗，動以公爲師，蓋非徒讀公書者也。"

《四庫全書總目》入集部別集類。《中國古籍善本書目》著録。中國國家圖書館、上海圖書館等二十三館，臺北"國家圖書館"及美國國會圖書館、日本内閣文庫、尊經閣文庫、静嘉堂文庫亦有入藏。

鈐印有"金印相聖"、"時甫"。

2076　明嘉靖刻本陽明先生文録　　　　　　T5411/8523

《陽明先生文録》五卷《外集》九卷《別録》十卷，明王守仁撰。明嘉靖十四年(1535)聞人詮刻本。存二十册。半頁十行二十字,左右雙邊,白口,單魚尾。《別錄》框高 19.6 釐米,寬 14.2 釐米。

此本僅存《別錄》十卷。

《中國古籍善本書目》著錄。中國國家圖書館、上海圖書館等十九館,臺北"國家圖書館"等皆有全帙入藏。

鈐印有"迪齋藏書之記"。

2077　明嘉靖刻本陽明先生文錄語錄　　T5411/4104

《陽明先生文錄》十七卷《語錄》三卷,明王守仁撰。明嘉靖二十六年(1547)范慶吳郡刻本。三十二册。半頁十行二十字,左右雙邊,白口,單魚尾。框高 19.8 釐米,寬 14.3 釐米。前有嘉靖十二年(1533)黃綰序。末有嘉靖二十六年范慶跋。

卷一至四書,卷五至六序、記,卷七記,卷八説、雜著,卷九雜著,卷一〇墓誌銘、祭文,卷一一至一四賦騷詩,卷一五至一七疏。語錄題"門人徐愛錄"。

范慶跋云:"陽明先生遺集傳於世者,有《存稿》、《居易集》、《文錄》、《傳習錄》,門人緒山錢子洒併之曰《文錄》,復取先生之奏疏、公移,釐爲别錄,合刻於吳郡,惟《傳習錄》别存焉。未幾,厄於回禄,版遂殘缺。嘉靖甲辰,慶來守茲郡,亟求焉,僅得文錄版什之二三,然魯魚亥豕,猶未免也。别錄蓋蕩無存矣。爰重加校葺,而補其奏疏二十三篇,彙爲《文錄》,以《傳習錄》附於卷後,别爲《語錄》,凡爲卷共二十,庶可以見先生之全書云。"按,慶字元會,江西豐城人。嘉靖十四年進士,授刑部主事,歷員外郎中。後出知蘇州,移風易俗,禱雨輒應,救荒全濟甚多。陞雲南副使,爲仇隙所搆歸,日與同志講良知之學。卒祀鄉賢。《(道光)豐城縣志》卷一二有傳。

《四庫全書總目》未收。《中國古籍善本書目》著錄,中國國家圖書館、首都圖書館亦有全帙。

鈐印有"寠莊館森化氏藏書記"。

2078　清康熙刻本王陽明先生全集　　T1307/8225

《王陽明先生全集》二十二卷首一卷,明王守仁撰,清俞嶙輯。清康熙十二年(1673)俞嶙刻後印本。二十四册。半頁九行十九字,四周雙邊,白口,單魚尾。框高 19.8 釐米,寬 13 釐米。題"同里後學俞嶙重編"。前有康熙十九年(1680)鄔景從序,康熙十二年王令序;王陽明先生遺像;《凡例》五則。《凡例》後有俞嶙識語,末有俞長民跋。原有康熙十二年俞嶙序、林雲銘序,此本佚去。

王守仁,見明隆慶刻本《王文成公全書》。

王氏全集多有刊刻,卷次編排各異。此俞嶙重編並付梓者,卷一至四書,卷五序,卷六記,卷七説、雜著,卷八賦、騷、詩,卷九詩,卷一〇墓誌銘、墓表、墓碑、傳、碑、贊、箴、祭文,卷一一至一七奏疏,卷一八至二〇公移,卷二一傳習錄卷二二語錄。卷首爲《王陽明先生年譜》。

《四庫全書存目叢書》影印此本俞嶙序云:"予懼夫先生之文日久漸湮,而後之學者將悢悢乎其靡所適從也,故予甫及下車,即取先生全集重付剞劂而詮次之。夫一命初膺,席尚未煖,且徵調不時,薄書日迫,顧亟亟以此爲務,鮮有不笑予之迂者。不知先生之文,其有關於風俗人心者,正匪細也。"序署"康熙癸丑七月同里後學俞嶙題於從化之自公堂"。

俞嶙識語云:"先生文集,吾姚錢緒山先生首刻於姑蘇,嗣後閩越河東關中皆有刻本。近年以來板多殘失,海內求其遺書,卒不易得,予以家藏諸本輯而梓之。是役也,起工於壬子之十月,告成於癸丑之九月,其間亥豕之訛,已細加糾正矣。但原本偶有殘缺,不敢輕補一字,以蹈自用之失。而讎校精工,則家弟赤文之功爲不可泯也。自公堂主人識。""壬子"爲康熙十一年,"癸丑"爲康熙十二年,則此本刻成在康熙十二年俞氏從化任中。

又鄒景從序云:"從幸與吾友嵩庵俞子同居陽明先生舊里,衣冠劍佩,猶能想像之。從辨復歸里,朝夕哔先生文集,祈得之身心,深之窟窹。而吾友俞子筮仕粵東,甫下車而力任斯道,於親民之暇,搜羅先生善本,綱舉條輯,捐俸付梓,公之同好。當此徵調日繁,簿書鞅掌,而吾友欲以先生曩日之駐節兩粵者化誨東粵,使革薄從忠,去鄙就雅,豈惟先生之文而已哉?"

鄒序作於康熙十九年,而據《四庫全書存目叢書》影印此本林雲銘序云:"癸亥夏杪,余同年友姚江俞君嵩庵以宰從化時所梓陽明先生全集見示。"林序則又在康熙二十二年(癸亥)矣。可知俞氏後又增刻鄒序、林序,將此本重加印行。其後俞氏書板或多有轉徙。《中國人民大學圖書館古籍善本書目》著錄此書清康熙十二年刻本,封面鑴"是政堂藏板"。《東北地區古籍綫裝書聯合目錄》著錄吉林市圖書館藏本,作清康熙十九年是政堂刻本,又著錄"清康熙十二年俞氏自公堂刻本"、"清康熙十二年俞嶙敦厚堂刻本"。館藏此本爲敦厚堂藏板。以上當均爲俞氏所刻書板的不同印本。

此本有扉頁,刻"王陽明先生全集。同里俞嵩庵重編。敦厚堂藏板"。

《四庫全書總目》集部別集類存目著錄《陽明全集》二十卷《傳習錄》一卷《語錄》一卷,云:"此本爲康熙中餘姚俞嶙所編,刪除錢德洪本正錄、外錄、別錄之目,並爲一集,更其舊第,首載《年譜》,次以書序記説諸體,而以《傳習錄》、《語錄》附焉。"當即此本。

《中國古籍善本書目》著錄,北京大學圖書館、中國社會科學院考古研究所、中國社會科學院近代史研究所等九家館藏,《四庫全書存目叢書》即據近代史研究所藏本影印。另《内閣文庫漢籍分類目錄》等亦著錄此本。

2079　明崇禎刻本王文成公文選

T5411/1125

《王文成公文選》八卷,明王守仁撰,王畿輯,鍾惺評點。明崇禎六年(1633)陶珽刻本。六册。半頁九行十九字,四周單邊,白口,無魚尾,書眉上刻評。框高19.4釐米,寬13釐米。題"門人王畿選定;後學鍾惺評點"。前有鍾惺序,王畿序,崇禎六年陶珽序。

卷一至二疏,卷三書,卷四序、記、書後、祭文、墓表、跋、説、碑,卷五策、公移,卷六賦、古詩、五言古詩、七言古詩、五言律詩、七言律詩、五言絕句、七言絕句,卷七至八年譜(題"門人王畿編述,後學李贄删訂,後學鍾惺評點")。

陶珽序云:"予官武昌九閲月,而勞人被逐宜矣。第念君臣政事之外,無一風雅事可述,幾爲黄鶴白雲所笑。獨於竟陵,得吾友鍾伯敬所評公、穀、國策、國語、前後漢、三國史,暨通鑑纂、衍義纂、昌黎選、東坡選、宋名家選、明文選,與夫王文成選諸遺書一十八種,歸途展玩,差爲快耳。古今之書,不知凡幾,而古今之評,又不知凡幾,獨沾沾於是,無乃陋乎!……因謀之梓,聊以見予斯役也。"

此本有扉頁,刊"王文成公文選。鍾伯敬先生評點。金閶溪香館發梓"。

集 部

《四庫全書總目》未收。《中國古籍善本書目》著録。安徽省圖書館、蘇州市圖書館等九館，臺北"國家圖書館"亦有入藏。

鈐印有"雲煙家藏書記子孫永保"、"函碕文庫"、"温故文庫"、"無適藏書"。

2080　清乾隆刻本陽明先生集要三編　　T5411/0116

《陽明先生集要三編》十五卷，明王守仁撰，明施邦曜評輯。附《陽明先生年譜》一卷。清乾隆五十二年(1787)朱培行濟美堂刻本。十册。半頁十行二十字，左右雙邊，白口，單魚尾，書眉上刻評語，書口下刻"濟美堂"，框高17.1釐米，寬12.6釐米。題"施四明先生評輯；邑後學徐坤、朱培行仲皜謹校"。前有顔繼祖序，崇禎八年(1635)王志道序，崇禎七年(1634)曹惟才序，王命璿序，崇禎八年黄道周序，施邦曜序。末有崇禎八年王立準跋；乾隆五十二年(1787)徐坤後序，乾隆五十二年黄璋後序，乾隆五十二年張廷枚後序。總目後有乾隆五十二年朱培行跋。

施邦曜，字爾韜，浙江餘姚人。萬曆四十七年進士，官工部郎中。魏忠賢興三殿工，諸曹郎奔走其門，邦曜獨不往。歷福建布政，所至有聲。累官南京通政使，入覲，陳學術、吏治、用兵、財賦四事，帝改容納焉。進左副都御史。後因戰事城陷，仰藥死。福王時謚忠愍。

陽明之説主張以心爲本體，提倡"良知良能"、"格物致知，自求於心"，提出"求理於吾心"之知行合一説，世稱"姚江學派"。此集爲施邦曜所輯陽明文中之重要者，並將其心得評語列諸書眉，"心光迸照，輒抒數語於上，旁行斜注，鉤貫繩聯"(朱培行跋)。《集要》計三編。一爲理學集：卷一傳習録(共一百十六條)；卷二語録(共八十一條)、大學問；卷三書(計十二篇)；卷四書(計四十三篇)、序(計七篇)。二爲經濟集：卷一奏疏公移(計四篇)、平閩廣寇(計二十篇，附三篇)；卷二平横水桶岡(計十四篇，附四篇)；卷三平三浰(計八篇，附二篇)；卷四平宸濠(計三十篇，附一篇)；卷五巡撫江西(計二十二篇，附四篇)；卷六平思田(計十七篇)；卷七平諸猺賊(計二十三篇，附五篇)。三爲文章集：卷一書(計十七篇)、序(計二十一篇)；卷二記(計十六篇)、説(計八篇)；卷三書卷(計十八篇)、墓志、墓表、墓碑、傳(共五篇)、論、箴、銘、文、祭文(共八篇)；卷四賦(計三篇)、詩(寄興詩計四十六首、憂患詩計五十三首、戰伐詩計十四首、道學詩計四十五首)。

施邦曜序云："余以蚵蚾之質，仰羨蟾蜍之宫，每讀先生之書，不啻饑以當食、渴以當飲，出王與俱，然行役不常，苦其帙之繁而難攜也，因纂其切要者分爲三帙，首理學、次經濟、又次文章，便儲之行笈時佩服不離，亦以見先生不朽之業有所獨重云。"

曹惟才序云："昨冬，以莆李代漳事得日侍四明施公，每論及文學政事，輒極口先生文爲第一義，且出其手録有理學、經濟、文章三集，蒐覽之餘，又加以精評，其於良知之旨隨地圓照而若人人可以承當者。不肖才既恣觀其全亦密，窺其藴，乃始喟然嘆曰，天下有能讀先生之書者，而諸生與當官有兩截乎哉？"

施氏在閩漳八年，有福庇於兹土，其轉別於蜀前，取此《集要三編》付平和令王立準梓之，蓋此書先有閩刻本，爲崇禎七年刊刻，八年竣工。書成，並藏漳之王文成公祠中。然崇禎本版片漫漶，流傳者少，據乾隆五十二年徐坤後序，"吾友黄子華陔、張子羅山與予商榷，思欲重開雕，以公諸海内。而朱生庸庵欣然以爲己任，其服膺先賢之著述而表揚之，甚盛心也。"張廷枚後序又云："陽明王先生《集要三編》，施四明先生手輯評點，鋟板閩中，旋即散佚，流傳絶少。廷枚家素有不足本，購之良久始得，三缺本合成全璧。甲辰，於蠡城書賈擔頭復得善本，較前所得者刷

1553

印尤勝，爲之狂喜。竊惟陽明先生良知之學，足參聖諦，其書如五緯之經，天芒寒色，正又得四明先生發揮旁通，後學津梁第一，蔑以加矣，而苦於力綿，不克授梓。茲得朱君仲皜慨然直任，因畀以原本，剞劂八閱月始竣，從此衣被天下，發蒙振聵，陽明、四明之靈，實昭鑒之矣，豈曰小補之哉！"

此本有扉頁，刻"陽明先生集要三編。乾隆丁未重刊。濟美堂藏板"。按，據清末明明學社本林肇元序云："我朝乾隆間朱君培行刊於越，嘉慶間再毀於火。咸豐間，越城失，片紙俱無矣。"

《四庫全書總目》、《續修四庫全書總目提要（稿本）》未收。《中國古籍善本書目》著錄，有明崇禎八年王立準刻本，藏山東師範大學圖書館。《湖南省古籍善本書目》著錄此本，版本項誤作"清乾隆二十二年濟美堂刻本"，藏湖南圖書館。按，《四部叢刊》收入此書，乃據無錫孫氏小綠天藏明刻本影印。其書錄云："陽明集，明時傳刻不一，崇禎中施忠愍公邦曜以諸刻未得其要，因纂爲三帙，首理學、次經濟、又次文章，手加評點，刊諸閩漳，最爲精善。卷首載《年譜》，亦忠愍所編次也。"清末曾就此本重刻，一爲清光緒五年（1879）貴州陽明祠刻本；一爲清方苞南、魏蕃實重刊於江南製造局本；一爲清光緒三十三年（1907）上海明明學社排印本（宣統三年又有第三版印本）。

館藏又有複本一部，十冊。

2081　明萬曆刻本何文定公集　　T5413/2216

《何文定公文集》十一卷，明何瑭撰。首一卷。明萬曆八年（1580）澶州知州張中鴻刻本。四冊。半頁十行二十二字，四周雙邊，白口，單魚尾，書口下有刻工。框高23.1釐米，寬15.3釐米。前有萬曆八年張鹵序。

何瑭，字粹夫，號柏齋，懷慶人。弘治十五年進士，初任翰林修撰，不屈於劉瑾，出爲開州同知，歷工、戶、禮三部侍郎，官至南京右副都御史，卒諡文定。又有《醫學管見》等。《明史·儒林傳》有傳。

瑭篤行勵志，其論學一以格致爲宗，以躬行爲本，不以講學自名，然論其篤實，乃在講學諸家之上。此本卷一爲講章、奏議、奏疏、表，卷二至五序，卷六序、引，卷七記，卷八記、論，卷九說、書、移、跋、策問、雜著、傳、讚，卷一〇碑銘、墓志、墓志銘、墓銘、墓表、祭文，卷一一擬古（佚去）、五言古詩、七言古詩、五言絕句、七言絕句、五言律詩、七言律詩、五言排律詩。首一卷爲傳文，爲張鹵撰。《四庫全書總目》云："其文體樸質，不斤斤於格律法度之間，而有體有用，不支不蔓，與雕章繪句之學，固又當別論矣。"

張鹵序云："舊傳遺稿，余門人今湖廣右布政使春容賈君守覃懷時，曾刻於郡齋。賈君意在兼收，予久抱一區區謬意，茲欲別錄公集中之粹言要事，再刻於澶淵已。檄州先錄公全稿，以俟參閱。會叨召入爲廷尉，州守張君中鴻既限之不便請白，又不欲輒加詮次，復仍刻其全稿，而告成事……公平生歷履之詳，予既爲公有傳，茲特語及所以刻茲編之意。然再刻必於澶淵者，以公嘗倅茲邦，又欲藉以抒茲邦人士彌久彌切所仰止、思公之積慕云。"

此本有刻工，爲魁、福、云、周、佃、宗、東、進、本、垓、金、元、端、大、戶、海。書中有抄配。

按，何瑭最初有《柏齋文集》十卷，爲明刻本，半頁十二行二十字，四周雙邊，大黑口，南京圖書館、中國科學院圖書館、臺北"國家圖書館"（原藏北平館者）有藏。又有《何柏齋文集》八卷，明嘉靖三十三年周鎬刻本，半頁十行二十二字，四周單邊，北京大學圖書館、中山大學圖書館有藏。三爲《何文定公文集》十一卷，明萬曆四年賈待問等刻本，半頁十行二十一字，左右雙邊，此本流傳較多，上海圖書館等二十五館及臺北"國家圖書館"有藏。

此本爲張中鴻所刻，張爲山東滕縣人，萬曆八年進士。

《四庫全書總目》收《栢齋集》入集部別集類，《中國古籍善本書目》著録，北京師範大學圖書館、南開大學圖書館亦有入藏。

鈐印有"宛平王氏家藏"、"慕齋鑒定"。

2082　明嘉靖刻本周恭肅公集　　　　T5413/7272

《周恭肅公集》十六卷，明周用撰；附録一卷。明嘉靖二十八年(1549)周氏川上草堂刻本。六册。半頁十行二十字，四周雙邊，白口，單魚尾，書口下有"川上草堂"，間有刻工。框高19.1釐米，寬13.6釐米。前有嘉靖二十八年朱希周序。

周用，字行之，吴江人。弘治十五年進士，授行人，官至吏部尚書，謚恭肅。事蹟具《明史》本傳。

卷一五言古詩一百二十六首，卷二七言古詩三十五首，卷三至四五言律詩三百十首，卷五至七七言律詩四百二十四首，卷八五言七言排律三十八首，卷九五言七言絶句(附六言四首)二百十六首，卷一〇詩餘四十三首，卷一一記序二十六篇，卷一二書、雜著四十一篇，卷一三祭文、碑銘、墓表二十五篇，卷一四志銘、壙記、行狀十六篇，卷一五至一六奏疏三十七篇。附録一卷爲周用墓表、墓志、傳、行狀。

朱希周序云："公平生著作甚富，然多所散佚，既卒後，其子督府都事國南，乃蒐輯其所存者，刻之爲十有六卷。"

此本刻工有章鳳、甫言、吴采、仁、信、章敷言、松、唐、良、國用、半、日等。又附録中《恭肅公神道碑銘》及《冢宰周恭肅公祠記》兩篇當爲後人所增補，字體也與原本有異。此本之刷印，據其紙張來看，當在清初。

《四庫全書總目》入集部別集類存目。《中國古籍善本書目》著録。中國國家圖書館、上海圖書館等十四館，臺北"國家圖書館"及日本内閣文庫亦有入藏。按，北京大學圖書館、中山大學圖書館有天啓間增修本。

鈐印有"止適齋藏書"。

2083　明萬曆刻本何大復先生集　　　　T5414/713

《何大復先生集》三十八卷，明何景明撰；附録一卷。明萬曆五年(1577)陳堂、胡秉性刻本。八册。半頁十行二十字，四周單邊，白口，單魚尾，書口下刻字數，并有刻工。框高18.6釐米，寬13.5釐米。前有嘉靖三十七年(1558)王世貞序，嘉靖十年(1531)王廷相序，嘉靖三年(1524)唐龍序，嘉靖三年康海序；萬曆五年周子義跋。

何景明，字仲默，號大復山人，河南信陽人。弘治十五年進士，授中書舍人。正德初，逆瑾用事，景明謝病歸。瑾敗復職，官至陝西提學使，卒年三十九。工詩文，爲弘治十才子之一。《明史·文苑傳》有傳。

卷一至二賦二十二篇、卷三辭十篇、卷四古詩六首、卷五至六樂府雜調八十三首、卷七至一〇五言古詩二百十五首、卷一一至一四七言歌行一百四十一首、卷一五至二二五言律詩六百六十二首、卷二三五言排律二十六首、卷二四至二七七言律詩二百五十首、七言排律二首、卷二八五言絕句七十首、六言律詩二首、六言絕句六首、七言絕句五十一首、卷二九七言絕句九十七首、卷三〇何子十二篇、卷三一內篇二十五篇、卷三二疏書十篇、卷三三記問說序十一篇、卷三四至三五序二十五篇、卷三六碑文墓志十八篇、卷三七行狀五篇、卷三八誄祭文雜著三十一篇。

周子義跋云："明興，以文章鳴者無慮數十百家，至李、何而復於古，何校李尤雅，彬彬軌漢魏，稱大家，王廷尉敘之備矣。集凡幾刻本，或闕軼弗全，公之孫伯子彙萃編次，裒為成帙。會典試來南都，及侍御陳君，偕間出以示侍御，謂：'南雍故藏書府，四方人士游覽者衆，是集永足以風，盍刻而藏諸？'爰暨乃僚胡君捐贈鋟梓之。諸所訂正，悉出伯子。伯子博雅而文，方遭時策勛，以竟公緒業，茲直成志之一爾。余欽伯子之嗣徽，又多二君誼為識諸末簡。陳君名堂，南海人；胡君名秉性，信陽人，與伯子同里。"

此本刻工有吳廷、郭奇、劉卞、黃朝、黃幹、鄧欽、戴谷、郭才、易正文、蔣寅、劉義、吳科、溫志、胡存、鄧秦、溫志明、裴龍、楊玉、黃友仁、戴訓、易茲、劉見、胡機、王武、林時、李坤、胡學、羅六、李淮、王文、劉士、蔣應寅、楊育、黃茂元、柴福、吳金、劉迹、葛舉、方甫、黃昱、付機、付汝光、王東、付高、楊文炳、易先、裴魁、洪平、劉壽、鄧漢、洪念、朱貴。

景明集今存最早之本為《何氏集》二十六卷，嘉靖沈氏野竹齋刻本，中國國家圖書館、上海圖書館等十三館，臺北"國家圖書館"（四部）入藏。又有嘉靖義陽書院刻本，中國國家圖書館、上海圖書館等十館及臺北"國家圖書館"（三部）有藏。另題《大復集》者，為三十七卷本，明嘉靖三十四年袁璨刻本，上海圖書館、遼寧省圖書館等七館入藏。臺北"國家圖書館"有《何仲默集》十卷，為嘉靖間費楘等刻本，杭州大學圖書館有藏。又《何大復先生集》三十八卷本，有附錄一卷，明刻本，中國國家圖書館、上海圖書館等十九館有藏。除此之外，尚有《大復集》十三卷，明楊保刻本，河南省圖書館等五館有藏。《何大復先生集》二十八卷，明末刻本，藏陝西師範大學圖書館。《大復遺稿》一卷《新論》一卷附錄一卷，明嘉靖任良榦刻本，藏福建省圖書館。《何仲默詩選》四卷，明沈啟南刻本，藏福建省圖書館。

《四庫全書總目》入集部別集類。《中國古籍善本書目》著錄，中國國家圖書館、上海圖書館等二十五館，美國國會圖書館、日本靜嘉堂文庫亦有入藏。

鈐印有"戊子司□己丑狀元"、"吳于寅印"等。

2084　清乾隆刻本何大復先生集

T5414/83

《何大復先生集》三十八卷，明何景明撰。附錄一卷。清乾隆十五年(1750)七世孫何輝少等刻本。八冊。半頁九行二十字，四周雙邊，白口，單魚尾。框高 18.4 釐米，寬 12 釐米。題"五世姪孫源洙字魯存、六世姪孫維基字培庵同校訂；七世姪孫輝少字誦芬、男八世姪孫永謙字遜齊重梓"。前有嘉靖三十七年(1558)王世貞序，嘉靖十年(1531)王廷相序，嘉靖三年(1524)唐龍序，嘉靖三年康海序，萬曆五年(1577)周子義序。末有乾隆十五年(1750)何輝少跋。

何景明，字仲默，號大復山人，河南信陽人。生有異質，八歲即能詩，以神童稱。弘治十五年進士，授中書舍人。正德初，逆瑾用事，景明謝病歸。瑾敗復職，官至陝西提學使，以經術世務教諸士，其規約尚嚴，志在崇本起弊。嘉靖十六年卒，年三十九。《明史·文苑傳》有傳。

景明工詩文,崇古學,抑陋習,與李夢陽等倡詩古文,爲"弘治十才子"之一。此集卷一至二賦二十二篇;卷三辭十篇;卷四古詩六首;卷五至六樂府雜調八十三首;卷七至一〇五言古詩二百十五首;卷一一至一四七言歌行一百四十一首;卷一五至二二五言律詩六百六十二首;卷二三五言排律二十六首;卷二四至二七七言律詩二百五十首、七言排律二首;卷二八五言絕句七十首、六言律詩二首、六言絕句六首、七言絕句五十一首;卷二九七言絕句九十七首;卷三〇何子十二篇;卷三一內篇二十五篇;卷三二疏、書十篇;卷三三記、問、說、序十一篇;卷三四至三五序二十五篇;卷三六碑文、墓志十八篇;卷三七行狀五篇;卷三八諫、祭文、雜著三十一篇。附錄爲喬世寧撰《何先生傳》、樊鵬撰《中順大夫陝西提學副使何大復先生行狀》、孟洋撰《中順大夫陝西按察司提學副使大復何君墓志銘》、汪道昆撰《明故提督學校按察司副使信陽何先生墓碑》、蔡汝楠撰《創建大復何先生祠記》。又錄《皇明名臣君行錄》、《陝西通志》、《河南通志》、《中州人物志》、《欽定明史名臣錄》、《重修河南通志》、《重修信陽州志》中之景明傳略。

此本爲景明七世孫何輝少、八世孫永謙所刻,輝少跋云:"學憲公以奇童稱,先朝何李之名、四傑之目,津津海內,其節操才略具載史乘。而詩文諸集,經當代名公卿選訂者,北潞南都、六經數刻,播之四海矣。鼎革以來,鏤版寢軼,輝少居恒,自愧無狀,不能奉揚先德,齪齪伏鄉園中,每一展捧先集,輒深徒讀之,感曩者竭力從事《賜策堂集》,已壽諸梓,而學憲公集更自皇皇以爲己任。茲幸觀察任公,以中翰監蒞斯土,與郡伯張公俱留心文獻,時爲詔勉,而族祖廣寧東山公,適以許之參軍分攝州事,慨省清俸,共勷厥成,迺於州志工竣之際,獲新梨棗焉。"

目錄頁卷二九後俱佚去。

景明集之明代版本頗多。另《何大復先生集》三十八卷本,清代又有咸豐二年世守堂刻本、光緒十九年豫南書院重刻本、宣統元年厚生印書館石印本。

《四庫全書總目》著錄,入集部別集類。《中國科學院圖書館藏中文古籍善本書目》著錄,共兩部,同哈佛本。《湖南省古籍善本書目》著錄清乾隆十五年何輝少賜策堂刻本。《河南省圖書館中文古籍書目(集部)》著錄兩部,一爲殘本,作清七世姪孫何輝少等重刻本,存卷二至二二、卷三七至三八;一作清乾隆十五年賜策堂刻本。《北京師範大學圖書館中文古籍書目》著錄清乾隆十五年賜策堂刻本,《"國立臺灣大學"普通本綫裝書目》著錄清乾隆十五年賜策堂重刻本。

2085 清乾隆刻本蒼谷全集   T5413/1192

《蒼谷全集》十二卷,明王尚絅撰。附錄一卷。清乾隆二十三年(1758)王純密止堂刻本。八冊。半頁九行十八字,四周雙邊,白口,單魚尾。框高19.3釐米,寬13.2釐米。題"開州王綖龍湫先生原選;冢嗣同中泉甫錄刊;後學邑令清溪潘思光亞卿甫、學博汝南傅讓穎思甫全選定;汝南明經傅訪刼舟甫參校;同里後學趙咨謀使平甫、郭瑋上玉甫、劉格去非甫、趙映霖說岩甫、王曾唯會一甫、康峻明聖克甫仝較字;族晜孫懷錦、錦章仝較梓;礽孫純重刊"。前有乾隆二十三年潘思光重刻序,呂顓序,孫允中序,王崇慶序,黨以平序,嘉靖三十年(1551)韓邦奇序,馬理序。末有乾隆二十三年王純跋。

王尚絅,字錦夫,號蒼谷,河南郟縣人。生而穎異,比長,盡通五經諸子,尤邃於三禮。十八歲舉於鄉,弘治十五年成進士。授兵曹,有賢名,調吏部,歷稽勳、驗封兩司。後出爲山西參政,疏請侍養,家居十九年,樂道安貧,養親教子於蒼谷山中。起四川參政,不赴,再起陝西,以母命就道,復除山西參政,官至浙江右布政使。生於成化十四年,嘉靖十年卒於官。所著又有《平山年譜》、《義方堂集》、《維正稿》、《密止堂稿》、《西行類稿》等。

　　尚綱雖官至二品，然清苦猶如寒素，不附權門，不慕榮進，其學問淹博，雅善詩文。孫奇逢撰尚綱傳云，其平生每右兩程，左三蘇，崇理學而鄙詞翰。薛應旂則謂其文追秦漢，詩逼蘇李，一時藝林咸稱作者。此全集分詩類及文類。詩類卷一賦、古詩；卷二五言古詩、七言古詩；卷三五言律詩、五言排律；卷四七言律詩；卷五五言絶句、六言附；卷六七言絶句、詩餘附。文類卷七疏、記；卷八序；卷九題辭、辯議、論説；卷一〇銘辭、贊附、雜著、碑碣；卷一一志銘；卷一二傳狀、書簡、祭文。附錄一卷爲王綎撰《明故浙江右布政使蒼谷王子墓志銘》、《明貞孝文子王公靖懿君周氏墓表》、闕名撰《蒼谷先生讀書堂記》、孫奇逢撰《王布政公傳》、劉宗泗撰《王布政尚綱》、潘思光撰《祭蒼谷王公文》；王氏世系。

　　王尚綱集，最早刊刻之本爲《蒼谷集録》十二卷，明嘉靖刻本，爲半頁九行二十字，四周單邊、白口。此本爲尚綱没後二十年，由其冢嗣王同所刻，凡賦四篇、詩諸體八百四首、詞十二章、文諸體一百四十六篇。嘉靖本頗罕見，中國國家圖書館、上海圖書館所藏皆爲不全之本。又臺北"國家圖書館"有《蒼谷集選》一卷，爲明嘉靖四十二年郟城王氏刻本。另《盛明百家詩後編》中收有尚綱《王方伯集》一卷。

　　此本爲尚綱八世孫純重刻，潘思光序云："王蒼谷先生八世孫七十二叟國學生純來謁，手奉一冊，流涕長跽而言曰，此純六世祖布政公集鈔也，嘉靖辛亥七世祖隨州公刻於署，傳行海内，經兵燹，散軼無存。茲鈔得自孝廉趙使平，純年邁子殤，嗣孫沖幼，恐旦暮填委溝壑，而遺文湮没，則不孝罪大且弗瞑。今將重付梓人，惟明府鑒定訂訛而錫以序……是集本王龍湫先生選本，今之考訂其殘缺而校正其字畫者，廣文汝陽傅讓穎思甫偕其弟訪剡舟甫也。"按，書口下刻"密止堂"，密止堂乃尚綱所築，此集卷七有《密止堂記》，云："郟西北山曰扈陽，水曰扈澗，澗艮隅搆堂曰密止，蒼谷子止焉。"

　　《四庫全書總目》、《續修四庫全書總目提要(稿本)》未收。《中國古籍善本書目》著録，山西省圖書館、湖北省圖書館、北京大學圖書館等六館收藏，又日本内閣文庫也有入藏。

2086　清乾隆刻本康對山先生文集　　T5413/0335

　　《康對山先生文集》十卷，明康海撰；附録一卷。清乾隆二十六年(1761)瑪星阿刻本。六册。半頁十行二十字，四周雙邊，白口，單魚尾。框高21.5釐米，寬14.1釐米。題"後學同邑孫景烈孟揚選次；長白瑪星阿景謙參閱；邑後學耿性直伯正校，王應槐兆三、張書紳公佩、何瑞雲卿分校"。前有乾隆二十六年瑪星阿序，乾隆二十六年孫景烈序，嘉靖二十四年(1545)王九思舊序，嘉靖二十四年劉儲秀舊序，嘉靖二十四年吴孟祺舊序，嘉靖二十五年(1546)趙時春舊序，萬曆九年(1581)朱孟震舊序，萬曆九年王世懋舊序。末有乾隆二十六年張洲後序。

　　康海，字德涵，號對山，陝西武功人。弘治十五年進士。授翰林院修撰，劉瑾專政，欲招致之，海不往。會李夢陽下獄，書片紙召海曰'對山救我'。海乃謁瑾説之，夢陽得釋。後瑾敗，海坐瑾黨落職。海生於成化十一年，卒於嘉靖十九年，年六十六。傳附見於《明史·文苑·李夢陽傳》中。又《(康熙)武功縣續志》卷二《人物》載其傳甚詳。

　　康海落職後遂放浪自恣，徵歌選妓，於文章不復精思，詩尤頹縱。其詩發於天真，以興致爲先，格高詞俊。弘治間，其與李夢陽、何景明、徐禎、王九思相以古文倡，而成化以前纖弱靡麗之習一爲不變。此本卷一策一篇、論二篇，卷二書十七通，卷三至四序四十四篇，卷五記十二篇、雜著五篇,卷六碑六篇、墓表二篇,卷七墓志十二篇,卷八墓志五篇、祭文四篇、行狀一篇,卷九賦二篇、琴曲二篇、四言詩一首、五言古詩七十三首,卷一〇七言古詩二十四首、五言律詩四十二首、五言排律一首、七言律詩二十九首、五言絶句二首、七言絶句十九首。附録一卷爲諸家評語並馬理撰《對山先生墓志銘》。

　　康海集明代所刻僅有兩種,最早之本題《對山集》,爲明嘉靖二十四年吴孟祺刻本(十行二十字,四周單邊,白口),十九卷,今藏中國國家圖書館、山東省圖書館、臺北"國家圖書館"等七館。次爲《康對山先生集》,明萬曆十年潘允哲刻本(十行二十字,左右雙邊,白口),四十六卷(詩十八卷、文二十八卷),今藏中國國家圖書館、南京圖書館、山東省圖書館等十三館及日本内閣文庫。清代則有《康對山先生集》四十五卷首一卷,康熙五十一年馬逸姿江寧刻本(行款同萬曆本),今藏湖北省圖書館、北京大學圖書館等七館。近代以來,有民國六年據乾隆二十六年補刻本,河南省圖書館等館皆有入藏。又《盛明百家詩前編》收有《康狀元集》一卷;《明詩十二家》中收有《康對山詩》一卷。

　　此乾隆刻本爲瑪星阿所刻。《四庫全書總目》云,是本爲康海里人編修孫景烈以所藏嘉靖張太微本刊削而刻之,誤。張洲序於刊刻經過述之甚詳,後序云:"蓋對山太史崛起前明中葉之際,與李、何、王、邊倡爲古文,漢魏詩歌,一時宗尚,所傳有《對山集》若干卷,校訂於渼陂,彙輯於太微,品隲於太倉王麟洲,搜羅互異,棄取不同,而爲一再刻以行者翁撫軍、潘提學也。顧書雖經傳播海内,然而板俱散佚無存,是以購求維難,學士家藏者絶少。至我朝康熙某年,同邑馬方伯重刻之金陵省署,卷帙視他刻爲獨繁,而對山之詩若文,斯備載無遺矣。乃先後數刻頗皆有魯魚豕亥,訛謬殊衆,且或雜砥砆燕石以混并其中,甄别匪易,讀者茫然。酉峰先生於是就故所藏太微原刻,選定甲乙,存之篋笥,然未嘗遽出示人,顧或舉以訓洲也。今年夏四月,邑侯敬齋瑪公聞之,謀付剞劂,乃覆取而詳擇焉。更参之别本,共得文若干首,詩若干首,僅計數萬言,分爲十卷。"瑪星阿序也云:"適聞太史孫酉峰先生方選對山全集,予囑茂才耿君伯正商於太史,因得訂其所選,而先生全集之精華存焉。予曰:'是誠可廣其傳,是尚不可爲兹邑學文者式耶?'爰捐俸付之剞劂。"《四庫全書總目》云:"景烈此本雖晚出,而去取謹嚴,於詩汰之尤力,較諸本特爲完善,已足盡海所長矣。"

　　此本爲瑪星阿刻於陝西武功縣,皮紙。有扉頁,刻"康對山先生文集。乾隆辛巳孟秋選刻。武功縣藏板"。卷一〇末刻"邑後學張廷梅與松、孫爕午卿校字"。

　　《四庫全書總目》著録十卷本及十九卷本兩種,前者入集部别集類,後者入存目。《中國古籍善本書目》著録清乾隆二十六年武功縣刻本,蓋取扉頁"武功縣藏板"爲刻書依據,誤。遼寧省圖書館、安徽蕪湖市圖書館、湖北華中師範大學圖書館等五館也有入藏。

　　鈐印有"讀我書樓"。

2087　明崇禎刻本鄭少谷先生全集

T5417/8285

　　《鄭少谷先生全集》二十卷,明鄭善夫撰;附録二卷,明邵捷春輯。明崇禎九年(1636)鄭奎光刻本。六册。半頁九行十八字,左右雙邊,白口,單魚尾,書口上刻"少谷集"。框高19.4釐米,寬14釐米。題"閩中鄭善夫繼之著;後學鄭奎光章甫訂"。前有崇禎八年(1635)孫昌裔序,崇禎九年徐𤊹序,崇禎七年(1634)曹學佺序,崇禎九年邵捷春序。又卷二〇後有萬曆二十五年(1597)徐熥跋,邵捷春跋。

鄭善夫，字繼之，號少谷，福建閩縣人。弘治十八年進士，授户部主事，榷税許墅，以清操聞。憤嬖倖用事，棄官去，築室金鼇峰下。起禮部主事，進員外郎，諫南巡受杖，明年力請歸。嘉靖初，起南吏部郎中，便道游武夷，風雪絶糧，得病死。善夫敦行誼，所交盡名士，工畫，作詩力摹少陵。事蹟具《明史・文苑傳》。

卷一騷二首、賦二首、四言古詩九首、五言古詩七十六首，卷二五言古詩一百四首、七言古詩十首，卷三七言古詩六十四首、五言律詩十二首，卷四至五五言律詩三百六首，卷六五言律詩三十八首、補遺七首、五言排律三十二首、七言律三十二首，卷七七言律一百首，卷八七言律二十六首、七言排律一首、五言絶句四十八首、七言絶句一百七十首，卷九序文十九篇，卷一〇記十四篇，卷一一傳九篇，卷一二志銘五篇、墓表二篇，卷一三祭文九篇、哀誄二篇，卷一四疏六篇，卷一五雜著十六篇，卷一六跋十八篇、贊二首、銘一首，卷一七至二〇書一百五十通，又卷二〇爲論著。附錄題"後學邵捷春彙輯"。爲有關善夫之墓碑、傳、跋、序、詩等。

徐𤊹序云："先生壽不永，遺稿散落，汪福州希周拾詩若文，刻之郡齋，歲久寖湮。萬曆初，先生外孫林少司空督學東粵時，重刻於潮陽。又三十年，鄧觀察汝高稍刪汰其詩授梓，而文則未遑焉。汝高已化板藏家塾，近罹鬱攸之禍，悉付煨燼。汝高仲子道協，僑居金陵，謀爲重鐫，甚盛心也。昔曾以展墓過家，與予商榷今古，予性喜蓄書，漁獵先輩遺文，如獲重寶。先伯氏惟和曾得少谷雜著一種，予得《經世要談》一卷、遺詩一卷、遺文數十篇、尺牘數十幅，皆先生手錄者，乃盡授道協，彙爲全集，方事剞劂，而道協告逝。友人鄭章甫官南户曹，遂捐俸踵成之，而先生雜著種種，未及纂入。邵觀察肇復以爲，斷金殘璧，安可輕棄，因補而續焉……肇復又採輯先生同時贈答、哀輓及墓碑、詩話諸篇，附之於後，先生之能事畢矣。"

邵捷春序云："章甫蒐羅詩文既備，予因掇拾先生雜纂及同時贈答、哀輓、碑碣、詩話諸篇，附之末簡，用抒高山景行之意。"

《四庫全書總目》入集部别集類，然爲二十五卷本，館臣所見當爲清康熙二年鄭衍祖等刻本。《中國古籍善本書目》著錄，中國國家圖書館、中國科學院圖書館亦有入藏。日本内閣文庫所藏，不知同此本否。

鈐印有"國相府印"、"明治二改"。

2088　明崇禎至清順治刻本顧文康公文草詩草續稿三集　T5413/3827

《顧文康公文草》十卷《詩草》六卷《續稿》六卷《三集》四卷，明顧鼎臣撰；首一卷。明崇禎十三年(1640)至清順治二年(1645)顧晉璠等刻本。十二册。半頁九行十八字，左右雙邊，白口，單魚尾。框高21.4釐米，寬13.9釐米。題"明光禄大夫柱國少保兼太子太傅禮部尚書武英殿大學士顧鼎臣著"。前有蔣德璟序，崇禎十三年顧天敍序。《文草》崇禎三年(1630)顧謙服跋，崇禎十二年(1639)顧咸建跋。《疏草》公鼐序，顧天埈序。顧謙服跋，萬曆四十八年(1620)顧謙服跋。《詩草》崇禎十二年顧咸建跋。《續稿》顧錫疇跋，崇禎十六年(1643)顧咸建跋，崇禎十六年顧晉璠跋。《三集》徐開禧序，順治二年顧晉璠跋。

顧鼎臣，字九和，崑山人。弘治十八年進士第一，授修撰，累遷禮部右侍郎。世宗好神仙術，内殿設齋醮，鼎臣進步虚詞七章，優詔褒答。明代詞臣以青詞結主知，自鼎臣始。尋以禮部尚書兼文淵閣大學士入參機務。時夏言當國專甚，鼎臣素柔媚，不能有爲，充位而已。諡文康。事蹟具《明史》本傳。

首一卷爲詔、御表、制諭、誥勅。卷一至二奏疏,卷三表,卷四試録,卷五序,卷六墓表,卷七墓志銘,卷八記、傳、賦,卷九雜著,卷一〇書牘(附家報)。《詩草》卷一五言古,卷二七言古,卷三七言絶句,卷四五言律詩,卷五七言律詩,卷六排律附詩餘。《續稿》卷一廷試策,卷二經筵講章,卷三樂章,卷四誥勅、賦、頌,卷五表、致語、記、墓志、銘、像贊、跋、書牘,卷六詩、詞。《三集》卷一詔、御表、制諭、日講詩、疏、令旨、表、致詞、致語,卷二誥命、序、傳,卷三碑、記、墓志銘、墓表、祭文、雜著,卷四詩、詞。

蔣德璟序云:"公遺集凡數十卷,散軼不傳。至公之孫昌化先生,苦志搜緝二十年,漸次成帙。昌化公病,庚命其伯子端木、仲子漢石訪求未備,又十年迺成書。"

顧天敘序云:"平生著述甚富,當時以邸第未遑授梓,而後乃多散佚。敘方垂髫,從大父寅齊府君侍曾從祖志霂公,每相會晤,輒嘆先集未傳,後人之責。鋭意採集,矢不欲有片言遺落人間,乃不輕付剞劂。迨鍾濤、了素兩從祖繼之,欲成此志,而並有所奪。季從祖兩如公,尤抱深心,多方訪求,不以簿書疾病而少懈。比積漸成集,又復即世未竟之業,萃於端木、漢石、幼疏、品之四從叔廣搜博採,功倍於昔。政繡梓間,而三叔同上公車,較刻之事,屬譽徵、品之兩叔暨長佩姪並殫勤勩,而功迺竣。"

顧晉璠跋云:"不肖晉璠之刻府君集也,一再而至於三矣。其初刻爲全集,則從曾祖馬瑚公實始之,力疾拮据,僅成奏疏二卷。厥後,諸從祖始克敘次詩文,而並奪於公車,未能壹意卒業。不肖晉璠,因得以閒散之身,載筆而代,終之揣分宜爾,亦素願固然與。迨從祖相繼貴顯,各有事四方,而不肖日衰頹,無所事事,則益肆力於蒐討,因是有續集之刻。此癸未以前漢石從祖未第時,相與商訂而成者也。無何,復有三集之刻,則癸未以後……祇架上殘編幸而無恙,是集之留,不可謂非祖宗陰靈默佑,遂收召驚魂,重加簡閱,亟付剞劂,以畢生平。"

《四庫全書總目》收顧氏《未齋集》二十二卷,入集部別集類。《提要》云:"《明史藝文志》載鼎臣集二十四卷,今所存者凡二本,一爲其孫晉璠等輯,凡文稿六卷、詩六卷、續稿六卷,其題曰顧文康集,較史志少六卷,此本多三集四卷,亦止二十二卷,不足二十四卷之數,或集本殘闕,或史文偶誤,則莫之詳矣。"《中國古籍善本書目》著録,中國國家圖書館、上海圖書館等十一館、臺北"國家圖書館"及日本内閣文庫亦有入藏。

2089 明嘉靖刻本儼山文集 T9153/7139

《儼山文集》一百卷目録二卷《外集》四十卷《續集》十卷。明陸深撰。明嘉靖間陸楫刻本。存十二册。半頁十行二十字,左右雙邊,白口,雙魚尾。框高 18.7 釐米,寬 12.9 釐米。前有嘉靖二十四年(1545)徐獻忠序。末有嘉靖二十四年何良俊後序。

陸深,初名榮,字子淵,號儼山。上海人。弘治十八年進士。嘉靖中爲太常卿兼侍讀,世宗時進詹事府詹事。深少時,因文章有名。書倣李邕及趙孟頫,精鑒賞。卒諡文裕。

是書存《外集》四十卷,乃其劄記之文,凡《傳疑録》二卷、《河汾燕聞録》二卷、《春風堂隨筆》一卷、《聖駕南巡日録》一卷、《大駕北還録》一卷、《淮封日記》一卷、《南遷日記》一卷、《知命録》一卷、《金臺紀聞》二卷、《願豐堂漫書》一卷、《谿山餘話》一卷、《玉堂漫筆》三卷、《停驂録》一卷、《續停驂録》三卷、《科場條貫》一卷、《豫章漫抄》四卷、《中和堂隨筆》二卷、《史通會要》三卷、《平胡録》一卷、《春雨堂雜鈔》一卷、《同異録》二卷、《蜀都雜抄》一卷、《古奇器録》一卷、《書輯》三卷。《四庫全書總目》云:"其中惟《史通會要》撮劉知幾之精華,櫽括排纂,別分門目,而採諸家之論以佐之，凡十有七篇，專爲史學而作。《同異錄》爲進御之本，採擇古人嘉言，撮其大略，分上下二篇。上曰典常，下曰論述，專爲治法而作。《古奇器錄》皆述珍異。《書輯》皆論六書八法。其餘則皆訂證經典，綜述見聞，雜論事理。每一官一地，各爲一集，部帙雖別，體例則一。雖讕言瑣語，錯出其間，而核其大致，則足資考證者多。在明人説部之中，猶爲佳本。"

何良俊後序云："先生嘗語之曰，余集欲不傳，余有撰著數種，雖不敢自謂成一家之言，其於網羅舊聞、紀記、時事，庶不詭於述者之意矣，使後世有知余者，其在茲乎，其在茲乎！良俊後見先生之子楫與其甥黄子標，訊之良然……先生撰著成書，凡二十三家，通計四十卷，其於歷代典章、群籍隱義、陰陽曆律之變、天文地理、人事之紀，莫不畢備……是刻也，黄子實事編校，最爲詳審。楫又以先生之意，命良俊序於簡末，酒敢以平日之見附著焉。楫能盡讀先生遺書，以清才博識稱於江左。"

是書目錄末頁書口有"相"字。《外集》卷四〇末刊"不肖孤楫泣血校刻"。

《四庫全書總目》入子部雜家類，然作三十四卷，蓋汰去《南巡日錄》、《大駕北還錄》、《淮封日記》、《南遷日記》、《科場條貫》、《平胡錄》六種。《中國古籍善本書目》著錄，上海圖書館等六館，臺北"國家圖書館"有全帙，中國國家圖書館等十四館有殘本。日本静嘉堂文庫存有《外集》。

2090　明嘉靖刻本莊渠先生遺書　　　T5413/2144

《莊渠先生遺書》十二卷，明魏校撰。明嘉靖四十年(1561)蘇州府知府王道行刻本。八册。半頁十行二十一字，左右雙邊，白口，單魚尾。框高19釐米，寬12.8釐米。題"門堉歸有光校正"。前有嘉靖四十年胡松序。

魏校，字子才，崑山人，居蘇州葑門之莊渠，因自號莊渠。弘治十八年進士，授南京刑部主事，歷遷郎中，不爲太監劉瑾所屈，召爲兵部郎，移疾歸。嘉靖初，起爲廣東提學副使，官至太常寺卿，掌祭酒事，致仕卒。諡恭簡。事蹟具《明史·儒林傳》。

此書卷一奏疏、經筵講章，卷二講義(計十八條，代桂萼作)，卷三書，卷四簡書，卷五説，卷六序，卷七至八譜牒，卷九至一〇公移，卷一一至一二拾遺。《四庫全書總目》云："校見聞較博，學術亦醇。故是集文律謹嚴，不失雅正，考據亦具有根柢，無忝於儒者之言，其御札問經義諸條，亦多精確。"

胡松序云："他日，舟過姑蘇，解后，太守王君問郡之故，語及先生，亟知慕重，因託君爲余鈔寫一部，君不鄙余，委以序論，將圖梓行。"

此本每卷之後皆鈐有"蘇州府知府太原王道行校刻"木記。木記有大、小之別。王道行，字明南，山西陽曲人。嘉靖二十九年進士，仕至左布政使，與石星、黎民表、朱多煃、趙用賢爲續五子，有《奕世增光錄》。道行於嘉靖三十八年由鳳翔改任蘇州知府，四十一年陞常鎮兵備，此本即在其任内刊刻。按，魏校之集又有十六卷本，作嘉靖四十年王道行、張煒刻本，行款同此本。各卷題"蘇州府知府太原王道行校刻；崑山縣知縣清河張煒同梓；門人歸有光編次"。

《四庫全書總目》入集部別集類。《中國古籍善本書目》著錄，中國國家圖書館、甘肅省圖書館等四館亦有入藏。

鈐印有"杞國趙氏子"、"智恕藏書印"。

2091　明萬曆刻本徐迪功集　　　　　　　　　T5413/2937

《徐迪功集》六卷《談藝録》一卷《重選徐迪功外集》四卷，明徐禎卿撰。明萬曆十二年(1584)傅光宅吳縣刻本。四册。半頁九行十六字，左右雙邊，白口，單魚尾。框高18.9釐米，寬12.6釐米。題"明迪功郎國子監博士前大理寺副吳郡徐禎卿昌穀撰"。前有萬曆十二年傅光宅序，李夢陽序。末有正德十五年(1520)徐縉跋；萬曆十三年(1585)郭仁序。《外集》題"吳郡徐禎卿昌穀撰；東郡傅光宅伯俊選"。《外集》前有萬曆十二年傅光宅序，皇甫汸序。末有佚名跋；嘉靖二十一年(1542)皇甫汸《外集》後序。

徐禎卿，字昌國，一字昌穀，吳縣人。弘治十八年進士，官國子博士。工詩歌，少與祝允明、唐寅、文徵明齊名，號吳中四才子。後與李夢陽、何景明、邊貢、康海、王九思、王廷相合稱前七子，主張復古，謂"文必秦漢，詩必盛唐"。所作詩初學白居易、劉禹錫，後改趨漢、魏、盛唐。《明史》有傳。

卷一詩，爲樂府五十首；卷二詩，爲贈答十八首、游覽二十五首；卷三詩，爲送別四十首、寄憶十九首；卷四詩，爲詠懷十二首、題詠二十二首、哀挽三首；卷五文，爲賦、頌、贊、文；卷六文，爲書、論、序、記、碑、誄。《外集》卷一爲樂府三十六首、贈答二十二首，卷二爲游覽詩四十二首、送別詩十首，卷三寄憶詩八首、詠懷詩二十首、題詠詩十首、哀挽詩二首，卷四文，爲序、書、記、銘、文、偈。《談藝録》爲其平生論詩宗旨。

傅光宅序云："每歎斯集之日就磨滅也。會滸墅榷部郎右川張公、見田杜公，藏餘稅數緡於縣，鄉大夫劍泉郭先生勸發之，以鋟斯集，而都尉左虞張君，復惠以善本至，不佞乃命工不一月而落成之。"《外集》傅序又云："《迪功集》六卷，乃徐先生手自定，寄空同於豫章，咸精當無可竄，不佞重梓之以傳矣。郭侍御謂《外集》、《別集》何不合梓，使無遺珠？不佞間取讀之，而竊有意焉。外集出皇甫子安所選，較豫章本亦駸駸合作矣。《別集》則刻於袁氏。世稱'文章江左家家玉，烟月揚州樹樹花'，是其警句也。餘多稚年綺語，尚沿吳習，猥以名重概傳，而不知瑕瑜不類也……不佞簡書之暇，於《外集》稍删之十存九，《別集》精選之十去八，計得詩百五十首、文十二首，爲四卷，附六卷後。先生平生心力，庶幾盡於兹乎？"

皇甫汸序云："暇日，徵訪遺文，得徐君詩百餘篇於其家，予删其半，刻之爲迪功外集。徐君有集六卷，刻於豫章，北郡李子序之，所云守而未化，蹊徑存焉者也。集，君手自選定，予所得百餘篇者，皆其棄餘，然尚多可采。"

皇甫汸後序云："徐氏迪功集六卷，爲君手自定正，空同李子刻於豫章，或曰李子稍芟損之，其説出於少谷鄭子。由今觀之，徐集獨綜菁英，莫可瑕類，非其佳穀自得、去取過嚴乎？家兄山居，搜逸稿於元子伯虬，迺歎曰，丹以素掩華，蘭以薰奪氣，顧變態不窮，豈形質復絶者哉！遂選而刻之，題曰外集，勒爲二卷。"

此本李夢陽序後，刊"萬曆十二年甲申夏六月，户部員外郎臨邑張世科、主事高唐杜潛校閲；吳縣知縣聊城傅光宅校刊"。傅光宅，字伯俊，號金沙，山東聊城人。萬曆五年進士，初授靈寶令，以父喪歸，再任吳縣，釐革弊政，用法寬厚。壬寅，陞按察副使，巡遵義道，改督學政，歸數日，以病卒。《(宣統)聊城縣志》卷八有傳。

禎卿集最全者爲十六卷本，題《徐昌穀全集》，明萬曆四十七年松濤閣刻本，中國國家圖書館、上海圖書館等六館有藏。六卷本即《徐迪功集》(附《談藝録》一卷)，有明李夢陽刻本，福建

1563

省圖書館、南京大學圖書館等三館有藏。又有明正德十五年刻本，清華大學圖書館入藏。明嘉靖二十九年姑蘇袁氏刻本，浙江圖書館入藏。

《四庫全書總目》入集部別集類。《中國古籍善本書目》著錄，上海圖書館、湖北省圖書館有藏。南京圖書館、浙江圖書館皆有殘缺。

2092　明刻本少岷先生拾存藳　　　　　　　　　T5413/8618

《少岷先生拾存藳》四卷，明曾璵撰。明曾士彥刻本。存三册。半頁十行十九字，四周單邊，白口，單魚尾，書口下有刻工。框高 19 釐米，寬 12.9 釐米。題"少岷山人曾璵著；孤士彥重刻"。前有隆慶五年(1571)章懋序，嘉靖三十八年(1559)韓忞序。

曾璵，字東玉，號少岷山人，瀘州人。善詩文，詩清脫無塵氣。正德三年進士，任户部郎中，以忤劉瑾出知江西建昌知府。至性剛中，法言排揱，澡身自潔，疾惡如仇。宸濠之叛，率屬從王守仁破賊，復南康。《(光緒)瀘州志》卷九有傳。

是書存卷一歌三十八首、四言古詩八首、五言古詩十首、七言古詩二十九首、五言律詩三十首、五言排律四首、七言律詩四十八首、五言絕句二十首、七言絕句二十六首、七言聯句八首，卷二序四十一篇，卷三記三十一篇。

其稿曰拾存藳，可見韓忞序，云："我師少岷先生，平生感述應酬、信意吟咏，就便牘札書之，故稿不盡存。時舉業方勁，未暇請問，然尚意其存者大半也。授官後，奉使過家，趨謁左右，迺知篇什存者益少，亟訊諸子弟友朋，或收得數紙，或記憶數篇，因稡爲數卷，名曰《拾存篇》云。"

此爲章懋選定之本，章序云："少岷先生早歲登名，敭歷中外，漱六藝之芳潤，擷百氏之菁華，雄篇偉識，並世同聲。已而脫迹樊籠，放情藻翰，求文之履，應酬無日，垂四十餘稔，而其書滿家矣。先生化去，諸郎檢出在笥者示余，且曰某弗類，使先人手集半逸多殘，慮不成帙，則日就湮没，幸吾子手之，以捄吾告，將就櫽括以傳⋯⋯或傳記以寓言，或贈送以傳美，雖體裁不一，類能寫曲心神，探玄精蘊，形影略換，而胎骨互存，凡此類皆取錄之。至奏叛討逆，條陳事宜，裁省冗費，具見立朝建明，不在詩文之例，雖盡存別錄可也。"

《明史藝文志補編》、《千頃堂書目》卷二二、《四庫全書總目》集部別集類存目著錄，皆作四卷，并附《司徒大事記》一卷。此殘去卷四並附錄。

刻工有八、日、堅、員、吳三、吳大、劉吳、劉甫、葉龍、劉嵩、余伯中。

是本乃璵子士彥重刻，傳世罕見。《中國古籍善本書目》未著錄。

鈐印有"大中丞印"，頗舊。

2093　明嘉靖刻本苑洛集　　　　　　　　　T5413/4454

《苑洛集》二十二卷，明韓邦奇撰。明嘉靖三十一年(1552)刻本(《四庫》底本)。十六册。半頁十行二十字，四周單邊，白口，無魚尾。框高 17.1 釐米，寬 12.7 釐米。前有嘉靖三十一年孔天胤序(嘉靖三十年張文龍跋佚去)。

韓邦奇，字汝節，號苑洛，朝邑人。正德三年進士，歷吏部員外郎。會地震，疏論時政闕失，謫平陽通判，稍遷浙江按察僉事。中官採富陽茶魚爲民害，作歌哀之，遂被誣奏怨謗，逮繫奪官。嘉靖初，起山西參議，再乞休去。自後屢起屢罷，終以南兵部尚書致仕。卒諡恭簡。邦奇剛直尚節概，性嗜學，自諸經子史及天文、地理、樂律、術數、兵法之書，無不通究。又有《易學啟蒙意見》、《禹貢詳略》、《苑洛志樂》、《樂律舉要》等。

卷一至二序，卷三紀，卷四至六志銘，卷七表，卷八列傳，卷九策問，卷一〇五言，卷一一七言及聯句，卷一二填詞，卷一三至一七奏議，卷一八至二二《見聞考隨錄》。

《四庫全書總目》云："當正、嘉之際，北地信陽，方用其學提倡海内，邦奇獨不相附和，以著書餘事，發爲文章，不必沾沾求合於古人。而記問淹通，凡天官、地理、律呂、數術、兵法之屬，無不博覽精思，得其要領。故其徵引之富，議論之核，一一具有根柢，不同掇拾浮華。至《見聞考隨錄》，所記朝廷典故，頗爲詳備，其間如譏于謙不能匡正之失，及辨張綵阿附劉瑾之事，雖不免小有偏駁，而敘次明晰，可資考據。其它辨論經義，闡發易斷，更多精確可傳。蓋有本之學，雖瑣聞雜記，亦與空談者異也。"

此爲《四庫》底本，卷一第一頁鈐有"翰林院印"。卷中間有《四庫》纂修官之改動，文中凡"虜"字改"敵"、"夷"改"敵"、"達子"改"北敵"或"敵人"、"達賊"改"敵衆"。

卷一五目錄頁，又有《四庫》纂修官所寫之夾籤，云："邦奇歷官在嘉靖時，北虜系是俺答，可否將此二字改作俺答，所有達賊字亦擬改俺答，虜字擬改敵字，侯。""《明史》嘉靖間俺答屢次深入，邦奇奏疏想在此時，緣未見全文，不敢懸定。似宜改歸畫一爲妥。"按，俺答亦作諳達，明韃靼部首領，爲元室之後。俺答爲蒙語阿爾坦之譯音，是金的意思。明天順間，韃靼部進入河套駐居。至嘉靖中，以俺答爲最強大，屢出入延綏邊地。

《四庫全書總目》所收之本，爲副都御史黃登賢家藏本。登賢爲黃叔琳後人。據《四庫採進書目》，都察院副都御史黃交出書目共二百九十九種，其中有《苑洛集》二十二卷十本。此爲十六册，當爲後人重訂也。

《中國古籍善本書目》著錄。天津圖書館、安徽省圖書館等五館，臺北"國家圖書館"（兩部，其一爲原藏北平館者）及美國國會圖書館、普林斯頓大學葛思德東方圖書館亦有入藏。

鈐印有"孫氏萬卷樓印"、"北平黃氏萬卷樓圖書"。孫氏萬卷樓，疑孫承澤，大興人，崇禎進士。黃氏萬卷樓爲黃叔琳，亦大興人，字崑圃，康熙進士，累官詹事，受知康熙、雍正、乾隆三朝，當代推爲巨儒。又有"怙閣藏"印。

2094　明刻本太史升庵文集　　　　　T5417/4298

《太史升庵文集》八十一卷目錄四卷，明楊慎撰，楊有仁輯。明刻本。十六册。半頁十行二十字，四周單邊，白口，單魚尾，書口上方刊"楊升庵全集"。框高 21.6 釐米，寬 13.5 釐米。題"成都楊慎著；從子有仁編輯；後學趙開美校"。前有萬曆十年(1582)張士佩序，萬曆十年宋仕序。末有萬曆十年鄭旻跋。

卷一賦類、露布，卷二封事、序類，卷三序類，卷四記類，卷五論類、辯類、説類、解、閒書，卷六書類，卷七碑銘、墓銘，卷八墓銘，卷九祭文，卷一〇跋類，卷一一贊類、詞類、傳類，卷一二至一四古樂府，卷一五至一七五言古詩，卷一八至一九五言律詩，卷二〇至二二五言排律，卷二三至二五七言古詩，卷二六至三〇七言律詩，卷三一七言律詩、七言排律，卷三二至三三五言絶句，卷三四至三五七言絶句，卷三六七言絶句、七言六句，卷三七至三九長短句（附雜體），卷四〇六言四句至八句，卷四一易，卷四二書詩，卷四三春秋，卷四四禮樂，卷四五四書，卷四六諸子，卷四七至五一史類，卷五二至五三文類，卷五四至六一詩類，卷六二至六四字學，卷六五璅語，卷六六至七二雜類，卷七三儇佛，卷七四至七五天文，卷七六至七八地理，卷七九至八〇花木，卷八一鳥獸。

張士佩序云："升庵文集者，集楊升庵先生遺文也。先生作爲文章，其書滿家纏纏，然承學治古文者，咸愛而傳矣。顧簡袠錯陳，統彙靡紀，志古者每苦遍觀之難，尤悲散逸之易也。余奉命撫蜀，謀之巡察可泉宋公，以文獻宜爲表章，議克協矣。爰檄藩司往從，悉取其書，得之其家大行以義君藏輯者，有先生文集若干卷，賦、序、記、論、書、志、碑、贊、詞、傳，與各體詩，凡厥抒懷贈述者具焉，因就而掄次之。復得《丹鉛輯錄》、《譚苑醍醐》、《秋林伐山》、《卮言》各種襐著，凡厥探賾索隱者具焉，因删而彙編之。刊削膚引，勒成一家之言，總之爲八十一卷。如遷史所稱，擇其言尤雅者著乎篇，刻成而卒業焉。"

宋仕序云："今海内紳珮之士，研精策府，擷英詞林，莫不仰慕楊升庵先生而有不及。同時之嘆雄文秀句，競相誦傳，尤斷斷然無繇畢攬全集爲撼也。余奉命按蜀，諮詢耆舊文獻，乃藩臬諸君咸稱升庵遺文宜爲表章，唯種裦猥繁，今已多散落，恐久而就湮没矣。於是謀之撫臺濾濱張公，檄藩司，求之先生令姪大行益所君，抄錄若干卷，凡先生閎言眇詞，徹於著述比興者，亦略具是，爰屬稍加釐訂，删要歸正，道而論之。自一卷至四十卷，爲賦、序、記、論、書、志銘、祭文、跋贊、詞傳與各體詩，皆取之文集而以類編纂者。自四十一卷至八十一卷，皆訓釋，整齊百家雜語，取諸《丹鉛輯錄》、《譚苑醍醐》、《卮言》等書，而以類編纂者，總名之曰《太史升庵文集》。"

鄭旻跋云："撫臺濾濱張公、按臺可泉宋公，雅重先生之文也。網羅放失，命采其語可論者著於篇，表章文獻，興士樹風者至矣。以不佞曾與校讎之役，承命爲序。竊以升庵文章之可傳於後，得兩臺之論揚而益彰矣，愚何能復贊一詞，敬書其訂刻之歲月，俾覽斯集者庶有考焉。"

《四庫全書總目》入集部別集類。《中國古籍善本書目》著錄兩種版本，一爲明萬曆十年刻本，一爲明刻本（題趙開美校），兩本行款皆同此本。前者中國國家圖書館、上海圖書館等三十一館入藏，後者中國國家圖書館、上海圖書館等十八館入藏。疑此本與後者同板，或爲趙開美據張士佩刻本重刻者。日本静嘉堂文庫亦有入藏。

鈐印有"惜陰亭"、"□□館圖書"。

2095　明萬曆刻本升庵先生文集

T5417/4298B

《升庵先生文集》十一卷目錄四卷，明楊慎撰。明萬曆二十九年（1601）王藩臣、蕭如松秣陵刻本。二十四册。半頁十行二十字，左右雙邊，白口，單魚尾，書口上方刊"楊升庵文集"。框高21釐米，寬13.6釐米。題"成都楊慎著；從子有仁編輯；後學趙開美校正；高安陳邦瞻重校；江陽王藩臣、内江蕭如松全校"。末有萬曆十年（1582）鄭旻跋，蔡汝賢跋；萬曆二十九年蕭如松後序。

此本佚去目錄四卷。

蔡汝賢跋云："萬曆乙亥，余之出守西川也，時與沔陽陳玉叔謀刻升庵楊太史文集，已而弗果。歲辛巳，余再入蜀，承撫臺濾濱張公、侍御可泉宋公檄購先生從子益所公，得家本數種與未梓者若干篇。不揣寡昧，删重複，粹菁英，稍加品列，肇壬午之春，歷三時而竣於仲秋。卷分八十一，取陽數也；部總二十八，象列宿也。首鳳賦，而迄太平，非所以紀文明之盛事乎？會時務糾紛，校讎蓋取諸夜，以故擇焉不精，次焉不詳，謂爲先生屬草可也。"

蕭如松後序云："先生從子侍御以義君,余同年友也。頃得其所編次先生全集,則前記在念,惟家世幽貞苦節,得與雄文俱傳,私心竊慶幸之。復念集刻僅蜀本,海内士誦法先生者,每恨不獲。家有其書,遂與同臺介甫王君謀刻之秣陵。"

　　《四庫全書總目》所收,爲明萬曆中四川巡撫張士佩所訂本。《中國古籍善本書目》著録。上海圖書館、南京圖書館等三十四館,臺北"國家圖書館"(兩部)及日本静嘉堂文庫、尊經閣文庫、内閣文庫亦有入藏。

2096　明萬曆刻本太史升庵遺集　　　T5417/4298.3

　　《太史升庵遺集》二十六卷,明楊慎撰。明萬曆三十四年(1606)湯日昭刻本。四册。半頁十行二十字。四周雙邊,白口,單魚尾,書口上方刊"升庵遺集",書口下間有刻工。框高22.4釐米,寬14.7釐米。題"成都楊慎著;孫金吾、宗吾輯;濟南王象乾校;丹陽湯日昭閲"。前有萬曆三十四年湯日昭序。末有王尚脩後序。

　　卷一古樂府,卷二五言古詩,卷三五言古詩、五言六句,卷四至五七言古詩,卷六七言古詩、雜體,卷七至八五言律詩,卷九五言排律,卷一〇至一四七言律詩,卷一五七言律詩、七言排律、六言律詩、六言排律,卷一六五言絶句,卷一七至一八七言絶句,卷一九七言絶句、六言絶句、集句、聯句,卷二〇碑文、墓志銘、記,卷二一記,卷二二至二三序,卷二四題辭、詮、説、書牘類,卷二五書、跋,卷二六跋、贊、箴、銘、祭文。

　　湯日昭序云："太史楊升庵先生舊刻有八十一卷,而制府新城王公近復搜輯遺書,若古雋、若詞品、若韻寶諸編,凡七種行於世。似靡復有遺者,而其胤君乃更出一帙,以示同志,豈千金懸購之後,猶有不翼飛脛走遺佚於人世者乎?王公博雅,竑碩尚友,先生即一言一字之遺,不忍使之不傳。乃今喜得是編也,謬以屬不佞昭,而命壽之梓,不佞嘗論先生世,而兹幸游先生里,更得盡讀先生遺書,仰止一念,躍然在目矣。踰月,而是刻成……集凡二十六卷,爲詩文二十八體,皆前諸刻所不載者。"

　　王尚脩後序云："所著盈篋充箱,四方傳梓亦夥。先是蜀中丞張公、侍御宋公,已檄藩司,彙刻全集。先生孫符卿君、司隸君,復搜笥之所遺若干卷,俾修覽閲詮次,以應今司馬督府王公之徵,授劂氏。"

　　湯日昭,字子德,江蘇丹陽人。萬曆七年舉人,次年成進士,授主事,出知台州府,歷四川布政使司左布政使。

　　此本刻工有富、中、宋、定、永、臣、其、文、印、朱、申、元、啓、張忠。

　　《四庫全書總目》未收。《中國古籍善本書目》著録。上海圖書館、南京圖書館等十二館,日本内閣文庫、尊經閣文庫亦有入藏。

2097　明末刻本李卓吾先生讀升庵集　　　T5417/4298.4

　　《李卓吾先生讀升庵集》二十卷,明楊慎撰,李贄輯并評。明末刻本。六册。半頁九行二十字,四周單邊,白口,無魚尾,書口上方刊"讀升庵集"。框高21.4釐米,寬12.5釐米。前有李贄序。

　　卷一賦一篇、露布一篇、序十八篇,卷二記六篇、傳一篇、跋一篇、論四篇、書二篇,卷三古樂府三十六首、五言古詩十三首、七言古詩二首、五言律詩二十三首、七言律詩一首、五言絕句十五首、七言絕句十二首、長短句五首、六言絕句十首，卷四至五經籍八十八則，卷六諸子二十五則，卷七至八史類九十二則，卷九文類五十則，卷一〇詩類五十一則，卷一一至十二論詩一百三十六首，卷一三璅語，卷一四字學八十二則，卷一五法象八十一則，卷一六仙佛十九則，卷一七鳥獸八十一則，卷一八草木二十二則，卷一九至二〇雜類一百五十五則。

《四庫全書總目》未收。《中國古籍善本書目》著錄。上海圖書館、南京圖書館等二十四館，日本尊經閣文庫亦有入藏。

鈐印有"元甫堂藏"(朱文)、"元甫堂藏"(白文)。

2098　清乾隆刻本杏東先生文集　　　　　T5413/0224

《杏東先生文集》十卷，明郭維藩撰。清乾隆十五年(1750)郭方康十筠齋刻修補印本。四冊。半頁十行二十二字，四周雙邊，白口，單魚尾。框高19.9釐米，寬13.1釐米。題"儀封郭維藩价夫著；德清門人蔡汝楠校訂"。前有嘉靖四十一年(1562)蔡汝楠序，乾隆十五年張師載重刻序；嘉靖十七年(1538)諭祭文；嘉靖十五年(1536)誥命文；蔡汝楠撰《明中憲大夫太常寺少卿兼翰林院掌院學士杏東郭先生暨配胡恭人合葬墓誌銘》；劉大謨撰《明中憲大夫太常寺少卿兼翰林院掌院學士杏東郭公墓碑銘》。末有嘉靖四十一年趙希夔後序。

郭維藩，字价夫，號杏東，河南儀封人。因卜居杏岡之陽，人又稱"杏東先生"。正德六年進士，擢南京國子司業、侍講學士，視南京翰林院事，後改侍讀學士，典內制。受知於嘉靖帝，入宮進講經筵，爲經筵日講官，教習庶吉士。又充禮部考試官，官至太常寺少卿，兼翰林院侍讀學士，掌院事。維藩生於成化十一年，卒於嘉靖十六年，享年六十三。

據《墓碑銘》，維藩十歲即能諷詠古詩，而得其音節意義。從程蕃公宦游南雍，慕南陽王文莊公並師事之。"博覽群書，景仰前哲，操筆爲文如倒三峽之流而沛然東注。"卷一賦一篇、歌三首、仁廟樂章六首、長短句一篇、四言古詩二首、五言古詩十五首、七言古詩十三首；卷二五言絕句八首、七言絕句七十四首、五言律詩九十八首；卷三五言律詩一百四十六首；卷四五言排律十八首、七言律詩八十五首；卷五七言律詩一百十三首、詞調三首；卷六記六篇、序十四篇；卷七序二十二篇；卷八序十七篇；卷九墓誌十四篇；卷一〇墓誌四篇、行狀二篇、祭文十八篇、雜文十三篇。《四庫全書總目》云："是集詩文各五卷，皆乏深湛之思，其門人河南巡撫蔡汝楠序稱所著《經筵》、《南雍》二稿，俱不可見。"

維藩少席家學，起進士，編摩史館，以司業佐南雍教，再典翰林，入侍講幄，奉職始終。其在朝幾四十年，著有《經筵講章》、《南雍會講稿》、《瀛洲倡和集》、《杏東集》各若干卷。此《杏東先生文集》，爲維藩門生蔡汝楠持節河南時所刻，其時蔡"復即其家，求二稿觀之，不可得，止得遺文若干卷……集惜非完書，由先生存日，殆無意乎傳其詞章。"時距維藩歿去已久，故裒集缺略。今嘉靖本傳世罕見，僅知上海圖書館入藏。此本當爲維藩六世孫郭方康據明嘉靖四十一年蔡汝楠刻本重刻，據張師載序云：蔡汝楠刻本在"兵燹之後，版亦不存。公之後人方康定侯、一麟承謨於故家蒐得之，錄其副，謀重付梓。"卷一〇末又刻六世孫方康識語，云："按此序與和詩六首，舊集俱未載，茲謀重刻，幸得讀於文定集中，故授梓人以附於後。"

按，此本無"十筠齋"之依據，今依它目所著錄。又此本有補刻，如卷二第二十五頁、卷四第十六、二十五、二十六頁。《中國科學院圖書館藏中文古籍善本書目》著錄有清乾隆十五年郭方康十笏齋刻道光十八年郭三奇、郭三才補修本，疑館藏此本同中科院本。

《四庫全書總目》入集部別集類存目。《中國古籍善本書目》著録，山西大學圖書館有清乾隆十五年郭方康十笏齋刻本。又河南省圖書館有入藏。

鈐印有"粹芬閣"。

2099　清康熙刻本夏東岩先生文集　　T5413/1494

《夏東岩先生文集》十四卷首一卷，明夏尚樸撰。清康熙三十八年(1699)傅而保刻本。六册。半頁九行二十二字，四周雙邊，白口，單魚尾，書眉上刻評。框高19.7釐米，寬13.9釐米。題"牟陽冉覲祖永光鑒定；嵩陽傅而保公定校梓；雲間層張泌長源編次；登封高一麟玉書較正；馮五典克從同較"。前有康熙三十八年冉覲祖序，康熙三十九年(1700)張國禎序，康熙三十八年傅而保序，嘉靖四十五年(1566)呂懷舊序。末有周宗正跋，康熙三十八年張泌跋。

夏尚樸，字敦夫，別號東岩主人，江西永豐人。初師吳與弼，後師婁諒。正德六年進士。授南京主客司主事，轉駕部員外郎，職司江淮馬船。升武庫郎中，尋遷廣東惠州守，又爲山東督學副使，官至南京太僕寺少卿。生於成化二年，卒於嘉靖十七年，年七十三。傳又附見《明史·儒林傳》婁諒傳中。

尚樸篤信好學，與南都名士魏莊渠、邵鶴峰、王順渠、周克之、姜元甫、顧華玉等相與論學論文，名重中外。在正嘉之際，學問漸岐，而尚樸獨恪守先儒，不爲高論，可謂篤實之士。湛甘泉嘗云：東岩夏子，匪辯儒釋，匪好名之人，明闡宗傳，實理學之士。此集卷一語録八十四則、滁州省愆録八則、示滁學諸生四則、中庸説一則並跋；卷二序六篇；卷三記六篇；卷四書二十一通；卷五行實一篇、志銘七篇、行狀一篇；卷六祭文六篇；卷七四言詩一首、五言古詩五十七首、六言古詩一首；卷八七言古詩十八首、騷體一首；卷九五言絶句九十一首；卷一○七言絶句一百六十六首；卷一一七言絶句一百五十首；卷一二五言律詩一百三首；卷一三七言律詩一百二首；卷一四七言律詩一百四首。首一卷爲盧謙撰《續刻行實遺文原叙》；較閲姓氏；費采、周宗正撰《理學東岩夏先生行實》。

《四庫全書總目》云："尚樸本講學之士，不以文章爲工，然其言醇正，固亦不乖於大雅焉。"詩集"多涉理語，近白沙定山流派，集中《讀〈擊壤集絶句〉》云：'閒中風月吟邊見，始信堯夫是我師。'其宗法可知也。"

尚樸所作詩文多不存稿，其集明代最早之本，爲門人太守江山姜子芳所刻，今已不存。今僅有《夏東岩先生文集》六卷《詩集》六卷，爲明嘉靖四十五年劉賓等刻本。據周宗正跋云："癸亥夏，大宰公由吾省撫臺晉貳司馬過信，首以先生文集爲念。先生子貢以遺稿上，遂付豐尹斯侯刻焉。斯捐俸屬先生婿劉金麓賓督其成。金麓子曰'予責也'，歸其俸，遂詳加裒集以壽諸梓。"又呂懷序也云："屬豐令斯正鋟梓以傳。乃先生之婿劉判賓樂捐俸資，偕其子貢校梓成之。"嘉靖本，中國國家圖書館有全帙；北京大學圖書館有《文集》六卷(四庫底本)、南京圖書館有《詩集》六卷，均作明嘉靖四十五年斯正刻本。

此本爲傅而保所刻，傅而保序云："然是集也，原板既不可問，而刷印行世之書，亦且寥寥不概見矣。思欲重付欹劂，以存豐豀文獻，且以使天下學者皆知黜陸王而尊程朱，又不知先生生平著述尚有遺逸未嘗出而問世者否，因博而訪之，得詩數十首及先生行實於博山剖上人。頃之先生裔姪孫諸生士達，復以遺詩二百餘章至，遂倩雲間友人長源張子重爲編次，復寄呈冉翰林永光先生及予戚友高子玉書、馮子克從鑒定校閱而付之梓。""予之重梓是集也,蓋欲天下後世讀先生書者,能明先生之道不僅爲一邑文獻,且不僅作文字觀已也。"

此本有扉頁,刻"理學夏東岩集。邑令傅箕庵重輯。豐谿儒學藏板"。

《四庫全書總目》著録有尚朴《東岩集》六卷,入集部别集類;《東岩詩集》八卷,入别集類存目。《中國古籍善本書目》著録,北京清華大學圖書館收藏。

2100　明萬曆刻本舒梓溪先生全集　T5417/8242

《舒梓溪先生全集》二十卷,明舒芬撰。明萬曆四年(1576)漆彬閩中刻本。十四册。半頁十行二十字,四周雙邊,白口,雙魚尾。框高 20.1 釐米,寬 13.7 釐米。題"明翰林院修撰進賢舒芬著;孫舒琛輯録;後學豫章漆彬校刊;西甌趙秉忠同校"。前有萬曆四年漆彬序,嘉靖三十年(1551)黄佐序,嘉靖三十年張鏊序,嘉靖三十二年(1553)萬虞愷序;嘉靖二年(1523)敕命;陳沂撰《大明翰林院修撰儒林郎梓溪舒先生墓誌銘》;熊杰撰《舒梓溪先生傳》;舒琛撰《先大父太史公行實》;又《皇明狀元舒梓溪先生小像》并支應瑞撰像贊。末有萬曆四年李增跋。

舒芬,字國裳,初字以時,嘗號石灘,避邑鉗,更之曰梓溪,世稱梓溪先生。進賢人。正德十二年進士。生而穎異,不群凡兒,於書無所不讀,而實勵志於聖賢之學。授修撰,時武宗數微行,芬疏諫不報,及議南巡,復上疏極諫。帝怒,命跪闕下五日,杖三十,謫福建市舶副提舉。世宗即位,召復故官,尋以大禮案復下獄廷杖,旋遭母喪歸,以毁卒。萬曆中追諡文節。事蹟具《明史》本傳。

芬負氣峻厲,以昌明絶學爲己任,貫串諸經,尤精於周禮。是集卷一制策一道,卷二表一首、奏疏七首,卷三至五序七十五篇,卷六記十五篇,卷七家譜七篇,卷八墓誌銘碣六篇、墓表四篇,卷九書二十四通、傳五篇,卷一〇祭文十篇、贊三篇、銘三篇、箴五篇、説四篇、辨一篇、跋五篇、書一篇、論二篇、策一篇,卷一一賦二首、四言詩八首、樂府五首、五言古詩十一首、七言古詩五首、五言律詩十首,卷一二七言律詩四十二首、五言絶句八首、七言絶句九首、雜體三首、聯句三十一首、詞一首,卷一三《易箋問》,卷一四《太極釋義》,卷一五《東觀録》,卷一六至二〇《周禮定本》。

漆彬序云:"鄉先正曰舒國裳氏,正德丁丑爲廷試進士首。余後之,不並世,然時於薦紳先生所,聞其言論風節,則既私心嚮往焉。其後與厥孫琛同舉於鄉,頗爲余道先大夫志行,則益思讀其文,以尚論其爲人。甲戌春,余之任閩臬,琛始出其遺文若干卷,畀余校而序之。"

李增跋云:"昔鄉先正梓溪舒先生大魁内翰,以文章氣節爲時名臣、諸先達歷著,論與一峰羅先生並稱云。遺文久未刻布,會本道觀察漆公,得之厥孫春元琛,又以閩爲先生過化之地,屬下吏增訂梓,以廣其傳。"

芬集最早有《梓溪文集》五卷,明嘉靖三十年張希舉刻本,浙江圖書館、中國社會科學院文學研究所有藏。又有《舒梓溪先生集》十卷,明嘉靖三十二年萬虞愷等刻本,中國國家圖書館、上海圖書館等四館有藏。

此爲漆彬所刻,彬,江西南昌人,隆慶五年進士。

《四庫全書總目》未收。《中國古籍善本書目》著録。揚州市圖書館及日本尊經閣文庫亦有入藏。

鈐印有"葉印志詵"、"仲寅父"、"水昌陳氏夢墨樓圖籍印"。

2101　明萬曆刻清修補印本梓溪文鈔　　T5417/8242BC.2

　　《梓溪文鈔内集》八卷《外集》十卷,明舒芬撰。明萬曆四十八年(1620)舒琛刻清修補印本。十册。半頁九行十八字,四周雙邊,白口,單魚尾。框高 20.5 釐米,寬 14.1 釐米。題"明舒芬國裳甫著;孫琛伯獻甫、琭季琰甫輯;曾孫有章無文甫録;裔孫忠謙魯直甫次;後學臨川吳撝謙汝則甫閱;進賢樊良樞尚默甫較;沔陽蕭上達進卿甫訂"。前有嘉靖二年(1523)誥命,萬曆十六年(1588)誥命;嘉靖三十年(1551)黄佐序,嘉靖三十年張鏊序,嘉靖三十二年(1553)萬虞愷序,漆彬序;薛應旂撰《修撰舒先生傳》;萬曆四十八年蕭上達跋;隆慶元年(1567)舒琛撰《先大父太史公行實》;萬曆四十八年舒琭跋。

　　《内集》卷一《易箋問》,卷二《太極繹義》,卷三《通書繹義》,卷四《東觀録》,卷五至卷八《周禮定本》。《外集》卷一制策一道,卷二表一首、奏疏七首,卷三至四序五十九篇,卷五記十一篇,卷六家譜七篇,卷七墓志碣銘五篇、墓表三篇,卷八書十七通、傳三篇,卷九祭文九篇、贊三篇、銘三篇、箴五篇、説三篇、辨一篇、跋三篇、書二篇、論二篇、策一篇,卷一○賦二首、樂府五首、四言古詩八首、五言古詩十一首、長短句古詩五首、五言律詩二十六首、七言律詩一百一首、五言絶句十九首、七言絶句二十五首、雜體二首、聯句二十八首。

　　舒琭跋云:"觀京師,謀之比部樊公,重加訂正而付之剞劂。是時也,遼餉告急,鄭土頻饑,議捐議賑之餘,月俸錢不足飽其孥,以故繕寫模印,逡巡停閣者久之,踰年而始竣事。"

　　此本有扉頁,刊"舒文節公全集。萬曆庚申六月朔鐫,本衙藏板"。

　　《四庫全書總目》將《内集》五種分開收録。《中國古籍善本書目》著録。中國國家圖書館、上海圖書館等三十一館、臺北"國家圖書館"及美國國會圖書館、普林斯頓大學葛思德東方圖書館、日本静嘉堂文庫、京都大學人文科學研究所亦有入藏。唯不知上述各館所藏有無清代刷印之頁。

　　館藏有複本一部,十二册。

2102　明嘉靖刻本崔東洲集　　T5413/2142

　　《崔東洲集》二十卷《續集》十一卷,明崔桐撰。明嘉靖二十九年(1550)曹金刻《續集》三十四年(1555)周希哲刻本。十册。半頁十行二十字,左右雙邊,白口,單魚尾。框高 18.7 釐米,寬 13.4 釐米。題"維揚崔桐撰"。前有嘉靖二十九年曹金序。《續集》前有嘉靖三十四年周希哲序。

　　崔桐,字來鳳,海門人。正德十二年進士,授編修,武宗議南巡,桐上疏力諫,被廷杖。嘉靖中終禮部右侍郎。事蹟附見《明史》舒芬傳。

　　卷一五言古詩四十二首,卷二七言古詩二十首,卷三樂府十八首、賦四首,卷四五言律詩一百十三首、排律一首,卷五至八七言律詩二百六十五首,卷九五言絶句二十首、七言絶句四十六首,卷一○詞三十二首,卷一一記十三篇,卷一二至一五序六十九篇,卷一六至一七墓志銘二十八篇,卷一八墓表五篇,卷一九傳四篇、説一篇、謚議一篇,卷二○祭文十篇。《續集》卷一五言古詩三十四首,卷二七言古詩十六首,卷三五言律詩二十三首,卷四五言排律四首,卷五七言律詩五十八首,卷六七言絶句十七首,卷七序二十三篇,卷八記十篇,卷九墓銘表七篇,卷一○傳一篇,卷一一雜著六篇。

曹金序云:"東洲崔公,挺生海邦,學以爲道,而紛華組繪之習,弗隨以靡焉。正德中,嘗發解南畿,擢進士及第,歷官翰林、藩臬、太常卿、國子祭酒,進兩都少宗伯,閱三十餘年……嘗綴其舊所爲文若詩,得六百八十有奇,麗二十卷……於是乎取而梓之。"

周希哲序云:"迺今以職事來揚,方欲遨遊海門,以觀於海,而公以避寇適至,因探珠璧於趙魏,而得兹集焉。然先生唫咏日富,老而益神,近時所著又復成帙,間因索而讀之,續而刻之,詮次於前者,始條理也;增廣於今者,終條理也。"

《四庫全書總目》入集部別集類存目。《中國古籍善本書目》著錄。中國國家圖書館、上海圖書館等十一館,臺北"國家圖書館"及日本內閣文庫亦有入藏。

2103　明崇禎刻本夏桂洲先生文集　　　　T5417/1406

《夏桂洲先生文集》十八卷,明夏言撰;《年譜》一卷。明崇禎十一年(1638)吳一璘刻本。二十八冊。半頁十行十九字,四周單邊,白口,無魚尾,書口上刻"桂洲文集"。框高20釐米,寬13.5釐米。題"閩清漳後學林日瑞廷輯甫彙編;後學鄭大璟妥尹訂閱;外孫吳一璘淑采較刊"。前有萬曆三年(1575)楊時喬序;萬曆三年吳萊跋,崇禎十年(1637)吳一璘、吳宏跋;隆慶四年(1570)誥命。有圖。

夏言,字公瑾,江西貴溪人。正德十二年進士,嘉靖初爲諫官,後爲首輔執政。嘉靖二十一年被嚴嵩排擠去官,二十四年復被起用。次年支持陝西總督曾銑收復河套之主張,誣言受曾銑賄,罷職放歸,旋被殺害。《明史》有傳。

卷一賦十四篇;卷二四言古詩四首、五言古詩一百十三首;卷三七言古詩一百八首;卷四五言律詩二百四首、五言排律九首;卷五七言律詩三百九十六首、七言排律一首;卷六五言絕句一百三十八首、六言詩八首、三五七言一首、七言絕句五百六十八首;卷七詞三百四十二闋,附獄詞詩賦;卷八應制宴享樂章二十闋、應制事神樂章一百七十九闋、應制五言步虛詞一百九十四首、七言靈旛詞五首、應制七言步虛詞二十五首、應制享祭致詞六首、燕享致語十八首;卷九冊文二十二道、敕諭九道、遺旨二道、遺誥二道、策問二篇;卷一〇表六十二道;卷一一至一四疏八十一首;卷一五奏劄四十四首、謝疏一百十四首;卷一六序十三篇、記七篇、壙志及神道碑七篇、墓表及墓志銘十三篇、頌八首、贊銘箴跋語文書十九首;卷一七應制事神四六體文表一百五十一篇、應制詞意十一篇、應制贊饌文偈十首;卷一八應制祭文十八篇、祭文三十八篇。

楊時喬序云:"公故有集,浙巡鹺察史全刻之,聞變劃去。公婿憲副吳君春遵遺言,收存散亂,併著其譜未竟,子大官君萊,今始鋟梓。"

吳一璘、吳宏跋云:"先憲副、先別駕購求遺編,壽梓成集,災於鬱攸。璘承籍薄而孛甚,殘帙雖存,徒望蠹腹,安冀一點孤忠……又徵其集而剞劂之。"

此本有扉頁,刊"夏桂洲先生文集。清漳林廷輯先生訂。鄰溪吳淑采較刊。斤桂草堂藏板"。

《四庫全書總目》入集部別集類存目。《中國古籍善本書目》著錄。上海圖書館、福建省圖書館等十一館,美國普林斯頓大學葛思德東方圖書館(作明崇禎十一年林日瑞刻本)亦有入藏。此本又有康熙五十八年吳橋重修本,南京圖書館、浙江圖書館等八館,臺北"國家圖書館"(兩部)入藏。

2104　明萬曆刻天啟至清補板印本小山類藁選　T5417/1377

《小山類藁選》二十卷,明張岳撰;《張襄惠公輯略》一卷。明萬曆十五年(1587)林喬楠刻天啟至清補板印本。十二冊。半頁九行二十字,四周雙邊,白口,單魚尾,書口下刻字數。框高20.9釐米,寬12.4釐米。前有嘉靖三十五年(1556)王慎中序,萬曆十五年吳文華序;張襄惠公像並天啟元年(1621)何喬遠像贊。

張岳,字維喬,號淨峯,惠安張坑人。正德十二年進士。自幼好學,以大儒自期。授行人,邸寓僧舍,與陳琛、林希元閉戶讀書,出則徒步走市中,時稱"泉州三狂"。累遷副都御史,總督兩廣,仕至右都御史,卒諡襄惠。其學以程朱爲宗,與陽明語多不契,往往執先入之言。事蹟見《明史》本傳。

卷一至五奏議三十九篇,卷六至一〇書八十一通,卷一一至一三序四十七篇,卷一四記十四篇、刻石二篇,卷一五祝文十三篇、祭文十一篇,卷一六墓誌銘九篇、神道碑一篇、墓表二篇、傳二篇,卷一七至一九雜著十五篇、又雜言三十四條,卷二一賦一篇、詩八十三首。《四庫全書總目》云:(岳)"以疏諫南巡廷杖,調南京國子監學正,嘉靖初牽復原官。又以議禮忤張璁,繼忤夏言,忤嚴嵩父子,而卒得以功名終,若有天幸。然其剛正之操,天下推之。集中奏議,分行人司稿、廉州稿、粵藩稿、督撫鄖陽稿、巡撫江西稿、督撫兩廣稿、總督湖廣川貴稿,皆據其歷官年月次第編類,雖文義樸直,而經濟大業亦可據以考見。又史稱岳博覽工文章,經術湛深,不喜王守仁學,今觀集中草堂學則,及諸書牘內辨學之語,大都推闡切至,歸於篤實近裏,蓋有體有用之言,固與空談無根者異也。"

吳文華序云:"余後公登仕籍四十年,公已即世,而長老先生稱述公爲鄉邦山斗。又三十年,叨督府兩廣,則公儲胥猶有存者,購公遺稿,卒業之,贋訛漫漶,殆不可讀,蓋公仲氏憲僉君、伯子太守君繼公逝久矣。昔虞雍公常以鄉里前輩文獻無傳,爲後生之責,矧公勳業最著兩粵,在在尸祝之。公之精爽,宜不殊桐鄉也。乃命梧州守林喬楠校之,拔其要,釐爲若干卷,行於粵中。"

此本卷一第一頁書口下刊"林蒼書,張乾刻"。又書中凡遇"玄"、"弘"字,皆避諱。

《四庫全書總目》入集部別集類。《中國古籍善本書目》著錄明刻重修本,上海圖書館、天津圖書館等二十館收藏。臺北"國家圖書館"(作萬曆十五年蒼梧刻天啟間補刊像贊本)、日本靜嘉堂文庫(作清刊本)、尊經閣文庫(作明萬曆版)、東京大學東洋文化研究所亦有入藏。

館藏有複本一部,六冊。佚《張襄惠公輯略》一卷。

2105　清乾隆刻本紫峰陳先生文集　T5413/7919

《紫峰陳先生文集》十三卷,明陳琛撰;《年譜》二卷,明陳敦豫等輯。清乾隆三十三年(1768)刻本。八冊。半頁十行二十字,左右雙邊,白口,單魚尾。框高21.3釐米,寬13.3釐米。題"宮保淨峰張岳選稿;中憲槐江丁自申原刊"。前有乾隆三十四年(1769)莊拔萃序,嘉靖四十二年(1563)毋德純舊序,嘉靖三十四年(1555)成子學舊序,嘉靖三十一年(1552)丁自申舊序,嘉靖四十二年丁自申後序。《年譜》前有"紫峰先生遺像"並蘇濬、李伯元撰像贊。題"六世從孫元錫重梓;男大經校字"。李叔元序並後序,何喬遠序,李光縉序。《年譜》後有乾隆二十二

1573

年(1757)陳大經跋。目錄前有國朝明史儒林本傳、閩省通志本傳、泉州府志本傳、晉江縣志人物本傳。目錄頁題"男敦履、敦豫仝編；裔孫錫馥藏本；嘉謀、敬授、錫夢、肇慶仝重刊；種程校字"。

陳琛，字思獻，號紫峰，福建晉江人。理學家蔡清高弟。正德十二年進士。授刑部主事，改南京戶部，擢南京吏部考功司主事。乞終歸養。嘉靖間，以大臣薦，拜貴州提學僉事，旋改江西，皆督學校，並辭不赴。生於成化十三年，卒於嘉靖二十四年，年六十九。又著有《易經通典》、《四書淺說》等。事蹟附見《明史·儒林傳》蔡清傳後。

琛資稟朗邁，於世情無所倚涉，閉戶獨學，不苟同於人。讀書每沉潛玩索，能得意於文詞之表，筆力光動流轉，不可端倪。《泉州府志》本傳云琛"語淺而根諸深，語深而敷諸淺。險而安，常而偉；枯能使潤，離能使合；約能不遺，肆能不亂，而卒歸於性命道德"。此集卷一五言古詩四十七首，卷二七言古詩二十一首，卷三五言絕詩三首、六言絕詩五首、七言絕詩一百七十一首，卷四五言律詩二十七首，卷五七言律詩二百十三首，卷六序三十篇，卷七序二十三篇，卷八記十篇，卷九書二十四通，卷一〇疏狀三篇、呈一篇、歌二首、贊一首、說一篇，卷一一志銘十一篇、祭文四篇，卷一二論六篇，卷一三正學編。

琛之文集初曾刻於書坊，文字訛謬失次。琛子德基，克世其學，日書夜校，再刻於家塾，但坊本及塾本流傳不廣。嘉靖中，琛鄉人丁自申景慕前修，取琛子德惠所遺抄本而翻刻之，為十二卷附錄一卷，然丁本今也不傳於世。此本為琛後人所刻，莊拔萃序云：(琛著)"世遠年湮，不無散佚。先生裔孫鄉賓名錫馥者與候選司馬嘉謀君，暨國學生錫夢、敬授、肇慶等廣求四方，搜遺補闕，以付剞劂……故能令其男種程收而梓之。以先生為百代儒宗，文可不朽，而鍰以公同人也。"

此本有扉頁，刻"陳紫峰先生文集。乾隆戊子仲春重鐫。涵江世澤。本衙藏板"。《年譜》前扉頁刻"陳紫峰先生年譜。手澤存焉。涵江世德。本衙藏板"。丁自申後序末及《年譜》李光縉序末皆有"施志銳刻"。

《四庫全書總目》入集部別集類存目。《中國古籍善本書目》著錄清乾隆三十三年刻五十四年增修本，北京大學圖書館也有入藏。又日本《京都大學人文科學研究所漢籍分類目錄》著錄清光緒十七年裔孫欽堯補修印本。按，館藏此本無增修。

鈐印有"真州吳氏有福讀書堂藏書"。

2106　明萬曆刻本三渠先生集　　T5419/1173

《三渠先生集》十四卷，明王用賓撰；附錄一卷。明萬曆二十九年(1601)刻本。六冊。半頁十行二十字，四周單邊，白口，單魚尾。框高19.5釐米，寬13.2釐米。前有萬曆十二年(1584)王鶴序，萬曆二十九年來復序。末有萬曆十二年馮顯後序。附錄一卷為王鶴撰《光祿大夫太子少保南京吏部尚書兼翰林院學士三渠王公行狀》、楊兆撰墓志銘、鄉賢公移二通。

王用賓，字允興，號三渠，陝西咸寧人。正德十六年進士，改庶吉士，授翰林院編修。嘉靖七年纂修《明倫大典》成，晉官修撰，再充經筵講官，陞南京國子監祭酒、詹事府少詹事兼翰林院侍讀學士。萬曆二十九年以資深陞禮部右侍郎，尋轉左侍郎，再改吏部左侍郎，攝尚書事。又召入內直，加太子少保兼翰林院學士。生於弘治十四年，卒於天啓七年，年七十九。

是書分仁(卷一至四)、義(卷五至七)、禮(卷八至一〇)、信(卷一一至一四)四集。卷一四言古詩十三首、七言古詩十一首,卷二五言律詩九十五首、五言排律四首,卷三七言律詩六十二首,卷四五言絕句八首、七言絕句四十七首,卷五經筵講章四篇、頌三篇,卷六表十八篇,卷七奏疏六篇,卷八序九篇,卷九序十一篇,卷一〇記、碑二篇,卷一一志銘十篇,卷一二墓志銘十一篇,卷一三祭文十二篇,卷一四家乘壙述等七篇。

王鶴序云:"公嘗自輯其集若干卷櫝之,語其婿郡丞馮君曰,此將以貽後人。萬曆己卯七月,公捐館舍,維時冢嗣都事君在京師,而兩孫俱幼,有妄意櫝中之藏者,乘倉卒竊去。比都事歸,求之不可得矣。又明年,馮君至,自河間始,搜之敗籍中,及鄉士夫所藏,僅得此編。乃梓之,以應願知公者。"馮顯後序云:"太宰王公,顯外舅也,鍾此真氣之靈秀,遂學縟采,馳聲藝苑,立朝四十餘年,瓊翰盈笥,暮歲不祿,盈笥者皆散逸不收。顯罷歸泉石以來,痛加搜索,僅得詩文十四卷,多出酬贈,其題詠奏章,關乎治道者,無一存焉,深可慨也……公固不以文爲輕重,而文則以公爲重矣,是故壽之木,所以示後人也。"

來復重刻序云:"冢宰《三渠王先生集》,先是歲甲申間,其倩馮別駕子純甫,業有刻傳世矣,蓋詩若文凡十三卷,家乘一卷,共十有四卷,然皆搜之散逸之餘,不免有什一千百之憾。粵今十有八載,而公仲孫氏光祿丞紹貞哀然興起,益能敬承而善繼之,謂彼剃度緇徒尚重衣鉢,矧我偶裔可忘祖德,乃俾之有散逸遺憾乎?用是勤渠夙夜,念慈在慈,於凡先世所積木天,秘籍既悉,端振珍襲,若終世守。至庋塵篋蠹中,偶獲一草創手澤,或繙鈔遺稿,即掌片赫蹏必收,聞遠近邑里藏有詞翰、勒有金石,必求必得。久之,積有馮刻遺詩若干首、序記志銘若干篇,手澤之竄易棼錯者明辨之,繙鈔之魯魚根銀者訂校之,即馮刻中偶有譌誤,亦爲釐之正之,庶幾成一完書云,剞劂就緒。"

據序文所述,用賓集最早有萬曆十二年馮顯刻本,此本則爲用賓裔孫紹貞在馮本基礎上所輯,當爲較全之本。今馮本已不見傳世,此本也不見他館入藏。《明史藝文志》卷四集類、《千頃堂書目》卷二二別集類著錄者爲十六卷本。《四庫全書總目》未收。《中國古籍善本書目》著錄有《重刻三渠先生集》十六卷附錄一卷,爲明天啓二年王紹貞刻本,中國國家圖書館入藏。

2107　清雍正刻本群玉樓稿

T5417/4463

《群玉樓稿》八卷,明李默撰。清雍正四年(1726)李又泌刻本。八册。半頁九行十八字,四周雙邊,白口,單魚尾。框高 19.8 釐米,寬 13.5 釐米。題"建安李默著"。前有萬曆元年(1573)康大和序,隆慶六年(1572)何鏜序,隆慶六年林命序,雍正四年陳治泓序,雍正四年祖士瑩序;諭祭文四篇(隆慶二年);誥命(萬曆十二年)一篇。

李默,字時言,福建甌寧人。正德十六年進士。選入詞林,讀中秘書。以鯁直受夏官主事,轉銓部郎。由浙藩左轄擢奉常卿,領國子祭酒事。又由吏侍晉太宰,鑒衡自信,執正不阿。官至吏部尚書,兼翰林學士。後爲趙文華借策題謗訕構陷下獄以死,萬曆中追謚文愍。又有《建陽人物傳》、《孤樹裒談》。事蹟具《明史》本傳。

默爲人博雅有才辨,以氣自豪,不附嚴嵩。然性褊淺,以恩威自歸,士論亦不甚附之。此集文鎔意鑄詞,不涉蹊徑,於紀情敘事之中發奇崛俊逸之氣。詩則頗傷率易。集名"群玉樓",乃默之藏書處,默嘗自謂樓中萬卷瓊瑶。卷一傳五篇、序十篇;卷二序三十七篇;卷三序十一篇、記二十二篇;卷四表十四篇、策一篇、辯一篇、頌一篇、論一篇、賦一篇、碑二篇、説五篇、書三十八通;卷五書四十二通、詩古風三十六首、五言絕句一首、五言律五十五首、七言絕句二十九首;

卷六七言律一百六十二首、排律三首、六言二首、詩餘二首;卷七雜著二十四篇、墓表一篇、墓銘九篇、行狀四篇、祭文十一篇;卷八爲《困亨別稿》,乃默幽憂時之著述,爲七言絕句二十首、七言律十二首、五言絕句三首、五言律七首、七言古三首、五言古四首、詩餘二首、雜著六篇、陳情疏二章(附江舉人上侍郎趙文華書)。

此本目錄頁僅至卷七止。爲默裔孫又泌重刻。祖士瑩序云:"乙巳,叨沐皇恩,得授一麾諭德化,又泌與余偕談及名書,因謂又泌君家群玉樓傳書也,不可不鑄諸板,幸有遺本,當單力購而傳之。又泌唯唯恐力棉弗逮。丙午,送諸生入棘闈抵省,又郵書丁寧。又泌復曰,謹受教,但願公一言以弁……"陳治泓序又云:"一日……公之裔孫文學又泌君,忽出公之遺稿若干卷,名曰'群玉樓',又有《困亨集》者,乃公幽憂時所著也,爲蟲蠹所傷,字多舛訛,欲重付梓人。"

據臺北"國立中央圖書館"善本書目》著錄,默集二刻,書名皆爲《群玉樓稿》七卷《困亨別稿》一卷附錄一卷,一爲隆慶六年建安李氏刻本(兩部),一爲萬曆間建安李氏重刻本。然查《中國古籍善本書目》,有明萬曆元年李培刻本(書名相同,藏上海圖書館、中國社會科學院文學研究所、歷史研究所)。又有《群玉樓稿》八卷,明萬曆元年李培刻增修本(藏福建師範大學圖書館);清雍正李氏刻本(藏中共中央黨校圖書館)。大陸所藏三種行款均一致。又日本內閣文庫藏有《群玉樓稿》八卷《困亨別稿》一卷,作明萬曆十二年序刻本。又王重民《中國善本書提要》著錄二部,一美國國會圖書館藏七卷本,作萬曆間刻本,云:"原本雖有卷八一卷,然是附錄,此本適佚去。"二中國國家圖書館藏本(但《北京圖書館古籍善本書目》未著錄),作《群玉樓稿》八卷《困亨別稿》一卷,明隆、萬間刻本。按,王重民所云卷八乃是附錄,此語有誤。七卷本應爲李培刻本,是沒有卷八的。又王云另一部和日本內閣文庫本之卷數著錄或也有誤,因爲八卷本內包括《困亨別稿》,不應再有《困亨別稿》一卷。另按,隆慶六年本與萬曆元年本實即一本,即爲李培刊刻之本,培爲默之次子。臺北"國家圖書館"藏"重刻本"與福建師範大學圖書館藏"增修本"不知是否同板?黨校本應與館藏此本同版。《四庫全書總目》入集部別集類存目,爲八卷本。

2108 清雍正刻本張龍湖先生文集
T5417/1336

《張龍湖先生文集》十五卷,明張治撰。清雍正四年(1726)彭思眷刻本。六册。半頁十行二十字,左右雙邊,白口,單魚尾。框高20釐米,寬12.5釐米。目錄頁題"同里後學彭思眷鶴田編輯;男維銘、新、銳校字"。前有雍正四年彭思眷序;又嘉靖三十二年(1553)雷禮舊序,嘉靖三十三年(1554)薛應旂舊序,嘉靖三十三年陳栢後序;彭思眷撰《重刻張龍湖先生文集凡例》四則。

張治,字文邦,湖南茶陵人。性廩英毅,學覽淵博,自少以經濟爲心。正德十六年進士。改庶吉士,授編修。嘉靖六年,同修《大典》書成,擢左春坊左贊善,歷諭德學士,遷南京吏部右侍郎,改吏部左侍郎,掌翰林院,陞南京吏部尚書。二十八年,改禮部尚書兼文淵閣大學士,加太子少保。卒年六十三,贈太子太保,謚文隱,後改謚文毅。萬曆初改謚文肅。

是集凡文十卷、詩五卷。卷一頌二篇,卷二奏疏二十八篇,卷三序八篇,卷四序十六篇,卷五序十六篇,卷六記十三篇,卷七雜著二十二篇,卷八祭文四篇,卷九墓志銘八篇,卷一○墓表碑五篇,卷一一四言古詩三首、五言古詩五十六首、七言古詩三十四首,卷一二五言律詩八十三首,卷一三七言律詩一百七十六首,卷一四七言律詩一百二十四首,卷一五五言排律七首、五言絕句六首、七言絕句七十七首、詩餘三首。附雷禮撰《張文毅公傳》,又《獻徵錄》、《名山藏》、《詞林人物考》中之治傳。

治集最早之本爲雷禮與治婿彭宣所編,有嘉靖三十三年刻本,但今已不傳。據陳栢舊後序云:"其子婿治中彭君,欲收遺文刻之,今甲寅刻成。"薛應旂舊序也云:"先生館甥彭君宣,上追李漢故事,刻先生之文以傳。"另據彭思眷撰《凡例》,知嘉靖本外,又有翻刻本行於楚省,今也不傳。彭氏嘗以家藏原刻與之核對,"其篇目後先,詩文多寡與字句增減,往往互異,不知何時翻刻,遂顛倒舛譌如此。"然嘉靖本刊板久漫漶,雍正四年,宣之從曾孫思眷得舊刻校正,屬其子維新等重刊於浙江。彭思眷序云:"是集也,余先曾叔祖治中公爲先生婿,於其没後,鏤板以傳,歲久漫闕,翻本雜淆。甲辰秋,兒子新校士兩浙,爰授以家藏原本及親友所藏諸本,俾於吴越藏書家勘對譌誤,校正篇次,重梓行世,以還先治中公之舊,且使通經學古者知所勸焉。"

此本有扉頁,刻"張龍湖先生文集。墨香閣藏板"。並鈐有"墨香閣藏板"印。疑墨香閣爲彭氏藏書、讀書處。

《四庫全書總目》入集部別集類存目。《中國古籍善本書目》著録,浙江圖書館、湖北省圖書館等二十二館也有入藏。

鈐印有"雨山草堂"、"無罣礙"、"樹德堂書畫記"。

2109 明嘉靖刻本甫田集   T5410.9/0426

《甫田集》三十六卷,明文徵明撰。明嘉靖刻本。十册。半頁十一行二十一字,左右雙邊,白口,單魚尾。框高18.8釐米,寬12.9釐米。題"前翰林院待詔將仕佐郎兼修國史長洲文徵明撰"。無序跋。

文徵明,初名璧,以字行,後更字徵仲,號衡山,長洲人。以歲貢生薦試吏部,任翰林院待詔,後辭官歸。詩文書畫皆工,而畫尤爲著名。與沈周、唐寅、仇英合稱明四大家。《明史》有傳。

卷一至一五詩,卷一六至一七記,卷一八至一九記,卷二〇贊、字辭、頌,卷二一至二三跋,卷二四祭文,卷二五書、行狀,卷二六行狀,卷二七至二八傳,卷二九至三三墓誌銘,卷三四墓表,卷三五墓碑、阡碑,卷三六附録(文嘉撰《先君行略》)。

徵明仕宦不達,優游藝文,老壽而筆墨不倦。其詩雅飭之中,時饒逸韻,吐屬冲和,不以才氣自高,不標榜門户,而意境自能拔俗。文亦典則,繼吴寬、王鏊之後,爲吴中領袖,主持風雅三十餘年。此集詩文皆按年編次,但未明注干支。前四卷收詩二百五十四首,皆選自四卷本(有明刻本,上海圖書館入藏)。餘十一卷自正德八年癸酉起,至嘉靖三十八年己未止,收詩五百零二首(目録誤爲四百八十七首)。

此本又有明刻清修板印本。美國國會圖書館所藏即是,其書補板甚多,卷端有王世貞撰《文先生傳》,末署"曾孫震孟謹録,六世孫然重梓",即爲補板時刻入者。

《四庫全書總目》入集部別集類。《中國古籍善本書目》著録。上海圖書館、南京圖書館等八館,臺北"國家圖書館"(三部)及日本内閣文庫、尊經閣文庫、静嘉堂文庫亦有入藏。

2110 明萬曆刻增補本重鐫心齋王先生全集   T5417/1173

《重鐫心齋王先生全集》六卷,明王艮撰。明萬曆耿定力、丁賓等刻增補本。十册。半頁九行十八字,左右雙邊,白口,單魚尾,書口上方刻"心齋先生全集"。框高19.3釐米,寬13.2釐米。題"秣陵焦竑、古吴錢化洪仝梓;北平孫道楗校政;海陵四代孫王元鼎仝校;五代孫王□□校政補遺;六代孫王□□翻刻"。前有萬曆三十五年(1607)陳履祥序。

王艮,字汝止,號心齋,初名銀,泰州安豐場人。出身貧苦,年三十八始師事王守仁,更名艮。守仁弟子甚衆,獨艮以布衣列其間,聲譽出諸弟子之上,與王畿齊名。謹守王學良知之説,爲泰州學派之創始人,學者稱"心齋先生"。《明史》有傳。

此本卷一爲薦疏、遺像并贊、小影、冠服蒲輪等圖、安豐場圖、故宅圖、墓圖等,又謀梓遺集尺牘、初刻譜録姓氏等;卷二年譜、門人私謚、門人子孫誅詞、世系源流截略等;卷三語録等;卷四至五雜著;卷六各家祭文、扁額、贊語、傳文、對聯等。

卷一末有"五刻今集於海陵(板藏崇儒祠宗孫宅)。後學四人,耿定力(兵部侍郎麻城耿天臺第)、丁賓(操江御史、浙江嘉興人)……"卷二題"楚黃耿定力、檇李丁賓仝梓;秣陵焦竑、海岱蔣如苹仝校;四代孫王元鼎、五代孫王魁林仝輯"。此本增補内容散見,如卷一舍舊圖狀引後增萬曆三十九年四代宗孫王元鼎識語。

陳履祥序云:"先生性真,不侈文字,而隨人指點,散在士林,識大識小,舊録未之悉也。諸孫氏之垣等,旁搜而增益之,稍稍成先生全書。世興道也道興世,其有量乎?"

此本"心齋王先生遺像",爲南昌萬思刻。卷二配清抄本,并佚去第二十七、第四十頁,又卷四跋四則亦佚去。

《四庫全書總目》未收。《中國古籍善本書目》著録明萬曆三十四年耿定力、丁賓刻增補本,藏南京圖書館、天津圖書館等六館。

2111　明嘉靖刻本林屋集

T5419/4912

《林屋集》二十卷,明蔡羽撰。明嘉靖八年(1529)刻本。存四册。半頁十二行二十字,左右雙邊,白口,無魚尾。框高17.9釐米,寬13釐米。題"山人蔡羽著"。序跋皆抽去。

蔡羽,字九逵,自號林屋山人,又稱左虛子,世居洞庭西山,吴縣人。少孤,母親授之書,年十二,操筆有奇氣。學邃於易,爲文有秦漢風骨,爲詩求遠出魏晉,應舉四十年不售。以太學生赴選,天官卿雅知其名,奏授南京翰林院孔目,居二年,致仕歸,卒於家。其簡歷附載《明史·文苑傳》文徵明傳中。

錢謙益《列朝詩集小傳·丙集》有云:九逵"自視甚高,自信甚篤。爲文法先秦、兩漢,洞庭諸記,欲與子厚争長,其隱然自負之意,殆不肯以瓣香屬某氏"。"早歲詩,微尚纖縟,既而滌除靡曼,一歸雅馴,晚更沉著,時出奇麗,見者謂雖長吉不過,則大悔恨,曰:吾詩求出魏晉,今乃爲李賀耶?其高自標表,不肯屈抑如此。"《列朝詩集》收録羽作至一百二十餘首。然朱彝尊《静志居詩話》卷一一云:"今其集具在,篇無妍辭,句無警策","所得雖有詩賦八百餘首、文二百首,恒河之沙,鈎金安在?愚山縱曲爲解嘲,其誰信諸!"

此本僅存詩十卷,爲卷一至一〇。目録頁第九頁後半爲買人抽去,并重抄卷一〇目録後半,以充全本。按,《林屋集》應爲詩十卷、文十卷,後又附《南館集》十三卷,爲詩五卷、文八卷。在《南館集》末有"嘉靖癸卯孟夏刊"一行,後有嘉靖二十八年門人陳弘策跋。據傅增湘《藏園群書題記》引述陳跋云,《林屋集》爲門人所刻行,《南館集》則羽没後,爲郡守南岷王公所刻,板藏郡齋。又言嘉靖二十七年乃加讎校,與《林屋集》合刊云。

金鑲玉裝。

《四庫全書總目》未收此書,僅有羽《太藪外史》一卷,入子部雜家類存目。《中國古籍善本書目》著錄。中國國家圖書館、上海圖書館、首都圖書館、北京大學圖書館、臺北"國家圖書館"有全帙。

2112 明萬曆刻清康熙重修本世經堂集

T5417/2976

《世經堂集》二十六卷,明徐階撰。明萬曆徐氏刻清康熙二十年(1681)徐佺重修本。十二册。半頁十行二十字,四周雙邊,白口,單魚尾,書口下間有刻工。框高 19.3 釐米,寬 13.2 釐米。題"五世孫佺重刻同男榮疇、禹疇、欽疇較正"。前有陸樹聲序,王世貞序。

徐階,字子升,松江人。嘉靖二年進士,歷官禮部尚書、建極殿大學士等職。階外事嚴嵩甚謹,内深自結於神宗,使御史鄒應龍進行彈劾,逐嚴嵩父子,代嵩爲首輔。後爲給事中張齊所劾,請歸。卒謚文貞。《明史》有傳。

卷一至四奏對,卷五視草,卷六至一○奏疏,卷一一至一三序,卷一四記,卷一五至一八墓志銘,卷一九墓表、碑銘,卷二○論、策、説、辨、對、解、引、原、跋、贊、銘、規條,卷二一祭文、語録,卷二二至二四書,卷二五賦、頌、奏歌、長短句、五言古詩、七言古詩,卷二六五言律詩、五言排律、五言絶句、七言律詩、曲、詞。

陸樹聲序云:"公自解機務歸,不忘著述,思昔勤勞國事未遑也。曰自余爲執政,所圖議一二大政,即國有掌記而副藏焉,其寧使無存,因并其前後積而爲言者以屬梓,梓成,則公嗣太常君偕二弟尚寶君屬序聲……公集爲奏對、爲視草、爲奏疏、爲序記、碑志、雜著、語録、古今詩,類次之,凡若干卷,而總題曰《世經堂集》,公所自命也。"

王世貞序云:"《世經堂集》者何? 今致政少師元輔華亭徐公著也。堂者何? 公所憩止也。其名世經者何? 公世世以經重名之,志不忘也。公所著有奏對、有視草、有奏疏、有序、有記、有志、有銘、有墓表、有碑、有論、有策、有説、有辯、有對、有解、有引、有原、有跋、有贊、有銘、有規、有祭文、有書、有賦、有頌,詩有古近體,爲卷凡二十六。公之諸子太常君輩,鳩而梓之家塾。"

陸樹聲序後有"吴門何金、顧杰刻"。刻工又有沈玄易、袁敏學、王禮、張敖、顧濟、倪成密、袁宸、何成業、何一金、曹熙、沈成、章國華、張華、袁宏、曹拾、顧時中、張岐、高儒奎。此本卷一四第九、第十頁,卷二四第二十七、第二十八頁佚去。

《四庫全書總目》入集部別集類存目。《中國古籍善本書目》著録明萬曆徐氏刻本及萬曆徐氏刻清康熙二十年徐佺重修本兩種,前者上海圖書館、浙江圖書館等十館及臺北"國家圖書館"入藏。後者天津圖書館、重慶市圖書館等四館入藏。日本尊經閣文庫、内閣文庫亦有入藏。但日本兩館所藏不知有清修否。

鈐印有"樂亭史氏藏書印"、"竹素園丁"。

館藏有複本一部,十册。

2113 清乾隆刻本章介庵文集

T5419/0403

《章介庵文集》十一卷,明章袞撰。清乾隆十八年(1679)六世孫章文先刻本。八册。半頁九行十九字,左右雙邊,白口,單魚尾。框高 19.1 釐米,寬 12.7 釐米。題"臨川章袞汝明甫著;

六世孫文先、侄先德編次；七世孫錫龍、鍔龍、錦龍、猷光、彩光校字"。前有乾隆十八年(1753)沈瀾序，朱鳳英序，康熙十八年胡亦堂序，乾隆十八年章嘉顯序。

章袞，字汝明，江西臨川人。嘉靖二年進士。授御史。督學南畿，以狷介稱，請屬不行，士習一時蹶興。務講求經濟實學，痛黜詞章之習，以劾左道亂政，譏刺時宰左遷相，從講學者益衆。稍遷陝西提舉副使，督學政。乞歸卒。又有《童子瑣言》等。《(雍正)江西通志》卷八二《人物》有傳。

袞由甲科出任督學，生平宗朱子學而深倚篤好，必求其義之可安。此集卷一《大學口義》；卷二《中庸口義》；卷三序二十二篇；卷四序九篇；卷五序七篇；卷六輓序二篇；卷七祭文三篇；卷八墓誌銘、墓表五篇；卷九記四篇；卷一〇《宦游詩稿》(七言律七首、五言律八首、五言古一首、七言絕一首、騷一首)，《歸田稿》一百六十七首；卷一一《隨筆瑣言》。按，卷一、二皆爲訓釋章句之語。《瑣言》爲袞所作語錄。《四庫全書總目》云："其文疏爽，而頗乏體要。序王臨川集幾萬言，極論新法之善，謂元祐若能守而不變，孰非繼述之善。又論公以瞑眩之藥攻治之於先，司馬公又以瞑眩之藥潰亂之於後，遂使國論屢搖，民心再擾云云。毅然翻久定之案，可謂桑梓情深矣。"

《介庵集》明代未有刊刻，蓋因其家貧，莫由授梓。此本爲介庵六世孫文先所刻。朱鳳英序云："其六世孫文先者，恪守家訓，編輯遺文，惠以示予。"章嘉顯序又云："茲幸逢廉憲范公採訪，及名賢曾、陳諸君纂集，爰付梨棗以壽世。"

此本有扉頁，刻"臨川章介庵先生小集。本家藏板。諸城范怡雲、烏程沈泊村兩先生鑒定。乾隆十八年梓。二集嗣出"。

《四庫全書總目》入集部別集類存目。《中國古籍善本書目》著錄，北京大學圖書館也有收藏。按，清胡亦堂輯《臨川文獻》二十五卷(清康熙十九年刻本)中收有《章介庵先生集》二卷。

鈐印有"柯逢時印"、"武昌柯逢時收藏圖記"。

2114　明萬曆刻本孟龍川文集　　　　　　　　　　T5417/1163

《孟龍川文集》二十卷，明孟思撰。明萬曆十七年(1589)金繼震刻本。十册。半頁九行十七字，四周單邊，白口，無魚尾，書口下有刻工。框高18.7釐米，寬13.4釐米。題"黎陽孟思叔正甫著；新安金繼震長卿甫選；黎陽朱應轂德載甫校"。前有萬曆十七年金繼震序。末有萬曆十七年樂元聲後序。

孟思，字叔正，潛人。嘉靖舉人，選南陽通判，未赴，卒。

卷一賦九首，卷二五言古詩三十一首、七言古詩十一首，卷三至四五言律詩一百七十五首，卷五七言律詩九十六首，卷六五言排律十三首、五言絕句十八首、六言絕句五首、七言絕句六十七首，卷七帳詞二十七首，卷八至九序五十五首，卷一〇啓二十一首，卷一一書十首，卷一二小柬四十九首，卷一三論十五篇，卷一四傳五篇、碑文七篇，卷一五記六篇，卷一六表四篇、箋二篇，卷一七墓誌銘十三篇，卷一八墓表六篇、誄詞二篇、祝文四篇、祭文六篇，卷一九雜著二十八篇，卷二〇文三篇、疏六篇、連珠一首。

樂元聲後序云："孟氏字正甫者，其人與骨俱朽矣，獨其詩文數卷藏之寶匣，二子能守之，以就明府。稱先太父，從孝廉，後老死簡册，生前狂態，自謂不媿風雅，下里之言，敢質明府。明府君手一編讀之，欣然有當乎其中，曰陽春白雪，千年絕調，吾地有阿翁，山水生色，豈可私之名山,用當傳之同好,亟勒之。勒成,屬余婆娑廣文爲序。"按,明府者,當爲金繼震。繼震,字長卿,休寧峽東人,萬曆十四年進士,授北直濬令,擢南禮部主政,中遷長沙郡,又爲大理寺評事,晉刑部郎中。《(康熙)休寧縣志》卷六有傳。此本當爲繼震知濬縣任上所刻。

刻工有崔惠、崔德、王真、召杰、崔慈、張邦奇、崔思、沈、元、吳、聲。

《四庫全書總目》未收。《中國古籍善本書目》著録。中國國家圖書館、南京圖書館等六館,臺北"國家圖書館"亦有入藏。

2115　明嘉靖刻本田叔禾小集　　　　　　　　　T5417/6035

《田叔禾小集》十二卷,明田汝成撰。明嘉靖四十二年(1563)田藝蘅刻本。六册。半頁九行十八字,四周雙邊,白口,無魚尾。框高 18.3 釐米,寬 12.2 釐米。題"錢塘田汝成撰;男藝蘅私抄"。前有嘉靖四十二年蔣灼序;嘉靖四十二年田藝蘅《小引》。

田汝成,字叔禾,錢塘人。嘉靖五年進士,官廣西右參議,分守右江,政績甚著。遷福建提學副使。博學工古文,尤善敘述,歷官西南,諳曉先朝遺事。歸田後,盤桓湖山,窮游浙西諸勝。又有《西湖游覽志》等。

此集乃汝成晚年令其子藝蘅所編,卷一序十四篇,卷二序十三篇,卷三碑七篇、記三篇,卷四記十篇,卷五書十二通,卷六銘四篇、頌二篇、傳三篇、説一篇、誄一篇、祭文六篇,卷七論五篇、辯二篇、解一篇、誡一篇、題跋三篇,卷八行二篇,卷九策問二十五篇,卷一○策問十八篇、經議八篇,卷一一賦一篇、五言古詩四十七首、七言古詩六首、五言排律七首,卷一二五言律詩七十首、七言律詩五十六首、五言絶句四首、七言絶句十八首。

汝成作詩,對仗修整,頗自娟娟秀出。蔣灼序云:"叔禾田先生,以進士爲禮部郎,又兩爲廣閩提學,刻志復古,博覽旁搜,根抵於六經,貫穿乎百氏。本豐而末之茂,源深而流之長,故其發之於辭,冲溢渾雄,優優乎有温柔敦厚之氣。如登泰山,而層巒爲之秀發;如入武庫,而鋒穎爲之森羅;如探珠淵、窺寶藏而奇珍爲之眩目……是集也,其子蘅裒其三之一,以應人之求録者也。"

田藝蘅《小引》云:"家君喜讀書,垂老病廢,兩手捧卷不忍釋。平時屬文畢,遽持其草與人,多不蓄副本,四方宦游,復漸散軼。故嘗自詠云,一從桂海驂鸞去,零落珠璣爛未收。殆紀實也。即今所存,車載駟馬,尚恐不能勝。而海内名王上公,遞遣侍史來,在在令縣官給筆札,踵門鈔録,户限幾折。不肖亦每苦於校讎,因請梓而行之者再四,家君顧謙讓未皇許也。退而私自繕寫,凡得詩文三百六十九首,分爲一十二卷,初不暇計其次第,先此鋟布,以應户外索文者。敢并識其所聞如斯云。若夫五十已後者,則置而不録,蓋覿面交承,或有難於去取也。"

藝蘅序後列汝成"已刻雜集"名目,爲《藥洲先生文集》(凡六卷,嘉靖十三年公爲廣東提學僉事時刻)、《藥洲先生詩集》(凡六卷)、《學約》(凡三章,廣東刻)、《試約》(凡九章,廣東刻)、《講章》(凡二卷,廣東刻,已上板,俱存藥洲崇正書院。講章福建時,又入《學政集》)、《斷藤峽記》(一卷,公爲廣西左參議時刻。公分守左江道,以平斷藤峽功奏聞,有旨褒美,賞公白金五十兩、紵絲四表裏,陞官一級云)、《西湖游詠》(一卷,嘉靖十七年,公與黄勉之作,板存積善毓慶堂)、《學政集》(講義二卷,策問二卷,嘉靖十九年公爲福建提學副使時刻)、《征南碑》(一卷,福建刻)、《立後論》(二卷,福建刻)、《南游賦》(一卷,福建刻)、《釐正丁祭禮樂彝典》(一卷,福建刻,已上板,俱存養正書院)、《武夷游詠》(一卷,嘉靖二十年公與蔡子木作,板存武夷山豫陽講字)、《西湖游覽志》(凡五十卷,嘉靖二十年刻,板存杭州府)、《炎徼紀聞》(凡四卷,其一惠安曾公英遇刻,板存鄞縣;其一黃州周公元服刻,板存餘杭縣;其一福清陳公邦憲刻,板存布政使司,又併入《皇明經濟文錄》)、《大觀堂策目》(二卷,積善毓慶堂刻)。又有"未刻雜集",爲《楊園集》,凡三十五卷,計疏一卷、議一卷、序三卷、記二卷、書二卷、論一卷、説一卷、頌一卷、贊一卷、經議一卷、題跋一卷、傳二卷、墓志四卷、行狀一卷、祭文一卷、賦一卷、五言古詩二卷、七言古詩一卷、五言律詩二卷、五言排律一卷、七言律詩一卷、五言絶句二卷、七言絶句二卷;《藥洲九畧》(九卷,不全)、《九邊志》(九卷,不全)、《唐詩人苑》(二十卷,不全)。

此本卷一第三十三頁、卷四第一至二頁佚去。

《四庫全書總目》入集部別集類存目。《中國古籍善本書目》著録。中國國家圖書館、浙江圖書館等五館,臺北"國家圖書館"(原藏北平館者)及日本尊經閣文庫亦有入藏。

2116　明隆慶刻本遵巖先生文集　　T5417/1195.2

《遵巖先生文集》二十五卷,明王慎中撰。明隆慶五年(1571)嚴鏓刻本。十二册。半頁十行二十字,四周單邊,白口,單魚尾,書口下刻字數。框高18.6釐米,寬13.5釐米。前有洪朝選序。末有隆慶五年嚴鏓後序。

王慎中,字道思,號遵巖,晉江人。嘉靖五年進士,授禮部主事,與諸名士講習,學大進,會詔簡部郎爲翰林,衆首擬慎中。大學士張璁欲一見之,辭不赴,乃稍移吏部郎中,官終河南布政使參政,以忤夏言落職歸。慎中壯年廢棄,益肆力爲古文,卓然成家,與唐順之齊名,天下稱"王唐"。《明史·文苑傳》有傳。

史稱慎中爲文,初亦高談秦漢,謂東京以下無可取,已而悟歐、曾作文之法,乃盡焚舊作,一意師仿,尤得力於曾鞏。其詩則初爲藻艷之格,歸田以後,又雜入講學之語,頽然自放,與唐順之相似。清朱彝尊《明詩綜》謂其五言文理精密,嗣響顔謝,而論者輒言文勝於詩,未爲知音。卷一目録,卷二五言古詩六十二首,卷三七言古詩六十四首,卷四至五五言律詩三百十三首,卷六五言排律一百六十五首附五言絶句十首,卷七七言律詩二百六十六首,卷八七言絶句一百五十三首、古樂府六十首、詞四十二首,卷九記四十一篇,卷一〇至一二序一百三十八篇,卷一三至一五志銘四十八篇、附碑四篇,卷一六墓表十篇,卷十七傳七篇,卷十八行狀六篇,卷一九至二〇祭文五十三篇,卷二一雜著十七篇,卷二二至二五書一百四十二通。

慎中集最早爲嘉靖四十五年劉溱刻本,四十一卷,乃其婿莊國禎、子同康所輯。洪朝選序云:"君既没,而其婿進士莊君國禎、子庠生同康輯詩文爲四十卷,余因付之蘇守劉君溱刻之。"劉溱本,今中國國家圖書館、南京圖書館等三館有藏。四十一卷本,又有隆慶五年邵廉刻本,爲十行二十一字,中國國家圖書館、上海圖書館等十館有藏。

嚴鏓後序云:"遵巖先生之文,挺拔秀麗,有次第,欲造沖澹自得之境者,必當自組麗芬華中得之,此是集所以垂教之意也,亦先生之志也。"後序未云刻書之事。

《中國古籍善本書目》著録,中國國家圖書館、上海圖書館等七館有此本,作嚴鏓所刻,今依之。按,臺北"國家圖書館"亦有此本,作隆慶五年洪朝選蘇州刊本,誤。日本静嘉堂文庫亦有入藏。

此本有"翰林院印"滿漢文大方印,又有紅色木記"乾隆三十八年十一月浙江巡撫三寶送到汪汝瑮家藏王遵巖文集壹部，計書拾貳本"。查《四庫採進書目》，當時所進此書二十五卷本，有兩淮商人馬裕家藏本、浙江汪汝瑮家藏本、都察院副都御史黄氏家藏本。《四庫全書總目》所收爲兩淮鹽政採進本，即馬裕家藏本。此本爲《四庫》退還之本。

鈐印又有"錢桂森辛白甫"、"三住蓬山"、"教經堂錢氏章"。

2117 明嘉靖刻本王遵巖家居集   T5417/1195

《王遵巖家居集》七卷，明王慎中撰。明嘉靖三十一年（1552）句吴書院刻本。四册。半頁十一行二十一字，左右雙邊，白口，單魚尾，書口上方刻"遵巖集"，書口下有"句吴書院"。框高19釐米，寬13.6釐米。題"南京吏部稽勳司郎中同安洪朝選編次；禮部主客司郎中弟惟中校正"。前有嘉靖三十一年華雲序。

卷一至二序四十九篇，卷三記十七篇，卷四志銘十三篇，卷五墓表六篇，卷六行狀三篇，卷七傳三篇、祭文五篇。

華雲序云："遵巖王子，曩以吏部謫倅毘陵，吾毘陵人未之奇也。會荆川子自京師歸，語於人，毘陵人乃知王子。荆川子嘗語余曰：'王子之文愈於余。'余未之信，已而得其文一二，讀而知之。後官京師，其弟祠部君，余同年，嘗授余一編曰，此吾兄家居集也，余再讀之，知其與荆川子並驅。已及改官留都，同年稽勳洪君取而編校之，稍刊益焉，乃刻以傳閩中……洪君名朝選，亦温陵人，苦學礪節，其文嗣遵巖而興者也。遵巖子以才名，多忤於時，仕終河南參政，解官時，年才三十有三，今尚未艾也。"

《四庫全書總目》未收。《中國古籍善本書目》著錄。上海圖書館、重慶市圖書館、山東省博物館、天一閣博物館、臺北"國家圖書館"（原藏北平圖書者）亦有入藏。

此本頗多缺頁，計目錄之第三、四頁，卷二之第十七、二十六、三十五、三十六、三十八頁，卷三之九、十、二十五、二十八、三十一、三十三至三十五、又尾頁，卷四之第三至四、十五、二十七頁，卷五之第八、九頁，卷六之第十至十五頁，卷七之第一至二、六頁。

2118 明隆慶刻本龍門集   TNC5422/2310

《龍門集》二十卷，明侯一麐撰；附錄一卷。明隆慶刻本。十二册。半頁九行十九字，四周單邊，白口，單魚尾，書口下有刻工。框高19.2釐米，寬12.6釐米。題"四谷山人侯一麐"。前有隆慶六年（1572）侯一元序，嘉靖二十三年（1544）夏鯨序。末有隆慶六年戴賞後序；王諍跋。

侯一麐，字舜昭，樂清人。一元弟。

卷一五言古詩五十五首，卷二七言古詩三十五首，卷三至四五言律一百五十首、五言排律四首，卷五至六七言律一百一首、七言排律二首、五言絶句二首、七言絶句八首，卷七設論四篇、賦三篇，卷八至九論十二篇，卷一〇至一一書十六通，卷一二碑七篇，卷一三記十三篇，卷一四至一五序四十四篇，卷一六至一七志九篇、表四篇，卷一八至一九傳二十一篇，卷二〇誄二篇、祭文十一篇、雜著八篇。附錄爲毛伯温、李默、皇甫汸等十七人致一麐札。

一麐文甚古雅，詩亦雋永。其家甚貧，一元序云："其居貧不受絲粟於人，而於寒餓，顧時有解推，敝衣穿履，攻苦茹淡。而其貌日腴，其詩日平，非其有得然哉。"一麐五言詩云："世人重富貴，富貴祇爲累。予顧甘賤貧，賤貧身無事。況已挾策遊，十載不得志。"又云："晨昏教小兒，聊欲盡人事。貧賤久已甘，何用知天意。"並撰《貧賤答》一篇以申其意。

又一麐獨好司馬遷之文，夏鯨序云："余讀其集，乃見四谷祖六經而發之司馬氏之聲。夫不蹈司馬後，姑假其聲，宣鳴六經，則雖盡用其文辭，固無害於作者之志。"

戴賞後序云："《龍門集》者，四谷侯君諸製述也。君自結髮抱進士業，就試有司，謂必穎脫於衆。顧弗售，鬱邑無聊，役志於貴遊者亦有年歲。乃一日，獨悟好德之旨，以爲修身莫先閨門。遂屏絕聲色，而夫婦負耉，不畜婢妾。士節莫先無求，無求要在寡欲，故菲惡自奉，而凡素嗜瑶玉紈綺之類，隨手而盡。而其心尤乾乾惕厲，潛私纖垢，灑滌一空。洒若薄貨利、喜賑施者，皆君之細事也。"

此本刻工有姑蘇郭昌言、吳門顧令祥、吳門錢世英、金汝南。

金鑲玉裝。闕名圈點。

《千頃堂書目》卷二三別集類著錄。《明史藝文志》、《四庫全書總目》、《中國古籍善本書目》均未收入。

鈐印有"開卷有益"、"情之所鍾"、"文瑞樓主人"、"文瑞樓"、"結社溪山"、"家在黄山白岡之間"、"金星軺藏書記"、"真意"、"雅宜堂印"、"我思古人實獲我心"。

2119　明嘉靖刻本重刊校正唐荆川先生文集　T5416/4329

《重刊校正唐荆川先生文集》十二卷，明唐順之撰。明嘉靖三十二年(1553)葉氏寶山堂刻本。十册。半頁十行二十字，四周單邊，白口，單魚尾。框高21.1釐米，寬14釐米。前有嘉靖二十八年王慎中序。

順之學問淵博，留心經濟，自天文地理、樂律兵法，以至勾股壬奇之術，無不精研，深欲以功名見於世。雖晚年再出，當禦倭之任，不能大有所樹立，其究也仍以文章傳，然考索既深，議論具有根柢，終非井田封建之游談。其文章法度，具見文編一書。此集卷一策一道，卷二至三詩四百首，卷四至五書六十五首，卷六至七序四十一篇，卷八記二十篇，卷九説四篇、銘十四首、贊七首、祭文六篇，卷一○墓志銘二十九篇，卷一一行狀一篇、墓表八篇、傳七篇，卷一二雜著八篇、數論三篇。

王慎中序云："無錫安君如石子介，慕君之學，得其所爲詩文彙而刻之，以與同好者共，安君之趣尚如此，豈凡人之所及哉？"據此序，此當據明嘉靖二十八年安如石刻本重刻。安如石刻本爲唐集之最早刻本，南京圖書館、陝西省圖書館、臺北"國家圖書館"等七館均有入藏。又有明唐國達刻本，遼寧省圖書館、安徽省圖書館等十三館入藏。

中國國家圖書館、上海圖書館等六館藏有明嘉靖三十四年金陵書林薛氏刻本，行款與葉氏寶山堂同。按，薛氏本乃據葉氏本之板片重新刷印，薛本目錄後告示第三行"三衢"易爲"金陵"，第四行全數剗去。萬曆間又有純白齋刻本，爲十七卷本又《外集》三卷，王慎中序後有"萬曆元年孟春吉旦重刻於純白齋"一行。

此本序後有"嘉靖癸丑書林葉氏武進梓行"牌記。目錄後刊"是集因無錫板差訛太多，乃增削校正無差，謹告四方賢明士大夫君子，須認此板三衢葉寶山堂爲真。故稟"告示。卷一二末又有牌記，刊"嘉靖癸丑仲冬浙江葉寶山堂"。告示所云"無錫板"，乃指嘉靖安如石刻本。

《四庫全書總目》入集部別集類。《中國古籍善本書目》著錄。中國國家圖書館、上海圖書館等十七館,臺北"國家圖書館"及日本內閣文庫亦有入藏。

鈐印有"木內藏書"、"雪城人金景遇啓運章"。

2120　明萬曆刻本斛山楊先生遺稿　　T5417/4224

《斛山楊先生遺稿》四卷,明楊爵撰。明萬曆元年(1573)安嘉善西安刻本。四册。半頁九行二十二字,四周雙邊,白口,雙魚尾。框高23.3釐米,寬14.2釐米。前有隆慶六年(1572)楊綵序。末有萬曆元年安嘉善後序。

楊爵,字伯脩,號斛山,陝西富平人。嘉靖八年進士。授行人,三使藩國,却餽不受,轉山東道御史,以母老乞歸,服闋授徒講學。越五年,以薦起河南道御史,巡中城,權貴歛避。以極諫犯顔,逮繫詔獄,歷五年得釋。隆慶元年贈光禄少卿。萬曆初謚忠介。事蹟具《明史》本傳。又《(乾隆)富平縣志》卷七有傳。

卷一奏議二篇、序五篇、記二篇、傳八篇,卷二祭文二篇、雜著六篇、書九通、賦一篇、行四首、歌二首、古詩十四首、五言律詩三十二首,卷三七言古風五首、七言律詩一百十五首、五言絶句九首,卷四七言絶句一百五十二首、詞四首、聯句三首、附語録(論學、漫録、論文)。

楊綵序云:"今觀其所爲詩文,多下獄時作。此時何時也,少不自定,鮮不爲亂。而先生蒙難正志,處困愈亨,發諸詠歌,肆諸篇什,亹亹侃侃,皆砥節貞志之旨,若從容暇豫時者,蓋真非有道不能也。嗚乎!天生先生,豈無意於斯世斯民已哉?而顧不究其用,余不習其故矣。因竊念自古忠臣烈士,往往齎志淹没,不可勝數,天道之不可究詰者類如此云。愚三年守西安,掇先生遺稿,得若干篇,邑人謂逸者尚多,此特其什之五六耳。將刻之,適余有山東役,遂以其稿付郡推藍子校讎,并歸其所捐俸,拜囑之。無何,藍子亦别移,遂不果。原稿捐俸藏於吏篋者,且六年來矣。宿陽安君至,爲問郡中文獻,乃得其始末,遂慨然嘆曰,是豈可已者耶?遂纂類鳩工,力督其事,不兩月而刻成。吁!景行先哲,飭意風教,安君有同心焉。"

安嘉善後序云:"斛山楊先生遺稿四卷,大中丞彬菴楊公所輯也。公守西安時,雅重郡中文獻,謂先生文獻之最。捐俸金將梓其詩文以傳,會遷官去,亟其稿郡齋者六年於茲矣。余繼其事刊之,稿中首載慰人心以隆治道疏,其次則文,又其次則詩,大都醇正質直,有似乎其人焉。乃若其疏則正大光明、忠憤激切,即古敢言之士,亦難乎儔匹矣……刊既成,以告同寅史君邦直、沈君紹先、侯君天祐、吳君道卿,咸以爲然,遂次其説附簡末。"

書中多記獄中之事,其一云:"予居此四年,邏者候予有言,日必録。予頗聞之。每見未嘗一言相答。有以予不言回報者,必答之。有以其言作予言以回報者,又以不似答之。於是邏者窮矣,多以情相告,求予言以免其答,且曰事關於忠義者,願得數語。予應之曰,吾奏章數千言,字字是忠義,句句是忠氣,乃以爲非所當言而深罪之。今若以忠義騰口舌於爾輩之前,是吾羞也。一邏者求予有言,情甚切至。予應之曰,語出於無心者,公記去,則予心無愧;若出於有心,是故爲巧語轉移天聽,以苟免罪難也,予實羞爲。況一有此心,是即機變之智巧,舉平生而盡棄之,天必誅絶,使即死於此。其人慘然曰,公之心如此,予再不復求公言矣。"

爵入獄爲嘉靖二十年二月初五日,下錦衣衛鎮撫司,十三日夜即蒙答,十七日夜復蒙訊鞫,血肉淋漓,喘息奄奄。數月後,刑瘡潰裂,頗少完復,殘傷毁敗之餘,形狀欒欒,動輒顛躓。卷一《處困記》、《續處困記》述之甚詳。

《四庫全書總目》僅收《楊忠介集》十三卷附録三卷,當爲後代所輯之本。《中國古籍善本書目》著録，北京大學圖書館、中國科學院圖書館入藏。萬曆六年陳世寶、曾如春又有所刻，爲十行二十字本，中國國家圖書館、天津圖書館等六館入藏。日本尊經閣文庫、內閣文庫藏四卷本，不知同何本。另又有五卷本，爲萬曆十六年聶士潤刻萬曆、天啓間增修本，行款同此本，卷五爲附録，上海圖書館、山東省圖書館、臺北"國家圖書館"等八館入藏。

2121 明萬曆刻本皇甫司勳集　　　　　　T5417/2153

《皇甫司勳集》六十卷，明皇甫汸撰。明萬曆刻本。十六冊。半頁十行十九字，左右雙邊，白口，單魚尾。框高 18.5 釐米，寬 12.6 釐米。題"吳郡皇甫汸子循撰"。前有萬曆三年(1575)范惟一序，萬曆三年劉鳳序，萬曆二年皇甫汸自序。

皇甫汸，字子循，長洲人。嘉靖八年進士，能詩文，工書法。以吏部郎中左遷大名通判，官至雲南僉事，政餘不廢吟咏。《明史》有傳，附皇甫涍後。

卷一賦六首，卷二四言騷體十首，卷三至八五言古詩一百二十三首，卷九至一〇樂府四十一首，卷一一至一三七言古詩五十九首，卷一四七言歌行十六首，卷一五至二二五言律詩六百四十六首，卷二三五言排律三十八首，卷二四五言排律二十九首(附七言一首)，卷二五至三七言律詩二百九十七首，卷三一五言絕句五十一首(附六言一首)，卷三二至三三七言絕句二百六十首，卷三四頌贊銘十首，卷三五至三七序集二十一篇，卷三八序集代作三篇，卷三九序集題辭五篇，卷四〇序家集四篇，卷四一序自集七篇，卷四二序謙送六篇，卷四三至四五序贈送十九篇，卷四六序壽八首，卷四七碑版四篇，卷四八書牘十九首，卷四九記十首，卷五〇雜著五篇，卷五一傳三篇，卷五二至五五志銘十三篇，卷五六碑表五篇，卷五七家志一篇、狀畧三篇、壙銘一篇，卷五八哀誄六篇，卷五九祭告文十六篇，卷六〇跋語文疏十一篇。諸集之名，分注各卷之末。

皇甫汸自序云："解官歸，則返吾初服，從吾所好耳。乃盡取篋中稿檢閱之，詩如辭，極綺靡而興寄未深刪之；格或不古、調或不高刪之；或齟齬不當、蹎踣無常刪之；語非絕俗、句非神來刪之十存其七；文非由衷，應物而作、乖於名理、乏於諷喻刪之十存其五。"序中自述其詩，始爲關洛之音，一變爲楚音，又一變爲江左之音，又一變爲燕趙之音，又一變爲蜀音，縷舉其師友淵源甚詳。

《四庫全書總目》入集部別集類。《中國古籍善本書目》著録。中國國家圖書館、上海圖書館等十館，臺北"國家圖書館"(兩部，其一爲原藏北平館者)及日本靜嘉堂文庫、尊經閣文庫亦有入藏。

2122 清雍正刻本念庵羅先生文集　　　　　　T5417/6132B

《念庵羅先生文集》二十二卷，明羅洪先撰。清雍正元年(1723)羅廷偉等石蓮洞刻本。二十四冊。半頁九行二十字，四周雙邊，白口，單魚尾。框高 20.2 釐米，寬 12.2 釐米。題"五世孫雨霽男廷偉、六世孫隨元男士璞、璋謹梓"。前有隆慶元年(1567)胡直序。

羅洪先，字達夫，號念庵，江西吉水人。嘉靖八年進士。官翰林院修撰，即請告歸，後充經筵展書官，召拜贊善、經筵講官，凡立三朝。以上書忤世宗意，黜爲民。其人品高潔，嚴嵩欲薦之而不得。生於弘治十七年，卒於嘉靖四十三年，年六十一，謚文莊。又有《冬游記》。《明史》

有傳,《明儒學案》卷一八也有傳。

洪先早年好王守仁學,欲受其業,未果。曾定《陽明年譜》,稱門人。甘淡泊,鍊寒暑,考圖觀史,學靡所不窺,於天文、地理、水利、軍事、算學無不研習。主張學在經世,與正統王學之專守枯靜者不同。此集卷一策、表、疏,卷二至四書,卷五記,卷六雜著,卷七論,卷八詮著,卷九傳,卷一〇說、辨、箴、銘、跋、贊,卷一一序,卷一二譜序,卷一三行狀,卷一四墓表,卷一五至一六墓誌銘,卷一七祭文,卷一八上梁文,卷一九古詩,卷二〇排律、絕句,卷二一五言律,卷二二七言律。

羅洪先集現存明代版本六種,一為《念庵羅先生文集》四卷,明嘉靖三十四年安如磐刻本(十行十八字,左右雙邊,白口),藏上海華東師範大學圖書館。二為《念庵羅先生集》十三卷,明嘉靖四十二年劉玠刻本(十一行二十字,四周單邊,白口),藏北京大學圖書館、杭州大學圖書館等八館,臺北"國家圖書館"(兩部)、日本內閣文庫(三部)。三為《念庵羅先生集》十三卷,明嘉靖四十三年甄津刻本(十一行二十字,四周單邊,白口),藏中國國家圖書館、上海圖書館等十五館,臺北"國家圖書館"(兩部)。四為《念庵羅先生文集》八卷《外集》十五卷《別集》四卷,明隆慶元年蘇士潤等刻本(十一行二十字,四周雙邊,白口),全帙藏南京圖書館。五為《石蓮洞羅先生文集》二十五卷,明萬曆四十五年陳于廷刻本(九行十八字,四周單邊,白口),藏上海圖書館、湖北省圖書館等四館,又日本內閣文庫。六為《念庵羅先生文集》六卷,明萬曆三十一年吳達可刻本(八行十七字,四周單邊,白口),藏中國國家圖書館、上海圖書館等三館。

是書卷一第一頁第二、三行剜去。又此本襯頁皆為明刻本《弇州山人續稿》(王世貞撰)。此本又有雍正十年增修本,二十四卷,本館有入藏。

《四庫全書總目》入別集類,又有《別本羅念庵集》十三卷,入別集類存目。《中國古籍善本書目》不收。《湖南省古籍善本書目》著錄清雍正元年羅繼洪刻本,藏湖南圖書館、永州市圖書館。又《廣理學備考》(清康熙五經堂刻本)中有《羅先生集》一卷。

鈐印有"潛庵"、"瀧川氏圖書記"、"鵬北庵記"。

2123　清雍正刻本念庵羅先生文集　　T5417/6132

《念庵羅先生文集》二十四卷,明羅洪先撰。清雍正元年(1723)羅廷偉等石蓮洞刻雍正十年(1732)增修本。十四冊。半頁九行二十字,四周雙邊,白口,單魚尾。框高19.7釐米,寬12.4釐米。題"族從孫復晉男士瓊、璠重校;五世孫雨霽男廷偉、六世孫天衡男韞琦、六世孫隨元男士璞、璋謹梓"。前有隆慶元年(1567)胡直序,雍正三年(1725)吳銓序,雍正元年李景迪序,雍正七年(1729)羅復晉序;隆慶元年誥文;雍正八年(1730)羅復晉撰《文恭公行狀墓銘書後》;《念庵羅先生像》並康熙三年(1664)四世孫羅匡龍、雍正十年(1732)羅復晉撰像贊。

此集卷一策、表、疏;卷二至四書;卷五記;卷六雜著;卷七論;卷八詮著;卷九傳;卷一〇說、辨、箴、銘、跋、贊;卷一一序;卷一二譜序;卷一三行狀;卷一四墓表;卷一五至一六墓誌銘;卷一七祭文;卷一八梁文;卷一九古詩;卷二〇排律、絕句;卷二一五言律;卷二二七言律;卷二三七言律、賦、傳;卷二四附刊,為胡直撰《念庵公行狀》、徐階撰《念庵公墓銘》。

此本有扉頁,刻"念庵羅先生全集。雍正元年冬月重鐫。板藏石蓮洞"。石蓮洞當為羅氏返歸家園後所闢潛修之所,萬曆十五年陳于廷刻本即題為《石蓮洞羅先生文集》。卷二四末刻

"雍正八年庚戌春月吉,後學崇仁令楚南寧鄉陶士僙編訂"。卷一二末頁、卷二二末頁佚去。按,李景迪序云:"公之曾孫雨霽、隨元恐先集之毀而心學之將湮也,爰謀同志續爲剞劂。"此本雍正元年後有增修,據羅復晉序云:"予奉簡命,承乏於撫之次年八月望,族子隨元持其兄繼洪手札謁予,謂文恭公其高大父也,緣祖集舊刻腐蝕剝落,恐久而失傳,乃與其叔雨霽搜輯重梓。"羅復晉《書後》又云:"公元孫隨元輩前刊其文集,屬余參校而序行之。今春,從舊篋中復搜出行述、墓志二篇示余……"

《河南省圖書館中文古籍書目(集部)》作"清雍正元年石蓮洞重刻本"。

2124　明萬曆刻清增修本海石先生文集　　T5417/8544

《海石先生文集》二十九卷目録二卷附録一卷,明錢薇撰。明萬曆四十一年(1613)至四十二年(1614)錢端晙等刻清增修本。八冊。半頁九行十九字,左右雙邊,白口,單魚尾。框高20.5釐米,寬13.5釐米。題"海鹽錢薇懋垣著;門人嚴從簡纂集;許聞造校正"。前有嘉靖四十二年(1563)豐道生序,萬曆二十八年(1600)許聞造序。目録後有萬曆四十二年錢端晙跋。

錢薇,字懋垣,海鹽人。嘉靖十一年進士,受業湛若水,由行人擢禮科給事中。因星變極言主失,世宗深銜之,已又疏諫南巡,斥爲民。既歸,務講學,足蹟不及公府。年五十三卒,隆慶初贈太常少卿。《明史》有傳。

是書乃薇門人嚴從簡所編,又名《承啓堂稿》。卷一五言古詩七十八首、四言詩四首;卷二七言古詩五十首、附聯句二首;卷三五言律詩一百十四首;卷四五言律詩五十六首、排律三十三首;卷五至六七言律詩二百二十七首;卷七五六七言絶句二百八十一首;卷八至九奏疏十六篇;卷一〇議六篇;卷一一議四篇、論四篇;卷一二論二十一篇;卷一三至一六書八十首;卷一七至二〇序六十六篇;卷二一記十八篇;卷二二説十九篇;卷二三説七篇、解五章、辯二章、對二篇、賦二篇;卷二四至二五雜著四十二篇;卷二六墓志銘十一篇;卷二七墓志銘六篇、墓表二篇、行狀二篇;卷二八附録,爲志銘表狀傳記誄文九篇;卷二九爲錢薇曾孫燔、焞重刻錢嘉徵劾魏忠賢十大罪疏、劾通政司吕圖南疏、錢嘉徵行狀、墓志銘。附録一卷爲遺詩,題《松龕剩稿》,計詩十七首。

其書最重要者爲卷八至一二之奏疏、議、論。薇一生不畏權貴,如郭勛、費宏、張璁、桂萼、汪鋐、夏言、嚴嵩等皆奮擊靡顧。故蔣道林等人稱薇忠孝純一,剛毅仁勇,昭明篤棐,力行不怠。

薇之賦古今體歌詩,質而華、和而暢,無摹擬,多出自肺腑之感。其有《苦饑謡》云:"簷下老翁雪兩鬢,自言生長太平身,一從旱蝗食禾稼,骨肉淪落多艱辛。安得君心化明燭,遍照四野逃亡屋,家家一帛并一粟,東風噓春生意足。"

是書爲薇子端晙所刻,端晙跋云:"惟是先君子所志,未展一二,遺稿數卷,本末備焉。伯兄雖極意蒐羅,而軼者不少,蓋先君子臨文多不屬草故也。保藏至今,將一周甲子,伯兄謝世,已告星散,端晙亦垂邁矣。爰與諸兄子謀壽之梓,越歲告成事,編次爲卷,凡二十有七,而以志銘表狀傳記一卷附焉。大約遵伯兄所定,而兒子陞勞勷居多。"

此本卷二八末有牌記,刊"萬曆癸丑秋季梓行,甲寅春季畢工,金陵張一鳳督刻"。

《四庫全書總目》入集部别集類存目,作《承啓堂稿》二十九卷。《千頃堂書目》卷二三著録。《中國古籍善本書目》著録。上海圖書館、南京圖書館等十二館,臺北"國家圖書館"亦有入藏。

按,此書原刻本浙江圖書館等三館、臺北"國家圖書館"(兩部)及美國國會圖書館、日本内閣文庫、尊經閣文庫有藏。

2125　明萬曆刻本龍谿王先生全集　　T5419/1125

　　《龍谿王先生全集》二十二卷,明王畿撰。明萬曆四十三年(1615)丁賓、張汝霖刻本。八册。半頁十行二十字,左右雙邊,白口,單魚尾。框高20.9釐米,寬14.2釐米。題"門人嘉善丁賓編;後學秀水黄承玄、山陰張汝霖校"。前有萬曆十六年(1588)王宗沐序,萬曆十五年(1587)蕭良榦序;萬曆四十三年張汝霖《重刻龍谿先生集紀事》。

　　王畿,字汝中,號龍谿,山陰人。嘉靖五年進士,學於王守仁,官至兵部武選司郎中。後謝病歸,講學於吳、楚、閩、越之間,學者稱"龍谿先生"。《明史·儒林傳》有傳。

　　卷一至八語録七十六則,卷九至一二書一百五十六通,卷一三至一四序四十六篇,卷一五至一六雜著五十五篇,卷一七記説三十篇,卷一八五言律二十七首、七言律一百六首、五言絶句四首、七言絶句四十四首、五言古風十首、七言古詩三首,卷一九祭文十六篇,卷二〇狀志表傳十九篇,卷二一《大象義述》,卷二二徐存齋公撰先生傳、趙麟陽公撰先生墓志銘、張陽和公吊先生文(三篇俱佚)。

　　張汝霖《重刻紀事》云:"八月,大司空丁先生至,瞻拜祠下,稱甚盛舉,欲刻文成集於祠,會京兆府先已鏤板,迺曰,吾師龍谿王先生,文成之顔子也,天泉證悟之後,已授之衣鉢矣,文成祠安可無王先生集。因召霖前而命之曰,吾檥金若干,佐剞劂校讎之役,若司之。霖敬拜受而董其事。披對再三,期不辱命,始於乙卯二月,畢於是年五月。"汝霖,字明若,浙江山陰人,萬曆二十三年進士。官至江西布政司参議。按,此云重刻,乃以萬曆十五年蕭良榦刻本爲底本,益以《大象義述》及有關畿之傳、墓志銘、吊文,成二十二卷。蕭本爲王畿集中最早之本,爲二十卷。據王宗沐序云:"先生没,而子應斌、應吉集其書成,凡二十卷。先生門人郡守拙齋蕭公刻梓以傳。"蕭序又:"先生集凡二十卷,爲會語者八、爲書者四、爲序者二、爲記者一、爲雜著者二、爲詩者一、爲祭文者一、爲志狀表傳者一,其子應吉氏彙輯之,合而曰《龍溪先生全集》,而余爲訂次刻之。"

　　卷一第一頁書下有刻工劉賢。

　　《四庫全書總目》入集部别集類存目,所收爲二十卷本。《中國古籍善本書目》著録。中國國家圖書館、上海圖書館等二十館,臺北"國家圖書館"及美國國會圖書館、日本尊經閣文庫、内閣文庫、東京大學東洋文化研究所亦有入藏。

2126　明萬曆刻本趙文肅公集　　T5417/4824

　　《趙文肅公集》四卷,明趙貞吉撰,李贄評。明萬曆刻本。四册。半頁九行二十字,四周單邊,白口,無魚尾,書眉上刻評。框高19.9釐米,寬13.2釐米。題"内江大洲趙貞吉著;晉江卓吾李贄選評"。

　　趙貞吉,字孟静,號大洲,四川内江人。嘉靖十四年進士,選庶吉士第一,讀書中秘,尋授編修,擢右春坊右中允,管國子司業事,官至南京禮部尚書,尋奉特旨召還,侍講幄,以本官兼文淵閣參大政。卒贈少保,謚文肅。《(同治)内江縣志》卷六有傳。又見《明史》本傳。

此本卷一疏十一道，卷二書十七通，卷三序九篇，卷四記及傳八篇。貞吉初爲司成，立朝蹇諤，遇事慷慨，廷斥嚴嵩誤國，及詔起入閣，毅然以天下爲己任。其憤近代朝綱邊防多姑息玩弊，力圖振刷，先疏論營制，收兵權，復祖宗之舊，與本兵科臣大忤，迄不用其言。疏起嘉靖十七年《乞求真儒疏》，至隆慶四年《乞致仕疏》止。

《議邊事疏》云：“近日朝廷邊防政務，多有廢弛，臣欲捨身任事，未免招怨，伏望皇上與臣作主張。”（李贄評云：誰能如此！誰肯如此！誰知如此！）另一《議邊事疏》云：“但自顧才識俱出諸臣之下，欲爭論而力不能，徒抱學古之愚，終鮮匡時之智，故懷慚而思退矣。”（李贄評云：先生一生遇事，直吐肝血，與坡仙相似。）《宣諭將士疏》云：“今傳聞虜往白羊口出去，臣以爲白羊等處，皆山隘險塞去處，而此賊止其一支，又以搶掠財畜極多，輜重爲累。若用奇兵趨出賊前，令賊回尋古北口故道，則我三軍三戰，可獲大克。若放賊使出，待其半渡，縱兵擊之，可獲半克。若止望賊塵送之，則爲無策。”（李贄評云：至言至策）

據《（同治）內江縣志》卷六《人文》載，貞吉卒後，子鼎柱、景柱與門人龔侍御、鄧刺史綴其遺稿，爲詩抄、文抄、講義數十種。此本無序跋，目錄頁並無割裂，確爲四卷。按，貞吉之集，足本爲二十九卷，萬曆十二年高啓愚序云：“公集舊刻蜀藩，中丞趙公將重鋟諸閩，以惠來學。”其詩六卷，有《趙太史詩鈔》，爲《館中稿》一卷、《行役稿》三卷、《留都稿》一卷、《家居稿》一卷，明隆慶間刻本，中國國家圖書館、臺北“國家圖書館”有藏。

《明史藝文志》、《千頃堂書目》卷二三著錄《貞吉文集》二十三卷《詩》五卷。《明史藝文志補編》、《明史藝文志附編》、《四庫全書總目》集部別集類存目著錄《文肅集》二十三卷。二十三卷本，爲文十七卷詩六卷，今中國國家圖書館（明萬曆刻本，九行十八字，白口，四周雙邊，存十五卷，卷九至二三）、臺北“國家圖書館”（作明萬曆十四年巴渝趙氏福建刻本，兩部，其一爲原藏北平館者）、美國國會圖書館、日本內閣文庫（兩部）均入藏。

《中國古籍善本書目》著錄，有《李卓吾先生批選趙文肅公文集》二卷。此本北京大學圖書館及日本內閣文庫亦有入藏。

2127　明嘉靖刻本容臺稿符臺稿二臺稿　　T5422/0444

《容臺稿》一卷《符臺稿》一卷《二臺稿》一卷，明許穀撰。明嘉靖刻本。一冊。半頁九行十八字，左右雙邊，白口，單魚尾。框高17.8釐米，寬12.9釐米。前有嘉靖三十年（1551）許穀序（二臺稿）。

許穀，字仲貽，號石城，上元人。好讀書，博涉精詣，以文名。嘉靖十四年進士，官至南京尚寶卿。罷歸，嗣顧璘主詞壇，歸田三十年，未嘗通書政府，縉紳至南京造門求見，不報謝。

《容臺稿》爲詩二十九首；《符臺稿》爲詩三十七首；《二臺稿》爲文十九篇。

許穀序云：“余自銓部擢佐太常，又視學江右，再陟尚寶，追隨諸老之後，且在故鄉日奉慈侍，疎嬾竟日，殊與鄙性相宜。每遇登眺應酬，亦有雜撰，彙而成帙，愧不能比迹前修，然不忍棄去，致忘歲月。未幾，言者見及，遂解符印。”

穀又有《武林稿》一卷、《省中稿》四卷、《歸田稿》十卷。

《四庫全書總目》有《省中稿》二卷《二臺稿》二卷《歸田稿》十卷，入集部別集類存目。《中國古籍善本書目》著錄，中國國家圖書館所藏多《武林稿》一卷，作明嘉靖黃希憲等刻本。

2128　明嘉靖刻本璉川詩集　　　　　　　　　　　　　T5419/0124

《璉川詩集》八卷，明施峻撰。明嘉靖刻本。四册。半頁八行十六字，左右雙邊，白口，單魚尾。框高 18.8 釐米，寬 12.5 釐米。題"吳興施峻平叔著"。前有顧應祥序，嘉靖三十五年(1556)徐獻忠序，嘉靖三十八年(1559)李敏德序，嘉靖三十七年(1558)楊鐸序。末有張永明跋，茅坤跋。

施峻，字平叔，號璉川，歸安人。嘉靖十四年進士，授南京刑部主事，陞郎中，以曉暢典刑，掌封事。出知青州，未幾罷歸，不與公事，所居城樓如斗，典籍敦彝甚具，外列峴山、浮玉諸勝，署之曰甲秀，非莫逆不與登。每引詞客對酒歌詩，自言詩外不問家人産，然能置田以贍其族之貧者。《(光緒)歸安縣志》卷三六有傳。

清朱彝尊《静志居詩話》云，峻以七律自詡，然殊不見好，諸體過修邊幅，未免氣餒。此集卷一五言古詩二十二首，卷二五言排律八首、五言絶句三十四首、七言絶句六十四首，卷三五言律詩七十六首，卷四五言律詩七十二首，卷五七言律詩七十九首，卷六七言律詩七十六首，卷七七言律詩七十首，卷八七言律詩八十二首。

據李敏德序，平叔所作七言律詩先梓。序云："自青州掛冠歸，遂妙悟上乘。嘉靖戊午，稿已充棟矣，乃先梓七言近體百首以傳。"楊鐸序云："積三百餘首，苦於交游傳借，且懼遺失，先梓百首應之，俾學七言律者，早歸上乘焉爾。"顧、徐序及張、茅跋皆無此書刊刻之語。

楊鐸序後刊有"吳人俞策書，楚人温厚刻"。

《四庫全書總目》入集部別集類存目。《中國古籍善本書目》著録明嘉靖三十八年刻本，藏杭州大學圖書館。又臺北"國家圖書館"兩部，作明嘉靖刻本，其一爲原藏北平館者。

鈐印有"讀杜草堂"。

2129　明嘉靖刻本王氏存笥稿　　　　　　　　　　　T5417/1124

《王氏存笥稿》二十卷，明王維楨撰。明嘉靖三十七年(1558)刻本。八册。半頁十行二十字，左右雙邊，白口，單魚尾。框高 19.6 釐米，寬 13.8 釐米。題"左輔王維楨著"。前有嘉靖三十七年孫陞序。

王維楨，字允寧，華州人。嘉靖十四年進士，官至南京國子監祭酒。維楨自負經世才，職文墨，不得少效於世，使酒謾罵。詩文效法李夢陽。《明史·文苑傳》附李夢陽傳中。

卷一至五序六十三篇，卷六記三篇，卷七行狀五篇，卷八志銘五篇，卷九碑銘三篇，卷一〇傳二篇，卷一一至一二祭文二十八篇，卷一三雜著七篇，卷一四至一五書一百二十六通，卷一六策五篇，卷一七五言古詩三十三首、七言古詩八首，卷一八五言律詩一百六十四首，卷一九七言律詩八十九首，卷二〇五言排律五首、七言排律二首、五言絶句十首、七言絶句二十三首。

孫陞序云："王子爲文法司馬子長，詩法漢魏。其爲近體，法盛唐，尤宗杜氏少陵。居常好深沉之思，務引於繩墨，必結搆中度而後修辭。初王子屬辭藻麗，學士往往稱之，及其治業益精，去彫敝，尚玄素，聞者諤諤……余竊恐其所著書不存，乃今得其遺書，笥中無所失，獨無所謂儗古者，有志而未就，惜哉！要以所存者徧讀之，亦既足傳矣。余不敏，惡能定其文，顧王子有成，言不欲倍，故爲之裒次，得文若干卷，詩若干卷，曰存笥稿，則王子所自名云爾……是稿也，已刻關西，乃御史中丞鼇壑趙子，與王子同鄉友善，復刻吳中，以廣其傳云。"

清朱彝尊《静志居詩話》云，維楨七律滯鈍，五言有句無篇。胡應麟則稱其文矯健勝其詩。

《四庫全書總目》入集部別集類存目。《中國古籍善本書目》著録，中國國家圖書館、上海圖書館等八館有全帙。又明嘉靖間所刻有兩種，書名卷數與此本均同，一爲嘉靖三十六年刻本，即關西本，半頁十行二十二字，四周雙邊，天津圖書館、首都圖書館等四館有藏。一爲嘉靖四十年潘儁刻本，半頁十行二十字，四周單邊，上海圖書館、北京大學圖書館等四館有藏。此本當刻於吳中。

鈐印有"高唐郝氏藏書之章"、"足吾所好"、"名曰祖修"、"貞吉齋圖書"。

2130　明萬曆刻本靳兩城先生集　　　　　T5419/4270

《靳兩城先生集》二十卷，明靳學顏撰。明萬曆十七年(1589)刻本。十二册。半頁九行十八字，四周雙邊，白口，雙魚尾。框高19.8釐米，寬13.5釐米。題"東魯靳學顏著"。前有萬曆十三年(1585)王圻序，萬曆十七年于若瀛序。

靳學顏，字子愚，濟寧人。嘉靖十四年進士，授南陽推官，以廉平稱。入爲太僕卿，巡撫山西，應詔陳理財萬餘言，言甚切至，改吏部右侍郎，以首輔高拱專恣，謝病歸卒。事蹟具《明史》本傳。

學顏詩格律清整而蹊徑尚存，不脱歷下流派。此本卷一賦十四首，卷二四言詩十一首、謠一首，卷三樂府三十六首，卷四至六五言古詩一百八十首，卷七七言古詩三十六首，卷八至九五言律詩一百八十六首，卷一○至一一七言律詩一百三十七首，卷一二五言絶句七十八首，卷一三七言絶句一百一首，卷一四至一六序文四十八篇，卷一七記文十八篇，卷一八墓志銘十三篇，卷一九祭文十篇，卷二○雜著十篇。

王圻序云："公以明經起家，累官至左少宰，其讞獄良規在宛洛，其賑貸遺愛在雲間，其牧養宏猷在吉郡，其覃敷文教在關中，其底賚財賦在巴蜀，其張皇兵旅在邊徼。若其文追秦漢，詩軼晉唐，上攄忠悃，下籌民物，暢敘游觀，炳炳烺烺，厭人耳目，固賢良文學之所莫窺，鞅掌王事者之所不嫺而公已兼之矣。憶公在事時，馳驅南北，敭歷中外，若弗留連鉛槧也者。要之一言一咏，何者非訏謨石畫，微言抗議，所宜藏名山而垂永久，假令墓木未拱，輒以湮滅，而知公者又晏然莫爲計，不朽之義謂何，乃藩伯竹陽王公，從其子需、雷、雯，攟拾遺逸，得若干首，委之剞劂。"

于若瀛序云："乃謀所爲，盡拾其遺，而公之子需、雷、雯手抄成帙，得册八卷二十示余……然而艱於力，不付剞劂氏者又數年。已而，仲子雷以武進士守上谷，將鋟，謂余不得無言。"

《四庫全書總目》入集部別集類存目。《中國古籍善本書目》著録。上海圖書館、南京圖書館等二十六館，臺北"國家圖書館"(三部)及美國國會圖書館、普林斯頓大學葛思德東方圖書館(作明萬曆間刻本)亦有入藏。

2131　清康熙刻本郭文簡公文集　　　　　T5419/0243

《郭文簡公文集》六卷《管見》一卷，明郭樸撰。清康熙十三年(1674)五世孫郭度昌等刻本。

五册。半頁九行二十一字,四周雙邊,白口,單魚尾,書口下刻"思齊軒"。框高20.3釐米,寬14.2釐米。題"安陽郭樸撰"。目録頁題"後學蕩陰董襄編次"。前有康熙十六年(1677)張潨序,康熙十三年董襄序。《管見》前有康熙十三年董襄序。末有康熙十三年郭壁跋,康熙十四年(1675)四世孫郭之穎跋,康熙十三年五世孫郭度昌跋。

郭樸,字質夫,號東野,世稱東野先生,河南安陽人。年十四,補郡庠弟子員,嘉靖十年舉於鄉。嘉靖十四年進士。改翰林院庶吉士,授編修,遷侍讀,纂修《大明會典》。主應天鄉試、順天鄉試。後改兼侍講學士,掌院事,尋遷禮部右侍郎,改吏部右侍郎、左侍郎。累官南京禮部尚書、吏部尚書,加太子少保兼武英殿大學士,預機務。世宗崩,首輔徐階草遺詔,盡反時政之不便者,樸與高拱不得與聞,遂與階有隙。言官劾拱者多及樸,乞歸。生於正德六年,萬曆二十一年卒,年八十三。卒謚文簡。

卷一疏六篇、序五篇、記六篇、書三通、傳六篇,卷二碑二篇、墓志銘二十三篇,卷三墓表六篇、墓碣一篇、墓石後二篇,卷四雜著四篇,卷五五言古五首、五言律十六首、七言律十一首、六言絕六首、七言絕六首,卷六附録並補遺。附録爲《贈太傅謚文簡制》、李標撰《文簡公傳》、陳于陛撰《文簡公墓志銘》、郭焜等撰《文簡公行實》、徐階撰《封通議大夫靜庵郭公葬銘》、高拱撰《贈通議大夫文珮郭公墓碑銘》。

《管見》末刻"孫塘、堵,曾孫大鼎,五世孫賡昌輯;孫壁、垣,曾孫永禧、之穎、之珂、大介,五世孫自潤、嘉瑚校;五世孫度昌,六世孫士英、鳳梓"。

郭樸集明代未有刻本,至清康熙間,始有樸孫壁者輯成全書。郭壁跋云:"當日械草在笥,不欲示人,於玆銷泯之虞,責在後嗣。壁於各門蒐輯,幸未散亡,考訂魯魚,敘其先後,共成六卷,付諸孫度昌刊之。"張潨序又云:"公五世孫大學生有容,砥行讀書,搜輯而梓之。"

《四庫全書總目》、《續修四庫全書總目提要(稿本)》未收。《中國古籍善本書目》著録,但未有《管見》一卷,中國科學院圖書館、福建師範大學圖書館也有入藏。

2132　明嘉靖刻增修本天目山齋歲編　T5419/2322

《天目山齋歲編》二十八卷,明吳維嶽撰。明嘉靖刻增修本。四册。半頁十行二十一字,左右雙邊,白口,單魚尾,書口上方刊"山齋歲編"。框高19.9釐米,寬12.7釐米。題"吳興吳維嶽峻伯著"。前有嘉靖四十三年(1564)張翀序。

吳維嶽,字峻伯,號霽寰,浙江孝豐人。嘉靖十七年進士,除江陰縣。入爲刑部主事,奉詔詳定律例。補兵部郎中,提學山東,晉右僉都御史,巡撫貴州。隆慶四年卒。《明史·文苑傳》附王世貞傳中。又《(同治)孝豐縣志》卷七有傳。

維嶽十歲即能詩文,從父宦游京師,師事唐順之,後歷郎署,善李攀龍、王世貞、吳國倫、宗臣諸人。爲嘉靖廣五子之一。是集皆其讀書天目山時吟詠倡和之作,分年編次,起嘉靖己亥(十八年),止隆慶戊辰(二年)。

張翀序云:"《天目山齋歲編》者何?霽寰吳公讀書天目山,日所吟咏唱和諸作也。公自弱冠舉進士,筆下數千言,追先秦兩漢之作,而詩則頡頏盛唐,所至輒籍籍有文聲。"

《四庫全書總目》入集部別集類存目,爲二十四卷本,詩訖壬戌。此爲增修之本。《中國古籍善本書目》著録,吉林省圖書館、中國社會科學院文學研究所圖書館亦有入藏。未增修本,上海圖書館有藏。日本內閣文庫所藏,不知有無增修。

2133　明嘉靖萬曆間遞刻本白華樓藏稿續稿吟稿　　T5419/4245

《白華樓藏稿》十一卷《續稿》十五卷《吟稿》十卷,明茅坤撰。明嘉靖、萬曆間遞刻本。十八册。半頁九行十八字,左右雙邊,白口,單魚尾。框高 20.3 釐米,寬 13.7 釐米。題"歸安茅坤順甫著;邑人姚翼翔卿編"。前有王宗沐序。

《藏稿》、《續稿》皆坤雜著之文,《吟稿》則皆詩。《藏稿》卷一至三書三十一通,卷四至六序三十八篇,卷七記七篇、碑四篇,卷八墓志銘七篇、墓表二篇、祭文七篇,卷九至一〇雜著二十篇,卷一一家乘録三篇。《續稿》卷一至五書一百三通,卷六至一〇序七十三篇,卷一一記七篇、卷一二傳、述四篇,卷一三行狀、墓志銘、墓表、墓碣、碑十五篇,卷一四祭文十三篇,卷一五雜著二十五篇。《吟稿》卷一樂府十首,卷二五言古詩十五首,卷三七言古體七首,卷四至五五言近體二百六十八首,卷六五言律詩一百五十七首、五言排律四首,卷七至八七言律詩一百七十二首,卷九五言絶句十首,卷一〇七言絶句四十五首。

王宗沐序云:"甲子歲,余謝病歸西湖,而君又適來會,因出其子翁積所袞刻《白華樓集》若干卷,曰余平生竭力在此。"

《續稿》卷三《趙氏客遊述》中有"萬曆六年"字樣。此本佚去萬曆十一年茅坤自序。

《四庫全書總目》入集部別集類存目,增入《玉芝山房稿》二十二卷《耄年録》七卷。《中國古籍善本書目》著録,中國國家圖書館、上海圖書館等十一館有全帙。臺北"國家圖書館"、美國國會圖書館亦有入藏。

2134　明萬曆刻本劉子威集　　T5419/7271

《劉子威集》五十二卷,明劉鳳撰。明萬曆刻本。二十四册。半頁九行十八字,左右雙邊,白口,單魚尾。框高 19.1 釐米,寬 13.4 釐米。題"長洲劉鳳子威撰"。前有王世貞序,萬曆四年(1576)余寅序,萬曆三年(1575)魏學禮序,王廷舉序,劉鳳自序。卷三三前有韓世能續文集序,劉鳳太霞齋小草序。末有郁明都跋(抄配)。

劉鳳,字子威,長洲人。嘉靖二十三年進士,官至河南按察僉事。家多藏書,勤學博記。

卷一騷九首,卷二至五賦二十二首,卷六頌三篇、贊二篇,卷七七稱一篇,卷八至一三序五十六篇,卷一四俳體八篇,卷一五至一七記二十三篇,卷一八記三篇、俳體二篇、擬子一篇,卷一九雜文八篇,卷二〇雜文七篇、俳體二篇,卷二一説二篇、辨一篇、對三篇、喻一篇,卷二二連珠一篇、箴二首、誨一篇、詰一篇、讓一篇、規一篇、譙一篇,卷二三表二篇、箋二篇、啓一篇、書二通,卷二四書八通,卷二五碑五篇,卷二六墓志銘十篇,卷二七傳六篇、誄二篇,卷二八祭文十七篇,卷二九論八篇,卷三〇至三一經論十四篇,卷三二家傳六篇,卷三三頌一篇、序四篇,卷三四至四二序一百篇,卷四三記二十篇,卷四四碑七篇,卷四五墓志銘十四篇,卷四六傳三篇、贊四篇、雜文九篇,卷四七祭文三十三篇,卷四八誄一篇、雜文二十一篇,卷四九至五〇書十九通,卷五一至五二雜文二十九篇。

王世貞序云:"獨吾吳劉侍御子威,自其成進士,而入侍中秘,歷内外臺,所至無不立辦,然其意不欲屑屑一世循吏聲固已。俯視千古,而時自奪,於晷未獲,竟一旦意有所不可,遂拂衣歸卧吳閶間。子威材甚高,於子史百家言無所不治,獨不喜習大曆以後語……以故其於騷賦、五七言、古近體、序記志傳、贊頌哀誄,微而極至於俳戲、引喻、連珠之類,無不研精其思。"

王世貞序及余寅序第一頁書口下刊"吳郡劉溥卿刻"、"劉溥卿刻"。卷三四第一頁書口下有"劉廷惠刻"。卷四八之二十三至五十六頁、卷五二之二十一至二十三頁並跋,皆爲近人抄配。

《四庫全書總目》入集部別集類存目。《中國古籍善本書目》著録。中國國家圖書館、北京大學圖書館等四館及日本内閣文庫均有全帙,臺北"國家圖書館"所藏爲原北平館者。

鈐印有"味經堂藏書"。

2135　清乾隆刻本萬子迂談　　T5419/4203

《萬子迂談》八卷,明萬衣撰。清乾隆二十二年(1757)萬朝紀聽瀑軒刻嘉慶六年(1801)補板印本。四册。半頁九行十八字,左右雙邊,白口,單魚尾。框高 18.5 釐米,寬 12.3 釐米。題"明進士河南左布政使潯陽萬衣著;後學南京刑部主事豫章金廷璧閱;男雲南金滄道副使兼參議嗣達較"。前有乾隆二十一年(1756)桑調元序,萬曆四十五年(1617)趙師尹舊序,萬曆二十五年(1597)萬衣自序。末有嘉慶六年(1801)八世孫萬相賓跋。

萬衣,字章甫,號淺原,江西潯陽人。嘉靖二十年進士。觀政刑部,出知州事,授南京刑部主事,遷員外郎,後爲郎中。又出爲副滇憲事,治兵曲靖。遷福建參政,復除湖廣,再爲福建按察使、湖廣右布政使,累官至河南左布政使。生於正德十三年,卒於萬曆二十六年,年八十一。又著有《人紀新書》、《匡廬圖考》等。

是書乃衣歸鄉後,優游林下時所著。卷一爲《内篇》,計十三篇,通論天地造化之理及古今人事之變;卷二《讀經劄》,分上(易、書、詩)、中(春秋、禮記)、下(樂)三篇,專解五經之義及律吕,多雜採先儒之説。卷三爲《外篇》,論十四篇;卷四議六篇、疏四篇、賀表三篇;卷五碑記七篇、記二篇、傳三篇、序十篇;卷六序九篇、家訓十九條、宗約(儀注並圖)、家祭(並圖議婚嫁告文)、祠規十二條、家塾訓語四章、祠堂義田碑記(附六條)、補遺一篇;卷七五言古詩八首、五言律詩四十八首、五言排律詩三首、五言絕句詩八十三首、七言古詩五首、七言律詩四十七首、七言絕句詩十九首;卷八書啓三十七道。附録爲《萬淺原公墓志銘》、《楊夫人墓志銘》、《崇祀鄉賢公移》(計十七篇)。

萬衣自序云:"余束髪嗜古,嘗願學一先生之言而未能,意興所到,間一發攄,抉秘探玄,顧慚管蠡,憂天閔世,甚有欷歔,至雜而賦頌、而規條,亦每贅及,要之廓落靡當,括而名曰《迂談》。不欲語人,聽所散失,非情也。一日,呼諸兒若孫分搜笥中,得曩所貯手草若干篇,令各録帙以去,屬之曰,此余竭心力所紬繹而經畫者,余老矣,無以遺,遺以此,聊以當籯金,可乎?"

萬相賓跋云:"是書原名《草禺子》,省、府兩志所由列子類也。'草禺',固象'萬'字,然'禺'與'寓'通。又禺,寓屬,寓木,草禺、寓非其所也。先方伯年二十三舉於鄉,二十四成進士,得刑部主事,洊由郎中至道、臬藩。年四十三,以劾嚴嵩,奏不發,再三乞休。寓居林下三十餘年,其詩有曰'心懸魏闕三千里,身在匡廬第一峰'。草野非其所也,以是名書,意深哉!先觀察、先工部暨先諸大夫重校刊,名仍其舊,未嘗易也。後翻刻時,改爲《萬子迂談》,又以修四庫書,搜遺籍,經本省書局改爲《萬淺原集》,書固猶是,名皆非先人意也。"

衣集舊刻淪於兵燹,此本爲衣五世孫萬朝紀重刻。桑調元序云:"其曻孫朝紀重鋟之。""其子姓多從余游,而朝紀能流傳先集,誦厥清芬,俾光烈播海宇。"此本有扉頁,刻"萬子迂談。乾隆丁丑年重鐫。聽瀑軒藏板"。按,聽瀑軒爲萬氏家所有(見桑調元序)。

《四庫全書總目》入集部別集類存目。《中國古籍善本書目》不收。《中國科學院圖書館藏中文古籍善本書目》著録,爲清乾隆二十二年萬朝紀刻本。

2136 明萬曆刻本子威先生澹思集　　　　　　T5419/7271.2

《子威先生澹思集》十六卷,明劉鳳撰。明萬曆刻本。六册。半頁九行十八字,左右雙邊,白口,單魚尾。框高20釐米,寬13.3釐米。題"長洲劉鳳子威著"。前有自序(半頁佚),萬曆十年(1582)屠隆序(首頁佚)。

卷一五言古詩三十六首,卷二上五言古詩五十首,卷二下七言古詩三十一首,卷三七言古詩二十二首,卷四至八五言律詩三百八十九首,卷九至一三上七言律詩三百三十四首,卷一三下至一四五言排律九十八首,卷一五七言排律九首、五言絶句七首、七言絶句八十五首,卷一六七言絶句一百零四首(第十八頁後半皆佚去)。

卷一第一頁書口下端有寫工,但殘去甚多,不能辨認。卷四第一頁書口下有"吴郡劉溥卿刻"。此詩集當與《劉子威集》先後校刻。

《四庫全書總目》未收。臺北"國家圖書館"所藏爲原北平館者。日本尊經閣文庫、内閣文庫亦有入藏。

2137 明萬曆刻清重修本山帶閣集　　　　　　T5417/2964

《山帶閣集》三十三卷,明朱日藩撰。明萬曆刻清重修本。八册。半頁十行十九字,四周單邊,白口,單魚尾。框高18.5釐米,寬13.8釐米。題"九江太守廣陵朱日藩撰"。前有嘉靖三十四年(1555)楊慎序,萬曆元年(1573)陳文燭序。

朱日藩,字子价,號射陂,寶應人。嘉靖二十三年進士,授烏程縣知縣,遷南京刑部主事,歷禮部郎中,出知九江府。日藩居官慈緩,以廉見稱,治九江時,歲饑賑貸,多所存活。性嗜古文辭,未嘗以官事奪。新濂溪書院,課諸生,會景藩之國,鉅細悉經畫,因病不支,卒於官。《(道光)重修寶應縣志》卷一六有傳。

此本凡詩二十五卷,雜文八卷。

陳文燭序云:"其文温純爾雅,明實精典,有兩漢之風。詩則磅礴藴藉,未易窺測大都。古詩宗六朝,律則初唐之才藻,而盛唐諸家之體裁。至於題跋翰墨,有晉人風致,即無方諸古人,乃先生平日好古慕李獻吉,而能去陳脱近,秦漢是宗,卓然備一代之體;博學慕楊用脩,而玄言妙詞,標出指示,朗徹於古;奇俊慕劉元瑞,而幽思絶塵,神遊於八極,莫可蹤也。惟其有之,是以似之,信矣,信矣。余聞參政公雅好攜書,手自讎校。先生少負奇質,所聞已與人異,而偕計時久,閉門讀書。又二十年,及舉進士,官郎署守令,每攜書自隨,即尚書之期、公家之會不顧也。卧以薦寢,食以當飴,至其會心,欣然永日。"

《四庫全書總目》入集部別集類存目,云"詩十五卷,雜文十八卷"。誤也。《中國古籍善本書目》著録。上海圖書館、南京圖書館等八館,臺灣東海大學圖書館及美國國會圖書館、日本内閣文庫亦有入藏。唯内閣所藏不知有重修否。按,此書之未重修本,上海圖書館、天津圖書館、臺北"國家圖書館"等九館入藏。

2138　明嘉靖刻藍印本白雪樓詩集　　T5418.3/2140

《白雪樓詩集》十卷,明李攀龍撰。明嘉靖四十二年(1563)魏裳刻藍印本。十冊。半頁九行十八字,四周單邊,白口,雙魚尾。框高 20.8 釐米、寬 14.9 釐米。前有嘉靖四十二年魏裳序;又擬古樂府序二篇,一許邦才撰,一爲自序。

李攀龍,字于鱗,號滄溟,歷城人。嘉靖二十三年進士。擢陝西按察副使、浙江按察副使,遷布政司左參政,拜河南按察使。母喪,以毀卒,年五十七。《明史》有傳。

攀龍詩以聲調勝,毀之者謂爲模擬剽竊,好之者推爲一代宗匠。攀龍承李夢陽、何景明等前七子之遺說,主張復古。與謝榛、梁有譽、宗臣、王世貞、徐中行、吴國倫並稱後七子。其作品以模擬先秦漢人爲能,文章詰屈聱牙,往往不堪卒讀。

卷一至二樂府二百十七首,卷三至四五言古詩一百十三首,卷五七言古詩四十一首,卷六五言律詩一百七十二首,卷七七言律詩一百七十八首,卷八五言排律三十五首、七言排律二首,卷九五言絶句二十八首,卷一〇七言絶句二百三十首、六言律一首、六言絶句二首、三言一首。

魏裳序云:"余爲郎時,與歷下李于鱗同舍,于鱗雅好爲詩,詩不爲近代語,古所稱作者非耶。于鱗詩雖多重示人,懷瑾握瑜,光不可秘,即其意不欲傳,於時海内兄弟,同聲相應,蓋洋洋盈耳矣。諸曹郎欲得其詩,多不獲。余與二三兄弟得其一二,和而歌之……于鱗歸自關中,結樓鮑山。鮑山,故管、鮑論交地,于鱗樓居,俯海岱之勝美,人四方側身,遥望爲白雪之歌,念二三兄弟何嘗一日置哉!余以尊酒過從,和歌樓上,相得懽甚亡厭,乃名樓白雪,并索其全詩刻之,題曰《白雪樓詩集》。詩凡若干首,分體爲卷,其所以傳,則自有知音者在。"

《四庫全書總目》入集部别集類存目。《中國古籍善本書目》著録。上海圖書館、南京圖書館等九館,臺北"國家圖書館"(兩部,其一爲藍印本)亦有入藏。

2139　明隆慶刻本白雪樓詩集　　T5418.3/2140.2

《白雪樓詩集》十卷,明李攀龍撰。明隆慶六年(1572)焦竑刻本。四册。半頁十行二十字,四周雙邊,白口,單魚尾。框高 19 釐米,寬 13.6 釐米。題"濟南李攀龍于鱗著"。前有隆慶六年焦竑序。

焦竑序云:"嘉靖中,李于鱗以能詩崛起東海,爲人卓犖自負,倜儻魁岸,傲睨一世,故發之篇章,雖規迹古風,而不事剞劂。讀之者就其言,因可得其爲人,於前所謂詩之情者,不其近之耶?晉陵吴幼安,往聞于鱗名,踰淮泗,蹈齊魯,訪其遺書,得《白雪樓詩》若干篇,際余曰,于鱗已矣,其殘骨賸馥,猶足沾丐作者,子曷刻而傳諸?余唯唯。刻既成,復於幼安,因并系余之所感如此。"

《四庫全書總目》所收爲嘉靖刻十卷本。《中國古籍善本書目》著録明隆慶六年刻本,中國國家圖書館、中國人民大學圖書館等四館藏,行款爲九行十八字,與此本不同。吉林大學圖書館有明刻本,行款同此本。另有十二卷本,爲隆慶四年汪時元刻本,九行十八字。

鈐印有"湘潭黄氏聽天命齋藏本"。

2140　明萬曆刻本滄溟先生集

T5418/7971

《滄溟先生集》三十卷,明李攀龍撰;附錄一卷。明萬曆三十四年(1606)陳陞刻本。十冊。半頁十行二十字,左右雙邊,白口,單魚尾。框高 21.6 釐米,寬 15.2 釐米。題"濟南李攀龍于鱗撰"。前有萬曆三十四年陳陞序,隆慶六年(1572)張佳胤序。末有劉勃後序。

卷一古樂府,卷二古樂府、三言、四言,卷三至四五言古詩,卷五七言古詩,卷六五言律詩,卷七五言律詩、七言律詩,卷八至一一七言律詩,卷一二七言排律、五言絶句、七言絶句,卷一三七言絶句,卷一四七言絶句、六言律詩、六言絶句,卷一五賦、頌、序,卷一六至一八序,卷一九記,卷二〇傳,卷二一至二二墓志,卷二三墓志、墓表、神道碑、行狀、祭文,卷二四祭文,卷二五雜文,卷二六至二九書,卷三〇書、啓。附錄一卷,爲殷士儋、王世貞、劉鳳、梁夢龍、徐栻、陳九疇、歐大任、陳陞等撰志銘、傳、祭文。又有王世貞、王世懋、余曰德、張獻翼、李齊芳、黄姫水、俞允文等二十五人悼詩。

張佳胤序云:"今夫李先生之集行,而操觚者可按睹也。古樂府、五言選,不以爲白頭陌桑、曹枚之優孟哉?七言歌行,不以爲高、岑之奇麗哉?五七言律體,不以爲少陵、右丞之峻潔哉?絶句不以爲青蓮、江陵之遺響哉?排律不以爲沈、宋之具體哉?志傳不以爲左氏、司馬之雁行哉?序記書牘,不以爲先秦、西京之耳孫哉?代不數而得之明,人不數而得之李先生。詩與文不兼出,而先生俱得之,不已難矣。"

陳陞序云:"垂三年於此,寸積銖累,俸錢欲盈鉢矣。余曰,若長物,不敢入橐中裝,可爲李先生竣是役也。劉孝廉五雲,素津津嗜先生不休,乃毅然襄其事,開局鳩工,八閲月而始成,雖未敢竄削其間,而庶之乎無魚魯矣。"

劉勃序又云:"晉卿大夫爲于鱗梓是集,固奇于鱗也,亦以爲于鱗存奇也。"

附錄有陳陞《刻于鱗集成有感》詩,云:"莫憐衣鉢盡,大業已千秋。同調存詩稿,孤踪寄雪樓。才高神鬼妬,名在古今愁。獨怪吾生晚,思君淚欲流。"按,陳陞字晉卿,號抑吾。河南夏邑人。萬曆二十九年進士。起家爲山東臨邑縣令,再調歷城。《(民國)夏邑縣志》卷六載,其爲李攀龍封墓,重梓其集行世。重梓之本,蓋此集也。

附錄末頁刊"睢陽晉卿陳陞重梓,歷下五雲劉勃校正","臬椽商邑孫惟忠書"。

《四庫全書總目》著録,入集部别集類。《中國古籍善本書目》著録。甘肅省圖書館、山東省圖書館等十三館亦有入藏。

鈐印有"陸印羽儀"、"甫爲氏"、"檇李問德堂金珍藏書畫圖章"。

館藏有複本一部,十二册。鈐印有"賴古堂家藏"。

2141　明刻本滄溟先生集

T5418/1313

《滄溟先生集》三十卷,明李攀龍撰;附録一卷。明刻本。十二册。半頁十行二十字,左右雙邊,白口,單魚尾,書口下刻字數。框高 22.5 釐米,寬 14.4 釐米。題"濟南李攀龍于鱗撰;晉陵張弘道成孺校"。前有隆慶六年(1572)張佳胤序。

此本與前本相核,雖同爲三十卷,然卷三〇無啓(兩篇)。又附録,悼詩止王伯稠。況叔棋、陳陞、劉勃、李應聘悼詩皆未刻入。

《中國古籍善本書目》著録。南京圖書館、浙江圖書館等十七館,臺北"國家圖書館",及美國普林斯頓大學葛思德東方圖書館、日本内閣文庫亦有入藏。

2142　明萬曆刻本滄溟先生集　　T5418/2952

　　《滄溟先生集》三十二卷,明李攀龍撰。明萬曆二年(1574)徐中行刻本。二十四册。半頁十行二十字,左右雙邊,白口,單魚尾,書口下間有刻工及字數。框高 19.5 釐米,寬 13.9 釐米。題"濟南李攀龍于鱗撰"。前有隆慶六年(1572)張佳胤序,萬曆二年徐中行序。

　　卷一至二古樂府,卷三三言、四言、五言古詩,卷四五言古詩,卷五七言古詩,卷六五言律詩,卷七五言律詩、七言律詩,卷八至一〇七言律詩,卷一一七言律詩、五言排律,卷一二七言排律、五言絶句、七言絶句,卷一三七言絶句,卷一四七言絶句、六言律詩、六言絶句,卷一五賦、頌、序,卷一六至一八序,卷一九記,卷二〇傳,卷二一至二二墓志銘,卷二三墓志銘、墓表、神道碑、行狀,卷二四祭文,卷二五雜文,卷二六至三一書。卷三二爲附録,收殷士儋、王世貞、徐中行撰墓志銘、傳、祭文,並王世貞、王世懋、俞允文、余曰德、張佳胤、歐大任、黄姬水、張獻翼、李齊芳、汪時元等十一人悼詩,較之明萬曆陳陛刻本,所收甚少。

　　徐中行序云:"張肖甫序其集既具,余爲之重鍥,蓋有感于鱗應夢日之祥而生。"

　　此本刻工有劉能、余七、王四、劉五、余八、陳、飲。

　　《中國古籍善本書目》著録。上海圖書館、浙江圖書館等十五館,臺北"國家圖書館"亦有入藏。

　　鈐印有"橋南氏圖書記"。

2143　明刻本補注李滄溟先生文選　　T5418/3991

　　《補注李滄溟先生文選》四卷,明李攀龍撰,宋祖駿、宋祖驊補注。明宋光廷刻本。八册。半頁九行二十字,四周單邊,白口,單魚尾,書口上端刻卷數,書眉上刻注音。框高 22.9 釐米,寬 13.8 釐米。題"濟南李攀龍于鱗父著稿;莆田宋光廷穉脩父校閲;男祖駿爾逸父、祖驊爾騁父補注"。前有徐中行序;宋光廷題辭。

　　卷一賦一首、志序一篇、擬書一篇、序十七篇,卷二序十七篇、記八篇,卷三記四篇、傳十篇、墓志銘十六篇,卷四墓表二篇、神道碑二篇、行狀一篇、祭文十二篇、雜文十篇、書五十五通。附録爲王世貞撰《贈李于鱗視關中學政序》、《壽李于鱗母太夫人序》、《贈李于鱗序》、《李于鱗本傳》。

　　宋光廷題辭云:"余當髫髻時,即不揣有慕古之好,若夫明集唯尊兹爲祭酒,每研幾攻苦,恒以才不逮志爲恨。旁引曲證,有得必書,殊費數年筆力,未破一膜疑關,竊負悦己之珍,寧云對人之寶。迨夫是本一出寓目,忽然故物印心,互相發明,遂啓藏拙之篋,令兒祖駿、祖驊參同補漏,與有成功。則是注也,雖未能盡傳李公之神,亦庶幾解余不謬矣。爰命梓人,崇大以張,洛陽紙貴,貽諸同志,敢曰附青雲施後世也耶? 吾特從吾好耳。"

　　《四庫全書總目》入集部别集類存目。《中國古籍善本書目》著録。吉林市圖書館、清華大學圖書館、揚州市圖書館亦有入藏。又有四周雙邊本,藏山東省圖書館、雲南省圖書館等四館。日本内閣文庫、尊經閣文庫所藏,不知同何本。

鈐印有"佐伯文庫"、"修竹吾廬"、"貴陽趙氏壽華軒藏"、"慰蒼收藏善本"。

2144　明萬曆刻清乾隆修板印本李文定公貽安堂集　T5419/4454

《李文定公貽安堂集》十卷，明李春芳撰。明萬曆十七年(1589)李戴刻清乾隆十五年(1750)修板印本。十冊。半頁九行十八字，左右雙邊，白口，單魚尾。框高20.5釐米，寬13.8釐米。前有李維楨序，萬曆十七年于慎行序，朱賡序，李戴序。目錄後有李茂材跋。末有乾隆十五年司年跋。

李春芳，字子實，號石麓，福建興化人。嘉靖二十六年進士。以修撰超擢翰林學士，累官禮部尚書，參預機務。性恭慎，居政府，持論平恕，不事操切，時人比之李時，才力不及，而廉潔過之。隆慶初爲首輔，益務以安靜，進吏部尚書。卒諡文定。《明史》有傳。

卷一奏疏三十八道，卷二表二十六篇、頌三篇、詩四百六十五首，卷三記文十九篇，卷四至六序文九十二篇，卷七至八志銘四十五篇，卷九碑記五篇、墓表五篇、行狀三篇、祭文二十一篇、卷一〇書啟七十九通、傳四篇。又附李春芳傳志銘行狀。

李戴序云："爲文以應所知，然多散見，即朝夕館閣者無成帙，其讓大美避盛名類如此。乃公之子尚寶君、中書君，固已次第其稿盈篋矣……中書君以使命至青齊，而戴叨撫茲土，迺得公貽安堂稿刻之，凡若干卷。"按，李戴字仁夫，延津人，隆慶二年進士，萬曆中爲陝西按察使，累官吏部尚書。刻是書時，戴爲巡撫山東等處地方提督軍務督理營田都察院右副都御史。

李茂材跋云："夙夜在公，不遑它及。間有酬贈，亦多隨至隨應，身外一切，不願留餘，又何屑屑於身後名也。頃因捐館，追慕音容，搜求手澤，所得不滿十之一二。詩則藏之伯兄，不幸無祿，人稿俱亡。而大中丞延津李公，敦崇舊誼，謀梓遺文，乃出所存，並從交游中手自謄輯，僅成數帙，顧散佚尚多，抱憾無已。"

司年跋云："是集行世已久，昔太常容齋公，恨多遺草，謀梓續編未遂，顧僅此焚餘，板經蠹食，幾半廢焉。乾隆庚午春，邑宰滇中李公詣祠丁祭，因奉憲搜羅先賢遺書，亟索《貽安堂集》不得，勸警諄諄。司年愧奮舉修，鳩工課程者爲晜孫驤、校閱譌錯者爲晜孫鳴，若元孫承澤、來孫廷葆、晜孫鱓、仍孫基(弘鱗)，則任勞寫捐族衆，越次年辛未春孟，工始告成。"

《四庫全書總目》入集部別集類存目。《中國古籍善本書目》著錄，爲原刻本，山東省圖書館、浙江圖書館等六館收藏。臺北"國家圖書館"(三部，兩部有附錄一卷，其一爲原藏北平館者)亦有入藏。

2145　明萬曆刻本新刻張太岳先生詩文集　T5419/1371B

《新刻張太岳先生詩文集》四十七卷，明張居正撰。明萬曆四十年(1612)唐國達刻本。十八冊。半頁十行二十字，四周單邊，白口，單魚尾。框高22釐米，寬14釐米。題"江陵叔大張居正著；後學雷思霈、馬啓圖校；繡谷唐國達梓"。前有萬曆四十年沈鯉序，萬曆四十年呂坤序；《凡例》(編次先公文集凡例敬題、書牘凡例敬題、先公致禍之由敬述、太嶽先生文集評)。末有馬啓圖跋；萬曆三十八年高以儉後序。

張居正，字叔大，號太岳，江陵人。嘉靖二十六年進士，隆慶時與高拱並相，萬曆初代拱爲首輔。居正銳意革新，整頓吏治；清丈土地，行一條鞭法；用戚繼光爲將，增強邊防；任潘季馴等浚治黄河、淮河。前後主政十年,勇於任事。卒諡文忠。《明史》有傳。

卷一五言古三十九首,卷二七言古三十首,卷三五言律九十首,卷四五七言律一百四首,卷六五言排律四十五首,卷七至八序三十一篇,卷九記十二篇,卷一○紀贊十篇,卷一一女誡七篇,卷一二碑文九篇,卷一三墓志銘八篇,卷一四頌、贊、銘、勅命十六首,卷一五論説七篇,卷一六策問,卷一七記事、跋、祭文、行略、行狀十九篇,卷一八雜著,卷一九至二○賀表四十一篇,卷二一至三五書牘八百三十八通,卷三六至四六奏疏一百六十一道,卷四七《張文忠公行實》。

沈鯉序云:"公生平不屑爲文人,然其製作實亦非文人所能爲。濡毫伸腕,悉經世大猷,自奏對代言,在天子左右、蘭臺石室外。遭禍後,稿多散逸無存,即存亦秘滅無傳者,迨今二十餘年,而厥嗣殿元君始蒐求遺業,僅得什一於舊書記刻之。"

此本爲唐國達所梓。美國國會圖書館所藏之本,扉頁刻"繡谷唐氏廣慶堂刊"一行,此佚去扉頁。唐國達,金陵人,其坊肆曰廣慶堂,刻書甚夥,如《新刻徐玄扈先生纂輯毛詩六帖講意》四卷、《唐荆川文集》十二卷、《王文肅公文集》五十五卷等。唐國達是否即唐振吾,待考。

是書清代有翻刻本,行款及卷一第一頁所題均同,故也有將清代翻刻本誤作明萬曆刻本者。清代翻刻本框高21.1釐米,寬13.7釐米。卷一第四頁第十行第七字"絃"字缺末筆,避康熙帝諱。又卷二第一頁七言詩,原本作"遼左奏捷",詩中云:"歸來血染寶刀紅,胡笳吹落關山月"、"皇恩已譽五單于,小醜那復憂東胡。"翻本作"東師奏捷",詩中二處"胡"字,皆代之以"□"。

《四庫全書總目》入集部別集類存目,所收爲四十六卷本,題《太岳集》。《中國古籍善本書目》著錄。南京圖書館、浙江圖書館等十八館,臺北"國家圖書館"及美國國會圖書館、日本尊經閣文庫、内閣文庫、京都大學人文科學研究所、東京大學東洋文化研究所亦有入藏。按,大陸十八館以及他館所藏,頗疑有清代翻刻之本。又王重民《中國善本書提要》云:"清中葉有翻本,行款、版式、字體無不相同,惟版心較小;兩本相校,最易辨明,否則最易誤翻本爲原刻。"王氏所云行款、版式、字體無不相同,非爲確論。本館藏清代翻刻本兩部,原都作明代原刻,扉頁刊"江陵張文忠公文集。江陵鄧氏藏板"。據其紙張,當爲嘉道以後所印,和此本版式、字體多有不同。

2146　明萬曆刻本弇州山人四部稿　　T5420/3136

《弇州山人四部稿》一百七十四卷目錄十二卷,明王世貞撰。明萬曆五年(1577)王氏世經堂刻本。三十二册。半頁十行二十字,四周雙邊,白口,單魚尾,書口上刻"弇州山人稿",下刻"世經堂刻"。框高20.5釐米,寬15.2釐米。題"吴郡王世貞元美著"。前有萬曆五年汪道昆序。

王世貞,字元美,號鳳洲,又號弇州山人,太倉人。嘉靖二十六年進士。官至南京刑部尚書。詩文與李攀龍齊名,世稱"王李",同爲"後七子"領袖。攀龍殁後,世貞領袖文壇二十餘年,一時士大夫、山人、詞客以至僧道,皆奔走門下。以厭於當時臺閣體之萎靡文風,推行古文運動,提倡"文必西漢、詩必盛唐",影響所及,成爲一時風氣。世貞晚年詩文,以平淡自然爲多,主張不復如前之偏激。《明史·文苑傳》有傳。

卷一至二賦部,賦十首、騷十七首;卷三風雅類,明雅頌二首、風二十三首;卷四至七詩部,擬古樂府三百八十六首;卷八至一五三言古三首、五言古體五百五十四首;卷一六至二二七言古體二百九十七首、七言小律五首;卷二三至三○五言律八百九十首;卷三一至三二五言排律一百十九首、六言律五首、六言排律一首;卷三三至四四七言律一千一百六十首、七言排律二十四首;卷四五至四六五言絶句二百二十二首、六言絶句一百首;卷四七至五三七言絶句八百二十五首、雜體四十八首;卷五四詞九十三首。卷五五至一三八爲文部,爲序二百零四篇,記四十三篇,書事五篇,紀行二篇,志七篇,傳三十五篇,墓志銘六十篇,墓表二十一篇,神道碑三篇,墓碣銘一篇,墓碑一篇,碑六篇,行狀七篇,述一篇,頌二篇,贊五十五首,銘九首,誄六篇,哀辭二篇,祭文四十三篇,奏疏三十三道,表二道,公移二篇,史論二十篇,論四篇,辯五篇,説三篇,雜説四篇,議一篇,讀二十八篇,雜著十七篇,募緣疏四篇,策十八篇,書牘三百二十八通,雜文跋四十一篇,墨蹟跋一百二十四篇,墨刻跋二百十二篇,畫跋八十五篇。卷一三九至一七四説部,爲劄記内篇一百三十六條,劄記外篇一百四十九條,左逸三十條,短長四十條,藝苑卮言四百七十五條,藝苑卮言附錄二百六十八條,宛委餘編一千六百六十條。

序後有"唐尹刻"。

《弇州山人四部稿》又有一百八十卷本,其卷一七五至一七七爲《燕語》三卷,卷一七八至一八〇爲《野史家乘考誤》三卷,亦王氏世經堂刻本。

《四庫全書總目》入集部別集類。《中國古籍善本書目》著錄。上海圖書館、南京圖書館等四十六館,臺北"國家圖書館"(兩部)及美國國會圖書館、普林斯頓大學葛思德東方圖書館、日本静嘉堂文庫、尊經閣文庫、京都大學人文科學研究所、東京大學東洋文化研究所亦有入藏。

2147 明刻本弇州山人續稿選　　　　T5420/3136

《弇州山人續稿選》三十八卷,明王世貞撰,顧起元輯。明新都孫氏刻本。二十册。半頁十行二十字,左右雙邊,白口,單魚尾。框高21.5釐米,寬13.7釐米。題"吴郡王世貞元美著;秣陵顧起元太初選;新都孫震卿百里校"。前有焦竑序、劉鳳序、王錫爵序。(序次頁數甚亂)

卷一賦三首、哀辭一首、辭二首、擬古樂府二十六首、四言古詩七首、五言古詩九十三首,卷二七言古詩六十一首、五言律七十二首,卷三七言律九十三首,卷四五言排律二十三首、七言排律九首、五言絶句六十二首、七言絶句一百六十四首。卷五至三八文部,爲賀序十六篇、送序十九篇、壽序三十五篇、經史序二十三篇、詩序二十六篇、記三十五篇、傳十八篇、表序十八篇、墓表十三篇、墓志銘七十七篇、神道碑十三篇、行狀二篇、生志二篇、禭志四篇、頌五首、像贊一百三十六首、祭文八十九篇、跋三十三篇、墨畫跋十九篇、書牘三百零五通。

焦竑序云:"公自司寇歸,病亟,哀所未刻,以付其少子駿。又没,長子駕部君續其事,兩閲歲而集始成兑,是四部外有別集者出賈人手,稍增損駁亂其間,諸子乃戒諸同志,特就原藁訂疑刊謬,不欲以己意有所甲乙,於是尺蹏片牘、名山大川之藏畢登簡,而天下始覩公之大全計。"

此本有扉頁,刊"鐫弇州山人續稿選。顧太史發刻。新都孫氏梓"。又鈐有"金粟齋印"。

《四庫全書總目》未收。《中國古籍善本書目》著錄。南京圖書館、浙江圖書館等十九館,臺北"國家圖書館"(兩部),皆作明刻本,當爲同一板,蓋因此本扉頁尚存也。又日本内閣文庫亦有入藏。

鈐印有"張淑"。

2148 明萬曆刻本重鍥鳳洲王先生文抄注釋　　　　T5420/4424

《重鍥鳳洲王先生文抄注釋》四卷《續刻》四卷,明王世貞撰,李維楨注。明萬曆二十五年

(1597)書舍林顯刻本。八册。半頁九行二十字,四周單邊,白口,無魚尾。框高 18.6 釐米,寬 11.5 釐米。題"太倉鳳洲王世貞著;翰林編脩李維楨注;書舍林顯重梓"。序佚。

卷一序十八篇,卷二序二十二篇,卷三序十三篇、傳三篇、記八篇,卷四論十四篇、春秋四篇、議一篇、辨四篇、説二篇、讀五篇、贊六首。《續刻》卷一序十六篇、集序五篇,卷二序二十一篇、傳三篇,卷三賦四篇、記四篇、書事四篇、策六篇、讀六篇、贊六篇,卷四紀行一篇、墓表四篇、志銘五篇、碑一篇、尺牘三十通。

此本内容,當從《弇州山人四部稿》中摘出,所題李維楨注,亦爲托名之作。

《續刻》卷四末有荷蓋蓮花牌記,刊"萬曆丁酉歲冬秋林梓行"。

《四庫全書總目》未收。《中國古籍善本書目》未著録。日本内閣文庫有藏但無《續刻》。

鈐印有"芳川藏書"、"照島",皆日人印。

2149　明萬曆刻本夢山存家詩稿　　T5419/4221

《夢山存家詩稿》八卷,明楊巍撰。明萬曆三十年(1602)楊岑維揚刻本。四册。半頁九行十八字,四周雙邊,白口,單魚尾。框高 20.4 釐米,寬 13.7 釐米。前有萬曆三十年鄒觀光序。末有萬曆三十年楊巍後序。

楊巍,字伯謙,號夢山,海豐人。嘉靖二十六年進士。萬曆時,官至吏部尚書。時申時行當國,巍年耄齓骸,多聽其指揮。巍初敭歷中外,甚有聲,及秉銓,素望大損,然有清操,性長厚,不爲刻覈行。事蹟具《明史》本傳。

巍中歲學詩,與唐高適相類,而天分超卓,自然拔俗,故能不染埃塩,獨發清音。此集卷一五言古五十二首,卷二至三五言律二百二十八首,卷四七言古十九首,卷五七言律九十一首,卷六五言絶五十二首、六言絶二首,卷七七言絶一百七首,卷八排賦十一首(又附録吕時臣撰夢山請選敘及詩二首)

鄒觀光序云:"公今年八十有六,自歸嶺上十有三年,世望以爲蓬萊三神山中人。而公所吟詠,亦若真誥雲林,與琅璈鳳笙相響應,寧得以詩人目之,雖然,即後之揚搉千古,論著一家,又安能舍公詩矣……公之弟民部君刻公詩於維揚,公以書見屬,子爲我加詮次焉,而以山林語弁其端。"

楊巍後序云:"余自幼習舉子業,不知爲詩,至嘉靖乙卯外補晉臬,時督學使者爲曹君紀山,始提挈余爲詩,謂以唐人爲宗,且辨其體格,余不甚解。及余歸田,有四明吕山人者,往來海上,相與倡和,共明此道,聽其所談,亦不甚解。平生得詩,總之不下千篇,門人李生善楷書,因命收掌。及余官京師,李生病故,此物亦隨化去。子侄輩復隨處抄録,無論歲月朝野,得首六百餘篇,亦多矣。乃就正於臨邑邢侍御知吾,爲更數處,加之評品。今年舍弟岑,以公事寓維揚,將此稿再就正於雲夢鄒君大澤。鄒君舊銓部郎,與余有共事之雅,改擷逾多,又序之,乃加災於木。夫唐之詩人,抉胃嘔心終身焉,方傳於世,余踈散人也,況習禪寂,不好苦思此物,徒資後人談笑耳。顧倡之者曹君紀山也,共秋者吕山人甬東也,改擷且序之者邢君知吾、鄒君大澤也。筆跡猶新,未敢遽棄,乃書諸後存於家,以示吾子孫焉。"按,序中云紀山者名忭,山人名時臣,知吾名侗,大澤名觀光。

《四庫全書總目》入集部別集類。《中國古籍善本書目》著録。中國國家圖書館、上海圖書館等十六館,臺北"國家圖書館"(五部,其一爲原藏北平館者)及美國國會圖書館、日本静嘉堂文庫亦有入藏。

2150　清康熙刻本汪南溟集　　　　　　　　　　　T5422/3136.1

《汪南溟集》九卷,明汪道昆撰。清康熙邓雪書林刻《明四大家文集》本。八册。半頁十行二十字,四周單邊,白口,單魚尾。框高21.8釐米,寬14釐米。題"新安汪道昆伯玉著;晉江張汝瑚夏鍾選"。前有康熙二十一年(1682)張汝瑚序。

汪道昆,字伯玉,號太函,又號南溟,安徽歙縣人。嘉靖二十六年進士。爲義烏令,教民講武,稱"義烏兵"。備兵福建,與戚繼光募集義烏兵屢破倭寇。官至兵部左侍郎。道昆能文,與王世貞善,世貞亦曾任兵部侍郎,世稱"兩司馬"。又有《大雅堂樂府》等。

卷一序十二篇,卷二序二十一篇,卷三記十五篇,卷四記十一篇,卷五傳十三篇,卷六書十八篇、論六篇、頌二篇、碑銘一篇、雜文六篇,卷七祭文五篇、誄一篇、哀辭一篇、行狀二篇,卷八志銘四篇,卷九墓碑一篇、墓碣一篇。

道昆《太函集》一百二十卷目錄六卷,有明萬曆刻本(有兩種,皆半頁十行二十字)、明李維楨刻本(半頁九行二十字);另有《太函副墨》二十二卷《年譜》一卷,明崇禎六年汪瑤光刻本(半頁九行十八字);《副墨》八卷,明刻本(半頁九行十八字);《副墨》五卷,明萬曆二年金陵毛少池刻本(半頁十行二十字);《副墨》五卷《增附南明汪先生書札》二卷,明萬曆二年金陵書肆毛少池刻本(半頁九行二十字)。又《皇明五先生文雋》(明天啓四年蘇文韓刻本)中收有《汪伯玉先生太函集》三十二卷。

此爲《明四大家文集》零本,另三大家爲《李滄溟集》六卷、《李空同集》六卷、《王弇州集》二十卷,日本内閣文庫藏有全帙,作"清康熙二十一年刻本"。《中國叢書綜錄》未著錄。

金鑲玉裝。有扉頁,刻"汪南溟先生集。晉江張夏鍾先生訂選。邓雪書林梓行"。卷一尾頁、卷六第四十一頁佚去。目錄頁刻至卷八。

《四庫全書總目》著錄《太函集》、《副墨》,而不及此本。

2151　清康熙刻本楊椒山先生集　　　　　　　　　　T5419/4227D

《楊椒山先生集》四卷《自著年譜》一卷,明楊繼盛撰。清康熙三十七年(1698)胡范刻本。四册。半頁十行二十字,四周單邊,黑口,雙魚尾。框高18釐米,寬12.9釐米。前有隆慶元年(1567)誥命;順治十三年(1656)世祖皇帝御製表忠錄論;隆慶元年祭文;康熙三十七年胡范序,胡或舊序。舊序後有胡范跋。《年譜》後有隆慶二年(1568)楊應尾、楊應箕跋。

楊繼盛,字仲芳,號椒山,河北保定人。幼年家貧,七歲喪母。卒業國子監,嘉靖二十六年進士。授南京吏部主事,遷兵部車駕司員外郎,因劾大將軍仇鸞誤國,被貶狄道典吏。後被起用,任諸城知縣,兵部武選員外郎。爲劾權相嚴嵩十大罪狀下獄,受酷刑被殺。隆慶初平冤,贈太常寺少卿,謚忠愍。繼盛生於正德十一年,卒於嘉靖三十四年,年四十。《明史》有本傳。

卷一奏疏二篇;卷二序五篇、記(附雜著)五篇、書十通、祭文五篇;卷三詩七十一首,附《赴義前一夕遺筆》、《願代夫死疏》;卷四行狀、墓志銘、旌忠祠碑記等八篇。集中論馬市、劾嚴嵩二疏,披肝瀝膽,伉直之氣如生。詩雖質樸,而忠孝之義油然。附錄之《遺筆》(諭妻張貞及諭應尾、應箕兩兒），作於臨命前一夕，讀來感人。其《自著年譜》也足見其人品學問。

按，繼盛《記開煤山》手稿，今存江蘇鎮江市博物館。其劾奸臣嚴嵩《請誅賊臣疏》手稿，今存本館。清石韞玉《獨學廬初集》中《江湖集》卷上有《觀明楊椒山先生諫馬市及劾嚴嵩二疏遺稿》，云：「抗疏中朝兩犯顏，墨華狼藉血痕斑。當時未達聖明聽，此意常存天地間。痛哭萬言憂馬市，指陳十罪斥鈐山。所嗟昏主安煬灶，狐鼠盈庭不辨奸。」又按，清陶元藻《泊鷗山房集》卷九有《楊忠愍公集跋》、卷二五有《題楊椒山先生遺集》。又清韓是升《聽鐘樓詩稿》卷二有《讀楊忠愍公集》。現代文學研究者申春，曾在河北定興東引村椒山十三世孫楊德才家發現清初繪製椒山彩色畫像（據《人民日報》（海外版）端木蕻良文《楊椒山遺影》）。

胡范序云：「公之集，久已行世，范先大父見其板蠹字漶，急梓公年譜，而又念靜修劉先生及鍾元孫徵君，皆鄉之彥也，理學節義，先後輝映，爲佐同人刻《三賢集》，以廣其傳。然簡册繁重，難於捆載，而知交之過余署者，競向余索忠愍公集，爰乘清暇重較而付之梓。」

椒山不畏權勢，爲民請命，置生死於度外，爲有明一代著名忠烈。其名句「鐵肩擔道義，辣手著文章」膾炙人口。其在北京臨刑前賦詩云：「浩氣還太虛，丹心照萬古。生前未了願，留作後人補。」「天王自聖明，制度高千古。平生未報恩，留作忠魂補。」頗感人肺腑，爲後人傳誦。椒山集明代刊刻有九種之多，一爲《楊忠愍公集》三卷附一卷，明隆慶三年王世貞刻本（半頁十行二十字）；二爲《楊忠愍公集》三卷附錄一卷，明隆慶刻本（半頁九行十九字）；三爲《楊忠愍公集》三卷《楊忠愍公行狀》一卷，明蔣如苹刻本（半頁十行二十字）；四爲《楊忠愍公集》四卷，明隆慶四年孫克弘刻本（半頁十行二十字）；五爲《明椒山楊忠愍公集》四卷附一卷，明杜士雅刻本（半頁九行二十字）；六爲《楊忠愍公集》六卷，明惲應明刻本（半頁十行二十二字）；七爲《楊忠愍公集》六卷，明自槐堂刻本（半頁十行二十二字）；九爲《楊忠愍公集》不分卷《楊忠愍公行狀》一卷，明萬曆吳時刻本（半頁九行二十字）。清代則有《楊忠愍公集》四卷，清康熙十二年楊聰福刻本（半頁十行二十字）；《楊忠愍公集》四卷，清康熙三十三年朱永輝刻本（半頁十行二十字）；《楊忠愍公全集》四卷，清康熙三十七年章鈺敬一齋刻本（半頁九行二十字）；又有《楊椒山先生集》四卷《自著年譜》一卷，清同治五年張景賢刻本。此外還有清康熙五十三年刻本、清同治十一年刻本、清善成堂刻本、清光緒三十三年容城楊宅刻本、清宣統二年守政第局刻本、民國七年思補堂刻本、民國河南朱聚文齋刻本、民國十一年濟南義德堂石印本等多種。又叢書中《容城三賢文集》收有《容城忠愍楊先生文集》四卷；《西京清麓叢書初編》有《楊忠愍公全集》四卷；《正誼堂全書》中有《楊椒山公全集》二卷；《乾坤正氣集》、《畿輔叢書》、《叢書集成初編·文學類》中有《楊忠愍公集》二卷；《知服齋叢書》、《四忠遺集》中有《楊忠愍公集》五卷首一卷末一卷；《廣理學備考》第三函中有《楊椒山集》一卷。

此本有扉頁，刻「楊椒山先生全集原本。蕭山章梅谿、海陵朱芷菴先生重訂。太史毛大可先生鑒定。本衙藏板」。

《四庫全書總目》入集部別集類，但爲康熙三十七年章鈺敬一齋刻本。《中國古籍善本書目》著錄，福建廈門大學圖書館收藏。

鈐印有「士師藏書」、「得所託傳於人」。

2152　明萬曆刻本慎修堂集　T5419/0160

《慎修堂集》二十卷，明亢思謙撰。明萬曆三十二年（1604）亢孟禧等刻清康熙十五年至二十四年(1676—1685)亢宗瑗重修本。十册。半頁九行十八字,四周單邊,白口,單魚尾。框高20釐米,寬13.8釐米。題"河汾亢思謙子益著"。前有萬曆三十二年詹思虞序,康熙十五年徐元文序,康熙十五年何元英序,康熙二十三年(1684)王槐一序,康熙二十四年王承露序。末有何東序跋,康熙十五年盛符升跋,亢宗瑗跋。

亢思謙,字子益,號水陽,山西臨汾人。生平矜名節,淡榮利。嘉靖二十六年進士。授翰林院庶吉士,歷編修,分校禮闈。嘉靖四十年遷陝西按察使,監秋試,尋陞山東右布政使,再轉四川左布政使,所在有政聲。致仕歸。又有《玉堂集》、《中州岩耕集》。《(民國)臨汾縣志》卷三《鄉賢錄上》有傳。

思謙爲三晉名儒,其文比類旁通,條析曉暢,要於達事理得物,其詩亦優柔平中,澤於大雅,不俶詭以立異,不剪刻以競華。卷一五言律五十三首、五言排律三十八首,卷二七言律九十首、七言古體八首、排律一首、五言絕句七首、七言絕句二十首,卷三賦一首、頌六首,卷四序十八篇,卷五序十四篇,卷六序十一篇,卷七序十三篇,卷八序十二篇,卷九序十二篇,卷一〇序十三篇,卷一一記十三篇,卷一二論十篇,卷一三策七篇,卷一四表十三篇、幛詞三篇、啓七篇,卷一五雜著二十二篇,卷一六志銘十篇,卷一七志銘十一篇,卷一八志銘九篇,卷一九傳二篇、墓表一篇、行狀二篇,卷二〇祭文三十二篇。

思謙集明代僅有萬曆三十二年亢孟禧等刻本(《中國古籍善本書目》作"明萬曆刻本"),今存於世者尚有南京圖書館、中國科學院圖書館等三館,臺北"中央研究院"史語所傅斯年圖書館有全帙。

此本爲思謙四世孫宗瑗重修之本,盛符升跋云:"《慎修堂集》者,明四川方伯臨汾亢公水陽先生之所著也……凡二十卷,萬曆甲辰鏤板行世,歷今七十年,散佚不可考,其四世孫轔聲重爲校輯,謀更剞之。"亢宗瑗跋又云:《慎修堂集》,"自奏議以迄詩、賦、序、記,凡二十卷,先祖濬川公梓以行世,先伯維烈公、先君建烈公再修葺之。迨鼎革以來,藏板殘缺,佚帙僅存,瑗愧謭劣,有忝繼述。竊念是集也,先曾祖立朝大節在焉,家學淵源在焉,文章政事在焉,前人既修明之惟謹,予小子顧聽其散佚失傳,不思垂之永久哉!敬集佚帙,再付剞劂。"

此本佚去卷七第九頁、卷一二第十九頁、卷一五第五至第十頁。

《四庫全書總目》、《續修四庫全書總目提要(稿本)》未收。《中國古籍善本書目》著錄,浙江圖書館、清華大學圖書館等四館,又日本內閣文庫(作"清康熙二十四年序刻本")也有入藏。

2153 明嘉靖刻本宗子相集

T5417/3971

《宗子相集》八卷,明宗臣撰。明嘉靖三十九年(1560)林朝聘、黃中等閩中刻本。八册。半頁十行二十字,四周雙邊,白口,單魚尾。框高19.8釐米,寬13.7釐米。題"門人林朝聘、黃中、趙日新、黃才敏、朱應遇、陳汝揚、莊望棟、謝符、鄭克曾同校刊"。前有嘉靖三十九年樊獻科序。

宗臣,字子相,號方城,興化人。嘉靖二十九年進士,官吏部司勳員外郎。因得罪嚴嵩,被貶出任福建布政參議,分守武平,兼管汀州。後陞本省提學副使。曾率衆抗擊倭寇。善詩,與李攀龍、王世貞等合稱嘉靖七子。年三十六而卒。《明史》附於李攀龍傳後。

臣詩跌宕俊逸,頗能取法青蓮,而意境未深,間傷淺俗。朱彝尊《靜志居詩話》謂使其不遇王、李,充之不難與昌穀、蘇門伯仲。自入七子之社,漸染習氣,日以寡弱,最可惋惜。卷一賦二首、古調歌二十一首、古樂府五十六首,卷二五言選詩五十八首、七言古詩六十一首,卷三五言律詩一百七十三首、七言律詩一百三首,卷四七言律詩五十六首、五言排律三十三首、五言絕句八十首、七言絕句一百三首,附錄五子述、五子詩(二十首)、四懷詩(十二首),卷五至六序、跋、碑、記等六十篇,卷七至八書二百四通。

樊獻科序云:"予意天將厚子相,乃不幸子相没矣,時年三十有六耳,無論其所遇,乃其數止此,悲哉悲哉!時諸生請祀子相,予從諸生言,乃移檄郡縣,崇子相祀焉。既而子相門人輩哀子相所遺詩文,類次成集,不惟子相之才名足稱千古,而慷慨特達之氣、忠義廉正之操又可概見。襯歸之日,其尊君履庵公,以予知子相最親,遂馳使函書告予曰,臣兒不幸,又不幸無嗣,獨幸有斯集在也,願公一言以俾斯集不朽。"

此本卷八末,又刊"查得書部內數葉字句多訛,因在閩中倉卒謄刻,未經對校,且原稿門生收去,無從改正,恐訛(下佚去)"。查丁丙《善本書室藏書志》卷三七著錄此書,此本佚去之字為"以傳訛,因削之,謹告"。此本當在閩中所刻。臣集明代有數種版本,一為《宗先生子相文集》十五卷附錄一卷,嘉靖三十九年就正齋刻本,僅北京中國科學院圖書館及日本靜嘉堂文庫入藏。《宗子相集》十五卷,明萬曆興化刻本,乃由閩本所出,上海圖書館、南京圖書館等九館有藏;又有明萬曆興化刻宗書印本,上海圖書館、南京圖書館、臺北"國家圖書館"等館有藏。《宗子相集》十二卷,明吳國倫刻本,上海圖書館、江西省圖書館等館有藏。另有《新鍥宗先生子相文集》十二卷,有兩種版本,一為萬曆二十七年書林鄭氏雲竹齋刻本,南京圖書館、臺北"國家圖書館"有藏;一為萬曆四十年范濟宇刻本,藏上海辭書出版社圖書館。復有《宗子相先生集》二十五卷,為明天華閣刻本,上海圖書館、南京圖書館、臺北"國家圖書館"等十二館有藏。

目錄前有"方城先生小像"。序後又有《斗山公揭子相遺詩傳》,并附子相遺詩三首及《斗山公送子相入名宦祠移文》。

金鑲玉裝。《雍正》揚州府志卷三五《撰述》著錄,作十五卷。

《四庫全書總目》入集部別集類。《中國古籍善本書目》著錄。上海圖書館、重慶市圖書館等九館,臺北"國家圖書館"(原藏北平館者)及日本尊經閣文庫、內閣文庫亦有入藏。

鈐印有"姚氏藏書"。

2154　明刻本天目先生集　　T5419/2952

《天目先生集》二十一卷,明徐中行撰。明刻本。十冊。半頁九行十八字,左右雙邊,白口,單魚尾,書口下間刻字數。框高 19.6 釐米,寬 14 釐米。題"吳興徐中行子與著"。前有萬曆十二年(1584)張佳胤序。

徐中行,字子與,號天目山人,長興人。嘉靖二十九年進士,授刑部主事。入李攀龍、王世貞等詩社,稱後七子。累官江西左布政使。性好客,卒於官,人多哀之。附《明史·文苑傳》李攀龍傳中。

中行之詩,王世貞《藝苑卮言》亟稱之,以為左準右繩,靡所不合。胡應麟《詩藪》則惜其少深沉之致。陳子龍《明詩選》則譏其摹古太似。大凡文人是非恩怨,輾轉相爭,要之或褒或貶,各取所需。此本卷一五言古詩二十二首,卷二七言古詩二十首,卷三五言絕句七首、七言絕句一百十一首、六言詩五首，卷四至五五言律詩一百六十八首，卷六五言排律三十首，卷七至一〇七言律詩三百首、七言排律四十一首，卷一一至一三序三十二篇，卷一四記十篇，卷一五行狀、碑、墓表七篇，卷一六墓誌銘六篇，卷一七傳五篇，卷一八祭文十九篇，卷一九雜著十八篇，卷二〇書二十三通，卷二一附錄（徐中行墓誌銘、墓碑、行狀、哀辭、誄、輓詩）。

張佳胤序（佚去第五頁）云："董爲碑銘誄傳，余則行其集，俾後死天下士追像風流儒雅，以宗其詩其文狀如此且傳矣。"

金鑲玉裝。紙染色。張佳胤序第一頁書口下所刻之字佚去。又卷一第一頁第一行，書名俱剜去。

《四庫全書總目》入集部別集類存目，書名作《天目山堂集》二十卷附錄一卷。《中國古籍善本書目》著錄有兩種，皆爲《天目先生集》，一爲二十一卷，并有附錄一卷，明萬曆十二年張佳胤刻本，中國國家圖書館、上海圖書館等十四館有入藏。一爲明刻本，也二十一卷，行款亦同，但無附錄一卷，中國國家圖書館、上海圖書館等七館有藏。哈佛藏本，或同後者。臺北"國家圖書館"有二十一卷本（無附錄），共六部（其中兩部爲原藏北平館者），作明萬曆十二年張佳胤浙江刻本。美國普林斯頓大學葛思德東方圖書館、日本静嘉堂文庫、尊經閣文庫有二十卷附錄一卷本，普大作明萬曆十二年浙江刻本，静嘉堂作明刊本，尊經閣作明萬曆版。

鈐印有"劉氏惟喆珍藏"。

2155　明萬曆刻本甀甀洞藁　T5428/2362

《甀甀洞藁文類》二十卷《詩集》六卷，明吳國倫撰。明萬曆刻本。十册。半頁十行二十字，四周單邊，白口，單魚尾。框高19.7釐米，寬13.9釐米。文類題"武昌吳國倫著；齊安王同軌、新安方尚贇校"。《詩集》題"武昌吳國倫著；始安張鳴鳳、新安方尚贇校"。前有萬曆十三年（1585）王世貞序，萬曆十三年許國序。

吳國倫，字明卿，興國人。嘉靖二十九年進士，擢兵科給事中。楊繼盛死，倡衆賻送，忤嚴嵩，謫南康推官。嵩敗，起建寧同知，累遷河南左參政，大計罷歸。國倫才氣橫放，好客輕財，工於詩，與李攀龍等號後七子。

甀甀者，瓦瓶也。《列子·湯問》："當國之中有山，山名壺領，狀若甀甀。"殷敬順釋文："謂瓦缾也。"清錢謙益《後飲酒》詩："醖釀金玉漿，氤氲結甀甀。"甀甀洞者，吳國倫興國家中所置園林也。卷一五《與王行甫書》有云："奈何小園花石如故，偶得吳中善爲山者二人，來撤我壺嶺甀甀洞而稍廣之。又鑿一渠，環山而出，通滄浪水，內外並可泛槎。"

卷一至六序七十三篇，卷七序三篇、傳五篇，卷八傳一篇、記十篇，卷九記四篇、行狀二篇、誄一篇，卷一〇哀辭五篇、祭文十七篇、雜文四篇、像讚四篇、告文五篇、題跋十篇，卷一一至一六書二百零七通、四六二十三篇、奏記三篇、紀夢八篇，卷一七碑文三篇、墓誌銘三篇，卷一八至一九墓誌銘十一篇，卷二〇墓表六篇。《詩集》卷一古歌謠八首、鼓吹饒歌十二首、吟歎曲二首、平調曲四首、清調曲二首、瑟調曲一首、楚調曲一首、清商曲吳聲歌十首、西曲歌十二首、琴曲一首、雜曲七首、雜擬六首、雜歌謠十四首、四言古九首、五言古二十七首、七言古十五首；卷二五言律詩二百四十五首；卷三五言律詩八十四首、五言排律三十一首、七言律詩五十九首；卷四七言律詩一百八十七首；卷五七言律詩二百三十七首；卷六七言律詩九十五首、七言排律三首、五言絶句十八首、六言詩十首、七言絶句一百七十一首。

集　部

　　吴國倫有《甀甈洞藁》五十四卷,又有《續稿》詩部十二卷文部十五卷,皆萬曆間所刻。此本《中國古籍善本書目》著録,北京大學圖書館有藏。按,上海復旦大學圖書館及湖北省圖書館藏有《評林新鍥甀甈洞藁文類二十卷詩集六卷》,爲明萬曆十六年清白堂楊新泉刻本。

2156　明刻本李氏焚書　　　　　　　　　　　　　　　　　T5422/4448A

　　《李氏焚書》六卷,明李贄撰。明刻本。五册。半頁九行二十字,四周單邊,白口,單魚尾。框高 22.6 釐米,寬 14.7 釐米。前有陳證聖序。

　　卷一至二書答七十六通;卷三至四雜述六十五篇,又觀音問十八條、豫約小引并六條、寒燈小話四段、玉合四首(佚二首);卷五讀史四十九篇;卷六四言長篇一首、五七言長篇十一首、五言四句四十九首、六言四句六首、七言四句四十三首、五言八句二十五首、七言八句十一首(末六首抄配)。

　　北京中華書局 1975 年版《焚書》、《續焚書》無陳證聖序,兹録之。"李卓吾先生以儒術起家二千石,有理學名,然多涉釋氏,制行瑰異,措論玄寞,世亦病之。因是禍搆,遺稿數十萬言,悉焰祖龍。吳人士鑴其餘,而隘之制。議者曰,以先生之資,究心儒術,將統繼千秋,廟食百世,前無濂洛,後無餘姚,胡逃儒歸釋,遭世訾詬如今日哉？余以爲惟其歸釋,得以炳爍,不然僅一學究老生耳。川岩徒減,雷電俱收,何有今日。然則以此賈禍者,即以此招聲,先生未嘗負斯世,斯世未嘗負先生也。雖然,先生豈其逃儒,豈其歸釋,惟是儒者尚漸,釋者尚頓,由釋入儒其功捷,由儒游釋其機鎔。先生之於震旦氏也,始則假途,終則游秋,既徹其捷,復收其鎔,蓋鈔於儒者,何得病之。古亦有言,道在螻蟻,道在糠粊。螻蟻、糠粊,道且或存,豈遺釋氏？斯集也,不知者目爲震旦筌蹄,知之者目爲尼山衣鉢矣。梓成,吳人士徵予序,因題數字於弁。會稽陳證聖書。"

　　《禁書總目》著録。據中華書局版《焚書》後附黃節跋云:"卓吾曰,名曰焚書,言其當焚而棄之。明季此書兩經禁毁,一焚於萬曆之三十年,爲給事中張問達所奏請;再焚於天啓五年,爲御史王雅量所奏請。然而此本則刻於既奉禁毁以後,觀焦弱侯序可知也。嗟夫！朝廷雖禁毁之,而士大夫則相與重鋟之。陳明卿云,卓吾書盛行,咳唾間非卓吾不歡,几案間非卓吾不適。當時風尚如此。夫學術者天下之公器,王者徇一己之好惡,乃欲以權力遏之,天下固不怵也。然即怵矣,而易世之後,鋟卓吾書者如吾今日,則亦非明之列宗所得而如何者。然則當日之禁毁,毋亦多事爾。"

　　《中國古籍善本書目》著録,中國國家圖書館、上海圖書館等十四館亦有入藏,行款同此本,但不知皆同版否。按,《李氏焚書》又有明刻朱墨套印本,天津圖書館、山東省圖書館等十二館入藏。又有明刻本九行二十字,四周單邊,白口,但行間無直格,天津圖書館、遼寧省圖書館等十三館入藏。另有明刻本,十行二十二字,四周雙邊,白口,北京中國科學院圖書館藏。臺北"國家圖書館"有明萬曆刻本、明刻本、明吳中刻本三種,疑明吳中刻本或與此本同。

2157　明萬曆刻本近溪羅子全集　　　　　　　　　　　　　T5422/6134

　　《近溪羅子全集》二十二卷,明羅汝芳撰。明萬曆刻本。三十二册。

　　羅汝芳,字維德,號近溪,南城人。嘉靖三十二年進士,除太湖知縣,歷寧國知府,官至布政

1609

司參政,分守永昌。爲張居正所惡,被劾罷官。汝芳師事顏鈞(山農),鈞傳王守仁高弟王艮之學,合心學與禪理爲一。後鈞繫獄當死,汝芳盡賣田產營救,時人以爲難能。其傳見《明史·王畿傳》後,又《明儒學案》卷三四有傳。

此書計七種,茲分錄如下:

《近溪子集》六卷。半頁九行十八字,四周單邊,白口,單魚尾,書眉上刻評,書口下刻字數及刻工。框高 20.5 釐米,寬 13.5 釐米。題"楚黃友人耿定向評"。前有萬曆十一年耿定向序,萬曆十五年楊起元序,萬曆十年胡僖序,萬曆四年郭斗序,季膺序;像贊(佚像)。是集以禮、樂、射、御、書、數分爲六卷。楊起元序云:"大司寇天臺耿楚翁爲之標識,而建昌郡守季公捐俸鋟梓,可以觀同心矣。"季膺序又云:"丙戌首春,見天臺耿先生於邸第,授以是集,手加評隲,謂可傳也。乃於水陸歸途披誦卒業,及以所聞於公者,參互印證,稍見一班,遂刻而傳之,藏板山房。"據序,此集應刻於萬曆十五年,爲季膺所刻。季膺,華亭人,嘉靖四十四年進士。此本每集之末,刊"孫羅懷智、羅懷敬、羅懷祖、羅懷本梓"。刻工有朱真、成、吳、羅、友、東、南、子、施、龍、松、蔡、世、游、公、熊、楊。

《羅先生詩集》二卷。半頁九行十八字,四周單邊,白口,單魚尾,書口上刻"明德集"。框高 21.1 釐米,寬 13.8 釐米。題"旴江明德先生近溪羅汝芳著;同邑門人心源左宗郢選;雲間後學何三畏校"。前有萬曆二十五年湯顯祖序,萬曆三十四年陶望齡序,何三畏序。卷上四言古體二首、五言古體四首、七言古體十首、五言近體十九首、七言近體四十二首;卷下五言絕句二十六首、七言絕句八十九首。詩爲汝芳孫懷祖所編。陶望齡序云:"萬曆丙午,友人左□賢氏來按兩浙,示以一帙,蓋先生孫懷祖所編次,予於是又真見先生之詩也。"何三畏序云:"就官越城,幸厠鹽大夫左公屬吏之末,公以先生里中人,且又門下士,莊事先生甚,遂出詩草,令板而行之,以永其傳。而畏始得受之卒業焉。其詩大都淵源於二風雅,而出入於兩漢三唐,撐其意象,色澤古而沉雋而有味,真颯颯乎大雅之音哉!顧亦先生鼎臠豹斑之一,未足以概大全。"據序,此集應爲左氏所刻。各卷之末,刊有"孫羅懷祖重梓"。

《羅近溪先生語要》二卷。半頁八行十七字,四周單邊,白口,單魚尾,書口上刻"近溪語要",下有刻工。框高 21.3 釐米,寬 13.1 釐米。題"會稽陶望齡輯"。前有萬曆三十二年吳達可序,萬曆二十八年陶望齡序。末有萬曆三十二年薛士彥後序,何光道後序。吳達可序云:"同年友定所俞君、南皋鄒君,素稱服先生。定所且遺書,亟索其全編,謂警欬中皆至理也。適閩漳薛君巡憲旴江,走柬訊之,乃出《語要》一冊,眎余讀之……薛君重刻茲編,以廣其傳。"陶望齡序云:"吾友何顯臣,志士也,嗜愛之,有過於人,故刻而傳之。"薛士彥後序云:"會稽陶石簣先生,乃節取其言之精者,輯爲《語要》,由是先生論學之旨趣躍然,如玉光劍氣、貫虹衝斗不可得而鏟埋也。荆溪侍御吳先生大人,見而悅之,命彥再刻,以廣其傳。"何光道後序有"故出貲而梓之"之語。據上引之序,可知《語要》爲陶望齡輯,并由何光道出貲刻之,此爲萬曆二十八年之事。四年後,薛士彥再爲重刻,即此本也。士彥,福建漳浦人,萬曆八年進士。刻工有單和、高彬、詹以秀、單星、朱云、朱林、楊思兆、付友、付增、余松、仁、星、宣、蔣、倫。

《近溪子續集》二卷。半頁九行十八字,四周單邊,白口,單魚尾,書口上刻"會語續錄",下有字數,書眉上刻評。框高 21.1 釐米,寬 12.7 釐米。題"歸善門人楊起元評"。前有萬曆十四年羅汝芳自序,萬曆十五年趙志皋序,萬曆十五年陳省序。是集分乾坤兩集。羅汝芳自序云:"亦聯有講會,同拉余偕往,且論辨間多及之,中稍一二當心,即欲錄出,以補前刻《會語》之所未備,久乃裒成茲帙,題曰《會語續錄》,然猶瑰駁雜,未敢遽傳。既歸,而大司成瀫陽趙老先生貽音促付梓氏,且云,興善會中,諸老先生意固均此,至六館師生,想望尤爲切且殷也。"趙志臯序云:"《會語續錄》,錄盱江羅近溪先生與南中各部寺諸大夫及都人士所會講語也。先生來遊白下,館於城西永慶禪寺,都人士多從之遊,戶履常滿部寺,諸大夫嘗以暇日會先生,談性命之理,先生多依期赴興善之會。余因集六館師生,延先生開講於雞鳴之憑虛閣,一集數百人,聞先生之言,欣欣有感動意……先生於每會中所講,退即次第其語,錄成一篇,皆詳其指趣,署其問辨。余慮無以廣其傳也,爰付之梓。"各卷之末,刻"孫羅懷智、羅懷祖、羅懷本重梓"。據此,此本之刻,始於趙志臯,汝芳孫懷智等再予重刻。

《近溪羅先生一貫編》七卷。半頁十行二十一字,四周單邊,白口,單魚尾,書口上刻"近溪先生一貫編"。框高21.7釐米,寬12.9釐米。題"白鹿洞門人熊儐孺夫編;古德水友人李渭校;後學王俸、萬文言、熊佶、陳道源、鄭汝弼、傅朝選、熊應祥、鄒國仕、陳道濟、郭九淵、胡呈龍、郭九棘、郭九河、左四俊、傅朝望、蕭九成、陶景淳、殷尚哲、吳載道、姜蘭梓;左三策、郭衛宸、袁汝祥、熊正陽詳閱"。前有萬曆二十六年楊起元序。此集內分《大學》一卷、《中庸》一卷、《論語》二卷、《四書》一卷、《易經》一卷、《書詩禮春秋》一卷。各卷第一頁所題名皆有不同。其書名題《一貫編》者,可見楊起元序,楊序云:"一貫者,孔曾授受之微言也。是即所謂一日克己復禮,而天下歸仁者也。又即所謂良知良能而達之天下者也。"又云:"南康熊子儐,少奉父兄之命,遊吾師之門。吾師既歿,而熊子之學始有得也……於是以四書五經爲綱,以羅子《會語》爲目,類輯成書,命之曰《一貫編》……又曰,儐不自量力,欲使四方學者皆得見吾師之全書而後已。是編也,儐節衣食以充梓費,雖貧不悔。"

《近溪子附集》二卷首一卷。半頁九行二十字,四周單邊,白口,單魚尾,書口上刻"近溪子集",書口下有刻工。框高20.9釐米,寬13.4釐米。題"盱江門人黃承試季兆父編次;蕭應泰元之父校正;孫羅懷智、羅懷祖、羅懷敬、羅懷本梓"。前有萬曆十三年耿定向序,萬曆十三年詹事講序;萬曆十二年杜應奎跋。首一卷爲明德夫子臨行別言。附集卷一爲譚希思撰《皇明理學名臣傳》、劉元卿撰《諸儒學案傳》、王時槐撰《近溪羅先生傳》、周汝登撰《聖學宗傳傳》、張恒撰《建昌府冊鄉賢傳》、王杰撰《太湖縣舊志傳》等九篇;卷二爲楊起元撰《明雲南布政使司左參政明德夫子羅近溪先生墓志銘》、詹事講撰《近溪羅夫子墓碣》、趙志臯撰《近溪羅先生墓表》、鄒元標撰《近溪羅先生墓碑》。此集刻工有楊郤、善、施、成。

《四庫全書總目》收羅汝芳著作多種,爲《孝經宗旨》一卷(經部孝經類存目)、《明通寶義》一卷、《廣通寶義》一卷(史部政書類存目)、《一貫編》四卷、《近溪子明道錄》八卷、《會語續錄》二卷、《識仁編》二卷(俱見子部雜家類存目)、《近溪子文集》五卷(集部別集類存目)。《中國古籍善本書目》著錄,北京中國科學院圖書館有全帙,作《耿中丞楊太史批點近溪羅子全集》二十四卷(其中《一貫編》爲九卷,此本爲七卷。又有《近溪羅先生鄉約全書》一卷,此本無。此本多出附集之首一卷)。日本內閣文庫所藏,似同此本。

鈐印有"鵬北"。

2158　明萬曆刻本王奉常集

T5422/1144

《王奉常集》詩十五卷目錄三卷文五十四卷目錄二卷,明王世懋撰。明萬曆刻本。二十冊。半頁十行二十字,左右雙邊,白口,單魚尾,書口下間有刻工。框高19.9釐米,寬13釐米。題"吳郡王世懋敬美譔"。前有萬曆十七年(1589)吳國倫序,萬曆十七年陳文燭序,李維楨序。

王世懋,字敬美,世貞弟,太倉人。嘉靖三十八年進士,累官太常少卿,好學善詩文,名亞其兄,先世貞三年卒。《明史·文苑傳》有傳。

卷一爲賦部,有騷體二首,詩部爲擬古樂府五首、四言古詩六首、五言古詩五十首;卷二五言古詩五十一首;卷三至四七言古詩六十四首;卷五至六五言律二百四十六首;卷七至一二七言律四百九十八首;卷一三五言排律三十六首、六言律三首、七言排律九首;卷一四五言絶句三十首、七言絶句一百八首;卷一五七言絶句一百二十七首。文部卷一至九序一百二十八篇,卷一〇至一三記二十三篇,卷一四記三篇、傳五篇,卷一五至一六傳十篇,卷一七至一九墓志銘十八篇,卷二〇墓志銘三篇、墓表三篇,卷二一墓表四篇、墓碑二篇、行狀一篇,卷二二碑三篇、頌四篇、贊十七首,卷二三贊五篇、銘四首、誄九篇,卷二四至二六祭文六十四篇,卷二七祭文二十一篇、疏五篇,卷二八公移五篇、論三篇、説三篇,卷二九策江西鄉試三問,卷三〇策江西武舉一問、策福建武舉二問、書牘八通,卷三一至四七書牘四百五十二通,卷四八啓二十七通,卷四九至五一題跋一百二十四篇,卷五二澹思子二十四條,卷五三秋圃擷餘三十四條,卷五四經子臆解、易爻解八條。

吴國倫序云:"頃自太常請疾歸,遂不起,海内士由一藝以上,無不欷歔悼惜,爭爲詩誄哭之。元美書來謂,天喪吾弟,吾無樂乎! 有生矣,傷哉! 踰歲,元美詮次其遺稿,合古近體詩及序志、傳記、贊頌諸文,得五十餘卷,録而傳之。"

此本刻工有章國華、張易、倪世榮、沈侖、趙世祥、錢英、錢世英、章循、章穆、章一元、郁憲章、徐文台、朱子静、沈時化、夏良才、張鳴岐、子伏、良才、右之、掄夏、伏吴、伏掄、吴挑、章掄、劉文卿、徐榮、張珮之。卷一四之第七、八頁,卷四七之第十四頁佚去。

《四庫全書總目》入集部别集類存目。《中國古籍善本書目》著録。南京圖書館、浙江圖書館等十三館、臺北"國家圖書館"(三部,其一爲原藏北平館者)及日本静嘉堂文庫、尊經閣文庫亦有入藏。

鈐印有"石藴玉以山輝水含珠天小媚"、"奇文共欣賞疑義相與析"、"水流雲在"、"澹泊明志"、"緑綺聲間"、"汝偉之印"、"怡堂"。

2159　清康熙刻本震川先生集　　　　　　　　　　T5415/81C

《震川先生集》三十卷《别集》十卷,明歸有光撰。附録一卷。清康熙十年至十四年(1671—1675)歸莊、歸玠等刻本。十二册。半頁十行二十字,左右雙邊,白口,無魚尾。框高19釐米,寬13.8釐米。目録頁題"崑山歸有光著;曾孫莊較勘;虞山後學錢謙益選定;玄孫玠編輯"。前有康熙十四年徐乾學序,順治十七年(1660)錢謙益序,又錢謙益序;順治十七年歸起先識語;歸莊撰《凡例》五則。《凡例》後有康熙十四年歸玠識語。按,此本佚去康熙十二年王崇簡序、康熙十二年董正位序。《凡例》後佚去"較訂助刻姓氏"及康熙十四年歸玠跋。

歸有光,字熙甫,號震川,又號項脊生,江蘇崑山人。九歲能文,十四歲應童子試,二十歲補蘇州府學生員,名列第一。三十五歲時南京鄉試第二。嘉靖四十年中進士,時六十歲。官長興令,改調順德府馬政通判,後任南京太僕寺丞,於北京内閣制敕房纂修《世宗實録》。生於正德元年,卒於隆慶五年,年六十六。又有《三吴水利録》等。《明史·文苑傳》有傳。

有光爲古文,好司馬遷《史記》,反對前後七子文必秦漢之復古主張以及模擬剽竊與雕章琢句,推崇唐宋古文。其爲文主張根於六經,宣揚道德。王世貞《歸太僕贊序》云:"先生於古文詞,雖出之於史、漢,而大較折衷於昌黎、廬陵。當其所得,意沛如也。不自雕飾而自有風味,超然當名家矣。"方苞《書震川先生文集後》云:"震川之文,發於親舊,及人微而語無忌者,蓋多近古之文,不修飾而能情辭並得,使覽者惻然有隱,其氣韻蓋得之子長,故能取法歐、曾而少更其形貌耳。"

此集卷一經解九篇,卷二序三十篇,卷三論、議、説二十二篇,卷四雜文十三篇,卷五題跋三十一篇,卷六書六通,卷七書十八通,卷八書十通,卷九贈送序十九篇,卷一〇贈送序二十二篇,卷一一贈送序二十二篇,卷一二壽序二十四篇,卷一三壽序三十二篇,卷一四壽序二十篇,卷一五記三十篇,卷一六記十四篇,卷一七記十三篇,卷一八墓志銘十二篇,卷一九墓志銘十六篇,卷二〇墓志銘十篇,卷二一墓志銘十九篇,卷二二權厝志、生志、壙志九篇,卷二三墓表六篇,卷二四碑碣十三篇,卷二五行狀八篇,卷二六傳十四篇,卷二七傳七篇,卷二八譜、世家五篇,卷二九銘、頌、贊十六則,卷三〇祭文、哀誄三十篇。(補編三篇已入各卷内)

《别集》卷一應制論十三篇,卷二(分上下)應制策十三道,卷三制誥、奏疏、策問三十三篇,卷四志五篇,卷五宋史論贊二十五篇,卷六紀行四篇,卷七小簡一百二十六首,卷八小簡七十二通,卷九公移、讞辭附十二篇,卷一〇古今詩一百十四首。附録爲錢謙益撰《震川先生小傳》、歸允肅撰《敬跋新刻震川先生全集後》、王錫爵撰《明太僕寺寺丞歸公墓志銘》、王世貞撰《歸太僕贊(有序)》、歸莊詩五首、歸莊撰《書先太僕全集後》。有光文筆樸素簡潔,善於敘事,爲時人所推重。然集中壽文、贈序甚多,蓋多爲酬贈之作,應制文也無甚可取。又集中《乞醯論》爲其十歲時作品。

歸有光爲明中葉以後一大作家,其集最初爲有光門人王子敬令閩之建寧,刻於閩中,文既不多,流傳亦少,今已不傳於世。後有《震川先生文集》二十卷,明萬曆二年歸道傳刻本(半頁十行二十一字),南京圖書館、浙江圖書館等八館入藏。再有《歸先生文集》三十二卷附録一卷,明萬曆四年翁良瑜雨金堂刻本(半頁十行二十字),中國國家圖書館、上海圖書館等二十五館入藏(又有增修本,首都圖書館等十六館入藏)。但明刻二本文多有漏略,"有無參亘,或疑有雜僞於其間"。此本爲歸氏後人請錢謙益校勘後編定之本,歸起先識語云:"先太僕震川公集,最初閩中有刻,既而公之子伯景、仲敉刻於崑山,先伯祖泰岩刻於常熟,閩本地遠不傳。崑山、常熟本亘有異同,而公之遺編剩簡,尚餘十之八九。牧齋先生與公之孫文休旁求廣採,得公藏本,幾倍於刻本,先生手自校勘,珍如秘書。無何,絳雲之災,盡毀於火,賴文休副本存,余從玄恭得而録之。念文章顯晦有數,恐遂没没無聞,爲請於先生,求壽諸梓。而先生以刻本位置多訛,意象尚隔,乃爲合併而次第之,得正集三十卷、别集十卷,餘集存之家塾,未能悉出也。"

歸玠跋云:"是集之刻,始於辛亥歲,宛平王宗伯素切表章,而龍門董夫子首捐俸助梓,鄰境邑侯如吳伯成、趙雪嶸兩明府共襄其事。於是當代文衡及遠近士大夫分任剞劂,自辛亥春王迄癸丑仲秋,全集已刻十之七,不幸先叔恒軒府君中道捐館,玠室同懸罄,無以卒業,賴董夫子復倡助鳩工,而俾克告成,則葉學亭、徐健庵兩先生之力居多,蓋全集之竣其難如此。"集末有歸莊撰《當道明府及遠近士大夫助刻先太僕集,敬賦五章奉謝,用文章千古事爲韻》,詩云:"在昔盛明世,天未喪斯文。篤生吾太僕,著作迥軼群。一時七才子,標榜皆滄、雲。其魁卒推服,卓哉紹前聞。""太僕絕代文,誠繼韓、歐陽。越今百餘載,彌覺光燄長。所恨前人謬,刪改不成章。猶賴元本存,小子櫝而藏。""先子於是書,蒐輯已有年。更賴錢宗伯,彙選加重編。卷帙計四十,葉數踰一千。較勘空勞心,無力使流傳。""邑宰董仁侯,無錫吳明府,捐俸鋟遺文,表章我曾祖。諸公因繼之,翕然相鼓舞。盛事慰九原,高義足千古。"

"文章關氣運,豈復一家事。茲集得流傳,後學受其賜。先澤幸不湮,小子差自慰。顧藉他人力,尋思終内愧。"

此本有扉頁,刻"歸震川先生全集。先太僕集,昔年屢刻皆非全本,兼多訛謬。茲集蒐羅宏博,讎勘精詳,觀者無忽焉。曾孫莊、玄孫玠、五世孫顧廬謹識"。

清代又有嘉慶元年(1796)歸朝煦玉鑰堂刻本、嘉慶四年(1799)琴川萬卷樓張氏刻本(見《"國立臺灣大學"普通綫裝書目》)、光緒元年(1875)常熟歸氏重刻本、光緒六年(1880)常熟歸氏重刻本(此二部重刻本著錄見《河南省圖書館中文古籍書目》),又有宣統二年(1910)國學扶輪社鉛印本。民國十七年(1928)上海民和書局石印本、民國上海中華圖書館石印本、民國二十四年(1935)上海掃葉山房石印本。上海涵芬樓《四部叢刊》本即據此康熙本重印。中華書局《四部備要》本也據此康熙本排印流傳。民國間又有王雲五主編的《萬有文庫》本。1981年,上海古籍出版社有周本淳校點本《震川先生集》,應爲最佳之本。

《四庫全書總目》著錄,收《震川文集初本》三十二卷,入集部別集類存目;又收此本,入別集類。《中國古籍善本書目》著錄,此康熙本流傳頗多,計二十五館入藏,又有名家批校題跋之本。

鈐印有"榮郭齋藏"。

2160 明萬曆刻本王文肅公文草　　T5422/1182

《王文肅公文草》十四卷,明王錫爵撰。明萬曆四十三年(1615)王時敏刻本。十六册。半頁九行十八字,四周單邊,白口,單魚尾。框高23.8釐米,寬14.4釐米。題"光祿大夫少保兼太子太保吏部尚書建極殿大學士王錫爵著;尚寶司司丞孫男時敏校梓"。前有萬曆四十三年何宗彥序。目錄後有王時敏跋。

王錫爵,字元馭,號荆石,太倉人。嘉靖四十一年會試第一,廷對第二。授編修。萬曆初掌翰林院,進禮部右侍郎,累官禮部尚書,兼文淵閣大學士。首請禁詭諜,抑奔競,戒虛浮,節侈靡,闢橫議,簡工作,帝咸褒納。時册立久不行,錫爵切諫,不報。及爲首輔,以擬三王並封旨,爲言官所攻,乃自劾乞罷,不許,改吏部尚書,卒諡文肅。事蹟具《明史》本傳。

卷一至二箴二首、序四十篇,卷三策問七道、題二篇、像贊四首,卷四傳八篇,卷五至六神道碑十一篇,卷七墓表十四篇,卷八至一〇墓誌銘三十二篇,卷一一行狀四篇,卷一二祭文三十七篇,卷一三爲榮哀錄,卷一四爲王錫爵墓誌銘、神道碑、傳及行狀。

王時敏跋云:"是集也,不肖實痛念先公手澤所寄,一生經世大業,所關是用,謹壽之梓,以傳永永。第邇年家變頻仍,不肖幼羸多病,所彙集先稿不能十之五六。如詩稿,先公拈咏最多,而散佚不存,即贈酬短言,在親友扇頭者,不肖經年廣搜,未能成帙,獨此闕焉。故當有待其碑銘傳贊等文,在詞林以後,爲學憲公所珍藏者。捐館之日,盡成烏有,止存先父手錄二十餘首,已盡入集中。至於入閣以後,參半代筆,奉有先命,不敢混入。其爲先父代作者,當彙入先父集中,茲不具載。"

金鑲玉裝。

《四庫全書總目》入集部別集類存目。《中國古籍善本書目》著錄。上海圖書館、南京圖書館等十一館,臺北"國家圖書館"(三部)、日本内閣文庫亦有所藏。按,王時敏又刻有《王文肅公牘草》十八卷,明萬曆四十三年刻本;《王文肅公全集》五十五卷本(奏草二十三卷、牘草十八卷、文草十四卷),明萬曆刻本;《王文肅公文集》五十五卷,明王時敏刻本。

2161　明崇禎刻本衛陽先生集　　　　　　　　　　T5422/7243

《衛陽先生集》十四卷，明周世選撰。明崇禎五年(1632)周承芳刻本。八册。半頁九行十九字，四周單邊，白口，無魚尾。框高 21 釐米，寬 13.6 釐米。題"甘陵周世選文賢父著；武林後學沈獅、同邑後學沈嘉較正；孫男承芳編次付梓"。前有姚希孟序；朱之蕃撰《南大司馬衛陽周公傳》。末有崇禎五年盧世㴶跋。

周世選，字文賢，別號衛陽，又稱存敬道人，故城人。嘉靖四十一年進士。生於嘉靖十一年。性敏質端，幼即異於儕。授行人，乃得常州府推官，當事以其端敏不凡，特爲改授爲地方，以振積弊。入都，授禮科給事中、户科右給事，擢南尚寶卿，晉南右通政，改光祿寺卿，尋擢僉都御史，巡撫河南，再晉左僉都御史，協理院事。旋晉左副都，工部右侍郎，復轉左，奉敕督理九門工。改兵部左侍郎，協理京營戎政，官至南京兵部尚書。

是集以衛陽爲名，蓋故城在衛河之陽，世選以自號，因以名集。卷一至八疏二十七篇，卷九序十四篇，卷一〇詩三十五首，卷一一記七篇，卷一二祭文十五篇，卷一三行狀三篇、墓表一篇，卷一四志銘八篇。

姚希孟序云："公有文孫承芳，蔚起爲後來秀，而能讎編其遺文，以垂播永久。"

盧世㴶跋云："歲庚午，(粲甫)果舉孝廉，年尚未能壯。辛未，暫蹶霜蹄。粲甫愈益淬勵，不問户外事，日取先司馬遺集勘訂編摩，舉而壽諸千秋之木。"粲甫即周承芳。

金鑲玉裝。此本有扉頁，刊"大司馬周衛陽先生全集。本衙藏板"。

《四庫全書總目》入集部別集類存目。《中國古籍善本書目》著録，北京大學圖書館、臺北"國家圖書館"(兩部，其一爲原藏北平館者)及美國普林斯頓大學葛思德東方圖書館亦有入藏。

按世選曾刻有《武經七書》、《紀效新書》。

鈐印有"榴園小隱"。

2162　明崇禎刻清乾隆重修本潛學稿　　　　　　　T5422/1218

《潛學稿》十九卷，明鄧元錫撰。明崇禎十二年(1639)鄧應瑞等刻清乾隆八年(1743)重修本。八册。半頁九行十九字，四周單邊，白口，單魚尾。框高 21.1 釐米，寬 13.3 釐米。題"明盱鄧元錫著"。前有涂國鼎序，黄端伯序，崇禎十二年鄧澄序；鄧元錫像薛士彦像讚；《鄧元錫傳》。

鄧元錫，字汝極，別號潛谷，南城人。年十七，即行社倉法以惠鄉人，游邑人羅汝芳門，復從鄒守益、劉邦采諸儒論學。居家著述，踰三十年。萬曆間，國子祭酒趙用賢疏列天下人才，中及元錫，徵授翰林待詔，有司敦促就道，將行而卒。鄉人私諡文統先生。

元錫之學，淵源於王守仁而不盡守其説。時心學盛行，謂學惟無覺，一覺無餘藴，元錫力排之。此集卷一至三序四十五篇，卷四記六篇，卷五(上、下)雜著二十八篇，卷六疏、啓、書六十通，卷七家譜傳一篇，卷八傳記五篇，卷九墓志銘十三篇，卷一〇壙記、墓表四篇，卷一一行狀、傳六篇，卷一二祭文十七篇，卷一三賦辭三首、四言古詩六首、樂府九首，卷一四至一五五言古詩一百三十八首，卷一六七言古詩十五首、五言律詩三十五首、五言排律三首，卷一七七言律詩四十四首、七言排律一首，卷一八五言絶句三十三首、七言絶句三十一首，卷一九武夷游草十八首。

　　涂國鼎序云:"予邑徵君鄧潛谷先生,學晰天人之幾,而大宇宙之頤,綜形象之頤,而冥性教之宗,諸所著述,流播寓宇,經有《繹》,史有《函》,莫不奉若日星,無或河漢矣。今其曾孫應瑞兄弟,復簡其《潛學稿》,付之槧氏。"

　　卷三末《新城縣志序》、卷四末《北田學舍記》、卷六末《謝許敬庵公祖書》、卷九末《滁州判近塘涂公墓志銘》、卷一一末《范貞孝傳》等均爲補刻。

　　《四庫全書總目》入集部別集類存目。《中國古籍善本書目》著錄,天津圖書館、江西省圖書館等六館亦有入藏。未重修本,上海圖書館有藏。又日本内閣文庫所藏,不知有重修否。臺北"國家圖書館"有七卷本,爲明活字印本。重慶市圖書館有《潛學編》十二卷,明萬曆三十五年左宗郢刻本。

　　鈐印有"□禎贄記"、"孫毓修藏"。

2163　明萬曆刻本袁魯望集

T5419/4387

　　《袁魯望集》十二卷,明袁尊尼撰。明萬曆十二年(1584)刻本。四册。半頁十行十八字,左右雙邊,白口,單魚尾。框高18釐米,寬13.1釐米。前有王世貞序,陳文燭序,萬曆十二年袁年序。

　　尊尼,字魯望,吴縣人。僉事裦之子。嘉靖四十四年進士,授刑部主事,官至山東提學副使。凡六經諸子百家之書靡所不究,善晉書法,與諸名流詠歌佳山水間。年五十二卒。又有《禮記集説正訛》。

　　卷一五言古詩二十首,卷二七言古詩十五首,卷三五言律詩八十五首,卷四七言律詩九十九首,卷五五言排律、七言排律十四首,卷六七言絕句三十九首,卷七賦三篇、頌二篇,卷八序十篇,卷九墓志銘七篇,卷一○行狀二篇,卷一一傳、議、記、疏七篇,卷一二啓、祭文四篇。尊尼詩清潤典則,有李杜風,文亦雄渾古雅。

　　陳文燭序云:"竊評魯望之作,大都詩勝云,質有西京,而工六朝之宏藻;骨原建安,而兼三唐之正聲。辭秀調雅,意新理愜,在泉爲珠,著壁成繪,翩翩一家言矣。"袁年序又云:"公天資英敏,少侍其先學憲公遊燕趙間,即博覽全書,日記萬言,命題屬草,倚馬立就……吾兄才能濟美,且不趨權勢,秉公矢直,與胥臺公若出一輒,而其以才忌於世也,骯髒不永,亦略相符焉。是集成,寧不足以繼胥臺公之芳躅耶?父子稱爲文宗,名不虛矣。公遺稿不啻數十萬言,選纂什之一耳。歲戊寅,將鋟之,不果。不佞今幸爲南曹尚書郎,得以其暇取而訂正之,釐爲十二卷,付諸梓人,俾與永之集並傳。"

　　《明史藝文志》、《千頃堂書目》、《四庫全書總目》集部別集類存目著錄。臺北"國家圖書館"藏一部,又一部爲原藏北平圖書館者。《中國古籍善本書目》著錄,上海圖書館、復旦大學圖書館等四館亦有入藏。

2164　明崇禎刻本温恭毅公文集

T5422/3125

　　《温恭毅公文集》三十卷,明温純撰。明崇禎十二年(1639)温氏刻本。八册。半頁十行二十字,左右雙邊,白口,單魚尾。框高19.6釐米,寬14.9釐米。題"西京温純希文父撰"。前有闕名序(佚去末頁);温恭毅公小像并來復贊;《凡例》十則,崇禎十二年温自知撰。

溫純,字希文,陝西三原人。嘉靖四十四年進士,由光壽知縣徵爲户科給事中,屢遷左都御史。以與首輔沈一貫不合,力請致仕。純清白奉公,肅百僚,振風紀,時稱名臣。卒謚恭毅。事蹟具《明史》本傳。

　　溫純奏疏皆切中情事,字句或失之太質,而明白曉暢,易於觀覽,蓋期於指陳利弊,初不以文字爲工。此集序記銘傳諸體,則多雅飭可誦。卷一至六疏一百四十篇,卷七至八序四十三篇,卷九記九篇,卷一〇至一一墓志銘三十二篇,卷一二傳二篇,卷一三行略四篇,卷一四議四篇,卷一五雜著十一篇,卷一六至一七祭文二十四篇,卷一八古樂府十三首,卷一九五言古詩二十八首,卷二〇七言古詩四首,卷二一五言律詩三十四首,卷二二七言律詩一百十五首,卷二三五言絕句十五首,卷二四七言絕句十七首,卷二五至二九尺牘一百三十通,卷三〇《理學》六十一則。純之詩,大抵沿溯七子之派而稍失之麤,其尺牘亦多關時政。《理學》則爲論學語録,大旨以程、朱爲本,不宗姚江,而亦不甚駁之。

　　其《凡例》云:"先公丁未年乘箕上升,時伯子予知,匍匐詣闕,請俎豆寵穸諸典,求銘傳碑文,勞苦骨立,次第舉行。仲子日知暨孤自知齒尚穉,未諳剞劂之役。乙卯春,伯子病革,執兩弟手曰,我所不瞑目者,先公文集耳,弟急圖之。仲子泛孝廉船南遊邗溝,鋟疏稿五卷,及文法品彙、詩法品彙,未幾歸里,版片留之廣陵。癸酉,復脩文地下。戊寅,孫墫張孝廉恂,捐金覓蹇,載之穫中。孤自知洎家孫樹瓊,每私相語,謂我輩寒可無衣,饑可無食,此集不可不鋟。三年之内,詮次繕寫成帙,今歲耶移剞劂,時瓊□祖蔭,承乏民部,亦捐俸助梓焉。"

　　《四庫全書總目》入集部別集類。《中國古籍善本書目》著録。上海圖書館、臺北"國家圖書館"亦有入藏。

　　據《凡例》,純曾有《二園詩集》、《學集》、《督撫兩浙稿》、《齊民要書》、《雅約》、《利器解》行世,而今未之見。

2165　明萬曆刻本許文穆公集

T5422/0465

　　《許文穆公集》六卷,明許國撰。明萬曆許立言、許立禮等刻本。十册。半頁十行二十字,四周單邊,白口,單魚尾。框高21.5釐米,寬13.8釐米。題"門人福塘葉向高、燕山方從哲纂輯;瑯琊焦竑校閲;男立言、立禮輯梓"。前有萬曆三十九年(1611)焦竑序。王家屏撰《明故光禄大夫柱國少傅兼太子太師吏部尚書建極殿大學士贈太保謚文穆潁陽許公墓志銘》。

　　許國,字維楨,歙人。嘉靖四十四年進士,神宗時累官禮部尚書,兼東閣大學士。性木强,遇事輒發,無大臣度,然能謹慎自守,故累遭攻擊,不能被以汙名。致仕歸。卒謚文穆。事蹟具《明史》卷二一九本傳。

　　卷一序二十五篇,卷二序二十四篇、記十篇,卷三奏疏四十三篇、表五篇、箋二篇、頌五篇、賦一首,卷四議七篇、論七篇、考二篇、説六篇、書二通,卷五墓志銘十二篇、墓表三篇、行狀一篇、傳三篇、祭文六篇,卷六詩一百七十七首。

　　焦竑序云:"公少好學有文,窮探力取,極六秩之指要,蓋温厚爾雅,蔚然有德之言,非支詞綺語類也。今殁未久,求其遺編,僅得一二,豈公有所重而不甚屑意於此歟?古之君子,事業文章□體乎自然,而行於不得已,誠不得已,則事固不足以名公,況其言乎?詩文若干篇,子立言彙爲六卷,門人竑校而序於簡端。"

　　目録後刊校閲姓氏,題"門人福塘葉向高、燕山方從哲"等三十人"全纂"。又刊"男立德、立功、立言、立禮全輯；孫志才、志仁、志寧、志宜，曾孫芳、萱、蓮、苓等重梓"。

《全燬書目》、《清代禁書知見錄》著錄。

《中國古籍善本書目》著錄。上海圖書館、南京圖書館等十五館，臺北"國家圖書館"（四部）及美國國會圖書館、日本尊經閣文庫（作五卷，疑殘）亦有入藏。按，許國集最全之本爲《許文穆公全集》二十卷本，天啓五年許氏畹香堂刻本。南京圖書館、天津圖書館等四館、臺北"國家圖書館"有藏。

2166　清康熙刻本亦玉堂稿　　　　　　　　　　　　　　T5419/3121

《亦玉堂稿》十卷，明沈鯉撰。清康熙二十九年(1690)劉榛刻本。四册。半頁十行十九字，四周單邊，黑口，雙魚尾。框高 17 釐米，寬 12.9 釐米。題"商丘沈鯉龍江"。前有沈鯉本傳；康熙二十五年(1686)劉榛序。

沈鯉，見清康熙刻本《重刊八行圖説》。

鯉詳稽先朝典制，定中制頒天下，又奏行學政八事，請復建文年號，修景帝實錄。其入文淵閣，首勸帝聽言圖事，以薦賢爲第一義，極陳礦税害民狀，幾得停止。此集有文無詩，卷一至五疏三十四篇，首篇即爲《議復建文年號立景泰實錄疏》。卷六序十篇，卷七記十一篇，卷八議、考、論十篇，卷九書、約、説、訓、引語、傳等十一篇，卷一〇墓志銘、神道碑銘十篇。

其書以"亦玉堂"名之，蓋鯉萬曆十六年解官歸里後，於城乾極僻之處構屋三楹，以隔别城市。卷七有《亦玉堂記》，云："俗蓋稱翰林公署爲玉堂云，雖沿襲前代故事，實謂其職主文翰，不事事，其堂宇清閟如玉也。予往曾歷官此署二十餘年……予既嘗承乏玉署，含戴上德，今卜築小隱，一時情景，猶頗相類。蓋雖已不在其位，而其爲清閟如玉者，則上已賜我於家矣，吾詎可忘乎？乃竊做昔人之意而大書顔於其霤，曰'亦玉堂'。"

此本爲劉榛所刻。劉榛序云："沈文端公舊有《亦玉堂稿》十卷《續稿》八卷，新城王大司馬刻之，鼎革時，化爲煨燼。予拾其殘缺，是正其魯魚，合而彙爲十卷，與同志授之梓而序其端。"榛亦商丘人，字山蔚，號董園。諸生。學行爲孫奇逢、湯斌所稱，文筆秀潔，兼工填詞。康熙中卒，有《虛直堂文集》。

鯉集最早有明萬曆刻本，流傳罕見，《四庫全書總目》云："明末版毁不存。王士禎《古夫于亭雜錄》載其家有鯉正、續兩集，三復其文，歎其經術湛深，議論正大。然士禎没後，池北書庫所藏散佚迨盡，今亦未見其本。"按，萬曆本爲十卷，九行十八字，北京大學圖書館入藏。臺北"國家圖書館"有《亦玉堂續稿》八卷，明萬曆刻本。

此本有扉頁，刻"亦玉堂稿。太師府藏板"。

《四庫全書總目》著錄康熙本，入集部别集類。《中國古籍善本書目》著錄，浙江圖書館、吉林大學圖書館也有入藏。《中國科學院圖書館藏中文古籍善本書目》著錄清康熙二十九年劉榛刻嘉慶十二年補修本。《"國立臺灣大學"普通本綫裝書目》、《美國普林斯頓大學葛思德東方圖書館中文舊籍書目》、《日本國會圖書館漢籍目錄》、《日本内閣文庫漢籍分類目錄》等未收。

2167　明嘉靖刻本瑞芝錄　　　　　　　　　　　　　　T1938.3/4471

《瑞芝錄》三卷，明陶治輯。明嘉靖二十一年(1542)刻本。一册。有圖。半頁十行二十四字,左右雙邊,黑口,雙魚尾。框高 20.9 釐米,寬 13.4 釐米。前有嘉靖十九年(1540)代藩靈丘王序,嘉靖十八年(1539)周尚赤圖序。末有嘉靖十九年靈丘王長子天津後序,嘉靖十九年姚傑後序,佚名後序,嘉靖二十一年秦汴後序。

陶冶,字時泰,號石橋,山西絳州人。自少勤學,以蔭入成均,甘樸素,寡言笑,簡出深居,惟以明經修行爲務。既惟親老,不願仕進。後其父强之,乃始謁選,爲右軍都督府都事。拜官未幾,即犯禁例,懇疏乞回終養,時在嘉靖五年。

此實爲瑞應孝感詩,爲陶冶孝感瑞應所作。蓋因嘉靖十七年秋,陶冶家柱間産瑞芝一本,二十餘莖,莖白而花黃,如刻脂鏤玉,輪囷敷暢,鮮潤煌煌。士大夫觀之,咸謂之瑞,以爲"此石橋孝感所致"。因芝殊姿密理,璁瓏奇絶,圖於繪工,敘諸文士,一時傳播,罔弗合辭稱瑞。卷一爲杜璁奏疏,卷二詩文四十五首,卷三詩文四十九首。

秦汴後序云:"古絳陶君石橋,爲少保恭介公之子,武選君之弟,幼有至性,事親從兄之間,莫不克盡其道,所謂孝弟之義,匪但世俗云也。由是天感其誠,地呈其瑞,而商山之芝産於柱間,雖婦人女子,皆知其爲孝感也。繼而宗室上其事,鄉人敘其圖,海内公卿士夫詠其實,同寅吳子梓其録以傳,固侈君之德,亦所以教天下人子之孝也。"

此本有代藩序,代藩靈丘王即朱遜焌。卷二詩文之作者皆爲宗室。有《靈芝圖》一幅,右上方刻"戊戌仲秋始生,幾月而成,高尺餘,廣八寸,莖白花黃"。後序佚去第五頁。秦汴後序有二,一前一後,内容相同,但不同刊刻。

《續修四庫全書總目提要(稿本)》著録。《中國古籍善本書目》未收。

2168 清抄本秋泉先生遺稿　　　　T5413/4281

《秋泉先生遺稿》一卷,明楊鑑撰。清抄本。一册。半頁十二行二十四字。無框格。前有嘉靖二年(1523)湯惟學序。末有嘉靖三年(1524)張寰跋。

楊鑑,字秋泉,浙江人。

此本皆爲詩,計五言古一首,七言古一首,五言絶四首,七言絶五十首,五言律十四首,七言律二百十首,歌一首,序一首。

湯惟學序云:"秋泉楊先生,古於越人,夙有柴桑之操,放跡湖海,詩聲籍甚一時。客京師,不欲得官,和陶以自見,尚友其人於千古。嘗謁定庵曹公,亟加歎賞。南山潘公狀其行,謂必成大家。二公世名人,其言足徵。況有子如安世,彙萃成編,不忍手澤。余奉使還闕,舟膠濟上,安世以水部郎蒞事於兹,出以相示,既卒業,因受簡命序。余謂是爲涵泳性情,故其體正;淵源問學,故其義博。興高故旨微,鑒洞故語達。該時事,而傳之文藝;憤世俗,而歸之平和,故質而不俚,怨而不怒,宛然成一家言。律之靖節,談何容易,但風韻天趣超物表,不知古人何如也。"

張寰跋云:"二檀將鋟梓於濟寧水部之君子軒,因爲校正而歸之。"二檀,爲鑑子,名安世,時任水部職。據此,則此書似有刻本,但查諸各家書目,均付闕如。

"玄"、"弘"字不避帝諱。

《中國古籍善本書目》未著録。

鈐印有"揚州書林陳恒和"。

2169　明萬曆刻本四溟山人全集　　T5417/0649

《四溟山人全集》二十四卷,明謝榛撰。明萬曆二十四年(1596)趙府冰玉堂刻本。十册。半頁十行二十字,左右雙邊,白口,單魚尾,書口上刻"趙府冰玉堂",書口下有刻工。框高19.9釐米,寬14.1釐米。題"東郡謝榛著;東郡蘇潢、赤城陳養才仝校;東郡張季彥、新安程兆相全閱"。前有嘉靖二十六年(1547)趙王枕易道人序,萬曆二十四年趙王恒易道人序,嘉靖二十九年(1550)蘇祐序,萬曆二十三年(1595)張泰徵序,邢雲路序,萬曆六年(1578)張季彥序。末有蘇潢跋,陳養才跋。

謝榛,字茂秦,號四溟山人,又號脱屣山人,臨清人。刻意爲歌詩,有聞於時。嘉靖間游京師,時李攀龍、王世貞等結社燕市,榛以布衣爲之長,稱五子,秦晉諸王爭延致之,河南北皆稱謝先生。事蹟具《明史·文苑傳》。

榛早工詞曲,年十六作樂府商調,少年爭歌之。此爲全集,計卷一五言古詩二十三首,卷二至三七言古詩一百八十六首,卷四至一〇五言律詩七百九十七首,卷一一至一五七言律詩五百九十三首,卷一六五言排律一百三十六首,卷一七七言排律二十二首,卷一八五言絕句一百五十六首,卷一九至二〇七言絕句四百二十六首,卷二一至二四詩家直説四百十六條。

趙王枕易道人序云:"乃於隱逸,爰取三人,孫太白、張崑崙、謝四溟。孫、張二子不及見之,謝生予得而友焉。其詩得少陵體裁、太白格調,故何柏齋曰其詩儁逸不凡,足占所養也。蘇舜澤曰,鄴有此詩,不在何李之下。李春溪曰,謝詩雖與諸家同,而意興過之。劉一軒曰,沉痛清逸,灑然物表,不食煙炊。黄五嶽曰,激昂悲壯,其高岑之流乎?盧淶西曰,一代詩人,出吾山東矣。漫山曹均尤所愛重,從而刻其五言,予取其全集刻之,或言王刻洹詞,復刻謝詩乎?予應之曰,文至後渠,詩至四溟,其盡之也。"

陳養才跋云:"茂秦固以詞客名,而其名藉甚,則以李于鱗、王元美諸青雲之士結七子社始。茂秦固以任俠聞,而其豪舉抗義,不獨以詩詞著,則以能出盧次楩於獄始,此山人之梗概也。先康王時,爲之刻四溟旅人集,亦足成一家言已。嗣後有游燕適、晉江南等藁,或軼而未刻,或刻而未備。我今王久謀裒輯其全,而概鋟諸梓。當萬曆壬午,業已諾蒲坂張文毅公之請。乙未夏,講筵之暇,召右史蘇君潢及養才造膝,語曰,予欲刻山人謝榛全詩,其遺稿具在笥中,二史職在記言,其試校閲之。養才兩臣惶恐稽首,唯唯拜命。已而給筆札,供具甚寵,三閱月始竣厥役,遂以付之剞劂氏,迄今年丙申夏,厥工洒告成焉。"

此本有刻工,王廷召、吴鎬、崔仲臣、裴世壘、崔恩、崔德、陸洹、崔一俊、王真、裴國登、張奉、李福、崔俊、召自、吴守禮、張邦奇、崔慈、沈所知、張邦杰、沈都。序及目録皆爲抄配。

《四庫全書總目》收湊《四溟集》十卷,而不及此本。《中國古籍善本書目》著録。中國國家圖書館、南京圖書館等十三館、臺北"國家圖書館"(兩部,其一爲原藏北平館者)及日本靜嘉堂文庫、內閣文庫亦有入藏。日本二館所藏不知有無重修。按,此本又有重修本,上海圖書館、南京圖書館等六館有藏。

2170　明刻本徐文長文集　　T5422/2932

《徐文長文集》三十卷,明徐渭撰,袁宏道評點。明刻本。五册。半頁九行二十字,四周單邊,白口,單魚尾。框高 21 釐米,寬 14 釐米。題"公安袁宏道中郎評點;門人閔德美子善校訂"。前有黃汝亨序。目錄後有陶望齡撰《徐文長傳》。

卷一賦十篇,卷二樂府八首,卷三四言古詩二首,卷四五言古詩一百零二首,卷五七言古詩五十六首,卷六五言律詩一百三十首,卷七七言律詩一百九十五首,卷八五言排律十七首,卷九七言排律五首,卷一〇五言絕句四十四首、六言絕句三首,卷一一七言絕句一百四十八首,卷一二七言題畫絕句一百五十七首,卷一三詞七首,卷一四表六篇,卷一五疏一篇,卷一六啓十五通,卷一七書三十二通,卷一八論二十八篇,卷一九策六篇,卷二〇序四十五篇,卷二一跋二十九篇,卷二二贊三十九首,卷二三銘十九首,卷二四記十七篇,卷二五碑六篇,卷二六傳四篇,卷二七墓志銘八篇、墓表一篇,卷二八行狀一篇,卷二九祭文十九篇,卷三〇雜著十九篇。附《四聲猿》(佚)。

黃汝亨序云:"按其生平,即不免偏宕亡狀,偪仄不廣,皆從正氣激射而去,如劍芒江濤,政復不可遏滅。其詩文與書畫法傳之而行者也。畫予不盡見,詩如長吉,文崛發無媚骨;書似米顛,而稜稜散散過之,要皆如其人而止,此予所爲異也。然文長見知督府胡公,胡公被讒收,文長亦以牢騷困厄死。而其詩文與書畫法與胡公之勳伐,至今照鑠,不與其人俱往。當時鄢、趙諸人安在哉?世安可無異人如文長者也!鍾生瑞先嗜異人,常三復其集。因得中郎帳中本,遂喜而校刻之。"

此本有扉頁,刊"徐文長全集。袁中郎先生評。讀書坊藏板"。鈐有"讀書坊圖章"。

《四庫全書總目》入集部別集類存目。《中國古籍善本書目》著錄。中國國家圖書館、上海圖書館等六十一館,臺北"國家圖書館"(五部,其一爲原藏北平館者)及美國普林斯頓大學葛思德東方圖書館、日本静嘉堂文庫、内閣文庫、京都大學人文科學研究所亦有入藏。

2171　明萬曆刻本豐對樓詩選　　T5419/3167

《豐對樓詩選》四十三卷,明沈明臣撰,沈九疇輯。明萬曆二十四年(1596)陳大科、陳堯佐粤中刻本。十二册。半頁十行二十字,四周雙邊,白口,單魚尾,書口下有刻工及字數。框高 20.1 釐米,寬 13.7 釐米。題"甬句東沈明臣嘉則父著;從子沈九疇箕仲氏選"。前有萬曆二十四年陳大科序,王世貞序,劉鳳序,屠隆序。

沈明臣,字嘉則,鄞縣人。諸生。有詩名。胡宗憲督師平倭,辟置幕府。爲尚書張時徹所推重。又撰有《通州志》八卷。傳見《明史·文苑傳》徐渭傳後。《(乾隆)鄞縣志》卷一六有傳。

沈九疇,字箕仲,明臣從子,萬曆五年進士,授刑部主事,累遷山東參政,終江西左布政使。《(乾隆)鄞縣志》卷一六有傳。

明臣作文頗奇有秦漢風,此爲詩集,卷一至二樂府三百四十七首,卷三至四五言古詩一百二十九首,卷五至一二七言古詩三百五十五首,卷一三至二二五言律詩一千二百二十九首,卷二三五言絕句一百七十三首,卷二四五言排律四十五首,卷二五六言絕句五十三首,卷二六至三六七言律詩一千七十六首,卷三七至四二七言絕句一千五十一首,卷四三七言排律十五首。

陳大科序云:"先生從子箕仲,爲選其諸體各若干首,總題曰《豐對樓詩選》,則視箕仲疇曩所選者四百廣之矣,則視王元美所稱我將以所餘者六千六百而更衡之衡之矣……是役也,則相國肩吾爲致嘉則萬里之命,牘裝其草,累一尺强,祝之曰,家從父生平心肝血數萬斛具在,是子其爲敍而傳之。夫風雨之夜之盟在是,唯余之任,遂稍次之,付諸剞劂,屬五羊太守陳堯佐領其事,殺青於夏五月,凡七閱月始迄工。"

此本每類目下均刊有廣陵陳大科手校等語,如卷一刊"廣陵陳大科手校,共得三百四十七首,標爲二卷入梓"。

刻工有張任、劉傑、劉雲承、黃紹奇、劉朝相、張茂槐、梁本智、黃貴謙、熊立吾、林茂昇、茂芬、王德瑞、君聘、江思恩、余君爵、劉雲鳳、江曰芬、康瑞貞、溫汝倫、詹文明、彭紹賢、梁應堯、黃啓正、張杜、林健、雲鶴、瑞華、王加良、余一龍。

《四庫全書總目》入集部別集類存目。《中國古籍善本書目》著錄。中國國家圖書館、上海圖書館等五館、臺北"國家圖書館"(三部,其一爲原藏北平館者)及美國普林斯頓大學葛思德東方圖書館、日本內閣文庫亦有入藏。

2172 明萬曆刻本仲蔚先生集　　T5417/8220

《仲蔚先生集》二十四卷,明俞允文撰;附錄一卷。明萬曆十年(1582)程善定刻本。十二冊。半頁九行十八字,四周單邊,白口,單魚尾,書口下有刻工。框高 19.7 釐米,寬 13.9 釐米。題"吳郡俞允文著;徽郡程善定校"。前有嘉靖三十五年(1556)王世貞序,又序;《俞仲蔚先生遺像》并王世貞撰像贊。末爲附錄,有顧章志撰《明處士俞仲蔚先生行狀》、王世貞撰《明故處士俞仲蔚先生墓誌銘》、王世懋撰《俞徵君仲蔚元妃梁碩人墓誌銘》、張文柱跋、萬曆十一年(1583)顧紹芳後序、萬曆十年程善定後序。

俞允文,字仲蔚,崑山人。雅不好舉子業,唯喜讀古文辭及臨摹法書,作爲歌詩,極力模擬古人,動以晉魏爲法,大曆以下弗論也。間出驚人語,即爲人傳誦,嘗作馬鞍山賦,人爭稱之。補郡庠弟子員,時有建白。楚藩以脩書聘、郡侯以脩志聘,皆以疾辭不就。晚節詞翰並臻妙境,乞詩索書者肩摩踵接,一一應之,不以貴賤貧富有間。每揮毫,搆思率以昏夜,能於燭下蠅頭細書,了無錯悮,往往夜分乃罷。生正德八年,卒萬曆七年,年六十有七。《明史·文苑傳》附載王穉登傳中。

卷一賦十二首,卷二四言古詩五首,卷三五言古詩一百八十六首,卷四七言古詩九十三首,卷五五言律詩二百三十首附六言律一首,卷六七言律詩四十五首,卷七五言排律五十六首,卷八五言絕句五十二首,卷九七言絕句五十四首,卷一〇序三十篇,卷一一記四篇,卷一二傳三篇,卷一三墓誌銘九篇,卷一四墓表一篇,卷一五碑二篇,卷一六行狀一篇,卷一七頌六篇,卷一八讚十一首,卷一九銘八篇,卷二〇誄三篇,卷二一祭文七篇,卷二二雜著六篇,卷二三書啓三十九通,卷二四跋十三篇。

程善定後序云:"余自丁年,志慕古昔,足跡所至,訪謁鴻生,其行誼之高,蓋未有俞先生者。乃息游崑山,以禽鳥納交焉,先生一見,驩若平生,久之遂成莫逆。先生甘貧學古,託疾離俗,高臥一樓,不競於世,吟詠自適,積有篇章。余取其稿,屬友人汪禹乂,欲選而刻之,即見王先生元美已爲選刻,此念遂止。萬曆庚辰,先生病且死,憾未與余永訣。訃至,余哭於予家,復走哭於墓,欲以善壞遷其窆。子景平以先生命,不欲改也。已而,郡丞劉公欲全梓其詩文,遽去任弗克。余曰,此先生之靈,俾余得償夙心,乃收其全稿歸,校梓於西野書屋,集凡廿四卷。"

卷二一、卷二二、卷二四皆題"休寧程善定梓"。

此本刻工爲古歙黃鎮、黃鉛、黃鏘、德時、武、仁、鏻、瀾、閶、宏、濟、鏾、淮、君等。目錄缺第二十五頁。

《四庫全書總目》入集部別集類存目。《中國古籍善本書目》著錄。上海圖書館、南京圖書館等七館,臺北"國家圖書館"(三部,其一爲原藏北平館者)及日本尊經閣文庫、内閣文庫亦有入藏。

鈐印有"家在元沙山上"、"葛雲藻字履實圖書印"、"倪模字預掄印"、"時清私印"、"誦清閣藏書印"、"大雷經耡堂藏書"、"毅調"、"小字劉郎"、"葛印雲藻"、"履實"。

2173　明萬曆刻本朱中丞全集　　　　T5422/2511

《朱中丞全集》十四卷,明朱孟震撰,吴國倫、張九一等輯。明萬曆刻本。十四册。半頁九行十六字至十八字不等,四周單邊,白口,單魚尾。《文集》框高 20.4 釐米,寬 13.9 釐米。前有張九一全集序。

朱孟震,字秉器,新淦人。隆慶二年進士。授南刑曹主事,矜慎名節。出領重慶守,擢潼關兵備副使,遷四川按察使。轉貴州,左轄水西,宣慰安國。戊子,入爲順天尹。乙丑,奉命巡撫雁門、山西三關,進兵部尚書,掌京營戎政,詔至已病卒於家。《(同治)新淦縣志》卷八有傳。

《全集》爲《文集》四卷、《詩集》四卷、《河上楮談》三卷、《汾上續談》一卷、《浣水續談》一卷、《游宦餘談》一卷。

《文集》題"新淦朱孟震著;武昌吴國倫、新蔡張九一選"。卷一賦二篇、序文三十四篇,卷二記四篇、題跋二篇、傳三篇、表四篇、箋一篇、解一篇、問一篇、啓三十七通,卷三啓三通、疏文一篇、告文七篇、祭文三篇、牋牘一百零四通,卷四牋牘五十九通、壙記一篇、行狀一篇、墓志銘六篇。

《詩集》題"新淦朱孟震著;武昌吴國倫、新蔡張九一、晉江黄克晦、維揚柳應芳、臨川朱元芳選"。前有任瀚序、萬曆十二年陳宗虞序、萬曆十三年張九一序、萬曆十六年吴國倫序、萬曆十二年陳文燭序、萬曆十八年袁應祺序。卷一九十六首,卷二一百四十二首,卷三一百三十二首,卷四一百二十八首。

《河上楮談》,題"新淦朱孟震秉器甫著"。前有萬曆七年朱孟震自序。卷一六十四則,卷二七十四則,卷三《停雲小志》。多述舊聞軼事,間或評論詩文,考證典籍,亦好談神怪。《停雲小志》記當時文士頗詳,所載詩篇,多可采録。序云:"曩余在金陵,往從諸長者遊,得聞所未聞。遇曹中無事,時取架上書誦一二過,稍紬繹其義,偶見管一班。又憶往昔長老所稱說,一一命楮生録之,積幾成帙。會領渝州,守郡故繁,又多奔走之役,更不暇理。既由渝守移潼關,關地雖當險塞,然簿書少暇,賓客軒蓋來有時。是歲夏五月,天雨閉門,獨坐琴鶴軒中,取曩所録閲之,意稍會,又更益數語。追念金陵舊好及生平所知交,亦略疏其出處,大概存之,爲《停雲小志》,以示不忘。蓋旬有二日而畢,視曩日三倍之,乃删其繁雜,取可以代客言者,都而命之曰《河上楮談》,而附以志,其言漫無詮次,惟所手録爲先後。"

《汾上續談》,題"新淦朱孟震秉器甫著"。前有萬曆十年朱孟震自序。計六十二則。體例與《河上楮談》同,而所記多瑣事。惟安南國試録一條,敘述頗詳,足資考證。序云:"曩余在潼關,每吏事少暇,坐琴鶴軒中,取古人書讀之,意少適,間出舊所紀録傳聞,暨一時意識付之楮生,彙爲卷三,以代客談,於今三年所。比來汾上,奔走簿書之不遑,而積習未能盡捐,間一染指,復取赫蹏,稍從繕録事,少涉隱僻怪異可資抵掌者,俱不忍敝帚視之,較昔所存,得四之一……於是別爲一卷,以命梓人。"

《浣水續談》，題"新淦朱孟震秉器甫著"。計六十七則。此編乃萬曆十三年，孟震官四川按察使時所作，故以浣水爲名。浣水者，浣花溪也。其書雜撮而成，往往不著時代，亦不著出典。此佚序，但可見《文集》卷一中。

《游宦餘談》，題"新淦朱孟震秉器甫著"。計七十則，又西南夷風土記，二十六則。是書原五卷，後乃併爲一卷，所錄多瑣事。此佚序，但可見《文集》卷一中。

《全集》序第一頁書口下有"廬陵蕭亮刊"。

《四庫全書總目》於此書分開著錄。《中國古籍善本書目》著錄，上海圖書館、北京大學圖書館有全帙。

2174 明萬曆刻本蠙衣生粵草蜀草

T5422/0210

《蠙衣生粵草》十卷《蜀草》十卷，明郭子章撰。明萬曆十八年(1590)周應鰲金陵刻本。十冊。半頁十行二十字，四周單邊，白口，單魚尾。框高 20.1 釐米，寬 12.2 釐米。題"泰和郭子章相奎甫著"。前有萬曆十八年周應鰲序。

郭子章，字相奎，號青螺，自號蠙衣生，泰和人。隆慶五年進士，累官貴州巡撫，以功進太子少保，卒於兵部尚書任。子章天才卓越，於書無所不讀，著述甚富。

子章平生所作之文，以每官一地，都爲一集。此《粵草》爲其官廣東潮州知府時作；《蜀草》爲其官四川提學僉事時作。《粵草》卷一至三序三十八篇，卷四記十篇，卷五墓志銘、墓表、雜銘等九篇，卷六行狀一篇、傳四篇，卷七策論六篇、表二篇，卷八辯說五篇，卷九公移十四篇，卷一〇雜著十六篇。《蜀草》卷一至三序二十八篇，卷四記六篇，卷五碑銘五篇，卷六至七論二十八篇，卷八策一篇附策問，卷九學約，卷一〇雜著七篇。

周應鰲序云："及廬山先生捐館舍，元年而《粵草》出，又若干年，浡有《蜀草》。以《粵草》視臚詔者，則上方醍醐與玄石之酒也；以蜀視粵，直帝女天漿，摠五齊而爲氣母者耳。夫二草即顛於秋乎？……當世有郭夫子，步趨者且遍四瀛，不佞竊悲泥毛相者，蒸食哀家梨而復墮顑門守，故於梓二草成，以記謁之先生。"此序中云"廬山"者，爲胡直。直，字正甫，號廬山，嘉靖三十五年進士，官至福建按察使，卒於萬曆十三年。

子章又有《浙草》十三卷《晉草》十二卷《楚草》十三卷《閩草》六卷《閩藩草》九卷《家草》八卷，藏北京中國科學院圖書館。又有《黔草》二十四卷，中國國家圖書館、臺北"國家圖書館"有藏。又有《傳草》二十二卷首一卷，河南許昌市圖書館藏。另有《養草》七卷，藏中國科學院圖書館。

此本有扉頁，刊"粵草蜀草。新刻郭青螺先生自學編。金陵□□堂梓"。又各卷之第三行校刻人之字皆剷去，或僅遺一"校"字。

《四庫全書總目》入集部別集類存目。《中國古籍善本書目》著錄。中國國家圖書館、北京大學圖書館、中國科學院圖書館、臺北"國家圖書館"(兩部，其一爲原藏北平館者)及日本尊經閣文庫、內閣文庫亦有入藏。

鈐印有"海豐吳氏"、"史體仁藏書印"、"松陵史蓉莊藏"、"史印開基"、"體仁"、"五峯居士"。

2175 明萬曆刻本屠先生評釋謀野集

T5777/1121

《屠先生評釋謀野集》四卷，明王穉登撰，屠隆評釋。明萬曆熊體忠刻本。四冊。半頁十行二十一字，四周單邊，白口，單魚尾，眉端刻評。框高19釐米，寬12.5釐米。題"太原王穉登撰"。前有屠隆序。

王穉登，字伯穀。先世江陰人，後移居吳門。少有文名，善書法。萬曆中徵修國史。有《王百穀全集》、《吳郡丹青志》、《弈史》等，並輯有《吳騷集》。

是書分元、亨、利、貞四集，皆穉登致友人札。其以"謀野"爲名，蓋取《左傳》"子產載褥諶以適野，與謀可否"之意。眉端所評，乃屠隆所爲。屠隆序云："余雅好是集，適二三弟子時時問難，因暇撥其尤，訂爲四卷。探故實注其上奧處，益以訓釋，令觀者不煩質究，一展卷而□□豁然，無復齟齬扞格之爲患。如遊五都市，珍奇百貨弗眩其目，又若之嘗九鼎，而滋味可勿問也。"

此本屠序後刊"歙邑黃鈴刻"。卷一第一頁書口下有"黃鈴"。卷四末有"生熊體忠蓋卿甫校梓"。

《四庫全書總目》未收。《中國古籍善本書目》收有三種刻本，均爲半頁十行二十一字，四周單邊，白口，單魚尾。一爲明程德符刻本，中國國家圖書館藏。一爲明宏遠堂熊雲濱刻本，北京師範大學圖書館、上海圖書館藏。一爲明萬曆四十四年書林熊稔寰刻本，上海圖書館、華東師範大學圖書館藏。按，《謀野集》最早爲十卷之本，明萬曆江陰郁氏玉樹堂刻本。屠隆評釋之本又有《新鐫赤水屠先生評釋謀野集》四卷，明溧陽張氏學鈞亭刻本；《屠先生評釋謀野集注解評林》四卷，明刻本。

鈐印有"蒹葭堂藏書印"、"蒹葭堂印"、"西莊文庫"、"桂窗"。

2176　明萬曆刻天啓增補印本樂陶吟草

T5417/4122

《樂陶吟草》三卷，明姚舜牧撰。明萬曆四十年(1612)刻天啓增補印本。六册。半頁九行十八字，四周單邊，白口，無魚尾，書口上方刊"姚承庵詩集"。框高20.4釐米，寬11.3釐米。題"承庵姚舜牧著；男祚端、祚碩、祚敦、祚重馴校"。前有萬曆四十年姚舜牧自序。

舜牧，字虞佐，號承庵，烏程人。萬曆元年舉人，因慕唐一庵、許敬庵之學，故自號承庵。令新興，再令廣昌。又有《四書五經疑問》。

卷上二百七十一首，卷中三百十六首，卷下二百十八首。總共八百零五首。卷上第一首《論詩》云："志至詩亦至，閭巷皆可通。無奈後作者，競巧事纖穠。反將本來失，逼唐亦何庸。試讀三百篇，寫意不求工。但知矢口發，含蓄自無窮。"清朱彝尊《靜志居詩話》謂舜牧以厚德聞鄉里，事難悉書，詩不專工，然頗自喜。詩集卷下最末一首爲"新春自省八十有三"，按，舜牧生於嘉靖二十一年，天啓四年正其八十三歲。

姚舜牧自序云："余之詩，雖無似，而時寫心情，則或寄興於熙遠；時懷感憤，則宣邕於聲歌；未可謂非發乎情而止乎禮義也。是詩與文，雖無可傳，而所爲載道與言志者，則不可無述也。余懼其無述也，而付之梓。"

《明史藝文志補編》、《四庫全書總目》集部別集類存目著錄。《千頃堂書目》僅著錄舜牧《承庵文集》十六卷。又《四庫全書總目》所收，乃爲清康熙十二年舜牧曾孫淳顯刻本，則此本《四庫》館臣未見者也。

按，此本初爲萬曆間刻，後又有舜牧孫延教等人增入內容。卷末附延教等人輯舜牧撰新巧對、住處對、夢中對、家常對、理學對共六十七副。其《書新興衙門前對》云："誓不爲貪酷吏有負生平、勸皆爲良善民無干刑法。"又《新興被誣自寫以寄慨》云："勤恤在我知不知有天知、品隲由人得不得皆自得。"

《中國古籍善本書目》著錄,南京圖書館有藏,但作六卷,誤。此本三卷,每卷二冊,頁數皆相連。

2177　明萬曆刻本李于田詩集　　T5424/4420

《李于田詩集》十二卷,明李化龍撰。明萬曆刻本。三冊。半頁八行十六字,四周單邊,白口,單魚尾,書口下間有刻工。框高21.4釐米,寬13.6釐米。題"河北李化龍于田著"。前有萬曆三十三年(1605)黃克纘序、趙南星序、李維楨序、羅文瑞序。

化龍,字于田,長垣人。萬曆二年進士,擢右僉都御史,巡撫遼東,邊塞讋服,總督湖廣川貴軍務,討平楊應龍之亂。又以工部右侍郎總理河道,開淤河,由畜河入迦口。累加柱國少傅,卒謚襄毅。又有《平播全書》、《治河奏疏》等。

其分卷爲《嵩下稿》一卷、《南都稿》二卷、《中州稿》一卷、《田居稿》一卷、《西征稿》一卷、《遼陽稿》一卷、《都下稿》一卷、《河上稿》一卷、《塲居稿》二卷、《東省稿》一卷。

趙南星序云:"余友李于田,自童子時授之經,若其素習,使之文則能文。稍長,見人爲詩,則又能詩。二十成進士,益肆力於詩。嘗謂余曰,李獻吉而後詩絕矣。魏懋權之詩也,唐世人莫知也,然必傳,懋權往矣,吾二人勉之哉。于田詩不專學一家,然自不詭於作者,其堂堂正正,佩玉垂紳之度,可敬也;而妍姿秀色,可挹也;其欻日歊雲籠,蓋一世之氣,可駭也;而溫和平粹,可愛也;其江奔河激,飛湍於寸毫,可畏也;而微言醰味,可繹也;其龍鱗鳳羽,五色組絢,可觀也;而雅淡古質,可貴也;其慷慨激烈,如荊高之築,可悲也;而婉孌嬋媛,又可念也。出之若不經意,而寄興自逸,古調近體、長篇短韻、廊廟江湖、天地山川、草木昆蟲、大人兒女之情,無所不能言,無所不極其妙。"

化龍詩頗平實,其出征稿多寫其軍旅生活,《出師》十首尤激昂。其三云:"我本良家子,從征已多年,炎蒸犯百粵,雨雪到胡天。身經三百戰,名姓勒燕然,今來下夜郎,四顧心茫然。山鬼當晝啼,巴蛇氣成煙,劍峰排青空,鳥道出其巔。相逢短兵接,失足落重淵,遥望毒霧中,跕跕墮飛鳶。男兒寧鬥死,斷不裹瘡還。"其五云:"少小學技擊,寶劍值千金,身爲萬夫長,模糊但長吟。殺降古有恨,攻城在攻心,干羽格有苗,安用戈相尋。功成依大樹,不言意獨深。"

《明史藝文志》及《四庫全書總目》集部別集類存目僅收《塲居集》二卷、《田居稿》一卷、《河上稿》一卷;《千頃堂書目》卷二十五著錄有化龍《李襄毅公詩文稿》十四卷;《中國古籍善本書目》著錄,中國國家圖書館、北京大學圖書館、北京師範大學圖書館有全帙,山東省圖書館有殘本。美國國會圖書館存《嵩下稿》一卷。

刻工有支光閶、李旺、車大才、靳聖光、趙邦豸、程國禎、信、克、鳳、志。

鈐印有"高世異圖書印"、"蒼茫齋"、"蒼茫齋高氏藏書記"。

2178　明萬曆至清初遞刻本趙忠毅公全集　　T9117/4842

《趙忠毅公全集》十二種二十一卷,明趙南星撰。明萬曆至清初趙悦學等遞刻本。五冊。半頁九行十八字、九行二十二字、十行二十字、十行二十一字不等,左右雙邊、四周單邊、四周雙邊不等,白口,單魚尾或無魚尾不一。框高尺寸不等。題"高邑趙南星著;門人梁維基、梁維樞、劉駿譽同校；重甥王原膴、後學李士劭、孫趙悅學重刊"、"古鄗趙南星夢白著；門人王則古惟則較刻；男趙清衡公甫輯"、"高邑趙南星夢白甫輯；門人梁志、梁維基、梁維樞、重甥王原膴、梁維本、梁維揆、梁士溿、梁維健、梁維京較；孫趙悅學重刊"、"高邑趙南星夢白著；後學梁清寬、門人李標、魏裔介、王則古、梁清遠、梁慈、梁清標、梁志校，孫趙悅學重刊"等。《芳茹園樂府》題"清都散客著；蓬丘道人新周居士同校"。是書無總序、跋，也無總書名，書名爲本館自拟。

趙南星，字夢白，號儕鶴。高邑人。萬曆二年進士。歷文選員外郎，上疏陳天下四大害。與鄒元標、顧憲成號"三君"。光宗立，拜左都御史。熹宗時，爲吏部尚書。澄清吏治，引用群賢。天啓中，魏忠賢擅政，以南星爲東林黨重要人物，四年謫戍代州，卒於戍所。《明史》有傳。

是書計《大學正説》一卷、《中庸正説》二卷、《孝經》一卷、《正心會前漢書抄》二卷、《正心會後漢書抄》一卷、《嘉祐集選》一卷、《離騷經訂注》一卷、《味檗齋遺筆》一卷、《趙忠毅公閒居擇言》一卷、《目前集》二卷、《上醫本草》四卷、《夢白先生集》三卷、《芳茹園樂府》一卷。

刻工有裴來京、裴曾、京澮、裴亭、劉賢、威、坦、慈、馬、元、全、亭、牧、玄、恋、靠、劝、干、艾。其中劉賢爲秣陵人。

《四庫全書總目》收南星《學庸正説》，入經部四書類；《史韻》入史部史評類存目。《中國古籍善本書目》著録有二十四卷本，作明崇禎十一年范景文、姜大受刻本。中國國家圖書館、上海圖書館及臺北"國家圖書館"等十一館入藏。此本則不見著録。

鈐印有"黃彭年印"、"子壽"、"黃十二"、"彭年之印"、"戴經堂藏書"。按，黃彭年字子壽，清貴築人。道光二十七年進士，累官至湖北、江蘇布政使。有《萬卷樓書目》。

2179　明萬曆刻清修補印本來禽館集　　T5424/1222

《來禽館集》二十九卷，明邢侗撰。明萬曆刻清修補印本。十二册。半頁九行二十一字，四周單邊，白口，單魚尾，書口下間有刻工及字數。框高20.9釐米，寬14.4釐米。題"濟南臨邑邢侗子愿父著"。前有李維楨序，萬曆四十六年（1618）李維楨序；萬曆四十六年史高先小引。末有崇禎十年（1637）史以明跋。

邢侗，字子愿，臨清人。萬曆二年進士，官至陝西行太僕卿。善畫能詩文，書爲海內所珍，與董其昌、米萬鍾、張瑞圖稱邢張米董。築來禽館於古犁丘，減産奉客，遂致中落。《明史·文苑傳》附載《董其昌傳》中。

卷一五言古詩十八首、七言古詩二十五首，卷二五言律詩一百六十三首，卷三七言律詩一百三十七首，卷四五言排律十六首、七言排律六首，卷五五言絕句三十三首、七言絕句一百九十三首、頌一首，卷六詩文序十八篇，卷七考績序十篇，卷八贈送序七篇，卷九壽序九篇，卷一○傳疏、擬古書五篇，卷一一碑記十八篇，卷一二傳十一篇，卷一三至一五墓誌銘二十五篇，卷一六墓碑七篇，卷一七誄五篇，卷一八至一九行狀八篇，卷二○祭文二十七篇，卷二一雜俎五十篇，卷二二記一篇、逸事一篇、呈詞二篇，卷二三論一篇，卷二四啓十六通，卷二五至二九書牘一百三十五通。

《來禽館集》有兩種，一爲二十九卷本，一爲二十八卷本。二十九卷本爲明萬曆四十六年刻本，上海圖書館、天津圖書館等八館及臺北"國家圖書館"（缺卷二九）有藏。又有明萬曆四十六年刻清康熙十九年鄭雍重修本，南京圖書館、浙江圖書館等十七館入藏。臺北"國家圖書館"又有明崇禎十年留都書肆刻本。二十八卷本爲明崇禎十年版築居刻本，湖北省圖書館等五館入藏。

此本有崇禎十年史以明跋,史跋中有"會今丁丑留都書肆重梓以行",然細察是書,字體多種,萬曆原刻之字甚少,多爲後代補刻。疑爲康熙鄭雍重修之本,但無鄭氏重修之據。

刻工有萬儒、隆、元、閔、吳、儀、吳大玉、馬、宋、劉、賢、明、貴、葵、世。

2180　明萬曆刻本郊居遺稿　　　　　　　　　　T5422/3147

《郊居遺稿》十卷,明沈懋學撰。明萬曆三十三年(1605)何喬遠刻本。十册。半頁九行十八字,四周雙邊,白口,單魚尾。框高20.8釐米,寬12.9釐米。題"宣城沈懋學君典著;温陵何喬遠稺孝校;姪沈有嚴、沈有容、男沈有則輯"。前有葉向高序,萬曆三十三年何喬遠序;萬曆十年(1582)屠隆撰《沈太史傳》;王世貞撰《翰林院修撰承務郎沈君典先生墓表》。(傳、墓表爲抄配)。

沈懋學,字君典,號少林,一號白雲山樵,宣城人。工隸草,善騎射及詩歌古文詞。論時事,人多奇之。萬曆五年進士,廷對第一,授翰林修撰。吳中行等攻張居正奪情,居正怒。不測,懋學擬疏救,爲人所持不果進。後歸鄉,扁舟野服,放浪西湖苕霅間,尋登白嶽,憩九華,或痛飲歌詩,挾聲伎,自污數年。居正頗悔,欲復其官,值病卒,崇禎末追謚文節。《(光緒)宣城縣志》卷一五《名臣》有傳。

懋學讀書務涉獵、多而不精,而落筆爲詩若文,疏暢跌宕,頃刻千萬言,雖精者自以爲弗如。是編卷一五七言古風七首、五七言排律五首、五言律詩一百三十八首,卷二七言律詩七十一首,卷三五言絶句四十七首、七言絶句一百十一首,卷四廷試策一篇、傳二篇、記三篇,卷五序十二篇,卷六至九尺牘九十二通,卷一〇尺牘六通、祭文四篇、志銘二篇、補遺二篇。

其卷一第一首《辨志詩》云:"浮華竊虛技,詞賦蚩英聲,壯夫恥雕蟲,鏗悦何足呈。古人先大節,不媿敦心盟,見之重廊廟,隱則游蓬瀛。知遇倘弗藎,斯世堪鈞衡,弘施霈寰宇,正氣凌太清。此身尚鴻毛,寵辱誰能驚,蹇余分薄劣,遭時列紳纓。頗慚經術,空言寡所程,歲糜大官錢,朱芾紛相嬰。飛駒易過隙,畫虎終何成,念慈多踸踔,竚立以怦怔。願棄桃李華,獨秉葵藿誠,勗哉景前哲,庶以詶聖明。"尺牘中致梅鼎祚(禹金)、王畿(龍谿)、屠隆(長卿)、沈嘉則、莫廷韓札頗多。又有致戚繼光二札。

葉向高序云:"然天下人,自縉紳以至婦孺,皆知有沈太史,蓋風流之士歸其標格,豪俠之夫重其意氣,菁華之輩美其詞章,慷慨之徒推其直亮……今讀其言,尺尺寸寸,以倫常爲標,以檢柙爲防,以明體適用爲學問之宗,以進禮退義爲仕宦之準。"何喬遠序云:"予讀公之集,論學則懲良知末流之弊,而必躬行實踐爲宗;論政則鄙當日綜覈之嚴,而以王道寬大爲本。蓋學問文章出於正義,非徒用一節……公兒子有容來爲閩閫帥,出公遺集示予,蓋去公場之二十餘年。時公子有則已登薦書,而有容之兄有嚴,方以德慶守奉諱家居,有則至泉,則述德慶君與閩帥君之意,使予爲公訂而刻之。"

金鑲玉裝。

《千頃堂書目》卷二五别集類著録,然僅六卷。《四庫全書總目》入集部别集類存目,《總目》云,萬曆乙巳,其兒子有容刻於福建。誤。《中國古籍善本書目》著録。中國國家圖書館、故宫博物院、杭州大學圖書館、湖南師範大學圖書館、臺北"國家圖書館"及日本尊經閣文庫亦有入藏。

2181　明萬曆刻本宗伯集

T5422/3212

　　《宗伯集》八十一卷,明馮琦撰。明萬曆三十五年(1607)康氏刻本。三十二册。半頁九行十七字,左右雙邊,白口,單魚尾。框高20.2釐米,寬14釐米。題"北海馮琦用韞著"。前有萬曆三十五年李維楨序,萬曆二十七年(1599)于慎行序,萬曆三十三年(1605)于慎行又序。

　　馮琦,字用韞,一字琢庵,臨朐人。萬曆五年進士,累遷禮部尚書,蒞政勤肅,力抑營競,學有根柢,數陳讜論。卒謚文敏。

　　卷一擬古樂府三首、五言古詩二十六首,卷二七言古詩二十五首,卷三至四五言律一百十六首,卷五七言律八十一首,卷六五言排律八首、七言排律一首、五言絶句七首、七言絶句三十二首,卷七至一四序六十七篇,卷一五至一六記十三篇、題跋三篇、傳五篇,卷一七贊四首、箴一首、墓表七篇,卷一八至一九行狀六篇,卷二〇至二三墓志銘二十四篇,卷二四表八篇,卷二五啓二十八通,卷二六至二七議六篇,卷二八勅諭一篇、誥勅三十三道,卷二九誥勅四十一道,卷三〇經筵講章六篇,卷三一至四七日講通鑑直解二百五十二篇,卷四八至五九奏疏九十七篇,卷六〇論二篇、策一篇,卷六一至六六策十三篇,卷六七至六八祭文二十五篇,卷六九至八一書牘二百八十八通。

　　于慎行又序云:"方公病亟,其友侍御康君請其遺書以梓,遜謝再三,出而付之。"

　　李維楨序云:"侍御康公,與公有莊惠蕭朱之好。公没,而函行其集,屬鄉先生于可遠宗伯爲敘,復以屬不佞楨。"

　　《全燬書目》、《清代禁書知見録》著録。《中國古籍善本書目》著録。上海圖書館、南京圖書館等二十五館,臺北"國家圖書館"(兩部)及美國國會圖書館、日本內閣文庫亦有入藏。

2182　明萬曆刻本馮用韞先生北海集

T5422/3212.2

　　《馮用韞先生北海集》四十六卷,明馮琦撰。明萬曆林有麟刻本。二十四册。半頁九行二十字,四周單邊,白口,單魚尾。框高21.2釐米,寬13.7釐米。題"雲間林景暘紹熙父校"。前有萬曆四十四年(1616)郭一鶚序,萬曆三十一年(1603)林景暘序;林有麟跋。

　　卷一四言詩二首、擬古樂府六首、五言古詩四十一首、七言古詩二十五首,卷二至三五言律詩二百三十三首,卷四七言律詩一百四首,卷五五言排律八首、七言排律一首、五言絶句三十八首、七言絶句八十三首,卷六至一一序六十八篇,卷一二記十三篇,卷一三傳五篇、贊四首、箴二首、題跋三篇,卷一四墓表八篇,卷一五至一七墓志銘二十四篇,卷一八行狀七篇,卷一九至二〇祭文二五篇,卷二一啓二十八通,卷二二至二九書牘二百八十三通,卷三〇勅諭一篇、誥勅二十五道,卷三一誥勅四十一道,卷三二至四〇奏疏九十五篇,卷四一議六篇,卷四二論二篇、表八篇,卷四三至四五策十四篇,卷四六《馮用韞先生志狀》、《宗伯馮公傳》。

　　林有麟跋云:"宗伯馮用韞先生,少侍金華,蚤歸玉局,雄文鴻譽,流照四裔。顧先生無意立言問盟,作者直以鋭心經國,蒿目憂時,感事輸懷,義切忠婉。此則壯猷弘噐,裨益廟堂,並可勒旂,常垂不朽,豈與鬪鶴矜蟲、塚筆研穴者可驂輪而駕哉?……恒自小言竿牘,寥寥數語,皆剴痛而有沉憂,動關國家大慮,惜流傳未廣,學士大夫或未見其全也。公幸以沉瀣一氣,凡五寄副草先君,最後一及不佞,而問先君子序,皆公所手定,尤爲善本,遂梓而公之。"

此本有扉頁，刊"鐫馮琢菴先生北海全集。石城萬卷樓梓行"。此當爲林有麟出資，萬卷樓刻梓。

《四庫全書總目》未收。《清代禁書知見錄》除著錄《宗伯集》外，又有《馮琢庵先生集》五十八卷一種。《中國古籍善本書目》著錄。上海圖書館、南京圖書館等十六館，臺北"國家圖書館"（作北海集，明萬曆末年雲間林氏刻本，兩部）及日本靜嘉堂文庫亦有入藏。

2183　明天啓刻本張可庵先生書牘　　T5777/1349

《張可庵先生書牘》十卷，明張棟撰。明天啓元年(1621)徐洌刻本。十冊。半頁九行二十字，左右雙邊，白口，單魚尾。框高 21.5 釐米，寬 14 釐米。題"前文林郎兵科都給事中兵刑工三科左右給事中工科給事中新建縣知縣張棟稿"。前有天啓元年文震孟序，天啓四年(1624)吳安國序；王煥如撰《凡例》六則。

張棟，字伯任，一字可庵，江蘇崑山人。萬曆五年進士。除新建知縣，徵授工科給事中，遷刑科左給事中。吳中白糧爲累，民承役輒破家，棟請令出貲，助漕舟附載。申時行、王錫爵絀其議，棟遂移疾歸。起兵科都給事中，遣視固原邊備。後廢歸，杜門養親，母卒，棟已六十，毀瘠廬墓，竟卒於墓所。天啓中，贈太常少卿。《(道光)崑新兩縣志》卷二〇《列傳二》有傳。

卷一新建書牘、都門書牘(謝答新建各書)，卷二都門書牘、典試廣西書牘、都門書牘、請告書牘、北上書牘、都門書牘，卷三閱視固原書牘(總督經略贊畫將領等書)，卷四閱視固原書牘(巡撫巡按巡茶餉司等書)，卷五閱視固原書牘(司道府廳等書)，卷六閱視固原書牘(鄰邊巡撫閱視寺科并上閣部院等書)、都門書牘、南歸書牘，卷七林居書牘(院司道府州縣學等地方官書)，卷八林居書牘(舊雨舊寅及江西、廣西閱視薦舉各門生書)，卷九林居書牘(同年各書)，卷一〇林居書牘(同鄉同府同縣各書)、旅次東省書牘、居喪書牘。

文震孟序云："先生歿，而與其子交善，因得盡觀其三十年中往來牘稿，肅然而歎曰，垂世覺民，其在斯乎！寧惟先生神情面目於此寫照哉。蓋先生天性嚴密，事無巨細，操檢靡懈，故雖尺幅赫蹏，稿無散佚，一酬一應，敘次宛然，使覽者如侍當時主賓間，而坐聆其謦咳……牘稿向藏於家，其子貧，不能付梓，徐孝廉仲容板行之。仲容名洌，蓋吾黨之好義而勇爲者，梓茲集以風世，非區區以世講之誼也。而董成之者王仲至氏煥如，則先生賞識之於髫年者云。"

此本寫工爲吳縣姚可達，姚又寫有《皇明資治通紀》三十卷。刻工有張惇、周肇基、馮嗣昌、張士楸，皆長洲人。又有江寧王景成、上元柏志宸及張胤隆、尤汝鵬。

《四庫全書總目》入集部別集類存目。《中國古籍善本書目》著錄，清華大學圖書館有藏。

2184　明萬曆刻本由拳集　　T5424/7671

《由拳集》二十三卷，明屠隆撰。明萬曆八年(1580)馮夢禎刻本。十六冊。半頁九行十九字，左右雙邊，上白口，下綫黑口。框高 19.8 釐米，寬 13.9 釐米。題"東海屠隆長卿著"。前有徐益孫序，萬曆八年沈明臣序。末有彭汝讓後序。

屠隆，見明萬曆刻本《鴻苞集》。

由拳，地名，故地在今浙江嘉興縣南。本春秋吳檇李地。秦置縣，屬會稽郡，漢因之。三國吳黃龍三年，改稱禾興縣，赤烏五年始改嘉興。秦時，廢分封，置郡縣，以吳越地置會稽郡。青浦縣境屬會稽郡。《漢書·地理志上》載："會稽郡，縣二十六，由拳其一。"今青浦縣爲由拳縣東境。

卷一賦五首，卷二詩古體三十一首，卷三古樂府六十九首，卷四至五五言古詩一百四十三首，卷六至七七言古詩四十五首，卷八五言律詩一百四十七首，卷九七言律詩一百八十一首，卷一〇五言絶句八十四首，卷一一七言絶句一百八十七首，卷一二序十五篇，卷一三至一七書一百三十二通，卷一八碑記十篇，卷一九傳六篇，卷二〇祭文十一篇，卷二一祭神文十一篇，卷二二誄二篇，卷二三雜著六篇。

沈明臣序云："屠長卿蓋從潁上徙青浦矣，令潁時諸所著文章詩賦，潁諸生乃請付剞劂，而非長卿意也。海內諸人士讀而艷焉，輒從長卿乞集，而長卿雅不欲傳，然終不能拒，間亦一二屬工墨之，楮輒風雷，於是長卿益自秘，以故傳者董董而及。今令青浦，所著文章詩賦，益鴻鉅，益不能自秘。而馮太史開之謂前刻稍顈，乃取而與沈太史君典刪定之，增新者十之六，更名曰《由拳集》，蓋由拳，故青浦地，人傳泖水澄隱隱，下見城郭狀，以故是集得專名焉。而開之更取付剞劂。"

"開之"爲馮夢禎字，秀水人，萬曆會試第一，官編修，累遷南國子監祭酒。

此本卷一第一頁書口下刻"秀水朱仁刻，朱恒寫"。沈明臣序第一頁書口下刊"秀水朱恒寫，朱仁刻"。刻工又有夏雲。

《四庫全書總目》入集部別集類存目。《中國古籍善本書目》著錄。山東省圖書館、浙江圖書館等十四館，臺北"國家圖書館"（六部，其中兩部爲原藏北平館者）及日本內閣文庫亦有入藏。按，是書又有明重修本，藏上海圖書館、河南省圖書館等十館。另有明世錦堂重修本，藏南京圖書館、安徽省圖書館等五館。再有明余碧泉克勤齋刻本，有眉欄，藏浙江圖書館等六館。還有明刻本，爲十行二十字，藏南京圖書館、浙江圖書館等七館。日本静嘉堂文庫所藏不知同此本否。

鈐印有"徐石卿"、"皖徐□麐藏書"。

2185 明萬曆刻本白榆集　　T5422/7671.2

《白榆集》二十八卷，明屠隆撰。明萬曆龔堯惠刻本。十六册。半頁九行二十字，四周單邊，白口，單魚尾。框高 20.4 釐米，寬 13.3 釐米。題"東海屠隆緯真著；太末龔堯惠梓行"。前有萬曆二十八年（1600）丁應泰序，萬曆二十八年程涓序。

屠隆爲人放誕風流，文章亦才士之綺語。陳子龍《明詩選》謂其詩如衝繁驛舍，陳列壺觴，頃刻辦就，而少堪下箸。此集凡詩八卷、文二十卷。詩，卷一賦二篇、五言古詩四十七首，卷二至三七言古詩八十六首，卷四五言律詩九十一首、五言排律五首，卷五至七七言律詩二百七十九首，卷八五言絶句四十四首、六言絶句十六首、七言絶句二百三十七首。文，卷一至四序四十四篇，卷五記九篇，卷六至一四書一百八十通、啓七通、疏一篇，卷一五論（附諸考小序）十七篇，卷一六策一篇、表四篇、議一篇、誄一篇、行狀一篇，卷一七神道碑銘二篇、墓志銘三篇，卷一八墓志銘五篇，卷一九傳四篇、讚三首、跋三篇、牋紙銘十九首、雜文一篇，卷二〇祭文十五篇。

《白榆集》二十八卷本有二。一即此本。一爲明萬曆二十二年程元方刻本，行款爲九行十八字，左右雙邊，白口，中國國家圖書館、上海圖書館等六館入藏。又有二十卷本，明刻本，行款同此本，遼寧省圖書館、湖南圖書館等五館入藏。

《四庫全書總目》入集部別集類存目（詩八卷文十二卷）。《中國古籍善本書目》著錄，上海圖書館、南京圖書館等十四館有全帙。臺北"國家圖書館"也有此書兩部(其一爲原藏北平館者),但作二十卷,誤。又美國國會圖書館、普林斯頓大學葛思德東方圖書館、日本内閣文庫亦有入藏。

2186　明萬曆刻本鄒南皐集選　　　　　　　　　　　T5424/2214

《鄒南皐集選》七卷,明鄒元標撰。明萬曆三十五年(1607)余懋衡刻本。八册。半頁九行二十字,四周雙邊,白口,單魚尾。框高 22.8 釐米,寬 14 釐米。前有萬曆三十五年黄鳳翔序,吴達可序,余懋衡序。

鄒元標,字爾瞻,號南皐,吉水人。萬曆五年進士,官刑部右侍郎。因責張居正奪情,被廷杖,謫戍都匀衛。居正死,召拜給事中。上書論時政六事,又被謫南京,遂回鄉講學,從游日衆。光宗立,累官至左都御史,與馮從吾建首善書院,集衆講學。魏忠賢當權,因辭歸,卒於家。謚忠介。又有《願學集》。《明史》有傳。

卷一奏疏六篇,卷二詩四言古風五首、五言古風三十九首、五言律詩二十五首、五言絶句三十四首、五言排律一首、六言古風一首、七言古風五首、七言律詩三十四首、七言絶句八十一首,卷三書柬一百通,卷四序四十三篇,卷五記三十一篇,卷六行狀志銘十一篇、墓表四篇、傳八篇、卷七祭文二十一篇、雜著二十二篇。

黄鳳翔序云:"是集也,吉水鄒君爾瞻所譔著,而侍御婺源余君爲梓以傳者也。"

吴達可序云:"亟索公所爲撰著,頗有吝色。柬懇數四,而後出笥中藏藁示余。余展誦賞心,攜之行篋,晨夕玩味,宛如坐春風、飲醇醴也。京國晤余少原侍御,譚公意氣問學,蓋昔令永新時莫逆於心者。謂兹集不可以無傳,慨然捐貲付匠手。"

余懋衡序云:"余令禾川久,得從公游不淺……後得公集數卷,藏之奚囊,以資展玩,則塵滌而竅開,猶未及覩集選。侍御吴安節公,夙與公爲金蘭好,自按江表還朝,手出集選示余。余受而卒業,種種皆天機流動,性靈融液,非務華而絶根,任達而課虚者也。付之梓,以公同志。"

余懋衡,字持國,婺源人。萬曆二十年進士,由永新令徵授御史,出按陝西。天啓中授南吏部尚書,以璫勢方盛,堅卧不起,削籍。崇禎初復官。

此本有扉頁,刊"刻豫章鄒南皐先生文集。石城周氏博古堂刊"。是書當爲余氏出資,由周氏博古堂刻印。

《四庫全書總目》收元標《鄒南皐語義合編》四卷及《願學集》八卷,未及此書。《中國古籍善本書目》著録。上海圖書館、山東省圖書館、中國社會科學院文學研究所,臺北"國家圖書館"及美國普林斯頓大學葛思德東方圖書館、日本尊經閣文庫亦有入藏。

2187　明刻本梅花什　　　　　　　　　　　　　　　T5424/7113

《梅花什》一卷,明陸承憲撰,明王穉登和。明黄氏鳴玉館刻本。一册。半頁十行十八字,左右雙邊,白口,單魚尾。框高 17.3 釐米,寬 12.1 釐米。題"河南陸承憲撰"。前有陸承憲序。

陸承憲,華亭人,萬曆五年進士。

王穉登,字伯穀,武進人。移居吴門,十歲能詩,名滿吴會。吴門自文徵明後,風雅無定屬,穉登嘗及徵明門,遥接其風,擅詞翰之席者三十餘年。同時山人、布衣,以詩鳴者十數,穉登爲最。萬曆中徵修國史,未上而史局罷,卒年七十餘。

集凡元倡十七首、同詠三十首。

陸承憲序云:"草木之氣,梅先得之,梅生江南最繁,其在太湖之湄、玄墓之麓,連岡彌谷,益又繁矣。去歲冬温,梅花早繁。今年正月三日,余與王子即其繁處觀之,吳中諸彥,寂無一人在見。梅之繁者,特又早焉……凡華有馨,梅擅其清;凡花有色,梅顓其白。吾將抱其清,攬其白,納之肺肝,貯之胸臆,發乎同心之言,播爲維芬之什……詩成累什,命曰梅華。"

卷末刊"江夏黃氏鳴玉館雕本"。

《中國古籍善本書目》著録有明萬曆四十七年葉應祖刻本《王百穀集》二十一種四十二卷,梅花什一卷也在其中。僅上海圖書館、南京圖書館等四館有全帙。又《北京圖書館古籍善本書目》著録《王百穀集》八種十四卷,亦有《梅花什》,但作明刻本,其他七種版本各異,如《采真篇》二卷,爲明吳氏世恩堂刻本;《國朝吳郡丹青志》一卷,爲明黃氏鳴玉堂刻本;《竹箭編》一卷,爲明萬曆八年屠隆青浦縣齋刻本;《荆溪疏》二卷,爲明萬曆吳宅雲棲館刻本;《金昌集》四卷,爲明刻本。

此本應爲《王百穀集》之一種,但不知和上圖、國圖本同否。

鈐印有"子魚掌記"、"乙雲"、"紫瑜"、"臣印起洗"、"真趣園主"、"子魚真賞"。

2188　明萬曆刻本農丈人詩文集　　　　T5422/8938

《農丈人詩集》八卷《文集》二十卷,明余寅撰。明萬曆刻本。存五册。《文集》半頁九行十八字,左右雙邊,白口,單魚尾。框高19.1釐米,寬13釐米。題"古鄞余寅僧杲著"。

余寅,字君房,晚年改字僧杲,鄞人。萬曆八年進士。官至太常寺少卿。

此本存《文集》卷一至一六。卷一碑十篇,卷二頌三篇、紀事一篇、記四篇,卷三至九序七十八篇,卷一〇傳六篇,卷一一行狀四篇,卷一二行狀二篇、行述一篇、墓表三篇,卷一三墓碑三篇、墓志銘六篇,卷一四墓志銘十一篇,卷一五至一六祭文五十七篇、哀辭一篇。(下殘去)

每卷之末,刊"書記周禮寫"。

按,農丈人爲星名。《晉書·天文志》上:"農丈人一星在南斗西南,老農主稼也。"又《雲仙雜記》載陶潛聽水稱吾師農丈人事。寅之命名,似取陶語。

《四庫全書總目》入集部别集類存目。《中國古籍善本書目》著録。中國國家圖書館、南京圖書館等十館及日本内閣文庫、尊經閣文庫有全帙。臺北"國家圖書館"有三部(其一爲原藏北平館者),作明萬曆三十二年周禮寫刻本。

2189　明萬曆刻本鐫蒼霞草　　　　T5424/4920B

《鐫蒼霞草》十二卷,明葉向高撰。明萬曆三十四年(1606)趙邦柱等刻本。十六册。半頁十行二十字,四周雙邊,白口,單魚尾,書口上方刊"蒼霞草",下刊標題。框高21.3釐米,寬14.2釐米。題"福清葉向高進卿甫著"。前有郭正域序,萬曆三十四年顧起元序,萬曆三十四年董應舉序,萬曆三十四年陳邦瞻序,葉向高自序。

葉向高,字進卿,福建福清人。萬曆十一年進士,累官禮部尚書、東閣大學士。萬曆末東林黨爭,向高調停其間,被指爲東林黨魁,四十二年罷歸。熹宗時復爲首輔,其時權歸魏忠賢,向高知時不可爲,疏三十三上得請致仕。《明史》有傳。

卷一論、議、解、頌十九篇,卷二至六序一百十四篇,卷七記三十一篇,卷八疏、問十篇,卷九行狀、神道碑、墓表、傳二十三篇,卷一〇壙志、墓誌銘、贊、祭文二十九篇,卷一一至一二考十二篇。集題"蒼霞"者,則向高鄉亭名。

陳邦瞻序後,刊"南京光禄寺少卿前本部文選司郎中趙邦柱、光禄寺寺丞前本部考功司郎中徐必達、文選司郎中董可威、驗封司郎中畢懋良、司務韓偕甫、文選司主事胡嘉棟、考功司主事成伯龍、驗封司主事堵維垣同校刻"。

葉向高序云:"客以好語乞文,輒不忍拒,遂多應酬之作。余固自念,此覆瓿耳,何足傳於世,世亦無名余文者。獨江夏郭美命,酷相慕好,每奏一篇,未嘗不稱善。美命教南雍,而余來貳秩宗,清署優閒,各衷其生平所作相質定。客有梓美命文者,因及余。余不欲出,而美命固強之,然中常不自得也。又更數歲,復成百餘篇,考功橋李徐君、北海董君暨諸同曹,請梓之署中,余益遜謝。然念業已布矣,何靳此,乃取舊刻,汰其十之三,益近作十之四合刻焉。大較多存其尺幅稍寬及詞理不甚舛謬者,其餘短章小述、游辭駢句、尺牘題詠及諸封事之切劘者,一切置之……題曰《蒼霞》,則余鄉亭名,考亭先生所手書。"

刻工有張崔(在郭正域序之第七頁書口下)。

卷二第六十一、六十五頁、卷六第二十八頁佚去。目録之第一至二頁抄配。

《應繳違礙書籍各種名目》、《清代禁書知見録》著録。

《中國古籍善本書目》著録。上海圖書館、天津圖書館等十館,臺北"國家圖書館"(三部,其中二部爲原藏北平館者)亦有入藏。

2190　明萬曆刻增補本鐫蒼霞草　　T5424/4920

《鐫蒼霞草》十二卷,明葉向高撰。明萬曆三十四年(1606)趙邦柱等刻後代增補本。十冊。半頁十行二十字,四周雙邊,白口,單魚尾,書口上方刊"蒼霞草",下刊標題。框高21.3釐米,寬14.2釐米。題"福清葉向高進卿甫著"。前有郭正域序,萬曆三十四年顧起元序,葉向高自序。

此本較之前本略有增補。目録頁爲重刻。增補之文爲卷一齷齪論上下、漢高帝論、王祥論、王仲淹論、張柬之論、李鄴侯論、宋論。王重民《中國善本書提要》疑"且是坊賈翻刻本"。非是。

大陸十館有此本,但不知有無增補。

鈐印有"醉古堂藏"、"繆沆之印"、"字湘芷"、"桂窗"。

2191　明萬曆刻本弗告堂集　　T5424/1443

《弗告堂集》二十六卷,明于若瀛撰。明萬曆刻本。十冊。半頁十行二十三字,四周雙邊,白口,單魚尾,書口下有字數并刻工。框高20.8釐米,寬12.9釐米。前有葉向高序,王圖序,萬曆三十一年(1603)鄭汝璧序,萬曆三十一年焦竑序,萬曆三十一年謝陛序。

于若瀛,字文若,山東濟寧州人。萬曆十一年進士,授職方主事,轉河南巡道,入爲南璽卿、通政右參議,遷太僕少卿,督理東路馬政,尋陞都察院右僉都御史,巡撫陝西。詩文書畫,博洽精妙,特其餘事。卒諡襄敏。《(康熙)濟寧州志》卷六有傳。

集名"弗告",乃若瀛所爲考槃之意。卷一古樂府二十四首、四言古詩二首,卷二五言律詩四十首,卷三至四五言古詩九十八首,卷五至六七言古詩五十首,卷七至九五言律詩一百九十首,卷一〇至一四七言律詩一百九十二首,卷一五五言排律十五首、五言長篇二首,卷一六七言排律十一首、七言長篇七篇,卷一七五言絶句五十九首,卷一八七言絶句七十八首,卷一九六言十四首,卷二〇至二二序三十五篇、題辭三篇,卷二三記十篇、碑一篇,卷二四銘五篇、行狀三篇、墓碑一篇,卷二五策二篇、表一篇、議一篇、啓一篇、疏四篇、跋四篇、銘四首、贊四首,卷二六祭文十三篇。

葉向高序云:"吾友于文若,於文無所不工,而不以文爲詩。其詩冷然超然,不襲世人半語,而情景宛至,非跡象可尋。凡所爲述懷喻志、惜別傷離、登山臨水、弔古懷人,或然或愉,或寫或寄,無不匠心盡態。若遠若近,若露若藏,若在筆端,若不在筆端,蓋真得風人之神。而近世詩人所苦心力索而不能得者,文若直從容出之,此何可於塵壒烟火中論其才品也。文若自郎曹觀察,入列九卿,遽引疾歸,里居五六歲,乃復召起尚璽陪京。江左人士,望文若下風,不啻三謝菁華、二陸文藻,而薦紳大夫,覘文若庶幾紫芝眉宇、名利都書,文若亦蕭然物外。"

此本刻工有趙應瑞、芳、方、要、弟、志、榮、云、祥、光、閒、丕。

《全燬書目》、《清代禁書知見録》著録。

《中國古籍善本書目》著録。上海圖書館、天津圖書館等十四館,臺北"國家圖書館"(三部,其一爲原藏北平館者)及美國國會圖書館亦有入藏。

2192　明萬曆刻本中寰集　T5424/2229

《中寰集》十一卷,明何出光撰。明萬曆何稽曾、何稽遜刻本。十二册。半頁九行十九字,四周單邊,白口,單魚尾。框高 20.5 釐米,寬 13.2 釐米。題"扶溝何出光兆文甫著"。前有王宗賢序,萬曆三十四年(1606)呂坤序,洪良範序,方圖序。末有何稽曾跋,何稽遜跋。

何出光,字兆文,別號中寰,河南扶溝人。萬曆十一年進士,授山西曲沃知縣,選貴州道御史,巡按直隸、山東,陞太原府知府,降寧州判官,調完縣知縣,卒於官。其爲御史建白最多,劾巨璫權貴皆人所不敢言。《(道光)扶溝縣志》卷一〇有傳。

卷一五言律詩八十三首、五言排律十四首,卷二至三七言律詩二百十六首、七言排律三首、五言古九首、七言古二十二首、五言絶句十九首、六言絶句十二首、七言絶句五十八首,卷四至五奏疏二十八篇,卷六條議三十四篇,卷七序二十八篇,卷八序九篇、記七篇、傳四篇,卷九志銘六篇、雜文十七篇,卷一〇祭文二十六篇、書啓三十通。卷一一附録,爲何出光墓誌銘、墓表、行實、傳、誄、入祀公移。

卷四奏疏《請册立東宫疏》、《劾近臣結黨欺天賣法疏》、《再劾中官疏》皆其集中重要者。其時,宦官張鯨侍神宗於東宫,後掌管東廠,兼掌内府供用庫印,横肆無忌,與兵部尚書張學顏結爲兄弟,又結連内外,擅權作惡。出光奮不顧身,發其奸弊,其第二疏在歷數張鯨八罪之後曰:"此臣之所以日夜拊心冒死上聞者也。參照提督東廠太監張鯨,惡黨遺奸,近臣跋扈,張虎噬狼吞之勢,而富過王侯;憑城狐社鼠之威,而權傾中外。數其八罪,則過惡滔天,律以三尺,則措躬無地。"

何稽曾跋云:"惟是筆載纂述,竭一生之心力,而常不意得,甫脱稿又緣手棄去。不肖生也晚,比括藏襲珍已十不一二存矣。概其凡韻言較富繇,嘗自選始音、寤言二鈔,儼然具在,益以雜見他卷及友人者,故蒐羅稍盡。條議、疏稿、讞獄等編,從政時已有梓本,設先侍御在,必謂此敝帚之業,當焚其草,然有用之文與櫛字比句者異,可令與其人俱往哉。四六所素長,赤牘裁答,多載心事。獨志傳辯賦序記,取材左騷,刻意求工,卷帙最繁……則不肖守其遺編,即以見先人於卷帙,而天下後世,其有徵惠文之直者,猶可識品格於文章,此不肖之梓其遺稿意也。"

《四庫全書總目》未收。《中國古籍善本書目》著錄。中國國家圖書館、臺北"國家圖書館"亦有入藏。

鈐印有"賡堯"。

2193　明天啓刻本玉茗堂全集　　T5422/3263

《玉茗堂全集》四十六卷,明湯顯祖撰。明天啓刻本。十二册。半頁七行十八字,四周單邊,白口,無魚尾。框高21.7釐米,寬12.4釐米。題"臨川義仍湯顯祖著"。前有天啓元年(1621)韓敬序。

全集收文十六卷、詩十八卷、賦六卷、尺牘六卷。此本佚去尺牘六卷。

文,卷一至五序五十八篇,卷六題詞十篇,卷七記十三篇,卷八碑八篇,卷九諭文三篇,卷一〇説三篇,卷一一頌二篇,卷一二哀辭二篇,卷一三墓志銘五篇,卷一四墓表二篇,卷一五陰符經解,卷一六論輔臣科臣疏。詩,卷一至三五言古一百九十三首,卷四至五七言古一百一首,卷六五言律六十二首,卷七至一〇七言律四百五首,卷一一五言排律四十一首,卷一二七言排律六首,卷一三五言絶句二百一首,卷一四至一八七言絶句九百八十二首。賦,二十七篇。

韓敬序云:"猶子於兹,頗尚夙好。迻搜近採,短什長行,勒成琬琰之章,庶復雅頌之所。猶願羽陵小酉之策,盡出人間;將以山木澧蘭之思,告諸公子。務使經緯昭回,光岳肆奠。豈止懸金秦市,刻石漢京。"

《四庫全書總目》所收爲二十九卷本,凡詩十三卷、文十卷、尺牘六卷,與此不同。《中國古籍善本書目》著錄,上海圖書館、南京圖書館等十九館有全帙。臺北"國家圖書館"及日本内閣文庫、静嘉堂文庫亦有入藏。又,清康熙三十三年阮峴有再刻本。

2194　清乾隆刻本天全堂集　　T5424/3444

《天全堂集》四卷,明安希范撰。附録一卷,清安經傳輯。清乾隆七世孫安吉刻本。二册。半頁十行二十字,左右雙邊,白口,單魚尾。框高19.7釐米,寬12.8釐米。題"膠山安希范我素氏著;冢孫璿輯;六世冢孫經傳校録"。前有乾隆四十六年(1781)翁方綱序。序後爲《明史·安希范傳》。末有乾隆八年(1743)安經傳跋。

安希范,字小范,號我素,江蘇無錫膠山人。其先黄姓,蘇州懸珠里人,洪武中贅於安明善氏,因以安姓。萬曆十三年中舉人,十四年中進士,授行人,遷禮部精膳司主事。乞便養母,改南京吏部。疏請復高攀龍、吴弘濟官,忤旨罷斥爲民。希范恬静簡易,嘗於東林講學。會熹宗嗣位,將起官,已卒,鄒元標特疏闡明其志,得贈光禄寺少卿。其墓表云:"公天賦奇穎,乙酉、丙戌聯第,年才二十三耳。官行人,當入臺省,格於年不赴,授禮部主事,迎母入京,以方秉家不肯行,告改南司封,時朝事初變,當國者有忮心,公上疏剖其邪正是非,疏奉逮問。旋得釋,削籍歸,杜門杜口,不涉朝事,日奉母極歡。"希范爲弘治間創銅活字印書之安國(桂坡)後人,生嘉靖四十三年,卒天啓元年,得年五十八。

卷一疏四篇、附錄一篇;卷二記三篇、序四篇、祭文一篇、傳一篇、啓一篇、書後一篇;卷三書三十七通;卷四五言古十首、七言古三首、五言律四十一首、七言律三十一首、五言排律四首、五言絕句八首、七言絕句十一首。附錄爲鄒元標撰墓志銘、朱國楨撰墓表、姚希孟撰《安我素先生小傳》、高攀龍撰《祭告楊龜山先生文》(文後有安經傳識語)、陳繼儒、鄒期楨撰像贊。

希范在南司封時,有疏上奏,極言閣臣誤國,此集中有《黜姦閣防亂政疏》、《惜人才廣言路疏》、《糾輔臣明邪正疏》。疏入,皇上震怒,遣緹騎逮治,奪官削籍。諫草語語皆從忠孝至性流出,其一生行誼可概見一斑。又卷三書札可窺希范一生以忠孝節義爲盡性之功、山林泉石爲陶情之境,以及四十年屈伸顯晦梗概,故安璿跋有云:"較諸年譜似加詳矣,非僅修詞立誠足以盡其微也。"

按,希范是書手稿本今存上海圖書館,不分卷,五冊,題"錫山安希范小范甫著",有何喬遠序,李維楨、陳繼儒序。收四言詩四首、五言古詩五十四首、七言古詩二十七首、五言律詩一百七十首、六言律詩一首;書札外篇首卷七十八首、外篇次卷七十三通、外篇末卷十五通;內篇六十七通。總共二百三十三通。稿本中詩之部分,注以"刪"字者,計四言刪去三首,五言古詩刪三十七首,七言古詩刪十八首,五言律詩刪一百零二首。又書內篇刪去十五通,外篇首卷刪二十二通,外篇次卷刪十二通,外篇末卷刪五通。若以稿本與此刻本初步核之,稿本無疏草及記、序、祭文、傳、啓、書後等。刻本中之詩及書札多爲刪存之餘。

安經傳跋云:"自疏稿迄韻語凡四卷,先曾祖編而藏之,迄今三世,懼有散佚,故重加校錄,待付剞劂,亦兢兢手澤之存云爾。"

此本有扉頁,刻"天全堂集。梁溪安我素先生著。第七世孫安吉校刊"。每卷末均刻"七世冢孫吉敬刊"。又翁方綱序及附錄之末頁爲後人抄配。卷一末有六世孫安經傳識語。卷三末有安璿識語。

《四庫全書總目》、《續修四庫全書總目提要(稿本)》、《湖南省古籍善本書目》、《河南省圖書館中文古籍書目(集部)》、《中國科學院圖書館藏中文古籍善本書目》、《中國人民大學圖書館古籍善本書目》、《北京師範大學圖書館中文古籍書目》、《四川大學圖書館古籍善本書目》、《臺灣公藏善本書目》、《普林斯頓大學葛思德東方圖書館中文舊籍書目》、《日本現存清人文集目錄》未收。《中國古籍善本書目》著錄,上海圖書館、浙江圖書館、遼寧省圖書館、清華大學圖書館等五館入藏。又無錫市圖書館藏有希范《萬曆乙酉科應天鄉試硃卷》一卷。

2195 清乾隆刻本炳燭軒詩集 T5422/3843

《炳燭軒詩集》五卷,明顧懋宏撰。清乾隆九年(1744)顧登桂雲堂刻《玉峰雍里顧氏六世詩文集》本。二冊。半頁十行二十一字,左右雙邊,白口,單魚尾,書口下刻"桂雲堂"。框高19.9釐米,寬13.1釐米。題"鹿城顧懋宏靖父著"。目錄頁題"鹿城顧懋宏靖父著;玄孫登洲士鐫"。目錄頁後有"蓉山顧公遺像"並潘之恒像贊。前有王景獻序;張大復撰《顧懋宏傳》;顧天堵撰《行略》;馮易跋。末有雍正十二年(1734)馮易跋。

顧懋宏,初名熹,字靖甫,一字茂儉,別號蓉山,江蘇崑山人。賦資早慧,九歲善屬文,十三歲補博士弟子員,十五歲應京兆試。萬曆十六年登賢書,三上春官,遷南京國子監學錄,後出守莒州。生於嘉靖十七年,卒於萬曆三十六年,年七十。

卷一五言古詩四十首,卷二七言古詩八十二首,卷三五言律詩二百三十七首,卷四七言律詩一百九十二首,卷五五言排律十五首、七言排律七首、五言絕句七首、七言絕句四十六首。附《南雍草》一卷、《楚思賦》一首(俱缺)。卷二有《戚少保介壽歌》。

馮易跋云:"《炳燭軒詩集》者,易五世從祖蓉山府君之作也,凡五、七言古今體若干首,向惟抄本藏於家。雍正庚戌,族父懷劬既刻其先集《疣贅錄》、《靜觀堂稿》成,復思從事於此。以易粗知拈韻,委以編校,且申以族子銅梁尹寶田之請,辭不獲,敬謹丹黃,三閱月而告竣,授之梓人。嗚呼!手澤之不忘,有如我叔若姪者哉?計我府君生於有明嘉靖戊戌,迄今甲子三更,去其濡毫染翰時,且百有數十年矣。萬物摧殘零落,何限獨此一編,世世守之,六傳至我寶田,珍藏篋衍如故。於是吾叔乃得引爲己任,捐貲剞劂。""甲子"爲乾隆九年,當爲此書刊刻之時。

按,此爲顧登輯《玉峰雍里顧氏六世詩文集》(一名《武陵六世詩文集》)之零種,《中國叢書綜錄》、《中國科學院圖書館藏中文古籍善本書目》、《日本內閣文庫漢籍分類目錄》著錄清雍正十年崑山顧氏桂雲堂刻本。

此本有扉頁,刻"炳燭軒詩集。崑山顧蓉山先生著。桂雲堂藏板"。

《四庫全書總目》、《續修四庫全書總目提要(稿本)》未收。

鈐印有"樂我小室珍藏"、"善庵三十年精力所聚"。

2196　明萬曆刻本歇庵集　　T5424/7202

《歇庵集》十六卷,明陶望齡撰。明萬曆三十九年(1611)王應遴刻本。三十二冊。半頁九行十九字,四周雙邊,白口,無魚尾。框高 21.1 釐米,寬 14.8 釐米。題"明會稽陶望齡周望著;晉陵張師繹克雋校"。前有黃汝亨序,萬曆三十九年余懋孳序;萬曆三十八年(1610)王應遴跋。

陶望齡,字周望,號石簣,晚號歇庵居士,會稽人。萬曆十七年進士,會試第一,廷試第三,授編修,再遷諭德告歸,起國子祭酒,固辭不拜。母喪以毀卒,諡文簡。事蹟具《明史》卷二一六本傳。

卷一賦、詩,卷二詩,卷三至五序,卷六碑記,卷七論、表、策、議、考,卷八至九墓銘,卷一〇墓表、神道碑、行狀,卷一一行狀、傳,卷一二疏、傳、頌、露布、說、解、襍著,卷一三募疏、譜傳、說、記,卷一四題跋、贊、銘、箴、啟,卷一五至一六書。

余懋孳序云:"遺篇賸幅間存歇庵,學者爭購以傳,即斷簡單詞,珍若檀旃。愚方逼吏事,不暇手錄,從君奭乞得,屬王生應遴傳寫奉入。春,明冀與師門高足訂其譌謬,用詔來茲。而王生亟付剞劂,頓令長安紙貴。"

王應遴跋云:"捐館之始,即走謁其介弟君奭,願授遺文,俾肩校梓之役。君奭搜括靡漏,卷帙浩多,謂其間不無少作可棄之文、應世末情之語,欲加刪定,以著雅醇。應遴曰不然,先生道統天付,文固夙成,率爾之言,厥有深指,未可廢也,請從輯錄,以備遺忘。若夫揀最抽精,庶幾有待。應遴不敏,未之敢耆,遂詮次對讎,分爲一十六卷,踰年厥工乃竣。"

應遴,字雲來,有《逍遙遊》雜劇。

張師繹,武進人,萬曆二十六年進士,授新喻令,累遷江西按察使。會璫燄方熾,害將及,拂袖歸,杜門著書。道光刻本《月鹿堂集》有黃嘉譽撰《師繹傳》,謂師繹卒於崇禎五年。

據王重民《中國善本書提要》,中國國家圖書館、北京大學圖書館藏此書,題"會稽陶望齡著,山陰王應遴校"。王序(此本爲跋)末署"萬曆辛巳",又"序文内校梓作較梓,知必爲崇禎間所重刻"。按,"辛巳"爲萬曆九年,所刻當誤,此本序末署"萬曆庚戌"。

《全燬書目》、《清代禁書知見録》著録。《清代禁燬書目·補遺一》云:"查《歇庵集》係明陶望齡撰,集中多觸礙語,應請銷燬。"又《補遺二》云:"詩多違礙"。

此本有扉頁,刊"歇庵集。陶石簣先生著。聚奎樓刊行"。當爲王氏出貲,由聚奎樓刊行者。

《中國古籍善本書目》著録。天津圖書館、浙江圖書館等十一館,臺北"國家圖書館"(四部,其中兩部爲原藏北平館者)及美國國會圖書館、普林斯頓大學葛思德東方圖書館亦有入藏。又有明萬曆三十九年真如齋刻本,行款同此本,上海圖書館、南京圖書館等十二館,臺北"國家圖書館"(兩部)及日本東京大學東洋文化研究所有藏。日本内閣文庫、尊經閣文庫所藏不知與何種相同。

館藏有複本一部二十册。黄汝亨序及余懋孳序之首頁佚去。又卷一六之六十四頁後皆佚,另配有一頁從他處移來者,刊有"萬曆辛亥仲春蝶花庵正字刊"兩行。

2197　明崇禎刻本容臺文集詩集別集　　　T5422/4146

《容臺文集》九卷《詩集》四卷《別集》四卷,明董其昌撰。明崇禎三年(1630)董庭刻本。十二册。半頁八行十九字,左右雙邊,白口,無魚尾。框高19.3釐米,寬12.7釐米。題"華亭董其昌著;冢孫庭輯"。前有崇禎三年陳繼儒序。

董其昌,字玄宰,號香光,松江華亭人。萬曆十七年進士,工詩文,尤精書畫。累官至南京禮部尚書,逾年告歸,卒謚文敏。《明史·文苑傳》有傳。

《文集》卷一至二序五十五篇,卷三序十一篇、題詞十九篇,卷四記二十三篇、碑銘一篇、引十三篇,卷五論七篇、評一篇、説二篇、議二篇、奏疏四篇、表一篇、頌一篇、贊一首、箴一首、露布一篇、考一篇,卷六傳十六篇、贊傳一篇,卷七策三篇、募緣疏十三篇、銘三篇、誥一篇、像贊三十九首,卷八墓志銘十八篇,卷九墓表七篇、神道碑一篇、誄一篇、行狀二篇、祭文七篇。《詩集》卷一五言古風十二首、七言古風十七首、五言排律十四首,卷二五言律詩一百一首、五言絕句四十六首,卷三至四七言律詩二百八十二首、七言絕句一百首。《別集》卷一隨筆十四則、禪悦五十二則、雜記五十二則,卷二書品一百五十五則,卷三書品一百五十九則,卷四畫旨一百五十五則。

陳繼儒序云:"《容臺集》者,思白董公之所譔也。大宗伯典三禮,勅九卿,觀禮樂之容,故稱《容臺》……余與公爲老友,凡有奇文,輒出示欣賞,其他散見於劈箋題扇卷軸屏障之外者甚夥,賴冢孫庭克意料理,懸金募之,稍稍不脛。而集呈公省視,乃始笑爲己作,不然等身書幾化爲太山無字碑耳。公七十有五餘,至今手不釋卷,燈下能讀蠅頭書,寫蠅頭字……庭梓之,請俟異日焉。"

《文集》卷一第一頁書口下,刊"金泰卿寫,顧公彦刻"。《文集》、《詩集》、《別集》之目録後,刊"孫男延編次"。

是書有日人名鐵齋者題識云:"此書舊係浪華木村蒹葭堂藏,後爲江森春水之有。鐵齋識。"

《四庫全書總目》入集部別集類存目。《中國古籍善本書目》著録。中國國家圖書館、上海圖書館等十九館及日本內閣文庫、京都大學人文科學研究所有全帙。臺北"國家圖書館"所藏，不知同此本否。按，南京圖書館有此本，另又藏一帙，行款同此本，然不同板。又上海圖書館、浙江圖書館、甘肅省圖書館有八行十八字本。臺北"國家圖書館"又有《容臺文集》十卷《詩集》四卷《別集》六卷，明末董有聲閩南刻本（爲原藏北平館者）。

鈐印有"富岡百鍊"、"鵬北奄記"、"鐵老齋"、"鐵道人"、"蒹葭堂秘不許出閫外"。

2198　明萬曆刻天啓增修本馮少墟集　　T5424/3221

《馮少墟集》二十二卷，明馮從吾撰。明萬曆四十年(1612)畢懋康刻天啓元年(1621)馮嘉年增修本。二十四冊。半頁九行十八字，四周單邊，白口，單魚尾。框高19.8釐米，寬13.7釐米。題"長安馮從吾仲好著"。前有萬曆四十年畢懋康序，萬曆四十一年(1613)姜士昌序，萬曆四十二年(1614)趙南星序，萬曆四十二年鄒德泳序，萬曆四十三年(1615)曹于汴序，陳繼儒序。有馮從吾小像并贊。

馮從吾，字仲好，長安人。生而純懿，長志濂洛之學，受業許孚遠。萬曆十七年進士，授御史，巡視中城。尋告歸，杜門謝客，造詣益邃，家居二十五年。光宗立，起爲尚寶卿，累遷工部尚書。卒謚恭定。學者稱"少墟先生"。事蹟具《明史》本傳。

卷一語錄（辨學錄），卷二至三語錄（疑思錄），卷四語錄（訂士編），卷五語錄（關中士夫會約），卷六語錄（學會約、諭俗），卷七語錄（寶慶語錄），卷八語錄（善利圖說），卷九至一〇語錄（太華書院會語），卷一一語錄（池陽語錄），卷一二語錄（關中書院語錄），卷一三序三十一篇，卷一四說十一篇、箴一首、贊一首、解一篇、論二篇，卷一五記三篇、書五十二通，卷一六雜著十篇、題辭五篇、跋六篇、墓表一篇、墓志銘一篇，卷一七傳七篇、祭文七篇、詩四十二首，卷一八奏疏三篇、公移十四道，卷一九族譜五篇，卷二〇家乘四篇，卷二一至二二關學編。

畢懋康序云："余適奉命按秦，得卒業所著辨學錄、疑思錄、善利圖說、學會約諸書十數種，抉關啓鑰，多發前人所未發……故合刻而爲之序。"畢懋康，字孟侯，號東郊。新安人，萬曆二十六年進士。時爲巡按陝西監察御史。

姜士昌序云："而公之集始成，侍御東郊畢公按秦中，亟梓行之……東郊畢公，持節省方，特崇經術，表章公集，功在天下。"

目錄末刻"家大人橐自己丑至壬子，按臺畢公序而刻之，已行世久矣。癸丑至辛酉夏，余小子恐其散逸，各以類附刻焉。覽者鑒之。不肖仲男嘉年書"。

卷一三缺《古文輯選序》一篇。

《四庫全書總目》入集部別集類。《中國古籍善本書目》著錄。中國國家圖書館、南京圖書館等十五館及日本靜嘉堂文庫亦有入藏。

鈐印有"康綸鈞字鵬書號伊山"。

2199　明萬曆刻本陳學士先生初集　　T5424/7945

《陳學士先生初集》三十六卷，明陳懿典撰。明萬曆四十八年(1620)曹憲來刻本。十二冊。半頁九行十九字，四周單邊，白口，單魚尾，書口上方刻"吏隱齋"。框高20.9釐米，寬13.2釐米。題"秀水陳懿典孟常父著；子婿曹憲來原名仲麟校"。前有萬曆四十二年(1614)焦竑序，萬曆四十七年(1619)施鳳來序,萬曆四十八年劉一焜序,萬曆四十一年(1613)王在晉序,官應震序,鄧渼序。萬曆四十八年曹憲來跋,憲來又跋。

陳懿典,字孟常,秀水人。萬曆二十年進士,官至中允,乞假歸。崇禎初起爲少詹事,不赴。又有《讀左漫筆》、《讀史漫筆》。

卷一至三書序八十篇,卷四至七贈賀序九十三篇,卷八至九碑、記二十三篇,卷一〇至一一傳十三篇,卷一二至一四志銘三十二篇,卷一五墓表五篇,卷一六至一七行狀十二篇,卷一八至一九祭文九十一篇,卷二〇奏疏十六篇,卷二一至二二論四十六篇,卷二三表五篇,卷二四至二六策二十七篇,卷二七詔、册文、勅、檄、贊、露布、箋、頌、箴二十四篇,卷二八議、辨、解、問對九篇,卷二九題跋二十九篇,卷三〇雜著九篇,卷三一啓七十六通,卷三二至三五尺牘三百五十九通,卷三六古樂府、五言律、七言律、七言排、五言古、五言絶、歌行、五言排、七言絶二百零八首。

焦竑序云:"孟常今昔所爲詩文,其子壻曹生仲麟編爲幾卷。又論語説幾卷,雖片言半簡,附而不去,所以明孟常之深於經術,非素無根氐者比也。"

曹憲來跋云:"庚念篇什浩繁,且隨應偶筆,多散於廢楮亂帙中,倘不早爲詮次,寧無遺佚是懼,於是百計拮据,兩載校讎,始克有緒。甫繡之梓,祝融氏輒妬毀之,幸存副在,獲成兹集。憲來於是輾然喜而懼始釋。""顔曰初集者,以甲寅爲止,乙卯以後當爲續集。"按,"甲寅"爲萬曆四十二年,"乙卯"爲四十三年。

《全燬書目》有《吏隱齋集》,當爲此書。

《中國古籍善本書目》著録,上海圖書館、湖南圖書館、北京大學圖書館等三館有全帙。臺北"國家圖書館"所藏爲原北平館者。日本内閣文庫、尊經閣文庫亦有入藏。

此本卷五之第二十三頁、卷一八之第十三及十七頁、卷二一尾頁、卷二二首半頁、卷二九尾頁、卷三〇之第六頁、卷三三尾頁、卷三四之第三十四頁佚去。

鈐印有"玉研堂"、"曹印秉章"、"理齋"。

2200　明末刻本梨雲館類定袁中郎全集　T5425/2918

《梨雲館類定袁中郎全集》二十四卷,明袁宏道撰。明末周文煒刻本。二十四册。半頁八行十八字,四周單邊,白口,無魚尾,無直格。框高21.9釐米,寬13.1釐米。題"公安袁宏道中郎著;蕪城王緣督經倩、仁和何偉然欲仙、古歙吳從先寧野閲;南雍周文煒如山鐫"。前有萬曆二十五年(1597)江盈科序(錦帆集),虞淳熙序(解脱集),江盈科序(解脱集),又序,陳繼儒序(瓶史),曾可前序(瓶花齋集),雷思霈序(瀟碧堂集),江盈科序(敝篋集);沈㴶題(桃源詠);曹蕃跋(桃源詠);聞啓祥序(華嵩游草)。

袁宏道,字中郎,公安人。萬曆二十年進士,選爲吳縣令,旋解官去,後復起用,官至稽勳郎中。宏道與兄宗道、弟中道並有才名,時稱"三袁"。宏道昆仲反對王世貞、李攀龍等前後七子擬古之作,主張妙悟,獨抒性靈,不拘格套。學者多舍王、李,而從三袁,號爲公安體。雖力矯王、李摹擬之習,而空疏之病,往往有之。《明史》卷二八八有傳。

卷一樂府雜體四十九首,卷二五言古一百六十八首,卷三九十九首,卷四五六七言排律二十五首,卷五五言律二百十九首,卷六五言律附六言律一百六十一首,卷七七言律二百十首,卷八五言絶附六言絶十四首,卷九七言絶一百三十四首,卷一〇序文三十六篇,卷一一傳四篇,卷一二碑八篇,卷一三志銘十一篇,卷一四記述八十一篇,卷一五疏二十八篇,卷一六廣莊七篇,卷一七瓶史，卷一八觴政，卷一九德山暑譚，卷二〇裰錄二十四篇，卷二一至二四尺牘二百四十一通。

是書又有明萬曆四十五年何偉然刻本，行款均同此本，浙江圖書館、吉林省圖書館等五館入藏。又有《袁中郎先生全集》二十三卷，爲明萬曆刻本，九行十九字，北京大學圖書館入藏。又有《袁中郎全集》四十卷，爲明崇禎二年武林佩蘭居刻本，九行二十字，上海圖書館、南京圖書館等三十館入藏。本館僅有零種入藏，爲《狂言》一卷、《狂言別集》一卷。

此本有扉頁，刊"袁中郎全集。梨雲館類定。大業堂重梓"，并鈐有"醉耕堂藏板"印。按，所云"重梓"，非也。此當爲大業堂得板重印之本。

《四庫全書總目》收《袁中郎集》四十卷，入集部別集類存目。《中國古籍善本書目》著錄，上海圖書館、天津圖書館等九館有全帙。臺北"國家圖書館"(有兩部全帙)及日本尊經閣文庫、京都大學人文科學研究所亦有入藏。

鈐印有"李氏藏書"、"冬涵閱過"。

按，日本元祿九年有翻刻本。

2201　明萬曆刻本瀟碧堂集敝篋集廣莊錦帆集　　T5425/4333B

《瀟碧堂集》二十卷《敝篋集》二卷《廣莊》一卷《錦帆集》四卷《去吳七牘》一卷《解脫集》四卷《瓶花齋集》十卷，明袁宏道撰。明萬曆刻本。八冊。

《瀟碧堂集》二十卷，半頁九行十八字，四周單邊，白口，單魚尾。框高20.8釐米，寬13.7釐米。題"石公袁宏道中郎撰；麻城李長庚酉卿閱"。前有雷思霈序。序後刊"吳郡章鏞刻"。每卷後又刻"門人徐景鳳元輝參訂，袁叔度無涯初校，吳士冠相如手書"。目錄後刻"萬曆戊申秋勾吳袁氏書種堂校梓"。卷一至一〇詩，卷一一至一二序，卷一三記，卷一四碑，卷一五志，卷一六疏，卷一七雜錄，卷一八至一九尺牘，卷二〇《德山暑談》。

《敝篋集》二卷，半頁九行十八字，四周單邊，白口，單魚尾。框高21.2釐米，寬13.7釐米。題"石公袁宏道中郎撰；西陵陳以聞無異閱"。前有江盈科序。序後有"吳郡章鏞刻"。每卷後又刻"門人袁叔度無涯校梓，吳士冠相如手書"。卷上末刻"旌邑李光遠鐫"。二卷皆爲詩。江盈科序云："君卯角時已能詩，下筆數百言，無不肖唐。君乃自嘅曰，奈何不自爲詩而唐之爲。故居恒所題詠，輒廢置不錄。及其令吳二年，移病乞歸，友人方子公，爲檢其圖書付行李，從敝篋中得君詩一編，讀而旨於口曰，異哉！有物若是，而以供蠹魚，其不盡充蟲魚腹也，其猶有物護之歟？於是稍稍裒次付諸梓，題曰《敝篋集》。"

《廣莊》一卷，半頁九行十八字，左右雙邊，白口，單魚尾，書口下刻"憚悅山房校"。框高19.8釐米，寬13.2釐米。題"石公袁宏道中郎撰"。末刻"勾吳趙一鶴治心陳叔裸誠將同閱；張士驥坦之筆受；袁叔度無涯校梓"。

《錦帆集》四卷，半頁九行十八字，四周單邊，白口，單魚尾。框高20.8釐米，寬13.7釐米。題"石公袁宏道中郎撰；西陵陳以聞無異閱"。前有萬曆三十七年(1609)江盈科序。目錄後刻"萬曆己酉秋勾吳袁氏書種堂校梓"。各卷之末刻"門人袁叔度無涯校梓，吳士冠相如手書"(卷四末刻"門人袁叔度無涯校梓")。卷一詩，卷二敘述、雜著，卷三至四尺牘。後附《去吳七牘》，爲乞歸稿二、乞改稿五。江盈科序云："錦帆涇者，吳王當日所載樓船簫鼓，與其美人西施行樂歌舞之地也。閱今千百年，霸業烟消，美人黃土，而錦帆之水宛然如舊。姑蘇吳治，實蹠其上，此水抱邑治如環。乙未之歲,余友中郎袁君來宰吳,殫力圖民,昕夕拮据,憔悴之衆,賴以頓蘇。逾明年,君以過勞成疾,上書乞歸,凡七請乃得解政去。君性超悟,深於名理,才敏紗嫻,於詞賦第一,行作吏都成廢閣,間或觸景起興,感事攄辭,有所題詠撰著,越二年,亦遂成帙。其行也,友人方子公稍稍裒次,付諸梓,問題於君,君自標曰《錦帆集》。"

《解脱集》四卷,半頁九行十八字,四周單邊,白口,單魚尾。框高 21 釐米,寬 13.9 釐米。題"石公袁宏道中郎撰;西陵陳以聞無異閱"。前有萬曆二十五年虞淳熙序,江盈科序。目錄後刻"萬曆庚戌春勾吳袁氏書種堂校梓"。卷一至三末刻"門人袁叔度無涯校梓",卷四末刻"門人袁叔度無涯校梓,吳士冠相如手書"。又卷一末刻"旌邑李光遠鐫"。卷一至二詩,卷三紀游、雜著,卷四尺牘。

《瓶花齋集》十卷,半頁九行十八字,四周單邊,白口,單魚尾。框高 20.9 釐米,寬 13.7 釐米。題"石公袁宏道中郎撰;麻城陳以聞無異閱"。前有曾可前序。序後刻"吳郡章鑛刻"。目錄後刻"萬曆戊申冬勾吳袁氏書種堂校梓"。卷一至五、卷七至九末刻"門人袁叔度無涯校梓,吳士冠相如手書",卷六末刻"門人袁叔度無涯校梓"。卷二末又刻"旌邑李光遠刻",卷四末又刻"旌邑郭騰聚刻"。卷一至四詩,卷五記,卷六序,卷七傳,卷八雜錄,卷九至一〇尺牘。

《四庫全書總目》未收。《中國古籍善本書目》將此書分開著錄。

館藏有《瀟碧堂集》,爲複本,六册。

2202　清康熙刻本仰節堂集　　　T5424/5613

《仰節堂集》十四卷,明曹于汴撰。清康熙二年(1663)吕崇烈等刻乾隆增補印本。八册。半頁八行二十字,四周雙邊,白口,單魚尾。框高 21.1 釐米,寬 13.4 釐米。題"安邑曹于汴自梁父著;男曰良、門人臨川吳之甲、會稽董元儒較正"。前有天啓五年(1625)馮從吾序,天啓四年(1624)劉在庭序,天啓六年(1626)辛全序;弘運書院重刻姓氏。末有天啓三年(1623)戴任跋。

曹于汴,字自梁,又字珍宇,號貞予,山西安邑人。萬曆二十年進士。授淮安推官,歷吏科給事中,擢太常少卿。光宗立,改大理少卿,遷左僉都御史,進左副都御史。天啓三年引疾歸。明年,起南京右都御史,辭不拜。魏忠賢黨石三畏以東林領袖劾于汴,遂削奪。崇禎元年召拜左都御史,尋謝事去。七年卒,年七十七,贈太子太保。又有《共發編》四卷。事蹟具《明史稿》列傳卷一三四、《東林黨籍考》、《明儒學案》卷五四。

仰節堂者,曹于汴講學之所。于汴篤志正學,操履粹白,立朝正色不阿,有古大臣風。此集卷一至二序三十九篇,卷三引二篇、題跋二十七篇,卷四記十七篇、説五篇,卷五墓志銘十四篇,卷六祭文八篇,卷七議三篇,卷八尺牘十一通,卷九尺牘十通、讃六首、銘一首,卷一〇表策三篇,卷一一約言七篇,卷一二五言古詩七十七首、七言古詩十六首,卷一三五言律詩十首、七言律詩十一首。

馮從吾序云:"先生以千古絕學自任,固非沾沾以文章家名者,而作文又甚敬乃爾,即世所稱操觚自豪之士,寧不避三舍退哉。"

是書有明天啓四年劉在庭刻本,首都圖書館、中國科學院圖書館、煙台市圖書館入藏。此本應有高攀龍序,今佚去。吕崇烈,山西安邑人。崇禎十六年進士。禮部左侍郎,兼内翰林秘書院侍讀學士。卷五第四十七頁爲補刻。

《四庫全書總目》入集部別集類,云:"于汴之詩文,亦在理學舉業之間,或似語録,或似八比。蓋平生制行高潔,立朝風節凜然,震耀一世,遠者大者,志固有在。原不以筆札見長,從吾序所謂非沾沾以文章名家者,爲得其實。觀是集者,謂之文以人重可矣。集初刻於首善書院,甲申版毁於兵。康熙癸卯初,其外孫景望遽購得殘本,其門人吕崇烈鳩鄉人釀金重刊。崇烈爲之序。"

《中國古籍善本書目》著録,遼寧省圖書館、太原市圖書館、中共北京市委黨校圖書館入藏。北京大學圖書館有清康熙二年吕崇烈等刻乾隆增修本(《四庫》底本)。日本《内閣文庫漢籍分類目録》著録康熙二年刻乾隆二年增修本。

2203　明萬曆刻本水明樓集　　　　　T5427/7945

《水明樓集》十四卷,明陳薦夫撰。明萬曆刻本。六册。半頁九行十八字,左右雙邊,白口,單魚尾。框高 20.3 釐米,寬 13.8 釐米。題"閩中陳薦夫幼孺者;年弟陳一元泰始選"。前有萬曆四十三年(1615)曹學佺序。

陳薦夫,名藻,字薦夫,以字行,更字幼孺,閩縣人。萬曆二十二年舉人,能爲六朝文,詩尤工麗。徐𤊹《晉安風雅》載薦夫之曾祖煃、祖達、父輔之、兄價夫,皆以詩名,可窺薦夫家學淵源,固有所自。薦夫與王穉登、謝肇淛、徐𤊹、曹學佺相往來,其集頗多反映。朱彝尊《明詩綜》云,薦夫名邦藻,衍一邦字。

其集以水明樓爲名,乃取自杜少陵"四更山吐月,殘夜水明樓"句。卷一五言古詩三十七首,卷二七言古詩六十二首,卷三五言律詩一百二十三首,卷四五言排律十三首,卷五七言律詩一百十三首,卷六七言律詩一百五首,卷七五言絶句十七首,卷八七言絶句一百五首,卷九四言二首、六言四首,卷一〇詩餘六首,卷一一賦二首、序十四篇,卷一二序七篇、引四篇、記二篇,卷一三傳六篇、碑二篇、志銘六篇、行狀一篇、誄二篇,卷一四祭文九篇、論、議、解、頌各一篇、疏三篇、贊六篇、啓七篇。

其"自贊"云:"儒不能文,俠不能武。守雌乎拙於嬰兒,資身也笑於錢虜。抗俗狀若塵容,故白眼而赤面,厭埃霧與泥塗,迺雙屐而一塵。若乃定霸乎騷雅之壇,角勝乎清言之圃,則騁其足,刷其羽,晉其風,唐其語,吾竊以自許。"

曹學佺序云:"予友陳幼孺,少孤而貧,三十始爲諸生,領鄉書,應試南宫,不第而歸。貧益甚,至喪厥明,末年病嘔而死。其所爲養生之資,飲食男女之欲,約而且廢矣,獨於詩之道,負俊才而專一志。質癯而腹腴,語險而法中,雖目不涉詩書,跡不交山水者,十有餘載,然下帷之夫,駴其博雅,好遊之士,推其韻致矣。"薦夫之姪女嫁與徐𤊹子爲婦,集中有"賀徐興公得孫,其子婦,余姪女也"。

《明史藝文志補編》著録。《四庫全書總目》入集部別集類存目。《中國古籍善本書目》著録。中國國家圖書館、天津圖書館等九館、臺北"國家圖書館"(三部,其一爲原藏北平館者)及日本内閣文庫、尊經閣文庫、蓬左文庫亦有入藏。

鈐印有"軒舉過目"。

2204　明萬曆刻本睡庵文稿　　　　　T5424/3231

《睡庵文稿初刻》四卷《二刻》六卷《三刻》四卷,明湯賓尹撰。明萬曆李曙寰刻本。存四册。

半頁九行十九字,四周單邊,白口,單魚尾,書口下刻"先月樓藏板"。框高21.4釐米,寬14.1釐米。題"宣城湯賓尹著;金谿門人李曙寰校梓"。

湯賓尹,字嘉賓,宣城人。萬曆二十三年進士,授編修,仕至南京國子監祭酒。

此本存《二刻》六卷,爲卷一敘十九篇,卷二敘十三篇、記二篇,卷三志八篇,卷四志五篇、表狀三篇,卷五行狀三篇、傳三篇,卷六詩八十四首。

《清代禁書知見錄》著錄有《初刻》四卷、《三刻》十四卷(當爲四卷),又《睡庵文集》二十五卷《詩集》十一卷《視草》十六卷等數種,但無《二刻》,或孫殿起未及見。

《中國古籍善本書目》著錄,中國科學院圖書館及日本尊經閣文庫有全帙。臺北"國家圖書館"及日本內閣文庫則僅存《初刻》、《二刻》。

2205　明崇禎刻本蒼雪軒全集

T5424/4879

《蒼雪軒全集》二十卷,明趙用光撰。明崇禎胡騰蛟等刻本。四冊。半頁九行十九字,四周單邊,白口,單魚尾。框高21.1釐米,寬14.8釐米。題"龍門趙用光哲臣著"。前有崇禎七年(1634)傅冠序,天啓四年(1624)李日宣序。

趙用光,字哲臣,山西河津人。萬曆二十三年進士,官至詹事府少詹事,掌翰林院事,兼侍讀學士。居官孤介,在鄉孝親友弟,與人以和,不樂請託。曾典江西順天鄉試,拔毛邱伯等,皆知名士。學以致知主敬爲宗,在館閣數十年,清介端重,人望歸之。《(康熙)河津縣志》卷五、《(乾隆)河津縣志》卷七有傳。

此本存十卷,卷一至六詩二百八十六首,卷七奏疏五篇、議一篇,卷八表一篇、策五篇,卷九至一〇序十六篇。卷七有《河津縣興革利弊事宜四欵》,爲議修先賢祠廟、議措處鹽池修堤、議革餽瓜之費、議革協濟搭棚之費。其事雖不大,然處處多爲百姓着想,尤以第三、四欵頗可讀。

李日宣序云:"若先生者,生平篤信濂雒關閩之學,以致知主敬爲宗。其於性天微妙,聖神闃奧,原已洞燭無遺,故自讀中秘書,澕歷玉堂,語妙天下,名震彤管,一代詞宗,超今軼古。今觀其論說,則析理精微,應衙官六子;序記則條達自遂,有子長遺風;碑碣則典雅不群,出中郎遺韻;至館閣鴻裁,燁煜標鮮,與報任、答蘇塡箧互叶而一派。詩歌直追正始,近體諸作,和平諧暢,不讓大曆、開元。宣卒業之,則磊然如九都之北注,蒼然多玉也。冷然如承露仙掌,久而沉瀯,猶存殘桷敗椽也。渾然如銅崩鐘應,飲池見垣,恍而色色靈通也……因先生門人河津令智君鋌、萬泉令劉君鼎卿,謀其同榜平陽二守,胡君騰蛟、趙城令陳君時春、榮河令高君之儁,爲搜其家藏遺牒若干卷,屬宣爲較而彙之,而先生之令子玄將已駸駸能讀父書矣。"

是本有扉頁,刊"龍門趙太史蒼雪軒文集"。序後爲編選門人姓氏,題"門人李日宣本晦父編定;丘兆麟毛伯父、易應昌瑞之父、詹士龍雲從父、吳之仁長卿父、傅冠元父父、劉先春伯陽父、章允儒珍父父同編;胡騰蛟雷門父、高之儁震卿父、智鋌定甫父、陳時春太和父、劉鼎卿肖生父仝刻"。

《全燬書目》有"蒼雪軒集六本"。《清代禁書知見錄》著錄有"蒼雪軒集二十卷",但非此本。

《明史藝文志》、《千頃堂書目》未收。《中國古籍善本書目》著錄有二十卷本,上海圖書館、南京圖書館等十館及美國普林斯頓大學葛思德東方圖書館入藏。

2206　明萬曆刻本何長人集

T5424/2201

《何長人集》九卷,明何慶元撰。明萬曆何大器刻本。八册。半頁八行十六字,四周雙邊,白口,無魚尾。框高 19.4 釐米,寬 12.1 釐米。題"長人何慶元著"。前有萬曆四十三年(1615)樊良樞序、何慶元自序、何大器跋(蘧來室存稿);周道登(蘧來室近稿)、黄國鼎序;萬曆四十一年(1613)何慶元自跋(南北游草);萬曆四十二年(1614)林銘鼎序;萬曆四十三年周玄昭跋(甓社游草)。

何慶元,字長人,號六陽,六安州人。萬曆二十六年進士,授工部主事,分司高郵築堤,以便潴泄,漕運無滯,商民便之。陞雲南兵備道,親老路遥,不忍違左右,乞終養歸,以琴樽自娱。

是集計四種,爲《蘧來室存稿》二卷(詩類六十九首、文類十九篇)、《蘧來室近稿》二卷(詩類一百八十二首、文類二十二篇)、《南北游草》二卷(詩類一百六十三首、文類二十二篇)、《甓社游草》三卷(詩類上三十五首、詩類下一百三首、文類十五篇)。

據樊良樞序,集四種爲二十年來所刻。《蘧來室存稿》,乃慶元病時,鍒其篋中之藏,或時散佚不欲敝帚享者,故曰存者。次爲《近稿》,乃病起後有蘧蘧然覺也。《南北游草》,乃其出山後自比小草,固以爲汗漫之游,而鴻濛鞅掌,以觀無妄者。《甓社游草》,是行南河,以地名篇。按,慶元以蘧來爲室名,蓋取"蘧蘧然周也"之意,其自序云:"室得蘧來,所謂蘧蘧然周也,夢也。"甓社,在高郵城西可三十里,與諸湖一水相屬,昔傳有珠光夜燭。

慶元通籍後,即病卧山中,且十載。家甚貧,蕭然四壁,菽水之供幾不能具,家人譁於門,然慶元夷然不屑,仍寄之聲詩古文詞。故周道登有"長人病而文益豪,貧而著述日富,即貧即富,長人其甘"之語。黄國鼎序云:"間出詩歌文字相示,鏗鏘清越,任意所適,盡合節奏,玄心逸韻,隱見毫端,殆不類困頓岑寂者。"

此書爲慶元姪大器所刻,大器跋云:"先生雅不喜作舉子業,時有所會,發爲詩文,而不求工,不存笥,曰世人侈此道爲千古,能千古者幾人哉?……余日左右先生,便收録之如此,爰請而付諸剞劂氏。"

《蘧來室存稿》(文)缺第八頁。

《全燬書目》、《清代禁書知見録》著録。《千頃堂書目》卷二五僅收《蘧來室存稿》一種,而不及其他。《中國古籍善本書目》著録,山東省圖書館有全帙。中國國家圖書館、南京圖書館、廣東省社會科學院圖書館所藏爲殘本。臺北"國家圖書館"所藏原北平圖書館本爲全本;又有殘本,爲《存稿》、《近稿》、《南北游草》、《甓社游草》各一卷。

2207　明天啓刻本鏡山庵集

T5424/0227

《鏡山庵集》二十五卷,明高出撰。明天啓刻本。二十册。半頁九行十九字,四周單邊,白口,單魚尾。框高 20.5 釐米,寬 13.4 釐米。題"海上無無居士高出孩之著"。前有天啓六年(1626)高出自序。

高出,字孩之,萊陽人。萬曆二十六年進士,除大名知縣,改曲周盧氏,遷南户部主事,歷員外郎中,出爲蘇、松參議,進副使,遷河南參政,改易州道。調遼東道監軍,進按察使,降副使廣寧道監軍,改西平堡監軍。遼陽失,被逮下獄。

此集爲《初删稿》六卷、《槎亭稿》二卷、《山中識遺稿》一卷、《盧隱稿》六卷、《郎潛稿》六卷、《拘幽集》四卷。高出自序云："初删稿六卷、槎亭稿二卷、山中識遺稿一卷、盧隱稿六卷、郎潛稿六卷、拘幽稿四卷，皆詩也。文稿盡亡於遼，惟獄中作及他纂述無多，亦將緝綴續其後，總名曰《鏡山庵集》。鏡山者，余村居所有山也，家世僻鄉，距邑城五舍而遙。是山冠冕一方，而丘壑又極深秀。吾先君子始翦蒿萊，葺松其上，手葺草屋以居，栽松道者，距今五十年，樹歲益滋，多不可億計。其中泉甘而林茂，每春夏之交，花鳥繁蔚，爛若錯繡，海色雲光，幻出巖岫，杖屨登覽，曠爾遺世。"

《禁書總目》、《清代禁書知見錄》著錄。

《中國古籍善本書目》著錄。上海圖書館、南京圖書館等六館，臺北"國家圖書館"及美國國會圖書館、日本内閣文庫亦有入藏。

2208 明天啓刻本寓林集 T5424/4830

《寓林集》三十二卷詩六卷，明黄汝亨撰。明天啓四年(1624)吴敬、吴芝等刻本。存六册。半頁九行二十字，左右雙邊，白口，單魚尾。框高21.7釐米，寬14釐米。題"武林黄汝亨貞父著"。詩集前有天啓四年李日華序。

黄汝亨，字貞父，仁和人。萬曆二十六年進士，官至江西提學僉事轉布政司參議。

此本存詩六卷。卷一四言古四首、五言古一百二十五首，卷二五言古五十一首、七言古四十二首，卷三至四五言律三百五十三首，卷五七言律八十七首，卷六五言排律二十三首、五言絶句五十八首、六言絶句八首、七言絶句五十八首。

《四庫全書總目》僅收汝亨《古奏議》等，而未及此書。《中國古籍善本書目》著錄。中國國家圖書館、上海圖書館、臺北"國家圖書館"(所藏爲原北平館者)等八館有全帙。又美國普林斯頓大學葛思德東方圖書館、日本内閣文庫、尊經閣文庫亦有入藏。

鈐印有"宛平王氏家藏"、"慕齋鑒定"。

2209 清嘉慶刻本熊襄愍公集 T5424/2311

《熊襄愍公集》十卷，明熊廷弼撰。首一卷末一卷。清嘉慶十七年(1812)刻本。十册。半頁九行二十四字，左右雙邊，白口，單魚尾。框高19.3釐米，寬12.1釐米。前有卷首，爲高宗純皇帝上諭、御制論、督撫奏疏；徐文檢撰《凡例》九則。末有嘉慶十七年熊塤後序；熊本槐跋，嘉慶十七年鮑桂星跋，嘉慶十八年(1813)徐文檢跋。

熊廷弼，字飛白，號芝岡，湖北江夏人。少負俊才，髫年即捉筆爲詩歌。少長，文武兼優，卓然有大志。萬曆二十六年進士。初謁選，理刑直隸保定，召爲工部主事，尋改浙江道監察御史，巡按遼東。後改差南直隸提督學校。四十五歲時聽勘回籍，再起大理寺寺丞，陞兵部侍郎兼僉都御史，經略遼東，勇於任事，持守邊議，以後金兵入撫順，被劾罷官。天啓元年，起廷弼重爲遼東經略。次年，遭太監魏忠賢誣陷，以贓私行賄，論死，斬於西市，傳首九邊。至崇禎二年始獲昭雪。《明史》卷二五九有傳。

卷一至二《巡按疏》；卷三至四《前經略疏》；卷五《後經略疏》；卷六《揭牘》；卷七《書牘》；卷八《性氣先生傳》、《東事問答》、《自傳》；卷九《雜文》；卷十詩(附《熊元敬公報母書》、《獄中示縣官書》、《熊仲敬先生乞收父骨疏》、《孝女傳》、《熊元敬公獄中自刎記》)。末一卷爲雜文(疏、序、傳、書、論、贊、銘、記)、題詞。集中卷七《書牘》,皆軍中商榷之事。卷八《性氣先生傳》,爲廷弼自敍生平之實錄。廷弼詩文甚多,此集雜文存十之五,詩止存十之一。

此本爲徐文檢在其友鄭柞山彙集熊文基礎上所輯,文檢撰《凡例》云:"公之集,向皆散佚,吾友鄭柞山先生恐久而湮也,彙纂成帙,粗有頭緒,未竟而没。余廣爲蒐採,合之熊氏所藏,而集乃備。"鮑桂星跋云:"右明《熊襄愍公集》如干卷,江夏明經徐文檢所裒輯也。"徐文檢跋亦云:"我高宗純皇帝御製論定,卹錄後人,公之精誠,遂得大白於天下,且諭令閣臣搜採遺文,纂入四庫。公之遺書,始得播傳於後世……檢曷克當斯任,第上體純皇帝如天覆載之心,俯念襄愍公爭光日月之節,奮然鼓舞,廣爲搜輯,合熊氏家藏,得若干卷,並三公子事與諸名人傳、論、贊、跋、題辭、碑記、遺事附後。"按,徐文檢,字署華,號潤堂。

熊塡後序云:"先是,公有《芝岡詩》行世,流傳者絶少。其奏議之刊,在四庫全書館者,秘人莫能窺。族兄本槐,泗先之子也,於藏書家得公全集,屬塗川徐君潤堂彙成若干卷,謀梓以壽世。"熊本槐跋又云:"是集也,槐太高祖襄愍公一生心血所聚也。府君司鐸襄城時亟欲刻之,以資俸薄而力有不能。繼令大竹,力可勉矣,乃軍事旁午,日無寧晷,而勢又不暇。解組歸有暇矣,以積勞成疾,且值不肖備員嶺外,勢與力兩不及。府君徒賫志歿矣。歲壬申,讀禮於家,署華先生與府君最友善,始經紀之,而不肖勷其事,又得同人之助,始於仲夏,竣於秋杪。"

明代僅有熊廷弼《遼中書牘》二卷(明萬曆三十九年刻本,藏中國科學院圖書館)、《書牘會稿》六卷(明汪修能刻本,藏陝西省圖書館)兩種傳世。

此本有扉頁,刻"熊襄愍公集。退補齋藏板"。

《河南省圖書館中文古籍書目(集部)》著録,作"清退補齋刻本"。《湖南省古籍善本書目》有《熊襄愍公集》四卷(清朱澤楠輯,清抄本)。孫殿起輯《販書偶記續編》著録,作"嘉慶十八年刊"。美國《普林斯頓大學葛思德東方圖書館中文舊籍書目》作"清嘉慶十七年江夏熊本棟腴經堂刻本"。日本《京都大學人文科學研究所漢籍分類目録》作"清嘉慶十七年跋刻本(退補齋藏板)";又一部作"嘉慶十八年序刻本"。又京都大學人文科學研究所及東京大學總合圖書館皆有同治三年邑人等集貲刻本。清道光二十八年涇縣潘氏袁江節署刻《乾坤正氣集》中收有《熊襄愍公集》七卷。

2210　明萬曆刻本緱山先生集

T5427/1122

《緱山先生集》二十七卷,明王衡撰。明萬曆刻本。二十册。半頁九行十八字,四周單邊,白口,單魚尾。框高21.6釐米,寬13.4釐米。題"太倉王衡辰玉甫著;男時敏校"。前有萬曆四十四年(1616)婁堅序,萬曆四十四年馮時可序,萬曆四十四年陳繼儒序,萬曆四十五年(1617)高出序。

王衡,字辰玉,錫爵子,太倉州人。萬曆二十九年進士,官編修,負才早卒。

卷一至五詩(附詞),卷六至九序,卷一〇至一一記、像贊,卷一二至一三墓表、墓志銘,卷一四傳,卷一五論、表,卷一六至一七策,卷一八奏疏、啓,卷一九至二〇祭文,卷二一疏偈跋,卷二二至二七尺牘。

《四庫全書總目》云:"(衡)入翰林,旋即歸養,得以其閒肆力於古學,與王世貞雖同里閈,而不蹈其蹊徑,然頗染陳繼儒之俗格。"此集稱緱山先生集,乃因衡少時頗有游仙之志,并嘗以自號。

《四庫全書總目》入集部別集類存目。《中國古籍善本書目》著録。中國國家圖書館、上海圖書館等三十五館，臺北"國家圖書館"（四部）及美國普林斯頓大學葛思德東方圖書館、日本内閣文庫、尊經閣文庫、静嘉堂文庫亦有入藏。

2211　明萬曆刻本許鍾斗文集　T5427/0445

《許鍾斗文集》五卷，明許獬撰。明萬曆三十九年(1611)許鶯刻本。四册。半頁十行二十字，四周單邊，白口，單魚尾，書口上刻"鍾斗文稿"。框高22.1釐米，寬14.2釐米。題"温陵許獬子遜甫著；弟許鶯校刻"。前有萬曆三十九年(1611)李光縉序。

許獬，字子遜，福建同安人。萬曆二十九年進士，官編修。爲人氣岸嶙峋，不諧俗，好讀書，海内傳誦其文曰許同安。又有《八經類集》。

卷一序、碑、傳、記、説十三篇，又祭文、墓志銘八篇；卷二表疏、頌、贊、議、辨十一篇；卷三論十七篇；卷四書啓七十五通；卷五詩、歌四十六首、賦三篇、本朝從祀四先生理學贊四首、墨贊六首、銘二首、詩二首。

《四庫全書總目》云："是集大抵應俗之作，館課又居其强半。蓋明自正嘉以後，甲科愈重，儒者率殫心制義，而不復用意於古文詞，洎登第宦成，精華已竭，乃出餘力以爲之，故根柢不深，去古日遠。況獬之制義，論者已有異議，則漫爲古調，其所造可知矣。"

李光縉序云："今春，其弟蒐枕中遺稿，得若干首，請正於予。予讀之，不覺惻然悲，又欣然喜也。悲之者何？爲一代惜九鼎之才也；喜之者何？爲千古揭天球之寶也……其爲文包羅《左》、《國》，吐納《莊》、《騷》，出入楊馬，鞭笞褒雄。其爲詩鍊格漢魏，借材六朝，同工沈宋，登壇李杜，天府之高華，人文之鴻鉅，觀止矣！是子遜自足不朽，予何庸表章。聊爲海内之賞子遜、企子遜、思子遜而有遺憾者，未獲覩其全豹也，故付諸剞劂氏而詮敘之。"

據李序，此本似爲李氏所刻，然獬集乃爲其弟許鶯所輯，卷一第一頁作者名下即刻"弟許鶯校刻"，而獬集李序乃應鶯之所請而書，故此書之刻應作許鶯刻本。

《四庫全書總目》入集部別集類存目。《中國古籍善本書目》著録明萬曆三十九年李光縉刻本，中國國家圖書館、北京大學圖書館等四館及美國普林斯頓大學葛思德東方圖書館、尊經閣文庫亦有入藏。

按，許氏是書又有明萬曆四十年洪夢錫等刻本，爲九行十九字，中國國家圖書館、上海圖書館等十館及臺北"國家圖書館"（兩部，其一爲原藏北平館者）及美國國會圖書館入藏。

金鑲玉裝。卷二第十五頁佚去。

鈐印有"辛印嵩齡"、"願讀人間未見書"、"孫印華卿"。

2212　明刻本秋水閣墨副　T5427/4193

《秋水閣墨副》九卷，明董光宏撰。明刻本。十册。半頁八行十七字，四周雙邊，白口，單魚尾。框高19.4釐米，寬13釐米。題"古鄞董光宏君謨著"。前有黄汝亨序。

董光宏，字君謨，鄞人。萬曆二十九年進士，以刑部郎恤刑福建，擢河南按察僉事，提督學政，遷參議，鎮滋州，尋晉副使，鎮汝州。陞河南布政使參政，遷陝西按察使，歷江西左、右布政使,入爲順天府尹。天啓五年擢户部侍郎,力辭,改南京大理寺卿。魏忠賢柅其遷轉,遂乞休,加南京兵部左侍郎致仕。崇禎元年卒,年七十三。《(光緒)鄞縣志》卷三八有傳。

卷一至二序,卷三傳、志表,卷四記,卷五雜著,卷六祭文,卷七巖居書牘,卷八四六,卷九詩。此本無目錄。

《四庫全書總目》未收。《中國古籍善本書目》著錄。天津圖書館、北京大學圖書館、寧波天一閣、臺北"國家圖書館"(兩部,其中一部爲藍印本,缺卷一〇,爲原藏北平館者)亦有入藏。

2213　清康熙刻本陳先生適適齋鑑鬚集　　T5424/7919

《陳先生適適齋鑑鬚集》七卷,明陳玉輝撰。清康熙刻本。四册。半頁九行二十二字,四周單邊,白口,單魚尾。框高 21.9 釐米,寬 13 釐米。題"明惠安陳玉輝達卿父著;男龍墀、龍垣、龍岩、士章、龍錫全較;孫肅美、肅郁、肅任、仕錦、孫忠、孫惠、孫念、孫思等十六人;曾孫宗淮、學濂等八人仝編"。前有康熙十一年(1672)曹申吉序,康熙十一年潘超先序,又趙玉成序、莊欽鄰序、楊宗岱序、洪啓槐序。末有崇禎十七年(1644)陳龍岩跋。

陳玉輝,字達卿,號荆碧,福建惠安人。萬曆二十九年(1601)進士,知吉水縣,入爲吏部主事,擢南京監察御史。後告歸,居八年,起原官改北,掌大計,風裁嚴峻。天啓二年(1622)卒於京邸。所著又有《客客軒散言》、《皇苓草》、《公餘課兒草》、《岳陽草》等。《(民國)福建通志·列傳》卷二八有傳。

適者,滿足、安適也。適適者,原作驚視自失貌,《莊子·秋水》云:"於是埳井之鼃聞之,適適然驚,現現然自失也。"成玄英疏云:"適適,驚怖之容。"陳氏以"適適"名齋,則有休閑優游、安居樂業之意。卷三《客客軒散言序》云:"余久困風塵,歸而開墅東皋之上,顔曰'適適'。青松白石,覺有會心處。"卷四《適適齋記》云:"余自窮巷時,布衣疏(蔬)食,逍遥自得,及于役四方,淬厲鉛鈍,冀效一割之用。未曙披衣,櫛不遑沐,省錄率至漏下四鼓。然自公之暇,焚香讀書,展玩圖畫,神情飄飄物外,不復知身之爲吏。五六年來,弛擔釋羈,半村半郭,三徑初成,謝絕一切塵緒。以溪山爲圖畫,以載籍爲良朋,繹止足之遺訓,參寧淡之要旨,於以簡身心、調情性、廣見聞、暢世務,優游偃仰,與世無營,斯不亦自適其適乎哉? 顔曰適適齋。"

又"鑑鬚"之意,可見卷三《鑑鬚草小引》,云:"憑欄啓鑑,形枯影瘁,喟然拂鬚浩嘆,二十年橫襟無能,参玄闕下。"

是書卷一語錄,計一百七十則;卷二至三序;卷四記、文、疏、議;卷五祭文、行略、志銘、贊;卷六書、啓、看語、諭;卷七詩(四言古、五言古、五言律、五言絶句、七言古、七言律、七言絶句)。玉輝從鄒元標講學,其文章根柢尚爲醇正,憂時愛國,可見其人其貌。詩則隨意抒寫,不求甚工;贊銘尺牘,俱從理學中參破,經濟中流出。

曹申吉序云:"先生自筮仕洊歷南北烏臺,計弊群吏,明體達用,見於斯集者具在。仁人之言,藹如也。惜其功業未竟,不盡顯於世,然其要可識矣。"潘超先序云:"先生爲閩海鉅儒,沐浴於匭山、紫陽之澤,其淵漠蓋有自矣。迄今數十年,讀其書想其風采,猶令人有高山仰止之思,非有德者而能如是乎? 斯集也,吾知當與程朱語録並傳,有不奉爲寒山片石者鮮矣。其於讀書學道之事,夫何愧?"

陳氏著作頗多,然未有全集刻梓。此本當爲其後人所刻,據其子陳龍岩跋云:"父未第時,低首下帷撰述,砰隱於歌行,古文辭頗云精鑒,醍醐歲月所彙,枕秘盈萬。中年馬首西東,全集淪軼,寒兄弟斤斤搜積,僅得辛丑後稿。已刻如《文江政紀》、《留臺奏議》、《屯田紀略》、《積慶家乘》。未刻如《存耕録》、《鑑鬢集》是也。辛丑以前,《四書説》、《六曹經制》、《禦倭備邊》諸稿,概不可物色,或以爲長康畫通神,變化飛去云……不肖兄弟,孤鉤寡珥,僅僅手此編行世,名曰《鑑鬢》,塵鐺故弓,仍舊號也。"

此本卷五尾頁佚去。

《四庫全書總目》入集部別集類存目。《中國古籍善本書目》著録,中國科學院圖書館入藏。《臺灣公藏善本書目》、日本内閣文庫、東京大學東洋文化研究所、京都大學人文科學研究所皆未著録。

2214 清乾隆刻本文水李忠肅先生集大節録　　T4662.7/4454

《文水李忠肅先生集》六卷附《大節録》一卷,明李邦華撰。清乾隆間李氏刻本。九册。半頁九行十八字,四周雙邊,白口,單魚尾。書口上刻"李忠肅公集"。框高19釐米,寬12.7釐米。前有清康熙三十三年(1694)王綜《吉水李忠肅先生留丹集序》,雍正四年(1726)沈翼機《文水留丹集序》,錢謙益《文水留丹全集序》,乾隆七年(1742)徐大坤《重刻李忠肅公留丹集序》,趙世功《李忠肅公文集序》,李明睿《李忠肅先生留丹集奏議序》,乾隆二十五年(1760)金渭《李忠肅公奏議序》。

李邦華,字孟闇,一字懋明,江西吉水人。生於明萬曆二年,卒於崇禎十七年。萬曆三十二年進士,擢山東監察御史。熹宗初,入光禄寺少卿,擢右僉都御史,代畢自嚴巡撫天津。軍府新立,庶務草創,邦華至,極力振飭,津門軍遂爲諸鎮冠。天啓四年,閹黨劾削其官,引疾去。崇禎元年,起工部右侍郎,總督河道。尋改兵部,協理戎政。越明年,加兵部尚書。時戎政大壞,邦華上陳更操法、慎揀選、改戰車、精火藥、專器械、責典守、節金錢、酌兑馬、練大砲九事。帝知邦華忠,奏無不從。後起左都御史。李自成陷京師,邦華爲詩曰:"堂堂丈夫兮聖賢爲徒,忠孝大節兮誓死靡渝,臨危授命兮吾無愧吾。"投繯自絶於文天祥祠。贈太保、吏部尚書,謚忠文。清廷賜謚忠肅。《明史》有傳。

李邦華"以敢言聞,性好别黑白"。錢謙益序云:"公純忠大節,與廬陵文信國後先五百年,驚耀青史,公自命其集曰文水。"王綜序云:邦華"踵文山之蹟,死文山之祠","青蒲丹陛之下怳聞正氣之歌,皁囊白簡之中如覩衣帶之贊,則先生蓋真文山後身而天意固已難言矣。"

是書係李邦華奏疏集,計有《西臺疏草》、《按浙政略》、《撫津蕘言》、《詰戎辜府》、《晉樞奏草》、《請纓疏草》並《總憲奏議》各一卷,附《恭呈疏》一篇。各卷端所題均不同,卷一《西臺疏草》題"盤古李邦華懋明著;山陰劉宗周念臺選;漳浦黄道周石齋較;男士亨、士齊、士京、士臺,孫長世、長祚編訂";卷二《按浙政略》題"烏程朱國禎平涵選;虞山錢謙益牧齋較";卷三《撫津蕘言》題"福清葉向高臺山選;常熟瞿式耜稼軒較";卷四《詰戎辜府》題"新建姜曰廣燕及選;年侄祁彪佳世倍較";卷五《晉樞奏草》題"吴橋范景文質公選;屬侄錢棅仲馭較";卷六《請纓疏草》題"大興史可法道鄰選;姪孫日宣本晦甫較"。

徐大坤序云:"校士有文學李錫介,繕其祖《留丹集》以進,乃明大司馬忠肅公遺編也……是集也,毁於回禄,裔孫錫介欲重付剞劂。爰與諸裔孫謀而新之棗梨,亦庶幾執鞭之意也。"

金渭序云:"公裔孫錫璜以家藏本見示,且云板毁已久,將重付剞劂,索序於余。"

是書清代列入禁書,見於《清代禁燬書目》。

此本《李忠肅公集》佚去扉頁。據天津圖書館著錄，刊"大明總憲李忠肅先生留丹集。海內諸名賢鑒定。大節堂藏版"。此本《大節錄》前有扉頁，刊"大明總憲李忠肅先生大節錄。大節堂藏板。諭祭文二、官祭文一、像、贊、神道碑、墓表、墓志銘、傳、輓詩"。大節堂，《中國古籍版刻辭典》未收。

《中國古籍善本書目》未收此本，著錄有清初刻本《皇明李忠文先生集》六卷，爲明人劉宗周所選，中國國家圖書館、北京大學圖書館兩家收藏；並著錄有李邦華《撫津疏草》一卷《咨稿》一卷，明天啟刻本，中國國家圖書館收藏。此乾隆刻本，北京大學圖書館、天津圖書館有藏。另臺北"中央研究院"史語所傅斯年圖書館著錄有"清乾隆間活字本《李忠肅公集》六卷"，疑誤。《販書偶記》著錄有清同治四年正氣堂刊木活字本。《四庫禁燬書叢刊》集部第81冊收入，底本爲清乾隆七年刻本。

2215　明崇禎刻本市南子　T5427/4491

《市南子》二十二卷《制誥》六卷，明李光元撰，吳士元選。明崇禎刻本。十二冊。半頁九行二十字，左右雙邊，白口，單魚尾。框高20.8釐米，寬13.7釐米。題"鍾陵李光元撰；吳士元選"。前有崇禎十三年(1640)吳士元序，傅冠序，崇禎四年(1631)李光倬序。

李光元，字麟初，進賢人。萬曆三十五年進士，嗜學好古，選庶吉士，授編修。冊封蜀藩，取道歸省，以病告，侍養七年。泰昌元年再出，歷起居注，纂修兩朝實錄，經筵日講制誥。天啟二年分校會試，尋再歸養。六年起，爲少宗伯，行至宿州卒。生平敦德行，尚志節，晚益純粹，自號二鹿山人。《（同治）進賢縣志》卷一七有傳。

卷一四言古詩、五言古詩，卷二五言古詩、七言古詩，卷三五言律詩、七言律詩，卷四七言律詩、五言絕句、七言絕句，卷五至一一序，卷一二記，卷一三傳、銘、碑，卷一四行狀、祭文，卷一五至一六論，卷一七至一八策，卷一九表、奏疏、贊、說、辯，卷二〇解、緣疏、議、啟、書，卷二一至二二書。制誥共二百四十八篇。

吳士選序云："曷名乎市南子也？大宗伯愧庵先生，少居市之南隅，所有論著，自托於宜僚弄丸之指，而遂以是名其篇，故稱《市南子》也。是集也，鍛青已三歲，余不佞濫較役，蓋嘗有一言，藏篋中亦三歲不敢出。先生仲子汝至，博文好義，枉牘再四，謬稱不佞乃先執，且集中較讎無二腕，諸弟子飭工糈，皆從文笥中轉輸而至……余既簡遺編，復謬爲之評曰，抉性命之實，而不茹其華者，梓溪先生也；入西京之奧，而不過其門者，愧庵先生也。日月兩湖，斯爲並朗。"

傅冠序云："予里宗伯李麟初先生，没幾十餘年，其仲子汝至，乃克編次其詩古文辭爲二十二卷行於世；制誥之文，刻其十之六，題曰《市南子》，因先生所自爲號名之也。"

《禁書總目》、《清代禁書知見錄》著錄。《清代禁燬書目·補遺一》云："查《市南子》係明李元光撰，乃其所著詩文集，中間與傅君雨一書，語有干犯，應請銷燬。其二十一卷內，與熊經略書及與遼東□諸書，原本俱有缺頁，恐尚有干礙之處，應行令該督撫一併查明送燬。"按，此本有與傅君雨書二通，與熊經略書及與遼東按院陳書俱不缺。

《中國古籍善本書目》著錄。湖北省圖書館、北京大學圖書館、中國科學院圖書館三館，臺北"國家圖書館"（爲原藏北平館者）及日本內閣文庫亦有入藏。據王重民《中國善本書提要》，北大藏本題"鍾陵李光元麟初父著、吳士元來復父選"，又有扉頁，題"吳來復先生選。李麟初先生集"，頂欄橫刻"市南子"。按，此本逕題"鍾陵李光元撰；吳士元選"，與北大本不同。又此本扉頁除北大本所有字之外,又刻"醉竹軒藏板"。

2216　清乾隆刻本達觀樓集　T5424/2221

　　《達觀樓集》二十四卷,明鄒維璉撰。清乾隆三十一年(1766)鄒世祁等刻本。八冊。半頁十行二十一字,左右雙邊,白口,單魚尾。框高 19.7 釐米,寬 12.4 釐米。題"豫章鄒維璉德輝甫著;姪孫世祁、世煥、謨德、懋功、世炯、振德、夢蘭、世袍、禄德、曾孫萃明重梓。"前有乾隆三十一年(1766)鄒鳳颺序,康熙四十一年(1702)宋犖序,鄒維璉自序。

　　鄒維璉,字德輝,號匪石,江西新昌人。萬曆三十五年(1607)進士,授福建延平府推官,剛正執法。官延八載,陞南兵部職方主事。趙南星重其才品,引與共澄銓政,調吏部稽勳司,歷考功郎中。時魏瑠焰張甚,維璉上疏劾奏,中罷歸,直聲大振。未幾,詔撫按提問,謫戍貴州施州衛。崇禎初,瑠誅。陞通政司參議,遷南太僕少卿,尋轉右僉都御史,巡撫福建,提督軍務。後陞兵部左侍郎,欽賞三次加俸一級,疾甚不能赴,卒於家。

　　達觀者,通達見解也。《文選》中漢賈誼《鵬鳥賦》有:"達人大觀兮,物無不可。"《莊子·逍遥游》云"其名爲鵬",晉郭象注:"達觀之士,宜要其會歸而遺其所寄,不足事事曲與生説。"維璉兵曹十餘年,家無一廛。天啓二年,其家居時,乃築達觀樓於邑城之南隅。據維璉自序,達觀樓頗有勝蹟,"四山繞郭,一水環帶,佳氣浮空,野外萬木之晴暉,翠凝入席……斯樓也,高山流水,明月清風,取之無禁,用之不竭,可以聽灘響而奏伯牙之鳴絃,聽天籟而同南郭之隱几。"其題以"達觀",以情與景皆符耳。此集卷一《願學編》,卷二至三《宦游草》,卷四《友白草》,卷五《友歐草》,卷六《導噫草》,卷七《四書疑義》,卷八《五經疑義》,卷九《史評》,卷一〇論,卷一一辯,卷一二説,卷一三議,卷一四策,卷一五序,卷一六記,卷一七傳,卷一八疏,卷一九啓,卷二〇尺牘,卷二一呈,卷二二志銘表,卷二三昭告附誓,卷二四祭文。

　　《願學編》,爲維璉早年所作。其自序云:"余少習經生,技搏進取,輒浪吟。既而赴公車不第,自揣無他嗜,日手百家集,披誦不置,見景寄詠,耽而成僻……邇因公餘編集附梓,聊以志吾數年神情之所寄,且曰未能願學蓋如此。"《宦游草》者,爲維璉謁銓入閩所作。《友白草》,白者,唐李白也,人稱"謫仙",曾譴戍夜郎。維璉爲魏閹陷害,流寓夜郎,得尋李白問白亭,時時觸詠,篇什不盡夜郎出也。《友歐草》,爲維璉被釋後,授以南冏之任,其在歐陽修遺蹟處時有吟唱,故以"友歐"爲名。《導噫草》,乃維璉目睹時事,每每悒鬱不能達,噫氣時多,漸成磊塊。其於山水壯游,良朋雅集,以至戎馬舟楫間,輒有蕪詞以導之,則覺爽然而噫消。其奏議愷摯精詳,忠藎之氣,溢於行墨。維璉《劾魏忠賢疏》,見於卷一八。

　　維璉爲人方嚴介潔,敢言任事,扶正嫉邪,公爾忘私,其天性也,崇禎帝稱爲"天下第一清忠"。當熹廟甲子,魏忠賢之勢方熾,舉朝多爲其義兒養子,荼毒忠良。維璉與楊璉等數君子,拼七尺之軀,以報朝廷。後楊諸人死於黑獄,維璉也譴戍夜郎。卷四有《哭海内殉獄諸公》,云:"豺狼踞道上,行人莫敢攖。梟音日嗷嗷,良鳥寂無聲。俯視人間世,誰作朝陽鳴。哀彼諸君子,昌言奸膽驚。云何天常亂,公忠受惡名。蘭蕋當門鋤,反謂薋菉馨。嗟嗟崑崗火,玉燼傷我情。""一忠博一死,忠臣何凄楚。一死酬一忠,人言猶渝訿。讒口聽如簧,能令臧三耳。德秀真小人,了翁僞君子。真僞寧足辨,千秋有信史。所傷朋黨名,殺盡漢家士。人亡邦國瘁,林宗淚在此。"又卷五《聞繫獄諸公赦死改戍喜賦》,云:"纍臣縶罪萬死,纍臣赦感天子。生殺總是天難測,誰敢貪天能致此。纍臣速禦魑魅去,但祝聖朝皐作士。天上貫索夜夜明,囹圄一空光虞史。"

《達觀樓集》原集應計三十一種。兹據序後所載,爲《願學編》、《理署小草》、《四書疑義》、《五經疑義》、《史評》、《宦游草》、《樞曹奏疏》、《樞曹尺牘》、《宦游續草》、《弛擔吟》、《銓曹奏疏》、《銓曹尺牘》、《大夢稿》、《友白草》、《夜郎尺牘》、《南岡奏疏》、《南岡尺牘》、《友歐草》、《撫閩奏疏》、《撫閩尺牘》、《又夢稿》、《導噫吟》、《里居尺牘》。又有署"嗣出"者,爲《自警錄》、《管見闢邪錄》、《識小錄》、《雜記》、《劍理案抄》、《課兒草》、《撫閩政稿》、《撫閩案抄》。附"嗣出"者外,不見於此本者,爲《理署小草》、《樞曹奏疏》、《弛擔吟》、《詮曹奏疏》、《大夢稿》、《南岡奏疏》、《撫閩奏疏》、《又夢稿》。以上所作,皆爲維璉生平講學累官以暨投簪放閒,隨時隨地所著,其篇名或以所歷之境土,或以所任之職事而名之,而統之以《達觀樓集》。

維璉一腔忠肝義膽,與夫愛君憂國之深衷熱血,盡流露於語言文字之閒。其《達觀樓集》明末曾刊行流布,《明史藝文志補編》及《千頃堂書目》曾有著錄,後板毁於兵燹。康熙四十一年其婿黃子正哀維璉文集若干卷,擬重鐫之,然未果。乾隆閒,維璉姪孫鳳颺諸人,又重爲編輯付梓。鄒鳳颺序云:"深痛前人手澤之失延,不惜遍搜藏書家於蠹簡殘帙中,隨得隨錄,自齠齡以暨皓首,計所珍收十得七八,第孤存行墨本子數千餘頁。猶慮碩果易剥,又苦家素寒薄,不能獨力付梓,不勝惴惴。幸家庠生夢蘭等與男世祁,僉謀重梓,於是編定成集,各出分貲,以授剞劂。總計全集若干卷,其費不下千金,亦仍限於資斧,只得剖爲數集,次第梓行。兹所刻一套,乃初集也。中閒掄次,未及全豹,亦蘄閱是編者,於三十餘種内,各窺一斑。以想見我先司馬公之梗概云。"

又按,《清代禁書總目》收有維璉《兵曹條議》,云:"查《兵曹條議》,明鄒維璉撰,語多指斥,應請銷燬。"維璉著作流傳於世者極爲罕見,民國閒胡思敬輯《豫章叢書》,收有維璉《讀史雜記》、《自儆錄》二種,題爲《達觀樓遺著》。

《四庫全書總目》、《續修四庫全書總目提要(稿本)》、《中國古籍善本書目》、《臺灣公藏善本書目》以及日本内閣文庫、東京大學東洋文化研究所、京都大學人文科學研究所均未著錄。《中國科學院圖書館藏中文古籍善本書目》著錄。

2217　明天啓刻本隱秀軒集

T5426/3153

《隱秀軒集》五十四卷,明鍾惺撰。明天啓二年(1622)沈春澤刻本。十册。半頁八行十七字,四周單邊,白口,無魚尾。框高19.1釐米,寬13.2釐米。題"竟陵鍾惺伯敬著;海虞沈春澤雨若閱"。前有天啓二年(1622)沈春澤序。

鍾惺,字伯敬,號退谷,竟陵人。萬曆三十八年進士,官至福建提學僉事,以通關節爲言官劾罷。能詩善畫,其詩幽深古峭,與同里譚元春齊名,提倡抒寫性靈,反對當時前後七子之擬古,號竟陵體。附見《明史》卷二八八《袁宏道傳》後。

此本分金石絲竹匏土革木八集。分集之次第見書口下。分卷則以千字文爲之(内再分卷),天集爲四言(一卷)、地集爲五言古(三卷)、玄集爲七言古(一卷)、黃集爲五言律(四卷)、宇集爲七言律(二卷)、宙集爲五言排律(一卷)、洪集爲七言排律(一卷)、荒集爲五言絶句(一卷)、日集爲六言絶句(一卷)、月集爲七言絶句(一卷)、盈集爲賦(一卷)、昃集爲序(六卷)、辰集爲記(三卷)、宿集爲傳(一卷)、列集爲論(五卷)、張集爲策(一卷)、寒集爲表(一卷)、來集爲奏疏(一卷)、暑集爲啓(一卷)、往集爲書牘(二卷)、秋集爲疏(二卷)、收集爲碑(一卷)、冬集爲行狀(一卷)、藏集爲墓志銘(二卷)、閏集爲祭文(一卷)、餘集爲題跋(二卷)、成集爲説(一卷)、歲集爲辨(一卷)、律集爲書事(一卷)、吕集爲偈(一卷)、調集爲頌(一卷)、陽集爲贊(一卷)、雲集爲銘(一卷)。

沈春澤序云:"伯敬先生既以視閩學政,出橐其新舊所撰著詩文若干卷,合而名之曰《隱秀軒集》。自先生之以詩若文名世也,海内無不知有隱秀軒者,而隱秀軒之有集也,鍾先生之所撰著,不止於集之中,亦不盡出於集之外也。鍾先生既已自定其集,而手以授余曰,是亦可以傳矣……余之梓是集而序之也。"

此本有扉頁,刊"鍾伯敬先生全集。一集詩、一集文。隱秀軒元本。書林近聖居重較定二刻新板"。

《禁書總目》、《違礙書目》、《清代禁書知見錄》著錄。《清代禁燬書目·補遺一》云:"查《隱秀軒集》,係明鍾惺撰。惺詩文纖佻詭僻,破壞風氣,本無足取,詞句内亦有悖犯處,應請銷燬。"

據《中國古籍善本書目(徵求意見稿)》著錄,一爲三十三卷本,上海圖書館、南京圖書館等十七館及日本尊經閣文庫有全帙;一爲八卷本,作明末書林近聖居刻本,藏北京大學圖書館、中共中央黨校圖書館。王重民《中國善本書提要》著錄國圖、北大所藏,前者作三十三卷,後者爲八卷。臺北"國家圖書館"作《隱秀軒詩集》十卷《文集》二十二卷,明天啓二年虞山沈春澤刊本(兩部,其一爲原藏北平館者)。美國國會圖書館有三十三卷本。又據《北京圖書館古籍善本書目》,此本作五十一卷。日本内閣文庫所藏和此本同,爲五十四卷(三部)。

王重民《提要》云,北京大學圖書館藏八卷本,"目錄分八卷,書口計數亦相同,而卷内則以千字文標記,另爲起訖,天至月爲詩,盈至雲爲文,都爲三十三,而'洪'、'日'、'暑'三字不見,核其内容,篇目均相銜接,僅缺《徐元歎再至金陵過訪將歸吴門送》七言排律一首,蓋偶有脱落,並非殘缺。"此哈佛本五十四卷,每卷前皆有目錄,"洪"、"日"、"暑"皆存。七言排律一首也見在,可見兩本顯有不同。按,此書卷數,各家著錄多有不同,作八卷者,似以集(金石絲竹匏土革木)爲卷。作三十三卷者,則以千字文來分卷,自"天"始,至"雲"止。此作五十四卷者,乃據千字文中每集内再分卷而計之。再按,中國國家圖書館、臺北"國家圖書館"所藏,恐有殘缺。

2218　明末刻鍾譚合刻本鍾伯敬詩集　　T5426/4412

《鍾伯敬詩集》十卷,明鍾惺撰。明末刻《鍾譚合刻》本。四册。半頁九行二十字,四周單邊,白口,單魚尾。框高 19.5 釐米,寬 13.7 釐米。題"竟陵鍾惺伯敬著;古閩李瑞和寶弓閲"。前有崇禎十六年(1643)李瑞和序,譚元春序。

卷一四言,卷二五言古,卷三七言古,卷四五言律,卷五七言律,卷六五言排律,卷七七言排律,卷八五言絶句,卷九六言絶句,卷一〇七言絶句。

此爲《鍾譚合刻》之一。日本内閣文庫有全帙。譚,即《譚友夏詩集》十一卷。

鈐印有"山澤間臞"、"譙郡曹耒攤書"。

2219　明萬曆刻文太青先生全集本皇極篇　　T5424/0427

《皇極篇》二十七卷目錄三卷,明文翔鳳撰。明萬曆刻《文太青先生全集》本。十六册。半頁九行二十字，四周單邊，白口，單魚尾。框高20.4釐米，寬13.3釐米。題"西極文翔鳳天瑞著"。前有萬曆四十七年(1619)畢懋康序，萬曆四十五年(1617)文翔鳳自序。

文翔鳳，字太青，又字天瑞，文在中長子，陝西三水人。萬曆三十八年進士，仕三陽。文學、政事並著，嗣提督山右學政，晉之人文一變。繼擢光祿少卿，日惟閉門著述，潛心皇極經世之學，一時貴達公卿經年不獲覩其面、得其片言，無不菁蔡奉之。著述甚多，世人咸以爲堯夫之後一人而已。《(同治)三水縣志》卷四有傳。

錢謙益《列朝詩集小傳》云：翔鳳"萬曆庚戌進士，除萊陽知縣，調伊縣，遷南京吏部主事。以副使提學山西，入爲光祿少卿，不赴，卒於家。天瑞論學，以事天爲極則，力排西來之教。以辭賦爲專門絕學，覃思腐毫，必欲追配古人。其文賦牢籠負涵，波譎雲詭；其學問淵博千古，真如貫珠；其筆雄健，一言可以扛鼎，世之人或驚怖如河漢，或引繩爲批格，要不能不謂之異人，不能不謂之才子也！文中子曰，楊子雲，古之振奇人也。余於天瑞亦云。"

按，《文太青先生全集》共五十三卷，《皇極篇》乃其零種，其他尚有《南極篇》二十二卷、《東極篇》四卷。

皇極者，帝王統治之準則。《書·洪範》云："五、皇極，皇建其有極。"文翔鳳自序云："洪範稱五、皇極。五，蓋洛書之中數。按九疇而命野，則洛邑當之。伊洛蓋四極之紫庭。邵康節氏晚家天津，而瀏覽於伊川之概，其經世觀物之書，亦繫之皇極，皇極之詁蓋云大中。太青子嘗令伊洛矣，肆其三載之筆，游稱皇極。爰自癸丑汔丙辰之夏五，其自燕徂幽，自幽出關者三甲子，在伊者十五甲子，在洛者三甲子，肆其篇有伊書、洛書。書各有詩文子史之四統，詩則編年，因以自譜……其四統之部，維什詩之爲伊川草四卷；文之爲汝海稿五卷；子之爲南國講錄三卷、爲雲夢藥溪談一卷；史之爲孔邇錄五卷。維伊書凡十八卷，詩之爲太紫草一卷；文之爲天津稿一卷；子之爲于邁錄一卷、爲于役錄一卷；史之爲太微堂日錄五卷。維洛書凡九卷。二十七卷各又有綱目，詩凡四百八首；文凡一百二十三篇；子凡二百九十五章；史凡五百七十八則，合綱目三卷，凡三十卷，蓋二十三萬九千八百餘言。"

金鑲玉裝。此本有扉頁，刊"文太青先生全集。本衙藏板，翻刻究治"。并鈐"發雲齋印"。

《四庫全書總目》僅收《東極篇》。《中國古籍善本書目》著錄全帙者，僅南京圖書館、遼寧省圖書館。臺北"國家圖書館"(爲原存北平館者)及日本尊經閣文庫也有收藏。美國普林斯頓大學葛思德東方圖書館、日本內閣文庫、東京大學東洋文化研究所所藏同此本。

2220　明崇禎刻清印本四素山房集

T5429/7230

《四素山房集》十九卷《皇華集》一卷，明劉鴻訓撰。明崇禎十三年(1640)劉孔中刻清印本。十二册。半頁九行二十一字，四周單邊，白口，單魚尾。框高20.7釐米，寬13.6釐米。題"濟南劉鴻訓青岳著"。前有王與胤序，崇禎十六年(1643)周應祺序，章世純序。《皇華集》有朝鮮柳根序；崇禎十三年劉孔中跋。末有倪元璐撰《明原任大學士青岳劉公傳》。

劉鴻訓，字默承，號青岳，山東長山人。萬曆四十一年進士，授翰林院庶吉士，官編修。天啓間，爲少詹事，忤魏忠賢，斥爲民。莊烈帝即位，拜禮部尚書，兼東閣大學士，參預機務，遣行人。又爲太子太保，進文淵閣。後因事謫戍代州，崇禎七年卒於戍所，年七十。又有《玉海纂》、《困學紀聞鈔》等書行世。《明史》卷二五一有其本傳，又《(嘉慶)長山縣志》卷七《仕績》有傳。

卷一四言古十六首、五言古四十二首、七言古十首、長短句十一首、五言律三十八首、七言律四十三首、五言絕句六十一首、七言絕句六十二首,卷二冊文一篇、諭五篇、詔一篇,卷三至四誥勅六十篇,卷五疏揭二十三篇,卷六序文三十四篇,卷七論九篇,卷八原一篇、說二篇、解二篇、辨一篇、對二篇、議一篇、評一篇、考一篇、箴四篇、七廣一篇,卷九書牘一百五十七通,卷一〇箋四通,卷一一表四篇,卷一二啓三十九通,卷一三碑記七篇,卷一四傳三篇,卷一五雜著十一篇,卷一六志銘十四篇,卷一七行狀四篇,卷一八墓表一篇,卷一九祭文二十六篇。卷二〇爲《皇華集》,爲天啓元年奉使朝鮮時所作。

周應祺序云:"夫先生一代史才,文章炳蔚宇宙間。是集所存,僅足十一,顧元老嘿調元氣,恥自標炫,豈徒以詞賦見長者。陸士衡曰,每觀才士之作,竊有以得其用心。余藉是編以窺先生之用心,庶幾其可乎? 嘗考先生年譜,則自弱冠蜚譽詞壇,及其起家通籍,年已四十矣。甫佐廟略,旋遭放棄,其於志之所期得者半,而失者半;其於吾道之行,興者倏而廢者亦倏,其間身與世之離合,時與數之順拂,亦有咨嗟懍感,莫能自已之意。故一時上告人主,下語卿大夫,與夫教誡友生及門從弟子者,莫不書以盡言,言以明心,謂之閱歷有道之言非歟? ……先生懷聖賢大用之術,值可以有用而終不得用之時,進無以自鳴,退有以自解,此四素山房之所以輯也。然則自命曰四素者何? 居用是意,揣以爲生人之遭,大抵貧賤、富貴、夷狄、患難四者而已。君子素位而行,求惟安頓,此四者而已矣。先生歷之也徧,而其處之也安,惟其處之也安,故其言之也切,無入而不自得,是編殆以之矣。"

此本爲鴻訓子孔中所刻,孔中跋云:"先大人以天啓辛酉偕楊筠江奉詔賚朝鮮。朝鮮固文物邦也,君若臣雅尚文墨,一入彼疆,遂多酬和,累而成帙。如集中李觀松、朴叔夜輩,咸以博贍稱,而柳公根亦其選也。其國主令弁集首,略悉出使顚末,殺青繕寫,一一精妙,彼中以爲襲寶,而中朝未能博傳。茲揀先大人遺稿付剞劂,而《皇華集》獨爲一編。"

此本序及文内"玄"字及"胤"字俱缺末筆,蓋避康熙、雍正帝諱也。書之刷印,當在雍正間。

《四庫全書總目》未收。《中國古籍善本書目》著錄。上海圖書館、南京圖書館等十二館,臺北"國家圖書館"(兩部)及美國國會圖書館、日本内閣文庫亦有入藏。

2221　清乾隆刻本無欲齋詩鈔

T5427/0182B

《無欲齋詩鈔》一卷,明鹿善繼撰。清乾隆五十五年(1790)刻本。二冊。半頁八行十九字,左右雙邊,白口,單魚尾。框高19.8釐米,寬13.1釐米。題"范陽鹿善繼伯順父著"。前有康熙四十九年(1710)李光地序。末有乾隆五十五年五世孫鹿荃跋。

鹿善繼,字百順,河北定興人。少讀王守仁書,不肯與俗浮沉。萬曆四十一年進士。授户部主事。時遼餉絶,廣東金花銀適至,善繼請於尚書借給之,坐降級調外。光宗立,復官,尋改職方。從大學士孫承宗閱視榆關,多有籌畫。崇禎初爲太常寺少卿,告歸。清兵攻定興,善繼自鄉入扞城,城陷,死,諡忠節。又有《四書説約》。

詩一百三十首。按,是書曾入《清代禁燬書目》,云:"查無欲齋詩鈔,係明鹿善繼撰。第二十二頁《平川營》一首、第二十三頁《和韻九日一片石小集》一首,有違謬語,應請抽燬。"此爲乾隆重刻本,應行抽毀二頁已刪去。

李光地序云:"明季前輩忠節鹿公,純忠至孝,苦節清脩,平居尤孳孳於講學問道,化行鄉里。今子孫收其遺稿,有古律詩若干章,無非至性大義之所流溢。夫詩人之欲工者,刻畫風物,鏤鈦肺腑,晨理機杼,日昃成文。然求一語,入人之深而不可得者,彼其胸中無是也。"

鹿荃跋云："先忠節不以詩名，而作詩甚夥，舊有《無欲齋詩集》八卷，歲久無存。後人加意搜羅，僅得一百五十餘首，合鈔爲一卷，康熙庚寅安溪相國李文貞公爲之序，並命其門下士大司空魏公廷珍書以付梓。乾隆辛卯，國家開《四庫全書》館，節奉諭旨查辦禁書，頒到目錄內開載《無欲齋詩鈔》有應行抽毀二頁。而原板漫漶已久，姑就印存本敬謹遵改，并將全卷覆校重刻，以廣其傳。伏念先忠節雖不以詩名，而敦行講學，致命遂志，生平大節，昭昭在人耳目，非後人所敢覷縷。即以詩論，則安溪先生所云，無非至性大義之所流溢，如操筆直吐而宛轉曲至，使讀之者若親見聞其義形之色、憤慨之聲，深情遠概，猶足以敦澆振懦於無窮者盡之矣。刻既成，爰志其顛末如此，永附諸家乘焉。"

《四庫全書總目》云："此乃所作詩稿，稱成雲洞定本，詩後間有評語，不知何人所選輯也。案李光地有《成雲洞詩韻》，或光地所評歟。善繼成仁取義，大節凜然，詩筆亦有遒勁之氣，而不耐苦吟，未免失之憒率。"

此本白紙，寫刻甚精。原刻本書者魏廷珍，楷書精湛。此書道光間又有重刻本。

《四庫全書總目》入集部別集類存目。《四庫全書存目叢書》第184冊收入，底本爲湖北省圖書館所藏。《中國古籍善本書目》著錄，僅湖北省圖書館入藏。

鈐印有"興酣以往"。

2222　明天啓刻本鈃園集

T5424/7540

《鈃園集》十四卷，明陳萬言撰。明天啓王起隆刻本。四册。半頁九行十九字，左右雙邊，上白口，下綫黑口，單魚尾。框高21.7釐米，寬13.9釐米。題"吳人陳萬言居一著"。前有天啓元年(1621)姚希孟序(缺首頁)，陳繼儒刻初稿序，沈德符序(缺末頁)；王起隆引。

陳萬言，字居一，又字弘景，浙江秀水人。弱冠領浙解，萬曆四十七年進士，選庶吉士，令益都，以勤瘁歿於官。天性孝友，爲文精思創闢，力還正始；及臨池篆籀，奇壬數學，無不精妙入神。《(康熙)秀水縣志》卷六《文苑》有傳。

卷一五言古詩三十五首，卷二七言古詩二十首，卷三五言近體八十九首，卷四七言近體一百二十四首，卷五五言排律十首、七言排律五首，卷六五言絕句十六首、七言絕句三十六首，卷七序七篇，卷八序十四篇，卷九序十九篇，卷一〇傳四篇，卷一一記五篇，卷一二祭文十四篇，卷一三募疏、像贊、題跋十九篇，卷一四書牘二十三通。

姚希孟序云："居一才擅天下，名亦蓋天下，而神類木雞，形同野鶴，其德宇則靜以泓，其襟愫則廣以漠。余與之周旋二年所，凡文士駘蕩之習，才士矜詡之容，與有心人唏噓不平之感，無一毫見於眉端。即憫時憔悴，憂心如醒，而惟借密爾以自娛，此其人寧可量矣，文何足以盡居一？"

陳繼儒序云："吾友居一，文章言語妙天下，制舉之暇，顧獨好爲詩及古文詞。其言極大、極微、極艷、極古，全力可以扛九鼎，餘技可以敵八面，胸中浩然無涯，真有鳴鶴九皋，翔鳳千仞之意……居一和雅清潔，以真狂真狷自命，才高故格調不落時俗，品高故思議不沾塵土。"

是書乃王起隆刻，其引云："其舊讀書鈃園，笥藏詩文甚富。今年余負笈遊燕，從臾先生梓行，遂自點竄刊落，什汰六七，用法頗嚴，選竟成十四卷，曰《鈃園集》。先生曰，是足存我學古大都矣。"

《千頃堂書目》卷二六別集類著錄，又有《文在堂集》、《謙九堂續集》。《四庫全書總目》及

《明史藝文志》未收。大陸所藏僅浙江省臨海縣博物館有殘本,存卷一至七。日本内閣文庫藏兩部。按,萬言又有《陳庶常遺集》四卷(明崇禎三年王起隆等刻本),中國國家圖書館有藏。

2223　明崇禎刻本文遠集　　　　　　　　　　　　　T5429/4141

《文遠集》二十八卷補遺一卷,明姚希孟撰。明崇禎大隱堂刻本。六册。半頁八行十八字,左右雙邊,白口,單魚尾,書口下刻"大隱堂",間刻"絳跗堂"。框高 21 釐米,寬 13.9 釐米。題"吴郡姚希孟孟長甫著"。前有《明姚文毅公傳》(抄配)。

卷一至二啓五十八通,卷三至二六書牘五百八十二通,卷二七至二八家書五十六通。補遺爲書牘十八通。此集爲啓札、書牘。

姚希孟有《清閟全集》八十九卷,細目爲《薇天集》二卷、《丹黄集》二卷、《公槐集》六卷、《響玉集》十卷餘一卷、《棘門集》八卷、《沆瀣集》五卷、《秋旻集》十卷二刻一卷續刻一卷、《循滄集》二卷、《松瘿集》二卷、《迦陵集》四卷、《風泠集》六卷、《文遠集》二十八卷《補遺》一卷。中國國家圖書館、上海圖書館等四館有全帙。臺北"國家圖書館"存五十三卷。《北京圖書館古籍善本書目》作明崇禎張叔籟陶蘭臺刻本(臺北"國圖"作明崇禎間蘇州張叔籟刻本)。不知此本是否和全集本同。

《禁書總目》、《違礙書目》、《清代禁書知見録》著録。《清代禁燬書目·補遺一》云:"查《文遠集》,明姚希孟撰,中間指斥甚多,應請銷燬。"

2224　明末刻本響玉集　　　　　　　　　　　　　　T5424/4141

《響玉集》十卷餘一卷,明姚希孟撰。明末大隱堂刻本。四册。半頁八行十八字,左右雙邊,白口,單魚尾,書口下有"絳跗堂"、"大隱堂"。框高 21 釐米,寬 14 釐米。題"吴郡姚希孟孟長甫著"。前有周蕃序(殘去一半)。

姚希孟,字孟長,吴縣人。萬曆四十七年進士,授翰林檢討,立朝持清議。天啓中都給事中楊所修劾其爲繆昌期黨,削籍。崇禎中赴召,以庶子充講官。預定逆案,温體仁忌之,出爲南京少詹事。卒謚文毅。事蹟具《明史》本傳。

卷一史序四篇,卷二至四壽序二十八篇,卷五至六贈序十六篇,卷七至九集序三十二篇、制義序十二篇,卷一○制義序三十篇。餘一卷爲雜序七篇、補遺(序)六篇。

此本不知和《清閟全集》八十九卷本中《響玉集》同否。

《中國古籍善本書目》著録之全帙,有中國國家圖書館、上海圖書館等四館入藏。

2225　明刻本李元輔集　　　　　　　　　　　　　　T9115/4434

《李元輔集》十八卷,明李良翰撰。明刻本。十二册。半頁九行二十字,四周雙邊,白口,單魚尾。框高 20.3 釐米,寬 12.3 釐米。題"晉人景召李良翰元輔父著"。前有董復亨總序。

李良翰,字景召,號元輔,山西清漳人。諸生。幼負慧而敏,喜購書,酷楞嚴,好老莊,其餘百家無不涉躐。據卷四《太乙稿》前宗萬化序:"生而介特,雅志聖賢,行己立身,絶不與俗浮湛。齠即有聲諸生間,屢有事於文場,屢不得志,於名場視之澹如也。"又著有《非和合集》。

是集計有五編，爲《楚畢録》、《太乙稿》、《熟仁編》、《俗人語》、《苜蓿齋》。

卷一至三爲《楚畢録》，前有孫文炳序。卷一古體三首、五言古風一首、七言古風一首、五言絕句二首、五言律十二首、五言排律二首、七言絕句八首、七言律九首、紀游雜詠十首；卷二啓四篇、書柬五篇、序十二篇、祭文四篇；卷三雜著八篇、餘録二篇。

卷四至六爲《太乙稿》，前有宗萬化序。卷四樂府十首、五言古風七首、五言絕句四首、五言律十一首、五言排律三十八首、七言律三十二首、七言排律二首、挽詩一首、句聯四副；卷五序二十一篇；卷六書啓六通、祭文四篇、碑文五篇、雜著六篇、論一篇、策一篇。

卷七至一一爲《熟仁編》，前有闕名序。卷七四言一首、五言古風二首、六言一首、七言古風二首、五言律四首、七言絕句十三首、七言律二十七首、長短句一首、句聯四副；卷八序十四篇；卷九啓二通、書八通、傳六篇；卷一〇志銘一篇、議一篇、記一篇、祭文二篇、雜著四篇；卷一一文殊會語五十三條。

卷一二至一六爲《俗人語》，前有蔡國賓序。卷一二銘二首、五言古風一首、五言律二首、七言絕句三十五首、七言律八首、挽詩一首、句聯十二副；卷一三序十二篇；卷一四啓十一通、書八通、議一篇、記五篇；卷一五祭文七篇、墓表一篇、雜著二篇、論一篇、疏一篇；卷一六《槐亭會語》十條。

卷一七至一八爲《苜蓿齋》，無序。卷一七五言古風一首、五言絕句六首、五言律十六首、七言古風一首、七言絕句八首、七言律四首、句聯八副；卷一八序文九篇。

《楚畢録·有感》云："功成名遂屬何時，筆硯辛勤衹自知。歲序如流催我老，鬢毛幾摘鏡中絲。"

金鑲玉裝。《清代禁燬書目·補遺二》有《捷録題評》一種："明洪都李良翰著，嘉靖年間坊本，內有違礙字句。"疑此李良翰當爲另一人。此書流傳罕見，查《四庫全書總目》、《續修四庫全書總目提要(稿本)》、《中國古籍善本書目》、臺北"國家圖書館"善本書志初編》、《中國善本書提要》、《嘉業堂藏書志》、《山西文獻總目提要》、日本《內閣文庫漢籍分類目録》、《尊經閣文庫漢籍分類目録》、《圖書寮漢籍善本書目》等均未著録。《續修四庫全書》未收。

是本原在普通書庫，插架數十年，直至2003年因貼磁條(條形碼)時始被發現，遂移入善本書庫。

鈐印有"畢際有載積氏藏書"。

2226　清抄本嶽色編蟪蛄寄別録　　　　　　　　　　TNC5422/1127

《嶽色編》二卷《蟪蛄寄別録》一卷，明王靈岳撰。清抄本。二冊。半頁十行二十一字，無框格。《嶽色編》題"崑崙山人王靈岳子幻著"，前有申時行序。《蟪蛄寄別録》題"憨憨道人瑯琊王子幻甫"，前有萬曆十九年(1591)顧冶越序。

王靈岳，初名光胤，字叔承，既以字行，更字承父，復字子幻，更名靈岳，號崑崙山人、憨憨人、夢虛道人，江蘇吳江人。少孤，受舉子業，以好古謝去。豪於詩，善酒而好游，任放爲俠，足蹟半天下，所至必交其賢豪，與名公巨卿李春芳、王錫爵、申時行、趙南星、顧養謙等皆有交往。其爲詩觸景匠心，抒所自得，不喜爲剽剝酬應語，爲王世貞、世懋兄弟所推崇。又著有《壯游編》、《吳越游編》、《荔子編》(《閩游編》)、《楚游編》(《瀟湘編》)、《後吳越游編》等。《列朝詩人小傳》丁集、《西園聞見録》卷二二有傳。

集 部

　　《嶽色編》爲靈岳六十歲時,應薊遼總督顧養謙(益卿)之請,自吳越間赴顧氏任所,途中登臨泰山、五臺山吟詠之作,故名"嶽色編"。申時行序云:"去年冬,益卿又以盤山招承甫,又不欲行。春日過余,余因賦長歌,□其行色,承甫方就駕……至冬黃花半落,楓樹金丹,余方切想念,而承父歸吳,手一編題曰'嶽色'示余曰:'此游孔林闕里、上泰山觀日出詩也,此游五臺、謁文殊過生日詩也,此游盤山、醉李靖舞劍臺詩也。'"集後附顧養謙、申時行、王穉登、王士性、湯有光、趙南星等人酬答之作。

　　蟭螟,古代傳説中一種極小的蟲。《抱朴子·刺驕》:"蟭螟屯蚊眉之中,而笑彌天之大鵬。"張華《鷦鷯賦》:"鷦螟巢於蚊睫。"此爲靈岳文集《蟭螟寄》之續編,文體頗雜。顧冶越序曰:"甄如居士所善勝友王子幻,業已叢其生平雜撰,署曰'蟭螟寄',而又別錄其偈、令、贊、疏、序等篇爲一卷……"

　　"玄"、"弘"字不避帝諱。又《嶽色編》後附顧養謙《遼陽行寄子幻二歌》中,有"青天净洗浮雲空,朔漠一掃胡塵滅"、"獻技胡兒弓力強,侑觴胡婦笳聲咽"等句。按,王氏著作《壯游編》、《吳越游編》均遭清廷禁毀,《四庫全書》於二書僅有存目。姚覲元《清代禁燬書目·抽燬書目》著錄《壯游編》一本,云:"查《壯游編》,系明王叔承撰。卷中第十七頁内,《示陳七》一首、《胡馬來》一首,俱語多違謬,應請抽燬。"又著錄《吳越游集》六本,云:"查《吳越游集》,系明王叔承撰。叔承系嘉靖中人,其卷二有警詩内,語涉謬妄,應請抽燬。"此本未曾刊行,《四庫》館臣也未見此抄本,故此本或爲劫後之幸存者。

　　金鑲玉裝。

　　《四庫全書總目》、《續修四庫全書總目提要(稿本)》、《中國古籍善本書目》等未見著錄。《明史·藝文志》著錄《吳越游》七卷。《四庫全書總目》卷一七八著錄《壯游編》三卷。又著錄《吳越游》八卷,前六卷爲詩,陳以忠刊刻;後二卷爲雜文,范應期刊行。黃虞稷《千頃堂書目》卷二四著錄《吳越游》十卷,《後吳越游》二十一卷。《四庫全書總目》卷一一六又著錄清曹寅撰《居常飲饌錄》一卷,"以前代所傳飲膳之法彙成一編",其中第六爲靈岳所撰《釀錄》。《中國古籍善本書目》著錄萬曆刊本《瀟湘編》二卷,南京圖書館有藏。臺北"國家圖書館"善本書志初稿》著錄萬曆十四年吳江知縣徐元刊本《後吳越游》十二卷;又著錄清康熙二十八年刊本《藜照樓明二十四家詩定》二十四卷,其中第二十一爲《王丞父詩》一卷,蓋靈岳詩選本。張海鵬輯《借月山房彙鈔》第十六集《宮詞小纂》卷上收入靈岳游燕時所作《宮詞》五十首,《叢書集成初編》據以排印。民國十三年勞亦安編《古今游記叢鈔》卷一〇收入靈岳《游金焦兩山記》、《武林富春游記》各一卷。

　　鈐印有"魯山"、"寶香書屋"、"陳瑚藏閱"、"魯珊珍賞"、"竹嵒珍藏"。

2227　明萬曆刻本徑山遊草洞霄游草龍門游草　　　　T5429/2924

　　《徑山遊草》一卷《洞霄游草》一卷《龍門游草》一卷,明徐胤翮、徐胤翀、徐胤翹撰。明萬曆刻本。一册。半頁八行十八字,四周單邊,白口,無魚尾。框高21.4釐米,寬13.4釐米。目錄頁題"錢塘徐胤翮孟凌、徐胤翀仲凌、徐胤翹幼凌仝著"。

　　作者無考。當萬曆間錢塘人。

　　《徑山遊草》,收詩六十四首;《洞霄游草》,收詩三十二首;《龍門游草》,收詩三十三首。

　　《四庫全書總目》未收。《中國古籍善本書目》未著錄。

2228　明崇禎刻本幽堂集

T5429/4210

《幽堂集》一卷,明葛一龍撰。明崇禎刻本。一册。半頁八行十九字,左右雙邊,白口,無魚尾,書口上刻"蒸雲集"。框高 19 釐米,寬 12.7 釐米。題"震澤葛一龍震甫"。前有崇禎七年(1634)胡演序。

葛一龍,字震甫,江蘇震澤人。由貢生選授雲南布政使理問,謝病歸。據周亮工《讀畫錄》,一龍生於隆慶元年,卒於崇禎十三年。

是集詩一百十八首,爲一龍解官後寓牛首山中所作。

中國國家圖書館藏有《葛震甫詩集》十七卷兩種(明崇禎刻本、明末刻本),其中無《幽堂集》。又美國國會圖書館藏《葛一龍集》十四種十四卷,爲明末唐少村興賢堂書鋪刻本,其中亦無《幽堂集》。按,國圖《葛震甫詩集》明崇禎刻本,爲八行十六字或八行十九字;明末刻本爲八行二十字。美國國會館藏本爲八行十六字。

2229　明崇禎刻本眉公先生晚香堂小品

T5427/7922

《眉公先生晚香堂小品》二十四卷,明陳繼儒撰。明崇禎湯大節簡緑居刻本。十二册。半頁九行二十字,四周單邊,白口,單魚尾,書口上刻"晚香堂"。框高 21.1 釐米,寬 13.9 釐米。題"雲間陳繼儒著"。前有王思任序,陶珽序;湯大節撰《凡例》八則。

陳繼儒,字仲醇,號眉公,又號麋公,華亭人。絶意仕途,隱居崑山,專心著述。工詩善文,短翰小詞,皆極有風致。又工書,法蘇、米,間作山水梅竹。《明史》有傳。

卷一五言古,卷二七言古,卷三五言律、附五言排律,卷四七言律,卷五五言絶、附六言絶,卷六七言絶,卷七四言、附贊,卷八詩餘,卷九書序,卷一〇類序,卷一一集序,卷一二詩序,卷一三壽序、附游序,卷一四賀序,卷一五時文序,卷一六壽序,卷一七至一八傳,卷一九記、附碑記,卷二〇祭文,卷二一疏,卷二二題跋。

《凡例》前有小引,云:"不肖節之拮据於茲刻也。念節生二十六日而孤,先慈斷指殉烈,蒙先生贅而撫之,德真昊天矣。追隨峰泖,越二十年。耳提之暇,先生凡有著述,覽輒記,記輒筆,再補再膳,靡間夙夜,盈几盈篋,頗費護持。年來萍移吳越,不堪盡載囊瓢,兢兢蠹佚是懼。故撮其簡要者,别爲品類,密加較讎,竊自壽梨,寶同天笈。本擬藏名山秘枕中,代寒絲饑粒,奈諸同人强迫流傳,以公欣賞。實未遑侈求玄晏,賴海内名世鉅公,或平生知己,或千里神交,倘品題有素,光錫如椽,雖虫信身隱焉,文亦托以立言不朽,敢豈獨余小子也。"

《凡例》八則如下:

一是集雖名小品,凡大議論、大關係,及韵趣之艷仙者,即長篇必録。緣先生晚年著述,正未有涯,先行斯刻,示測海一蠡,窺豹一斑耳。

一墓銘碑記,撰著最富,或人人不愧有道,而論定方遥,未敢溷載,統俟後集。

一書啓不盡存稿,存者亦不能遍録,今止刻救荒諸書,及論史學名語,可揭座隅者,聊見山林中濟世之慈航、文章之慧筏。

一集中品各爲類,類復分門,或附列成卷,俾閲者境轉境生,應接不暇。

一邇來文集,後學妄增評點,讀之反墮雲霧。是刻止圈句讀,竊附於莫贊之義,亦庶幾大雅之遺。

　　一是刻寫鎸俱擇名手,工良時費;較讎不倩他人,句核字研。貲出舌耕,勞瀝心血,只可自怡悅,不堪持贈君。蘭譜諸賢,決能鑒余形外。

　　一先生集,昔年曾爲吳兒贋刻,不特魯魚帝虎,且多剿襲古人,殊可痛恨。賴當道移檄郡縣,追板重懲。如有賈人俗子,希倖翻刻,前車可鑒,無贅予言。

　　一名敘係手書者,俱摹勒簡端,海内不能遍懇。倘有同好,或跋或贊,乞郵寄武林清平山之簡緑居,當依宋楷,彙梓集先,共勸不朽,亦菽林一大快事也。敢稽首以請。

　　湯大節,字半李,武林人,爲陳繼儒贅婿,簡緑居即其讀書處。

　　《禁書總目》、《清代禁書知見録》著録。《清代禁燬書目·補遺一》云:"查《晚香堂小品》,明陳繼儒撰,中多狂悖之詞,應請銷燬。"

　　《中國古籍善本書目》著録。中國國家圖書館、上海圖書館等二十九館、臺北"國家圖書館"(三部,其一爲原藏北平館者),及美國國會圖書館、日本内閣文庫、尊經閣文庫、静嘉堂文庫亦有入藏,唯不知與此同板否。

2230　明末刻本眉公先生晚香堂小品　　　　　　　　　　T5427/7922C.2

　　《眉公先生晚香堂小品》二十四卷,明陳繼儒撰。明末刻本。六册。半頁九行二十字,四周單邊,白口,單魚尾,書口上刻"晚香堂"。框高21.3釐米,寬14釐米。題"雲間陳繼儒著"。前有陶珽序,王思任序;参訂晚香堂小品姓氏;湯大節撰《凡例》八則。

　　按,此本爲據湯大節簡緑居刻本重刻。

　　湯氏原刻卷二第二十頁第一行有圈,此本無。第七行首字"酸"字作"酸",此本作"酸"。第七行第十字"衲"字,此本作"衲"。第二十二頁第一行第十字"鐵"字,此本作"鈇"。又此本卷二三爲書,卷二四爲志林。

　　疑大陸二十九館所藏,如細細比對,定有原刻、翻刻之别。

　　鈐印有"尔菴"、"元美氏"、"檺道人"。

2231　明崇禎刻清順治重修本鴻寶應本　　　　　　　　　T5429/2111

　　《鴻寶應本》十七卷,明倪元璐撰。明崇禎刻清順治十四年(1657)唐九經重修本。十二册。半頁八行二十字,四周單邊,白口,無魚尾,書口下刻篇目名。框高20.4釐米,寬13.1釐米。題"明上虞倪元璐著;會稽唐九經補正"。前有順治十四年(1657)唐九經序,崇禎十五年(1642)黄道周序。

　　倪元璐,字玉汝,號鴻寶,上虞人。天啓二年進士,授編修。崇禎初,魏忠賢遺黨楊維垣輩護持舊局,力扼東林,元璐抗疏擊之,又請毁三朝要典,上《制實八策》及《制虚八策》。累遷國子祭酒。時元璐雅負人望,位漸通顯,帝意嚮之,爲温體仁所忌落職。起兵部侍郎,以母老固辭,俄聞畿輔被兵,遂冒鋒鏑北上,陳制敵機宜,超拜户部尚書。李自成陷京師,自縊死。謚文正,清謚文貞。

　　卷一頌賦類六篇,卷二論議類四篇,卷三至四問策類九篇,卷五至七序跋類五十三篇,卷八至一〇志狀類三十一篇,卷一一至一二傳述類八篇,卷一三碑表類五篇,卷一四記説類三篇,卷一五題引類三十八篇,卷一六贊銘類二十六篇,卷一七饗薦類十六篇。

唐九經序云:"鴻寶先生之集雖多,而其大者則《應本》與《遺詩》二種,即今天下所膾炙。先生之集,亦惟《應本》與《遺詩》爲最,蓋《應本》乃先生手授梓,而《遺詩》則九經代爲梓也。夫《應本》一集,既自梓而自藏之矣,曷言補?蓋此版向藏衣雲閣上,不謂閣遭鬼物之妬,忽一夕,爲風雨所摧,故版致失依,竟落賈人之手。賈人市利,初心以爲質久,踰期遂可奄,有如金珠類,利獲數倍,乃沉埋隱淪,多歷年所市利者悟。余與機石翁,因得取歸,檢其版,凡文中尾盡缺無存,甚而正張,多所散失,幸余架上藏有原本,稽其所缺,即將原書翻刻補之,不第張數不少,雖字畫亦皆仍前。不知者以爲九經補之,知者以爲先生之靈自補之也,即此版之自杭反紹,亦先生之文之靈自反之也。"

《禁書總目》、《違礙書目》、《清代禁書知見錄》著錄。《清代禁燬書目·補遺一》云:"查《鴻寶應本》,係明倪元璐撰,乃其崇禎初所作詩文,中多指斥之字面,應請銷燬。"

卷七第四、五頁,卷一五第三十二頁,卷一六第十四、十五頁,卷一七第十一頁佚去。

《中國古籍善本書目》著錄。中國國家圖書館、南京圖書館等十三館,臺北"國家圖書館"亦有入藏。未重修本,上海圖書館、浙江圖書館等十四館,臺北"國家圖書館"(三部,其一爲原藏北平館者,另一部缺卷一七),及日本尊經閣文庫入藏。

2232　清乾隆刻本倪文貞公文集　　　　　　　　　　T5429/2111.1

《倪文貞公文集》二十卷《奏議》十二卷,明倪元璐撰。首一卷。清乾隆三十六年(1771)倪安世刻本。八册。半頁十行二十一字,四周單邊,白口,單魚尾。框高19.1釐米,寬13.2釐米。題"男會鼎訂正;元孫安世恭校"。目錄頁題"門人楊廷麟、王邵、吳甘來、吳禎、申佳胤、姜埰、羅萬藻、黎元寬原編;男會鼎訂正;元孫安世恭校;五世孫定、震恭次"。前有乾隆三十七年蔣士銓序,文震孟舊序,崇禎十五年(1642)黃道周舊序,崇禎十五年陳子龍舊序;倪會鼎跋,乾隆四十二年(1777)倪安世跋。奏疏題"門人蔣鳴玉、楊廷樞、包爾庚、萬壽祺、夏允彝、孫承澤、張家玉、董瑒原編;男會鼎訂正;元孫安世恭校;五世孫肇定、震、六世孫鑑恭次"。前有崇禎九年(1636)宋玟舊序。乾隆三十七年吳璸跋。

倪元璐,字玉汝,號鴻寶,浙江上虞人。天啓二年進士。改庶吉士,授編修,出典江西鄉試。崇禎初,魏忠賢遺黨楊維垣輩護持舊局,力扼東林,元璐抗疏擊之,又請毀《三朝要典》。進右諭德,充日講官,進右庶子,上制實八策及制虛八策,累遷國子監祭酒。後爲人所忌,落職。起兵部侍郎兼侍讀學士,以母老固辭,因聞畿輔被兵,遂冒鋒鏑北上,陳制敵機宜。超拜戶部尚書兼翰林院學士。李自成陷京師,自縊死。元璐生於萬曆二十一年,卒於崇禎十七年。贈太保,謚文正,清謚文貞。又著有《兒易內外儀》。

元璐爲忠烈之人,少師鄒元標,長從劉宗周、黃道周游,均以古人相期許,而尤留心於經濟。其文章典雅,爲館閣所宗,然詩詞頗多散佚。其奏疏詳明剴切,多軍國大事、興亡治亂所關,尤爲當時所推重。首一卷爲諭祭文、《明史》列傳、蔣士銓撰《倪文貞公傳》、黃道周撰墓志銘、倪元璐像及像贊。卷一制誥二十一道,卷二制誥二十五道,卷三制誥二十八道,卷四制誥三十八道,卷五擬碑、問策、論六篇,卷六序十篇,卷七序十九篇,卷八序六篇,卷九墓志銘七篇,卷一〇墓志銘十一篇,卷一一行狀四篇,卷一二志狀八篇,卷一三行述一篇,卷一四傳七篇,卷一五記、跋九篇,卷一六題、引二十一篇,卷一七贊、銘十六篇,卷一八續編(書)二十通,卷一九書二十二

集　部

通，卷二〇書七通。卷後附刻奏疏六十三篇。

　　元璐著作明代存有二刻，一爲《倪鴻寶先生三刻》十三卷(爲《代言選》五卷、《講編》二卷、《奏牘》六卷)，明崇禎王貽栻刻本(半頁九行二十字)，全帙今藏上海圖書館。二爲《鴻寶應本》十七卷，爲國子監祭酒歸里後裒輯所作，明崇禎刻本(半頁八行二十字)，今藏上海圖書館、浙江圖書館等十四館(此本又有明崇禎刻清順治十四年唐九經重修本，中國國家圖書館等十三館入藏)。清初刻本則有《倪文正公遺稿》二卷，清順治八年刻本，上海復旦大學圖書館、山東省圖書館等四館以及日本内閣文庫入藏；《倪文正公遺稿》三卷，清康熙刻本，浙江餘姚梨州文獻館入藏。按，元璐手稿本，今尚存中國國家圖書館、上海圖書館，前者所藏爲《倪文貞公詩文稿》不分卷，後者所藏爲《倪文貞公殘稿》一卷。

　　蔣士銓序云："倪文貞公節義文章，炳著勝國，我世祖章皇帝褒卹優渥，海内仰其人者無不欲頌其書，然而百年之後，遺文零落，其元孫安世繕寫全集見示，因謀所以開雕者，刻垂成，乃爲之序。"

　　倪安世跋云："先文貞公文集，向無定本，偶見一二殘編，竊意有訛舛者，因彙《代言》、《應本》本訂證之，續增書牘，以授剞劂，奏疏、講編又別爲一册。其鋟費則鉛山蔣定甫師所捐筆俸也……而安採輯遺編，既經蕆事，益深忻怵之私焉。開梓在辛卯之秋，迄壬辰春而告竣。"按，"辛卯"爲乾隆三十六年，也即此本刊刻之年。

　　此本有扉頁，刻"倪文貞公文集。鉛山蔣定甫先生鑒訂。本衙藏板"。按，是書又有《詩集》二卷《講編》四卷，此本佚去。

　　《四庫全書總目》入集部別集類。《中國古籍善本書目》著録，作"清乾隆三十七年刻本"，上海圖書館有全帙，復旦大學圖書館、山西大學圖書館、四川富順縣圖書館有不全之本。又《中國科學院圖書館藏中文古籍善本書目》著録，也爲全帙，版本項作"清匯印本(四庫底本)"，内子目中《文集》作乾隆三十六年蔣士銓刻本；《奏疏》、《講編》作乾隆三十七年蔣士銓刻本；《詩集》作清倪安世刻本。

2233　清康熙刻本黄石齋先生文集　T5428/8214A

　　《黄石齋先生文集》十三卷，明黄道周撰。清康熙五十三年(1714)刻本。十册。半頁十行二十二字，左右雙邊，黑口，雙魚尾。框高21.5釐米，寬13.9釐米。題"門人龍溪洪思考正；後學龍岩鄭玫備次；三韓姚炳坤、滇南蕭大成、錢塘趙大塏較正"。前有康熙五十三年鄭玫序，洪思序；洪思撰《黄子傳》；鄭玫撰《凡例》三則。

　　黄道周，字幼平，號石齋，福建漳浦人。天啓二年進士。授翰林院編修，與修國史實録，充經筵展書官。典試浙江，轉右春坊右中允。崇禎時，屢廷争不屈，以上疏刺大學士周延儒、温體仁，斥爲民。福王時，官禮部尚書。南都亡，與鄭芝龍等在福建擁立唐王，拜武英殿大學士。率師出衢州，在婺源與清兵遇，戰敗被俘至南京，不屈死。諡忠烈，贈太師文明伯。生於萬曆十三年，卒於順治三年。又有《易象正》、《洪範明義》、《三易洞璣》等著作。《明史》有傳。

　　道周忠鯁負氣節，學問淵博，從之問業者數千人，學者稱"石齋先生"。"石齋"之名，蓋因道周少居漳海銅山孤島中，後有一石室可居，名曰"石齋"。其學深於天人之際，極博窮微，皆本於六經。卷一疏，卷二疏、箋、揭，卷三策、對、議，卷四書，卷五書，卷六論，卷七序，卷八序，卷九記、約,卷一〇説、表、啓、傳、行狀、狀,卷一一碑、碣、墓表、墓志,卷一二墓志、哀辭、書後、題詞、文,卷一三賦、頌、贊、箴、銘。補遺爲碑、墓表。

此本之刊乃據洪石秋所抄之本,鄭玫序云:"先生爲文章,源本六經,取裁左國秦漢,不乞靈唐宋。奧博淵通,奇峭高古,自爲一家,流傳宇宙,與日星同炳、河漢同昭,豈非千秋不朽之文乎?惜兵燹後,編帙散失,幸先生門人洪子石秋,遍訪見聞,垂三四十年,而遺文始集。向非石秋,則先生文章幾如梧葉飄零於秋風矣。洪子表章之功,尤爲不可没。玫生也晚,不獲登先生之堂,聆其微言緒論,自淑其身,猶幸得見石秋,得讀先生遺文,並聞逸事,洵爲厚幸。顧念先生之文不可不傳,乃與同志重加校正,編次成帙,釐爲十三卷,付梓傳世。"《凡例》又云:"兹所刊者,皆洪子抄本,不敢忘所自。"

按,此本非道周文之全集。查《黄漳浦集》(清陳壽祺編)陳壽祺序云:"文集十三卷,則康熙甲午龍岩鄭玫虚舟取石秋所編刻之,近又重刻於漳,非全集也。余往在京師,從鄉人乞得一部,既歸里,始聞公之遺書僅存漳州一士人家,寢寐求之。嘉慶丙子,屬友人展轉假其藏本以來,乃海澄鄭白麓中書所編,文三十六卷,詩十四卷,視虚舟本增多數倍,字句間有小異。余以虚舟本所遺繕寫十餘冊,人間始有副墨矣。又鈔得石秋及莊起儔所撰《黄子年譜》各一卷、逸文一卷,又購得《易本象》二冊、《鄴山講義》一冊、《近體五七言詩》一冊、《逸詩》一冊,皆刻本。又《駢枝別集》二冊、公早歲刻《大滌函書》二冊,門下士刻,皆昔已行世,而今始見,余謹藏之……而余適以此時編定公全集,蒐羅完備。"則陳編本當爲最全本。

此本有扉頁,刻"黄石齋先生文集。康熙甲午季冬鐫。本署藏板"。

《四庫全書總目》未收。《中國古籍善本書目》著録,山西祁縣圖書館、江蘇常熟市圖書館等三館入藏。又《湖南省古籍善本書目》著録,然書名誤作"黄石齋先生遺集","鄭玫"誤作"鄭政"。

鈐印有"許氏藏書"。

2234 清刻本黄石齋先生文集　　　　T5428/8214

《黄石齋先生文集》十三卷,明黄道周撰。清刻本。六冊。半頁十行二十二字,左右雙邊,黑口,雙魚尾。框高21.2釐米,寬14.1釐米。題"門人龍溪洪思考正;後學龍岩鄭玫備次;三韓姚炳坤、滇南蕭大成、錢塘趙大塒較正"。前有康熙五十三年(1714)鄭玫序,洪思序;洪思撰《黄子傳》;鄭玫撰《凡例》三則。

此本卷數、内容悉同前本,但不同版。例卷一,第三十頁後半頁第二行第九字"鞁長難及",誤刻。前本作"鞭"字。清道光刻本《黄漳浦集》前有陳壽祺序,云:"《文集》十三卷,則康熙甲午龍岩鄭玫虚舟取石秋所編刻之,近又重刻於漳。"疑此本乃據康熙五十三年刻本重刻於福建者。

此本無扉頁。

鈐印有"譚"、"觀成"、"觀成"(小)、"藏暉書屋"、"梅花草堂"。

2235 明末刻本駢枝別集　　　　T5428/0410

《駢枝別集》二十卷,明黄道周撰。明末沈氏大來堂刻本。四冊。半頁八行十六字,四周單邊,白口,單魚尾,書口下刻"大來堂",書眉上刻評。框高19.1釐米,寬13釐米。題"臨漳黄道周著;昭武謝廷讚評;臨川丘兆麟閱;鹿城李輅、建武陳善、古吳沈國元參訂"。前有黃道周自序,張燮序,謝廷讚序;陳士奇跋,林有栢跋,陳璸跋。

黃道周,見清康熙刻本《黃古齋先生文集》。

卷一符二篇,卷二卜一篇,卷三策一篇,卷四演一篇,卷五釋一篇,卷六辨一篇,卷七約二篇,卷八難一篇,卷九疏二篇,卷一○論四篇,卷一一解一篇,卷一二引一篇,卷一三責二篇,卷一四彈一篇,卷一五駁一篇,卷一六詛一篇,卷一七移文一篇,卷一八記三篇,卷一九檄一篇,卷二○露布一篇。

自序云:"骈,連也;枝,離也;別二流之疑也。其爲書駢連枝離,源同派殊。"

大來堂爲沈國元堂名。國元,秀水人,刻書有《皇明從信錄》四十卷、《皇明資治通紀》三十卷、《史記》一百三十卷、《二十一史論贊》二十六卷、《白雪齋選訂樂府吳騷》四卷。

《四庫全書總目》未收。《中國古籍善本書目》著錄。中國國家圖書館、天津圖書館等十三館、臺北"國家圖書館"(三部,其一爲原藏北平館者),及美國國會圖書館、日本内閣文庫、尊經閣文庫亦有入藏。按,是書又有明末刻本,行款同此本,藏中國國家圖書館。

2236　明刻本嶽歸堂合集　　T5427/0415.2

《嶽歸堂合集》十卷,明譚元春撰。明刻本。存八册。半頁八行十八字,四周單邊,白口,單魚尾,書口上刻"嶽歸堂"。框高 19.7 釐米,寬 12.5 釐米。題"景陵譚元春友夏著"。前有崇禎三年(1630)譚元春全詩總序,萬曆四十七年(1619)譚元春合集序。

譚元春,字友夏,竟陵人。天啓七年鄉試第一。與同里鍾惺共編《古詩歸》及《唐詩歸》,論文反對復古,主性靈之説,曾風行一時,稱爲竟陵派,與公安派相頡頏。附於《明史》袁宏道傳後。

此本僅存七卷。卷一四言古,卷二樂府,卷三五言古,卷四七言古,卷五五言律,卷六五言排律、七言排律,卷七七言律。下皆佚去。又卷三至六都有又一卷。

《四庫全書總目》入集部別集類存目。《中國古籍善本書目》著錄。中國國家圖書館、山東省圖書館、日本尊經閣文庫有全帙。臺北"國家圖書館"有《嶽歸堂合集》四卷,作明崇禎三年刻本,疑所藏亦不全之本。

鈐印有"有水可漁"、"鶒□氏藏圖書"。

2237　明崇禎刻本鄹庵訂定譚子詩歸　　T5427/0415

《鄹庵訂定譚子詩歸》十卷《諸稿自題輯録》一卷,明譚元春撰。明崇禎譚氏嶽歸堂刻本。四册。半頁八行十八字,四周單邊,白口,單魚尾,書口上刻"譚子詩歸",書口下刻"嶽歸堂"。框高 20 釐米,寬 12.8 釐米。題"竟陵譚元春友夏著;東海黃家鼎爾調閱"。前有蔡復一序,鍾惺序,朱之臣序,李維楨序,譚元春自序。

卷一四言,卷二樂府,卷三五言古,卷四七言古,卷五五言律,卷六五言排律,卷七七言律,卷八五言絶句,卷九六言,卷一○七言絶句。此爲選本。

此本有扉頁,刊"譚子詩歸。鄹菴訂定。金昌翁得所梓"。扉頁上又刻"嶽歸堂"印,另又鈐有"香雲閣"印。

目錄後有日人不染散人題識：“文久三年十二月十一日買斯之，時有西上之令，悾惚之際，不能披覽，應齋去供旅窓之消閑也。不染散人記。”又諸稿自題輯錄後有“譚子不啻巧詩又巧文，蓋明清之詩人大抵皆然，就中如譚子者，可謂巨擘焉”。文久三年，爲清同治二年(1863)。

郊庵不知其人。

《四庫全書總目》入集部別集類存目。《中國古籍善本書目》著錄。中國國家圖書館、南京圖書館等十三館，臺北“國家圖書館”(兩部，其一爲原藏北平館者)亦有入藏。美國國會圖書館也有此本，王重民《中國善本書提要》作“明翁得所刻本”。按，翁得所乃書坊主人，此本乃譚氏出資，由翁氏刻梓。日本内閣文庫藏本多出附錄一卷(張鶚祥撰《醉蘇草》)。

鈐印有“張印晉徵”、“恭錫”。

2238　明崇禎刻本青蘿館集　　　　　　　　　　T5429/3123

《青蘿館集》五卷，明江伯容撰。明崇禎元年(1628)江氏自刻本。五册。半頁九行十八字，四周單邊，白口，單魚尾。框高19.5釐米，寬12.8釐米。題“濟陽江伯容有量著”。前有崇禎元年孫枝芳序。

江伯容，字有量，浙江蘭溪人。又輯有《蘭溪歷朝詩》十二卷、《蘭皋風雅》十二卷。

卷一詩九十六首，卷二詩七十三首，卷三詠史詩一百零四首、又雜詠二十八首，卷四序、祭文、傳四篇，卷五家狀四篇。卷六譜考(未刻)。

青蘿館，伯容之讀書處。《金華經籍志》卷二三胡宗楙按語云：“萬曆築室瀫濱之東，曰青蘿館。”孫枝芳序云：“知其取材於選，效法於唐。五言古之蒼然老於骨也；七言古之沛然而雄於勢也；五七言律之深於鈎旨、巧於取字也；長律之莊而麗也；五七言絕之悠然而雋也……有量付剞劂氏，自有不藉予言傳者。”

又其詠史詩有小序，云：“余屏迹溪堂，長夏無事，泛覽前史，其間興廢成敗，感慨良深。於是隨題發詠，各爲一絕以紀之。信筆而成，輒盈百首，聊以寓吊古懷賢之意，辭之工拙，不暇計也。”

《四庫全書總目》、《明史藝文志》、《千頃堂書目》、《中國古籍善本書目》均未著錄。

鈐印有“七十二行商報圖書館藏書之章”。

2239　明崇禎刻本七録齋集　　　　　　　　　　T5429/1334

《七録齋集》六卷《論略》一卷，明張溥撰。明崇禎吳門童潤吾刻本。十二册。半頁九行二十字，四周單邊，白口，單魚尾，書眉上刻評。框高20.9釐米，寬13.1釐米。題“婁東張溥天如著；同盟周鍾介生、張采受先閱”。前有陳子龍序。末有周立勳序。

張溥，字天如，號西銘，江蘇太倉婁東人。泰昌元年補博士弟子，自此名重一時，聲震文壇。崇禎四年成進士，改庶吉士。與同里張采齊名，號“婁東二張”。曾集郡中人士，結文社名復社，自稱繼承東林，敢於評議時政，爲權貴所惡。里人陸文聲要求入社被拒，因向朝廷告發溥興黨禍，至溥崇禎十四年四月死，案猶未結。輯有《漢魏六朝百三名家集》。《明史》有傳。

卷一至三序八十九篇，卷四壽序二十六篇，卷五壽序、賀序、書、記、雜文二十二篇，卷六墓志、記、說、制詞、祭文三十三篇。目錄末刊"本書初刊,篇次紊亂,當照標目校正"二行。此本缺論略一卷。

是集卷五有《五人墓碑記》。天啓六年,市民顔佩偉、楊念如、馬杰、沈揚、周文元五人,爲反抗魏忠賢暴政英勇獻身。次年,魏卒,人心大快。張氏此文力謳五烈士激昂大義、踏死不顧之獻身精神。崇善辟惡,發揚正義,其愛憎分明,顯而立見。

陳子龍序云:"予不敏,然有友數人,皆天下賢士。有張天如溥者,其一也。夫天如之文章,天下莫不知其能,予獨疑其所繇者異。觀夫文貴不羈之體,而道符和平之旨,故文之工者必振蕩咤嗟,挾其不平之心,而窮於所逞,然必以爲違棄精神,觀其要妙憔悴,未嘗不謂離道也。及乎心安意弛,愷悌仁人之言,發而條直淡薄,難爲工美修辭者所不道,是二體者立。故文士則騁其放軼,薦紳則樂其便近,文章日衰,而道亦以散。今觀天如之書,正不掩文,逸不踰道。彬彬乎釋爭午之論,取則當世不其然乎?彼其命志,良不虛者。"

《禁書總目》、《清代禁書知見錄》著錄。《清代禁燬書目·補遺一》云:"查《七錄齋集》,係明庶吉士張溥撰,溥頗負才名,而交通聲氣,爲周延儒營求復相,人品不足取,詩文俱有違悖處,應請銷燬。"

此本前有扉頁,刊"張太史訂正七錄齋集。吴門童潤吾梓"。并鈐有"玉佩瓊琚"印。

金鑲玉裝,卷一第五、六頁佚去。

《中國古籍善本書目》著錄。中國國家圖書館、上海圖書館等九館,臺北"國家圖書館"(原藏北平館者),及日本内閣文庫亦有入藏。溥又有《七錄齋詩文合集》十六卷,收《近稿》六卷、《存稿》五卷、《館課》一卷、《論略》一卷,爲明崇禎九年刻本,中國國家圖書館、南京圖書館等九館及臺北"國家圖書館"入藏。天一閣又藏有《七錄齋文集論略》二卷《續刻》六卷《別集》二卷,爲明末刻本。日本尊經閣文庫有《七錄齋集》六卷《論略》二卷《續刻》六卷《別集》二卷。

鈐印有"古香室印"。

2240 清乾隆刻本蘿石山房文鈔   T5428.9/4143

《蘿石山房文鈔》四卷,明左懋第撰。清乾隆五年(1740)刻《左懋第全集》本。四册。半頁九行十九字,四周雙邊,白口,單魚尾。框高19.4釐米,寬13.4釐米。題"東海左懋第次公著;維揚李清映碧編"。前有王鴻緒撰《明史稿·左懋第傳》;雍正四年(1726)陸廷掄序。末有李清跋、陸廷掄跋。

左懋第,字蘿石,山東萊陽人。崇禎四年進士,授韓城知縣,有異政。後爲户科給事中。南明福王時官至僉都御史,巡撫應天、徽州諸府。清兵破李自成,懋第出使與清議和,被留。南京破,拒降遇害。

卷一奏議十二篇,卷二申文三篇、書四篇、議二篇、序十一篇,卷三序九篇、記五篇、傳二篇、論二篇、墓志銘二篇,卷四行狀二篇、祭文十六篇,附告柩文一篇。卷四末刻"大清乾隆五年二月開雕。從玄孫光昴恭録並校;玄孫繩宗、即墨後學黄玉書參閱"。

按,清道光中湘鄉左氏詠史齋刊《左氏雙忠集》中有左懋第《左忠貞公集》十一卷附録一卷;清道光二十八年涇縣潘氏袁江節署刊《乾坤正氣集》中又收有《左忠貞公文集》八卷。

《四庫全書總目》、《續修四庫全書總目提要(稿本)》、《河南省圖書館中文古籍書目》、《北京師範大學圖書館中文古籍書目》、臺北《"中央研究院"歷史語言研究所善本書目》、《"國立臺灣大學"普通本綫裝書目》、《日本內閣文庫漢籍分類目錄》、《東京大學東洋文化研究所漢籍分類目錄》、《美國普林斯頓大學葛思德東方圖書館中文舊籍書目》未收。《中國科學院圖書館藏中文古籍善本書目》收有是書,並有首一卷,作"清乾隆四十六年左堯勳刻本"。又《中國古籍善本書目》著錄《左懋第全集》九卷,清乾隆刻本,爲《左忠貞公剩稿》四卷、《梅花屋詩草》一卷、《蘿石山房文鈔》四卷。福建師範大學圖書館有全帙入藏。

2241 清乾隆刻本澹寧居文集　　　T5429/7244.2

《澹寧居文集》十卷,明馬世奇撰。清乾隆二十一年(1756)周原溥刻本。四册。半頁九行二十一字,左右雙邊,白口,無魚尾。框高 19.6 釐米,寬 13.5 釐米。題"梁溪馬世奇素修甫著;同邑施元徵曠如甫閱;門人王永積崇嚴甫較;後學周原溥重校"。前有乾隆二十一年(1756)吳培源序。華允誠識語。

馬世奇,字君常,江蘇無錫人。幼穎異,嗜學有文名。崇禎四年進士。改庶吉士,授編修,遷左諭德兼侍講,掌司經局印。官至左庶子。世奇砥礪名行,居館閣最有聲,好推引後進,不妄取與。都城陷,肅衣捧冠所署司經局印,望朝拜畢,自縊死。贈禮部右侍郎,謚文忠。《(乾隆)無錫縣志》卷三一"忠節"有傳。

卷一疏二道、呈一篇、啓九通、賦二篇、箴四則、頌二篇、議四篇、説二篇;卷二論十篇、表八篇、判八篇;卷三策十篇;卷四文序十六篇;卷五志銘九篇;卷六志銘四篇、墓表三篇;卷七傳一篇、狀二篇;卷八壽序十八篇;卷九書六十一通;卷一〇書五十九通。

吳培源序云:"吾邑先賢馬文肅素修先生,當前明末造從容就義,身殉國難,固已彪炳史傳,光日月而泐金石矣。其舊刻《澹寧居詩古文集》梓行未廣,歷今百有餘年,後嗣式微,板片零落,幾至廢失。周子于京大懼先賢遺集之失傳也,出貲購買遺版,刷印校讎,志欲補其殘缺,悉心訪求而詩板得全。至文集則合之舊本,殘缺相同,得華鳳超先生遺筆所識,乃知先生適當殉難而刻未竣,貯其遺稿,以俟後之君子編輯成書。惜乎鳳超先生後嗣無人,遺稿不可復得,然其殘缺者亦不過什百之一二而已。嗚呼!先生之文……歷百有餘年,而乃得周子搜輯而梓行之,以傳於不朽也,豈偶然哉?"

華允誠識語云:"崇禎十七年三月十九日,先帝死社稷,吾師從容殉節。是時,無錫之在京者,獨先生與焉。謚文忠。迄今讀所著《澹寧居集》,猶凜凜有生氣,惜刊刻未成,適殉國難。允誠謹貯其遺稿,以俟好學君子取而編輯之。"

按,館藏此本僅爲文集,此外尚應有《詩集》三卷,並附《蝶園詩集》一卷(清馬翀撰)、《山香集》一卷(清馬壬玉撰),館藏本佚去。此本有扉頁,刻"馬文肅公文集。含清堂藏板"。卷一之九、十兩頁,卷七之二十三、二十四兩頁,卷九之三十九、四十、五十七、五十八、六十一頁,卷一〇之二十七、二十八頁佚去。

此爲禁書,屬"全燬",《清代禁燬書目》著錄。又《清代禁書知見錄》著錄爲《文集》十卷《詩集》三卷,"雍正壬子含清堂刊、乾隆二十一年丙子補刊"。又有《詩集》三卷,"順治甲午蒨園刊、民國十二年鉛印本"。《中國古籍善本書目》著錄清初刻本,僅上海圖書館有全帙,中國科學院圖書館、北京師範學院圖書館、廣東中山圖書館所藏皆爲不全之本。又日本內閣文庫有全帙,作清乾隆二十一年序刻本。另民國十一年上海中華書局排印《錫山先哲叢刊》第二輯中收有《澹寧居詩集》二卷。

2242　清康熙刻本幾亭全書　　T5429/7901.3

《幾亭全書》六十二卷,明陳龍正撰。清康熙四年(1665)雲書閣刻本。存四册。半頁十行二十一字,四周單邊,白口,無魚尾。框高 20.8 釐米,寬 13.5 釐米。題"浙嘉善陳龍正惕龍著"。前有李清序,熊開元序,康熙四年佘一元序;劉理順、陳素撰像贊;康熙三年(1664)王弘祚撰像序。

陳龍正,字惕龍,别號幾亭,浙江嘉善人。幼有至性,好學深思,少從吳志遠游,復師事高攀龍。崇禎七年進士。授中書舍人,後遷南京國子監丞。福王立南京,用爲祠祭員外郎。不就。南京不守,龍正已得疾,遂卒。私謚文潔。龍正生於萬曆十三年,卒於順治十八年。又著有《救荒策會》《程子詳本》。

全書計《學言》三卷、《學言詳記》十七卷、《政書》二十卷、《文録》二十卷、《因述》二卷、附《陳祠部公家傳》二卷(清陳揆撰)。館藏僅殘存《學言》三卷、《學言詳記》六卷、《陳祠部公家傳》二卷。

《中國古籍善本書目》著録,中國國家圖書館、南京圖書館有全帙,上海圖書館有不全之本。又日本内閣文庫也有全帙。此本版本項從《中國古籍善本書目》。

2243　清順治刻本劉文烈公全集　　T5429/7212

《劉文烈公全集》十二卷,明劉理順撰。清順治十五年(1658)楊猶龍刻本。六册。半頁九行二十字,四周單邊,白口,單魚尾。框高 20.5 釐米,寬 13.5 釐米。題"杞劉理順湛六甫著;男聖箴講山甫輯;孫始菖、始蒲、始菡、始苔纂;曾孫忠嗣、忠昆、忠夏、忠裔、忠錡編"。前有《謚祭》;順治十年(1653)祭文;順治十七年(1660)孫奇逢序,順治十五年江禹緒序,順治十五年梁羽明序,順治十七年許作梅序,順治十六年(1659)賈開宗序,順治十五年葉先登序;申涵光撰《劉文烈公本傳》;楊思聖撰《劉文烈公世系》;吳淇撰《凡例》四則。

劉理順,字復禮,號湛六,河南杞縣人。年五十,中崇禎七年進士,帝親擢第一。授修撰,歷左春坊左中允,司起居注、六曹奏章。纂修《大明會典》《武經七書》。入侍經筵,兼東宫講官。朝退,輒鍵户讀書,中實耿介,非其人不與交。甲申之變,具袍笏北面再拜,入别宗祠,投環死。年六十有三。後謚文烈。

卷一策一篇、册文一篇、表五篇、疏四篇、經筵講義五篇,卷二館課十一篇,卷三五言古詩四十六首、七言古詩三十首,卷四五言律詩二百六十首,卷五七言律詩一百六十九首,卷六七言律詩九十一首、五言排律三首、七言排律三首、五言絶句十二首、七言絶句三十五首,卷七序十三篇,卷八序二十一篇,卷九書二十九通,卷一〇議四篇、記二篇、説一篇、傳一篇、贊四則、啓五篇、引一篇、題三篇、跋一篇,卷一一行狀一篇、墓誌銘六篇,卷一二墓碑五篇、祭文四篇。

江禹緒序云:"先生殉國後,詩文遂致散佚,僅存若干卷,長公孝廉講山,會病未及舉遺,命冢孫菖石爲之。菖石克繩先志,於苫次中即攜而過余,謀授剞劂。"葉先登序云:"會豫中方伯猶龍楊公,慕先生義,刻先生集行世。"

此本有扉頁,刻"劉文烈公全集。覺于軒藏板"。按,此本卷五第六頁、卷六第三頁、第三十頁、第三十二頁"玄"字不避諱。

此爲禁書，屬"全燬"，《清代禁燬書目》著錄。又《清代禁書知見錄》著錄，作十二卷，"順治庚子刊"。《中國古籍善本書目》著錄清順治刻康熙重修本，上海圖書館、浙江圖書館等十三館也有入藏。按，《河南省圖書館中文古籍書目》集部著錄清順治十七年刻本、清康熙四十六年覺于軒刻本兩種(《中國古籍善本書目》皆未著錄)。又有清光緒元年北平查以謙重刻本、光緒二十四年杞縣官廨刻本。清道光二十八年涇縣潘氏袁江節署刻《乾坤正氣集》中也有收入。

2244　清康熙刻本陶庵詩文集　　　T5429/4839

《陶庵文集》七卷《詩集》八卷《吾師錄》一卷。明黄淳耀撰。清康熙十五年(1676)張懿實刻本。十册。半頁九行十九字，左右雙邊，綫黑口，無魚尾。框高19釐米，寬13.1釐米。題"嘉定黄淳耀藴生父著"。前有康熙十五年蘇淵序；侯汸跋，張懿實跋，侯榮跋，康熙十五年黄塋跋。

黄淳耀，字藴生，一字松，號陶庵，又號水鏡居士，上海嘉定人。生而穎朗，年十七補博士弟子。性淡泊，隱居授徒，爲諸生二十餘年。崇禎十六年進士。歸，益研經籍，緼袍糲食，蕭然一室。京師陷，福王立南都，諸進士悉授官，淳耀獨不赴選。及南都亡，嘉定亦破，偕弟淵耀同入僧舍自盡。時在順治二年，年四十一。

淳耀弱冠即著有《自監錄》、《知過錄》，有志聖賢之學，穿穴經傳，綜核性理，爲文務醇正，推明濂洛關閩之旨，卓然名家。《四庫全書總目》云："淳耀湛深經術，刻意學古，所作科舉之文，精深純粹，一掃明季剽摹譎怪之習。而平日力敦古義，尤能以躬行實踐爲務，毅然不爲榮利所撓。"此《文集》卷一啓、書十通，卷二序三十四篇，卷三論十一篇，卷四《史記評論》一百十三則，卷五傳六篇，卷六祭文六篇，卷七雜著十六篇。《詩集》卷一擬古樂府二十八首，卷二五言古和陶一百零五首，卷三五言古五十五首，卷四七言古二十八首，卷五五言律七十二首，卷六七言律七十二首，卷七五言排律六首，卷八五言絶句、七言絶句五十四首。

此本爲門人陸元輔輯，張懿實所刻。蘇淵序云："今陶庵遺文捃摭編輯者，始於陸子翼王，而研德實贊之。顧初刻未竟，又二十年，而張子德符復貿産以竣之。"張懿實跋云："予不忍没先生之志，彷直言爲啓社，群賢復聚，研德侯子實爲領袖。未幾，吴門慎交之會，諸子相率應之，予漸嬾酬酢，退耕虬江之野。是時，翼王遍搜先生遺稿，次第剞劂，予與同志力贊之而未成也。""今翼王遊京師，五年不返，而吾年六十有二……姑就翼王所輯以卒其業，聊見吾三人所以事先生者，各有其心，白首如一，勿留缺陷，俟之不可知之人，其亦先生所許乎？予感其言，蠲産鳩工，三月竣事。"黄塋跋又云："自先君遭乙酉之變，塋方四齡，家室飄摇，藉外翁眉聲先生一椽棲止，母子孑孑，蕭然四壁。稍長，知求父書，而散亡已盡。嗚呼！痛矣！所賴翼王、研德同力搜輯，得文八十有二篇、詩三百八十篇、《史記評》一卷、《吾師錄》一卷，於是同邑諸世執曁及門數君子相與謀付剞劂，翼王遂悉爲編次以出，不謂人事牴牾，未能卒業垂二十年，今得記原趣，德符一舉而成之。"

據光緒五年刻《陶庵集·凡例》云："先生古今體詩八卷，爲侯氏記原、研德、陸氏翼王、張氏懿實所輯，虞山錢氏刊於絳雲樓。"此云錢氏有刊本，非是。據民國十二年上海掃葉山房石印本《陶庵集》前錢謙益序，並無刊刻之語，又錢序作於順治十七年。

金鑲玉裝。目録後刻"門人陸元輔、張懿實、侯汸、男塋仝較"。

《四庫全書總目》入集部别集類，作"陶庵全集二十二卷"，爲文七卷、文補遺一卷、詩八卷、詩補遺一卷、《吾師錄》一卷、《自監錄》四卷，當爲後人續加增輯以行者。《中國古籍善本書目》

著録,天津圖書館、南京圖書館等十一館入藏。按,此書又有清康熙十五年張懿實刻康熙四十二年陸廷燦增修印本。江西省圖書館、中國科學院圖書館等七館入藏。另有清乾隆二十六年陶廣文刻本、清乾隆二十六年陶廣文嘉慶間陳夢蘭增補印本,此二種本館皆有入藏。又清道光二十八年涇縣潘氏袁江節署刻《乾坤正氣集》中收有《陶庵文集》十卷。清光緒中順德龍氏刻《知服齋叢書》中收有《陶庵集》二十二卷首一卷。

2245　清乾隆刻本陶庵詩文集　　　　　　　　　　T5429/4839E

《陶庵文集》七卷《補遺》一卷《詩集》八卷《補遺》一卷《吾師録》一卷《自監録》四卷,明黃淳耀撰。清乾隆二十六年(1761)陶廣文寶山學署刻本。六册。半頁十行二十二字,左右雙邊,白口,單魚尾。框高17.8釐米,寬13釐米。前有乾隆二十六年王鳴盛序,康熙十五年(1676)蘇淵舊序,陸隴其舊序,朱彝尊舊序;《明史》本傳;侯元泓撰《行狀》;《陶庵記略》(有乾隆二十六年陶應鯤識語);姓氏(列編輯、校閲、校訂、校對、助刊人姓名)。末有侯汸跋,張懿實跋,侯榮跋,黃墾跋,乾隆二十六年曾孫黃正儒等跋,汪嘉濟跋,陶應鯤跋,張江霞跋;附錢棫撰《黃偉恭傳》並附偉恭古今詩;康熙四十二年侯開國跋。

黃淳耀,見清康熙刻本《陶庵詩文集》。

《文集》卷一書十一通,卷二序三十四篇,卷三論八篇,卷四史評一百十四則,卷五傳六篇,卷六祭文六篇,卷七雜著十六篇。《補遺》爲書序雜著十一篇、論表策七篇。《詩集》卷一擬古樂府二十八首,卷二和陶詩一百三首,卷三五言古六十首,卷四七言古二十九首,卷五五言律九十四首,卷六七言律七十七首,卷七五言排律六首,卷八絕句七十六首。《補遺》十七首。《吾師録》三十二則。《自監録》四卷分别爲道德、經濟、文章、格論。

此本爲陶廣文刻於上海寶山。王鳴盛序云:"顧自先生没後,全稿散佚,雖一刻於國初而未全,後及門陸翼王徵君、侯柜園掌亭昆季、張方瓢諸公蒐輯校勘付梓,而板今藏於槎溪陸氏,未獲風行。會溧水澹泉陶君來司教寶山,深惜先生之集當公諸海內,使後學家有其書,非重付剞劂不可。於是邑之紳士,欣然竭數月之力,凡題跋箚記、隻字剩墨,悉補輯無遺,更益以前集未刻之《自鑑録》,鳩工開雕,將不日而漬於成。"又據複本沈德潛序云:"先生遺集,綴輯於陸翼王、侯研德兩先生,茲因舊版漫漶,且漏略尚多,陶廣文澹泉與寶山同學諸生廣爲搜討,補其未備,細加編次,並偉恭先生詩,鳩工重刊,以慰天下願見之思。"

黃正儒等跋云:"曾王父是集,國初諸前輩裒輯,付刻海內,願見者如飢渴焉。而梨棗沉擱槎溪陸氏,無自風行。當正儒從事史館,都門諸大人微問者不一而足,嗣得待罪,楚郢憲多徵此,俱未有以應。庚辰秋,以老病得許告歸,方矢志重刊,而澹泉陶師臺先於從弟兆龍索得原本,率先多士,再付梓人,並增入《自監録》暨詩古文遺編,補前刻所未及,餘仍其舊。"

此本有扉頁,刻"黃陶庵先生全集。寶山學藏板"。按,館藏光緒五年刻《陶庵集·凡例》云:"乾隆中溧水陶氏澹泉增輯詩古文補遺三卷、《自監録》四卷,爲二十二卷,刊於寶山學署。"

《四庫全書總目》入集部别集類,即此本。

館藏有複本一部,六册。爲清乾隆二十六年陶廣文刻嘉慶間陳夢蘭增補印本。多出乾隆二十六年沈德潛序、嘉慶二年陳夢蘭序,又有康熙四十四年吳偉業舊序。陳夢蘭序云:"余以文集版片散失,詩求舊本補綴完備,以廣其傳。"也有扉頁。鈐印有"雨山草堂"。

2246　清刻本嶠雅

T5429/0216

《嶠雅》二卷,明鄺露撰。清鄺瑞海雪堂刻本。四冊。半頁八行十五字,四周單邊,無魚尾,書口下刻"海雪堂"。框高18.5釐米,寬13釐米。題"明福洞鄺露湛若撰"。前有阮自華序。序後另頁刻有"藏之名山傳之其人";鄺露畫像並自贊;又録《石巢詩話》。

鄺露,字湛若,初名瑞露,字湛斯,後改今名,廣東南海人。諸生。工詩及書,慷慨自負,歷游粵西吳越間。唐王在福州,仕爲中書舍人。永曆帝時,奉使還廣州,清兵來攻,城破,幅巾抱所蓄古琴,徐還所居海雪堂,擁古器圖籍與琴,不食而死。又著有《赤雅》。

露少嘗師事阮大鋮,崇禎間爲阮序《詠懷堂集》,稱"門人某百拜"。洎阮羅織東林,乃貽書絕交,侃侃千言。卷一七言古十三首、五言排律五十首,卷二樂府十二首、古樂府四十五首、五言律詩三十五首、七言律詩五十首、詩序二篇、游記三篇。

此本白紙,天頭甚開闊。卷一第一頁第一行下刻"族來孫鄺瑞重鎸"。

《四庫全書總目》收有露撰《赤雅》,而不及此書。《中國古籍善本書目》著録,中國國家圖書館、山東省圖書館、復旦大學圖書館等六館也有入藏。《嘉業堂藏書志》著録有舊抄本。臺北"中央研究院"史語所傅斯年圖書館有舊鈔本《嶠雅》二卷附《嶠雅後》一卷。

館藏有複本一部,四冊。黃紙。鈐印有"翰墨香"、"綺雲"、"羊城未隱"。

2247　明崇禎刻本十菊山人雪心草

T5422/3240

《十菊山人雪心草》四卷,明馮嘉言撰;《崇祀録》一卷。明崇禎馮起綸聽彝堂刻本。四冊。半頁七行十六字,四周單邊,白口,單魚尾,書眉上刻評,書口下有"聽彝堂"。框高17.9釐米,寬12.4釐米。題"慈谿馮嘉言國華父著;孫起元、起綸全訂"。前有天啓元年(1621)孫應嶽序。末有天啓元年馮起綸跋,崇禎十六年(1643)馮起綸重刻跋。

馮嘉言,字國華,號十菊山人,慈谿人。諸生。生而雋上,九歲通吟咏,習《大戴禮》。家貧,館穀養親。親歿,結茨棲墓左。屢應制科不售,遂卜居東嶺後馬家山以老,不妄交塵俗。年七十餘,自作輓詩曰,吾殆將逝矣,形歸於地,魂魄則無不之也,其往從陶靖節游乎?語畢而逝。《慈谿縣志》卷二八有傳。

嘉言詩溫婉和厚,境適意調,有陶、韋之自然,沈、宋之典則。卷一五言古詩四十一首、七言古詩九首、六言絕句十八首、七言絕句七首,卷二五言律詩一百七十四首,卷三七言律詩上九十七首,卷四七言律詩下九十六首。

嘉言屢蹶之後,放懷山水,寄興吟咏。其云十菊者,志歷試之多艱;山人者,志遁跡於林莽;而題雪心者,蓋志胸藏未剖之珍,以聊舉而發抒之聲歌中。其自輓詩曰:"人是贅世翁,輕塵依細柳。一旦棄世歸,屈伸如運肘。空懷千載憂,不耐百年久。音容杳漠中,遂稱名烏有。好不覺美好,惡不知惡醜。聲不入吾耳,味不悦我口。萬事屬人身,凡物歸人手。人生天地間,惟言爲不朽。所以在世時,强作詩千首。"此也自寫胸次,蓋其早已洞穿世間榮枯順逆,故詩也立命卓然。

是書最早由馮起綸刻於天啓元年,其跋有云:"顧性度冲雅,履境泊如,惟向里中耆宿結詩社,放懷山水間。遊履所到,奚囊不廢。晚輯一編,名《十菊山人雪心草》……今所梓大抵里開所傳,寫故老所誦説,或投寄遠交,未遭洪喬浮沉者,惜乎非其全矣。集中有句在世强作詩千首者,殆實録也。""嗟夫!回首呎語,怳然如面,不啻墓木之拱觸於目,而本原之思逼於衷也。因撰數詞,并付剞劂。"

此爲起綸重刻之本,重刻跋云:"綸以庚申令豐城,次年鋟先大父《雪山草》……吾友章長輿,知音人也,嘗稱《雪心草》真率似靖節,清曠似香山,而入理處酷似慈湖先生。先生以理學祀於黌宫,今令祖先生以純德懿行與慈湖並祠,兩賢媲美,俎豆有光矣。夫指心相雪,先大父與慈湖先生真異世若合符節,第慈湖先生之刻已久,古今人皆膾炙,而先大父《雪心》刻僅二十載,流傳未遠。綸悲其寥寂也,於是復翻鋟以公諸海内,且以示世世子姓載思載詠於《雪心》之義云。"

《千頃堂書目》、《明史藝文志》及《四庫全書總目》、《中國古籍善本書目》皆未著録,殆爲罕見之本也。

金鑲玉裝。

鈐印有"秀水王相"、"粹芬閣"、"憮閒居士"。

2248　明崇禎刻本牧齋初學集　　　　　　　　T5432/6145

《牧齋初學集》一百十卷,清錢謙益撰。明崇禎十六年(1643)瞿式耜刻本。二十五册。半頁十行十八字,四周單邊,白口,單魚尾。框高21.2釐米,寬14.1釐米。前有崇禎十六年程嘉燧序,蕭士瑋序,崇禎十七年曹學佺序。

錢謙益,字受之,號牧齋,晚年自號蒙叟,又號東澗遺老,常熟人。萬曆三十八年進士,授編修,累官至禮部侍郎。福王立,詔事馬士英,爲禮部尚書。順治三年,清兵定江南,謙益迎降,命以禮部侍郎兼管秘書院事。旋歸鄉里,以著述自娱。爲文博贍,諳悉朝典,詩尤擅長,與吳偉業、龔鼎孳稱江左三大家。家富藏書,其樓曰絳雲樓。晚年歸心釋教。

卷一至二《還朝詩集》,卷三至四《歸田詩集》,卷五至一〇《崇禎詩集》;卷一一《桑林詩集》,卷一二《霖雨詩集》,卷一三至一四《試拈詩集》,卷一五至一六《丙舍詩集》,卷一七《移居詩集》,卷一八至二〇《東山詩集》,卷二一至二七雜文,卷二八至四〇序,卷四一至四六記,卷四七至四九行狀,卷五〇至六一墓志銘,卷六二至六五神道碑銘,卷六六至六七墓表,卷六八至六九塔銘,卷七〇至七三傳,卷七四至七六譜牒,卷七七祭文,卷七八哀辭,卷七九啓、帳詞、書,卷八〇書、帳詞,卷八一疏,卷八二贊、偈,卷八三至八六題跋,卷八七奏疏、議,卷八八至九〇制科,卷九一至一〇〇外制,卷一〇一至一〇五《太祖實録辨證》,卷一〇六至一一〇《讀杜小箋》。

程嘉燧序云:"歲癸未冬,海虞瞿稼軒刻其師牧齋先生《初學集》一百卷。"(按,此序爲清代補刻)

此本有扉頁,刊"錢牧齋先生初學集。崇禎癸未歲刊行。燕譽堂藏板"。

卷一一〇末有"寧國府旌德縣劉入相字文華督工鐫刻"。此本有抄配,如卷八七第十六至三十頁、卷八八第三至五頁配清抄本。卷二三第一至四頁爲清代補板。

《禁書總目》、《違礙書目》、《清代禁書知見録》著録。

《中國古籍善本書目》著録。中國國家圖書館、上海圖書館等三十三館,臺北"國家圖書館"(三部),及美國國會圖書館、普林斯頓大學葛思德東方圖書館、日本静嘉堂文庫、東京大學東洋文化研究所亦有入藏。

2249　清刻本牧齋初學集詩注有學集詩注　　T5432/8586

　　《牧齋初學集詩注》二十卷《有學集詩注》十四卷。清錢謙益撰,錢曾注。清刻玉詔堂印本。二十四冊。半頁十行二十字,四周單邊,下黑口,單魚尾。框高 17.9 釐米,寬 13.2 釐米。《初學集詩注》題"籛後人錢曾遵王箋注;苕南□□□鈔訂;東海朱梅朗巖分校"。《有學集詩注》題前兩行同上本,第三行作"東海朱梅素培分校"。序皆佚去。

　　錢謙益,見清抄本《牧齋書目》。

　　錢曾,字遵王,號也是翁。錢謙益爲其族祖。

　　錢謙益詩博大精深,錢曾注本有玉詔堂印本及春暉堂印本之別。據近人孫殿起《販書偶記》卷一三云:"無刻書年月,約康熙間玉詔堂刊,又約乾隆間春暉堂刊"。

　　有扉頁,刊"初學集箋注。玉詔堂藏板"、"有學集箋注。玉詔堂藏板"。

　　周法高先生曾於香港購得錢曾注本,後又於臺北"中央研究院"史語所傅斯年圖書館得見足本《牧齋詩注》抄校本,較通行本多千餘條,其中箋述時事諸條,尤足珍貴。周氏並有校勘記。又周氏 1973 年出版之《足本錢曾牧齋詩注》及 1978 年出版之《牧齋詩注校箋》皆可參考。然周氏 1973 年之影印底本與此本非同板,疑爲春暉堂印本。

　　《中國古籍善本書目》著錄此玉詔堂印本,上海圖書館、遼寧省圖書館等八館也有入藏。另清暉堂印本,湖北省圖書館、中國科學院圖書館等六館有入藏。

　　鈐印有"桂窗"。

2250　清乾隆刻本龍湫集　　T5446/4414

　　《龍湫集》五卷,清李天植撰;《附刊》一卷,清宋景關輯;《明史彈詞》一卷,清宋景濂撰。清乾隆十七年(1752)宋景濂刻本。一冊。半頁十行二十一字,左右雙邊,白口,無魚尾。框高 16.1 釐米,寬 11.3 釐米。題"乍浦李天植因仲著"。目錄頁題"同里後學陸培南香選定;黃正色肇脩、宋景濂雙穎、宋景關今郾編次;陸士煥丹嶼、沈廷元瀛先、陸士焯孝則、王澄元揆齋、懷如璜鳴玉、周昌鳳在鳴、敖俊民望校字"。前有乾隆十七年宋景濂序,宋景關序,釋澹歸序;彭孫貽撰傳。《明史彈詞》前有乾隆二年(1737)宋景濂序,宋景關序;林緒光、宋雲會、杭世駿、陸奎勳、陸培、唐起鳳題辭。

　　李天植,字因仲,浙江乍浦人。自海鹽縣籍入嘉興府庠中,明崇禎六年舉人。爲諸生時,工詩歌古文辭,登賢書後,與海內名流相嘯詠。甲申後,不復上公車,改名確,字潛初,遯蹟龍湫山中,糧絕不給,好事者多載酒米以周之。長吏守帥聞其名,車騎過之,踰垣避終不見。每歲必賦三月十九日詩,讀者高其風而哀其志也。年八十二,預知死期,賦詩瞑臥乃卒,鄉人私諡介節先生。卷五有自撰《龍湫山人傳》。

　　卷一詩三十五首,卷二詩六十八首,卷三詩五十七首,卷四詩五十七首,卷五文七篇。附刊《乍川諸前輩遺詩》四十九首,爲陸正、張復陽、朱端、李蕚、釋大遂、倪端、宋咸、王路、王端、許祚、許丕猷、陸錫禮、時一中、戴本、周弘起、朱之鑑、李燿、李爲光,各人皆有小傳列於詩前。

　　宋景濂序云:"潛夫李先生,我鄉高行士也,生平著述甚富。其詩始稱《放言集》,繼稱《就正草》,洎陸亦樵爲鋟版羊城,更名曰《蜃園前後集》。而暮年所著,別爲《續集》一卷附焉。專集而外,又有《乍浦九山補志》《九山游草》《忘機社月令詩》《送秋詩》《梅花百詠》,俱已付梓。其未經開雕者,《蠡園文集》十卷、《古今觴詠集》八卷、《山房日録》四十卷、《隱林列傳》十卷、《明隱林忠清合傳》四卷、《表忠録》、《灌園録》、《紀夢集》、《山居雜志》、《山居雜詠》、《清脩八則》、《呼天外史》、《大東飽蠹篇》、《深省堂詩話》各若干卷,想見當年手披口吟、提要鈎元之概。惜繼嗣凋喪,遺稿放佚殆盡,今竟罕有存者。景濂束髮受書,即深響往,殘編斷簡,手自鈔撮,嘗欲薈萃諸集成一家言。夫先生高行,自足千古,固非以言見重者,然使後之人誦其詩、讀其書,想見其爲人,孰謂空言無補,可聽其泯没弗傳也。草創未就,會先君子疾作不平,比服闋,而景濂又以失明頽廢矣。嗟乎!……今春,因命弟景關重爲編次,擇其尤雅者,得詩四卷、文一卷,復合乍川諸前輩能言者,零星掇拾爲一卷,人系以傳,俾附先生以不朽。集既成,名之曰《龍湫》,遂醵金而授之剞劂氏。

天植自崇禎癸未不赴公車,至甲申後絕蹟郡縣,時居游瀕海之九山,喜爲詩,然家貧甚,有一子先喪,並遣其妾,僅與老妻躬炊自食,壽八十二卒。其集卷四有《山居絕糧》云:"三旬九食豈吾欺,君子窮乎只自知。道路正宜蒙袂去,齋厨常似禁煙時。無兒何處負升斗,有婦猶聞炊㸑㸑。清課小窗能不减,翻經繞罷又看棋。"

《明史彈詞》爲宋景濂將明代舊事編成新詞,十字一句,計一百三十六句,爲明史之概括也。

此本刻工張韶九,平湖人。

《四庫全書總目》未收。《中國古籍善本書目》著録,中國國家圖書館也有入藏。按,中國國家圖書館又有《龍湫山人遺稿》不分卷,稿本;《李潛夫先生遺文》一卷,清四古堂抄本,清吳騫跋。浙江圖書館有《梅花百詠》一卷,清抄本,有清姚斐跋。

鈐印有"蔣山東畔名家"、"湫六"。

2251　清初刻本天然昰禪師詩集

T5436/1761

《天然昰禪師梅花詩》一卷《雪詩》一卷,清釋函昰撰,釋今辯編。清初嘉興楞嚴寺刻本。一册。半頁十行二十字,四周雙邊,白口,無魚尾。書口上刻"支那撰述",書口下有黑色板塊。框高 21.2 釐米,寬 14.4 釐米。題"門人今辯重編"。《梅花詩》前有王庭序,《雪詩》前有陸世楷序。

釋函昰,字麗中,別字天然。本姓曾,初名起莘,字宅師,廣東番禺人,世爲邑望族。年二十六,舉崇禎六年鄉試,次年赴禮部試,歸途病劇,感異夢而愈。自是斷欲絕葷,參究甚力,大悟玄宗,後削髮爲僧。壬午歸廣州,開堂訶林。甲申後,粵變屢更,住雷峰。其以盛年孝廉,棄家出世,人頗怪之,及時移鼎沸,縉紳遺老有託而逃者多出其門,始知其有先見云。生於萬曆三十六年,卒於康熙二十四年,年七十八。又有《楞伽心印》四卷、《首楞嚴直指》十卷、《天然昰禪師語録》十二卷、《瞎堂詩集》二十卷等。近人汪宗衍有《天然和尚年譜》。

釋今辯,俗姓麥,字樂説,廣東番禺人。嘗從梁之佩學科舉應試之文,頗有文名。其後之佩入道,每以梵典禪理導之,忽有所省,因隨行脚僧至匡廬,參天然昰禪師,從之剃染。順治十七年受具足戒於雷峰。及今釋開丹露禪院,迎昰公開創法席,師匡維甚力,遂嗣其法。康熙七年,分座丹露,追昰公示寂,始主海雲寺,未久遷至海幢寺,後再移駐福州長慶寺。以康熙三十六年入寂,年壽不詳。

《梅花詩》爲五言律三十首、七言律三十首、五言絕句三十首、七言絕句三十首。《雪詩》爲五言律三十首、七言律三十首、五言絶句三十首、七言絶句三十首。按,《瞎堂詩集》二十卷中之卷一九、卷二〇即爲《梅花詩》、《雪詩》。

王庭序云:"夫詩之一道,本非禪家所貴,然而古德多爲之,其詠梅未嘗沾沾於梅也。原風人之意,如河鳩淇竹,非爲比即爲興,大都偶感於物以寄其懷云耳。若必詠物之體求之,將曲肖其形質,微寫其性情,博徵其事實,非切而能工不以名,執此評諸詠梅者,林逋暗香、疏影二語而外,可稱者寧有幾哉?然而昔人詠梅,往往多百篇,今老人之作亦百有二十篇,嗟乎!吾知老人之托意深矣。夫佛之妙法取之蓮,老人之微旨取之梅,以例之柏子草頭,老人之詠梅,未嘗非説禪,豈可以詩觀之耶?然即以詩觀之,此老人諸作,其格高矣,其趣合矣,其詞爲雅馴,又豈他百篇者所可及哉?"

陸世楷序云:"余謂天壤間最高潔者惟梅與雪,蓋其性厭塵凡境,耽孤寂,與深山老衲似有夙因,故其形之詠嘆不啻現身而説法也。天然和尚舊著《梅花詩》百二十首,清曠絶倫,讀者已超然天際矣,兹所作《雪詩》亦如其數,不事鏤冰刻玉而觸想成言,真有萬壑空明、千山皓白之致,此固胸中沉潛自然流溢,非灞橋風雪、驢背推敲者所能效其咳唾也。"

卷末刻"板存嘉興楞嚴寺般若堂"。

臺北"國家圖書館"藏《嘉興楞嚴寺方册藏經》內未收此書。

2252　清雍正刻本柴村文集　　　　　　　　T5433/7240B

《柴村文集》十二卷《古今體詩鈔》五卷《柴村賦集附》一卷《蝶庵自藥》一卷,清邱志廣撰;《德滋堂歌詩附鈔》一卷,清邱性善撰。清雍正刻本。十册。半頁十一行二十二字,左右雙邊,白口,單魚尾。框高 18.9 釐米,寬 14.2 釐米。前有康熙四十四年(1705)馮佩實序,雍正四年(1726)魏方泰序;李焕章小引。《詩鈔》題"諸城邱志廣"。前有康熙三十八年(1699)李澄中序。《賦集附》題"諸城邱志廣"。《德滋堂歌詩附鈔》題"諸城邱性善"。

邱志廣,字弘區,又字粟海,號蝶庵,世爲山東諸城柴村人。生而穎異,幼好學,沉潛有大志,尤以涵養性情爲本。爲諸生。其文尤長於議論,往往翻昔人成案,洋洋灑灑,累千百言,皆中窾會而不詭於理。順治中,由貢生官長清縣訓導,年八十三卒。

卷一至二論五十四篇,卷三至四説三十八篇,卷五策十三篇,卷六序八篇,卷七傳十四篇,卷八記十二篇,卷九辨五篇,卷一〇解六篇、議二篇,卷一一碑銘祭文十四篇,卷一二雜著二十八篇。《詩鈔》卷一古詩六十七首,卷二五言律二百五十二首,卷三七言律三百十五首(七言排律詩附),卷四五言絶句一百七十七首,卷五七言絶句一百七十三首。《柴村賦集附》爲八篇。《德滋堂歌詩附鈔》古歌二十首、五言律二首、七言律十三首、七言絶句十四首。

魏方泰序云:"索其文集而觀之,凡二百篇,首太伯、文王論,重讓德、重至德也;終戲作入鄉賢呈詞,而結之以蝶庵自藥,自信其有得於文章性道之旨,而無愧爲鄉先生也,然則公之自命蓋可知矣。而其間論説策若干、序傳記若干、辭解議若干、碑銘祭文以及雜著凡若干,其謀篇之或短或長、音節之或疾或舒、罔不中程焉。則先生之博物洽聞,宏中肆外,正猶大海汪洋,而魚龍出沒,變現於其間也,豈尺水興波者所能彷彿其萬一哉?"

志廣少好神仙,學於道士齊本守,後乃從馬從龍講學,故所見雜出儒墨之間。其文長於議論,然稱所欲言,詞多不擇。晚年尤好詩,每不假思索,頃刻成數篇,自然合規矩。其《蝶庵自藥》,微言大義,凡百餘則,類有得於紫陽語録之旨,而身體力行之。志廣生平事蹟,可見其六十四歲時自撰《柴村野老譜記》。另有《邱先生傳》、邱性善撰《先祖弘區公傳》。

《四庫全書總目》入集部別集類存目。《中國古籍善本書目》著錄，中國科學院圖書館也有入藏。

館藏又有《古今體詩鈔》五卷《賦集附》一卷《蝶庵自藥》一卷，及《德滋堂歌詩附鈔》一卷。七冊。

2253　清康熙刻本寶綸堂集　　　T5433/7932B

《寶綸堂集》十卷，清陳洪綬撰，陳字購輯。清康熙陳氏寶綸堂刻本。二冊。清沈復粲跋。清蘭石題識。半頁十行二十字，左右雙邊，白口，單魚尾。框高19.8釐米，寬13.5釐米。題"暨陽陳洪綬章侯著；男字購輯、孫豸對讀"。前有康熙三十年（1691）羅坤序，康熙四十四年（1705）胡其毅序；孟遠撰《陳洪綬傳》。末有程象復跋。

陳洪綬，字章侯，號老蓮，甲申明亡後自號老遲，又稱悔遲、弗遲、雲門僧、九品蓮臺主者，浙江諸暨人。生而穎異，於書無所不讀。總角時，即有志當世，普濟群生。間爲詩文詞，落筆清新俊逸，不屑屑餖飣。工書法，善山水，尤工人物。爲諸生，崇禎間召入爲舍人，使臨歷代帝王圖像，因得縱觀大內書畫，乃益進。性放誕，好婦人。人欲得其畫者，爭向妓家求之。生平喜爲貧不得志人作畫，凡貧士籍其生者數十百家。若豪貴有勢力者索之，雖千金不爲搦筆也。順治九年，忽歸故里，日與昔時交友流連不忍去。一日，趺坐床簀，瞑目欲逝，子婦環哭。急戒無哭，恐動吾望礙心，喃喃念佛號而卒，年五十四。

卷一序、傳，卷二論、記，卷三書、壽文、銘、雜文，卷四四言古、五言古，卷五排律、五言律，卷六五言絶、六言絶，卷七七言古，卷八七言律，卷九七言絶，卷一〇詞。

羅坤序云："吾鄉章侯陳先生，居諸暨之楓橋，世系華冑。自幼能文章，攻舉子業，天姿高朗。喜作書畫，法古人最上乘，不入吳下一派。喜結交，以朋友爲性命。每文酒高會輒醉，醉必歌詠自豪，掉頭不輟。又常就試南北雍，行李車轍所至，交游雲集。而登臨投贈之作，思如泉涌，然其落想如煙云，如冰雪，逍遥跌宕，非凡夫俗子所能道隻字，誠詩家逸品也……而其作文，亦必名言確論，含腴吐華，出於至性所關，並非泛泛所應酬。惜乎其詩文未嘗留稿，即偶有存者，自頻罹兵火，散漫殆盡。今嗣君無名即幼字鹿頭者，抄彙成帙，蓋從友朋親串中什襲而收藏者，又或於四方舊雨士大夫珍重而遺留者。不憚風雨，歲年搜求遠僻，計得近古各體共若干首、文若干篇，登諸剞劂，以傳不朽。"

胡其毅序也云："諸暨陳章侯先生，古之狂士也，没後三十餘年，嗣君無名翁，始爲搜輯生平詩文共十卷，鏤版行世。"無名，原名儒楨，後更名字購，字無名。力學厲行，性慷慨，篤交游，其書畫亦能紹其父。痛其父著作俱不存稿，而於故人唱和與夙昔交游留傳筆墨間，搜集詩詞若干首，梓行於世，而其論古衡今諸論策終不可得。

陳集康熙本流傳罕見，清光緒間會稽董金鑑取斯堂有木活字本，後附拾遺一卷。本館也有入藏。據董氏"軼事"小序云：老蓮"没後數載，其子無名翁始哀輯刻之，歲久湮泯，板刻不存，傳本日希，幾如星鳳。丁亥夏，余獲見精本，既得卒讀，亟命工以活字印行，庶幾先賢遺著重顯於世。同邑徐仲凡太守，藏先生手書避亂詩一帙，上虞王氏天香樓舊藏也，得詩百五十三首，中有四十餘首爲前所未見，佚文墜簡，尤可寶貴，爰從假録校印，使附行焉。集所已載，則姑闕之，以省緟復。"又浙江古籍出版社出版有吳敢點校本《陳洪綬集》，經美國耶魯大學東亞美術史博士劉晞儀小姐核對,康熙本較光緒本多出卷一序一篇(呂衡伯何山讀書賦序),卷三銘一篇(博古葉子銘),卷四五古二十七首,卷五五言排律一百首,卷六五言絕三十四首、六言絕五首,卷七七言古九首,卷八七言律三十五首,卷九七言絕十一首。而吳敢點校本較之康熙本多出五古一首(作飯行有序)、五言絕一首(書扇贈石言上人)、七言絕三首。然康熙本所收詩卻比吳敢本多出約二百五十首。

此本書眉上有沈復粲錄陳洪綬餘詩一百餘首。據沈跋,餘詩爲會稽孟氏所輯。餘詩中僅三十首見於光緒本,它則爲佚詩,可補光緒本及吳敢點校本之遺漏。按,阮元《兩浙輶軒錄》云:"老蓮初無詩集,生平作畫懶於題詠,偶有所題,亦未嘗存稿。其老友姜綺季與共晨夕,見有題,輒爲鈔錄,久而得詩一卷,鐫於板。老蓮見之大喜,因自爲序,名曰《陳老蓮集》。老蓮卒,毛西河復爲之序。"又按,老蓮序作於順治八年,次年即逝去。今姜綺季刻本已不傳於世。

沈復粲跋云:"右《寶綸堂集》十卷,吾越陳洪綬撰,其子字編。初求是集不可得,予於癸丑始得殘本三冊,蕭山曹明經購採越中詩家。予又訪會稽孟氏藻鏡樓,藏本完善,集中高眉上遺詩亦孟氏搜輯。校之殘本詩文,尚多數篇。今割其所無合而訂之,庶章侯先生之詩文或無添焉,其殘本歸曹氏焉。嘉慶庚午七月初一日曝書,鳴野山房識。"沈跋在另紙上,跋後鈐有"鳴野山房"小印。按,鳴野山房即沈復粲藏書處。復粲,字霞西,浙江紹興人,博極群書,收藏甚富。

又蘭石題識云:"第九卷第五十六頁第九行《即事》一首,乃陸放翁詩也,或老蓮曾寫一通,誤收入。惟'千秋館里逢雨急',陸本作'逢急雨'。餘皆同。偶假觀《寶綸堂集》,書此備考。蘭石。"查《清人室名別稱字號索引》,號蘭石者,有宋若、吳煥采、郭尚先、楊式枋、董祐誠,恐皆非是。

查近人黃涌泉《陳洪綬年譜》,順治四年夏秋間,洪綬五十歲時,在山中無可消遣,將四子小蓮平時所錄己詩,稍加裁刪,定名爲"寶綸堂集",寄送諸暨西安鄉江藻村王予安是正,並致函云:"悔遲雅不以詩鳴,兒子鹿頭,私將生平所作編次成帙,展閱一過,可刪者十七。晝長如年,山中無可消遣,即將鹿頭所編次者刪錄呈政,知予老見之,必有教正。"據《(宣統)諸暨縣志》卷四九《經籍志》云:"楓橋陳氏授經堂藏有洪綬手錄稿本,乃江藻來園故物,末無避亂詩。"來園藏陳氏稿本在王予安去世後歸錢氏所有。此稿本後有錢洪裦跋,云:"是歲予安師設帳於予家之來園,尋先生歸道山,此稿流落余家者三十年。今秋解組歸,檢點藏弆,得是稿……核所錄詩,與董刻無出入,卷面有康熙癸丑春題'六十一頁,序七頁'七字,字數與羅、胡兩序相當,今佚。無雜文,卷後無'軼事'。蓋洪綬手定稿本,只詩二卷。文與'軼事',鼎革命其子字所補輯付刻也。"洪綬手稿,在清末爲七世孫陳通聲購回,後分裝四冊,1936年在杭州舉辦之"浙江省文獻展覽會"中曾展出。稿本末有錢洪裦、吳慶坻、陳通聲跋並詩。此稿本今也不知流落何方,或已湮滅不存。

此本有扉頁,刻"陳章侯先生遺集。寶綸堂藏板"。扉頁上又鈐有"梅花十里讀書樓"、"家世楓谿",蓋陳洪綬後人所鈐也。

《四庫全書總目》、《續修四庫全書總目提要(稿本)》未收。《中國古籍善本書目》著錄,天津南開大學圖書館也有入藏。《臺灣公藏善本書目書名索引》、《日本現存清人文集目錄》未著錄。

鈐印有"闕"。

2254 清順治刻本蓼齋集

T5429/4414

《蓼齋集》四十七卷《後集》五卷,清李雯撰。清順治十四年(1657)石維崑刻本。十冊。半頁九行十九字,四周單邊,白口,無魚尾,書口下刻字數。框高 19.1 釐米,寬 13 釐米。題"雲間李雯舒章甫著;後學石維崑輿瞻甫較"。前有順治十四年石維崑序。又有《參訂及門姓氏》。

李雯,字舒章,上海人。力學好古,與陳子龍齊名。順治初,廷臣交薦雯才可用,授内院中書,一時詔誥咸出其手。順治三年,得請於朝,以父喪歸葬,事竣卒。《(嘉慶)上海縣志》卷一三有傳。

卷一賦八篇;卷二賦二篇、騷二篇;卷三樂府,爲擬漢鐃歌十八首、擬漢橫吹曲十四首、擬梁鼓角橫吹曲十八首、擬相和曲歌辭十四首;卷四樂府,爲擬相和曲歌辭十一首、擬吟嘆曲四首、擬四弦曲一首、擬平調曲十三首、擬清調曲九首、擬瑟調曲十五首;卷五樂府,爲擬楚調曲五首、擬大曲一首、擬吴聲歌曲一百九十七首;卷六樂府,爲擬神弦十八首、擬西曲歌七十二首、擬江南曲十首、擬舞曲歌辭十三首、擬琴曲一首、擬漢曲歌辭十首;卷七樂府,爲擬魏曲歌辭十九首、擬晉曲歌辭十三首、擬宋曲歌辭十八首;卷八樂府,爲擬宋曲歌辭十五首、擬齊曲歌辭四首、擬梁曲歌辭二十三首、擬北魏曲歌辭一首、擬隋曲歌辭七首、雜擬十七首、樂府變四首;卷九四言古詩二十一首、五言古詩爲擬古十九首、述感十二首;卷一〇五言古詩,述感一百首;卷一一五言古詩,述感五十二首;卷一二五言古詩,述感三十一首、贈答十八首;卷一三五言古詩,贈答四十一首、游覽十一首;卷一四五言古詩,游覽三十四首、宴集十三首;卷一五七言古風,爲擬古二十一首、述感十首;卷一六七言古風,爲述感十五首、贈答十一首;卷一七七言古風,爲贈答二十六首;卷一八七言古風,爲贈答四首、雜詠二十三首;卷一九五言律詩,爲述感八十七首;卷二〇五言律詩,爲述感九十七首;卷二一五言律詩,爲贈答四十三首、游覽二十一首、時序十二首、詠物四首;卷二二五言排律,爲述感十首、贈答八首、雜詠七首;卷二三七言律詩,爲述感六十七首;卷二四七言律詩,爲述感六十四首;卷二五七言律詩,爲贈答四十七首;卷二六七言律詩,爲贈答五十六首;卷二七七言律詩,爲游覽十八首、時序四十一首;卷二八七言律詩(詠物二十六首)、五言絶句(擬古七首)、雜詠三首;卷二九七言絶句,爲擬古九十首;卷三〇七言絶句,爲雜詠七十七首;卷三一詩餘六十一首;卷三二詩餘五十四首;卷三三敘十三篇;卷三四敘十六篇;卷三五書十七通;卷三六書十九通;卷三七書四通;卷三八碑銘六篇、祭文七篇;卷三九雜文十三篇;卷四〇雜文八篇;卷四一策八篇;卷四二策九篇;卷四三策八篇;卷四四策八篇;卷四五策二篇、論七篇;卷四六表七篇;卷四七表三篇、判二十二篇。《後集》卷一楚詞二首、樂府二首、四言古詩一首、五言古詩二十九首、七言古詩三首;卷二五言律詩八十五首;卷三七言律詩七十首;卷四七言律詩三十首、十體詩十首、七言絶句十四首、詩餘八首;卷五雜文十篇。

石維崑序云:"惟是先生之文章,足以壽日月而貞山川,緝其遺書,訪厥散墜,是余之責也。夫迺蒐其詩若文,釐爲五十二卷,而命諸梓。雖在少作,編録弗遺,志不忍,志不敢也。"

此本有多處缺頁,計有:序前四頁,卷二二之九、十兩頁並尾頁,卷四六之十七、十八兩頁,《後集》卷五之十、十一兩頁。另外,卷三八之《先恭人傳》爲有目無録。每卷卷末多刻有"男略、疇編録"一行。

此爲禁書。《清代禁燬書目·禁書總目》著録,列有《蓼齋後集》。又《清代禁燬書目·補遺一》云:"查《蓼齋後集》,係明李雯撰。其中雖無顯然悖逆之語,而牢騷不平,時時流露。所用故實字句,亦頗隱有觸犯,應請銷燬。"另《清代禁書知見録》有"順治丁酉刊。雯長於詩,與田雯、吴雯推稱三文"。《中國古籍善本書目》未著録,然《中國古籍善本書目(征求意見稿)》卻有著録,中國國家圖書館、上海圖書館、南京圖書館、中國科學院圖書館等八館以及日本内閣文庫有入藏。按,《北京圖書館古籍善本書目》作"清順治十四年西爽堂刻本"。

2255　清乾隆刻本吳詩集覽　　　T5434/4294

《吳詩集覽》二十卷《補注》二十卷,清吳偉業撰,靳榮藩注;《談藪》二卷,清靳榮藩輯。清乾隆四十年(1775)刻後印刻本。二十冊。半頁九行二十一字,四周雙邊,下黑口,單魚尾。框高18.2釐米,寬12.9釐米。題"黎城靳榮藩介人輯"。目錄頁又題"太倉顧湄伊人、許旭九日原編;黎城靳榮藩介人集覽;同學諸子校訂"。前有乾隆御題吳梅村集詩並乾隆八年(1743)吳枋記;靳榮藩和乾隆帝詩;顧湄撰《吳梅村先生行狀》;陳廷敬撰《吳梅村先生墓表》;乾隆三十五年(1770)靳榮藩序;《凡例》十三則。

吳偉業,字駿公,號梅村,江蘇太倉人。崇禎四年進士,官至翰林院編修,明亡家居。康熙時出仕清朝,任國子監祭酒。生平著作甚多,尤長於詩,歌行承長慶體傳統,爲清初一大家。

靳榮藩,字價人,山西黎城人。乾隆十三年進士,歷官新蔡、遷安、龍門知縣,蔚州、遵化州知州,遷大名府知府,署大名道。性敏悟,博極群書,居官所至,尤多治績。好著書,公餘輒手一編,有古循吏風。著有《綠溪詩文集》、《綠溪語》、《詠史偶稿》。《(光緒)黎城縣續志》卷二有傳。

梅村之詩,頗負盛名。其早歲執經西銘,名重復社,中年以後,爲藝林宿老。集中所存,大抵中年以後之作,少作毀棄,存者無多。此集共詩一千零三十首,詩餘九十二首。榮藩集諸家評吳詩,彙爲一帙,其毀譽輒兩存之。

靳榮藩序云:"梅村二十卷,迄無注本,末學小生,向若而驚,望洋而嘆,或讀之不能終篇,可不謂藝林之憾與。予於暇日,句櫛字比,取備遺忘,因成《集覽》若干卷,蓋當泛觀他書,未嘗不採剟記錄,以備此書之用。於此書之未解者,則又檢索他書,以收一經一緯之效。乃至簿書退食之餘、行役輿馬之上、友朋譿譚之時,集思廣益,未嘗不以是集爲拳拳也。除闕疑外,鏊而存之,非敢謂足當於訓纂之萬一,或於讀不終篇者少有裨益耳。"

此本有扉頁,刊"吳詩集覽。乾隆四十年春鐫。凌雲亭藏版"。另有木記,刊"江寧布政使奉督、撫二憲飭發四庫館查辦違礙書籍條款。一吳偉業梅村集曾奉有御題,其《綏寇紀畧》等書,亦並無違礙字句。現在外省,一體擬燬,蓋緣與錢謙益並稱江左三家,曾有合選詩集,是以牽連,並及此類,應核定聲明,毋庸燬銷。其《江左三家詩》、《嶺南三家詩》內,如吳偉業、梁佩蘭等詩選,亦並抽出存留。直隷省於乾隆四十六年四月十七日准咨。"

書末附《吳詩談藪》,爲榮藩爲梅村詩作箋注,泛觀諸書,凡有語涉梅村者,輒爲抄撮,以資談藪。《談藪》前亦有扉頁,刊"吳詩談藪。乾隆四十年春鐫。凌雲亭藏版"。

《四庫全書總目》未收。《中國古籍善本書目》著錄。中國國家圖書館、山東省圖書館等二十館,日本愛知大學圖書館也有入藏。

鈐印有"餘杭褚昌甄七略四部之書"。

2256　清重刻本吳詩集覽　　　T5434/4294 C.2

《吳詩集覽》二十卷《補注》二十卷,清吳偉業撰,靳榮藩注;《談藪》二卷,清靳榮藩輯。清據乾隆四十年(1775)刻本重刻本。十六冊。半頁九行二十一字,四周雙邊,下黑口,單魚尾。框高17.7釐米,寬12.9釐米。題"黎城靳榮藩介人輯"。目錄頁又題"太倉顧湄伊人、許旭九日原編;黎城靳榮藩介人集覽;同學諸子校訂"。前有乾隆三十五年(1770)靳榮藩序;《凡例》十三則;陳廷敬撰《吴梅村先生墓表》;顧湄撰《吴梅村先生行狀》。

此本乃據乾隆四十年刻本重刻。原本字畫纖細,翻本則略粗。又卷一第一頁至第十頁中間皆有斷板。卷一第二頁第七行末字"空"作"空"。

有扉頁,刊"吴詩集覽。凌雲亭藏版",無"乾隆四十年春鐫"數字。又有木記,文字同前本,但爲重刻。

2257 清刻本笠翁一家言全集   T5439/4433

《笠翁一家言全集》十六卷,清李漁撰。清芥子園刻本。二十四册。半頁十行二十字,左右雙邊,白口,單魚尾,書口下刻"芥子園",書眉上刻評。框高 13.8 釐米,寬 9.7 釐米。題"湖上李漁著;壻沈心友因伯、男將舒陶長仝訂"。前有康熙九年(1670)包璿序,康熙十一年(1672)李漁自序,雍正八年(1730)序。

李漁,原名仙侣,字謫凡,又字笠鴻,號天徒,又號笠翁,別署覺世神官、隨庵主人、湖上笠翁等。生於萬曆三十九年,卒於康熙十九年,浙江蘭溪人。戲曲理論家、作家,作品多寫才子佳人故事。工詠吟,所撰聯語頗有巧思,尤工刻畫。

《笠翁一家言》最早有康熙翼聖堂刻本,十二卷,收《文集》四卷、《詩集》八卷。但據浙江古籍出版社《李漁全集》第一卷點校説明,翼聖堂本收入《一家言》之《初集》(古文雜著四卷、詩七卷、詩餘一卷);《二集》(别集四卷、耐歌詞三卷、笠翁詞韵四卷、閒情偶寄十六卷)。此芥子園本則將原本分别編在《初集》、《二集》中的文、書、聯按文體合併,都爲四卷,稱《笠翁文集》;又將《初集》、《二集》各卷中的詩重新分體編次,凡三卷,稱《笠翁詩集》;將《耐歌詞》改稱《笠翁餘集》、《史斷》仍稱《笠翁别集》、《閒情偶寄》稱爲《笠翁偶集》編入,而《笠翁詞韵》不復入編。

此本黄紙。有扉頁,刊"笠翁一家言全集。芥子園原本。本衙藏板"。按,清代又有翻刻芥子園本,館藏另一部即是,或爲咸同以後所爲。白紙。包璿序第一頁第六行"陳仲醇"之"醇"作"酳"。

此爲禁書,《禁書總目》著録。按,此本或爲乾隆以後所刻,雍正刻原本,卷六中有《薙髮詩》,每卷俱有錢謙益評語,故《四庫》館臣以其"甚爲狂悖","應請銷燬"。此本無《薙髮詩》,卷端上各家所評獨無錢謙益,當爲後人删去後再刻。

據《中國古籍善本書目》,天津圖書館、青海省圖書館等十五館有清雍正芥子園刻本,九行二十字,四周單邊。

鈐印有"青木晉曾藏之",日人印也。

2258 清雍正刻本静惕堂詩集   T5441/5636

《静惕堂詩集》四十四卷,清曹溶撰。清雍正三年(1725)李維鈞刻本。十册。半頁十一行二十一字,左右雙邊,白口,單魚尾。框高 18.5 釐米,寬 13.8 釐米。題"檇李曹溶秋岳著"。前有雍正三年李維鈞序。

曹溶,字潔躬,號秋岳,浙江秀水人。崇禎十年進士,爲御史,嘗劾輔臣謝陞等。入清,以御史視學畿内,歷户部侍郎,出爲廣東布政使,左遷山西陽和道,撫綏邊徼,賑恤流亡,民咸德之。三藩叛,從征福建。丁母憂歸。己未,以博學鴻詞徵,復薦修《明史》,因疾不赴,以所輯《崇禎疏抄》、《五十輔臣傳》上史館。晚號鉏菜翁，築室金陀里，曰倦圃，蒔花種竹，與知交置酒唱和其中。嘗以明季門戶紛爭，是非失實，著《續獻徵錄》六十卷。《(道光)嘉興府志》卷三四《列傳·文學》有傳。

曹溶文章沉思湛鬱，諸體雄駿，尺牘小簡尤精。詩源本漢魏，有氣骨，與新城王士禎齊名。此本爲詩集，卷一樂府，卷二至九五言古詩，卷一〇至一四七言古詩，卷一五至二六五言律詩，卷二七至二八五言排律，卷二九至三八七言律詩，卷三九七言排律，卷四〇五言絕句，卷四一至四四五言絕句。總計四千餘首。

溶爲藏書大家，《池北偶談》載其好收宋元人文集，家有《静惕堂書目》，載宋集自柳開《河東先生集》以下，凡一百八十家；元集自耶律楚材《湛然集》以下，凡一百十五家，可謂極富。故《藏書紀事詩》云：″一紙書傳鉏菜翁，山潛冡秘與人同。古人慧命從今續，盡向金陀拜下風。″《詩集》卷三六有《從毛黼季借書》，云：″十萬牙籤海內誇，一傳哲嗣更才華。白魚宋季留官本，丹棃江南訪故家。問字雲樓停酒舫，鱣書銀箭落槳花。石倉徒愧虛名在，幾欲相尋限浦沙。″黼季，即毛扆，常熟汲古閣主人毛晉子。

李維鈞序云：″倦圃先生以詩名噪宇内者近百年，胸中藝能籠蓋一切，而道氣常勝，不露圭角，非尋常所得⋯⋯流光倏忽，先生謝世日久，令嗣宦成，後守清白之遺，囊無餘蓄，家集未經刊刻。余私心景仰，每思覓先生全詩，勘讎參校，詮次成編，傳之來許，俾後學者有所規準。徒以游宦四方，數十年來，不獲一歸里門，造問賢嗣，訪求遺集，心懷忽忽，若有所失，亦迄於今兹。比來啣命蒞保州，適先生外孫朱子愷仲至，因言及先生詩集，欣然就笥篋中出其手錄全稿示余。余受而讀之，宿塵前夢，爲之頓空，再四繙閱帙中，檢得世俗流傳者若干首、先君子舊錄者若干首、後來高館成誦者若干首，雖字句之間，間有小異，而研究印證，輒復心目了然，廣陵散去人不遠，殊屬生平大快事也⋯⋯自念歲月奔馳，筋力就衰，當此勿謀剞劂，後將莫及，用弗敢私自藏弆，亟爲鏤版以傳。非惟不忘平昔之懷，亦所以承先志也。″

此本有扉頁，刊″静惕堂詩集″。卷四四後有″後學李維鈞閱；外孫朱丕戢謹編；男彥樞、彥桓、彥栻同校″。

《四庫全書總目》入集部別集類存目。《臺灣公藏善本書目》未收。《中國古籍善本書目》著錄。上海圖書館、天津圖書館等十五館，又日本內閣文庫也有入藏。

2259　清康熙刻本賴古堂集

T5439/7201

《賴古堂集》二十四卷，清周亮工撰；附錄一卷。清康熙十四年(1675)周在浚刻本。十二册。半頁十一行十九字，四周單邊，黑口，雙魚尾。框高19.6釐米，寬13釐米。題″浚水周亮工櫟園著″。前有呂留良序，錢陸燦序，錢謙益序，毛甡序，康熙十六年(1677)魏禧序；康熙十四年周在浚撰《凡例》八則。

周亮工，見清康熙刻本《字觸》。

卷一古樂府、五言古，卷二五言古、七言古，卷三至六五言律，卷七至一〇七言律，卷一一五言絕、七言絕，卷一二七言絕，卷一三至一六序，卷一七序、碑、記，卷一八傳、書事，卷一九書，卷二〇尺牘，卷二一引、書後，卷二二題跋，卷二三題跋、像贊，卷二四祭文。附錄爲年譜、小傳、神道碑、墓誌銘、墓碣銘、行狀、行述。

亮工博極群書，著作甚多，然其晚年自焚其稿，今所存者，僅爲殘篇賸簡，不足以概其全，其子在浚《凡例》中所述甚詳:"先司農束髮即好爲詩,自諸生以至歷仕所得詩章,皆勒之梨棗。有友聲、釚咢、閩雪、北雪等十餘刻。庚子春,患難中自爲刪定,授不孝浚刻之江寧,今世所傳《刪定賴古堂詩》是也。己酉,宦江南,復廣賴古之全,盡收諸集而次第之,增以偶遂恕老近詩,合爲全稿,繕寫成書。一夕中,有所感,盡取焚之,並舊所梨棗,亦付一炬,遂使數十年嘔思化爲灰燼。今幸印行之篇尚存敝篋,收合編葺,略還舊觀,仍依定本,一以諸體爲斷。""先司農所著詩古文外,說部之書,不一而足,計其已刻而焚者,有《書影》、《閩小紀》、《字觸》三種,膾炙人口,士林爭傳。幸有印行之餘,不至湮没,當次第梓之,以公海內。至諸刻外,尚有《印人傳》、《讀畫錄》、《耦雋》及《刪定虞山詩人傳》,雖一時隨筆,未爲全書,然手澤依然,不忍磨滅,亦容梓之以傳。"

亮工雄於詩,筆力蒼老,感激悲壯,故錢謙益序極爲推崇,云:"賴古堂諸刻,情深而文明,言近而指遠,包函雅故,蕩滌塵俗,卓然以古人爲指歸,而不復墮入於昔人之兔徑與近世之鼠穴。"魏禧嘗以士之能以詩文名天下傳後世者有三資,曰記覽之博、見識之高、歷年之久,其序云:"記覽博,則貫穿經史,馳騁諸子百家,書無所不讀,言有本而出之不窮。見識高,則不依傍昔人之成見,不汩没世俗之説,卓然能自成立。歷年老,則積久而變化生,攻苦而神明出。"禧謂亮工三者皆有餘矣。

此本爲周在浚兄弟所刻。錢陸燦序云:"今雪客兄弟,蒐其自作詩文,刻爲《賴古堂集》;他所著書,別行焉。"據在浚《凡例》,此本編次有吳介兹、王安節;考訂則高蘗栖、黃虞稷之力居多。而出資助其成者,楚中寇明允也。

此爲禁書,《抽燬書目》著錄,云"係國初周亮工撰。卷八、卷十二、卷十三有涉錢謙益字樣三處,應請抽燬"。

此本目錄後,刊"秣陵于君杰、蔣維章仝書;金陵范翰伯精刻"。

《中國古籍善本書目》著錄。中國國家圖書館、上海圖書館等二十一館,美國國會圖書館也有入藏。

鈐印有"小束過目"、"晚聞道人"、"范文安藏書"。

2260 清康熙刻本賴古堂詩集 T5439/7201.2

《賴古堂詩集》四卷,清周亮工撰。清康熙四十八年(1709)刻本。二册。半頁八行十九字,左右雙邊,白口,無魚尾。框高18.2釐米,寬12.6釐米。題"浚水周亮工櫟園稿;黄山吳宗信冠五閱"。前有錢謙益序,王鐸序,薛所藴序,孫枝蔚序,方拱乾序,陳丹衷序,汪修武序。

卷一古樂府、五七言古,卷二五言律,卷三七言律,卷四五七言絶句。

汪修武序云:"《賴古堂刪定詩集》久已不脛而走,無異明珠大貝之珍。兹先生(亮工子)因歲久重新之,將遍公諸海内,孝思不匱,甚盛舉也。"

有扉頁,刊"刪定賴古堂詩集。□□□丑重鐫"。按,□中之字被撕去,此本的爲康熙間刻。康熙間凡涉"丑"字者,有癸丑、乙丑、丁丑、己丑、辛丑。然第三□字尚餘"一"之筆畫,或爲己丑之"己",若此,此本當爲康熙四十八年刻本。

《中國古籍善本書目》著錄。中國國家圖書館、上海圖書館等十四館,臺北"國家圖書館"(作清康熙四十年重刊本,疑從汪修武序所云"歲辛巳,得公之才子燕客先生來同守維楊……")、日本內閣文庫也有入藏。

2261　清乾隆刻本栖雲閣文集詩集　　T5441/0212

《栖雲閣文集》十五卷《詩》十六卷《拾遺》三卷，清高珩撰。清乾隆三年(1738)至四十四年(1779)刻合印本。十三册。半頁九行十九字，四周單邊，白口，單魚尾。

高珩，字蔥佩，别字念東，其先自蒙陰徙淄川，山東淄川人。幼具異秉，崇禎十六年進士，改翰林院庶吉士。清初，授檢討，尋陞祭酒，遷秘書院侍講學士，少詹事，進詹事、國史院學士、禮部侍郎、吏部左右侍郎。奉命賑畿輔，久之以議奏部例獨爲一議，左遷太常寺少卿，稍進大理寺少卿，又遷宗人府府丞，官至刑部左侍郎。後歸鄉里，年八十六而卒。王士禎有《誥授通奉大夫刑部左侍郎念東高公神道碑銘》，述之甚詳。

《文集》，框高16.1釐米，寬12.3釐米。題"淄川高珩蔥佩"。目録頁題"吴江陸燿朗甫選定；秀水盛百二秦川參訂；震澤錢大培巽齋、歷城周永年書昌、清平劉湄岸淮、歷城方昂訒庵校閲"。前有乾隆四十一年陸燿序、乾隆四十二年盛百二後序。末有乾隆四十四年方昂跋、方昂又跋、乾隆三十年高紉緒跋，五世孫高貽榮、貽樂跋。卷一至六序七十二篇，卷七疏六篇，卷八議七篇，卷九策問一篇、論一篇、説三篇、解二篇，卷一〇記十一篇，卷一一題辭十三篇、跋二篇、贊一篇，卷一二碑文二篇、募疏二篇、傳五篇，卷一三墓志銘六篇，卷一四墓志銘六篇，卷一五神道銘三篇、墓表二篇、祭文一篇、賦一篇、附録二篇(神道碑銘、傳)。

陸燿序云："公之文，未嘗自定篇第，閲者易以文詞之工而掩其藴含之大。今略爲差次，凡得如干篇，訂爲正集；其出入二氏，與夫散碎零雜近於小説者，則歸諸別集。庶幾椒艾攸分、淄澠各別，而公之真面目爲不泯矣。貽榮兄弟，如力不足以全梓，先出其正集以傳世也可乎！"

方昂跋云："淄川高君貽榮，刊其先侍郎念東先生《栖雲閣文集》十五卷"，"乾隆丁丑，昂執經宋蒙泉先生之門，與淄川高君木欣相友善，因得讀念東先生《栖雲閣詩》，想見其爲人。木欣語昂曰：先司寇有文若干卷，家藏鈔本，訛舛頗多，敢以校讎之事累吾子。昂曰唯唯。未幾，木欣歸，昂亦奔走於四方，或數歲不相見，見則必以先生文集爲言。戊子，木欣招昂讀書其家，得登所謂栖雲閣者，旋以事去，未克卒業。後三年，昂官京師，相見日益稀。又六年，昂以憂且病屏居城南山僧舍中，然後取先生文集畢爲校正而歸之。今年春，木欣以刊本見寄。"

高珩爲文自然超逸，無摹儗之蹟，無束縛之苦，意不求工，而旨無弗暢，泊探其中之所藴，又淵然以深。據高紉緒跋，珩所作文稿"强半散逸，不自收拾，然後人於遺澤所留，則曷敢失墜。詩存僅數千首，蒙宮贊趙秋谷先生選定，蒙泉宋先生又拾其餘珍，前後刊刻成編。文存數百篇，猶寶諸衍笥，欲求名公先生遴選並梓，以永其傳，乃年甫逾艾，早衰且病，恐志不能遂，敬附數言於藏稿之末，以授二子"。"二子"者，珩五世孫貽榮、貽樂。貽榮等跋云："今曷幸逢我藩臺吴江陸大人，蒐羅遺文，蒙賜選輯，恭依明教，先以正集付梓。"則此《文集》刊刻，乃貽榮、貽樂所爲。

《文集》有扉頁，刊"栖雲閣集"，並鈐有"畏天齋藏板"印。目録後刊"五世孫貽榮、貽樂、貽畢，六世孫鳳謀、廷謀同校字"。

《詩》，框高16.4釐米，寬12.3釐米。題"刑部左侍郎前吏部左侍郎淄川高珩字蔥佩"。目録頁題"飴山後學趙執信選定"。前有雍正九年趙執信序。末有仲是保跋、乾隆三年高肇豐跋。

卷一五言古詩四十九首,卷二至三七言古詩七十五首,卷四雜言詩十九首,卷五五言絕句四十五首,卷六六言絕句十二首,卷七至八五言律詩一百三十首,卷九至一二七言絕句三百七十八首,卷一三至一六七言律詩二百九十首。

　　高珩詩筆超拔敏贍,非時流所及。王士禛稱其詩超詣妙悟,不可以耳目町畦限之。珩詩平生所作不下萬首,皆晦於家。此詩集爲趙執信所編,趙序云:"先生薨後垂四十年,有賢孫三人,不忍其終晦也,合力排纂,搜藏發覆,乃知先生都無容心,隨手棄置而已,於殘帙敗簏中零星綴拾,得詩僅數千首,而重複訛闕者什三四,請余訂正之……刪其複者闕者,定其訛誤者,凡存若干首,區爲若干卷。"

　　高肇豐跋云:"先大父平生吟咏致多,俱散置,遺命不聽輯,故吾父與吾叔父兩先人遵約弗敢踰垂四十年。仲兄肇鼎慮弗輯後遂不可知,謂豐及弟愨曰,吾同祖兄弟八人,存者惟吾與若及叔父之子此一弟耳,今不料理,將爲子孫羞,盍圖之。豐等唯唯。念當世惟鄰邑趙宮贊飴山先生爲風雅宗,雍正戊申,奉所綴録詣先生居,懇請選定。先生夙敦舊好,不復辭,竭精力,閱三寒暑事乃竣。方謀授梓人,而仲兄復齋志以歿,乾隆戊午,豐、愨兩人始黽勉從事刳劂成集。"

　　《詩》有扉頁,刊"栖雲閣集",並鈐有"畏天齋藏板"印。目録後刊"後學同邑畢海珖崑朗、博山趙愿去奢、姪孫肇垤徑千同校字;元孫貽榮、貽樂、貽崋重校"。

　　《拾遺》,框高16.4釐米,寬12.1釐米。題"刑部左侍郎前吏部左侍郎淄川高珩字蔥佩"。前有乾隆二十一年宋弼序。卷一古律詩四十二首,卷二七言律六十三首,卷三絕句詩九十首。此《拾遺》爲宋弼在濟南所輯,宋氏見有趙執信當年所閲珩詩原本,序云:"古體丹黃精細,幾無遺憾,近體二十餘大冊,寫者多複出其所選,間有漏略,因撾拾所遺,得二百篇,以歸先生曾孫,俾附前集之後。"每卷之後,刊"元孫貽榮校字"。

　　《四庫全書總目》僅收其《詩》及《拾遺》,未及《文集》。《中國古籍善本書目》著録,上海圖書館、遼寧省圖書館等八館有此本(並附《留畊堂遺詩》四卷,清高瑋撰)。又北京首都圖書館、南開大學圖書館、江西大學圖書館有《詩》十六卷。華中師範大學圖書館、廬山圖書館有《文集》十五卷。另日本内閣文庫所藏或同此本。日本京都大學附屬圖書館有《詩》十六卷《拾遺》三卷。

　　鈐印有"壽餘秘玩"。

2262　清乾隆刻本栖雲閣文集詩集　　T5441/0212B

　　《栖雲閣文集》十五卷《詩》十六卷《拾遺》三卷,清高珩撰;《留畊堂遺詩》四卷,清高瑋撰。清乾隆三年(1738)至四十四年(1779)刻合印(後印)本。十四册。半頁九行十九字,四周單邊,白口,單魚尾。

　　此本板刻和前本皆同,惟《文集》目録頁後,刊"五世孫貽榮、貽樂、貽崋,六世孫鳳謀、廷謀同校字;宴謀、中謀、佐謀、丙謀重校"。《詩》目録頁後,在"元孫貽榮、貽樂、貽崋"後添加"六世孫廷謀、宴謀、中謀、佐謀、丙謀重校"。

　　《留畊堂遺詩》,框高16釐米,寬12釐米。題"淄川高瑋繩東著"。末有乾隆二十四年宋弼序。卷一五七言古詩二十一首,卷二五律二十八首,卷三七律六十一首,卷四七絕四十一首。高瑋,珩兄,順治三年進士。宋弼序云:"先生以名解元登甲第,授官司李,未久輒罷。其文章經濟,無所可試,佗傺不得志,則自放於酒。酒酣耳熱間,吐其抑鬱無聊之氣以爲詩……先生窮於遇,壈坎終身。"此集爲宋弼編次。

2263　清康熙刻本東村集

T5441/4463

《東村集》十卷,清李呈祥撰;附刊一卷。清康熙五十八年(1719)李氏刻本。四册。半頁十行二十一字,左右雙邊,白口,單魚尾。框高19.1釐米,寬14釐米。題"霑邑李呈祥吉津甫著"。前有康熙五十八年許汝霖序,康熙三十二年(1693)法若真序,賀寬序,查慎行序。末有康熙四十三年(1704)金憲孫跋。

李呈祥,字其旋,一字吉津,號木齋,山東霑化人。賦資瑰異,早歲補諸生。崇禎十六年進士,改庶吉士。入清,補編修。戊子,典北闈鄉試,歷陞國子監祭酒。辛卯,遷少詹兼侍講學士,充實錄副總裁。生平不講學,不聚生徒,不矜著作,言學必以躬行實踐爲真,教家必以朴儉敦勤爲義。生於萬曆四十五年,卒於康熙二十六年,年七十一。孫光祀撰《少詹李公暨配周淑人合葬墓志銘》等,均附本書末,述之甚詳。

卷一《邸中稿》,詩二百十一首;卷二《使程自刪》詩六十四首,《木齋詩稿》詩八十八首;卷三《游中山草》詩十五首,《唐城草》詩四十八首,《秋尋草》詩三十首;卷四《南游詩》詩三十一首,《紀行詩》詩三十六首,《秋游集》詩九十八首;卷五《東村詩》,詩二百九十七首;卷六序十五篇;卷七壽序十七篇;卷八記五篇、跋三篇、題辭五篇;卷九傳一篇、行狀六篇、墓表二篇;卷一〇墓志十篇。附刊爲李呈祥行狀、墓志、外傳。

呈祥性鯁直,上書多言人所不敢言事。嘗上疏《辨明滿漢一體》,謂八旗重臣不宜與政,下獄論斬。後清世祖知其直而謫徙盛京,時在順治十年三月,八年後始得旨免罪釋回。其在遼左時,冰天雪窖,處之泰然,日與友好互相慰藉,時有酬倡。《木齋詩稿》即爲呈祥謫居以來所作,"錄數十首寄諸同志,要知人自窮耳,非詩之能窮人也。"

呈祥早貴工詩,思沉力厚,每值一境,凡有所作,即手自較集,冠以小序。其在任詹事翰學時,雄長辭壇,筆落吟成,或驚風雨,或泣鬼神,膾炙同人,交相酬和。卷五有《饑民謠》一首,云:"旱既甚,不得雨,上是天,下是土。榆樹皮,杜樹葉,棉花子,和糠屑。有一頓,沒一頓,喉正痛,頭又暈。懷中兒,無乳哺,擲道邊,猶回顧。男爲傭,女爲婢,數升糠,半張紙。折卻屋,露天宿,幾架梁,一餐粥。牛倒欄,豬倒圈,雞犬絶,煙火斷。東村出,西村入,井泉乾,井傍泣。餓且死,敢一言,聞救荒,荷新恩。米價賤,已屢年,完公稅,忌辦錢。賤時糶,貴時糴,自家糧,他人吃。晚納糧,有赦免,早納糧,沒飯碗。民之哀,民之災,民之活,甘雨來。"頗寫實。

呈祥殁後,其次子孚若予以纂輯,並於敗篋廢籠中得遺稿若干,皆蠹剝塵封,或改削不可猝辨,遂請范明徵證而訂之。此本刻於康熙五十八年,許汝霖序云:"今年秋,西音奉其尊人李年伯吉津先生《東村集》,拜手進言曰,此先君子遺書,將開雕行世。"

此本有扉頁,刊"東村全集。儀一堂藏板"。

《四庫全書總目》入集部別集類存目。《中國古籍善本書目》著錄,作清康熙儀一堂刻本,即此本。中國國家圖書館、天津圖書館等十二館亦有入藏。日本静嘉堂文庫有清刻本,不知與此同否。《臺灣公藏善本書目》未收。

2264　清抄本李咸齋集

T5453/4475

《李咸齋集》三卷,清李騰蛟撰。清抄本。六册。半頁九行二十字,無框格。目錄頁題"寧都李騰蛟著"。前有魏禮撰《李半廬傳》、《半廬私諡議》。

李騰蛟,字力負,號咸齋,江西寧都人。明季諸生。甲申後,入翠微山講《易》。於易堂九子中年最長,魏禧等皆兄事之。後居三巘峰,以經學教授,爲人恭惠,務爲淳厚,卒於康熙七年,弟子私諡貞惠先生。又有《周易膳言》。

騰蛟之詩出入於伯玉、曲江之間,文之佳者,即稱壽應酬之作,皆能即小見大。此集《文集》二卷,爲論四篇、辨一篇、序十篇、書六通、啓六篇,并言(小言、引)八篇、跋四篇、説四篇、像贊一篇、墓表三篇、墓志銘一篇、祭文二篇、志四篇。《詩集》一卷,四言古二十四首、五言古三十一首、七言古五首、五言律二十二首、七言律十五首、七言絶句五首、文房雜箴十一則、雜言三十二條。詩文後多録魏善伯、彭士望、魏冰叔、邱邦士、魏凝叔、魏和公、魏石床之批語,多爲贊頌之詞。

民國間胡思敬輯有《豫章叢書》,内收騰蛟《半廬文稿》一卷。胡思敬有跋云:"右稿據寧都李氏家藏舊抄本付刊,舊本多載批評,無卷數,分體亦頗凌亂,中厠駢啓數首,詞近淺率,疑非咸齋真筆,今削去不取。稍加編次,定爲文二卷,分十類;詩一卷,分六體。凡訛字確知其誤者,悉爲改正,差成完書。咸齋在易堂中檢身最密,常擥冠爲諸弟子講禮,同時朋輩皆畏憚之。"

以此抄本與胡刻本相較,抄本卷一《隴西郡李氏居寧都東龍原派總考敘》、《與本族論修譜書》,卷二《答金華葉寄綎啓》、《侯張受先先生啓》、《侯湯愚公先生啓》、《請葉父母啓》、《答寄綎啓》、《答氍衣啓》,又《集庵先生墓表》、《曾封翁入鄉賢祭文》、《節婦蔡孺人祭文》、《里居志》、《里役志》,五言詩中《辛酉年晚降虹書值新正朔二立壬戌之春》,七言絶句中《病中口占》,皆爲胡刻所佚。按,《總考敘》、《修譜書》、《里居志》、《里役志》等,對寧都李氏家族多有敘述,爲研究騰蛟家世提供史料頗多。又胡刻本七言律《送魏長公赴潮陽幕兼題扇上梅》有墨釘,但抄本則全。

《四庫全書總目》、《續修四庫全書》、《續修四庫全書總目提要(稿本)》未收。《中國古籍善本書目》未著録。

鈐印有"慎獨居圖書"。

2265 清順治刻本爲可堂初集   T543/2516

《爲可堂初集》二十六卷,清朱一是撰。清順治十四年(1657)刻本。五册。半頁九行十八字,四周單邊,白口,無魚尾。框高 19.8 釐米,寬 13 釐米。目録頁題"梅里朱一是著;同學陸圻、屠爌閲"。前有朱一是自序。

朱一是,字近修,號欠庵,晚號澉溪下農,浙江海寧人。崇禎十五年舉人。甲申後思披緇以老,而從游弟子強主文社,隱居嘉興之梅會里以終。

此書爲《詩集》十六卷、《文集》十卷。今僅存《文集》十卷,卷一至九論,卷一○論辨。

自序云:"歲在甲午,學農鄉莊,農隙無事,兒子顧愚及甥林昉從。見其讀《通鑑》大抵拘牽舊説,不能有所發明,余乃爲論列,以開其未逮。曉之所論,晚即成文,凡一月,得六十餘篇……吾姑先引端,望吾兒吾甥之他日之起余也。是冬,檢行笈舊存,復得三十篇,共九十篇,從游者集爲十卷授梓。"

《四庫全書總目》未收。《中國古籍善本書目》著録。上海圖書館、日本内閣文庫、大阪府立圖書館有全帙;中國國家圖書館、浙江圖書館等五館爲殘本。按,朱一是又有《爲可堂初集》四十二卷《史論》十卷《外集》二卷《集選》十卷《梅里詞》三卷,中國國家圖書館、上海圖書館、浙江圖書館有藏。臺北"國家圖書館"所藏卷數略有不同。

2266　清抄本邱邦士文集　　　　　　　　　　　TNC5441/7227

《邱邦士文集》十七卷,清邱維屏撰。清抄本。十二册。半頁九行二十字,無框格。題"寧都邱維屏著"。目錄頁題"男成和昭衡編次;孫志本既溥校字"。前有魏禧撰傳;康熙五十八年(1719)鄧霽序,楊龍泉序,康熙五十八年邱尚志序。

邱維屏,字邦士,江西寧都人。寧郡三魏(際瑞、禧、禮)之姊婿。明諸生。避亂,隱居翠微峰下,稱"松下先生",爲易堂九子(彭士望、林時益、李騰蛟、邱維屏、彭任、曾燦、魏際瑞、魏禧、魏禮)中佼佼者,魏禧嘗從之學古文。爲人高簡率穆,讀書多玄悟,性静默,志意慷慨,桐城方以智稱之爲神人。少補博士弟子員,試輒冠其曹,定鼎後,棄諸生服。尤精泰西算術。康熙十八年卒,年六十六。又有《周易剿説》、《松下集》等。《清史稿》卷四八四、《清史列傳》卷七〇有傳。

維屏爲文,深思窮力,字不輕下,嘗數月數日不成篇。既脱稿,隨手散漫,或爲鼠齧,或被人傳覽流失,亦不自惜。是書卷一自序,卷二雜著,卷三説,卷四論、疏,卷五書,卷六至九序,卷一〇引,卷一一記,卷一二跋、書後、題、賦、四六,卷一三墓志銘、碑銘、表、碣,卷一四碑志、碑銘、墓表、墓碣,卷一五傳、事略、述事,卷一六弔祭文,卷一七詩。每篇皆有自評及他人評語。

鄧霽序云:"予閲先生全集中,非特《元空五行義》、《洞天髓解》、《紫微斗數解》、《京房卦氣考論篇》泄大易之秘,他如《壽元仲詩》、《説而康占數序》之類,悉以易數之理,按卦氣相爲摩盪,俾人罔跡其端倪。蓋誠見上下古今世道之循環,國運之更遷,天時人事之消息盈虚、得失進退,要皆准定數定理以爲衡,觸處而無非易。夫潔浄精微,易教也。先生仰觀天,俯察地,探索賾隱,鈎致深遠,以春夏氣之放爲縱,以秋冬氣之收爲擒。擒縱相生,研入理窟,奥折出之,以自成一家,故其文之潔浄精微亦如易。"

是書之刻乃維屏同里諸子並族戚裒貲剞劂。楊龍泉序云:"先生雅不求人知,詩文脱稿後,多散佚,草亭彭先生每手録藏之。先生没三十餘年,人皆願見其遺書,不可得。先生之子成和文學,能嗣其聲,惜其早世。今族戚協謀計工任費,先生文集公諸當世。"此本"玄"字避諱,審其紙墨,當乾嘉之後所抄。

此書原屬禁書,《禁書總目》、《應繳違礙書籍各種名目》、《清代禁書知見録》著録。《清代禁燬書目·補遺一》云:"查邱邦士集,邱維屏撰,明末諸生。其文多入本朝所作,中間挖空字句甚多,皆原系悖犯字面,且議多狂誕,應請銷燬。"

《中國古籍善本書目》著録,復旦大學圖書館也有入藏。又廣東中山圖書館有清方功惠碧琳琅館抄本。《臺灣公藏普通本綫裝書目書名索引》著録,臺灣師範大學圖書館有藏,十八卷,道光十七年刊本。《清代禁書知見録》亦作十八卷,云"康熙五十八年己亥易堂刊,第十八卷雜劇俟刊"。清道光間彭玉雯輯有《易堂九子文鈔》,收邱氏文鈔二卷,又《國朝文録》也收維屏文録一卷。

鈐印有"潘安國印"。

2267　清康熙刻本五公山人集　　　　　　　　　T5441/1182

《五公山人集》十六卷,清王餘佑撰,李興祖編。清康熙三十四年(1695)李興祖刻本。四册。半頁十行二十一字,四周雙邊,黑口,雙魚尾。框高18.3釐米,寬13.4釐米。題"銀城李興祖編;慶雲鄧鏻、孫超宗校"。前有康熙三十四年李興祖序;魏坤撰《五公山人傳》。

王餘佑,字申之,一字介祺。其先小興州人,本姓宓,八世祖某徙居保定之新城馬頭村,贅於王氏,遂因王姓。生而英敏,善讀書,年十六補博士弟子員。因奉二親廬於易州立公山之雙峰村,暇則述作,不入城市者垂三十年,故世稱五公山人。其學以明體達用爲宗,閑邪存誠爲要,凡古今成敗治忽,事機得失,以至一名一物、一藝一術,無不留心究析。生平慷慨好施,世咸重之。晚年應獻陵書院之請,爲生徒講解,穿穴經史,剖抉性理,皆別出新義。又著有《居諸編》、《乾坤大略》、《通鑑獨觀》諸書。

餘佑爲詩爲文自有獨見,嘗語及門曰:"詩本性情,必以忠孝爲根柢。子美入蜀、子瞻海外,忠君愛國之念肫然於中,觸景流連,遂詠歌嗟嘆不已。學古文,先正心術,心術正則理足氣昌,醇如董江都,愷切如陸敬輿,自無牛鬼蛇神之習。"卷一古詩二十六首,卷二五言律一百二十五首,卷三七言律九十四首,卷四五言絕句六十九首,卷五七言絕句二百零二首,卷六銘十三首、贊一首,卷七至八雜著七十三則,卷九序十九篇,卷一〇記十二篇,卷一一書二十二通,卷一二牋牘六十二通,卷一三志表十篇,卷一四傳誅八篇,卷一五引十六篇,卷一六題跋二十一篇。

餘佑嘗受教於孫奇逢,孫於經學、理學多有創見。此集卷一一有《寄孫徵君夫子》札四通;卷五《挽徵君孫夫子》詩云:"一世清霜徹骨清,兩朝輪幣九州名。少微星暗江河淚,慘淡人寰罷杵聲。"卷一四有《祭徵君孫夫子》,所言甚痛切。

李興祖序云:"吾師五公王先生,親炙鹿忠節,受業孫蘇門徵君,又從刁非有、杜紫峰諸公遊,理日益明,學益邃,天心月窟之旨,洞澈無疑,蓋信道篤而任道勇,近仁之質,得諸剛毅,徵君嘗亟稱之。於書無所不窺,自禮樂兵刑,下至耕桑藝植、醫藥卜筮,無不窮析端委。極縱橫天下之識,數千百年間事,如燭照數計,及指陳得失,蒿目時艱,真有坐而言可起而行者。"

餘佑編纂之稿甚富,藏於家,未及行世。其生平所作詩文,每興酣落筆,頃刻數紙,然多散佚不存。此集爲門人李興祖搜輯彙成。魏坤所作傳云:"山人歿後,門人銀城李慎齋先生爲之行狀,詩古文若干,慎齋手鈔錄藏篋衍,乙亥夏編定付刻。"

《四庫全書總目》入集部別集類存目,然作十四卷。《總目》云:"餘佑在前明爲諸生,受知於桐城左光斗,故喜談氣節,其學則出自容城孫奇逢,以砥礪品行、講求經濟爲主,故立身孤介刻苦,有古獨行之風。然恒以談兵説劍爲事,又精於技擊,喜通任俠,不甚循儒者繩墨。其詩文亦皆不入格,考證尤疏。"《中國古籍善本書目》著錄清康熙三十四年枕釣齋刻本,山西省圖書館、南開大學圖書館等六館、臺北"國家圖書館"(作清康熙三十四年銀城李氏刻本)也有入藏。又遼寧省圖書館有王餘佑《甲申集》不分卷。

鈐印有"太白山房"、"太白山房收藏"、"青厓"、"榮郭齋藏"、"栖碧軒"。

2268 清刻本壯悔堂文集 T5442/1873

《壯悔堂文集》十卷《遺稿》一卷,清侯方域撰。清刻補板印本。四册。半頁九行十八字,左右雙邊,白口,無魚尾。框高 18.8 釐米,寬 13.5 釐米。題"同里賈開宗静子、徐作肅恭士選;徐鄰唐爾黃、宋犖牧仲閲"。前有順治九年(1652)徐作肅序,徐鄰唐序,賈開宗序。

侯方域,字朝宗,號雪苑,河南商邱人。幼博學,有才名,明末與方以智、冒襄、陳貞慧合稱"四公子"。入清後,應河南鄉試,中副榜。工詩古文,文學韓、歐,長於敘事,應制文尤自成一家。生於萬曆四十六年,卒於順治十一年,年三十七。

方域早年所撰古文計數百篇，皆因兵火焚佚，盡亡其册。順治二年秋，自江南歸里，悔從前古文辭之未合於法，乃新著之。此本卷一至二序三十二篇，卷三書十八篇，卷四奏議十四篇，卷五傳十篇，卷六記十二篇，卷七論九篇，卷八策十篇，卷九表二篇、說四篇、書後六篇，卷一〇墓志銘五篇、祭文二篇、雜著八篇；《遺稿》十篇。

徐作肅序云：「侯子襄以詩與制舉藝名海內，海內凡在宿儒，無不知有侯子，而尚未見侯子之爲古文也。侯子十年前，嘗出爲整麗之作，而近乃大毀其向文，求所爲韓柳歐蘇曾王諸公，以幾於司馬遷者而肆力焉，而其文已竟與韓柳歐蘇曾王諸公等。昔司馬遷歷四海，周天下名山大川，廣而遇之，故其文奇偉，振耀古今，夫文非徒以辭也。侯子向嘗游兩都、歷邊塞、浮江淮、盡吳越，觀覽人物之盛，所涉者多，則所得於事與理者益精，理足乎中而充其外，知與古作者發明矣。今將次所爲文行於世，其爲離合起伏變化而合乎規矩者，世應具見也。」

《壯悔堂集》成於順治十年之春，不二載，方域歿。遺稿所收之文，乃其二載中所作，其子彥窒輯而附刻集後。賈開宗序云：「朝宗歿之二年，而其子既刊其制義、逸稿，復裒集其古文之逸者，以附於壯悔堂之後而授梓焉。」

此爲禁書，《禁書總目》、《違礙書目》、《清代禁書知見錄》著錄。

《中國古籍善本書目》著錄之本又有《四憶堂詩集》六卷《遺稿》一卷，在《文集》之後，作清刻本，藏天津圖書館、浙江圖書館等六館。又《北京圖書館古籍善本書目》著錄清順治刻本，行款同此本。

此本有補板。孫殿起《販書偶記》云康熙壬辰刻，疑誤。

2269　清康熙刻本蕉林詩集

T5449/3934

《蕉林詩集》十八卷，清梁清標撰。清康熙十七年(1678)梁允植秋碧堂刻本。十册。半頁九行十九字，左右雙邊，白口，單魚尾。框高 17.6 釐米，寬 12.4 釐米。題「真定梁清標玉立甫著」。前有順治十七年(1660)白胤謙序，順治十八年(1661)魏裔介序，孫廷銓序，康熙十五年(1676)方象瑛序，康熙十七年徐釚序，康熙十七年汪懋麟序，申涵光序。末有康熙十七年梁允植跋。目錄後有校訂人名次。

梁清標，字玉立，一字蒼巖，號棠村，維樞子，直隸真定人。崇禎十六年進士，福王時，以清標曾降李自成，入從賊案。順治初降清，授編修，累擢戶部尚書，康熙間議撤藩，清標赴廣東移尚可喜家口，兵衆洶湧，清標持以鎮靜，得不變。官至保和殿大學士。

清標生平好學，喜積書，多至數萬卷，日流覽其下。初由翰林侍從，歷官吏部侍郎，領兵、禮、刑、戶四部尚書事，功業垂數十年。其爲詩不屑屑摸擬三唐陳蹟，亦不屑屑取青媲白，唯是枕籍六經，沉酣諸史。應制記事，陳大雅德音之辭，備風人香草之義。其近體尤多且工，海內之言詩者，得其一字一詠，莫不珍爲天球河圖、空青丹砂。是集不計卷數，而暗以體分，凡五言古詩二卷二十四首，七言古詩三卷七十六首，五言律三卷五百六十八首，七言律四卷八百五十一首、五言絕句一卷四十四首、六言絕句一卷二十一首、七言絕句四卷五百三十一首。

七言絕句二有《冬夜觀伎演牡丹亭》四首。云：「玉茗千秋絕妙詞，玉人檀口正相宜。中丞含笑頻觸客，那識江州泣下時。」「艷舞嬌歌絕代無，高燒絳燭照氍毹。臨川面目何人識，今認王維舊雪圖。」「優孟衣冠鬼亦靈，三生石上牡丹亭。臨川以後無知己，子野聞歌眼倍青。」「紅牙偏稱玉搔頭，今日盧家有莫愁。曲罷酒闌雲未散，熒熒燈火下朱樓。」清標與說書藝人柳敬亭善，七言絕句三有《贈柳敬亭南歸白下》六首。云:"三十年來說柳生,留髡此口絕冠纓。指揮歸事如圖畫,對汝堪移萬古情。""婆娑白髮渡江來,濁酒燕山識辯才。聞道解紛憑片語,千群組練一時迴。""軍人軼事語如新,磊落寧南百戰身。爲問信陵當日客,侯門誰是報恩人。""閱盡桑田一布衣,冶城深處有柴扉。春來數醉荆卿酒,風起楊花送客歸。""齊諧志怪詎荒唐,抵掌風雲起座傍。天寶尚存遺老在,何慼白首說興亡。""倨坐侯生揖五侯,清齋長伴旅燈幽。有無南越千金橐,一棹江風是壯遊。"

順治十七年,清標友人爲刻其集若干卷於杭州,事見魏裔介序。此詩集爲武林徐釚及清標姪梁允植互爲參訂刊之。徐釚序云:"《蕉林詩集》,凡古體詩幾卷,計若干首;近體詩幾卷,計若干首,今大司農真定梁蒼巖先生著也。先生勳名勒鼎彝,文章光史册,薄海内外,無不奉爲間世偉人。乃於從容退食之暇,後堂絲竹,一切屏絕,簾閣香濃,翛然静坐,吟弄篇什。先生小阮冶湄使君,不欲秘之,請先生前後諸作,彙而刊諸武林,囑釚校訂。"汪懋麟序又云:"先生之詩,本於學問,出以和平,雍容渾浩,博通於諸大家,而不得執一以名……詩無慮數十卷,深自秘匿。其鋟板以行者,皆出於門生屬吏,南北本各異,非先生意也。今從子承篤官錢塘,乃彙前後諸刻,與吴江徐子電發較而梓之"。

梁允植跋云:"家司農叔父領尚書事二十餘年,自謀猷經國而外,别無他所嗜好,惟蓄古書數萬卷,牙籤緗帙,朝夕呫唔。興至揮毫,對客千言立就,才一落紙,客即争相傳寫,故所刻《悠然齋詩》、《蕉林詩鈔》、《使粤集》,率由門生故吏撿拾散軼於行墨間者,非叔父意也。小子允植,趨侍庭幃有年,常欲彙梓全稿以行,叔父固不輕許,窺其意,若有退然不自走者……故堅請前後諸作,與徐子電發互爲參訂刊之,計若干卷,先以問世,後有篇詠,嗣爲後集可也。"

按,蕉林,爲清標居處。詩集五言律三有《初夏憶蕉林》云:"四月蕉林好,青山有夢知。燕應尋舊壘,蝶自趁疏籬。翠篠侵簷後,新槐覆院時。忽聞烽火信,頻怪雁書遲。"七言絕三又有《憶蕉林》十首;七言古一有《蕉林書屋歌》。又秋碧堂,乃清標家讀書處,七言古三有詩述及。另書中附孫廉鍔(道光間杭州人)札一紙。

此本有扉頁,刊"蕉林詩集。真定梁蒼巖先生著。秋碧堂藏板"。

《四庫全書總目》、《續修四庫全書總目提要(稿本)》、《臺灣公藏善本書目》、《日本現存清人文集目録》未收。《中國古籍善本書目》著録,上海圖書館、南京圖書館等九館也有入藏。中國國家圖書館藏有《蕉林近稿》一卷,清初刻本;《蕉林文稿》不分卷,清抄本。《皇清百名家詩》收有《梁蒼巖詩》一卷。

2270 清康熙刻本居易堂集　　　　　T5449/2942

《居易堂集》二十卷,清徐枋撰。清康熙刻嘉慶二十年(1815)鶯湖趙氏得板重印本。八册。半頁十一行二十字,左右雙邊,白口,單魚尾。框高19.3釐米,寬14釐米。目録頁題"長洲徐枋俟齋著;門人潘耒編校;孫男徐重壄繕録"。前有吴錫麒序,嘉慶二十年趙筠得居易堂集板序,康熙二十三年(1684)徐枋自序;康熙二十三年徐枋撰《凡例》十一則。

徐枋,字昭法,號俟齋,又號秦餘山人,江蘇長洲人。崇禎十五年舉人。幼有異質,父汧殉國難,枋欲從死,後遁蹟山中,布衣草履,終生不入城市。及游靈岩山,愛其曠遠,卜澗上居之,老焉。性峻介,鍵户勿與人接。書法孫過庭,畫宗巨然。卒年七十三。《清史稿》列傳二八八、《國朝耆獻類徵初編》卷四七八有傳。

卷一至四書，卷五至七序，卷八記，卷九論，卷一〇書後，卷一一題跋，卷一二傳，卷一三至一四志銘、塔銘，卷一五塔銘、碑銘、雜文，卷一六賦，卷一七古體詩，卷一八今體詩，卷一九辭、贊，卷二〇頌、銘、雜著。

《凡例》云："余自二十歲而遭世變，即與世决絶，長往不返，其真隱之志，頗爲海内所諒。則凡作爲文章，亦非吾意也。其辭之不得，而應辭者嘗過半，應者止什四。而至於碑版傳志之文，則辭者嘗什九，應者止什一。然所應者，又皆吾所欲爲，即不請或感激鼓舞以屬之筆墨者，然後爲之。若違心從事，僅僅諛墓，則百無一焉。然所謂應者什四，猶就人之見請者而言耳。若合計全集，凡爲文八百餘篇，多吾之發於心而不能已於言者，應人之請，亦僅可什一矣。""生平無似，然讀書作文，一字一句，必心有真見，有獨得然後發之。既不敢附和蹈襲，亦不敢標奇好異，若體裁義例，則必依據古人。其或吾之所見，有灼然自信者，亦竟發古人所未發，以信之千古。此又在覽者之自得之，當不訝其爲師心也。"

此本爲嘉慶二十年趙筠得《居易堂集》板後之重印本。趙筠序云："歲戊辰，從山民師增葺澗上之堂，以爲先生文章氣節，足使後人興感之者有如是也。既又概思先生以勝國舊文，爲本朝賢獻，貞德潛曜，發越著述，其所刊《居易堂集》者，世但間有印本，而板不知所在。歲月寖久，麻沙零散，詢諸坊人，卒亦邈不可得。板初刊在爛溪潘氏，潘氏中落，輾轉失守。今年冬，偶過親舊家，見有稇束塵積，若庋閣數年不一動者，眡之，《居易堂集》也。余亦不暇詳所繇來，亟購之歸，校以原印之本，板凡闕佚者若干，蝕損者若干，修合完整，弆藏於家，亦以謝潘氏責也。"

吴錫麒序云："吾友山民，其裔孫也。每爲余言，其遺集僅存，而板已失去，念之輒爲憮然。今年山民書來，稱其弟子趙生靜鄉竟獲之於故家塵籠中，雖間有殘闕，然校讎一過，遂成完書，因寄以示余。余既嘉靜鄉搜採之功，而并嘆先生有靈，没世猶能自爲呵護也。"

此本寫刻，有扉頁，刻"居易堂集。鴛湖趙氏藏版"。"玄"字避帝諱。

《四庫全書總目》、《續修四庫全書》未收。《續修四庫全書總目提要（稿本）》著録，云有上虞羅氏刻本。《中國古籍善本書目》著録，浙江圖書館、湖北省圖書館等九館也有入藏。

鈐印有"積學齋徐乃昌藏書"。

2271　清康熙刻本石閭集　　　　T5439/4462

《石閭集》一卷，清蔣易撰。清康熙吴仲刻本。一册。半頁十行二十一字，四周單邊，白口，無魚尾。框高16.3釐米，寬11.1釐米。題"江都蔣易前民著；同邑後學吴仲夢蘭校刻"。前有序（未署名）。末有王仲儒跋。

蔣易，字前民，江蘇江都瓜洲人。明遺民。少補諸生，即棄去。家故饒，有洲田數十頃，因江濱腴田數千畝俱坍於江，而仍輸賦數十年，故窮困之至。黄岡杜濬與友善，甚稱之。晚年無子，家益窘，賣畫自給，人得其寫生一二筆，争以爲寶。《（雍正）揚州府志》卷三二《人物（隱逸）》有傳。

易爲詩不取時好，五言律尤勁健，得杜少陵風格。此本所收，俱爲五律，計百首。據序及王仲儒跋，此集乃爲吴仲所抄存。仲工五律，故僅抄五律，未抄者旋遭於火。蔣詩"皆意匠經營，獨詣絶境之作"，多哀怨之音。如《不識》云："不識竟何事，年年除日歸，長貧無晚計，一笑掩郊扉。雁過寒星語，霜眠白鷺飢，漂萍今夜客，猶喜近慈幃。"《春宿破庵》云："故國無家訪，荒江展墓來，繫船西日下，投館北風開。半榻分寒火，空囊議酒杯，獨憐懷抱盡，一笑向殘梅。"

序云："古人之一筆一墨，能傳之數百年後、數十年後，蓋有天存，焉在古人。下筆時，鎪心鏤肝，惟恐後世不傳，逮於身後，而人之愛之與否聽之，天之妒之與否亦聽之。積之數百年後，猶有是卷，塵我之目、掛我之口、供我之筆墨，謂非斯人始願不及此，而爲不幸中之大幸也耶？嗟乎！詩人罄一生之心力，而獲傳數詩如此其難，吾輩皇皇焉齓此軀於詩中，蹈古人之覆轍，未知人之愛我、天之妒我，數百年後、數十年後，正復何如也。若夫性不知詩，日營營於華衮軒冕、宮室妻妾，極一時之豪，傳與不傳，更可知也。前民一遺民耳，夢蘭爲傳其詩，是其詩之傳者，固已數百年矣。其詩之必傳與否，吾不得而知，嗣此以後，更能傳之久遠與否，吾亦不得而知，吾第就其業已傳之如此者爲敘之云爾。"

是本摹寫鐫刻極佳。前有扉頁，刊"石閭集。羞翁"。又此爲吳仲家刻本。序云："吳子夢蘭，刊蔣前民先生五律百首既成。"按，此書清末爲沈宗畸輯入《晨風閣叢書》第一集（清光緒至宣統國學萃編社排印本），袁行雲著《清人詩集敘錄》云"詩集久佚"，"宣統間，同邑吳仲得抄本五律百首校刊"。誤，吳仲爲康熙間人。

《四庫全書總目》、《續修四庫全書總目提要（稿本）》、《中國古籍善本書目》、《臺灣公藏善本書目》、《中國科學院圖書館藏中文古籍善本書目》未著錄。

2272 清康熙刻本杲堂文鈔詩鈔   T5453/4436

《杲堂文鈔》六卷《詩鈔》七卷，清李鄴嗣撰。清康熙刻本。十册。半頁九行二十二字，左右雙邊，黑口，雙魚尾。框高 19.3 釐米，寬 14 釐米。題"甬上李鄴嗣著；姚江黄宗羲選；埒萬斯備、男暾仝較"。前有康熙十七年（1628）徐鳳垣序，林時對序。

李鄴嗣，字杲堂，原名文允，以字行，浙江鄞縣人。諸生。入清，棄巾服，日以著書爲務。甬東詩社延定甲乙，糊名易書，一聯之賞，遠近喧傳。詩品刊落凡庸，不肯一語猶人。《（乾隆）鄞縣志》卷一七云："棡之子，年十二能詩，十六侍其父官嶺外，通人張孟奇歎異之，與爲忘年交。順治初，棡以海上事牽連被逮，下杭州獄。鄴嗣亦繫定海馬厰中，友人萬泰救之得免。棡出獄尋卒，鄴嗣一慟幾絕，自此絕意進取。燕人梁以樟至鄞，鄴嗣與萬泰、徐鳳垣、高斗權、斗魁從之，賦詩倡和無虛日，詩文高華曲折，絕出流輩，里中奉爲宗主。

《文鈔》卷一至三序，卷四書、論、傳，卷五記、書後、説、文、銘、賦，卷六墓志銘、行狀、祭文。《詩鈔》卷一樂府，卷二四言古詩，卷三五言古詩，卷四七言古詩，卷五五言律詩，卷六七言律詩，卷七四言絶句、五言絶句、七言絶句。

康熙十四年，鄴嗣曾詮次《文集》爲二十卷、《詩集》十八卷，使子暾藏於闥，别以副本置山中。此集當爲黄宗羲所定，而詩集則爲徐鳳垣所定。鄴嗣嘗自稱，得黄梨洲而後敢爲文，得梁中狄而後敢爲詩。《文集》中頗多述及其與黄、梁及諸友往來倡和事。徐鳳垣序云："吾里中，惟杲堂先生與梨洲最善，一車一楫時相過從。""昔燕臺梁公狄先生以詩豪自命，獨歎服杲堂。""吾鄉自張大司馬後，中間相隔百有餘年，無一人出而任風雅之責。杲堂崛起於喪亂之餘，以上接諸先生垂絕之緒，使壇坫不圮，俎豆生色，三百年來，所關於吾道者不小。"

此本有扉頁，刊"杲堂文鈔。姚江黄梨洲先生選定。本衙藏板"。

《四庫全書總目》入集部别集類存目。《中國古籍善本書目》著錄。中國國家圖書館、上海圖書館等十一館，日本内閣文庫也有入藏。又民國四明張壽鏞約園刊《四明叢書》第一集收有鄴嗣文鈔、詩鈔。

鈐印有"積學齋徐乃昌藏書"。

2273　清初刻本豐草庵詩集　T5453/4101

《豐草庵詩集》十一卷，清董說撰。清初刻本。四册。半頁八行十九字，左右雙邊，白口，無魚尾。框高 18.6 釐米，寬 13.4 釐米。題"吳興董說若雨著"。前有董說自序。

董說，字若雨，號西庵，斯張子，自稱鷗鶄生。浙江湖州人。事母孝，畢生孺慕不衰。年十四，補弟子員，旋食餼，出太倉張溥門。工古文詞，江左名士爭相傾倒，而姿稟孤特與俗寡。明亡，棄諸生，改姓名曰林蹇，皈靈巖僧繼起，名之曰元潛，屏蹟豐草庵，宗親莫覿其面。精研五經，尤邃於易。方言地志、星經律法、釋老之書，靡不鉤纂。年六十七，示寂吳之夕香庵。《(同治)湖州府志》卷七五有傳。《四庫全書總目》、《中國人名大辭典》作"字雨若"誤。

董說少未嘗作詩，酉、戌以後始為詩，以寫其空坑崖海之音，樂府出入漢魏。丙申秋，削髮靈巖，更名元潛，字月涵。此本為其詩集，為《人間可哀編》(丙戌、丁亥、戊子)、《采杉編》(庚寅)、《落葉編》(庚寅)、《西臺編》(辛卯)、《病孔雀編》(辛卯、壬辰)、《紅蕉編》(癸巳)、《登峰編》(甲午)、《臨蘭亭編》(乙未)、《雒陽編》(乙未)、《洞庭雨編》(乙未)、《鬭韻牌編》(乙未、丙申)。

自序云："余年十六七，輒喜手評古人之書，評後輒悔，悔輒更評，更評復悔，悔輒欲自焚，乃不果焚也。今已志在青鞵布襪，因掩戶啟篋，縱陳癸未已前手評諸書，凡數百卷，悉焚之。是日誤焚乙酉雜文一卷、丙戌悲憤詩一卷……我少未嘗為詩、為古文辭，為古文辭不一年二年輒自愧且悔，悔輒欲自焚。一焚於癸未之冬，焚庚辰已前之文無遺也；再焚於丙戌之秋，焚辛壬雜著及十餘年應制之文無遺也；再焚於丙戌之秋，焚辛壬雜著及十餘年應制之文無遺也。又甲申乙酉詩歌一編，誤以為應制文，俱焚焉。丙申焚書，則余之三焚書也。乙酉文、丙戌詩之誤焚，則余之再誤焚也，遺文銷落，意不存矣。我故舊半死生矣，我愁坐一室中，絕往來尺牘十年，後世漸無知我者，知我者一二人投以詩，惟涕泣讀而藏之，不敢答矣，情之不能忘也，往來於懷，或中夜挑燈，私擬酬和之詩，詩成，又涕泣，反覆長吟而藏之，亦不復寄矣……於是出篋中未焚書，紙亂編繁，大索一日，得庚辰已後雜文、丙戌已後詩歌各十餘編，手授樵等。"

說詩清淡荒遠，然大都焚去。此本為禁書，《全燬書目》及《清代禁書知見錄》著錄。

《中國古籍善本書目》著錄，中國國家圖書館也有入藏。

鈐印有"不寐道人"、"俊明明裵"、"何錫袞印"。

2274　清康熙刻本聰山集　T5449/5039

《聰山集》八卷《文集》三卷《荊園小語》一卷《荊園進語》一卷，清申涵光撰；附錄一卷。清康熙刻本。八册。半頁九行二十字，四周單邊，白口，單魚尾。框高 17.2 釐米，寬 12.5 釐米(《文集》等四周雙邊，白口，單魚尾)。題"廣平申涵光鳧盟著；曲周劉佑雲麓選"。前有康熙二年(1663)鄧漢儀序，沈奕琛序，康熙二年劉佑序；又王崇簡舊序，范士楫舊序，順治十年(1653)魏裔介舊序。《文集》題"廣平申涵光鳧盟著"，前有申涵光自序。《荊園小語》題"廣平申涵光和孟著；弟涵煜觀仲、涵盼隨叔訂"，前有孫奇逢序，申涵光自序，末有康熙十二年(1673)申涵光跋。《荊園進語》題"廣平申涵光和孟著；同里冀如錫公冶、王體健清有評"，前有康熙十六年(1677)魏裔介序，冀如錫序。

申涵光,字和孟,一字符孟,號鳧盟,又號聰山,河北永年人。少而穎異,博涉經史,下筆爲文章,高潔宕逸,超出尋常蹊徑外。善爲詩,多且久,自秘惜不以示人。有好事者傳之,遂名噪於壇坫,人争錄寫。不喜釋老,解琴理鼎彝書畫,寓意而無所留意也。交友不濫,生平同聲氣者不過數人。晚而學益進,悔名之爲累。涵光生於明萬曆四十七年,康熙十六年六月,晨起猶與客娓娓不倦,詣兩弟歸,及堂檻,一僕而卒,年五十九。

此集卷一五言古,卷二七言古,卷三五言律,卷四五言排律,卷五七言律,卷六五言絶,卷七六言絶,卷八七言絶。《文集》卷一序,卷二引、傳、碑記,卷三論、書、行狀、墓志、墓碣、誄詞。《荆園小語》及《荆園進語》皆爲語録。附録爲魏裔介撰《申鳧盟傳》(康熙十六年),魏象樞撰《處士鳧盟申君墓志銘》、《崇祀鄉賢録》,申涵煜撰《申鳧盟先生年譜略》。

涵光自髫齔即嗜爲詩,吐納百氏,不名一家,而音節頓挫,沉鬱激昂,一以杜少陵爲師。且直抒天真,不受覊縛,澹静之氣,拂拂於筆楮外,蓋自成一家言。鄧漢儀序云:"鳧盟之詩,非今人之所謂詩也,溯源於樂府,取法於少陵,而温柔敦厚,一皆秉夫三百之遺意。故其指敘蒼涼,小雅之諷諫也;哀樂中情,國風之贈答也;稱引先世,蓼莪之微情也;顧瞻宫闕,率土之深感也。以至零篇雜著,莫不討核源流,兼通謡俗。"劉佑序又云:"鳧盟起河北,好學深思,所作詩歌震厲矯逸,未嘗求名當世,而合南北之薦紳先生與詞壇之耆英碩彦讀鳧盟詩,無有不欲衿讚述願拜下風者。"

涵光年十五六時,好讀《史記》、《國策》、《蘇長公集》,以爲舉業之助。年二十六,廢舉業。文不常作,然作文則文辭疏暢潔潤,其自序云:"予才力短弱,又寡學問,身在草莽,無文可作。一觴一詠,庶以陶冶性情,舒我抑鬱,因專力於詩,上下今古,無不窮究,其中甘苦,一一身嘗之矣。性懶不常作,十五年中,僅得詩六百餘篇,而予之力盡,不能有所進益。其後,年日以老,不耐思索,遂絶口不吟。至於古文詞,實未究心,未敢云作也。然親串中每以銘志見委,及四方諸賢詩文之序,欲厠名其間,難以概拒,間亦涉筆……甲寅九日前,雨中無事,裒集前後所爲雜文,命小胥彙抄,留諸家塾。"

《荆園小語》、《進語》,爲涵光所撰接物處事之則,以之持身,以之教家,以之垂訓。有云:"凡權要人,聲勢赫然時,我不可犯其鋒,亦不可與之狎,敬而遠之,全身全名之道也。""奸人難處,迂人亦難處。奸人詐而好名,其行事有酷似君子處。迂人執而不化,其決裂有甚於小人時。我先别其爲何如人,而處之之道得矣。"涵光識語云:"小語本藏家塾,諸長者見之,以爲有益幼學,遂爲傳布。近蕭太翁又刻諸閩中,或亦持身接物之道不無小補歟?因加訂証,再付剞劂。"蕭太翁者,爲閩中蕭萬興。《小語》刻於康熙十二年,《進語》之刊當在涵光去世後,此可見魏裔介序。《小語》、《進語》嘉慶間曾爲張海鵬刊入《借月山房彙鈔》第十一集内。後《澤古齋重鈔》、《昭代叢書》、《式古居彙鈔》、《有諸已齋格言叢書》、《留餘草堂叢書》、《畿輔叢書》、《叢書集成初編》也有收録。《嘯園叢書》則刻爲《荆園語録》二卷。又中國國家圖書館藏有《荆園進語》稿本,一册,有申瑞澄校並跋。

此本有扉頁,刊"申鳧盟詩選。劉雲麓論定。渾脱居藏板"。按,是書數種,非同時刻,當是後人合爲一部者。詩集乃劉佑所刻。鄧漢儀序云:"今雲麓使君,又爲詳加評跋,授之剞劂。"劉佑序云:"鳧盟詩,向刻之雲陽,載歸草堂,北風爲祟,板皆寸裂。予恐其行世之未廣也,因爲鳩工重梓,兼附評跋。"據順治十年魏裔介舊序,涵光詩曾於其時刊刻。十年後,劉佑再予重梓。又按,《皇清百名家詩》收涵光《申鳧盟詩》一卷。《畿輔叢書》、《叢書集成初編》收有《聰山詩選》八卷以及《聰山集》三卷。另《國朝文録》收有《聰山文録》一卷。

《文集》目錄後,刊"弟涵煜觀仲、涵盼隨叔訂次;姪頲敬立、顓德愚、預慎微、頡肇倉鈔"。接前頁又刊"預慎微、頡肇倉、良棟宗魯鈔;孫居鄭文基、居鄁高邑、居鄯臨淮、居郕衛儒重較"。按,又刊之字爲後來添加,顯爲後人得板重印時所爲。

又附錄、年譜後刊"弟涵煜、涵盼補輯;姪頲、顓、預錄;同里鄭茂填諱;子婿李奇瑗較刻"。

《四庫全書總目》入集部別集類存目。《中國古籍善本書目》著錄,上海圖書館、天津南開大學圖書館、江西廬山圖書館、中國科學院圖書館有全帙。《臺灣公藏善本書目》未著錄。日本東京大學東洋文化研究所(大木文庫)僅有《聰山集》。

2275　清康熙刻本愚庵小集

T5436/2942B

《愚庵小集》十五卷,清朱鶴齡撰。清康熙刻本。八冊。半頁九行二十一字,左右雙邊,白口,單魚尾。框高 19.7 釐米,寬 13 釐米。題"松陵朱鶴齡著"。前有王光承序,康熙十年(1671)計東序。

朱鶴齡,字長孺,江蘇吳江人。穎敏嗜學,明季補諸生。甲申後,遂不復進取。嘗注杜少陵、李義山集,盛行於世,其詩文亦與並時作者相雄長。嘗云文章之學,足轟動一時,不足以傳千古,惟表章經義有功先聖賢,爲真儒所有事。於是諸經之輯撰,次第而起。卒於康熙二十二年,年七十八。其著作中重要者有《毛詩古義》二十卷、《尚書埤傳》十七卷、《春秋集說》二十二卷、《易廣義略》四卷、《禹貢長箋》十二卷等。《(乾隆)吳江縣志》卷三〇有傳。

鶴齡自號愚庵,乃因平生殫精書册,遺落世事,晨夕一編,行不識途路,坐不知寒暑,人或謂之愚,故號之。卷一四有《愚庵說》一篇,甚詳。朱氏爲三吳名宿,與李顒、黃宗羲、顧炎武並稱海內四大布衣,其始專力於詞賦,自顧炎武勸以本原之學,始研思經義,於漢唐注疏,皆能爬梳抉摘,別出心裁。故所作文章,亦悉能典雅醇實,不蹈剽竊摹擬之習。

卷一爲賦,卷二五言古詩,卷三七言古詩,卷四五言律詩、五言排律,卷五七言律詩,卷六五言絕句、七言絕句,卷七至八序,卷九記,卷一〇書,卷一一論,卷一二辨,卷一三至一四雜著,卷一五傳。此本《傳家質言》十三則佚去。

卷三有《苦寒行》一首,讀之語出沉痛,能感愴人。《對酒歌》一首則音節豪邁有爽氣。卷五有《檗庵和尚駐錫邑之大悲庵敬呈二律》,純是禪悟之語,清沁絕塵。長孺與錢謙益善,卷四有《投贈錢宗伯牧齋先生二十五韻》,典麗有則。又有《聞牧齋先生訃二首》,頗悽涼婉折,情味無窮。卷五有《呈牧齋先生》、《陪牧齋先生登洞庭雨花臺即席限韻作》、《和牧齋先生登莫釐峰同子長作》、《牧齋先生過訪》。

計東序云:"長孺朱先生,覃精訓詁之學,所撰《毛詩通義》、《尚書埤傳》、《禹貢長箋》諸書,皆羽翼經傳,有功儒先,以卷帙繁重,未懸國門。先梓子美、義山二注,海內已爭購其書,讀其書者,無不樂見其詩文之盛。乃先生則退然不欲以詩文鳴。東乑先生戚屬,竊取其存笥稿讀之,賦則規撫騷選,詩則驅駕三唐,古文詞若序、若記、若書、若論辨、若紀傳雜著,莫不援經證史,義精理愜。"

此本有缺頁,爲卷四目錄尾頁、卷十第十四頁、卷十四目錄尾頁。

《四庫全書總目》入集部別集類。《中國古籍善本書目》著錄,中國國家圖書館、上海圖書館等九館,日本靜嘉堂文庫、大阪府立圖書館也有入藏。《臺灣公藏善本書目》未收。

鈐印有"朱鶴齡印",此本當爲朱氏自藏本。又有"穉蘭"、"瑞芝堂"印。

2276　清康熙易堂刻本魏叔子詩集　　T5451/81

《魏叔子詩集》八卷《日錄》三卷，清魏禧撰。清康熙易堂刻《寧都三魏全集》本。八册。半頁九行二十字，左右雙邊，白口，單魚尾。框高18.8釐米，寬13.3釐米。題"寧都魏禧冰叔著；世侄直士編次；門人歐陽士杰遜萬較"。前有彭士望序，歐陽士杰序，魏禧序。《日錄》題"寧都魏禧冰叔著、吳門唐景宋邢若較"。前有謝文洊序，唐景宋序；小引。

魏禧，字冰叔，寧都人。生於明天啓四年。明末諸生。十一歲，補縣學生，與兄祥、弟禮，以學問文章相砥礪，一門之内，自爲師友，三魏之名遍海内。禧篤志力學，才名尤高。因所居廬屋名勺庭，學者稱"勺庭先生"。喜讀史，尤好左氏傳及蘇洵文。論事縱橫馳騁，倒注不盡。其爲文也凌厲雄傑。明亡，棄諸生，隱居翠微峰，與兄祥、弟禮，南昌彭士望、林時益，寧都李騰蛟、邱維屏、彭任、曾燦共九人，爲"易堂學"，世稱"易堂九子"，禧爲領袖。康熙十七年，詔舉博學鴻詞，禧以疾辭，後二年卒於江蘇儀徵舟中，年五十七。

此爲《寧都三魏全集》八十三卷中之部分。《詩集》爲卷一四言，卷二雜言，卷三至四五言古，卷五七言古，卷六五言律，卷七七言律，卷八五七言絶。《日錄》卷一《裏言》，卷二《雜説》，卷三《史論》。《詩集》卷一有《讀水滸》三首，云："杯羹亡國，壺飱得士，無往不復，衆少如此。睚眥之故，是用殺身，胡止巖中，憪然莫懲。""君不擇臣，相不下士，士不求友，乃在於此。寒曰衣爾，饑曰食爾，曰相爲生，曰相爲死。""爾富我覬，爾功我忮，一父之子，截爲二體。我貴爾輆，我能爾矜，一人之身，不相爲親。亦曰詩書，亦曰道德，彼狗偷子，無驕吝色。"《日錄》多爲語錄，以淺言出妙義，以至理入人情、別是非、示從違，均有功於世道之語。禧深於史，於《史論》中舉數千年治亂興衰、得失消長之故，窮究而貫通之。而又驗之人情，參之物理，本胸中所積而發之，故讀來頗能發人深省。

彭士望序云："今叔子古文盛行海内，好之者謂不後廬陵永叔，顧獨未見其詩。然自庚子適江南北，交游益廣，以古文之暇間爲詩，詩益多，與山中之詩錯出。而易堂諸子則以其四言爲絶調，五七言古次之，大之君父之倫，微而及於禽鳥花木，至性流連，莫窮其際，即作者亦不自知其然。此叔子詩所爲悠然獨得者也。"

謝文洊序云："吾友魏叔子從事於斯久矣，其忠厚惻怛，出於天性，而加之以學問，與父兄師友講求於治亂之際者數十年，於是即其所得，著《日錄》三篇，蓋坐可言，起而可行，自身家以及天下皆實有所稗益。雖不敢曰道德功業盡在於是，固亦聖賢豪傑之荃蹄也矣。"

魏禧序云："古人之詩，適己之意，而後人之詩，必求適於人，然後稱適於己。詩詞日工，而意則已遠矣。余嘗論詩，興屬而辭工，作之傳之，不必合古人也。興屬辭不工，有其作之不必傳之，如家人父子讌言適意，未嘗可勒之書也。意至而興會不屬，不必更作。觀山川風雲草木之變，鬱勃於中，久而意盡，猶作詩也。取古今人詩犁然有當於吾心者詠之歌之，不足而再三歌之，久而意盡，猶作詩也。詩不必不求工，工者自工，拙者自拙。"小引又云："余幼承父兄之教有日，長而師友誨之有日，早涉世事，讀古人嘉言懿行有日，見之聞之亹亹，然有得於心則言之，已而錄之，是曰《日錄》，或以自志警，或詔諸門人子弟，不諱其不文，取易通也。意所偶至，或文言之體，雜不相附，一曰裏言、二曰雜説、三曰史論。"

此爲禁書。《禁書總目》、《清代禁燬書目·補遺一》著錄，云："書中有感憤之詞，應請銷燬。"卷一《焚炙頌》剜去。此本之刷印，當在乾隆之後。

此本有扉頁，刊"魏叔子詩集。諸名家評選。易堂原板"；"魏叔子日錄。吳門唐邢若定。易堂原板"。按，禧父兆鳳，以孝行聞。崇禎初，薦舉徵聘皆不就，入清剪髮爲頭陀，名所居曰易堂。

《中國古籍善本書目》著錄，《寧都三魏全集》全帙，中國國家圖書館、青海省圖書館等十一館入藏。又日本京都大學人文科學研究所有兩部全帙。

2277　清康熙刻本黃山詩留

T5441/3344

《黃山詩留》十六卷，清法若真撰。清康熙刻乾隆間印本。十二冊。半頁十行二十一字，左右雙邊，白口，單魚尾。框高18.4釐米，寬12.8釐米。題"膠東法若真黃山父著；男橚、樟、枚校；孫宗燉、光祖、宗爌、輝祖閱"。前有魏象樞序，康熙三十四年(1695)唐夢賚序，康熙三十八年(1699)安致遠序，丘宗聖序，康熙三十七年(1698)張謙宜序；張謙宜撰《法若真傳》。末有康熙三十七年張謙宜跋。

法若真，字漢儒，號黃石，一號黃山，山東膠州人。其父中年無子，母有身，夢法真而生男，故名若真。順治三年進士，改庶常，晉侍讀，一時書畫名重長安。官至江南布政使，遭內艱歸。己未，薦舉鴻博不出。年八十四而卒。《膠州志》卷四有傳。

若真詩古文詞，少宗李賀，晚乃歸心少陵，不屑櫛比字句，依倚門戶，惟其爲所欲爲，不古不今，自成一格。張謙宜撰《若真傳》云："徵君本以文章侍先皇，所至輒以書史筆墨自娛，磔鼠頭會，生平嘗恥爲之。改元已後，時局復變，宜其不得志也……徵君好詩，自登朝廬墓以至老，放江海間，憂鬱憤悒，實賴以自釋，應人求多不起稿，記室失編者時有。晚年定居黃山，自刪薙留貽者尚五千餘篇。其始入嘗宗李賀，多瑰怪閎博，希掉鞅於北地歷下之外。中年已後，傷心飲血，歷試於風濤顛簸之餘，則約束杜陵以壯其悲。晚羅百家旨趣，流漾而不自知其警摯，亦有獨絕者，然用意深抒詞隱，求諸縹緲離合之外，乃髣髴得乎情，則猶有騷人之遺焉。"此集卷一至二詩四百七十六首，卷三至四詩六百十一首，卷五至六詩五百二十四首，卷七至八詩五百五十一首，卷九至一〇詩五百二十五首，卷一一至一二詩四百四十九首，卷一三至一四詩三百九十一首，卷一五至一六詩五百七十六首。總計詩四千一百零三首，始於順治三年(丙戌)，終於康熙三十五年(丙子)。

卷一四有《八十自壽紀事》一百四首。卷一六有《自壽》詩十一首並序，序云："余年倏八十四矣，諸兒孫稱觴爲壽，余卻之不去。古人云，生不得志，雖百歲亦夭誡。如斯言，何以消受。記事俚言，聊慰今日。"其詩一云："春風又上四輪車，瘦骨畏寒避草廬。生不逢迎知己少，老偏貧賤故人疏。種花畦外無多事，高枕床頭數卷書。北海痴翁餘兩歲，於今嬾釣渭南魚。"可見晚年生活之一斑。

此本爲若真仲子峴山所刻。丘宗聖序云："丙子夏，先生忽走平頭，寄詩云'死生兄弟無多淚'，竟作長別語，不旬日，而逍遙在門，時年八袠有四，遂歸道山。哲人云萎，枕中之秘，尚貯名山，未遑問世也。偶有梓人自江南至，稱善手，余爲之作介紹。先生之仲子峴山，鬻產鳩工，盡出其詩以付剞劂，自秋徂春，數閱月而書告竣，以公之海內。"

此本張謙宜撰《法若真傳》中，"弘"字缺末筆，當乾隆間所印。若真又有文集六卷，亦康熙刻本，今藏天津南開大學圖書館。

《四庫全書總目》入集部別集類存目。《中國古籍善本書目》著錄，南京圖書館、天津圖書館等九館,日本大阪府立圖書館(殘存六卷)也有入藏。

2278　清雍正乾隆間刻本兼濟堂文集選　　T5443/2108

　　《兼濟堂文集選》二十卷首一卷,清魏裔介撰,詹明章輯。清雍正乾隆間龍江書院刻本。十册。半頁九行二十字,左右雙邊,白口,單魚尾,書口下有"龍江書院鐫"。框高 18.7 釐米,寬 12.8 釐米。題"栢鄉魏裔介貞庵著;男荔彤編輯"。前有康熙七年(1668)吴偉業序,康熙十三年(1674)魏裔介自序,魏裔介《兼濟堂林下集自序》,曹禾序,康熙五十年(1711)詹明章序。

　　魏裔介,字石生,號貞庵,一號昆林,直隸栢鄉人。順治三年進士,累官至保和殿大學士。前後所奏二百餘疏,多關國家大體。治程朱理學,與魏象樞時稱"二魏"。生於萬曆四十四年,卒於康熙二十五年,年七十一。

　　裔介立朝,頗著風節,其所陳奏,多關國家大體,詩文醇雅,不失爲儒者之言。此本卷一至二奏疏二十七篇,卷三至八序一百五十二篇,卷九書四十一篇,卷一〇尺牘四十三篇,卷一一傳十四篇,卷一二墓誌銘十篇,卷一三祭文十一篇,卷一四論三十一篇,卷一五記十四篇、説四篇、跋二篇、募疏文二篇,卷一六辨五篇、啓八篇、策問一篇、議二篇、解一篇、引一篇、檄文一篇、志一篇、賦三篇,卷一七古樂府十四首、今樂府四首、琴操五首、四言二首、五言絶句九首、七言絶句五十五首,卷一八五言古五十五首、七言古二十二首,卷一九五言律九十首、七言律一百七十四首,卷二〇附《年譜》。首一卷爲康熙六十年李光地等人進書刻印疏。

　　裔介嘗謂,生平無他嗜好,惟嗜讀書,在官之日,雖輿中亦置一編,既歸林泉,紬繹經史百家之言,尤拳拳於窮理盡性之義,至於著書,尤不可草草。其自序云:"余自入籍以來,未免效顰,學爲文辭。丙午之歲,彭士報、吴伯其刻之於江南,有《兼濟堂文選》,共文二百餘篇。庚戌之歲,胡同升刻之於京師,有《崑林小品》,共文一百三十六篇。甲寅春日,余自刻《林下集》八十一篇。及秋抄,兒輩又刻辛亥以前未刻者,共文一百一十九篇,已汗牛充棟矣。其諫垣總憲奏疏稿,共一百一十七道,内閣奏疏十道。《嶼舫詩集》近集共詩一千三十六首,尺牘四六四册。言理學則有《聖學知統合録》五册,小傳共四十八篇,小論共四十八篇。又《約言録》一册,其餘所著之書,略無關係者概不足述。而要者有《四書大全纂要》、《孝經注義》、《删補高士傳》、《雅説集》、《多識集》、《巡城條約》、《風憲禁約》、《唐詩清覽集》、《訓蒙故事》、《千文注解》、《勸學彙編》,以上已刻。《易經合訂正説》、《論性書鑑語》、《經世編》、《通鑑論抄》、《列女續傳》、《九經衍義》、《希賢録》、《瓊琚佩語》、《家訓彙抄批評》、《河洛淵源録》、《理學諸儒語録合抄》、《吏治冰鑑録》、《陸放翁詩選》、《古文欣賞集》、《古詩遺音》、《趙夢白詩文選》,以上未刻。此其大概也。顧自今以往,余寧敢廢學哉!"

　　是集爲閩南人詹明章輯,後又梓之,其序於裔介撰述也有述及,云:"總計篇目,其刻之江南也,有《兼濟堂文集》一十四卷;其刻之荆南也,有《兼濟堂文集》二十四卷;其刻之京邸也,有《文選》上下二編、《崑林小品》上下二編、《崑林外集》一編、《奏疏》一百一十九首、《尺牘存餘》七卷;其刻之林下也,有《文選》十卷、《嶼舫近草》五卷、《詩集》七卷、《樗林三筆》五卷。又有《聖學知統録》上下二卷、《知統翼録》上下二卷、《致知格物解》二卷、《論性書》二卷、《約言録》二卷,簡袠浩繁,積架盈箱,郡侯慮學者無能徧觀,傳習爲難,乃命明章約取其尤粹者,梓爲二十卷,以廣惠同人。"

　　有扉頁,刊"兼濟堂集。栢鄉相國魏文毅公著。本衙藏版"。按,此本"貞"字闕筆,當避雍正諱;又"弘"字闕末筆,避乾隆帝諱。

《四庫全書總目》入集部別集類。《中國古籍善本書目》著錄裔介著作三種,一《兼濟堂詩選》十卷《文選》十四卷《疏稿》二卷,清康熙刻本,藏中山圖書館;一《兼濟堂詩集》八卷《文集》二十四卷,清康熙三十九年魏勷刻本,藏北京大學圖書館及山西祁縣圖書館;一《嶼舫詩集》七卷,清順治刻本,藏中國國家圖書館、復旦大學圖書館。此本則未著錄。

鈐印有"紫峰"、"笑竹書屋"。

2279　清康熙至乾隆間刻本安雅堂詩文集　　T5438/81

《安雅堂文集》二卷《重刻文集》二卷《未刻稿》八卷《入蜀集》二卷《詩集》一卷《二鄉亭詞》三卷《書啓》一卷《祭皋陶》一卷,清宋琬撰。清康熙至乾隆間刻本。十六册。

宋琬,字玉叔,號荔裳,山東萊陽人。順治四年進士,任户部主事,歷陝西分巡隴右兵備道僉事、永平道副使、浙江布政司參政,寧紹台道按察使。登州于七爲亂,琬族子因與琬有宿憾,以與聞逆謀告變,下獄三年,後起爲四川按察使。卒於京,年六十。《(民國)萊陽縣志》卷三有傳。

琬詩入杜韓之室,感時傷事之作,多淒清激宕之音,與嚴沆、施閏章、丁澎輩相倡和,有燕臺七子之目。與施閏章齊名,世稱"南施北宋"。

是書非一時之刻,故題名、行款等多不一致,今分述之。

《文集》二卷,半頁十行二十字,四周單邊,白口,單魚尾。框高 17 釐米,寬 12.7 釐米。題"萊陽宋琬荔裳著"。前有康熙五年(1666)金之俊序、趙昕序、黄與堅序、杜濬序。計卷一文二十五篇,卷二文二十四篇。金之俊序云:"余展而讀之,其思深,其識宏,其慮遠,其情長,其氣清以厚,其調雋以永,其格嚴以老,其言確以質,殆有如懷沙遠游,屈子悲憤之所感乎!何其沉摯而淒婉也。有如歷衡湘、越龍門,周遊歷覽,司馬子長抑鬱太息之所作乎!何其激昂而雄肆也。抑亦若柳州、眉山流離困頓,備嘗險阻之所寄託而發爲文詞乎!何其峻潔而曠達也。"

《重刻文集》二卷,半頁九行十九字,左右雙邊,白口,單魚尾。框高 17 釐米,寬 12.6 釐米。題"萊陽宋琬荔裳著"。前有康熙三十八年(1699)王熙序、康熙三十八年周金然序、康熙三十八年嚴虞惇序、康熙三十八年張重啓序、康熙五年(1666)尤侗序、康熙五年宋實穎序、康熙四年(1665)程康莊序。卷一文二十二篇,卷二文三十三篇。有扉頁,刊"安雅堂文集"。此集爲康熙三十八年琬子思勃所刻。王熙序云:"萊陽宋先生,文章妙天下,天下能文之士,無不知先生者。今年春,先生子思勃重刻《安雅堂詩文集》各若干卷。"周金然序云:"兹幸嗣君思勃,克念箕裘,以舊刻《安雅堂集》殘缺漫漶之餘,補輯重梓。"嚴虞惇序又云:"先生殁二十餘年,子思勃裒輯遺集,録而刻之。"張重啓序也云:"先生舊刻《安雅堂集》,文賦詩詞共若干卷,喪亂後,板葉殘缺,其仲子思勃補緝訂正,復成完璧。"

《未刻稿》八卷,半頁十行二十一字,左右雙邊,黑口,雙魚尾。框高 17.5 釐米,寬 12 釐米。題"萊陽宋琬玉叔著"。前有乾隆三十一年(1766)彭啓豐序。卷一五言古詩,卷二七言古詩,卷三五言律詩,卷四七言律詩,卷五五言絶句、六言絶句、七言絶句、五言排律、七言排律,卷六序文、壽序、題詞,卷七書、表、策問、啓、頌、贊、銘、疏、傳、紀略、碑記,卷八墓志銘、行狀、誄、祭文。每卷之後有"孫永年敬刊;曾孫宇、宜、寧、宣、審校訂"。此集爲琬孫仁若所輯刊。彭啓豐序云:"萊陽宋君仁若輯其王父玉叔未刻遺集若干卷……先生文名振海內者百年,所著詩多淒清激宕之音,嘗手定詩三十卷,攜之成都。蜀亂後,妻孥覊蜀,而先生以入覲卒京師,此稿遂不可問。康熙間重刻一本,殘膏賸馥,迥非原書。今仁若於重刻之外,復加甄綜,都爲一集,頓還舊觀。所登諸作,酬應贈答,什居六七……仁若能於散佚之後,斤斤保守,罔敢缺遺,復手自校勘,壽之永久。"

《入蜀集》二卷,半頁十行二十一字,左右雙邊,黑口,雙魚尾。框高 17.2 釐米,寬 11.9 釐米。題"萊陽宋琬玉叔著;新城王士正貽上定"(禛避諱改正)。卷上詩七十四首,卷下詞二十二首。此本亦宋仁若輯刊。

《詩集》一卷,半頁九行二十字,四周雙邊,白口,單魚尾。框高 18.6 釐米,寬 13.2 釐米。題"萊陽宋琬玉叔著"。前有順治十七年(1660)蔣超序、順治十七年來集之序。收五言古二十四首、七言古十七首、五言律九十首、七言律九十首、五言排律十三首、七言排律一首、七言絕三十三首、六言絕二十一首。目錄後刊"年家子丁克振、任韓燦、丁夢芝校正"。

《二鄉亭詞》三卷,半頁九行二十一字,左右雙邊,白口,無魚尾,書口下刊"留松閣"。框高 17.9 釐米,寬 13 釐米。題"萊陽宋琬荔裳撰;荊溪陳維崧其年、雲間周寔廣庵閱;休寧孫默無言較"。前有康熙八年(1669)董俞序。收小令七十三首、中調二十二首、長調五十二首。有扉頁,刊"二鄉亭詞"。

《書啓》一卷,半頁九行十九字,左右雙邊,白口,單魚尾。框高 18.6 釐米,寬 12.9 釐米。題"萊陽宋琬荔裳著"。收書啓三十三首。

《祭皋陶》一卷,半頁九行二十字,四周單邊,白口,無魚尾。框高 18.9 釐米,寬 12.4 釐米。題"二鄉亭主人新編;海上隨緣居士評"。前有康熙十一年(1672)杜陵容序、康熙十二年(1673)隨緣居士序。有扉頁,刊"祭皋陶。二鄉亭新編。本衙藏板"。共四齣。按,琬備兵秦州,晉兩浙憲長,爲冤家告訐,逮入對簿,羈西曹久之,此劇殆其繫獄時所作。皋陶爲虞舜時獄官之長,名庭堅,生於曲阜偃地,賜姓偃,爲顓頊高陽氏之後。嘗佐虞舜爲士師,秉公執法,故一舉而不仁者遠。《淮南子》曰:皋陶瘖而爲大理,天下無虐政。厥後亦因官爲理民。

《四庫全書總目》著錄安雅堂詩及安雅堂拾遺詩、又拾遺文二卷附二鄉亭詞四卷,入集部別集類存目。《中國古籍善本書目》著錄宋琬《安雅堂詩》不分卷,稿本,藏上海圖書館。又著錄《詩集》十卷,清抄本,藏中國科學院圖書館。臺北"國家圖書館"藏有《安雅堂拾遺文集》一冊,清稿本,入《國朝文會》(清乾隆間平河趙氏清稿本)中。日本靜嘉堂文庫、京都大學人文科學研究所、東洋文庫所藏應同此哈佛本。

鈐印有"守真草堂珍藏"。

館藏有複本三部。一爲六冊,缺《未刻稿》八卷《入蜀集》二卷《書啓》一卷《祭皋陶》一卷。一爲十二冊,缺《祭皋陶》一卷。一爲十六冊,缺《祭皋陶》一卷。

2280　清康熙刻本西山集　　T5431/1322

《西山集》九卷,清張能鱗撰。清康熙刻本。四冊。半頁八行二十字,四周雙邊,白口,單魚尾。框高 18.4 釐米,寬 13 釐米。題"古燕張能鱗西山甫著;男嵋、岡、瀚、塏、岱輯"。前有馮溥序,康熙十六年(1677)高珩序,康熙十六年房之騏序,康熙十六年鍾諤序,張能鱗自序。

張能鱗,字玉甲,號西山,直隸宛平人。系出橫渠,先世徙京師,家學淵源。順治四年進士。授仁和知縣。嘗視學三吳,以致知力行之學,身先多士,聘陸世儀纂輯《儒學理要》一書,循俾誦服習,不惑歧途。累遷至四川建南道,時軍事倥傯,索芻糧甚急,能鱗調度有方,輸將絡繹,民不知苦,又築蘇稽大堰,以利農田。其任山東,先教養,禁異端曲學,崇孝弟,興農桑,風俗爲之一變。又有《詩經傳說取裁》、《儒家理要》、《孝經衍義》、《峨嵋山志略》等。《國朝耆獻類徵》(初編)有傳。

能鱗論學直指金谿姚江爲禪,當時魏裔介、陸隴其皆重之。陸謂能鱗學貫天人,聲徹内外;裔介一見能鱗持論,稱其正大真醇,自嘆弗及。此集卷一至二序二十一篇,卷三碑、記、傳、墓志銘十四篇,卷四論、說、紀事二十三篇,卷五書、啓、引、祈文、祭文十七篇,卷六議二十篇,卷七疏、表、賦、解、題、頌、箴、銘等十七篇,卷八讀書緒言四篇,卷九詩六十六首。

馮溥序云:"少參博學思深,歷仕皆有殊政。以其暇彙西山一集,其間談理學者若而文,談經濟者若而文,井井秩秩,若燭照而蓍卜。"

張能鱗自序云:"余不敏,非聖之書不讀,無論二氏秘典,置之不閱。即詩詞歌調,亦未嘗留心韻譜,恐言不載道,辭不入理,風雲月露之句雖工,猶隔膚也。用是拘於見聞,守其固陋,不敢以翰墨競名。而自髫年以及歷仕東西南北,誦讀之餘,政務之暇,或因事以警心,或觸物而自治,或對時志感,望古有懷。其間紀事敷言、應酬贈答,率皆偶成,體裁未必合古,而意多囿於拘泥。蓋經傳之學,窮年累歲,未得其閫奧,而縱心於筆墨,猶之乎玩物喪志矣。乃兒輩漸長,日事鈔錄,見有關於崇正闢邪、範躬訓世者,陸續積有若干篇,匯而成稿授梓。予笑應之曰,講論德業,闡揚忠孝,固非作文字觀也。"

卷三有《皇史宬檢書記》,述所見《永樂大典》事,兹録如下:"余以順治乙未承乏儀曹,委檢前代玉牒,因啓金匱而遍覽焉。其間譜牒、訓誥俱屬烏有,以勝國之集不存也。獨古今一大部類書,世所不恒見者,分貯金匱,匱以數十計,匱中以黃袱什襲者數百計,目録卷帙以千萬計。自天文時令、地理山川、風俗人物、皇帝王霸、德化政教、兵農禮樂,至草木鳥獸蟲魚,無微不備。每一事一物,必詳考其原委,而引述經史子集並前人之序贊傳記、詞賦詩歌,諸體具録之,名曰《永樂大典》。因思永樂以靖難爲名,其時兵革之事甫熄,輒能網羅一世英俊之士,致之闕下,俾集館閣,各抒所長,草創彙集若而人,討論典實若而人,編輯修飾若而人,總裁潤色若而人,極天下之名賢宿儒,亦得自效於文章,以贊成一代瑋製。甚矣,帝王之有天下,未有不崇儒右文,首重典籍者。余竊幸備官,獲窺兹典,雖未敢如子雲、相如侈美大之詞、壯炳蔚之色,乃謹以所見退而自書,志流覽之異云。"

《四庫全書總目》入集部別集類存目。云:"能鱗喜談理學,其詩文多率爾操觚,體裁未盡合於古。"《中國古籍善本書目》、《臺灣公藏善本書目》、《日本現存清人文集目録》均未著録。按,《昭代叢書》甲集第一帙僅收能鱗《進賢說》一卷。

2281　清康熙刻本佳山堂詩集　　　　T5436/3234

《佳山堂詩集》十卷,清馮溥撰。清康熙十九年(1680)古吳朱士儒刻本。四册。半頁九行十九字,左右雙邊,黑口,雙魚尾。框高 18.5 釐米,寬 13.1 釐米。題"益都馮溥易齋著;門人西河毛奇齡大可、陽羨陳維崧其年仝較"。前有康熙十九年高珩序,李天馥序,王士禎序,康熙十九年曹禾序,方象瑛序,康熙十九年毛奇齡序,陳維崧序,汪懋麟序,陳玉璂序,王嗣槐序。末有康熙十九年陸葇後序,康熙十九年毛端士後序,徐嘉炎跋,倪燦跋,康熙十九年吳任臣跋,康熙十九年徐釚跋。

馮溥,字孔博,一字易齋,衡子,山東益都人。順治四年進士。次年補殿試,選庶吉士,尋授編修,充九年會試同考官,累遷弘文院侍講學士轉秘書院侍讀學士,升吏部右侍郎、左都御史、刑部尚書,授文華殿大學士。康熙己未,召試博學鴻詞,溥與高陽李霨、寶坻杜臻、崑山葉方靄四人,同爲閱卷官,得人最盛。卒年八十三,賜祭葬,謚文毅。《(光緒)益都縣圖志》卷三七《列傳》有傳。

卷一樂府,卷二五言古詩,卷三七言古詩,卷四五言律詩,卷五至六七言律詩,卷七五言排律,卷八七言排律,卷九五言絕句,卷一○七言絕句。朱彝尊稱其詩恢博浩大,似李北地而精嚴過之。

溥早紹家學,蜚英翰苑,發爲詩歌,膾炙同人,故其稿屢爲同人門生所求梓。此本刻於康熙十九年。曹禾序云:"今年秋,群請於先生,將付之梓。於是合前後所作,彙爲十卷,命曰《佳山堂詩集》……先生學無不窺,自風騷漢魏、唐宋元明諸家,縱源溯流,先河後海,無不會也,無不貫也。而先生以川嶽篤生之才,渾融高闊,無所不有。爲宏博絕麗之言,如雲霞、如錦綉,天真煥爛而不可仰視也。"陸棻後序也云:康熙十九年,"《佳山堂稿》剞劂告峻"。

此本有扉頁,刊"佳山堂詩集。益都馮易齋先生著。古吴朱士儒梓"。

《四庫全書總目》入集部別集類存目。《中國古籍善本書目》著錄,上海圖書館、四川省圖書館等十館有全帙(包括《二集》九卷),作"清康熙刻本"。又日本愛知大學圖書館有此本,也無《二集》。

2282　清康熙刻後印本中山文鈔詩鈔奏議史論　T5453/4236

《中山文鈔》四卷《詩鈔》四卷《奏議》四卷《史論》二卷,清郝浴撰;首一卷。清康熙刻後印本。八册。半頁十行二十字,左右雙邊,白口,單魚尾。框高 18.5 釐米,寬 13.5 釐米。題"中山郝浴雪海甫著"。前有汪琬序,金德嘉序,高士奇序。

郝浴,字冰滌,又字雪海,後更號復陽,直隸定州人。順治六年進士。少有異稟,兵亂避難山中,猶讀易不輟,留心世務,慨慕古人,不屑爲俗儒章句之學。起家刑部廣東司主事,兼攝浙江司郎中,尋改授湖廣道御史,巡按四川。疏劾吳三桂,直聲震天下。三桂亦劾浴欺罔,流徙奉天之尚陽堡。以魏象樞薦再起,補御史,巡視兩淮鹽課。加太僕寺少卿,擢僉都御史,晉左副都御史,又命巡撫廣西,以積勞兼苦瘴癘病而卒。

首一卷,除序外,有梁清標撰《粤撫中丞復陽郝公本傳》,法若真撰《光禄大夫粤撫中丞復陽郝公行表》,熊賜履撰《光禄大夫巡撫廣西都察院右副都御史加四級郝公碑銘》,蜀省名宦錄,魏裔介撰小傳,金憲孫撰《中山集小紀》,趙士麟撰《論贊》,高珩撰《弁言》,詩話。《文鈔》卷一賦、序,卷二記、論,卷三書、説、解,卷四跋、墓表、行狀、疏引、祭文等。《詩鈔》卷一樂府(篇、曲、歌、行)、古體四言、七言,卷二近體五言律,卷三七言律,卷四五言絕句、七言絕句。《奏議》卷一《按蜀疏》,卷二《還臺疏》,卷三《巡鹺疏》,卷四《撫粤疏》。

郝浴以詩聞,沈嵩士嘗曰:"細讀太夫子《中山詩集》,慷慨忠孝之忱,和平敦厚之致,原本性情,發爲風雅,絕不依傍古人,而蒼老沉雄、魁奇磊落之氣,自不可没。其衝口而出,如樂天之詩,老嫗皆能解悟;至氣象魄力之大,非少陵不足以擬之,傳諸後世,定當俎豆騷壇。然非息心静氣玩味,尋繹於聲律格調之餘、筆墨畦逕之外,深求作者之苦心,不知其妙也。"

汪琬序云:"定州郝雪海先生,自少博通諸家,日夕講求古今治亂興亡之故,溯流窮源,洞見根底。既謫鐵嶺者二十餘年，益潛心聖學，始於居敬窮理，而歸諸躬行心得，故其所養日邃，所發日宏。平居讀史，則有《史斷》，闡發周易、孟子，則有《易注》、《孟子解》諸書，是蓋合道學儒林爲一者也。既又取先生所作詩文而卒業焉，窺其旨，醇正而渾厚；攬其詞，清潤而雄暢，舉凡撫時觸物，跌宕感慨，皆於是乎見之，雖號爲詩文專家者，未之能逮也。"

此本有扉頁，刊"中山文鈔。本衙藏板"，"中山詩鈔。海内諸名家鑒定。本衙藏板"，"中山奏議。本衙藏板"，"中山史論。本衙藏板"。

《四庫全書總目》未收。《北京圖書館古籍善本書目》著錄，藏兩部。又臺北"國家圖書館"藏有舊抄本《中山全集》十四卷，内容當與此同。日本東洋文庫有《中山郝復陽先生全集》，康熙刻本，未列明卷數。又日本國會圖書館有《中山集》，康熙刻本，也未著卷數。

2283　清康熙刻本松壺集　　　　　　　　　　　　T5431/2113

《松壺集》二十卷，清程雲撰。清康熙魏錫祚刻本。四册。半頁十行十九字，左右雙邊，黑口，雙魚尾。框高 17.3 釐米，寬 12.8 釐米。題"萊蕪程雲天翼父著"。前有魏錫祚序，順治十年(1653)蔣應仔序，戚藩序。

程雲，字天翼，號松壺，山東萊蕪人。生於明萬曆三十九年。順治六年進士。

卷一古詩，卷二古樂府，卷三四言古詩，卷四至六五言古詩，卷七七言古詩，卷八至一一五言律詩，卷一二至一五七言律詩，卷一六五言排律、七言排律，卷一七五言絕句，卷一八至二〇五言絕句。

魏錫祚序云："松壺程先生，先伯父水部公同年友也，性嗜酒，曠達不羈，方總角時，即博極群書，肆力風雅，不屑事帖括業，即強爲之，非所好也。國初，賢網弘開，有勸之就試者，勉從之，遂登戊子解額，明年成進士，除楚孝感令。不得志，未久罷歸，從此閉門削跡，益以詩酒自豪。其家故貧，恒不給朝夕，然友朋贈遺，無論多寡，輒以償酒券，其餘悉置不問……田夫野老，攜酒相邀，輒欣然就之，盡歡而罷。蓋其胸次灑落，脫略形骸，有東晉人風氣。"

戚藩序云："松壺程子，天才駿發，不受繩束。讀其詩者，多以曠代逸才許之。既而一官瓠落，三黜非辜，屈原之吠怪群猜，太白之害儉成謗，竊疑其中牢騷歷落，當不知何似。而取所謂《無辯集》讀之，怡怡灑灑，借酒自豪，略不知有放廢之意。"

程氏自命爲酒人，借酒自豪，故集中涉酒之詩甚多。其又有《濟南老婦賣柴行》一首，詩甚淒慘："濟南老婦年六十，挑柴入市趨城集。一擔蓬科得百錢，高低不識求少年。少年問爾無子豈無夫，胡爲白髮老嫗斫柴乎？老婦未語顏如土，老婦欲語淚如雨。老身亦有子，老身亦有夫，三年前時兵馬來，橐腰老子可哀哉。大兒丁壯能當户，可憐鹵去不反顧。還有兩兒雖伶丁，看他成長使營生。一女換得半斗穀，兄弟爭食老身哭。不意上年人喫人，一雙餓死灤水濱。老身宜死反不死，飢剥榆皮渴飲水。安賊張賊如雲屯，十村九村人不存。老身無衣腹無飯，賊渠憐我擲鍼線。遂使滿地長蓬蒿，草生兩丈屋梁高。老身手捋苦如此，今日明朝亦死耳……"

雲殁後三十餘年，著作率皆散佚，其婿魏振祚從其家敗簏中得遺稿二寸許，攜以歸，篇帙錯亂，字畫譌舛，多不可辨誤。此本校讎、編次、刊刻皆爲振祚之兄錫祚，錫祚序云："比年以來，承乏南北，沉薶簿書，未遑庀事。兹以公務之隙，取原本校讎編次之，序目則仍其舊，爰節縮薄俸，以授之梓，非敢自矜高誼，亦欲使爲後進者共知吾邑有松壺先生云爾。"

此本寫刻，甚精。

集　部

《四庫全書總目》、《續修四庫全書總目提要(稿本)》、《臺灣公藏善本書目》、《日本現存清人文集目錄》未收。《中國古籍善本書目》著錄,復旦大學圖書館亦有入藏,作清康熙刻本。《皇清百名家詩》收有《程天翼詩》一卷。

2284　清康熙刻本西北文集　　　　　　　　　　　　　　　　T5441/6570

《西北文集》四卷,清畢振姬撰。清康熙牛兆捷刻本。二册。半頁九行二十二字,四周單邊,白口,單魚尾。框高19.1釐米,寬13.3釐米。題"長平畢堅毅先生手著;市王門人牛兆捷月三評次;太原傅公他先生鑒定;湘口後學朱正暉澹若書鐫"。前有傅山序,序後爲《畢堅毅先生傳》。

畢振姬,字亮四,號王孫,又號頡雲,世籍山西高平柳村里爲農。八歲向學,自炊自汲,得書輒讀,所居名德義。曾師事王漢、李政修,崇禎十六年舉人,順治三年成進士,官終通奉大夫、湖廣布政使。年四十八致仕,卒年六十八。

是書題"西北文"者,太原傅山所題,以東南之人謂之西北之文也。元好問《中州集》題詞曰:"鄴下曹劉氣儘豪,江東諸謝韻尤高,若從華實評詩品,未便吳儂得錦袍。"傅山所題,蓋猶是意。卷一論,卷二議,卷二議,卷三議,卷四贊、書後。

振姬爲文縱橫有奇氣,然亦劍拔弩張。其資才千百倍過常人,誦經史子集大部至雜家者,足數百萬言。據其門人牛兆捷撰《傳》云,振姬卒後,曾有遺命,不志不銘。然牛氏懼久而失實,私爲之傳。振姬自濟南歷大藩,十年去來皆一僕一馬,食無兼味,身無更替之衣,三娶無衣帛之妾。所至搜經史子集,事學爲常。既去官居鄉,孤苦寒素,戴笠自耕,暇即坐卧書史,與士人論古今經濟成敗,風雨伏讀,手抄目涉,喜爲後生指畫程式。其所著書,又有《尚書注》、《西河遺教》、《四州文獻》、《三川別志》等十餘種。

此本有扉頁,刊"西北文集。市王牛月三評鐫。本衙藏板"。按,牛兆捷,山西高平人,康熙二十四年進士。

《四庫全書總目》入集部別集類存目。《中國古籍善本書目》著錄,中國科學院圖書館、山西祁縣圖書館也有入藏。

鈐印有"榴蔭書屋"、"榴蔭書屋趙氏鑑藏印"、"揖武"。

2285　清順治刻本濼函　　　　　　　　　　　　　　　　T5431/4913

《濼函》十卷,清葉承宗撰。清順治十七年(1660)葉氏友聲堂刻本。八册。半頁九行十八字,四周雙邊,白口,無魚尾,書口下刻"友聲堂"。框高21釐米,寬14.2釐米。題"濟南葉承宗奕繩著;葉承祧奕紹較"。前有傅以漸序,順治四年(1647)高珩序,順治十七年葉承祧序。又總目題"濟南葉承宗奕繩著;葉承祧奕紹較;男青箱世緘、侄青藜世光緝;友人邢琬命石、薛霽絳生仝訂"。

葉承宗,字奕繩,號濼湄嘯史,山東歷城人。少嗜古,能文章,讀書雖元旦不廢。天啓七年舉人,入清登順治三年進士,授臨川知縣,於順治五年冬,死於贛鎮金聲桓之難。《(乾隆)歷城縣志》卷四一有傳。

是書取名"濼函",可見卷六《濼函自序》。有云:"濼函者何? 濼上書函也;函之者誰? 濼源

1707

葉子也。葉子之書,何爲函之濼,家於濼也。葉子之書,不盡成於家,何爲盡繫之濼,函在濼也……而入此函者,惟若干種,是皆手評自校,口誦心怡,爰迺板而函之濼上,是故謂之《濼函》,而函之者,濼源葉子承宗也。"

卷一五言古詩、五言排律、五言律詩,卷二七言律詩,卷三五言絶句、七言絶句,卷四四言詩、雜詠附,卷五詞、書札、書啓、耳譚附,卷六序,卷七序,卷八詞引,卷九記、疏,卷一〇樂府、雜劇。

葉承祧序云:"余兄性耽書史,少負逸才,賦質秀靈,温文雅厚。髮甫及燥,即嗜古文辭,立志高遠,千秋自命。慕吾鄉殷、李、邊、許之芳蹤,著書一室,緗帙稱富,鵠袍廿有餘載,從不干户外事,覷青紫一途澹如也。余兄弟乳胞同氣,情兼師友,風雨連床,不離跬步。一自佩衿食餼,無非吾兄耳提面命,至歷下文獻,亦惟推吾兄爲主盟。爾時,檢括巾笥之著述,議梓未果,並欲廣羅古今,上自五經,下迄樂府,手訂目校,成集《濼函》……可痛者,吾兄生平著作之勤,一罹兵燹,散失殆盡。嗟乎哉! 向議授梓,而既失於遷延,繼欲刻傳,而復值此離亂,豈造物之忌其成耶? 釋此不修,將與煙草同燼,以故十餘年來,索之廢籠之中,訪諸同儕之藏,心竭力殫,幾費購求,近於平署之暇,與友人邢子琬、薛子霽、侄子青箱繕寫校定,補綴成篇。自冬徂春,厥事方竣,敘次數卷,盡付剞劂,實不能百之一二,廣流寓内,聊以副吾兄未竟之志。"

卷一〇雜劇,據其目録,爲《金紫芝改號孔方兄》一折、《賈閬仙除日祭詩文》一折。又《四嘯》,爲《十三娘笑擲神奸首》、《豬八戒幻結天仙偶》、《金玉奴捧打薄情郎》、《羊角哀死報知心友》;又《後四嘯》,爲《狂柳郎風流爛醉》、《莽桓温英雄懼内》、《窮馬周旅邸奇緣》、《痴崔郊翠屏嘉會》;又《北曲》,爲《狗咬吕洞賓》、《沈星娘花里言詩》、《黑旋風壽張喬坐衙》;又《南曲》,爲《百花洲》(續刻)、《芙蓉劍》。然此本僅有《孔方兄》、《祭詩文》,並《十三娘》、《吕洞賓》四出,餘皆佚。按,以上四出已爲鄭振鐸輯入《清人雜劇二集》(民國二十三年長樂鄭氏景印本)。

按,《孔方兄》一折,敷演魯褒《錢神論》,爲憤世之作。以儒生金莖獨唱,刻劃錢神權勢,開端有云:"見南陽魯褒所著《錢神論》,字曰孔方,親如家兄,甚愜鄙意。"《祭詩文》一折,演賈島除夕祭詩事,本事出《金門歲節》。島常以歲除取一年所得詩,祭以酒脯,曰"勞吾精神,以是補之"。《十三娘》乃演十三娘爲夫友報仇事,本事見孫光憲《北夢瑣言》並《太平廣記·荆十三娘》。《吕洞賓》一出,演吕洞賓點化石介不悟,一夕大雪歸,遇巡官蔡奇,欲治以犯夜罪,介窘之,奇縱犬咬之,並禁於泰廟。吕乃命柳精施法,奇懼釋介。其時犬突出咬吕,吕投以仙棗,即馴伏。後介中狀元還,蔡奇肉袒以迎,犬亦乞憐搖尾。介方萌復仇之念,而吕來度,並與犬同登仙去。

《祭詩文》末有承宗自記。云:"徐山陰所演,南北間出,乃當時新樣錦機,在今殊成油調,頗爲選家所不貴,且韻脚層見疊出,又犯德清所譏。吴心臣,慧人也,遂覺後來居上。余歲除酣飲,興會偶及,遂成此調,多演數韻,借山陰粉本而濫觴焉,得無康成入室操戈乎? 然韻脚不重、宫調不堅,略有微長焉。得起文長老子,與之細論文耶?""嘯史又曰,此余乙酉除日戲筆也。貯諸巾笥,攜之而南,將圖授梓。不意兵翻,竟失元編。禪榻宵永,緣韻憶句,尋調綴篇,復成完曲,以資瘏歌。若夫後幅,乃效《四聲猿》體,按〔太平令·煞尾〕原係六字三韻,其上字必用去聲。自文長創爲八字四韻,衍爲長篇,遂成絶調。而後來竟無有屬而和之者,獨吴心臣太史襲而衍之。余不揣鄙陋,因其調法,益廣百韻,韻不復押、曲不南參;鋭效郢音、惶衂邯步,海内明眼人當不以我爲西顰之效也。"

金鑲玉裝。

《四庫全書總目》、《續修四庫全書總目提要(稿本)》、《臺灣公藏善本書目》、《日本現存清人文集目錄》未收。《中國古籍善本書目》著錄。中國國家圖書館、清華大學圖書館、中國科學院圖書館及美國國會圖書館也有入藏。

鈐印有"輔庵氏"。

2286 清康熙刻本心遠堂詩集 T5453/4414

《心遠堂詩集》十卷,清李霨撰。清康熙十年(1671)曹禾刻本。四冊。半頁九行二十字,四周單邊,白口,單魚尾。框高 19.3 釐米,寬 13.9 釐米。題"高陽李霨臺書著;男其凝、恕校"。前有康熙十年李棠序,康熙十年曹禾序。

李霨,字景霱,號坦園,河北高陽人。順治三年進士,生有異表,目炯炯若岩下電,音吐如洪鐘。幼穎悟絶倫。授庶吉士,習滿文,試占高等,又授檢討,擢秘書院學士,扈從參與章奏。陞內院大學士,入直辦事,任機密之重。又改工部尚書兼東閣大學士,加太子少保。召至德殿,詢問經史大義,進講《論語》、《大學》、《中庸》,並奏對周易揲著法,詳明簡要,改授保和殿大學士兼戶部尚書,再加太子太師。康熙二十三年卒,謚文勤。《(雍正)高陽縣志》卷四有傳。

卷一至二五言古詩一百八十五首,卷三七言古詩二十首,卷四樂府雜言二十九首,卷五至六五言律詩二百六十五首,卷七至八七言律詩二百三十六首,卷九五言排律十五首,卷一〇五言絶句十七首、七言絶句一百十三首。附詩餘十三首。

霨所作詩,皆沖和雅正,無叫囂之音,亦不蹈纖仄之習。卷七有《頒刻董帖》一首,述刻董其昌帖事,云:"熙朝文治啓芳規,舊墨新縑別殿披。游藝偶然供藻鑒,憐才何必在同時。鐫摹册府貞珉永,頒賜儒林縹帙奇。欲效誠懸論筆法,小臣慚未解臨池。"

李棠序云:"今觀先生應制諸篇以及唱酬題詠之作,宏音亮節,具有殷然忠愛、藹然敦厚之思,固宜其藻煥皇猷謨訓同垂也。昔范文正公爲有宋一代賢相,而識者早定於先憂後樂之一言。然則讀先生之詩者,可以知其志之所在也,夫可以知其志之所在也。"

是集爲霨所自編。此乃初刻本,爲曹禾所刻。曹禾序云:"高陽先生詩集十卷,當世仰望而恨不能盡見也。暇日,偶以示禾,禾請壽之梓,不得已授焉。"禾,字頌嘉,號峨岷,江蘇江陰人。康熙三年進士,舉鴻博,授編修,官至祭酒,工詩。後又有十二卷本,中國國家圖書館入藏,作康熙十六年李天馥、毛際可等刻本。日本內閣文庫所藏同中國國家圖書館本。

《四庫全書總目》入集部別集類存目。《中國古籍善本書目》、《臺灣公藏善本書目》、《日本現存清人文集目錄》均未著錄此本。《皇清百名家詩》收有《李坦園詩》一卷。

2287 清乾隆刻本愛日堂詩文集 T5439/1932

《愛日堂文集》八卷《詩集》二卷《外集》一卷,清孫宗彞撰,孫弖安輯。清乾隆三十五年(1770)孫仝邵等刻同治九年(1870)趙普春修補印本。六冊。半頁十一行二十字,左右雙邊,白口,單魚尾。框高 17.3 釐米,寬 13.2 釐米。題"高郵孫宗彞孝則甫著"。前有同治九年趙普春序,康熙四十二年(1703)先著序,康熙十一年(1672)李瀅序,康熙十一年陳可畏序,乾隆十三年(1748)釋原志《外集》序,乾隆三十五年孫仝邵等跋。

孫宗彞,字孝則,號虞橋,江蘇高郵人。少負雋才,性骨鯁,以天下爲己任。由明拔貢生中順治三年舉人。四年成進士,除授秘府中書,分考順天鄉試,擢吏部考功主事,轉驗封員外郎。以文選員外充河南正主考,尋轉稽勳郎中,補考功郎中,外陞薊州分巡道副使。後終以剛致禍,被逮削籍,卒於獄,年七十二。《(雍正)高郵州志》卷九有傳。

卷一疏、論、策,卷二解、辨、說,卷三議,卷四記、賦、啟、書、尺牘,卷五序,卷六傳、行略、墓志、哀詞、誄,卷七祭文,卷八引、跋、像贊、紀、附錄。《詩集》卷一一百零二首,卷二一百零二首。《外集》所收詩文,皆和釋家有關。

先著序云:"吏部孫虞橋先生《愛日堂集》八卷,編次校勘訖。其詩近舉胸情,旁超耳目,絕去詞人拘攣刻削之習;其文務爲布帛菽粟,有資於世用,於綱常名教之地、憂天憫人,三致意焉。《別集》所錄,則又灼然於死生之故,以去來爲夜旦,故能處禍患而不震不渝,雖不藉是以傳,而傳愈信矣。先生三十外成進士,仕僅逾十年,即以母養乞歸,官雖止於郎署,而名出公卿遠甚。晚而見讎當事,受誣被逮,終於獄舍,至今人猶冤之……當禍發之始,通庠號呼,文廟罷市,聚哭者數千人。及喪出維揚,焚香望舟而泣者百里內不絕,足以見公道之在人心矣。"

孫全邵跋云:"先高祖吏部公《愛日堂詩文集》十卷刻成,元孫全邵謹裝潢完好,告於公之靈,並告於我曾祖、我祖、我父輩,百拜謹識於後曰:公之立德立功,固不待言而顯也,而更世易年之後,則言又德與功之所賴以不朽者。公之集,至今日而刊,刻不容緩矣。我曾祖母潘太宜人血書《金剛經》五本,將上告以雪公冤,未果。子孫各分藏之,而散亡磨滅,僅存兩本,因是慺慺,急以十卷付梓人,歷三載乃成。"

此本爲同治九年趙普春修補印本。趙序有云:"奈閱歲已深,率多剝蝕。雅平俞公祖范興化任,一見此書,欲修輯,俾成完璧。因吏部裔孫篤之爲普親串,囑爲綜理,普實分不容辭,今於讀禮之餘,親鳩匠氏,修補如初。"

據目錄頁,此本應有附錄,爲年譜、墓志,此佚去。

此本有扉頁,刊"愛日堂全集。本衙藏板"。

《四庫全書總目》未收。僅有宗彝《易宗集注》十二卷及《治水要議》一卷,皆入存目。《中國古籍善本書目》著錄清乾隆三十五年刻本,上海圖書館、南開大學圖書館等五館也有入藏。日本京都大學人文科學研究所藏本同此本。臺北"國家圖書館"藏《國朝文會》不分卷(清趙熟典編,清乾隆間平河趙氏清稿本)中收有《愛日堂文集》二冊。

2288　清乾隆刻本七一軒稿

T5470/7253

《七一軒稿》六卷,清劉青蓮撰;《續錦機補遺》六卷,清劉青芝輯。清乾隆刻本。十冊。半頁十行二十一字,左右雙邊,黑口,單魚尾。框高 18.8 釐米,寬 13.5 釐米。題"襄城劉青蓮華嶽撰;同懷弟青芝芳草較"。前有王心敬、張庚撰《七一軒記》各一;乾隆二年(1737)周龍官序,喬汲序;胡雲鵬跋;張鵬翮、萬邦榮等題詩。《續錦機補遺》題"襄城劉青芝芳草會粹"。目錄頁題"會稽門人章文然藜乙、寶坻胡雲鵬風翮、昆陽常昭嗣昌編次"。

劉青蓮,字華嶽,一字藕船,河南襄城人。康熙時歲貢生,邃於經學。劉青芝,字芳草,號寶天,晚號江村山人。雍正五年進士,官庶吉士。未幾,引疾歸,閉戶著書,垂三十年,學者宗之。爲文不名一體,尤長傳記。

七一軒者,青蓮讀書之所。其名七一者,蓋因歐陽修退休潁水之上,自號六一居士,青蓮也世居潁水之陽,而平日又以歐陽爲學,更慶其六一之六,且益以志同芳草爲之弟,而名軒曰七一。其時學者有詩有記,或以七一足繼六一,或以七一足駕六一。周龍官序云:"襄城劉子華嶽,樂道士也。其先恭叔先生爲中州名儒,與盩厔李二曲先生爲友,所著《道學存真》等書,皆薪傳正脈。華嶽恪遵遺訓,隱居江村,無求於外,與其弟芳草構一軒以處,而顏之曰七一。"

目録前有《二劉江村七一軒圖》。卷一序二十篇,卷二壽序十篇,卷三傳十三篇,卷四記十篇、書十一通,卷五志銘九篇,卷六雜著、祭文、看雲北役志十七篇。其書多記河南襄城之事,又多故里鄉人,頗多地方史料。所謂"看雲北役志",乃青蓮雍正丁未,弟芳草以館選留都下,數月不見,思之甚,夜不能寐,遂往省之。北役曰看雲者,取杜子美憶弟看雲之意云。其九月二十六日發襄城,十月十六日至,一路所記頗詳。《續錦機補遺》,卷一《源流》,卷二《體裁》、《義例》,卷三《法式》、《自得》、《評騭》,卷四《竄改》、《譏賞》,卷五《辯証》,卷六《語言》。爲青芝所撰詩話、作文、讀書筆記。

是書又有青蓮"自詠",計《江村七一軒初成與芳草遣興五首》、《與芳草消寒五首》、《與芳草消暑五首》、《又同芳草賦詩自遣》、《芳草入城數日不歸思之作詩》,兄弟情深,可見一斑。

《四庫全書總目》未收。《中國古籍善本書目》未著録。

2289 清康熙刻本微泉閣文集詩集

T5455/4107

《微泉閣文集》十六卷《詩集》十四卷,清董文驥撰。清康熙二十五年(1686)董元起刻本。二十四册。半頁九行十九字,左右雙邊,上綫黑口,下白口,單魚尾。框高 18.3 釐米,寬 13.1 釐米。題"武進董文驥易農著;姪元愷舜民訂"。前有康熙二十六年(1687)錢陸燦序,康熙二十五年汪琬序,康熙二十五年董元愷序。

董文驥,字玉虬,號易農,江蘇武進人。幼穎敏,讀書過目成誦。順治六年進士,授行人,遷御史。外轉陝西隴右道,稱疾歸。文驥博學高才,經史子集靡不貫穿,尤邃於禮經,立論最爲精核。工詩善書,歸田後,放意詩酒,風流文采爲一時冠。《(道光)武進陽湖合志》卷二六有傳。

《文集》卷一前爲《楊將軍恩賜御書碑記》。卷一至四序三十三篇,卷五記八篇,卷六書三通、論一篇、説二篇,卷七傳六篇,卷八神道碑一篇、墓志銘三篇、墓表二篇,卷九行狀一篇、哀辭二篇、祭文六篇,卷一〇祭文九篇、書後五篇,卷一一至一四經説二十七篇,卷一五至一六修常州府志雜著三十篇。《詩集》卷一至二五言古詩一百零二首,卷三七言古詩二十九首,卷四至六五言律詩三百五十七首,卷七至一一七言律詩五百五十四首,卷一二五言排律十七首、七言排律四首,卷一三五言絕句四首、七言絕句一百零五首,卷一四七言絕句一百二十五首,附絕筆詩一首。總共文一百一十篇,詩一千二百九十一首。

"微泉閣"者,乃文驥歸里後,於宅之西偏鑿池得泉,構閣於其上,以"微泉"名其閣。此書爲董元起所刊,錢陸燦序云:"公之殁也,園閣水石、圖書鼎彝之外,篋無遺金,廩無餘粟,惟城西南田幾頃,庇其子若孫,以糊其口,喪中,元起杖而泣,首議割其所授之産爲剞劂貲,刻《微泉閣集》。始明年,刻既成……子元起,字起男,破産刻公集,海内儒家者流推其孝。其排纂之勞舜民,名元愷,舜氏亦慫恿余序,余又喜其刻之成也。"

董元愷序云:"獨是公彌留,執手盡舉生平所撰詩文集及《史記文抄》、《事抄》、《漢書文抄》、《事抄》、《古選》、《唐詩選》百餘卷,又《禮記述疏》四十四卷授之愷,愷拜而受之,編次成集。元起弟竭蹶而鋟諸版,越一載告成……公之於文也,於書無所不讀,架上數萬卷,皆丹黃鉤貫,手自校讎。《史記》、《漢書》分文與事抄撮成書,《左傳》、《國策》、《莊子》亦有自注抄本。晚年殫力六經，尤研精三禮，儀禮、周禮據注疏本，首尾通涉。而於《禮記注疏》一書，備考大小戴，參以唐宋元明諸儒之説，附以己見，蠅頭細書，參伍標駁，每一二行輒點竄數十百字。凡升降儀節之度數，禘郊嘗社禮樂兵賦喪葬之纖悉，古今之所聚訟者，靡不辨析毫釐。其見於經説諸篇也，宗法、廟制之不一，朝服、齋祭、冠服、深衣之不同，二禮、九獻、六尊及鄉飲酒旅酬之互異，有辨、有説、有考、有解、有論，十載其二三，餘俱散見述疏中各條下。其修《常州府志》也，小序而外，有宜興、無錫山補注長篇，以補唐凝庵先生所未備。他如記傳碑銘之文，亦不多作。"

金鑲玉裝。有扉頁，刊"微泉閣全集"。又有鈐印"微泉閣"。

《四庫全書總目》未收。《中國古籍善本書目》著録，中國國家圖書館、廣東中山圖書館等六館也有入藏。

2290　清康熙雍正間刻本志壑堂詩文集　T5460/0644

《志壑堂詩集》十二卷《後集》五卷《文集》十二卷《後集》三卷《辛酉同游倡和詩餘後集》二卷，清唐夢賚撰。清康熙雍正間刻本。十八册。半頁九行十九字，四周單邊，白口，單魚尾。前有康熙十八年(1679)馮溥序，康熙十九年(1680)施維翰序，葛世振序，李呈祥序，康熙十八年李呈祥又序，黄山真序，康熙十八年孫光祀序，許纘曾序，王士禛詞序，汪懋麟詞序，姜宸英序。

唐夢賚，字濟武，別字豹嵒，山東淄川人。順治六年進士。少負異姿，以父爲師，童子時學爲古文，即見器於鄉前輩。成進士後，政庶常，八年授檢討。後以言事忤當道罷歸。其身處林泉而心不忘經濟，所著《銅鈔疏》、《禁糶説》、《備邊策》，皆鑿鑿可行。尤加意桑梓，好汲引後進，經其指授，率成名士取科第者甚多。晚歲穿穴經史，尤能窮其指歸，發爲文章，左右逢源。《(乾隆)淄川縣志》卷六《續名臣》有傳。

《詩集》，框高18釐米，寬12.3釐米。卷一《登岱集》(爲夢賚五十歲以前所作)，卷二《錦湖白嶽集》，卷三《乙卯丙辰集》，卷四《載酒堂倡和集》，卷五《思桐齋雜詠》，卷六《丁巳集》，卷七至八《吴越同遊日記》，卷九《戊午己未集》，卷一〇《己未庚申集》，卷一一《庚申吴越重游集》，卷一二《詞曲集》。

《詩後集》，框高18.4釐米，寬12.3釐米。題"淄川唐夢賚"。前有康熙二十五年張鵬序、田雯序、康熙二十五年宫夢仁序、康熙二十五年陳琰序，王晫撰《唐濟武太史小傳》。康熙二十一年高珩撰《唐豹嵒太史生壙志》。此集卷一爲辛酉所作，計九十首；卷二爲壬戌癸亥集，計九十七首；卷三爲甲子所作，計四十一首；卷四爲乙丑所作，計四十二首；卷五作於丙寅，計四十七首。皆康熙二十年至二十五年間所作。

《文集》，框高17.7釐米，寬12.4釐米。題"淄川唐夢賚"。卷一序、記、跋、議四十篇，卷二賀序十二篇，卷三壽序九篇，卷四啓二十四篇，卷五書二十七通，卷六傳、像贊十二篇，卷七祭文十五篇，卷八墓志四篇，卷九《籌餉卮言》十五篇，卷一〇《疏草》三篇，卷一一《山堂隨筆》，卷一二《雜記》。

《文後集》，框高17.9釐米，寬12.4釐米。題"淄川唐夢賚"。前有許纘曾序、周稚廉序。卷上賦二篇、文十三篇，卷中賦二篇、文十六篇，卷下文十九篇。

《辛酉同游倡和詩餘後集》，框高18.2釐米，寬12.3釐米。前有康熙二十五年陳琰序、康熙二十四年唐夢賚自序。卷上小令、中調、長調，卷下長調。

唐夢賚嘗云："我欲杖履周五嶽，退以一壑終老。"故堂曰志壑，並以名其集。夢賚詩沉鬱頓挫,兼唐宋八大家法。其文根極理要,刺取古今而折中於六藝。馮溥序云:"予友唐子,少負不羈之才,早讀天禄石渠之書,倜儻好言事,亦因言事去官。歸而寄情山水,閉户讀書,益肆力於詩歌及古文辭,自以爲期登作者之堂而未逮也。且與高念東先生比鄰而居,朝夕過從,過失相規,奇文共賞,剖晰疑義,闡發性靈,心所欲言者,即了了言之,無硁硁膠轕之病,無靡靡萎蕤之病。"

許纘曾序云:"先生自抗疏之後,旋歸里門,譽益隆,學益進。假令握符秉軸,利濟天下,其盛德隆略必有大過人者。乃芒鞋布襪,深自韜晦,流覽之暇,發爲詩歌。讀紀遊諸帙,掃除窠臼,不施朱粉於山水之間,獨抒性靈於煙霞之表。及觀《志壑堂集》,其立言也,多經國之謨;其寫境也,多見道之旨。"

此本有扉頁,刊"志壑堂集删。濟南唐豹喦。西湖書林藏板"。《文後集》之扉頁,刊"志壑堂後集删。濟南唐豹喦。莊山書屋藏板"。按,莊山書屋,乃唐氏讀書處。

《四庫全書總目》僅收詩十五卷。《中國古籍善本書目》著録,上海圖書館、中國科學院圖書館等四館也有入藏。日本静嘉堂文庫僅存《文集》十二卷。

鈐印有"壽餘秘玩"、"筆諫堂主人純齋秘玩"。

2291　清康熙雍正間刻本阮亭選志壑堂詩　　T5460/0644

《阮亭選志壑堂詩》十五卷,清唐夢賚撰,王士禛選並評。清康熙雍正間刻本。二册。半頁十一行二十字,左右雙邊,黑口,雙魚尾。框高17.2釐米,寬13.2釐米。題"淄川唐夢賚"。前有康熙三十年(1691)王士禛序,姜宸英序。

卷一五言古十三首,卷二七言古二十七首,卷三五言律四十五首,卷四至一一七言律五百四十八首,卷一二五言絶十五首,卷一三至一五七言絶一百三十首。

王士禛序云:"先生罷歸四十年,鍵户讀書,不以身之放廢而忘君父,於凡國計民瘼,利病休戚,皆借箸而籌之,可見施行。又究極朱、陸同異之辨,旁及二氏之説,皆務窮其波瀾而詳其指歸。扁舟襆被,攬奇勝於吴越章貢之間者數年,而後歸息乎般水之陽,蓋先生之胸中浩浩然、落落然,如雲之行於太空,如風之行於江海,隨所寓而發之,而未嘗有所執也。故其文近於蒙莊,而其詩近於東坡,讀者欲以拘墟之見尺寸而測之,失其意矣。予於先生爲詞林後進,阡陌相接,辱先生知交最深,自謂能通知作者之意,故定先生集。"

《四庫全書總目》未收。《中國古籍善本書目》著録,上海圖書館、中山圖書館等五館也有入藏。

2292　清康熙刻本范忠貞公集　　T5453/4110

《范忠貞公集》十卷,清范承謨撰,劉可書編。清康熙刻本。四册。半頁九行十九字,左右雙邊,白口,無魚尾。框高19.5釐米,寬13.5釐米。題"清苑劉可書長馨甫彙編;弟承勲、承烈、承斌、承祚,男時崇校正"。前有康熙十六年(1677)郭棻序,康熙十六年費之遠序。末有范承勲跋。

范承謨,字觀公,號螺山,鑲黄旗漢軍大學士文程子。順治九年進士,沈毅英敏,期抱偉岸,年十七,充侍衛。改庶吉士,讀書翰林院。甲午,詔免廕從,顓意肄業,益肆力典文。授弘文院編修。擢秘書院侍讀學士,陞國史院學士,教習庶吉士、都察院右副都御史巡撫浙江。拜兵部右侍郎,兼都察院右副都御史總督福建軍務。康熙壬子,耿精忠叛,承謨抗節死,賜謚忠貞。卷一有傳,述之甚詳。

承謨忠孝性生,友於敦篤,贍給族黨,不遺餘力,擇交惟謹,雖賓客過從日盈座上,而心許者十不一二。居官剛正廉明而寬厚愛人,體卹民隱,故所至人歌詠之。其博學強記,善屬文,於詩尤有法,自遭難後多所散失。此集卷一爲《諭祭文》二道、《宸翰襃忠碑文》一道、傳、《福建請崇祀公呈》、《福建祠堂碑記》、《浙江祠堂碑記》(二篇)、《浙江遺愛碑記》;卷二《撫浙奏議》(附告病請代、題咨文);卷三《督閩奏議》;卷四《吾廬存稿》;卷五《百苦吟》;卷六《畫壁遺稿》(有自序);卷七《襪著》;卷八《宸翰襃忠題跋》;卷九挽歌;卷一〇誄章。此全集爲劉可書所編。承謨所上奏議,大都明白敷暢,多有關國計之言。詩文直抒胸臆,慷慨激昂,嚼齦裂眥之狀可見一斑。

卷六《畫壁遺稿》,爲其繫於耿精忠獄中所作,其在獄七百餘日,間作詩文,左右不敢具筆硯,乃燒桴存煤,畫字牆上。凡譏刺耿者,左右旋即塗去。前後僅存若干篇,又有自敘,敘其生平大概。其絶命詞前有云:連宵烏鵲南噪,曉聞王師已逾仙霞,耿、劉二逆初謀攜裝泛海,繼以衆情弗順,始議投誠。禁卒偵知其情,密以慰予。予笑曰,二逆即投誠終不免,然必先殺我以滅口,因口占示之。詞云:"一笑襟開萬怒平,龍興有寺葬真卿。執旗厲鬼争前導,盡掃穿牆六壁鼪。"

此本闕序文之第一頁。

《四庫全書總目》入集部別集類。《中國古籍善本書目》著録清康熙范弘遇刻本,藏上海圖書館、青海省圖書館等八館。行款同此本,然未知同板否(此本無范弘遇刻之依據)。日本東洋文庫有十二卷本,康熙四十一年刊。又有五卷本,上海圖書館、河南省圖書館等十五館入藏。

2293　清雍正刻本蓮龕集　　T5460/4445

《蓮龕集》十六卷,清李來泰撰。清雍正十三年(1735)李轍等刻本。四册。半頁九行十八字,四周單邊,白口,單魚尾。框高20.6釐米,寬12.4釐米。題"臨川李來泰石臺著;同懷弟盛泰季章輯;男士徵縣圃、士崑增城、姪士崟彥旭、士岑蒼琦編次;孫轍景由、姪孫曰冠軒南、敷寬景虞、步鄒師孟、姪曾孫天申禮和仝梓"。前有常安序。

李來泰,字仲章,號石臺,江西臨川人。順治九年進士。幼穎異不群,十三歲補郡弟子員。初授工部虞衡司主事,乙未出督江南上江學政。庚子督儲蘇松常鎮兼巡視漕河。康熙十八年,中博學鴻詞科,授翰林院侍講,典湖廣鄉試,後復命,卒於京邸。《(同治)臨川縣志》卷四三有傳。

卷一賦二首;卷二四言頌一首、五言排律五首、五言古二首、五言律一百二十首、五言半律一首;卷三七言古七首、七言律九十六首;卷四七言律一百十首、七言半律三十一首;卷五至七序四十五篇;卷八至一〇壽序三十一篇;卷一一碑一篇、記三篇;卷一二傳五篇;卷一三疏五篇、引十篇;卷一四跋後三篇、題辭二篇、辨説六篇、箴言九則;卷一五墓志銘十二篇;卷一六祭文五篇。

來泰制藝才藻富艷,有幾社之遺風。此集爲其卒後,由孫轍、曾孫天申等刊刻。常安序云:"甲寅,予撫此邦,甫下車,即覓先生全集。郡守曰,集名《蓮龕》,四十餘卷,惜經兵火散佚,所存無幾,尚未付梓。予聞之不勝扼腕,忽忽若有所失。夫以浩劫微塵之難追,親炙私淑之不逮,徒托之癙痕慨想者五十餘年,而一旦得宦遊於先生之鄉,知先生之子若孫有人,則先生之詩文或行於坊,或蘊於櫝,可以窺其全璧矣。乃毀於兵火,所餘者存不存未可知,何相遇之左哉?乙卯

集部

秋,先生之從曾孫天申,遍爲搜輯,僅得四十卷之半,鐫以成帙。"

據目録,此本有首一卷,爲紀年,今佚去。

此本有扉頁,刊"蓮龕集。臨川李來泰石臺著。雲間李孌庵先生定。雍正十三年新鐫。本家藏板"。

《四庫全書總目》入集部別集類存目。《中國古籍善本書目》著録。中國科學院圖書館、天津南開大學圖書館等五館,日本內閣文庫也有入藏。

鈐印有"周玉私印"。

2294　清康熙刻本敬恕堂文集　　　　　　　　　　T5453/1882

《敬恕堂文集紀年》十卷《紀事略》一卷,清耿介撰;《耿嵩陽先生傳》一卷,清竇克勤撰。清康熙四十七年(1708)竇氏刻本。八册。半頁九行二十字,左右雙邊,白口,單魚尾。框高18.5釐米,寬13.1釐米。題"丙寅春日敬恕主人耿介逸庵甫手録"。前有康熙四十七年薛國瑞序。

耿介,字介石,號逸庵,河南登封人。順治九年進士。生平好學,身任伊洛之統,爲當代大儒,學者稱"嵩陽先生"。幼嗜經書,爲文不屑與流俗伍。九歲讀《北山移文》,至"耿介拔俗之標",喜其介可拔俗,遂以名之。曾讀書中秘,授內秘書院檢討,出任福建按察司副使,巡視海道。又補江西湖東道,清風惠政。任直隸大名兵備道副使。創修嵩陽書院。在京以侍講學士用,陞補詹事府少詹事,又奉旨輔導東宮太子。後歸里講學,康熙三十二年卒於家,享年七十一。

介以"敬恕"名堂並爲集名,乃"佩程子內主於敬,而行之以恕"。此本雖題文集,實也包括所作詩。詩文以年序排列,始於壬午(崇禎十五年),止於癸酉(康熙三十二年)。集中詩文雜陳,混亂之至,清初集部中之少有者。然集中有關嵩陽書院記載頗多,較有價值。

薛國瑞序云:"先生甫束髮,聲噪儒林,以名進士由翰苑歷名邦,政事之暇,即盈著述。晚年謝政家居,優遊樂道,率其徒誦習書院中,寒暑罔間,晝夜靡寧,不惟以斯文爲己任,且駸駸乎進於道矣。維時柘城竇先生與之同志時復往還,生同時,居同地,相與奇則賞,而疑則晰……其令嗣克承父志,念朱陽與嵩陽並峙天中,而令先生生平著作僅傳其半,則闡幽發潛之謂何?矧集中所言皆有關世道人心者乎?於是,以復刊嵩陽全集之舉謀之於余……爰從竇子之後,捐俸□干,募資若干,搜先生之餘篋而盡付之剞劂,以公同好,以垂永久。"

《四庫全書總目》未收。《中國古籍善本書目》著録,河南省圖書館、上海復旦大學圖書館也有入藏,作清康熙四十八年竇容莊、竇容邃刻本,當有所據。

2295　清康熙刻乾隆補刻本潛庵先生遺稿　　　　　T5453/3204

《潛庵先生遺稿》五卷,清湯斌撰。清康熙刻乾隆九年(1744)曾孫定祥補刻本。四册。半頁九行二十字,四周單邊,白口,單魚尾。框高17.4釐米,寬12.4釐米。題"宣鎮閻梅公甫評定;睢州湯斌潛庵著;同里田蘭芳簣山較"。前有康熙二十九年(1690)閻興邦序,田蘭芳序。末有康熙三十四年(1695)胡介祉跋。

湯斌,字孔伯,一字荊峴,晚號潛庵,河南睢州人。順治九年進士。自少篤志力學,研精

1715

義理。年四十,始往見孫奇逢,服其躬行卓絕,北面執弟子禮甚謹,從之受業,期年而所學益進,故其平生論學,一依奇逢。入翰林,竟日讀書,不妄交游,沉潛易理,究心聖賢之學。累擢江寧巡撫,澄清吏治,江南北無一物不得其所。官至工部尚書。康熙二十六年卒。謚文正。

卷一序二十二篇、記十四篇;卷二書四十四通、辨一篇;卷三賦四篇、論二篇、傳六篇、墓志十二篇;卷四雜文十七篇,附語錄、志學會約;卷五詩七十九首、詩餘四首。

閻興邦序云:"己巳三月,因視河之便,始至錦襄,而先生之靈輀尚在故廬,蕭然四壁,余進而展拜,俯仰泣下。及回署,乃遣役束生芻致祭。適嗣君以遺稿五卷見投,整衣冠莊誦,先生之聲音性情,歷歷在於紙上。"

田蘭芳序云:"公卒之三月,其子溥搜得常所迫不得已者,凡爲詩文若干卷,在史局有《明史藁》若干卷,在蘇州有奏疏若干卷,屬余是正而刊之。公之爲德爲民,垂世立教之蘊,亦可考見於是編矣。讎校既竟,各綴數語於篇末。"

田序末之第五行刊"乾隆九年。曾孫定祥補刊"。

《四庫全書總目》著錄《湯子遺書》十卷附錄一卷,入集部別集類。《中國古籍善本書目》有清康熙刻本,藏中國國家圖書館、清華大學圖書館等六館。日本內閣文庫、尊經閣文庫也有清康熙刻本。又日本靜嘉堂文庫、愛知大學圖書館著錄清乾隆刻本及清乾隆九年刻本者,當與此本同。

此本有扉頁,刊"湯文正公遺稿"。

鈐印有"節堂藏書"、"澤野氏藏書之印章"。

2296　清康熙刻本湯子遺書　　T5457/3204

《湯子遺書》十卷,清湯斌撰;《年譜》一卷,清王廷燦撰;附錄一卷。清康熙四十二年(1703)王廷燦刻本。四冊。半頁十行十九字,左右雙邊,黑口,雙魚尾。框高 18.5 釐米,寬 12.7 釐米。題"睢陽湯斌潛庵"。前有宋犖序,康熙四十二年(1703)毛奇齡序;田蘭芳遺稿序,徐釚序;彭定求《文集節要》序。又《湯子遺像》并像贊。目錄前有王廷燦識語。

卷一語錄,卷二奏疏,卷三序,卷四記,卷五書,卷六賦、頌、論、辨,卷七傳、墓志、行述、狀,卷八雜文,卷九告諭,卷一〇詩、詞。附錄爲行略、志銘、祭文、輓詩。

湯集康熙間計有三刻,一爲《潛庵先生遺稿》五卷;一爲《湯潛庵先生文集節要》八卷(彭定求輯);一即此本。此本爲王廷燦所刻,廷燦爲斌門下士,字似齋,家世習理學,早歲見知於湯斌,而授受親切。曾爲吳邑令,此本之輯,當在其任內,并捐俸而付之剞劂。

宋犖序云:"其門下士王大令廷燦,表章師說,出奉金,鋟諸梨。"徐釚序又云:"往時,豫省閣中丞曾爲梓其集而未備。今吳邑令尹似齋王君,搜羅遺軼,捐俸刻之吳門。似齋,固先生辛酉所得士也。"

王廷燦識語云:"丁卯冬,先生薨於位,友人田賁山評其遺稿,刻於中州;彭少司成又刻《節要》於吳門。門人蔡彬,與其宗人九霞,謀刻全集,惜未梓完。癸未,燦搜輯遺文,益所未備,編爲十卷,顏曰《湯子遺書》,從九霞之舊也。"刊刻之年,見於毛奇齡序。

此本有扉頁,刊"湯子遺書。愛日堂藏板"。卷一第一頁書口下有"古吳范稼庵寫、金閶劉藻文刊"。湯斌遺像爲劉藻文鐫。

《四庫全書總目》入集部別集類。《中國古籍善本書目》著錄。南京圖書館、遼寧省圖書館等十四館,日本内閣文庫、京都大學人文科學研究所、京都大學文學部中國哲學文化研究室也有入藏。

館藏有複本一部,十六册,佚去《年譜》一卷。扉頁上鈐有"宛秀堂"印。

2297　清康熙刻本蒼峴山人集　　　　　　　　　　　T5463/5942

《蒼峴山人集》五卷《微雲集詩餘》一卷,清秦松齡撰。清康熙刻本。四册。半頁九行十九字,左右雙邊,黑口,單魚尾。框高 17.9 釐米,寬 13.5 釐米。題"勾吳秦松齡著"。前有康熙五十七年(1718)王之樞序。

秦松齡,字留仙,江蘇無錫人。順治十二年進士。幼時讀四子書,於性命之旨,輒有契悟。中進士後,改庶常,授檢討,以奏銷案誤削籍。康熙十八年,舉博學鴻儒,復原官。再典鄉試,後以磨勘落職。凡通籍六十年,立朝僅九載餘,率家居讀書,故所得益邃以實,然未嘗著書辯論同異。平生於書無不窺,詩古文俱到至處。晚益耽研經訓,於詩經尤深,自毛、鄭以下,旁及歐、蘇,而參以己見,補朱傳所未備。《(乾隆)無錫縣志》卷二九《儒林》有傳。

是書皆爲古今體詩及詞。卷一《碧山集》,一百四十七首;卷二《寄阮集》,七十首;卷三《然竹集》,一百六十八首,卷四《得樹軒集》,八十六首;卷五《碧山後集》,一百四十六首。《詩餘》二十八首。

王之樞序云:"吾師乙丑以後,優游林下,偕昆季數輩,奉太夫子日涉家園,極庭闈聚順之樂,愉愉油油垂二十年,和平樂易之致,優柔敦厚之旨,溢乎其中而形於詞。故珥筆承明,則黄鐘大呂,足以鼓吹休明,羽儀盛世。其感時紀勝、酬贈懷人諸什,靡弗瓖麗。其詞恢張其度……惟是吾師,少即以詩名遇知當寧,而根柢沉深,篤於至性,發爲冲夷。大雅春風,藹如之音,使天下後世之學詩者,溯流探原,庶乎窺見吾師之性情,而後可與讀吾師之詩也。"

此本有扉頁,刊"蒼峴山人集。尊賢堂藏板"。每卷之末刊"男實然編;外孫王繩曾、孫男春田校"。

《四庫全書總目》未收。《中國古籍善本書目》著錄,中國國家圖書館、湖北省圖書館等三館也有入藏。又南京圖書館等四館所藏雖同此本,但扉頁題"挺秀堂藏板"。日本内閣文庫藏本不知所題爲何。又是書另有清嘉慶四年秦瀛刻本。

2298　清康熙刻本鈍翁前後類稿　　　　　　　　　　T5454/8

《鈍翁前後類稿》六十二卷,清汪琬撰。清康熙十三年(1674)至十四年(1675)刻本。二十四册。半頁十行十九字,左右雙邊,黑口,雙魚尾。框高 18.7 釐米,寬 13 釐米。前有計東序;康熙十四年汪琬撰《凡例》六則。

汪琬,字苕文,號鈍翁,江蘇長洲人。順治十二年進士,授户部主事,旋爲員外郎,左遷西城兵馬司。已而分司大通橋,榷龍江關税務。家居十餘載,以博學宏詞徵授翰林院編修,與修《明史》。直節峻望,爲清議所宗。詩文稱一代作者,與新城王士禎、中州湯斌、大梁梁熙、宛陵施愚山輩,切劘砥礪,蘊藉深醇,精嚴法律。性伉直,不容人過,人皆嚴憚之。中歲解組,隱居堯峯山麓,徵辟後,又茸山塘別業所謂邱南小隱者居之。年六十七而卒,私諡文清先生。《(乾隆)元和縣志》卷二四有傳。

卷一至九古今詩六百三十四首,卷一〇至一二堯峰襍詠二百四十首,卷一三賦三首、辭三首,卷一四至一七經解七十四篇,卷一八至二二書三十七通,卷二三至二九序七十四篇,卷三〇至三一壽序十三篇,卷三二至三三記二十三篇,卷三四至三五傳十一篇,卷三六書事八篇,卷三七論七篇,卷三八或問三篇,卷三九辨二十六篇,卷四〇説七篇,卷四一策問四篇、題稿二篇,卷四二神道碑一篇、墓表三篇,卷四三至四五墓志銘十七篇,卷四六箴二篇、贊十七篇,卷四七題詞十四篇,卷四八跋二十三篇,卷四九祭文十二篇,卷五〇襍著二十一篇,卷五一至五八《古今五服考異》,卷五九至六一《東都事略跋》,卷六二《歸詩考異》。

汪琬自撰《凡例》,皆戒其後人者,如"凡我門人子姓,戒勿爲我求序"、"勿爲我加批點"、"勿爲我潤色改竄"、"從前所作,不下五六千篇,所存止此,其它散失雖多,戒勿尋訪,以求附益"、"勿刊落以求掊飾"、"吾本不沽名,亦非牟利,託興詩文,止以自娛,即使鋟諸梨棗,不過就正同志,聊免繕寫之勞耳。若曰攘臂利名之途,則願退避三舍矣。版當庋置皆山閣,戒勿任意刷印,以招不情之謗。"

按,琬歸田後十三年之作,輯爲《續稿》三十卷,又取《明史》列傳稿一百七十五篇,附以汪氏族譜及其父行略,爲《別集》二十六卷,有周公贄者爲之校刻。後琬復自芟擇,取其愜意者爲《堯峰詩文鈔》,屬林佶繕本刊行,坊間多有其本,而《類稿》原刻遂不顯。

卷一末刊"康熙甲寅秋八月,同里周靖、休寧汪繩武校字"。卷六二末刊"康熙乙卯又五月,同里周靖、休寧汪繩武校遼"。可證此書始刻康熙十三年,終於康熙十四年。目錄後有鮑承勛鐫《鈍翁五十歲像》,並薛熙撰像贊。

《四庫全書總目》入集部別集類存目。《中國古籍善本書目》未收。日本内閣文庫、静嘉堂文庫皆有入藏。又日本京都大學人文科學研究所、東京大學東洋文化研究所、京都大學中國哲學文化研究室除有《類稿》外,又有《續稿》五十四卷《別稿》二卷。

2299 清康熙刻本堯峰文鈔詩鈔　　T5454/81

《堯峰文鈔》四十卷《詩鈔》十卷,清汪琬撰。清康熙三十二年(1693)汪氏刻本。六册。半頁十三行二十五字,左右雙邊,黑口,單魚尾。框高20.3釐米,寬13.6釐米。題"門人侯官林佶編"。前有康熙三十二年(1693)惠周惕序,康熙三十二年宋犖序。

《詩集鈔》卷一至三古體詩二百零六首,卷四至一〇今體詩八百九十四首。《文鈔》卷一騷、賦、襍文七篇,卷二至七經解,卷八論四篇六則、史評十四則,卷九問四篇、辨二篇、説七篇,卷一〇碑八篇,卷一一至一九志銘五十二篇,卷二〇志銘三篇、塔銘三篇、墓表九篇,卷二一行狀二篇,卷二二至二三記二十五篇,卷二四至三一序一百零一篇,卷三二至三三書二十九通,卷三四至三五傳二十一篇,卷三六書事十篇,卷三七箴二首、贊十四首、頌二篇、銘二篇,卷三八至三九題跋三十八篇,卷四〇祭文十二篇。堯峰者,其隱居之所。

此集爲琬晚年删定,並屬林佶手寫上板者。惠周惕序云:"《堯峰文鈔》五十卷,侯官林佶所手錄以鏤版者也。先是先生之文,有《類藁》、《續藁》一百十八卷,皆門人編次,未敢有所去取,而傳寫失真,譌誤多有,先生病之。嘗語周惕曰,古人文章,皆係晚年删定,或手自編輯,或門人較讎,然後鏤板行世。今吾前後藁,去取未定,將屬之子,子盍爲我序而藏之。周惕戄然不敢承。時適有京師之役,辭先生北去。其年冬十二月,先生卒於丘南,兇問至京師,周惕設位於磐石庵,率諸門人聚哭,已即致書先生嗣君,首及先生文集事。嗣君是穠穀詒復書曰,先君之文已經刪定,屬侯官林君手錄成帙,次第付梓矣,惟待吾子之序以識之。踰年,先生門人顧希喆、董文琛、宋成業,寓余《堯峰文鈔》五十卷,字畫精楷,裝潢燦然,所謂林君手錄者也。因取前後藁互相參訂,蓋去前者十之二三,而益以晚年文字數十篇,其篇目先後,與《類藁》或未相脗合,然而先生之文,於是乎無遺漏、無譌誤矣。"

《詩鈔》卷一〇末一首爲《刪校堯峰詩文鈔有感》,云:"紛紛輕薄共沉淪,力障狂流仗一身。舉世豈容無定論,異時方解憶斯人。文章自可讓餘子,學術要須趨大醇。燈火青熒人跡絶,夜窗獨與聖賢親。"

此書每卷之末,皆有林佶繕寫之時日,《詩鈔》卷一末刊"康熙庚午冬十二月除日,林佶敬錄於樸學齋"。卷一〇末刊"康熙辛未六月初九日寫,十七日再校於長水寓館"。《文鈔》卷一末刊"康熙辛未六月乙丑於檇李寓廬錄林佶謹識"。卷四〇末刊"康熙壬申夏六月二十四日,荔水莊寫,林佶謹識"。按,"庚午"爲二十九年,"壬申"爲三十一年。林佶,字吉人,福建侯官人,康熙五十一年進士,授内閣中書,家多藏書,著有《樸學齋集》。

此本有扉頁,刊"堯峰文鈔。丘南藏板"。"丘南"者,汪琬晚年隱居之處也。目錄後并卷四〇末,皆刊有"吳郡程際生刻"。

《四庫全書總目》入集部別集類。《中國古籍善本書目》著錄。天津圖書館、青海省圖書館等四十餘館,日本尊經閣文庫、静嘉堂文庫、京都大學中國哲學文化研究室、東洋文庫、大阪府立圖書館皆有全帙入藏。

鈐印有"毅堂藏書畫印"、"訒堂藏書"、"蕉鹿窩"、"堪俠字利賓"、"來青閣"、"眉山後人"、"利賓"、"蘇印堪俠"、"苔花書屋"。

館藏有複本一部,八冊。鈐印有"島田重禮"、"敬甫"、"篁邨收藏"、"島田氏雙桂園藏書記"。

2300 清康熙刻修補印本膽餘軒集   T5439/1993

《膽餘軒集》不分卷,清孫光祀撰。清康熙三十三年(1694)刻,八代孫建長修補印本。八冊。半頁八行十八字,四周雙邊,白口,單魚尾。框高17.7釐米,寬12.5釐米。題"濟南孫光祀怍庭著;八代孫建長重刊"。前有康熙三十五年(1696)韓菼序,彭會淇序,康熙三十四年(1695)陸葇序,李應廌序,康熙三十三年(1694)魏希徵序,康熙三十一年(1692)汪灝序,順治十八年(1661)孫光祀序。

孫光祀,字怍庭,號溯玉,山東歷城人。順治十二年進士,改庶吉士,明年授禮科給事中,歷刑、兵、户、吏四科都給事中。六年中,疏凡二十餘上,悉奉帝旨褒嘉。典試湖廣,遷太常寺少卿,假歸。康熙元年補四譯館少卿,修葺館署,轉右通政使。十二年充殿試讀卷官,晉太常寺卿,又遷通政使,擢兵部右侍郎。後自陳乞休,賜蟒服回籍,年八十五卒。《(乾隆)歷城縣志》卷三八有傳。

此本不分卷,爲序三十五篇、論四篇、策問五篇、策十二篇、詔二篇、說議評疏各一篇、表六篇、啓八篇、碑記七篇、贊四篇、襮著五篇、墓志十四篇、行狀四篇、祭文九篇、疏稿三十篇、四言古詩七首、五言古詩八十一首、七言古詩十四首、五言律詩七十六首、五言排律八首、七言律詩一百零二首。

　　是書以"膽餘"爲名,按《内經》云,心者,君主之官,神明出焉;膽者,中正之官,斷決出焉,是心與膽相表裏而言從之以發也。又云十一藏皆決於膽,是心主謀,而膽主斷,心非膽不能爲功也。蓋光祀爲官,忠孝廉節,救患扶危,無私無偏,其所上疏建言多諍詞。古人云,言爲心聲。心者,言之本也;言者,心之餘也。

　　光祀詩文,多從胸懷灑落中流出。其歸里後,左圖右書,觴詠自娛。然其所作,不事擷摭,出稿示人者,常任其攜去,故所佚甚多。此本乃其後人所輯,魏希徵序云:"夙昔所撰古文詞極富,往往不自收拾,諸嗣君近始蒐輯成帙,梓以壽世。"

　　《四庫全書總目》作八卷,凡文七卷,詩一卷,入集部别集類存目。《中國古籍善本書目》著録清康熙三十三年刻本,也八卷,上海圖書館、北京大學圖書館、暨南大學圖書館入藏。又日本内閣文庫所藏爲六卷本,有康熙三十一年序。

　　此本卷一第一頁題"八代孫建長重刊"。按,非重刊也,但有補板,如第一册之第九十八頁、一百零六頁即是。

2301　清康熙刻本晳次齋稿　　　　T5449/3973

　　《晳次齋稿》十二卷,清梁熙撰;《晳次齋名家贈什》一卷《晳次齋同人尺牘》一卷。清康熙刻本。八册。半頁九行十九字,四周雙邊,黑口,雙魚尾。框高17.8釐米,寬12.2釐米。題"鄢陵梁熙曰緝著"。前有王士禎撰《侍御梁晳次先生傳》;康熙四年(1665)葉方藹撰《晳次齋記》;康熙四年汪琬撰《晳次齋記》;王士禎、趙進美、李可玕撰《晳次齋題辭三章》;《汪氏說鈴三則》。

　　梁熙,字曰緝,號晳次,河南鄢陵人。順治十二年進士,幼不喜紈袴之習,讀書好古,視聲利蔑如。於詩嗜陶淵明。十三歲補諸生第一,文名藉甚。後出知西安之咸寧,視民如子,治行冠三輔。入爲雲南道監察御史。耽内典,於三藏十二部之書,無不研究,而於楞嚴尤了悟。在京師,日懷歸田之思,未幾,謝病歸。歸田後,尤孤介自持,生有僻性,酷愛古帖。生於天啓壬戌,卒於康熙壬申,年七十一。

　　晳次齋,據汪琬記云:"梁先生曰緝,交於予有年矣,其爲人内剛外和,與之游處者,終日愛憎喜愠不見於色,殆類孔子之所謂中行者。然而釋褐以來,凡其所至邸舍,與夫退休讀書之地,必名之曰晳次齋,其意且不敢自擬於曾晳,而願居季次原憲之列。"蓋自托於古之狷者,乃孔子曰,狂者進取,狷者有所不爲也。而孟子曰,人有不爲也,而後可以有爲,然則學者可狷而後可狂,可狂狷而後可中行靜之。

　　卷一古體,卷二近體,卷三序,卷四記,卷五記、傳、疏,卷六書,卷七墓志銘、祭文,卷八至九尺牘,卷一〇至一一雜著,卷一二《咸寧讞語》(凡吏類二條、戶類二十三條、禮類九條、兵類三條、刑類四十條、工類四條)。

　　梁熙於古文不多作,其有作,必合古人矩度,而於禪悦文字尤善,論者以爲有蘇文忠、黃太史之風,或亦釋氏所謂結習者。

　　此本有扉頁,刊"晳次齋稿",篆書。

　　《四庫全書總目》未收。《中國古籍善本書目》著録,中國國家圖書館、河南省圖書館、廣東中山圖書館也有入藏。

2302　清康熙刻本蠶尾集　　　　　　　　　　　　T5461.3/1043

《蠶尾集》十卷《續集》二卷《後集》二卷,清王士禎撰。清康熙刻王漁洋遺書本。六册。半頁十行十九字,左右雙邊,單魚尾,粗黑口。框高 16.5 釐米,寬 13.1 釐米。題"濟南王士禎貽上甫"。前有康熙三十五年(1696)宋犖序,王士禎自序。

王士禎,見清康熙刻本《國朝謚法考》。

"蠶尾"者,山名,位於山東東平縣境内。康熙二十三年冬,士禎奉朝命往祀南海,雪阻東平,望小洞庭中有蠶尾山,爲唐蘇源明讌賞地,因取以名其集以寄懷。先是,士禎所刊詩集亦以太湖之畔山名"漁洋"名之。卷一至二詩,卷三神道碑、墓志銘,卷四墓志銘,卷五墓志銘、墓表,卷六傳記,卷七序,卷八説經、書事、辨、銘、尺牘,卷九至一〇題跋。

該書所收詩文范圍,可見士禎自序,云:"偶次甲子使粤以前,及丁卯以後詩文,稍成卷帙,遂以'蠶尾'名集。"目録首頁則注小字:"詩自康熙甲子年起,其年冬及乙丑年作,別爲《南海集》。雜文自庚午年起。"士禎《雍益集》盛符升序又謂"合戊辰至乙亥詩及碑版記序雜文,爲《蠶尾集》十卷"。三説互異,未知孰是。其體例亦有可商榷者,《四庫全書總目》云:"文中題跋凡三卷,頗足考證,然皆與《居易録》重出。又《蠶尾集》序一篇,既列卷端,又刻之集中,亦乖體例。"

《續集》二卷,題"濟南王士禎貽上甫"。前有康熙四十三年(1704)吴陳琰序。是集所收爲士禎康熙三十四年至康熙四十三年於京邸所作詩,而不含康熙三十五年使蜀之作。吴序云:"是集起乙亥,終甲申,先生官少司農,以至今大司寇京邸之作。中間丙子使蜀詩不與焉。"卷一首頁書名下有小字注:"詩自乙亥起,迄甲申冬。其丙子一年之作,別爲《雍益集》。"

《後集》二卷,題"漁洋山人王士禎"。前有王士禎自序。卷末題"姪孫兆杲恭録"。是集所收亦皆爲詩,爲士禎康熙四十七年之作。士禎自序云:"余次康熙戊子一歲之作,爲《蠶尾後集》,得五七言絶句二百餘首,而古律詩才什之一,於是先絶句,而餘體反附其後。""余甲申歸田後詩,曰《古夫于亭稿》,此卷則爲《蠶尾後集》,以綴《蠶尾》正、續兩集之後,實則《古夫于亭稿》後一年之作云。"

是書有扉頁,刻"蠶尾集"。

《四庫全書總目》入集部别集類存目。《四庫全書存目叢書》集部第 227 册收入,底本爲北京師範大學圖書館所藏。《中國古籍善本書目》著録《蠶尾續集》手稿本二卷,上海圖書館藏;又有《蠶尾續集》清抄本二十卷,山東省圖書館藏。《臺灣公藏普通本綫裝書目》著録臺灣東海大學圖書館藏有清刊本,作"蠶尾集十卷續集三卷後集二卷"。日本《京都大學人文科學研究所漢籍分類目録》著録王漁洋遺書本。

鈐印有"耿氏仲子所藏書畫印"、"致□堂"。

2303　清康熙刻本帶經堂集　　　　　　　　　　　　T9117/1142

《帶經堂集》九十二卷,清王士禎撰。清康熙四十九年(1710)至五十年(1711)程氏七略書堂刻本。二十四册。半頁十行十九字,左右雙邊,白口,單魚尾。框高 18.6 釐米,寬 13.4 釐米。題"新城王士禎貽上;歙門人程哲校編"。前有程序;漁洋先生遺像並像贊;又林佶識語。

王士禎,見清康熙刻本《國朝謚法考》。

此集總爲《漁洋集》、《蠶尾集》。《漁洋集》計詩二十二卷、續詩十六卷、文十四卷。《蠶尾集》計詩二卷、續詩十卷、文八卷、續文二十卷。

《漁洋集詩》，前有康熙五十一年程哲序，錢謙益序附詩一首，李敬序，汪琬序，葉方藹序，陳維崧序。卷一至二丙申詩一百三十二首；卷三丁酉詩四十一首；卷四戊戌詩七十四首；卷五至六己亥詩一百一十七首；卷七至八庚子詩一百四十四首；卷九至一二辛丑詩三百零二首；卷一三壬寅詩七十六首；卷一四癸卯詩六十九首；卷一五至一六甲辰詩一百三十一首；卷一七至一八乙巳詩一百零六首；卷一九丙午詩二十八首；卷二〇丁未詩五十二首；卷二一戊申詩五十九首；卷二二己酉詩二十三首。程哲序云："先生甲戌生，幼負聖童之目。年十八，爲順治辛卯，遂舉於鄉，乙未成進士，年纔二十有三。先生既蚤達，因得棄帖括弗事，一意肆力於詩古文詞。上溯三百篇，下逮漢魏六朝唐宋元明之製，靡不窮其派別，而折衷其指歸，其大要見於論詩三十六絕句。時爲今上癸卯，先生甫三十，居然少年也，不可爲久，而詩學已蔚然成一大家，惟其專耳。《漁洋集》始於丙申，已前舊作，悉屛勿錄。去春元日，書榜有云得第，重逢辛卯歲，删詩斷自丙申年。蓋自明其精專斯道者，實乙未成進士後也。夫以先生之天才挨發，好學深思，縱使晚而後遇，決不爲科舉之學所汩没，其所就亦必應度越一時。而先生獨弱冠名成，優游藝圃，得一意肆力於詩古文詞，讀書愈博，窮理愈深，故不待久而其詩之才、詩之趣愈極其致。以視槁項黄馘於帖括，冀苦心沉研其中而不暇者，洵不可謂非先生之幸也。先生前後諸集，多屬紀年，予特論略其緣起，以著漁洋删詩之旨云。"

《漁洋集續詩》，前有程哲序，施閏章序，徐乾學序，陸嘉淑序，康熙二十年曹禾序，汪懋麟序，康熙二十三年金居敬序，康熙二十三年萬言序。卷一辛亥京集詩六十二首；卷二壬子京集蜀道集詩七十三首；卷三至六壬子蜀道集詩三百十五首；卷七甲寅小祥後詩十八首；卷八乙卯家集京集詩八十一首；卷九丙辰京集詩七十八首；卷一〇丁巳京集詩八十九首；卷一一戊午京集詩七十五首；卷一二己未京集詩一百三十首；卷一三庚申京集詩一百三十二首；卷一四辛酉京集詩八十首；卷一五壬戌京集詩八十六首；卷一六癸亥京集詩六十六首。

《漁洋集文》，前有程哲序，康熙三十四年張雲章序。卷一至三序三十八篇；卷四記十八篇；卷五傳九篇；卷六傳、辯、記事十篇；卷七墓表六篇；卷八至九墓志銘十五篇；卷一〇行狀、行述四篇；卷一一行述、祭文五篇；卷一二書後、跋二十八篇；卷一三謚册文、諭祭文、擬碑文、奏疏、紀恩慈、日紀十四篇；卷一四山錄、小志、凡例四篇。

《蠶尾集詩》，前有康熙五十一年程哲序，王士禛自序，張雲章序。皆古今體，卷一一百零八首；卷二一百十一首。目錄頁後有程哲識語，云："先生詩皆系年，此集獨異。按自序云：偶次甲子使粵以前及丁卯以後詩文，稍成卷帙，爲《蠶尾集》，甲子冬及乙丑年所作，別爲《南海集》，已編入續集中，故此集另爲一編。今悉仍先生手定第敘次某卷詩若干首，不復以年系云。"

《蠶尾集續詩》，前有程哲序，康熙四十三年吳陳琰序；盛符升總述。目錄頁後有程哲識語。卷一《雅》、《頌》；卷二至三《南海使集》；卷四《雍益使集》；卷五至六《續集》；卷七至八《古夫于亭稿》；卷九至一〇《後集》。識語云："蜀道使集詩，已編入漁洋續集，其《南海使集》，係康熙甲子、乙丑兩年之作，未經編入《蠶尾集》，故與丙子歲《雍益使集》俱入此集，不復以編年爲次第。乙酉至庚寅，歸田後六年之作則附見焉。"

《蠶尾集文》，前有程哲序，宋犖序（缺後頁）。卷一序、記二十三篇；卷二傳八篇；卷三解、辯、記事、銘、尺牘二十二篇；卷四神道碑、墓表、墓志銘七篇；卷五墓志銘六篇；卷六墓志銘、墓碣銘、墓甎志、塔銘、行實九篇；卷七至八跋一百二十篇。

集　部

《蠶尾集續文》，前有程哲序。卷一至三序四十三篇；卷四至六記三十四篇；卷七至八傳二十篇；卷九論、辯、說、記事十七篇；卷一〇神道碑四篇；卷一一神道碑、墓表附四篇；卷一二至一七墓志銘四十二篇；卷一八墓志銘、行述、祭文附十篇；卷一九至二〇跋一百零八篇。程哲序云："吾師新城王先生漁洋正續詩文五十二卷、蠶尾詩文十卷，同人版行已久，而顧無合刻。庚寅秋，哲郵書請命於先生，因舉諸刻定本并未刻蠶尾續詩文三十卷，統名之曰《帶經堂集》，畀哲及季弟鳴雊校開雕。閱卯冬而藏事，惜先生於是夏赴道山，遂不及見。然新城之全書出，而天下之大觀止矣。""庚寅"，爲康熙四十九年；"辛卯"，爲康熙五十年。

林佶識語云："曩庚辰刻漁洋師《精華錄》，廣陵禹之鼎圖像，宛陵梅庚爲贊，而佶書之。距今十二年，師不可作矣。茲歙中同門程哲彙刻《帶經堂集》成，重寫遺像，適佶入都，道維揚，因錄舊贊，瞻企愴懷。辛卯臘望，侯官林佶謹識。"

此本有扉頁，刻"帶經堂集。王阮亭先生著。七略書堂校刊"。鈐有"七略書堂"、"韓柳文章李杜詩"。"玄"字避帝諱。楷書精刻。

《四庫全書總目》未收。《續修四庫全書》、《續修四庫全書總目提要（稿本）》未收。《中國叢書綜錄》著錄。《中國古籍善本書目》著錄，中國國家圖書館、上海圖書館等三十七館亦有入藏。又日本《內閣文庫漢籍分類目錄》著錄兩部。

鈐印有"渡邊千春遺愛書"。

2304　清刻本漁洋山人精華錄箋注　　T5461/8199C.2

《漁洋山人精華錄箋注》十二卷補一卷，清王士禎撰，金榮箋注；《年譜》一卷。清鳳翙堂刻本。八冊。半頁十一行二十字，左右雙邊，白口，單魚尾，書口下有"鳳翙堂"。框高18釐米，寬14.3釐米。題"中吳金榮林始箋注；徐淮岱陽纂輯"。前有康熙五十一年（1712）程哲序；《凡例》二十一則。目錄後有《漁洋山人戴笠像》並梅庚像贊（林佶書）。

王士禎，見清康熙刻本《國朝謚法考》。

卷一《漁洋集》，詩一百三十九首，自順治丙申至庚子。卷二《漁洋集》，詩一百七十一首，自順治辛丑至康熙癸卯。卷三《漁洋集》，詩一百五十六首，自康熙甲辰至丙午。卷四《漁洋集》，詩一百十二首，自康熙丁未至己酉；又《漁洋續集》，自辛亥至壬子。卷五《蜀道集》，詩一百五十五首，康熙壬子時作。卷六《蜀道集》，作於壬子；《漁洋續集》，作於甲寅、乙卯，共詩一百七十四首。卷七《漁洋續集》，作於丙辰、丁巳，計詩一百十九首。卷八《漁洋續集》，作於戊午、己未，詩一百十二首。卷九《漁洋續集》，作於庚申、辛酉，詩九十三首。卷一〇《漁洋續集》，作於壬戌、癸亥；《蠶尾集》，作於甲子；《南海集》，作於甲子，共詩一百十七首。卷一一《南海集》，作於乙丑，詩一百六十四首。卷一二《蠶尾集》，作於丁卯至辛未；《雍益集》，作於丙子；《蠶尾續集》，作於乙亥至甲申。據目錄頁，卷一二內詩止於庚辰，共詩一百八十五首，皆爲古今體詩。

士禎幼負聖童之目，成進士時年才二十有三。其於詩古文詞，上溯三百篇，下逮漢魏六朝唐宋元明之製，靡不窮其派別，而折衷其指歸。程哲序云："漁洋集，始於丙申，已前舊作，悉屏勿錄。去春元日，書榜有云：得第重逢辛卯歲，刪詩斷自丙申年。蓋自明其精專斯道者，實乙未成進士後也。夫以先生之天才淡發，好學深思，縱使晚而後遇，決不爲科舉之學所汩沒，其所就亦必應度越一時。而先生獨弱冠名成，優游藝圃，得一意肆力於詩古文詞。讀書愈博，窮理

1723

愈深,故不待久,而其詩之才、詩之趣,愈極其致。"

此本爲金榮箋注。榮,無考。其《凡例》云:"箋爲表識,明其意也;注爲疏解,通其義也。""箋注緣起於康熙庚寅歲,讀《録》中詠史小樂府,尋繹《三國志》,爲之標識行間。山谷云,杜詩無一字無來歷。山人亦然。自是殫力搜討,歷二十餘年,至雍正甲寅冬,注藁麄定。"

是書補一卷,乃爲《箋注》開雕後,金榮時有弋獲,然不便增入卷内,且又得惠棟注本,復不能捐愛,故倣朱長孺注李義山詩例而小變之,作補一卷,附於十二卷後。

此本有扉頁,刊"漁洋山人精華録箋注。鳳翙堂藏板"。此扉頁所刻,與下本之扉頁字體略有不同。

《四庫全書總目》未收。《中國古籍善本書目》著録,上海圖書館、南京圖書館等四十一館也有入藏。

2305　清刻本漁洋山人精華録箋注　　T5461/8199

《漁洋山人精華録箋注》十二卷補一卷,清王士禛撰,金榮箋注;《年譜》一卷附録一卷。清刻本。十二册。半頁十一行二十字,左右雙邊,白口,單魚尾。框高 18.4 釐米,寬 14.3 釐米。題"中吴金榮林始箋注;徐淮岱陽纂輯"。前有錢謙益撰《精華録》原序;《精華録》附録;《凡例》二十則。第一卷前有《漁洋山人戴笠像》並梅庚像贊(林佶書)。

此本疑據鳳翙堂本重刻。《凡例》較前本少最後一則,爲"讎校字畫,致爲嚴謹,則門人戈泳來游,實職其勞,不可没也,因并才之"。

附録爲宋犖撰《皇清誥授資政大夫經筵講官刑部尚書阮亭王公暨元配誥贈夫人張夫人合葬墓志銘》、王掞撰《皇清誥授資政大夫經筵講官刑部尚書王公神道碑銘》。

有扉頁,刊"漁洋山人精華録箋注。鳳翙堂藏板"。但扉頁字體與上本有異。

2306　清康熙刻本谷口山房詩文集　　T5460/4488

《谷口山房詩集》三十二卷《文集》六卷,清李念慈撰。清康熙二十八年(1689)楊素藴刻本。八册。半頁九行二十字,四周單邊,白口,單魚尾。框高 17.5 釐米,寬 12.1 釐米。題"涇陽李念慈劬庵甫著"。前有康熙二十八年楊素藴序;李楷舊序,施閏章舊序,顧夢游舊序,錢謙益舊序,方文舊序;康熙二十八年李念慈自序;顧夢游撰《讀詩後》,韓詩撰《讀詩後》,方中德撰《讀詩後》;顧景星撰《讀集評》,李沂撰《讀集評》。

李念慈,字屺瞻,號劬庵,陝西涇陽人。順治十五年進士,初任河間司理,改授新城令。值河水決後,田多被湮,民苦逋賦。念慈不事徵比,甘以催科無術報罷,民藉以少安。丁艱後,補景陵,應博學鴻詞科,不與選,即高尚不仕。性嗜游覽,足蹟遍天下,所交皆海内知名士。《(乾隆)涇陽縣志》卷七有傳。

是書題"谷口山房"者,蓋因史稱池陽谷口,在涇陽西北四十里,爲念慈舊廬所在,故以名其集(詳見文集卷一《谷口山房詩集自序》)。

念慈其詩吐屬渾雅,無秦人亢厲之氣。又細意刻畫,凡觀山川人物之秀,皆能歸於詩文。《詩集》卷一《谷口集》,卷二《出塞集》,卷三《燕臺集》,卷四《南遊集》,卷五《燕臺續集》,卷六《南遊續集》,卷七《南遊續集二》,卷八《苦吏集》,卷九《居東集》,卷一〇《居東集二》,卷一一《過嶺集》,卷一二《桓臺集》,卷一三《從侍集》,卷一四《從軍集》,卷一五《從軍集二》,卷一六《從軍集三》,卷一七《金門集》,卷一八《放還集》,卷一九《留滯集》,卷二〇《行間集》,卷二一《行間集二》,卷二二《留滯續集》,卷二三《留滯續集二》,卷二四《留滯續集三》,卷二五《湘中集》,卷二六《西悲集》,卷二七《留滯三集》,卷二八《蜀道集》,卷二九《蜀道集二》,卷三〇《㳂游集》,卷三一《皖江集》,卷三二《鄂州集》。《文集》卷一賦、書、序,卷二序,卷三碑文、傳、志略、志銘,卷四啓,卷五題詞、哀辭、記,卷六跋、祭文、雜著。

《文集》卷一有《贈評話柳敬亭序》。柳敬亭爲名説書家,曾得雲間莫後光指點,技益精進,周旋於士大夫之間。後入左良玉幕府,明亡,仍操故業,潦倒而死。此文記敬亭説書事,云:"評話者,嬉戲之小技,上古未有聞焉。金陵有柳敬亭者,竟以是名海內,能文家贈言滿箱篋。遠方至者,或欲聞其技而不可得。予往來江上既久,丙寅春,一聽於金陵承恩寺寓;辛丑秋,阻兵寶應,再聽於邑明府王合陽署中。當高軒坐敞,座無雜賓,正襟高坐,徐理古人一事,舉夫憂愁幽鬱、豪華縱肆、忠孝節廉、慷慨激越,昔人難於自言之懷之狀,一時低徊展轉,儼然如與抵掌。聽之者,乍喜乍愕,激發壯憤,動乎中見乎色形乎舞。"文中又述其善飲,每將奏技輒先竟數大觥。説書時,其人之氣體性情、朝野之風俗治亂、山川之險易、時日之寒暑晦明,皆可得而見。其抑揚行止、變化錯綜,自然之妙,若風起雲湧、石觸水洄,端倪之不可得。據云,敬亭幼學於師,與世之習此技者無以異,積思苦索,至二十餘始少有得。念慈見敬亭時,敬亭已六十有九。

《詩集》中凡述懷作,自道生平梗概,輒灑灑數百言,如大江東注,不可止遏。如卷六《述懷》、卷九《遣懷》、卷一〇《感懷》、卷一三《幕中感懷四首》、卷一四《荊州述懷》、卷一五《春日述懷》、卷一七《應詔後述懷二十韻》、卷一九《庚申元日初度》、卷二〇《黔陽夜泊述懷》、卷二三《述愁》《感述》、卷三一《元日初度感述》等皆是。

念慈爲人内方正而外疏通,風流善謔,雖早成進士而仕宦不達,困頓轗軻。此集乃楊素蘊所刊。楊序云:"蘊因取劬庵詩竟讀之,雖其間不無贈答吟詠之什,然每篇之中其義皆有所歸,尤長於體物序事,或因譽以爲規,或即物以會理。刺人也,而實以風世;紀事也,而可以考時詠物;寫景也,而其山川風土物産俗尚之美惡、貞淫時會之變遷、好尚政教之得失興廢,皆可因而得之斯……乃以仕宦,不爲生産,終窶且貧,日奔走四方,營甘脆以養其父,足跡幾遍天下,所得詩亦最廣。晚年,合歷遊諸集數數,自加芟除,存者僅十之五,手寫自攜,不即付剞劂,其意蓋有所未足,欲俟學問日漸增益,而更數删定之也。戊辰秋,過我皖署,蘊亟請之,劬庵終不肯予。蘊乃曰,君攜持行路,烏能無盜賊水火之虞,畢生精力獨不可念乎?劬庵乃驪然一笑而付之。蘊因得鳩工付梓,以公同好……劬庵更有古文百餘首,尤不自以爲然,蘊於武昌並請得之,續刻於後。"又李念慈自序中也云:"獨念畢世閱歷精神之所寄,不敢聽其散失,而無力授梓,時攜行笈中,愀然念之。會退庵楊中丞謬相許可,慨然蠲資爲付剞劂,今而後亡失之患可以免矣。"按,楊素蘊,字筠湄,一字退庵,順治九年進士,陝西宜君人。除東明知縣,授御史,亢直敢言,官至湖北巡撫。

此本有扉頁,刊"谷口山房集"。又是本有補板,《文集》卷六《祭楊退庵中丞文》等即是。

《四庫全書總目》著録有念慈《谷口山房詩集》十卷,入集部别集類存目,皆爲其未第前所作,故歡愉之詞少,愁苦之音多。此十卷本當非全本。《臺灣公藏善本書目》《日本現存清人文集目録》未收。《中國古籍善本書目》著録,中國國家圖書館也有入藏。臺北"國家圖書館"藏《國朝文會》不分卷(清趙熟典編,清乾隆間平河趙氏清稿本),内有《谷口山房文集》二册(未著明卷數)。《皇清百名家詩》(清魏憲輯,清康熙福清魏氏枕江堂刻本)收有《李劬庵詩》一卷。

鈐印有"真州吴氏有福讀書堂藏書"。

2307　清乾隆刻本松桂堂全集　　T5452/4498

《松桂堂全集》三十七卷《南淮集》三卷《延露詞》三卷，清彭孫遹撰。清乾隆八年(1743)彭景曾刻本。八册。半頁十行二十六字，四周雙邊，白口，單魚尾。框高 19.1 釐米，寬 11.8 釐米。題"武原彭孫遹羨門甫著；年姪劉士銘、男景曾、孫載奕仝較刊"。前有乾隆八年錢陳群序。《南淮集》前有釋今釋序。末有康熙三年(1664)陳恭尹跋。《延露詞》前有尤侗序。

彭孫遹，字駿孫，號羨門，浙江海鹽人。順治十六年進士，官内閣中書舍人，分校順天北闈。康熙中，舉博學宏詞第一，授編修，纂修《明史》。後遷國子監司業，旋授翰林院侍讀，晉侍講學士。戊辰春，特簡内閣學士，教習庶吉士。充政治典訓、平定三逆方略兩館總裁，復充國史館總裁。又奉命祭告闕里。官至吏部右侍郎。丁丑致仕歸，出都之日，行李蕭然，惟圖書數車而已。康熙三十九年卒，年七十。《(光緒)海鹽縣志》卷一六有傳。

"松桂堂"者，爲康熙三十八年南巡御賜之扁額。孫遹工詩詞，與王士禎名埒，時號"彭王"。嘗云：爲詩當讀萬卷書，行萬里路，下筆便有奇氣。此集卷一賦、樂章、古今詩，卷二至三四古今詩，卷三五表、奏、頌，卷三六頌，卷三七序。《南淮集》爲康熙三至五年游嶺南之詩。卷一爲甲辰詩，計一百二十八首；卷二爲甲辰、乙巳詩，計一百二十首；卷三爲乙巳、丙午詩，計一百三十三首。《延露詞》，共二百十四首。

卷七有《苦雨歎》、《貧婦歎》、《老翁歎》三首，皆寫鄉村世情，道出下層百姓之疾苦。

錢陳群序云："先生手訂《松桂堂全集》，授令子承祚，承祚胚胎前徽，能讀父書，思鋟木以垂久遠。居無何，家日益貧，方拾橡薪松以自給。厥後出宰三晉，擬儲俸錢謀付剞劂。忽遘師門波累，流離瑣尾，幾瀕於危，承祚處之夷然。去官日，家事一切不問，獨抱遺集詣京師。已而事白，擢任別駕，屢有遷轉，皆在畿輔，所至以清白稱。陳群與承祚本中表兄弟，生同里，長同仕，又先後同事畿輔者六年，承祚刻先生遺集既竣，索陳群弁言……先生學問該洽，於書無不讀，所著詩賦莊雅典麗，又復舂容流宕，而於館閣諸體尤爲環瑋絶特，一時奉爲圭臬。在唐則如張燕公、蘇許公；在宋則如晏元獻、周必大、樓玫瑰諸公。先生没後垂五十年，而是集始出。"此本爲孫遹子景曾所刻。景曾，曾任山西陽城縣知縣，升授直隸保定府同知。

此本有扉頁，刊"松桂堂集"。

《四庫全書總目》入集部別集類。《中國古籍善本書目》著錄。中國國家圖書館、日本靜嘉堂文庫也有入藏。臺北"國家圖書館"藏《國朝文會》不分卷(清乾隆間平河趙氏清稿本)内有《松桂堂全集》一册。

鈐印有"王家英觀"、"衡陽常氏潭印閣藏書之圖記"、"雪夜書一卷花前酒一尊"。

2308　清康熙刻本願學堂文集　　T5431/7289

《願學堂文集》二十卷《使交紀事》一卷《使交吟》一卷《安南世系略》一卷，清周燦撰；《南交好音》一卷，清周燦輯。清康熙刻本。十册。半頁九行二十字，四周雙邊，白口，單魚尾。框高 19.4 釐米，寬 13.4 釐米。題"臨潼周燦星公著"。前有康熙二十四年(1685)湯來賀序，康熙二十一年(1682)黃與堅序。卷一九前前有康熙二十年(1681)葉方藹序，康熙二十年趙士麟序，康熙二十四年孫枝蔚序。《使交紀事》題"翰林院侍讀今陞侍講學士臣鄔黑、翰林院侍讀加三級臣明圖、禮部郎中今陞江西南康府知府臣周燦恭撰"。前有康熙二十二年(1683)吳興祚序,康熙二十二年李士禎序;康熙二十三年(1684)鄔黑等進疏。

周燦,字星公,燽弟,陝西臨潼人。順治十六年進士,由翰林改授刑曹。奉使安南,封祭悉協典制,及還,記其山川風俗。出守南康,設救生船,以拯覆溺。修白鹿洞書院,聚徒講學,多所成就。督學巴蜀,甄拔孤寒,一時賞識皆知名士,獲雋者尤衆。《(乾隆)臨潼縣志》卷七有傳。據卷二〇《德慶州初度述懷》,燦生於崇禎九年。

卷一賦,卷二至三序,卷四記,卷五碑記,卷六傳,卷七說,卷八至九書,卷一〇題詞,卷一一募疏,卷一二頌、贊、銘、辭、對,卷一三行狀,卷一四至一五墓志銘,卷一六家祭文,卷一七祭文,卷一八族譜,卷一九至二〇詩。

燦以"願學"名其堂,又顏其集,蓋學問之道至無窮也。其留心程朱之學,折衷於至理,而不襲前人緒餘。其詩格宏敞,古雅高潔,頗勝於文,然規撫唐音,浮聲多而切響少。燦詩之後,多有時人作評,如王阮亭、王幼華、鄭次公、葉慕廬、孫豹人、李劬庵等。《文集》中雜以族譜,較爲罕見。燦之始祖爲周通,世籍山西洪洞,後因紅巾之變,遂居於潼。族譜列有燦簡歷,云:"祚永三子,字星公,丁酉舉人,己亥進士。由翰林院庶吉士歷陞禮部郎中,奉使安南,賜一品服。現任南康知府。"卷一八首爲族譜序例,爲燦康熙二十四年所撰,燦爲十世孫。此卷有燦高祖(邦佐)、曾祖(岐)、祖(道直)、叔祖(道洽)、伯兄(燽)傳。

湯來賀序云:"周星公太史有《願學堂集》二十卷,蓋序、賦、傳、記諸體皆備,而詩亦附其間,予於是見太史世澤之長焉,學術之正焉,古道之隆焉,且文章之閎中肆外爲不可及焉……而予觀太史是編,事事歸原於庭訓,則世澤之長洵弗可幾也矣。年少登高第,往往馳情聲色,思有以邁乎。流俗者又多參悟於禪宗或乞靈於老氏,而濂洛關閩之道不曰時勢難行,則曰迂闊而遠於事情。今太史力闢異端,其論心性之微,一本於程朱書史,傳之後獨折衷於至理,而不襲前人之緒餘,非學術之正,其孰能與於斯?今人往來尺牘以及贈言,類皆溢美稱揚,展轉寒暄之好,太史獨不頌,而規即以房公慎庵之廉能,而權關一序,惟諄諄以道義相勖,予所以服其古道之隆。太史房闥閫書,久已名滿天下,乃能斂華就實,由六朝而進於唐宋大家,復由宋唐而進之於秦漢,匯之以理學,融貫古今,暢所欲言者,力無不赴之。"

孫枝蔚序云:"余同郡周星公先生,蚤掇巍科,即列清班,因得以其暇,吟哦木天之署,詩輒工。後繇刑曹陞禮曹,甫數日,旋遭衡文之獄,罷歸林下,益縱覽群籍,數年而詩日以富。及起官光禄,復還舊署,未幾,遇安南國王黎惟禛遣臣朝貢,兼以喪告。星公以有文望,得預皇華使者之選,果不辱命而還,其功甚偉。事在客歲甲子,乃未及報命,適值南康郡守缺人,特以星公補焉。"

燦使安南,在康熙二十一年,次年九月歸。集中《雜記》所記安南山川道里、風雲人物、羽革草木等,無不咨諏而畢載之。又形之詠歌,計七言絕句四十八首,併《安南世系略》一卷,作爲篇什,令觀者留連感嘆,可以廣聞見、當臥游。研安南史事者,此本頗爲有用,資料價值甚高。《南交好音》爲安南官員阮廷柱、陳璹、宋儒、武惟匡、阮公望、黎僖、阮廷滾、黃公寔、阮擢用、阮公儒之詩。

此本有扉頁,刊"願學堂集"。鈐印有"從吾所好"、"就正有道"。又有扉頁,刊"願學堂詩集"。又有扉頁,刊"御覽。使交紀事。內閣鑒定。附使交吟、安南世系略。本衙門藏板"。鈐印有"海不揚波"。又有扉頁,刊"南交好音。本衙門藏板"。

《四庫全書總目》入集部別集類存目。《中國古籍善本書目》著錄,中國國家圖書館、山西省圖書館等四館也有入藏。

2309　清康熙刻本松皋文集　　T5460/2171.4

《松皋文集》十四卷,清毛際可撰,張希良、毛先舒評。清康熙刻本。五册。半頁九行十九字,四周單邊,白口,單魚尾。框高19.4釐米,寬13.5釐米。題"遂安毛際可會侯著;高陽李坦園先生、甬東史立庵先生選;楚黃張希良師石、兄先舒稚黃評"。前有康熙十七年(1678)黃與堅序,康熙十六年(1677)張希良序。目録頁題"遂安毛際可會侯著;男士儀幼範、士儲待旃較"。

毛際可,字會侯,號鶴舫,浙江遂安人。順治十六年進士,授彰德府推官,廉明不阿,有循聲。時以博學鴻詞薦,試還,卓異賜服,尋告歸,閉户著書,名馳海内,然討論揚扢,恒謙以自下。通籍五十年,無一刺入公門,敝衣脱粟,不易寒素。《(民國)遂安縣志》卷七有傳。

卷一書,卷二至五序,卷六記,卷七碑,卷八論,卷九至一〇傳,卷一一志銘、行述,卷一二文、祭文,卷一三説,卷一四議、題、跋、辨、贊、對。

際可與毛奇齡齊名,學雖不逮奇齡之博,而文章簡嚴有法,則非奇齡所及。惟其平日論文,黜華崇實,故於駢儷之文、酬應之詩,皆所不屑。黃與堅序云:"毛子少負儁異,苕立穎擢,二十年來,久已攝天下文人英鋭之氣,而揚扢古今,輒以精心,抉微破奥,洞見得失,雖老生宿儒,畢其身穿穴於此,或無以至之。"

《四庫全書總目》僅收際可《安序堂文鈔》二十卷及《會侯文鈔》,入集部别集類存目,而不及此本。《中國古籍善本書目》著錄。上海圖書館、中國科學院圖書館等三館,日本静嘉堂文庫也有入藏。按,《松皋文集》又有十卷本、十二卷本之别,行款均同此本,前者爲清康熙刻本,藏南京圖書館等三館;後者爲清康熙十五年刻本,藏中國人民大學圖書館。

2310　清康熙刻本安序堂文鈔　　T5460/2171

《安序堂文鈔》十六卷,清毛際可撰。清康熙刻本。六册。半頁九行十九字,四周單邊,白口,單魚尾。框高19.7釐米,寬13.5釐米。題"遂安毛際可鶴舫著;晉安林雲銘西仲、烏程嚴允肇修人評選"。前有康熙二十七年(1688)林雲銘序,康熙二十八年(1689)張希良序,錢澄之序。目録頁題"遂安毛際可鶴舫著;姪超倫越千,男士儀幼範、士儲待旃校"。

卷一至六序,卷七論、説、解、議,卷八書,卷九至一〇記,卷一一傳,卷一二碑、志銘,卷一三墓表、贊,卷一四題詞,卷一五跋、書傳後,卷一六文、賦、疏、紀事。

林雲銘序云:"新定毛子會侯,與余同以戊戌釋褐,學爲古文詞有年,前所著《松皋堂集》,卓然成一家言……毛子自通籍後,其拓落偃蹇之况,頗類於余,皆漠然無所動於中。與人交,有不可其意,雖王公大人弗克强致,獨至於從事古文詞,則劌心擢肝爲之,不少懈焉。其志潔,故其文亦刊落鉛華,迥出塵表,於以垂久傳後無疑也。兹復彙輯其安序堂近著行世,皆余邇來所論定者,其間諸體畢備,格法尤嚴,即馳驟變化中,無不歸之於潔。"張希良序又云:"先生往來爲《松皋集》,予序之,近著蒼古峭拔,波瀾壯闊,氣格視昔益遒然。"

卷一六末篇《汴圍紀事》,記李自成率軍攻汴梁事甚詳,研明末史者當可參考也。

《四庫全書總目》收録二十卷本。《中國古籍善本書目》著録,四川省圖書館、北京大學圖書

集　部

2311　清康熙刻增修本安序堂文鈔　　　T5460/2171B

《安序堂文鈔》三十卷,清毛際可撰。清康熙刻增修本。六册。半頁九行十九字,四周單邊,白口,單魚尾。框高19.7釐米,寬13.5釐米。題"遂安毛際可鶴舫著;晉安林雲銘西仲、烏程嚴允肇修人評"。前有康熙二十八年(1689)張希良序,康熙二十七年(1688)林雲銘序,康熙二十三年(1684)嚴允肇序。目錄頁題"遂安毛際可鶴舫著;男士儀幼範、士儲待旌仝校"。

卷一論,卷二至三書,卷四至一三序,卷一四至一七記,卷一八至二〇傳,卷二一碑、狀、行述、行略,卷二二墓志,卷二三墓表,卷二四辨、對、引、疏,卷二五說、贊,卷二六議、題,卷二七題詞,卷二八跋、書後,卷二九文,卷三〇告文、賦、紀事、讖語。

《安序堂文鈔》又有二十卷本及二十四卷本,二十卷本藏浙江圖書館,二十四卷本藏上海辭書出版社。此三〇卷本較之十六卷本多出許多,如序:十六卷本僅四十七篇,三十卷本則有一百一篇;又書:十六卷本爲九通,三十卷本爲十八通;又如論:三十卷本多出一倍。此當爲增刻本,也爲足本。

有扉頁,刊"安序堂文鈔。遂安毛會侯著。本衙藏板"。

此本有缺頁:卷二二第三、四頁,卷二五第二十頁,卷二七第十一頁,卷二八第八頁,卷三〇第十九頁。

《四庫全書總目》僅收二十卷本。《中國古籍善本書目》著錄。中國科學院圖書館、日本静嘉堂文庫也有入藏。

鈐印有"孫碧榆氏收藏書畫印"。

2312　清康熙刻乾隆印本午亭文編　　　T5463/7914

《午亭文編》五十卷,清陳廷敬撰。清康熙四十七年(1708)林佶寫刻乾隆四十三年(1778)印本。十六册。半頁十一行二十一字,左右雙邊,細黑口,單魚尾。框高19.2釐米,寬14.2釐米。題"門人侯官林佶輯録"。前有乾隆四十三年徐昆跋;陳廷敬序;陳壯履識;康熙四十七年林佶後序。

陳廷敬,字子端,號説巖,山西澤州人。順治十五年進士,選庶常,繼授秘書院檢討。初名敬,以是科有兩陳敬,奉旨增廷字以别之。假歸,奉母四載,還補官,轉國子司業,遷侍讀。明年復設翰林院,改侍講,擢詹事,尋遷内閣學士,充講官,掌院教習。又遷禮部侍郎,擢都察院左都御史,轉工部尚書,歷户部,改吏部,拜文淵閣大學士,謚文貞。《(雍正)澤州府志》卷三六《節行》有傳。

卷一《朝會燕饗樂章》十四篇(並序)、《平滇雅》三篇(表並序)、《北征大捷凱歌》二十首(並序)、《聖武雅》三篇(表並序)、《南巡歌》十二章(並序);卷二樂府三十七首;卷三至七古體詩三百四十一首;卷八至二〇今體詩一千七百七十三首;卷二一賦三篇、雜著六篇;卷二二至二四雜著十五篇;卷二五至二八經解四篇;卷二九録一篇;卷三〇至三一疏十七篇;卷三二表、論、對十六篇;卷三三至三四史評四十六則;卷三五至三七序四十九篇、引二篇、疏二篇;卷三八記十三篇;卷三九書十五通;卷四〇頌二篇、箴二則、銘六則、贊三則;卷四一至四二傳七篇;卷四三阡表一篇;卷四四至四六墓誌銘二十七篇;卷四七神道碑一篇、墓碑三篇、墓表四篇、祭文九篇;卷四八題跋十二篇、禫文八篇;卷四九至五〇《杜律詩話》。

廷敬有午亭山村,在陽城,因《水經注》載沁水逕午壁亭而名,因以名集。林佶後序云:"今相國午亭先生前後刻所爲集,凡數易藁,未嘗流布,輒復更定。戊寅冬,佶初至京,得及先生門,嘗求所刻集,先生慎不出。比乙酉,佶再入都,先生始授佶編輯。又五年而藁始定,而録始成,剞劂之工亦將竣矣……河津之學,以復性爲宗,而文與詩皆雅健絶倫,淵源最正,斷爲紫陽以後一人。先生少刻苦,以正學自命,弱冠登巍科,讀書中秘,與海內巨公鈍翁汪先生、阮亭王先生者益鐩厲,作爲詩古文詞,其標準一以河津爲的,蹟其立朝公忠之大節,行己廉慎之清修,言必稱先,詞自己出,所謂貫文與道而一之者。先生既無愧於河津矣。"

是集之板刻後爲人竊以置典肆,不克贖者二十年,徐昆告之澤州知縣宋思陛。宋氏清俸周畫,力肩厥事,遂得儲板於學宫,此即乾隆時印本。

《四庫全書總目》入集部別集類。《中國古籍善本書目》著録。福建省圖書館、甘肅省圖書館等二十六館,日本静嘉堂文庫、京都大學附屬圖書館所藏,爲清康熙刻本;日本東洋文庫、大阪府立圖書館、京都大學人文科學研究所藏本爲清乾隆印本,與此本同。

2313 清乾隆刻本改亭集

T5449/0459

《改亭集》十六卷,清計東撰。清乾隆十三年(1748)計璸刻本。六冊。半頁十行十九字,左右雙邊,黑口,單魚尾。框高 18 釐米,寬 13 釐米。題"吳江計東甫草著;從孫璸、仝姪嘉禾重編"。前有汪琬序,康熙三十二年(1693)宋犖序;尤侗撰《計東傳》。目録後有乾隆十三年計璸跋。

計東,字甫草,號改亭,江蘇吳江人。少負才氣,年十五,補諸生,餼於庠,文譽日起。會遭明亡,不願應舉,家居取《十三經》、《二十一史》諸書盡讀之,求義理旨歸、治亂得失之要,下至權衡兵法、陰陽占候之術,靡不通習。丁父喪,家鄉難,母老,貧無以養,於是投袂出試,爲順治丁酉舉人。以江南奏銷案被黜,後十六年而殁,年五十二。

東以能文章,早負盛名,中年出游四方,遍覽山川之勝,所至結交賢士大夫,相與銜杯贈言而去,故其詩文日富,縱橫跌宕,務合古人之法,亦極其才力而後已。此本爲其文集,又應有詩集六卷,今佚去。卷一至七序一百二十篇,卷八至九記二十八篇,卷一〇書十八篇,卷一一至一二論九篇,卷一三碑記五篇、傳八篇,卷一四祠堂碑二篇、墓志銘八篇,卷一五墓表三篇、祭文等四篇,卷一六行狀七篇。

計東作文,分有四集,爲《甫里》、《汝穎》、《竹林》、《中州》,其詩則總名《狂山吟》,亦分有數集。後汪琬刪《甫里》以下諸文,都爲《改亭集》;東子默,因遂悉編《狂山》諸吟,別爲《改亭詩集》。而刻之者則爲宋犖、王廷揚,此即爲康熙刻本。宋犖小東十歲以上,犖甫弱冠,東見之,盛相推許,且曰異日功名當高。後犖果開府江南,極有聲名。

此本爲計璸所刻。其跋云:"顧自菉村殁後,緘縢不慎,板歸蟫蠹。家甫培廷府壯君有志重刻,命兄鈺載其書藏讀書樂園,將饎對以付剞劂氏,後以易簀不果。戊辰,長夏無事,追念前修,竊感孝廉之清文與府君之素願,不能無待於後,爰與兄子嘉禾,較勘遺謬,其有原刻漏略而家稿可查者,則是正之,否則謹從原缺,以志敬慎,凡三閱月而竣事。其襄佽較督,以速漬於成者,則族叔泰之力爲多焉。"按,菉村,即爲計默,字希深,東子,附貢生。

此本有扉頁,刊"改亭文集。汪鈍翁選輯。讀書樂園藏板"。讀書樂園者,蓋計氏家讀書處也。

《四庫全書總目》入集部別集類存目,又有詩集六卷。《中國古籍善本書目》著録,上海圖書館、福建省圖書館等十一館,日本静嘉堂文庫、京都大學文學部中國哲學文學研究室、大阪市立圖書館也有入藏(全帙)。臺北"國家圖書館"有《國朝文會》不分卷,清趙熟典編,乾隆間平河趙氏清稿本,一百二十册,内有計東《改亭集》一册。按,計東詩作,《皇清百名家詩》收有《計甫草詩》一卷。另《國朝二十四家文鈔》收有《改亭文鈔》一卷、《國朝文録》收有《改亭文録》三卷。

鈐印有"如真小船主人珍藏"、"李世由捐置"。

2314　清康熙刻雍正續刻本秋笳集　　　　T5463/2332

《秋笳集》八卷,清吴兆騫撰。清康熙徐乾學刻雍正四年(1726)吴桭臣續刻本。四册。半頁十一行二十字,左右雙邊,綫黑口,雙魚尾。框高 19.3 釐米,寬 14.6 釐米。題"吴江吴兆騫漢槎氏著"。前有吴兆寬詩;吴兆騫致徐乾學書;吴兆宜小引。末有雍正四年(1726)吴桭臣跋。

吴兆騫,字漢槎,江蘇吴江人。少有儁才,名聞遠近。順治丁酉舉人,戊戌以科場貟緣事戍寧古塔,後赦還。其在塞外二十餘年,日與覊臣逐客飲酒賦詩,氣壯而才麗。

卷一賦八首;卷二詩一百二十一首;卷三詩一百十六首;卷四詩三十二首;卷五詩八十四首;卷六詩三十首;卷七詩五十九首;補遺九首;卷八雜著,表一篇、序三篇、書三通。

兆騫遣戍寧古塔時,其父母在堂,然離桑梓而謫冰雪,觸目愁來,憤抑侘傺,登臨憑弔,俯仰傷懷,於是發爲詩歌,以鳴其不平。雖蔡女之十八拍,不足喻其凄愴,此爲書名"秋笳"之所由。

是集前三卷題"秋笳集",卷四題"西曹雜詩",卷五題"秋笳前集",卷六題"擬古後雜體詩",卷七題"秋笳後集",卷八前五頁題"雜著",六頁後題"後集"。當爲隨得隨刊之故。

據吴桭臣跋,兆騫"垂髫之歲,即好吟咏,加以身際艱難,著作頗富。然生平顛沛,存者無幾。徐乾學嘗貽書兆騫,欲將詩稿付諸剞劂。但因插哈喇之亂,兆騫倉卒中致使詩稿百餘篇遺亡;又因扶柩南還,復覆舟於天津,而沉溺者又過半"。此本前四卷乃徐乾學所刻,後四卷爲兆騫子桭臣續刻。

吴桭臣跋云:"崑山徐健庵先生,悲故人之淪落千里,命介索其草稿,梓以問世。古人之交情,不以窮通少異有如此者。洎乎長白賦奏,而特邀當寧之知,沉冤昭雪,賜環歸里。張儉返於亡命,蔡邕召自髠鉗,推轂者總屬鉅卿,延譽者半由名士,方且謂一生抱負,抒展有時……桭臣愚蒙不肖,既不能發名成業,以顯揚我先君矣,敢復蹈不仁不明,致使先君没没於世哉?爰就舊刊增以家藏,析爲八卷,彙成一集。其前四卷,係健翁所刻;後四卷,則桭臣所增也。後集爲戍所暨歸來所作;前集及雜體詩二卷,皆少年所作;序表書記,則合新舊所抄輯而成,不分年月日……今此所補,皆從故舊處搜羅所得,殆未及十之一二,至於駢麗之體,向與陳陽羨齊名,乃集中所有僅此數首,尤可痛惜。聞之崑山某氏收貯頗多,桭臣曾力爲尋訪,而已移居村舍,然終當物色以成全璧,是則鄙人之素志也。"

此本有扉頁,刊"秋笳集。吴江吴漢槎先生著。衍厚堂藏板"。

《四庫全書總目》入集部別集類存目。《中國古籍善本書目》著録,上海圖書館、陝西省圖書館等十七館也有入藏。

2315　清乾隆刻本文貞公集

T5463/1315

《文貞公集》十二卷,清張玉書撰。清乾隆五十七年(1792)張氏松蔭堂刻本。十册。半頁十一行二十一字,左右雙邊,白口,單魚尾,書口下有"松蔭堂"。框高17.8釐米,寬14.2釐米。題"京口張玉書素存著"。前有《四庫全書》提要;儲大文序,乾隆五十五年(1790)曹文埴序,乾隆五十五年馮應榴序。末有乾隆五十三年(1788)馮集梧跋,張護跋。

張玉書,字素存,九徵子,江蘇丹徒人。順治十八年進士,選庶吉士,歷編修、國子監司業、翰林院侍講、侍讀、左右春坊庶子、掌坊事。又爲侍講學士、詹事府詹事、內閣學士兼禮部侍郎、翰林院掌院學士。謚文貞。《(康熙)丹徒縣志》卷七有傳。

卷一賦頌表七篇,卷二疏十一篇,卷三疏議書考説十九篇,卷四至五序三十八篇,卷六跋記二十一篇,卷七紀八篇,卷八紀傳贊策問八篇,卷九碑十二篇,卷一〇至一二墓志三十二篇。

玉書之文,典雅宏贍,足資掌故。《四庫全書總目》云:"大抵皆春容典雅,渢渢乎盛世之音。"卷七《紀滅闖獻二賊事》、《紀陝西官民殉闖難事》、《紀順治間錢糧數目》、《紀順治間戶口數目》等,皆有史料價值,可備考核。

此本爲玉書玄孫護所刻。乾隆三十八年,詔開《四庫全書》館,購求遺書,東南大吏始以玉書之集採進,列諸四庫。然四庫所收之本,爲其家藏抄本,不分卷帙,亦無目錄,繕寫格紙版心有"松蔭堂",當爲後人編輯後而未刊刻者。乾隆五十三年,張護以阜陽令引見至京,從桐鄉馮集梧就秘閣抄出,再予校讎刊刻。曹文埴序云:"公之玄孫護,復遵秘閣官本校讎,鋟梓以傳諸海內。"又張護跋云:"先高祖文貞公全集,向藏抄本,篇帙頗多,未經釐訂,先君子曾欲付梓而未果。戊申秋,護從阜陽引見入都,知《四庫》館有校正善本,刪繁就簡,得卷十二,遂亟就抄授梓。嗚呼!先高祖躬逢聖世,位極人臣,而生前著述復得於數十年後上達宸聰,珍諸秘府,可謂遭逢之盛矣。護不肖,無以纘承餘緒,特鐫是集,用播藝林。"

有扉頁,刊"張文貞公集。乾隆五十七年春鐫。松蔭堂藏版"。

《四庫全書總目》入集部別集類。《中國古籍善本書目》著錄。湖北省圖書館、北京大學圖書館等九館,日本內閣文庫、尊經閣文庫、靜嘉堂文庫、東洋文庫、大阪府立圖書館、東京大學東洋文化研究所也有入藏。

2316　清康熙刻本證山堂集

T5460/7245

《證山堂集》八卷,清周斯盛撰。清康熙刻本。二册。半頁十一行二十一字,四周雙邊,黑口,雙魚尾。框高18.2釐米,寬13.4釐米。題"鄞周斯盛屺公"。前有先著序,先著河陝草序,先著獄中草序,洪嘉植序,李澄中序。

周斯盛,字屺公,一字鐵珊,浙江鄞縣人。負才而傲,好面折人過。順治十八年進士,知即墨縣,爲鎮將所構下獄,後得赦免。每見諸家所選明詩無可意者,因遍定十五朝之詩,自言將以前人性情引證我之性情,因以我所陶鑄於前人之性情,留以證天下後世之性情。其後潦倒,客游而卒。《(咸豐)鄞縣志》卷一九《人物》有傳。

卷一至二五言古詩二百零六首,卷三七言古詩五十五首,卷四至五五言律詩二百九十一首,卷六至七七言律詩一百八十六首,卷八五言絕句三十八首、六言絕句一首、七言絕句一百十首。

李澄中序云:"屺公既不用於世,乃北走燕趙,南游吳楚,躎匡廬,登太華,長嘯黃鶴樓上。千里依人,聞雞夜起,十年作客,擊劍悲歌,舉人世牢愁之狀,悉寓之於詩……屺公長八尺,面白皙,吐音如鐘,伉直好面折人過。初見之,鮮不訝其狂者,久與之處,軒豁吐露,奇男子也。其詩幽眇放恣,有三閭之悱惻、罷人寡婦之哀愁。而其傲兀崛強之概,又如白月流天,清泉鳴峽,雖不能離津筏而上之,其卓犖多奇,可謂獨立之士者乎!"

有扉頁,刊"證山堂集"。

《四庫全書總目》入集部別集類存目。《中國古籍善本書目》著錄,中國國家圖書館、上海圖書館、復旦大學圖書館也有入藏。

鈐印有"鞠謙齋"。

2317 清康熙刻本葉忠節公遺稿　　　　　T5463/4064B

《葉忠節公遺稿》十六卷,清葉映榴撰。清康熙葉舁刻本。六冊。半頁十二行二十二字,左右雙邊,黑口,雙魚尾。框高18.2釐米,寬13.3釐米。題"雲間葉映榴蒼巖著;男舁、芳、子房編輯"。前有康熙二十四年(1685)徐乾學序,朱彝尊序。

葉映榴,字丙霞,號蒼巖,上海人。順治十八年進士,授庶吉士,轉禮部郎。康熙十四年權贛關,值吳逆亂,守險要,撫流民,保贛無虞。二十四年授湖北糧道,署布政使。夏逢龍作亂,自刎而死。後贈工部右侍郎,謚忠節。《(嘉慶)上海縣志》卷一三有傳。映榴生時,其父爲江西布政使,官署庭內有榴,久不花,是年始花,故以映榴命名。

卷一序、記、跋二十六篇,卷二壽序十二篇,卷三祭文、墓志銘十一篇,卷四至七書一百二十七通,卷八至九啓五十九通,卷一〇看語十二篇,卷一一雜文八篇,卷一二至一五詩七百零七首,卷一六詩餘五十三首。

據朱彝尊序,映榴曾有詩若干篇,與李基和合刻詩集,朱曾序之。此遺稿爲映榴子舁等所編並予刊刻。朱序有"而其子痛其先公之沒也,謀欲刻之,與其詩並傳於世"。舁,曾任荊門州知州、廣州知府,以詿誤回籍。雍正七年,於內閣纂修聖祖實錄。

《四庫全書總目》及《中國古籍善本書目》著錄爲十三卷本,也康熙間刻,行款爲十行十九字,四周單邊,白口,與此本顯爲不同之本。此本則不見著錄。

又乾隆間,映榴次子芳,又有十二卷本之刊刻。據葉芳跋云:"先忠節公遺稿十二卷,一刻於家中,一刻於廣州署內。其在家者,板已散失漫漶。即廣州所刻,因家孟公事倥傯,託友人較訂,每多魯魚帝虎之譌,且缺目錄。今春,芳重加校勘,盥手繕寫,又益以游秦日記一冊,謹付剞劂行世。"十二卷本爲半頁十一行二十一字,左右雙邊,黑口,單魚尾,題"男芳輯錄"。前有朱彝尊序,又國史列傳、曹濟寰撰《葉忠節公傳》、康熙二十七年七月映榴遺疏、康熙三十二年御製碑文,又"葉忠節公神像"並葉長馥像贊。芳,號霦園,曾爲蔚州知州,後授員外郎。

十六卷本無遺疏。又十二卷本卷一爲序、記等十五篇,卷二壽序、墓志銘、祭文十二篇,卷三雜文(跋、勸賑文、封表等)二十三篇,卷四至五書四十七通,卷六至七啓四十八通,卷八至一一詩四百六十二首,《游秦日記》等六十八首,卷一二賦一首,詩餘二十一首。較之十六卷本失去甚多。十二卷本書板存於葉蔭桂處,咸豐十年,映榴六世孫爲樟招工在家刷印數十部,至十一年冬遭匪擾,家藏圖書及古玩俱毀,然書板未付劫灰。同治五年又予重印數部,至宣統元年,其八世孫秉權又予重印。

鈐印有"張澤蕃印"。又有"子晉汲古",僞。

2318　清康熙刻本嘯雪庵題詠詩集新集　　T5446/2322

《嘯雪庵題詠》一卷《詩集》一卷《新集》一卷,清吳綃撰。清康熙刻本。二册。半頁九行十八字,左右雙邊,白口,無魚尾。框高17.3釐米,寬10.8釐米。題"茂苑吳綃冰仙"。前有順治十八年(1661)錢謙益序,順治十六年(1659)陳焯序,康熙三十四年(1695)黃中瑄序,順治十六年胡文學序,葉襄序,吳綃自序;沈裕跋,鄒流綺跋。

吳綃,字素公,一字冰仙,又字片霞,江蘇長洲人。吳水蒼女,常熟許瑤妻。精書畫。《神釋堂脞語》云:冰仙冶情雋筆,得之玉溪爲多。樂府詩亦間師昌谷,仿其譎艷,緯以風情。律體尤多善篇,綺麗妍冶。七絕工妙至到,有迴雪流風之美,亦才思所溢也。

《題詠》一百五十首,《詩集》六十三首,《新集》一百十三首。

按,許瑤,順治九年進士。綃,年十七而歸瑤。綃幼敏慧好書,丹黄不去手。善繪事,每經點綴,靈動如生,所居墳籍塞坐,吟詠清婉。性至孝,二尊嘗有疾,刺血書禱輒愈。又工絲竹管絃諸雜技,靡不盡其妙。

綃自序云:"余自穉歲,僻於吟事,學蔡女之琴書,借甄家之筆硯,緗素維心,丹黄在手二十餘年。冬之夜,夏之日,驪虞愁病,無不於此發之。竊以韓英之才,不如左嬪;徐淑之句,亞於班姬。假使菲薄,生於上葉,傳禮經,續漢史,則余病未能;一吟一詠,亦有微長,未必謝於昔人也。邇年覽《墉城仙錄》,見諸仙女羽中舉之事,又讀陶隱居《真誥》,誦九華安妃之言,文采艷逸,鄙心慕之。雖遊神洲之五岳,泛溟海之三山,非女子之事,然睹烟霄昕日月不覺遠也。草衣蔬食聊寄吾志云爾。晦日偶理故篋,見平生所作滿焉。茂苑繁華,紅閨風月,一日一夕,一言一笑,顯顯然在胸中無遺忘者,遂寫之成二卷。"

《四庫全書總目》未收。《中國古籍善本書目》著録,中國國家圖書館、上海圖書館等也有入藏。

鈐印有"小□圖書之記"。

2319　清康熙刻本古愚心言　　T5463/4272

《古愚心言》八卷,清彭鵬撰。清康熙愚齋刻本。十六册。半頁九行二十二字,四周單邊,綫黑口,單魚尾,書口下刻篇名。框高18.9釐米,寬13釐米。目録頁題"閩中莆田彭鵬無山自編"。前有康熙三十四年(1695)彭鵬自序,又序。

彭鵬,字奮斯,號無山,一號古愚,福建莆田人。順治十七年舉人。康熙間,耿精忠叛,逼脅受職,凡九拒僞命,卒能不汙。賊平後,授三河知縣,舉廉能第一。累擢給事中,直聲震海内,與郭琇並稱郭彭。官至廣東巡撫,清苦自厲。罷官後,貧無以自存。《廣東通志》有傳。

卷一誓、疏、牒、狀、跋,卷二述、語、題辭、祝詞、哭詞,卷三傳、志銘、祭文、序,卷四記、說、約、吟、歌、行,卷五書,卷六書、啓、札、榜、帖,卷七詳文,卷八詳文、條議、告示、照牌。

鵬平生以氣節著,所作如自誓、心誓、公誓等,俱可見其心蹟。杭世駿曾撰《彭無山遺事》,所述甚詳。

此本有扉頁,刊"古愚心言。閩中彭鵬自編。雷山藏版"。又每卷另有扉頁,刊"第×册。心言初集。愚齋藏板"。

《四庫全書總目》入別集類存目。《中國古籍善本書目》著録。上海圖書館、天津圖書館等十二館,日本内閣文庫、大阪府立圖書館也有入藏。

2320 清乾隆刻本林蕙堂詩文集   T5449/2322

《林蕙堂文集》十二卷《續刻》六卷《藝香詞鈔》四卷《亭皋詩鈔》四卷,清吴綺撰。清乾隆三十九年(1774)至四十一年(1776)吴琥繡刻本。十册。半頁八行十七字,左右雙邊,白口,單魚尾。框高11.3釐米,寬8釐米。題"延陵吴綺薗次著;宗後學琥繡永之重校"。前有康熙四年(1665)龔鼎孳序;《聽翁自傳》;康熙二十三年(1684)吴興祚序,闕名序。《藝香詞鈔》前有吴琥繡序。

吴綺,字薗次,號豐南,又號聽翁、紅豆詞人,江蘇江都人。寄居歙縣,順治拔貢,薦授秘書院中書舍人,奉詔譜《楊椒山傳奇》,稱旨,以楊官官之,後任湖州知府,多惠政。四方名流過從,文讌無虛日,人稱三風太守,謂多風力、尚風節、饒風雅也。卒以是去官,既歸,爲春江花月社,有求詩文者,以花木爲潤筆,因名圃曰種字林。工詩及四六,其填詞小令,兒童婦女皆能習之。

《文集》卷一賦,卷二記,卷三啓、疏,卷四至九序,卷一〇題詞、傳、文、誄,卷一一贊、引、碑、説,卷一二露布、表、書、跋、墓表、墓志銘。《續刻》卷一賦、記、啓,卷二至五啓、序,卷六題、跋、引、疏、傳、頌、碑。《詞鈔》爲小令、中調、長調,并附填詞。《詩鈔》卷一五言古、七言古,卷二五言律,卷三七言律,卷四五言排律、七言排律、五言絶句、七言絶句。

清初以四六名者,推綺及陳維崧兩人,均原出徐、庾。維崧泛濫於初唐四傑,以雄博見長;綺則出入於樊南諸集,以秀逸擅勝。其詩才華富艷,瓣香在玉溪、樊川之間;詩餘亦頗擅名,有"紅豆詞人"之號,以所作"把酒囑東風,種出雙紅豆"句而得。

此本爲吴琥繡所輯。其序云:"家薗次先生集,共二十六卷,余家藏芝麓先生定本僅十二卷,甲午歲已付剞劂。乙未,客廣陵,晤先生後人芳猷先生,遂獲全本。時適同學聞人訥甫兄歸自關外,相與悉心究訂,去其應酬作及稍複者二三,計於前刻外益文六卷、詩四卷,詞則十存其九,亦得四卷,而詞餘即附焉。"

是書有扉頁,刊"林蕙堂全集。吴薗次先生著。乾隆甲午冬鐫。衷白堂藏板";"林蕙堂文集續刻。吴薗次著。乾隆丙申秋鐫。衷白堂藏板";"藝香詞鈔。吴薗次著。乾隆丙申秋鐫。衷白堂藏板";"亭皋詩鈔。吴薗次著。乾隆丙申秋鐫。衷白堂藏板"。

《四庫全書總目》入集部别集類,爲二十六卷本。《中國古籍善本書目》著録清康熙三十九年刻本,上海圖書館、首都圖書館等五館入藏。此本未收。又日本静嘉堂文庫、内閣文庫、東洋文庫、京都大學附屬圖書館有此本。

2321 清康熙刻本邵子湘全集   T5462/81

《邵子湘全集》三十卷,清邵長蘅撰。清康熙刻本。十册。半頁十行二十一字,左右雙邊,黑口,單魚尾。前有王士禛序,康熙三十四年(1695)彭鵬序;王士禛致邵長蘅書。末有宋犖序。

邵長蘅,字子湘,號青門,别號青門山人,江蘇武進人。順治諸生。少即肆力詩、古文辭。

及壯北游,其時先達若施閏章、王士禎、徐乾學皆折輩與之定交。與陳維崧、朱彝尊、姜宸英往還尤密,而名動京師。因奏銷案絓誤,以布衣終。詩文與侯方域、魏禧齊名。又有《古今韻略》。

此書計爲《青門簏稿》十六卷、《青門旅稿》六卷、《青門賸稿》八卷。原又有《邵氏家錄》二卷,此本無。

《青門簏稿》十六卷,框高18.8釐米,寬13.4釐米。題"毘陵邵長蘅子湘篹一名衡;蘄州顧景星赤方批點"。康熙十八年顧景星序,陸嘉淑序,邵長蘅序;康熙三十二年姪璸、衷赤撰《例言》七則。卷一擬古樂府五十六首,卷二五言古體七十五首,卷三七言古體三十七首,卷四五言律詩八十首,卷五七言律詩五十四首,卷六排律絕句九十首,卷七序二十九篇,卷八壽序十六篇,卷九記十八篇,卷一〇論、議、説十二篇,卷一一書、尺牘、題跋共五十六篇,卷一二墓誌銘四篇、墓表四篇,卷一三碑六篇、碑記三篇,卷一四行狀二篇、書事五篇、祭文二篇,卷一五傳十一篇,卷一六策十篇。目錄後有陳玉璸撰《青門山人傳》。

邵長蘅自序云:"《青門簏槀》初刻於康熙戊午,文五卷,詩附以舊刻三卷。今重刻於癸酉,凡古近體詩四百四十餘首,次爲六卷;序記碑傳雜文一百六十餘首,次爲十卷。合之凡十六卷,仍其舊稱,蓋戊午以前作也。己未後,則別之爲《旅槀》……年來老境侵尋,頾髮變白,追思半生,仰面屋梁,所存止此,今便聽其零落,未免神傷。嗟乎!唐宋以來,古今人文集,汗牛充棟,才勝於余而名湮没而不傳者何限,況如余之鹿鹿者耶?"

《青門旅稿》六卷,框高19.5釐米,寬13.4釐米。題"毘陵邵長蘅子湘篹(一名衡)、濟南王士禎貽上評"。前有康熙十八年李天馥序,邵長蘅序,王弘撰序(三序皆抄配。然《賸稿》卷四前又有三人之原序,應移此)。卷一古近體詩一百十首,卷二古近體詩一百三十九首,卷三序十六篇,卷四記八篇、書後雜著十篇,卷五傳九篇,卷六碑二篇、志銘墓表五篇。

長蘅自己未入都,後轉它方,十餘年中,無歲不旅。其自序云:"又二年,始得排次己未迄辛未所存詩文,凡六卷,題曰《青門旅槀》,鋟之梨。"據卷一第一頁長蘅識語,其己未客都門,寓保安寺街,與王士禎家衡宇相對。每有所作,必經士禎點定,又有施閏章諸先生評語,故刊刻時,一以并存。卷五有《八大山人傳》。

《青門賸槀》八卷,框高18.9釐米,寬13.5釐米。題"毗陵邵長蘅子湘篹"。前有康熙三十八年馮景序。卷一至三爲《井梧集》,計古近體詩一百八十八首;卷四序二十篇;卷五記十二篇;卷六傳八篇;卷七碑三篇、志銘六篇、墓表一篇;卷八雜著二十一篇。目錄後有康熙四十四年李必恒識語。又有宋犖題辭。

其詩以"井梧"名,乃用杜少陵清秋幕府句。詩均由宋犖評次。其書以"賸"名槀,乃因其壯盛時已苦刺刺不休,年老時又載之,"末年賸矣"。

是書乃長蘅兄子璸等編次,然僅編至《旅槀》止。《例言》云:"先生自戊申後,始下筆爲古文辭,詩則童而習之,然少作無一存者。潜、衷赤重加排纂,戊午以前,得古今詩六卷、序記碑傳雜文十卷,爲《青門簏稿》。己未訖辛未,得古今詩二卷、文四卷,爲《青門旅槀》。合之凡二十二卷。壬申後,將另編爲《賸槀》,請竢異日。"《旅槀》詩文,大半經施愚山、王阮亭諸先生選定,故有評點。《簏稿》舊刻,無評語、無圈點。近偶從先生篋衍中,詩得顧赤方評本,文得陸冰修評本,爲兩先生己未客京邸時筆。璸、衷赤極愛賞之。竊謂詩評似須溪,文評似鹿門也。欣然請以付梓。"

三稿非一時所刻,《旅槀》先刻於豫章,其家邵靜山出力居多。《簏槀》刻於草堂,王似軒力捐清俸,付之剞劂。彭鵬序云:"分俸刻其槀者,爲武進明府河朔王君似軒,元烜其名也,並書之,以爲海内長吏好賢者矜式。"

據李必恒識語,是書之目録爲宋犖所刻。"青門先生三稾,版行已久,而總目未編,蓋有待也。噫! 今已矣。先生有編次手稾一册,中間微加删訂,丹黄錯互,當是屬疾時筆。洎殁後,吾師中丞公取諸其家,代爲鋟梓,而命恒以校讎。竊謂先生之文,無俗調、無長語,理醇氣沛,簡潔而有法,在本朝名家中當屈一指。《簏稾》之詩,警句間起,不免擬古之蹟。《旅稾》進而渾雄。至《賸稾》,則瑰瑋奇恣,老辣蒼放,始極其變。"

《四庫全書總目》入集部别集類存目。《中國古籍善本書目》著録,上海圖書館、遼寧省圖書館等十二館,日本内閣文庫、東洋文庫、静嘉堂文庫也有入藏。

鈐印有"絜馨書屋藏書"。

2322　清乾隆刻後印本蒿庵集　　T5439/1312B

《蒿庵集》三卷,清張爾岐撰。附録一卷。清乾隆三十八年(1773)胡德琳刻後印本。三册。半頁十一行二十一字,左右雙邊,白口,單魚尾。框高 17.8 釐米,寬 13 釐米。題"濟陽張爾岐稷若"。前有李焕章舊序,劉孔懷舊序,乾隆三十八年胡德琳序。又目録頁題"濟陽張爾岐著;秀水後學盛百二訂;桂林後學胡德琳編;歷城後學周永年較"。

張爾岐,字稷若,山東濟陽人。性至孝,志節烈,好讀書,日與諸弟講究《十三經》藴奥。間有進以究心時藝便可捷徑終南者,其終不肯少易。日淹蹇於蓬蒿之中,無意人間,身愈困,學愈篤,凡天人性命之學,無不畢究。爲人外和内剛,非義不能奪,篤守紫陽家法。及病,猶著《春秋傳議》不輟。康熙十六年卒,年六十六。

爾岐爲明季諸生,其室曰"蒿庵",取蓼莪之詩意,又自號汗漫,可以想見其志。其獨潛心經籍,尤邃於易,於各家之外,别有銓解。而《儀禮》一書,學者每病其艱奥難讀,往往置不道。爾岐取鄭注、賈疏、朱子箋釋,辨晰考訂,証其舛誤,分其句讀,前後三十年始竣其功。顧炎武嘗云:"獨精三禮,卓然經師,吾不如張稷若。"可見推崇之至。此集卷一爲論、説、辨、書;卷二序、題跋;卷三記、傳、墓志、墓表、雜著。附録爲《張蒿庵處士傳》、《蒿庵遺事》、《答汪苕文書》、《廣師》等。

胡德琳序云:"蒿庵先生,篤行君子也。不求聞達,孜孜以窮經力學爲務,深於性命之旨,而不輕言性命,有柴桑之高致,而不以氣節自矜,先生之意遠矣。没近百年,而手著諸書,始次第出世,惟文集散漫,未經收拾。竊謂先生不求人知,人亦不能知先生,而欲知先生者,必於文求之,蓋其學廣大精微,盡見之於文。如但賞其鍛鍊之純、氣味之古,猶未足以知先生也。其中,學辨五篇,僅存其一,則隻本孤行,不啻一髮引千鈞矣。因與一二同好,搜羅排編,定爲三卷,付之剞劂氏,以公同好,庶不至子雲復瓿之慮乎?噫,先生之没幾百年矣,余承乏濟陽,凡五六年,求其集未得,由是而歷下而任城,又六七年,無時不以先生之集爲念,蹉跎至今日,始克成之。"按,胡德琳,廣西臨桂人,乾隆十七年進士。

卷三有《蒿庵處士自叙墓志》,質樸無華,敘其身世、家庭、學問、著述之事。自言"處士病既困,自顧無可志其墓,口占數語以志生平云"。

此本有扉頁,刊"蒿庵集。乾隆癸巳鐫。德泉齋藏板"。序後又刊有乾隆四十一年陸燿撰《蒿庵書院碑文》。

《四庫全書總目》入集部别集類存目,云:"是集爾岐所自定,凡雜文七十篇,大抵才鋒駿利,縱橫曼衍，多似蘇軾。而持論不免駁雜，蓋爾岐之專門名家，究在鄭氏學也。"《臺灣公藏善本書目》、《日本現存清人文集目錄》未收。《中國古籍善本書目》著錄，北京大學圖書館、南開大學圖書館等五館也有入藏。另外，此書又有光緒十五年刻本。

2323　清康熙刻本幽蘭山房藏稿

T5460/1319

《幽蘭山房藏稿》八卷《常談》二卷，清張琬光撰。清康熙二十六年(1687)刻本。六册。半頁八行二十字，四周單邊，白口，無魚尾。框高18.3釐米，寬11.8釐米。題"楚尊川瞿庵張琬光著"。前有康熙二十六年徐乾學序，康熙二十六年葉映榴序，張苣序。

張琬光，字瞿庵，湖北蒲圻人。少負奇志，從事縑緗，屢戰秋闈。年十八，補邑弟子員，以中年微恙遂棄舉子業。工詩古文詞，性喜書，常購數十萬卷，作千里樓貯之。又工於繪事，蕭疏蒼古，人競爭之。故居城西北隅有園林花木之勝，值康熙甲寅滇逆叛，遂築室幽蘭山，憩息於幽蘭山中，自營兆域於山之麓，年七十六而卒。《(同治)蒲圻縣志》卷七有傳。

此書全帙應二十六卷，此僅存《詩集》八卷、《常談》二卷，佚去《文集》、《話史》。今《詩集》卷一五言古詩八十八首，卷二七言古詩三十一首，卷三擬樂府十九首，卷四五言律詩(附排律)三十九首，卷五七言律詩八十八首，卷六五言絕句二十九首，卷七七言絕句七十三首，卷八賦二首。《常談》卷上一百六十則，卷下一百四十則。

幽蘭山，在湖北蒲圻縣東二十里，山產蘭，故名。幽蘭山房落成時，琬光四十九歲，其有詩詠之，序有云："蓋其處幽蘭峙其北，大河繞其南，險坂層巒，蜿蜒輻輳，四塞如垣，而坦其中，別一洞天也。甲寅春，兵起，余披榛得之，遂闢除而廬。乙卯秋，漸次落成，時余年蓋四十有九。"詩云："漫向幽蘭結一窩，居然盤谷起嵯峨。薄田十畝餘千壑，狹徑三關出大河。安室不妨雲里鑿，開門還喜月先過。讀書養氣兒曹理，辛苦如余老更多。""干戈歷亂事倉皇，辭別錦城構草堂。唐突雲山開混沌，結聯麋鹿問行藏。百千億代誰爲祖，四十九年我自忙。無謂苟全非上策，乾坤事業一農桑。"甲寅，爲康熙十三年，兵起之事當指吳三桂三藩之亂次年。

卷一《止吟》云："六歲受書讀，十二文成幅。命舛性亦愚，三十餘碌碌。迍世復艱難，舉足動跲蹙。感激事風騷，喉響轉絲竹。筆快有真笑，墨淚無假哭。二三此同人，唱和輒累牘。樂天與委分，佳人甘幽谷。窗前過浮雲，於何勞耳目。彼既不我留，我亦不彼逐。胡爲忍輟吟，相勉學干祿。俛首強應之，神思終不伏。盡日戰胸中，握粟須一卜。"

琬光詩賦典麗宏深，《常談》則頗具哲理。有云："功名，身外物，卻少他不得。""矢之速也，不過百步；步之遲，也可千萬里。水到渠成，瓜熟蒂落，急遽者無所用之。""《西遊》一個孫行者，《水滸》一個黑旋風，使宋江、唐三藏化作木偶。昏倦時觀之，使人躍然。""齒剛則折，舌柔則存。故忍辱爲第一波羅密。""少多慧老多忘，少多樂老多悲，老之不及少在此，少之不及老亦在此。""親兄弟柝箸，璧合翻作瓜分；士大夫愛錢，書香化作銅臭。""最令人親愛者，無過孔方兄，此兄亦聽人牽紐，但摸他鼻孔不著。"

張苣序云："張子瞿庵，隱居幽蘭山中，特爲余出，且以山房所集詩文及話史共二十六卷見示。余讀而神怡，啁然嘆曰：'有是哉！隱居之樂也。'瞿庵直言讀書懷古於此山數十餘年，其言論豐采翩然，遐舉物外，詩宗三唐，而舉爭啄學步之病一切空之，油焉悠焉，從容旨適。文則簡練，結構誠有確乎不拔，凜然規矩之意，蓋其沐浴虞歐、曾大家，有得於中者。"

《四庫全書總目》、《續修四庫全書總目提要(稿本)》、《臺灣公藏善本書目》、《中國科學院圖書館藏中文古籍善本書目》、《日本現存清人文集目録》未收。《中國古籍善本書目》著録,清華大學圖書館有全帙。《(同治)蒲圻縣志》卷八《藝文》也有著録。

2324　清康熙刻本翁山詩外　　　　　　　　　　　　　　T5460/7244.3

《翁山詩外》十八卷,清屈大均撰。清康熙刻本。日本水山彰跋。十二册。半頁十一行十九字,四周單邊,黑口,雙魚尾。框高 19.5 釐米,寬 12.9 釐米。題"番禺屈大均撰"。前有黃廷璋序,屈大均自序。序後有黃廷璋摹《翁山屈先生遺像》。目録頁題"男明洪編"。

屈大均,初名紹隆,字翁山,又字介子,廣東番禺人。少爲諸生,清兵入粵時,參加抗清隊伍。明亡,削髮爲僧;中年還俗,改名大均。以詩文著名,與陳恭尹、梁佩蘭合稱爲"嶺南三大家"。

卷一至二五言古,卷三至四七言古,卷五至八五言律,卷九至一〇七言律,卷一一五言排律,卷一二五言絶句,卷一三至一四七言絶句,卷一五雜體,卷一六至一七詞,卷一八詞(嗣出)。

屈大均自序云:"是編凡千有餘篇,從《道援堂》、《翁山詩略》二集簡出,聊應同人之求。中多少年所作,旨多寓言,含吐莊、騷,非粹然一出於正者,讀之誠自慚惶。然既已流傳,不欲自諱,因重梓之,識者幸推其志焉。"其書以"詩外"名之,也見於自序,云:"詩有内外乎?曰詩無内外也,在吾則有之耳。吾詩之内者,以易、以書、以春秋爲之;其外者,乃以詩爲之,然非能以三百五篇之詩爲之也。"

據著録,《翁山詩外》又有凌鳳翔校本,亦爲康熙本,行款與此本同。此本無凌鳳翔字樣。查廣東中山大學圖書館所藏,作陳阿平編,清初凌鳳翔校刻本。

此爲禁書,《禁書總目》、《違礙書目》、《清代禁書知見録》著録。清乾隆間,禁毁之書,以錢謙益及屈大均兩家著作爲最多。屈氏詩文,觸犯清廷,故在焚毁之列。謝國楨《江浙訪書記》中所記《翁山詩外》,未刻卷數,似爲倉卒刻成,僅存三册。

此本有扉頁,刊"翁山詩外"。

又此書另附日人水山彰抄《文獻徵存》、《漁洋詩話》、《嶺海詩鈔》、《國朝詩人徵略》、《鈍翁類稿》中屈大均傳及文字,又《禁書總目》中有關禁毁屈氏著作目録。水山彰跋云:"屈翁山於詩爲一代才,昔人既言之,而不幸其著書入乾隆禁書目,世寡傳本。然如《翁山詩集》、《道援堂集》二書,往往有流傳,獨至《詩外》,則爲絶無僅有焉。《詩外》,翁山暮年所手定,篇什之多,倍於二書。翁山性行歷履,大率賅備,爛然可觀。是書傳爲惠定宇舊物,即經名家收藏者,後之獲者,其珍重焉,勿聊爾視之。大正三年柳月,柳下幽人彰識。""大正三年"爲 1914 年。

《中國古籍善本書目》著録凌鳳翔校本,中國國家圖書館、南京圖書館等入藏。此本中山圖書館也有入藏。

鈐印有"書莊圖書"、"據梧居士",頗舊。

2325　清康熙刻本屈翁山詩集　　　　　　　　　　　　　T5460/7244.29

《屈翁山詩集》八卷《詞》一卷,清屈大均撰。清康熙徐肇元刻本。六册。半頁十行二十一字,四周單邊,白口,雙魚尾。框高 17.2 釐米,寬 12.4 釐米。題"鴛水徐肇元掄三選;周源長荆思、徐起元瀛奇校正"。前有徐嘉炎序。

卷一五言古詩六十首,卷二七言古詩七十三首,卷三至四五言律詩四百二十二首,卷五七言律詩一百八十五首,卷六五言絕句(附五言排律)一百三首,卷七至八七言絕句一百七十七首。又附詞一百八十一首。

徐嘉炎序云:"吾友番禺屈翁山,詩名徧天下,其沒後,單詞斷句,流傳人口者,爭秘篋枕,如蔡中郎之於仲任也。噫,翁山詩之可以不朽者,信足慕乎!翁山少值流離,方袍圓相,走燕秦齊晉諸地,所歷殘墟遺壘,重關古戍,有可概於中者,徘徊憑吊,長歌當哭,識者知其有托而逃。有王將軍者,奇其才,搜訪入幕,妻以妹。遂返初服,理家室,偕隱羅浮山中,購古今異書,倣趙明誠、李清照繙書斗茶事,丹黃粉黛,掩映一堂。又性愛客,四方之鴻生鉅儒,莫不聞風而至,相與晨夕,集聲伎爲樂。或酒酣耳熱,縱談古今興衰治亂、忠孝節烈之事,往往吟情勃發,千言會赴,如泉源出峽,極奔駛之狀,翁山誠足以豪耶……我家從孫掄三兄弟好文,於古今麗典新聲,皆能溯源窮涘,茲選刻翁山詩如干首。"

此爲禁書,《違礙書目》、《清代禁書知見錄》著錄。

此本有扉頁,刊"屈翁山詩集。鴛水徐掄三選。研露齋藏板"。

《中國古籍善本書目》著錄清康熙研露齋刻本,當爲此本。上海圖書館、南京圖書館等十六館,日本東洋文庫也有入藏。

2326　清康熙刻本問山詩文集　　　T5463/1295

《問山文集》八卷《詩集》十卷,清丁煒撰。清康熙希鄴堂刻本。六册。半頁十行二十一字,左右雙邊,白口,單魚尾。《文集》框高 18.4 釐米,寬 13.5 釐米。題"晉江丁煒澹汝撰;太倉黃與堅庭表、上海葉映榴丙霞選"。前有黃與堅序,周燦序,錢澄之序,毛際可序,魏禮序,張汝瑚序。《詩集》框高 18.8 釐米,寬 13.5 釐米。題"晉江丁煒澹汝撰;濟南王士禛貽上、宣城施閏章尚白選"。前有沈荃序,宋琬序,余國柱序,汪琬序,朱彝尊序,錢澄之序,林堯英序,魏禧序,康熙十五年(1676)丁煒自序。末有康熙十九年(1680)丁煒後序。

丁煒,字瞻汝,一字雁水,福建晉江人。順治間,授漳平教諭,累官湖廣按察使。刻意爲詩,力追唐宋諸家,王士禛極稱之。

《文集》卷一序二十七篇,卷二記六篇,卷三書三十二通,卷四傳三篇,卷五祭文六篇,卷六行狀三篇,卷七志銘一篇,卷八襍著十五篇。《詩集》卷一古樂府二十八首,卷二五言古六十九首,卷三七言古三十七首,卷四五言律一百八十九首,卷五七言律二百四十四首,卷六五言排律十六首,卷七七言排律二首,卷八五言絕四十五首,卷九六言絕十三首,卷一〇七言絕九十四首。

丁煒生於名德世家,幼以詩名,壯復厲志古學,以古文稱。蒞政之餘,一無事事,簾閣蕭然,凝塵蔽几,因得優游於文。錢澄之序云:"晉江丁雁水先生,蓋今之讀書人也。出入仕宦,案牘之罅,未嘗一日廢書,又虛懷好士,凡車轍所至,必訪求賢人隱遯之不出者而折節下之,進而坐論,以盡其所長,以叩己所不足。宜乎其理日明而氣日盛也。今讀其文,浩如大河奔注之不可禦也,肅如禮樂之雍頌,鏘鳴璆玉之有節也;韻如幽花怪石種種得所位置也,燦如入瓊玉之圃,耳目眩易,使人應接不暇也。而要旨暢其意中之所欲言,意之所至而文生焉,皆氣爲之也。"

余國柱序云:"客歲冬杪,雁水三年報竣,候補邸舍,出《問山詩集》以行世。其由魯陽而畿輔,由邑宰而部署,約計生平所作不下數千首,今刪者十有七八。大都頌聖明而猶存忠規,感時遇而不傷搖落,選聲調而無香奩之習,出幽峭而絕寒儉之容,純乎風人忠厚和平之旨焉。"

《詩集》編次在康熙十五年,刊刻則在十九年。丁煒自序云:"歷時既久,篇帙散亂,以眎昔年所作,聲情大不相類。今春移病之暇,稍自編次。"又丁煒跋云:"今秋督河役竣,守銓之暇,始自擇數百首,就王貽上侍讀、施尚白侍講論定付梓。"

《文集》有扉頁,刊"問山文集。晉鄴丁澹汝著。希鄴堂藏板"。《詩集》扉頁刊"問山詩集。晉江丁澹汝著。希鄴堂藏板"。希鄴堂者,其家藏書處也,丁煒後序有述及。

《四庫全書總目》未收。《中國古籍善本書目》分開著録,《文集》,清華大學圖書館、泉州市圖書館、中國社會科學院文學研究所有入藏。《詩集》,江西省圖書館也有入藏。另南京圖書館、泉州市圖書館藏《詩集》十卷附《紫雲詞》一卷。

鈐印有"竹添光鴻"、"井井居士珍藏"、"竹沾進一之印",又有"胡□果圖書記"。

館藏有《詩集》複本,二册,唯扉頁所刻略有不同,刊"問山詩集。晉江丁雁水著。希鄴堂藏板"。

2327　清康熙刻本陪集　　T5453/0253

《陪集》十三卷《續陪》四卷,清方中通撰。《文閣詩選》一卷,清陳舜英撰。清康熙刻本。五册。半頁九行二十字,左右雙邊,白口,雙魚尾。框高19.9釐米,寬11.7釐米。題"桐城方中通陪翁著"。《陪古》前有郭林序;方中通撰《凡例》六則;又鈔録、編次、較對姓氏。《陪時》前有范宋序。

方中通,字位白,號陪翁,安徽桐城人。方以智子,隨父宦京邸,克承家學。府學生,考授州同知。於天人律數、音韻六書尤爲研究,著有《數度衍》二十四卷,於九章之外,蒐羅甚富。又有《易經深淺説》、《音韻切衍》等。《清史列傳》卷六八有傳。

此本存十二卷,爲《陪古》三卷、《陪詩》七卷、《陪詞》一卷、《陪時》一卷。佚去《續陪》四卷、《文閣詩選》一卷。又郭林序佚去部分。

《陪古》卷一二十三篇,卷二十五篇,卷三三十六篇。

《陪詩》卷一《迎親集》(壬辰至戊戌,七十二首),卷二《遠游草》(己亥,五十七首),卷三《省親集》(庚子至庚戌,六十首),卷四《惶恐集》(辛亥至癸丑,九十首),卷五《南畝集》(甲寅至壬戌,一百二十九首),卷六《詠史詩》(壬戌冬作,四十八首),卷七《草草集》(癸亥至庚午,一百四十五首)。

《陪詞》四十三首。

《陪時》二十篇。

《四庫全書總目》、《續修四庫全書》未收。《續修四庫全書總目提要(稿本)》著録,但爲《陪翁集》七卷續四卷。《中國古籍善本書目》著録清康熙繼聲堂刻本,中國社會科學院文學研究所有全帙,中國國家圖書館、廣東省中山圖書館、中國科學院圖書館爲不全之本。

鈐印有"梅文鼎印"、"定九"。按,梅文鼎,字定九,號勿庵,篤志嗜古,尤精曆算之學。有《續學堂詩文鈔》。

2328　清康熙刻本西陂類稿　　T5460/3995

《西陂類稿》五十卷,清宋犖撰。清康熙毛扆、宋懷金、高岑刻本。二十册。半頁十行十九字,四周單邊,白口,單魚尾。框高 18.8 釐米,寬 13.7 釐米。題"商丘宋犖牧仲"。前有康熙五十年(1711)陳廷敬總序。題《舊刻詩詞及新編文稿》序內,有王鐸、侯方域《古竹圃稿》序,張自烈《嘉禾堂稿》序,吳偉業《將母樓稿》序,高珩《雙江倡和集》序等。

宋犖,字牧仲,號漫堂,又號西陂,河南商邱人。康熙間,以任子入官,累擢江蘇巡撫,在官持大體,以清節著,官至吏部尚書,加太子少師。犖篤學好古,多與名士往來,如陳廷敬、侯方域、魏禧、汪琬、吳偉業等,交游甚密,以詩歌相酬答。早負盛望,詩與王士禛齊名。淹通典籍,熟悉典故,好收藏,精賞鑒。

卷一《古竹圃稿》、《嘉禾堂稿》、《柳湖草》;卷二《將母樓稿》;卷三《古竹圃續稿》、《都官草》;卷四《雙江倡和集》;卷五《回中集》、《西山倡和詩》;卷六《續都官草》、《海上雜詩》;卷七《漫堂草》、《漫堂倡和詩》;卷八至九《漫堂草》;卷一〇《漫堂草》、《嘯雪集》;卷一一《漫堂草》;卷一二《廬山詩》、《述鹿軒詩》;卷一三《述鹿軒詩》;卷一四《滄浪亭詩》;卷一五《迎鑾集》、《滄浪亭詩》;卷一六《紅橋集》;卷一七《滄浪亭詩》、《迎鑾二集》;卷一八《清德堂詩》、《迎鑾三集》;卷一九至二〇《藤陰酬倡集》;卷二一《樂春園詩》;卷二二《聯句集》;卷二三《楓香詞》;卷二四序;卷二五至二六記;卷二七雜著;卷二八題跋;卷二九尺牘;卷三〇行述;卷三一行述、墓志、祭文;卷三二至三七奏疏;卷三八至三九公移;卷四〇至四二《迎鑾日紀》;卷四三至四四《筠廊偶筆》;卷四五至四六《筠廊二筆》;卷四七至五〇《漫堂年譜》。

犖詩本各自爲集,晚年致仕居西陂,乃手自訂定,彙爲茲帙。陳廷敬序云:"吾友商丘先生,所爲詠歌風雅之文曰某稿某集者,數之凡三十有四,而書奏序記辭令之文稱是焉。於是綜其條貫,列其敘位,次其時月,別其游處,廬其嚮所名者,匯爲全編,名《西陂類稿》。西陂者,舊廬也,是時先生居西陂……先生恬澹寡欲,有超然遠覽之志,自其服膺文獻,紹美前光,學成而仕,游歷中外,常以書卷自隨,晚而彌篤。故其文閎深雋永,尤長於諷諭之言。"

是書之最可讀者,爲《筠廊偶筆》、《二筆》及《漫堂年譜》。犖從事宦游,南臨江淮,北俯碣石,所過名山大川、長林峭壑,無不往探,古今金石之刻、鼎彝之器、經史百家之學,以訖法書名畫,無不採覽。筠廊者,爲犖讀書之處。據犖弟炘序云:"此地舊有小室,四壁陡峻,竹石環繞,暑月每苦烝清涇,人鮮至者。庚戌,余兄自楚黃歸,讀禮之暇,因撤去垣牆,易以梁構,而廊始成。翦其蒙茸,洗其苔蘚,而怪石露、修竹顯,對之翛翛有遠況焉。廊之下可以蔽風雨,其上可以望雲物,以其地多竹,故曰筠廊云。時方溽暑,門無客擾,余兄偃仰其下,涼風四至,爽如清秋,偶追思其生平所見所聞,筆而成帙,名曰《筠廊偶筆》,或志怪如齊諧,或滑稽如曼倩,或廣徵物類,或附載奇文,其足以益人神智、發人深省者不少。"

目錄後,刊"常熟門人毛扆、姪孫懷金、外孫高岑校梓"。

《四庫全書總目》僅收三十九卷本。《中國古籍善本書目》著錄。中國國家圖書館、上海圖書館等三十六館,日本內閣文庫、靜嘉堂文庫、京都大學人文科學研究所、大阪府立圖書館、愛知大學圖書館也有入藏。臺北"國家圖書館"藏有宋犖手定底稿本《西陂類稿》,存五卷(卷三三至三七)。

2329　清康熙刻本蕭亭詩選　　T5463/1337

《蕭亭詩選》六卷,清張實居撰,王士禛批點。清康熙孫元衡刻本。二册。半頁十行二十字,左右雙邊,黑口,單魚尾。框高 17.3 釐米,寬 13.1 釐米。題"鄒平張實居賓公譔;新城王士禎貽上批點"。前有孫元衡序,王士禎序。末有王啓浹後序。

張實居,字蕭亭,一字賓公,山東鄒平人。順治時卜居於大谷,彈琴詠歌以自娛。其性淡泊,樂府古體出入於漢魏之間,得古風詩之遺,律詩則彷彿元白之旨趣,而涵濡以王孟之氣韻。

卷一八十五首,卷二九十四首,卷三一百十一首,卷四八十五首,卷五八十四首,卷六九十五首。卷四《初度詠懷》云:"五十三年一瞬過,文章事業兩嗟跎。平生懃處兼貧病,此日閑來對酒歌。漸覺知心朋舊少,環看遶膝子孫多。忽驚雪色盃中影,兩髩蒼蒼奈老何。"亦可窺其心境一斑。

王士禎序云:"蕭亭古今詩千餘首,樂府古選尤有神解。爲櫽其最者五百餘篇,別爲選集,後世誦其詩者,庶以知其人焉。"

此本爲孫元衡刻。孫序云:"衡服膺先生詩,不敢自私,彙爲六卷,授之梓。"王啓浹後序云:"右詩集六卷,凡爲古今體若干首,舅氏蕭亭先生所著,家司徒公手爲遴選評次,而吾邑令公孫湘南先生捐俸雕版者也。自舅氏爲諸生,習制舉之業,則已旁治古學,尤就風雅,及中年遭逢不偶,家以中落,遯跡山村,自是謝去諸生,相羊泉石,一意著述,平生所著詩不減二千餘篇,秘不示人,惟時就司徒公相與商榷。司徒公夙昔與海內名輩論詩,固不妄嘆,乃尤心折於舅氏,以爲追配古人,輒選其詩五之一,與東癡徐先生合爲二高士詩,藏之篋衍久矣。康熙乙亥以後,舅氏讀書西城別墅,適湘南先生爲令,潔廉精敏,益以經術餘吏事,與舅氏傾盡極歡。一日,見蕭亭詩而擊節,遂捐廉俸,代付剞劂,風義甚高,殆非今人所有。"按,孫元衡,字湘南,康熙中官知東昌府,頗逞才氣,極爲王士禎所稱,有《赤嵌集》。

《四庫全書總目》入集部別集類存目。《中國古籍善本書目》未著錄。按,《蕭亭詩選》有《王漁洋遺書》本,然此本不知與《遺書》本有何不同。

2330 清康熙刻本尺五堂詩刪 T5453/6424

《尺五堂詩刪初刻》六卷《近刻》四卷,清嚴我斯撰。《尺五堂倡和偶刻》六卷,清嚴啓煜等撰。《尺五堂聯珠偶刻》三卷,清嚴啓煜等撰。清康熙刻本。五册。半頁十一行二十字。左右雙邊,黑口,雙魚尾。框高17.5釐米,寬12.9釐米。題"苕上嚴我斯存庵著"。前有康熙五年(1666)魏裔介序(序後有康熙二十九年(1690)嚴我斯跋),康熙十五年(1676)嚴我斯自序。《近刻》前有康熙二十七年(1688)嚴我斯自序。《倡和偶刻》及《聯珠偶刻》題"歸安嚴啓煜玖林"、"歸安嚴啓華蕙細"、"歸安嚴民法儀一"。前有康熙三十八年(1699)高士奇序,嚴允肇序,陳尚古序。

嚴我斯,字就思,號存庵,浙江歸安人。康熙三年進士,殿試一甲第一,授翰林院修撰,歷官禮部左侍郎。立朝端介,絕黨援趨附之席。致仕後,林居十載,杜門謝客,依然寒素,以著述自娛,文章操行爲時所重。年七十余卒。《(光緒)歸安縣志》卷三七有傳。

嚴啓煜,字玖林,號蓼灘,我斯姪。歲貢生,官永康訓導。其詩作皆和平中正,無詰屈奇詭之習。著有《竹香山房詩集》。

《尺五堂詩刪初刻》,爲古今體詩,自康熙三年起,止康熙十五年,共收詩五百七十九首。《近刻》,也爲古今體詩,自康熙十六年起,止康熙二十六年,共收詩四百四十五首。

《初刻》自序云:"余自束髮受書,即喜吟詠,操觚染翰,矢口烏烏。然輒自悔其少作,殘編斷什,隨手散去,故甲辰以前槩置不錄。今冬偶簡篋中所積,復芟去十之二三,得古律詩若干首。"《近刻》自序又云:"余丁巳服,再上長安,形神槁木,枯坐一室中,索居寡儔,硯焚筆禿,每自悔其

1743

少作,余不懲復言詩也。自補官後,儤直周廬筆以從,如典禮巡幸,侍從燕享,凱旋振旅,以及賜賚紀恩,不可以無作。一二素心知好,倡酬寄贈,録別送行,興夫往來行旅,流覽眺望,亦間有作,此予之言詩也。興會所至,情未能忘,輒一搦管,如春鳥秋蟲,候至自鳴……丁卯秋,請假歸里,未幾,伏枕山中。暇日理篋衍,殘編剩句率多遺散,復加芟削,十不存四五,付兒子輩綜成一佚,聊以自娛。"

《倡和偶刻》及《聯珠偶刻》,爲我斯及侄所撰。高士其序云:"令嗣儀一、猶子玖林、蕙緗三君,能讀父書,秉宗伯教,少年蜚聲庠序,文課之餘,花時月候,迭相倡和,各體雄渾俊逸,無美不臻。"嚴允肇序又云:"如玖林、蕙緗,及宗伯季子儀一,尤矯然傑出者也。玖林、蕙緗少孤力學,家貧奔走衣食,宗伯招之讀書家園,偕儀一昆仲揣摩舉業之暇,商榷古今,旁及騷雅,其詩一意宗唐,而浸淫及於魏漢……覽其全稿,美不勝録,姑摘其尤者各數十篇,先付剞劂,以慰雞林之請。"

《四庫全書總目》入集部別集類存目。《中國古籍善本書目》著録,南京圖書館、湖北省圖書館等四館,日本內閣文庫、大阪府立圖書館也有入藏,但皆無《倡和偶刻》三卷及《聯珠偶刻》三卷。按,南京圖書館等所藏作"清康熙二十七年刻本",不確。

2331　清康熙刻本懷園集李杜詩　　T5463/5040

《懷園集杜詩》八卷《集李詩》八卷,清車萬育撰。清康熙車萬育自刻本。六冊。半頁八行十八字,四周雙邊,白口,單魚尾。框高19.1釐米,寬11.6釐米。題"南楚車萬育著"。前有康熙二十七年(1688)熊賜履序,康熙二十八年(1689)車萬育自序,康熙三十三年(1694)何采序,康熙三十三年吳嵩序。

車萬育,字鶴田,湖南邵陽人。康熙三年進士。少貧,燃松讀書。中進士後,選庶吉士,授戶科給事中。在諫垣二十餘年,拒請謁,發積弊,當路嚴憚之。學問賅博,善書。有《螢照堂明代法書石刻》十卷、《歷代君臣交警録》百卷、《奏疏》十卷等。《(光緒)邵陽縣志》卷九有傳。

《集杜詩》,卷一至二五言古五十六首,卷三七言古二十首,卷四至五五言律一百三十一首,卷六七言律四十一首,卷七五言絕九十七首,卷八七言絕六十六首。

《集李詩》,卷一至二五言古七十三首,卷三七言古三十首,卷四至五五言律一百二十一首,卷六七言律十首,卷七五言絕九十七首,卷八七言絕三十七首。

萬育早年攻帖括文字,眠食俱廢,臨池學習,寒暑兩忘。復肆力於詩,風格不減盛唐。嘗云,今人一字一句,即百思而出,實皆古人之唾餘,未免勦襲雷同病。於是摘古人成句,出自己新裁,先集杜詩,再集李詩。或即事屬詞,或因人贈答,或托物感興,搜其傳神肖影之句,以構珠聯璧合之章。

熊賜履序云:"吾友車子敏州,有見於此,盡焚棄素所吟詠不存,意興所同,則惟取杜句而集之,以見己意,合諸體得如干首。"車萬育自序云:"余十齡,即解作詩,句讀之暇,猶喜誦杜詩,先人以妨舉子業切戒止之。既釋褐,見家昆輩時有吟詠,不覺技癢,集數十年,幾至千首,同人謬爲許可,勸其災棗。偶一檢閱,兄弟相顧大笑,曰詩之一道,真難言矣,佶倔聱牙故爲脫異,則失之杜撰;步趨繩墨稍見清新,又失之勦襲。一開口,一舉筆,皆昔人所已言者,尚忍言詩哉!邇年來,既厭棄此道,絕口不言,然未免有情,而境亦時相觸發。與其添換成章,仍蹈翼曰,不若用其全句,寫我心情。於是興之所至,輒集杜句,先後共得各體詩若干首。初以無甚難事,乃拈一題,殫精竭慮爲之,有得句而意義不屬者,有中相連而首尾不相貫者,有起結合拍而同韻失粘或出一篇者,竟日不能成一首,難則難矣,而杜撰勦襲之病,吾知免矣。"

《集杜詩》成於康熙二十八年,《集李詩》成於康熙三十三年。《集杜詩》早付剞劂,何采序云:"吾友敏州先生……挺太白之才,嚴子美之律,比來復工集句,自成一家。集杜詩已行世,今又集李詩若干篇,借古人性情用攄己意,挽斯世風氣直接唐音。如剖璞必籍玉人施磨礱而後潤,範金必待良冶加錘煉而始精。解牛化蝶,物我兩忘,觀止矣。"吳嵩序也云:"其集杜詩早付剞劂,人事膾炙之,茲集李詩將並出以問世。"

此本有扉頁,刊"李杜詩集合選。懷園藏板"。

《四庫全書總目》未收。《中國古籍善本書目》著錄,中國國家圖書館、湖北省圖書館等六館也有入藏。

鈐印有"臼田氏樂壽山房藏書之記"。

2332　清雍正刻本抱犢山房集　　　　　　　　　　　　　　T5463/2732

《抱犢山房集》六卷,清嵇永仁撰。清雍正刻本。二册。半頁九行十九字,左右雙邊,黑口,單魚尾。框高18.1釐米,寬13.5釐米。題"梁谿嵇永仁留山著"。前有康熙五十七年(1718)范時崇序;雍正元年(1723)張伯行撰《嵇留山先生傳》;康熙四十七年(1708)勅命並部議;旌節錄;陳琰撰《殉難三義士合傳》;秦松齡撰《嵇留山先生墓表》。

嵇永仁,字留山,號抱犢山農,無錫人。少就學吳郡,補郡諸生,尚氣節,以經濟自命。諸當事聞其名,多於延致,後入范承謨幕。范擢閩督,時耿精忠叛,范及永仁同被拘繫,承謨遇害,永仁亦死難,年僅四十。

卷一《吉吉吟》,卷二《百苦吟》,卷三《和淚譜》,卷四《雜詩》(葭秋堂舊刻),卷五《雜文》(竹林集舊刻),卷六《附刻同難二先生詩文》。

永仁著述多散佚,有絕句百首、樂府若干卷傳於世,蓋在獄時所作。陳琰撰其傳云:"又假他事紿公(范承謨),幽閉密室,復下君等於獄,迫之降,以引公降。君怒罵不絕口,曰:吾輩惟有一死,以報知己耳。因作百苦吟、續離騷、樂府。守者防閑至密,紙筆禁弗通。君燒炭畫於壁,夜燃火照壁上字,淋漓飛動,朗吟數過,復自歌其樂府,擊節欷歔,如猿啼,如鶴唳,不自知聲淚之俱下也……丙辰九月十七日,聞范公被害,君痛哭自誓曰,此時不從,亡將何待,遂自經死,年甫四十。"

此集乃永仁子曾筠,苦心訪求而得之於閩人潘宗祉,並經重編。范時崇序云:"曾筠苦志訪求先生手澤者二十年,甲申夏,躡蹻赴閩,採訪寅卯間已事,欲以廣求先生遺草。幸夫予孤忠不使湮没,博士潘宗祉出《抱犢山房集》,手歸曾筠,具道先生臨難前授其婦翁林能任,轉相屬以待先生之後人。今曾筠能求遺集於數千里外,而博士不以存亡負翁託,可謂難矣。"

此本有扉頁,刊"抱犢山房集"。

《四庫全書總目》入集部別集類。《中國古籍善本書目》著錄。上海圖書館、南京圖書館等十六館,日本靜嘉堂文庫也有入藏。

2333　清康熙刻本竹園類輯　　　　　　　　　　　　　　　　T5446/2936

《竹園類輯》十卷,清朱鴻瞻撰、錢肅楷等輯。清康熙朱氏綠竹軒刻曾孫模等重印本。八册。半頁九行二十字,左右雙邊,白口,單魚尾。框高 17.2 釐米,寬 12.1 釐米。題"襄平宋念蓼先生鑒定;瑞安朱鴻瞻表民甫著;門人同編類蒐輯"。前有康熙四十三年(1704)靳讓序,康熙二十六年(1687)宋鴻序,康熙二十七年(1688)陸象震序,康熙二十九年(1690)朱鴻瞻自序;錢肅楷跋;類輯姓氏。

朱鴻瞻,字表民,號默齋,浙江瑞安人。康熙十年貢生,授宣平司訓。精研性理,學有心得,尤熟於史,所論說皆古人治要。詩格亦高古。又著有《學庸講文》、《四書字解》、《太極圖說》、《通書淺說》。《(嘉慶)瑞安縣志》卷八《文苑》有傳。

卷一《理學類》,卷二《典禮類》,卷三《政治類》,卷四《風教類》,卷五《史斷類》,卷六《時變類》,卷七《孝慈類》,卷八《慶唁類》,卷九《雜著類》並《補遺》,卷十《詩類》。

宋鴻序云:"茲其門人復爲之梓詩文十卷,編類蒐輯,不遺餘力。予爲即其所編類目之名,而循名以求其實,無一不如其名之所命。曰理學、曰典禮,則發明窾要,豁人雙眸也。曰政治、曰風教,則起可施行,洵有裨益也。曰史斷,則論定千古,法戒具昭也。曰孝慈,則藹乎至誠而惻怛也。曰慶唁,則與人不苟,言皆不妄也。然則表民朱氏之文,其不爲託而僞也矣,抑不唯不僞而已,且不安於所見之偏而畔乎道,殆足以排百家而衛六經矣。"

此本爲鴻瞻門人錢肅楷等編。鴻瞻屋邑西南隅,蒔有綠竹,取有斐及睟盎髦而好學之義,顏其門曰綠竹書院。從其游者,悉講習其中,往還不倦。始自順治十一年(1654),歷三十餘年。肅楷跋云:"先生詩文日積益富,然先生未嘗自爲區類,詮經評史之章或藏篋笥,其他序記志銘之類,付之於人,亦未嘗自勤輯錄也。康熙丁卯,邑大夫纂修邑志,先生暨同志珥筆館中,以藝文志自唐宋至今,美不勝收,爰立類以限之。若理學、若政治、若風教,悉屏浮麗,而有裨於邑人之觀省。吾黨從旁竊觀,嘆曰:是其爲類,非我先生文足以實之哉!雖然,先生文豈能一二盡哉?於是相與謀取先生詩文,自壽梨棗。編法倣新志而損益其類,請於先生,強而後可。區類者、蒐輯者,同門各職乃事云。"

鴻瞻爲宣平司訓,時在康熙二十八年(1689),年已登七十,髮蒼蒼,視茫茫,步履微艱,其在宣平不及一年即乞休。鴻瞻詩文,據靳讓序云:"其論斷也,不狃於俗,務衷於理見。其詩賦也,感物而形,都存真趣。其志誄序傳也,各本其人之生平,不肯諛墓,不肯附炎,直筆溢於言辭之表。其闡明濂洛關閩諸先儒也,不墮陸子之僻,必擯陽明之謬,是猶唐之昌黎、元之魯齋、明之文清,而毅然爲吾道之藩籬也。惜當遲暮之年,莫遂講學之志。"

此本有扉頁,刊"安固朱默齋文集。襄平宋念蓼先生鑒定。綠竹軒梓"。并鈐有瑞安縣官印。類輯姓氏計七十五人。姓氏末又刊"孫宗元、象南同輯;曾孫模、夏、圉,元孫正煥、正泮重梓"三行。按"同輯"、"重梓"之人名字體與前有異,顯爲後人重印時補刻添加。重梓者,非也。

《四庫全書總目》、《續修四庫全書總目提要(稿本)》、《中國古籍善本書目》、《臺灣公藏善本書目》、《中國科學院圖書館藏中文古籍善本書目》、《日本現存清人文集目錄》未著錄。

2334 清康熙刻本渠亭山人半部稿   T9117/1328

《渠亭山人半部稿》五卷,清張貞撰。清康熙刻後印本。八册。康熙三十年(1691)王士禛序,高珩序;張杞園先生小像並自題。

張貞,字起元,號杞園,山東安丘人。康熙十一年拔貢,官翰林院孔目。十八年薦舉博學鴻詞,以憂不赴。刻苦好學,博覽群書,尤工古文,遨游四方,時與海內名流,揚今搉古,一時稱文章巨手。事母孝,尤敦内行,母以節著,貞克承母志,以光父業。史館缺員,以待詔用,亦不就,退居杞城,日以著述爲事。嘗游施閏章之門,與王士禛爲莫逆,王垂老猶求貞定其文,亦手定貞文。《清史列傳·文苑傳》卷七〇、《顏氏家藏尺牘》"姓氏考"有傳。

《渠亭文稿》一卷,半頁九行十九字,左右雙邊,黑口,雙魚尾。框高 18.4 釐米,寬 13.3 釐米。題"安丘張貞起元"。前有康熙二十八年張貞自序。序六篇、記九篇、紀行一篇、説一篇、表一篇、書一通、碑一篇、傳四篇、墓表二篇、墓志銘七篇、行狀五篇、哀辭一篇、誄一篇、祭文一篇、書事一篇、贊三首、銘二篇、題跋十二篇。

《或語》一卷,半頁九行十八字,左右雙邊,白口,無魚尾。框高 17.6 釐米,寬 12.8 釐米。題"杞人張貞造"。前有康熙三十二年宋犖序,金德純序,徐文駒序,康熙三十二年李澄中序,康熙三十二年張貞自序;程遂、余懷等十四人題辭。序九篇、題辭三篇、記十篇、題名七篇、書事二篇、傳六篇、墓碑一篇、墓表一篇、墓志銘六篇、行狀一篇、贊四首、銘三篇、雜著一篇、題跋八篇。

《潛洲集》一卷,半頁九行十八字,左右雙邊,綫黑口,單魚尾。框高 18.1 釐米,寬 12.8 釐米。書口下刻"峽雲籠"。題"青社張貞字起元"。前有王士禛序,張遠序,王源序,安篔序;康熙三十六年張貞跋。序十一篇、壽序三篇、記九篇、傳一篇、墓志銘六篇、墓表四篇、墓碣二篇、行狀三篇、贊三首、銘一篇、祭文一篇、説一篇、議一篇、題跋十四篇。

《娛老集》一卷,半頁九行十八字,左右雙邊,白口,無魚尾。框高 17.8 釐米,寬 12.7 釐米。書口下刻"續夢堂"。題"河東張貞杞園"。前有康熙四十七年張貞自序。序十篇、記七篇、志一篇、傳二篇、墓表五篇、墓志銘三篇、行狀三篇、贊二首、銘七篇、議一篇、雜著一篇、題跋二十一篇。

《遺稿》一卷,半頁九行十八字,左右雙邊,白口,無魚尾。框高 17.8 釐米,寬 12.8 釐米。書口下刻"續夢堂"。序四篇、記一篇、傳一篇、墓表一篇、墓志銘一篇、贊一首、銘五篇、約一篇、題跋二篇。

王士禛序云:"安丘張君杞園,與吾弱冠定交青州,餘三十年而不變,詩云'風雨如晦,雞鳴不已',君寔有之。君博雅,能鑒別書畫古鼎彝之屬,精金石篆刻。閒歲出游吴越,不通鈴下,與高士名僧邂逅山水間,觴詠以爲樂。既而購書千百卷,果然以歸。君之人若此,其爲文亦如之,所謂勁而不詭,舒而不俗。向求之數十年而未見者。"

此本有扉頁,刻"渠亭山人半部稿";"或語集。辛未冬日書爲圜叟先生,谷口鄭篔";"潛洲集";"娛老集"。"真"字避帝諱。

《四庫全書總目》僅著録貞《杞紀》,而不及此書。《續修四庫全書》、《續修四庫全書總目提要(稿本)》未收。《中國叢書綜録》著録。《中國古籍善本書目》著録,首都圖書館、浙江圖書館等十二館亦有入藏。

2335 清康熙刻後印本儲遯庵文集　　　　　　T5460/2600.2

《儲遯庵文集》十二卷附録一卷,清儲方慶撰。清康熙四十一年(1702)儲右文等刻後印本。六册。半頁九行二十字,左右雙邊,白口,單魚尾。框高 20 釐米,寬 13.9 釐米。題"宜興儲方慶廣期著、叔欣同人評"。前有康熙五十二年(1713)李光地序,趙申喬序,宋犖序,康熙四十一年邵長蘅序,蔡廷治序,康熙四十年(1701)儲欣序。

儲方慶,號遯庵,江蘇宜興人。康熙六年進士。七歲五經成誦,八歲抱至督學前與試,號奇童。三十四歲舉江南榜第一。授山西清源縣知縣,封文林郎。生於崇禎六年,卒於康熙二十二年,年五十一。

卷一書十三通,卷二序十六篇,卷三記、傳、志銘、行狀元十二篇,卷四論十篇,卷五議十四篇,卷六試策、表七篇,卷七擬策十二篇,卷八雜著十五篇,卷九賦三篇,卷一〇詩(丁未至壬子)七十七首,卷一一詩(癸丑至丙辰)三十六首,卷一二詩(丁巳至己未)一百十九首。附錄爲本傳、魏象樞撰墓志銘。

儲欣序云:"廣期爲諸生,即特立不詭隨,通籍後,士大夫相投契者,獨山西魏公環溪一人,士人則傅青主、姜西溟,餘皆如鑿枘之不相入,此其耿介絶俗之性,適足以大害仕途,使跋前躓尾,而古文則引日上,卓然成一家之書。茲集諸體畢登,尤長於議論,高處逼晁家令,下亦紆餘穿透,有潁濱遺老之風。敘事文次之,然當其得意恣睢,突然入司馬氏之室者,亦往往而有。詩工力不深,然較之明允、子固,又若差勝。"

是書乃方慶長子右文等所刻。宋犖序云:"君卒後,長子孝廉右文率諸弟,纂君遺文十二卷,鋟諸梨。"趙申喬序也云:"歿後二十年,嗣君素田昆仲彙其散文暨詩,共若干卷,版行於世。"

此本扉頁鈐黑色木記:"本坊精選新舊足冊好板書籍,倘有殘篇短缺,認明興賢堂書鋪唐少村無誤。"按,唐少村乃金陵書林中人,曾刻有《楚辭集解》不分卷《蒙引》一卷《考異》一卷,時間約在萬曆至明末。此扉頁並非原刻,當系後人從他處移來,訂在序文前。

《四庫全書總目》未收。《中國古籍善本書目》著錄,中國國家圖書館、浙江圖書館等五館也有入藏。

鈐印有"蔣印業晉"、"紹初"。

2336　清乾隆刻本恭愨公蘭堂遺稿　T5466/1184

《恭愨公蘭堂遺稿》二卷,清孔毓圻撰,孔繼汾、孔繼涑輯。清乾隆九年(1744)孔繼汾、孔繼涑刻本。二冊。半頁九行十九字,左右雙邊,黑口,雙魚尾。框高17.3釐米,寬12釐米。題"太子少師光祿大夫襲封衍聖公孔毓圻鐘在著;孫繼汾、涑編輯"。前有乾隆九年(1744)張照序,乾隆十一年(1746)陳邦彥序。王鴻緒撰《恭愨公傳》。末有乾隆九年孔繼汾及孔繼涑跋。

孔毓圻,字鐘在,又字翊宸,別號蘭堂,山東曲阜人。孔子六十七世孫,康熙七年九歲襲封衍聖公。賦性仁慈,爲人純篤質實,胸中不設城府,寬和樂易,從無疾言遽色。學則不言而躬行,於先儒理義之説,默識領取,一以躬行爲主,不必炫於聲華。居常爲詩詞古文,學贍才敏,別有旨趣,然深自韜晦,不肯與時下爭名。喜作擘窠書,工畫蘭竹,人得其片紙,皆藏弆以爲榮。康熙九年誥封光祿大夫,十四年加太子少師。卒諡恭愨。

卷上二十四首,卷下四十七首。

張照序云:"公入都朝覲,而彤弓湛露,恩禮有加,如是者五十餘年。退而與在朝公卿遊,公神采焕發,見者莫不傾倒,往來贈答無虛時。至於海内知名士,靡不爭出其門下,且闕里之堂、東山泗水之勝,天下所仰望,如閬苑蓬壺之不可到,而公躬爲聖胄,實生長而遊覽於斯焉,凡若此者,公之詩所爲作也。公於古人之詩無所不覽,而究未嘗執一家,興之所發,形諸吟咏,洋洋灑灑,不自覺其文生乎情,情生乎文,如化工之肖物,極其變態,皆出自然。故其流連光景,感時觸物也,有如乎風;其高朋醻倡,釃酒言歡也,有如乎雅;其述祖德而紀君恩也,有如乎頌。"

毓圻生平沉浸於古,鎔經鑄史之餘,詠歌不輟。然其詩不自存稿,嘗謂無實學而刻詩文者,盗虚聲耳。其詩文成,即焚棄其稿,不許人流傳。此本凡近體詩七十一首,其家藏者七首,其餘得之戚故投贈者半,賓朋傳誦者半。毓圻孫繼汾跋云:"草削不可復見,而生平與戚故投贈之篇及賓朋傳誦之什尚可就訪也。於是備極搜尋,無處弗到,幸得近體詩六十四首,合前詩爲七十一首。吁!以先恭愨公六十年之吟咏,所存不滿百篇,是存者無幾,而不存者不可勝紀矣。不亦悲夫!……今與弟涑敬編次之,分爲二卷,壽之梨棗,爲後學立楷模。"又據繼涑跋,於親戚故舊常所往來者搜羅,多爲扇頭、縑素或屏幛畫卷中所得。

《四庫全書總目》未收。《中國古籍善本書目》未著録。

鈐印有"孔氏家藏"。書品極好,觸手如新,書頗難得。

2337　清康熙刻本百尺梧桐閣集　T5463/3140

《百尺梧桐閣集詩》十六卷《文》八卷,清汪懋麟撰。清康熙十七年(1678)自刻增修本。七册。半頁十一行二十字,四周雙邊,黑口,雙魚尾。框高 17.9 釐米,寬 13.2 釐米。題"揚州汪懋麟"。前有計東序,康熙十七年徐乾學序;康熙十七年汪懋麟撰《凡例》七則。《文》前有康熙十七年杜濬序,汪懋麟自序,康熙五十四年(1715)汪荃序。

汪懋麟,字季用,後更號蛟門,江蘇江都人。生於崇禎十三年,卒於康熙二十七年。康熙二年舉鄉試,六年成進士,授内閣中書。每入直,必攜書數册,公事畢,輒竟放展讀,由是學日益博,詩文日益有名。舉博學鴻詞,以刑部主事入史館,充纂修官與修《明史》,著史傳若干篇,補《崇禎實録》若干卷。越三年,補刑部,能辦疑獄,發奸摘伏,爲時人所稱。

詩十六卷,皆爲古今體詩,計卷一五十四首,卷二四十九首,卷三四十五首,卷四五十七首,卷五八十三首,卷六五十四首,卷七一百八首,卷九八十一首,卷一〇一百八首,卷一一八十九首,卷一二五十八首,卷一三五十四首,卷一四九十六首,卷一五九十九首,卷一六一百三十九首。

懋麟幼穎異殊常兒,聰明豪達,篤志經史,曾受業於王士禛。其詩才雋異,與汪揖齊名。初年沉酣於唐調,中年變化於宋元,詩不專一體,不學一人,作詩慷慨而深沉。王士禛《汪比部傳》云:君詩才票姚跌蕩,其師法則退之、子瞻兩家而侍出新意。稱詩輦下,與田綸霞、宋牧仲、曹頌嘉、丁澹汝、王幼華、顏修來、曹升六、謝千仞、葉井叔相倡和,人稱十子。其詩集計收康熙元年至十七年詩一千二百九十首,僅其所作十之四五,皆懋麟奔走南北,觸緒寫懷之作,於詩中可窺其根柢之深,於昌黎、香山、東坡、放翁各家均有所取。

徐乾學序云:"蛟門海内才傑士也,於學無所不窺,下筆妙天下,而尤長於詩。家於廣陵,當舟車之衝口,與四方賢豪相應和。江潮湖波,上下吞吐,故其詩雄爽而激發。來官京師,入直綸閣,掌故章程,靡不練習,故其詩典實而舂容。兵興多事,慨然有聞警枕戈之志,奉諱廬居,銜悲風木,忠孝至性,鬱積於中,故其詩愾慨而深沉。讀其詩,知爲博大之才,經世之器。"

文八卷,卷一書八首,卷二序四十九首,卷三記二十六首,卷四書後二首、跋九首,卷五傳十三首、墓志銘八首、墓表一首、碑陰二首,卷六雜文四首,卷七祭文十四首,卷八行狀三首。

懋麟於古文獨喜王介甫,古文詞峭刻豪宕,一掃公家言。杜濬序云:"君集文章第一,詩二,詞三。二與三對文章言之,若孤行仍不妨第一也。"懋麟文法歐、曾,詩合唐宋爲一爐,不愧爲清初著名詩文家。

《文集》爲懋麟姪荃於康熙五十四年所刻,時懋麟已故去二十餘年。荃序云:"公歿已二十餘年,遺稿詩十卷,今年始得鐫其殘編。古文有史論若干篇,公臨終尚拳拳於口,迄無人可託以此事。舊刻文集，逐篇續累，竟未成編。予茲勉力續刻數篇，釐爲八卷。卷以體分，如書、如序、如記，不拘其數之多少，而各成一卷焉。"

此本有扉頁，刊"百尺梧桐閣全集。汪蛟門先生著。詩十六卷、古文八卷、詞一冊、遺縈詩十卷。遺縈古文詞嗣出"。

《四庫全書總目》入集部別集類存目。《中國古籍善本書目》著錄，天津圖書館、中山圖書館等六館，以及美國國會圖書館、日本京都大學人文科學研究所也有入藏。1980年，上海古籍出版社曾以北京大學圖書館藏本影印（附錦瑟詞）。

2338　清康熙刻本百尺梧桐閣遺稿　　T5463/3140

《百尺梧桐閣遺稿》十卷，清汪懋麟撰。清康熙五十四年(1715)汪文著瞻芑堂刻本。一冊。半頁十行十九字，四周單邊，白口，雙魚尾。框高17.5釐米，寬12.9釐米。題"江都汪懋麟蛟門"。前有康熙二十八年(1689)顧圖河序，康熙三十九年(1700)宋犖序，康熙四十九年(1710)汪荃序，康熙五十四年費錫璜序，康熙五十四年汪文著序；王士禎撰《比部汪蛟門傳》。

是集爲遺稿，計十卷，收作者一生最後十年詩，即康熙十八年至二十七年所作，共二百五十首。

懋麟早年之詩，才華絢爛，晚年歸里後，省愆學道，其詩即老筆幽懷，氣味深永。此集爲其姪荃所編，荃序云："季父蛟門公所著《百尺梧桐閣集》，板行於世數十年。其未刻之詩，自己未歲始，至戊辰歲四月止，共十卷。公没之日，屬顧先生書宣校勘付鐫。顧先生旋掇巍科，請假家居，與余商其事於巡撫都御史商丘宋公，宋公慨然爲之序，並留鈔本，意頗慾爲故人彫鏤，會內擢奉命入京，未果。家間所藏，祇一草本，無副藁，遠近索觀者甚衆，致有舛失，幸未多。余頃歸自京師，收拾殘缺，略去數目，仍編年爲十卷，遂於暑中揮汗手録選定。去年在京師見商丘公令嗣山言先生，已屢索鈔本，蒙允檢還，而余匆匆回，未及崟待。然此十卷中，前六卷失去者不十之一二，而十失三四者後四卷也。"

此本乃懋麟姪汪文著所刻。費錫璜序云："先生有未刻詩十卷，藏其兄子民長所，民長手所録定，世未嘗見。錫璜過民長齋，出此共讀之，則驚怪而嘆其未有鋟本。以語汪生義尚，義尚慨然曰，先生與先君兄弟友善，余雖未及親炙先生，然素慕先生風，遺稿，余之責也，遂鳩工鐫刻，於是蛟門先生集始爲全觀。"

此本扉頁佚去。中國國家圖書館藏本有扉頁，刊"百尺梧桐閣遺藁。汪蛟門先生著。瞻芑堂藏板"。1980年上海古籍出版社曾據國家圖書館藏本影印。

《四庫全書總目》未收。《中國古籍善本數目》著錄，中國國家圖書館、四川省圖書館等五館也有入藏。

2339　清乾隆刻本趙恭毅公剩稿　　T5463/4852A

《趙恭毅公剩稿》八卷，清趙申喬撰。《趙裘萼公剩稿》四卷，清趙熊詔撰。清乾隆二年(1737)趙侗敦刻五十七年(1792)趙懷玉修補印本。六冊。半頁十二行二十四字，四周雙邊，黑口，雙魚尾。框高20.2釐米，寬13.9釐米。題"孫男侗敦謹編"前有乾隆二年李紱序，乾隆三年(1738)張廷璐序，乾隆四年(1739)徐本序，乾隆六年(1741)德沛序；趙侗敦撰《凡例》四則。

目錄後有趙申喬像並劉於義像贊。《趙裘萼公剩稿》題"男侗敦謹編"。目錄後有乾隆二年趙侗敦跋,又有趙熊詔像並楊超曾像贊。末有乾隆五十七年趙懷玉跋。

趙申喬,字慎旃,江蘇武進人。康熙九年進士,授商丘知縣、刑部主事,累擢浙江布政使,革南糧口袋及藩司陋規,遷巡撫,官至户部尚書。卒謚恭毅。

趙熊詔,字侯赤,一字裘萼,申喬子。康熙四十八年進士,以一甲第一人授修撰。後以大臣子效力西陲,人服其才守。以父憂歸,哀毁卒。生平篤恩義,工詩文。通籍後,肆力天文句股之學。

是書題"剩稿",乃因所著多散佚不存。申喬卒後逾二十年,其孫浙江按察司副使侗敦始搜輯遺文,並付之梓。其卷一至三奏疏一百十篇、議七篇;卷四序六篇、記十二篇、志銘三篇、行述二篇;卷五詳文二十篇、咨文十七篇;卷六告示二十道、牌檄三十九道;卷七批詳一百二十三篇;卷八雜文十三篇、哀辭一篇、策問十二道、書六通、呈文九道、示誡一篇、書後三篇、詩四十三首、對聯七副。

申喬爲康熙間名臣,功業見於章奏,性情發於詩文,然多有關名教者。徐本序云:"公少警語,下筆不少休,既從仕,中外一切奏章、符檄文告、叢萃填委,皆手自裁決,周悉物情。至平時記序銘贊等,非有關於彝教,則謝不爲,爲則皆其可傳者。"其前後歷官三十餘年,由縣令起家至大司農,未嘗延一幕客,亦絶不假手吏胥,一切兵刑錢簿,皆親自裁決。

《趙裘萼公剩稿》,卷一奏摺五章、呈一首、賦二首、頌一首、序六篇、碑記三篇、跋四篇、贊七首、論二篇;卷二行述一篇、祭文八篇;卷三辛酉至戊子詩二百十三首;卷四己丑至庚子詩一百九十八首。

侗敦跋云:"先大夫髫年握管,治舉子業而外,旁及詩古文詞,每有所作,援筆立就,雖不甚點竄,而要皆起草,日積月累,動輒成束。辛巳以後,隨侍先恭毅往來楚越間,奚囊書籯纍纍如也。洎乎供奉內廷,從戎西徼,與當代名公冢卿分鑣並駕。凡所以詠歌聖朝之德業、紀載山川之土風、應接士大夫之慶弔,並或序一事、賦一物、刻劃風雲草木之奇、彫繪鳥獸蟲魚之態,有動於中,則時時間作。總計數十年來,詩文全集,雖學力不齊,體格屢變,然皆一時興會所寄。每欲見一餘閑,流覽前後諸作,簡拔而編次之,出以問世,乃中道捐館,遂不暇及,而筐篋所攜,多散京邸,其家間故紙又半被六丁收去。今敦搜括於灰燼之餘,羅致於別見之稿,竭力薈萃,不過存什一於千百,又奚忍隻字捨置以增餘恫耶?爰略叙年月,概存前後諸作,間有缺訛,不補不改,釐爲四卷,以附恭毅公剩稿之後。"

此爲趙懷玉修補印本,懷玉跋云:"先祖(侗敦)歸田後,版貯賜經堂別宅,宅爲從兄韋玉所居。從兄存時,世父暨家君嘗議命吾兩人檢校,蹉跎未果。今年夏,懷玉將有北行,始與弟球玉一一理之,殘闕難讀者,共三萬三千餘字,亟命梓人補修,重爲染紙,以廣其傳於世。"懷玉,字億孫,一字味辛,乾隆舉人,官登州知府,工詩。

《四庫全書總目》入集部別集類存目。《中國古籍善本書目》著録,上海圖書館、湖南圖書館等十一館也有入藏。

館藏有複本一部,五册。闕徐本、德沛序及趙懷玉跋,但有扉頁,刊"武進趙恭毅公剩藁。裘萼公剩藁附"。鈐印有"退一居珍藏印"。

2340　清乾隆刻本已畦詩集

T5460/4994

《已畦詩集》十卷《詩集殘餘》一卷,清葉燮撰。清乾隆二十八年(1763)葉氏二棄草堂重刻本。四册。半頁十行十九字,四周雙邊,白口,單魚尾,書口下刊"二棄草堂"。框高 18.1 釐米,寬 13.2 釐米。題"吳江葉燮星期"。前有乾隆二十八年沈德潛補刻序,康熙二十五年(1686)張玉書序,康熙二十三年(1684)曹溶序。序後有參校姓氏並重修參校姓氏。

葉燮,字星期,江蘇吳江人。康熙九年進士,自幼能詩古文,其詩務為驚人語,以杜、韓、蘇為宗,其古文宗大蘇。康熙十四年,選知揚州寶應縣。性簡傲,不能事上官,不二年被劾歸,攜家入吳之橫山,築小園,顏曰"獨立蒼茫處",又顏其草堂曰"二棄",著述其中。《(乾隆)吳江縣志》卷三二有傳。

葉燮有《已畦集》二十二卷《原詩》四卷《詩集》十卷《詩集殘餘》一卷附《午夢堂詩鈔》三種,清康熙葉氏二棄堂刻本,此本嘗為其中之部分,並於乾隆二十八年葉氏重刻。據沈德潛序云:"先生所自為詩,務拔奇於尋常,藝林之外,意必正也,辭必警也,氣必盛也,徑必染而韻必流、神必行也。而規格器局,一歸於正大高明,與鯨碧海巨仞摩天,萬斛原泉隨地湧出之旨遙相印合,斯為已畦先生之詩也……舊時鎸版,閱歲既久,漸多遺失,存者間有字畫磨滅,今曾孫昭九、玄孫叔蕃訪求原本,重為補刻,而先生詩集煥然聿新。"

此本有扉頁,刊"已畦詩集。受業沈歸愚參定。乾隆癸未孟冬重鎸。葉衙藏板"。鈐有"二棄草堂"印。

《四庫全書總目》有《已畦集》二十一卷《原詩》四卷,入集部別集類存目。《中國古籍善本數目》著錄清康熙刻原本,中國國家圖書館、陝西省圖書館、中國科學院圖書館有全帙。又日本內閣文庫所藏亦康熙刻全帙。

2341　清康熙刻本有懷堂詩文稿

T5463/4548

《有懷堂詩稿》六卷《文稿》二十二卷,清韓菼撰。清康熙四十二年(1703)刻本。六册。半頁十一行二十一字,四周雙邊,白口,單魚尾。框高 19.3 釐米,寬 13.2 釐米。《詩集》前有康熙四十二年韓菼自序。《文稿》前有康熙四十二年韓菼自序。

韓菼,字元少,別字慕廬,江蘇長洲人。康熙十二年進士,會試、殿試皆第一,由修撰累官禮部尚書。在官持論侃侃,不為兩可之説。性恬曠,好山水,暇則徜徉泉石間,點勘經史,以文章名世。乾隆三十年卒,賜諡文懿。

《詩稿》卷一《蹢躅集》九十一首,卷二至三《歸愚集》一百四十九首,卷四《病坊集》九十一首,卷五至六《擊迷集》一百七十二首。

韓菼自序云:"余自通仕籍,日浮湛館局,無江山之勝以發其奇壯之氣,無民社之寄以吐閭閻樂苦、吏治勤胥之情狀,又幸無遷謫之窮、征役之勞,以迫其憂愁鬱結,況瘁而寫其所難言,妄有比興而寓諷諭,不敢也,而所無以自解者……驅染煙墨,多牽率酬應,正變大趣,其中無有秦灰是宜,而猶迷燕石,姑存什之四五,藏諸家塾,以示子孫,使知我之所未足者,以求進於斯可也。"

《文稿》卷一頌三篇,卷二至六序八十七篇,卷七論十篇,卷八記十三篇,卷九至一〇制草四十六篇,卷一一表、疏、摺子、議十八篇,卷一二策問十六通,卷一三傳七篇,卷一四碑九篇,卷一五至一六墓誌銘二十三篇,卷一七至一九行狀八篇,卷二〇墓表五篇,卷二一祭文十一篇,卷二二雜文三十一篇。

菼以制藝著名,其古文法度嚴謹,凡安章宅句皆刻意研削,然不能脫然於畦封。五十以後,决意假歸,不復出,課讀《十三經注疏》、《二十一史》,希冀有所發明。其自序云:"今此二十余卷者,本應焚棄,顧硜硜之性,雖復酬應,亦頗不苟,俌規矩而改錯不敢也,橅仿剽竊不爲也。"

此本有扉頁,刊"有懷堂詩文集。康熙四十二年鎸。本衙藏板"。

《四庫全書總目》入集部別集類存目。《中國古籍善本書目》著錄,上海圖書館、遼寧省圖書館等三十六館收藏,日本内閣文庫、静嘉堂文庫、大阪府立圖書館也有入藏。

鈐印有"東山外史肖岩沈氏藏書之印"、"唐學齋"、"沈闓崐印"。按,闓崐,字肖石,晚號東山外史,貢生,官上虞訓導,浙江湖州人。性喜藏書。

館藏有複本一部,存《文稿》,六册。鈐印有"詠莪啓事"、"平安報"。

2342 清康熙刻本道貴堂類稿　　T5455/2924

《道貴堂類稿》十一種二十一卷,清徐倬撰。清康熙刻本。十六册。半頁十行十九字,左右雙邊,黑口,雙魚尾。框高 17.2 釐米,寬 11.9 釐米。題"吴興徐倬蘋村著"。前有闕名序(殘缺)。

徐倬,字方虎,號蘋村,浙江德清人。十歲應童子試,號爲神童。受業倪元璐、劉宗周之門。康熙十二年進士,時年五十,入翰林後,以病乞歸養十年。丁難服闋,除國子監司業,轉翰林院侍讀。康熙三十二年,充順天卿鄉試主考官,尋致仕。四十二年,南巡召試,在籍諸臣以倬詩爲第一,因進所輯《全唐詩録》,賜帑刊刻,晉秩禮部侍郎。年九十而卒。《(嘉慶)德清縣續志》卷八有傳。

倬習前明史事,邸抄、實録、家傳、野乘,無不博考,相傳谷應泰《明史紀事本末》出其手。此類稿全者應十一種,爲《應制集》三卷、《寓園小草》一卷、《燕臺小草》一卷、《野航集》二卷、《蘋蓼間集》二卷、《梧下雜抄》二卷、《甲乙友抄》一卷、《汗漫集》二卷、《鼓缶集》三卷、《黄髮集》二卷、《水香詞》二卷。本館尚缺《蘋蓼間集》、《甲乙友抄》、《黄髮集》三種。

《中國古籍善本書目》著錄,上海圖書館、南京圖書館等四館有最全者,爲《修吉堂文稿》八卷《道貴堂類稿》十一種二十一卷《耄餘殘瀋》二卷,並附録其子元正《修吉堂遺稿》二卷,清康熙刻乾隆四年續刻本。《四庫全書總目》書名作《蘋村類稿》三十卷附録二卷,蓋即此書。

2343 清乾隆刻本旭華堂文集　　T5466/1128

《旭華堂文集》十四卷《補遺》一卷《續編》一卷,清王奐曾撰。清乾隆十六年(1751)趙熟典刻本。六册。半頁十行十八字,四周雙邊,白口,無魚尾。框高 18.9 釐米,寬 12.9 釐米。目録頁題"平河王奐曾元亮甫手著;男何百可編輯;受業姪孫士顒孚若、孫士敏魯齋參訂;孫壻趙熟典厚五校刊"。前有乾隆十六年閻廷玠序,乾隆五年(1740)張若荃序。末有郭爲觀撰《皇清誥授奉政大夫都察院湖廣道監察御史思顯王公暨元配張宜人繼配高宜人合葬墓誌銘》;乾隆十二年(1747)趙熟典跋,王士顒跋。

王奐曾,字元亮,又字思顯,號誠軒,世爲山西平陽府之太平縣人。康熙十五年進士,幼篤學能文。初授行人司行人,轉吏部文選司主事,在吏部凡歷八載,改都察院湖廣道監察御史,掌浙江、山西、山東、陝西等道事。以剛直果敢聞於時,有王戇子之稱。後歸鄉里,凡三十年,壽八十五。

奐曾在朝二十餘年,居官政積,多可紀歲,歸田樂道,慢游林下者,幾三十年,唯以詩文自娛。此集自入仕至謝事居家之作皆在焉,因家居多年,故集中所記晉地之人事頗多故實,也可供研究山西地方史者參考。

卷一奏議八首,卷二至三書二十三首,卷四至七序五十九首,卷八記八首、傳五首、論一首,卷九至一〇祭文四十九首,卷一一至一二墓誌銘三十五首,卷一三墓表五首、像贊十首,卷一四啓十五首、跋一首、約一首。《補遺》序二首、記一首、祭文一首、墓誌銘一首。《續編》奏議二首、碑記一首、碑文一首。

是書爲奐曾孫婿趙熟典所刻。熟典跋云:"余婦祖侍御先生,蓋慕韓以爲文,而新城公之友人也,其文之傳於後,固足以如韓之久而與王相上下者。先生既歿,請其稿讀之,閑嘗抄爲副本,有志付梓。今年春,先生之子明經公又歿,則傳寫前賢未刻之書,不敢不爲己責,雖來如漢之譏,不暇計也。今摘其文爲十有四卷,付之梓。"王士顯跋又云:"先伯祖侍御公歷官二十餘載,所著文集散見於都門者大半,迨後罷歸田里,四方索文者愈夥,凡有所作,盡命孫士顯手錄,前後彙成一袟,迄今原稿尚在案頭,顯檢點收存,未敢失也。猶憶曩時顯侍左右,伯祖手執稿本,顧而言曰,非敢言文,亦非敢云行世,但吾於此道經營多年,亦頗費心,若得抄成一部,傳示後人,永不忘焉,吾願足矣。嗚呼! 言猶在耳,教豈忘心。先二叔明經公,痛先人之文不彰,嘗欲求鄉先生之能文者爲之序,思付剞劂,以垂不朽。奈未及襄事,忽爾棄世,嗚呼! 莫爲之後,雖盛弗傳。顯深懼遲之又久,或失其傳也,心竊傷之而力未克副。丁卯秋,顯從妹丈趙子,念侍御公之手澤空存,明經公之志願未遂,慨然曰,吾爲至戚,而顧使文獻無徵可乎? 因詳加考證,以垂永久。"

此本有扉頁,刊"旭華堂文集"。

《四庫全書總目》入集部別集類存目。《中國古籍善本書目》著錄,上海圖書館、山西省圖書館等五館,又日本京都大學所屬圖書館也有入藏。查臺北"國立中央圖書館"善本書目》,著錄有清趙熟典編《國朝文會》不分卷,清乾隆間平河趙氏清稿本,內有《旭華堂文集》一卷。

2344　清乾隆刻本湖海樓全集　T5456/7931

《湖海樓全集》五十一卷,清陳維崧撰。清乾隆六十年(1795)陳淮刻本。十六册。半頁十行二十二字,左右雙邊,白口,單魚尾。框高18.6釐米,寬12.8釐米。題"宜興陳維崧其年著;從孫淮同男懿本、崇本、槑本編校"。前有康熙二十八年(1689)徐乾學序,乾隆六十年(1795)楊倫序,乾隆六十年從孫陳淮序;蔣永修撰《陳檢討迦陵先生傳》;蔣景祁撰《迦陵先生外傳》。

是書爲維崧全集,計《詩》十二卷附《補遺》一卷、《詞》二十卷、《文集》六卷、《儷體文》十二卷。

《詩》前有姜宸英序、尤侗序、陳宗石序、陳履端序。卷一至三五言古詩,卷四至七七言古詩,卷八五言律詩,卷九至一〇七言律詩,卷一一五言排律、七言排律,卷一二五言絕句、七言絕句。又《補遺》一卷。

維崧生長江南繁富之地,其少時家族鼎盛,鮮裘怒馬馳騁於五陵豪貴之間,狂歌將軍之筵上,醉卧胡姬之酒肆,意氣之盛可謂無前。故其詩亦雄麗宕逸,稱其胸中。及長,遇四方多故,殘烽敗壘,驚心動魄之變,日接於耳目,而向時笙歌促席之處,或不免蹂爲荊棘,以棲冷風。故其詩亦一變而慷慨激昂,有所愴然而悲愀。陳宗石序云:"伯兄臨終時自云,吾詩在唐宋元明之間,不拘一格,所謂得失寸心知者歟。如皋諸君曾爲刻《湖海樓稿》,並刻《射雉集》於維揚,爲阮亭先生手定。數年後,伯兄詩益進,又悔從前之刻有未當,取《射雉集》重加刪訂,次第編年,斷自辛丑,及於壬子、癸丑。至丁巳,則肆力於填詞,詩不多作。戊午後,就徵京師,官禁近,詩益工。至壬戌捐館,搜其遺集,皆伯兄手録成帙,多巨公名家所丹鉛者。以伯兄之才,晚歲始拜一官,而又不禄,心竊慟之,念其生平心力盡於此,不忍聽其散佚,爰並付梓,以備當代大君子論定焉。"

維崧詩,曾爲如皋冒氏所刻,但今已湮没不傳,陳履端序云:"先大人檢討公詩,自順治十八年辛丑,至康熙二十一年壬戌,農部四叔父已付梓,與古文詞彙成一集。辛丑以前十餘年詩,向刻於如皋冒巢民先生家,今板不知歸於何處。"

《詞》前有季振宜序、蔣景祁序、高佑釲序、陳宗石序。卷一至三小令,卷四至六中調,卷七至二〇長調。

維崧中年始學爲詞,晚歲尤好之不厭,或一日得數十首,或一韻至十餘闋,所作甚多。蔣景祁曾據《迦陵詞》、《烏絲詞》中選定若干首,刻成《陳檢討詞鈔》。高佑釲序云:"予間至京師,偶與友人顧咸三共讀其年之詞。咸三謂,宋名家詞最盛,體非一格,蘇、辛之雄放豪名,秦、柳之嫵媚風流,判然分途,各極其妙;而姜白石、張叔夏輩以冲澹秀潔,得詞之中正。至其年先生,縱橫變化,無美不臻,銅琶鐵板,殘月曉風,兼長並擅,其新警處往往爲古人所不經道,是爲詞學中絶唱。予聞其言,而益信其年之詞之必宜單行也。"

陳宗石序又云:"先伯史詩古文,余於丙寅、丁卯兩年節俸金,次第付梓,惟詞最富,苦力不逮。至己巳春,始得鳩工鏤板,核讎訖,不禁喟然歎曰,伯兄之詞富矣,伯兄之遇窮矣。方伯兄少時,值家門鼎盛,意氣橫逸,謝郎捉鼻,麈尾時揮,不無聲華裙屐之好,故其詞多作旖旎語。迨中更顛沛,饑驅四方,或驢背清霜、孤篷夜語;或河梁送別、千里懷人;或酒旗歌板、鬚髯奮張;或月榭風廊、肝腸掩抑,一切詼諧狂嘯,細泣幽吟,無不寓之於詞。甚至里語巷談,一經點化,居然典雅,真有意到筆隨、春風物化之妙……統計小令、中調、長調,共得四百一十六調,共詞一千六百二十九闋。先是京少有《天藜閣迦陵詞》刻,猶屬未備,今乃盡付梓人,自唐宋元明以來,從事倚聲者,未有如吾伯兄之富且工也。"

《文集》前有李澄中序、陳維岳序、陳宗石序。卷一議、序,卷二至三序,卷四序、記、跋,卷五書、傳,卷六行略、墓志、祭文。

維崧少受業於吳樓山,制舉外即習爲古文,又與侯朝宗、魏叔子、姜西溟、汪苕文輩爲友,益相鎪礪,中年始窮極變化。其卒後,弟子萬搜其遺稿,編次成帙,今存文僅八十餘首。陳宗石序云:"伯兄儷體文,海内咸推之,兄亦自以爲有心手獨得處。至散文於盲左腐史,不名一家,脱稿後多不存,輒隨手散去,篋中蒐輯僅存百篇,屬志伊、渭清兩先生爲之選訂,所存八十餘篇,每一披讀,歎其才情豪宕,風骨兀臬,一往自喜,亦自有光燄不可磨滅者,石不忍棄,并付諸梓。"

《儷體文》前有毛際可序、毛先舒序、余國柱序、蔣景祁序、陳宗石序。卷一賦,卷二至七序,卷八至九啓,卷一〇啓、書,卷一一頌、贊、碑、記、題跋、募疏,卷一二銘、誄、哀辭、祭文。陳宗石序云:"兄生平所爲文,尤擅場儷體,然尚以未能多作爲恨。康熙十八年己未,恭遇特詔,開博學鴻詞科,擢官檢討,不幸壬戌之夏奄逝京邸,宗石從黎城來,而兄已不及見矣。聞兄疾篤時,屢詢東海先生,計余抵京之日,蓋欲一訣,盡付生平著作,爲之校梓,以卒其願。癸亥,宗石承乏安邑,匆匆簿書,未遑謀及。至丙寅春,迎三兄至署,取伯兄儷體文相與裒輯釐正,共計一百六十餘篇,先爲鋟板,視蔣京少所選《檢討集》爲備。"序中所云"東海先生"乃徐乾學也。

　　陳維崧童子時,即治儒家學,習聞中朝故事,稍長,博極群書,才名籍甚江表。其著述甚富,諸體畢備,其駢儷之工,頡頏徐、庾,倚聲之妙,排突蘇、辛,久爲世所稱艷。其卒後,弟安平令子萬曾爲刊全集,捐俸剞劂。後因舊板多有散佚,乾隆六十年,從孫陳淮等乃重新刊板,即爲此本。陳淮序云:"先伯祖檢討公,以詩詞駢體文名天下,而古文亦自成家,久爲士林所誦習。其全集,先祖農部公曾刻之安平官舍,歲久板多漫漶不存。又壬子詩一卷,公自負生平絕藝,後忽失之,甚爲恨惋。近荊溪任君安上,得之敗紙簏中,合浦珠還,殆有天數。合之從前《湖海樓稿》、《射雉集》諸刻未經編入者,并蔣京少所選録,都爲一集,屬楊子西河詳加參校。詩原本編年,因少作歲月無可考稽,易爲分體,至各體部帙,亦俱另爲編定,加以蒐采別本,補所闕遺,計得詩十二卷,詞二十卷,散體文六卷、儷體文十二卷,共成五十卷,魯魚帝虎,亦復釐正頗多,而後檢討公著作裒然大備,無復遺憾。"

　　此本有扉頁,刊"湖海樓全集。乾隆乙卯新鐫。浩然堂藏板"。儷體文卷一二末行刊"江右方又新、熊次玉刻字"。

　　《四庫全書總目》未收。《中國古籍善本書目》著録,遼寧省圖書館、湖北省圖書館等八館也有入藏,作清乾隆六十年浩然堂刻本,當同此本。又日本內閣文庫、靜嘉堂文庫、愛知大學圖書館也有入藏。

2345　清康熙刻本陳檢討集　T5456/4463

　　《陳檢討集》十二卷,清陳維崧撰,蔣景祁、曹亮武選。清康熙二十二年(1683)蔣景祁刻本。三冊。半頁十行二十一字,左右雙邊,黑口,單魚尾。框高 19.2 釐米,寬 13.7 釐米。題"宜興陳維崧其年譔;同里蔣景祁京少、曹亮武南耕選"。前有康熙二十二年余國柱序,蔣景祁序,曹亮武序,毛際可序,毛先舒序;蔣永修撰《陳檢討傳》,又《迦陵先生外傳》;同學校定姓氏。

　　陳維崧,字其年,號迦陵,江蘇宜興人。明少保于廷之孫。年十七爲諸生,五十四歲試博學宏詞,中選,授翰林院檢討,纂修《明史》,居官勤慎稱職。貌清臞多鬚,海內號爲陳髯。年三十不遇,因束裝爲汗漫游,所至,諸貴人爭客之。性落拓,視錢帛如糞土,每出游,餽遺隨手盡,空囊而歸,亟命質衣物供食用,及無可質,輒復游,率以爲常。日手一卷書,所歷櫩危馬駭,呀吟自若。視諸弟甚友愛,遇親朋溫溫若訥,生平無疾言遽色。得官後,妻卒於家,悼痛不已,未幾,卒於京邸,諸公卿助以殮。《(光緒)重刊宜興縣舊志》卷八有傳。

　　清代以四六名者,首推陳維崧。此本卷一賦十篇,卷二序十三篇,卷三序十六篇,卷四序十五篇,卷五序十一篇,卷六序十三篇,卷七序八篇,卷八啓八篇,卷九啓十七篇,卷一〇書一篇、碑一篇、頌一篇、記一篇、墓志銘一篇,卷一一誄四篇、哀辭二篇,卷一二祭文六篇、跋二篇。共計一百三十篇。

　　此本爲陳氏集之最早版本,後之二十卷本乃據此重分。刻此本者爲蔣景祁,字京少,宜興人,諸生,康熙間舉鴻博未遇。有《東舍集》。景祁曾獲侍維崧於里中十餘載,客燕臺時,往還尤密,文酒過從之暇,維崧即爲之從容道平生軼事。《迦陵先生外傳》即景祁爲之記録者。

　　余國柱序云:"今其年既通籍詞垣,從容侍從之列,病革又以其文詞屬蔣子京少,京少即與尊人慎齋掌科梓而行之。則其年生雖晚遇,既死而名益彰。"蔣景祁序云:"其年先生幼穎異,甫十齡,即代大父少保公撰楊忠烈像讚,娓娓可誦。長,篤學,所撰散體古文最多,時散見諸名人集,皆不録,獨以是編授余,其意可知已(已)。由是以推先生不苟傳之心,而得其不苟作之心,因知古人不戔戔相肖而自命,正復爲可傳其道一也。先生之文具在,應制者十之一,長安贈答者十之五六,而少時流浪於旗亭酒壁者所在多有,皆缺落不可紀,存者僅十之二三耳。"

曹亮武序云:"其年著作甚富,諸體畢備,而詞尤工,必傳無疑也。余括其生平所爲詞,約千八百首,謀梓之,力未能也。其年疾革時,蔣子京少視疾。其年從枕上頓首云,某二十餘年來,雅好填詞,而薄長尤在儷體,甚不忍其無傳,謹以屬之子,而論定搜輯,幸呼我南耕共之。京少揮涕應之曰諾。既歸,語其事,因相與校讎,得賦、序、書、啓、頌、記、碑、銘、誄、哀辭、文跋凡一百三十篇,釐爲十二卷,顏曰《陳檢討集》……其年亡京師旅舍中,京少留京師,癸亥夏始歸,故是書之成,在癸亥云。京少高才博學,善爲詩古文詞,與其年爲金石交。是集也,庀材鳩工貲悉京少出,京少可謂不負死友矣,而其年之托亦可謂得人矣。"

《四庫全書總目》著録二十卷本,未及此十二卷本。《中國古籍善本書目》未著録。日本内閣文庫有此本,並有《詩鈔》十卷《詞鈔》十二卷首一卷,當爲最全本。

2346　清康熙刻本陳檢討集　　　T5456/2124

《陳檢討集》二十卷,清陳維崧撰,程師恭注。清康熙刻本。六册。半頁十行二十二字,左右雙邊,黑口,單魚尾。框高 18.4 釐米,寬 13.8 釐米。題"宜興陳維崧其年譔;皖江程師恭叔才注"。前有康熙三十二年(1693)張英序;《例言》十則。

卷一至二賦十篇,卷三至一二序六十八篇,卷一三至一四壽序八篇,卷一五至一六壽啓十四篇,卷一七啓十一篇,卷一八書、碑、頌、記、墓志銘五篇,卷一九誄、哀辭六篇,卷二〇祭文六篇、跋二篇。

張英序云:"陽羨陳其年先生,名公之孫,早有鳳毛之目,以鴻詞入翰苑爲檢討官,應用之體,尤推獨紗,好對切事,鏗鏘輝焕,流傳人口,當世服其博而亦苦其奧。同里程生叔才,余通家世好姪也,逸才嗜學,以三餘之功,恣展四部書,條縷注輯,久而後成。"

師恭注,每事不參己意,止録古書本文,且求原委,故寧詳毋略。據《四庫全書總目》云:"師恭此注成於康熙癸酉。王士禎《古夫于亭雜録》曰,昔人云,一人知己,可以不恨。故友陽羨陳其年,諸生時老於場屋,小試亦多不利。己未博學鴻詞之舉,以詩賦入翰林,不數年病卒京師,及殁而其鄉人蔣京少景祁刻其遺集,無隻字遺失。皖人程叔才師恭又注釋其四六文字,以行於世,此世人不能得之子孫者,而一以桑梓後進,一以平生未面之人,而收拾護惜其文章如此。"然《四庫》館臣以師恭所注往往失其本旨而例證之。

此本有扉頁,刊"陳檢討四六。懷寧程叔才注。有美堂藏板"。

《四庫全書總目》入集部别集類。《中國古籍善本書目》著録。上海圖書館、天津圖書館等十四館,臺北"國家圖書館"也有入藏。

2347　清乾隆刻本陳檢討四六　　　T5456/2124B

《陳檢討四六》二十卷,清陳維崧撰,程師恭注。清乾隆三十五年(1770)亦園刻本。六册。半頁九行二十一字,左右雙邊,白口,單魚尾。框高 15.3 釐米,寬 11 釐米。題"宜興陳維崧其年譔;皖江程師恭叔才氏注;武進陳明善服旂校閱"。前有康熙三十二年(1693)張英序。

此本所收篇目，與清康熙刻本同。

有扉頁，刊"陳檢討四六。乾隆庚寅年新鐫。亦園藏版"。庚寅，爲清乾隆三十五年。

《中國古籍善本書目》未收。日本內閣文庫、京都大學所屬圖書館也有入藏。

鈐印有"掬月居藏書印"、"武藏州中瀨邨河田氏圖書記菜風"、"犬養氏圖書"。

2348　清乾隆惇裕堂刻本曝書亭詩錄　　T5439.3/3132

《曝書亭詩錄》十二卷，清朱彝尊撰，清江浩然箋注。清乾隆惇裕堂刻本。六冊。半頁十一行二十一字，四周單邊，白口，單魚尾，書口下有"惇裕堂"。框高17.7釐米，寬14釐米。題"嘉興江浩然孟亭箋注；男壎聲先校"。前有乾隆二十四年(1759)沈廷芳序，乾隆三十年(1765)翁方綱序，王士正(禎)序，魏禧序，查慎行序；《凡例》六則；乾隆二十七年(1762)江壎著。

朱彝尊，字錫鬯，號竹垞，浙江秀水人。康熙十八年，以布衣舉博學鴻詞科，授檢討。參與修纂《明史》。藏書八萬卷，室號曝書亭。學問博洽，精於考證金石，長於古文詩詞。詩與王士禎齊名，時稱"南朱北王"。詞宗姜夔、張炎，爲浙西詞派創始者。

《曝書亭集》，爲彝尊晚年手自定本。江浩然，字孟亭，與竹垞同里，性耽吟詠。此本爲江氏箋注，據《凡例》云："竹垞太史天資高邁，集中驅使典故，未易窺測。同邑前輩沈菜畦、周文石諸先生並有注本。先君子旅食歲久，未得優游鄉井，互相商榷，客笥所攜書籍無多，就所見聞，日增月輯，要期觀玩自得，非敢誇多斗靡。"

沈廷芳序云："獨竹垞先生詩集無聞，承學之士手一編而不解其義，往往病之。嘉興江君孟亭強記博聞，讀書務根柢，以先生鄉後進酷嗜《曝書亭集》，迺錄先生之詩，一一箋疏而發明之。旁搜舊聞，博徵載籍，厥功可謂偉矣……君喆嗣聲先謀付剞劂，敢拜手而爲之序。"

翁方綱序云："去年冬，余按試高州，嘉興江子聲先抱其尊甫孟亭所注《曝書詩錄》若干卷來謁，乞一言爲之引。且曰，先子於詩酷嗜竹垞，所用故實，必爬櫛搜剔以求必得，使讀是詩者，如繙經義之考，而檢曝書之目也。"

此本有扉頁，刊"曝書亭詩錄箋注。惇裕堂藏板"。

《四庫全書總目》未收。《中國古籍善本書目》著錄，湖北省圖書館、北京大學圖書館等六館，又日本東洋文庫、京都大學人文科學研究所、京都大學附屬圖書館、大阪府立圖書館也有入藏。

鈐印有"秋堂"、"錢氏秋堂"。

2349　清刻本曝書亭集詩注　　T5439.3/4203

《曝書亭集詩注》二十二卷，清朱彝尊撰，楊謙注。《朱竹垞先生年譜》一卷，清楊謙撰。清楊謙刻本。八冊。半頁十一行二十三字，左右雙邊，白口，單魚尾。框高17.7釐米，寬13.1釐米。題"嘉興李集參"。前有王士禎序，魏禧序，康熙二十一年(1682)高佑釲序，顏鼎受序(以上爲《竹垞文類》舊序)，查慎行序(《騰笑集》舊序)，康熙四十七年(1708)潘耒序，康熙五十三年(1714)查慎行序；楊謙撰《凡例》十六則。

卷一詩一百二十二首，卷二一百一首，卷三七十七首，卷四八十一首，卷五一百二十八首，卷六五十八首，卷七七十六首，卷八一百二十九首，卷九八十一首，卷一〇八十一首，卷一一七十首,卷一二六十九首,卷一三九十一首,卷一四七十六首,卷一五七十八首,卷一六五十五首,卷一七六十九首,卷一八四十八首,卷一九八十五首,卷二〇九十一首,卷二一四十首,卷二二三十六首。卷二三至二四爲《補遺》,但未刊。

　　按,《曝書亭集》八十卷,爲朱彝尊歸梅會里後,合前後所作,手自删定者。刻始於康熙四十八年秋,爲曹荔軒(寅)捐貲倡助,然工未竣,彝尊及曹相繼下世。其孫遍走南北,乞諸親故續成,刻成於康熙五十三年。

　　此詩注乃在江浩然《曝書亭詩録箋注》之後。《箋注》僅選三之一,此本二十二卷,序次仍照原集之舊。楊謙與彝尊同里,曾纂有《梅里志》,家貧無書,故注此本用書,皆從友朋處借閱,旋借旋還。其《凡例》後云:"先生有四六手稿二帙,向未授梓,余亦稍加注釋。又先生子昆田《笛漁小稿注》尚未卒業,統俟續梓。"可證此本乃楊謙所刻。

　　《年譜》者,亦謙所撰。《凡例》云:"先生游蹤遍天下,著述充棟,遭逢盛世,歷官翰苑,優游林下垂二十年,平生事實甚多。乃詳考其家乘、行述及《静志居詩話》,與文集中之有歲月稽查者,創爲《年譜》一卷。"另有陳廷敬撰墓志銘。

　　此本有扉頁,刊"曝書亭集詩注。木山閣藏板"。黃紙,有顧仲敬繪、楊遇摹《竹垞先生像》並龔翔麟像贊:"五經紛綸抽腹笥,布韈麻鞵見天子。歸來著書以没齒,千秋之名在青史。"

　　《四庫全書總目》未收。《中國古籍善本書目》只收名家學者批校本,版本作"清楊氏木山閣刊本"。

　　鈐印有"曾印觀文"、"東海釣客"、"好古人不俗"。

　　館藏有複本一部,八册,白紙,較此本後印,並像贊板損。

2350　清康熙刻本遂初堂詩集文集　　T5463/3659

　　《遂初堂詩集》十六卷《文集》二十卷,清潘耒撰。清康熙刻本。十二册。半頁十行二十一字,四周單邊,白口,單魚尾。框高17.2釐米,寬12.3釐米。前有康熙四十九年(1710)許汝霖序(抄配)。目録頁題"吴江潘耒次耕著"。

　　潘耒,字次耕,江蘇吴江人。康熙十八年以博學鴻詞徵試。幼孤,資稟穎異。及長,於群經諸史九流之書無所不讀,詩賦古文辭無所不能。性好山水,遂往來燕趙,與一時名人縱游,相與討論題詠。除翰林院檢討,纂修《明史》。進充日講官,知起居注兼纂修《世祖實録》。復爲會試同考官。後降調,遂歸家居。年六十三卒。《(乾隆)吴江縣志》卷三二有傳。

　　詩集卷一至二爲《少游草》,起癸卯秋,盡戊午夏;卷三至五爲《夢游草》,起戊午夏,盡甲子冬;卷六《近游草》,起乙丑秋,盡丙寅冬;卷七《江嶺游草》,起丁卯夏,盡戊辰夏;卷八《海岱游草》,起己巳夏,盡己巳冬;卷九《台蕩游草》,起辛未春,盡辛未冬;卷一〇《閩游草》,起甲戌秋,盡乙亥冬;卷一一《黄廬游草》,起丁丑春,盡丁丑秋;卷一二至一三《楚粤游草》,起戊寅秋,盡庚辰夏;卷一四《豫游草》,起辛巳春,盡辛巳秋。卷一五《卧游草》,起壬午春,盡戊子夏;卷一六《補遺》。

　　《文集》卷一賦、頌,卷二至三論,卷四牒、表、疏,卷五議、書,卷六至一〇序,卷一一雜著,卷一二碑銘、記,卷一三至一七記,卷一八傳、行述,卷一九墓志銘,卷二〇墓表、贊、銘、祭文。

　　潘耒詩作,不事雕飾,直抒所見。古文則蹊徑較平,稍遜於魏禧諸人,而氣體渾厚,空所依傍,爲其所獨得。

是書應有《別集》四卷,今佚。又《詩集》目錄第一至十四頁及序皆抄配。

《四庫全書總目》入別集類存目。《中國古籍善本書目》著錄,上海圖書館、福建省圖書館等十三館,又日本內閣文庫、静嘉堂文庫、東洋文庫、京都大學人文科學研究所、大阪府立圖書館有全帙(均有《別集》)。

館藏有《詩集》複本,五册。

2351　清康熙刻本息軒草　　　　　　　　　　T5460/1142

《息軒草初集》一卷《二集》二卷,清王樛撰。清康熙王橘刻本。三册。半頁九行二十二字;四周單邊。白口,單魚尾。框高19.2釐米,寬11.5釐米。題"淄川王樛子下甫著"。前有康熙十年(1671)高珩序,康熙九年(1670)唐夢賚序。《二集》題"淄川王樛子下著;同邑唐夢賚濟武、張篤慶歷友選評;兄王橘雪因編次;侄王啓泰大來校閱"。前有康熙九年唐夢賚序,張篤慶序。

王樛,字子下,山東淄川人。九歲從父讀書,過目不忘,性聰慧,學識淵博。授鑾儀衛指揮僉事,旋改入鑲藍旗,入內院辦事,凡內外章疏,悉以得譯。直內院者七年,夙夜勤慎,加太常寺少卿、中書舍人。乙巳,補通政使右通政加一級,以疾卒。《(乾隆)淄川縣志》卷六有傳。

《初集》:丁酉詩三十三首,戊戌詩五十二首,己亥詩二十二首,庚子詩九首,辛丑詩三首,壬寅詩五十首,癸卯詩十六首,甲辰詩九首。《二集》:卷上戊子詩二十六首,己丑詩十七首,庚寅詩十六首,辛卯詩十二首,壬辰詩三十一首,癸巳詩三十一首,甲午詩五十四首,乙未詩二十七首,丙申詩十五首;卷下丁酉詩二首,戊戌詩六首,己亥詩十五首,庚子詩五首,辛丑詩四十七首(附記一篇),壬寅詩十三首,癸卯詩九首,甲辰詩七十三首,乙巳詩二首,附乙酉詩三首,附詞四首,附樂府(新水令一折)。

王樛隸旗後,凡三以假請歸里,暇日雅志游覽,無不寄托高吟,放情烟墨。高珩序云:"予與先生居同里,官同朝,朝夕過從無間也,故集中與予唱酬遺贈者頗多,回憶當時促膝揚眉、分曹角韻,高論文人之表……"

王樛之詩,舊有一刻,爲蜀中丞張青、李敬茲所刻,所收不多。唐夢賚《初集》序云:"此子下先生詩初刻也,當歲在龍蛇,賦成鵬鳥,蜀中丞張公坤育,郵大官之俸八十金,爲公營齋醮。李銀臺敬茲、陳參領君猷僉曰,不如刻公詩,於是檢詩之在長安者,付之梓。"此本爲樛兄王橘所刻。張篤慶《二集》序云:"銀臺王先生既没,其遺集刻於燕邸者,僅十之二三,其他散帙逸編,尚藏廢簏。今者先生之兄雪因先生,將謀悉付剞劂。"唐夢賚序又云:"初刻依創稿,間有魚亥錯簡,公從兄雪因永懷,令原手爲校正。"《(乾隆)淄川縣志》卷六樛傳末有"兄橘探囊,爲刻《息軒草遺詩》行世。"

《四庫全書總目》未收。《中國古籍善本書目》著錄中國國家圖書館僅存《二集》二卷。此則爲全帙。又山東省博物館藏有《息軒草》一卷,爲王樛稿本。

2352　清康熙刻本白雲村文集卧象山房集　　　T5460/4435

《白雲村文集》四卷《卧象山房詩正集》七卷,清李澄中撰。清康熙四十四年(1705)龐塏等刻本。二册。半頁十一行二十字,四周單邊,白口,單魚尾。框高17.8釐米,寬12.9釐米。題"琅邪李澄中漁村著"。前有毛奇齡序,宋恭貽序,康熙三十八年(1699)張貞造序,康熙三十八年安致遠序,康熙三十四年(1695)洪嘉植序,康熙三十八年李澄中自序。《臥象山房詩正集》前有康熙四十四年(1705)龐塏序。

李澄中,字渭清,號漁村,山東諸城人。拔貢生。康熙十八年,召試博學鴻儒,授檢討,預修《明史》。二十七年陞右春坊右中丞;二十八年轉左晉侍講;二十九年典禮雲南鄉試,轉侍讀;三十年列名直隸學政。因爲忌者所中,改調部曹,乃歸。年七十二卒。事見《(乾隆)諸城縣志》卷三六《列傳》。

《文集》卷一序十七篇,卷二傳十七篇,卷三墓志(附行述)十三篇、墓表三篇、塔銘三篇、墓碣一篇;卷四記十七篇、雜文三篇。《臥象山房詩正集》,卷一五言古詩一百三十一首,卷二七言古詩四十三首,卷三五言律詩一百二十八首,卷四五言排律十一首,卷五七言律詩一百十首,卷六五言絕句十二首,卷七七言絕句四十二首。

澄中學問淹博,詩沖和宗盛唐,文雅潔有法,又好闡揚鄉人,鄉人多賴以傳。爲人龐達慷慨,晚年出田百二十畝,宅一區,爲外祖邱雲聲立嗣,而家計遂蕭然。此書題"白雲村"者,乃東武城南有九仙山,蘇東坡嘗謂其奇秀不減雁蕩,蓋隱逸之奧區。澄中於山麓下白雲村築山房以遺老,苗茨數椽,紙窗土壁,讀書其間,或徑月不出籬門外,因取平生所作古文詞數百篇,擇其最者八十餘篇,署曰《白雲村文集》。

是書爲建寧知府龐塏所刻,澄中自序云,予不敏,幼善爲詩賦古文詞,間以餘暇爲藝。"年五十,始以辟舉,奏詩賦體仁閣下,忝侍從者十三年。庚午,奉使雲南,兢兢焉不敢殉私貽辱先人。旋以遷官爲忌者所中,遂拂衣歸。念平生有詩千五六百首,文亦數百篇,雖無當於作者,而原本忠愛孝友之旨,異乎世俗之所謂詩文者也。家貧,力不任剞劂,匿之笥中,頗自矜惜。憶同年龐雪崖先生在京師,有言他日儻出膺方面,當竭力梓君集,以報知己。戊寅春,雪崖出守建寧,以書相招。於是取平日所撰著,詩存四百餘首,文存七十餘篇,名曰正集,馳寄雪崖,卷帙少而易爲力,吾知雪崖之廉於爲郡也。"

龐塏序云:"丁丑冬,卷懷所業東歸,余餞之國門,漁村撫卷而歎曰,是將淪落山陬間矣。余曰,我在焉得爾。暨余領郡閩之建寧,則麻沙書林隸焉,剞劂易以報李君也。乃道途荒遠,稿不易得,比得付梓甫半,而漁村人亡……維時潘子撝庵方尹建安,其人政著廉能,心饒義氣,爲侍讀雪石先生令子,而雪石與余與漁村俱有同年之誼者也,因付託而歸。歸之又明年,果續成全帙以寄。披覽之際,漁村面目宛出楮上……麻沙爲四方書賈購販之所,而崇、浦二邑又紙所自出,不惟印刷工力較省,而流傳尤易致廣遠爲得耳。"按,龐塏,字霽公,號雪崖,直隸任丘人,康熙十四年舉人。康熙十八年,以博學鴻儒召試,授翰林院檢討,纂修《明史》。康熙三十七年出守建寧,有《叢碧山房文集》等。

《四庫全書總目》收有澄中《臥象山房集》三卷附錄二卷、《白雲村集》八卷。《中國古籍善本書目》著錄,中國國家圖書館、南京圖書館等六館皆有全帙入藏。

2353　清康熙刻本溉堂集　　T5449/1944

《溉堂前集》九卷《續集》六卷《文集》五卷《詩餘》二卷,清孫枝蔚撰。清康熙刻本。十二冊。半頁十一行二十一字,四周單邊,白口,單魚尾。框高18.6釐米,寬13.3釐米。題"焦穫孫枝蔚豹人著"。前有李天馥序,陳維崧序。《續集》前有魏禧序,施閏章序。《文集》前有汪懋麟序。《詩餘》前有康熙十六年(1677)尤侗序。

孫枝蔚,字豹人,陝西三原人。康熙十八年舉博學鴻詞,以老病不能入試,授中書舍人。罷歸。世爲大賈,饒於貲,明末散財結客,至破家。隻身走江都,復習賈,三置千金,既而僦居董相祠,扃戶讀書,刻意爲歌詩,遂以詩名世。

其集"溉堂",其所僦居處也。《前集》九卷,各以體分。此本佚去《後集》六卷。《續集》爲編年詩,起康熙五年,止十七年。《文集》爲序、書、啓、記、跋、雜文、贊、祭文。《詩餘》則以小令中調爲一卷,長調爲一卷。

枝蔚詩操秦聲,出入杜、韓、蘇、陸諸家,不務雕飾。李天馥序云:"豹人詩,初不一種,今刻之長安,亦不一集,即諸集所列,亦不一體,前後年歲,各有轉變。譬之軒楹榱桷,欂櫨梲節,華梁綺井,玉缸璧帶,陰突廠瞭,微有不全,而總以成其爲一家之堂宇。"

《四庫全書總目》入集部別集類存目,然無《文集》。《中國古籍善本書目》著錄,天津圖書館、遼寧省圖書館等六館有全帙。又此本另有康熙六十年增刻本,廣東中山圖書館等七館有入藏。

2354　清康熙刻本叢碧山房詩　　T5466/0141

《叢碧山房詩初集》十四卷《二集》六卷《三集》十一卷《四集》十卷《五集》五卷《文集》八卷《雜著》三卷《和陶詩集》一卷,清龐塏撰。清康熙刻本。二十册。半頁十行十九字,四周雙邊,黑口,單魚尾。框高16.7釐米,寬12.8釐米。題"任丘龐塏雪崖著"。前有李天馥序,徐嘉炎序。

龐塏,字霽公,號雪崖,直隸任邱人。幼有至性,康熙十八年博學鴻詞科。授翰林院檢討,纂修《明史》。改補内閣中書舍人,陞工部都水司主事,尋晉員外郎,陞戶部廣西司郎中,終於建寧府知府。《(乾隆)任邱縣志》卷九有傳。

初集爲《翰苑稿》,卷一己酉至乙卯家集詩四十九首,卷二丙辰家集詩四十二首,卷三丁巳至戊午晉游詩四十三首,卷四己未京集詩二十二首,卷五庚申京集詩四十二首,卷六辛酉京集詩五十四首,卷七壬戌京集詩五十二首,卷八癸亥京集詩五十八首,卷九癸亥京集紀懷詩二十三首,卷一○甲子京集詩六十五首,卷一一乙丑家集詩六十二首,卷一二丙寅家集詩五十五首,卷一三丙寅東山詩四十四首,卷一四丙寅京集詩十一首。前有李澄中序、康熙三十三年王澤弘序、康熙十六年魏裔介序、康熙十八年沈珩序、朱彝尊序。

龐塏幼失母氏,與諸弟友愛,家貧,夏無涼宇,冬無燠室,然每夜讀書必盡二鼓。此集爲官翰苑時所作,溫柔敦厚,每多歡愉之辭而工獨至。王澤弘序云:"昔施愚山、李渭清論詩史館,愚山謂渭清曰,雪崖詩根柢唐人,取才魏漢。方今宋元大倡,和者數千,而能古調自愛如此,吾重之慕之,願吾子之與之終之也。"

此本有扉頁,刊"雪崖自訂叢碧山房詩一集。翰苑稿"。

二集《舍人稿》,卷一丁卯京集詩五十九首,卷二戊辰京集詩三十八首,卷三己巳家集詩十一首,卷四己巳河南詩五十六首,卷五庚午京集詩四十一首,卷六辛未京集詩一百十五首。前有康熙三十三年曹鑑倫序。

曹鑑倫序云:"龐子雪崖官京師,推食之暇,輒閉户吟詠,凡人情物態、境會時序之所感觸,靡不寓之於詩,故其詩最富。官翰林有集,官舍人有集,官工部有集。今年夏,以《舍人集》見示,則其左調中書時之所作也。余受而卒讀,大率根柢於少陵,而出入於盛中唐之間,故其風格蒼老，神味淡遠，卓然自名一家。"

此集扉頁刊"雪崖自訂叢碧山房詩二集。舍人稿"。

三集《工部稿》，卷一至二壬申京集詩一百二十四首，卷三至四癸酉京集詩一百七十五首，卷五至八甲戌京集詩三百四十一首，卷九至一一乙亥京集詩二百四十首。前有勵杜訥序、康熙三十三年宋恭貽序。

龐塏嘗自謂其詩不敢求苟同於今人，也不敢求苟同於古人，均任心而出，以自娛而已。宋恭貽序云："先生之詩，以忠孝悱惻爲止根，夫人而知之，其風流蘊籍，又陶兩宋而鑄三唐，而獨跼少陵之室。"又云："唐有李杜，今有龐李。"

此集扉頁刊"雪崖自訂叢碧山房詩三集。工部稿"。

四集《户部稿》，卷一乙亥京集詩五十七首，卷二至五丙子京集詩二百九十首，卷六至九丁丑京集詩三百六十八首，卷一〇戊寅京集詩五十七首。前有田雯序、李鎧序、吳穆序。

田雯序云："雪崖兼香山、劍南之妙，得之參悟而近於道。如伯牙學琴於成連，刺船至海上，波聲泊没，山林杳冥，作水仙摻也。"

此集扉頁刊"雪崖自訂叢碧山房詩四集。户部稿"。

五集《建州稿》，卷一六十九首，卷二四十五首，卷三七十九首，卷四八十首，卷五四十八首。前有張遠序、盛唐序。

張遠序云："任丘龐公蒞建之明年，政和訟簡，民遂其生。公餘之暇，間爲詩歌，並途中所撰著者，名建州稿。公自太史改中書舍人，歷户、工部郎，皆有詩，皆以官名其集若干卷行於世。公論是最正，法律最嚴，有詩説若干篇。"

此集扉頁刊"雪崖自訂叢碧山房詩五集。建州稿"。

《文集》卷一至三序三十五篇，卷四記、書附五篇，卷五至六傳十七篇，卷七志、狀、行述十篇，卷八論四篇。前有李鎧序、金德純序、康熙三十八年張貞序、康熙三十八年王嗣槐序。

龐塏文不多作，嘗謂："余自少壯及老，精力俱殫於詩，文則其餘力爲止，或迫於應人之求，歲月所積，汰而去者三之二，他日將附於是以爲行。"塏文大都原本六籍，而變化於古人。張貞序云："先生起家史館，回翔郎舍，政事之暇，一以讀書爲務。上探六經，下參左氏以及先秦兩漢唐宋大家之文，皆熟讀暗誦。晚年尤酷嗜黍園之書，雖枕上輿中，不離胸臆，發爲文章，質而不俚，深而不晦，簡練而不煩繩削，且好孤立行，一意於古。"

此集扉頁刊"雪崖自訂叢碧山房文集。雜著附"。

《雜著》三卷，其中《詩義固説》二卷，另一卷爲題跋，計十八篇，又銘贊十七則。《詩義固説》前有識語，云："古今人之論詩者多矣，大要稱説於篇中之詞，而未深求於言中之志，所謂從流下而忘反者也。試觀三百篇以暨漢魏，其所爲詩，内達其性情之欲言，而外循乎淺深條理之節，字字有法，言言皆道，所以諷詠而不厭也。余每與同人論詩，尚主此説，以爲如是則爲詩，不如是即非詩，故曰固説，説雖固哉，而畔道離經從知免矣。"

李天馥序云："凡生平出處進退，交游贈答，無不載之於詩。花晨月夕，相過論文，每一詩成，多舉以相質，以此雪崖之詩，余知之最深。其爲詩也，清而不削、質而不癯、腴而不縟，其情深、其調古、其律嚴、其致遠，皆道其意之所欲言，意至而言，意盡而止。"然《四庫全書總目》對塏詩評價又有一番敍述，"塏早歲所作，頗得深婉清微之致，晚年華既竭，流於枯淡。其《舍人稿》不及《翰苑》，《工部稿》不及《舍人》，《户部稿》不及《工部》，至《建州稿》以後，頗唐益盛。"

《四庫全書總目》入集部别集類存目。《中國古籍善本書目》著録，上海圖書館、南京圖書館等八館也有入藏,皆全本。按,哈佛此本缺去《和陶詩集》一卷。

2355 清乾隆刻本飴山詩集　　　T5465/8317

　　《飴山詩集》二十卷《聲調譜》一卷《談龍錄》一卷,清趙執信撰。清乾隆十七年(1752)因園刻本。五册。半頁十行二十一字,四周單邊,白口,單魚尾。框高 17.5 釐米,寬 12.2 釐米。題"青州趙執信"。前有乾隆十九年(1754)盧見曾序。
　　趙執信,字伸符,號秋谷,晚號飴山老人,山東益都人。康熙十八年進士,入翰林院,又任山西省鄉試正考官。官至右春坊右贊善。以國喪燕飲觀《長生殿》劇,違制革職。精書法,於詩極尊馮班,自稱"私淑門人",爲王士禎甥婿。
　　卷一《並門集》,四十四首;卷二《閑齋集》,四十六首;卷三《還山集上》,六十首;卷四《觀海集上》,二十首;卷五《還山集下》,詩三十九首;卷六《觀海集下》,六十二首;卷七至八《鼓枻集》,二百二十三首;卷九《涓流集》,三十九首;卷一〇《葑溪集》,六十五首;卷一一至一二《紅葉山樓集》,七十八首;卷一三《浮家集》,七十二首;卷一四《金鵝館集》,六十二首;卷一五《迴颿集》,七十六首;卷一六至一七、一九《礦庵集》,一百三十四首;卷一八《懷舊集》,十四首;卷二〇《詩餘》,小中長調七十二闋。是共一千零十四首,寫作時間自康熙二十三年作者二十三歲始,至乾隆八年作者八十二歲止。
　　《清史稿·趙執信傳》云:"時方開鴻博科,四方雄文績學者皆集輦下,執信過從談宴,一座盡傾。朱彝尊、陳維崧、毛奇齡尤相引重,訂爲忘年交。"《長生殿》案後,北京流傳絕句有云:"秋谷才華迥絕儔,少年科第盡風流。可憐一出《長生殿》,斷送功名到白頭。"
　　盧見曾序云:"先生之詩具在,論之者可以想見其早年遭際承明仔肩鼓吹之氣概,可以想見其一蹶不復起,窮愁憂憤、莫可抒洩之懷抱;可以想見其遍游名山大川之學識;可以想見其上下千古,磊落不可一世之精神。"
　　《聲調譜》,前有乾隆三年(1738)仲罡保序,又《論例》六則。此爲論唐詩聲調之專作,目錄後刊"從弟執端緩庵、男慈去奢輯錄;從弟執琯念音、男念壽潛重校;姪孫貫一庵繕稿"。
　　《談龍錄》,題"青州趙執信飴山"。前有康熙三十四年(1695)趙執信自序。此爲詩話,當時詩壇王士禎專主神韻,執信與之論詩不合,因著此書,專攻士禎。主要吸取馮班、吳喬關於詩歌理論之精華,再加上自己的見解寫成。此本刻於乾隆三十九年。
　　此本有扉頁,刊"飴山詩集。乾隆壬申新鐫。因園藏板"。又"談龍錄。乾隆甲午秋七月。因園藏板"。"因園"者,爲趙執信所居別墅,在山東博山城東關外,背倚東山,下臨秋谷,山岩重迭,泉水繞屋。
　　《四庫全書總目》以《因園集》入集部別集類,又有《談龍錄》入集部詩文評類。《中國古籍善本書目》著錄,上海圖書館、湖北省圖書館等十四館,日本静嘉堂文庫、東洋文庫、大阪府立圖書館、京都大學人文科學研究所等館也有入藏,唯大陸所藏未詳附有《聲調譜》及《談龍錄》否。
　　館藏有複本三部,兩部爲六册,餘一爲五册(闕《談龍錄》)。

2356 清乾隆刻本飴山文集　　　T5465/8317

　　《飴山文集》十二卷附錄一卷《禮俗權衡》二卷,清趙執信撰。清乾隆三十九年(1774)因園刻本。五册。半頁十行二十一字，左右雙邊，白口，單魚尾。框高 17.6 釐米，寬 11.8 釐米。題"青州趙執信"。前有乾隆二十七年(1762)閔鶚元序，乾隆三十八年(1773)王鳴盛序，乾隆十九年(1754)沈起元序。

卷一山西策問五道，卷二序十二篇，卷三序、跋十篇，卷四序七篇，卷五碑、記八篇，卷六傳、哀辭、誄辭十篇，卷七至八墓誌銘十九篇，卷九墓表、神道碑四篇，卷一〇行實、行狀、行畧四篇，卷一一祭文六篇，卷一二雜文十一篇。附録爲代稿，五篇。總共九十七篇，爲"癸酉夏五第四子念謹編次"。

名"飴山"者，乃因執信嘗考得淄水所出之原山，《漢書》、《晉書》及《水經注》皆以爲在泰山郡之萊蕪縣，《淮南子》謂之飴山下，及元初，地入青州益都路。其所居在山下，故以名其集。

執信負絶異之姿，弱齡通籍，固已遍採中秘所藏。中歲退閑，益得大肆其力於學，根柢槃深，枝葉峻茂。故其立言皆有依據，視世俗之傭耳儗目，鄉壁虛造者若先筵楹也。沈起元序云："先生負僑才，年十七冠其鄉，薦捷南宫，登詞館。才氣魄力，俯視屈宋，文風士氣，行且魁柄一時。乃以微眚被斥，蓋若有陰中之者，既一跌不復振，負其才無所施。偶觸於文，不自知其鋒銛鍔厲，激盪低昂，以攄其塊磊之概，不平之鳴。"

《禮俗權衡》，題"益都趙執信柴叟著"。此篇二卷，爲執信作於康熙四十八年。據其《文集》所收該篇之序，知爲一鄉之禮俗。"余所居齊地也，山陬僻陋，其人讀書服禮，蓋未能漸乎，宋元以前，余幼而習之，不能知其是非。中年以來，多涉經傳，兼浪遊南北，耳目所觸，發覺鄉之俗殊有不可解者，屬家門多故，期功之喪，無歲無之，而凶禮相承，彌爲淆亂，心議之而未敢顯言。頃當過庭，家大人有所感而命之，適與小子相合，因歷述諸所見以請……"

此本有扉頁，刊"飴山文集。乾隆甲午秋七月。因園藏板"。

《四庫全書總目》未收。《中國古籍善本書目》著録。湖北省圖書館、遼寧省圖書館等十一館，日本静嘉堂文庫、東洋文庫、大阪府立圖書館也有入藏。

館藏有複本三部，一爲六册；一爲五册；一爲五册。

2357　清康熙刻本擔峰詩　T5457/1931

《擔峰詩》四卷，清孫詮撰。清康熙刻本。四册。半頁九行二十字，四周單邊，白口，單魚尾。框高 16.1 釐米，寬 12.4 釐米。題"百門孫詮静紫稿；男用楨以寧較"。前有康熙三十六年(1697)魏儒照序；題詞。

孫詮，字静紫，號擔峯，河南輝縣人。康熙二十一年進士。年十一即能彈琴賦詩，讀書別有領會。官中翰。遂於理學，以扶持名教爲己任。後以父棄養，絶意仕進，取祖父遺書抄録玩索，刊以行世。居心光明，俊偉行事，務持大體，善成就後學。卒年六十一。又所著《四書醒義》，多前人所未發。又有《游記》四卷、《文集》六卷。《(道光)輝縣志》卷一一有傳。

魏儒照序云："先生素淹貫六經，博覽漢魏，浸淫諸家百子，而尤精於性理，四方學者多宗之。性好遊，足跡徧天下，北抵絶塞，南浮江淮……故能即其所得，發爲吟詠。不屑屑句雕字繪，而抒寫胸臆，筆墨淋漓，飄飄然有凌雲之概；至懷古贈友諸什，則又出乎至情，關乎名教，得三百篇温柔敦厚遺意。讀者溯其學問文章之所自，醴泉芝草，原原本本，豈偶然哉？"

金鑲玉裝。

此本有扉頁，刊"擔峰詩。孫静紫先生稿。同志諸先生閲。夏峰藏板"。

《四庫全書總目》未收。《中國古籍善本書目》著錄，上海圖書館、北京大學圖書館等六館也有入藏。

2358　清乾隆刻本愛日堂詩集

T5466/7910

《愛日堂詩集》二十八卷，清陳元龍撰。清乾隆刻本。十冊。半頁十一行十九字，左右雙邊，白口，單魚尾。框高18.4釐米，寬13.3釐米。前有康熙二十三年(1684)葉映榴序，乾隆元年(1736)黄之雋序。

陳元龍，見清康熙刻雍正印本《格致鏡原》。

此集計《敝帚集》四卷、《登瀛集》一卷、《却掃集》一卷、《環召集》五卷、《南陔集》五卷、《重徵集》一卷、《宜人集》一卷、《肆覲集》一卷、《還朝集》二卷、《蘭峪前集》一卷、《重臨集》一卷、《蘭峪後集》二卷、《黄扉集》三卷。

《敝帚集》，詩自壬子始，至甲子止。蓋因其少時困躓，六踏省門，三上公車，光陰俱磨耗於制舉業中，未暇旁及詩賦詞章，偶有感觸，即試爲之，旋即棄置。後其姐婿葉映榴見之，頗稱賞，因從敗簏中重爲裒次，取名"敝帚"。

《登瀛集》，乃初入翰林，多館中肄業之作。

《却掃集》，乾隆十四年，元龍扈從南巡至吳門，聞其母之訃，徒跣奔還，居廬守制。九月，憲臣郭琇疏劾高士奇，并指大司空王鴻緒、侍講學士王頊齡、給事中何琨及元龍爲黨人。蓋因元龍系出渤海，與高士奇爲叔侄，故被牽入。疏上，奉旨五人皆休致回籍，時元龍方在籍讀禮，既奉休致，遂杜門却掃，不出户庭，祥琴之後，偶有唱和感懷之什，故名《却掃》。

《環召集》，詩自辛未始，止甲申三月。元龍被休致後，自甘終老海濱，不作春明之夢，然辛未十一月，蒙特旨以原官起用，重玷清班。自壬申至甲申，由史官洊歷詹事，再入講幄，日值禁廷，中間北征朔漠，南巡西巡，無不扈行，凡官於朝者十三載，其間所得之詩，名曰"環召"。

《南陔集》，詩自甲申四月，至庚寅四月。康熙五十七年，元龍父年逾八十，以親病乞歸返鄉。次年，帝南巡，蒙賜御書"南陔日永堂"額。元龍因以在家所得之詩，曰"南陔"。

《重徵集》，詩自庚寅五月至辛卯九月。元龍以親老告歸，栖遲子舍，三歷寒暑。其父卒後逾年，引疾不出。庚寅五月，朝廷命擢補翰林院掌院學士，元龍以"重荷徵召，勉力趣行，偶有吟詠，名曰重徵集"。

《宜人集》，始辛卯，止丁酉。杜少陵有詩云："五嶺皆炎熱，宜人獨桂林。"元龍居桂林者六年，縱攬山川奇秀，風土清淑，且以時和年豐，政簡民安，與"宜人"二字相合，故將公餘所吟，名曰"宜人"。

《肆覲集》，詩作於戊戌。丁酉十二月，元龍自桂林啓行入覲，戊戌三月抵京。時帝將幸熱河避暑山莊，命隨行，仍侍直南書房，凡七閱月，所得之詩曰"肆覲"。

《還朝集》，始己亥，止壬寅。元龍侍從禁庭二十四年，出撫粤西者七載，後擢補工部尚書，重歸朝列，因以名集。

《蘭峪前集》，始壬寅十一月，止甲辰十一月。康熙帝晏駕，奉移梓宫於景山之壽皇殿。雍正帝特命派内大臣公侯滿漢大學士、尚書、侍郎前往守視，元龍以禮部尚書與焉。其以痛定之餘，偶賦短章，因所居在陵之東偏馬蘭峪，因名曰"蘭峪"。

《重臨集》，始甲辰十一月，至丙午二月。甲辰冬，元龍奉命往粤西，經理倉儲行役，所經吟咏成帙。因粤西爲其向時出撫之地,故以"重臨"名。

《蘭峪後集》,始丙午,止戊申。丙午三月,元龍返自粤西,暫留京邸,仍歸馬蘭峪,詩乃其時所作。

《黃扉集》,始己酉,止癸丑十月。元龍以"政府重地,何暇吟咏,而感恩紀事有情所不能已者,偶成短章,用志歲月,名曰黃扉集"。

愛日堂者,乃康熙帝御書,故以爲集名。

葉映榴序云:"而吾乾齋陳子,則親見其幼而敏,長而好學,積之二十年,而始得有今日之詩文也。乾齋解悟神警,能柔克沉思,年十三,善屬文,十五事場屋,專心爲制舉藝者,十年而舉於鄉。其後驅馳南北,與所善諸名碩登臨贈答,發爲歌詩,篇什甚富,猶自謂未善,不以示人,遲之今秋,乃悉發所秘,手自去取,僅存若干首,將以問世……乾齋於余爲內兄弟,其詩文具在,識者當自知之。"

《四庫全書總目》入集部別集類存目。《中國古籍善本書目》著録。首都圖書館、南京圖書館等九館,日本內閣文庫也有入藏。

2359 清雍正刻本匡山集

T5472/1139

《匡山集》六卷,清王沛恂撰。清雍正刻本。二册。半頁八行十六字,左右雙邊,黑口,無魚尾。框高 16.8 釐米,寬 12.3 釐米。題"琅玡王沛恂書巘氏著"。前有雍正十一年(1733)李紱序。末有吳浩後序。

王沛恂,字汝如,號書巘,山東諸城人。家世貴顯多聞人。康熙二十六年舉人。馴謹好學如寒素,與人言,動引古義。早年舉進士不第,後爲海城令,嘗用古循吏法,民愛而親之。雍正元年,官兵部主事,因故被劾罷官,歸益攻苦讀書,爲詩古文。又著有《九邊録》。

沛恂文筆頗近明嘉靖以後風格,然皆本其樸茂之實意以出之。是書取名"匡山",當爲其隱居匡山讀書,故名之。其《小匡山靜室銘并序》云:"今吾買山學隱,垂四十年矣。匡山之隈,勝友林立,群仙雲停,正當結茅其下,養素和神,以樂吾天。"卷一文二十四篇(又二則);卷二詩,爲《閒居草》七十四首;卷三詩,《南游草》二十首;卷四詩,《哀吟草》二十首;卷五詩,《居山草》二十二首;卷六詩,《出山草》二十五首。

沛恂作文多有補於政教,如《贈繆孝子序》,可以教孝;《上朱總憲書》,可以作士氣;而《寄劉布政書》,則生民元氣有賴焉。

《四庫全書總目》卷一八三云:"是集凡文五卷,詩一卷。詩文皆伉直有氣,而亦有恃氣之處,故意之所至,暢所欲言,不免時有累句。"按,《總目》所記卷數有誤,應文一卷,詩五卷。

《四庫全書總目》入集部別集類存目。《中國古籍善本書目》著録,北京市文物局入藏。《臺灣公藏善本書目》、《日本現存清人文集目録》未收。

鈐印有"渠溪漁隱"、"雲蓀長壽"、"補學齋珍藏"。

2360 清康熙刻本繡虎軒尺牘

T5778.1/5691

《繡虎軒尺牘》八卷《二集》八卷《三集》八卷,清曹煜撰。清康熙傳萬堂刻本。十二册。半頁九行十八字,左右雙邊,白口,單魚尾。框高 19 釐米,寬 13.6 釐米。題"金沙曹煜亮采著;門人許旭九日、唐孫華實君校定"。前有康熙十七年(1678)繆彤序;曹煜自題詩二首;曹煜撰《凡例》三則。

曹煜,字亮采,江蘇金壇人。

繆彤序云:"凝庵學綜今古,而賦性忼爽,肝膽照人,能爲人之所不能爲,亦能言人之所不能言,使出而見用於當世。其功名事業,必卓卓有大過人者,乃七上公車不售,觀集中擬陳情一表,大意見乎辭矣。其爲詩與文也,皆自出機抒,不屑蹈襲前人。或寫其悱惻之懷,或展其激昂之志,或感物以寓意,或論古以言情。昌黎所云'不得其平則鳴'者也。而其中渾瀚磅礴之勢,如崩崖,如裂石,如風雨之馳驟,如江河之橫決,非積氣之厚者,其能乃爾耶?今秉鐸婁江,與諸生課藝習射之暇,訓以修德砥行,勉以忠君澤民,莫不景行仰止,以爲今日之安定先生也。"

《凡例》云:"不佞自兒時即學爲詩,學爲古文詞,至十六七歲抵河北,從前囊篋俱已亡失。今初集所錄者,二十歲後河北諸作耳。他鄉雲物,總是愁圖,故國山川,徒成夢境。班超傭書之日,擲筆何之;劉蕡下第之時,抱策無計。集中感慨興懷,良有以也。""不佞作詩不讀詩,作文不讀文,偶爾興至,意到筆隨。詩之似唐似漢,文之如歐如蘇,評者俱非知我。我之所作,篇篇皆繡虎軒之文,句句皆繡虎軒之詩而已。未識桃源何處,敢云獨自成家。總云鐵笛頻吹,不過偶然摸窾。""不佞原無災木之意,因在婁江學舍,諸子相勸,偶出次集若干卷,爲書林許子所梓。故次集先成於甲子年之前,而三集、初集繼刻之。初集之成,獨後於各集,故次集尚以榜姓之李爲名,而三集、初集成於奉旨復姓之後,遂以本姓冠之也。"

此本有扉頁,刻"繡虎軒尺牘。金壇曹凝庵先生著。傳萬堂梓行"。

《四庫全書總目》、《續修四庫全書》未收。《續修四庫全書總目提要(稿本)》未著錄。《中國古籍善本書目》著錄,上海圖書館、天津圖書館等十四館也有入藏。

鈐印有"山陰宋氏藏書"。

館藏有複本一部,十二冊。鈐印有"速水家藏"。

2361　清乾隆刻本積翠軒詩集　　　　T5466/0236

《積翠軒詩集》一卷,清高述明撰。清乾隆三年(1738)高晉刻本。一冊。半頁八行二十字,四周雙邊,白口,單魚尾。框高18.4釐米,寬12.6釐米。題"長白高述明東瞻著;弟斌東軒、鈺其相校編;男坤、晉、誠、履、咸、泰、復校字"。前有乾隆三年(1738)唐英序,乾隆三年史流馨序,乾隆四年(1739)王仕惠序。末有乾隆三年高斌跋,高晉跋。

高述明,字東瞻,吉林長白人。績學砥行,居常慷慨。曾奉命兩征西藏,提孤軍出塞數千里,大小百餘戰,勇冠三軍。擢總戎,旋調涼州。雍正元年八月,卒於紅羅山軍次。

積翠軒,爲述明讀書之處。其所在州署,環萬山中,叢篁掩映,衙齋復多修竹,其書屋即曰積翠軒,述明日夕讀書其中。賓僚耽風雅者,往往投詩屬和,故唱酬既起,唫詠遂多。此集一卷,收詩一百四十四首。

述明爲詩,悉本至性,非猶夫世之取青媲白以自命詩人比。其詩後半多從軍出塞之作,可見其入秦川、踰絶塞,搏戰黑水之狀,多形之詠歌,故詩格恢奇,聲亦頗壯。其有《塞外》一首云:"五月猶飛雪,三春未見花。炎風初解凍,夏草漸萌芽。畫角寒聲迴,旄頭白氣斜。樓蘭如未斬,不敢顧身家。"其詩也有描述邊塞景色者,如《人日塞外馬上口占》云:"馬蹄猶得蹋芳塵,馬上猶唵塞外春。只謂此生常傍鬼,豈知今日又逢人。緙花蔫憶刀聲細,栢葉香思緑色醇。記得楚江當此日,滿灘新嫩錦鋪茵。"《答人問藏中風景》云:"君問西天極樂方,果然風景不尋常。楓林徧地皆紅葉,番寺懸巖盡白牆。尖帽聖僧身著錦,平頭羌女畫塗糖。相傳種是盤弧類,竃蒂時看堆髻粧。""峩然白帽是官形,頭戴珠冠誇嫋婷。群婦行謳鼉出穴,衆僧坐諷藥飛瓶。乳酥調麵稱佳味,青稞爲醅釀緑醽。最是林園堪異處,鵝聲忽繞水心亭。"

高斌跋云:"予兄東瞻先生,秉性忠義,好學篤行,博通經史而不事著作。歷任戎行既久……及先生再任湖南,公餘與一二僚友更唱迭和,吟興頗豪。至丁酉再歸,洒笑與予言詩,竟夜劇談,娓娓忘倦,出示近作,其風格雄古,迥異時流。鄉先生見者稱之曰,此正所謂不鳴則已,鳴必驚人者也。嗣以屯駐邊陲,兩征西藏,身經血戰百餘陣,勇冠三軍,名播青海,歷萬死一生,全師奏捷。聖祖深加恩獎,旋擢總鎮興漢,繼調涼州。癸卯秋八月,以舊創復作,卒於紅羅山軍次。先生當孤軍絕塞倉卒之際,不廢吟哦,履困而亨,要其忠貞,足貫金石。其得句之雄壯,更爲古人之詩所不多覯,後之讀其詩者,亦可以想見其爲人也。先生卒時,四子晉年甫弱冠,獨從軍中,乃能檢求遺稿,收取零星片紙於革囊鞬櫜中,得詩若干首,手録成帙,悉遵原草,不敢遺佚一字,至是以歷年既久,請授剞劂,以傳於世。"

高晉跋也云:"不孝晉時隨侍行間,慟念遺稿手澤所存,謹詳加繙檢,或陳編積篋中,或弓弢矢箙内,片箋寸簡,薈萃收掇以歸。於戲!音容既邈,楮墨猶新,每一敬展,即哽咽不能卒讀。後從師授學課讀之餘,乃忍淚出藏篋,盥手鈔次,間有遺句蝕字皆仍焉,而不敢佚也,敘録成帙,閲今已十有餘年矣,深懼夫歲月既久,而尚未有以傳也,謹請命於叔父,壽之梨棗,以垂永遠。"

《四庫全書總目》未收。《中國古籍善本書目》著録,但爲二卷,九行二十字,與此不同,藏遼寧省圖書館、清華大學圖書館。

2362　清康熙刻本谷水集　　　T5431/4213

《谷水集》二十二卷,清胡夏客撰,陳光綵箋。清康熙刻本。四册。半頁九行十九字,左右雙邊,白口,單魚尾。框高 18.8 釐米,寬 12.9 釐米。題"海鹽夏客宣子著;同邑陳光綵謙山箋"。前有康熙十八年(1679)陳光綵序;陳光綵撰《胡宣子先生傳》;陳光綵撰《凡例》十九則。

胡夏客,字宣子,一號鮮知,浙江海鹽虹橋里人。少開敏好書,日誦千言。震亨子,泊長,補博士弟子,文譽藉甚。又博極天人,凡七略九流,無不關覽。好摹周籀秦篆,雖竹書漆簡、郙敦鼎彝,一見輒辨其年月款識。壯歲供佛長齋五十餘年,暮年禪悦益進,凡貝經梵夾之秘,一見洞曉。臨終正襟而坐,命侍者取手巾拂鬚,含笑而逝,年七十四。又有《谷水談林》六卷。

是集凡樂府古體律體一卷、五言古詩二卷、七言古詩三卷、五言律詩三卷、五言排律二卷、七言律詩七卷(七言排律、五言絶句附)、七言絶句二卷。末二卷爲雜文。

陳光綵序云:"吾鄉胡宣子先生,家多異書,其夙所洽閲,不啻蓬萊藏室之秘,以是懷鉛握槧,殫力著作者數十稔。嘗謂,子夏有言,詩者志之所之也,非詩無以言志。故尤好爲詩。其沉思而出之,如下鐵網於重溟,而搴珊瑚之樹也;其杼柚於懷而組織之,如馬鈞綾機之變,類陰陽而無窮也;其癙嘆盛衰,拊節悲歌,猶雍門引琴,而夏統爲小海之唱也。余以爲志在詩史矣。先生賢嗣令修,與余結忘言之契,已編先生《谷水集》以示余。余吟誦不輟,而詞客之見之者,或疑其造語之奇,用事之僻。余曰:此易易爾。乃爲之評注以示客……惟先生之文,散佚垂盡,幸其慈孫思黯從親朋訪求比年,僅輯其文二卷,以附於其詩二十卷之後。其儷偶之文,雕華縟繡而辭不掩意,有李義山之風;其禪悅之文,得釋部之玄要,而言多微中,在白香山、蘇子瞻之間,至於經濟之文,條析利弊,明並燭陰。"

夏客從震亨遍考唐人別集,深喜皮日休、陸龜蒙、薛能、鄭谷諸作,由是悟入,推陳出新。其詩有父風,又能弘覽洽聞,如《吳歌四首》、《纏足之禁忽弛》、《福業寺藏有宋當湖魯氏所刻法華經敬題》等皆可讀。

《四庫全書總目》入集部別集類存目。《中國古籍善本書目》著錄,上海圖書館也有入藏。日本內閣文庫有兩部。

2363　清乾隆刻補修本蓮洋集　　　　　　　T5463/2314.1

《蓮洋集》十二卷《補遺》一卷,清吳雯撰。清乾隆十五年(1750)劉祖曾刻十六年(1751)宋弼補修本。六冊。半頁九行十九字,左右雙邊,白口,單魚尾。框高16.5釐米,寬12.2釐米,題"漁洋山人評定;河中吳雯天章著;後學劉組曾、王藻同校訂"。前有乾隆十七年(1752)黃叔琳序,乾隆十七年沈德潛序,王士禎序,陳維崧序,湯右曾序;王士禎撰《吳徵君天章墓志銘》。卷一二末有乾隆十五年(1750)劉組曾跋。《補遺》題"河中吳雯天章著;後學宋弼蒙泉校"。前有乾隆十六年(1751)宋弼序。

吳雯,字天章,其先本遼陽人,寄籍山西蒲州,幼孤,姿秉殊絕,嗜書如飲食,又薄帖括,以爲不足爲。雖在諸生,輒瀏覽群籍,自六經三史外,先秦兩漢,下逮六朝唐宋元明四部之書,無所弗習,旁及釋老內典秘笈,皆鉤貫其旨趣,含咀其英華,而尤於五際六義有深嗜。戊午、己未間,朝廷詔徵博學宏詞,雯在舉中。康熙四十三年卒,年六十一。

此集皆古今體詩,卷一一百二十六首,卷二一百三十三首,卷三一百四十六首,卷四一百七十九首,卷五一百三十八首,卷六一百七十九首,卷七一百八十七首,卷八一百九十六首,卷九一百五十一首,卷一〇一百八十八首,卷一一一百九十一首,卷一二一百四十四首。《補遺》六十八首。又附錄五首。

其集稱"蓮洋",蓋因蓮花洋在普陀山下,而《名山記》云,華岳山下有蓮洋村。雯樂之,故以名其詩集。雯一生不得志,乞米四方,奔走困頓,又形貌龐醜,不自修飭。雯詩骨力清挺,波瀾老成,五言得唐人三昧,風格在右丞、襄陽之間,奇逸之致,則似太白、長吉。七言兼有李、杜、韓、蘇諸大家之勝,而放筆所至,自成一家。湯右曾序云:"天章讀書,自周秦以來,鑽研擸擸,刓精竭志開突,奧窮本末,顧性淡泊,不喜藻繢篆刻、靡麗繁會之言。常謂予曰,子多讀南華及楞嚴,則無入不自得矣。故其詩清微淡遠,稱其爲人。天章自作詩以來,約數千篇,除去頗顆,芟薙蕪穢,集中所存,皆淘汰融液,篇篇可誦。"

此本爲雯鄉人劉祖曾所刻。沈德潛序云:"新城(王士禎)志徵君墓云,君詩初刻於吳中,再刻於都下,三刻於津門,是其詩未嘗不流布宇內也。既版漸漫滅,想望其集者,俱未得見。光祿劉君繩遠,徧爲搜索,一得之北平黃侍郎藏本;一得其宗人觀察君藏本,皆有新城評語者,彙存參訂,刪其重複,開鑴行世。"

又劉組曾跋云:"右河中吳徵君《蓮洋集》十二卷,乾隆庚午得之北平黃宮詹家,爲刻板以傳之鄉,見先生詩刻本僅數十篇,有宜興陳檢討序,無歲月。吾鄉盧給諫嘗言,有蓮洋全集,屬故人刻之南中,久不得消息。其後,友人楊山夫示余先生手稿一帙,漁洋山人丹墨如新,余喜而刻之,已得洪洞家觀察叔藏本可千餘首,今又得是本,視觀察本多十四五,間有漁洋評語,因總合諸本,並生平收録手跡爲諸本所未見者,凡得古近體詩千九百有奇。先生弟霞哭先生詩云,收得遺詩三千首。今所録,雖未及是,然先生遺文,固已彪彪炳炳,照耀人間,亦可以無憾矣……然以詩觀之,其卓然可傳者十七八,是天下後世所共見,非以鄉里之故阿私所好也。"按,劉祖曾又刻有《司馬文正公文集》及《家範》。

此本有宋弼《補遺》。《補遺》序云:"予從孫端人前輩所見《蓮洋集》鈔册,欲相與刻之,已得臨汾劉君刻本而止。然視其所收,猶時有遺漏,乃爲之訂舛補遺,以成劉君表章先民之意。"

此本有扉頁,刊"蓮洋集。漁洋山人評定。夢鶴草堂藏板"。

《四庫全書總目》著録《蓮洋詩鈔》十卷,入集部別集類。《總目》云:"乾隆辛未,汾陽劉祖曾哀其全稿刻之,又以士禛所評者,別刊一小册並行。越十三年甲申,蒲州府同知山東孫諤,始從雯姪敦厚得士禛所定原本,簡汰重刊,詳載士禛之評,併以劉本所遺者補刻於後,以所見墨蹟補之。其士禛所删,而劉本誤刻者,咸爲汰去,凡得古詩二卷、近體五卷、補遺一卷、詩餘一卷、文一卷,冠以墓志,而附以同時唱和題詠之作,即此本也。"此十二卷,《總目》未收。

《中國古籍善本書目》著録,山西省圖書館、遼寧省圖書館等十館,日本東洋文庫也有入藏。又據著録,無宋弼補修之劉祖曾刻本,大陸有五館入藏。

鈐印有"胡義質印"。

2364 清乾隆刻宋弼補修徐昆等再修補印本蓮洋集　　T5463/2314.1A

《蓮洋集》十二卷《補遺》一卷,清吳雯撰。清乾隆十五年(1750)劉祖曾刻十六年(1751)宋弼補修五十五年(1790)徐昆等再修補印本。十二册。半頁九行十九字,左右雙邊,白口,單魚尾。框高16.3釐米,寬12.3釐米。題"漁洋山人評定;蒲板吳雯天章手著;涂水喬人傑漢三、平陽徐昆后山、濩澤張鎣心鐫重訂"。前有乾隆五十五年(1790)喬人傑序,乾隆五十五年徐昆序,乾隆十七年(1752)沈德潛序,乾隆十七年黃叔琳序,王士禛序,陳維崧序,湯右曾序;王士禛撰《吳徵君天章墓志銘》。《補遺》題"河中吳雯天章著;後學宋弼蒙泉校"。前有乾隆十六年(1751)宋弼序。末有乾隆十五年(1750)劉祖曾跋。

此爲徐昆、喬人傑、張心鐫修補印本。徐昆序云:"方劉太守繩遠刻先生詩,邀諸名士校讎析訂,而力總其成,板竣圭璧不啻矣。不數年,太守遠宦丹崖,委其板於燕市旅舍,鼠矢蛛網,霉濕魚齕,不暇顧及,張觀察重刻《蓮洋詩》時,遍索之不可得。余乃以無意中遇敗簏於西河荒店,或半缺或中斷,珍而惜焉。商諸同年喬漢三觀察及張心鐫孝廉,慷慨好義,一諾而成,補而修之,重爲完璧。"

此本有扉頁,刊"蓮洋集。漁洋山人評定。夢鶴草堂藏板"。按,卷一第一頁所題,除"漁洋山人評定"外,它皆爲剜去舊板所題,易以新題。板框高寬雖與前本略有小異,但實爲一板。

鈐印有"唐學齋"。

2365 清乾隆刻本蓮洋集　　T5463/2314.1B

《蓮洋集》二十卷,清吳雯撰;《蓮洋吳徵君年譜》一卷,翁方綱編;附録一卷。清乾隆三十九年(1774)張體乾荆圃草堂刻本。八册。半頁十一行二十三字,左右雙邊,白口,單魚尾。框高21.1釐米,寬14.2釐米。題"河中吳雯天章著;後學浮山張體乾確齋校"。前有乾隆三十九年

(1774)翁方綱序,乾隆三十年曹學閔序,乾隆三十九年張體乾序;又王士禎、湯右曾、陳維崧原序;王士禎撰《吳徵君天章墓志銘》;《山西通志》本傳;王蘋撰《吳徵君傳》;蓮洋先生小像並翁方綱像贊。

卷一至十九皆爲古今體詩。卷一一百零五首,卷二九十九首,卷三一百一十首,卷四一百零一首,卷五九十九首,卷六一百零三首,卷七八十七首,卷八一百一十首,卷九一百廿九首,卷一〇一百零四首,卷一一一百零七首,卷一二一百零七首,卷一三九十六首,卷一四一百零七首,卷一五一百零三首,卷一六一百十二首,卷一七九十八首,卷一八一百零二首,卷一九一百零五首,卷二〇補遺七十六首,附聯句等七首。通計二千零六十七首。附錄詩話二十三事,附錄詩三十二首,詞一首。

此集乃翁方綱校訂。蓮洋卒後,其繼子敦厚、姪秉厚,館於張體乾家三十餘年。敦厚歿,秉厚欲刻其先集,然力不克爲,稿亦秘不肯示人。後因張氏諾爲刊傳,始肯出之,俾胥鈔其副。

張體乾序云:"先生嗣君昆弟,館予家者有年,時時竊聞先生緒論,益如晤先生也。暇日於嗣君處得先生手稿二大冊,則漁洋山人手評在焉。既命胥鈔其副,蓄志付梓者又有年,吾鄉臨汾劉氏,已先有刊本。今年春,因慕堂曹僕卿以抄刻諸本質之覃溪翁太史,得合成全本,一以漁洋所評爲主,而其未經漁洋評點者,以次排輯於後,雖有疑者,弗敢删也。蓋卷有先後,而詩無去留,冀存先生之真精神,如月瀧瀧而春盎盎,浮出於聲音尺桼上,而齋中所收先生墨蹟數紙,亦併謀勒石以傳。"

張體乾,字確齋,浮山人。官刑部郎中。工詩。有《東游紀略》。曹僕卿即曹學閔。

此本有扉頁,刊"蓮洋集。乾隆甲午秋鐫。荆圃草堂藏板"。

《四庫全書總目》入集部別集類存目。《中國古籍善本書目》著錄。山西省圖書館、遼寧省圖書館等九館,日本內閣文庫、東洋文庫、廣島大學文學部也有入藏。

鈐印有"菱華山館藏書"。

2366　清乾隆刻本吳徵君蓮洋詩鈔　T5463/2314

《吳徵君蓮洋詩鈔》不分卷,清吳雯撰。清乾隆三十二年(1767)刻本。二冊。半頁八行二十一字,左右雙邊,白口,無魚尾。框高17.7釐米,寬11.7釐米。題"河中吳雯天章著;江左蘇爾詒薇谷、河東劉贄稼莊參訂"。前有王士禎序,乾隆三十二年(1767)蘇爾詒序;劉贄撰《凡例》七則。

此集不分卷,收五言古一百九十一首,七言古一百四首,五言律一百五十三首,七言律一百十七首,五言排律八首,七言律一首,五言絕七十六首,七言絕二百九十四首。總共九百四十三首。

《凡例》云:"徵君於書無所不讀,性淡潔,家貧無以爲養,以升斗奔走四方。所至,知名士輒願與遊,胸中涇渭,不狥世俗,毀譽涼燠以爲親疏。漁洋謂黃叔度汪汪如千頃波,庶幾似之,故詩之清遠渾厚,如其爲人。""徵君生平所著詩最夥,吳中、都下、津門之刻,爲詩無多;臨汾刻本,搜羅幾盡;刻於蒲郡丞署者,則多所去取矣。贄與蘇子薇谷,得太原司馬雙清堂所藏諸刻本,並手稿縞素之未經問世者,翻披編輯,以艱於鐫刻,先擇尤雅者登焉。""各刻本內,句法之多寡攸殊,字眼之參差互異,酌其精當者從焉,至魚魯亥豕之訛,俱悉心訂正。"

蘇爾詒序云:"數百年後,天章吳徵君復家於玉溪澗,而亦以詩鳴於海內。予於稼莊廣文署讀《蓮洋集》,知其爲奇偉非常之士,而以布衣終老,所遭正與義山無異。其爲詩也,亦與義山異曲而同工,每讀一過,而予之志與情不自知何以油然而生也。因搜司馬雙清堂中所藏諸刻及絹素手跡,與稼莊參訂授梓。亦以徵君之詩久已流傳,選者不一人,刻者不一地,而其中評點者不過十之一二,是以分編闡發,以志景慕之意,固非敢云品隲高下也。"

此本有扉頁,刊"吳徵君蓮洋詩鈔。乾隆丁亥秋鐫。止軒藏板"。

《四庫全書總目》未收。《中國古籍善本書目》著錄,山西省圖書館、武漢市圖書館等七館,香港中文大學圖書館也有入藏。

鈐印有"雨山草堂"。

2367　清康熙刻本學箕初稿　　T5463/4813

《學箕初稿》二卷,清黄百家撰。清康熙箭山鐵鐙軒刻本。一册。半頁十二行二十四字,左右雙邊,白口,雙魚尾,書口下有"箭山鐵鐙軒"。框高 17.7 釐米,寬 13.6 釐米。題"姚江黄百家主一甫"原名百學。目錄頁有黄百家識語。

黄百家,字主一,浙江餘姚人。宗羲子。能世其學,宗羲編《宋元學案》未成,卒,百家續成之。曾從梅文鼎問推步法。康熙中,徐乾學延入史館。有《句股矩測解原》、《幸跌草》等。

卷一起康熙七年,至十五年,計十八篇;卷二起康熙十六年,至二十二年,計十六篇。

識語云:"百家生遭家難,流離播徙,年踰二十,始親翰墨。帖括之餘,間學爲古文詞,時過而學,終多扞格,偶録數篇,非敢自衒,亦欲就正有道,資以請業,以爲失晨之補云爾。"

百家喜拳法,集中《王征南先生傳》,記武術路數及歌訣,并習拳之經過。

《四庫全書總目》未收。《中國古籍善本書目》著錄,無錫市圖書館也有入藏。

鈐印有"瑞軒"、"階青竹尹"。

2368　清康熙刻本東舍集　　T5463/4463

《東舍集》二卷,清蔣景祁撰。清康熙刻本。二册。半頁十行二十一字,左右雙邊,黑口,單魚尾。框高 18.9 釐米,寬 13.5 釐米。題"宜興蔣景祁字京少"。無序跋。有王士禛、吳雯、周在浚、柯煜、孔尚任、梁佩蘭詩評六則。

蔣景祁,字京少,江蘇宜興人。諸生。康熙間舉鴻博未遇。王士禛有《簡京少詩》云:"靈潭傳玉女,窈窕富仙蹤。蔣子讀書處,雲嵐深幾重。曾過洞庭野,長嘯祝融峰。他日期相訪,潭煙吟夜龍。"

卷一五言詩二百六十首、聯句一首,卷二七言詩二百一十七首。

卷二有《椒山先生祠堂歌》云:"明之世宗御平世,煉藥求仙重禋祀。嚴相煙燄勢炙天,中朝貴人盡兒事。嗚呼先生挺高節,彈章對伏瀝肝肺。天子厭事丞相嗔,網羅箝織死西市。先生一死甘如飴,夫人節概何魁奇。上書乞命代夫死,有詔不許催心脾。憶讀先生絕命筆,從容細瑣分毫絲。終篇誡子勿爲惡,爲善獲報徒爾爲。我來上谷馳康莊,喜從先生瞻梓桑。西據滹沱東易水,巖壑鍾秀真非常。先生箕尾歸帝鄉,秉圭執簡侍高皇。春秋俎豆空傍徨,喬松古柏生祠堂。靈旗飄捲來翱翔。"

《四庫全書總目》、《續修四庫全書》、《續修四庫全書總目提要(稿本)》未收。《中國古籍善本書目》著録清康熙蔣開泰刻本,北京市文物局、山西大學圖書館入藏。《清人詩集敘録》未收。《日本現存清人文集目録》未著録。

鈐印有"丁卯橋舊主"。

2369　清康熙刻本黃葉邨莊詩集　　T5463/2335

《黃葉邨莊詩集》八卷,清吳之振撰。清康熙刻本。四册。半頁十行十九字,左右雙邊,黑口,單魚尾。框高16.9釐米,寬12.9釐米。題"州泉吳之振孟舉"。前有葉燮序,呂留良序(序後有康熙三十三年(1694)吳之振識語)。

吳之振,字孟舉,號橙齋,浙江石門人。康熙時貢生,官中書科中書。十三應童子試,後從黃宗羲兄弟游。慷慨好施與。工書畫,詩古文辭俱有師承指授,而更能自闢門户,晚於詩律尤細,近代作家未能或之先,之振嘗與呂留良選《宋詩鈔》行世。生於崇禎十三年,卒於康熙五十六年,年七十有八。

此本原有《續集》一卷、《後集》一卷,均佚去。卷一二百二十六首,卷二一百零八首,卷三一百十五首,卷四一百二十二首,卷五一百十五首,卷六九十首,卷七一百七十九首,卷八一百二十首。

昔蘇子瞻有詩"家在江南黃葉邨",之振好此,遂名其所居,爲其學古著書之所。據葉燮序云:"孟舉之詩,新而不傷,奇而不頗。敘述類史遷之文;言情類宋玉之賦;五古似梅聖俞,出入於黃山谷;七律似蘇子瞻;七絶似元遺山。語必刻削,調必鏧空,此其概也。"

清光緒四年,之振六世孫康壽有翻刻增訂本,爲之振詩集之最足本。前有黃葉邨莊圖、吳之振畫像并陸隴其像贊、題詞、種葉詩、增行詩、題詞補遺、《石門縣志》列傳、墓志並陳世修撰《重修黃葉邨莊記》。

此本有扉頁,刊"黃葉邨莊詩集"。

《四庫全書總目》入集部別集類存目。《中國古籍善本書目》著録,上海圖書館、首都圖書館等六館收藏全帙。日本内閣文庫、尊經閣文庫所藏未知同此本否。

鈐印有"桂窗"。

2370　清康熙刻本清吟堂全集　　T5463/0244B

《清吟堂全集》十五種七十七卷,清高士奇撰。清康熙刻後印本。十二册。半頁十一行二十字,四周單邊,黑口,雙魚尾。框高18.3釐米,寬13.1釐米。

高士奇,字澹人,號江村,浙江錢塘人。康熙時,由監生充書寫,直南書房,爲帝所寵信,官至禮部侍郎。謚文恪。又有《江村消夏録》、《金鰲退食筆記》等。

《清吟堂集》九卷,題"錢塘高士奇澹人"。前有康熙三十八年彭孫遹序、康熙三十九年尤侗序、康熙三十七年盧軒序。卷一《苑西古今體詩》七十四首(甲戌十一月起,乙亥五月止),卷二《苑西古今體詩》五十三首(乙亥六月起,丙子二月止),卷三《扈從古今體詩》五十八首(丙子三月起,六月止),卷四《苑西古今體詩》十九首(丙子七月起,九月十五日止)附《平漢北頌》(佚去),卷五《扈從古今體詩》三十九首(丙子九月起,十二月止),卷六《苑西古今體詩》十四首(丙子十二月起,丁丑正月止),卷七《扈從古今體詩》五十首(丁丑二月起,閏三月止),卷八《扈從古今體詩》四十七首(丁丑閏三月起,五月止),卷九《苑西古今體詩》五十三首(丁丑六月起,八月止)附《神功聖德詩》、《漢北蕩平凱歌》二十首。

清吟堂者,爲康熙帝賜高士奇匾額也,士奇簪筆禁庭,朝夕應制,每奏一篇,帝未嘗不稱善,故有"清吟"之目。此集尤侗序云:"既而承恩侍養,將母南歸,拜花誥之榮,享板輿之樂,乃搜篋衍,彙前後四年之詩,刻成九卷……其以清吟堂名集者,志君賜於不忘也。"

《經進文稿》六卷,題"臣高士奇恭進"。卷一賦七篇(附三篇),卷二頌二篇(附一篇),卷三表六篇,卷四序九篇(附十一篇),卷五記二篇(附七篇),卷六跋三篇(附書後一篇、說二篇、跋一篇)。

《苑西集》十二卷,題"錢塘高士奇"。前有狄億序、康熙二十九年汪琬序、康熙十九年王士禛序、康熙二十九年蔣景祁序、康熙二十九年高士奇自序。此集爲古今體詩。卷一五十六首(戊午二月起,己未九月止),卷二四十八首(己未十月起,庚申十二月止),卷三五十六首(辛酉正月起,壬戌四月止),卷四六十一首(壬戌五月起,癸亥十二月止),卷五六十五首(甲子正月起,乙丑七月止),卷六七十八首(乙丑八月起,丙寅六月止),卷七六十一首(丙寅七月起,丁卯十二月止),卷八五十七首(戊辰正月起,七月止),卷九五十五首(戊辰八月起,九月止),卷一○六十五首(戊辰十月起,己巳二月止),卷一一二十三首(己巳三月起,五月止),卷一二二十九首(己巳六月起,九月止)。

是集名"苑西",乃因苑西爲天子賜士奇之第,名之以榮其事。又集中所作,大都不出苑西,且多爲紀實。汪琬序云:"邇者請告,杜門編次篋衍所弆十之一二,名曰《苑西集》,釐爲十二卷以示琬。豐而不失諸靡,約而不失諸促,和平爾雅而絕不爲勾章棘句之習。雍雍乎,有垂紳正笏、臺閣氣象焉。"

高士奇自序云:"賜居苑西,夙夜奉職,不敢少懈,然性本疏懶,復耽吟詠,每於退食之暇,杜門謝客,剪燭微哦,託物寄興,以自寫其懷抱。或平生親故,不能恝然,間有代柬送行之什,謙集遊賞則寥寥矣。其侍從、應制、紀恩、扈蹕諸詩,已載《隨輦集》中。頃歸江邨,偶簡敗簏,散失過半,自戊午二月至己巳九月,凡十二年,僅得詩若干首,輯爲十二卷。昔人云,行萬里路,讀萬卷書,始可以言詩。余學問空疎,且叨塵帷幄,非扈從銜命,足未嘗出城闉。晨夕鮮暇,交知甚寡,無講論切磋之益;東西南北,從屬車後,道途鞅掌,無探奇攬勝之時,其所爲詩文,又何足觀乎?惟是凡家雞犬得傍雲霄,五尺兒童生長禁近,誠異遭也,故名之曰《苑西集》。"

此集之刻,乃宜興蔣景祁,助其校勘者爲狄億。蔣景祁序云:"'苑西集'者,錢塘高先生所著各體詩也,起戊午二月,至己巳九月,凡閱歲十有二……凡得詩五百有餘章。先生以授景祁。景祁伏讀卒業,繕寫校讎,釐爲十二卷而登諸梓。"狄億序云:"歲己巳,景祁輯錢塘學士高先生詩,曰《苑西集》,計十二卷,鏤版於其家。又自京師移書億,命董厥工,點畫舛訛是正。"

《扈從東巡日錄》二卷附錄一卷,題"內廷供奉翰林侍講臣高士奇"。前有康熙二十一年陳廷敬序、朱彝尊序、康熙二十一年高士奇自序、康熙二十二年張玉書序、汪懋麟序。

此日錄,爲康熙二十一年春,帝東巡盛京,省謁陵寢,高士奇扈從,歸則以其紀載諷詠之作輯爲此錄,其時隨同者,又有侍讀學士孫屺瞻、張玉書二人。高士奇序云:"惟就見聞所逮,約略志之,總其時物,參以前史,公私兩載,逐日成編。"

其附錄一卷,爲士奇"扈從東行,留松花江上旬有餘日,目睹土人日用飲食生殖之殊,因考辯名實而詳書之"。

《扈從西巡日錄》一卷,題"內廷供奉翰林院侍講臣高士奇"。前有康熙二十二年王士禛序、康熙二十二年徐乾學序。

　　康熙二十二年，帝巡幸山西五臺山，士奇隨侍左右，以二月甲申發京師，三月戊申還宮，往返二十五日。士奇將其山川道里所經，繫以月日而成此錄。

　　《歸田集》十四卷，題"錢塘高士奇"。前有李良年序、康熙三十年沈麟序、王原序、康熙三十三年曹禾序。此集皆古今體詩。卷一六十首（己巳十月起，十二月止），卷二六十首（庚午正月起，三月止），卷三五十四首（庚午四月起，六月止），卷四七十八首（庚午七月起，八月止），卷五五十八首（庚午九月），卷六五十六首（庚午十月起，十二月止），卷七五十四首（辛未正月起，二月止），卷八四十一首（辛未三月），卷九七十首（辛未四月起，六月止），卷一〇七十五首（辛未七月起，九月止），卷一一七十一首（辛未十月起，十一月止），卷一二四十二首（辛未十二月），卷一三四十六首（壬申正月起，二月止），卷一四四十七首（壬申三月起，四月止）。

　　此集所收，乃士奇康熙二十八年南還以後作詩，王原序云："歲己巳，公蒙恩得歸所謂北墅者，將車奉杖，侍太夫人日遊其中。抱甕灌畦，嘲調風月，慕陸魯望、范石湖之爲人，謝塵逃虛，混跡漁樵間。"士奇平生不蓄姬侍，自夫人歿後，即端居斗室，蒲團紙帳、熏爐茶具，長齋繡佛之前，儼然一退院老僧。

　　《竹窻詞》一卷，題"錢塘高士奇澹人"。前有康熙三十年高士奇序。計詞三十七首。

　　《疏香詞》一卷，題"錢塘高士奇澹人"。計詞五十七首。

　　高士奇《竹窻詞》序云："昔浪遊都市，與藕漁、竹垞、梁汾偶爲長短句。迨入直禁中，夙興夜寐，此興漸闌。壬戌春，扈從奉天烏喇途次尚成六闋，此後遂不復作。所存《疏香詞》，散失十之三四，不意梁汾刻於江南。頃歸江邨，田居多暇，詠物寫情，詩所不能盡者，時一託之詩餘，經年成帙。自憐年齒將邁，不能澄懷觀道，乃作綺語，得無爲士君子所譏議。然每怪縉紳先生身退林泉，戀慕名祿，或探討聲伎，致失其生平所守，又不若以此遣其歲月，故刻《竹窻近詞》，而附《疏香詞》於首，見今昔志念之不同也。其《疏香詞》前後銓次錯亂，亦不更爲檢校云。"

　　《獨旦集》八卷，題"錢塘高士奇竹窗"。前有康熙三十一年王九齡序、尤侗序、顧圖河序、康熙三十一年高士奇自序。卷一近體詩一百首（壬申六月起，八月止）；卷二至八爲古今體詩，卷二九十首（壬申六月起，十二月止），卷三七十五首（癸酉正月起，三月止），卷四五十首（癸酉四月起，六月止），卷五五十八首（癸酉七月起，九月止），卷六六十一首（癸酉十月起，十二月止），卷七六十四首（甲戌正月起，三月止），卷八七十九首（甲戌四月起，八月止）。

　　是集名"獨旦"，乃因壬申五月，士奇喪妻，其時年未五十也。索處之際，時有吟詠，以遣悲懷，故名其集"獨旦"，自序云："壬申夏五，忽遭失儷，自此林猿野鹿之音，一變爲離鴻寡鵠之響矣。昔孫楚妻亡，至祥服乃爲詩以悼之。余單影無聊，難以遣日，且亡妻相余三十年，動履話言，歷歷如昨。鰥魚兩目，不瞑終宵，偶藉吟詠，寫其愁思。因憶葛生蒙楚篇有'予美亡此，誰與獨旦'之句，情頗相類。第彼爲婦思夫而言，此爲夫悼婦之語，似乎不倫，然男女異而情則同，死生分而別則一。元微之遣悲懷詩云，'惟將終夜常開眼，報答平生未展眉'，先我言之也。自茲以往，凡有所作，大約憂傷鬱結之情，多因以獨旦名篇云。"按，士奇於康熙二年畢婚，妻時年十八。卷一悼亡并序，中有"最慘臨危決絕時，幾番執手捋吾髭，一聲珍重還相囑，誰料今年是別離"之句，並云："亡妻臨沒時，以手指吾面，捋吾鬚云，三十年夫婦，不道今年永別，此後須自爲保重。"詩一百首，皆爲士奇悲痛之餘，以淚和墨之作。

　　《隨輦集》十卷，題"日講官起居注詹事府少詹事兼翰林院侍講學士臣高士奇"。前有徐乾學序、徐元文序、康熙三十二年姜宸英序。

此集爲士奇扈從之所作,感恩紀遇,形諸篇章,積成卷帙,因御製詩有"隨輦"之言,故以名其集。徐元文序云:"詹事錢塘高君,受聖天子特達之知,供奉禁廷,自始授官迄今爲宮端,歷十有餘年,所論著甚多,而獨取其紀遇述恩之詩,得若干卷,號《隨輦集》,蓋本御製詩翰林隨輦進辭章之句而命之者也。"

　　《隨輦續集》一卷,題"日講官起居注詹事府少詹事兼翰林院侍講學士臣高士奇"。前有士奇識語云:"臣於去夏疏請歸田,聖恩未許,然念臣勞瘁十二年,得解内直,留京總裁兩館編輯諸務。今歲南巡,不當再塵扈從,乃蒙特旨,仍珥筆追趨,往返八十餘日……方兹盛典,因事恭紀,遂復成帙,謹爲《隨輦續集》,竊附不朽焉。"

　　《城北集》八卷,題"錢塘高士奇"。前有康熙十二年朱彝尊序、康熙二十九年顧圖河序。卷一至八皆古今體詩。卷一五十八首(乙巳二月起,丁未三月止),卷二六十二首(丁未四月起,己酉六月止),卷三五十七首(己酉七月起,庚戌十二月止),卷四七十一首(辛亥正月起,壬子十二月止),卷五五十八首(癸丑正月起,十二月止),卷六五十一首(甲寅正月起,乙卯三月止),卷七五十首(乙卯四月起,丙辰十二月止),卷八四十七首(丁巳正月起,戊午正月止)。皆爲士奇移家城北所作。

　　《四庫全書總目》未收。《中國古籍善本書目》著録,北京大學圖書館、遼寧省圖書館等五館也有入藏。又日本内閣文庫、静嘉堂文庫、大阪府立圖書館、廣島大學圖書館、京都大學人文科學研究所所藏,不知與此同否。

　　鈐印有"守真菊堂珍藏"。

　　館藏有複本一部,十二册。鈐印"蓼華院"。

　　另有《歸田集》十四卷,二册。鈐印有"書帶草堂藏本"、"佐廷讀過"、"養"。

2371　清雍正刻本撫雲集

T5475/8535

　　《撫雲集》九卷,清錢良擇撰。清雍正八年(1730)錢氏招隱堂刻本。二册。半頁九行十八字,左右雙邊,綫黑口,單魚尾,框高16釐米,寬12.1釐米。題"虞山錢良擇木庵"。前有康熙三十四年(1695)錢陸燦序。末有雍正八年(1730)嚴亨裔後序。

　　錢良擇,字玉友,號木庵,江蘇常熟人。性倜儻,與人交,必出肺腑,意所不可盡言,招過弗顧也。游歷所至,以詩酒與知名士相結,爲詩豪放感激,又有《出塞紀略》、《選唐詩審體》。《(光緒)常昭合志稿》卷三〇有傳。

　　良擇弱冠即走京師,辟爲王官師傅,公卿多延佇上座,故其才益奇,名益噪。凡大吏出使海外,請與偕往。又同朝貴使塞外絶域,盾背磨墨,日次記其游歷。三十年間,自平原省會以外,足蹟幾遍天下。此集卷一擬古樂府詩四十九首。卷二至九皆古今體詩,卷二四十六首、卷三四十一首、卷四四十八首、卷五六十一首、卷六四十八首、卷七四十二首、卷八六十四首、卷九八十六首。

　　卷九末首爲《自題小像五十韻》,云:"畫師寫我貌,三寫三換形。我貌我不見,見畫爲心驚。初寫年三十,豐神甚英英。再寫垂五十,鬚髮白數莖。三寫六十三,面皺骨峥嶸。雖飾以樹石,老醜真村氓。三人皆我也,判若三姓名。感其變之速,俯仰思生平。順治乙酉秋,大劫起刀兵。四郊流戰血,五日我始生(予以七月十九日生,十四日兵屠城)。禠裼寘荆棘,失乳哺以錫。縱横白刃中,幸脱此孩嬰。讀書就外塾,七歲誦五經。九歲知賦詩,鋒鋩發新硎。所樂者風騷,其甘入性情。奈非時所用,誰與相酬賡。勉攻制舉義,違心學逢迎。魂夢在詠歌,如病不忘興。

勞勞翰墨場,草草逾壯齡。百千百不遂,而有能詩聲。賣詩療我饑,禿筆窮年耕。孤雁逐稻粱,努力飛且鳴。燕趙齊魯衛,彭蠡復洞庭。大梁犯冰雪,瓊海沖鮫鯨。百粵溯東西,飽看青山青。所至無久留,留久惟神京。梁園開絳帳,饜飫五侯鯖。猶恐逸非分,匹馬從軍行。出塞走沙漠,跡躡蘇子卿。廿年足所歷,十八萬里程。狂飆捲飄蓬,急湍瀉浮萍。鬼神若驅之,吾非有所營。筋骸忽就衰,頭顱竟何成。厭為造物制,屏棄歸柴荊。姑卻耳目擾,不望簞瓢盈。著書亦游戲,屋漏心自盟。餘生務求道,一點完虛靈。辛勤造瀟灑,坦易趨專精。子夏戰將勝,進退在必爭。奈何畫中貌,遽作枯株撐。乍觀為惘惘,忽悟旋惺惺。一笑語畫師,我貌非有恒。浸假壽耄期,歲再數十更。爾時子畫我,老態當倍增。其中不老者,子欲畫不能。此畫留人間,裝潢掛家庭。聊付子若孫,揖拜瞻儀型。後進或好事,展玩得未曾。應訝老詩人,面目殊可憎。如欲見真我,相訪芙蓉城。"

錢陸燦序云:"當是時,遊於宮保之門,依以揚聲者,以天冶為溫柔,以堆砌為敦厚,木庵發軔,不無染指其間。其後思顧先生語悟,遂進而求之韓、杜,更進而求之風、騷、漢、魏、陶、謝,更進而求之《左》、《國》、馬、班,涵泳濂洛關閩之學。尤好《南華》、《楞嚴》,而悉以供其詩,此其作之之旨也。詩多至萬餘首,所見進,輒自焚之,其存者百之一二耳。"

此集原有卷一〇,為詠史詩一百首。據後序云:"綠池應教,旋赴修文,先生所攜詩十卷,其末卷手錄未完稿,遂散失。"故未刻。有扉頁,刊"撫雲集。虞山錢玉友著。招隱堂藏板"。

《四庫全書提要》、《續修四庫全書總目提要(稿本)》未收。《中國古籍善本書目》、《日本現存清人文集目錄》著錄,中國國家圖書館、上海圖書館等九館,以及日本大阪府立圖書館入藏。臺北"國家圖書館"有《撫雲集》不分卷,舊鈔本。

2372　清康熙刻本湖海集

T5463/1192

《湖海集》十三卷,清孔尚任撰。清康熙介安堂刻本。五冊。半頁九行十九字,左右雙邊,白口,單魚尾,書口下刻"介安堂第五刻",書口上刻"湖海集"。框高17.6釐米,寬13.2釐米。題"闕里孔尚任季重著;吳門鄧漢儀孝威、海陵黃雲仙裳、廣陵宗元鼎定九同閱"。前有康熙二十六年(1687)鄧漢儀序,康熙二十七年(1688)宗元鼎序,康熙二十七年黃雲序。

孔尚任,字聘之,一字季重,號東塘,別署岸堂,又稱雲亭山人,山東曲阜人。康熙中授國子監博士,遷戶部員外郎,後以故罷官。有文名,通音律。以寫《桃花扇》傳奇與作《長生殿》之洪昇齊名,時稱"南洪北孔"。又有《岸堂文集》、《石門集》、《闕里新志》等等。

此集為尚任隨侍郎孫在豐在淮陽疏濬海口,因輯其入淮以後詩文,自編此集,故以"湖海"為名。卷一詩,作於丙寅,為五古五首、七古六首、五律三首、七律二十六首、五絕一首、七絕八首,共四十九首;卷二詩,作於丁卯,為五古一首、七古二首、五律十首、七律三十一首、五絕一首、七絕二十首,共六十五首;卷三詩,作於丁卯,為五古五首、七古八首、五律十四首、七律二十七首、五絕一首、七絕十四首,共六十九首;卷四詩,作於戊辰,為五古九首、七古四首、五律十一首、七律三十二首、五絕三首、七絕三十六首,共九十五首;卷五詩,作於戊辰,為五古二十二首、七古十三首、五律二十七首、七律四十三首、五絕二首、七絕十首,共一百十七首;卷六詩,作於己巳,為五古十六首、七古五首、五律十四首、七律三十九首、七絕五首,共七十九首;卷七詩,作於己巳,為五古三十六首、七古十一首、五律二十五首、七律五十八首、五絕三十首、七絕十首,共一百七十首;卷八文,作於丙寅、丁卯,為序五篇、記五篇、祭文一篇、引一篇、考一篇、辯一篇、傳一篇、説一篇、志銘一篇,共十七篇;卷九文,作於戊辰,爲序九篇、記一篇、題一篇、引一篇、跋二篇,共十四篇;卷一〇文,作於己巳,爲序十篇、記三篇、祭文一篇、題一篇,共十五篇。卷一一札,作於丙寅、丁卯,與人三十六通、答人二十八通,共六十四通;卷一二札,作於戊辰,與人三十三通、答人四十三通,共七十六通;卷一三札,作於己巳,與人三十九通、答人四十三通,共八十二通。

宗元鼎序云:"會上念淮揚水患,命副司空孫公疏濬海口。公詩文若干首,皆入淮以後作也。蒼古雅潔,在右丞、常侍之間,與余多倡和焉。名曰《湖海集》,以揚州爲五湖之區、東海之表也。"

是集 1957 年上海古典文學出版社以南京圖書館藏本重新排印。次年,汪蔚林輯集《孔尚任詩》,由科學出版社出版。1962 年,汪蔚林又在原來基礎上增入散文,並增補不少新資料,乃爲研究孔尚任詩文及生平的最完備資料。

《四庫全書總目》入集部別集類存目。《中國古籍善本書目》著錄。中國國家圖書館、上海圖書館等十四館,日本内閣文庫也有入藏。

鈐印有"徐恕"、"徐行可"、"鄂渚徐氏經籍金石書畫記"、"疆邨所得善本"、"徐恕之印"、"疆宦"、"桐風亭"、"孝感秦氏家藏"。

2373 清嘉慶刻本奚囊寸錦   T5786/1332.2

《奚囊寸錦》三卷《讀法》一卷,清張潮撰。清嘉慶二十五年(1820)刻本。四册。有圖。半頁九行二十一字,四周雙邊,白口,無魚尾。框高 18.1 釐米,寬 12.8 釐米。附錄題"心齋張潮山來製"。前有乾隆二十九年(1764)羅興堂序,顧彩序,康熙四十六年(1707)張賢序。卷下又有嘉慶二十五年王從豫序;退圃、藴生題詞;《凡例》十七則。

張潮,字山來,號心齋,安徽徽州人。以歲貢官翰林孔目。輯有《昭代叢書》、《檀几叢書》、《虞初新志》等。

奚囊,《唐文粹》卷九九《李商隱·李賀小傳》云:"每旦日出,與諸公游,恒從小奚奴,騎距驢,背一古破錦囊,遇有所得,即書投囊中。"又見《新唐書》卷二〇三《李賀傳》。後因稱詩囊爲奚囊。宋樓鑰《攻媿集》卷七《山陰道中》詩云:"奚囊莫怪新篇少,應接山川不暇詩。"是集爲廻文、藏頭詩文,所涉內容頗豐。於體則詩、文、詞、曲、騷、賦、四六。詩則五古、七古、五律、七律、排律、小律、絶句、三言、四言、六言、九言、十七字;詞則小令、中調、長調;字則篆、隸、真、行;韻則一東至十五咸。其門類則天文、地理、時令、人物、花木、鳥獸、宮室、器用、衣服、身體、飲食、珍寶、文史、彩色、數目、干支、卦名、藥名、花名、詞調名、古人名、傳奇名。節序則歲交、上元、上巳、五日、七夕、中秋、重九。其形則方圓、斜正、三角、五角、六角、八角、分瓣、雜花。其法則藏頭、拆字、頂針、接麻、互借、回文、象形、會意,各各有之。

顧彩序云:"張子心齋示余以奚囊寸錦圖,凡百種,天文、地理、文具、器用、花鳥,形象各異,荒忽變幻,不可終窮。詩則古律、絶句、廻文;詞則長中小調、曲子,諸體咸備。要之義以象起詞,與題稱不悖不泛,皆成合作,其巧一也。其字句之盈縮,皆隨物象之大小方圓而布置之,可以橫讀倒讀,或屢犯而不厭其重,或割裂而不覺其碎。若其轉關斗角,彼此互借之處,亦皆如天造地設,非有意於雷同者,極之千變萬化而不離其宗,其巧二也。至其取象於物,物所應有一定之字,皆令攝入句,毫無痕跡。如易圖,則用竿卦名碁局,則安勢子與算子藥囊之類,未易殫述,其巧三也。"

　　王從豫序云："余家藏《奚囊寸錦》一書，國朝張山來先生著，潯川羅舜章先生刻於官署，版藏清遠閣，久經散失，故坊間罕有此書。今春退圃汪先生過齋中，於案頭檢閱之，歎爲妙才，囑付剞劂，以公同好。舊刻圖分一卷，讀法一卷，茲圖訂爲上中下三卷，讀法一卷，共成四卷。梓成，校讎無訛，遂訂片言於諸前達之末。"

　　此本有扉頁，刻"奚囊寸錦。嘉慶庚辰秋七月。古靈應祥題"。卷末有"重鐫奚囊寸錦校訂同人姓氏"。

　　《續修四庫全書》、《續修四庫全書總目提要(稿本)》未收。《中國古籍善本書目》著録清康熙四十六年刻本，不分卷，山西省長治市圖書館入藏。

2374　清康熙刻本御製詩第三集　　　　　　T5466/3027.3

　　《御製詩第三集》八卷，清聖祖玄燁撰。清康熙內府刻本。三册。半頁六行十六字，四周雙邊，白口，單魚尾。框高 18.9 釐米，寬 12.8 釐米。無序跋。

　　是集卷一至六古今體詩，卷七至八賦。

　　按，玄燁有詩集十卷二集十卷，康熙四十二年宋犖刻本，北京故宮博物院、遼寧省圖書館等十六館入藏。書中有高士奇及宋犖康熙四十二年《進書表》並跋，稱是年二月聖祖巡幸江南，宋犖奏請御製詩集鋟板吳門，蒙允准。高士奇奉命校讎刊刻。

　　《四庫全書總目》於《聖祖仁皇帝御製文集》條云："別有御製詩集二十八卷，乃高士奇等所校刊。恭檢篇目，皆已編入文集，次第亦無所改易，故今未敢復繕，惟附著分合之緣起，俾來茲有考焉。"

　　是集爲李煦所刻。時李爲蘇州織造，並八次兼任巡視兩淮鹽課監察御史。查《李煦奏折》，自康熙五十四年三月至五十五年十一月，李煦爲刻《御製詩第三集》，共上折八次，茲録於下。

　　《請頒給御製詩集選工刊刻摺》(康熙五十四年三月初十日)："竊我萬歲御製詩集，蒙聖恩許臣煦刊刻，臣煦不勝光榮。伏乞即賜頒給，臣得選工敬刊，而剞劂告成之日，頒行中外，則天下萬世皆得有所觀法，以廣聖道之傳，以永文明之運，是天下幸甚，萬世幸甚。臣煦無任引領仰望之至。"硃批："已有旨了。"

　　《刊刻御製詩集摺》(康熙五十四年五月十六日)："臣煦奉發御製詩集，現在選工敬謹刊刻，隨後即恭呈樣本，以候聖裁。"

　　《進御製詩集刊刻樣本摺》(康熙五十四年六月初六日)："竊臣奉發到御製詩集，即日選工開雕，今先刻就二卷，但未知是否合式，特恭呈樣本，伏乞萬歲睿裁批示遵行。"硃批："朕細察對，與當年所刻御製詩集長短不同，字之大小參差不一，甚屬疏忽，使不得。著速收拾，前後相同，奏來再看。"

　　《選工另爲開雕御製詩集摺》(康熙五十四年八月二十日)："竊臣刊刻御製詩集，進呈樣本，具摺請旨，奉御批：'〔與〕當年所刻御製詩集長短不同，字之大小參差不一，甚屬疏忽，使不得。著速收拾，前後相同，奏來再看。'臣煦跪讀御批，戰慄恐懼，愧汗如雨。雖蒙聖恩寬厚，不即加以處分，而犬馬抱慚，實無地可以自容也。臣即日選工另爲開雕，遵照當年所刻御製詩集，務期長短相同，字式合一，俟刻成二卷，再當恭呈樣本。謹先具摺奏聞，伏乞聖鑒。臣煦臨奏不勝慚赧悚惶之至。"硃批："將先後並在一處方是。"

《請頒御製詩集初二集以便三集照樣裝訂摺》(康熙五十四年十一月二十日):"竊奴才蒙皇上恩典,頒發御製詩三集,命奴才校刻,前經奏請聖裁,奉旨:'將先後並在一處方是。'奴才已校刻二卷進呈,應照南書房、翰林院校對簽子修改外,但裝釘式樣,務必前後相符,方可並在一處。乞皇上將先年吏部尚書臣宋犖進呈初集、二集原本,頒發一部,奴才得照樣裝釘,庶可上遵聖諭,無負天恩優寵任使。"

《進呈刊刻御製詩集摺》(康熙五十五年三月初四日):"臣敬刊御製詩三集,先完第一卷、第二卷,進呈刻本,蒙發南書房校對後,奉旨:'交與李煦收拾。'欽此欽遵。臣即謹照翰林校對簽子,督率工匠一一將刻板修改,謹再印刷,恭進御覽。至於翰林看過標簽原本,一并附呈,可備查對。臣煦目下又刻完第三卷、第四卷,未知是否合式,恭呈御案,伏候聖諭。臣煦臨奏不勝悚惶兢惕之至。"硃批:"知道了。"

《御製詩集經重加校改進呈摺》(康熙五十五年五月二十五日):"竊奴才敬刊御製詩三集,其第三卷、第四卷,遵照發下南書房校對粘簽,已經一一修改訖,復進呈御覽。至於第五卷至第八卷,現在刊刻告竣,但未知是否合式,恭呈御案,伏候聖鑒。奴才臨奏不勝悚惕之至。"

《進御製詩集五十部並羅紋紙摺》(康熙五十五年十一月十八日):"跪請萬歲萬安。竊奴才敬刊御製詩三集,已經進呈樣本,謹遵照發下南書房校對粘簽,細細修改完畢。先裝潢五十部,敬呈御覽。但應裝釘若干部,伏候萬歲批示遵行。奴才又新做羅紋紙一萬張恭進。"硃批:"知道了。詩刻得好,留下了。"

此本爲開化紙印本,紙質堅韌細密,潔白如玉。寫刻,端楷秀麗,字大悅目。封面爲雲錦所製,包角,原籤。有扉頁,刻"御製詩第三集"。

《四庫全書總目》入集部別集類。《中國古籍善本書目》著錄,北京故宮博物院、遼寧省圖書館等四館也有入藏。

鈐印有"孫印思棠"。

2375 清康熙刻朱墨套印本御製避暑山莊詩　　T5466/3207

《御製避暑山莊詩》二卷,清聖祖玄燁撰,揆敘等注。清康熙内府刻朱墨套印本。二册。有圖。半頁六行十六字,小字雙行二十字,四周雙邊,白口,單魚尾。框高19.8釐米,寬12.8釐米。前有康熙五十年(1711)《御製避暑山莊記》。末有康熙五十一年(1712)揆敘等人聯名跋。

避暑山莊,在河北省承德市,亦稱承德離宫、熱河行宫。始建於康熙四十二年,建成於乾隆五十五年,爲清代帝王避暑行宫,也是清初第二政治中心。

苑囿之建,首在選址,需得山川之勝,輔以人工。重在選景,妙在點景,二美具而全景出。避暑山莊正得此妙諦。山莊峰巒環抱,秀色可餐,武烈河自東北沿宫牆南下。又有泉冬暖,故稱熱河。其内多亭臺樓閣,湖中洲、島羅列,實爲著名之園林。

上卷詩十六首,下卷二十首,寫避暑山莊三十六景,每景一詩,皆以四字題名,介紹位置和意境,樸素無華,饒自然之趣。

玄燁《記》及第二景"芝徑雲隄",皆述其在熱河修建行宫之經過。揆敘等人注云:"自京師東北行,群峰回合,清流縈繞,至熱河而形勢融結,蔚然深秀。古稱西北山川多雄奇,東南多幽曲,茲地實兼美焉。"而玄燁選中此地,乃因"念此地舊無居人,闢爲離宫,無侵民田廬之害,又去京師至近,章奏朝發夕至,綜理萬機,與宫中無異。乃相其岡原,發其榛莽,凡所營構,皆因巖壑天然之妙,開林滌澗,不采不斲,工費省約。而綺綰繡錯,烟景萬狀,標其尤者,凡三十有六,清涼爽塏,於夏爲宜。每至盛暑,則奉皇太后駐蹕焉。"

是書每詩後皆繪有圖畫,山水樹木,樓臺亭閣,布局嚴謹,綫條流暢,皆爲畫家如實攝取風景,並無虛構,故頗有身臨其境感。版畫至明代而極盛,萬曆前後,更達登峰造極之境,名畫家如唐寅、仇英之作也被鑴刻入畫。此本繪者沈崳,一作喻,字玉峰,奉天正黄旗人。官至內閣侍講學士,善畫山水,尤長樓閣、牡丹。乾隆十年又繪有雍正御製圓明園圖詠。此版畫刊刻刀法渾厚圓熟,精麗工緻,亦版畫中之精品。

此本楷書精寫,內府所刻,小圈及小方框皆套印。是書又有滿文本,亦內府刻,臺北"故宮博物院"藏有九部。

按,乾隆六年秋,帝北巡,經避暑山莊,撫今追昔,情不能已,有《恭和御製避暑山莊三十六景詩原韻》之作。是年,內府重刻是書,每詩之後均有乾隆帝和詩。光緒二十六年,武進陶氏涉園又據乾隆內府刻本石印。又按,乾隆十六年,避暑山莊又進行擴建,踵事增華,亭榭別館驟增,遂又添三十六景,同時建寺觀,分布山區,規模較前益廣。

《四庫全書總目》未收。《中國古籍善本書目》著録。中國國家圖書館、浙江圖書館等二十一館,臺北"故宮博物院"、香港中文大學圖書館、日本尊經閣文庫也有入藏。清末民初,香山徐氏曾有此書摹本,并由大同書局縮版石印。民國十九年,武進陶氏涉園又據清康熙內府刻本石印,本館也有入藏。

2376 清乾隆刻本浦雲堂詩集

T5463/2313

《浦雲堂詩集》九卷,清熊一瀟撰。清乾隆十一年(1746)刻本。二册。半頁九行十九字,左右雙邊,白口,單魚尾。框高17.6釐米,寬12.7釐米。題"南州熊一瀟蔚懷"。前有乾隆十一年(1746)熊啓光序,宋犖序。

熊一瀟,號蔚懷,江西南昌人。康熙三年進士,改翰林院庶吉士,授御史,有直聲。擢太僕寺少卿,典試江南。遷順天府尹,疏豁地租,以甦民困。任吏、兵、刑、工四部侍郎,肅銓政,慎刑獄,免逃人之株連,清河工之積弊。兩任工部尚書,官居四十餘年,以病乞歸卒。《(乾隆)南昌府志》卷五六《仕蹟》有傳。

卷一至九分别爲《悔少年》、《金臺剩稿》、《西行偶草》、《金臺續稿》、《南役草》、《金臺再續稿》、《歸田草》、《金臺後稿》、《遂初草》。

一瀟早歲登朝,出入禁闥,其爲詩多春容博大,音協黄鐘。後歸故里,憶平生之親舊,徜徉岩壑,歌詠太平,其爲詩又孤高拔俗,寓清商之氣。此本之詩,皆爲一瀟兄啓光所輯,啓光序云:"蔚懷少予五歲,鋒穎最厲,偶出一語,往往屈其座人。既弟年稍長,同有幽憂之疾,而詩亦日以工,每有所作,未嘗不以示予,既多纏綿激楚之音,不乏少年駘宕之故。弟顧不自熹,絶不慾存一稿示世俗以博名高。予閒爲寘之篋中,亦遂積有卷佚。乙亥、庚子以還,弟爲閭園先生招致東湖別業,有作悉載閭翁集中。洎通籍後,予兄弟天涯南北,離群索處,彼此共之。癸丑、壬戌兩年,予嘗再過金臺,詢弟比來著譔。弟答以間有篇什,半屬隨手應酬,都無可存,並多散佚。幸姪輩常摭拾一二,時時出以畁予,予得取而讀之,益覺春容磅礴,格老氣蒼,知得力唐宋大家爲多,迥越流俗。獨前此予所輯唱酬諸什,偶以楚游覆舟,付之流水。至附載閭翁稿中者,又以兵燹逸去,更無副本鈔尋,慾求其全,不可復得。年來村居多暇,文字結習未忘,因取前後所收弟稿,稍加詮次,析爲六卷,雖紀年有不備,而歲月之離合,學力之淺深亦可少見一斑已。"此處所云六卷,實爲九卷。

此本有扉頁,刊"普雲堂詩集。乾隆丙寅冬鐫。本衙藏板"。

《四庫全書總目》未收。《中國古籍善本書目》未著録。

2377　清道光木活字印本寒支初集二集　　　　T5436/4442

《寒支初集》十卷《二集》六卷,清李世熊撰。清道光七年(1827)至八年(1828)陳嶐木活字印本。十六册。半頁九行二十二字,四周雙邊,白口,單魚尾。框高 21 釐米,寬 13.7 釐米。題"寧化李世熊元仲父著"。前有道光七年陳嶐序,釋本嶢序,葉穎序,彭士望序。《二集》前有道光八年陳嶐序,康熙四十三年(1704)王之續序。

李世熊,字元仲,福建寧化人。生於萬曆三十年,卒於康熙二十五年,年八十五。凡設險禦暴、綢繆桑梓或濟人利物事,皆備極苦心。康熙間,曾纂修《寧化縣志》。《二集》目録後有李權輯《李寒支先生歲紀》,述之甚詳。

卷一至二古今詩、賦,卷三至五序,卷六書,卷七尺牘、論、説、記、紀事,卷八墓志、墓表、碑、祭文,卷九傳、雜文,卷一〇奏疏、募疏、引、銘、贊、題、書後、影語。《二集》卷首爲《寒支歲紀》,卷一古今詩,卷二序、記、説、引,卷三書,卷四簡,卷五簡、啓、銘、贊,卷六傳、墓表、墓志、祭文。

其詩有《檢寒支集》二首:"灑酒烹蔬自祭詩,騷宗鴉系嗣無兒,新編突兀如天問,六代三唐彼一時。""經無家學智無師,屈狷周狂大小兒,巧手千秋俱血指,嬰啼嫠泣又何疑。"世熊生當明末離亂之秋,故其於"欲進,則時無可爲;欲退,則心不能恝。故其發之於言也,率憤世嫉俗之語;而其蘊之於心也,皆悲天憫人之懷。迨夫兩京繼陷,半壁又淪,於焉遁跡空門,游身世外⋯⋯大抵甲申以前多激發之響,乙酉以後增嗚咽之音。"

此書部分篇章於弘光小朝廷諸臣事蹟載之頗詳,如《初集》之卷八至一〇,如《二集》之卷六,於研明末清初史者極有用。

《寒支集》於康熙九年手訂付梓,時世熊年六十九。康熙刻本今傳世不多,據《中國古籍善本書目》所載,僅上海圖書館、北京大學圖書館等三館入藏。此爲道光間木活字印本,爲樵川李太守命人排印。陳嶐序云:"既又購所著《寒支集》,舊板已毀,翻本增損不一,字句多誤,且多刊落,以不獲廬山真面爲恨。久之,得初刻原板一部,篇目較少而邊幅完好,讀之殊快人意。蓋初集原板鐫於康熙庚戌,時先生年六十九歲,手訂付梓,故非後來翻本所及。適樵川李太守囑購是集,爰命梓人以聚珍板刷如干部,編次悉依舊本。間有他本所有而舊本所無,擇其筆墨一色者量爲增入,於目録上注一'增'字以示區别。校對亦頗謹慎,於是《寒支初集》庶稱善本云。"

又《二集》原板亦毁於火,又無翻刻,故藏本絶少。世熊裔孫李懋璿覓殘缺本抄録補苴,郵寄至陳嶐,嶐再序而梓之。

據孫殿起《販書偶記》,是書又有同治十三年刻本。但同治本《二集》爲四卷,與此不同。

《四庫全書總目》未收。日本静嘉堂文庫所藏爲《初集》八卷,道光排印本。

2378　清康熙刻本雙雲堂文稿　　　　T5460/4197

《雙雲堂文稿》六卷《詩稿》六卷,清范光陽撰;《行述》一卷。清康熙四十六年(1707)鄭風刻本。四册。半頁九行二十字,左右雙邊,黑口,雙魚尾。框高 19.1 釐米,寬 13.4 釐米。題"甬上筆山范光陽著;堉謝爲雯閌;慈水寒村鄭梁選;孫從律較"。前有康熙四十六年(1707)鄭風序,康熙三十六年(1697)趙俞序。

范光陽,字國雯,號筆山,鄞人。生於崇禎三年,卒於康熙四十四年。十歲操筆爲文,不矜奇,不循俗,有奇語,黃宗羲稱其文能力去陳言。康熙二十七年進士,授庶吉士,改授户部山東清吏司主事,歷陞本司員外郎、兵部職方清吏司郎中,官至福建延平府知府。在位七年,禁草火耗,罷一切無名之徵,郡民以爲實錄。感疾乞休歸,士民送者踰境不止。年七十六而卒。《(乾隆)鄞縣志》卷一七《人物》有傳。

此書以"雙雲"名其集,乃因光陽祖墓有紅雲、白雲二山,嘗取以名堂,再以名集,蓋不忘其祖之意。卷一表、謝表、箋、書、傳,卷二傳、記,卷三序,卷四壽序,卷五祭文、墓志銘,卷六跋、疏、策。《詩稿》卷一五言古詩四十三首,卷二七言古詩三十八首,卷三七言絶句八十九首,卷四五言律詩一百六十一首、五言排律七首,卷五至六七言律詩一百二十九首。末爲范廷諤、廷彦撰《皇清誥授中憲大夫福建延平知府顯考筆山府君行述》。

集爲光陽晚年手定。光陽殁後,其子廷諤等請鄭風較刻。鄭風序云:"《雙雲堂集》,吾友范筆山先生所作。先生雅不欲以詩文擅長,故所作不多,即作亦不過應酬不得已,故旋作旋棄。間有發以己意,感慨古今不平事者,亦因年久遺忘。守南劍時,先生年已七十矣,追錄所存,僅得詩文如干首,顏曰《雙雲堂集》,將壽之梓,而以從政不果,歸里五年,蹉跎未暇,一旦辭世。遲之三載,而其子廷諤、廷彦始承先志,屬余較刻。其孫從律好學知文,深恐先生之言多所放矢,約吾兒性同事搜羅,且以充安堂近作附焉。集既完,共計詩文一十有二卷。"

光陽之文多從肺肝流出,静穆深遠,優柔厭飫;詩則清麗閒遠,根柢陶、韋。讀其詩,有《猛虎行》一首云:"神龍潛深淵,猛虎伏巖谷,胡爲失其性,咆哮走大陸。我來東西村,虎跡斷復續,殷勤語村民,爾行慎勿獨。一人前致詞,欲語淚簌簌,近來法令嚴,官府催租促。日暮坐堂皇,鞭笞盡里役,負痛倉忙歸,月黑途路曲。豈不念微軀,甘心任荼毒,所嗟皮骨存,飼虎已無肉。妻子隔鄉縣,風雨無完屋,買牛思開荒,富家質錢穀。買犢待春耕,饑時充藜藿,縣吏入村舍,公然少羈束。脱衣換一醉,猶無好顔色,不如猛虎食,得食尚知足。語罷立須臾,皇天日西蹙,揮手謝斯人,生死在司牧。"其詩反映了百姓痛苦生活,揭露了催租令和差役皆似猛虎。

此本有扉頁,刊"雙雲堂集。詩文各六卷"。

《四庫全書總目》入集部别集類存目。《中國古籍善本書目》著録,中國國家圖書館、上海圖書館等八館也有入藏。

2379　清乾隆刻本懷清堂集

T5466/3248B

《懷清堂集》二十卷,清湯右曾撰。清乾隆七年(1742)黃鍾刻本。八册。半頁十行二十二字,四周單邊,白口,單魚尾。框高 19 釐米,寬 13 釐米。題"仁和湯右曾西厓"。前有乾隆七年(1742)鄭江序,乾隆七年汪臺序,乾隆七年黃鍾序。

湯右曾,字西厓,浙江仁和人。康熙二十七年進士,由編修累官吏部侍郎,兼掌院學士。性伉直,在諫垣,所條議甚衆。以詩見賞於王士禛,其詩才大而能恢張,與朱彝尊並爲浙派領袖。

右曾善詩,康熙五十二年,聖祖問掌院學士揆敘,聞湯右曾工詩,令以其集進呈。揆敘遂以右曾所作文光果詩上達。聖祖有詩和之,目爲詩公。此集均古今體,共一千三百三十三首。

右曾少時，曾有《庚申集》之刻，然後悔少作棄去。嘗云，作詩道性情可作，近名急剞劂不可，蓋詩有不盡愜意處，他日可改抹，一鏤板便不能，所謂良工不示人以璞，焉可不慎。其後又有《使黔集》，即爲再三推敲而成。其晚年之詩，有化畛域爲煙雲之感，頗類白香山。《四庫全書總目》云："右曾才足肩隨，而根柢深厚……然亦近人之卓然挺出者也。"

此集爲黃鍾所刻。汪臺序云："《懷清堂集》，先外舅少宰公詩總名也。公没二十年，集未出行世，臺恐終散失，日夜滋懼。昔昌黎集，得婿李漢而傳，臺於漢遠不逮，懼更多愧。里中黃秋官朗亭，悉余情，且悉少宰公詩不可不傳，出金開雕，而臺董是役，讎校經三載，得二十卷，搜羅遺失十之一，去酬答者十之五六，倣竹垞翁《騰笑集》意也。"黃鍾序又云："今公殁未遠，而風流歇絶，求爲西州之慟者百得一二，今昔盛衰之感可勝言哉？鍾雖不能詩，而嗜公詩如豐年之珠玉，遂登之剞劂，以傳永久，使天下有井水處，皆得誦公之詩，此亦後進之責也已。"

是集卷二〇末首爲"病中即事，時辛丑十二月六日"，詩有小注，云："今年都下米貴，石至銀四兩，五十年來所未有也。"按，"辛丑"爲康熙六十年。康熙朝的平均米價是每公石五錢九分；雍正朝約每公石八錢七分。而清代九品官年俸，爲白銀三十三兩許，米十六石多。

此本有扉頁，刊"懷清堂集。仁和湯西厓先生撰。春華閣藏板"（扉頁爲後人抄配）。卷一至二〇字體均作仿宋。

《四庫全書總目》入集部別集類。《中國古籍善本書目》著録，山東省圖書館、江西省圖書館等五館也有入藏。

2380　清乾隆刻湯學基等補刻印本懷清堂集　　T5466/3248

《懷清堂集》二十卷，清湯右曾撰。清乾隆七年（1742）黃鍾刻十年（1745）湯學基等補刻印本。十册。半頁十行二十二字，四周單邊，白口，單魚尾。框高19釐米，寬13釐米。題"仕和湯右曾西厓"。前有乾隆七年（1742）黃鍾序，乾隆七年汪臺序。末有乾隆十一年（1746）繆曰藻跋。

繆曰藻跋云："生平所作，詩不下萬餘首，其存者僅什之一，猶藏諸篋衍，未嘗出以問世。乙丑春，公子孔茹、文孫融書乃謀付梓。會黃崑圃、潘晴巖兩先生同好相助閲，再寒暑而後竣，凡古今體詩二十卷。"按，乙丑，爲乾隆十年。《四庫全書》所收之本即爲此刻。《總目》云"是集刻於乾隆乙丑"，次年方才竣工。

此本有扉頁，刊"懷清堂集。仁和湯西厓先生撰。寶笏樓藏板"。卷二〇末行刊"男學基、學顯，孫衛源、孝策謹校"一行。卷一至一五字體作仿宋，與館藏清乾隆七年黃鍾刻本同板。卷一六至二〇字體爲寫刻，甚精，框高18.8釐米，寬13.4釐米。疑是書原板卷一六至二〇缺失，故乾隆十年再有補刻之舉。

《中國古籍善本書目》著録。南京圖書館、浙江圖書館等十八館，日本內閣文庫、京都大學人文科學研究所也有入藏。

2381　清康熙刻本使滇集　　T5466/5058

《使滇集》三卷，清史申義撰。清康熙刻本。一册。半頁十行十九字，左右雙邊，黑口，單魚尾。框高16.7釐米，寬13釐米。題"江都史申義撰"。前有康熙四十三年（1704）王原序，顧圖河序,朱書序。

史申義,字蕉飲,江蘇江都人。幼穎悟,於書無所不覽,爲文宏深矯健,不肯一字因人。尤工詩,初做西崑體,既悔其少作,殫力研索,風格益上。康熙二十七年進士,改庶吉士,授編修,歷禮科掌印給事中。以疾告歸。康熙嘗遣中使至直廬,問翰林中能詩者誰爲最,大學士陳廷敬首以申義對。《(雍正)江都縣志》卷一五有傳。

此集爲申義典試雲南時所作,卷上一百首,卷中一百首,卷下一百十三首。末有闕頁。詩中對滇省景色、物産、風俗等均有描述。其《滇中所見有可感者傚長慶集體三首》(銅、鹽、檳榔),揭露官府對百姓之暴虐,如:"滇中銅山亦無數,開礦置廠官盤踞,可憐役盡萬夫力,斵石鑽沙骸骨露。""喚作商人乃非商,虐民不啻虎驅羊,虎猛牙爪出官署,往往鞭人背裂瘡。""貪心此地生豺狼,官符皂隸怒如虎,徑向家家園里去,猩紅官印字欹斜。"

王原序云:"史君生際承平,以侍從臣操玉尺馳傳而往,歷黑爨白蠻之故墟,考常璩李京之紀載……攬名物、弔古跡,如明月之盟社,大靈之誓碑,乃至武侯之戰壘,潁川、西平之屯牧,王褘、吳雲盡節之處,少帝行遯之所,近若孫李劫遷,緬甸用兵之歲月,鯨鯢就戮之勳庸,一二悉諸故老之傳聞,經途之目擊,更有愾乎其返思憮焉。"

朱書序又云:"歲舍己卯,編修江都史蕉飲先生司大比之役,奉使其地。先生文采風流,照映大江南北,其詩輘轢古人,下可使人諷詠,以和平其心;而上可被之管絃,薦之郊廟。向嘗著《蕉城集》,海內奉爲法程,今以鉅手鴻文,遠臨南檄,六詔之髦士,盡網羅致之。其試士之文,風行遠近,不但南人頌其知人能得士已也,輶軒所至,凡有感觸,悉見之於詩,於是有《使滇集》三卷。"

《四庫全書總目》未收,僅有《過江集》四卷,入集部別集類存目。《中國古籍善本書目》著錄,清華大學圖書館、中國科學院圖書館、常熟市圖書館也有入藏。按,史氏又有《過江集》四卷、《過江二集》四卷、《蕉城集》三卷、《才冶樓詩》不分卷,皆康熙間所刻。

2382　清康熙刻本東江詩鈔

T5463/0614

《東江詩鈔》十二卷,清唐孫華撰。清康熙五十六年(1717)刻本。四冊。半頁十一行二十一字,左右雙邊,綫黑口,單魚尾。框高19.2釐米,寬13.4釐米。題"太倉唐孫華實君稾;受業陸師巢雲編"。前有康熙五十六年(1717)王吉武序,康熙三十三年(1694)沈受宏序,康熙三十二年(1693)納蘭揆敘序。

唐孫華,字實君,江蘇太倉人。幼有神童之目,游京師,名公卿争延禮之。康熙二十七年進士,選陝西朝邑知縣。會上問博古之士,閣臣舉以對。召試詩賦,稱旨。遷禮部主事,調吏部考功司。三十五年,充浙江主考官,嗣以室誤歸。年既耄,窮經日有課程,居鄉遇事,輒昌言得失。卒年九十。《(嘉慶)直隸太倉州志》卷三六有傳。

孫華體貌清癯,博聞強記,言論風采傾一時,尤熟於史事。人有叩,輒口竟原委,數十行如注。爲詩古文,引筆灑灑,千言不竭。沈受宏云:"唐子向以文名,今復以詩名乎!其詩風發泉涌,激揚踔厲,而善於用事,在少陵、義山之間,而時出之以眉山,此非有唐子之學者不能爲也。"

孫華之詩,康熙三十三年時曾有一刻,沈受宏序云:"唐子今刻其詩,而屬予爲序。"揆敘序又云:"先生所爲詩文甚夥,不欲刊刻流布以自衒鬻。予力請再三,始出其近所爲詩數百篇,復加洮汰,存其什之四五,鳩工鋟板,質諸海內。"然康熙三十三年刻本,雖刻於都門,但洛陽紙貴,流傳不多。此本乃孫華手自刪定者,王吉武序云:"適奉命典浙江試,觀省歸里,泊丁大故,遂引年堅卧不復出。惟與里中老友杖履相存,文酒數會二十餘年,則先生之詩日益多,門弟子請付剞劂,乃裒輯前後詩,手自刪定,得若干卷。"

此本有扉頁,刊"東江詩鈔"。

《四庫全書總目》未收。《中國古籍善本書目》著録,中國國家圖書館、上海圖書館等十一館也有入藏。

鈐印有"小懷鷗舫"、"小懷鷗舫所藏金石書籍印"。

2383　清康熙刻增修本寒村詩文選　　T5463/8239

《寒村詩文選》三十六卷,清鄭梁撰。清康熙紫蟾山房刻增修本。十六册。半頁九行二十字,左右雙邊,黑口,雙魚尾。框高 19.6 釐米,寬 13.7 釐米。前有黄宗羲文選序(又黄札二通),黄宗羲詩選序,康熙二十四年(1685)萬言序,裘璉序。

鄭梁,字禹梅,浙江慈谿人。康熙二十七年進士,選庶常,改户部主事,陞員外,再陞刑部郎中。甲戌充同考官,乙亥出守高州知府。《(雍正)慈谿縣志》卷一〇《文苑》有傳。

是書計《見黄稿詩刪》五卷、《五丁詩稿》五卷、《安庸集》一卷、《玉堂集》一卷、《歸省偶録》一卷、《還朝詩存》一卷、《玉堂後集》一卷、《寶善堂集》二卷、《白雲軒集》二卷、《南行雜録》一卷、《高州詩集》二卷(以上詩選)、《見黄稿》二卷、《五丁集》二卷、《安庸集》二卷、《雜録》二卷、《雜録補》一卷(以上文選)、《半生亭集》一卷(詩文合)、《息尚編》四卷(詩文合)。

《見黄稿詩刪》,題"甬上高斗魁旦中、董允璘吳中選訂"。詩自丁未至丙辰,計詩六百二十三首。

《五丁詩稿》,題"甬上萬斯大克宗、王之坪文三刪定"。詩自丁巳至丙寅,計詩五百四十五首。

《安庸集》,題"海昌朱爾邁人遠、同郡萬斯選公擇全閱"。計詩八十首。

《玉堂集》,題"海昌查嗣璪德尹、同邑姜宸蕚友棠選閱"。計詩四十一首。

《歸省偶録》,題"同郡錢廉穉廉、姚江黄百家主一刪定"。計詩六十首。

《還朝詩存》,題"同郡丘克承紹衣、萬斯同季野刪定"。計詩二十三首。

《玉堂後集》,題"同邑周近梁臬懷、甬上陳汝咸莘學校閱"。計詩五十首。

《寶善堂集》,題"海昌查慎行夏重、甬上范光陽筆山刪閱"。計詩一百零六首。

《白雲軒集》,題"西陵金張介山、雲間周彝策銘全閱"。計詩九十九首。

《南行雜録》,題"寶坻王焌紫詮、番禺屈大均翁山、南海梁佩蘭藥亭刪定;單陽楊開沅、戴曾、戴晟校刻"。計詩五十九首。

《高州詩集》,題"雲間王原、武原錢以塏、受業新安程遠、毘陵錢安世全校"。計詩一百五十一首。

《見黄稿》,題"山陽戴曾、晟較刻"。其集曰"見黄",乃因"陳後山年三十有一,見黄豫章,盡焚其稿而學焉。寒村子丁未歲見南雷師,亦年三十有一,故存其稿,自是年始而顔之曰見黄"。黄者,宗羲也。始丁未,止丙辰,計文五十篇。

《五丁集》,題"山陽戴曾、晟較刻"。"五丁"之名,乃鄭梁生丁丑(崇禎十年),至丁巳(康熙十六年),蓋五逢丁,因名是集,而後此十年之作附之。起丁巳,止丙寅,計文五十篇。

《安庸集》,題"山陽戴晟、鄞張錫琨較刻"。此集始丁卯,止戊寅。丁卯(康熙二十六年),鄭梁年五十有一,"筋力已衰,志氣灰冷,舉一生所欲爲者,盡泯然歸於無何有之鄉,從此惟庸人自安而已。因名其所著曰安庸。"計文五十九篇。

《雜錄》,鄭梁平生所作,多不存稿,康熙三十八年中風以後,偶有所憶或見諸他處者,輒令王正路錄之。集中之文不次年月,不拘體式,故曰雜錄。計文六十二篇。

《雜錄補》,計文十八篇。

《半生亭集》,題"寒村半人鄭風聲雅啞音吟"。前有康熙四十五年柴梓廷序。鄭梁中風後,右體竟廢,因自號"半人",作亭於卧榻之側,曰"半生",遂以名集。集中大半牢騷,多自鳴其半生不幸。計詩九十三首、文十三篇。

《息尚編》,此集自丙戌八月二十六日起。前有康熙四十六年張錫瑅序。目録頁題"半人鄭風"。"息尚"者,爲一息尚存意。康熙四十五年夏,鄭梁病劇,"遂欲焚棄筆硯,自分必死矣。荏苒中秋,未遽緣絶,諸子惠然來臨,唱和連日,不覺見獵心喜,既和煮荳之吟,復作江亭之記。自兹以還,又積詩文得若干首,不敢自附於立言,第以志一息之尚存耳。"詩一百七十五首、文三十篇。

黄宗羲序其文選云:"吾友鄭禹梅,深於經術,而取材於諸子百家仁義之言,質而不枯,博而不雜,如水之舒爲淪漣,折爲波濤,皆有自然之妙。"又序其詩選云:"寒村之性情㳽汰秋水,表里霜雪,故其詩不必泥唐而自與唐合。"裘璉序也云:"先生平居與人議論,最不喜依傍門户,蹈襲前人。故雖博涉典墳,冥搜篇什,而及其下筆爲文,則儼如立我於天開地闢時,無一人一物生乎吾前之概。"

鄭梁嘗作《寒村記》(《見黄稿》卷二),云:"於是復其名曰寒村,而取之以自號,且系之以歌。歌曰:村兮寒兮,可以考吾之安兮;寒兮村兮,可以求吾之仁兮。彼炎歊之處所兮,吾知其不可以終。朝視茫茫之宇宙兮,亦何者可以久要。居吾村兮寶吾寒,讀吾書兮耕吾田,終吾身兮吾樂也。"

《四庫全書總目》入集部別集類存目。《中國古籍善本書目》著録,中國國家圖書館、南京圖書館等十一館,以及香港中文大學圖書館、日本東洋文庫也有入藏。

館藏有複本一本,八册。

2384 清雍正刻本賜書樓嶷山集

T5466/6025

《賜書樓嶷山集》四卷《補刻》一卷《詩詞》一卷,清田從典撰。清雍正九年(1731)田懋賜書樓刻本。四册。半頁九行二十三字,四周雙邊,白口,單魚尾,書口下刻"賜書樓"。框高19.7釐米,寬11.4釐米。前有儲大文序。《補刻》後有張考跋,雍正九年田懋跋。《詩集》前有吕履恒序。

田從典,字克五,號嶷山,山西陽城人。少游學濟源,康熙二十七年進士,知廣東應德縣,盡除宿弊,置田學宫,教養人才,應民愛之如父母。陞御史,在臺凡六年,兩巡西城,抑縱除濫,豪吏束手。轉通政司參議,由光禄卿歷都察院副都御史,再兵部侍郎仍兼光禄寺,凡八年。鉤稽精詳,奸弊不得行。雍正四年,御賜"清謹公方"四字,用示獎勵。尋轉吏部尚書,兼文華殿大學士。六年,加太子太師致仕。卒謚文端。《(同治)陽城縣志》卷一〇有傳。

從典生平熟讀宋儒諸書,以力行爲本,以心得爲要,弗好文彩聲華,居常不屑屑以爲文章名世,偶有所作,秘不以示人。其或傳流人間者,率皆應酬之筆及一時刻子之文。此集卷一頌二篇、奏疏八篇,卷二序二篇、策問七道,卷三記九篇、書十通、雜著四篇,卷四表志七篇、祭文二篇。《補刻》十篇。《詩詞》四十首,補刻一首。

儲大文序云:"田公少讀書於城東之虎谷,研精制義,尤肆力於古文辭。其言豐而不侈、藻而不縟、約而不嗇、廉而不劌,明晢而不爲經盡,繁匜而不爲觚瓻,蓋不惟材博格鉅……公爲文雅多散軼,比趌嗣省曹君暨其族屬,搜得五十餘篇。"

田懋跋云:"懋一孤童,略無知識,讀禮三年,煢煢在疚,服闋之後,方獲搜輯遺文,總爲一集,刻而傳之。大約皆疏頌録序已行於世及刻之金石與親戚所存尺牘之屬,什一而已,不可多得……文凡五十篇,共四卷。"懋,字德符,號退齋,聰明嚴正。嗜吟詩,爲文得蘇、韓風骨。雍正十一年,由蔭生授刑部員外郎遷郎中,轉御史、禮科給事中,不避權貴,有"白面包公"之目。陞府都御史,擢刑、户二部左右侍郎。

此本初印,刊刻極精。金鑲玉裝。

《四庫全書總目》作《嶢山文集》四卷《詩集》一卷,入集部别集類存目。《中國古籍善本書目》著録,中國國家圖書館、山西省圖書館、清華大學圖書館也有入藏。日本京都大學附屬圖書館所藏缺《詩集》一卷。

2385　清乾隆刻本陳清端公文集　　　　　　　　　　T5466/7918A

《陳清端公文集》八卷,清陳璸撰。清乾隆三十年(1765)陳子恭兼山堂刻本。四册。半頁九行二十一字,四周雙邊,白口,單魚尾。框高 18.8 釐米,寬 13.4 釐米。前有乾隆三十年周煌序,乾隆十一年(1746)孫人龍序,乾隆三十年顧鎮序;顧鎮撰《陳清端公家傳》。

陳璸,字文焕,一字眉川,廣東海康人。康熙三十三年進士,幼穎異好學,爲人清介簡重。授福建古田縣知縣,有能聲。調臺灣,禁革水丁舊例,渡海貧民感之。遷部曹,充己丑禮闈分校。尋擢四川學政,不二年,調福建臺廈道,繼巡撫湖南、福建,整綱飭紀,吏畏民懷,頌聲溢於道路。卒於官,年六十三,追授禮部尚書,謚清端,詔入賢良祠。《(嘉慶)海康縣志》卷六有傳。

卷一疏三篇,卷二至五條陳、告示、呈稿等二十二篇,卷六序十二篇,卷七碑記、祭文等十三篇,卷八五言古六首、七言古五首、五言律十一首、《古田下鄉徵糧》十九首、七言律二十七首、五言絶六首、七言絶三首。

陳璸居官以廉介稱,在臺灣前後八年,以興學廣教爲首務,其《條陳臺灣事宜》十二條可窺一斑。其在四川時,也以崇德勵學爲文章根本,校課之餘,留心民瘼。璸三十八歲中進士,自筮仕古田至爲巡撫,計二十年,孑身於外,未嘗延致幕客,故聖祖常目爲苦行老僧,又謂從古清官未見有如伊者。

是集爲璸孫南康知府陳子恭所刻。顧鎮序云:"余生也晚之憾,嗣以羈宦都門,獲交其文孫肅庵,間述遺事,益心儀之,猶未讀公之書也……肅庵乃盡出公詩文相示,受而讀之,蓋自作令而部曹、而學政、而監司,以至於撫軍,凡興利除弊、恤民飭吏、崇教起化之方具在焉。其間敷奏之體要,指陳之劌切,播告之勤懇,與夫論學論文,靡不洞達曉暢。加以虛衷求瘼,詢疲諏謀,悱惻之言,溢於行墨……肅庵涖南康未久,而潔己奉公,汲汲於振起文教,有公之遺風焉。編校既定,將授諸梓,以流示天下。"

此本有扉頁,刊"清端文集。乾隆乙酉冬鐫。兼山堂刻本"。按,是集應有《紀恩録》一卷,此本佚去。

《四庫全書總目》入集部別集類存目。《中國古籍善本書目》著錄,廣東中山圖書館等五館、日本靜嘉堂文庫也有入藏。又同治年間有《陳清端公文集》十卷。1961年《臺灣文獻叢刊》第一百十六種有《陳清端公文選》一卷。

2386　清乾隆刻本嚴太僕先生集　　　　　　　　T5466/6429

《嚴太僕先生集》十二卷,清嚴虞惇撰。清乾隆元年(1736)嚴有禧繩武堂刻本。四冊。半頁十一行二十一字,左右雙邊,白口,單魚尾。框高18釐米,寬12.6釐米。題"常熟嚴虞惇思庵"。前有蔣廷錫序,乾隆元年楊繩武序。目錄後有虞惇子銮識語並虞惇小像,又陳祖范像贊。

嚴虞惇,字寶成,一字思庵,江蘇常熟人。爲明兵部主事栻之孫。康熙三十六年進士,殿試一甲第二名,授編修。歷大理寺副卿,後典試四川,遷太僕少卿,再典試湖廣,以勞卒,年六十四。又有《詩經質疑》、《文獻通考詳節》等。《清史稿》列其於文苑姜宸英傳末。《(光緒)常昭合志稿》卷二六有傳。

虞惇爲人秀眉長髯,瘦弱若不勝衣,及至論列是非,辨文字得失,掀髯抵掌,能使人氣懾。其學原本經史,旁及百家,尤精於毛鄭之學。館閣文字,多出其手。此集卷一至三詩七十八首,卷四至七序三十四篇,卷八記、書、書後、題詞九篇,卷九墓志銘四篇,卷一○墓志銘、傳九篇,卷一一神道碑銘、墓表、祭文八篇,卷一二策問十道。

昔崑山歸有光爲有明一代大家,官止於太僕,論者皆以虞惇名位適與有光相符,且居相近、世相接,文章學問先後輝映,從學之士欲爲刊《嚴太僕集》繼歸太僕後。然觀有光所作散文,樸素簡潔,善於敘事,頗受時人所重。嚴氏雖研經讀史,制舉業外兼工詩古文詞,但並不以文傳,歸、嚴相提並論,實大有逕庭之別。

蔣廷錫序云:"故太僕嚴先生,耽研道奧,綜覈儒先,於六藉多所發明,而尤長於詩,所著《讀詩質疑》,凡六易稿始定,間牽勉應酬,爲古文詞深厚爾雅,遠擬歐曾,近亦與潛溪、安亭相上下。其爲詩,寫所自得,不屑規橅一家,而闇與古合。"楊繩武序又云:"先生早掇巍科,入承明著作之廷,中遭挫衂,晚乃益振,累主文柄,勤王事以殁,立朝風節,卓卓可紀。著述甚富,或發明經義,或訂正史學,各自成集,而詩文之散見者,今復彙爲一編。其爲文原本六經,穿穴百氏,才雄氣盛,實遂膏沃,光熊熊而息深深,淺根薄植者,茫然不得其涯涘也。詩不一格,大或千餘言,小則數十字,自開堂奧,動與古合。"

是集爲虞惇長子銮所輯。銮,貢生,候選知縣,以子貴,封中憲大夫。是書刊刻爲虞惇孫有禧,蔣序又云:"聖祖晚而知之,頻司文炳,盡瘁以殁。遺書甚富,子銮能保守不失,距今近二十年,孫有禧始克謀梓,而以力之不足,爰先取詩古文刻以行世,其餘著作將次第刊焉。"有禧,雍正八年進士,任山東萊州知府。又虞惇通籍後,諸名宿如有應酬,多委其代筆作文,今集中凡代筆者,皆於題目下別標"代"字,計十六篇之多。

此本有扉頁,刊"嚴太僕思庵先生集。繩武堂藏板"。楷書寫刻,俱極精雅。是集咸豐中板毀於火,傳本不多,光緒間,虞惇七世孫忠培又集資重刻,故有光緒九年(1883)嚴氏西涇草堂刻本。

《四庫全書總目》未收。《中國古籍善本書目》著錄,中國國家圖書館、天津圖書館等十四館,以及香港中文大學圖書館、日本內閣文庫也有入藏。

鈐印有"武昌柯逢時收藏圖記"、"柯印逢時"、"李嘉績雲生代耕堂藏書世居通潞寄寓錦江"。